更 新 知 识 地 图　　拓 展 认 知 边 界

英国史

I

3000BC — AD1603
在世界的边缘？
At the Edge of the World?

A History of Britain

［英］西蒙·沙玛（Simon Schama）/ 著　彭灵 / 译

中信出版集团 · 北京

图书在版编目（CIP）数据

英国史 . I，在世界的边缘？：3000BC—AD1603 /
（英）西蒙·沙玛著；彭灵译 . -- 北京：中信出版社，
2018.7（2024.5 重印）

书名原文：A History of Britain-Volume 1: At the
Edge of the World? 3000BC-AD1603

ISBN 978-7-5086-4930-6

I. ①英… II. ①西… ②彭… III. ①英国—历史
IV. ① K561.0

中国版本图书馆 CIP 数据核字（2018）第 000442 号

英国史 I：在世界的边缘 3000BC—AD1603

著　者：［英］西蒙·沙玛
译　者：彭　灵
出版发行：中信出版集团股份有限公司
　　　　　（北京市朝阳区东三环北路 27 号嘉铭中心　邮编　100020）
承 印 者：北京盛通印刷股份有限公司

开　本：880mm×1230mm　1/32　　彩　插：8
印　张：12　　　　　　　　　　　　字　数：310 千字
版　次：2018 年 7 月第 1 版　　　　印　次：2024 年 5 月第 7 次印刷
京权图字：01-2016-2369　　　　　　书　号：ISBN 978-7-5086-4930-6
审 图 号：GS（2024）1442 号（本书地图系原书插附地图）
定　价：238.00 元（全三卷）

摇篮在深渊上轻晃，常识告诫我们，人生不过是在两段永恒黑暗之间一刹那的光明。大自然期望明智者坦然接受生前身后二黑洞，就像接受人生中的非凡景观一样。想象是狂喜，神奇而不成熟，应该有所节制，为了享受生活，我们不能沉溺其中。

我奋起反抗这陈规。

弗拉基米尔·纳博科夫

《说吧，记忆》

假如能把先民们真实的生活图景，呈现在 19 世纪的英格兰人面前，哪怕被指责剥夺了历史的尊严，我都会欣然接受。

托马斯·巴宾顿·麦考莱

《英国史》

失败的诸王惨烈身死；他们的肉体与灵魂湮灭，只留存于典籍，成了图书馆中被后人曲解的暴君。

罗伯特·洛厄尔

《一年之终》选自《历史》

目　录

前　言

历史之道，张弛并存，此中要义，在于存亡与继绝。因此，英国历史的主题从 20 世纪回看的话应该是持久，但相对应的，如果从 21 世纪来回望的话，则是变革。

徘徊不前和挥手送别可见于两场公共典礼：一为光芒耀眼之加冕典礼，一为冷若冰霜之葬礼。这两场公开典礼向"二战"后出生的那一代人诠释了英国的真正意义。应当承认，1953 年 6 月，变革与励精图治的况味还没有成为最明显的主旋律。两年前的 1951 年，在不列颠节上（这是对 1851 年维多利亚时代世界博览会自发的百年纪念），官方劲头儿十足地试图说服我们这些穿法兰绒短裤加荷兰产长筒袜的 8 岁孩童记住，我们从此就是"新伊丽莎白时代的人"了。云霄塔 [1] 这个未来技术的瓦尔哈拉殿堂 [2] 的前瞻性标志，是一个细长的钢质圆柱体，两端渐渐缩小，像一个工业线轴，由缆索悬吊着，看起来轻盈得像没有支撑一样，悬浮在泰晤士河（Thames River）南岸绿地几英尺高的上空。然而在 1953 年春天，这个亮铮铮令人着迷的科学工程的未来景象，比起眼前为伊丽莎白二世加冕而激发大众崇敬心理的庞大阵仗，也黯然失色。为确保万无

---

[1] 云霄塔（Skylon），金属雕塑，1951 年不列颠节时展出，1952 年拆除。2007 年在皇家节厅（Royal Festival Hall）第三层的原人民宫餐厅改用该名字。详见英文维基百科。——译者注

[2] 瓦尔哈拉殿堂（Valhalla），北欧神话中主神兼死亡之神奥丁（Odin）接待战死者英灵的殿堂。——译者注

一失，广告卖力宣传加冕典礼可以成为一个国家重新焕发青春的契机。可是大家都心知肚明，所有新闻公报中，年轻女王将要领导的号称"自由国家联合体"的联邦，说白了就是帝国崩塌后的一块遮羞布。游行队伍中，代表"忠诚的自治领"的部队戴着遮阳帽，头发蓬松；来自彼时仍然名为"不列颠属地"的部队更具异国情调，他们按照排列的次序规规矩矩地沿林荫路（the Mall）快步行进——帝国之后，"万国来朝"只剩下个空名。伊丽莎白女王加冕后开始巡游世界，我们这些小学生跟随她的行程，把小旗子插到地球上各个地区（不管目前它们在现代世界的状态如何），给旧帝国已蒙尘的玫瑰红加点儿安慰性的闪亮色调。在1954年出版的《英格兰故事》（*The Story of England*）中，作者威廉·麦克埃维（William McElwee）还能如此展望："在不列颠带领下"，"有望在帝国范围内和平地改造落后民族"。出现在恩图曼花园（Omdurman Gardens）和梅富根围圈（Mafeking Close）纱帐后面的脸孔仍然是殖民者的，而非被殖民者的。

　　从传统巢穴里很快长出一只笨拙的现代"布谷鸟"，当然它是指电视。在威斯敏斯特大教堂（Westminster Abbey）举行的加冕典礼直播，在不列颠岛内有2700万观众，而全世界有1/4的人口在收看，开启了大众传媒历史的新纪元。可这个典礼当时差点儿没播成。几个月来，女王自己和她所有的大臣都在发布信息，说他们已经准备好了，来去大教堂的过程都要进行直播（和1947年她的婚礼一样），但加冕典礼本身要保留神圣的神秘感，不能通过电视曝光在众目睽睽之下。最后——据说是在理查德·丁伯比（Richard Dimbleby）的干预下实现了妥协——她态度软了下来，同意了直播加冕典礼。但是，重看那次电视直播回放，可以发现女王在加冕典礼时威仪堂堂，媒体可能的粗鲁无礼行为被彻底压制。摄影机放在指定位置，一动不动，摄影师何时该集中注意力拍摄完全是奉命而行。任何女王本人的特写，自不用说都是被禁止的。因此仪式上很多最难忘的镜头，都是从教堂正殿上方画廊拍摄的远距离画面，俯瞰着那辉煌的场面。不管摄制人员名单里有哪些名字，真正的制片人是爱丁堡公爵（Duke of Edinburgh），他是加冕典礼执行委员会主席；坎特伯雷大主教（Archbishop of Canterbury）杰弗里·费舍尔（Geoffrey Fisher）下定决心要最大限度地保存仪式的神秘性和神圣性；女王的大内总管（Grand Chamberlain）乔蒙德利侯爵（Marquess of Cholmondeley），还有最重要的王室典礼大臣 [1]，也就是诺福克公爵（Duke of Norfolk），负责推敲细节，比如，能不能用兔子皮毛代替白鼬皮毛镶贵族袍子边（结论是可以接受）。发布的大量典礼的黑白照片（它们自有官方国家级图片的质量），色彩柔和、甜腻。皇家播音员的声调谦恭有礼：由理查德·丁伯比以其成熟浑厚的男中音解说在大教堂举行的典礼，由温福德·沃恩·托马斯（Wynford Vaughan Thomas）以轻快的男高音解说大街上的游行。在这件事情里，那个位于中心的 27 岁姑娘，经过某种典礼蒸馏器的升华，成了个水晶玻璃人，化身为君王角色；这位年轻女子开朗、常常笑容灿烂的脸，被定格为面无表情的皇室面具。几百万忠诚的观众，在客厅里盯着经过图像增效处理的 9 英寸屏幕，注视着这个头戴华丽冠冕、身披宽大斗篷的人，后面缓慢地跟着看不到头的队伍。她摇摆着从威斯敏斯特大教堂正厅走上前，唱诗班声音高亢，管风琴如大海涛声般轰鸣，人们用古老的撒克逊–法兰克语（Saxon-Frankish）高呼"女王万岁"，诸般声音一齐在柱廊间回荡。

　　在外面大街和乡村中，那些新奇的事肯定还不是全民思考的第一要务。家家户户无休止地对比着两位伊丽莎白女王的统治，王室典礼大臣仍是诺福克公爵霍华德（Howard）家族之人，正如第一位伊丽莎白加冕典礼上王室典礼大臣也是诺福克公爵霍华德家族的人担任一样。《埃塞克

---

[1]　王室典礼大臣（Earl Marshal），英国特有头衔，主持国家重大典礼，兼任纹章院主管，现为诺福克公爵世袭职位。——译者注

斯儿童纪念册》(*The Souvenir Book for Essex Children*) 强调二者的相似性："上一次，英格兰人正面临着与西班牙大战的危急时刻，现在 1953 年，伊丽莎白女王二世继位也是在一个关键时刻，我们打赢了两次世界大战，全民族历经苦难挺过来了。"书中还断言："只要我们忠诚，坚定不移，历史就能证明我们的伊丽莎白女王将可以与前面那位英明女王贝丝 [1] 相提并论。"

　　怀着对英国历史连续性的执迷，当时的英国人认为：由温斯顿·丘吉尔 (Winston Churchill) 担任首相，来主持新君登基初期的英国政局是一件很自然的事。对丘吉尔个人来说，他究竟是在历史上立功还是立言，其间的界限并不明显。回顾他的整个职业生涯，难道丘吉尔不是在一边撰写一边创造不列颠的历史吗？加冕典礼前两个星期，丘吉尔告诉一名美国学生（后来成了总统发言稿撰写人）："去研究历史！历史！历史！在历史中，藏着治国的全部秘密。"无疑，在他自己的思想里，写作与行动已合二为一，实在分不清哪个是因哪个是果。甚至在 1940 年那个千钧一发的时刻，可以说，他说的话就是他做的事：丘吉尔对于国家命运所作的决断，他本能的信念就是为了英国能拥有未来，一定要用激情将这个国家和它的过去重新连接起来，这是他下的赌注。举行加冕典礼时，丘吉尔已近 80 岁，但看起来仍然不可战胜。在威斯敏斯特大厅里的盛大宴会上，他还是很得意自己能提醒女王，他曾为她的高祖母 [维多利亚女王 (Queen Victoria)]、曾祖父 [爱德华七世 (Edward VII)]、祖父 [乔治五世 (George V)]、父亲 [乔治六世 (George VI)] 效劳，现在轮到她了。在报界和公众看来，这位年轻女王和老骥伏枥的大家长之间监护人式的伙伴关系，是新旧时代之间幸福婚姻的完美象征，也是即将到来的新伊丽莎白纪元的典型特征。

---

[1]　贝丝 (Bess)，伊丽莎白的昵称。——译者注

但是，加冕典礼后仅仅三个星期，即 6 月 23 日，（据说）在招待意大利首相的晚宴上，丘吉尔大谈一通罗马征服不列颠的故事后，颓然倒在椅子上，严重中风了。但他继续留任，并对公众小心谨慎地掩饰中风的后果，实际上，丘吉尔的康复快得惊人。但是，就像他自己所言："乐趣没了。"丘吉尔属于那种特殊的人，和他自己珍视的某种不列颠的特性一样，都是不朽的。12 年后的 1965 年寒冬，丘吉尔去世了，葬礼举行那阵子正当文化创新如火如荼之时。毕竟，不能指望丘吉尔活过如此完整的一个轮回：他曾见过的维多利亚女王时代帝国军队的连鬓胡子、肩章及盘花饰扣，重新流行后成了摇滚乐队的奇装异服。第十四任赫姆伯爵（Earl of Home）在唐宁街（Downing Street）的位置，被一位工党首相哈罗德·威尔森（Harold Wilson）给顶替了，后者叫嚣着"科学革命白热化"的论调。而丘吉尔的下葬地温切斯特大教堂（Winchester Cathedral），成了弗兰克·辛纳特拉（Frank Sinatra）唱的一首流行歌曲的名字。但是，英格兰停摆（和钟摆一样）哀悼的时间已经足够长了。当然，在 1965 年 1 月 30 日当天，整个葬礼进行期间，大本钟确实停摆了。丘吉尔的棺木取材来自布莱尼姆（Blenheim）的老橡木，放在一个灰色炮架上运到圣保罗大教堂——女王等在祭坛前，在此稍做停留，按照礼数致敬后再出发，经过黑压压的人群，大街上寒风凛冽，哀悼的民众一路沿街肃立；随后下到伦敦塔码头（Tower Pier），登上哈文格尔号（Havengore），经过码头时，伦敦港的吊车都垂下了吊臂以示哀悼；灵柩最后在滑铁卢（Waterloo）站被抬上火车向西驰去，经过一个身穿皇家空军制服、站在自家公寓房顶举手敬礼的男人面前，驶往布莱登（Bladon）教堂墓地，距他出生的布莱尼姆仅约一英里。那一刻，前卫的新不列颠的魅力完全被这个民族以往的浩瀚史诗掩盖了锋芒。那只老迈的历史猛兽从巢穴里缓步踱出，在大街小巷和纪念碑之间久久徘徊，向英皇大道（King's Road）上任何一个自作聪明的人发出挑衅，看谁敢拿它插科打诨。

这些人中包括我和我的同龄人，因为在加冕典礼和丘吉尔的葬礼之间，我们自以为已经变成了严肃的历史学读者，也就是说，除了做别的事情，我们研读费尔南·布罗代尔（Fernand Braudel）、A. J. P. 泰勒（A. J. P. Taylor）、E. P. 汤普森（E. P. Thompson）、马克·布洛赫（Marc Bloch）、J. H. 普拉姆（J. H. Plumb）、阿萨·布里格斯（Asa Briggs）、丹尼斯·麦克·史密斯（Denis Mack Smith）和克里斯托弗·希尔（Christopher Hill）〔希尔到过我们学校，鼓起勇气结结巴巴地讲授弥尔顿（Milton）和马格莱顿（Muggletonian）教派，却又独具魅力〕的著作；但是非常肯定，我们就是不看丘吉尔或者他的忠实应声虫和赞美者阿瑟·布莱恩特（Arthur Bryant）的书。布莱恩特关于 18 世纪末的乡村狂想曲《欢乐英格兰》（*Merrie England*，1942 年出版，并非纯粹巧合），写的正是 1793 年到 1802 年法兰西大革命战争危机的前夜；虽然对历史的认知来源于这一类历史学家，我们却唾弃、嘲笑他们。布莱恩特描写的场景是这样的：

> 小山上，路边农舍和小屋的窗户里透出蜡烛的火光，老约翰·布尔坐在厨房火炉旁打盹儿，水壶在炉子上，脚下蜷缩着一狗一猫。贤惠的妻子在纺纱，漂亮的女儿充当小女仆，提着水桶进来，架子上摆着引火盒，天花板上挂着洋葱和腌熏猪肋肉……村头小酒馆里一片旧英格兰的风貌，人们围着没有上漆的原木桌子，摆着烟斗、酒碗，村里能人们饱经风霜，赤褐色脸膛，大声开着玩笑，高唱着他们的歌谣。

布莱恩特的伤感情调令人昏昏欲睡，事实上，如果我们用更开阔的视野来考察那个时代，与其说它像玩笑，不如说它令人讨厌。这是一种精心炮制出来用以麻醉大众的文字鸦片，我们要对他们保持警惕，注意这个令人沮丧的、更能引起争议的纵贯今昔的现实场景。我们会把布莱恩特的田园诗大改特改成这样的场面：

> 村头小酒馆前，老英格兰在绞刑架下苟延残喘，架上来回摇荡着本地烧砖工和偷猎者已被分解的残肢，他们曾用了好几种不同的违法手段，放肆地侵犯扬扬得意的地主阶级霸占财产的专制制度。

无论如何，底下还得再接上几句。在丘吉尔编写的不列颠风格的编年史中，那些大场景——拉尼米德（Runnymede）、蒂尔伯里（Tilbury）、特拉法尔加（Trafalgar）——我们想用平民生活的场景来填充这些内容——1381年黑死病中的武装农民、帕特尼（Putney）的平等派、1848年肯宁顿（Kennington）的人民宪章分子。

尽管如此，参加完葬礼回到家后，一方面是有一点儿被尽力克制的虔诚打动，另一方面还有一些好奇，我想看看到底丘吉尔在《英语民族史》（*A History of the English-Speaking Peoples*）中讲了些什么。父亲多年前曾送我一本《英语民族史》，它最早点燃了我对历史的激情。掸去那红色封皮上的灰尘，随手翻读到的几段文字使我局促不安，感到窘迫，还有很多则震撼了我；其中不可抗拒的雄辩修辞和无可挑剔的常识，令我连连惊叹。没有想到的是，唯一可能的反应是百感交集。一方面，丘吉尔叙述历史进程，大部分灵感得自麦考莱（Macaulay）真传——大言不惭地将傲慢自负、意识狭隘、浪漫君主、恪守原则的新教、辉格党议会派、说英语的不列颠打扮成民主的保姆、西方希望之所在、习惯法（common law）道德的天才守卫者以及持之以恒的狂热暴君反对者——已经不太可能作为明确的"不列颠历史的意义"持续下去。然而，也不能简单指斥其为虚幻的爱国主义寓言集。只是当父亲向我解释，在我童年时海滨小镇的遮挡铁路的墙上，用白色油彩隐约勾勒出如鬼魅般的字母"PJ"，意思是"让犹大去死"，接着用热切的语气，解释丘吉尔正是让英国莫塞莱（Mosleyite）法西斯分子的口号未能得逞的人物时，我才真正懂得对他那一代人来说，岛国自由堡垒的信念，不是什么空洞的老生常谈，而是一个必不可少的信条。我开始想，在这个惊人的神话里，是否还有一点点仍未过时的、坚实的真理？

35 年后，这两本关于不列颠历史的权威著作——丘吉尔的和社会主义观点的——都已不再受追捧。大部分由费边社（Fabian）创立者书写的劳工历史，几乎与工党（Labor Party）同时出现，但已经随着那根旧马克思主义政治的葡萄藤一起枯萎；而中间派政治理念应运而生，迫不及待地要忘记"红旗"，以及其他那些阶级斗争中令人遗憾的反启蒙主义遗风，看起来已不太可能会把有组织的劳工历史，当作课程的核心内容塞给未来公民研读。连丘吉尔发誓说他不要主政的帝国遗产也都已杳无踪影。威斯敏斯特向殖民地保证，不列颠的遗产将会是议会式民主与法治；后者接受了这个如同银行支票面值那样的承诺，决定利用这个资源坐享其成，而这恰恰不是各地总督的初衷。遍布国内的恩图曼花园，它们旁边街道的名字原来都是纪念征服遥远国度的，但现在花园里随处可见来自那里的人们；对他们来说，丘吉尔曾反复称为"岛国民族"帝国的传奇般的必胜信念，如果硬说可以理解的话，说得好听些，是不可理喻；说难听点儿，就是冒犯无礼。

当然，并不是说每个人都这样。《帝王之岛》（*This Sceptred Isle*）——这个节目基本上就是丘吉尔的那本历史，未经改动——这档电台节目拥有大量听众，这说明他的行文连贯，能够满足一般人对英雄叙事的渴望。历史可以作为激动人心的产业的一部分，这非常合乎时代思潮大师们的口味，是上了岁数的公民的文化遗产娱乐，一如乡村老屋之旅、古装剧，是温和的怀旧乡愁麻醉剂，只要不是在驾驶或操作大型机械时消遣，就没有什么坏处。

然而，这并不是丘吉尔给那个美国学生建议的出发点；或者说，丘吉尔不是为了这个才动笔著史；更不是他的明哲前辈麦考莱那样的要借自己那本扣人心弦、精心构思的辉煌著述所传递的思想。对丘吉尔和麦考莱而言，二人都是要立身明言，否则什么都算不上：非为业余消遣，而旨在教化培养博识的公民。假如两位老先生见到今天如此割裂地看待不列颠的历史和现实，使二者互不相通、互不倚重，他们怕是要惊起于地下了。

可是，他俩该对此负一定责任，可怜的历史学缪斯老克利俄（Clio）[1]的尴尬处境，不是因为涂脂抹粉，就是好像装束怪异、行为乖张的老姑奶奶，赶上特定时候，被从阁楼里拖出来，身上一股樟脑味，晾晒好以后，再送回她的小天地里，和发霉的格莱斯顿（Gladstone）旅行包、椅背套一起待着。因为正是辉格派历史学家要坚决维持不列颠历史的狭隘岛国意识，也是他们将不列颠历史的意义等同于其分离的特点当成老生常谈。实际上，就这一顽固论点来说，有时候他们是对的。有一些时刻——重要历史关头，如16世纪伊丽莎白一世晚期，或者18世纪中叶汉诺威时期——毫无疑问，不列颠（或者，无论如何，英格兰）的历史非常独特，这点错不了。从浩如烟海的历史资料里，筛选出看起来能指明通往"不列颠特异性"、通往实现一个叫作"大不列颠或联合王国"的单一民族国家道路的路标，赋予历史学这项任务的信念，是要求历史叙述必须变得思路非常清晰且可以相互印证。

然而现在，既然联合王国本身不再不言自明，反而变成了一个问题——还有很多其他制度都是被丘吉尔一派的历史学家认为将永久存在的——这个清晰思路好像是自信过头了。这么一来，强调不列颠特异性不可避免和永久持续的历史观，突然显得是误导了，那些目的论的路标居然指错了路。在当今日益全球化的世界，是不是不再阅读这一类历史更好些？或者干脆不读任何不列颠历史更好呢？

---

[1]　克利俄，希腊神话中九位缪斯之一，是主管历史的女神。——译者注

但是为了重新界定我们民族的未来，想象着"历史无关未来"，在此基础上，密谋将不列颠历史最小化，或者从一个怀疑者角度出发，认为它不过是虔诚爱国主义的老调重弹，已经不适合全球化市场时代，这将是令人不寒而栗的自残行为，即一次集体记忆的丧失。这种伤害造成的结果将应验西塞罗（Cicero）早已发出的警告，没有历史的文化将自取灭亡，全体人民陷于最虚无的紧张中；现实就会如孩童一样，既不知道自己从哪里来，也不知道能去往何处；因为预设在过去的不同时期蕴藏着单一不变的国民性，历史将会变成平白妄为的失忆；但事实上，这个所谓历史造成的单一不变的国民性，其实并不是不列颠历史唯一可以想象的东西。

请想象一下，在不列颠历史上，常态是变化、突变、熔解，而不是一成不变如基岩般的稳固；历史不是不可阻挡地迈向大一统的大不列颠，而只是它见证了自身发展到的这个阶段——毕竟大不列颠国家只有区区三个世纪，几乎仅和罗马帝国治下的不列颠时期一样长——把它当成我们这个大岛的各民族众多演变史中的一段。这将是一部历史，在其中民族身份——不只是在不列颠，或者在英格兰，更是在苏格兰、爱尔兰与威尔士——并不是一成不变的，而是多变的，其流动性特征是先决的；在这个历史时期，忠诚可能是针对世代相传的血缘，从一个地方到另一个地方，一个宗族或一个阶层，一个城镇或大庄园，一种语言或方言，一个教堂或俱乐部，一个同业公会或一个家族，而不必非得与一面旗帜和某个王朝息息相关。它可以是这样的历史：某个地区错综复杂的小块边缘地带比固定的国家之间的边界线更重要；这个历史讲的是苏格兰和威尔士内部的南北分界，比它们和英格兰邻居的分界线更加意义深远。这可以是一部有弹性的历史，它讲述英格兰或苏格兰的民族性，这二者在精神气质和利益上，有时候更贴近法兰西，甚至于更接近罗马，而不是彼此更接近；而在其他时候，两者真正全身心地（不管好坏）捆绑在不列颠联合王国里。它也可以是这样的历史：不尝试放弃作为不列颠特征的固有复杂性，而去尝试描述更清晰、更紧密、更微观的民族性；而是反过来，接纳这段历史的复杂性并认为它是我们民族伟大力量的源泉。也许，名义上"联合王国"预设的联合，到头来，没有比"联合邦国"的联合更清楚明了，也仍旧值得捍卫，恰恰因为它的普遍差异性。最后，这段历史可以尊重偶发性，警惕所谓的必然性，不理睬任何预定路线或目的地；它拒绝想当然（正如胜利者的教科书永远想做的那样），不认可事情定局就是当初那些人想要的结果这个说法。这个历史还原史实，请读者看清——假如哈罗德（Harold）没有和弟弟闹翻，安妮·博林 [1] 产下了一个健康的男婴，奥利弗·克伦威尔（Oliver Cromwell）没有死在那个时刻——一切都会走样。只是，一个 18 世纪 50 年代的预言家，怎么能够想得到，就在 18 世纪末，不列颠会拥有一大片殖民地，且其居民大部分说的还是孟加拉语（Bengali）和乌尔都语（Urdu），而不是英语？

　　当然，在诸如此类的不列颠历史中，这些熟悉的顽强无畏的岛国民族的故事，因为有无数相同的可能性容易消失在歧途，这样的历史就会有失去定力的危险；把老故事折价翻新成令人迷茫的混沌倒是温馨亲切，但未免太简化史实了。那么，要恰如其分地尊重历史这位克利俄女神，她是众缪斯中最讳莫如深的一位；她的美在于其真相的复杂性，而非单纯性。这就是为什么她的信徒们必须打起精神遵循那条有时候艰难又曲折的路径，她要求大家发誓一路讲故事，这才容易打发其旅行时光。因为最终，历史，尤其是有着一系列激动人心的解释的不列颠历史，应该像所有最有能耐的历史讲述者所许诺的那样，不只是实用知识，更带来无穷快乐。

---

[1]　安妮·博林（Anne Boleyn），英格兰王后，英王亨利八世第二任妻子，伊丽莎白一世的生母。——译者注

第一章
在世界的边缘？

　　在伊丽莎白一世时代的辉煌岁月里，历史学家兼收藏家威廉·卡姆登（William Camden）在写作《不列颠志》（Britannia）时，大为自豪。众所周知，这个国家是"全世界最著名的、无可匹敌的岛屿"。他也深知，这里的气候尤其让人艳羡。他欣喜地写道："不列颠地处温带，土地丰腴，空气清新。气候温润宜人，由于常年和风吹拂，带走了暑热，夏无酷暑……冬无严寒。"卡姆登认为，正因为这种富庶，先民们感到不列颠具有不可抗拒的魅力。因赞颂词人闻名的罗马作家在《欢欣不列颠》（Happie Britaine）一书里写道："林中无猛兽，地上没有咝咝吐信的毒蛇。相反，物产丰盛，畜群驯良，盛产鲜乳。"上天如此眷顾不列颠，塔西佗给予它和罗马帝国其他地方同样的赞美：这是无上的胜利（意为值得征服）。因为这里出产一切，除了橄榄（唉！）和葡萄；实际上它是个金矿，也富产白银，还有珍珠。尽管他听说那些珍珠和不列颠头顶的多雨云天一样样呈铅灰色，而且本地人只有在珍珠被海浪冲上岸时，才会去捡拾。

　　但是，地处偏远并不意味着化外荒蛮。为了见证这点，如果塔西佗和卡姆登能够穿越时空，在迈锡尼（Mycenae）的宫殿、埃及金字塔和威尔特（Wiltshire）平原上的巨石阵建立起来之前，来到不列颠所有岛屿中最遥远的奥卡德斯［Orcades，今日称奥克尼（Orkney）］，他俩就能看到这个亲切的海滨村落正符合他们殷切的期望。

也许，你会觉得 5000 年前的奥卡德斯人修建的应该是一处用于宗教仪式的纪念碑：比如巨大的廊柱，高耸的石头围成圈。潜意识里，我们总是想象新石器时代的不列颠人本该杂乱无章地拥挤在某处悬崖峭壁上凿出的简陋洞穴中。但斯卡拉布雷 [1] 的这片乡间村舍，是你做梦也想不到的日常生活场景。在沙丘荒草下奇迹般地封存千年后，直到 1850 年，一场特大风暴吹走其上覆盖的沙土，露出来的并非是生活在危崖边的野蛮人的住所。此处的原住民也许是从苏格兰大陆上的凯思内斯郡渡过彭特兰湾（Pentland Firth）越海而来。当时海水和气候比现在温暖。一旦在这些离岸几百英尺的石屋里安顿下来（这里的石片极易用鹤嘴锄凿下），浅水区里有的是红鲷、濑鱼、贻贝和生蚝，他们猎获丰富。这片土地今天看起来非常不适合种植庄稼，但斯卡拉布雷人在这里成功地种植了大麦，甚至小麦；他们饲养的牲畜提供了肉和鲜奶；他们还养了狗，用于打猎，又可做伴。在新石器时期，这里起码有十几座房子，它们一半在地下，舒适而安全——这是一个五六十人活跃又忙碌的社群，有公共场所，私人空间是带围墙的房子，由狭窄的石头小巷相连接。不论从哪种意义上来说，这里都是个各项功能齐备的村庄。

这些单间房舍是宜人的居家住所：占地面积 320 平方英尺，今天我们称为家庭生活的全部社交活动都各有分区。正当中的这堆石头表明这是个大地灶，用于烹饪和取暖。房间一头是个注满水的水箱，养着活饵，也许是帽贝；靠墙这边用来睡觉，几层草和羽毛就算作床褥，温暖舒适，盖的是相当奢侈的兽皮和皮毛。从里面通向屋子外的管道提示考古学家，这里的新石器时期奥卡德斯人八成是有厕所的。

---

[1] 斯卡拉布雷（Skara Brae）是一个新石器时代人类定居点，位于苏格兰奥克尼群岛中最大的一个岛上的西海岸。这些村落距今大约公元前 3180 年—前 2500 年。有 "苏格兰的庞贝" 之称。——译者注

　　但斯卡拉布雷人的房子并非只用来遮蔽风雨，今天看来，自有其文化内涵。看得出来，他们拥有我们称道的"品位"：因为起居室中央，即目光汇聚之所在，颇富戏剧性地兀然立着大石头制成的橱柜。架子上陈列着磨好的饰以圆圈和螺纹的石球，以及带有阴刻线条的陶盆和陶罐，其口沿镶嵌着贝壳或饰有锯齿状的图案，架子上还陈列着骨头做成的项链和饰针。凝视着这些远古时代幸存下来的物品，就是直面历史上的这一伟大悖论：所谓历史从来就是异乡人和本地人间的对话。过去，特别是像史前奥克尼这样一个偏远的地方，很可能是外邦，然而，它莫名地使我们觉得自己从前曾亲临此地。因此，尽管忠于职守的历史学家会拒绝去想象自己置身于一群新石器时期的奥卡德斯人当中，但行走在这些合乎生态经济的房屋之间，它们建造在奥卡德斯先民自己的有机垃圾堆上——这是些软体动物的遗骸和堆叠——我深切地感受到，这是个栩栩如生的微型世界——他们吃得饱住得好。而根据当时的标准，这就是富足。

　　当时的工具都是由动物骨头或奥克尼的灰色砂岩打磨而成的，其粗糙自不待言，因此建造这样的住房肯定需要无数工时；而要建造矗立在布罗德盖（Brodgar）的用于宗教仪式的巨石圈就更耗费人工。巨石圈是由多个村落的人聚集起来共同兴建的，用来标记季节更替，为丰年或免除灾难而感谢神祇。因此我们能确定像斯卡拉布雷这样的地方并不只是与世隔绝的渔民和农人的聚集地，这里的人们属于更大的族群。这个族群足够复杂，能够召集大批劳动力和工匠，一起来修建这些纪念碑，最终将其竖立起来。

　　因为死者为大，必须让他们安葬在适当的长眠之地，新石器时期的建筑师和工匠们最辉煌的成就就是建造集体坟墓和死者陵寝。这些和克里特岛的米诺遗迹、古罗马人入侵前的伊特鲁里亚遗迹一样庄严肃穆、美轮美奂。它们过去是，现在也是不列颠的"金字塔"；此外，它们和我们同样低调，只在内部散发魅力；至于其外表，从空中俯瞰，麦豪石室（Maes Howe）只是个不起眼的土丘，隆起在大地上。

需要下葬时，村里会派人来搬掉封闭墓室入口的活动石板。一股地下世界的阴湿霉味，这是死亡通道的入口。尸体就由人或拉或推着从这个入口进入地下墓室。甬道建得窄小低矮，长 30 英尺，搬运尸体的人在石头甬道里行走十分艰难，只能深弯着腰，这也许是在对死者致敬。一年之中，只有在冬至日，暗淡的光线才能照射进来。尸体在高大的墓室里以站姿竖起，逐渐向上收小的墓室拱顶和北方的天空一样漆黑。有些墓室装饰着精美的涡旋纹或云纹，仿佛涛涌风驱。9 世纪时，维京人来盗过墓。否则，里面满室都会是珠宝饰品编成的花环围绕着死者，恭送他们上路。还有陪葬的狗和鹰的尸体。劳赛（Rousay）岛附近的米德豪（Midhowe）的那些墓室里，死者的尸体被放在整洁的小隔间的石头架子上，身体如胎儿般蜷曲，膝盖靠在胸部，宛如等待重生。在其他地方，比如麦豪石室，位重者享受特殊待遇被葬在侧墓里，出口通往主墓室；而奥卡德斯的一般民众的尸骨被放到一个公共的瓮罐里，里面塞满了无数前人的尸骨，在去往新石器时期的身后世界里，这里真是个拥挤的等候区。

斯卡拉布雷人的生活想必延续了几百年无大改观，人们在前人的尸骨堆上建起了新房，这片小小的领地慢慢升到海平面上。但是，公元前 2500 年左右，岛上的气候好像变得比之前更冷、更潮湿。红鲷消失了，奥卡德斯人失去了世世代代享有的稳定环境。田地荒芜，农人和渔民迁走，留下了他们的石头房屋和墓地，被泥炭、流沙、青草层层覆盖。直到维京人——他们天生有一个强盗鼻子，敏于劫掠之事——非法挖掘或砍杀进来，这些伟大的墓葬兀自安存，但尸骨散落遍地。

接下来，不只是苏格兰，整个不列颠都爆发了长达数百年的抢夺肥沃土地的斗争。到公元前 1000 年左右的铁器时期，不列颠不再是大家曾经浪漫想象中的完整的森林王国，绵延不绝，从康沃尔（Cornwall）一直到因弗内斯（Inverness），森林毁灭速度之快，不列颠像块拼布一样，一片片地裸露出来。在这些裸露的土地上用简陋的铧犁耕种收获着豆类和谷物；间或有些低矮的灌木丛，庇护着打猎游戏中的动物，特别是野猪；同时树林成为铁匠铺炭薪的来源，它也提供当时绝大部分人居住的圆形茅屋和房子的主要建材。事实上，那时不列颠国土的地貌已经和3000年后我们今天坐在飞机上所看到的几乎一样了。

不管怎样，还是有个很大的不同点。古罗马人入侵前的几个世纪里，对于可耕地的需求压力最大时，农民得到有效保护的需求也大增。铁器时期不列颠到处都是庞大的山丘堡垒，农民因此得到他们需要的保护。今天在汉普郡（Hampshire）丹伯里（Danebury）的斜坡台地和多塞特（Dorset）的梅登堡（Maiden Castle）还可以看见（尤其从空中俯瞰）这些堡垒。挖开的壕沟、木栅栏和宽阔的土堤组成同心圆保护着氏族首领的高位重权；或者，如果周边有大量的易于开采的石头，砌筑的堡垒石墙厚数英尺，其上种荆棘；或者像苏格兰和威尔士，由不开窗的史前圆形石塔守护，塔身高达数英尺。如今在设得兰（Shetland）的穆萨（Mousa）和奥克尼的格尔尼斯（Gurness）这样的偏远地方尚存此类石塔。

只是，在守备森严的高墙和台地栅栏后，世俗生活并非惶惶不可终日。铁器时期的不列颠在最终被古罗马人打得落花流水之前，是个活跃而不断扩张的社会，耕地和牧场托庇于山丘堡垒在墙外开花。在很多堡垒里面，军事化角色渐渐退化；取而代之的是真正现代城市的雏形，有些不再设防，甚至更进一步，绝大多数地方可以辨认出街巷、宗教场所，还有大量的铁匠铺和作坊。作坊里源源不断地打造金属制品，都是供精英们使用的饰物：臂带、别针、扣花和磨光的镜子；当然，还有不列颠武士登上双轮战车时必需配置的重装备：剑柄、带有如舒展的羊齿类植物图案的角盔；或者风格令人诧异的青铜马，一脸天真可爱的悲苦，仿佛很多因打斗的糟糕表现而消沉面对生活的屹耳驴（Eeyores）。

这些部族间不仅交战，也彼此进行贸易往来。这些精制的工艺品，过去史学界曾认为是公元前 500 年左右，经由凯尔特人的一次大迁徙从中北欧带过来的，启发了蒙昧中的不列颠岛原住民向更先进的文化发展。但现在我们知道了这种有关武士、德鲁伊特[1]祭司和艺术家的先进文化是同一时期在不列颠内部发展起来的，这些先进文化有引入，也有输出，在岛上按南北纵向划分的贸易地带之间进行：从西苏格兰和威尔士一路往南，直到布列塔尼（Brittany）；在英格兰东南和高卢北部与低地国家互通。因此，从各个主要方面来看，它都是不列颠的本土文化，也不是随征服或殖民而来，它和欧洲大陆同时演化。当然，铁器时期的不列颠，是在已定居几千年的遗址上繁衍成长起来的。尽管巨石阵和墓塚至少在此之前 1000 年就建造好了，并成为不列颠的地标，现在看来，古罗马时期也仍然在这些地方进行宗教活动。

那么，这就是文明吗？历次入侵的古罗马历史学家们，从恺撒本人到塔西佗对此一点都不认可，因为"文明"就其定义，意味着住在城市里。尽管古罗马人把不列颠部落的不设防城市中心叫作"城镇"（oppida），但按照拉丁标准，它们还只是原始的抹灰篱笆墙、茅屋的木头据点，远远落后于地中海的石砌城市。恺撒和塔西佗简略地把蛮人勇士记载为未开化部族，他们在战斗中冲到罗马人面前，身上涂着鲜艳的蓝色颜料，手里挥舞着长枪和刀剑，敲着战鼓，吹着战斗的号角，嘴里不知所云地叫喊着。这种情形和维多利亚帝国的战士描述非洲和印度的"原始"敌人类似。

但是，设想一下，当古罗马人看到以下这些东西时，会认可它们事

---

[1] 德鲁伊特（druid），古代凯尔特人中一批有学识的人，担任祭司、教师和法官或当巫师、占卜者等。——译者注

实上就是艺术品吗？皮克特人（Picts）留下了非凡的手工艺品，留下了震撼人心的石刻，上面刻有鸟、公牛、鱼等符号的象形文字，类似雕带的地方还刻有穿着宽松长袍、留着胡子、裹着头巾的勇士的浮雕，这些勇士看起来好像完全是从亚述直接运过来的，而不是泰河（Tay）河谷本地产物。安格尔西（Anglesey）岛上有令人难以忘怀的石制人头雕塑：远古的神秘微笑，眼窝深陷，眼睑半闭，表情高深莫测，恍如沉浸在祈祷中；鼻子扁平，脸颊宽阔，一副中了魔咒般的表情，酷似古罗马人在希腊半岛或伊特鲁里亚遇见的古代地中海典型半身像。罗马人也许不屑承认这些是艺术品，特别当他们注意到雕塑的头顶被挖走后成了摆放祭品的地方。因为这可能恰好证实了他们从罗马世界稍微开化点的野蛮人那里听来的恐怖故事（太多了），就是斩首献祭——更不要提仪式上的牺牲和溺杀——是不列颠宗教的固有特征。也有些土著甚至相信，除非迅速埋掉而且最好是埋入深井，否则割下的头颅会一直想方设法回到他们被割离的躯体上。

那么，为什么罗马人想要去不列颠这个世界的边缘地区？尽管塔西佗迷恋不列颠黄金国，但假如不是罗马国内胶着的政治形势，像恺撒那样精明的指挥官绝不会因为这个岛屿"值得征服"的说法，冒险挺进不列颠。公元前1世纪中叶，恺撒和庞培、克拉苏共同执政，他们之间钩心斗角。如果恺撒一举拿下不列颠，无疑他将在"三巨头"中脱颖而出。而恺撒也并不纯粹是以外来者的身份上岛的。很有可能是不列颠部族派代表邀请恺撒做和平调停人、仲裁者和君主，这可真是天赐良机。如果臆断不列颠的两大部族头领肩并肩地在悬崖边共同抵御恺撒这个拉丁入侵者，则是与事实相悖的。这两个部族——位于今天哈特福德郡（Hertfordshire）的卡图维勒尼（Catuvellauni）和埃塞克斯郡（Essex）的特里诺凡帝（Trinovantes）不断扩张，气焰嚣张，极具威胁——被位于他们南、东、西三个方向的很多其他部族视为眼中钉，招来罗马人并与之结盟不失为一种抵挡方法。（2000年后，不列颠人在印度大陆建立自己的新罗马帝国时，向当地原住民提出几乎一模一样的动议，才站稳脚跟。）毕竟，随恺撒一起首次出征不列颠的是阿特雷巴特人（Atrebates）国王科密乌斯（Commius），他肯定给恺撒吃了定心丸，描述了过于美好的前景。远征不列颠并非冒失之举，也不是罗马军团给黑暗的野蛮人带去文明之光。相反，罗马人很清楚不列颠的情况——它有温润的冬季，富足的食物供给，当地原住民乐于相助——还有，恺撒很可能觉得这只需要小规模行动，炫耀一下武力优势，而不是大规模地殖民，不列颠就唾手可得。罗马阳光普照，恺撒大权在手，一直所向披靡，他想象只需略施小技就能捡个大便宜；野蛮人见到罗马军团亮锃锃的盔甲和鹰旗，就只能乖乖地排队投降了。历史总是站在罗马一边。

　　然而，事实并非如此。公元前55年和54年，连续两年，恺撒孤心苦诣组织大军渡海，都被原先认为有利、可靠的天气因素打乱了阵脚。第一次，1.2万名步兵和2 000名骑兵上了船，但舰队还没来得及登上英格兰海岸，狂风就把马匹和骑兵刮回了高卢。两次抵达肯特郡岸边的船只，都遭遇了怒涛大风，折损无数。恺撒原先想象纪律严明的罗马大军一路横扫不列颠士兵的壮阔场面被这样的现实取代，他的部队进入内陆，敌人就消失得无影无踪，鬼魅一般藏身于树林里，之后又出其不意地跳出来给罗马人以致命袭击，然后马上逃跑。第二次罗马人总算在布伦特福德（Brentford）渡过泰晤士河，可是仍然没有打败卡图维勒尼国王卡西维隆努斯（Cassivellaunus）。两次都因缺乏补给或冬季供养，恺撒不得不和卡西维隆努斯做出政治上的妥协，才保全颜面，并得到保证，卡图维勒尼国王允许罗马军队在不列颠与他和平共存。西塞罗的兄弟当时就在恺撒军队里服役，西塞罗对这两次鲁莽的远征做了简述，认为这样的劳师远征是不值得的。"除了战俘，没有金银，也没有其他战利品；我敢说这两次远征不值得大书特书或被歌颂。"

　　不列颠惨败令罗马人懊恼不已。90 年后，即公元 43 年，罗马人卷土重来，罗马国内群情激愤。在《埃涅阿斯纪》这部罗马帝国建国史诗里，维吉尔借朱庇特之口这样说："我给罗马人既不定时间也不限边界。"尽管如此，不列颠人成功地躲避了罗马军队的围捕，这激怒了罗马人；失败不足以让恺撒和屋大维的后继者们望而却步，他们感到必须打一场全面占领的战争，否则，罗马作为其同盟国可靠支持者和保护者的声誉就会受损。假如说恺撒放弃了不列颠，不列颠却并没有放过罗马。在公元 43 年之前的几十年里，不列颠和罗马帝国治下的高卢贸易往来非常活跃，大宗商品运向南方，高档物品运往北方。与此同时，不列颠好多重要的头领崛起，特别其中有一位库诺比莱纳斯［Cunobelinus，莎士比亚叫他辛白林（Cymbeline）］在东南海岸建立了一个垄断贸易的强权基地。库诺比莱纳斯死于公元 41 年，他留下的权力真空无疑将在他的继承者们中引起混战。对库诺比莱纳斯原先的敌人们来说，这是罗马重开战火的一个千载难逢的机会。这些敌对的不列颠部落代表是东英格兰的爱西尼人（Iceni）和现在苏塞克斯（Sussex）的赖格能西斯人（Regnenses）。

　　也许因为前几次的教训，提比略犹豫不决；卡利古拉从未越过码头一线；表面上看，克劳狄乌斯这个一瘸一拐的家伙，是他们三个中最不可能成为征服者的，可是他反而决心最大，想要扭转局面。既然要干，就必须大干一场。克劳狄乌斯承受不起如恺撒一样进退维谷的后果，不列颠部族之间的政治阴谋变化多端，也不允许他出现局部僵持的情况。于是，他调拨了 4 万大军，这在铁器时期的不列颠是根本不能想象的，更别说面对面地和这支大军作战。但即使是这样，开头也出了让人啼笑皆非的乱子：尽管大军由罗马帝国里最可靠的老将统领，但纪律严明的部队看了一眼布洛涅港口的舰队，断然拒绝上船，直到皇帝本人的亲笔信送来。亲笔信依约送达，信使是克劳狄乌斯的贴身男仆，名叫纳西索斯，以前是个奴隶。

在恺撒碰壁的地方，克劳狄乌斯成功了。他一边集中大军无情地镇压，同时采取精明老到的实用主义政治策略。克劳狄乌斯的将军，奥鲁斯·普劳提乌斯（Aulus Plautius）对不列颠非常了解：攻陷那些不太设防的重要城市就是击中不列颠贵族的要害——打掉贵族的地位、特权和尊严。而至于那些贵族喜好的挥霍无度的生活与奢侈排场，罗马人也投其所好，向那些识相的王亲伸出橄榄枝，送上珍宝，而不是战场上的标枪。其中的代表人物应该是阿特雷巴特国王维里卡的继任者托吉杜伯尼斯，他对克劳狄入侵负有间接责任。托吉杜伯尼斯很可能在罗马上过学，知道享受罗马式的生活。罗马入侵后，大家叫他提比略·克劳狄乌斯·托吉杜伯尼斯不列颠大帝，这个称号反映了此君身为罗马傀儡的身份。他对罗马的忠诚也许反映在奇切斯特（Chichester）附近的菲什本（Fishbourne）一座特别建造的宫殿里，地面用非常漂亮的彩色马赛克装饰。直到今天，大家能想象到的是，这类房子更应该位于拉丁姆（Latium）的橄榄林里，而不是出现在南当恩斯（South Downs）的梨树果园里。

托吉杜伯尼斯并不是唯一一个审时度势，考量自己和本部落最大利益的头领。罗马人一路打到北边，都得到了当地首领的支助，首领们把这种联盟当作加强而不是削弱自己权力的机会。据 4 世纪时的罗马历史学家尤特罗庇乌斯（Eutropius）记载，公元 43 年，克劳狄乌斯入侵时，奥克尼国王选择了投降。但是这个说法似乎牵强，直到本世纪末在格尔尼斯发现了一种已经失传的罗马双耳细颈椭圆土罐的碎片，这才坐实了投降之说。现在我们知道，和南方的山丘堡垒一样，本地统治者都深知自己的利益何在，铁器时期的北方史前圆形石塔堡垒也变成了罗马的皇宫。不列颠部落首领分化后，罗马军队才得以一路横扫整个岛屿，一个个地收拾顽抗的首领。库诺比莱纳斯（Cunobelinus）的一个儿子战死，另一个儿子卡拉塔克斯（Caratacus），丢弃科尔切斯特（Colchester）城，

■ 罗马城镇或要塞
◇ 罗马别墅

奥克尼群岛

科尔诺维

迪康泰（音泽）

哈里多尼

皮克特

泰扎里

英赫图梯

北海

大西洋

达姆诺尼

安多宁长城

沃塔迪尼

塞尔戈瓦伊

达尔里阿达

诺文特

豪斯戴兹

哈德良长城

科布里奇

卡莱尔

文德兰达

布里甘特

约克

帕里西

埃尔达尼

爱尔兰海

卡乌考埃

奥特尼

安格尔西

伸西安格利

切斯特

林肯

甘加尼

奥迪维斯

罗克斯特

科利塔尼

维拉伯里

布里甘特

康诺维

卡图维劳尼

爱沃尼

特里诺凡帝

德梅泰

志留

卡马森

格洛斯特

科切斯特

切德沃思

圣奥本斯

卡利恩

多布尼

赛伦塞斯特

伦敦

坎特伯雷

比利其

坎蒂

巴斯

阿特贝茨

瑞格能西斯

多佛尔

温切斯特

比格诺

达姆诺尼

杜罗特里吉

奇切斯特

埃克赛特

菲什本

多切斯特

英吉利海峡

0 ——— 50 英里
0 ——— 100 公里

不列颠部落与罗马人入侵

向北退却。克劳狄乌斯骑着大象，在科尔切斯特举行了盛大的入城仪式。经过短暂修葺后的科尔切斯特，成了罗马时期不列颠的模范：城市中心长长的笔直的街道，令人望而生畏的石头墙，城里集贸市场、巍峨的教堂、高大的雕塑。这里也许不是不列颠的第一个城镇，但肯定是第一个城市，它同时具有罗马和不列颠的双重特色。

一时间，罗马人看起来如鱼得水。英格兰北部布里甘特（Brigantes）的卡蒂曼杜（Cartimandua）女王，交出库诺比莱纳斯逃走的儿子卡拉塔克斯，他戴着镣铐在罗马游街示众。卡拉塔克斯的举止极为自重，克劳狄乌斯赦免了他，这段皇帝的宽宏传为佳话。当时罗马军队有 5 万人驻扎在不列颠，这是整个罗马帝国兵力的 1/8。也许正是这样的大规模军队驻防，使得罗马的下层军官为所欲为，特别是在公元 54 年，懒怠的尼禄接替了机敏的克劳狄乌斯。爱西尼王国里的一帮谨小慎微的贵族一直被迫与罗马人周旋合作。但后来罗马军人为了炫耀武力，鲁莽地破坏了这种联盟。国王普拉苏塔古斯（Prasutagus）死后，他的王后布狄卡为避免祸殃，提议和尼禄分享她的王国。但是，当地罗马军官不顾对方的同盟地位，宣布把布狄卡的王国列入奴隶省，这可是给予那些叛乱地区的待遇——罗马人这是自寻死路：为了让人们清楚到底是谁拥有主权，罗马人当众鞭打布狄卡，强奸了她的两个女儿。这么做的直接后果，是将一个热切渴望合作的家族变成了难以和解的敌人。接着不列颠本已被安抚的人们结成了一个巨大的联盟，席卷整个国家。这是那些聪明的罗马人所一直避免的后果。

公元 60 年，偏远的威尔士北部发生暴动，罗马的精锐部队忙于镇压叛乱，布狄卡抓住时机向不列颠新世界最富象征意味的地方科尔切斯特开拔。罗马人漫不经心，只有少量军队把守。形势对布狄卡有利，在英格兰东部摧枯拉朽般地推进，罗马人的定居点被一个个烧成灰烬，最后轮到科尔切斯特城。殖民者退缩到他们自以为安全的地方——克劳狄乌斯建造的大教堂辖区。布狄卡的军队继续前进，摧毁了这里，把皇帝胸像的头敲了下来，扔进阿尔德河里（沉尸水中或将砍下的首级扔进井里或河里是不列颠部落的传统做法，布狄卡的军队这么干意在表明他们的文化依然存在）。几千名罗马士兵蜷缩在教堂内院，帝国城市付之一炬，早熟的果实凋落了。高墙后面，烟火越来越近，殖民者化为了灰烬。一碗碳化了的海枣，大火后的一具遗体，向我们展示了布狄卡的复仇烈焰。

布狄卡的胜利并不持久，科尔切斯特被焚毁后，她的军队滚雪球般壮大起来；物极必反，也因此加速了它的消亡。一旦面对纪律严明的军队——罗马军队从安格尔西岛掉过头来，不列颠部落的散兵游勇就成了它自己散漫作风的牺牲品。罗马军队在布狄卡的阵型中冲出一个缺口后，位于战场后方妇女儿童乘坐的车辆，使不列颠的战车和步兵无法灵活调动，拥挤、堵塞后造成一片混乱，战场上演了血腥屠杀。布狄卡不甘落入罗马人之手，因而自杀了。

至少某些人得到了惨痛的教训。如果我们相信尤利乌斯·阿格里科拉（Julius Agricola）的女婿塔西佗留下的历史著作，阿格里科拉作为负责平定苏格兰和威尔士的将领，尽力"整肃军纪"，努力保持统治公正，不给人以造反的理由。阿格里科拉还想在克莱德（Clyde）河与福斯（Forth）划定不列坦尼亚（Britannia）的边界线，把交通不便的高地留给喀里多尼亚（Caledonians），即古苏格兰人部落。然而，野蛮人袭击罗马堡垒时，再稳健的将军也不能高枕无忧。公元 84 年，在泰河以北的无名高地山区，被塔西佗称为蒙斯格劳庇乌的地方，打响了一场大规模的泛欧洲战争。战斗空前激烈，3 万名古苏格兰人和他们的北方同盟军，与罗马军团和他们的巴达维亚人（Batavian）、童格里安人（Tungrian）组成的同盟军对决。结果，1 万名土著遭到屠杀，罗马人只损失了 360 名士兵，可想而知，塔西佗历史著作里描写的战斗场面何等血腥，但给人印象更深的是他记录的地方将领，即古苏格兰将军加库斯绝地反击的伟大演讲，这是第一篇在苏格兰土地上为争取国家自由的朗朗宣言：

> 这里是世界的尽头，自由的最后一角，因为地处偏远，默默无闻，我们无忧无虑地生活至今……除了大海和悬崖，没有其他部落；但是，这些比大海和悬崖更要命的罗马人现在来了，你即使顺从、克制也逃脱不了他们的残暴。他们是世界强盗，到处都落入了这些恶魔之手，他们甚至要挑衅大海；如果他们的敌人有财富，他们就垂涎……东方或西方都喂不饱他们……掠夺，屠杀，盗窃，他们用这些来命名他们的帝国：他们制造荒芜，然后把这叫作和平。

我们没有证据证明加库斯确实说过这些话。这篇令人印象深刻的自由宣言与其说出自凯尔特部落，不如说出自罗马公民之口。我们对于凯尔特部落的思维逻辑一无所知，可是这类激动人心的演说代代相传。自由的古苏格兰人和"大不列颠人"这两个概念都是罗马人最先发明的。

塔西佗的岳父在北方费了九牛二虎之力后，"征服了不列颠，但随即又放过了它"，这是塔西佗对罗马政策的诅咒式结语。塔西佗只是位动笔杆子的史学家，不需要负担公元 2 世纪之交治理帝国的实际责任。这个帝国疆域辽阔，东起叛乱的朱迪亚（Judea），西北直到不屈从的苏格兰南部。图拉真（Trajan）南征北战，大大地拓展了罗马帝国的版图；他的继任者哈德良（Hadrian）出生于西班牙，在多年追随图拉真的征战中，智慧渐长，心思最缜密，深刻理解克制的好处。无论如何，在不列颠，他的功绩注定让人至今不忘，这就是那道长城。

现代人常想象哈德良长城类似印第安领地上的前沿阵地，好像美国骑兵忐忑不安地通过栅栏，听到战鼓就随之应变，只有偏执狂才垒叠起这长城的一块块石头。然而，事实适得其反。哈德良长城全长 73 英里，厚 7 至 10 英尺，高 15 至 20 英尺，自泰恩（Tyne）河畔直到索尔威湾（Solway Firth）。公元 122 年前后，哈德良在不列颠做了巡视后不久，长城即开始动工。这项工程的思维和宏大的气魄打上了哈德良个人风格的烙印。毫无疑问,最初哈德良长城是为应对不肯屈服的"可悲的不列颠小矮人"(罗马人有时候不屑一顾地这么叫他们)而建。特别是前50年里,哈德良长城首先是军事基地,军队分布在"要塞"和塔楼里(沿线每隔500码就有一处)。公元122年,哈德良来此视察进展,很显然,他的意图是在不列颠的区域里为罗马行省控制区划定边界。哈德良长城建造在布里甘特人的地面上,他们曾在女王卡蒂曼杜手下服服帖帖地与罗马人合作,但她的丈夫维鲁提乌斯(Venutius)挑起全面反叛,到公元1世纪末,罗马人不再认为诺森比亚(Northumbrian)是有利于殖民的地区。

公元138年,哈德良死的时候,长城已竣工,足以使他的继任者安东尼·庇护(Antoninus Pius)能把前沿阵地推向更北面,深入苏格兰,直到这堵矮石墙,从克莱德河到福斯湾,把好斗的皮克特人(文学里称"涂色人")封闭在塔西佗所说的北方古苏格兰人的"岛"上。既然不再是防御前线,像豪塞斯特兹(Housesteads)和科布里奇(Corbridge)这些要塞,就演变成了更像内地山区驿站和喧闹的商业中心,仿佛罗马时期的查理检查站[1]。几乎没有人把长城当作隔绝罗马帝国治下的不列颠与其北部的防疫封锁线,修建它的想法是进行观察、控制边防,而非阻挡。如果有杀戮发生,也会少损失兵力,大不了多损失几个第纳尔[2],两边货物不流通,也就是少收几个过关税。如此一来,凭借这道军事屏障的存在而发财的贸易商和供应商也在支付帝国的国防费,这种保护简直是敲诈,罗马人如果事先想到了这点,也会自己先吓一跳。我觉得与其认为哈德良长城是道防线,不如更准确地说,是罗马帝国围绕不列颠北部的脊柱,强化并稳固了对北部的控制。

---

[1] 查理检查站(Checkpoint Charlie),冷战时柏林的检查站。

[2] 第纳尔(denarii),古罗马货币名称。

　　长城中间的文德兰达（Vindolanda）要塞距离后方有一英里远，现在我们看它的情况好像不那么糟糕，因为最近一次的考古揭示了非常惊人的发现，我们可以借此想象城墙要塞里士兵和周边人都在过着什么样的生活。25 年来，考古学家们小心翼翼地把泥土一层一层地挖掉，在 23 英尺深的地方，拓出可见宽度，从旁边看进去，希望在这个古代的横切面上，尘土掩埋着一两张纸片般薄、如明信片大小的木简，文德兰达的男男女女在上面记载着他们日常生活的流水账。碎片真的幸存下来了——以一种我们可以想象的方式（在这个电子邮件年代越发不可想象了），墨水写成，有收据、信用付款存根、垃圾邮件和传单，都是我们现在会随手丢弃的。考古学家给我们打开了一扇窥视罗马要塞真实世界的窗户。

　　假设你是当年罗马帝国的一个鱼贩子，如果没有你的存在，士兵餐桌上就没有这一无所不在的腥臭，他就无法站一天的岗。你去文德兰达送货，首先你会很吃惊地发现士兵的人数原来这么少。5 月 18 日（公元 92—97 年）的计数，正常兵力 756 个，不在岗的不少于 456 个，他们不是缺勤就是生病了。然后你会注意到，在要塞里的人看起来也不太像罗马人，他们又高又瘦，头发金黄，两颊粉红；这是有缘故的，因为他们大部分实际上是荷兰（巴达维亚）和比利时（童格里安）的雇佣军。周围很多人，做着的事情严格意义上不是军事工作：建筑工人、鞋匠、兽医、枪械制造者。还有令人嫉妒的辅助设施：医治病号的医院、公共厕所、供热水的浴室和巨大的谷仓。如果有人请你留下吃饭，你八成会接受，因为你知道他们吃得很好：生蚝、小鹿肉、山羊肉、猪蹄、大蒜、橄榄和小萝卜。你看到菜单上出现胡椒时，会记起你所服务的是个庞大的帝国。当然，你会听到有人抱怨啤酒短缺；哪些家伙得到什么样的肥缺，他们到底做了什么才得到的；下一次什么时候才轮到他们狩猎野猪的机会；他们的服役期还有多长才能退役，并得到公民待遇作为奖赏；

奴隶们有的愚笨，有的聪明；津津乐道地讲述要塞守将弗拉维乌·瑟瑞亚利斯（Flavius Cerealis）和他老婆苏比希亚·勒皮蒂娜（Sulpicia Lepidina）的社交情况：

> 姐姐，9月13日，我真诚地邀请您来参加我的生日庆祝会，请务必前来，因为您的到来会给我带来更大的快乐。请代我问候您的瑟瑞亚利斯，我的阿利亚斯（Aelius）和小儿子也问候他。我盼着您来，姐姐。再见了，亲爱的姐姐，祝您成功，致意。

罗马人统治了四个世纪，开始阶段，拉丁人和不列颠人的血统还是分明的。到了第二个世纪末和第三个世纪，不列颠——尤其是从低地英格兰的威尔德（Weald）到东边林肯郡（Lincolnshire）的沃尔德斯（Wolds），从德文（Devon）到西边的卡莱尔（Carlisle）——成为多语种民族杂居的罗马行省，轻松休闲，不再是连连暴动的梦魇——暴动以布狄卡反叛为巅峰，之后就逐渐平息下来。

当然并不是每个不列颠本地人都平等地享有罗马统治的果实。对于继续操凯尔特语的广大乡下人来说，只是换了个地主而已。不列颠部落的武士阶层，因为给主子提供武力服务而曾经享受过崇高的地位，这时可能遭受了最多的利益损失。武士们被罗马军团的职业军人排挤到一旁，面临抉择，要么加入未知城市的社会，要么作为失去领主的农民耕种者待在原地，他们进退两难。在社会最顶层却不是这样，和罗马帝国鼎盛时期的其他地方一样，不列颠岛上明显出现了杂居现象，原住民和外来者的界限日渐模糊。这里在南希尔兹（South Shields）发现了一块墓碑，由来自叙利亚（Syria）的帕尔米拉（Palmyra）的罗马人为他的妻子瑞吉娜（Regina）而立，她从前是个不列颠奴隶。诸如此类的事情也并非异乎寻常。在罗马帝国官方宗教的表面统治之下，所有不列颠–凯尔特的土著文化都被保留了下来。在科布里奇一个公元1世纪的墓葬里，一具被斩首的尸体和一堆穿靴子的尸体埋在一起，后者穿着靴子也许能更好地步入来世。

所有这些杂交的典型例子里，最名副其实的是在巴斯（Bath），走进莎丽斯·米娜瓦（Sulis Minerva）寺庙的石柱廊时，浴池边的热心人（还有一组雕刻的出浴美人）迎面碰见的盈盈笑脸。这里建造的标准是古典的富丽堂皇，也许是要与那个毫不愧疚的主持者托吉杜伯尼斯（即是以菲什本宫殿闻名的提比略·克劳狄乌斯·托吉杜伯尼斯）、与他那罗马–不列颠的优越感保持一致，他的领地那时候一直向西延伸，目前还常常提到，浮雕雕塑可与克劳狄和韦斯帕芗（Vespasian）的帝王气魄媲美。但托吉杜伯尼斯是个真正的文化混血儿，只有他才能捏造出这位浴神，半罗马（暗喻戈耳工[1]的头）半凯尔特，或许还是索尔（Sol），古老的太阳神，就是他自己。即使没有在门迪普（Mendip）的空气里，也肯定是在萨利丝泉（Aquae Sulis）热气蒸腾的水中，他温暖了罗马人的心房。

巴斯是罗马时期不列颠的精髓，既时尚又神秘。它的另一边是两个铁器时代的要塞，小索尔斯伯里（Little Solsbury）和巴斯汉普顿。不列颠土著对水系的崇敬使托吉杜伯尼斯利用他的新地位抢占先机，把一个在旧文化里会冒犯神明的地方建成温泉疗养中心。在鼎盛时期，巴斯喷泉是一组高大的奢华建筑群，每天 33 万多加仑呈明黄色（因含氧化汞所致）的热水流进浴池里，温度达 104 华氏度（40 摄氏度）。在巴斯洗浴能同时清洗身心，既净身又奉献。在热气腾腾的温泉疗养地，大部分洗浴活动——还有八卦、调情和交易在大巴斯地区庄重宏伟的气氛中进行（想想这时说的或做的轻佻事，如果发生在冷静环境下也许意味着肉麻）。但其实巴斯的真正核心是那一眼神圣的泉水，它在蕨类纷披的岩洞里汇

---

[1] 戈耳工（Gorgon），希腊神话传说中的蛇发三姐妹。她们的头上和脖子上布满鳞甲，头发是一条条蠕动的毒蛇，长着野猪的獠牙，还有一双铁手和金翅膀。她们分别是丝西娜（Stheno）、尤瑞爱莉（Euryale）、美杜莎（Medusa）。蛇发三姊妹中，又以美杜莎最为出名，其面目能让看到的人变成石头，后被宙斯之子珀尔修斯杀死。——译者注

聚。那里特别开了一扇小窗，以便巴斯的天才、主事女神莎丽斯·米娜瓦的信徒们可以一窥山泉。边上竖立着一个女神祭坛，洗浴者往水里扔点小东西，以吸引她的注意。

1878 年清理下水管时拿出来的东西，清楚地表明一个人越想得到恩惠，他出手就越阔绰——有一袋子的珠宝，一副耳环。从宝石上来看，他们有时是想要得到庇佑，有时是诅咒负心人："由此诅咒塔奇塔（Tacita），让她从头到脚流脓血。"巴斯对游手好闲的小偷来说一定是个金矿："不管是异教徒基督徒，任何人，不论男女，男孩女孩，奴隶或自由人，今天早上从我钱包里偷了我阿米亚努斯（Ammianus）六个银币。我的女神，请你从他那里把钱拿回来。"

巴斯不是唯一一个不列颠省里让罗马-不列颠人沉迷于幸福的地方。从朗蒂尼亚姆（Londinium）的大贸易中心，到像格洛斯特（Gloucester）那样已成为罗马军团退役士兵的定居点，再到科尔切斯特，它已完成自己的凤凰涅槃，从灰烬中重生变身为华丽的城市，令人印象深刻。整个不列颠岛上，居民 1.5 万到 2 万的城镇很多，不列颠真正的城市生活从此发轫。广大农村的农民还是说着凯尔特语，但到公元 3 世纪时，旧不列颠武士贵族的后代成长起来，说写都用拉丁语了，甚至他们可能意识到自己是本地的精英。一旦接受了教育，他们就能加入城镇政府，成为古里亚利（curiales，议员），住在城里有供水的房子里，只要他们付得起费用就能安装、接入水管。这样久远时代的水管和卫生便利设施在不列颠直到 19 世纪才再次出现。统治阶层的餐桌上堆满了市场上买来的东西。农民们种植谷物拿到市场上出售后得到现钱，他们送来新鲜货物。房子里满是不列颠的产品，比如牛津郡或纽福瑞斯特（New Forest）的陶制品，它们是进口的萨摩斯岛（Samian）的红陶有力的竞争对手，红陶在罗马帝国到处可见。剧场里上演着驯兽表演，无聊的市政会议在漂亮的石头议事厅里召开，或者在郊外豪华别墅里召开，这些别墅大多数距城里也就骑马半天的距离，别墅墙上假的建筑绘画细部，使它们看上去更加宏伟。

如果认为公元 3 世纪或 4 世纪早期是罗马帝国的没落期，显然就大错特错了。不管罗马本身有什么样的大都市问题，篡位者一个接一个，更替速度飞快，令人眼花缭乱，还伴随着鲜血迸溅，可是不列颠正如日中天。一些罗马–不列颠时期最震撼人心的艺术作品就是在这个时候产生的，如苏塞克斯比诺（Bignor）的漂亮别墅，还有多佛尔（Dover）炫目的旅馆，被称为"绘画屋"，它的房间现在都埋在街面下数英尺深处。从高卢来的人，如果有幸下榻这家酒店，才不会认为这是一座"罗马没落期"的建筑。

但是，从某种意义来说，多佛尔对于不列颠的重要性已有所改变。它从一个入口港变成防御阵地，修筑了巨大的城墙，墙的一处直接穿过从前的大酒店大堂，不列颠的欢迎脚垫让位于止步牌。

这种从乐观扩张到警觉谨慎的巨变并非一夜之间发生的。罗马–不列颠渐渐消亡，既不惊天动地，也非悄无声息，而是拖着一声长长的哀叹；这不是想象中凯尔特不列颠的自由被剥夺了的悲哀，相反，是罗马帝国自身的问题。如果一定要追问罗马–不列颠到底出了什么岔子，答案是：没什么大不了的，至少在 3 世纪和 4 世纪没任何问题。麻烦不在不列颠这里，而在罗马那里。具有讽刺意味的是，当罗马–不列颠的文化主根扎得越深越稳固时，帝国中心的大都市开始走向混乱：频繁发生多重皇权、阴谋、谋杀和篡位。罗马统治的核心即正统性本身变得问题重重。罗马每发行一种新货币，不列颠就强烈抵制，这正是因为不列颠是罗马行省中最强而非最弱的一个。所以约克（York）或伦敦的军事强人提高了叛乱的评判标准，他们这么做不是用民族独立的名义，而是因为他们已成为比罗马人本身更罗马化的改革者——帝国的救世主从寒冷的北方来，要将罗马这座永恒的城市从自身的老迈昏聩中解救出来。

这些人中最卓越超群的是卡劳修斯（Carausius）。他最开始是比利时海岸泥泞水域的领航员兼舵手，一路升迁至船长，受命扫荡北海海盗。他才不要做那种"把属于恺撒的归恺撒"的事，卡劳修斯把他得到的战利品用于建设一个令人敬畏的割据之地，然后在公元286年挥师向南，自封皇帝。不单是18世纪伟大的作家爱德华·吉本（Edward Gibbon），还有好几位英国历史学家，将卡劳修斯美化为早期不列颠的真命天子，阿尔弗雷德（Alfred）之前的阿尔弗雷德大帝，一位海军英雄。但是卡劳修斯实际上是位冒险家，他利用不列颠作为实现自己皇帝野心的跳板。继罗马"帝王哲学家"奥勒留之后，卡劳修斯以"马库斯·奥勒留·卡劳修斯"（Marcus Aurelius Carausius）自居，用文化的自我推销（我理解作者是指卡劳修斯具有现代商业自我推销意识）装饰军事壮举，他铸造硬币，宣称要开启新的黄金岁月，自封为"罗马革新者"。卡劳修斯的公关机器太有效了，以至于迷惑了他的副将阿列克图斯（Allectus），他认为自己也能轻易地取而代之。公元293年，阿列克图斯谋杀了卡劳修斯，随即铸造他自己的硬币，接着开拔去镇压一支罗马军队。但是最终，被称为"复明者"的君士坦提乌斯（Constantius）将军，同时也是马克西米安皇帝（Emperor Maximian）的副手和君士坦丁（Constantine）的父亲征服了伦敦，并使伦敦拜倒在他脚下。

罗马帝国东部前线灾难连连，野蛮人的军队侵入帝国腹地。与之相比，不列颠至少表面上来看稳如磐石。卡劳修斯完善了哈德良长城防线，他加筑了九座"撒克逊海岸要塞"，从诺福克的布兰卡斯特（Brancaster）到汉普郡的博奇斯特（Portchester），战略性地排列在东南沿岸，但由于人力匮乏，帝国军队大批抽调回防，因为欧洲大陆战事吃紧。罗马的敌人对这样的损耗当然不会不知情，公元367年，毫无先兆地发生了三股不同的入侵者合力侵入。盎格鲁–撒克逊（Anglo-Saxon）人从北海来，突破了撒克逊海岸要塞，杀死了守将。向来屈服在罗马统治下的武士，即苏格兰中北部的皮克特人和来自爱尔兰的达尔里亚塔盖尔人（Gaelic Dal Riata，更常见的也更混淆视听的说法是"斯科蒂人"[1]），在陆地上攻破一直认为固若金汤的其他要塞，别墅被洗劫一空然后放火焚毁，城镇被包围，没有给养补充或援军。编年史学家阿米亚努斯（Ammianus）写到伦敦被围困时，记载了匪徒们沿路押运他们俘获的群众和牲畜。

这只是不列颠暂时的情形。两年后，令人震惊的野蛮人入侵过后，罗马的法制和秩序恢复了，守卫加强了。但无可否认，危机到 4 世纪末出现了。具有讽刺意味的是，这个国家在面对外部袭击时在有些方面束手无策，是因为它太适应罗马政府了。足够的守备是保证位于罗马帝国这个系统中心的城市生活延续不断的先决条件。但是，由职业军人和外国雇佣军加本地人辅助担当的防卫力量这时候不再可靠（不管帝国做什么许诺都没用）。失去了这种保护后，最罗马化的不列颠省一时间无法想象临时组织自卫，更别提做点别的什么了。在不列颠那些城市化程度较低的外围地区——威尔士、德文和康沃尔，在较远的北方，例如，那些旧的不列颠准罗马武士阶层较少融入罗马当局的地区——反倒能组织起一些由本地强人领头的自卫，山区丘陵地形对他们也有利，有一个地方甚至收复了哈德良长城上废弃的博得斯瓦德（Birdoswald）罗马要塞作为军事总部。军事劣势导致了经济危机。在罗马–不列颠的中心地带，农民因为给城市里的市场提供农作物，世世代代因此生活富足。但这时野蛮人袭击市场，城乡之间的重要纽带被切断，很多乡下人只好重新变成游牧民。留下的居民也看不到有什么理由要特别忠于罗马–不列颠当局，他们已经没人保护，怎么还能在乎谁在统治着不列颠？对没有自由的村民来说，痛苦的只是不断变换一拨拨主人。公元 410 年，接到不列颠请求援助的信时，霍诺里乌斯（Honorius）给不列颠领头的市民回信

---

[1]　"斯科蒂人"（Scoti），字面意思是"苏格兰人"。——译者注

说，从此以后，他们得设法自卫，指望罗马帝国的庇护已经不再可能。

　　不管怎么样，霍诺里乌斯已没有选择，哥特人阿拉里克（Alaric the Goth）当时已袭击了罗马城。霍诺里乌斯暂时迁都到拉文纳（Ravenna），也就是在拉文纳，霍诺里乌斯写了这封辞别信。从此后，罗马帝国由君士坦丁堡统治，而不列颠从来就不是意大利的首选，当然新的东罗马帝国也不会重视它。谨慎的历史学家对重要的日期有一种本能的敏感，不太愿意戏剧化地用"转折点"这类词来取代长期的发展过程。但是公元410年，的确是不列颠命运的关键历史时刻。哥特人阿拉里克洗劫了罗马城，最后两个地区分裂。这可不是1997年的香港，旗帜飘扬风笛吹响，总督坐车绕院七圈，请求归来。毫无疑问，很多罗马–不列颠人希望甚至假想着有一天他们会再见到雄鹰飞回，其他人——市政议员们、地方治安官、税务官、制陶工、诗人、音乐家，最后还有新任基督教神父——面对灰暗不定的未来，则自我安慰说：光复是必定的；不能总是指望罗马祖国，毕竟半个帝国被蛮族占据；他们自己可以雇佣些野蛮人来对付另一些野蛮人；总而言之，他们都能活着看到危机平息。与此同时，为了谨慎起见，他们把财宝——硬币、宝石、金器——埋在秘密地窖里，等风头过后，可以把这些再拿出来，重见文明之光。

　　罗马–不列颠人当时能做的最多就是选择看起来作恶最少的势力。罗马军团撤走后，北部的皮克特人和西边的古苏格兰人乘虚而入。不列颠需要一股势力来阻挡他们。所以，一开始日耳曼北部海岸——丹麦南部、日德兰半岛和下撒克逊的武士划着他们的"木马"溯河而上，貌似恩惠而非诅咒。像沃蒂根（Vortigern）这样有进取心的本地专制君主，在撒克逊人身上看到了他自己私人卫队的影子——强权等着他来把握——同时是一条能使他在英格兰东南一隅称王的道路。更有甚者，他大约还算计着撒克逊人——只有几百号——也许可以出个小价钱来雇佣。他们懂得什么叫统治呢？他们又何尝要统治呢？所以沃蒂根把萨尼特

（Thanet）岛上的一小片土地划给撒克逊人，等他们干掉烧杀劫掠的皮克特人，就把撒克逊人撵回北方。他简直想不出什么理由要付他们钱。

这是不列颠历史上众多较为惊人的误判之一。大约到了 440 年，撒克逊人对于他们被如此戏耍表达了不满，他们哗变了。跟这次的事件比起来，367 年那次打劫就不算什么了。446 年，忧心忡忡的不列颠人分明意识到沃蒂根在东南英格兰埋下了什么样的祸根，最后一次向罗马紧急求援。吉尔达斯（Gildas）是公元 6 世纪住在威尔士的一名僧侣，在他的《不列颠毁灭记》（De Excidio Britanniae /The Ruin of Britain）里做了记录：

> 致阿提纽斯（Aetius），三领事，请听听不列颠人的请求吧……野蛮人把我们赶到海边，大海又把我们推回到野蛮人前。这两种必死情形下，我们要么淹死要么被宰杀。

吉尔达斯认为公元 5、6 世纪的灾难——饥荒、小规模暴政、"一头野蛮人中的'雌狮'率领一批'幼崽'带来的蹂躏"——是因为倔强傲慢的罗马–不列颠人甚至基督徒不遵守神的意旨，招致神的惩罚；基督徒"本来应该是全体人民的模范榜样，但事实上他们大部分喝得烂醉如泥"。为了使不列颠历史事件听起来更像《旧约》（Old Testament）经文里的灾难，也为了带着点所谓诗意——"破碎的尸体表面是一层鲜血凝结成的紫色外壳，可怕得好像一些葡萄压碎了混在其中。"——吉尔达斯夸大了崩坍的范围和速度。野蛮人武士即使在最"高潮"也不过是分散的小股势力，稀稀落落地驻足（如果他们也算驻扎的话）在不列颠的东部和南部。当然，他们蛮横无理而极具威胁，但在公元 6 世纪，罗马–不列颠人在总人口上占压倒性多数，野蛮人可以说势单力薄。这种数量上的不均衡使得某些抵抗行动即刻远近闻名，比如在圣奥尔本斯（St Albans）即维鲁拉米亚姆（Verulamium）临时发动的行动，圣日耳玛纽斯（Saint Germannus）最有力的战争武器就是高喊"哈里路亚"

（Hallelujah）而取胜；或者在不列颠北部或苏格兰南部的战斗，在诗人阿贝林（Aneirin）创作的威尔士史诗《葛德丁》（*The Gododdin*）里，不列颠三王坎里克（Cynri）、塞农（Cynon）与辛瑞恩（Cynrhain）及其300武士，"戴着金环"，骑在300匹威猛的公马上，迎战撒克逊人。其中最著名的是可能发生在公元516年的巴东山（Mount Badon）之战，这个地方有时被认为是在巴斯周围某座小山上。后来，公元8世纪的僧侣历史学家南尼厄斯（Nennius），想象巴东山之战的胜利者不是别人，正是亚瑟，最后一个罗马–基督教武士，挺身而出反抗黑暗蛮族；但是凯尔特智者给予卡米洛（Camelot）一种圣地氛围和神授王命，这一抹诗意，照亮了这个在编年史中几乎无从寻觅，也难以准确纪年的时代。但更有可能的情况是，巴东山之战的英雄是吉尔达斯描述的某个罗马贵族，或许是前执政官安布罗修斯·奥里利厄斯（Ambrosius Aurelianus），他的名字第二部分就有金环的含义。

　　尽管这些传奇带着史诗的光辉，但事实上公元5—6世纪不列颠岛一蹶不振时，并非就只有光明与黑暗激烈交战。随着罗马–不列颠土崩瓦解，紧接着盎格鲁–撒克逊的英格兰骤变转型，不列颠历史上割据浪潮风起云涌，但它们和不列颠绝大部分居民的个人经历没有关系，当然，罗马行省的统治机构确实瓦解了，可是在前几批撒克逊雇佣军和海盗上岸后很长一段时间里，罗马–不列颠的社会活动、文化乃至古不列颠的语言大部分都保留了下来。很可能罗马–不列颠人和北海武士们不是死敌，倒是世代比邻而居。因为撒克逊人、朱特人（Jutes）和盎格鲁人需要成熟的有人耕种的土地（因为他们自己根本不想屈尊种地），同时，无自由的村民唯一的兴趣是算计哪个领主能提供更多的安全保护。这样，新旧势力之间很容易达成合作。

　　一边是在经济上与旧世界的大陆帝国隔绝，一边是撒克逊人的威胁，不列颠岛上这种苟且合作的变化应运而生。当然范围的缩减是必然的。有些城镇，像埃克塞特（Exeter）伊斯卡敦农尼欧伦（Isca Dumnoniorum）就被遗弃了，其他的城镇也委顿了。道路、浴室、市场和剧院无人维修。在公元490—550年间的某个时候，什罗普郡（Shropshire）罗克斯特（Wroxeter）的面包炉最后一次烤面包。转型期间发生在罗克斯特的接纳而非毁灭，这种情况应该也在其他很多城镇上演，浴室停止使用后，瓷砖被拿去铺了人行道。巴西利卡[1]的屋顶眼见要坍塌，市民们索性把建筑物拆了，在这个外壳里新建了罗马风格的木头斜披房子，不管是私人还是公用的，仍然很宽敞。

但是，此类行为逐渐变成权宜之计，罗马式生活的整块织物变成了一团乱麻，终至分崩离析。到6世纪中晚期，即使在内心依然无法割舍罗马–不列颠理念的人也觉察到，他们在不列颠的传统中心地带是无法延续罗马式的生活方式了——在南部和东部，大量朱特人（在肯特）、盎格鲁人（在东盎格里亚）和撒克逊人（在南部）不断涌入、定居下来，带来干扰。于是，他们迁居到北部、西部，或者在某些时候，跟随着帝国的旧贸易和市场经济残留，市场在哪里，他们也就到哪里；也有的渡海来到罗马行省高卢和阿莫利卡（Armorica，即布列塔尼）。

到7世纪时，不列颠翻开了新的一页，四种文化在岛上共存。"不列颠"的余脉留存在西部、西南和威尔士，这些人不再是罗马–不列颠人，但是说话书写都用凯尔特语。爱尔兰、赫布里底（Hebrides）群岛和苏格兰西部，生活着古苏格兰人，也保留了一部分这个传统（凯尔特语）。废弃的哈德良长城及其要塞以北是皮克特人松散联盟的王国，大部分是异教徒，至今仍不清楚他们用什么语言，他们坚守着苏格兰。"英格兰"——盎格鲁–撒克逊和朱特人的异教徒地盘——根植于东面，从朱特人的肯特郡直到诺森比亚的伯尼西亚（Bernicia）撒克逊王国，它的坚

---

[1] 巴西利卡（basilica），古罗马建筑形式。

实基础是诺森比亚海岸上的巴姆伯格（Bamburgh）城堡。

　　和很多入侵者一样，撒克逊首领和国王对目力可及的东西都要据为己有——还是旧罗马帝国统治不列颠的那套规矩，不列颠人的王国——他们常在旧罗马–不列颠城镇的废墟上建造定居点，当然，特别是伦敦。但是在其他方面，撒克逊人丝毫没有承袭罗马–不列颠文化。他们建立政治强权的基础是战争破坏和不成文的宗族风俗，撒克逊人中盛行血腥仇杀和虐待尸体的习俗，可是这并不意味着由于人类情感理智的轻慢疏忽，才使戴头盔的刺客得以潜入行刺。战争可不是娱乐消遣，它是个系统，掠夺维系着贵族武士及下属对国王的忠诚，在军事行动中抢来的土地喂饱他们的肚子，荣誉满足他们的骄傲，珠宝则迎合他们的虚荣。这才是战争的真正含义。

　　写成于7世纪到10世纪的盎格鲁–撒克逊伟大诗篇《贝奥武夫》（Beowulf），出神入化地描写了勇斗恶魔的超级英雄，但是，里面关于他们的"送指环"王在大树林客厅大宴武士的情节大约和事实相去不远。《贝奥武夫》里提到的"胸口写信"、头盔和金色旗帜都明确地指向萨顿胡（Sutton Hoo）船葬里的陪葬珠宝和盔甲。如果参照萨顿胡船陪葬物品的高品位，既然主子能分发这样炫目的战利品，就可以说明武士们为什么愿意为他们献身。其中东盎格鲁（East Anglia）的雷德沃尔德（Raedwald）就是一个，他死于公元625年左右，是匹配85英尺长萨顿胡舟的最佳人选，他的盔甲华丽精美，颇具罗马风格——头盔、锁子甲、剑、盾牌还有矛。船从萨福克（Suffolk）郡的德本（Deben）河拖到河堤上，沉入事先循惯例挖好的沟里。巨棺搁在船中间，里面盛放着国王和他的珍宝。等葬礼过后，船放入墓穴，泥土堆叠起来，整个船葬高出地平线，象征着木马驶向来世。船里和其他墓葬出土的碎片原件，清楚地表明盎格鲁–撒克逊海盗和贸易商的交易范围已惊人地遍布全球范围，货物包括拜占庭（Byzantium）的银、高卢金币、罗马–不列颠祖母绿、叙利亚的黄色丝绸、北非的碗，上面刻着骆驼和狮子。但其中最特别的，是一个金色扣袢，巨大的锻铁面上扭曲的蛇纹图案栩栩如生。

萨顿胡舟武士的休眠地是异教徒的英灵殿还是基督徒的天堂呢？珍宝中有一对勺子，一个柄上刻着"绍尔"（Saul），另一个刻着"保罗"字样。雷德沃尔德本人由于妻子劝阻而来皈依基督教，但不久盎格鲁－撒克逊人的英格兰五个王国中，很多他的同时代人都皈依了基督教。6—8世纪的这段归化史是不列颠各岛又一个关键的历史转折点，其影响超出了宗教范围；正如罗马军团撤走意味着不列颠从帝国被孤立出来，基督教皈依时间又标志着罗马帝国的回归。有意思的是，这个过程始于罗马人口中的爱尔兰（Hibernia），达尔里亚塔的盖尔人部落；但罗马帝国的统治却从未触及此处。

必须记住，早期抵达爱尔兰的最著名的传教士是圣帕特里克（St Patrick）。他实际上是个罗马－不列颠贵族，或者像他自称的，是个贵族（patricius），或古罗马贵族。他的父亲是统治阶层里的要人——城市议员，拥有土地和供他使唤的农民的绅士——和许多他那个阶层的人一样，尽力保留罗马帝国的生活方式，他还是基督教教会里的执事。所以，这个少年的故事其实没有什么爱尔兰色彩，5世纪初的某年，他被达尔里亚塔海盗劫持——也许是从英格兰西南部的家中——卖去做奴隶。根据他的自述，被劫前，帕特里克年幼稚嫩、无所事事。但在福克麓（Foclut）的森林里［传统上认为是安特里姆郡（County Antrim）的斯莱米什（Slemish）］为奴放羊长达六年，帕特里克有充裕时间来思考和忏悔从前的生活："我的信念发芽成长，精神升华……我一天祈祷一百遍。我在天亮前就醒来开始祈祷，不管什么天气：下雪、霜降还是下雨，我意识到上帝与我同在，就不觉得受伤。"

帕特里克逃跑后，很可能去了布列塔尼，接受了教诲和牧师任命，在高卢待了几年，这里特别是欧塞尔（Auxerre）这个教堂之城基督教根基深厚，因此我们必须在罗马–不列颠人帕特里克身上加上欧洲基督教徒的形象。在这里他开始梦见预兆。第一个要他返回不列颠；他回到不列颠后，第二个梦是梦见一个爱尔兰来的人，手里拿着一封信，是福克麓人民写的，恳求他"神圣的孩子，来我们中间走走吧"。就这样，大约在460年，帕特里克成为西部岛屿达尔里亚塔人中的圣徒保罗，一个游方僧；他冒着生命危险去做此前没有基督教福音传教士敢做的事，走到旧罗马帝国版图外，去天涯海角，"地球边缘"，为无信仰者宣讲教义。这传教可不简单。爱尔兰本地国王把他看成敌人，当成罗马来的间谍；而罗马教会又觉得他在不可救药的异教徒身上浪费时间。尽管到处有敌视和囚禁的咒语，帕特里克排除万难，在传统上是异教徒的地域和节日里有的放矢地传教。

实际上，万事开头难，后来就不那么直接起冲突了，传教士们（如果为引导皈依）普遍利用古代万物有灵论者对水和树林的崇拜，"带领"异教徒走到基督面前。毕竟达尔里亚塔国王还在吹嘘自己是异教神的后裔，因此这些都具有意义：把神圣的泉水指定为洗礼地点，把人们敬畏的精灵居住的林中小溪指为活生生的十字架庙宇，把传统堡垒和墓葬土堆定作祈祷地点。帕特里克和他的后继者们还有些其他的方法，利用凯尔特人爱尔兰的各种场景来深化自己的使命。罗马教廷的组织严密，主教继任升级都非常讲究等级，它的重点在单一中心的威望特权，这很不利于向爱尔兰150个热衷于自己小地盘的国王兜售教义。帕特里克决心让自己从罗马主导的不列颠教会里独立出来，强调只要服从地区主教就行了。他知道自己从高卢学到需要为修道理想做让步，这样非常契合本地皇族的需要，宗教可以作为家庭事务提交给他们。

"神圣鸽子"柯伦西尔（Columcille）[更常见的拉丁名字叫柯伦巴（Columba）]，来自乌伊尼尔（Ui Neill）地方权势非常大的安特里姆贵族，在汇集世俗和精神双重凝聚力上有很大优势。毕竟，当地宗族是得天独厚的部落社团，由里图阿克（ri tuach）的父亲形象主宰。柯伦西尔深知对于国王来说，建立修道院和捐赠可以看作是某种天赋权力，和给皇家武士捐土地或马匹一样，等于签订契约。这是一种姿态，捐赠者肯定会得到某种回报——牲畜、财富或者战役中的好运，或许，最不济，获封为能把他的命令写成文字形式的某级文官。563 年，科纳尔·麦克·康盖尔（Conall mac Congaill）国王许给柯伦西尔马尔（Mull）海岸外围艾奥纳（Iona）岛上一小块肥沃土地时，心里很可能就这样想。这个岛很快成了柯伦西尔传教的大本营，影响范围往西到达爱尔兰达尔里亚塔，往东覆盖了赫布里底群岛和阿盖尔（Argyll）岛。在这片土地和岛屿，本地国王给僧侣提供土地和农民，农民们可以供给大麦和蜂蜜，以及建造地窖所需的劳力，在铁匠铺里劳作，还能给修道院长和僧侣提供教子，给修女提供教女。这好像他们在建造一个神圣的卡舍尔（cashel）——羽毛装饰在帽子上，给心灵带来了福音。所以，像阿兰（Aran）这样的修道院，它位于爱尔兰海鸥盘旋的海岸外，石头围墙，圆形蜂窝状地窖，和石头卡舍尔围墙，看起来简直就是要塞：它是上帝的露营地。当 574 年柯伦西尔任命一个达尔里亚塔国王艾登·麦克·盖伯瑞恩（Aedan mac Gabhrain）为基督教神父时，这个王权与神权的双重领地角色就完美地结合在一起了。

7 世纪初，伯尼西国王奥斯瓦尔德（Oswald）请艾奥纳派遣一个传教士去他的王国里传教，不久后圣艾丹（St Aidan）抵达东北，开启了新的历史篇章：不列颠境内各部族人民汇聚在基督教旗下。

写下这部分杰出纪年史的是杰罗（Jarrow）僧侣比德（Bede）。对我这一代学子来说，他一直是尊贵的比德；这尊重闻起来还带着粗羊毛衬衣和教堂回廊的气息，更别提他那本令人望而生畏的《英格兰基督教史》（*Historia ecclesiastica gentis Anglorum*，英文名是 *Ecclesiastical History of England*），书名就暗示着比德的故事枯燥乏味。但事实上，比德是英语历史上第一个讲故事好手，技巧高超的奇迹兜售者，他的散文想象力异常丰富，他能把萨克斯国王的树林宴会厅里的篝火和烤肉一起用魔法招来，或者惟妙惟肖地描摹一匹伟大战马死亡的痛苦。尽管父母在他7岁时就送他到杰罗的诺森比亚修道院里寄养，从此一辈子都在这里度过，比德是中世纪英格兰早期思想最开通的人之一。他细致观察盎格鲁－撒克逊人的世俗生活、血腥世仇，朝廷争执突如其来甚至有时候幼稚可笑，还有他们轻信痴迷魔术。他的记述很有说服力，因为他洞察有罪者的癖好，也准确理解圣人的善行，对改宗者保持笃信和准确的困难不抱幻想。

664年，当惠特比（Whitby）宗教会议（Synod）上探讨复活节［以异教徒节日欧斯特罗（Eostre）来命名洗礼日］的准确日期时，比德还是个孩子。对我们来说，这场争执有点琐碎；但对可敬偏激的凯尔特爱尔兰人和罗马教廷来说，它意义非凡。如果他们不能就主的受难日期达成一致，还有什么能一致的？尽管爱尔兰人强烈反对，但罗马教廷赢了，而比德是在罗马主流教义修道院里长大的。因此，盎格鲁－撒克逊人改宗了，毫无疑问教皇格列高利（Pope Gregory the Great）大获全胜。因为597年，就是格列高利派奥古斯丁（Augustine）到肯特（Kent）的朱特人王国里去传福音的。当时肯特国王艾塞尔伯特（Aethelbert）和法兰克基督教（Frankish Christian）公主伯莎（Bertha）结婚，允许她在坎特伯雷城里拥有一间小教堂，还从法国引进一个主教。格列高利那时就看好国王，认为他很有可能改信基督教。但比德讲得正好相反，这是个受指引的改宗故事。本来，国王把传教士隔离于自己在塞尼特岛的统治范围之外。只是当奥古斯丁和王后一起祈祷时，吸引了一个追随者，他们这才争取到了艾塞尔伯特。当他们的女儿艾塞尔伯佳（Aethelburga）嫁给诺森比亚国王埃德温（Edwin）时，埃德温也改信了基督教。纵观他的那本历史书，比德没有不切实际地感情用事，他看得很清楚，当异教徒国王被问及要舍弃他们传统的神时，是什么动机战胜了根深蒂固的不信任和焦虑。最起码，在一个充满斗争的世界里，"众主之主"站在自己一边一同战斗的前景值得考量，另外就是纯粹的好奇心。举例来说，诺森比亚的埃德温召集一群智者开会，咨询众人到底是接受还是反对新教会，难以置信的是，打头的旧宗教大祭司承认他的礼拜"既非美德也没有优势"。接着是一个撒克逊贵族，做了比德的整本历史里最动人的演讲，这个更可信，因为撒克逊贵族这个关于改宗的辩论建立在赌徒焦急的直觉上：

> 我的大人，对我来说，地球上的现世生活……就像麻雀飞进屋子，然后很快穿过……冬天的时候，它从一个窗户里飞进来，直接穿过另一个窗又飞出去了，而您和船长们仆人们在吃饭；客厅中间生着火保暖，但所有其他地方都受到冬天最狂暴的雨雪侵扰。就在此刻房间里感受不到冬天的风暴，但一刹那的好天气过去后，它也就一个冬天接着一个冬天地过去了，没有引起您的注意。所以人的一生只是很短的一个季节，但接下来的或者以前是什么样的，我们都一无所知。那么如果这新知识能给我们带来些新的确定性，我想它值得我们去信仰。

这个关于终极解决的演讲是比德书里的典型，从一个贵族嘴里，吐出这么实用主义的话，真是令人震惊。在盎格鲁-撒克逊的英格兰（和爱尔兰还有皮克特人的苏格兰一样），教会在贵族中自然蔓延开，由出身高贵的男男女女把持。杰罗和芒克威尔茅斯（Monkwearmouth）双修道院由本尼迪克特（Benedict）主教在 7 世纪时建成，他曾是个诺森比亚宫廷武士贵族，一个大乡绅（thegn），他在旅行穿越了法兰克基督教的欧洲后成为僧侣。对这些显贵的修道院院长来说，壮观无比重要，他们很清楚自己是纯洁的第二代罗马人，约克的贵族主教圣威尔富里德（St Wilfrid）就故意把哈德良长城在赫克瑟姆（Hexham）的一部分改成罗马式的庄严巴西利卡。这些修道院和教堂装饰富丽堂皇（和爱尔兰教堂的朴实无华恰成鲜明对比）。比斯考（Biscop）去意大利旅行，带回来一群石匠、玻璃工人、首饰匠，还有上面绣着圣徒肖像和生平事迹的缂丝壁挂，他还从罗马引进一个歌唱家，教僧侣们唱圣彼得大教堂的赞美诗。当教堂的一位贵族出行时，80 名僧侣跟随其后，蔚为大观，仿佛他是个大人物。圣威尔福德的手下在萨塞克斯的海滩上遭到袭击后和盎格鲁－撒克逊人一样发誓，要战斗直到"荣耀地死去，要不然就带着胜利归还"。

修道院急需人手做最费力的事——抄写《圣经》和早期教堂史事。像杰罗和林迪斯芳（Lindisfarne）这些修道院成了书籍生产线，确保留住拉丁文和基督教文献，它们需要工业化的方法才能做到。格列高利的著作就耗费了 2000 张山羊皮纸；500 头小羊的皮只能制作一卷《圣经》。尽管来自艾奥纳岛的僧侣圣艾丹创建的林迪斯芳修道院，原本比杰罗更简朴，后来也设立了一家珠宝作坊，进行装订加工，制作书匣，出产考究的《圣经》，由僧侣伊德弗里斯（Eadfrith）装帧。伊德弗里斯大约是英语里第一个留下名字的工艺大师。还有很多其他无名教友和他一起制作这本伊德弗里斯《圣经》（比方说，单张羊皮纸上有 1 万多个大写字母小红点）。他把不列颠古老的、最早见于新石器时期珠宝制作的工艺，如盘绕、卷曲和螺旋纹，融进这门神圣艺术。最典型的是，萨敦胡舟出土扣袢上扭曲的喙状嘴蛇纹又一次出现在林迪斯芳福音书美丽的"密织地毯纹书页"里，最伟大的盎格鲁－撒克逊艺术和异教徒与基督教装饰如此水乳交融，这事真是令人惊异。

比德的另一本作品记载了圣卡斯伯特（St Cuthbert）的生平，他是本修道院人格最高尚的教徒，林迪斯芳福音书几乎可以确定是为他的圣陵之用。这个传记说明了盎格鲁－撒克逊教会的需求，不只像圣威尔里德这样的权威人物和学者需要，而是要个性化地表彰早期基督教隐士简朴单纯的快乐。卡斯伯特，和圣威尔弗里德及本尼迪克特·比斯考一样，出身显赫家族，但同样忠于职守，遵循惠特比宗教会议之后的罗马教廷教规。他自己接受的训练是爱尔兰传统苦行僧的简朴生活，他花了大量时间在切维厄特（Cheviot）周边山区行走，照料普通民众和思想迷茫的教徒，探访贫苦大众。成为林迪斯芳一个副院长那年他 30 岁，他的神秘圣迹已在诺森比亚海岸的僧俗中引起议论。比如，有人说，他有个习惯，偷偷地站在齐膝深的冰冷海水里，高唱赞美诗——这习惯好像混合了纯洁和炫耀，引人怀疑。当他访问科尔丁厄姆（Coldingham）修道院时，一个教徒偷偷跟着他，看到卡斯伯特在山岩水潭里，水深及小腿，在月光下唱歌。天亮后，疑团解开：圣徒跪在沙子上，水里冒出二只海獭，原来它们用毛茸茸的身体蹭着圣徒双脚，使它们保持干燥和温暖。

即使是林迪斯芳对卡斯伯特的冥想也干扰太多。因此，40 岁时，他退隐到法恩（Farne）岛上，一个人生活，种植大麦，与角嘴海雀为伍。684 年，虽然诺森比亚国王艾格弗里斯（Egfrith）预料到将会无功而返，可为了说服卡斯伯特重返陆上就任主教之职，国王本人还是不得不渡过滔滔波浪上岛。但为时已晚，卡斯伯特死于 687 年。僧侣们到法恩岛上迎取卡斯伯特遗体，他们返回林迪斯芳时，大群虔诚教徒聚集在一起，齐唱赞美诗，迎候船只。11 年后，林迪斯芳的教徒们决定为他修建圣陵，要把他的遗体从圣彼得小教堂起出；他们惊奇地发现他的遗体一点没有腐烂的迹象。

因为圣卡斯伯特如此受尊敬，为了不让"穿狼皮大衣的"和"穿熊皮大衣的"[1] 人加害他的遗体，到 793 年，林迪斯芳僧侣们知道维京海盗对这珍贵的圣陵虎视眈眈，将他的遗体移出林迪斯芳，四处躲避了 7 年，最后才找到一个更安全的庇护所。这一年的《盎格鲁–撒克逊编年史》

---

[1] 这里的两处引文特指维京海盗。——译者注

（*The Anglo-Saxon Chronicle*）里记载着：

> 诺森比亚到处出现不祥之兆……空中出现大旋风、闪电还有猛
> 龙。随即发生了大饥荒，6 月 8 日，野蛮人来抢劫，毁坏了上帝在
> 林迪斯芳的教堂，真是悲伤啊。

只要仔细审视，就能发现在任何文化里总有一些优点（也许应该剔
除 20 世纪的某些文化）。近年来，出于美好愿望，研究维京人的历史学
家一直在痛苦地消除自己文化的虚构事实，因为它充满了航行、砍杀、
放火、强奸、劫掠。现在已经知道，当时斯堪的纳维亚群岛上的人口压
力，使得他们在挪威和丹麦跳上小船，载着琥珀、毛皮和海象象牙（还
有恶劣态度）远航，他们的传奇讲的都是史诗般的英雄。当维京人（比
如 10 世纪）作为殖民者（甚至作为农民）定居下来，流动贸易和精美的
手工艺品，可能消弭了他们蛮横的好斗精神。在他们统治下繁荣起来的
城市像都柏林和约克，后者最近发起创建"约维克"（Jorvik）主题公园，
旨在打造一个比较温暖可爱的维京人形象。

哪怕我们本着世界上最美好的愿望，要是说早期维京人作为行动迅
速的波罗的海行商，唱着英雄传奇划向新开辟的市场，这种观念毕竟与
史实不符。到 8 世纪末，多切斯特（Dorchester）的采邑总管波杜赫尔德
（Beaduheard）前去迎接挪威商船，天真地认为这是一支来和平贸易的
船队。他指引他们来到他所效忠的皇家出售货物的地界，结果挪威人一
斧子劈在他脸上，就这样回报他的好心帮助。当然，维京人偏好这种货
物——人口（包括妇女），他们贩卖人口为奴。仅 869 年的一次劫掠，就
从阿马（Armagh）抢走 1000 名奴隶。据记载，到 879 年，一个维京武
士的葬礼仪式，陪葬品包括他的剑、当场砍杀的两名女奴隶，以及几百
个男人、女人和孩子的骨头——这才算像像样样地送他的尸体去往瓦尔
哈拉殿堂。

这样，很可能在诺斯人（Norsemen）[1]的人种学书籍里，9 世纪时的不列颠居民恐怕找不出有趣的东西，他们疲于自保才能幸免于被肢解或被抓走。因为很多影响早期盎格鲁－撒克逊生活的故事，或者是盎格鲁－撒克逊人自己讲的故事都格外残暴，并不意味着这些教会文献不可信，盖尔人文献里的故事几乎也是那样。在斯特兰福德湾（Strangford Lough），与圣帕特里克最早在爱尔兰的传教事迹紧密相关的古老修道院完全被毁。795 年，另一个不列颠基督教归化的重要地点——艾奥纳——被打劫；806 年，当地的 68 名僧侣被杀。位于河边、湖畔或海岸河口的房子，很容易受到维京人攻击，都需要很好地加固。埃塞克斯滨海布拉德韦尔（Bradwell-on-Sea）的小教堂，由一个来自诺森比亚的传教士创建，它的基础是罗马要塞；僧侣们紧张地等着维京人或早或迟的劫掠降临时，一定非常感激这种坚固的石头防御，他们知道维京人的袭击快速又凶狠。

从正面来说，维京人也的确做了一件事——尽管不是故意的——他们创造了英格兰和阿尔巴（Alba）王国的共同需求，阿尔巴就是以后的苏格兰。当他们长长的小船飞快地溯河而上展开致命袭击时，维京人事先可没料到这一点，他们脑子里只有战利品。维京人来自斯堪的纳维亚，那里本来就是近乎无政府的武士统治社会，象征性地向丹麦和挪威国王表示忠心；绝大多数情况下，他们得到允许去做海盗，可以尽情攫取土地、劫掠财物和人口。这样维京人当然是离祖国越远越好。维京人在英格兰东部和北部占领地上定居之前，想的是给王国造成动荡，让当地统治者为他们埋单，最好是用硬通货银子。这条硬道理很粗鄙，但引起的动荡很有成效。正好这时撒克逊人的王国彼此分裂，各王国内讧也厉害。王国之间虽然联姻，但在压力面前也不能保证军事实力，特别是当维京人的灾难降临到旁人而不是自己头上时。事实上，有几个撒克逊人统治

---

[1]　诺斯人，古代挪威人。——译者注

者犯的错误，和四个世纪前罗马－不列颠当局一样，就是误将入侵者当成可利用的帮手。

比德死于 735 年，之前他一直担心基督教的信仰之树根基未稳，不足以在以下两个威胁下生存下来：一个是诺斯人的异教兴起，另一个是新崛起的好斗的伊斯兰教，那时后者已深入西班牙和法兰西的基督教中心地界。但即使悲观如比德，尚且不能想象维京人的灾难给诺森比亚带来的打击规模之大，不只是林迪斯芳，就是比德自己的修道院杰罗和芒克威尔茅斯还有艾奥纳，连约克都沦陷了，最痛苦的莫过于这些修道院的大图书馆被焚毁。约克宫廷学者阿尔昆（Alcuin）听说林迪斯芳被毁后，给神圣罗马帝国的法兰克皇帝查理曼大帝（Charlemagne）写信："请看圣卡斯伯特的教堂，溅上了上帝神父的鲜血。"

维京人摧毁了大部分撒克逊王国的实力后，剩下的英格兰国王、伯爵、大乡绅都奋起反击，大家联手对付维京人。在北方，皮克特人和达尔里亚塔（Dal Riata）本来互不相让，现在出现了前所未有的局面：貌似结成联盟来抗衡一个共同敌人。在北方 20 年的争斗后，皮克特国王君士坦丁一世刻意给自己起了第一个罗马基督教皇帝的名字，打败了达尔里亚塔，在 811 年，在北方建立了一个联合王国。

同样，在剩下的非维京人占领的英格兰地区，统治者们面临无法改变的共同灾难时，摒弃前嫌，团结到单一的全英格兰国王旗下。要拢得住这种史无前例的忠诚，这人必定非同凡响，而阿尔弗雷德正是合适人选。都铎家族认为他非常具有号召力，愿意把不同于所有前辈的"大帝"称号封给他以示敬意，这称号直接将他和查理曼大帝相提并论。而且在所有关于阿尔弗雷德的神话中，也不能说它们错了。盎格鲁－撒克逊叫他英格兰的牧羊人，英格兰的宝贝。

阿尔弗雷德于 849 年生于万蒂奇（Wantage），是威塞克斯国王埃塞尔沃夫（Aethelwulf）的小儿子，埃格伯特（Egbert）的孙子。塞克斯王国通过常见的战争和联姻结合的方法，取代了中央地带的麦西亚（Mercia）王国，成为最重要的撒克逊王国。马背上的强盗维京人那时还只是被大家当作一时的困扰，他们从圣陵和繁忙的撒克逊市场城镇比如哈姆威克［Hamwic，现代南安普顿（Southampton）的前身］大肆偷盗，然后假慈悲地离去享用赃物。但是后来船队的规模越来越大——每次 30—35 条船——而且维京人停留的时间越来越长，危害加大。到 850年，他们整个冬天都待在肯特的萨内特和谢佩（Sheppey）。据《盎格鲁－撒克逊编年史》记载，850 年，一支船队，整整 350 条船，袭击掠夺坎特伯雷和伦敦，废黜了麦西亚国王伯赫特沃夫（Berhrtwulf）。白银也不再能保证维京人不杀到跟前，864 年，肯特贵族已经依约支付钱财，但维京人仍然不顾一切，决定在这里大开杀戒。接着在 865—866 年的这一年间，伟大的基督教王国诺森比亚被毁，这是不列颠到当时为止见过的规模最大的维京船队所为，867 年约克沦陷。到 876 年，诺森比亚的土地被维京人主要头领们瓜分。869 年，这次轮到东盎格利亚国王埃德蒙，往常他都是花钱消灾，这次他却厌倦了，转而奋起反抗，却遭到斩首，身体被刺穿。很明显，对威塞克斯国王埃塞雷德（Aethelred）和他仅存的弟弟阿尔弗雷德来说，用不了多久，他们也将不可避免地直接面对维京人。

今天我们知道的大部分关于阿尔弗雷德的故事都来自威尔士僧侣阿塞（Asser）所写的传记，阿塞应邀来到威塞克斯宫廷，毫无疑问热情地大唱赞歌。理想化地去看，阿塞所作的记述还是有一部分真实内容，阿尔弗雷德还是个孩子的时候就很好学，最有名的神童故事就是母亲给阿尔弗雷德一本绘图本盎格鲁－撒克逊诗集，这孩子就无师自通地全读懂了。不消说，阿尔弗雷德记住了诗歌，还大声地背给妈妈听，一个自大的小书呆子。

可是，那年头容不得书生气。868 年，维京人在麦西亚人诺丁汉

萨克森海岸要塞

维京人袭击
挪威人 793—850
丹麦人 860—880

奥克尼群岛

波克特

凯思内斯

大西洋

佛特努

喀里多尼亚

邓凯尔德

圣安德鲁斯

北海

艾奥纳

斯特拉斯克莱德

洛锡安

林第斯芳

巴姆伯格

伯尼西亚

杰罗

达尔里阿达

乌来德

达勒姆

芒克威尔茅斯

北奥尼尔

阿马

惠特比

埃尔吉亚拉

诺森比亚

约克

德拉

康诺特

南奥尼尔

都柏林

拉京

爱尔兰海

芒斯特

安格尔西

格温内思

威尔士

波厄斯

德韦达

麦西亚

布兰克斯特

东盎格利亚

赛特福德

剑桥

萨顿胡

埃塞克斯

格洛斯特

赛伦塞斯特

莫尔登

万塔吉

伦敦

奇彭纳姆

坎特伯雷

威塞克斯

雷丁

萨里

肯特

多佛尔

温切斯特

波切斯特

萨塞克斯

多切斯特

康沃尔

英吉利海峡

0　　　50 英里
0　　　100 公里

盎格鲁－萨克逊王国与维京人入侵

过冬。阿尔弗雷德已经结婚，那明显是战略联姻，他娶了埃勒斯维斯（Eahlswith），岳母是麦西亚王室一员。到 870 年，丹麦人驻扎在雷丁（Reading），直接威胁到了威塞克斯王国。871 年，埃塞雷德与阿尔弗雷德哥俩打了好多仗，高潮是阿什当（Ashdown）大捷。但还没来得及初尝胜利的喜悦，埃塞雷德就死了，留下阿尔弗雷德独自支撑威塞克斯王国。消息传来，第二支庞大的维京队伍已来到雷丁，可不让人省心，威塞克斯沦陷指日可待，整个盎格鲁–撒克逊英格兰看来要重蹈罗马–不列颠的覆辙。

但就在这时，一些小的奇迹起了干扰作用。维京人的杀戮机器本来令人印象深刻，但其失败之处在于他们庆祝胜利的方式是自我分裂；他们分头去打劫不如征服之后分裂来得多。这都是因为维京人过于自信，以为没人能抵抗他们，在 865 年和 871 年，强大的维京人异教徒队伍都分头各自行动。在 874 年，865 年来过的同一批上层维京人返回挪威，剩余的在诺森比亚长住下来。871 年来的一批，在维京人中属于低级阶层，领头的叫古德龙（Guthrum），安营在剑桥，而威塞克斯位于剑桥南边和西边，自然古德龙这帮人对威塞克斯构成两面威胁，维京人已视为威塞克斯囊中之物。当古德龙继续向格洛斯特开拔时，眼看他的如意算盘就要成真了。

一时之间，阿尔弗雷德只得暂且避其锋芒，撤退并且和古德龙交换人质，想使维京人离开威塞克斯进入麦西亚。尽管要和古德龙这样的异教徒盟誓，这种策略看起来短时间里能奏效，但阿尔弗雷德心里肯定是悲观的。果然，878 年 1 月的寒冬，在第十二夜，阿尔弗雷德这样的基督徒庆祝显圣节（Epiphany），维京人知道对手的注意力肯定会分散，就对威塞克斯皇城奇彭纳姆（Chippenham）发动突然袭击，他们的计划当然包括俘虏国王，这差一点点就得手了。在当时实际上无力防守的情况下，阿尔弗雷德只能走为上计。

接下来发生的事就是阿尔弗雷德传奇的重心，阿泰尔尼（Athelney）沼泽地里的莎草没过人头，这个逃亡者利用泥沼容易陷入作为有利条件，开始扭转大势抗敌。阿塞给我们描绘了一个游击队战士原型："在萨默赛特的树林和沼泽里，过着极其失落的生活，没有生活资料，除了能靠突然袭击中找到的东西。"阿尔弗雷德被迫屈尊向农民乞讨施舍，包括养猪人的妻子，他烤焦了她的蛋糕时，对方使他非常难堪。无论在当时还是后来，这些故事都带着一种经文的调子（或者最起码有短文的影子）：尊贵的国王不幸沦落潦倒却仍然坚忍谦恭（特别是面对愤怒的妇人斥责时）；接着，时运不济，但得到神灵感应，阿尔弗雷德把握住了自己和王国的命运。后来，很多关于四处逃亡的国王故事中，有一种说法是圣卡斯伯特（除了他，还有谁？）现身，要求分享食物，阿尔弗雷德听从了他给他食物；来人随即消失，一会儿又穿上圣者的全副行头出现，应许他最终胜利。并且圣卡斯伯特和吉迪恩一样，敦促阿尔弗雷德相信上帝，吹响战斗号角，召集朋友们。

到878年春天，阿尔弗雷德成功地召集起临时的抵抗联盟，依靠国王埃格伯特之石，在威尔特郡和萨默赛特（Somerset）边界，领导一支部队，两天后，他们在埃丁顿（Edington）打败了古德龙的维京人，一路追赶到奇彭纳姆，围困两周后，维京头领投降，阿尔弗雷德大获全胜，这可不是一般意义上的投降。古德龙被阿尔弗雷德的战神力量深深打动，他决定立即和他的30名武士加入基督徒战士之列。他在萨默赛特的阿莱（Aller）教堂受洗。阿尔弗雷德作为他的教父，将他从洗礼盆里托起。从前凶猛的异教徒维京贵族不再是穿戴盔甲，而是从头到脚裹着柔软的改宗白布。庄重的仪式结束后，他们受洗时的穿着送去威德莫尔（Wedmore）的阿尔弗雷德皇宫领地，因此这是战场和精神的双重胜利。阿尔弗雷德使古德龙相信了自己，还接纳他加入英格兰教会团体。这样，现在有可能签订神圣的有约束力的条约了（至少阿尔弗雷德是这么想的）。古德龙同意满足于在自己的东盎格利亚称王，再也不袭击威塞克斯、麦西亚或埃塞克斯和肯特的地面，后二者也完全属于威塞克斯统治。后来的事情大抵也就如此了，古德龙退到萨塞克斯的哈德利（Hadleigh），也许在那里过着田园牧歌式的隐居生活，悠游自在，不再像维京人那样给谁带来伤害。

　　阿尔弗雷德很聪明，并没有被胜利冲昏头脑。这只是打败了一个强盗和他的队伍，可不是全英格兰的维京人武力。到 9 世纪末，诺斯人作为殖民者很明显要在不列颠岛长期盘踞，不再做打家劫舍的海盗。阿尔弗雷德的最大愿望就是控制局面，与皈依基督教从而相对温和的维京人邻国妥协。尽管埃丁顿一役不太算得上历史传奇，但它的确使维京人国王暂停了在不列颠岛上的扫荡，给了阿尔弗雷德宝贵的 14 年喘息时间。在这期间，他修建了 30 座坚固城堡，组成环状防御带，称作"伯赫"[1]，长期驻防守军，他的战略工事建筑在历代先祖的军事智慧积累之上：利用了铁器时代的山丘堡垒、罗马帝国的大道、撒克逊的低石墙和沟渠。他的民兵（fyrd）非职业军队，由高级领主属下的大乡绅筹建，配上马匹，实行轮值制。这样，不管维京人在何时何地出现，都要面对顽强的抵抗。正如阿尔弗雷德所预计的，在 9 世纪 90 年代，维京人真的卷土重来了，但不再像 9 世纪中叶维京人劫掠的全盛时期那样能够恣意妄为。阿尔弗雷德的措施迫使维京人不得不在小半个国家范围内活动，在丹麦人和撒克逊人的英格兰之间，从东盎格利亚，麦西亚东部到诺森比亚划定了一道强大的边境防线。

　　而这充其量是一种隔离状态。在 886 年，阿尔弗雷德进入伦敦时［他在罗马旧址上恢复了伦敦，而不是麦西亚 - 撒克逊人的伦敦（Lundenwic），那个更靠近今天的奥德维奇（Aldwych）和斯特兰德街区

---

[1]　伯赫（burgh），音译，有防卫的城镇。——译者注

（the Strand）]，发生了一些具有重大意义的事件。阿塞写道，他被称为"不臣属于丹麦人的全体英格兰人"的君主。也是从此开始，他被叫作"盎格鲁–撒克逊的国王"。有的故事说得更进一步，称呼他"英吉利之王"（Rex Anglorum），927 年，他的孙子倒确实是以这个头衔加冕。因此，毫无疑问在阿尔弗雷德生前，一个联合的英格兰王国已成形，甚至也已有预期。在阿泰尔尼（Athelney）不远处出土的精美"阿尔弗雷德珠宝"（Alfred Jewel），它非凡的祖母绿头面，和富勒（Fuller）胸针有点儿像，圆睁的双眼象征远见和智慧，它的品质完全适合用来赞美一个博学的君主。阿尔弗雷德珠宝侧面刻着传奇的"阿尔弗雷德让我制作"。也可以说是他复活了英格兰君主制。

　　的确，盎格鲁–撒克逊的英格兰王国尚在缓慢形成中，同时在苏格兰肯尼斯一世（Kenneth I）统治下的麦克·埃尔平（Mac Ailpin）王国也是这样。但是，当阿尔弗雷德故去的时候，他已经缔造了国王的头衔，以前它只是一个武士头领，颁赏指环者（阿尔弗雷德也被认为是其中最伟大的武士），到这时候已经是制度的建立者和天授王权之人。作为赞美诗翻译者的国王肯定想过自喻为新大卫王或所罗门（Solomon）。和大卫王一样，他是基督教会的左臂右膀——在阿宾顿（Abingdon）出土的一柄剑说明他如何郑重其事地看待自己的职责。和所罗门一样，阿尔弗雷德认为王权的基础应该是正义，而不是武力调停。因此他把众多法律条文和惩罚条例合并，整理出成为单一明晰的完整法律，让人编写、翻译成文，他是第一个这么做的国王。那么他的子民（至少那一半自由的臣民，我们得记住撒克逊英格兰是个奴隶社会）能把得到皇家的裁决视为当然，还有，阿尔弗雷德提供的司法裁决明确限定在现实主义范围内。阿尔弗雷德深知宣布世家仇杀违法的实际作用不大，所以他只坚持国王应该控制这种行为，给予一定的宽限期，例如，让受袭击一方在受攻击前能妥协。维京人烧毁修道院图书馆的痛苦令人记忆犹新，阿尔弗雷德还自认国王要成为教育者。在翻译波伊提乌（Boethius）《哲学的安慰》（*De consolatione philosophiae*）一书时，他给予智慧最高的赞美，而阿尔弗雷德关于教育的承诺从实际出发。他不仅为自家和宫廷，同时也为全体贵族开办学校，这么做的目的是告诉那些想称王的人，首先要成为识文断字受过教育的人，而不是靠武力和掠夺。

阿尔弗雷德最热忱最坚定的信念是，动用武力的先决条件是拥有知识。这是远见卓识，不列颠地面上的统治者里还有多少人能如此？

撒克逊国王经历了长久的转变，才从杀人不见血的异教徒、挥舞斧子的冒险家变成了图书馆的建造者！自然这幅和平好学的盎格鲁-撒克逊威塞克斯图景，更像是一种高贵理想而不是眼前的现实。大半个国家处在维京人的严重威胁下，到 10 世纪，以威塞克斯国王统治为基础的英格兰已经把国境扩展到特威德河；这片依靠维京人统领的"丹麦法"（Danelaw）统领的地区能享有充分自治。到 10 世纪末，第二波凶猛的维京人强盗，再一次试图深入盎格鲁-撒克逊英格兰腹地侵略。11 世纪初，丹麦的一个国王克努特（Cnut）统治了整个哈德良长城以南的国土，但他的统治更多是受益于阿尔弗雷德及其继任者们奠基的盎格鲁-撒克逊政府。

经过历年磨难，威塞克斯王家的朝廷后来被摧毁、血洗，甚至常常到了被彻底清洗的边缘。但英格兰国王的范式在阿尔弗雷德的坚持下，像水晶一样纯化了，在最里层植入了撒克逊文化的中心即罗马帝国的统治典范；而通常认为是撒克逊人埋葬了这一古典传统；这是早期不列颠历史上最具讽刺性的事实之一。在特威德河以北，这种情况同样存在。阿尔巴（Alba，900 年后他们这么称呼旧的皮克特人国土）国王们轮流用盖尔语和拉丁文名字给他们的儿子们取名，一个叫安格斯（Oengus）王子，他的兄弟叫康斯坦丁王子。从许多方面来看，阿尔弗雷德是撒克逊人中最罗马化的。853 年，还在他孩提的时候，他的父亲埃塞尔沃夫送他去罗马执行一项特殊使命,在那里,教皇利奥九世(Pope Leo IV)给小家伙穿上罗马执政官的皇家紫袍,给他腰里围上罗马基督教武士的剑带。公元854—855年,阿尔弗雷德和父亲一起在罗马待了一整年,甚至去了帕拉丁山(Palatine)的废墟,这对于一个盎格鲁-撒克逊人来说,绝对是没齿难忘的经历。成年后阿尔弗雷德学习拉丁语,翻译教皇格列高利的《神职关怀》(Pastoral Care)一书,使他热切的基督教罗马化过程画上圆满的句号。教皇马克西姆斯二世(Maximus II)在任期间,阿尔弗雷德的一个做法后来成了传统,每年给英格兰四分之一的城市免税,返还税款作为国王的救济金,送英格兰人民去罗马游学,这个传统直到亨利八世(Henry VIII)改革才终止。

当然,阿尔弗雷德忠于的这个罗马,早已不是克劳狄和哈德良派遣军团上岛进而缔造了不列坦尼亚的那个异教徒帝国,而是新的罗马基督教帝国。假如说阿尔弗雷德心中有他自己关于王权的崇高目标,那一定是查理曼大帝。阿尔弗雷德让有学识的宗教人士进入宫廷的政策,看上去就是直接仿效法兰克皇帝。同样,973年,当他的曾孙埃德加(Edgar)先后加冕两次时,邓斯坦(Dunstan)为他设计典礼如下:坎特伯雷大主教(必定懂得古迹的人)——直到今天仍然是英格兰加冕的仪式核心——涂抹圣油、拿起王冠上带十字架的小球和节杖、欢呼"国王万岁!天佑吾王!"——这些来自罗马也来自法兰克传统。那么那两次加冕又是在什么地方举行的呢?就是英格兰这两个罗马和古不列颠融合最彻底的地方:巴斯和切斯特(Chester)。

不管他还懂得什么其他的,埃德加已经足够聪明,他知道如果要存活下来,英格兰国王决不能心胸狭隘。

第二章

征服

　　历史学家喜欢平静的生活，通常也能得偿所愿。大部分时间里，历史从容向前，逐步而隐秘地发生变化。国家及其组织或固定成形，或像沉渣在激荡的河流冲刷下瓦解然后消失。英格兰历史特别像温和族群的作品，极少出现大动乱。但是，历史也有毫不含糊的时刻：暴力、决绝、血腥、痛苦；像一辆满载麻烦的大卡车，把承载的文化内容——风俗、语言、法律、忠诚都毁灭。

　　公元1066年就是这样的年份。最近，有人发起运动，精心策划从改名字开始的各种活动，要尽可能减小黑斯廷斯之战的重要意义。当然，那场战役没有发生在黑斯廷斯本地，而是在几英里远的内陆，撒克逊人称为"森拉克"（senlach），诺曼人讹传为"尚拉克"（sang-lac）意为"鲜血之湖"的地方。怎么称呼都无所谓，重要的是1066年秋天发生在威塞克斯东南的事件，是一次微弱的震颤，几乎没有扰乱一个稳定社会的正常发展路径；或者，和绝大多数历史学家认为的那样，是英国历史上重大断裂的开端：终结了某些事又开启了另外某些事。而这真的是一次崩溃吗？

　　事实上，对盎格鲁-撒克逊英格兰的大部分人（更别提不列颠的其余部分）来说，公元1066年的主要事件是换领主。盎格鲁-撒克逊社会的底层奴隶当时还可以买卖，他们不会关心自己的主子说哪种语言。农奴［villein，无自由的佃农（tenant）或农奴（serf）］耕地、喂猪，祈祷摆脱贫困和鼠疫，观察季节轮回。但总有可能作为无关政治者来审视事件，也看得出这场宏大的暴行是给社会进程的冷酷节奏加上了注脚。历史无非就是轮回。但在 1066 年，毛莨下尸骨遍野，整个盎格鲁－撒克逊英格兰的统治阶层，约 4 000 或 5 000 名大乡绅消失了，他们的权威、财富，所有一切都归了外国人。也许你幸存着，你还是生活在英格兰，甚至依然说英语；但政治上你是下等人，低等民族，你还住在英格兰，但它不再是你的国家。无论按什么标准，这个变化都能称得上是改天换地。

　　改朝换代在英格兰不是新鲜事，1016 年，在黑斯廷斯之战的半个世纪前，这个国家一下子变成了大波罗的海－丹麦海洋帝国最南端的行省，由基督教国王克努特统治。总体来说，这个改变无可避免，也不令人感到意外。10 世纪末 11 世纪初，所有的噩梦又回来骚扰盎格鲁－撒克逊王国了。公元 990 年，维京人开始报复性劫掠，不像早期海盗时代，只是找机会烧杀掳掠一番，更像是丹麦官方殖民政策的助手。慑于奥托王朝的军事实力，丹麦人被挡在欧洲大陆以外，他们回到英格兰东部丹麦法统治区的实际控制线，寻找突破口，实现他们的野心，摧毁撒克逊地面上威塞克斯和麦西亚王国的力量，把特威德河和威尔士边界之间的整个国家纳入丹麦统治范围。公元 991 年，埃塞克斯海滨莫尔登（Maldon）一战中，埃塞克斯伯爵布里塞洛夫（Byrhtnoth）战败并死于维京君主奥拉夫·特里格瓦松（Olaf Tryggvason）之手。与其说伟大的盎格鲁－撒克逊史诗是哀叹埃塞克斯的余音，不如说是整个英格兰的灾难。这场战役发生之时，正当威塞克斯国王埃德加最小的儿子埃塞雷德执政权威遭受维京人重创，不能确定威塞克斯境内的重要伯爵和大乡绅是否还忠于他。他的名字埃塞雷德（意为"好执政"）被戏改为"安雷德"（Unraed，意为"坏执政"），这种嘲笑令人痛苦，尽管它在 1066 年之后才被记录在案，也许当时就已经存在了——它暗示着人们不再尊敬他。莫尔登一战后，维京人在撒克逊地面上开始勒索丰厚的贡品，没有了埃塞雷德的保障，撒克逊人一般选择纳贡；这样反过来又助涨了更多维京船队逗留更长时间。阿尔弗雷德和他的继任者们苦心经营起来的权力和忠诚之链看来已经松散了。

可是这链条还没有松散得那么彻底，也没那么快。尽管丹麦国王斯韦恩一世（Sweyn I）虔诚地改信了基督教，毫不掩饰其要夺取英格兰王位的野心，但也花费了 20 年时间苦苦争斗才看到一线希望。他首先战胜维京的主要对手特里格瓦松，后者于公元 995 年成为挪威国王；接着他需要获得英格兰大部分伯爵的同意。于公元 1013 年，他总算如愿以偿。但是短短几年内，父辈就撒手上路，儿子们顶了上来：公元 1014 年，斯韦恩一世毫无征兆地死去，把王国留给了儿子克努特。1016 年，埃塞雷德驾鹤西去，他的儿子刚勇王埃德蒙继位。1016 年 10 月，刚勇王在埃塞克斯的阿辛登（Ashingdon）惨败给克努特，尽管他的王位继承权更直接，却不得不签订妥协之约。威塞克斯家族保留了自家的国土、领地、教堂、修道院，而丹麦人拥有其他一切。同年 11 月，埃德蒙也毫无征兆地跟随其父西去，这样英格兰最后一块肥肉也落入了克努特手中。两年后，克努特从其兄弟手中继承了丹麦。

是否英格兰这时就已彻底丹麦化了？像 50 年后诺曼人来了那样？丹麦人在这个国家的大部分地方建立了殖民统治，从约克起，经过东盎格利亚——接着超过英格兰一直到奥克尼的诺斯人伯爵领地，以及维京人的港口城市都柏林——他们的经济和文化生活都已朝东北和东方转向，主要是围绕着那边的斯堪的纳维亚贸易帝国，现在不计其数的以 "-by" 和 "-thorp" 结尾的地名就起源于那时的维京人。但在威塞克斯和麦西亚，就有点儿说不清到底是谁殖民了谁，克努特和往常一样，以一场婚礼加一场屠杀开始执政。1002 年，埃塞雷德曾毫不迟疑地下令大规模屠杀丹麦人，先下手为强，干掉可能的"第五纵队"[1]。这时候，轮到克努特清剿他的主要竞争者，刚勇王埃德蒙的兄弟耶德瑞克（Eadric）和被他怀疑不忠的其他撒克逊首领了，特别是麦西亚和东盎格利亚伯爵。克努特将他们的爵位授予了维京人贵族埃里克（Eric）和高个子托鲁克尔（Thorkell the Tall），后二人都是将他送上英格兰王位的帮手。这就是 11世纪的欧洲黑手党（Mafia）手法：一份干净漂亮的名单，不留王室血统的贵族以绝后患。最后，克努特还不失时机地迎娶埃塞雷德的遗孀爱玛为妻，尽管爱玛的年纪已经可以做他妈妈了。

　　和爱玛联姻，克努特要得到的是政治便利而非肉体享受，事实上，这是另一种深怀敌意的掠夺。尽管他让他的丹麦朋友们攫取了伯爵实权，精明的克努特还是知道，要以英格兰之道统治英格兰人，他继承的是一个欧洲中世纪早期管理权最集中和组织最严密的政府（还有，到克努特完全承接下来时，又是税负最重的政府），如果他敢改弦更张，那是犯傻。他之前的盎格鲁-撒克逊英格兰政局多变，但结构稳定，在宫廷混乱和战场血肉横飞之外，教堂林立，法庭听审案件，商品生产和流通有序，货币坚挺，铸造充裕。从少数留存的碎片中，我们就能看出文化精致而又多元。来自温切斯特和坎特伯雷的高等级大教会权贵的物品，如令人目瞪口呆的象牙、色彩艳丽的唱本、感人至深的耶稣受难场景画、栩栩如生的鸟兽画，都足以媲美基督教欧洲任何地方的上佳之作。

　　19 世纪时，研究中世纪的历史学家将盎格鲁-撒克逊政府看成为他们自己认同的政府机构加以赞美，同时对想象中的撒克逊"黄金时代"十分伤感。亨伯河以南的英格兰各郡划分直到 1974 年都没有变化，每郡设一法庭，主持王道正义。实权派伯爵以国王名义在各郡行政，它们内部又分为更小的管辖范围，叫作百户（hundred），辖区各有其法庭，所

---

[1]　"第五纵队"（fifth column），西班牙内战期间在共和国后方活动的间谍的总称，现泛指活动在对方内部的间谍。——译者注

有自由民（freemen）都可以参加，法庭每月都审理本地纠纷和不端行为。从埃塞雷德时候开始的一项著名法律甚至提到十二大乡绅"陪审团"（jury），任命他们去找出并审理罪犯，以前都认为这个建制是 12 世纪的发明。以"海得"（hide）为单位——1 海得土地一般约 120 英亩，被认为足够一个自由家庭之用——政府掌握一些基本统计单元，这样可以计算郡、百户和自治市镇（burgh）的税负和徭役。在地方上，地方长官（reeve）负责法律事务、税务、道路养护和提供民兵（兼职士兵，大部分是大乡绅及其佃户，有兵役义务）的给养。有这样的政府机制可供驱使，难怪盎格鲁–撒克逊国王觉得有权制订法律。当他们制订不许偷窃牲畜的法令，签好名并封装好，送到他们的大领主、伯爵然后到郡长那里，他们希望下面忠实地遵守这些令状。

那么，克努特就没有理由打翻 11 世纪早期英格兰这辆重载的苹果车。他保留主教不动。约克大主教伍尔夫斯坦（Wulfstan）原来负责为埃塞雷德制定法律提供指导，继续享有权威，不受干扰。伍尔夫斯坦也一定是克努特决定发布一套法典的关键（这样一来，使克努特和阿尔弗雷德与埃德加二王可以相提并论），这套法典包括各种说教，提醒教士和俗人他们自身的职责：在大斋节（Lent）戒荤；一个伯爵死后，国王可以合法地对哪些财产提出要求；当有人趁其不备，把偷来的赃物放在她家，村妇可以如何保护自己。克努特甚至开始向他的臣民发布公告，这其实是一种早期王权损害限制的实践，向那些顽固的不忠者提出约定：如果你们和平地接受我的统治，我就停止掠夺。

到这时为止，克努特是个成功的丹麦殖民者，给战乱不断的英格兰带来了 20 年的喘息时间。他一心想用撒克逊人的方法治理国家，而且就住在英格兰，而不是做个远在斯堪的纳维亚的影子皇帝。此外，他不信任自己提拔的少数维京人贵族诸如高个子托鲁克尔，转而倚重精干的、学识渊博的英格兰大臣们；这两点越发明显。这些人精通"海得"和税务、懂忠诚和密谋、知道该何时纵容又何时勒索教会；这些人隔着老远都能嗅出财富的气息，哪怕它深埋在地下；也能隔空刺探到谋反叛国的阴谋。要使他们靠得住，还要切断这些人和旧威塞克斯王家族的联系，如果他们的工作卓有成效、忠诚，克努特就让他们当上贵族、生活富裕、在地方上掌握权势。

这些人中，戈德温伯爵最为卖力，没人比他得到更多的赏赐，他很快就升迁到很高的地位。戈德温伯爵是南撒克逊大乡绅沃尔夫诺斯的儿子，在埃塞雷德的权势走下坡路那些年里，他自由自在地在英格兰南部海岸做海盗，在劫掠中脱颖而出。戈德温认同丹麦人将武力、财富和政府三者结合的做法。在他的上升期，他刻意迎娶丹麦贵族女子吉莎为妻，给孩子们取维京人的名字如斯韦恩和哈罗德，他本人就是英格兰适应维京人强权现实的象征。在短短的时间里，他把自己弄成不可或缺的情报来源和统治政策的实施者，使国王少不了他这个帮手。他以"智者克努特""正义者克努特"和"慷慨的克努特"之名恭维国王，并迅速地消灭了自己的一个个敌人。到公元 1018 年，前海盗戈德温摇身一变成为戈德温伯爵。作为赏赐，他在旧威塞克斯王国的上好区域，得到大片土地和大修道院任命权。当时的国王都是耗费颇多的迁居者，不停地从一处庄园迁往另一处，寄住在当地大贵族那里。伯爵和国王见面的机会很多，这是一种完美的共存关系，可惜不足以长久维系。

公元 1035 年，不到 40 岁的克努特死在沙夫茨伯里（Shaftesbury）。从各种标准来看，他都是个能干的统治者。他的两个同父异母的儿子哈德克努特和哈罗德，都可以继承王位，两个也都宣称自己继任。在丹麦和撒克逊的习俗里，没有长子自动继位的说法，王后爱玛此时已是两任英格兰国王的遗孀，支持哈德克努特。但是，在克努特母国丹麦和挪威之间发生了一场战争，哈德克努特决定去斯堪的纳维亚打仗。这样，麦西亚和诺森比亚的伯爵、贤人会议的成员，以及国内重要的世俗和精神大贵族组成的英格兰枢密院（council）就提名由他同父异母的弟弟"飞毛腿"哈罗德，克努特前妻阿尔吉芙的儿子继任。不用说，戈德温认识到木已成舟，立刻转变态度，接受哈罗德为国王。

但其实继位还有第三种可能：就是英格兰的潜在继承人。因为在丹麦人统治的这些年里，威塞克斯家族并没有被完全消灭，埃塞雷德和爱玛的两个孩子阿尔弗雷德和爱德华幸存了下来，他们在丹麦人对撒克逊英格兰大开杀戒的时候，为安全计，被送到英吉利海峡对面的诺曼底（Normandy）公爵领地生活。埃塞雷德在对抗丹麦人无计可施的时候，早前和诺曼底公爵理查德结成联盟，到这时显示出意义重大，而且他的妻子爱玛本来就是诺曼底公爵的女儿。诺曼底是个武士之邦，国土在今天的西北法国呈月牙形展开，是个独立的属国，和法兰西的隶属关系只是一纸空文。在现实中，差不多和法兰西平起平坐，甚至还高过法兰西一头。很多代以前，诺曼人的王朝创建者拉尔夫或者叫维京人洛罗（Rollo）也以挪威人风格起家：利用暴力征收财赋，袭击得手后就扬帆远去；这些贡纳用以支撑去更远的地方航行；积攒实力夺取政治特权，培植本地人来进行统治——在他们这个案例里，就是培植法兰西加洛林（Carolingian）王朝。但如果因此认为威塞克斯家族和诺曼底公爵的联合是"以我们的维京人对付他们的维京人"的翻版，显然是误解，因为到10世纪末11世纪初，诺曼底公爵们早已完成从"水陆两栖"到"陆生动物"的进化，将他们的海盗长舟换成了西班牙战马，然后在诺曼底本地种马场繁衍；小树林和种植大麦的城堡已经取代了旧的诺斯人议事厅；在高岗上筑起工事，再加盖要塞，四周围着木栅栏和挖得很深的壕沟。这些早期城堡的防御工事，意味着公爵们虽然已是早期封建领主，通过依附他们的权贵来掌握实权；同时，他们不断地骑在马背上，扑灭反叛者和追索逃跑者，用没收来的敌人土地作诱饵，引诱结盟，勉强维持联合。因为政局混乱，诺曼底公爵领地盛行虔信宗教。和威塞克斯王族一样，公爵们是新的修道院支助者。11 世纪，诺曼底开始出现漂亮的罗马式石头教堂，同时期，修建了第一批和这座位于法莱斯（Falaise）的城堡一样壮观的石头城堡。1027 年，罗伯特公爵和一个制革工女儿埃赫赖夫（Herlève）的私生子在这里出生。诺曼底这种肆无忌惮的能量到处流窜，它成为基督教欧洲北部的主要力量只是早晚的事。

不足为怪，在这样一个地方成长起来的威塞克斯两位王子阿尔弗雷德和爱德华，憧憬着有一天在诺曼人的支持下，重掌被丹麦人篡夺的王位。1035 年，克努特死后，他们甚至寄希望于母亲爱玛会赞同他们的主张，她自己好像也鼓励他们这么做。阿尔弗雷德和爱德华知道计划充满危险，就从不同路径登陆英格兰，谨慎地试探母亲对他们前途的态度。爱德华到了南安普顿，但他在英格兰的政坛小小涉足了一下，便明智地后撤，返回了诺曼底。阿尔弗雷德为自己的乐观付出了代价，开始一切看起来都很好，伯爵戈德温来见他，带着友好的面具，在吉尔福德大厅（Guildford Hall）招待他。甚至，进行了一番成为阿尔弗雷德臣属"起誓臣服"以示效忠威塞克斯家族的表演。王子放松了警惕——这带来了致命一击，因为戈德温把他交给了飞毛腿哈罗德的人。他们把阿尔弗雷德的随从砍成碎块，挖出年轻人的两眼，砍掉四肢，然后无情地把他的躯体拖去伊利（Ely）。阿尔弗雷德在那里因重伤而亡。

而飞毛腿哈罗德在这次胜利后只多活了四年。1040 年，他的同父异母兄弟哈德克努特，从斯堪的纳维亚回来继承父亲的王位，在温切斯特的皇家墓地挖出他的尸体，让人扔进泰晤士河，这才算给他发布了讣告。为了要急于洗脱自己在阿尔弗雷德王子被谋杀一事中的干系，戈德温给新国王送了一艘 80 人的战舰，接着去自首，当然就像他所预计的，审判后宣告他无罪。1041 年，哈德克努特为了表示与撒克逊贵族阶层进一步和解，邀请阿尔弗雷德的弟弟爱德华重返英格兰。这不是什么善意伤感的序曲，他的维京竞争对手马格努斯一世（Magnus I）自认为和丹麦人一样够资格可以称王，哈德克努特深知如果要与马格努斯一世抗衡，他需要撒克逊大伯爵们的支持。后来，两个斯堪的纳维亚国王达成协议，谁先死就把英格兰王国留给对方，这一协议给了哈德克努特喘息机会。这样一来，爱德华就开始成为维京两大贵族棋盘上的一颗棋子了。就算事先对此一无所知，他从诺曼底渡海而来时，想想自己哥哥的下场，起码也会对这个决定惴惴不安。但一年后，在一个部下的婚宴上，正当众人举杯祝福健康时，哈德克努特意外暴亡，"一下子倒在地上，浑身抽搐"。这是个维京式的退场，如果可以这么说的话。爱德华的前景好像一下子光明了。

戈德温伯爵抓紧向贤人会议的其他成员们提议让爱德华继位。当时还有两个斯堪的纳维亚竞争者——哈德克努特的丹麦兄弟斯韦恩·埃斯特里森（Swein Estrithson）和挪威国王马格努斯一世，但是爱德华占有天时地利，戈德温还说动了麦西亚和诺森比亚伯爵们支持他。戈德温的算盘是与其要一个强悍的维京人，不如要个弱势的撒克逊国王，他就可以更轻松地做个实际掌控者。这样，1043年复活节那天，爱德华在温切斯特加冕，仪式就是修道院院长邓斯坦为埃德加发明的那套。爱德华后来以忏悔者（Confessor）闻名于世。他已37岁而未婚，尽管欢呼声和往常一样，每个贵族也都毕恭毕敬，爱德华也许仍然不寒而栗，因为他的母亲（貌似她做克努特的王后比做埃塞雷德的王后更自在）无耻地发起运动，要让挪威国王马格努斯来当英格兰国王，竟然要把他这个亲儿子踢到一边去！

和克努特一样，爱德华几乎没有选择余地，只能走一步算一步。他需要麦西亚和诺森比亚伯爵的支持才能不让挪威国王进犯；还有，尽管每次他看到威塞克斯伯爵就记起哥哥阿尔弗雷德的悲惨结局，但这时他还离不开戈德温的帮助。毕竟，戈德温拥有大片土地——地面上的大乡绅和他们手下的步兵都忠于戈德温——几乎和爱德华拥有的土地一样多。

戈德温的儿子哈罗德已成为东盎格利亚的伯爵，在大力扩张地盘，加强戈德温家族的势力。不管爱德华怎么看，这头老怪物还是无可争辩的贤人会议领袖，同时控制着教会和国家监护权，国王对此还无能为力，至少目前不行。因此，戈德温提出要把女儿伊迪丝（Edith）嫁给他，爱德华也不能拒绝——让她做王后。可是，这对夫妇没有生育，后来传说爱德华发过誓要保持童贞，或者他不可遏制地厌恶性行为，还有可能是爱德华通过疏远伊迪丝，决意挫败戈德温的野心，不让戈德温有外孙插入皇室血统，进而成为英格兰王位的继承人。不管什么情况，爱德华此时还没有以后成为人们后来传说的清心寡欲的奇迹缔造者和病患治愈者。在任期起初几年里，爱德华和其他威塞克斯家族里成员一样，精力充沛：狩猎、喝酒，还会发脾气，而且样样做到极致。

爱德华统领的模式很容易兼有诺曼和盎格鲁－撒克逊两种风格。毕竟，诺曼底是他母亲的出生地，对他来说，比其他任何地方更像家。他说诺曼底法语，视诺曼底罗伯特公爵为自己的保护伞和守卫神。另外，诺曼底公爵们在他和兄弟反对丹麦国王的事业中支持了他们（尽管不够有力），而他们的母亲爱玛（她扮演了本传奇中的葛特鲁德[1]）选择站在另一面。当爱德华自认为是教会的保护人时，他脑子里想到的都是诺曼式的改革方案。而且，他的个人随从里就算不是绝大部分，也有很多人，比如他的侄子胆小鬼拉尔夫，不是诺曼人，就是法兰西人或布列塔尼人（Breton）。

尽管爱德华比"私生子威廉"（William the Bastard）大 20 岁，应该是看着他在公爵的宫廷里长大的。威廉有幸，不管情况怎么样糟糕，都能活下来。当威廉只有七八岁时，他的合法身份尚有待确认时，他的父亲罗伯特公爵，为了表达对上帝恩惠——使他消灭了国内敌人——的感

---

[1]　葛特鲁德（Gertrude），莎士比亚《哈姆雷特》中的王后。

激，踏上了去圣城的朝圣之旅。1035 年，公爵死于返回途中，他的小儿子如羔羊入狼群，处境非常危险。狼们一点儿也不浪费时间，可能就当着威廉的面杀害了他的管家。爱德华亲眼见证了所有这些和他自己的厄运差不多的混乱。爱德华应该对这孩子是如何生存下来的印象深刻。他们最后一次相见时，威廉 13 岁。爱德华看着年轻的威廉公爵挫败阴谋、克服逆境，最终（在法兰西国王帮助下）打败了强大的反叛贵族联盟；爱德华自己则在英格兰王位上风雨飘摇，也许会嫉妒威廉的进步。威廉差不多成功地把诺曼底打造成了高度中央集权的国家，而这是所有盎格鲁–撒克逊国王们都没有做到的。

1050 年左右，在借鉴了诺曼底公爵大胆、冒险的榜样之后，爱德华开始纠集自己的支持者，其中一些是英吉利海峡对面的势力。他把最关键的伦敦主教职权给了罗伯特，一个来自朱米耶吉斯（Jumièges）这个非常重要的修道院的教士。1051 年，他又成了坎特伯雷大主教。爱德华在林肯郡、东盎格利亚和英格兰西部给他的法兰西和诺曼底盟友们找到了土地。最重要的是他的侄子，那个被谋害的哥哥阿尔弗雷德的儿子拉尔夫伯爵（Earl Ralf），1042 年来到英格兰和他待在一起。在哈特福德郡（Herefordshire），他们开创了一个小诺曼底，在英格兰建成了第一批城堡，组建起第一批诺曼底骑士随从。当然这两样都不是给下一次诺曼人继位铺平道路的战略谋划的一部分。爱德华的燃眉之急是防止麦西亚和威塞克斯边界以西的威尔士君主格温内思（Gwynedd）和波厄斯（Powys）扩张，当然，如果与此同时，他建立了自己的权力基地，也摆脱了对戈德温家族的依赖，那自然更好。

到 1051 年，爱德华一定是认为自己羽翼丰满，可以采取行动了，一心想试探戈德温家和他自己的势力孰高孰低。他的诺曼人妹夫布罗涅伯爵（Eustace of Boulogne）到英格兰来，带着一队骑士随从抵达多佛尔。在争执他们的下榻处是否够体面的过程中爆发了打斗，结果是一个骑士受伤，袭击方被诺曼人刺死。到骚乱结束，双方共死了 20 人。自己的亲戚公然受到侮辱，爱德华震怒了，下令多佛尔全城要受惩罚性"折磨"——洗劫的法律术语。他指定戈德温前去执行任务，发生骚乱的多佛尔在他的领地上。但戈德温不傻，他知道自己落入圈套了，这是两难境地：要不他得罪自己的属下，疏离自己的权力基础；要不就被指控不服从国王。他选了后者。在格洛斯特，他被召去解释为什么拒绝执行国王命令，戈德温发现自己面对一小队军人，包括皇家队伍还有诺森比亚伯爵希沃德（Earl Siward of Northumbria）的属下。戈德温原指望玩一下宣誓效忠的把戏就能开脱自己，但爱德华已不再对神秘仪式感兴趣，为了不放过戈德温，国王甚至招来民兵，剥夺了戈德温和他的儿子们的爵位和其他职务，还要他交出财产和土地，只给他五天时间离开英格兰。戈德温一家分两路出走，伯爵和两个儿子斯韦恩和戈德（Gyrd）渡海去了弗兰德斯（Flanders），弗兰德斯伯爵是他的三儿子托斯提格（Tostig）的岳父；其他两个儿子哈罗德和里奥福温（Leofwine）从西边出境去了爱尔兰。他们的姐妹伊迪丝王后，实际上已成为爱德华的人质，被关进了女修道院。

这是爱德华继位后的一个高潮，尽管那时才到他任期的第八年。他一定是觉得对得起自己的诺曼底教育，成了一个政坛高手。看起来他已脱离了戈德温的监控，还有，也许几乎报复了谋杀他哥哥的那批人。

然而，他还能怎么进一步巩固他的优势？关于 1066 年征服，《诺曼编年史》（*Norman chronicles*）坚持接下来发生的是威廉继任英格兰王位的前提，因为此时，爱德华让朱米耶吉斯的罗伯特做了坎特伯雷大主教，并送他去罗马，请教皇批准其晋升。根据《诺曼编年史》，指定路线经过鲁昂（Rouen），罗伯特在这里告知威廉，爱德华有意请他做接班人。《诺曼编年史》当然是事后的宣传，假如要通过亲缘远近传位，威廉的排序也太远了——他这个表弟只是第二序列，还曾经被除名！可是在直接继位者缺失的情况下，无疑家族关系亲近与否也不是决定继承的唯一标准，爱德华无嗣——不愿看到自己千辛万苦从那边抢回来的王冠，又回到维京王朝，更不愿它流落到戈德温家。至少在公元 1051—1052 年间，在短暂的胜利喜悦中，爱德华或许戏谑性地萌发过这个念头。那么，假如要这么激进、一意孤行，就只是为了不让对手得逞，爱德华肯定也明白这是在给未来制造可怕的混乱。因为，在盎格鲁－撒克逊的传统里，决定继任者不是国王的天赋权力，还必须得到高等议会——贤人会议的准许。

无论爱德华是否在深谋远虑要搞一个诺曼人继任，他还没来得及在权力顶峰时得意一下，就已经尝到苦涩的滋味了。由于青睐"外国人"，爱德华疏远了重要的支持者麦西亚和诺森比亚伯爵。他俩开始给戈德温家族吹风，要他们回国。（根本上来说，整个盎格鲁－撒克逊英格兰的危机就是怎样打通南北之间的艰难关系）当然，戈德温只需要一丁点儿的刺激，就会着手打回老家来。在他三儿子那些弗兰德斯亲戚的帮助下，他纠集了一支强大的舰队，另外加上哈罗德和里奥福温指挥的其他舰队，到怀特岛上扫荡，意思是挑明了国王不是怀特岛的保护人。他从威塞克斯领地上招募新兵（那些人或许欣赏他拒绝劫掠多佛尔），一路驶向伦敦，过了伦敦桥——这预示着市民们站在他一边——公元 1052 年 9 月 14 日，在索思沃克（Southwark）下锚。爱德华派去的皇家舰队拒绝开战，国王搬起石头砸了自己的脚，招来羞辱和灾难。

戈德温恢复了爵位，全家所有曾有的罪名都被洗清。"在英格兰未站稳脚跟的"诺曼人和法兰西人被迫出逃。坎特伯雷和多切斯特的诺曼人大主教领地、靠近威尔士边界的贵族飞地全被没收了，分配给老戈德温、其子哈罗德和王后伊迪丝。人民被许以"善法"（Good Law），法律不再是国王专横意志的体现。

这时候谁在统治英格兰？国王爱德华，走了下坡路，丢尽面子，有权威而无实权。戈德温拥有实权但没有可信威望。诺曼底威廉公爵八成

已得到些风声，这风声并不可靠但很诱人；可是此次英格兰的诺曼人溃
败应该使他的机会渺茫极了。麦西亚和诺森比亚会以为爱德华不中用了，
但他们也不愿在戈德温一家面前卑躬屈节。远在天边的挪威新国王哈拉
尔·哈德拉达（Harald Hardrada）有各种名头，比如"北方雷霆"和"天
下第一武士"，自认为是正统继任者，意图恢复克努特的盎格鲁－斯堪
的纳维亚帝国。在更遥远的匈牙利，还有一个也不能说完全不相干的王
位竞争者：埃塞雷德的孙子，刚勇王埃德蒙的儿子，爱德华的侄子，他
名叫阿塞林（Atheling）。时不时地就有些消息从远方英格兰送到多瑙河
边的大草原上，询问他是否愿意返回"他的"王国。1056 年，他还真
这么做了，带着两个年幼儿子——第二年，他死在远离巴拉顿湖（Lake
Balaton）的某个撒克逊大乡绅的大厅里。

　　戈德温家族在公元 1051—1052 年危机过后势力更盛。另一面，爱德
华毫无疑问会痛苦地认识到自己权力的局限，无力实践自己世俗的领导
职责，他就更集中精力在精神领域。但这也不是说爱德华就放弃了世俗
社会。尽管他的圣徒传记作者描绘了一幅忏悔者的肖像——国王日复一
日地祈祷和斋戒、钻研圣经文学、献身于消除贫病。修道院和隐修院都
是皇家（而不是贵族）直接赞助的，爱德华也利用这个优势。他计划在
伦敦上游的桑尼岛（Thorney）建造一座伟大的本笃会（Benedictine）教
堂，用威斯敏斯特寺之名来纪念圣彼得，以便补充纪念圣保罗的东敏斯
特寺。几乎没有人能怀疑这是皇权中心的象征，也是虔诚信仰的中心。
它的建筑形式当然得是诺曼－罗马风格（Norman Romanesque）的巴西
利卡，像朱米耶吉斯和费康（Fécamp）的大修道院一样，立柱上拱顶
下围着通道。这样一来，只要你够诚心地祈祷，上帝自会照料你的敌人。
1053 年，老对手戈德温在对决后取胜不到一年时猝然死去，爱德华也许
就是这样想的。《诺曼编年史》这样写道：一次宴会中，国王当面向戈
德温提到哥哥阿尔弗雷德被谋害一事，一口面包噎住老伯爵，他想为自

奥克尼群岛　　　奥克尼挪威
　　　　　　　　　伯爵领地

凯思内斯

莫雷

赫布里底挪　　　　　　　　　　　　　　　　　北海
威伯爵领地

苏格兰

大西洋　　　　　　　　洛锡安
　　　　　　　斯特拉斯克莱德　伯尼西亚

乌来德　　　　　　　　　　　　诺森比亚
北奥尼尔　　　　　　　　　　　　　泰恩河畔纽卡斯尔
　　　　　　　　　　　　　　达勒姆
埃尔吉亚拉
　　　　　　　　　　　　　　　　斯卡伯勒
康诺特　　　米斯　　爱尔兰海
　　　　　　　　　　　　　　　约克　×　斯坦福桥
　　　拉京　　　　　　　　　　　里考尔　　　赫尔河畔金斯顿
　　　　　　　安格尔西
芒斯特　　　　　　　　格温内思
　　　　　　　威尔士
　　　　　　　波厄斯　　　　　麦西亚　　　伊利

　　　　　　　德韦达　　赫里福德　　　　　东盎格利亚
　　　　　　　　　　　　牛津
　　　　　　　　　　　　　　　　　　　　　　罗切斯特
　　　　　　　　　　　　　伦敦
　　　　　　　　威塞克斯　　　坎特伯雷　　桑德威奇
　　　　　　温切斯特　　　黑斯廷斯　×　　多佛尔
康沃尔　　　　　　　　　　佩文西　　弗兰德斯

　　　　　　　　　　　　　　圣瓦勒利
　　　　　英吉利海峡　　　　　　　　　蓬蒂约
　　　　　　　　　　　　费康
　　　　　　　　　　　　　　　莱桑德利
　　　　　　　　贝叶　　翁弗勒尔
✖ 1066 年战役地点　　卡昂　　　　芒特　　巴黎
　　　　　　　　　法莱斯
　　　　　　　　　　　　诺曼底　　沙特尔
0　　　50 英里
0　　　　　100 公里　　布列塔尼　　　曼恩　　法兰西岛

公元 1065—1066 年的不列颠群岛与诺曼底

己辩白时，面包呛到喉咙里。这更大的可能是中风，阿宾顿的《盎格鲁－撒克逊编年史》手稿记载：戈德温和爱德华在温切斯特一起用餐时，"他突然朝着脚凳倒下去，口不能语"，接下来好几天手脚不能动弹，不能说话，然后就死了。

但在政治上，国王没什么好高兴的，宗族教父走了，但戈德温兄弟一伙仍然牢牢控制着英格兰，无人能挑战其地位。当然，他们也不是全都毫发无损，老大斯韦恩貌似精神变态，放荡不羁；相比斯韦恩的作为，《李尔王》中的埃德蒙就绝对是苦行僧了。在绑架、强奸了莱姆斯特（Leominster）女修道院院长后，他不得不逃亡；在持特别许可证（safe-conduct）期间，又谋杀了自己的表哥。这危及他的回归，尽管国王原谅了他，之后他启程去耶路撒冷朝圣，在返程中死了。这意味着戈德温帝国的核心地带威塞克斯伯爵领地，传到了老二哈罗德手里。10 世纪 50 年代和 60 年代，戈德温家族得到了上天的眷顾。公元 1055 年，诺森比亚伯爵死了；戈德温的三儿子托斯提格接替了他，东盎格利亚试图崛起，他们造反失败后又给了戈德一块伯爵领地。没有更多的伯爵领地能转手的时候，从白金汉郡（Buckinghamshire）到肯特郡之间的新战略要地又出现了，它落到了里奥福温手里。

哈罗德作为一支部队的指挥官被派到威尔士北部——威尔士从地理上来说就不能相信它能太平——镇压一起叛乱。部队赢得了"恺撒铁军"的美誉。公元 1063 年，格温内思和波厄斯王子格鲁菲兹·艾普·卢埃林（Gruffydd ap Llewellyn）的领地扩展到了赫里福德（Hereford）东边，肆无忌惮地和麦西亚伯爵结成反叛联盟，胡作非为。由托斯提格率领第二支军队协同作战，鼓励扈从（huscarl，武装仆人）不带盔甲、在山里用游击的方式战斗，戈德温兄弟俩的军队对威尔士发动了一场凶狠的消耗战，破坏村庄和农场。他们留下的场景，按 12 世纪威尔士的杰拉德（Gerald）所说，"没有一堵能尿尿的墙"。当有士兵被威尔士人斩首

时，哈罗德的反应是针锋相对，集体屠杀平民。最后，格鲁菲兹的手下
受够了他，把他的头砍下送给哈罗德，以示投降诚意。

哈罗德这时统领着帝国的监护权和军权，达到了自己权力的巅峰：
他身材高大，相貌堂堂，魅力四射，政治上和父亲一样精明，但是带着
一身匪气和被打磨成贵族优雅的粗鲁外表。显然，哈罗德是个高效的管理
者，懂得盎格鲁－撒克逊政府运作机制；同时，必要的时候也是个强悍的
将军，无论在东盎格利亚潮湿的低地，还是斯诺登尼亚（Snowdonia）山
地，战术运用得当。这些战事表面上是为爱德华而战，同样暗示了哈罗
德早在自己成为国王之前，就十分关注破坏英格兰王国的某些地区性黏
合，尤其是破除不满的伯爵之间形成的联合，对不列颠内部大片地区可
能的潜在联合各个击破，不让这些威尔士君主、苏格兰国王、都柏林的
挪威人国王、奥克尼和凯思内斯的挪威人伯爵造成祸害，要形成任何统
一的王国时机尚未成熟——伯爵领地要继续下去——但是留在大家庭里，
哈罗德得保证他们不能和独立王国一样自主行动。

1063 年威尔士大捷后，哈罗德·戈德温森（Harold Godwineson）看
起来拥有一切：土地、财富、充满活力的兄弟们。他还迎娶了被征服的
敌人格鲁菲兹的遗孀伊德吉斯（Ealdgyth）。他是爱德华不可或缺的干
将，御敌于边界之外，是时候做他自己的国王梦了吗？他怎么能不做
呢？这将意味着英格兰王朝改换门庭，但反正爱德华基本上无后了，这
是迟早的事儿。如果哈罗德往边界以北望去，苏格兰麦克白国王的历史，
应该能鼓舞他的野心，但也会打击他的信心，因为英格兰和苏格兰两个
王国的命运奇怪地齐头并进。阿尔巴（到 10 世纪中叶才叫苏格兰）的
大阿尔平（mac Ailpin）王朝的国王们取得显赫地位，用的方法和威塞克
斯国王们如出一辙——以隔离术对付维京人，最后达到权力顶峰。到 11
世纪初，苏格兰西南的斯特拉斯克莱德（Strathclyde）王国已融入阿尔
平的权力范围。苏格兰国王，和他们的英格兰对手一样，在斯康大教堂

（Abbey of Scone）发展出一套庄重的就职典礼。通过教会任命权，他们培育出相同的所罗门式（Solomonic）自我优越感，这也和阿尔弗雷德及埃德加的后代们一脉相承。甚至，与威塞克斯家族一样，维京人的定居点他们控制不了，他们不得不满足于在定居点以外的范围行使职权，只是在苏格兰那是挪威人，不是丹麦人。挪威人主要集中在奥克尼伯爵领地，因此跨过彭特兰湾到凯思尼斯这个穿越非常关键。末代大阿尔平王朝国王马尔科姆二世和忏悔者爱德华，也没有孩子。1034 年，他的继任者邓肯（Duncan）以母系血缘继承王位，但其统治一直摇摇欲坠，总有人在一旁蠢蠢欲动要篡位。仿佛是为了给不安稳的王位找平衡，邓肯四处征讨，谋求军事胜利——先是对达勒姆（Durham）的诺森比亚英格兰人（Northumbrian English），接着，对北方的奥克尼伯爵。但他失败了，邓肯试图用武力把自己的意图强加给北方的莫瑞（Moray，"mormaer"这是当地一实际拥有私人武装的大贵族名字）时战死了。

莫瑞就是麦克白（Macbeth），公元 1040 年，他依靠战功而不是通过谋杀夺得王位。麦克白也比莎士比亚戏剧里那个惊惶的、不堪内疚的篡位者在位时间长得多——实际上是 17 年——在奥克尼伯爵索芬（Thorfinn）联盟帮助下，牢牢掌握着实权。最后，在 1057 年，邓肯的儿子马尔科姆三世坎莫尔（Malcolm III Canmore）打败了麦克白，并杀死了他。因此，如果哈罗德希望从麦克白的真实历史里学到点教训：17 年当政前景、谨慎地和北方结成有益的联盟、间或武力征讨，这故事或许看上去就不好笑了。如果哈罗德再明智地做个跨边界比较，邓肯不像忏悔者爱德华，他还有两个儿子活下来继承他的事业，哈罗德的精神应该会更加振奋。

所有这些迹象貌似都是吉兆，但是，1064 年，哈罗德的野心好像被迫偏离轨道，决定他命运的旅程终结在威廉的宫廷里。这一段历史具体到底怎么回事，至今还是模糊又折磨人心。受威廉的同母异父弟弟奥多主教（Bishop Odo）之托编织的贝叶挂毯（Bayeux Tapestry），可算是诺曼历史上无可比拟的宣传作品，挂毯把这次旅程作为了故事开篇，显然是要和诺曼历史学家们的官方声明保持一致。声明说爱德华差遣哈罗德去，使命就是确认国王承诺要让公爵继任，作为给威廉的奖赏。但极有可能，到 1066 年爱德华死的这一年，不管上帝恩惠与否，国王已放弃了他 15 年在位以来可能有过的梦想，不管那梦想什么样；这更像是诺曼人继位之前的事。几乎所有他的竞争对手们——维京人、阿塞林或者戈德温——都比威廉更合乎情理，为什么哈罗德要一反常态（事实如此），去协助执行这么一个明显违反他自己利益的安排？甚至，贝叶挂毯更有可能是英格兰妇女的针线活，上面的故事乱成一团：连哈罗德渡海的原因都没交代。关于戈德温伯爵，一开头的形象是十分惹人注目的英雄——八字胡往两边翘起的骑士，手腕上架着鹰，在奇切斯特（Chichester）附近博瑟姆（Bosham）的撒克逊雄伟修道院里大宴宾客；又是品行高尚的贵族，赤脚站在水里，帮助下属用杆子把船从停泊处撑出，驶入英吉利海峡后开始掌舵。

之后发生的事，贝叶挂毯的展现无可辩驳而忠实，不管他的船是不是因为海上风暴，在蓬蒂约的盖伊（Guy of Ponthieu）的地盘上被迫意外靠岸；后者抓住哈罗德，把他交给了自己的主君威廉公爵。对盖伊来说，打劫失事船只、绑架人质是和家庭手工业一样的营生。他之前曾滥用权力，在公爵那里留着案底。一旦有人通知威廉此事，哈罗德几乎马上就被带到公爵那里去了。关于这点，贝叶挂毯制作者表现得很清楚：哈罗德和下属发现自己置身于异邦。撒克逊人炫耀他们有个性的胡子，尽管处境尴尬，他们尽量表现出色。诺曼人骑大马（实际上比现代马要矮小很多），把自己后脑的头发剃掉。有那么一阵儿，公爵和伯爵看起来像手挽手的同志，威廉带哈罗德去布列塔尼，把自己女儿许配给他，又为哈罗德妹妹张罗了一桩诺曼婚事。但同志间并不平等，在贝叶挂毯里，威廉让哈罗德做了自己的骑士，给他披上盔甲。这就要求封建式效忠：撒克逊人把双手放在诺曼底公爵手里，同意质押自家性命和忠诚，听候威廉调遣。

可能的是，接着哈罗德的确对着威廉公爵发了某种誓言，在中世纪，欧洲人把誓言看得非常郑重，因此，到底当时许下的是什么样的誓言，在后来发生的冲突里意味深远。最接近戈德温观点的资料说，哈罗德只是宣誓，在诺曼底土地上效忠威廉，根本和英格兰继任无关。另一方面，诺曼人的编年史坚持说哈罗德庄严地宣誓：保卫和保障威廉对英格兰王位的优先继承权，甚至会为了公爵合法地继承英格兰组织游击队！因为这个说法的本质就是哈罗德虚伪地发了誓，最富想象力的吹鼓手如 12 世纪作家韦斯（Wace），就说他把手放在一个大箱子上起誓，里面装满圣人遗骨，哈罗德并不知情，公爵在箱子上面盖了一块布。"当哈罗德把手放上去时，他的手在颤抖，肉也在抖动，但他起誓了，说了誓言……要为公爵交出英格兰。"关于他们故事的这个紧要关口，贝叶挂毯再一次奇迹般地变得曲折起来：船只排着队列，一俟宣誓过后，立即送哈罗德回英格兰，这样传递出的信息很明确：誓言是重获自由的前提，是在强迫条件下诈取的。

在这次诺曼底灾难性的旅程的归途中，哈罗德怎么看自己的地位是永远不得而知了。不管他的行程动机是什么，有爱德华做靠山，要说有意愿去和威廉详谈继位这样明显属于绝密机要的问题，令人难以置信；最可能的剧情是，哈罗德有意试图就自己的继任与公爵讲和，甚至可能将交换新娘当成是他自己和公爵的联盟保证。但在某一点上，（这在非正式谈判的间接过程中常常发生）反而加深了误会，哈罗德作为一个不完全自由的代言人，发觉谈的不是自己的倒是公爵的继任！

一旦返回英格兰，哈罗德的行动一点也没有显示他把自己当成威廉的代理人。我们能确定的是，1065 年冬，在决定诺森比亚伯爵领地的命运中，他采取的立场违反了戈德温家族整体团结的传统，非常出乎意料，这只有用哈罗德策划由自己继任英格兰王位才能解释得通：他抛弃了弟弟托斯提格。

当然，在 11 世纪的欧洲，出现争夺王位情况下，完全可能像莎士比亚《李尔王》(*King Lear*)里埃德加和埃德蒙那样作为。仅仅 10 年前，哈罗德让托斯提格就任诺森比亚伯爵，10 年后哈罗德驱逐了他。他这么把弟弟变成死敌，真还不如直接干掉他更有利。这不是什么家族内部争执，几乎没有历史教科书里提及戈德温兄弟之间的战争，实在和史诗或传奇里的任何篇章一样血腥、致命。最后，死对头托斯提格把哈罗德拉下王位，还要了他的命，家族世仇让盎格鲁－撒克逊的英格兰彻底垮台。

不用说，哈罗德明知疏远弟弟风险巨大，但也许在 1065 年，他感到别无选择。北方（向来是苏格兰国王和维京人伯爵觊觎的地区）爆发了一次严重的反叛；托斯提格坚持废除克努特允许用流血争斗解决家族问题的法令，这是多此一举；反叛大半由此引起。托斯提格忙着组建自己的私人军队、强夺教会财产、在整个诺森比亚课以重税，全都于事无补，他对诺森比亚没有尽到保卫者的职责。公元 1063 年，伯爵离开领地，去罗马朝圣，征战威尔士，对苏格兰马尔科姆三世的越境抢劫却不予军事打击。比鲁莽更糟的是无能又逞强，在那次不可避免的造反中，托斯提格的所有 200 名守卫被一网打尽，全都被杀，托斯提格被宣判有罪，叛乱的大贵族们随后邀请麦西亚伯爵的弟弟莫考（Morcar）担任他们的新伯爵。国王爱德华派哈罗德去谈判了结反叛一事，而不是武力镇压。一旦明白了大贵族们不支持托斯提格回归，哈罗德一定是打着小算盘，爱德华又老又病的，如果疏远当地重要贵族是不明智的行为，或者说自己找死，尤其是他将来必定要面对挪威的侵略威胁。

托斯提格怀疑哥哥到底忠于哪一方已有些日子，得知哈罗德同意由莫考取代他、让自己走人后怒不可遏，怀着满腔怒火，他踏上流放之路，决意报复哈罗德，他把兄弟的背叛叫作"违反天意的逆行"。他去了岳父家弗兰德斯伯爵那里，一定记起了父亲当年那段短暂的悬而未决的日子，精心筹划复仇舰队及其后胜利重归权力核心，设想自己能步老戈德温后尘。

事情并不像托斯提格计划的那样如愿。在接下来的 1066 年，什么事情都是计划赶不上变化。1065 年末，根据《盎格鲁－撒克逊编年史》，空前的暴风雨摧毁了教堂、房屋、厅堂，把古老大树连根拔起，在空中飞舞。在这样一个时刻，特别对忏悔者爱德华那种倾向于相信天象和预兆的人来说，毫无疑问，他的命数到头了。

没头脑的埃塞雷德（Aethelred Ill-Advised）最后一个儿子临终的时候，在他新落成的西敏寺（如果贝叶挂毯还可信的话）里，床边围着一群要人：哈罗德的妹妹伊迪丝王后，一定程度上重新受宠了，用面纱擦拭着眼泪；坎特伯雷大主教斯蒂甘德（Stigand）；还有哈罗德本人。国王伸出手，触摸了哈罗德的手指，表示某种姿态，那么，象征什么——当摄政（subregulus）还是国王？如果真要指定哈罗德接班，那就是把自己的侄孙阿塞林埃德加（Edgar the Atheling）排除在外。不管他做什么，反正都是留下了后患，根据后来《国王爱德华生平》（*Vita Aewardi*）的作者所写，爱德华死前，勉强坐起身来说了一番话，但无关接班，忏悔者放下自己的思想负担，讲了一个梦或者说一个梦魇：他早年就熟悉的两位教士来到床前，警告他英格兰罪孽深重，上帝把英格兰交给恶魔，时限是一年零一天。国王问教士自我惩罚和虔诚忏悔能否减轻判罚，结果被告知这没用，除非一棵成长中的树，在树干自中间砍断后，又自动地长在一起，重新抽芽长出绿叶。故事很精彩，但一点也没解决继位问题。因此，当贤人会议像预期的那样行动，给哈罗德送上王冠，他就接受了。在 1066 年显圣节（Feast of Epiphany）这一天，早上给一个国王举行葬礼；接下来晚些时候，另一个国王哈罗德二世加冕。新国王怀着最美好的愿望铸造了硬币，上面印着和平（"PAX"）。但在 1066 年 4 月，扫帚星哈雷彗星（Halley's comet）出现在天空（并不是像贝叶挂毯那样煽情地就在哈罗德加冕当晚出现），没有人能不把它当凶兆。

英格兰大部分人还没意识到老国王已死，就有个新国王了。下个世纪沃奇斯特的历史学家约翰（John of Worcester），表扬哈罗德撤销不公正的、制定公正的法律，实际上，他从头到尾 9 个月的任期非常仓促，从头到尾笼罩着危机感。哈罗德的第一个行动是保证北部的伯爵们，此刻要信守协定、行为忠诚。这是他牺牲了弟弟换来的，为了使大家更捆绑在一起，他娶了麦西亚伯爵的妹妹作为新妻。有那么一阵子，这个策略似乎奏效了。稳住北方后，哈罗德就能加强南方的防御。春天时，托斯提格露了下脸，他从弗兰德斯搞了几条船，但海岸线防守严密，托斯提格只在怀特岛那边打转，无法再前进。在英格兰南部受挫后，托斯提格沿东岸到了他的诺森比亚旧领地，但这里没人欢迎他"回老家"，只有忠于哈罗德的两个新晋伯爵莫考和埃德温的军队，在这里巧妙地打发了他。如此败走麦城，托斯提格只好继续北上，到苏格兰国王马尔科姆三世那里寻找避难所。眼见弟弟走远，哈罗德得以集中精力对付最大的麻烦：诺曼底公爵。

诺曼历史学家朱米耶吉斯的威廉（William of Jumièges）这样描述威廉公爵听到哈罗德在威斯敏斯特加冕消息的情景，当时他正在鲁昂附近的奎维莱（Quévilly）自己的森林里打猎：

> 与很多男侍从和扈从一起向前追去……当公爵……得知全部消息，爱德华怎么死的，哈罗德怎么当上国王，他暴怒了，下了木船。斗篷一会儿扣上，一会儿解开；一言不发，也没人敢跟他说话。接着他坐船过塞纳河，来到大厅，进去：在长凳一头坐下，时不时地

变换姿态，用斗篷包住头，将头靠在柱子上歇息。

　　无论这幅活灵活现的描述多么生动，威廉个人无疑感到莫大的羞辱，威塞克斯伯爵是对他起誓的臣属，曾把双手放进他的手里。而且，威廉已建立起一个稳固的大集团，广占领土，极有可能已经迫不及待地放出风声说，不久就会把英格兰收入囊中。那么，此时他的大话要落空了。

　　他的第一个行动是向哈罗德愤怒地抗议，指责他违背了誓言。后来，英格兰的一个消息说，哈罗德回复，自己是经贤人会议推选的（情况必然是这样）；还有，他不可能起誓将未经授权的东西给予外国人。贝叶挂毯显示，接下来就是诺曼底马上着手建造入侵用的舰队。但是，军事规划的同时，法律和政治准备工作一样重要，盛怒过后，威廉必定知道入侵英格兰是下大赌注，臣属也不是一致热衷此事，很多人觉得危险过大，尝不到甜头儿。当威廉拿出公爵权威架子，要霸王硬上弓时，大家说臣属的职责最远只能到海边为止。

　　那后来是什么使他们改变了主意？一个词：教会。威廉的第二招是通过罗马抵达威斯敏斯特大教堂，把英格兰事务包装成具有国际授权的十字军。他的朋友卡昂（Caen）修道院长贝克的兰弗朗克（Lanfranc of Bec，即后来的坎特伯雷大主教）对他影响很大。威廉为了对抗占优势的世俗统治者，将诺曼底定位为教皇的朋友和盟友。11 世纪，任命和授权主教的权力应该属于世俗统治者还是罗马圣彼得的继任者，对这一点两派的斗争进入白热化。说到底，主教只不过是高级别僧侣；他们在教区里有钱有势，一言九鼎；争取任命当然靠神学修养，但更要看政治手腕。因为威廉一直向罗马看齐，觉得心里有底，就派兰弗朗克去寻求教皇庇护他和哈罗德对决。兰弗朗克认为英格兰人只比野蛮人或异教徒好一点点，这点大家都知道；他必定会毫不犹豫地陈述（实际是告状），戈德温家族在英格兰凌驾于教会之上，实为权力膨胀的大贵族欺凌教会的典型例子。兰弗朗克会——历数其不义行为：戈德温家族抢劫过教堂；把爱德华国王任命的坎特伯雷大主教即来自朱米耶吉斯的罗伯特一脚踢开，让温切斯特主教斯蒂甘德取而代之。后者可是被五任教皇开除教籍的人，臭名昭著，连哈罗德自己都觉得不请斯蒂甘德，转请约克主教加冕来得更保险。

戈德温家族和罗马的外交记录确实乏善可陈。公元 1061 年，哈罗德曾经派托斯提格试图去说服热心的亲诺曼底的教皇尼古拉二世（Nicholas II），英格兰教会并非像罗马城里传说的那般腐化堕落、藏污纳垢。返回途中，托斯提格的随从遭遇托斯卡纳（Tuscan）土匪贵族猛烈攻击，这给了他一个意料外的机会，就法律和秩序谴责教皇；否则，这次使命会变成纯粹的灾难。这次事件先入为主，应该使接任者亚历山大二世（Alexander II）对盎格鲁 – 撒克逊没有好印象。不管怎样，教皇正式给予威廉祝福，授予公爵教皇旗帜和戒指，甚至允许他带上一个圣物，据说哈罗德曾将手按在上面发了伪誓。

只有懂得宗教的重要性和罗马教会的神通广大，才能理解 1066 年发生的事件，威廉和兰弗朗克上下其手，成功地将个人和朝廷封建事务转变成圣战。消息一经传出，曾经羞于原先提议的很多贵族纷纷投到威廉的神圣大旗下；不只是诺曼人，还有布列塔尼人和弗莱芒人（Fleming）。英格兰的事业现在已经是基督教欧洲的大业了，这对英格兰新国王来说，可不是什么好事。

颇具讽刺意味的是，哈罗德上任的头几个月，对教会格外关心，采取措施把非法夺得的土地和财物还给教会。但是为时已晚，他在欣喜中对罗马发生的事一无所知，只顾着忙于国防的实际需求。这时，他证明了自己是不列颠历史上最卓著的军事组织者之一。他的军队精华部分是 3 000 名左右的精英扈从（huscarl），他们是受过训练的士兵，能双手握持一种大斧，力量够大的时候一击就能把一匹马连同骑手劈成两半。这些扈从是步兵，尽管他们多半会骑马赶到战场，他们的圆形或风筝形的木盾牌包着兽皮，圆锥形护鼻头盔，锁子甲裤子，这都是战利品。英格兰军队的大部分人是民兵，由哈罗德的 4 000 位大乡绅按需提供的兼职士兵；并且，在任何情况下，每年只服役 40 天。这样，除扈从之外，哈罗德还有起码 1 万到 1.3 万名士兵。核心部分可以部署在南方海岸，贴近舰队——在肯特和萨塞克斯各港口可以迅速征集到船只。毕竟，这是戈德温的发家之地，每座教堂、每个村庄和码头都有熟悉的自家人。假如威廉要来，他会碰到国王最强硬的防线。

不管他认没认识到这一点，诺曼底公爵可是不想冒任何被击溃的风险。在法兰西的北方迪沃（Dives）河口，他纠集了一支庞大的远征军，这是自克劳狄皇帝入侵以来最强大的力量。马匹可能多达 6 000 匹，每个骑士配三匹：供军马、军官乘骑的坐骑，外加两匹小点的马匹，一匹驮骑士的扈从，第三匹驮武器。舰队有 400 只船，密密麻麻地挤着人马。小的供给船载着军队最开始需要的粮食，尽管他们打算尽快深入英格兰内陆。到 8 月 10 日，这支无敌舰队已经准备就绪，两支大军都决意置对手于死地，隔海峡而望。

然后——什么也没发生，威廉等着南风，南风没来；哈罗德等着威廉，威廉不来。两个人都等不起，威廉的马匹（实际上一向养尊处优）很快就要耗光本地的干草，他的队伍整个收获季节光吃食干瞪眼。可哈罗德这边更加岌岌可危，到 9 月第一周，民兵和小规模海军就超过四十天服役期限了。毫无疑问，他告诉他们诺曼底危险迫在眉睫，兵法云：一鼓作气。茫然等待令人心烦，等得越长，士兵就越想回家秋收，和妻儿团聚。最后，在压力过大的情况下，9 月 8 日，哈罗德不得不解散了民兵和小型舰队。大约一周后，国王离开博瑟姆返回伦敦。据一本编年史记载，他腿上疼痛发作，无以名之、挥之不去；国王惯于步行作战，这可不是什么好兆头。也许腿部痉挛是个信号，9 月 12 日，哈罗德离开南海岸的前一天，威廉的无敌舰队已驶出，只是突然起了一阵大风，把船队吹往东面的索姆河（the Somme）河口，他们才没能渡过海峡。

一周后，9月19日，大出意料的坏消息从别的地方传来。被疏远的弟弟托斯提格和挪威国王"北方雷霆"哈拉尔德·哈德拉达（Harald Hardrada），带着1万人在诺森比亚登陆，斯卡伯勒（Scarborough）、克利夫兰（Cleveland）和霍尔德尼斯（Holderness）已成了一片焦土。

哈罗德设想春天就已经打发走了托斯提格；但是，在夏季，当他忙于设防时，就有谣言流传说托斯提格在欧洲四处寻找帮手，甚至去诺曼底和威廉公爵攀谈。这些故事很多不可信，但是有一个却是最真实不过了：托斯提格找上了挪威那个名头吓人的哈德拉达。挪威人对英格兰王位的兴趣和主张可以追溯到克努特在位期间。哈德拉达的前任马格努斯国王，从一开始就是北海领域的一个劲敌，当时统治了从诺森比亚经东苏格兰直到北部奥克尼的诺斯伯爵领地。11世纪50年代，哈罗德为爱德华国王立的一件军功就是击退了马格努斯对东盎格利亚的入侵，哈德拉达声称马格努斯和克努特的儿子哈德克努特有约，谁先死就把英格兰留给对方；这个誓言被撒克逊国王们给推翻了。还有，不管这个挪威人关于王位的主张多么不可信，它的分量也不比威廉或哈罗德继位的合法性更轻，后二者和其前任爱德华没有血缘关系。哈德拉达作为武士有一个吓人的名头，力量超群。身高达到罕见的6英尺4英寸；从斯堪的纳维亚到俄罗斯和拜占庭，身经百战；吟游诗人（包括他自己）赞美其为时代英雄；整个人穷凶极恶。哈德拉达干过的事儿最典型的莫过于在小鸟尾巴上拴上点燃的小木片，鸟儿飞回房檐下的鸟窝里，从而引燃城镇，缩短围城时间。托斯提格找到他做援手是一着妙棋，他说动挪威国王：哈罗德正被诺曼底分散了注意力，此时突袭是绝佳时机。他的回报将是拿回自己的伯爵领地，或许，在哈德拉达的新任期里，做他的得力干将，即哈德拉达的戈德温，为他效力。他们应该是在奥克尼见的面，也是在这里两位年轻伯爵与大军汇合，托斯提格看着抛锚停泊在弗娄（Flow）的庞大舰队，想到它们将带给哥哥的打击，或许他的小心脏颤抖了一下。他们的军队战无不胜攻无不克，将成为吟游诗人口中的传奇。

1066 年，三场战事中的首战丝毫都不能改变这个判断。9 月 20 日，约克城外的富尔福德（Fulford）位于乌斯（Ouse）和一个沼泽之间，他们开战了，哈德拉达要进入约克——维京人曾盘踞的繁荣的约维克城——他预备在这里过冬，他的船队沿亨伯河上溯走了很远，接着到乌斯，在里考尔（Riccall）村抛下锚。埃德温和莫考的人马堵在富尔福德，在此扼守去约克的大道。他们只是乳臭未干的毛孩子，队伍尚未经受考验，但面对挪威人尖刀般的突破，他们已经做得很好，甚至出乎意外地曾经往前推进了一段，但哈德拉达本人领头冲破了英格兰人的防线，沼泽里尸积如山。挪威人吟游诗人史洛里·斯图拉森（Snorri Sturlasson）扬扬得意："善战的挪威人 / 可以踏着尸体前进。"

约克 / 约维克这时空城了，哈德拉达很精明，要收买城里居民，克制住没有劫掠。诺森比亚人同意加入军队，一起向南开拔，要扣押 500 名人质，以兑现诺言；9 月 26 日，约定在交人质的斯坦福桥（Stamford Bridge）村，约克以东 8 英里的地方，看来只是例行公事。哈德拉达带着托斯提格前去观赏，把自己三分之一人马留在后面的里考尔。等他们赶到斯坦福桥，看见的不是一群瑟瑟发抖、孤苦伶仃的人质，而是一支大军。史洛里·斯图拉森写道："他们的武器如寒冰，光芒闪烁。"哈德拉达和托斯提格顿时愣住，挪威人问撒克逊人这是什么意思，托斯提格回答麻烦大了，那是哈罗德。

英格兰国王做了件不可思议的事。听说 9 月 19 日哈德拉达登陆后，哈罗德第二天就从伦敦启程，一路上召集扈从和解散的民兵，队伍不断壮大，飞速前进，五天里赶了 190 英里。有些大乡绅和武器一定是马驮的，才能有这速度。很多民兵应该背着标枪、斧子等在罗马大道上向北飞奔。9月24日，他们抵达约克，也就是维京人口中的约维克，悄悄汇合了这些人。25日早上，他们让托斯提格和哈德拉达大吃一惊。

据说托斯提格在惊恐中提议先撤回到里考尔船上，召集全部人马和武装，出于个性，哈德拉达断然拒绝了这种胆小的建议，而是稳住阵脚。不管在斯坦福桥还是富尔福德，都没有可信的目击者，但诺斯人和盎格鲁－撒克逊人流传至今的都是诺斯人英勇无畏地守卫桥头，在英格兰人的斧子和剑的攻击下，他们的盾牌墙渐渐后退，直到桥上只剩一个没有盔甲的"疯子"。最后，一个英格兰士兵坐在一只泔水桶里，从桥下漂浮过去，通过桥板缝隙，从下边刺死了这个维京人。桥面清通后，激战在另一边继续。末了，船上招来的维京士兵终于露面了，但他们来得太晚，败局已定，诺斯武士折损太多，英格兰人突破了他们的阵型。最后，剩下的武士围在主将哈德拉达身边，他在兰德－伍斯特（Land-Waster）旗帜下挥舞着斧子，被一支箭射穿喉咙而亡，据说托斯提格接着举起乌亮的旗帜，不久也被砍死了。

这是战场上的绝杀，残余的维京人奔向自己的船，慌忙夺路中互相踩踏。哈罗德放过了年轻的奥克尼伯爵和哈德拉达的儿子们，条件是离开英格兰后永不返回。几百条船从极昼中的挪威驶来，可剩下的人回去只需要24条船。一年后，哈德拉达被葬在挪威北部尼阿德罗（Niadro）的圣玛丽教堂，随着他死去，阿尔弗雷德在位期间开始的盎格鲁－斯堪的纳维亚帝国也灭亡了。哈罗德在兰德－伍斯特旗下找到了自己弟弟的遗体，收拾起他的尸骨，带回约克大教堂下葬。

但哈罗德既没有时间哀悼，也没来得及狂喜。就在斯坦福桥战后第二天，9月26日，索姆河河口圣瓦莱里（St-Valéry）港口，威廉舰队无奈避风的地方，风向突然转变；神父们坚信，这是展示圣瓦莱里遗骨带来奇迹。27日，威廉再次出发，舰队向北，他站在莫拉号（Mora）的舵前，这是他妻子玛蒂尔达出资购买的船。贝叶挂毯显示他脸上不可一世的神情。第二天，他真需要如此，晨光中，莫拉号在波涛汹涌中航行，四周看不见一条船。当他的下属和船队惊慌失措的时候，威廉吃了早餐。实际上，他的船仅仅是超过了其他船只，因为它们装了马匹和武器。沉了两艘船，远征军瞭望官的船和另一只船一起不见了。"算不得啥预言家，"听到报告时，他轻描淡写地说，"他预测不了自己的结局。"

首先映入眼帘的是英格兰的比切海德（Beachy Head）的峭壁，一番侦察后他们在佩文西（Pevensey）找到了一个安全的海滩登陆，进一步调查后，发现一个外表威严的罗马要塞实际上没有守军，是个空壳。如果是三个星期前的话还有民兵站岗；或者哈罗德没有料到威廉要往怀特岛去，舰队在那边设防，那故事就另说了。诺曼人带来了事先扎好的三座木头城堡，然后，这会儿卸下一个，在要塞里面的土堆上筑就，俨然宣称自己是罗马的后来者。

诺曼人没有遇到任何有组织的军队抵抗，在萨塞克斯乡下肆意冲过，抢夺任何需要的食物，在紧张不安中在异邦前进。威廉自己很怕在离开滩头堡向伦敦大道进发时，在泥泞水道和丘陵区域被堵住。一时间，诺曼人需要时就从手无寸铁的本地人那里抢吃的，带不走的就烧掉。贝叶挂毯（一幅满是残肢尸体的作品）里最令人悲伤的场景之一，是一个母亲和孩子作为逃亡者离开起火的房子，也许就是他们的家。这是欧洲艺术里最早把画面留给受害者废墟的形象。贝叶挂毯的制作者当然不是什么和平主义者，但他们倒的确特意表明，征服远不只是强者的事。在画面边角和主要空间，挂毯都有很多普通人：脚夫、弓箭手、厨子、背长矛的人；奥多主教像耶稣在《最后的晚餐》中那样主持仪式性宴会；也有两名士兵举着铁锹殴打对方。

等诺曼人在黑斯廷斯附近扎好营，哈罗德又一阵风似的狂奔回了伦敦。铲除了诺斯人和自己弟弟的威胁后，在一两周内要从头再来，重新大干一场似乎不可思议。在斯坦福桥一役中，虽胜犹伤，无法想象重新集结残余民兵，哪怕他们士气高昂。另一方面，如果不用扈从，同样根本行不通，要想有机会抵挡诺曼人，必须有足够强大的大军，而扈从不可或缺。还有，谁来指挥这支军队？这又是一个难题。依照习惯，哈罗德的弟弟戈德问国王，他是否可以代替国王统领大军？实际上，这才是明智的请求。赢了，当然千好万好；万一输了，哈罗德可以担当第二道防线，那样威廉想一路无阻地直冲伦敦就不那么容易。然而，也许哈罗德觉得，既然倾尽全力，无疑国王必须亲征，要出现在抗击侵略者的部队里。避免和威廉正面交锋就是变相认输，好像承认了自己的王位真的来路不正。开战前一周，公爵的使者前来反复指责他发伪誓，这已明显震撼了哈罗德——这其实是威廉的圈套，不出所料哈罗德中计了。这时，战斗和武士荣誉有关，哈罗德无疑认为自己从头到尾光明磊落。

更重要的是，他要在什么时机去攻击威廉的军队。最合理的策略是等待，诺森比亚的扈从在富尔福德幸存下来，那些他直接势力范围以外的郡的民兵还没有用上，如果有这两者加入，哈罗德总共能召集的兵力应该达到三四万；那样威廉就不堪一击了。可哈罗德相信，这些无足轻重，当务之急是把威廉堵在萨塞克斯南部的丛林沼泽里，尽全力不让他出来在英格兰东南为所欲为。他也许以为公爵在等诺曼底的援军，那么他的最佳阻击时机就是眼下，这时候双方实力不相上下。还有，或许哈罗德认为斯坦福桥的胜利延误了战机，对决威廉胜算把握不大。

另外他一定相信接下来的战斗有利于守方，撒克逊人只需要站稳脚跟，防止威廉突破通往伦敦的大路。自己的军队到了萨塞克斯，诺曼人就难以得到食物和干草。冬天快到了，恺撒遇到的事，也会发生在威廉身上，没有了调度便利加上食物匮乏，入侵就会失去活力，入侵者自会掉头退向海滩。

但是，必须先给予对手迎头痛击。10 月 12 日，等不及看看北方伯爵是否加入，哈罗德就离开伦敦，带着两个弟弟戈德和里奥福温（为了

显示王族团结，他坚持要他们来，这实在是愚蠢），还有 2 000 或 3 000
名扈从。新一拨民兵将通过大乡绅召集，之后在黑斯廷斯出发通往伦敦
的岔路口，一棵灰暗的老苹果树——"灰树"下结集。在那棵讨厌的树
旁边，哈罗德将竖立他的"战士"战旗；在森拉克山脊上，无论是否准
备好，英格兰人都将抗击诺曼底的威廉。

　　1066 年 10 月 14 日，是儒略历（Julian Calendar）圣克里克斯图斯节
（St Calixtus）——圣克里克斯图斯是奴隶出身的教皇。这天清晨，假如
你是撒克逊扈从，会站在山崖边（当时比现在要陡峭得多），低头看对面
几百码远的地方。你已经被国王逼着三天内赶了 58 英里，肯定已筋疲力
尽！也许国王想要镇住诺曼人就像震慑哈德拉达一样，但那边一点儿也
没慌乱。你身边，两旁长长的各一列，盾牌墙已展开，也许有 1 000 步
宽，一个挨着一个，都是磨好的战斧和标枪，它们最好锋利些。你身后
是民兵，他们是见过一些阵仗的，家里保留的剑和盔甲，就是为了今天
这样的日子。中间你看见了国王和两个弟弟站在旗下：威塞克斯戈德金
龙旗和国王自己的"战士"旗。你信任这个国王，他勇敢，头脑又清楚。
你目睹他摧毁了哈德拉达，知道他坚定不移。你听得到下面诺曼人的马
匹嘶鸣，你以前从来没有面对过骑士的冲锋。现在，他们必须冲上山来，
也许那是为什么你以为自己听到他们唱圣歌。

　　再来假设，你是一名诺曼底步兵，就该祈祷骑在马上的绅士们知道
自己在干什么。四周一片金属刮擦声：磨剑的、上马的。你费力地往山
上看去，只见一线银光，你画十字，拨弄锁子甲上连着的环扣。斧子砍
下时，它们能挡一下吗？你以前从没在战斗中遭遇斧子，转头看看，弓
箭手们在检查弓弦松紧，其他步兵在弓箭手后面不停变换位置，好像没
人太在意到底站哪里。你拿起矛和剑，身后是号旗（骑士的长三角旗）：
布列塔尼人在左，弗莱芒人在右。你觉得最好在中间，和公爵还有他的
兄弟们一起。更好的是，当你看到圣父的旗帜，记起上帝和你一同作战。

公爵是带着教皇的戒指来参战的。

　　如果关于战争的诗意叙述恰好是真的，又如编年史作者韦斯写的开头那样：再加上歌手泰勒菲（Taillefer）编队战斗，唱着《罗兰之歌》（Chanson de Roland），策马冲出诺曼人行列，高高地向空中抽出剑，抓住柄，斜着全力刺向英格兰人，在对方冰雹般落下的矛还没有击中他之前已经杀了三个；那就太棒了。但现实可能会平淡无奇地谨慎：弓箭手们缓慢前进，靠近后射箭；接着，步兵们忽地拔脚奔上前；最后，在诺曼底鼓声和"Dex aie"（上帝助我）的喊声中，骑士们冲锋。还没到英格兰人阵前，先听到有节奏的盾牌敲击声，呼喊着"Goddemite"（万能的上帝），然后就是砍杀、马匹冲撞、武器刺戳、箭和剑刺在皮革包裹的盾牌上发出沉闷的声音、士兵倒下的声音、伤员的尖叫：一群经受磨难的苦力。

　　大约一小时的时间里，威廉的三队列阵型——弓箭手、步兵、骑兵——冲向山上。有些马一直冲到了盾牌墙前，然后像芦苇一样倒下。但大部分诺曼底骑士，尤其在战斗刚开始时，并不特别热衷于和英格兰刀斧手接触。因此他们只骑到够近的地方，投掷出标枪，指望着能刺穿盾牌；然后，在密集箭矢保护下，掉转马头返回山下，等待下一次冲锋。这样没什么大效果，到中午也没起色，撒克逊盾牌墙屹立着，寸步不让。也许，诺曼底骑士到底能做多少次冲锋，也是有极限的。事实上，骑士的冲锋慢慢失去锐气，英格兰人暗暗自得，可正是这积聚起来的得意情绪引发了危机。威廉左翼的布列塔尼人，后退时溃不成军，马匹踩踏了步兵，一部分民兵见状不禁要趁机追击，他们扰乱了阵型，跟在布列塔尼人后冲下山。在这个关键时刻，如果由国王本人亲自率领，发动一次协同合作的冲击，也许英格兰人能赢下当天的战役。但哈罗德采取保守战术，眼见右翼的弗莱芒人和中间的诺曼人都没有散开，冷静地意识到自己的部队必须保存实力，让敌人自己在盾牌墙前消耗。哈罗德没能组织协调前进，一时间失去了对军队关键部分的控制。他们冲下山的时候，威廉的战马确实已死于胯下，有谣传说公爵已经战死。他扔掉头盔，表示自己还好好活着，重新整顿诺曼人的中心阵型，转过身来包围了追击的撒克逊人，切断他们。撒克逊人往山上后退了一下，拼命反击，但是他们没有重盔甲保护，一个个被砍倒在地。

这一仗离结束尚远，还有六小时才分出胜负——它是中世纪历史上时间最长的战役之一——诺曼底骑士重整旗鼓无疑是个转折点。它体现了两军不同的灵活性：威廉调整自己军队的不同因素来适应战场上的变化；哈罗德陷于死板防守，一定要等待敌人被削弱后手到擒来，一心一意指望对方自讨苦吃。到下午中半时，拖延术似乎反而损耗了英格兰人的士气。据诺曼历史学家所说，威廉故意让他的骑士"佯装撤退"。不管是不是佯装，他们的确起到了不断削短英格兰前线的作用，倒下的扈从多了起来，渐渐地，持轻武器和护甲较差的民兵上来接替，他们身后更多人暴露在诺曼人射得很高的箭雨下，倒在后排。但是不管队列是否稀薄了，直到天色已晚，撒克逊防线依然与山连成一体。在某些地段，小山的西边峭壁上，他们的弱点暴露太过明显，诺曼底骑士冲上来，从这里直接对损兵折将的撒克逊防线发起冲锋。就在这个密集群里，有哈罗德也许还有他弟弟戈德，他的眼睛被箭射中（因为挂毯的记载容不得半点模糊），这是致命伤。不只对国王本人，对他的大军也一样，尤其是他的两个弟弟也同时战死，里奥福温可能死得早，戈德死在最后。他们身边不计其数的扈从，都在暮色中拼死战斗到最后一口气。

一旦旗帜倒下，英格兰阵型的残余就瓦解了。剩余民兵只有自顾自逃命了，奔回家去，或者躲避受伤。战斗其实没有完全结束，一队诺曼骑士全力追击掉队者，冲进了莫尔福斯（Malfosse）树林的水沟里，遭到伏击，他们的马被砍倒，很多骑士死了；他们的首领波罗涅伯爵受了重伤，"口鼻流血"，只能被抬着离开战场。

哈罗德的情人伊迪丝·斯万内克（Edith Swanneck），凭着他"身上只有她知道的标记"，到死人堆里去找他，他的尸体已经四肢不全。威廉让人把他埋在海滩上，上面盖了块长石板，好像要他永久面对不可思议的结局。哈罗德的妈妈吉莎要用黄金赎回儿子的尸体，但被轻蔑地拒绝了。威廉曾经发誓，如果上帝应许他胜利，就将在哈罗德竖起旗帜的地方造一座感恩修道院。但他还不能自我陶醉在浮夸的姿态中，先得确保自己的胜利果实不单是一场战役，而是赢下整个英格兰。森拉克山脊大屠杀中，他丧失了起码四分之一的兵力，不久后，一场严重的流行性痢疾又袭击了剩余的部队，威廉幻想残余的英格兰贵族们会蜂拥到黑斯廷斯，来提出臣服和结盟，但是他失望了。

戈德温家族灭亡了，其他主要人物有坎特伯雷大主教斯蒂甘德，约克大主教奥尔德莱德（Aeldred），还有两个北方伯爵埃德温和莫考，如果当日他俩带着手下出现在森拉克，也许能改变胜负。留得青山在，至少他们有讨价还价的本钱，或许他们这样想过。他们的第一反应是拥立阿塞林埃德加为王，这是刚勇王埃德蒙的孙子，忏悔者爱德华的侄孙——古老的威塞克斯家族的最后一人。但他还是个孩子，只能算英格兰保卫者手中的一张牌。

因此，一旦军队填饱了肚子，威廉需要向人们实打实地展示顺从有何好处，抵抗又是什么下场。诺曼人用一贯的放火与抢劫扫荡过英格兰东南农村后，不出所料，这一招管用。盎格鲁－撒克逊的伟大中心一个个地崩溃了——坎特伯雷、温切斯特（哈罗德的妹妹伊迪丝、忏悔者爱德华的遗孀递上了城门和修道院的钥匙，这里是历代撒克逊国王的墓地）。突然一下子，埃德温和莫考后悔将那个孩子埃德加立为王，他俩又变卦了，离开自己的伯爵领地，要保全自己。他们心里设想的诺曼人征服和丹麦人差不多：一个外国傀儡会和盎格鲁－撒克逊英格兰的大人物和统治机构合作。但威廉脑子里从没有过一丝念头，要糅合新与旧、撒克逊和诺曼底的政治和社会，通过某种融合来统治。他最初能够纠集诺曼底大军的根本条件即是，获胜者得到战利品。这时，在英格兰殖民需要大量军人持续驻守，他决心完全遵守出发前的协定，将英格兰贵族的财产、土地、房产都分给自己的属下。

威廉懂得如果没有拿下伦敦，则无征服可言；但他没有直捣黄龙，而是让部队绕开前进，沿着一路绿化带远足，也许意图用饥饿迫使英格兰屈服。等他在沃灵福德（Wallingford）渡过泰晤士河时，坎特伯雷大主教斯蒂甘德、奥尔德莱德以及阿塞林埃德加都已下跪投诚，撒克逊王族的末系子孙已成威廉阶下囚，剩下的旧贤人会议里已无人能领导统一抵抗。1066 年圣诞节，一年里，威斯敏斯特大教堂迎来第三次皇家典礼：威廉一世加冕。一番努力后，它成为撒克逊和诺曼底仪式的复合体，采用 973 年在巴斯为埃德加国王创立的邓斯坦加冕礼，约克大主教奥尔德莱德用英语、库坦塞斯（Coutances）主教杰弗里用法语致辞，外加法兰西国王的一种仪式——涂抹圣油。也许，这样总算让私生子威廉当上了合法国王。

此时离忏悔者爱德华的临终预言过去已快一年，也许那天在威斯敏斯特守候他的人中的一部分会认为，好几千英格兰人死去，足已偿还罪孽；英格兰之树可以自愈，再度繁茂了。但是魔鬼尚未离去，加冕那天，威廉为防万一，在大教堂外安排骑士，如有谁在盛典进行时胆敢捣乱，授权他们酌情处理。当守卫们听到里面传来的欢呼声时，误以为有人突袭，根据他们以往的反应，就把眼前的每幢房子点火烧了。历史学家奥德里克·维塔利斯（Orderic Vitalis）这样写道：

> 火势蔓延，教堂里欢庆的人们乱作一团，阶层处境各异的男男女女，惊恐之下冲出教堂。只有主教、教士以及僧侣们留在里边，在祭坛前瑟瑟发抖，勉强完成宣圣礼，国王颤抖得厉害。几乎每个人都跑向肆虐的大火，有几个人勇敢地去扑火，更多的是要趁火打

劫。英格兰人完全相信这种反常行为背后有阴谋，彻底激愤，从此怀疑诺曼人，认为他们奸诈成性。

这出闹剧过后，威廉不准备采取正式行为接受加冕礼上给他的表面尊敬，也不足为奇。圣诞节后，后来成为伦敦塔——一座无比坚固的石头城堡——的要塞就开始动工了。

威廉在加冕礼上失态，是唯一一次大家看到他的狼狈相，"脸色灰白、浑身发抖"。通常他出现在众人面前，是一副威风凛凛的神态：高 5 英尺 10 英寸，红发，咄咄逼人。1067 年复活节左右，他觉得可以返回诺曼底，在公爵领地上进行凯旋巡礼，行程特地定在佩文西这个他第一次踏上英格兰土地的地方出发，仿效罗马人凯旋，带上几个撒克逊精英驯服的标本：阿塞林埃德加、埃德温伯爵和莫考伯爵。

在鲁昂，他心情轻松愉快，仿佛英格兰战事已结束，但根本没有结尾；实际上，在威廉整个在位期间起义一直不断——而且是在英吉利海峡的两岸，他从没停止过灭火行动。那个时期，几乎任何一个有点理由为了忠义或投机，只要能武装起来反抗威廉的人，都这么干了：威尔士疯子耶德瑞克，据说他娶了个美若天仙的公主，引见给国王（"美人，向野兽问好；野兽，问候美人。"），但更在乎现实中被诺曼底贵族抢去的土地；哈罗德的儿子们，在 1068 年从爱尔兰组织人马到德文郡和萨默赛特郡大肆劫掠；埃克塞特城的居民围困一个诺曼底要塞 18 天，直到应允保留他们原有的公民特权；甚至一些在黑斯廷斯战役中跟随威廉的人，比如多佛尔的毁灭者波罗涅伯爵，和一队骑士迎头撞上打了遭遇战，骑士们要保卫多佛尔；丹麦国王斯韦恩二世从没放弃英格兰王位，带了 200 条船登陆，占领了从前维京人在英格兰的东盎格利亚和诺森比亚的大片土地。

到 1069 年，正如三年前的哈罗德，威廉面对几乎一样多的棘手事；

也和哈罗德一样，只能马不停蹄地从一个领地赶往下一个领地。这样几年兵荒马乱下来，他必定是意识到了：不列颠岛上到底还有多少地方没被征服，还攥在撒克逊贵族手里？威尔士（和戈德温在的时候一样）地方造反风行，威廉花了好几年的时间血腥杀戮、进行边界领主城堡殖民后，边界地区才太平下来。苏格兰的长寿国王马尔科姆三世更大胆妄为，娶了阿塞林埃德加的妹妹，在宫廷里将流亡的撒克逊王子奉为上宾，有一段时间，威廉同时受到丹麦人和苏格兰人从东和北两个方向的夹击，约克城为斯韦恩开门揖客，把他当成解放者。1069 年，威廉纠集大军向北挺进，攻击远远超出通常的惩罚尺度，变成无情的蓄意屠杀、制造饥荒：成千上万的成年男人和男孩被砍杀，曝尸路旁；田地被毁、牲口被杀，赶尽杀绝，幸存者只会在随后的大饥荒和恶性传染病中饿死病死。诺曼历史学家奥德里克·维塔利斯让威廉在临终时忏悔："我像一头可怕的狮子扑在北边几个郡的英格兰人身上，使他们遭受大饥荒，这样……杀了这个优秀部族的几千人，老老少少，我成了野蛮的屠夫。"不过，当时威廉可没有伤感到起怜悯心，圣诞节时，他还在约克城烧焦的废墟上庆祝基督诞生。

暴力过后是兴建城堡。威廉建起大量的城堡——一些还是土木堆砌，另一些则是石头修筑的永久建筑——坐落在那些麻烦不断的城市里，特别是约克、切斯特和伦敦。在和平的时候，它们具有震慑力；内战时，它们就是恐惧发动机。还有一些，仿效罗马–不列颠的做法，建在王国的关隘，如多佛尔、梅德韦（Medway）河上的罗切斯特（Rouchester），还有些地方地形不适合建任何城堡——东盎格利亚伊利周围的平原凹地——这里，连接丹麦地区的水道，总有这样那样的抵抗。不睡的赫里沃德（Hereward）传奇——违法大乡绅返回已成为废墟的家园，土地被诺曼人霸占，他就成了平原上的游击队——当然很大程度上是个神话。但的确有一个时期，伊利"流亡者之岛"给赫里沃德还有诺森比亚伯爵莫考提供了庇护。只是当斯韦恩决定减少损失，重新拾起维京人的套路，要威廉支付赎金后，反叛才结束——尽管不久前，叛乱者焚毁了彼得博罗修道院（Peterborough Abbey），看着浅水区的堤道建起来，又被诺曼底大军自己的辎重压垮，沉入沼泽。因为《末日审判书》（Domesday Book）里，有一个赫里沃德是米德兰郡（Midlands）西部地主，看来最后他也和征服者威廉达成了妥协。

威廉一点一点地——加之软硬兼施——驯服了英格兰。1072 年，他用惊人的两翼包抄战略，对付马尔科姆国王，西起克莱德河、东到泰河，把苏格兰从中间切断，迫使苏格兰人抛弃阿塞林，接受威廉是英格兰的合法君主，这才把最后一块七巧板拼上。威廉的军阀作风使对手改变立场，幸存的撒克逊贵族如疯子耶德瑞克在苏格兰为他效力，重操旧业。《盎格鲁-撒克逊编年史》甚至记载，马尔科姆送交了人质，宣誓成为威廉的"仆人"——这是否意味着苏格兰王族对英格兰国王效忠？接下来几个世纪里，两边为了这一点打得头破血流。

大部分讲述这些事的声音——和导致 1066 年事件的那些事一样——来自胜利者，如吹牛的普瓦捷（Poitiers）的威廉或者后世的韦斯。他们总是刻画出极端鲜明的对比：哈罗德欺骗和伪证，威廉高贵而受背叛；一个是重罪犯，另一个是杰出典范。但是，在这一相当恶心的自吹自擂大合唱中，至少有一个不和谐的音调，敢于批判威廉，描述征服的真相，认为它精心策划了肆意妄为的入侵。这个声音更可信，因为它的视角特别，此人父亲是诺曼人，母亲是英格兰人，他就是僧侣奥德里克·维塔利斯。他的父亲跟随威廉来到英格兰，后来把孩子送回去，他在诺曼底长大，反而对那名义上的故国没有归属感。12 世纪初，他写下关于那场战争的记述，和其他所有版本不同，通篇是鲜血与灰烬的现实。对殖民的看法，奥德里克也从不含混其词："外国人踩在英格兰人身上发财，英格兰的子民不是可悲地被杀，就是作为流放者绝望地徘徊在异国。"

换句话说,奥德里克看到了创伤,这与其说是去种族化,不如说是斩草除根。1066 年后,盎格鲁－撒克逊的英格兰也不是一切都销声匿迹,郡、百户及它们的每个公共法庭都还在。贤人会议没了,诺曼国王也仍然咨询枢密院(尽管在威廉那里,基本就是无视)。无自由的农民——隶农(villein)——继续按要求的天数给领主提供劳务,作为取得一块土地耕种或放牧的代价。现在这些领主是法语名字,而不是盎格鲁－撒克逊名字,有什么区别吗?

当然!结果是天差地别!盎格鲁－撒克逊绝大部分大乡绅没有姓,在威戈德(Wigod)或者塞德里克(Cedric)后面加上地名,只说明一个人来自哪里。但是。诺曼人把地名加在名字后,是一种占领行为、是拥有。他们叫罗杰·博蒙特("Roger Beau–Mont",博山上的罗杰)或蒙哥马利("Mont–Gomery",哥马利山),因为那地方就是他们,反之亦然,他们就是那地方:他们拥有它——骑士、农民、磨坊、树林、猪场、要塞和桥。一旦这份包装精美的财富落到他们手里,家族中的意外死亡或幸存都不会终止它。盎格鲁－撒克逊人认为含土地的产业是大乡绅财产的整体,包括珍宝、精良武器和铠甲,总体来说就是这财产属于"大"家庭:兄弟、姐妹、姑姑叔叔,甚至表兄弟姐妹都有份。当大乡绅或他的遗孀去世,这份财产就打包在他们中间分配,这个办法对保持家族和睦很有效,但不利于保留偌大的财产帝国。诺曼底贵族一心一意想的是要保持财产完整,没有听说过要和阿尔弗丽塔(Aelfrida)姑姑分享鸽舍的事;相反,一切都必须留给单个继承人。王国本身就是一份最大的财产。在过去,继位者要等将死的国王点头,还要贤人会议同意他的选择;现在,国王把王国传给儿子,用不着讨论了。

这么一来,一群讲外国话的征服者取代了整个统治阶层,这就不是一次无关紧要的更迭了。维系旧领主系统的是联系加义务的链条;因为土地拥有者这种状态，大乡绅有义务要向撒克逊国王提供军事服务。在新秩序里，允许伯爵拥有土地，条件是他自己拿着武器来，徭役实际上成了他交的租金。盎格鲁－撒逊大乡绅，不管是否是"皇家的"，极少傲慢地和他们的佃户对立，尤其是最富裕的最下层自由民（ceorl），也许还拥有和耕种一两个海得，大家都住在木头房子里，穿着、讲话习惯等只是程度不同，而非种族不同。某种情形下，最下层的自由民甚至可以憧憬通过财富积累和联姻，进入大乡绅阶层。诺曼人来后，排斥和无力取代了接近和亲近，而且更多时候是恐惧，剥夺了原先大家已经习惯了的保障，人们面对武力横行霸道时无能为力。这是木头大厅和城堡的区别，也是撒克逊小教堂里各等级亲密无间与诺曼大教堂规模巨大、状如森严要塞般的分野。

　　大教堂和巨型城堡作为看得见的诺曼底征服英格兰的标记，容易使人误解威廉的独夫性格，尽管他没有食言，的确做到了把全英格兰地主阶级的产业都分给了部下，这也没能防止其中的大头目们挑衅他的统治。作为征服者、国王，和他作为公爵时一样，没能幸免于家族阴谋，一个是他自己的大儿子罗伯特要造反；另一个是同母异父弟弟，贝叶主教布卢瓦的奥多。挂毯就是织了献给他的，他是与威廉关系最紧密的伙伴，威廉出国时会毫不迟疑地任命他摄政的人，卷入了一桩惊天大阴谋：奥多狂妄到试图远征去罗马，自己当教皇；弗兰德斯伯爵和丹麦的又一位克努特也对他的新领地虎视眈眈。

　　不过，所有这一切都没能妨碍威廉处理国事。1085 年圣诞节，他在格洛斯特召开御前会议，发起了一项他整个任期内最不寻常的运动：征集信息运动。燃眉之急是要征收土地税——这是从盎格鲁－撒逊国王那里继承来的土地税，用于国防。这是个全新的创举，王国上下，北起泰恩河，一个一个郡，一个百户一个百户地查账：征服日前夕谁拥有什么，现在又是哪些人拥有哪些；那会儿值多少钱，这会儿又是什么价。

这已经远不止急需用钱的实用考量，威廉的灵感——对于向来或多或少被认为只会马背上打天下的一介武夫来说，真的堪称卓越——本质意义就是，知识也是力量。征服者威廉是信息库史上的第一王。

在 11 世纪，他的仆人们以异乎寻常的速度完成了任务。奥德里克·维塔利斯写道：

> 国王派他的仆人到全英格兰各地，深入每个郡，调查那里有几百个海得……或者说，国王本人在英格兰到底拥有多少土地和牲畜群或者他应该从郡里抽取多少应缴款。还有个记录就是他的大主教们、主教们、修道院院长们、伯爵们各有多少土地……他的调查详尽之至，没有任何一个海得（这么写真是可耻，但威廉似乎不以为耻）……或者哪怕一头公牛或母牛或一头猪都没有遗漏地写进了他的记录。

1086 年收获节（Lammas Day），在老塞勒姆（Old Sarum），威廉面前堆起密集的可以相互参照的法令，资料收集的第一步是本地层面，然后拿到百户，再由郡委员会汇集，最后制作成册。有些资料由隶农或祭司口述，但大部分是从以前就存在的书面文件，比如土地税账本里抄录的，我们通常认为诺曼底政府的高效里程碑，其实在很大程度上得益于盎格鲁－撒克逊王国原地保留的先进的信息检索机制。因此，旧英格兰世界如无处逃遁的鬼，阴魂不散，都登录在《末日审判书》册页里：大乡绅、郡长、海得。当威廉面对这些账本时，仿佛他又把整个英格兰征服了一遍，当然这一次是数据式的，这个形式确保没有哪个不满的拥有树林和大麦的领主会翻变天账。

除了事件本身引人注目以外，在老塞勒姆这两个庆祝时刻，以一种完美的补充方式，为征服后的英格兰及其君主制作了定义。首先是立誓言，发誓的是全体大贵族、贵族和绅士（另一场运动前夕）："在英格兰，不论什么等级，全体拥有土地的人，不管他们是哪个的诸侯仆人……都要归顺他，起誓对他忠诚，忠于他，反对其他一切人"。现在有了《末日审判书》，一有需要，或者他自己的哪个诸侯忠心动摇，威廉就可以利用信息，去抑制、罚款或没收。接下来的几个世纪里，英格兰政府的实力就体现在充当地主力量和国家权威之间的伙伴关系（既不简单也不复杂），是田亩及其信息的守卫者。在二者之间充当中间人，擅长领会双方需求，这就是永远的裁判角色：主权。

读者大概会想，让这套复合"盎格鲁－诺曼"的政府工作系统自行运转，威廉这下可以安心了；尤其到 1086 年，克努特四世被杀，丹麦常年入侵的威胁也解除了。可具有讽刺意味的是，威廉铸造的最后一枚硬币上，刻着与哈罗德同样愿望的铭文：PAX（和平）；他穿着长长的朝服，一副皇家的缄默神气，形象庄重——正合了哈罗德出现在贝叶挂毯上受审的做派。但和以往一样，威廉能被各种鸡毛蒜皮的事刺激得暴跳如雷，只要法兰西国王跨过他的王国和诺曼底公爵领地的边界，踏入有争议地区，就能使威廉做出激烈反应。此时已快 60 岁的威廉，人已经发福，还是热衷骑马烧杀，乐此不疲，全然没有年岁不饶人的迹象。威廉在诺曼底－法兰西边界附近的芒特（Mantes）城倾泻怒火。全城被彻底焚毁，从考古学角度已不可能找出一幢早于 1087 年的建筑。也许，这次毁灭太过分了。有一本编年史记载，当他骑马穿过城镇阴燃的废墟时，一块热的东西——或许是一根横梁——从屋顶上掉下来，落在国王的马前，马儿受惊弓背跃起，威廉勒着粗壮的肚带，突显出一大块软软的腹部，被前鞍桥刺穿，某个内脏器官——八成是脾——破裂了，征服者开始大出血。

威廉被送到鲁昂的圣热维斯（St Gervais）小隐修院，他的大臣和议员们尽快赶来，有的焦虑，有的已做好争抢姿态。老伙计中只有他的同母异父弟弟莫尔坦（Mortain）的罗伯特，是某些表示关心的人之一；另一个同母异父弟弟，贝叶的奥多还在狱中；国王已经给了大儿子短腿罗伯特（Robert Short-Hose, Curthose）诺曼底公爵领地，可罗伯特倒是他的死对头；英格兰已赏赐给二儿子威廉·鲁弗斯（William Rufus），也许他听从了父亲不必感情用事的劝告，火速赶回英格兰去保王位了；三儿子亨利——后来的亨利一世——得到他特别偏爱的财产。

　　奥德里克·维塔利斯给威廉安了一个非凡的临终忏悔，完全不合他的个性，表面上看根本就是不可思议。但当时人在卡昂的奥德里克，处在知晓内情地位，所以也许，人之将死，威廉的确产生了良心不安。如奥德里克给描写的，他拒绝指定继承人，这时突发一阵内疚而抽搐：

> 因为我自己不是通过正当继承权得到的荣耀，是在决一死战中从伪证者哈罗德国王手里抢来的，它沾满鲜血；通过屠杀和流放他的支持者让英格兰臣服。我滥杀了英格兰原居民，不管他们是贵族还是普通人，我残酷地压迫他们；剥夺了很多人的继承权，这不公正……因为这样犯下诸多罪行才得到的英格兰王冠，我不敢将它留给任何人，除了上帝。

　　假如他真的讲了这样一席话，也没有人听见，他也不比当年忏悔者爱德华临终时围在旁边的人更多。1087 年 9 月 9 日大早，威廉一咽气，鲁昂大教堂（Rouen Cathedral）的大钟敲响，一个令人震惊的无耻场景出现了。"一些在场者，"奥德里克写道，"行动起来，好像他们失去了理智。不过，他们中最富有的，随即上马，绝尘而去，保卫自家财产去了。一些近侍，看到主人们溜了，就向那些武器、纺织品、瓷器和皇家家具下手，接着也麻利儿地跑了，威廉的尸体近乎全裸地躺在地窖的地上。"

　　至于他的老对头哈罗德·戈德温森，当然没有长眠在海峡边的海滩下。黑斯廷斯之战过后几年，就有传说称他其实从战场上脱身，以后隐居而了却残生——有的说在柴郡（Cheshire）或在威尔士这个不列颠古代偏远的堡垒——只是，还有个故事，可能更接近事实。等日后风波平息，家族里的女性幸存者们收拾起他的遗骨，将他埋葬在埃塞克斯的沃尔瑟姆修道院。哈罗德当年资助过众多宗教场所，这是其中一个。教皇因为"教堂破坏者"和严重伪证者这两个指控，判定哈罗德臭名昭著该被开除教籍并被推翻。这对沃尔瑟姆的僧侣们似乎不起作用，他们秘密地埋葬了他，并为他的灵魂祈祷。这个罗马风格的教堂是一座被征服后建筑样式的漂亮标本，在它的柱子和拱门下面的某个地点，就长眠着盎格鲁－撒克逊最后一位国王，他实际上还是诺曼英格兰的奠基者之一。

第三章

王权无约束?

　　不列颠作为一个国家的概念来自一个奇妙的幻想，做这个白日梦的人是蒙默思的杰弗里（Geoffrey of Monmouth）——或者像他自己的签名，叫"Galfridus Monemutensis"——1136 年前后，他完成了《不列颠历代国王史》（*History of the Kings of Britain*）一书。和不列颠一样，杰弗里本人就是个混合体：可能是布列塔尼人，但出生在威尔士，在诺曼底贵族殖民的边界地带马奇斯（Marches）长大，那里盛行诺曼底文化。但是，中世纪牛津的文化也滋养了杰弗里，他声称一个叫沃尔特（Walter）的主事给他"一本用不列颠语言（意指威尔士语）写的古书"，他根据这本书写出他自己的拉丁语历史。杰弗里最在乎古董和凯尔特神话，雄心勃勃，要将不列颠之根深深植入世人心里。所以，根据他的历史观，不列颠是"岛屿中之最佳者"，这里是五个种族的国家，最早是由博鲁特斯（Brutus）教化的，他是创建了罗马城的特洛伊（Trojan）王子艾尼阿斯（Aeneas）的孙子。博鲁特斯的北方台伯河（Tiber）就是泰晤士河，无疑，他在两岸建立了"Troia Nova"，即新特洛伊，注定要成为一个伟大多民族帝国的首都。他死后，博鲁特斯的儿子们洛克里努斯（Locrinus）、康巴（Kamber）和阿尔巴纳克特斯（Albanactus）把岛一分为三，分别创建了洛伊格利亚（Loegria，英格兰）、康布利亚（Kambria，威尔士）和奥尔巴尼（Albany，苏格兰）。

但是，杰弗里《历史》（*History*）的大部分——而且是最著名的那部分——是关于一个威尔士魔术师预言的不列颠英雄梅林（Merlin）的史诗。罗马人离开后，暴君沃蒂根邀请梅林进入不列颠，这个无畏的斗士把不列颠从野蛮撒克逊人的灾难中解救出来。沃蒂根建了一座塔，却一直在下沉，这难倒了他的大臣们。梅林指点他们说，塔底地表下有个湖，里面住着两条龙，英格兰的根被它们咬掉了，所以不列颠要下沉。直到尤瑟王（Utherpendragon）的儿子亚瑟奋起，用基督教骑士精神和战斗勇气，给英格兰打下坚实基础，把撒克逊人从英格兰的角落里赶走后，亚瑟才转而对付皮克特人和爱尔兰人，很快就征服了他们，重建起被毁灭的约克，向上帝致以更多荣光。显贵们纷纷投到亚瑟宫廷里来，"甚至一个出身最高贵的人，如果没有亚瑟骑士那样的武器，或者不穿戴成那般模样，就自惭形秽。后来，亚瑟慷慨和英勇的名声传到了地球的尽头。"在位鼎盛时期，亚瑟的势力扩大到包围了整个北方帝国，从斯堪的纳维亚到高卢，跨过宽广冰冷的大洋，直到冰岛。在不列颠最古老的中心阿斯克河畔的卡利恩（Caerleon-at-Usk），亚瑟和吉尼维尔（Guinevere）面前聚集了 1 000 名贵族，都穿着白鼬皮制衣服，用骑马比武和宴会庆祝不列颠成为世界中心，它"如此精美，超过所有其他国家，富裕，装饰丰富，人民彬彬有礼"。杰弗里是个神话专家，懂得这些浪漫好景不长久，因此才显得美丽。最后，奸诈的侄子莫德雷德（Mordred）葬送了亚瑟的金色时代，不列颠跌落，重回黑暗痛苦的异教徒时代。

当然，《不列颠历代国王史》是一本大言不惭的白日梦。但是，到1152 年，它的作者《亚瑟》（*Arthur*）杰弗里——现在大家都这么叫他，成为圣阿萨夫［St Asaph，在现在的登比郡（Denbighshire）］第二任主教，那时候他的手稿就已拥有广大读者，后来流传了好几百年。格洛斯特伯爵罗伯特从马姆斯伯里（Malmesbury）修道院受他资助的图书馆员那里听来有关亚瑟的故事，向他的另一个被支持者杰弗里转述了这个故事。那个图书馆员到访过格拉斯顿伯里修道院（Glastonbury Abbey），这里的本笃会教士确信英雄的遗体就在这里，只是不确定具体位置。当时正在内战分裂期间，格洛斯特伯爵罗伯特参与其中，杰弗里明白时代在召唤英雄浪漫史和明君史诗。威廉征服者的孙子辈打了20年战争，艰苦卓绝，你死我活。一边是威廉儿子亨利的女儿玛蒂尔达（Matilda）（格洛斯特伯爵支持这边）。另一方是威廉女儿阿黛拉（Adela）的儿子布洛瓦的斯蒂芬（Stephen of Blois）。

1087年，威廉一世死的时候，从表面上看，征服创造的盎格鲁－诺曼王国已经稳固了。理论上，"后审判书"政府已拥有便于精细调整统治权的工具：盎格鲁－撒克逊王国的治理和司法经验与诺曼底军事力量的结合。但现实中权力行使却非常粗暴。征服者死后到1154年亨利二世就位前，如果谁没有抢先夺得温切斯特的皇室国库，就没有哪个君主能指望被认同。冠冕堂皇的继任实际已沦为操作粉碎和争抢：就是粉碎对手加上抢到金子。这就是威廉一世指定的继承人二儿子威廉·鲁弗斯，一旦确定父亲将不久于人世，马上从鲁昂疾驰回国的原因。同样，加冕典礼也是仓促拼凑的，正好有哪个高级神职人员在，能帮上忙就行。即使赃物已锁定，国库钥匙拿到手了，圣油涂抹了头顶，要保住王位、保证政府运行如常，还需要政治手腕；然而，威廉二世（鲁弗斯）独缺这个。他在大部分任期的时间里都忙于从主要租户即大贵族们那征税，来支付威尔士、苏格兰边界战争的军费，给宫廷宠臣安插主教职位，因此疏远了教会。1100年（当时他大哥理查德已死在他之前），在一次围猎中，威廉被一支射偏了的箭射中死去，可不是每个人都认为他真的死于意外。

他的弟弟亨利也就是征服者的小儿子当时陪着威廉二世打猎，在这节骨眼上，他发现自己正巧置身于新福瑞斯特（New Forest），离温切斯特国库只一步之遥。几天后，伦敦大主教为亨利一世加冕，这样（又一次）王位没有传给最年长的儿子短腿罗伯特。为了巩固自己有些勉强的继位，亨利做得更聪明。8月11日，加冕六天后，他迎娶苏格兰国王马尔科姆三世的女儿玛蒂尔达，苏格兰国王的王后也就是此时亨利一世的岳母是威塞克斯王室的直系后代，那么他们的孩子就会同时拥有撒克逊、诺曼底两支血统。这样一来，亨利一定希望自己有双重理由要求英格兰人拥戴他。但是，35年来，尽管他很专业地管理继承来的盎格鲁-诺曼产业，生了20个私生子，亨利对于后代的希望却落空了。他的第一任妻子死于1118年。而1120年，唯一的嫡子威廉在白船（White Ship）沉船失事中溺水身亡，和诺曼贵族之花一起沉在海草里的还有王室律师。后来，第二次婚姻里，他们没有生下继承人，这样一来，他的女儿玛蒂尔达就成为他唯一可能的直接继位人。1126年圣诞节，在皇家枢密院（royal council）会议上，亨利迫使地位重要的主教、修道院院长和公爵们约定拥戴她为继位者。

　　不用说，1135年，等亨利因为吃了医生明确禁止的七鳃鳗而死后，第一个赶到温切斯特的法则取代了所有上述承诺；第一个赶到的不是玛蒂尔达，而是亨利的外甥布洛瓦的斯蒂芬，征服者威廉的强悍女儿阿黛拉的儿子。尽管多佛尔和坎特伯雷拒绝承认他继位，伦敦却为斯蒂芬打开了城门，很多相助他的贵族违背了自己的公开声明，借口说亨利一世临终前改变了主意，而且，不管怎么说，他们的效忠本来以公主没有嫁给外国人为前提。玛蒂尔达起先是日耳曼神圣罗马帝国皇帝亨利五世的皇后，1125年，皇帝驾崩，玛蒂尔达再嫁，和安茹的杰弗里伯爵（Count Geoffrey of Anjou）结婚。这是亨利一世的外交权术，意在弭除传统上敌对的诺曼底公爵和安茹领主，但很多盎格鲁-诺曼贵族更多敌视这桩婚姻，而非配合。英格兰国内，玛蒂尔达有格洛斯特伯爵罗伯特作强大斗士；亨利一世的众多私生子里，他最有实力也是政治上最高明的人。无疑，一年后（1136年）《历史》一书出现的时机玄妙，老李尔王将王国分割带来混乱，这样一个警世故事绝非偶然。读到这个著名故事，没人会不注意玛蒂尔达和好女儿考迪莉娅（Cordeilia）之间的类比，不像莎士比亚悲剧里的女主人公，玛蒂尔达幸存下来，经过艰苦作战，赢得了王位。

玛蒂尔达昭告天下，只要她活着，她的称呼就应该是"女皇"（Empress），她可没有考迪莉娅那样打动人心的谦逊。在一路艰难地打到伦敦后，她已经成功地离间了英格兰的几乎每一个大人物，接下来的很长时间里，陷入了围困和反围困的胶着状态。王权失去威望之时，正是贵族领主们开始掌权之始。因为要依靠当地支持才能扭转倾向对手的平衡。内战里，双方都允许郡里的大贵族为所欲为——修建城堡、创建私人武装、报复私仇、烧毁庄园——只要能打击对手，干什么都行。《盎格鲁–撒克逊编年史》记述这是个"战乱时期"：

> 每个权贵都自建城堡，反对国王……他们给郡里不幸的人们加重负担，劳役繁重，当城堡建成，里面住满了魔鬼和邪恶之人……只要被他们认为有金银财富的人，日夜抓捕，把他们投入监狱，折磨他们……把他们双脚倒吊起来用臭烟熏……当那些悲惨的人再也拿不出什么的时候，他们就抢劫、焚烧所有村庄……人们悲惨地饿死……从来没有哪个国家遭受如此巨大的痛苦。

最终，威廉征服的遗赠就是：混乱、大屠杀、大饥荒、敲诈；每个暴发户领主都是本郡的皇亲国戚；威廉的孙辈彼此斗得头破血流，英格兰四分五裂。不过，某种程度上，这孵化出一系列统治者，或好或坏地给英格兰王权重新做了定义。战争是他们的职业，他们醉心于权力，但在此过程中，他们成功地再造了政府，做法非常强势，又引发了激烈的冲突，最后给中世纪国家权力设定界限。安茹王朝——玛蒂尔达和安茹杰弗里的子孙辈——是英格兰历史的开头和结尾：他们贪得无厌野心勃勃，表面上控制着从比利牛斯山脉（Pyrenees）到切维厄特山的庞大帝国，疆域辽阔，然而易受家族嫉妒中伤。他们用智力和精力建造起来的帝国，最后也毁于他们的激怒和挥霍无度。对于他们的很多敌人来说，他们真的是恶魔。曾有一个故事讲述一位早期的安茹伯爵，他的妻子麦鲁辛妮（Melusine）尖叫着从窗户里飞出去，这样暴露了自己是撒旦女儿的真面目。不管魔鬼与否，一代人的时间里，安茹君主们个个都极尽基督教徒之能事。

玛蒂尔达和第二任丈夫安茹的杰弗里婚姻不幸，尽人皆知。她讲德语，保持着皇家派头（还有皇后的荣誉头衔），26 岁；他是以骑士精神培养起来的花朵，操法语，15 岁。但是，婚姻不幸并没有妨碍他们诞生继承人，1133 年，玛蒂尔达给丈夫生了一个儿子，与父亲和前夫同名——亨利。这个红头发的孩子，在猎犬群里乱跑，是亨利一世战略眼光活生生的体现：这个跨英吉利海峡两岸的超级国家，让法兰西国王们在一旁相形见绌。这个男孩亨利"金雀花"（Plantagenet，以安茹伯爵的黄色金雀花骑士标志闻名）长大后，很明显从母亲那里继承了坚强勇敢和火暴脾气，从父亲那里得到了敏锐的政治智慧；但是，每个曾经遇见亨利二世的人留下的最深刻印象是——精力旺盛，唯他独有。孩提时和少年时，他三次代表母亲到英格兰露面——分别是 9 岁、14 岁、16 岁——到一片白色田野里，展示安茹 - 金雀花红十字旗。1148 年，圣灵降临节（Whit Sunday），在卡莱尔，亨利由苏格兰的大卫一世封为骑士，用的是亚瑟般神圣的仪式：净身，呈上金色紧身短上衣，上面写着自勉文字的一个盾牌，接受一柄刻着奇怪铭文的古剑。

既然亨利已经受封成为新亚瑟一样的人物，就必须用一个适当的吉尼维尔来完成他的出师礼，最佳候选人莫过于阿奎丹的埃莉诺（Eleanor of Aquitaine），她最近和法兰西国王路易七世（Louis VII）离婚，官方说辞是"同宗同族"（血缘过近，教会不允），但实际上是因为她没有生下一个男性继承人。埃莉诺散布消息，生育未果，和她无关，她抱怨，和路易结婚更像是嫁给了和尚，而不是国王。有谣言说，安茹杰弗里本人验证了埃莉诺对激情的渴望，才把她推荐给儿子。这桩婚事又是场赌博，她 30 岁，他 18 岁；他相对来说未经世事，她已阅历颇丰。但在少年亚瑟和危险活泼的吉尼维尔之间，出于政治权宜之计的婚姻中，发生了非同寻常的事：当事双方看起来彼此吸引。

　　1152 年 5 月，埃莉诺离婚后不到八个星期，在祭坛前，亨利和一个比他年纪大的女人并肩而立，现在所有的记述都说她是个黑眸美人：口齿伶俐到使人窘迫，意志坚强乃至幽默，可不是什么大门不出二门不迈的老派闺秀。在她看来，也许埃莉诺能从丈夫低矮结实的身材看到：圆桶胸，孩子气的雀斑，和所有诺曼底先人一样，皮肤白皙容易泛红；对一般人来说，他是个很有趣的特例——好学又善骑，这是一种不太可能同时出现在一个人身上的特点；衣冠不整、不拘小节，外加傲慢和以自我为中心；具备少年的狂热、精力充沛、骚动，但在一定程度上理智内敛；罕见地看起来正常的王子，一手架鹰，一手读书。事实上，他俩的内在世界相差并不太远：跨着装饰华丽的战马，和故意捣乱的骑士在赛马场上互相碰撞，或者通过烧毁敌方庄园帮助自家君主。另外，埃莉诺长大的世界里有更多的骑士理想，同时又对野蛮忤逆习以为常。她的祖父阿奎丹公爵威廉九世，曾是十字军骑士，也是个"一流行吟诗人"，最喜欢唱着自创的淫荡小曲庆祝通奸的欢乐。虔诚的法兰西路易七世迎娶埃莉诺的时候，也许已经知道她并不温柔。她让国王为她的妹妹彼得洛妮拉（Petronilla）打了一场小仗，并不光彩，在维特里·勒·弗朗索瓦（Vitry-le-François）教堂里 1 000 多名无辜者被烧死。当路易背着十字架去赎罪时，埃莉诺和他一起去圣地，穿着华丽，丝毫没有赎罪的态度。埃莉诺发现十字军行军艰苦虔诚，很快就和她的叔叔打得火热，后者是图卢兹的雷蒙德（Raymond of Toulouse），他有一点点不够虔诚。

和路易离婚后，埃莉诺就是破损商品了。这时，安茹杰弗里看出来，凭他家的信誉，儿子亨利的这桩婚姻大有可图，无疑他将这些对埃莉诺和盘托出：法兰西废后可以做新一任英格兰王后兼阿奎丹与诺曼底二领地公爵夫人。1153 年，"金雀花"亨利 20 岁，带着新娘给他以及他自己的武器和馈赠的金钱，再次渡过海峡。斯蒂芬失去了儿子尤斯塔斯（Eustace），面对这样大军压境，悲观地选择妥协。1153 年 11 月，交易在温切斯特达成，只要斯蒂芬指明自己死后亨利为他的唯一合法继承人，他可以做国王到老（看起来也时日无多）。

1154 年 12 月 7 日，亨利和埃莉诺一起在威斯敏斯特大教堂登基。当他俩从欢呼声和香烟缭绕中出来时，已然是一个超级大国统领，国土从比利牛斯山脉经过加斯科尼（Gascony）的葡萄园和忙碌的大西洋港口拉罗谢尔（La Rochelle），跨过卢瓦河（Loire）、塞纳河（Seine）进入片片果园的诺曼底，越过英吉利海峡，一路达到威尔士边界和威尔士人在高沼地的修道院。继承这么一大份产业正当其时。事实上，12 世纪中叶，气候温和。收成比以前丰厚，沼泽、森林、高沼地被改造成草场甚至可耕种的土地。技术创新使土地产量比以前更高。马掌、马镫、双马联挂马车挽具都使马匹第一次取代了公牛，用来拉犁，增加了一天可耕的面积。水磨坊有时候甚至是风车这样的机械工程首次出现在大地上。市场和集市如雨后春笋般产生。长距离旅行比之前更安全，东西南北的商业联系带来更可靠的利润。

尽管他必定深知危险和不适（毕竟白船沉船引发了一场内战），亨利二世在位 35 年，28 次横渡英吉利海峡，与其说他把海峡看成是将他国土分成两半的因素，不如说只是不便利。这两边颇不相同，但毕竟说着同一种语言——中世纪法语，文化彬彬有礼，政府井然有序。威斯敏斯特加强成为管理中心，伦敦倒还没有成为帝国"首都"，亨利对其他权力中心——诺曼底的鲁昂、卢瓦河上的希侬（Chinon）、阿奎丹埃莉诺的普瓦捷——也一视同仁，这很自然也有必要；这样才拢得住帝国根本不同的各个地区。海峡两边，他的法兰克风统治权威遭遇了相同的挑战：本地大贵族不可靠不忠诚；因为罗马编集颁布的教规，经院和俗世的宗教界一起快速地发展自治教条。城镇迅速壮大，弗莱芒人和犹太人移民各操自己的语言，得到鼓励定居在国王"保护"下，这种保护包括易于遭受强迫借贷和征兵勒索。

在所有这些社会阶层下，无论口头的还是书面的文学，本地语言文化幸存下来——英格兰人的、布列塔尼人的、奥克西坦人（Occitan）的、布立吞（Brythonic）威尔士人的，甚至东盎格鲁的一些丹麦人和诺斯人的——亨利非常懂得每个区域的传统和习俗大不同，不必费心去另搞一套，让大家一统江湖。当他最终（也不情不愿地）将诺曼底、不列颠和阿奎丹分封给年龄较大的三个儿子——亨利、杰弗里，还有理查德——他以为他们能和他一样，出于政治上的谨慎考虑，尊重当地风俗和公约。他们要去统治的，可不是具有任何意义上相同语言和法律的统一帝国，更像是一个多民族的家族企业。

毫无疑问，英格兰在其中是最难以驾驭的，亨利几乎一直都在安茹长大，一开始对其治理的特殊性没有概念。他母亲玛蒂尔达一有机会就插一杠子，常常成事不足败事有余，没有给他树立好榜样。他的父亲杰弗里年富力强时，都在顽强地征服诺曼底。亨利只会些最基本的英语，虽然都有翻译随从，但英格兰法律和政府机构是撒克逊和诺曼底双重君主制遗留下来的，那些奥秘和只有内行才能明白之处，他又能懂得多少。亨廷顿郡（Huntingdonshire）知道什么叫金雀花王朝的亨利？或者，亨利又晓得亨廷顿郡的哪些呢？

从埃德加和忏悔者爱德华传下来的加冕誓言里，他只需要抓住这点，即英格兰国王是裁判、大将军、教宗、君主，他的四项基本义务是：保护教会、守护先人基业、公平，以及（最具概括性的）打击恶法恶俗。

英格兰

牛津
伦敦
坎特伯雷
多佛尔
温切斯特
加莱
弗兰德斯

神圣罗马帝国

英吉利海峡

索姆河

鲁昂

卡昂
盖拉德城堡
日索尔
诺曼底
巴黎
塞纳河
曼恩
香槟
布列塔尼
布卢瓦
勒芒
蒙米拉伊
蓬蒂尼
安茹
卢瓦河
昂热
弗雷特瓦勒
韦兹莱
丰特夫罗
希侬
勃艮第
普瓦图
普瓦捷
大西洋
阿奎丹
里摩日
安格鲁姆
多尔多涅河
波尔多
罗讷河
加龙河
加斯科尼
图卢兹区
图卢兹市

亨利二世领地及附属地
法兰西国王领地及附属地

0　　50 英里
0　　100 公里

金雀花帝国的法兰西部分

没人能和亨利二世讨价还价，内战中城堡里长起来的庄稼都已割掉，高墙里曾经坚守的小霸主们也一起倒下了，领主们要么体面地投降了，要么眼看着被人扒了城墙，爵位安到了叛徒头上。亨利二世诨名"城堡爆破者"（castle-breaker），可不是浪得虚名。在不列颠岛内，亨利成了真正的帝国主义者，在 1066 年征服后，第一次将英格兰人的统治超越了旧边界，跨过爱尔兰海到了伦斯特（Leinster）；让苏格兰国王降格受辱，成了臣属。

亨利后来成了满腔热情的正义管理者，在他的任期内，很多案件从领主法庭转到皇家法庭。任何自由人都可以在本地领主管辖范围申请由皇家法庭审理自己的案件，或者直接向皇家法庭申诉。埃塞雷德二世任期内开始的 12 人陪审团，本来只是非正式且随机的，到这时变成审理这些案件的惯常做法。这样，正义不再是不平等社会秩序的延伸，而是王政的一项责任，不管哪一等级都适用，这是原则。当然在现实中，适用这个"习惯法"的"自由人"不包括数量庞大的农民——隶农和村民（cottar）——他们在法律上属于庄园领主，只适用领主法庭法律。但是不管怎么说，当时欧洲其他地方普遍的做法都是封建制垄断正义，这仍然是一个巨大进步。

正是因为亨利二世坚决要使他的法令在整个英格兰至高无上，才不可避免地和教会发生冲突，到他深陷于和托马斯·贝克特（Thomas Becket）的争执中时，亨利才沮丧地发现，他平息了内战，却挑起了精神矛盾，这同样完全动摇了国本。任期之初，正是教会给他提供大量识文断字的人手，组建政府机构，帮助亨利开始懂得英格兰政府复杂系统的奥秘；因此，亨利与教会的冲突具有讽刺意味。德高望重的坎特伯雷大主教西奥博尔德（Theobald），为国王寻访贤能，把聪明、游历广、接受国际教育的年轻人交到亨利手里，这些人适合世俗工作，胜过修道院隐居。他推荐的门徒之一就是自己的主执事（archdeacon）托马斯·贝克特，马上就被指定为大法官（chancellor）。在贝克特改造这一职位前，大法官根本不像听起来那么重要。它负责皇室精神生活管理——是个人神父和（更重要的）办公室主任（secretary-general），就是档案管理和官方信息的守护者。

在英格兰历史上，贝克特是第一个值得记一笔的普通伦敦人。在 12 世纪中叶，伦敦人口达到 2.5 万，他原来是个商人之子，迅速成为国王最亲近的大臣，事件本身就说明这座急剧扩张的城市的潜力。和现在一样，伦敦那时的中心是圣保罗大教堂，在它附近，上游堡垒森严的征服者之塔（Conqueror's Tower），泰晤士河两岸码头遍布，桅帆林立，输出羊毛，进口葡萄酒和丝绸。中间是伦敦的精华，最早的 24 小时营业的老河滨咖啡馆这个大众食堂，出售适合各阶层的食物："穷人吃粗肉，精一点的鹿肉和或大或小的禽肉给富人……讲究的可以点鲟鱼或塍鹬。"这个嘈杂、拥挤、觥筹交错、牛皮满屋的地方，托马斯的老爹吉尔伯特八面威风，绝非普通商贩，他是个地头蛇江湖老大，在奇普塞德（Cheapside）有间大房子，门面宽 40 英尺，进深 110 英尺。托马斯生长在这样的浮夸环境里，我们都以为很有理由相信他是个简朴的人，但事实真相是这个地道伦敦人对所有伦敦人最关心的东西有一种天生本领：炫耀和打扮；赚钱花钱；私人剧院公共剧场；还有（尽管他的口味清淡）精美食品和佳酿，雅俗兼备。从头起，他就是个花花公子。

做大法官的六年里，贝克特随侍国王左右，亨利立即注意到了这点。他们俩相辅相成：年长 13 岁的贝克特对行政细枝末节了如指掌，亨利乐享其成。国王精力旺盛，急躁。大法官个子更高，脸色灰暗，黑发披下，更内敛。从早年在巴黎和欧塞尔的天主教学校起，他似乎就搞懂了教会的教条和经营之道（这是个好处）。他的个人印章看起来令人惊诧，是异教风格：一个戴头盔的裸体形象，也许是珀尔修斯（Perseus），正在杀死一个妖怪。他能跟得上国王。中世纪的国王朝廷都在巡视路上，一天跑 20 或 30 英里，在某处皇家森林里或在路边用餐。但是，因为害怕胖成外曾祖父威廉那样，亨利迷恋运动，一上路就慢不下来，骑着马，用鹰捕猎；几乎每次都是刚刚抵达喜欢的地方，如索尔兹伯里（Salisbury）附近的克拉伦登（Clarendon），或牛津旁边的沃德斯托克（Woodstock），一会儿又启程了。他的一个侍臣布洛瓦的彼得（Peter of Blois）写道：

> 如果国王说在哪里待一天，肯定会打乱全部安排，第二天大早离开。众人没头苍蝇一样乱窜，鞭打马匹，车子撞在一起。一句话，一幅活生生的地狱图景……我不大敢说，但是我相信，他乐于看到我们这样乱成一团。在一个不知名的林子里，乱走了三四英里，常常是天黑了。如果碰到一个又脏又破的小房子，我们都会觉得很幸运。

贝克特看得懂亨利这套表面随意其实精心设计的把戏，知道他讨厌郑重其事的王冠装束，那是征服者威廉特别喜欢的；亨利喜好普通的骑马服装；对随从说翻脸就翻脸；他和人亲善的方式是，最好是侍臣从他手里讨饭吃，就为了等一下他收回恩惠时，面如冰霜，劈头盖脸地来一通诺曼–安茹式怒火的暴烈发作。贝克特和国王的伪亲密关系，可能是使得日后他误以为自己可以和国王平起平坐的原因——结果却是两败俱伤。时不时地，大约贝克特会为了炫耀，对自己的跟包们说："瞧，我就知道，他这么做事的，他信任我。"但即使在大法官的光荣日子里，也有蛛丝马迹表明二人面和心不和。一次，国王和贝克特一起穿过伦敦，亨利指着一大群穷人，看着托马斯的红灰二色白鼬毛镶边披风，说他要是把它给了一个衣不蔽体的穷人，那么么仁慈。"是啊，"贝克特还嘴，"您该马上这么做。"接着二人在马背上一阵不斯文的撕扯，大法官终于让国王从身上剥下披风，给了一个该得的穷人。

不过贝克特不只是个吵闹伙伴。他比任何其他中世纪大臣都更懂排场的催眠作用。诺曼国王们用武力得到权力，贝克特想要高调秀忠诚，他组织了噱头多多的驯兽、音乐和铠甲打斗的混合表演，深谙在绚烂艳俗背景衬托下，亨利真心喜欢简朴更显得高雅。所以，贝克特成了皇家公共演出经理，1158 年，在驻法兰西使馆里，精心安排让他还是婴孩的女儿玛格丽特和亨利的幼子订婚，这使路易七世印象深刻。贝克特精心策划组织了英格兰风情盛大展出，250 名男仆唱英格兰圣歌，接着是英格兰獒和灰狗上场，8 辆铁轮马车上载着正宗英格兰麦芽啤酒，每辆车由 5 匹马拉，每匹马背上骑着一个马夫和一只猴子（猴子不是英格兰种，但着英格兰装束）。28 匹驮马、金银盘子、扈从们、猎鹰人等，最后是贝克特和几个朋友断后，刻意做出轻松样子。路易七世气急败坏，要法兰西乡村刁难这一批随从，沿路不提供食物，希望他们到巴黎时奄奄一息、七零八落，这简直是对这场令人目瞪口呆的阔气场面最好的赞美；贝克特事先预计到路易的恶意，一路上安排得妥妥帖帖的。

1161 年，西奥博尔德大主教去世，贝克特无疑是继任的最佳人选：精通世故，也明了教会事务。亨利也需要人去摆正教会位置，坎特伯雷大主教这个职位从来就不是个低姿态，并不意味着匍匐在有魅力的武士国王脚下奴颜婢膝；相反，当亨利想象自己祖父亨利一世死的时候那样，他认为这个职位一定在"帝国法律和风俗"范围内。这不是对诺曼旧日王朝的怀念，而是那段时间里，罗马教廷侵犯 12 世纪的世俗统治者权威，尤其在关键的主教任命问题上，教廷自称该由它任命主教。国王们则认为自己是上帝直接涂抹圣油，在任命主教一事上，不言自明该由国王任命。当亨利二世将忏悔者爱德华的灵柩移到威斯敏斯特大教堂时，他亲自抬棺，意思就是："瞧这个国王——他既是圣人又是修士，而我，现在是他真正的继承人。"

不过，罗马教廷从没有接受过这个成王即圣的观念。他们手握世人救赎的钥匙、执掌基督教领域的终极权力，给神圣罗马帝国皇帝加冕，应允大主教给国王们加冕，是认可这些世俗统治者为教会的仆人，而非主人；并且，国王们的权威建立在其理解教会独立性的前提上。在教会眼里，皇权止步于大教堂廊下，但在安茹国王那里，普天之下莫非王土。因此，这个坚定信念上的根本差异，这场中世纪的冷战，时不时地就会沉渣泛起。

在英格兰，它是两个冲突的焦点：第一，主教是否可以不必咨询国王就直接开除王室官员或贵族的教籍。第二，国王法庭能不能审判神职人员；还有，如果能，他们是否可以向罗马教廷申诉。两个问题的焦点归结到一个关键的中心：到底教会是国土上的一个机构，还是，依凭教职它就是独立王国？对亨利二世来说，答案简单明了。在长期内斗中，本地领主有机会篡夺或者忽视王法；同样，教会利用了权力真空，从皇家法律那里得到了很多豁免权，比之前诺曼国王或者更前面的撒克逊国王时期多得多。亨利知道，在其诺曼祖先手里，主教在接受教职前要宣誓效忠于国王，宣誓实际上是前提条件。这是过去的方法，也是他认为正确的方法。

把贝克特送上坎特伯雷大主教职位上（此事在宗教界引起不小非议），亨利当然相信他有了一个依靠，相信贝克特和他想法一样，即教会从属于国家。但有个故事也许说明贝克特已预感到会发生什么。当时他在法兰西休病假，和一个老朋友下象棋，对方告诉他有传闻说他要做下一任主教（Primate）。几句玩笑后，贝克特严肃起来，提到三个神父的名字，说宁愿看到他们晋升："因为假如是我得到提升，我太了解国王了，从里到外，（不会）想不到，我要么失去他的宠信；要么，上帝啊，我不能对万能的上帝渎职。"

外表上看起来，几乎没什么改变，大主教的餐桌和他当大法官时一样，摆满了山珍海味，围着他的也是教会里一帮年轻聪明的城市学究——知识分子，一直以来都是他们。吃饭时，会朗读一段，之后围绕这一段文字进行讨论。但也许一切都不再是看起来的那样，贝克特在宴席上一口不吃，或许在他的华服里面，此时已开始穿上粗羊毛衬衣以及修士行头，8 年后被害时大家才在他身上发现。

国王开征一项同时针对领主和教士的新税收，等到贝克特公开反对，亨利简直不能相信，他在老朋友身上看到一种神秘的蜕变。贝克特（就像他常常提醒他的）因受国王格外恩宠才从普通人阶层提升上来，现在傲慢地对他倒打一耙，这使国王愤怒得无以复加，他尤其不能理解贝克特反对他把神职人员罪犯和普通罪犯同等处理。在皇家法庭上，强奸犯、小偷和谋杀犯都会被判死刑或砍去手脚；在教会法庭，他们只是被开除教职，或被判做忏悔圣事。如此不对称的判罚使亨利感到自己的王权受到藐视，甚至动摇了习惯法的根本基础：即所有自由的臣民都要得到平等处理。对贝克特来说，如果皇家法庭要重新审理已经经过教会法庭审判的案例，也就是承认神职只是众多职业之一，而不是一个真正独立领域，那将引发终结神职人员的独立；神职本是由上帝任命，只对圣彼得的继任人负责。在一系列案件中，贝克特做得很出格，要重新夺回这个自主权，在一个案例中，裁定神职人员永远不必面对死刑判罚。

在索尔兹伯里的克拉伦登亨利的狩猎行宫里，这一争执到了紧要关头。1164 年 1 月，亨利召集所有主要领主、伯爵，主教、大主教，开一个特别御前会议，会上他要求他们无条件地赞成"国内习俗"，当日他的祖父亨利一世在位时那些人是遵守的。贝克特心知，这当然意味着正式确认神职人员也要受皇家司法管辖。他眼见它日益逼近，几个月来都在敦促抵制，还受着被莱斯特（Leicester）伯爵等人辱骂的煎熬，他的同行神职人员都以为他不会食言。可是，贝克特毫无预警地退缩了，摺下博学的伦敦大主教吉尔伯特·弗利奥特（Gilbert Foliot）可想而知地愤恨抱怨："头羊跑出田里去了。"但贝克特接着翻云覆雨，又恢复了最初的反对立场。在克拉伦登，他发布命令，要大家服从国王"宪章"

（Constitutions）。几天后，读着那些细节：要将皇室官员逐出教会需要得到国王同意才行；国王要控制所有英格兰教会和罗马的联系；皇家法庭要重新逮捕和审理教会法庭已判罪的神职人员——他改主意了；最后，贝克特下令全面抵制。这并不是说修道院长们就穿上了锁子甲（如果有必要他们也不得不穿）。在这场意志的战争中，教会最大的武器是威胁开除教籍，停止宗教服务，没有洗礼、婚礼或临终赦免；在天堂大门口，将张贴"金雀花朝人或英格兰人请勿打扰"的字样。

但当时，很明显政权对这场争执还可以更加大重压。在沃德斯托克，贝克特试图面见国王，大门当着他的面"砰"的一声被关上了，他害怕事态恶化，想要离开，但被水手们认了出来，把他送回岸边。国王那时还算仁慈宽大，"你干吗要跑？"亨利问他，"你不觉得这国家够大，足以容下我们俩吗？"国王知道自己占了上风，没有国王允许试图逃跑，贝克特已经触犯法律了；但是，1164 年 10 月，在北安普顿（Northampton），亨利对他提起其他两项指控：在一桩大主教土地争辩中拒绝传唤，担任大法官期间不当使用基金。两项都是重罪，如果被判有罪，贝克特将面临被没收个人所有财产和不动产的处罚。主教们的处境更难堪，如果他们反对贝克特，有被革除教籍的风险。他们当中很多人，比如弗利奥特，一开始就不喜欢他，从来不相信他配得上当坎特伯雷大主教。他当大法官时铺张浪费或者在克拉伦登出尔反尔，他们为什么要替他受过？弗利奥特看到贝克特以教会守护者自居，穿着全套大主教行头，没让背十字架者背着，而是亲自背着坎特伯雷的银质大十字走向法庭。弗利奥特被这种表演激怒，想要夺下十字架，没夺到，两位主教继而扭打在一起。"他向来傻，以后还是个蠢货"，这是弗利奥特主教对这一历史性愚蠢行为的评语。

贝克特到达北安普顿时，亨利提起了另一项针对他的指控，在克拉伦登违背承诺后，他试图越过国王向教皇申诉，这使他又面临叛国罪的指控。审理中，亨利的贵族们几乎都不咬文嚼字，叫喊着"伪证者""卖国贼"；这边厢，贝克特也不示弱，冲那些够得着边的贵族回嘴，"婊子养的""杂种"。贝克特被定罪后处境万分危急，但他最忠实的追随者博瑟姆的赫伯特（Herbert of Bosham），找来一把钥匙，打开正常上锁着的大门，来不及给两匹马套鞍，贝克特抓住赫伯特，摔到身后，二人飞奔而去。连续几天他们都过着逃亡生活，改换妆容，在友好的教堂祭坛后睡觉，最后到了海峡边。1164 年 11 月，贝克特和一小撮死忠分子在弗兰德斯海岸登陆。他们垂头丧气、身无分文、筋疲力尽，心里害怕自己所做的事。

直到巴黎东南约 100 英里外蓬蒂尼（Pontigny）的西都会修道院（Cistercian abbey），他们才停下。这个教堂的白色石灰石不加修饰，是特地选来强调严峻秩序的，这真是个好地方，贝克特停止一意孤行，不再为需要与外在世界妥协而烦恼。这时他委托人抄写《圣经》，很好地诠释了他的思想活动；还托人画了一幅自己的肖像，画好后马上拿来放在戴王冠的耶稣像下。他请教皇亚历山大三世（Pope Alexander III）送给他一件特制僧侣服，然后在那里面，他穿着粗山羊毛衬衫，这极不舒服。贝克特自认为能得到亚历山大的明确支持，毕竟他俩同病相怜。教皇曾被逐出罗马，在法兰西流亡；那是因为弗雷德里克·巴巴罗萨皇帝（Emperor Frederick Barbarossa）这个凶狠的世俗皇帝，他给罗马城的世俗界另外指定更容易适应他自己的伪教皇。问题是亚历山大仰仗着法兰西和英格兰国王的善意和资助，这才得以容身，因此，当一个主教代表团（包括吉尔伯特·弗利奥特）到桑斯（Sens）面见亚历山大，提请亨利的案例，他审慎地接待了他们，说话模棱两可："我很高兴知道国王这么善良，愿上帝保佑他更加善良。"然后当贝克特这一群人废止《克拉伦登宪章》（Constitutions of Clarendon）时，他再同意不过了：它们真令人震惊和嫌恶。

　　为了推行自己的计划，贝克特在蓬蒂尼成立事实上的流亡政府，通过自己的泛欧洲间谍网、自己的地下信使——他们懂得如何绕过亨利的封锁，还有他那不知疲倦的宣传机构，使之完善。贝克特受到正义感鼓舞，决心毫不动摇，要献身于重新维护宗教和世俗生活的区别，西都会修道院是再合适不过的地方了，因为他反复强调自己充满热情的信念，英格兰教会永远不该只是安茹王朝的附属。

　　在英格兰，亨利面目狰狞，扔掉天鹅绒手套，露出锁子甲套着的拳头；任何人让他知道为贝克特说过好话，起码要冒被流放的风险。无辜的亲戚——侄女外甥辈——都受到株连，被流放在外。贝克特的财产被剥夺了后赠予骑士雷纳夫·德·布洛克（Ranulf de Broc）做"管家"。这是给德·布洛克颁发了许可证，他想怎么支配大主教的物业都行：森林、鹿、地窖、租金。也不是所有英格兰神职人员都站在贝克特一边，伦敦和约克主教——吉尔伯特·弗利奥特和彭勒维克的罗杰（Roger of Pont l'Évêque）——和以前一样视贝克特为死敌，相信他虚荣自大，不必要地损害和君主合理实用的工作关系，实际上使教会保护自己正当的自由权利变得更困难，而不是更容易。对贝克特的严正指责，弗利奥特鄙薄地反唇相讥，说贝克特自己与国王交锋中言而无信，觉得事态严重了，又在半夜里如小偷般溜走，大主教这是抛弃了他声称要保护的众多神职人员。

　　在蓬蒂尼隐居时，贝克特一味固执己见。出于对教皇敷衍了事心生厌倦，1166年圣灵降临节在韦兹莱（Vézelay）修道院做完庆祝弥撒后，出乎众人意料特别是院长，贝克特说要"让教会之剑出鞘"，对准那些他口中的敌人，宣称诅咒他们，将其逐出教会，包括雷纳夫·德·布洛克，罪名是"专制"、"异端"、偷窃教会财产。值得注意的是，韦兹莱宣判的谴责名单里没有亨利二世；假如贝克特以为这么做是给国王留下一个重修旧好的口子，那是适得其反。亨利这时反过来威胁说，除非他们把这个反复无常的大主教撵走，否则就要从他的国土上驱逐整个西都会。蓬蒂尼修道院院长含泪服从。1166 年 11 月，贝克特解散了追随者们，到圣科隆（St-Colombe）的本笃会修道院定居。就在他搬迁前，梦见自己被四个骑士谋杀。

贝克特的独立不羁震惊了教皇亚历山大，后者隐隐忧虑自己和亨利二世的关系，终于采取行动。他知道亨利有一个重要的和解动机，继任问题一直困扰着国王，他要学查理曼大帝的礼仪规制，让他的长子小亨利在他生前，就在威斯敏斯特大教堂加冕为英格兰国王。提前加冕并不是说老国王要退位，相反，这是先发制人，安抚人心，也借此约束所有起誓忠于指定继任者的贵族。但正因为这是一个外国招数，亨利需要坎特伯雷大主教来执行这个光荣任务，这样仪式就合乎法度。两年时间里，教皇教廷的特别指定使节在亨利的行宫和贝克特之间来回穿梭，没有收效。贝克特直截了当地否认亨利有资格尝试恢复其祖父时代的习俗；亨利也拒绝放弃《克拉伦登宪章》。双方在原则上不肯让步，教廷特使的外交又回到实用主义上，不要求他们放弃各自信念，只求彼此言辞不过火。那么，贝克特可能使国内恢复和平，结束流放，拿回财产，而亨利二世也得到他希望的加冕。

1169 年 1 月，蒙米拉伊（Montmirail）的寒冬草地上，法兰西王国和安茹国土的边界，显圣节大宴——国王们的大宴——之后一天，亨利和贝克特在这里遇见了。从前的亲密伙伴变成了死敌，自从在北安普顿令人痛苦地传讯大主教后，二人已经四年没见。亨利此时 36 岁，比以前精力更旺盛也更狂躁，思维更敏捷，脾气也更暴烈。贝克特 48 岁，按照中世纪标准他已经是中年人，胡子灰白，满脸皱纹，自信是真理与正义的使徒，一副凛然神色。这次见面是精心安排的。贝克特已答应不说任何会激怒国王的话，他朝法兰西国王路易和亨利所在的那片田里走去，两位国王骑在马上讨论着，贝克特最忠实的追随者博瑟姆的赫伯特，使劲儿拉拉他的袖子，敦促他勇敢，别妥协。一开始，贝克特好像是按照拟定的剧本演出，跪在亨利面前，亨利扶起他。大主教接着说："现在我们之间的全部过节托付给你的仁慈和判断了。"但是，就在大家都松了一口气，一阵意味深长的停顿后，贝克特加上一句："除了上帝的荣光。"这就是说，贝克特事实上"保留了任何有关我在教会职位的事宜"。这是克拉伦登事件的翻版：让步紧接着是抵制。路易七世和亨利都惊得目瞪口呆，脸色一下子灰白，亨利恢复了强硬做派，要求他同意"国内习俗"，贝克特立即拒绝。天黑下来，乌鸦在田野里越聚越多，大主教一人留在那里，还有他自己的正义信念。

如果说蒙米拉伊之后有什么变化，那就是贝克特更激进了，宣布开除约克大主教和伦敦主教教籍，报告说国王还是焦急地要在死前（没人知道这会在什么时候）给儿子加冕。他坚信，最终他能达到目的，而且，貌似他的强硬起作用了。报告说亨利同意恢复贝克特的头衔，归还他的财产，撤销对大法官的腐败指控。最终，贝克特鼓起勇气，索要和平之吻。这中世纪之吻可不像我们今天，轻轻碰一下面颊；绝不轻易给予，它们是善良信念的誓言。这个吻就是约束，索要即表示大有怀疑，亨利犹豫了，这一吻非同小可。

这样，1170 年 7 月 22 日，在卢瓦河东岸的另一片草地上，弗雷特瓦（Fréteval）村附近，二人再次相遇，心里不可避免地伴随一丝厌倦，期待最后能达成一致。博瑟姆的赫伯特感到这地方美丽吉祥，只是到后来他才发现当地人叫它"背叛者之地"（Traitor's Field）。亨利和托马斯策马相向，国王脱帽致敬，二人拥抱，坐下来谈了几个小时。随着他的山羊毛粗布内衣摩擦，大主教对亨利越来越不满，他发现国王因为等不及已经在 1170 年 1 月由约克大主教为其子加冕（还是在贝克特对他革除教籍期间）；这一次，亨利强压怒火，同意了贝克特的条件，同仇敌忾。谈话结束，托马斯看来得到了索要的一切，水坝溃堤，贝克特迸出感激泪水，俯下身子，在国王的马脚下俯倒在地。亨利从马上下来，走向老朋友，扶起他的身子，将他的一只脚放到马镫上，托他回到马鞍上。接着他带着贝克特骑回另一头的皇家营帐地。在一条河边宣布他们和解，这样他就是个最和善慷慨的国王。

这么一来，好像再也不会有什么能打破二人重归于好的美意。可是贝克特就这么能搅和。当亨利想让这美好时光稍微延伸一刻，请老朋友和他继续骑一会儿时，贝克特推辞了，说他需要去感谢所有那些在法兰西支持他事业的人。接着，国王宽恕了贝克特的忠实走狗，包括博瑟姆的赫伯特，他也请贝克特对等地原谅皇家官员，却被粗鲁地回绝。"这不一样。"大主教回敬，这可不是吉兆。"如果他愿意爱我，"一个不被谅解的骑士杰弗里·利德尔（Geoffrey Ridel）说，"我也会爱他。那他要恨我，我也只能恨他。"弗雷特瓦会谈果实已变酸，贝克特当然知道，他写信给教皇，悲观地说自己要回英格兰去，但凶吉未卜。

托马斯和亨利最后一次见面是在卢瓦河畔的肖蒙（Chaumont-sur-Loire），亨利说贝克特不审慎缺乏宽宏雅量，他小小地出了一口气（尽管一个密封圈也没吹走）。"你为什么就不能做点我希望的事情？"一个编年史家记录下了这句抱怨。"如果你做了，我会什么都相信你的。"贝克特没回应，读者可以想象国王发出的一声叹息。"好吧，和平离开吧。"国王说。"我一有空就去找你，我们要么在鲁昂，要么在英格兰再见。"这时托马斯回答："我的主君，有些事告诉我，现在这样离去，怕是这辈子也见不到你了。""那你认为我是个叛徒吗？"亨利说。"上天不容。"贝克特说。

大主教没等多久就见到了自己的预示。1170 年 12 月第一个星期，当他的船载着大主教的十字架进入肯特郡的桑威奇（Sandwich）码头，一大群人在贝克特面前拜倒。等他站起身，六年来首次踏上英格兰土地，贝克特面对三个皇室官员，穿着锁子甲带着武器，非常引人注目，好像他是罪犯。其中一个就是雷纳夫·德·布洛克，贝克特被没收财产的"管家"，肯特郡长康希尔的杰维斯（Gervase of Cornhill）直言不讳，谴责大主教回来是不怀好意，要挑起英格兰战火并废黜小亨利，惩罚站在国王一边的主教和领主。贝克特应该立刻就明白了，自己回来，所有受到威胁的人都联手起来了。他的回答也不会给他们宽慰，那些被开除教籍的人，都只能由教皇宽恕。他说，这话技术上来说是对的，但并不诚恳；是贝克特自己宣判的那些罪名，人人都知道只要他建议，教皇只会痛快地撤销。

可贝克特不想这样做，他的行为有些不祥地反常，远远地看到坎特伯雷时，他下马脱去靴子，穿过唱着圣歌的狂喜信众，赤着脚走完剩下的路。12月的大部分时间里，他都在办理弗雷特瓦协议条款，当他要德·布洛克归还邵特伍德城堡（Saltwood Castle）时，他等来的是大主教的驮马尾巴被斩断，流着血跑回了坎特伯雷。全体英格兰神职人员同样带着冷淡与不安，小亨利拒绝见贝克特，亨利二世接到报告，说大主教心怀不轨，迫不及待地要废黜小亨利，带着自己的武装随从在英格兰巡回，而真相是在桑威奇受到惊吓后，贝克特拥有一小撮武装随从——不超过五个——自卫。不过要他和忠于国王的主教们和解，他的确对此充耳不闻。1170年圣诞节，他言出必行：把蜡烛猛然掷在坎特伯雷大教堂的石头地板上，叫喊着可怕的诅咒，痛恨弗利奥特和彭勒维克的罗杰二人在加冕小亨利一事上扮演的角色："愿耶稣基督诅咒他们。"

主教们可没待在地狱里，他们都在贝叶附近亨利二世的宫廷里，往亨利耳朵里吹阴风，说贝克特屡教不改，里通外国，狂妄自大。就在贝克特大声咒骂的同一天，亨利从病床枕头上，抬起粗红脖子，发出咆哮，骑士听到了在锁子甲里会吓得屁滚尿流。这不是"就没人替我去修理这个骚乱的神父？"而是更惊人的公然抗议："我在自己家里，好吃好喝地供养了些什么寄生虫、叛徒，能允许他们的主子被这么一个下流教士如此侮辱？"这话对所有在场的人，只有一个意思：他要将这纠缠不休的、难以忍受的贝克特问题一劳永逸地解决掉。不一定要他死。但假如只能这样，那就这样吧。

后来结果了贝克特的四个骑士毫不迟疑地直奔诺曼底海岸，上船去了肯特。即使他们没有这么做，贝克特也已经岌岌可危，因为亨利已经派遣一个正式信使，要去命令大主教停止反诉，否则后果自负。

12 月 28 日，在邵特伍德城堡（雷纳夫·德·布洛克依然在这里享用贝克特的鹿肉）德·布洛克会见了四骑士。虽然他们都很鄙视这个出身低微的暴发户贝克特，还是只想逮捕他，没有要杀他的念头。但是他们计划在坎特伯雷劫掠一番，装作是一次小规模军事袭击。1170 年 12 月 29 日凌晨，雷金纳德·费茨乌兹（Reginald fitzUrse）、威廉·德·特雷西（William de Tracy）、理查德·勒·布瑞特（Richard le Bret）和休·德·莫维尔（Hugh de Morville），前一夜喝得酩酊大醉的四人，或许还在给彼此打气，再召集一帮 12 个骑士，然后向坎特伯雷出发。3 点钟，他们闯进大主教宫，托马斯和顾问们已用过正餐，他心无旁骛，完全无视他们的闯入，费茨乌兹大声宣布，他带来国王的重要口信：贝克特要去温切斯特（Winchester）面见小亨利，说明自己的所作所为。贝克特回答说他不想被当成罪犯，交谈中，彼此言辞很快激烈起来。费茨乌兹说贝克特不再受国王的和平庇护，逮捕了大主教的两个骑士。

这时，贝克特可能还想敷衍下去，以便拖延时间，但他对追随者索尔兹伯里的约翰说："我心意已决，知道该做什么。""看在上帝的分上，"约翰回答，很明显不知道他在说什么，"你做得很好。"不像 1166 年在北安普顿逃避斗争。这一回贝克特平静地走向大教堂，十字架在前开路，准备晚祷。他特意开着门让公众进来，而不是锁上。如果他要死，就死在教堂信众眼前。但骑士们抢在其他信众进入教堂前，在北耳堂赶上了贝克特。贝克特一定已经知道他们要干什么，因为他们一身标准的恐怖分子打扮：头和脸大部分蒙着，剑刃在蜡烛光里闪烁，还有用来砍门的斧子。他们叫喊着，"叛徒在哪里？""我在这里，"贝克特说，"我不是叛徒，我是侍奉上帝的祭司，你们要什么？"

他毫无防备，所有主教随从侍者都躲到教堂阴影里去了，只剩两个跟着。即使此时，费茨乌兹还觉得能逮捕贝克特，试图强行把他弄到威廉·德·特雷西背上带走。但52岁的贝克特是个伦敦佬儿，一个街头混混，和他斗篷下的旧靴子一样又臭又硬。一旦站稳脚跟[1]，他的身体和神学一样，费茨乌兹都奈何他不得。情急之下，贝克特又吐出奇普塞德脏话来，"皮条客！皮条客！"他冲着费茨乌兹叫嚷，后者一定突然感到无力和怪异。怪异感本身就很危险，肾上腺素激增，费茨乌兹手起剑落，砍下了贝克特的侍从爱德华·格瑞姆（Edward Grim）的一条胳膊，接着劈开了大主教的头颅。贝克特倒地的时候，他的冠冕还被一条肉连在脖子上，嘴里嘟囔着挺长的一句话［据其圣徒纪实录（hagiographer）］："以耶稣的名义，为保护教会，我已准备好拥抱死亡了。"仁慈一击（coup de grâce）来了，又一下，头彻底掉下。这一击很重，剑在石头上断成两截。为了完成这事儿，第三个武士站到断开的脖子上，把剑尖刺入头颅开口，将脑浆挖出洒在地面上。"骑士们，我们走吧，"他叫道，"这家伙不会再起来了。"

那时大约是下午四点半，大教堂的门还开着，来做晚祷的人们惊恐万分，从黑暗中出来，有些围到尸体旁。但这一群人可没有一致同意他是殉难者，编年史作者们描述甚至有污蔑声："他要当国王，就让他做好了。"但接着，一切全变了，贝克特的内侍们小心翼翼地，用他自己衬衫上撕下的一个带子，把带血渍的冠冕和头缚在一起。修士和祭司们开始准备葬礼——骑士们离去前命令他们这么做，除非他们要让这尸体被扔

---

[1]　站稳脚跟，双关语，也指固执己见。——译者注

到垃圾堆上。他们这么做的时候，发现了以前没人知道的事：托马斯贴身穿的粗羊毛衬衣，纤维里爬满了虱子。表演者贝克特原来是自我克制者贝克特，既傲慢又谦卑。

把他放平，用自己的鲜血擦洗。血迹斑斑的尸体上盖着大主教的衣服，正巧，地下室里，有个为另一人葬礼准备的墓。贝克特就进入那冷落的下面去了，穿戴着整齐的行头：白长袍、枢衣、傅油、主教法冠、圣带和饰带；上身是常服、法衣、十字裙、大披肩祭服、圣餐杯、手套和法戒。贝克特一直认为全副仪仗很重要，现在他弄齐了。

那么，严格来说，是什么让他放下身段或者说为之献身？是这个异想天开的观念，就是教会作为一种最终依凭，教法要凌驾于国家之上，其实在他当上大主教时就已经落伍；国王们不比顺从基督的带剑者们更好些？我们现代的所有直觉都假定坚持这个是无用功。我们理解亨利的世界和工作——收拾混乱、保卫习惯法——而贝克特好像脱离现实，悬在某一种神权政治仙境里，哪怕教皇也不觉得这样可行。但这是低估了大主教，因为这个傲慢愤怒的、戏剧化的贝克特确实让事情大大改观，他对什么是教会和国家之间正常关系的观点流传了下来，而安茹帝国的全能主权观念没有传下来。直到三个世纪后的宗教改革（Reformation）前，教会法庭一直存在，而神职人员都可以向罗马投诉皇家裁决。世俗势力几乎不能干涉宗教事务，有效运行的皇室政权却又离不开——教会那些富裕、有权力、有知识的高级教士。一个范围空前广大的英格兰金雀花王朝，负责治理它的管理者当中有大法官兼教皇使节赫伯特·沃尔特（Hubert Walter），1193 年起任坎特伯雷大主教；还有斯蒂芬·兰顿（Stephen Langton），强迫亨利幼子约翰屈服的那位坎特伯雷大主教，《大宪章》（Magna Carta）真正的灵魂人物。这些人——政治上精明、思维敏锐、管理上坚持不懈——贝克特坚持检举不公行为，假如他没有把自己当成圣徒保罗下凡，不那么自恋，就是他们完美的原型了。

谋杀发生后的日月里,看来权力胜过虔敬,占了先手,谋杀犯来到约克郡,毫发无损地待了一年,后来他们被开除教籍,判罚背送十字架,有的死在去圣城的路上。但贝克特最大的敌人们活了下来,还发达起来,德·布洛克家族成了萨福克郡大地主;伦敦主教吉尔伯特·弗利奥特,约克大主教彭勒维克的罗杰都免责,参加了贝克特的封圣礼,参与管理他的圣陵!至于国王,知道自己在全法兰西受到公开谴责,有报告说他非常悲伤、恐惧而精疲力竭,以至于大家担心他是否神志正常。1172年,教皇命令他去十字军服役三年以作为惩罚。他从来也没去过。但1174年,当他的儿子小亨利和分居的妻子埃莉诺联手发动可怕的战争进攻他时,国王感到特别需要弥补赎罪。他去坎特伯雷朝圣,到此时,贝克特圣陵已经在坎特伯雷显示了无数奇迹。"坎特伯雷的水"因为贝克特的滴血变得玫红,据说能治愈瞎子和跛子。最后几英里路,亨利赤脚走,身上穿着粗羊毛衬衫(和托马斯四年前那样),在墓前,他埋下脸,忏悔了罪行,侍奉的主教每人打他五鞭。国王整夜躺在光地板上,戒斋,和一群普通朝圣者混在一起。第二天离开坎特伯雷时,他已受鞭笞,感到心灵净化,得知他最强劲对手之一苏格兰狮子王威廉,被打败做了俘虏。也许坎特伯雷圣水真的给国王显灵了。

1176年11月,拜占庭皇帝的使臣玛纽埃尔·康内努斯(Manuel Comnenus)来到英格兰,来见这个号称"世界上最伟大和最著名的统治者"。他瞥了一眼安茹王朝的权力版图,此时远超过亨利继位时得到的国土,已深入原先的苏格兰、爱尔兰和威尔士王国,看起来名不虚传。但是,表象往往迷惑人。亨利的"帝国"已不是君士坦丁堡理解的统一国家意义。它是摇摇欲坠的诺曼和法兰西主导的殖民地联合体。即便其中每个既定的统治者都跪下来向亨利致敬,奉他为最高统帅和主权拥有者,亨利却对他们每一位都有充分理由怀疑其不可靠不忠诚。走马观花的拜占庭旅行者,不会发现什么异样。从约克郡到卢瓦河,耸立着很多宏伟的西都会修道院，每一处都得到国王或伯爵资助；教区教堂从属于某个主教中心控制，不受本地保护；壁垒森严的城堡俯瞰着河谷，土木结构的少，石头灰浆砌筑的越来越多。皇家特许城镇里，商业移民和借贷者即弗莱芒人和犹太人定居点，都受到国王或贵族保护，颁发许可证的人当然在他们的商业收费中分享其收益。康内努斯的使节们，也许会遇到新型的旅行侍从——皇家官员。他们比碰到的神职人员要多，往往一整车的抄写员和办事员，带着国王封印的命令和解释，到某个朝廷大人物那里去，他可能是皇家首席法务官（chief legal officer），或者大法官（justiciar），或者财政大臣。在大郡的城里——林肯或约克——他甚至可能见证一个每月巡回的总巡回法庭，任何适用"普通法"的自由民都可以请求皇家法官听审自己的案情。如果康内努斯感到迷惑，会有人请他看一本新书，八成是亨利的大法官（或者叫首席法务官员）兰纳夫·格兰维尔（Ranulph Glanvill）编纂的。书里选编了法律公约和习俗内容，使自由民可以自行判断自己被侵犯的权利，也许可以求助国王法庭重新审判，这些案例或许是由 12 人陪审团审理，而不是由某一个皇室指定的仲裁人裁判。拜占庭旅行家闻所未闻，也渐渐看出门道，此类纠纷通过这种方式处理，而皇家官员无权过问！

拜占庭人也会注意到这个法律，虽号称"通用"，却不是人人都适用。广大隶农辛苦劳作，受土地和地主双重束缚，不享受这个待遇；相反，隶农仍然要服从本地庄园主的法律，骑士和领主、诺曼殖民者的后代则可以进行武力决斗。大片国土——有些是真的森林，有些是郡里的开阔地也有人居住——都是"皇家森林"。很久以前，本地人的祖先们在里面干活或放牧；现在，为防止本地人染指国王产业，另外实行一整套的法律和处罚系统。判罚特别严酷，比如砍掉四肢和死刑。

再走远点，到金雀花王朝疆界边缘，拜占庭旅行家会注意到，在这里王法让步给了其他扎根于当地的权贵。英格兰北边，盎格鲁人和苏格兰人互为敌手，贵族们在其间左右逢源，从中得利，增强自己的独立的主权。20 年来，对坎布里亚（Cumbria）、诺森比亚、威斯特摩兰（Westmorland）乃至于兰开夏郡（Lancashire）的一部分地方主权问题，苏格兰国王和安茹王朝大玩拔河游戏。每当英格兰尴尬或羸弱时，他们必定乘虚而动，诈取特许土地使用权或发动军事劫掠。亨利二世在大卫一世受封骑士时，答应他维持苏格兰人对北方的主张，但到 1157 年，亨利二世收回全部承诺，迫使苏格兰国王马尔科姆四世吞下苦果向后退让。1173 年，为了努力扳回这个局面，年轻的苏格兰国王威廉一世（后来叫作狮子王），犯了个错误，加入安茹儿子一边，去帮他们进行讨伐老子的战争。1174 年，威廉在阿尼克（Alnwick）被俘，亨利极力羞辱他，威廉作为俘虏当街游行，双脚绑在马下；关押在征服者威廉的老窝法莱斯城堡里。只有在威廉代表他的苏格兰王国和"任何其他地方"毫不含糊地向亨利正式效忠后，才被释放。1189 年，亨利的儿子、继位者理查一世废除了这个协议，但又从这个协议里，导出金雀花王朝的一个常年主张，即他们是苏格兰人当然的封建宗主；之后各方为此付出鲜血和痛苦才呈现最后定局。

在安茹-不列颠历史上，有一桩不那么引人注意却出乎意料的事，即安茹王朝对爱尔兰殖民始于解决威尔士问题。因为无法破除地形困难（尤其是缺少南北向的大路），亨利在位时，威尔士仍然独立，和征服者威廉当日差不多。随着机会主义者边界领主们占领了边界地带，在切普斯托（Chepstow）、布雷肯（Brecon）和蒙默思（Monmouth）郡，令人望而生畏的城堡确保边界地区社会英格兰化。他们把持的前沿地带直到威尔士南边，一路延伸到斯旺西（Swansea）和高尔（Gower）半岛。因为边界领主们保证了这些地方不受威尔士原住民控制，他们得到回报，法律上允许他们在自己领地上自行其是，不受国王法律或习惯法的约束。再往西往北去是"威尔士化"地带，那里分为三个王国：北方

山地的格温内思；中心区的波厄斯和南部的德赫巴斯（Deheubarth）。那
里差不多每一代都有一个强悍的国王——亨利的时候，是赖斯·艾普·格
鲁菲兹（Rhys ap Gruffydd）——试图合并两个或更多王国，然后扩张到
边界地盘里。1165 年，为应对一次这样的紧急警报，亨利派了一支骑士
大军进入威尔士。但是，威尔士（和哈罗德·戈德温森一个世纪前得到
的教训一样）没有骑马骑士的用武之地，大军陷落在雨水和泥泞里。强
行合作可耻地失败后，边界领主们中断了向安茹朝廷求助，这使得赖
斯·艾普·格鲁菲兹非常自负地向边界一些最有实力的盎格鲁–诺曼贵
族提出条件，建议他们不再留在威尔士做个异数，倒是去响应都柏林伦
斯特国王迪尔梅德·麦克·默查达［Diarmait MacMurchada，即 Dermot
MacMurrough（德莫特·麦克马罗）］的申诉，去援助他反对自己的爱尔
兰叛变者；迪尔梅德已经向亨利二世提出帮助请求，因此边界领主们离
开威尔士，迁去爱尔兰做迪尔梅德国王的助理。看起来这是皆大欢喜的
解决方案。至少，字面意义上盎格鲁–诺曼人到爱尔兰不是帝国主义者，
而是雇佣军。不用说，事情肯定不会按计划发展。

1169 年，一小批骑士在沃特福德（Waterford）附近的班诺湾（Ban-
now Bay）登陆。一年后，来了更强大的后续部队，由彭布罗克伯爵理
查德·德·卡莱尔（Earl of Pembroke，Richard de Clare）率领，他的绰
号叫"硬弓"（Strongbow）。德·卡莱尔解决爱尔兰政治的方法精妙之处，
可以从这里判定：他让人把 70 个沃特福德市民打断双脚，然后扔进海里，
恐怖起到了震慑作用，在很短的时间里，"硬弓"和他的骑士们收复了伦斯
特。然后在 1171 年，迪尔梅德死得其时，"硬弓"继任，他那时候已经
和迪尔梅德的女儿奥菲（Aoife）结婚了。亨利二世此时如梦方醒，给
爱尔兰君主的援助性远征，已经缔造了一个事实上独立的诺曼殖民地。
他果断采取行动，渡海到爱尔兰，在都柏林枝条构架的宫殿里，接受大
部分爱尔兰本土国王和诺曼骑士效忠。亨利的政策（与他之后渡过爱尔

兰海的许多代国王一样）是止损。在土生土长的爱尔兰贵族看来，毫无疑问他是个仲裁裁决人，不是征服者。但盎格鲁－诺曼人在东爱尔兰接下来为所欲为毫无节制，在短暂受挫后，诺曼殖民者成功地向西推进，深入爱尔兰盖尔人地区，直到遭遇众多反抗的爱尔兰国王中最强悍的鲁阿德里·乌阿·康柯巴尔（Ruaidri Ua Conchobair，即罗里·欧康纳 Rory O'Connor）抵挡才停下。然而，在一两代人时间里，在新的"灰白定居区"（pale of settlement，英格兰统治区），他们就创建了一个等级制的爱尔兰，城堡、庄园、围墙围起来的城镇、隐修院，还有说法语的骑士特权阶层，一应俱全，完全不同于土生土长的盖尔人放牧和以血缘关系为基础的宗族世界。古老的王国都像米德（Midhe）那样被处置。它被封给休·德·莱西（Hugh de Lacy），改造成米斯（Meath）"封地"——一个在接受了国王统治的条件下才能被封的政治实体。

实际上，亨利二世根本不需要扩张。当朝 30 年后，很明显，不管他跑得多勤快多远，要保持他的超大疆域黏成一体的王朝国土，是越来越难了，更遑论任何形式的统一政权。极具讽刺意味的是，他无休止的旅行和艰苦努力都是为了安茹家族企业；而最严重的威胁也正是来自家族内部。他和埃莉诺生了 8 个孩子，4 个是儿子，在当时男性继承人总是难以活到成年的情况下，这是惊人的成就。但是温切斯特宫里有一幅壁画，是一只老鹰被自己的小鹰猛烈攻击（贝克特另一个不吉利的梦），更好地诠释了国王及其孩子的关系。说到这种敌意，亨利自己至少有部分责任。他老是怀疑他们的能力、不够诚实，极不情愿地放权给他们，之后，很频繁又突然地就收回成命；孩子伤了自尊，在心里把他恨得痒痒地。大儿子亨利"骑士之花"，深得父亲宠爱；看着儿子沉溺在闲适和嬉戏中，国王担心他虚荣；但国王不解决问题，反而将问题弄得更复杂，高调地不授权给他，不给他钱花。1170 年 6 月的加冕礼，虽然作了英格兰之"王"和诺曼底公爵，却是更降低了小亨利的尊严感，导致他揭竿而起。等儿子输得一败涂地后，亨利二世又出人意料地原谅了他，还给了他更多责任。但是 1183 年，小亨利死于痢疾。二儿子杰弗里聪明狡诈如其同名的祖父安茹的杰弗里，受指派负责布列塔尼，在一次赛马中被踩踏而死；他父亲看不起赛马，认为其愚蠢。这样他的三、四子理查和约翰顶了上来。他们急不可耐，受安茹家另一名成员怂恿，她显然最愿意看到亨利大权旁落，得到报应：那是他长期受疏远冷落的妻子埃莉诺。

即位初期，埃莉诺看起来是个好配偶，多面手。亨利去诺曼底或安茹时，她就摄政。她的后宫吸引了行吟诗人和音乐家，爱的崇拜从法兰西南部转到了英格兰南部！给亨利生了 8 个孩子后，她韶华逝去，但风韵犹存；只是这不足以使丈夫离开情妇怀抱，尤其是罗莎蒙德·克里弗德（Rosamond Clifford，Rosa mundi，意为世界的玫瑰），亨利为她在沃德斯托克建了爱巢。1163 年后，埃莉诺和亨利在一起的时间越来越少。王后返回阿奎丹，在普瓦捷重建了自己的行吟诗人宫殿，全身心地抚养儿子们（特别是杰弗里和理查），怂恿他们从父亲权柄里抢夺自己的继承权，哪怕这意味着他们不得不和亨利二世的天敌结盟——甚至法兰西的卡佩王朝（Capetian）国王——那样更好。1173 年，埃莉诺采取激进步骤，挑起儿子们和老子的战争。她穿上男装，设法逃脱了亨利的军队围困，奔去前夫法兰西路易七世那里避难。第二次抓住后，她被关在英格兰严密监视，家当削减至最少，可想而知亨利二世对她疑心很重，旅行要步步受监管。这种软禁的生活持续了 10 年。

1183 年，小亨利之死貌似带来了短暂和解。埃莉诺从监禁中被放了出来，允许她去阿奎丹，允许她去看望女儿玛蒂尔达，但更多自由也更方便她策划复仇。1189 年，第二次敌意加重，她又是骚乱的主谋。国王这时已 56 岁，一辈子马不停蹄的马背生涯，终于为此付出代价了。埃莉诺鼓励她的幸存宠儿理查，要亨利立即公开宣布他为英格兰、诺曼底和安茹的继承人。但亨利怀疑这将只会使儿子更急不可耐，而不是满足儿子的耐心，正犹豫间，却引发了他本来想要预防的造反。有一个谣言说亨利和法兰西公主阿莱（Alais）有染，国王已指定她为理查的新娘。当阿莱给亨利生下一个私生子时，也许理查感到耻辱，不可忍受。这样理查预备和16年前哥哥亨利做的一样：跪在法兰西国王菲利普·奥古斯特（Philip Augustus）也就是阿莱的哥哥面前，宣誓成为菲利普的臣属。

　　这一仗使亨利二世损失惨重，眼睁睁地看着自己的出生地勒芒（Le Mans）被理查和菲利普的军队烧毁，国王同意谈判，在两个年轻人面前卑躬屈节。在外人看来，他用和平之吻拥抱理查，但他拉着儿子手说的却是："上帝让我闲了太久来报复你。"后来的事情更糟，亨利向理查索要一份谋反者名单，说要全部原谅他们，第一个是小儿子约翰。这应该深深刺痛了亨利，原本是亨利先挑起事端，打算从理查那里强行抢夺一些土地，转给馈赠不足的约翰。他的编年史家说，看了约翰奸诈狡猾又忘恩负义。两天后，亨利心肌梗死，死于震惊。临死前，唯一在床边的孩子是私生子杰弗里，亨利让他当了大法官。"其他的"，他说，"才是真的杂种。"照例他的内侍们贪得无厌地抢了国王的珠宝和衣服。亨利尸体装殓精致华贵，这是他生前一辈子刻意回避的亚瑟王式的风格。他被放在一艘黑色披挂的驳船上，沿维埃纳（Vienne）河向方泰瓦德（Fontevrault）修道院去。理查最终匆匆赶到父亲墓前，据说尸体鼻尖有血流出；还有其他惊人迹象，据威尔士的杰拉尔德说，就在国王死前，诺曼底埃姆城堡附近，某处池塘里的鱼夜里互相打斗非常激烈，到第二天早上几乎都死了。

　　很多人，像埃莉诺这时已经70多岁了，对亨利二世的死，没有眼泪。对她，还有很多其他人也一样，这是可以公开庆贺的时刻。勇敢的骑士理查，碧蓝眼睛红金色头发，埃莉诺激情教育出的性格，终于坐上了王位，她又可以投入到国家事务中。在英格兰，理查不失时机，向世人表明他是妈妈的孩子，不是父亲的儿子，连亨利最不受待见的英格兰高级官员也给清出去。加冕礼上，他组织了一个炫耀艳丽哗众取宠的展览。1189 年，威斯敏斯特盛典上洒下金子（第一次详细报道），仿效查理曼大帝，理查拿起缀满珠宝的王冠，交到坎特伯雷大主教手里，这是前后次序分明的表态。除了照例的王杖，还有一柄金色剑和马刺，另外是四个男爵举着一顶金色华盖，罩在他头上。唯一不吉的是一只蝙蝠，大白天的在王冠周边乱飞，把这一群迷信的人吓得不轻。更神秘的是伦敦犹太人的礼物，被怀疑是罪恶阴谋的象征，到处是流言蜚语。编年史家迪韦齐斯的理查德写道：接着是一场大屠杀、浩劫；然后他愤慨地说，时间之长，"要打发他们去魔鬼那里，持续到第二天"。理查和他父亲一样，已发誓保护犹太人，为着自己名声，打算宣布这英格兰第一波大屠杀违法。但他急着去完成加冕礼上的朝圣誓言，他向圣城出发后几个月，又一次大屠杀开始了。在约克，犹太人怀疑当局能否守住中立，索性不投降，躲进旧诺曼城堡里，割破妇女儿童的喉咙，接着自焚。

但国王不得不离开，因为理查热衷于十字军东征不是什么闲来无事的虔敬行为，这是他的本性。他在普瓦捷长大，那是他妈妈的浪漫骑士和亚瑟王诗歌世界，极有可能，就是埃莉诺给他讲的那些修饰过度的圣城基督教之战故事在作祟。格拉斯顿伯里修道院大火来得正是时候，大火过后，重建修道院前清理挖掘，出现两具遗体，据说是亚瑟和吉尼维尔。这不能不引起他的注意，同时发现一柄古剑，立即就被认为是"神剑"（Excalibar）。一旦配上了这行头，理查就可以为上帝工作了。1185年耶路撒冷的主教赫拉克利乌斯（Patriarch Heraclius）不顾高龄，尽管知道希望渺茫，曾送来圣墓的钥匙，要说服金雀花王朝去耶路撒冷接任王位，但亨利没有答应这个恳求，也许理查想要弥补这点。

所以，没问题（和亨利二世不同），他在加冕礼上宣誓一定去东征。

当然，同理，毫无疑问结果也大不同。有编年史家写道："正如太阳下山，地球发抖一样；王国的面貌也因国王离开而改变。贵族们忙碌起来，城堡加固，城镇设防，挖掘了壕沟。"换言之，亨利二世长期在位时，皇室巡游威慑着势力过强的领主或官员，朝政可想而知是安全的，此时却岌岌可危。理查把统治权大部分委托给伊利主教威廉·隆襄（William Longchamp），更坐实了人们的担忧；伊利主教迅速在各职位安插亲信，把皇室管理变成了随一己喜好的器具，而不是监管。当理查的弟弟莫尔丹伯爵（Count of Mortain）约翰崛起后，就成为吸引大家忠诚的焦点，被隆襄疏远的贵族们纷纷投奔他。

并不是说约翰企图觊觎国是；理查已预计到自己离开，弟弟会制造麻烦，还预想买通弟弟，让他不插手英格兰的事。因此理查和他签约，只要约翰三年不进英格兰，就给他六个郡的收入。理查假设自己三年后就会东征回来，可是埃莉诺愚蠢地说服他废除了这个协议。约翰迅速赶回来，更快速地行动，好像自己已经有了王国钥匙，带着自己的扈从部队。隆襄和他的人逃难去了，使得约翰成立国中之国，附带一个自己的小朝廷。1192 年，消息传来，理查从圣城返回途中被扣押，约翰随即宣布哥哥已死，自立为王。理查当然活着，只是关押在奥地利，为追逐未来赎金，君主们之间发动可耻的竞标战，把他的命运当作战利品。埃莉诺给教皇写信，哀求他出面干预，心情悲伤，言辞痛切地叙述了自己动荡不安的一生，其中也道出了理查的尴尬处境：

> 本人，埃莉诺（英格兰皇后以上帝的怒火起誓），诺曼底公爵夫人，不幸的母亲，无人可以安慰我，两位国王的妻子，已经到了这把痛苦衰年，还要将我投入耻辱。我也是两位国王之母。小国王和布列塔尼伯爵现在已安息，对他们的回忆注定永远折磨不幸的母亲。我还有两个儿子，但他们的存在只增加我的痛苦。理查国王在

监禁中；他的弟弟约翰用火和剑毁灭王国。我不知道该站在哪一边，如果我离去，我就是弃我儿子的王国于内战，国家将失去明智的顾问和安慰；如果留下，我也许将再也见不到亲爱的儿子一面。没有人能义无反顾地去营救他，哦，圣父啊，请抽出圣彼得之剑，向邪恶的……

但圣彼得之剑不起作用，国王赎金敲定在 34 吨金子——全国三年的税收，将是英格兰整整一代人的沉重负担。1194 年，当法兰西的菲利普·奥古斯特（Philip Augustus，是他鼓动约翰的野心）听说理查终于自由了，他送去一条友好信息："魔鬼出来了，好自为之。"最终理查在诺曼底的利雪（Lisieux）追上了奸诈的弟弟，他吓坏了，然而理查学着他所讨厌的父亲的榜样，对这叛徒屈尊俯就，扶起伏身在自己脚下的约翰，他给了他一个和平之吻，说："忘了吧，约翰，你不过是个孩子（他 27 岁），是那些奸佞之臣把你带坏了。"

实际上，理查的权威大部分建立在骑士风度上，即荣誉规范加全速出击。但是，尽管国王保持骑士风范很重要，那也只是亨利二世重新确立主权的一半实践；另一半是政治直觉。在这方面，理查同样在心理上战胜了对手，看看坚固城堡（Château Gaillard）的庞大废墟，就可以看出理查把政治直觉变成战略智慧的能量。它建于巴黎北边塞纳河河岸上，其位置非常接近金雀花诺曼底和法兰西王国边界，这是故意的。城堡防守牢固，坚不可摧，从水陆两方面都能补充给养，必要时，它就是个出击行动的前进基地；这军事工程最后一着棋，也是严正宣示，即："你们想都别想"。"哪怕这墙是黄油做的，"据说理查这话名噪一时，"它也会立得住。"

1199 年，在围攻里摩日（Limoges）附近反叛臣属的城堡时，理查去世。久攻不下后，抵抗激怒了理查，他拒绝向人数占多数的守卫者投降，决意惩罚。一天强攻激战后，他采取射箭战术。为了表示蔑视守方，他故意不穿铠甲走到前面，只由一个扈从陪着，手里举着一个小盾牌。在某处，他注意到有个守卫，已经只能用一只平底锅做盾牌了，这个堂吉诃德式的勇敢举动使国王好笑，也让他感动。但是，这个孤独的弓箭手射出一支弩箭，命中他的肩颈处，就不好笑了。伤口感染，转为致命坏疽。当时普遍的做法是，城堡投降后，要绞死这名射手；国王虽然自知不久于人世，还是宽宏大量地命令不许绞死他，因此射手活了下来。但等到国王死后，他被活着剥了皮。

今天英格兰没有理查的任何遗迹，除了上议院外面维多利亚时期的雕像，这给大家一个彻底的错觉，好像他是英格兰国王的完美典型，但他在位九年半，只有约一年不到是住在英格兰。狮心王的心脏埋在鲁昂，其余部分葬在希农旁边方泰瓦德的家族墓地里；显然他认为自己统治的国家中心远在英吉利海峡那边，埋在这两个地方都很恰当。他的弟弟在他之后继位，却葬在英格兰，遗体的大部分在沃奇斯特大教堂（Worcester Cathedral）；克拉克斯顿修道院（Craxton Abbey）的教士们小心地隐藏了内脏（中世纪时，需要尽快举行葬礼），国王死后腹内空空的；据说，他的一生也是这样，说话做事没底气。

不只是每个罗宾汉传奇这么写，即使他们在世时，两兄弟就被认为是统治者善恶两极的化身。理查被赞美为杰出的典范，勇敢、宽宏大量、虔诚、不偏不倚；约翰则受尽辱骂，奸诈、贪婪、凶狠、睚眦必报、自私。但是，比起卡通片中相去甚远的脸谱化形象，哥俩共同点不少。两人都是狠角色。约翰受人憎恨，在和威尔士人交战时，他冷酷无情地杀死了28个被扣为人质的威尔士王子和贵族子弟，但是在阿卡（Acre）围城中，因为不满萨拉丁（Saladin）的人迟交赎金，理查屠杀了2700名人质。两人都爱慕虚荣，喜欢装饰华丽。理查的趣味是东方潘特瓦（Poitevin）的光彩夺目，带金线的织锦；约翰钟爱珠宝瓷器，临死前他在瓦什（Wash）丢失的行李清单中，最引人注目的物品是几块玻璃，就是说，旅行时，他都带着这些定制玻璃，不管他到哪里住宿，拿出来嵌入窗孔即可。这要看大家对约翰这种做法有多反感，你可以把移动窗户看成一个有教养君主的高雅，也可以当作偏执狂的窥视孔。两个都不太多关心英格兰，叫嚷着个人生存受到威胁，就把英格兰变成另一个统治者的封邑。理查将英格兰送给神圣罗马皇帝，以便赎回自己，脱离监禁；约翰把英格兰送给教皇，以免被开除教籍，从而赢得和教皇结盟，与法兰西国王开战。最重要的是，两人都采用毁灭和敲诈的安茹式手法，不择手段（要使他俩摆脱麻烦，一切值得的都永远没够）。领主们被迫支付保护费，才能避免个人的服役义务；在继承父亲产业或再嫁前，继承人和遗孀们要支付"接班费"（relief）。二人在位期间，和他们父亲在位时一样，政府权力和法律应用范围无限扩大，也不管它们是得到支持还是反对。两位国王，兴之所至，或有必要时，为了纯粹高压下的仲裁行动，都会迅速放弃法律框架。缺席者理查虽不情愿，但能放下厌恶，向自己的走狗和大臣征税；约翰是无所不在的、神经质的多管闲事的人，他的政府因越权而饱受诟病。

与其说约翰作为统治者，不如说他作为政治家太失败了。亨利统治下的安茹帝国靠精明的人格、臣属忠诚、自身利益诉求混合维持，还有，必要的话加上恐吓。其中诀窍是分配报酬和惩罚，受委屈的（以及住在城堡外面的）贵族总是比得宠的人少。约翰的问题是他很难相信装出来的忠诚会比随风倒的盟友更好（还得说，他两个哥哥对待父亲的方式是坏榜样，更不能改变他对盟友价值的悲观犬儒主义）。总的来说，他低估整个贵族阶层的忠诚度，约翰认为用土地许可报答他们的服务，不是在交朋友，而是在培育未来的密谋者。亨利一直到最后都在促进培植忠诚合作，也正是这点支撑着亨利。但约翰反其道而行之，宁愿依靠他不抱幻想的人和措施：雇佣军、人质、敲诈勒索。正因为预设不忠，他这么做的结果反倒是保证了忠诚。

约翰持这种可悲的不安全感毫不奇怪。作为安茹家族里的幼子，父亲常嘲笑他，母亲溺爱理查，直接无视他。但是，等他这硕果仅存的儿子当了国王，埃莉诺这个年过八旬的母老虎又对着他的敌人们磨爪霍霍起来，约翰依然不能自立称王，这种不知所措的别扭造成他习惯性地选择退缩，而非说服人让他独立自主。

最离谱的是莫过于在诺曼底，胜利在望，他却自己搞得一团糟败走麦城。东边的菲利普·奥古斯特与西边杰弗里的儿子布列塔尼公爵即他自己的侄子亚瑟，对他两边夹击之下，约翰（和他的绰号"软剑"相反）显示了自己是个大无畏的将军，他快速组织夜间急行军，冲到他母亲埃莉诺被困的米拉波（Mirebeau）城堡，拂晓的进攻打得对方措手不及，取得巨大成功，俘虏了12岁的亚瑟王子。不过也许是因为读了太多蒙默思的杰弗里的历史故事，一开始，亚瑟就非常惊人地拒绝承认叔叔是合法国王，反过来威胁他"篡位"的种种后果，约翰惊骇之下，选择了让亚瑟人间蒸发。这孩子身上到底发生了什么事，最可靠的叙述出自马格姆（Margam）修道院的格拉摩根（Glamorgan）之手，他受威廉·德·布里尤兹（William de Briouze）资助，那时还是约翰的忠实追随者（尽管后来成了约翰的敌人和牺牲品），在鲁昂时与约翰待在一起，正处于知晓内情的职位。根据这个编年史作者记载，复活节后的星期四，晚餐后，约翰喝醉了，"用他自己的双手杀了他（亚瑟），然后在尸体上绑了一块大石头，沉入塞纳河。一个渔民用网捞到了尸体，拖上岸，认了出来，由于害怕暴君，他将尸体秘密地葬到贝克（Bec）小隐修院。"

因此，对比蒙默思的杰弗里传奇中亚瑟被邪恶侄子出卖的事，这里的事实正好相反，恶毒的叔叔才是坏蛋恶棍。不管真相如何，比起贝克特的死之于亨利二世，关于亚瑟被谋害的谣言起的政治破坏作用更大。忠于约翰的人，因为害怕和嫌恶，慢慢涣散。约翰偷偷溜回英格兰，因为诺曼底公爵领地的主要城堡和城镇，一个个地都倒向了法兰西国王菲利普·奥古斯特。长长的噩梦般围困后 [在此期间陷于对垒双方之间的莱桑德利（Les Andelys）市民大批饥饿而死]，不可动摇的坚固城堡也被攻下。

心胸狭隘的岛国历史学家也许会觉得诺曼底从安茹帝国领土上分离出去，实质上是福祉，这样金雀花家族可以做强势的英格兰国王，履行正当使命。当时可没人这么想，这是个灾难：它割裂了征服者威廉合二为一的公爵—皇室的世袭家业，加冕礼上誓言的第一句都没做到。没有了诺曼底的收入，又没有亨利二世那样极度节俭的习惯，就意味着收入——急需保卫英格兰免受可怕的法兰西入侵，还要击退苏格兰人——从今后只有取自约翰的不列颠岛屿子民了。约翰发现自己和父亲当日情况正好相反。亨利掌控下的安茹王朝，国土急剧扩张，成功击退来犯者，创造了好斗强势的神话，也促使渴望土地的贵族们投到他旗下，这渴望是理性的动机。约翰试图远征爱尔兰和威尔士，弥补法兰西的损失。尽管如此，他开始失去人气，大家觉得他的事业，一旦沾上，倒霉的多，令人满意的少，原先随着安茹家族的成功，加盟滚雪球般壮大，此时在失败的光照下开始消融。

1208 年，约翰决定和强大又博学的教皇英诺森三世（Innocent III）开战也没用，他不可能打赢。毫无疑问，他自以为坚持父亲的信条，即教会应该首先和他结盟，而不是和罗马。但当他拒绝接受教皇给坎特伯雷大主教的提名斯蒂芬·兰顿（Stephen Langton，也是平衡约翰提名和坎特伯雷全体教士选择之间的妥协），他把英格兰带上了灾难之路。禁止圣事的命令降临到英格兰头上。它意味着精神封锁，没有国王的子民能缔结神圣婚姻，或者葬到教堂墓地里。约翰以剥夺教会财产来反击，结果是被开除教籍，最后不得不投降。1213 年，他把英格兰献给教皇作采邑。这么一来，荒谬策略成了四两拨千斤的巧计。一夜之间，在基督教头领眼里，约翰从最该诅咒的人华丽转身成了最受祝福的人。有了教皇保佑，他和强悍的菲利普·奥古斯特打了最后一仗，可是，1214 年，他没有在布汶（Bouvines）战场上现身，他的部队溃不成军，葬送了安茹帝国。

假如约翰赢了布汶这仗，极有可能就不会有《大宪章》了。1215 年 6 月中旬，约翰在兰尼米德（Runnymede）确认著名"宪章"。最初起因是领主们联合起来，瞅准机会，趁国王吃了败仗，把安茹家族的中央集权推回去一点。布汶败仗给北方全面爆发叛乱开了绿灯。如果僧侣编年史家文多弗的罗杰（Roger of Wendover）所载可信，贵族们在布里（Bury）集合，商谈"宪章"，是一种中庸之道，是希望让总是争吵不休的双方有个依据，可以达成协议，免得英格兰回到悲惨的旧时光。如同所有改革运动中常见的情形，领主们表达自己诉求的语言，带有怀旧情绪，并不激烈。安茹国王们老是返回原题，坚持亨利一世时候的"习俗"，好吧，现在，他们索性给约翰来个正本清源，要求他重新恢复"忏悔者爱德华的善法"（不管那是啥）。任何人读《大宪章》，都不应该拿它当一个原初宪法。一直以来说得轻巧，但其实它不单单是一个自由章程，它是一堆关于自由的契约，是中世纪意义的豁免权：是国王不能做哪些事的清单。

当然，其中很多禁令就是给地主和骑士阶层减税。很大重点是放在对那些封建主权最令人瞠目结舌的滥用上：例如，国王强迫贵族遗孀再嫁，纯粹是为了能收取一笔第二次婚姻的仲裁费。这笔费用，根据这个家庭对国王的作为，可大可小，最多的足以毁掉这一家子，当这家败落后，国王就可以搬进去，收取地租，诸如此类的事必须打住。宪章背后最主要的动机就是这些贵族阶层的利益碎片，但是他们表达不平之情、主张自己权利的形式，配得上大家交口称赞的历史重要性。这里面的悖论是，正是野心勃勃、躁动不安的安茹君主们，无意中教会贵族们，认识到自己缺失了什么；安茹王朝通过同意城镇"自由章程"，作为商业费用和税收的回报，确立国王和臣民之间此类合同性质的章程概念。政府剥夺领主法庭的司法权，归还到皇室法庭，使得警觉的领主们痛楚地意识到（尤其是他们阶层中有人在争执中，被关押、骚扰、毁坏，甚至消灭时），他们再也没地方能去重申自己的冤情；安茹国王们兼具法治和血腥镇压意识，到头来成了纠正自己错误的老师，真是令人称奇。

这么说起来，《大宪章》并非自由的出生证，而是专制主义的死亡证。它第一次明确无误地详细说明法律不是什么国王的意志或突发奇想，法律依凭其自身地位就是独立权力，如果国王违法也需要作出说明——比如，他们应该出示相关理由，为什么某人身体受拘禁［人身保护令（habeas corpus）］，而不是随君主一时兴起就能被宣告扣押。对于法律的这个特性，安茹国王们作为英格兰最高正义代表也无可辩驳。顺理成章地，所有这一切，预设了迄今为止不可想象的东西：有某种叫作英格兰"国家"的事物，国王只是其中一部分，而不是全部（纵然他是高层部分）。领主们以这个国家的名义，在章程里加入一些惊人之语：提议他们25人成立一个机构，监视章程是否得到遵守；而且，如果必要，集体行动，充当巡视官，审理皇室官员被指控违反章程之案件。

约翰当然不愿把安茹的君主权力变成委任制。如果不是1215年春天伦敦陷落在叛军手里，他可能觉得压根儿没必要采取这个策略，作为分化对手温和派与死硬分子的手段，同意这章程，给自己赢得时间，襄助保皇派。然而，单单在自由章程谈判中，筹码就提得越来越高，约翰觉得只能签署，至少表面看来，国王是自愿应允的，而不是（像传统上所设想的）强加给他的。

不消说，这都是假象，约翰可是多一分钟也不想让章程缚住手脚，一有机会，他就向他最可靠的新盟友教皇投诉章程不合法；罗马责无旁贷，相应地废除了章程，谴责这是叛国者和造反派所为，宣告这一针对经过他们神圣授权的国王的章程违法无效。这前后总共不到三个月。

1215 年秋，解除束缚后，约翰发动了一次全面战争，亲自指挥围困位于肯特郡罗切斯特他父亲的城堡，城堡打开大门接纳了叛军。约翰监督进攻，也许就是他想出的，掘一条隧道，倒入 40 只猪的油，点火烧坍了一个角塔。1216 年大部分时间，国王两面作战：一边是法兰西入侵，菲利普·奥古斯特的儿子路易八世，要抢英格兰王位，这是 1066 年以来法兰西第一次成功入侵；另一边和他自己的贵族们打仗。一开始，看起来约翰要吃败仗了。1216 年 5 月，路易和他的英格兰盟友拿下了伦敦，貌似下一位英格兰国王就是路易一世了。但是，领主们和法兰西权贵们打交道经验越多，越不喜欢他们；或者约翰知道了这点，因为他采取顽强的后卫行动，骚扰加威胁，逼急了的话，就露出真正安茹君主们的动物般凶残本性。

打仗让他胃口大开。在诺福克的林恩（Lynn），面对瓦什的风浪，约翰大吃一顿，结果突发严重痢疾，腹泻不止，发烧。10 月 11 日，他赶往威斯贝奇（Wisbech），风刮得大起来，马匹、马车和骑手都迷失了方向，他们陷在风沙里。有一些（不是全部）行李车——包括约翰珍贵的珠宝和他的家当——丢失了。

好像蒙默思的杰弗里的《历史》书中梅林给沃蒂根的警告，他的权力之塔的基础在下沉，又一次变成了现实。

一周后，他做了个郑重的遗嘱，要葬在英格兰（不像他的父亲和兄弟们）沃奇斯特修道院教堂里。10 月 18 日，约翰死了。他 9 岁的儿子，"漂亮的小骑士"亨利，马上在格洛斯特登基。几乎同时，领主们的反对瓦解了；毕竟，他们矛头对准的是父亲，不是儿子；甚至那些权宜之下帮着法兰西王路易打仗的领主，也情愿要一个金雀花家族男孩坐上王位，在老练的威廉·马歇尔（William Marshal）摄政指导下，强过给法兰西国王当附庸。

比起丢失的行李，国王约翰失去了更多，丢了诺曼底是挖掉了安茹的帝国中心，那是安茹伯爵杰弗里苦心建构的江山，尽管加斯科尼还在（暂时的）英格兰统治下。随着帝国不再是连绵不绝的疆土延伸，金雀花家族不可战胜的神话消失了，他们不再是西欧一支主要力量。作为补偿，英格兰实力在不列颠岛上却是空前强盛起来，尤其是在威尔士和爱尔兰，大型的要塞如多佛尔城堡（抵抗法兰西入侵）继续镇守岛国边疆。最后，安茹国王们的影响不能用国土面积或石头建筑，而应该以地方行政官（magistrate）来衡量。1216 年、1217 年重新签署了《大宪章》，后来在1225 年，还加入了补充条款。事实上，英格兰领主们间接地补偿了安茹家族。因为要对王国施加强大压力，朝廷反过来通过必然需要催生自学成才的一代人通晓了管理国家的行政之道，这个王朝身后留下的，不只是城堡和教堂，也不只礼仪和马上比武，重要的是成群忙碌的法官、郡长、议员和郡里的骑士，他们既懂法律又能打仗。

关于安茹国王们的最高评价大概就是，他们统治终结之后的英格兰不再需要他们了。他们是粗暴的家长。他们的行事方式带来了意想不到的结果，就是他们的臣民自行发展出了一个好斗吵闹的风格。1216 年 10 月，约翰死的时候，威廉·马歇尔以典型的骑士风范宣告，假如其他人都抛弃这个男孩，他会肩扛着这位年轻国王，亨利三世，"一步步，一个一个岛屿，从一处乡下到另一处乡下，哪怕要讨饭，也不会辜负国王"。他听起来像某个伟大的圆桌骑士。但这一次，英格兰不需要民族英雄亚瑟，代之的是，英格兰拥有了《大宪章》，希望它足以充当亚瑟神剑。

第四章

外来者和本地人

13 世纪下半叶，不列颠岛上各民族发出自己的声音。他们言辞愤慨，挑战性地警告各自的国君，永远不要背叛自己的祖国，不要倒向英格兰人。

1282 年，威尔士北方格温内思王国，一份由"斯诺登尼亚贵族"起草的宣言申明："斯诺登（Snowdon）人民坚持，哪怕他们的国君要把主权交给（英格兰）国王，他们自己一定拒绝向任何外国人臣服，那些人的语言、习俗和法律他们都不懂。"1320 年，在阿布罗斯（Arbroath），苏格兰领主和伯爵们警告他们自己的国王："只要我们哪怕只有 100 个人活着，也永远不要在任何条件下服从英格兰人统治。"此前两年，在爱尔兰，有人给英格兰国王告示："英格兰人无休无止地背信弃义，为摆脱沉重、不堪负担的奴役之轭，恢复民族自由，爱尔兰诸王不得不与之决一死战。"

作为职业历史学家，我们害怕回顾过往的故事，更甚于提前讲述的故事，因为回顾而把我们时代的语言和习俗强加给过去，从前的人们对我们的时代可是一无所知。我们的教育将民族主义定为现代发明，那么，这些慷慨激昂的陈词，对故土故人的眷恋，又叫什么呢？毫无异议，他们证明，这种有关出生地、本土和母语的政治事务，如果不是民族主义，那么起码是本土主义，发出这种声音后，不列颠不再是从前的不列颠了。

引发这个捍卫本土宣言的无心插柳之举的根源是英格兰人的国家，自身经历了两次重生：第一次，1258 年到 1265 年间进行的改革，非常激进，其力度之大直到 17 世纪后才有后来者；作为"国内族群"，倒逼主君对更广大的国家代表负责。第二次，在伊夫舍姆（Evesham）战斗中挫败西蒙·德·蒙特福特（Simon de Montfort）——热情具有人格感染力——领导的改革后，爱德华一世试图在不列颠岛上建立第一个英格兰帝国，借此弥补国王所受的羞辱，结果却是矫枉过正。在英格兰爱德华受拥戴，被当成帝国创始人亚瑟王的继承人、神圣古老不列颠联盟的复兴者。伯里圣埃德蒙兹（Bury St Edmunds）的编年史作者有点高兴得太早，他写道："英格兰、苏格兰、威尔士都在他的统治下，他取得了前者（亚瑟的）全不列颠君王的地位，而在他之前不列颠长期四分五裂，群龙无首。"

只有武力才能把这个幻想变成现实，在他完结前，英格兰帝国还没有出现在不列颠岛上，爱德华先留下一个痛苦忍耐的遗迹，特别是他在被征服的领土上修建宏伟的城堡。18 世纪，英格兰旅游者和画家们到威尔士去，对着那些花岗岩石堆写生，作为风景画练习。但对当时或更早的威尔士人来说，它们是"我们臣服的漂亮徽章"，殖民统治的建筑。面对大海，切断和外面世界的联系；万一抵抗势力抬头，它们就是外国势力镇守本地中心地带的雷霆万钧力量的体现。

不列颠各民族间的战争不是单纯的暴力比拼，也是有关主权概念的争斗：是帝国和属国、统治技巧和习惯风俗、强势国君和国内社团联盟的角力。

1774 年，一小股古文物研究者，由于对他令人望而生畏的名声好奇，打开威斯敏斯特大教堂里的爱德华一世墓。沉重的大理石棺上只有一行刻字："这里躺着苏格兰之锤［Hic est malleus Scottorum（Here lies the hammer of the Scots）]。"棺盖被打开，墓中斜躺的人和 13 世纪报告里写得一模一样，"长脚"（Longshanks）绰号名副其实，在棺里，足足高 6 英尺 2 英寸。和他的雕像或塑像相反，胡子刮得干干净净的，戴着精致的王冠，穿着罗马皇帝一样的紫袍，右肩上是一个珠宝镶嵌的钩子。他右手握着权杖，杖首装饰着十字架；左边是美德之杖，顶上是小鸽子（基督教职务徽章），看起来在啄他的脸颊。四个半世纪后，这形象完整威严如初，让 18 世纪的观者看傻眼了，其中一名试图偷走爱德华的一根手指，被警觉的威斯敏斯特大教堂执事长拦下。据回忆，爱德华是 1066年后第一位明确拥有英格兰人名字的英格兰国王。而在 11、12 世纪，他的前任们，不管是否一开始自认是诺曼人或安茹君主，都说法语，沐浴在法兰西文化里；但是爱德华讲英语，在妈妈怀里听着蒙默思杰弗里神话长大，强烈地自觉肩负英格兰王国的历史使命。

　　一切都从他的名字开始，亨利三世用忏悔者爱德华这个他认为君王人格的最高理想，来命名长子，亨利三世对 1161 年封圣的盎格鲁–撒克逊最后一位国王敬仰备至，这话一点儿不为过。他在卧室里画了一幅壁画，每天早起第一件事和睡前最后一件事，就是从忏悔者那里得到启迪，有人告知他爱德华一向穿着朴素，亨利也模仿他，只穿最简单的袍子。1236 年，在为他的王后普罗旺斯（Provence）的埃莉诺安排的加冕弥撒上，亨利和王后双双用忏悔者的圣餐杯，喝下救世主的血；国王委托定制一册插图生动的《圣爱德华历史》（*Estoire de St Aedwaerd le rei*），献给埃莉诺王后，标注了一连串的奇迹和可预见的愿景，体现了要将爱德华的国家命运托付给和平、虔诚，而不是战争。

　　这样或许很合亨利的口味，尽管他可能很希望（某种程度上散漫的）光复父亲约翰丢掉的诺曼底和安茹的法兰西领地，但他很少有机会去做点儿什么。初登基时他未成年，贵族保护人（baronial guardian）掌管国事。每当他要征税，他们总是保证做到亨利得到枢密院允许的前提是他再次确认《大宪章》生效。不管哪种情况，安茹祖先大半辈子骑在马背上不停歇地巡游，这种统治方式看来不适合他。他保留下亨利和约翰的一些打猎行宫——比如克拉伦登——他用金雀花王朝的华丽设计装饰它们，多色瓷砖镶拼，天花板上画着星星和半月，明显受到埃莉诺的地中海文化影响。

　　然而，不四处巡游，做一个常坐宫廷的君主，又不能纵容懒惰，这意味着集中权力在世俗和精神两方面都适合他这个英格兰新国王的地点，正是忏悔者爱德华指定的威斯敏斯特。尽管亨利不是建造威斯敏斯特大厅的人，但正是他在位期间，这里成了国王大典举办地，无论是他自己个人家庭还是宫廷事务的典礼都在这里，即国内最高正义机构所在。《大宪章》之后几年里，枢密院聚集在这里，他们越发大胆，宣称有权决断国王要求募集资金的正当性、政策是否明智。枢密院这时还不是明确叫"parliament"（现代议会，尽管 13 世纪 30 年代才开始使用这个名称），但职能无疑比单纯的皇家意志传声筒要多了。

　　亨利拆除了爱德华和诺曼国王们建的罗马式巴西利卡，代之以一座宏大的哥特式教堂，足可媲美法兰西最伟大的大教堂，设计师是来自法兰西国王加冕地兰斯（Rheims）的建筑师，这是为了保持亨利自己的英格兰王权复兴宏源，激起敬畏和仰望之心。从此，这里象征王国中心，所有英格兰君主都要在此登基，死后亦葬于此。亨利三世设计威斯敏斯特的神秘中心是忏悔者爱德华惊人的圣陵，要用波倍克（Purbeck）大理石镶嵌，黄金装饰，像约柜（Ark of the Covenant）一样高过祭坛，围绕它的基地用意大利马赛克做出一条闪闪发光的通道。在移陵过程中，亨利让人把爱德华和他的王后伊迪丝挪到圣所（这样无意中把戈德温家的一位夹带进了威斯敏斯特）。教堂重建第一阶段就耗时 39 年，差不多花费 46 000 英镑——这不是个小数目，那些分摊税负的人不会因此爱戴国王；即便这样，我们有理由相信，亨利三世丝毫不怀疑这钱（其他人的）

是用在刀刃上。"嗨，老兄，"你可以读到忏悔者墓上刻着他骄傲的话，"如果你想知道原因，这是亨利国王，当代圣者的朋友。"

和他的祖先们东征西战不同，温切斯特的亨利眼睑下垂，个性内敛不形于色，却乐于大兴土木［在 1242 年一次远征普瓦图（Poitou）失败后更加热衷］。在远离威斯敏斯特的伦敦的另一头，他给伦敦塔造了坚固的围墙，里面添了韦克菲尔德（Wakefield）塔，还有好几个小房子，包括小动物园。他鼓励人们在外面的乡村建设大型建筑，如圣奥本大教堂（St Alban's Catheral），把诺曼式大教堂和老塞勒姆的主教宫移去新址，那里不那么引人瞩目，也就是后来的索尔兹伯里。亨利是第一个可用当代形象描述的英格兰国王，他被看作是位杰出的建设者，可以和石匠、建筑师，还有忙于滑轮、铅垂线的工人交谈讨论。

但是建筑工程和军事行动的花费几乎不相上下，尽管这都是为了对英格兰忏悔者表达敬仰，国库看守者和宪章保护者们却视之为可疑的挥霍。用另一种修辞说来，显而易见，宫廷里满眼是"外国人"，他们的疑心就更加重。外国人有两拨：王后埃莉诺的普罗旺斯和萨瓦（Savoyard）亲戚；亨利同母异父的弟弟们（他母亲第二次婚姻的孩子们），吕西尼昂（Lusignan）人，来自法兰西西部的普瓦图。一两代之前，英格兰宫廷里或主要行政官和主教住所里，出现欧洲大陆来人，人们几乎不会说三道四，因为他们和国王本人一样是外国人。但到了 13 世纪早期，《大宪章》之后几十年里，英格兰国家利益何在又能向谁妥协，这个定义明显本土化了，字面意义上，已不必提谁的出生地是哪里的问题。在抗议文本里，"出生"（natus est）第一次意外地带上了非常沉重的重要性。

议会开始自认为是英格兰的共同保护人，1258 年危机前，它和领主及神职人员组成的皇室枢密院没有明显区别，只能给安茹君主建议或劝诱国王做某事。尽管《大宪章》第 61 条已提出要由监视机构保证皇室政府按规定办事，但它没有在补充条款之后留存下来，只是《大宪章》大胆举措的精神继续保留着。亨利还没有亲政时，枢密院转变而来的议会开始养成习惯，考虑那些需要花费巨大的工程是否正当或者不负责任，也开始习惯于对不同意的项目威胁说要拒绝付款。亨利三世给他的外国廷臣发放少量城堡、职位、主教任命和土地，英格兰伯爵和主教们看在眼里，贵族组成的议会开始提出一个本质不同而相当大胆的要求：同意、否决，甚至废除国王挑选官员和顾问的权力。13世纪50年代后期到13世纪60年代，这种要求在逻辑上推到极致，等于限定皇室使用权力的先决条件，就是国王先要对国内地区（communitas regni）代表解释清楚。不用说，这样干预国王选择大臣，对亨利来说，是严重侵犯了他独有的国王特权，他决心反对它。最终冲突导致内战、国王被囚、革命危机，和17世纪内战时国家命运危在旦夕的情形一模一样。

尽管改革压力来自很多英格兰最高贵族和神职人员，其中贵族西蒙·德·蒙特福特个人在战场上下，都对这场不妥协的改革起了最大作用，从来没有像他那样的反对派运动领袖，站在英格兰国家社区立场上说话，因为德·蒙特福特虽然是莱斯特伯爵（Earl of Leicester），但是就他的出身和早年生涯来说，同他和他的同党们要谋求剥夺其权力的奸恶廷臣们一样，都是彻头彻尾的"外国人"。他的父亲也叫西蒙，家族封地位于巴黎以西大约30英里的地方，曾经把自己对基督教的热情投入到组织十字军（实际上是大屠杀）行动里，反对阿尔比（Albigensian）派教徒，驱逐法兰西南部的犹太人。老西蒙从母系继承了莱斯特伯爵领地，1229年，小西蒙继承莱斯特领地时，只有18岁，在那些年纪大的贵族眼里，他是又一个自私的法兰西冒险家，来主张一笔英格兰财富，需要把他和国王隔离得越远越好。但这个年轻人有一种奇怪的令人信服的特质——雄辩的智慧、自信，站在人前就足以自证其力量。1238年，西蒙和亨利的妹妹埃莉诺秘密结婚（这桩婚事会影响英格兰王位继承，本来应该在枢密院咨询范围内），这时一定证实了这个怀疑。埃莉诺第一任丈夫死的时候，她只有 16 岁，成了寡妇，在坎特伯雷大主教见证下，发誓永久保持纯洁，那根本就是白说。西蒙和国王疏远得厉害，看起来更多是个人分歧，而非政治异见。因为不满西蒙偿付岳父一笔债务的情况，亨利放风说，他发现妹妹怀孕了，才不得不同意德·蒙特福特和妹妹的婚事，西蒙正确地估摸到自己可能被捕，就带着大腹便便的埃莉诺逃走，乘船顺流而下，渡海去了法兰西。

　　13 世纪 50 年代，大舅哥和妹夫之间时不时的争吵意义深远，西蒙和亨利都已 40 多岁。德·蒙特福特曾参加十字军东征，去了两年，他和霍恩施陶芬（Hohenstaufen）皇帝弗雷德里克二世（Frederick II）并肩作战，13 世纪 40 年代中期回来时，旅行经验丰富，已然是一个见多识广的贵族。更重要的是，他已变得非常虔诚，半夜起床，整个下半夜默默守夜，默诵圣诗集。他还开始穿粗羊毛衬衫，慷慨优待他人，自己却习惯节省，穿着颜色暗淡的衣服，"棕黑粗呢和蓝色制服"，这对一个贵族来说非常引人注意。他还开始接近一些当时最聪明睿智又深思熟虑的神职人员：林肯主教（Bishop of Lincoln）、罗伯特·格罗斯泰特（Robert Grosseteste）、伍斯特主教（Bishop of Worcester）、沃尔特·德·坎蒂卢普（Walter de Cantilupe）、方济各会（Franciscan）学者亚当·马什（Adam Marsh），并与他们通信。这三位都致力于把世俗统治者复原为基督教政府的理想：慈善、公正、仁慈。1253 年临死前，格罗斯泰特已写就一篇论文，阐明公正统治和专制的区别，很明显，这篇文章对内敛并固执己见的德·蒙特福特产生了深刻影响，由此他的政治主张打上了宗教信仰般的烙印。

　　西蒙相信他已经亲身经历了一次格罗斯泰特所说的小小的专制。1247 年，国王任命他代理金雀花王朝在法兰西的最后一块领地加斯科尼，那里以波尔多（Bordeaux）为中心的葡萄酒贸易价值不菲。德·蒙特福特着手领导政府，他们刚正不阿，在加斯科尼贵族中引起反叛，这

可是亨利最不愿意看到的事。1252 年，为平息事态，亨利同意采取激烈
手段，审理德·蒙特福特，实际上这是控告他越权要弹劾自己的方式。
双方斗得火花四溅，互相指责上纲上线。亨利指控西蒙挑起叛乱，明确
说自己不会"和叛国者保持盟约"，德·蒙特福特则表现得好像自己是个
同等地位的人，还嘴、谴责，甚至威胁，对叛国的指控回应道："这是
撒谎；假如你不是我的主君，还敢这么说我，你会自讨苦吃。"还有一
次，西蒙狠狠地瞪着亨利，问他有没有人叫他忏悔过，因为他根本不像
基督徒。

　　西蒙被宣告无罪——大部分贵族很欢迎他，都觉得他受审只是来做
个样子——被送回加斯科尼。接下来在一个新的任期，国王与德·蒙特
福特和解得很彻底，亨利送了西蒙和埃莉诺两座皇家城堡，坐落在沃里
克郡（Warwickshire）凯尼尔沃思（Kenilworth）的那座城堡尤为巨大壮
观，不久这里成了一个宫廷中心，学者云集，风头盖过英格兰其他所有
贵族的住所，远远不止一个简单的贵族城堡。1253 年，当他从加斯科
尼回来时，西蒙开始处理个人所受的委屈（经常是财务性的，和妻子关
于她无节制的嫁妆的争吵），这是折磨英格兰王国大众的一块心病。到
1258 年下一次危机爆发，西蒙的说话行事，好像没什么比英格兰的利
益——对他这个胸怀宽广的人来说——更重要了。他和一些最主要的大
贵族有共同点，就是相信亨利终于还是暴露出真是他父亲约翰国王的衣
钵传人，那么，除非也和约翰一样得到遏制，否则亨利会走上政治歧途；
那些大贵族有理查德·德·克莱尔（Richard de Clare）、格洛斯特伯爵、
诺福克伯爵（Earl of Norfolk）罗杰·比戈德（Roger Bigod）。他们根据
下面的事实才这么认为：1254 年，亨利从教皇亚历山大四世那里，为二
儿子埃德蒙接受了西西里（Sicily）的一个王国，这不是免费馈赠，英格
兰要支付军事费用把这岛国从教皇的敌人霍恩施陶芬那里解救出来。亨
利知道这几乎不可能得到批准，于是没有征询枢密院就应承下来，这是

自己给自己下套：如果违背对教皇的誓言，他（像他父亲以前那样）将面临全国性的停止圣事，或者甚至出现自己被开除教籍的局面，因此他咬牙坚持，脾气越来越坏，要求拿到西西里"十字军远征"的必需费用，而且，按时间进程，向英格兰他的大租户们即大贵族征兵。

　　1258 年 4 月 28 日，威斯敏斯特，亨利等来的是七个武装贵族联手的行动，包括格洛斯特、诺福克和德·蒙特福特本人，他们把剑留在威斯敏斯特大厅门口，这一点也没有使突然激动得发狂的亨利安心："这算什么，我的大臣？我这可怜家伙，是你们的俘虏？"领主们，以诺福克伯爵为首，回答说他们不是来谋反的，正好相反，而是忠心耿耿要把国王从恶毒腐败的异国大臣手中解救出来。"让那些可怜的不可救药的潘特瓦人和所有外国人，从你和我们大家面前走开，就像从狮子面前跑得远远的，那样上帝在天国会得到荣耀，和平会降临在善良的人们身上。"亨利别无选择，只得同意，编年史家马修·帕里斯（Matthew Paris）写道："承认指控的真实……屈尊宣布自己被奸臣所迷惑……在圣爱德华陵前庄严发誓，要全面恰当地改过，给予本土出生的子民恩惠和善意。"特别是，亨利同意成立一个 24 人委员会（一半由他指定，另一半由议会定），起草英格兰政府改革方案，向枢密院汇报。

　　6 月 11 日，在牛津召集了这个枢密院集会。它高瞻远瞩，对未来英格兰政治影响深远，1258 年，理应成为英国历史上值得铭记的日子，它无比重要，远比 1215 年更直接地影响后世。选择牛津作为集合点，是因为一队军人要从这里出征，亨利最近在威尔士遭遇了不幸失败。有这些武装军人，改革运动的主将们知道可以召集来自各界的、心怀不平的代表：各郡骑士，厌倦了对本郡事务一窍不通的郡长指使；憎恨吕西尼昂人、想叫他们滚出英格兰城堡的领主；神职人员和学者，从开始就是改革的智库和灵魂。牛津聚会发生的背景，正是英格兰可怕痛苦的关键时刻，这增强了紧迫感，1257 年粮食歉收；到第二年夏天，英格兰大部分地方即将进入大饥荒。马修·帕里斯写道："食物短缺，穷人死亡不计其数，随处可见因饥馑而浮肿的尸体，脸色乌青，五个、六个一堆堆地躺在猪圈里、街上粪堆里。"

领主们无法填饱那些空空如也的肚子，但无疑他们完成了要根本改变英格兰政府的预想，就是基本上废除了盎格鲁–诺曼在英格兰的专制王权。皇室代表降到 3 名，一个 15 人枢密院取代了 24 人枢密院，他们的提名无时间限制，负责处理"英格兰国内以及国王的共同事务"。这一回合里，主权由国王那转移到了由领主和教会选出的常务委员会，国王将负责选任大臣、顾问，还有，对打仗或和平资金募集与否，很明显，做这两个最后决定的是这个委员会而非国王。权力下放到郡里，每个郡根据特定程序选出四名骑士，负责收集民情反映痛苦和抱怨，以及向上传达给大法官，这项改革同样激进。英格兰已经有好几代人没有大法官了，在安茹君主手下，大法官一直是国王的主要法务官，现在这一角色要转换成类似英格兰巡视官那样。郡长，一向是本地地主的灾星，从此后只能在郡社团中招募，发放薪水，一年只能指定一次。从城堡里赶走吕西尼昂人，还有其他不受欢迎的外国人（当然德·蒙特福特除外），也就是要他们从英格兰滚出去。"你们要么失去城堡，要么失去头颅。"西蒙义愤填膺，告诉他的死对头彭布罗克伯爵威廉·德·瓦朗斯（William de Valence）。

这场使人目瞪口呆的革命，在采取集体宣誓遵守《牛津条约》（*Provisions of Oxford*）的形式时达到高潮。到第二年 10 月文件完善后，首次不仅以拉丁文、法语，同时还用母语中世纪英语写成。这样，对于所有那些本来打算置身事外、对英格兰善意政府作壁上观的人来说，《牛津条约》类似政治真经，就成了其忠诚的试金石。英格兰还没有成为共和国，但它不再处于独裁统治之下。

毫无疑问，国王宣誓时内心一定充满无奈，他和其他人一起手里拿着一支细蜡烛，坎特伯雷大主教威胁诅咒会降临到所有违背《牛津条约》的人头上，对亨利更是煎熬一般。

改革浪潮来得这么快、这么深入，不可避免地超出了它的某些最初倡议者的设想；一旦《牛津条约》引发怨言，他们就尽情发出批评的言论，被自己的发明吓坏了。改革者对于原告自己到底有没有资格追究诺曼人及其庄园体制纠结起来，他们本来就松散的联盟变得可悲了，要求国王和他的手下作解释是一回事；让那些暴发户隶农懂了一丁点儿法度，就学会鸹噪，抱怨在庄园管家或镇长手里受气，那可是另一码事。可想而知，德·蒙特福特坚信这一定是对的；同样，大伯爵们，尤其是格洛斯特伯爵，这时更是冷静多了，当格洛斯特看到由德·蒙特福特起草的《大贵族令》（*Ordinance of the Magnates*）时，他踌躇了，但德·蒙特福特下决心把自己同类置于和国王一样的限制下，他叫嚣着："我不想和这样反复无常、出尔反尔的人打交道，我和他们不共戴天。"

改革到最高潮时，看清了亨利的大儿子"爱德华勋爵"的立场，1259 年到 1260 年一段时间里，英格兰非常流行德·蒙特福特魔力，使得他倾向于改革者。他也急着摆脱父亲的掌控，把危机当作机会，想得到自己的城堡。西蒙的本事是让人不由自主地着迷，甚至自恃如爱德华也难免。但让王子和领主们交好嬉戏十分可疑，阴险可怕。格洛斯特伯爵兄弟与爱德华共进早餐后，威廉·德·克莱尔第二天早上腹部剧痛后暴亡，伯爵醒来发现自己的头发、手指甲、脚趾甲一夜之间全都脱落。爱德华实际上在悄悄培植自己党羽，作为第三方力量，由家臣（vavasour，年轻的单身骑士）组成，免得因为和亨利宫廷连在一起受到憎恨，也不受领主们控制。说到底，爱德华明白王朝作为政权的命运不稳定，一旦摆脱了讨人嫌的吕西尼昂人，争斗就转移到王权和挑衅者两者之间，爱德华毫不含糊地把自己的人手投入到亨利一边，还常常在国王和不光彩的失败之间现身。德·蒙特福特远在法兰西时，反对派不够团结，亨利抓住机会，放弃一切对诺曼底和安茹领地的进一步主张，又让加斯科尼成为法兰西的采邑，换来法兰西国王的财政支持，恢复了自己的财产，弄来了雇佣军。国王渐渐收复了很多在战略上很重要的城堡，到 1261 年年末，他声明放弃《牛津条约》，还取得了一份教皇特别诏书，解除他对《牛津条约》发的誓言。

1263 年，西蒙姗姗来归，发现改革运动混乱不堪，濒临绝境，立即判明这是生死存亡的关头。想要取胜必须有坚定不移、坚韧不拔的领导，也就是由自己带头干；他又懂得，此时英格兰剧变的阵痛已超越了威斯敏斯特和权贵的城堡，波及偏远的郡和百户中间。自 1066 年诺曼底征服以来，英格兰的政治命运第一次变得如此风云变幻、前途莫测，皇权复辟，排挤掉本地指定的郡长们，代之以国王信赖的朝臣，这样在骑士和郡望绅士阶层引起反弹。西蒙言辞尖锐犀利、自恃清高，使 1258 年改革派里的一部分大贵族对他敬而远之，但他对自己事业的正义性信心百倍，越过大贵族头目，直接诉诸伦敦市民［他公开称呼他们"伙计们"（letters）］、教会（大部分神职人员视他为忠实的信徒），甚至自由农：一句话，向所有他认为真挚公正诚实的英格兰人民呼吁。他煽动起来了广大群众的感情，同时也忙着在敌人手里抢来的地盘上，建立自己的家族帝国，这一点大家有目共睹。西蒙骑行时，扈从达到 160 个骑士，比国王或王子的随从还多出很多，但即使这样恺撒般前呼后拥，他自己认为——那些忠于他的人也这么看——西蒙·德·蒙特福特是当之无愧的英格兰十字军骑士。"他热爱正义，憎恨不公"，这是一句典型的赞颂。即使不是上帝化身，那他看起来也和上帝有直接联系。

要讨论哪个形象是"真实的"西蒙好像没什么意义——虚荣浮夸的冒险家还是救世主改革家——因为他自己也无法分清这两个角色，只有极少数有人格魅力的领袖，不必借助一时间（最起码）的自我野心和名望就能取得一些成就，西蒙是其中之一。可同样无疑的是，西蒙相信对德·蒙特福特家族有益的事，对英格兰也是有益的。因为，有那么一阵子，他让贵族和平民中分量很重的人也都相信了这点。

1263 年夏天，时局紧急，德·蒙特福特和他的联盟攻克了英格兰东南大部分地方，亨利吓得躲进伦敦塔。一定庆幸他刚刚加固了防御围墙。为了筹钱给雇佣军让他们加入皇室军队，王后已经把珠宝抵押给了圣殿骑士团（the Templars），在借口检验或者可能在兑换现金时，爱德华说服了他们，进入新圣殿，在那里组织了一次银行抢劫，敲碎了珠宝柜，抢了圣殿骑士们的金银。这是典型的爱德华式举动，令人侧目；但其结果却使伦敦市长和市民们从蒙特福特派的冷静怀疑者，转变为无保留支持他的联盟，如果他们自己都是带头犯罪的人，为什么还要支持等级势力？没有了抑制，市民们以通常方式表达对皇室的不满，王后不仅是敌对的"外国人"的保护伞，还享有城里几处主要过路费关卡的收益，这使她成为一个首选目标。埃莉诺害怕出现最糟糕的情况，想通过泰晤士河逃出伦敦，去爱德华军队的驻地温莎。但是，人们认出了她的座船，在伦敦桥这个她收益最丰的关卡上，向她投掷石块和粪便，羞辱之下，埃莉诺被迫躲进圣保罗大教堂。她和爱德华到死都不会忘记，也不能原谅这次冲突。

这时，西蒙·德·蒙特福特自命为"英格兰管家"，事实上他成了英格兰唯一的最高统治者，可是没有一个头衔能阻止英格兰陷入内战。

两场伟大的战役解决了问题。第一场发生 1264 年 5 月在苏塞克斯南斯部丘陵的刘易斯（Lewes）附近，德·蒙特福特在骑马事故中摔断了一条腿，只好乘马车奔赴战场，但这并没有影响他果断地指挥战斗，他的兵力特别是骑兵比对手少很多，但一夜急行军后他们占领了俯瞰着刘易斯的高地。战斗打响前，西蒙做了战前动员，他们当中有一些是没打过仗的伦敦人，他发誓他和大家都是为英格兰王国而战，为上帝的荣耀和受到上帝祝福的圣母马利亚、圣徒、神圣的教会而战。战士们——骑士、弓箭手、步兵——卧倒在地，脸朝下贴着潮湿的春天草地，双手伸开祈祷胜利，然后大家站起，由温切斯特和奇切斯特两位主教赦罪，戴上十字军战士的白色十字架，穿上铠甲。当然，很多人在那里是因为按照社会等级，他们的主公命令他们到场。不过，肯定有一些人是真的相信西蒙·德·蒙特福特是真正的政治救世主，尽管他庄重虔诚又性情暴躁。在一本坎特伯雷手抄本里，他甚至被描述成"西蒙巴约拿"（Bar-jona），这是《圣经·新约·马太福音》第 16 章第 17 节（*Matthew 16:17*）里耶稣给圣彼得的封号，彼得是天堂钥匙的掌管者。怪不得他的战士们自称"上帝之师"。

然而，一开始，上帝好像不在他们这边。自恃人数众多的皇室军队，包括很大一部分益格鲁-爱尔兰和苏格兰骑士——他们当中有罗伯特·布鲁斯（Robert Bruce，公元 1210 年—1295 年）——爱德华向对方发起全力冲击，德·蒙特福特的人大部分是伦敦佬，溃败了，他追击上去砍倒他们。当爱德华自以为赢下了这一天的战斗时，他在战场上往回走去找他父亲，无疑这是往前去的路，但却引起爱德华意料之外的战事逆转。皇室军队方面的指挥官已经被杀或被俘了，康沃尔伯爵正躲在一座风车磨坊里，国王已逃进刘易斯城里一个小隐修院里。没有抓住国王和王子，这不算大获全胜——还意味着洗劫小隐修院（对"上帝之师"来说这可不是好事）——德·蒙特福特提出条件，包括要爱德华作人质，以便国王部队能规矩行事。

接下来的 18 个月，是英格兰政治体制历史上短暂又杰出的时间，也是 17 世纪前英格兰最接近成为共和国的时候。1264 年 7 月，法兰西入侵威胁严峻之时，德·蒙特福特政府送出加封的命令（国王对此特别痛恨，这本来是他独有的特权）给每个郡，"致主教们，修道院院长们，伯爵们，骑士们，自由民们"，要他们提供"人力、矛、弓、箭、斧子和弩"——一句话，组成全民军队。反响出乎意料，各阶层各行业一大群人，在多佛尔和坎特伯雷之间的巴勒姆丘陵（Barham Downs）结集起来，要反抗入侵，不用说，法兰西人没有来。但是潘多拉的盒子打开了，平民政治家忘乎所以，伦敦市长居然鼓起勇气大胆对亨利三世说，就像学校校长训斥调皮学生——"陛下，只要你做个好国王，我们也就做你忠实的仆人。"——话里话外，就是你不好，我们也不客气。1265 年 8 月 8 日，伊夫舍姆一役四天后，一个皇室扈从彼得·德·内维尔（Peter de Nevile），被皮特林·麦格纳（Peatling Magna）村民（他们还不知道国王打赢了）拘捕并指控为"犯叛国罪和其他极可恶的罪行，因为他反对国内民众"。内战引发的一些普遍情绪和偏见索然无味又激烈，德·蒙特福特提出"不受欢迎的外国人"名单，是点燃民愤的利器。他已准备好（如果还不算热切的话）利用它反对犹太人，早在 1231 年，他已经在莱斯特驱逐了犹太人，大半是为了取悦教会。1264 年到 1265 年间，英格兰众多商业城镇里的犹太社区遭到激烈袭击，财产被劫掠，人身受攻击。

19 世纪的历史学家庆祝英格兰国会自由主义的历史性时刻时，想象德·蒙特福特的行动是平静从容的。但事实上，西蒙的革命发生在巨大的社会漩涡中，当危机深化后就威胁到全局，可能失控。不过，1265 年，议会已不是旧的皇室枢密院，他们都认为议会的组成和它的辩题都很合适。领主们、教会人士、郡里骑士阶层选出的同僚，甚至城里的自由民，都在为英格兰王国深思熟虑。因此，一个布商或有几英亩地的诺福克骑士聚到一起，判断哪些条款才可以保证释放国王的儿子后英格兰还是安全的。当然这还远不像如今的下议院（House of Commons）那样，但无疑已经代表了广泛的政治团体，而这在当时封建和专制的欧洲标准里，简直太出格了。毋庸置疑，它改变了英格兰，导致爱国主义者和不顺从者结成联盟。

与很多类似的革命团体一样，1265 年议会不是永久性机构，只是战时紧急枢密院。每个人都想要爱德华在政治和军事上保持中立，他也很可能意识到，自己作为人质的价值，仅限于德·蒙特福特不会对他下手的事实（尽管就德·蒙特福特那样的暴脾气，没人敢打包票）。一旦他提出遵守《牛津条约》，交出被没收的大部分领地（转移到德·蒙特福特家族），进一步同意枢密院可以决定他随从的去留，做完这些必须的事，爱德华就被正式释放了。但尽管他出了牢房和他父亲一起，他仍然处于某种受监禁的旅行中，由西蒙自己的随从陪伴。因为有太多德·蒙特福特的旧部对他的家族昭然若揭的贪婪和强取豪夺看不惯，这时都疏远了他；又因为他们从来没有把爱德华看作是国王身边那些蠢货的一伙人，某些人开始给王子传递信息：谁有可能支持他，包括强大的边界伯爵们，比如罗杰·莫蒂默（Roger Mortimer），西蒙的最大死敌。德·蒙特福特轻率地让一些朋友在特许下和王子同行。爱德华得知莫蒂默的人马就在 40 英里外，正在包围过来。5 月 28 日，在赫里福德大门外，假装检验一批送来给他检查的马质量如何，他一匹匹骑下场，最后只剩一匹，说时迟那时快，他狠狠地把马刺戳进唯一可骑的马的侧腹，接着一跃而上，轻松地逃离了追捕者。王子大胆逃走的消息令人兴奋，对那些觉得德·蒙特福特伪装圣洁只不过为掩盖赤裸裸夺权的人来说，爱德华自由后立即变成了一块磁铁，这些人马上聚集到他的身边。

到这时，西蒙是有人爱又有人恨也有人怕，有多么爱就有多么恨和多么怕，威尔士的边界伯爵们恨他和格温内思君主卢埃林签订协议，盎格鲁－爱尔兰诺曼人恨他独断专横；1258 年，甚至到 1263 年，很多伯爵贵族还认为他站在英格兰立场上说话，而这时开始将西蒙看成是可疑的怪物，即外国人，是伪装的英格兰社会中坚。一两个月里，爱德华发起惊人的反击，抓住了格洛斯特还有蒙特福特军很多部下，粉碎西蒙自己的武装，而塞文（Severn）河把他儿子小西蒙在凯尼尔沃思（Kenilworth）的守备部队隔开。爱德华突袭凯尼尔沃思抓住了很多实际上住在城里的游击队员。小西蒙被迫逃跑（有的编年史说，他甚至光着身子），游过城堡的湖。在伊夫舍姆，德·蒙特福特没有和儿子的队伍成功会合，只得以损耗严重的军队迎战爱德华。最初圣人西蒙从修道院高塔上俯瞰，以为冲过来的是打着蒙特福特旗号（爱德华的又一个诡计）的自己苦苦等待的儿子。等看清来者的真面目，德·蒙特福特说了句预言："上帝保佑我们的灵魂，因为我们的身子本来就属于他们。"一语成谶，这一役大开杀戒。有人告知西蒙，他的另一个儿子亨利被杀，他回答道："那么今天就是死期了。"然后就冲进了战场，很多追随他最久最忠心的骑士，从他的莱斯特郡和沃里克郡采邑来的仆人都和他一起战死。西蒙的马死了，他步行战斗到死，据说他临终时说了句"感谢上帝"。爱德华怀着强烈的报复欲，不屑于遵守战争惯例，去救助自己受伤而迷茫的父亲时，西蒙的手脚和睾丸被割了下来，生殖器挂在鼻子上。30 名骑士受伤，无助地倒在地上，直接被刺死。任何与德·蒙特福特有私人关系的人都被无情地追捕。凯尼尔沃思大城堡的守卫者在被围困五个月后，迫于饥荒和寒冷，加上猛烈攻击后才不得不投降。皇家军队一进入这个曾经是全英格兰最伟大最宏伟的城堡后，他们马上踩到了发臭的尸体上。到处恶臭弥漫，令人只得以手掩鼻。

　　亨利三世保住了王冠，他自己唯一认可的感恩方法是完成修建忏悔者爱德华圣陵。1269 年，终于得见圣人遗骨移枢到那个发着暗光的圣所。1272 年，亨利三世死了，当时爱德华正率十字军远在巴勒斯坦，他的遗体被暂时安放进忏悔者之墓。因为他自己的石棺还没完成，那是意大利式装潢，和他心目中的英雄保持敬仰的距离［但丁（Dante）不怀好意地，将他放在炼狱里的傻子那一边］。1274 年，在这种罗马式的辉煌气氛中，爱德华一世登基。

　　和英语里混合而来的"nation"（意为民族）一词一样，爱德华也是个饶有意趣的组合，个性里蕴含血脉亲情和文化传承：战场上杀人不眨眼，王后去世令他痛不欲生。他们生了 15 个孩子。年轻时他应该见过神圣罗马皇帝送给他父亲亨利三世的三头豹子，关在伦敦塔里（还有一只北极熊、一只豪猪、一头大象）。因此也许他不介意人们比喻他为豹子，这不算奉承：凶猛、敏捷，同时以斑纹多变闻名。《刘易斯之歌》（*The Song of Lewes*）作者不怀好意地警告：“逼急了他什么都答应你……但一朝脱身，他很快恢复原形，为了达到目的而撒谎，他说这是远见……不管他要什么，那都是合法的，他的权力不受任何法律约束。”但爱德华凭借这样生存下来，还胜出了。他从早年起就经历坎坷，对威尔士的军事行动出师不利，和父亲的对手玩猫捉老鼠游戏，在大内战中沦为（不折不扣的）人质，这一切都锤炼了他。后来在十字军征途中，爱德华靠强壮的身体和意志挺过了有毒的匕首暗杀，毒液被从伤口（可能由妻子）吮出，外科医生在伤口处刮骨，他都镇定地挨了过来。到 1274 年他继位时，中世纪政治和战争能怎么样造就一个王子的事情，爱德华都已经经历过了，这正合适，因为爱德华作为金雀花王朝后人，从儿童时开始就肩负着不可能的梦想。

　　那么他的帝国要安放在哪里？在英格兰，哪怕他迫害德·蒙特福特家人，使他们灭亡、销声匿迹，他也明智地不去触动 1258 年的一些改革成果。前朝旧事已教会他，必须永远不走父亲的老路，给外国廷臣当保护伞；相反，他和朝廷都要打上英格兰人的烙印。在逃出赫里福德和伊夫舍姆战役之间忙碌的几个星期中，爱德华刻意表现得自己是 1258 年大改革的真正守夜人，在他的反衬下，西蒙·德·蒙特福特就是追逐权力，任人唯亲。当然，谁也别想塞给他一套政治体制，把真正的王权削弱到碌碌无为；但他能轻易地想象和领主、主教们共事，不把议会当作王权永远的对手。他可以和议会在英格兰大计上合作，如果行不通，他会毫无顾忌地利用天然隔阂离间领主与郡里的骑士及自由民。未来国王独出心裁，在最初的报复过后，把剥夺参与反叛的所有贵族继承权的声明，改成他们可以赎回被没收的领地。爱德华这样做表面上体现了仁慈，内里却是精明盘算的势利。

在骨子里，爱德华一世复活了曾祖父亨利二世的基本公理：联盟基础就是大贵族和领主们希望自己是一项不断扩展的基业的一部分，亨利二世的安茹事业把法兰西西部和北部作为扩张的主战场，爱德华则把帝国事业寄托在不列颠。和亨利一样，爱德华没有特别愿望（在刚开始时一点儿也没有）要把英格兰的标准化机构和律法强加给帝国的几个分散区域，他只要求爱尔兰、威尔士、苏格兰的头领们无条件承认他为封建主；承认以后，在他需要的时间和地点，履行出人出钱的义务。作为各王国认可的全不列颠皇帝，他就能尝试以牙还牙，和法兰西国王对决。

是不是爱德华从一开始就迷失在狂热追求大权独揽？他难道看不到爱尔兰、威尔士和苏格兰，都是事实上的独立国家，居民文化不同，他们对本族历史充满自豪，早已适应完全不同的律法系统和政府？无疑他看不出这点，但在很多方面，他这样目光短浅情有可原，内战已充分反映出，不列颠的统治宗族没有因为分散各地而变成单纯的民族隔阂，反倒是可能因为不可避免地利害互相渗透造成复杂性。在刘易斯的皇室军队，有盎格鲁–诺曼爱尔兰骑士（请记住，他们原来定居在威尔士），还有来自苏格兰的几个主要皇族，比如布鲁斯家族在边界两边都有地，承认爱德华是他们的领主，至少在他们的英格兰庄园上是这样，德·蒙特福特曾经和威尔士君主卢埃林·艾普·格鲁菲兹结盟；而卢埃林的敌人边界伯爵如莫蒂默和德·克莱尔在伊夫舍姆扳倒了德·蒙特福特。

也许爱德华不把爱尔兰、苏格兰、威尔士看成各自有别、国界分明的独立国家和地域，还是情有可原。他们彼此间的关系有时候更像是个人和家族关系，他自己的姐姐玛格丽特嫁给了苏格兰国王亚历山大三世，格温内思君主是约翰私生女琼的后代。这三个国家又分为更小的部分，高地和岛屿核心地区的人说的不是英语，历史悠久、土生土长，他们心系高地和岛屿上的家园；低地地区人口更密集，文化交融。更偏远的深山老林地区，亲缘习惯公约和贵族联盟更胜过统治者法律的权威。传统习俗如世代血仇，在威尔士偏远的威尔士化地区，10世纪编制的古代威尔士法律（"Hwel Dada"），比如，罪犯走过十户人家还没弄到吃的，偷窃就得到赦免，这样的条例还在沿用。大部分情况下，这些地区是乡村田园和打猎场所，人们依靠在本地放牧牛羊马匹为生。高地和低地之间的山谷中，西都会修道院［苏格兰的梅尔罗斯（Melrose）或威尔士中部的斯特拉塔佛罗里达（Strata Florida）和维尔克鲁塞斯（Valle Crucis）蓄养的羊数量之多，几乎构成不列颠岛上一个重要产业支柱。低地——威尔士的卡马森（Carmarthen）］和格拉摩根，苏格兰的特威德河与福斯湾之间，爱尔兰的东半部和中部——都已经使用各种中世纪英语（与神职人员的拉丁语、贵族的法语并存），贵族巨头们修建城堡加强他们的力量。盖尔人和凯尔特人都被赶回高地。语言分区在这些边缘地带变得模糊起来，地貌也是这样。低地上，农民和英格兰一样，在开阔地带分散的小片土地上耕种，在村庄指定的公用地里放牧牲口，向地主缴纳个人劳役或一定金额的金钱，换取在此居住的权利。这些低地［或者丘陵，如切维厄特山和黑山（Black Mountains）地区］就是前线，边界模糊并且在山地河谷之间来回游离不定，就看当时哪个统治者掌握了更大实力。

　　在很多方面，威尔士、苏格兰变得越来越像英格兰，而不是相反。13世纪中叶到晚期，三个地方的国王都强势聪明又精力充沛，推行高压政策，想在自己地盘上把截然不同的司法管辖都纳入统一的法律和统治下。苏格兰的亚历山大三世从1249年到1286年，统治着一个欣欣向荣的王国，中心分布在王室驻地斯康和邓弗姆林（Dunfermline）修道院坎莫尔（Canmore）古代墓地之间。苏格兰沿海的港口城市，从北边的阿伯丁（Aberdeen）到南面特威德河畔的贝里克（Berwick-upon-Tweed），进出口兽皮羊毛。本地工匠、外国商人、银行家们——尤其是汉萨同盟（Hansa Germans）日耳曼人和无所不在的弗莱芒人——在这些繁荣的地方居住。苏格兰已是北海地区贸易经济充满活力的一个地方。

　　但以上没有哪一项说，13世纪某个相同时期有趋势要发展成不列颠共同经济和社会，事实上情况正好相反，相似性不一定带来亲和性，这些地区变得越像，他们就越坚定地要独立。威尔士的强人是北方山里的格温内思王国的卢埃林·艾普·格鲁菲兹，他是卢埃林·艾普·欧维斯，即"卢埃林大帝"的孙子。老爷子曾经成功地抵制了安茹国王们要降服威尔士的努力，他娶了约翰的私生女琼。

　　卢埃林和琼的儿子戴维兹（Daffydd）死后没有孩子，他的同父异母哥哥格鲁菲兹被抓去做人质，关在伦敦塔里，1244年圣大卫日，他试图用一条打结的被单逃跑，结果摔死了。格鲁菲兹的儿子卢埃林二世，从格温内思冲破包围，进入南部相邻的王国。到1257年，他控制了威尔士2/3地盘，给苏格兰人写信时自称"威尔士君主"。

　　卢埃林的核心地带是斯诺登尼亚的山地堡垒，他这个人可不是什么原始"部落"国王。他的宫廷里豢养着大批猎鹰人、竖琴音乐家、吟游诗人，甚至还有一个"肃静提醒者"，当餐桌上众人喧哗沸腾时，提醒者的职责是让大家安静下来。和亚历山大在苏格兰、爱德华在英格兰干的一样，卢埃林也负责尝试推广法律标准，或者至少将习俗和庄园做法与国家法律划出分野，卢埃林二世，和德·蒙特福特、爱德华、亚历山大三世一样，都是自觉的国家缔造者，都想在一个新的政治体系里，纳入法律、风俗、语言和历史。作为将军，他够卓越，不管是边界伯爵们还是亨利三世打到他那里，他都顶住了。1265年，他和西蒙·德·蒙特福特盟誓，要娶西蒙的女儿埃莉诺，这样把威尔士化的前线一下子往东南两个方向推进了很多，这是前几个世纪都没做到的。两年后，1267年，《蒙哥马利协议》（Treaty of Montgomery）承认他的头衔为"威尔士主君"。作为回报，他接受英格兰国王做他的封建主。这并不承认威尔士是完全独立的国家，而是在其地盘里承认他这个威尔士君主为最高统帅，将边界伯爵们或其他殖民者排除了。

20 年来太平无事可能使卢埃林踌躇满志。1274 年，他没有来履行封建臣属应该履行的基本义务：在新国王面前跪下，将双手放在君王手里，宣誓效忠。当然，卢埃林有自己的顾虑。英格兰给予他的威尔士仇敌（包括他的哥哥们）庇护，他据此力争，说庇护他们违反了《蒙哥马利协议》。爱德华又宣布协议已失效，所以卢埃林害怕贸然进入英格兰，自己的人身安全得不到保障。毕竟，爱德华用莫须有的罪名——所谓复辟蒙特福特家族的阴谋，在温莎堡里囚禁了他的未婚妻埃莉诺·德·蒙特福特。1276 年到 1277 年间，他写了三封信给爱德华，说他延误进见不是藐视对方，只是要等二人之间的分歧消除。但是爱德华这么多年来见多了盟友间的尔虞我诈，根本无意讨论，当卢埃林一连五次召而不至后，国王就宣布他的反叛。

1277 年夏天，爱德华调集大军——大约 800 名骑士和 1.5 万名步兵（其中 9 000 名威尔士人，他们不服自称"威尔士君主"的卢埃林，其中有边界伯爵、波厄斯、德·赫巴斯主君）——向格温内思开进。爱德华从切斯特要塞向南进发，先打下安格尔西，从海上切断斯诺登尼亚的粮食供应。11 月卢埃林被俘虏，很可能是因为冬天到了，发生了严重的饥荒。1278 年，卢埃林终于在沃奇斯特举行耽搁了的致敬仪式，同时他和埃莉诺结婚，国王出席婚礼，但爱德华不想宽宏大量。在并吞过程中，爱德华对土地和王权的胃口越来越大，这不是最后一次，所有卢埃林鼎盛时的地盘全被剥夺了，只留给他格温内思。

在阿伯里斯特维斯（Aberystwyth）、弗林特（Flint）、比尔斯（Builth）和里兹兰（Rhuddlan）随即修建起新的皇室城堡，作为英格兰军队守备的大本营，卢埃林和小弟弟戴维兹看着它们，若有所思，很有理由怀疑，削减他们的封地只是第一步。早晚有一天，爱德华会直接整个吞食掉他们。卢埃林试着向爱德华建议一个"封建的"解决方案，请

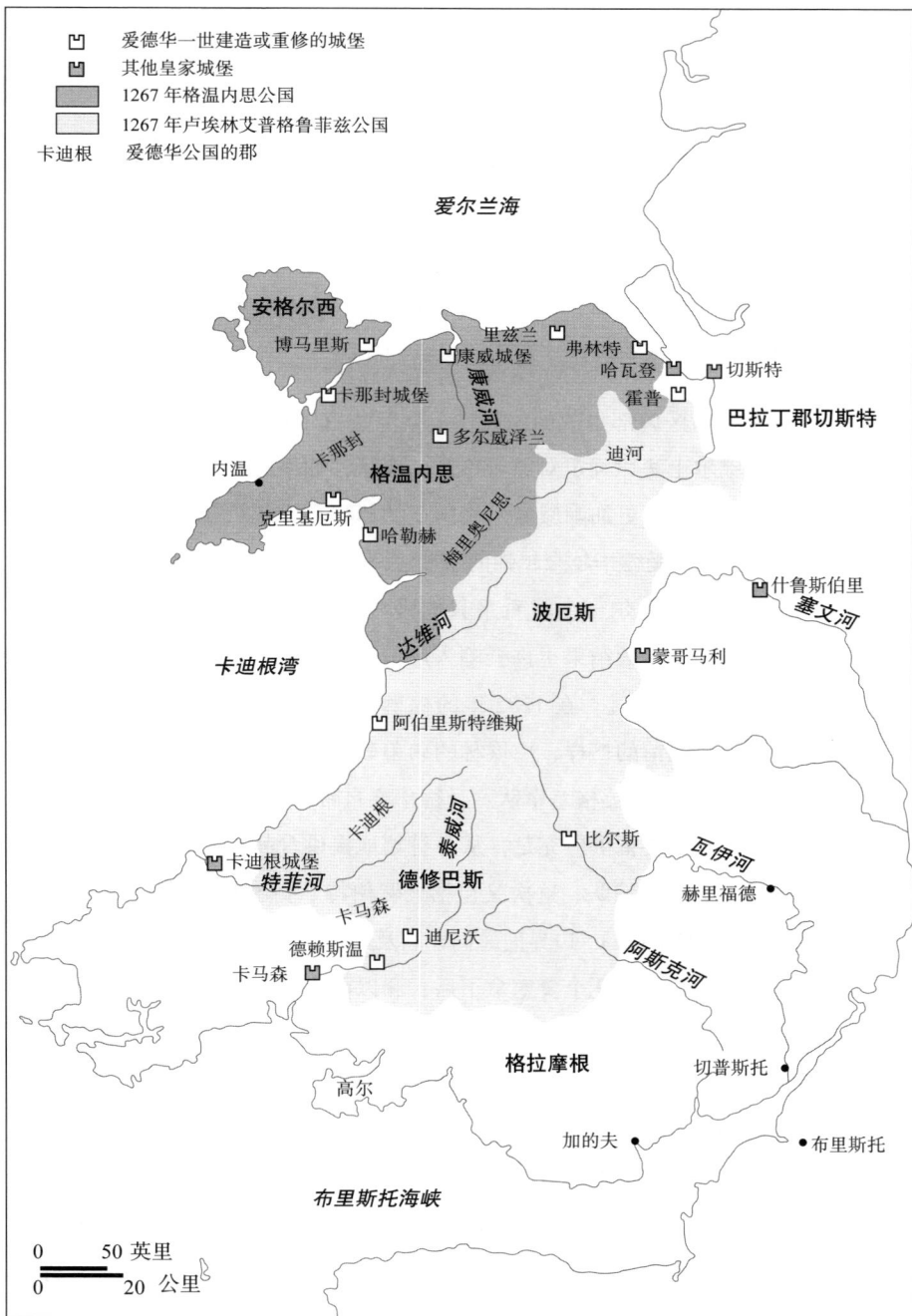

爱尔兰海

安格尔西

博马里斯

里兹兰

弗林特

哈瓦登

切斯特

巴拉丁郡切斯特

康威城堡

卡那封城堡

霍普

卡那封

多尔威泽兰

迪河

内温

格温内思

梅里奥尼思

克里基厄斯

哈勒赫

达维河

波厄斯

什鲁斯伯里

塞文河

蒙哥马利

卡迪根湾

阿伯里斯特维斯

卡迪根

泰威河

比尔斯

瓦伊河

赫里福德

卡迪根城堡

特菲河

卡马森

德修巴斯

迪尼沃

阿斯克河

德赖斯温

卡马森

格拉摩根

切普斯托

高尔

加的夫

布里斯托

布里斯托海峡

0   50 英里

0   20 公里

13 世纪时威尔士

求宣布：

> 国王陛下的子民——加斯科尼人、苏格兰人、爱尔兰人和英格
> 兰人，根据各自模式和惯例，保有各地自己的法律风俗，这会加强
> 而不是削弱王权。用同样的方法，他要拥有自己的威尔士法律，并
> 据此运行，如同国王使他们彼此之间和平相处一样，让他和他的威
> 尔士人拥有这个法律。

但是当辖区内部出现纠纷时，英格兰法官（特别是切斯特大法官）
有权听审威尔士法律判定对原告不利的案子；如果必要，皇家法庭可以
翻案，那么一来，更加削减威尔士国王的尊严和实权。在这里，皇室官
员忠实地反映了爱德华越来越强的帝国主义意识。

前景不妙，威尔士主君看来只能慢慢地但是不可阻挡地屈服，或
者起来反抗。造反的结果也许会陷入绝境，也许未必，毕竟，英格兰国
王们以前曾被推翻过。在 1282 年的棕榈主日（Palm Sunday），学着爱
德华自己残酷无情的榜样，卢埃林的弟弟戴维兹首先出手，袭击哈瓦登
（Hawarden）城堡的英格兰军队。爱德华亲自带着大军向威尔士扑过去，
海陆并进，武器装备供应充足，从各管辖地提供食品和衣服。这次的镇
压大军又是支混杂编队，这次又包括老罗伯特·布鲁斯、苏格兰卡里克
伯爵（Earl of Carrick）、边界伯爵们，以及卢埃林的威尔士敌人。在开头
成功把北边、东边的几个要塞拿下后，和以前一样，攻势渐弱，南边的
边界伯爵们丢失了要塞和土地。11 月初在安格尔西，一队骑士前去保障
大陆和小岛之间的联络，被威尔士人打得七零八落，很多骑士在梅奈海
峡（Menai Strait）淹死。

这时，在一次休战中，坎特伯雷大主教约翰·佩奇姆（John
Pecham）提出试着议和，卢埃林能不能把格温内思交给国王，换取
每年 1 000 英镑俸禄的英格兰爵位？佩奇姆曾宣称威尔士的传统法制

和《圣经》相违背，他应该不是个理想的调停人。卢埃林的答复明确无疑，他无权拱手相让："让大家知道斯诺登尼亚属于威尔士，从勃鲁特斯（Brutus）时代起，他和他的祖先们就拥有它，枢密院不允许他抛弃这片土地，去换取一块本不属于他的英格兰土地。"佩奇姆的提议太过分了，激起威尔士伯爵们起草了一份反对声明，坚持"哪怕卢埃林或其他主君要把主权交给英格兰国王，他们自己也将拒绝向任何外国人致敬，因为那些人的语言、习俗和法律，他们一无所知"。

11月中旬，也许考虑到供应被切断，难以度过冬天，卢埃林从斯诺登尼亚突围，向南进入波厄斯，这一着非常大胆，真是致命一击。12月11日，在比尔斯（Builth）附近，一个什罗普郡战士没有认出卢埃林来（如果认出的话，八成会留他活命，这样更有价值），就杀死了他。卢埃林的头被割了下来送给爱德华，威尔士一代天才就此陨落，再无人组织像样的抵抗。战争一直持续到1283年，威尔士方面忽然出现了逃兵，急着赶在国王报复前去议和。他们如此着急也许可耻，但可以理解，在抵抗爱德华大军的地方，很多村庄被烧毁，很多人被掳走做人质。英格兰国王没有宽恕他们，当戴维兹被手下交出来时，爱德华语无伦次地对他的贵族们说："用人类的语言简直不能数清威尔士人对我们祖先犯下的罪恶……但上帝的意愿，是要结束这个罪恶的进程，在主君被杀后，大卫（指戴维兹）这叛徒家族的最后一个注定……要被他自己的族人抓来，做国王的囚徒。"他用戴维兹做了一个最丑陋的范例，接受四重惩罚：用马拖去断头台（叛乱罪）、活着吊死（杀人罪）、把肚肠烧尽惩戒违反宗教（因为他选在复活节期间袭击）、尸体四分（阴谋弑君）。在什鲁斯伯里（Shrewsbury）执行这些惩罚，伦敦人和约克郡人为了谁应该得到尸体的主要部分打了起来，不用说，伦敦佬拿到了戴维兹的头。

1284年年初，在北威尔士的内温（Nefyn），爱德华主持召开一次亚瑟式装饰豪华的宫廷宴会。席间用圆桌，新凯美洛特（Camelot）太重了，宴席进行当中地板坍塌了。在威尔士史诗里，亚瑟其实是个真正的西不列塔尼人，一个凯尔特人，边境居民蒙默思的杰弗里开启的英格兰化进程，到爱德华时代终于完成。不列颠英雄现在是个英格兰皇帝，一个皇帝，更有甚者，用形成威尔士先民之地的《里兹兰法令》（*Statute of Rhuddlan*）说："神圣的天佑福地威尔士土地，居民完全转移到我们管辖之下。"由此开始彻底的文化摧毁和帝国主义控制，因为爱德华亲眼看见了他的父亲创造出神圣又神秘的王权统治（而且他是第一个受益者），他非常懂得要从威尔士传统里剔除什么，才能最大限度地挫败威尔士人的锐气。在艾伯康威（Aberconwy），西都会隐修院里葬着卢埃林大帝——相当于威斯敏斯特大教堂里忏悔者的圣陵——捣毁它（修士迁到8 英里之外），代之以一座巨大城堡，筑于斯诺登尼亚和大海之间环状石头要塞中的一座，把奈斯十字圣物（the Croes Naid），卢埃林家族一直安全保管的真正十字架的一片送去英格兰，随着一起送走的还有卢埃林的冠冕。1284 年，爱德华和埃莉诺的第十一个孩子在卡那封（Caernarfon）出生，其头衔给威尔士的自治地位下了定义——威尔士亲王——这个头衔从此后都安在王子们中最英格兰化的那个头上，也就是太子、储君。1301 年，卡那封的爱德华正式封地在林肯，如果要穿过不列颠，林肯离威尔士最远。

爱德华征服威尔士让他有机会学了一把罗马皇帝，他在十字军东征拉丁基督教世界中，就萌发了这个野心。在建造康威城堡（Conwy Castle）挖地基的时候，出土了一些遗骨，据说是第一任基督教罗马皇帝君士坦丁大帝（Christian Roman Emperor, Constantine the Great）的父亲马格努斯·马克西姆斯（Magnus Maximus）的遗骨，爱德华让人把它送去旁边的古罗马塞贡提恩（Segontium）遗址，以盛大的仪式隆重地再次下葬。国王也许肚子里没多少墨水，但他行事常以恺撒继承人自居：战场上骁勇无敌、胜利后坚持索要人质、老是鼓吹自己要建立法律秩序帝国的信念。威尔士人和爱尔兰人（爱德华颁布命令，说上帝憎恨他们的传统法律，它们与所有法律相悖，因此根本不能认为那些是法律）的传统习俗全都被废除，代之以国王的法律，应该感到无比满意。更有甚者，那个世纪里最大的军阀不断鼓吹"和平"，和一些晚期特洛伊人那样，他常常说，来，我们和平吧，一切都会好的；否则你会后悔的。早期威尔士神话组诗《马比诺吉昂》（The Mabinogion）里，提到一个国王梦见一座城堡，上面矗立着高高的彩色的塔。这个梦在君士坦丁堡（Constantinople）变成了现实，现在在卡那封海边，爱德华创建了另一个拜占庭，其八角形塔身和塔的腰线完全照抄君士坦丁堡狄奥多西（Theodosian）城墙，城垛上立着罗马帝国式的鹰。

城堡建设规模之大，在中世纪欧洲的殖民统治里无出其右者，只有罗马十字军东征的宏大规模可与它相比，康威建设组织得像帝国军事行动，大部分工程在 1283 年春到 1287 年晚秋之间完成，工地上有约 1500 名半技术性劳工和约 500 个特种工匠，他们是从各地搜罗来的能工巧匠：木匠来自森林茂密的西米德兰，来自林肯郡沼泽平原的下水管道系统挖掘者，石匠来自多岩石的德文和多塞特郡。这些工匠首先被运送到布里斯托（Bristol）或约克驿站（和军队调动一样），然后转到切斯特的指挥部，从切斯特开始，他们与石头和木材一起到达现场，按照分派住帐篷、前往劳作地点。只有在康威和哈勒赫这样的地方，西部郡里、中部米德兰，还有约克郡、林肯郡的人才会第一次相遇，否则他们一辈子都不会碰头，正如在罗马军团里，很多民族的人发现他们被捆绑在一起。在这里，在金雀花爱德华的狮子旗下，他们被迫理解了作为大不列颠帝国的一分子意味着什么。

爱德华的总监督兼建筑师是名叫圣乔治的詹姆斯大师（Master James of St-George），萨瓦人。爱德华从圣城返回途中遇见他，也在法国南部看到过他的作品。这位天才建筑师技艺高超又多才多艺。他不仅懂得如何建造十字军堡垒（最接近威尔士的堡垒），更知道有围墙的殖民城市是怎么样的，需要可控的物流渠道、现代生活便利设施如浴室、能灵活防御：可守可弃的塔楼，根据情况需要可联络彼此或切断联系，上一回不列颠出现的类似建筑还是哈德良长城。

至于本地原住民，他们已沦为自己国土上的二等公民，在城堡这种石头巨怪脚下的卫星城和村庄里，统治者当他们是无知孩童那样对待，不得随身携带武器，未经允许，不得留宿陌生人。保留一些行规，只是他们得记住行规随时会被国王的法律取代。在好几代的时间里，不由分说，负责皇室司法管理的郡长都是适合殖民地政府工作的英格兰人。其中最糟糕的，恐怕是征服者的思想里，他们注定喜好一种下里巴人古老奇趣——允许保留（为了给殖民者老爷们提供娱乐）盲人竖琴家、吟游诗人和唱诗班。有些人想在自己生活之外做点正经事，搭上金雀花王朝的顺风车赚快钱，那就去参加爱德华的军队。

还有更糟的，那就是英格兰的犹太人。1290 年，在基督教欧洲——像传染病一样驱逐犹太人，或者说相比任何其他地方——英格兰是第一个立场明确这么干的国家。历史学家有时候认为这是爱德华的权宜之计，因为威尔士战争欠下的巨额债务到期，就出此恶招。当然，帝国耗费令人束手无策——大约 33 万英镑或国内一年税收的 10 倍——爱德华不想加税，那是前车之鉴，他父亲和祖父都因此在议会内外遭反对而栽跟头，他可不想重蹈覆辙。来自卢卡（Lucca）的里卡迪（Riccardi）钱庄很愿意借给他大额融资，钱庄实力很足，只是要的利息也很高。相反，这 3 000 名犹太人，因为被之前的强迫贷款和罚金榨干了，已经无力再借钱给爱德华。在英格兰历史上，犹太人一直都被当作财物，而不是人类看待；一旦没用了就被抛弃。

在教会推动下，爱德华已在英格兰废除了高利贷，直接剥夺犹太人唯一的生存方式；同时，他要求他们佩戴黄色身份章，无疑他认为他们是次等人群，最好是容易辨识他们。1285 年，他进一步不怀好意地要求他们放弃借款，去从事别的行业，但一点儿也没有提供使他们可能去做别的行当的便利。之后五年里，他让教会和议会筹集大量税款，抵偿驱逐犹太人的后果，爱德华深知这个举措稀松平常，因为打击犹太人是一贯作法。爱德华的母亲，即普罗旺斯的埃莉诺王（太）后，一向疯狂反对闪米特人（Semite），真诚地相信（还有其他无数人也这样）这个下流的诽谤：称犹太人需要鲜血烘烤逾越节麸饼（the Passover matzo，不发酵的面包），他们定期劫掠无辜的基督教儿童以便保障鲜血供应。1255 年，林肯郡男孩休的尸体在井里被发现，就被当作此类牺牲品，金雀花朝廷给他大办丧事，在林肯大教堂建圣陵。每当有一个孩子失踪，就有人大声疾呼魔鬼犹太人又掠走了一个牺牲品，这样除掉他们不过是从基督教人群里剔除一种特别厌恶的毒素。

爱德华的现代传记作者迈克尔·普雷斯特维奇（Michael Prestwich），描述当时的这次种族清洗——将约克郡、林肯郡、伦敦的整个犹太社区连根拔起——"行动进行得出乎意料的顺利"，为貌似没有血腥屠杀就做成了这事而祝贺国王和他的下属。但其实清洗有的是方法，可以避免在大庭广众下搞得血污狼藉，把犹太人打发掉，又能大大满足对救世主迫害者的厌恶心理。有一个船长发明了一个方法，无疑让他自己、他的船员和所有乐于听到的人都非常高兴，在泰晤士河口的昆伯勒（Queenborough），赶上低潮船搁浅了，他建议犹太人乘客下船伸伸腿脚，等潮水上涨时，他却禁止他们回到船上。为了取乐，船长建议他们向上帝恳求分开潮水，就如同他们的祖先在出埃及中那样，当然这一回奇迹没有发生。犹太人全淹死了。

驱逐犹太人后不久，轮到爱德华自己悼亡了。同一年，1290 年，卡斯蒂利亚（Castile）的埃莉诺死于林肯郡，和他的父亲生前一样（与淫荡的安茹国王们截然相反），他和妻子看起来真心相爱。他们一辈子大部分时间都在一起。结婚时她只有 12 岁，一共生了 15 个孩子，只有 1 个男孩 5 个女孩长大成人，其余夭折。王后死的时候年纪尚轻，爱德华通常情况下是个厚脸皮，感情粗糙，但对她的死痛不欲生。他命令工匠打造两座镀金铜像，一座放在林肯大教堂她的内脏墓前，另一座放在威斯敏斯特大教堂。在她死去的地方和墓葬地之间，他做了一个中世纪国王独特的纪念：一系列特地雕刻的石头十字架——竖立在沃尔瑟姆、查令（Charing）、奇普塞德等地——一路标记着她的遗体送去下葬的路程。

1290 年，还有一个王室成员去世，其意义之重大，足以使向来善于玩弄政治布局的爱德华从哀悼王后中惊醒，回到政治棋局中来。9 月，6 岁的挪威少女 [1] 在奥克尼的科克瓦（Kirkwall）夭亡。她是苏格兰国王亚历山大三世的外孙女，她身后坎莫尔家族后继无人，苏格兰王位继承危机久矣。她的夭亡是一系列不幸事件的最后一页。亚历山大的两个儿子早夭，都没有后嗣，他的女儿玛格丽特是挪威王后，在生育时难产死去，遗留下女儿，也取名玛格丽特。当时亚历山大刚 40 出头，1285 年他和一个年轻的法兰西贵族妇女德勒（Dreux）的约兰德（Yolande）结婚，盼着能生下更多的继承人。1286 年 3 月 18 日，他急着赶去搞定自己的继承大典，为他自己——也为苏格兰——造福。他焦急地赶去远在福斯湾另一头的庄园，路上一连两次，人家明明白白地告诉他原路返回：第一次是一个渡船船夫，第二次是北岸管便桥的人。虽然对他们的害怕感到诧异，他还是急急忙忙和一小批随从沿着海岸朝庄园赶去。第二天早上，有人发现他的尸体在岸边，脖子断了。

44 岁的国王离奇去世，在苏格兰引起轩然大波。亚历山大在位时间不短，其间苏格兰保持繁荣，内外均无战争，尤其避免了像在爱尔兰、威尔士和英格兰那样造成巨大创伤的战争。假如硬要说，亚历山大并没

---

[1]　苏格兰女王玛格丽特一世。——译者注

能使 13 个大伯爵避免常年世仇血腥报复，争抢土地和畜群，他至少做到了没有让他们的争斗变成混乱状态。现在这下好了，长久和平的局面势必打破，只因为他太着急地要抢在暴风雨前上婚床。一个无名诗人作诗哀叹：

> 吾王亚历山大既已死亡
>
> 身后苏格兰之爱与和平
>
> 啤酒和面包，富足日子不再
>
> 葡萄酒和蜡，快乐与欣喜
>
> 金子全变成了铅
>
> 枝头不再结果……

有一个继承人，那就是亚历山大女儿难产中幸存的女婴玛格丽特，但她远在挪威，不时传来报告说她身体染恙。这"挪威少女"尚在襁褓，苏格兰成立了"护国公"（Guardians of the Realm），委托大贵族和主教一起摄政。"护国公"这一现实使苏格兰带上了一丝民族社区意味（像 13 世纪 50 年代英格兰那样），社区独立于君主这个任何时候都是国家的个体体现而存在。"护国公"们认为自己找到了一个解决方案，可以避免长期摄政的危险：玛格丽特将和爱德华幼子卡那封的爱德华订婚。婚约协议里写明，苏格兰将保持独立身份、法律和习俗，但爱德华一世无疑相信，他完全可以指望苏格兰在战争中支持他——尤其当英格兰和法兰西发生冲突时。

这个幼儿女王在科克瓦的幽暗红色沙石中死去，使这一切精心设计化为泡影。现在不可避免地，南边的皇室要对苏格兰王朝命运说狠话了。不过，爱德华不算不请自来干预苏格兰内政。苏格兰人邀请他，先是寄去书信，后来又派了一个代表团，请他去担任仲裁，判断一下那些竞争者对苏格兰王位的主张。这真是天赐良机，爱德华正求之不得。苏格兰人有求于他，很好，他要从他们那里拿回报酬，要他们承认他是他们的封建宗主。1291 年 5 月，在特威德河两岸，英格兰和苏格兰的大贵族和主要的教会头目都应召来到边界上。英格兰人在自己一边的诺兰修道院（Norham Abbey）聚集，苏格兰人谨慎地待在美丽蜿蜒的河北边厄普塞特林顿（Upsettlington）。爱德华接着邀请苏格兰代表过特威德河，加入他那边，但是会面结果是两边意见不合（用法兰西人的话说，尽管程序进行正常）。作为解决他们问题的价码，爱德华简捷明了地请护国公们出示文件，证明他为什么不能当他们的封建领主。他得到的是同样精明的反驳："那些负责人打发我们上这里来，说他们知道你不会这么主张，因为你知道自己没理由这么做。至于这样的主张你的祖先是否有过，我们可是一无所知。"这等于说国王提这么个要求，也许不算精神失常，那么也应该由他自己而不是他们提供真凭实据。保险起见，他们又说自己没有得到授权来回答任何这一类问题，即预先替代还没有坐上苏格兰王位的国王，以及任何（意思是）对这件事有自己主张的人给出承诺。

最后，诺兰讨论的自由受到严重干扰，特威德河口停泊了只有一小队但分量很重的战舰，更别提后面跟着 67 位全副武装的英格兰大贵族。先将关于接下来几年苏格兰抵抗的史诗按下不表，1290 年，苏格兰护国公首领们急着让继位的事有个了断（这才对他们有利），甚至愿意以个人名义在 1291 年 6 月向爱德华致敬。但作为整体，护国公们提出最关键的条件：爱德华要答应在评判期间，保留苏格兰的"法律和自由"；一旦苏格兰国王人选落实，他就必须归还苏格兰，特别是在苏格兰新君登基后，两个月内归还城堡。如果他违反协定，爱德华要付罚金 10 万英镑！

我们可以怀疑，爱德华是否仔细审视了这些内容，也许他发现条件不算苛刻，因为 1291 年，他还没有计划向英格兰以北殖民，就像他在威尔士那样。对他来说，重要的是 6 月 13 日有这么一个仪式，在河边的低草地里，苏格兰的伯爵护国公们把手放在他手里，承认他是"苏格兰王国最高的直接的主君"。

得到了这样满意的结果，1291 年 8 月，贝里克选秀可以开始了，那时它还是个苏格兰城市。当然这情景也不是一个滑稽戏，让爱德华选择他中意的龙套。104 个"监事"来听取这主张（效仿罗马共和国 105 百人法官团），英格兰提名 24 人，苏格兰提出主要竞争者 80 个。一批修士审视一大堆古代文献，并将它们区分后，竞选很快集中到两个候选人身上，他们都宣称是狮子王威廉的兄弟亨廷顿伯爵亨利（Henry，Earl of Huntingdon）女儿的后代：一个是安娜代尔的罗伯特·布鲁斯（Robert Bruce of Annandale，未来罗伯特一世国王的祖父），另一个是加洛韦伯爵约翰·巴利奥尔（John Balliol, Earl of Galloway）。布鲁斯和巴利奥尔［与西南科明斯（Comyns）大宗族结盟］两家还没有失和，基本上他俩是出身相同的苏格兰贵族——都不是深山里没见过世面的草民，两家祖先都是见多识广的法兰克风的盎格鲁-诺曼家族，在英格兰和法兰西拥有好几处分散的庄园，两家都曾跟随爱德华出征威尔士。布鲁斯还曾经是爱德华在卡莱尔的总督——为了抵御苏格兰袭击英格兰而设的关键职位。根据罗马法，布鲁斯的主张更有理，因为他和最近一任统治王室的血缘更近。但如果根据更强调长子承继的封建法，巴利奥尔更有优势。

起初，英格兰国王遵守协议，约翰·巴利奥尔在斯康正式登基（苏格兰和英格兰的主教同时主持），及时拿回了城堡。那么，是不是就像一个苏格兰历史学家一直认为的那样，由他继位是个精心设计的陷阱？是扶持一个相对弱势的人当傀儡？当时并没有人这么想，没有人强逼着苏格兰人接受作为亲英格兰候选人的巴利奥尔，绝大多数"监事"自愿明白地选择了他。在贝里克，19 个提名布鲁斯的人后来投了巴利奥尔。当然，这不是说拿了一张封建宗主的空头支票，爱德华就这么心甘情愿地交出苏格兰王国的钥匙。毕竟，他在威斯敏斯特国库里还保管着苏格兰大国玺（Great Seal of Scotland）的四块碎片。从约翰·巴利奥尔国王掌权一开始，爱德华就让大家知道他会时不时地来考验他的。和威尔士一样，刚开始，这些考验都是合法的。爱德华几乎不需要发明一些案例，让自己来扮演皇家超级仲裁者；他几乎马上就被一群原告包围了，他们是：马恩岛（Manxmen）和赫布里底岛两个地方的人，不太喜欢苏格兰法庭给他们的判决，一点也不想被并入大苏格兰；西边岛上的世仇麦克杜格尔（Macdougall）和麦克唐纳（MacDonald）两家；最不满的是法伊夫伯爵麦克达夫（Macduff, Earl of Fife），他被新国王约翰判了监禁。

和威尔士一样，在苏格兰，判决权也是一项王权。无疑，爱德华是在贬低约翰的地位，实际上把他这个审判长降格成了辩护人！就这么着，1293 年年底，约翰应召出现在爱德华国王的法官席前。他起先还赖着不去，最终还是到了威斯敏斯特大厅，遭到了恶言戏谑。他的苏格兰大臣给了他很好的指示，开头他还能坚持立场，援引 1290 年协议，要完整保留苏格兰法律和习俗。接着爱德华长篇累牍，言辞激烈地谴责，威胁要没收他的城堡和（至少）囚禁他，假如他还坚持这么固执和荒谬。这样约翰无可避免地屈服了——和很多人面对爱德华暴怒那样——崩溃了，卑躬屈膝地重申顺从。

这在苏格兰引起众人一片悲愤交加。一个 12 人的枢密院——类似护国公——剥夺了国王的权力，和 1258 年在牛津成立的 15 人枢密院一样，接过权力棒。现在他们才代表苏格兰，他们一致拒绝爱德华一起远征攻打法兰西的要求；不只是抵抗，而实际上是换边了；1295 年春天，一个苏格兰代表团到了法兰西缔结联盟，为加强盟誓，安排约翰·巴利奥尔女儿和菲利普四世儿子的婚事。考虑到后面发生的事，这真是愚蠢，简直就是招来杀身之祸。但是，苏格兰人一定是从心底里相信，自己加入了一项长期反英格兰联盟：法兰西、苏格兰和挪威。对他们来说，最激动人心的是威尔士爆发大规模起义，攻下了那些貌似坚不可摧的皇家城堡，包括最大的卡那封城堡。

然而，这是个完全错误的预计。当苏格兰军队在塞尔扣克（Selkirk）附近集合时，实际上他们已经有两代人没有打过什么仗了。而爱德华，此时快 60 岁了，一头银发如鬃毛披散在肩头，个子高高的，瘦削笔挺，在同代人中还是个无可比拟的军阀。他的策略毫不隐晦，苏格兰人就是欠揍。这次大军的规模甚至使上次开去威尔士的部队相形见绌：多达 2.5 万名步兵，近 1 000 名骑士。第一个目标是贝里克，苏格兰最富庶人口最多的城市。攻下城堡的军事行动只是序曲，不折不扣的大屠杀落到城里不幸的居民头上，这是杀鸡儆猴，看苏格兰哪个地方还敢继续抵抗。整整三天时间，屠城——至少 1.1 万人，包括妇女儿童——全城居民被杀。有编年史作者写道："死者血流成河，源源不断，推得磨坊都转动起来。"贝里克全城付之一炬，剩下的只有焦土。之后贝里克变成了英格兰城市，由诺森比亚人殖民，英格兰、苏格兰的两国国界从此往北推进。

爱德华的战争机器直奔邓巴（Dunbar）而去，置苏格兰人对诺森比亚的劫掠（英格兰编年史说科布里奇有 200 个孩子送了命）于不顾，要在那里碾碎苏格兰的封建主部队。整个歼灭战过程前后不到三个星期，后来，爱德华看来是踩在了自由苏格兰的脖子上，一个接一个的大伯爵屈服了，包括老布鲁斯。7 月，在金卡丁（Kincardine）城堡，国王约翰又一次成了笑话，被迫承认反叛，穿上白色忏悔外套。他的皇帝标志从胸前撕开，和军事法庭上受审的副官一样。这时候，他在苏格兰、英格兰两个地方都是可悲的被嘲笑对象——绰号"空外套"（Toom Tabard）——被送去伦敦塔囚禁。和威尔士一样，爱德华又一次精心策划打击苏格兰人的士气，苏格兰的皇家珍宝，包括圣玛格丽特的黑十字架（Black Rood of St Margaret），还有命运之石（Stone of Destiny）都被抢走，送到威斯敏斯特去。命运之石是苏格兰历代国王在斯康修道院登基时坐的，这时放到忏悔者爱德华（除了他，还会是谁呢？）那里。特制一张加冕用椅来托住它，事实上，它变成了英格兰君主第一个抢眼的

"王座"，从爱德华一世到伊丽莎白二世，都坐在这苏格兰主权最宝贵的徽章上加冕。苏格兰的国玺递上来时，爱德华只随意地放到一边，恶搞地说："一个人不理会下流东西才能成大事。"

不过苏格兰独立王国却没有被消灭，因为爱德华从来也没有兴趣去直接统治。他继续推行他的"君主"作风，引进英格兰人的殖民统治——威廉·德·瓦伦（William de Warenne，他不喜欢苏格兰的天气，大部分时间只待在边境南边约克郡自己的领地里），另一个是效率更高的休·克雷辛汉（Hugh Cressingham），为了在形式上固定苏格兰的依附性质，苏格兰的每个地主都要到征服者面前起誓效忠。

绝大部分人都这么做了，但是有一个人没有来，他是大地主斯图尔特·詹姆斯（James the Stewart）的佃户，名叫马尔科姆·华莱士（Malcolm Wallace）。这华莱士有个兄弟叫威廉，在盎格鲁–苏格兰战争中，尽管他短暂地横插一杠，却出乎寻常，戏剧性极强。19世纪的历史学家称赞他为民族英雄，职业历史学家揭露他是个自私的叛徒，后来又被大屏幕上《勇敢的心》（*Braveheart*）中梅尔·吉布森（Mel Gibson）的演绎永久定格为有礼有节的形象，华莱士是一个被夸张了的人物，史诗总拿他说事。实际上，关于华莱士的说法和想象出自两段历史，《苏格兰编年史》（*Scotichronicon*）和"瞎子哈利"（Blind Harry）吟游诗，两者都是15世纪的作品。我们现在知道得更确切的那些细节，无损华莱士的英雄风采，但只是让他的人民斗士甚至孤胆英雄的光环略微暗淡一点儿。华莱士根本不是好莱坞编的那样，是一个穿着朴素、吃燕麦的土生土长的青年，实际上他家在苏格兰西南，父亲拥有乡绅庄园，依附于詹姆斯·斯图亚特这个大贵族。毫无疑问，即使他不像英格兰宣传的那样"背离正义"，在某种程度上，他的确跨过了红线，犯过法。那时候，整个不列颠岛，犯了错的骑士都跑进绿林（或者高地，或者岛上），真如雨后春笋一般。去除华莱士身上浓厚的神话气息，还是可以看出他怎

空中俯瞰哈德良长城

《贝叶挂毯》(细部)。在 1066 年的黑斯廷斯战役中，奥多集结威廉公爵的军队

《贝叶挂毯》(细部)。哈罗德之死场景

杰弗里，安茹伯爵，英格兰国王亨利一世之女和继承人、神圣罗马帝国皇帝亨利五世的遗孀马蒂尔达皇后的第二任丈夫。此为勒芒主教座堂中其坟墓上的珐琅雕像

托马斯·贝克特殉道的场景，出自一本拉丁文《圣咏经》，约 1200 年

马修·帕里斯的英国地图，约 1250 年

爱德华三世册封黑太子为阿奎丹公爵

约翰·波尔骑在马上给叛乱者讲道，出自弗鲁瓦萨尔的《编年史》，1460—1480 年

《威尔顿双联画》，14 世纪 90 年代。理查二世由其守护圣者施洗者圣约翰、圣埃德蒙和爱德华呈送给圣f

《亨利八世》，小汉斯·荷尔拜因，约 1537 年

《托马斯·沃尔西》，作者不详，1570—1599 年

《金缕地》，作者不详，约 1520 年

《阿拉贡的凯瑟琳》，米歇尔·塞托，1503—1504 年

《安妮·博林》（细部），作者不详，1570—1599 年

《托马斯·克兰默》，格拉克·福莱克，1546 年

《关于王位继承的反教廷讽喻画》，1549 年。爱德华八世坐在病榻上指向他的继承人

《玛丽一世》，马斯特·约翰，1544 年

《伊丽莎白一世》，"加冕肖像"，作者不详

《苏格兰玛丽女王》，弗朗索瓦·克卢埃，1558 年

《伊丽莎白一世》，"鹈鹕肖像"，尼古拉斯·希利亚德，约 1574 年

《博斯维尔伯爵》，作者不详

《克里斯托弗·哈顿爵士》（细部），作者不详，1589 年

《伊丽莎白一世》，"迪奇雷肖像"，小马克斯·杰拉尔德斯，1592 年

么走上爱国 – 复仇道路的。他的父亲被英格兰人杀了，传说一个英格兰士兵在拉纳克（Lanark）城里要抢他的短剑，说："苏格兰人用得着带刀吗？就像僧侣说的，昨晚谁睡了你老婆？"不管怎么着，这话惹怒了他，打了一架后他逃掉了，但留下他的未婚妻玛丽文（Marion），她被郡长抓去做犯法者的人质，不久被杀，华莱士回来杀了那个叫哈斯勒格（Haselrig）的英格兰人郡长，然后继续逃亡，横冲直撞，一路上收留人手也收获了传说。

很可能在 1297 年前的几年里，华莱士一直在逃亡，在苏格兰西南一路穿过，砍杀英格兰人，为自由而战，也做以牙还牙的刺客，后来二者界限就模糊了。1297 年春夏，假如不是全苏格兰民怨沸腾的话，他这种打了就跑的战术是不会闹出大动静的，事实当然是华莱士的话如春风野火蔓延。伴随着谣传四起说华莱士本人是个巨人，是原苏格兰的救世主，各式各样的人都赶来投奔他在塞尔扣克森林的传统聚集地，带着洛哈伯（Lochaber）斧子、长矛和双刃大剑。如果宣布他违法，那最好不过了，因为他反抗的是英格兰人的法律，这二者之间的争端本来就是爱德华和约翰国王不对称的争端，在整个华莱士火热的反叛过程中，他一直公开宣称自己忠于约翰国王。

华莱士他们从来不是孤军作战，在福斯以北，有安德鲁·穆雷（Andrew Murray）领导的游击队，可以和华莱士相提并论或者说超过了他，占据了高地，使英格兰人无法维持在那里的统治。当华莱士向北挺进到福斯湾，穆雷又向南转移时，反叛野火真的变成了强悍的军事行动，到这个时候，苏格兰一些最有势力的人，如詹姆斯·斯图亚特和火爆血腥的威廉·道格拉斯（William Douglas）都加入进来，后者强抢了一个到北方边界走亲戚的英格兰妇女为妻！很多大贵族都感到苏格兰蒙受了耻辱：他们的国王可悲地囚禁在伦敦塔里。卡里克（Carrick）伯爵小罗伯特·布鲁斯，拒绝向爱德华宣誓，说："没有人恨自己的骨肉至亲，我也不例外。我必须加入我的人民和我出生的祖国。"其他很多人没这么崇高的动机，他们主要是本地人；还有些出于同样原因，忠于英格兰国王，不愿要一个眼前的君主，宁愿要一个远在天边的皇帝。

1297 年 8 月，到华莱士围困邓迪（Dundee）城堡时，几乎席卷了全苏格兰的十字军行动风起云涌，得到了苏格兰教会主教们的祝福，包括格拉斯哥的威沙特主教（Bishop Wishart of Glasgow）、圣安德鲁斯的弗雷泽大主教（Archbishop Fraser of St Andrews），他们积极参与其中，使得起义具有了道德合法性。8 月下旬，队伍壮大，华莱士和他的人用信仰做旗号，在斯特林（Stirling）城堡前的河边撞上了一支英格兰军队。爱德华在苏格兰最重要的指挥官德·瓦伦和克雷辛汉自以为有优势，派人去刺探看华莱士是否愿意谈判。华莱士的答复非常有名："告诉你们指挥官，我们到这里来，不是讲和的，是来战斗的，是保卫我们自己的。让他们出来，我们就当面证明给他们看。"这一番奚落就是要激怒英格兰人，诱使他们从城堡里出来，过河与苏格兰人交手，这话居然起作用了。华莱士和穆雷等着，其他大部分人藏在奥尔顿克雷格（Alton Craig）山巅的密林里，直到一部分穿着笨重铠甲的英格兰骑士结集在狭窄的桥上，他们就冲下来袭击。结果是大部分英格兰人在拥堵中被杀得血肉横飞，他们无路可走，有一些人想掉头，另一些想要游过河，这可不是好主意，因为他们穿着锁子甲。几千受困的英格兰人和威尔士人被砍死——华莱士本人就挥舞着一柄巨剑——或者淹死在泥泞的河里。克雷辛汉被杀后，他的皮被剥下来，做了华莱士手中那把巨剑的手柄绑带。

胜利冲昏了华莱士的头脑，他在信件里自称"苏格兰王国军队总司令"，实际上，他仍然只是为囚禁在伦敦塔里的废黜国王约翰而战。乘着斯特林桥大捷带来的惊人优势，华莱士带领部下以一贯凌厉的攻势越过边界进入诺森比亚，但此后不管在那边还是在苏格兰，都没有拿下更多城堡，除了斯特林。如同苏格兰历史上常见的，一次伟大胜利之后往往接着而来的是一场更惨烈的失败。为华莱士赢得身后名的非常规战术，其实是他的天性（和很多苏格兰绅士一样），即全力出击，而不是冒险游击。1298 年 7 月，在福尔柯克（Falkirk），华莱士面对爱德华本人，而不是他的代理人，也不是同一支军队，从金雀花帝国臣属地区加斯科尼和威尔士（单格温内思就有 2 000 人）招募来的人马充实了它。他们都已耳闻巨怪华莱士的故事，什么把整个英格兰人剥皮啦，为了自己野蛮人的乐趣，强迫修女裸身跳舞啦。因为敌众我寡，华莱士把自己的人马组成 4 个长矛阵：2 000 人的圆形刺猬阵，举着 12 英尺长的矛，等着去刺挑攻上来的骑士。"我带你们上场了，"据说他的这句话很有名，也许高兴过头了，"现在让我们看看，你们会不会跳舞。"他们是跳了，或者说，起码，在场上坚持了好几个小时，而一波波的骑士被刺中，倒在了长矛阵前。但最后，重装部队的分量，尤其是威尔士和加斯科尼射手的弓箭，发挥了决定性作用，长矛阵被击溃，华莱士的人成千阵亡。"阵前遍地尸体，"哀伤的编年史家写道，"厚如积雪。"

　　尽管失败惨重，福尔柯克之后苏格兰却没有立即投降，英格兰人控制了苏格兰东南部，穆雷的经验，尤其使护国公们懂得了灵活防守的可能，当形势许可时，在高地和偏僻乡村堡垒间进退。接下来，同样沉闷的消耗战打了五年，爱德华意识到他没有财力再去修建一圈帝国城堡来征服苏格兰本地人，就发誓要把苏格兰人的堡垒攻下，然后，要么派兵驻守，要么摧毁它们。一年年下来，爱德华重返卡莱尔和贝里克，集合军队，在苏格兰各地跋涉，决不和解、决不宽容，拿下一座座修道院，攻克一座座堡垒。征途上，给皇家部队建立了很多坚固的微型城市，有五六十艘船沿特威德河和克莱德河而上，送来给养。他的毁灭留下了长久的苦涩回忆，加洛韦西南的塞阿雷沃洛克（Caerlaverock）城堡被攻破后，300 名守军被吊死在战场。在博斯维尔（Bothwell），7 000 名英格兰士兵将巨型攻城机拖过克莱德河，一路砸进堡垒的高墙里。战争成了战术围困杀戮学院，参考罗马维吉修斯（Vegetius）的论文，英格兰人做了更大更恐怖的机器，向城墙弹射石弹；英格兰给有些机器起了宠物狗般的俏皮绰号。1304 年，在斯特林，守卫的苏格兰士兵满头是灰，绝望中要赶在爱德华祭出最新式武器前投降，那玩意儿有个可怕的名字叫"战争之狼"。不用说，爱德华拒绝他们投降，决意要让这武器发挥威力，让苏格兰人知道厉害。1303 年，在邓弗姆林，修道院本身，即苏格兰皇家墓地也遭到洗劫，因此，苏格兰人对国王的后代也别心存幻想。

可以理解，到 1304 年，很多原来反抗的苏格兰人也受够了，在斯特拉斯莫尔（Strathmore）接受了所谓的国王和平。他们跪下后，随即被宽恕，在胜利时刻，爱德华很精明地挑选受罚人，土地还给放弃苏格兰反抗事业的贵族们。相反，1305 年，被手下出卖的威廉·华莱士，必须接受难堪的公审。指控华莱士违背誓言非常荒诞，因为他（不像其他所有苏格兰领袖）从来没有表现过一丁点要和爱德华结盟的意思，但爱德华把这些技术性的细枝末节撇在一边，一定要好好折磨这个傲慢的造反者。给华莱士头上戴了一顶桂冠，拖向刑场，在那里给他活活地开肠破肚。

华莱士死后，很多最著名的苏格兰人都在为爱德华而战，而不是和他作对，爱德华审视这场长久的镇压后，必定感到满意。那就这样，接着该开始帝国议事日程的下一项，也许是法兰西，等等，那还不行。就在他自以为反抗之火已被扑灭之时，点点火苗又出现了，点燃它的人是卡里克的年轻伯爵罗伯特·布鲁斯，爱德华压根想不到他会造反，更别说他会成为自由战争的领袖。

一定程度上来说，罗伯特·布鲁斯是所有苏格兰国王中最具政治智慧、军事上最成功的人，但爱德华（错误地）以为他是自己一边的。罗伯特受过良好教育，说法语，拥有亨廷顿荣誉爵位（Honor of Huntingdon），在托特纳姆（Tottenham）有领地，他的兄弟爱德华曾是剑桥学生。因为 1302 年，他做了明智的事臣服于国王，看起来是个识时务者，不会把时间和生命浪费在悲情的失败事业上。这种判断是个致命错误。要真正理解布鲁斯，爱德华只需要照照镜子；单从诡计多端、心狠手辣来说，这头苏格兰狮子用不着从豹子那里学。1306 年，他做的事和爱德华以前干的一模一样——欲攘外必先安内，他用吓人的麦克白风格，谋杀了死对头巴德诺赫的约翰·柯明（John Comyn），就在邓弗里斯（Dumfries）的格雷弗里亚斯修道院（Greyfriars Abbey）的圣坛前！柯明一贯反对英格兰，甚至比布鲁斯还坚定，因此谋杀他简直没有理由，甚至不能说是除掉卖国贼的爱国行动。只是，柯明家族一直在苏格兰西南，和布鲁斯家族争夺控制权，柯明家族是巴利奥尔的姻亲。约翰·巴利奥尔尚在世，还有一个继承人——叫爱德华，这名字意味着酸楚——柯明家族拒绝了布鲁斯悄悄提出的建议，由布鲁斯做苏格兰的新国王，共同起义反抗。还有，很多苏格兰贵族对爱德华表示臣服后，爱德华归还了他们的祖先领地，允许他们保留苏格兰法律和习俗，这种仁慈打动了他们；柯明家族就是其中之一。

刺杀柯明后不到六个星期，自己身为英格兰人的老顽固格拉斯哥的威沙特主教赦免了罗伯特的杀戮罪，还毫不羞愧地要求大家支持他的事业！布鲁斯由他主持仪式在斯康登基。但刺杀柯明没有使苏格兰人团结在单一领导人下，反而加剧了原本就在进行的苏格兰内战。《莱纳科斯特编年史》（*The Lanercost chronicler*）回顾公元 1311—1312 年："这场内斗中，苏格兰人四分五裂，有父亲支持苏格兰而儿子支持英格兰的；或者两兄弟一个支持苏格兰，另一个支持英格兰的；或者甚至一个人开始在这边，后来投靠另一边的。"一开始，根本看不清布鲁斯到底得到了什么，他输掉了对柯明家族一战，不得不向西北逃亡。

他很可能去了赫布里底群岛，也许渡海到了爱尔兰，但不论哪里，总之布鲁斯是销声匿迹了一段时间，没有任何可靠的历史记录。英雄神话填补了这段历史真空：山洞和蜘蛛的传说，小动物示范性的耐心和辛勤使布鲁斯下决心坚持下去。但事实是布鲁斯失踪的这段时间里发生的事，非常惊人：他从一个附庸风雅的贵族和马基雅维利主义者（machiavellian）——玩弄权术的人蜕变成了一个游击战士。其实真正书写了不列颠游击战历史的人，不是威廉·华莱士，倒是罗伯特·布鲁斯这个阵地战狂人。他采用打了就跑的战术，此后就成了经典：小股兵力快速运动袭击劫掠，骑着大马或矮马，轻装上阵，不自带食品或锅灶。如弗鲁瓦萨尔（Froissart）描述的，他们靠极少量食物维持生活，靠"河水、在兽皮里烤得半生不熟的肉"，或者如果"感到饿了，胃里空空如也，就垒石生火，把一点燕麦和水，在滚烫的石头上摊个圣饼（wafer）那样的糕点。"——这就是军事上燕麦饼的起源。布鲁斯的闪电战力量快速深入边界，极有意义：埋伏，用绳梯和抓钩强行突入敌占城堡，大肆破坏，然后又消失在黑夜里。他搞的破坏越多，就越神出鬼没，令英格兰人气急败坏。一个月又一个月过去，他还没被逮住，也没被打败，他的帮手还越来越多。

布鲁斯的花招比敌人多，打倒了所有敌人，最后，还活得比他的敌人"长腿"爱德华一世长寿。在给苏格兰政府的一个法令导言里，爱德华写着，自己彻夜不眠"思潮起伏"，现在他愿"在我们国内居住的子民中，提倡快乐、轻松、安静，因为在他们的安宁中，我们可以休息；我们内心珍惜他们的平静"。第二年，1307 年，在卡莱尔旁的博拉夫拜瑟塞恩兹（Burgh-by-the-Sands），去进行另一场毁灭性围剿的路上，爱德华一世死了。据编年史作者弗鲁瓦萨尔记载，临死前，他命令儿子除了身体外还把他的骨头烧化，然后带着骨灰跟随英格兰军队出征苏格兰。很明显他担心如果没有骨灰，爱德华二世要在战场上面对罗伯特·布鲁斯，军事前景堪忧。

长期以来，大家都知道爱德华一世对儿子评价很低。儿子的那些伙伴会对他进行身体攻击，从王子头上扯下一大把头发，儿子还拒绝甩掉他们，尽管他没有把儿子的哪个男朋友从战场上赶走，爱德华一世也真是受够了。不管怎样，1306年，在新圣殿（40年前他抢劫银行的地方），他给爱德华封爵，典礼盛况空前，用金色天鹅装点，还有骑士比武，其间起码死了两个骑士。到1307年，以前一直被当作缺乏阳刚的花花公子卡那封的爱德华登上王位时，没人敢抹杀他，认为他不适合继承父亲遗志。在很多方面，大家都看到父子俩很像——高个子，金发，肌肉发达——还有，爱德华二世的脾气够暴烈，显然得自父亲真传。这是真的，他喜欢消遣，常有惊人之举，更像个童子军，而非二流子：划船、挖沟、盖茅草屋。但是最后，爱德华那些乡下土老帽式的消遣、奇装异服、赛马、令人头皮发麻的男朋友，甚至他极其热衷业余演戏等，都没怎么给他捅出大娄子。但是，某种程度上，他的个性没有一点英格兰民族领袖模范的影子，他不是不列颠的第二个恺撒，也没有皇家风范。

相反，罗伯特·布鲁斯正好具备这些品质，刺杀柯明表明他敢作敢为。此外，从亚历山大三世去世后，苏格兰饱经考验，布鲁斯从中汲取经验，充分利用了集体领导的传统。他已预见到自己会遭遇内战，还有和英格兰的王国之战，他也知道一些苏格兰家族永远也不会原谅他刺杀了约翰·柯明。除了那些最疏远他的人，他只要强调他的事业是为了整个苏格兰，并不是为他个人或自己的家族，这样做他就能与大家和解。德·蒙特福特在刘易斯之战后，犯了最糟糕的错误，使最忠心耿耿的支持者都怀疑他的个人动机，怀疑他要取代朝廷自建帝国，憎恨他的冷漠。布鲁斯避免了蒙特福特的这些错误，反而不厌其烦地征询贵族们尤其是主教们的意见，这些主教从头开始就是他热心的支持者。1309年，他已经顺利地取得了护国公和主君的合法地位，有能力组建自己的苏格兰议会，为国防军筹措军费。接下来的五年里，布鲁斯全面进攻，夺取一个又一个要塞，水陆并进，直到苏格兰北部、西部和西南部全都牢牢掌控在他手里，东南和关键的贝里克和斯特林城堡还是在英格兰人势力范围。

最后，到 1314 年夏天，斯特林的指挥官虽然快要被俘了，仍然成功地将布鲁斯抵挡了一阵，希望他的困境最终能促使爱德华二世有所行动。丢掉斯特林，这可是奇耻大辱，爱德华二世当然立即动身，带着另一支几千人的盎格鲁帝国大军远征。

6 月 23 日，斯特林城堡外的福斯平原上，布鲁斯面对的是金雀花王朝常见的攻无不克的战争机器，但是这架武器在烂泥地里并不好使。因为敌方人数是自己的三倍，布鲁斯精心挑选交战场地，要在河流与班诺克本（Bannockburn）的泥泞壕沟之间，和英格兰军队搏击。

对布鲁斯自己来说，战斗尚未打响，就已经差不多结束了。当时，一个英格兰骑士亨利·德·波恒（Henry de Bohun）看到布鲁斯骑在一匹矮马上，不知不觉地和自己的士兵拉开了一段距离，就直接冲过去，用矛刺向他。布鲁斯马上变身为斗牛士，一动不动，保持到最后一分钟，急转偏离，同时挥动斧子，砍向德·波恒的头颅，力道又大又沉，头盔连同头盖骨应声而裂，斧子整个嵌入来袭者脑中。只一刹那，布鲁斯手起斧落，人依旧独坐马上，手里还拿着斧子柄。一时间，吓呆了的苏格兰军队顿时松了一口气，转恐为喜，无疑，天佑吾王，此乃吉兆也。

第二天，双方的长矛阵和骑士进入近身搏击，杀得眼红，战斗进入白热化。布鲁斯的朋友修道院院长伯纳德（Abbot Bernard）记载，布鲁斯在决战前给手下作了一场异乎寻常的动员演讲，莎士比亚最热情洋溢的时候也写不出更好的讲稿。布鲁斯称呼他们"我的伯爵们""我的人民"，他把过去的种种苦恼做了个总结，完全把自己当成苏格兰兄弟中的一员，大家的船长：

> 八年多来，为了我对苏格兰王国的权利，为了光荣的自由，我艰苦奋斗。我失去了兄弟、朋友和亲人，你们自己的亲人也被抓了，主教们、祭司们被关进监狱，我们的贵族血洒战场。你们可以看到，

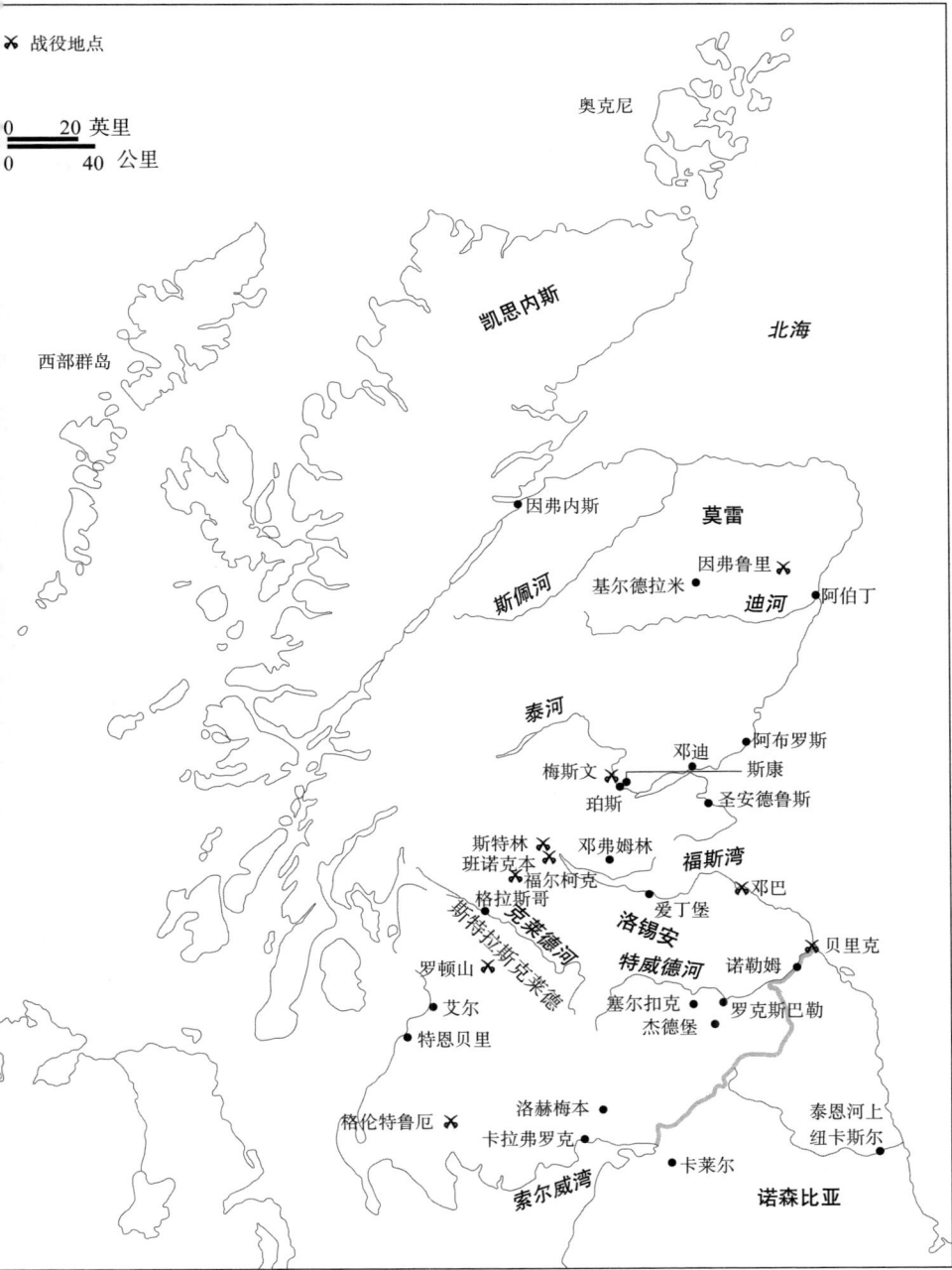

苏格兰战事

图例及地名：

战役地点

0 — 20 英里
0 — 40 公里

奥克尼

凯思内斯

北海

西部群岛

因弗内斯

莫雷

因弗鲁里

基尔德拉米 阿伯丁
斯佩河 迪河

泰河

邓迪 阿布罗斯
梅斯文 斯康
珀斯 圣安德鲁斯

斯特林
班诺克本 邓弗姆林
福尔柯克 福斯湾
格拉斯哥 邓巴
克莱德河 爱丁堡 洛锡安
斯特拉斯克莱德 特威德河 诺勒姆 贝里克
罗顿山 塞尔扣克 罗克斯巴勒
艾尔 杰德堡
特恩贝里

格伦特鲁厄 洛赫梅本 泰恩河上纽卡斯尔
卡拉弗罗克
卡莱尔
索尔威湾 诺森比亚

苏格兰战事

站在面前的那些贵族，穿着铠甲，决心要消灭我，要消灭我的王国，不，是我们全民族。他们不相信我们能活下来，他们以他们的战马和武器为荣。对我们而言，在战斗中，上帝的名字是我们胜利的希望，今天本来是施洗者约翰的生日，该欢庆的节日。我们的上帝耶稣在指挥我们，为了国家民族的光荣，圣安德鲁和圣托马斯圣徒将和苏格兰圣徒们并肩作战，如果你们诚心忏悔罪过，就能在上帝指引下取胜。

因此当英格兰人看到苏格兰士兵从林子里出来时跪下祈祷，看到这一幕，英格兰人还普遍沉浸在欢乐中，爱德华问自己的随从："什么！那些苏格兰人还打吗？"听到的是肯定的回答，国王相信他们跪下是祈愿仁慈，他身边的一个苏格兰盟友说是的，祈愿仁慈，"不是国王的仁慈，是上帝的仁慈"。

这场战役从一开始就明摆着不会是福尔柯克的翻版。格洛斯特伯爵带头发起第一次冲锋，虎虎生风，但长矛阵不受影响，紧密地排列着，矛先刺向马，再对准落马的骑士，给英格兰人造成巨大伤亡。马上的骑士冲不破他们的阵型，也许只有弓箭手能打破严丝合缝的长矛阵，但他们在英格兰人进攻的后方，在等待战斗充分展开后再上阵。在福尔柯克，骑士们反复冲锋，或早或晚就拿下对手，可能难以置信，这回不灵了，等英格兰人回过神来，被耽搁了的弓箭手们向前变动阵位，可他们被倒下的马匹和骑士绊住了，小股苏格兰机动骑兵抓住时机，近身袭击他们。威尔士和加斯科尼弓箭手四散逃开后，被清出战场，战斗变成了苏格兰人的长矛斧子和骑士的剑与矛的捉对混战，"很多次，（苏格兰人）从两旁发起强力突击，直到锁子甲外套下鲜血进出，流淌到地上"。渐渐地，英格兰人的先头部队人仰马翻，彼此失去照应毫无章法，陷在此时缓慢推进的长矛阵和小溪的泥泞深沟之间。布鲁斯保留了一部分非常规的苏格兰农民和义勇骑兵队，他们的武器是连枷、锤子和干草叉，下午的某个时间点，苏格兰人感到英格兰人转入防守后，他们就冲入战场。晕头转向的英格兰指挥官八成把这些当成了苏格兰增援的第二批部队；更要命的是，他们知道国王害怕了，要赶在自己被俘虏或被杀前，下令逃跑。

当然爱德华二世并没有临阵退缩，虽然胯下好几匹马倒下了，但最终被说动离开战场。他丢下了自己的盾牌和国玺（后来罗伯特国王大度地还给他）、个人物品和衣服作为战场指挥的名声结余，还有英格兰人、威尔士人、加斯科尼人，以及与布鲁斯敌对的苏格兰人，共 4 000 具死尸。他们"填满了溪谷，人们可以踩在上面走到对岸而脚不沾水"。"英格兰女人，你们哀悼吧。"苏格兰《编年史》（*Fabyan's Chronicles*）的作者法比恩这样写。"因为你们已经在班诺克斯本（Bannockisborne）输掉了。"同时，金雀花王朝的盎格鲁–罗马帝国梦想，也一起失落在班诺克本了。

可以想见，罗伯特·布鲁斯当然不要这个梦想死灰复燃，因此，战后一年，1315 年，他没有躺倒在桂冠上，而是继续做出惊人之举：他的弟弟爱德华领头越过北海海峡到爱尔兰袭击英格兰人。为了扫除爱德华的障碍，他邀请"我们的朋友，爱尔兰国王们、神职人员和居民"加入泛盖尔人联盟。他保证，苏格兰人不是来入侵，而是来解放大家，和爱尔兰人一起，他们将把可恶的英格兰人赶出喀勒多尼亚和爱尔兰。两个布鲁斯兄弟，苏格兰的罗伯特和爱尔兰的爱德华就能统治我们自由的人民：

> 我们和你们，我们的人民，自古以来就是自由的，从来就拥有共同的祖先，现在应该走到一起来……我们的语言习俗相同，我们给你们派去我们挚爱的亲人……以我们的名义，来和你们讨论，我们之间结成特别的永久友谊，加强并保持下去，因此以上帝的意愿，

我们的民族会恢复自古以来的自由。

这套说法听上去修辞很动人，只是时机不巧。1315 年，发生了那一代人有生之年最严重的大饥荒。很快，爱德华·布鲁斯的军队和任何其他无秩序的骑士匪帮没有区别了，他们利用武力抢劫食品，以便供应给急需它们的士兵和马匹，不再费心地甄别谁是盖尔人朋友或哪个又是英格兰敌人。在饥饿和绝望中，苏格兰士兵从爱尔兰村民那里夺取所需口粮，最后甚至（据说）强行掘开刚下葬的坟墓，挖出死尸吃掉，好几个月过去了，布鲁斯兄弟的解放战争变成了占领。

不是所有爱尔兰贵族和国王都张开双臂拥抱苏格兰解放者，盎格鲁－诺曼人的爱尔兰本地支持者和苏格兰人之间爆发了一场艰苦的内战。在都柏林，很多人家宁可扒了自家房子，把它们变成打击苏格兰人的掩体，也不愿交出城市。据当时人记载，战斗最激烈时，双方战死不少于 1 万人。1318 年，爱德华·布鲁斯战死，年底前，苏格兰人撤军。也许这个跨北海海峡的联合注定失败，因为从头起，罗伯特·布鲁斯放在心上的，是他自己的利益而不是他所谓的爱尔兰兄弟的利益。他需要开辟第二前线，将英格兰军事重兵资源从苏格兰引向爱尔兰，这不是爱尔兰人最后一次被利用，充当他人争斗的挡箭牌。自然，苏格兰人在爱尔兰留下的不只是寡妇和歌谣。从班诺克本的胜利开始，他们成功地终结了金雀花王朝不可战胜的神话。爱尔兰君主们宣称他们被迫"面对好战者的危险，保卫我们的权利，而不是像女人一样忍受侮辱"，他们奏响了一曲为正义而战的强音，或好或坏，它在接下来的几个世纪里回荡。

远征爱尔兰失败后，正如罗伯特预计的，班诺克本一役并没有终结英格兰人要卷土重来，凌驾于苏格兰之上的野心，这促使他向外国寻求支持。最后，苏格兰人靠自己联合起来，击退了爱德华二世反复的越界骚扰，而不是靠法兰西人。苏格兰人向教皇申诉，要罗马教廷认可他们神圣的自卫事业。申诉的确产生了至今为止苏格兰人（或者，从这个意义上来说，任何民族）最雄辩的权利声明，中世纪欧洲还没有谁这么说过；单是这一点就足以使他们青史留名。在阿布罗斯修道院，50位苏格兰贵族和50位主教在一纸"宣言"上用印，宣言出自无名氏之手，却明明白白地反映了罗伯特及其同仁关于他们共同的历史、文化、自由的热情信念。《阿布罗斯宣言》（*Declaration of Arbroath*）是第一个由普通古文物研究者，在不可信的编年史和神话传说中发掘出的具有重大意义的作品；因为不想采用蒙默思杰弗里的特洛伊定居者故事，又需要一个神话起源；于是，苏格兰人另拟一个传说，假托公元400年在巴尔干（Balkans）半岛的塞西亚（Scythia），圣安德鲁使当地人皈依了基督教，他们是最早的苏格兰人，最关键的是他们早于盎格鲁人或撒克逊人。然而，文件的核心思想更有力，也更异乎寻常，就是说，文件虽然是国王和政府的用器，却痛苦地呈现出当地人的本土本乡独立于当前的人格化皇权，还隐约地与之冲突。和斯诺登尼亚声明一样，一个民族拥有自主权。这个主张以前有人提过——1258年在牛津——但从没有像《阿布罗斯宣言》这样雄辩地表达过。《阿布罗斯宣言》里，自由的爱国者形象是一群幸存者兄弟，团结在一个领袖下的马卡比家族（Maccabees），但这从来不是无条件的，因为假如罗伯特国王要：

> 放弃他开创的基业，而同意要我们和我们的王国臣服于英格兰国王或英格兰人，我们将立刻尽我们所能，把他作为我们的敌人赶走，颠覆他的权利，如同颠覆我们自己的权利一样，另请能保护我们的人来当国王，因为只要我们这一百人活着，在任何情况下，不能臣服于英格兰统治。我们为自由而战，既非为荣耀，亦非为财富，亦非为尊严，这是真理——只为自由，没有任何正人君子可以放弃自由，哪怕放弃生命也在所不惜。

14 世纪中叶，约翰·巴伯（Barbour）的诗歌《布鲁斯》(*The Bruce*)唱出了同样有力的声音：

> 啊！自由，尊贵之物！
> 自由使人欢喜；
> 自由给人慰藉；
> 活得无拘无束；
> 即是自由生活者。

然而，爱德华二世时期的英格兰，自由和王权看起来是一对别扭伙伴。像《阿布罗斯宣言》这样，自由任由全国决定，假如国王出卖了同胞利益，就会被拉下王位，已经完全不可想象英格兰国王也会像苏格兰国王这般声明承诺。西蒙·德·蒙特福特的教训早已被忘在脑后，爱德华二世可不看《牛津条约》，他已习惯于在威斯敏斯特大教堂里，凝视着巨大的镀金塑像寻找灵感，这里是他祖先们的圣陵所在，同时给他帝国王位稳如泰山的幻觉。某种程度上来说，他在位期间灾难不断，但他固执地无视任何要和国内社区分享利益的想法，这一点很突出。他把权力、财富和宠信给了很多人，他们明目张胆地滥用政府职权谋取个人私利，背信弃义。这样做的结果是，爱德华自绝于国人，大家觉得他对英格兰王位不上心，又厌恶他是个同性恋，更加强化了这种感觉。1321 年，兰开斯特（Lancaster）伯爵托马斯带头要推翻他，失败了。第二次，被他冷落的妻子伊莎贝拉（Isabella）伙同自己的情人罗杰·莫蒂默造反成功，但这不能算一次新的蒙特福特式反抗，这只是国内头号人物把君主个人拉下了马，伊莎贝拉和莫蒂默仅仅是用一个自私的机会主义制度取代了另一个。1327 年，爱德华退位［以及他在伯克利（Berkeley）城堡恐怖的死状，据说可能被一根烧红的铁条捅进直肠，是根据他的罪行设计的施虐狂惩罚］，之前伦敦市民就已经起义了，当他们得知德斯潘塞父子（Despensers）被肢解后，万人空巷，狂欢庆祝推翻被他们痛恨的统治；这一切的前提都是，如果国内社区的看守人觉得国王不能保卫王国，或者他对自己职责漠不关心，国王可以被废除，甚至肉体消灭。

因此，1330 年，17 岁的爱德华三世摆脱母亲和莫蒂默的保护，囚禁一个，把另一个砍了头。英格兰好像又迎来了一个金雀花君主，很懂得要公开、不含糊地面向国内大众给自己定位。他把被谋害的父亲装殓进一座新的金色坟墓，但位置选得奥妙，不是威斯敏斯特大教堂忏悔者圣陵里，而是在格洛斯特大教堂，这就拉开了一个体面的距离。在推翻父亲一事中，除了他母亲和她的亲信，没有对其他刑事犯进行报复性的猎女巫式追杀。相反，年轻的爱德华仿佛如英格兰贵族、教会、市民、骑士、自由民众望所归，作为统治者他理解有效管理的前提是基于咨询议会并得到它准许而非武力。正是在爱德华三世的任期内，议会平民院开始能向国王呈交鸣冤诉状，并可以指望得到成文法回答。也正是这时，议会维护了两种权力：一是关于战争与和平事务的咨询权；二是在开征任何特种财政助或税收前，先要得到议会许可的权力。在诺丁汉抓住莫蒂默的第二天，年轻国王发布一项声明："有关他自己和王国领土上的事务将向国内大众征求意见，此外别无他法。"

这真是好消息。看起来也不是最后一次，不列颠其他地方要提醒英格兰何为国家体统。

第五章
死亡之神

　　1348 年 6 月 23 日，圣约翰日的前夜，多塞特和中世纪英格兰各地一样，也是生育节。此夜，麦子正熟篝火正旺，乡村少女头上戴着花，可以尽兴调情。但在韦茂斯（Weymouth）海湾的梅尔库姆（Melcombe），死亡悄悄逼近，第一批英格兰人开始死于瘟疫。当时金雀花王朝的加斯科尼鼠疫泛滥，来自那里的水手在梅尔库姆港口上岸，耶尔森氏（Yersinia）鼠疫杆菌也随之而来，跳蚤的肚子里携带着杆菌，它们可能是人或兔子身上的跳蚤，在船上及其运载货物带来的啮齿动物身上生活，搭了顺风船过来，传递杆菌，或通过它们的排泄物，散布细菌到空气中，被人吸入；或者通过咬人，在喝足人的血之前，它们反刍时把微生物送进血流。在很短的时间里，英格兰西南部鼠疫爆发。一旦病人的腹股沟或腋窝开始肿胀，就标志着淋巴结已感染，梅尔库姆的受害者离死亡就只有四天时间了。如果是肺部染病，那么断气前两天病人会猛咳血痰。近在跟前的人，八成会沾染上咳出的痰血或黏液，都会感染黑死病，也必定死亡。18 个月里，不列颠人口几乎减少了一半。

　　英格兰国王向来被认为能手到病除。比起他所有的前任来，爱德华三世都更愿意"为了免去国王的罪而触碰"，用他的魔力一次就治愈成千上万淋巴结核患者。但这是瘟疫，不是普通疾病。爱德华三世在位时间长，国力鼎盛时关注其他事务：例如嘉德勋位（Order of the

Garter）的颁发典礼。爱德华创建这个勋位，授予勇敢的武装骑士和贵族，想象着借它让圣杯骑士（Holy Grail）复活，虔诚地陪伴国王。因此要在温莎新建个小礼堂用于授勋。它将是一个忠诚和美的所在，献给圣乔治这个 3 世纪晚期的屠龙者、拜占庭军队的守护圣人。英格兰十字军接受了这种文化。单是为了建造圣坛背面的壁炉屏，就采用大量诺丁汉郡的纯白色雪花石膏，它们装了 10 辆大车，用 80 匹马运到温莎。1348 年 8 月 10 日，圣劳伦斯节宴会，作为创立骑士，爱德华的贝德维尔（Bedivere）和帕尔西瓦（Percival）们——约翰·格雷爵士（Sir John Grey）、迈尔斯·斯特普尔顿爵士（Sir Miles Stapleton）、巴塞洛缪·伯格什（Sir Bartholomew Burghersh）爵士、詹姆斯·德·奥德利（Sir James d'Audeley）爵士，还有其他 22 位——全都是蓝袍贵族，戴着徽章，两人一排进入小礼堂，然后分开坐到国王或者黑太子身后，在礼堂中央相对而坐，仿佛是两队要比赛的武士，专心听着赞美诗、虔敬和保佑之词。他们看着圣乔治（St George）的石头雕像，内心一定窃喜，比起法兰西和苏格兰的守护圣人圣丹尼斯（St Denis）和圣安德鲁，圣乔治要强得太多了。

国王也不能免俗，也一定会沾沾自喜，陶醉在这种不可战胜的感觉里。之前的 10 年里，英格兰的军事胜利足以让人飘飘然，他们自以为得到上帝明确的眷顾。1329 年，应新任法兰西瓦卢瓦（Valois）王朝国王菲利普六世（Philip VI）宣召，作为加斯科尼省领主，爱德华跪在菲利普脚下宣誓效忠，否则他会失去领地。11 年后，他想出了一个更好的办法当作顺从姿态，索性自封为法兰西王，在武器上加鸢尾花以示之。这一主张并不像现在看起来的那么荒唐。1328 年，卡佩王朝的国王们渐渐都死掉了，1285 年到 1314 年在位的菲利普四世，从母亲伊莎贝拉这一支算来，是爱德华的外公，只是法兰西传统上王位继承限定父系，因此继位的是菲利普四世弟弟们儿子中的一位。这夺位之战后来打了 100 多年，刚开始，照例彼此还有书信往返，后来很快发展到动用矛和箭，带给两边无尽痛苦，使箭的一方占了上风。1340 年，在弗兰德斯，就是斯鲁伊斯［雷克鲁斯（Sluys L'Écluse）——法语发音］不远的兹维恩（Zwijn）河口，英格兰和法兰西的船只锁在一起当成浮动战场，双方弓箭手和武装人员彼此厮杀。英格兰夺得 200 艘法兰西船只，几千人或被杀，或受伤，或溺毙，死的人太多，后来有句玩笑话说，假如鱼儿能出声，它们都能学会法语。6 年后，在诺曼底的克雷西（Crécy），一支庞大的法兰西部队遭遇的歼灭规模就更大。那是英格兰人抗击法兰西、弗莱芒、日耳曼骑士，还有热那亚（Genoese）弓弩手，但他们都像针垫一样，被英格兰和威尔士的长弓弩箭洞穿。

仿佛锦上添花，就在同年，罗伯特·布鲁斯的儿子苏格兰国王大卫二世被俘，苏格兰人为了支持法兰西，在诺森伯兰入侵。大卫二世在内维尔的克劳斯（Neville's Cross）被箭射伤头部，入侵戛然而止。大卫被俘后被扣做人质，苏格兰人交付赎金很不痛快很不情愿，看起来或早或晚，爱德华三世不仅在名义上，而且事实上也将是三个王国的主人。1347 年圣诞节，在吉尔福德，英格兰整个宫廷上下沉浸在一派欢天喜地中，男男女女从头到脚化着妆，装扮成龙或天鹅，背后插一对翅膀，这就毫不奇怪了。

可还有一个君王，爱德华不得不向他俯身屈就，那就是死神。圣乔治小教堂的嘉德授勋典礼后几个星期，国王得知他的女儿琼 9 月 2 日在波尔多死于瘟疫：她正在去西班牙的路上，要嫁给卡斯蒂利亚的佩德罗（Infante Pedro of Castile）亲王，一张巨大的红色丝绸床随她而行。爱德华这时说了一句："事已至此，顺其自然。"如果检视一场战役的严峻伤亡，这话最好不过；面对这桩心痛事，却不太合适。他写信给阿方索十一世（Alfonso XI），安慰自己，琼"是提早进了天堂，去当处女唱诗班的头，这样将来就能在上帝面前为我们的鲁莽调解"。还有，她是他

"最亲爱的女儿（因为她的美德，我们最钟爱她）"，国王勇敢的虔诚和哀伤糅杂在一起。"我们都是血肉之躯，这样痛苦悲伤咬啮内心，凡人类都不奇怪。"

死亡冲淡了对法兰西和苏格兰战争取胜的喜悦，爱德华要坎特伯雷大主教在肯特组织补赎祈祷，因为南部港口地区遭瘟疫袭击最早。可是，8月23日，大主教自己也感染瘟疫去世了。坎特伯雷大主教的下级要向皇家主子传递这个信息，开头就是"可怖"一词，他写信给伦敦主教："上帝对人之子太严厉了，万物皆臣服于他的意志。"这到底有多可怕？在瘟疫开始的几周里，压根儿就没有谁能将惨状形诸笔墨。

瘟疫并非不可预知，1347年夏秋，在伦敦的意大利商人和银行家社团，通过与家乡鸿雁往返，已得知恶性传染病肆虐时城市里的可怕故事。据说单在威尼斯就死了10万人，尸体扔到潟湖外围岛礁上。锡耶纳（Siena）、佛罗伦萨（Florence）、帕多瓦（Padua）和皮亚琴察（Piacenza）都成了百牲献祭之地。伦敦的热那亚人必定特别心惊肉跳，因为正是他们的商船从近东将疾病带到地中海。据皮亚琴察一位律师加布里艾尔·德·莫塞斯（Gabriele de Mussis）记载，最初是钦察可汗札别（Kipchak Khan Janibeg）的蒙古军队，从中亚干草原的野生啮齿动物那里感染后，随身携带杆菌而来。1346年在围攻克里米亚（Crimea）的黑海港口卡法（Caffa）时，蒙古军将他们瘟疫的牺牲品像发送炮弹一样，弹射进城里，守城的是热那亚人——这是历史上最早的人为国际生物战例子。"尽管他们已尽可能把尸体扔到海里去，看起来黑压压的山一样的尸体还是堆在城里，基督徒们躲不开、逃不掉、避不过。不久，腐烂的尸体污染了空气，玷污了水源。"到1348年春，瘟疫蔓延过了阿尔卑斯山，进入北部欧洲，一路无可阻挡地横扫法兰西和低地国家直到英吉利海峡边。

仿佛上帝做出裁决，人类是个错误。"这样毁灭自己的创造品，您在想什么，仁慈的上帝……然后指使它突然灭绝？"德·莫塞斯在惶恐不安中发问。瘟疫如死神镰刀般扫过欧洲，城市和偏远乡村一律没有幸免，看起来无路可逃，你明知道瘟疫朝你的方向来了。骑马者会前来报告，接着自己突然也倒下了，一个料理着生意的客人，在拥挤的啤酒屋中，爆发出一阵咳嗽，足以让满屋的人在几秒钟里四散而去。威尔士诗人热乌安·格丁（Jeuan Gethin）等待感染（无疑，会传染上的）中发狂似的用各种比喻描述皮肤上爆出的点点：

> 腋窝里的先令是我的悲伤；不管它从哪里冒出来，都使我强压怒火，头会痛。我会高喊，手臂下负担沉重，痛苦愤怒地鼓起一个白色肿块，是苹果的形状，和洋葱头也差不多；这个小疖子谁也不放过，它像烧红的煤渣在生闷气；灰尘色的悲伤……丑陋的腐败，它们类似黑豆种子，也像海运煤的碎屑……悲哀的饰品……鸟蛤壳的剥落，黑瘟疫像半便士，像草莓。

黑死病对这个本来就已经痛苦的世界是当头一棒，荒谬的是，英格兰（还有不列颠的其他部分）在 14 世纪早先的成功，使它成了自己的牺牲品。12 世纪和 13 世纪经济繁荣带来了人口大爆炸，那时英格兰的人口几乎是诺曼底征服后的三倍，到 1300 年，大约是 400 万。可耕地都已用来耕种了——森林、荒野和沼泽都被开垦出来——到此时，人就是太多了，耕地不足以喂饱大家。至少 90% 的人口要从地里刨食。几个世纪以来，人们生活的世界局限在本村：一室或二室的房子，从附近树林里砍来木材做框架，用泥巴糊的细枝帘子放进框里，最后全部刷上石灰。地面是尘土或黏土，上面盖着草，好去掉从院子带进来的泥土，以及小鸡、鹅和猪的粪便，它们满屋里乱窜。如果有窗户的话，也不会装玻璃。在敞开的灶上烧烤食物。门外，菜畦、院子围绕教堂挤成一堆的房子以外，是两三大片没有篱笆的露天田野，分成无数狭窄条块——田亩（selion）——每块由村里农民耕作，他们有的是自由民，有的是无自由的农民。他们中境遇好的可以种很多块（极少连片）；最差的拿到的地产出少，几乎难以果腹。无自由的农民要在地主的自留地上干一两天，或者付一笔钱之类，用来抵销地租、在村公用地里的放牧权、和分享吃公用地草长大的牲畜；还有其他负担和勒索。地主家里有人亡故，最好的牲畜要献给他；有人结婚，又得出资，这些都是无自由的农民要尽的义务。因此，妇女们会自酿麦芽酒或梳理羊毛；只要可能，男人会去伐木或拉车。这样的社会，充其量也就是在灾难边缘挣扎。

　　瘟疫前几十年里，情况还要糟糕。一连串灾难性的歉收使得 1315 年到 1316 年发生了大饥荒，接着又发生牛瘟和羊病。（也难怪，瘟疫来临时，大家当作是上帝对不公道的另一个惩罚。）金雀花王朝战争连绵，税收官到村里来得勤，比上个世纪更频繁，要靠采邑总管和庄园主出钱，凑齐给国王的份额。后二者转过头来，要靠下面那些最出不起钱也最反抗不了的人。随着人口增加，资源紧张起来，土地和谷物价格飞涨，诱使地主们在自家越发珍贵的土地上修栅栏，以便在庄园经济里拿到更多土地。人们只得以超低价出卖劳力，好像有地的人自己耕种一下子成了好买卖。当人工和田亩耕种相比入不敷出时，境况最差的农民别无选择，只得典当家产，以期待情况好转后再赎回来，但物价越来越高，要想回到从前的生活状态希望渺茫。乡村肥猫（富人）——陪审员，为采邑总管工作的人，拥有很多而不是少数几个田亩的，还喝得起啤酒，和碰上什么是什么的人相比——贫穷的乡间老鼠，二者间差距越来越明显。大贵族减少发放救济金，使情况更糟，很多人更穷了；即使民风恭顺之地如英格兰，穷人越来越没有意愿遵守集中管理资源和劳力（犁田、分配田亩、收获）的规则，社会关系变得愈加紧张；常见到林林总总的反社会出格行为、邻里口角——在高度紧张的世界里累积成严重犯罪。原先留给最贫困者的田间落穗，夜间却被村人偷去了，因为他们同样急需口粮。休耕地里有人非法放牧。犁耕者被抓住"偶然地"走到相邻的田地里。大家虽然还都记得本来在社区里是应该通过共同接受的公认规则各司其职，但这时候社区已经变成私利碎片的集合体。

如果以上种种规则都失效，就会出现乞讨或犯罪。正是在爱德华三世在位时，绿林好汉出现在英格兰的民族文化里；不只在传说中，他们就在现实世界中。另外，城市，尤其是伦敦这样的大都市，对绝望者或冒险者也是个诱惑，伦敦人口在黑死病前夕可能已达到 10 万。另一些没有那么胆大的人，就去了稍偏点儿的诺里奇、约克，或布里斯托，三个地方都是不到 1 万人的城镇，但比起 50 或 100 人的村子，这已是不可想象的大都会。布里斯托是英格兰第一个在瘟疫袭击中倒下的主要城市。它是个港口，从欧洲已经感染瘟疫的地方来的货物、人员、老鼠长驱直入，毫无阻挡；布里斯托狭窄、密集的街巷又很有利于杆菌繁殖，人们简直和村里的动物住得差不多——乡下后院里满地跑的猪、鸡和到处都是的猪食——巷子里阴沟敞开，制革和印染等行业的有毒污水也直接排放。

1348 年夏天，置身于这样忙碌污秽的环境中，很少有人能及早注意到跳蚤叮咬，等到淋巴结发炎，一切为时晚矣。每天都有几百人死去，尸体堆积如山；最没有抵抗力的人——小孩、老人和穷人——成了首批牺牲品。在感染高峰期，几乎是两个中一个——45% 的人口——在一年之内病故。布里斯托的 52 个议员，在 6 个月内死了 15 人，故去后，他们的名字在名册上打了叉。编年史家亨利·奈顿（Henry Knighton）描述布里斯托："真实情况是，全城毁灭。看起来死亡猛然吞噬了他们，因为只有极少数人挨得过两三天时间。"在奈顿自己的家乡莱斯特，短短几天，一个教区里有 700 人身亡。"恶性传染病来势汹汹，"托马斯·波顿（Thomas Burton），约克郡的教士写道，"男男女女直接在街头倒毙。"这些省会城市迅速一分为二，一半人活着，另一半已死或奄奄一息。家庭——关于中世纪英格兰的很多神话说得正好相反，当时实际上都是基本的核心家庭，即由父母和孩子组成——痛苦地分裂，健康的人离开染病的家人。不管多么不情愿，父母亲为了保住健康的还没有被传染的孩子，无计可施，被迫放弃一些孩子。"那些日子里，"威斯敏斯特大教堂的一个教士写道，"葬礼没有悲哀，婚礼不带喜悦，只有需求而没有贫穷，奔走也逃避不了。"

一切以前理所当然的事，忽然间都不确定了。面包师不见了，绝大部分房屋里露天的灶台都不做面包了，哪里能找到面包？没人在工作，哪里去找帮手？谁来搬走死尸，以免尸体腐烂传染更多人？在肯特郡的罗切斯特（Rochester），威廉·丁（William Dene）写道：

> 呜呼，死神吞噬了这么多男女，已经找不到人来抬尸体送去下葬了，男人女人只好自己肩扛着他们的小孩子去教堂，扔进集体墓地，那里臭气熏天，几乎没有人能通过教堂墓地。

城镇越大，灾难越深重。瘟疫第一次袭击伦敦时，每平方英里内每天死亡 300 人。人死得非常快，就挖了很多集体埋葬的新墓坑。在东史密斯菲尔德（East Smithfield），匆忙之间，尸体堆叠了上下五层。1999年，在发掘斯皮塔佛德（Spitalfields）的古代医院墓地时，考古学家发现一些非同寻常的细节：数千具尸体的集体墓葬，大部分死者都很年轻，说明当时极其突然地爆发了流行病。本来应该小心地把他们的脚对着东方，意思是死者在审判日站起来时，就面对着耶路撒冷，这本来是常规墓地的做法。这里却像丢弃垃圾那样横七竖八。其中一个临时安葬地位于伦敦主教捐献的土地上，围着围墙，不久它的名字就成了"无人之地"。1598 年，约翰·斯托（John Stow）写作伦敦考察报告时，声称读到过一份爱德华三世时的文件，上面记录了 5 万具尸体扔进了这类墓坑；几乎可以肯定，这个数字有夸张，但也足够警示那场灾难的规模。

这就不可避免地出现这样的情况，一些死者回到造物主那边时，没有得到教士临终忏悔服务，因为教区祭司也日益减少。1349 年 1 月，巴斯和韦尔斯（Wells）主教给神职人员写信："无论以爱的名义，还是给钱，都找不到祭司……去拜访穷人，行使教会临终圣事——也许因为他们害怕自己得病。"主教接着说，如果找不到人，需要告知世俗众人，向普通人忏悔罪行也是可以的，甚至（一个真正激进的步骤）"如果没有男人，向女人忏悔也行"。主教们往往也是贵族，和其他富人一样，他们大方地选择逃跑，当然借口是必须保存教会精英，自己的行为是正当的。诺里奇（Norwich）的贝特曼（Bateman）主教，1349 年夏天大部分时间都在马背上。他企图逃脱瘟疫，因为东益格利亚潮湿多沼泽，最后他在自己的豪克逊（Hoxne）领地上蛰伏下来，害怕得要死。到这时，传染病已深入到不列颠群岛的角角落落。狂妄的苏格兰人认为可以乘虚而入，是时候拿回他们败给爱德华后丢失的土地了，他们组织了一次入侵。几千人的队伍在传统的汇聚点塞尔扣克森林集结，但还没等到开拔，瘟疫就袭击了军营。军队遂作鸟兽散，5000 人身亡，剩下的带着黑死病，逃回家去。

无处可逃者只得听天由命，修道院作为封闭的圈子，瘟疫发作起来就特别厉害。约克郡缪约（Meaux）的西都会修道院，共有 42 人，只有 10 人在第一波瘟疫袭击中幸存。单是 8 月，少数幸存者之一，后来的院长托马斯·伯顿记录了教士中 22 人、俗人 6 名死亡，一天之内安葬了 6 人。爱尔兰基尔根尼（Kilkenny）的圣方济各会修士约翰·克林（John Clynn）写下见闻，接着，仿佛在世界末日丈量裹尸布，他这样写道："看到了这些病人，看到整个世界被罪恶笼罩，在死人堆里等候死神光临，我起誓写下我的真实见闻……这样，这些文字不会随作者消失，或者这件工作因工作的人（死亡）而停顿，我留下羊皮纸，以防万一，将来有人活着可以继续写下去。"在这里，另一个人续写道："写到此，作者好像死了。"

当幸存者在第一波黑死病突袭后痊愈，他们不得不发出这样的疑问：为什么是我们？为什么挑这个时候？对于很多欧洲人来说，答案很简单：是犹太人在井里及河里投了毒。因此像通常那样，屠杀犹太人，使非犹太人感觉好多了，但淋巴结发炎的症状没有停止蔓延。尽管双方都相信答案在天上，英格兰因为没有犹太人，有知识有信仰的人们给出了不同答案。很多知识分子相信，这时有一场致命的行星三向交汇，仁慈潮湿的木星碰到了火热干燥的火星和神秘恶毒的土星。其他人则认为瘟疫应该归咎于污秽，人畜的粪便、垃圾，污水从湖泊、沼泽、水沟里升起污秽，汽化成了阴冷烟雾的帷幕——致命的瘴气——在地面盘旋，产生感染，然后有毒种子滴落在地上。给想活命的人的忠告是远离对那些容易形成污染空气的集中点——制革点、屠夫的肉店，甚至妓院（因为据说刺激肉欲的香气烟雾是瘴气的一个主要来源）——如果危险气味不可避免（14 世纪大部分人都难免），那就在脖子上或身上携带气息甜美的小香草包，能做有效预防。香草是薄荷、薰衣草和百里香，草药郎中甚至给那些已经感染的人讲香草奇效的趣闻逸事，有一个忠告是这样说的：

> 如果是男人，就喝五杯芸香水。女人应该去掉芸香，代之以楼斗菜五片和大量金盏菊花；刚生下的鸡蛋，一头戳个洞，把里面东西全吹出来，之后放到火上烤，直到碾末，注意不要烧焦；取大量糖浆，用上好麦芽啤酒浸泡所有这些草药，不要盖紧——给病人喝三晚三早。如果他们能在胃里留住（最好情形下的苛刻要求），他们就能得救。

如果上帝决定这人不能得救，那么世界上没有药能救活被他判决的人。很多人都已得出结论，瘟疫是人们行为不端，惹怒了神；而不是什么空气紊乱。1344 年，雷丁的约翰警告，无耻的穿着是虚荣和道德败坏的象征，终将咎由自取："女人们穿的衣服太紧身，就在裙子后背里塞进狐狸尾巴，来掩盖屁股。"亨利·奈顿（Henry Knighton）和缪约的托马斯·伯顿这些教士相信14世纪40年代无耻的骑士比武招致了报应，伯顿回忆：女人们没有丈夫陪伴，成群地和情夫一起来，他们"拿她们满足自己的情欲"。奈顿认为更糟糕的，在这些花里胡哨的展会上，女人们习惯打扮成男人那样，"穿着杂色宽松无袖上衣，短头巾，长披肩像绳子缠绕在头上，又像金银饰纽的带子从头上垂下，肚脐下挂着刀鞘，悬着短剑"。伟大的本笃会传道者托马斯·布林顿（Thomas Brinton）仔细审视了爱德华时期的英格兰，认定当时社会沉迷情欲、踌躇满志，令人作呕：

> 我们没有坚定信仰；在世人眼里，我们不值得尊重；相反，我们在人类中犯错最多，结果是上帝不再爱我们。毫无疑问，正因此，英格兰王国里存在这么触目惊心的无果的缩减；这样惨烈的传染病，如此不公正，这么多私生子——各地都是淫行和通奸，几乎没有男人满足于自己老婆，每个男人都和邻居妻子调情，或者养个名声烂臭的二房。

如果要长治久安的方法不是靠药物，或者像爱德华三世命令的，清扫伦敦大街。相反，需要发起卫道运动，开始游行、戒斋、苦修，向圣母祈祷，请她调解，瘟疫发生后英格兰各地到处竖立起圣母像。诗人约翰·莱德盖特（John Lydgate）在《恶性传染病饮食和修养》（*Dietary and Doctrine for the Pestilence*）里推荐大家谨慎从事，逃到乡村去，那里的空气和风俗都更好，传染也不那么致命。有办法的人都试图逃离道德败坏、病患众多的城市和集镇，遵循诗人的忠告。

如果真怀着这样的期待，他们就会大吃一惊。迎接他们的是废墟和漠然，1/3的房屋空无一人，大小镰刀都生锈了，铁砧和织布机上落满灰尘，田里没人收割，只有牛羊在其中游荡。亨利·奈顿写道："因为缺少照料，牲畜成群死去，不计其数，田里、路边、树篱下到处都是倒毙的动物。"

历史学家本来应是风物长宜放眼量，不囿于某个时刻。很多史学家通过当时的重创得出结论：瘟疫在乡村的危害不如在城里那么大，它像一架扬谷机，从头到脚扫荡了乡村生活，把可活的人从不可活的人堆里挑了出来。14世纪初，很多小村子本来就被削弱加上底子薄，这时候就遭到彻底毁灭。某些特别惨重的地方——如萨福克郡的伯里圣埃德蒙兹，一年之内死掉60%人口——这个信息的意思是，瘟疫是从庄园经济到现金经济结构性转变的一环，这么谈论它当然并不愉快。乡下人看到的都是婴儿尸体，蓬头垢面的孤儿四处游荡，庄稼直挺挺地长成了杂草，教区祭司不见了，奶牛乳房肿胀下垂，可是无人挤奶。

庄园名册生动准确地记录了瘟疫发生第一年和第二年的事。温切斯特主教的法纳姆（Farnham）庄园，52个家仆——他的1/3村民——在第一年去世。一开始，主教的采邑总管毫无困难地找到人手，搬进了空屋，高兴地收取了他们的进门费。但到1350年，瘟疫再次来袭，情况变得严重了，到黑死病最后在法纳姆结束时，死了整整1300人。名册上数字后面列出的那些名字，使我们具体了解这个灾难：玛蒂尔达·斯迪克（Matilda Stikker），全家都死了；女仆玛蒂尔达·塔尔文（Matilda Talvin）在主人全家死后失业。在法纳姆，瘟疫有代价也有馈赠，约翰·克鲁德查特（John Crudchate）当时未成年，父母双亡后成为孤儿，但他继承了父亲还有一个亲戚也许是叔叔的遗产，所有田亩合并到一起，在村里，这是一笔可观的财富，使小克鲁德查特从最穷的底层跃升为村里最富的人行列，这时他养得起鹅了。

就这样，英格兰、威尔士、苏格兰村庄里变化迅速。经济平衡波动剧烈，只是这一次，它有利于普通人，而不是贵族老爷。法纳姆的采邑总管抱怨收割一亩地的人工费要花 12 便士——这是瘟疫发生前的两倍，后来采邑总管也死于瘟疫。人手不足，工钱上涨，全英格兰都是法纳姆这样的情况。不管黑死病是不是乡村大转型的一个主要原因，抑或它只是结束了几代以来都在进行的过程，不列颠乡村在中世纪末无疑发生了不可逆转的改变。比如，有一点，再也没有农奴了。有一段时间里，贵族不太能强迫无自由的农民——例如，单纯作为合法使用房屋和院子的认可，为地主运干草或犁田——这时候，供求法则有利于幸存者，事实上农民已不可能无偿地替地主工作，当贵族或采邑总管要求他们做点儿什么时，农民可以索要报酬，或者比从前要得多。如果有空房子，现在是租户而不是贵族来开租住条件。如果贵族觉得这种新的经济方式很武断，张狂无礼，农民也许就直接转身走人，去另找一座庄园，只要那边主人更能把握这种新经济现实。长久以来，有一条法律上的公理"城市空气使人自由"——在城里待一年即能改变法律身份——但是瘟疫后，所有消失都稀松平常，简直没有什么好方法能发现一个犯错误的农民跑哪里去了；也无法知道他在做什么。几十万人随着劳工市场，移民到了经济繁荣、社会前景最好的地方，无人能阻挡这种趋势。

马修·奥克斯（Matthew Oxe）就这样告别了奴隶身份，告别了萨福克郡斯塔沃顿村（Staverton），在这里他家是无自由农民。1430 年前后，马修去了无人知道的地方，可能是进入了诺福克公爵福瑞林姆（Framlingham）的城堡做家丁。25 年后，他衣锦还乡，回到斯塔沃顿，向庄园法庭出示他的自由身份证明。马修付了 6 便士，把这张"解放章程"副本存进法庭名册，宣布从此他和他的子孙们都是自由民。他还加上，从此，他和子孙们不再叫奥克斯[1]，好像是一种累赘的野兽，而应该叫格鲁姆（Groom），更适合有强烈愿望加入骑马阶层的人 [2]。

---

[1]　Oxe，意为斧头，拼法和发音都类似公牛（ox）。——译者注
[2]　Groom，意为马夫。——译者注

如此说来，死神是个任性胡闹的解放者，动摇了旧的乡村社会等级，重新给有实力者和手无寸权者排了座次。手里那把灾难的大镰刀直接砍在几个世纪以来封建主义的正中心：臣服和保护之间的契约，即"做我告诉你要做的，待在原地，那你就能得到保护，免受伤害"。但在 14 世纪中叶，那些说他们要好好践行契约的人——贵族的采邑总管、庄园法庭的法官、郡里骑士及其陪审员，甚至贵族本人、他的家庭成员、扈从、仆人——一个接一个地都进了坟墓，这个契约保障就落空了。

这时还没有免除封建社会的彼此关联义务，尚未形成个人主义者社会，可是，忽然间，自助变得必要又迫切了；在社会权力结构和信念结构里都是这样。人们大做祈祷、游行、忏悔这些圣事典礼，这一切眼泪汪汪的姿态，貌似没有平息上帝的怒火。1361 年，瘟疫死灰复燃（之后 20 年到 25 年为一轮），又夺走已缩减后人口的 1/4，虽然还没有到 1/2。从一开始，牺牲者中很大比例是祭司，他们的职责是帮助病人和濒临死亡者，这样一来，他们处在流行病的风口浪尖上。1349 年教会发布判决说如果近旁没有祭司能尽职，可以由世俗人士听取临终忏悔。严格说来，这只是临时措施，但也必定已经给神职人员绝对垄断圣事撕开了缺口，对那些害怕被传染病击倒的人，这几乎就是鼓励他们，可以自行准备面对最终审判。事情发展到后面，越发如此，救赎就成了自助服务。对一些胆大妄为者来说，教会组织放任自流，给人以弃之不顾的感觉，导致他们危险地（或者激动地）靠近异端。牛津学者约翰·威克里夫（Wyclif）教导大家：灵魂救赎不是非要神职不可，而且，在经文意义里，每个基督徒都能找到真正的道路。他的福音嘀咕者或者叫"罗拉德派"（Lollard）起初没有受到官方攻击说他是异端，只是因为他受到强有力的保护，特别是爱德华三世之子冈特（Gaunt）的约翰，他对罗拉德派的热情传给了一小批有影响的骑士。

对于不那么狂妄的人，却有了可能追求个性化的灵魂救赎之道，教会认可而不是禁止这种个人路径。于卑微者而言，去贝克特那样的圣人圣陵前朝圣，请求圣人为朝圣者的罪恶说情，这就是一种灵魂救赎的个人办法。那些有门路的人，如果没有足够时间，准备得好好地把自己托付给仁慈的上帝，可以出具一张保险单，来应对被黑死病感染；这就是赎罪券。黑死病后，第一次广为所知的观念是，最终审判到来时，灵魂要在炼狱的石头狱里服刑赎罪。赎罪券是一笔钱，在人死前预先捐出，可以用来建造小礼拜堂，或者直接指定神职人员为捐赠者的灵魂做弥撒。教士颂唱多少小时就给多少钱，那么灵魂在炼狱里待的时间就相应缩短。如有疑问，那就多给——例如，亨利五世就格外虔诚，据说他出手阔绰，他留的钱够一年里为自己灵魂做 2 万次弥撒，另外为圣母玛丽亚再做 5 000 次弥撒！

即使已经事先在天堂里预订了位置，权贵和富裕者也非常清醒，死神不讲等级情面。黑死病流行那些年，大家口口相传的一个故事，叫《三生者和三死者》（*Three Living and the Three Dead*），三个年轻英俊的国王出门打猎，突然遭遇三具尸体，每个腐烂程度不同。三个人一个个轮着大声说，"我害怕，""瞧啊，看我看见什么了，"以及"我想这些是魔鬼啦"。结果三个死人回嘴了，"你们将会这样的，""我很公正的，""看在上帝的分上，醒醒吧"。最使人毛骨悚然的"三人故事"传播最广，还带着以下说教：

> 知道吗，我是本行的头儿
> 王子、国王和贵族
> 皇室和富翁，在财富中寻欢作乐
> 但是这会儿我难看又光秃
> 连虫子们都鄙视我

爱德华三世的英格兰可没有防备黑死病入侵：就是死人侵占了活

人的地盘。这感觉令人不寒而栗，尤其在黑死病来袭的世界里，后院和墓地的边界坍塌了；而且，也许正如尸骸警示的，根本就没有买通救赎这种路子。（像基督那样）墓前雕像战胜死亡的说法八成太过轻率。因此，14 世纪末，人们认为死亡是伟大的平衡调整机；另一种墓地积极响应这种观念，叫"通过"墓（真实也恰如其分，意为"离去"），用来表明墓主的救赎意识，知道自己变成了一堆灰尘和蛆。最精心设计的"通过"墓分两层装饰，通过对比鲜明的寓意，极尽夸张：一种是我们想象自己被人们记住的样子，另一种是我们死后的真实情形。上层展示死者穿着主教华贵袍子，庄严的样子；下层是真相，雕刻出一个可怜的形销骨立的死者。"通过"意思要教育看到的人：不是不报，时候未到；也是代为逝者的灵魂祈祷。大主教亨利·齐挈利（Henry Chichele）第一个在英格兰为自己设计"通过"墓，在 1425 年（他自己死前 20 年），确保完工并宣圣。因此他向到坎特伯雷来的人炫耀。"我生来贫穷，"墓志铭是这样的，"然后成了首席主教（Primate），现在我倒下了，归虫子们享用……好好看看我的墓，不管你是谁，你都会过世的，都会和我一样。你死后，一切都很可怕，尘土，虫子，粗鄙的肉。"为了万一这"通过"墓的把戏不奏效，齐挈利创立了"万灵学院"（All Souls College），作为一个学术赎罪券，这里的"院士们"必须为创立者的灵魂祈祷，不断粉刷他们的墓，保持清洁，至今依然如此。

自然，过分强调死亡平等并没有能使得一些坟墓比另一些更平等。1376 年，黑太子死去，年仅 46 岁，万民同悲，墓上铭文警示比较平淡实在："正如你们现在这样，从前我也是的；现在我这样了，你们必定也会一样。"黑太子委托亨利·伊夫利（Henry Yevele）设计自己的墓，还命令要把铭文刻在最好的波倍克大理石上，"头下面放我们的豹子头盔"，上面罩上木质绘画天蓬或华盖，图上是圣三一（Holy Trinity），仿佛在天堂迎接黑太子到来，全套仿铠甲，包括金属手套和盾牌，这样方便太子最后一次出征：跃出炼狱。

虽然黑死病引起社会和宗教腐败堕落，但英格兰政治图景仍然明显保持稳固。别名为"英格兰之福"的黑太子战功显赫，表示金雀花武士王朝在延续，他的死在较长一段时间里给英格兰政坛投下阴影。爱德华三世汲取前任们（以及自己初登基时）错误的教训，尤其在金雀花有限公司这个活跃的多民族帝国扩张方面，保证和代表"国内社区"的伙伴也就是议会合作，以创造财富和金钱，而不是通过提高出生率这一决定性因素，让英格兰乡村适应土地和劳工市场的变化。因此英格兰的军事事业成了一桩生意，而不是荣誉。国王和大贵族们不再真的指望自己的大租户下属提供士兵，在以前这是纯封建义务。取而代之的是，骑士、步兵、弓箭手和围城机械都变成了合同制，每一种军事人员、牲畜和五金器具，具体时间段都各自设定收费标准（步兵每天 2 便士）。理论上，这些金额可以预付，这就意味着国王可以在议会提出要求"资助"（解读为税金），或者开征羊毛税，或者去向意大利人支取。但是，更多情况下，这些军事动员可以自给自足，因为它们包含内在激励机制，就是打赢了分账。贵族大佬们都知道，胜利后，不仅可以插手劫掠，俘虏的高昂赎金也能分一杯羹。即使皇室拿走丰厚的 33%（约 1/3），剩余的也够众人分派了，因为爱德华的主要将领们留下的巨额财产就是证明。阿伦德尔伯爵（Earl of Arundel）曾在斯鲁伊斯和克雷西两地作战，身后遗产6 万英镑，绝大部分是打仗挣来的；嘉德勋章创始人之一巴塞洛缪·伯格什爵士，单凭上交俘虏冯达杜尔伯爵（Count of Ventadour）就从国王那里拿到 6 000 英镑；爱德华时期的众多伟大城堡——它们既是令人敬畏的壕沟城堡，又是建筑艺术作品，如苏塞克斯的博迪亚姆（Bodiam），是爱德华·达林格里格爵士（Sir Edward Dalyngrygge）建造的——费用完全从军事所获里开支。

活力四射、聪明、有魅力的黑太子是这项快乐活动的象征。在藏尸骨罐里存进去或者说拿出来几百万具死尸，甚至在他还没有加入进去时，金雀花集团的"股东"们中间就弥漫着一种情绪，大家预感随着"总经理"大限来临，无限扩张也将终结。法兰西君主重新振兴后，逆转了爱德华一世征服法兰西的势头。为了新开辟的战场向羊毛和酒的贸易征税——1374 年到 1375 年又暴发瘟疫，重创二者——在英格兰反响不佳。国王又老又病，大家都知道他的情妇爱丽丝·佩勒斯（Alice Perrers）控制了他，他只得去议会请求而不是命令筹措的资金。爱德华心里痛恨这么做，而且，他有充分理由怨恨，因为议会很难缠，特别是国王不能连续不断地提供丰厚的财富时，议会就更好斗。1376 年，"善意议会"（Good Parliament）相比之前老是针对国王挑刺的议会又有了变化，就是这时候平民院会大方地站到前面来宣示主张。以前议会还可以说是大家脱帽点头致意聚会，就是做做样子走过场为主，但这是第一次由骑士和市民阶层推选出一个议长；彼得·德·拉·马尔（Peter de la Mare）主持了一场真正的、后来我们说的"辩论"，甚至座次排列上也暗示不单是被动服从。本来一律面朝前的排列，这时改成四面围着小讲台——实际上，这是最初的公文箱——议会成员们一个接一个走到讲台前，不遗余力地攻击国王选出的国务大臣们，爱丽丝·佩勒斯的丈夫威廉·温莎和伦敦商人理查德·莱昂斯（Richard Lyons）把持宫廷，议会成员们说他们"对英格兰王国既不忠又不利"，平民院同时用毫不含糊的说辞昭告，希望国王"自立"——就是说，国王要收敛野心，量入为出。冈特的约翰被这种傲慢无礼激怒，却又不得不接受对政府行为的质询。受批评最多的国务大臣们被弹劾，作为保住收入的代价，约翰也只得吞下苦果。又做了相应的议会贵族院清洗，但是到后来，7 月 10 日，议会平民院鲁莽地拒绝了政府的资金要求！

到 1377 年年初，新一届议会召集，原本大家知道是黑太子在为改革背书保驾护航，但此时他已经死了，国王自己看上去也已时日无多。冈特的约翰事实上已成为候任摄政王。他利用全国的危机感，说服或者说迫使议会合作，不得不废除前任的很多改革项目，一时间，英格兰繁文缛节的典礼发挥了强大作用，使政治动作迟缓下来。6月，爱德华三世死于中风，他的墓前雕塑忠实地描述了他的麻痹病态。24个黑衣骑士抬着他的灵柩缓慢行进，这是金雀花王朝最后一次亚瑟式盛大演出。"亲见亲闻人民的悲痛，那一天他们低啜哀伤，使人为之心碎。"编年史家弗鲁瓦萨尔写道。

爱德华的继承者是个10岁的孩子，波尔多的理查。诗人威廉·兰格伦（Langland）警告"少主当国是国家的灾难"，但举国上下喜气洋洋地欢呼理查二世登基，而不是忧虑不安。英格兰需要救世主，哪怕他才10岁。1375年又来了一波瘟疫，明摆着黑死病还没走远，加上失去了法兰西领地，大家感觉坚不可摧的英格兰帝国突然被抛进了逆行车道，大开倒车。

此时，与其说是要打到英吉利海峡那边去，不如说更需要在多佛尔这边防范法兰西人登陆。黑太子亡故让英格兰人失去了众望所归的领头人，因此理查的加冕礼是展示英格兰对未来信心的机会，毕竟，英格兰有50年没有举行过加冕礼了，全英格兰各郡骑士都赶来出席这个典礼。奇普塞德的水道里倒进加斯科尼葡萄酒，伦敦城的西边造了个假城堡，穿白色袍子的少女们站在上面，向游行经过下面的黄头发男孩扔金黄色纸卷。

一旦大家清楚黑太子已死亡，民众的感情投资就转移到他儿子身上，是他，而不是他父亲将引导黄金任期，他的叔叔冈特的约翰作为守护者，还有其他叔叔——格洛斯特和约克，都一直辅佐这孩子，使他不负大家厚望。1377年1月25日，他们在伦敦城西头，在冈特宏伟的萨伏伊（Savoy）宫殿附近，组织了一场盛大的娱乐节目，130名戴假面哑剧的演员扮作皇帝和教皇，在街上游行，由着公众发出嘘声嘲笑他们。暮色降临后，人们点上火把，真正的淘气鬼们来了：冈特的约翰和他的兄弟们，还有小理查，穿着应景的盛装；对理查来说，这将是他真实的人生，领头的哑剧演员走上前，嘴巴咧着，给孩子一套骰子摊开来，孩子掷出骰子，他赢了，他的怀里堆满金色奖品。

　　理查在威斯敏斯特大教堂的加冕礼是开启黄金时期的序曲，一道金色屏风后，理查脱下衬衫，他脸上手上胸前都被涂了圣油。在典礼进行过程中，也许大家听着孩子用稚嫩的声音回答说，是的，他一定会保护教会、公平对待人民、遵循法律和先辈习俗。齐聚在那里的贵族和神职人员想象着，理查长大后会担当得起他的高祖爱德华一世的王位。此刻，他的双脚在宝座下的苏格兰命运之石上晃悠，大家希望不久他的脚够得到地上，长成顶天立地的男子汉。当钟声敲响时，他被抱出了教堂，在路上，他的一只拖鞋松开掉落，那也只有最紧张的人才会把这当成一个凶兆，毕竟，他只有 10 岁。

　　那么这一切给这孩子又留下了什么印记？祖父和父亲的丧事大办对他又有什么影响？后来他曾经回想过涂抹圣油这一幕吗？回顾自己的成人礼，他被神化的这一刻？如果说，某种程度上，理查早早地习惯了所有这些典礼仪式，以至于误以为自己是个小弥赛亚。也许这样更好，因为只有这样自信的内在气场，才能在 14 岁那个青葱年纪，面对中世纪英格兰最剧烈的突变。

　　事情发生得非常突然，真的是以迅雷不及掩耳之势，发源于英格兰的一个角落，那是谁也料不到会爆发乡村起义的地方——不是某个遥远的贫困的烂泥洞，而是英格兰经济最发达的地区。从肯特郡跨过梅德韦河和泰晤士河到埃塞克斯和东盎格利亚，这一带在英格兰最富庶，一眼就能看出。1381 年的"农民起义"（Peasants' Revolt）实际上并没有农民参与，从逮捕记录里可以看出，东南各郡大部分领袖是自耕农，是身为城镇长官、巡视官、啤酒品酒师、陪审员的乡村精英，这些人负责庄园法庭的运营和徭役。他们是黑死病危机的受益者而不是牺牲品，搬进了死于瘟疫者空出来的房子，和地主讨价还价降低了合同租金的人。此后日子过得挺红火。其中一些如诺福克的罗杰·培根爵士（Sir Roger Bacon）是骑士，他们心里琢磨，1376 年的"善意议会"也是他们的事业，平民院勒紧英格兰国库荷包的带子时，他们曾为之欢呼；朝廷宠臣被打发走的时候，他们也为之雀跃。既然冈特的约翰这时好像掌管朝纲，要他们从那点儿小财富均出来给他的食客充实钱包，包括黑太子的遗孀肯特的琼，或者财政大臣罗伯特·黑尔斯爵士（Sir Robert Hales）；如果他们站在一边袖手旁观，就是犯浑。他们的天然选民铁匠、做麦芽啤酒的村妇、漂洗工、锯木匠和马车夫们，聚精会神听这些愤怒的乡村显要人士说话。听众都是各行业的行家里手，积攒了几个小钱，有的粗通文墨，各人因为自己职业的缘故，见过些世面；他们懂得怎么把这些社会阶梯下层的人聚拢来拉起队伍。他们是仅够温饱的人，必须出卖劳力才能果腹的，黑死病后劳力短缺，有些人想趁机捞一笔，1351 年《劳工法》（Statute of Labourers）却从中作梗，规定工钱须向瘟疫前看齐，尽管这个法令在劳动力卖方市场的情况下所起作用有限，但一想起它就令人难以释怀。

　　他们就这样各自打着小算盘，乡村社会里所有阶层的人都自认时来运转了。因此，14 世纪下半叶，罗宾汉传奇才第一次真正地流传开。其信息是在一个"真的"皇室传人领导下，结成平等团体，匡扶正义，这就不足为怪了。

　　很自然，引起造反的直接导火线是 1380 年开征人头税这项新税收，借口是防卫法兰西入侵的新威胁。但冈特的约翰政府犯了个严重错误，就是历史上第一次基于财产考虑，直接规定一律每户 3 个格罗特（groat，当时的 4 便士，即每人 1 先令）。可以预见反响强烈，众人躲避唯恐不及。全家，有时候全村集体开溜上路，或进了林子，在里面一边露营一边等着征税官离开。当然通常的解决办法是补充征税人手，招募本地武装捕快，他们知道在啤酒作坊里能找出那些欺骗者和逃逸者。但正是逃往林子里的那些人才想着要干出点惊天动地的事。

1381 年春天，在布伦特伍德（Brentwood），南埃塞克斯的征税官们命令附近村民在某日前支付税金，征税官是 4 个治安法官和郡长，一干强悍人等。但是，5 月 30 日，一群满怀敌意的人包围了他们，领头的是弗宾（Fobbing）村一个叫托马斯·贝克（Thomas Baker）的人，随贝克而来的既有同村的也有埃塞克斯广大乡村的人——从雷纳姆（Rainham）、比勒里基（Billericay）、戈尔德汉厄（Goldhanger）和玛京（Mucking）等地前来。他们人多势众，彼此壮胆，如果哪个征税官要敢再顽固，就会受到人身威胁。相反，征税官翻身上马，消息随即散播出去。政府加大筹码，民事诉讼法庭大法官带着大队人马开进动乱地区，但是更多的一群人把他捉住，逼他起誓，再也不征税。当造反者发现有人告发了参与者的名字，很快就把告密者砍了头。6 月 2 日，在博

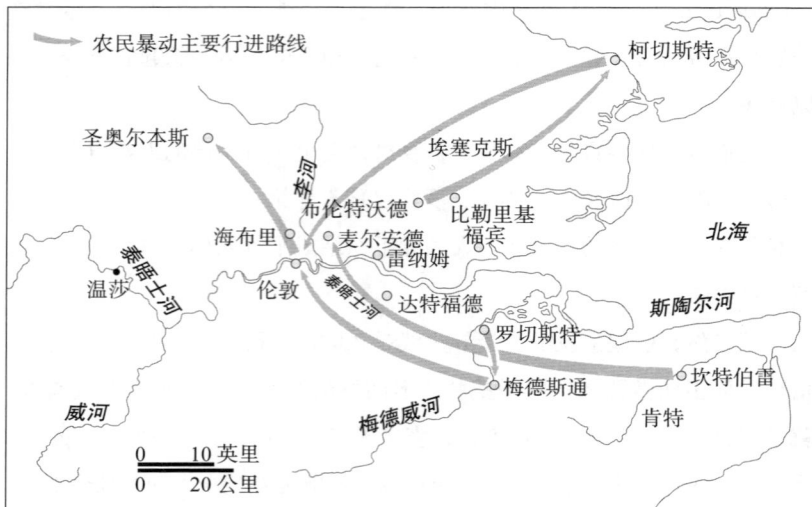

农民暴动活动地区图

金（Bocking）发生了不同寻常的事件，另一群起义者的头头叫嚣着要大家起誓，不仅针对恶税，还要反对封建宗主本人。他们这样发誓："不要英格兰的任何法律，除非他们自己觉得需要。"

但是即使当他们开始杀死那些自称为国王官员者，发布惊人的激进主义宣言的时候，起义者们仍然宣布非常忠于国王个人，就是那个 14 岁的少年。大家把理查看作救世主，而不是压迫者；他们要把他从佞臣手里解救出来，那些人就是冈特的约翰、坎特伯雷大主教西蒙·萨德伯瑞（Simon Sudbury）和财政大臣黑尔斯等。和 14 世纪末发生在欧洲的很多平民起义一样，他们感觉黑死病时期是算总账的时间到了，英格兰起义也是由这股情绪点燃的。既然上帝之手打倒了权贵，伸过他们城堡的城墙，剥去他们的虚荣，把他们拉进坟墓，他们为什么还想象自己能逃脱长期受苦的大众之手？人民现在就来替天行道，自己称王；他们自己要成为处罚的标杆，开启一个公正公平的基督黄金时代。

他们聚会时就这样说，这些话被飞马探子传遍全英格兰。到 6 月的第一个星期，起义从埃塞克斯蔓延到肯特郡，那里一支数千人大军来到罗切斯特城堡，找到他们事业的最佳象征：一个因交不出"解放金"的农奴不能转成自由民，被囚禁在里面。在梅德斯通（Maidstone），来自埃塞克斯柯切斯特的瓦特·泰勒（Wat Tyler）被推举为将军和首领。在坎特伯雷，来自柯切斯特被开除教籍的约翰·波尔（John Ball）祭司，因为公然违抗禁令被关了起来，他告诉那帮人，要摆脱一切主教和贵族，除了约翰·波尔这个人民主教，用钱买来的神职在上帝的鼻尖下散发着臭味，令人憎恨。一旦英格兰得到净化，就能建成一个上帝的王国，回归到远古的纯朴年代："英格兰不会走上正道，永远都不会；除非一切东西都归普通人，不再有佃农和绅士阶层，所有人都是一个人，大家都一样。"弗鲁瓦萨尔说波尔这样告诉他的同伙：

难道我们不是都来自相同的父母亲亚当和夏娃吗？他们能拿出什么证据或理由，来证明他们为什么更有资格做我们的主人？他们身穿天鹅绒，装饰着白鼬皮毛和其他皮草，而我们只能穿粗布服饰。他们喝酒、享受美食、面包，而我们只有黑麦和垃圾一样的稻草，喝的只能是水。他们拥有漂亮庄园……而我们必须在田野里顶着风雨劳作，是我们劳作才使他们……才能支撑他们的浮华生活。叫我们奴隶，如果我们不干活，就会挨打。没有什么君主来听我们投诉……让我们去国王那里，向他抗议；他岁数还小，也许从他那里我们能得到有利的答案；如果不行，我们必须寻求自己改善条件。

因此他们就向前进，瓦特·泰勒、约翰·波尔和来自达特福德（Dartford）的面包师罗伯特·凯弗（Cave），正好组成三死士，在他们的最终判决那天，去面对富人权贵。

1381 年 6 月 12 日，星期三，天气暖和。起义者扎营在俯瞰着泰晤士河的布莱克希斯（Blackheath）田里，在伦敦人眼里，这阵势看起来挺唬人；即使人数没有弗鲁瓦萨尔说的 5 万，也肯定在 5000 到 1 万人之多。

要强调的是，他们并非乌合之众，很多人骑马到伦敦外围，其他人乘着二轮和四轮马车。一路上，他们精心挑选目标：征税官的产业、皇家枢密院的永久成员的产业，以及任何冈特的约翰的产业。埃塞克斯郡长约翰·斯维尔爵士（Sir John Sewale）还来不及从衣服上撕去自己官职的徽章，就亲眼看见自家房子被洗劫。所有带"财政部"绿色蜡封的文件，都做上销毁标示。在海布里，罗伯特·黑尔斯［约翰·波尔叫他"滚刀强盗"（Hob Robber）］财政大臣的庄园房屋被翻了个底朝天，然后摧毁。这支队伍非常清楚自己在干什么，他们自认为爱国，规定离南部海岸 12 公里之内的人，一个都不许参加进来，生怕法兰西人企图偷偷登陆。不列颠的群众运动，显示出忠诚、责任心和政治成熟，这样相悖的双重性，在以后的历史上还会时不时地反复出现，目的是杜绝任何潜在革命的最有力武器：拒绝顺从。英格兰历史上没有任何一个组织起来的群体，向君主请愿而要进行革命的，至今都没有。

1381 年 6 月，当局可看不出这些，对伦敦外围出现的造反派，他们的第一反应是恐慌。冈特的约翰逃往自己在诺森伯兰的城堡，结果被拒绝入内，被迫转向苏格兰寻求藏身之所。他的儿子亨利·博林布鲁克（Henry Bolingbroke）和萨德伯里大主教、罗伯特·黑尔斯爵士，还有国王的母亲肯特的琼一起奔向伦敦塔，琼带上了理查。他们爆发了一场争执，到底要不要给造反派一点颜色看〔伦敦市长威廉·沃尔沃斯伯爵（Lord Mayor of London William Walworth）不停地建议这么干〕，或者是做点起码的技巧性谈判表示。在混乱中，理查自己看起来倒是保持着和一个 14 岁孩子不相称的镇定，也许他相信造反派声称的忠诚，也许他自己偷偷地有些同情他们对自己保护人（即冈特的约翰）的敌意；不管怎样，当枢密院问他是不是见见造反派时，他一点都没有迟疑。

6 月 13 日早上，为避免被俘，他乘驳船从伦敦塔顺流而下，在萨德伯里大主教和沃里克及阿伦德尔两位伯爵陪同下去布莱克希斯（Blackheat），到罗瑟希德（Rotherhithe）和格林尼治（Greenwich）之间的某处。驳船靠得够近，能听见造反派说话，作为谈判的先决条件，他们要冈特的约翰的人头，还有其他 15 个"叛国者"的首级。忽然间，国王发现靠近登岸好像并不是什么好主意，驳船就返回伦敦塔了。造反派以为他们被拒绝了，就放任手下到城里打劫，在玛雪尔希（Marshalsea）和弗里特（Fleet）开始打开监狱，在坦普尔（Temple）和兰柏（Lambeth）宫，造反派以为法律财政记录是他们财税的关键，因此都给销毁了，伦敦桥上的一家属于沃尔沃斯的妓院被烧毁了，里面的妓女都是弗莱芒人。最后，一群人来到选定的目标：萨伏伊。冈特的约翰家的巨大地窖首当其冲，里面满满的波尔多葡萄酒，喝不掉的就打开任其随地流淌；接着抢了他的金银器，但没有盗走，而是从萨伏伊阳台上扔进了泰晤士河。把里面的精美物品清空后，造反者放火烧了宫殿。

6 月的天空转暗后，理查爬上亨利三世建的一座塔，向城里眺望，伦敦天空被火苗映红，萨伏伊、克勒肯威尔（Clerkenwell）医院，还有许许多多其他富人和实力商贾的房子都在烟火中倒下。很多处在他这个位置的——年纪远大于 14 岁的人，也会在恐惧中崩溃了。但是，理查好像懂得，从某种意义上来说，安度这个绝境的唯一办法是直面。沃尔沃斯建议为了让造反派离开市中心，提议到麦尔安德（Mile End）会面，当时这里还是个东大门外的乡村。因此，第二天，6 月 14 日，星期五，理查骑着他的小马，和母亲还有大部分廷臣，穿过拥挤推搡的人群，去与瓦特·泰勒及其余头领见面。大路上，人们像自家人一样直截了当地和他说话，不管哪边军官造成的损失，都要赔偿。人群越围越多，圈子越贴近跟前，作为贴身侍卫，有些理查的随身骑士认为最好回城里去。在麦尔安德（Mile End），泰勒请求理查允许，照他们该受的罪行处罚叛国者，理查镇定自若，机智地回答，那些已经被法律判刑的，肯定会得到处罚。这可不是造反派们脑子里要的私刑许可证，他们逼他结束奴隶制，税率按平均每亩 4 便士征收，他同意了。可是，如果理查和他的大臣们以为这些技术性让步就能除去起义这颗眼中钉，那就错了。明显理查在给起义背书，这使得报复如野马脱缰了一般，任何人只要被标上"外国人"，都受到追缉。也许有 150 人被杀，35 个弗莱芒人，成了犹太人的替罪羊——金钱的人格化象征——从文特里（Vintry）圣马丁堂（St Martin）的避难所被拖出来，一个一个地就地斩首。在伦敦塔前，人数众多，叫嚣暴乱，逼得守卫打开大门，武器被抢；乱民闯到皇室的床上，理查的母亲肯特的琼，不得不亲吻了一个造反派。在圣约翰小教堂，乱众发现萨德伯里和黑尔斯正准备去死，萨德伯里在塔山上被砍头之前对众人说了一番话警告他们。如果杀了他，全英格兰都会停止一切圣事。

这个威胁只引起一阵哄堂大笑，接着严刑伺候，结果竟然需要猛砍他八刀。二人的头颅被钉在原本给国王的叛徒用的长钉上，但是，此时谁是忠臣谁是奸臣，都由瓦特·泰勒之流说了算。

理查可能都已经意识到，自己也许活不下来了，不过，不管怎样，他还是答应在星期六早上，到史密斯菲尔德（Smithfield）第二次会面。出发前，他来到威斯敏斯特大教堂，亨利三世建造的伟大圣陵前，向金雀花王朝供奉的神圣保护人国王忏悔者爱德华祈祷。到达史密斯菲尔德后，他看见地里西边是造反派头头，皇室成员在东边，瓦特·泰勒策马过来，下了马简短地犹疑地屈膝一下，随即站起身，握着国王的手，称呼他"兄弟"。"你干吗不回家去？"理查问道。据说泰勒回了句咒骂，要求弄个新的适用普通人的《大宪章》，正式结束农奴制、宽恕所有违法者、清算教会财产、宣布除了国王以外人人平等。这一切条件听起来革命性很强（毫无疑问，的确是的），除了宽恕违法者，所有这些要求，事实上，在以后的几个世纪里，每每就拿它们作为要英格兰王室改革的政策要素提出来。当然这是后话。理查做了肯定的答复（留了个关键后手"除了他的王冠"），这时候，已经不知道谁更让人吃惊了——造反派还是皇室成员。

也许这样的让步太出乎意料，一时间，没人动弹。整片地里一下子沉寂下来，瓦特·泰勒带头打破平静，嚷嚷着要了一壶麦芽啤酒，一口干掉，然后爬上马，他的身形魁伟，显得马很小。说时迟那时快，这一瞬间，历史风云突变。

显然，王室这边，有人简直一刻都不能再忍下这口气了。一个王室扈从，和国王年纪差不多的年轻人，大声呵道，泰勒是逆贼。泰勒掉转马头，拔出短剑，向那孩子刺去。这一下解除了魔咒，混战爆发，沃尔沃斯一定是被气得忘了神，这时试图逮捕泰勒，一群人扭打起来。泰勒用短剑砍向伦敦市长，沃尔沃斯割破了泰勒的肩颈，泰勒骑马往回跑了一小段，鲜血直淌下来，接着摔倒在地，国王的手下拥上去，结果了他的命。

此时千钧一发，假如造反派发现了泰勒的命运，也许他们会当场发作，但还没等他们回过神来，理查以惊人的勇气和足智多谋先发制人，直接策马来到乱民面前，大声喊道"除了我，谁都不是你们的头领。"这一喊青史留名。这句话经过仔细推敲又刻意含混。对造反者们来说，仿佛从此刻起理查就是他们的首领了，正如他们一直希望的那样，但这话也能轻易解读为，重申王室权威的首要性、决断性。不管如何，这给沃尔沃斯争取了时间，他紧急赶回伦敦，组织了一支军队，就是那些前一天吓得不敢露面的家伙。在史密斯菲尔德，谨慎而温和地解散那帮群龙无首的队伍，向他们保证宽恕和仁慈。一旦回到伦敦威斯敏斯特大教堂，国王和枢密院立刻行动起来，毫不心软。6 月 18 日，史密斯菲尔德会面之后三天，即向那些发生暴动的郡的郡长发出命令，用一切必要手段恢复和平。

选定一些案例和地方，迅速、即时地兑现公正：绞刑架和来回晃荡的尸体不久便开始出现。在伦敦，据说砍了萨德伯里大主教头的那人也被砍了头，然而，也有很多地方当局息事宁人，采用相对仁慈的监禁手段，而不是绞杀冒犯者，只是到了仍有反抗的时候，政府才表现狰狞。6 月 22 日，在沃尔瑟姆，国王面对又一批造反者，要求他重申在麦尔安德的让步，但是他们发现理查完全变了个人，充满敌意，带着满腔不可一世的金雀花君王的愤怒：

> 你们这些陆上 / 海上的恶棍、讨厌鬼，想和贵族平起平坐，你们不配。告诉你的同伙，你们以前是，现在还是乡下粗人：你们会继续做奴隶，不是像从前那样，而是被管得更严。因为只要我们活着，就要想办法压迫你们，这样你们的悲惨状况可以给后人做个样

子。当然只要你们老老实实，我们就饶了你们。要走哪条路，现在你们自己来选。

震慑于这个新调门，很多造反者的确决定迅速止损，接受了国王的仁慈，另一些人则决心战斗。6 月 28 日，在比勒里基，一支队伍和王家军队开战，被彻底击溃。在埃塞克斯，一个特别委员会吊死了 19 个头领，另外 12 个被吊起来又在地上拖着处决。当新任坎特伯雷大主教威廉·考特尼（William Courtenay）号召爱国王的人，带着武器前来勤王护驾时，有一份资料记录有 4 万人响应，一切重归太平。

一个少年，早慧、感觉自己无所不能，这从来不是好事；只是，事到如今，理查已无法自持。他的父亲几乎还没过完青春期，就在法兰西赢得喝彩；而理查整个年少时，满耳朵里灌进去的都是"勇敢的骑士""骑士之花"等词汇。既然他已经应对了平生第一场战斗——更何况这第一场就需要调动大量的精神力量和身体的勇气——经受烈火风暴，成为英雄，那么，他陶醉在理查二世国王这个美妙角色里，有点飘飘然，也情有可原。同样，国王不能排遣对英格兰的"官方"守护者——他的叔叔冈特和英格兰大贵族们，那些他妈妈硬塞给他的政治导师和大臣们——的反感，这些人把他推到令人作呕的反叛大众面前，让他做出头鸟。其实，叛乱平息后，平民院说出他们的亲身感受，声言叛乱者的愤怒不是全无根据。因此，很明显，他们也觉得，是因为冈特独揽大权才惹出这场大祸。更糟糕的是，就在大贵族们普遍垮掉、匆匆忙忙奔回领地时，理查倒保持着镇静，而他们乱作一团。那么，在选择伙伴和大臣时，他为什么不能相信自己的判断？

我们都受莎士比亚熏陶，先入为主地接受了他刻画的一副不负责任、任性、暴躁王子自取其辱的形象。从头考察，理查的宫廷及其大臣们像一池清水，反映出他的虚荣，池里游鱼是浮夸、贪婪和争做寄生虫的标本，实际上，他们也不是一群绣花枕头，而是一伙能干的人，是一种有趣的组合，代表了英格兰 14 世纪末很多重要的团体。大受非议的西蒙·伯利（Simon Burley）是黑太子为儿子挑选的导师；罗伯特·德·维尔（Robert de Vere），大家怀疑他如同性恋一般喜爱国王，这真是太荒谬了，他的确是个著名的浪荡子，但他的出身那可是英格兰最古老的贵族门第之一；米盖尔·德·拉·波尔（Michael de la Pole）当理查的大法官，代表着新兴的社会阶层，他来自一个羊毛商人家族，新近封爵；理查的少年玩伴托马斯·莫伯雷（Thomas Mowbray），则以马上比武斗勇著称。

理查宫廷的真正罪过是他们没有足够重视历史悠久的实权贵族家族——格洛斯特、阿伦德尔家族和沃里克家族。理查有个亲密圈子，无论职位还是嗜好，老派贵族们都格格不入，被晾在一边，他们开始为此感到刺痛，就散布国王"有点不对头"的流言；还有，某种角度上来说，他本性里没有金雀花王朝国王们"让他们下地狱去吧"的狠劲，而是一个由着性子胡来的毛头小子，即使不离经叛道，也是不合英格兰人口味。且慢说，理查长得和他的所有祖先一样——身高 6 英尺，金色长发，一如已故的无人惋惜的卡那封爱德华，同样带着鲜明的金雀花国王个体特征。危急关头，对手提及爱德华二世的命运，理查应该会心生寒意。不知怎的，他不能算如假包换的金雀花王朝君主。他们建造城堡，而理查更喜欢美化威斯敏斯特大厅的宏伟典礼空间，他给那里加了一个悬臂托梁顶盖，气势恢宏，更好地体现皇权的神秘。金雀花王朝的国王们嗜好驰骋沙场，理查明显享受沐浴，更糟的是喜欢在装饰着彩色瓷砖和墙壁的浴室里频繁地洗澡。金雀花王朝的国王们手撕大块肉，喝汤咋呼有声，理查不仅坚持用调羹，还逼着贵族们学他。一个金雀花王朝的国王断断不会授权出版一本 186 页的皇家菜谱，满篇是令人心生疑虑的外国香料，如小豆蔻和甘松香。金雀花王朝的国王们向世代仇敌苏格兰和法兰西下手，取得鲜血淋漓的胜利，而理查二世则送上手帕。

这一切其实都只说明了理查二世有着典型的欧洲文艺复兴早期君主的风范：文明的嘉奖者、艺术赞助人，厚待二者犹如战功和打猎。他自恋、谦和而威严，或者说神秘；他是出了名的脾气坏，一会儿傲慢欣喜，一会儿狂躁沮丧；本来这些都无关紧要——至少不会造成致命后果——只要他能明智地把握政策，使它能保证合力支撑自己。但是，哪怕最高等级的贵族，要觐见国王，也得通过看门人，那些大贵族深恶痛绝的暴发户。更糟糕的是，理查要与法兰西讲和不开战的决心，看起来是庞大金雀花"合资企业"征服的单边清算，原先金雀花国王在法兰西的征服可是养肥了那些大贵胄。1385年，假如理查在苏格兰大战获捷，成功地给自己增添功勋，也补偿贵族们，那将万事如意。但苦于无法诱使苏格兰人就范，不能使用经典的爱德华风格作战，又在理智上不愿跨过福斯湾以北追击苏格兰人（还是运输问题拖了后腿），理查被迫降格以求，无明确目的地东征西讨，烧毁村镇，就是不足以取得对苏格兰战争的决定性胜利。

这些战事代价高昂，却一败涂地，到了议会这个层面，就得归咎于某人，这个刺痛感本来使政治团体对彼此心怀不满，比起他们每个人对国王的不满有过之而无不及。这伙人以国王的叔叔格洛斯特公爵、沃里克伯爵和阿伦德尔伯爵为核心。他们自称"贵族上诉人"（Lords Appellant），但他们的"申诉"只是个隐喻，他们认为有些人使得理查听不到自己大臣的声音——特别是应该重新和法兰西开战的事。他们提出要起诉这些人，还有些年轻贵族比如冈特的儿子亨利·博林布鲁克也与他们同仇敌忾。对理查来说，愤怒的人结成这么广泛的联盟，真是盛况空前。1387年秋，疏忽大意的理查自食苦果。面对议会两院要求撤销他那帮不得人心的大臣——包括德·维尔、德·拉·波尔和大法官罗伯特·特雷西里安——理查回答，他不会应允他们的要求撤他们的职，哪怕一个仆人。很好啊，他们答应着，用一种精心策划的声调提醒国王他还未成年，"政府枢密院"现在要接手统治，议会指定三个英格兰最高官员直到国王清醒。这又开始上演 13 世纪中叶亨利三世和"国内社区"那一幕，但此时不会有大内战了。他的大臣们鼓动他，议会要管着他选择大臣的事儿是侵犯了他的国王特权，理查试图逮捕他的主要对手阿伦德尔伯爵，但偷鸡不着蚀把米，这没有吓倒对方，反而使他们更团结。贵族们组建的军队要强大得多，德·维尔带领的小股皇家队伍一接触到他们，即刻作鸟兽散，失去保护后，理查又回到 1381 年危机时他待的地方——缩在伦敦塔里，画地为牢。随后"无情议会"（Merciless Parliament）在他伤口上撒盐，进一步伤害他的尊严，将他的朋友和大臣残杀。德·维尔和德·拉·波尔被指控"利用国王年轻幼稚"，唆使他和本应该是他手下良臣的人作对，二人在被捕前成功逃脱，但是伯利受审后被执行死刑，尽管王后安双膝跪倒在"贵族上诉人"面前苦苦哀求，也无济于事。

这是理查在位期间的第二次大折磨，在很多方面，这比农民起义给国王带来的伤害更甚。1381 年，他在危机中脱颖而出，权威得到加强。相反，1387 年的政变，对他是个巨大的羞辱。因此，1389 年，饱经世事的理查，迅速宣布亲政，他必须问自己：要做什么样的国王？他的答案，到头来毁了自己。

1389 年到 1397 年之间，明摆着，理查决定过双重生活。对议会里的权力中介人，尤其是叔叔冈特的约翰，他做个乖孩子，行为规范，听从长辈兼赌徒们塞给他的那些圣人大臣，在需要他赞助钱财的地方谨慎行事。1390 年，在史密斯菲尔德，为了他成年［连同演出皇室官员杰弗里·乔叟（Geoffrey Chaucer）的作品］举行了三天骑士比武，设计成和谐的寓言。参与比赛骑士的长矛和棒都磨钝了，强调这纯粹是娱乐。但对于研究徽章和标志的学生来说，此时已经有另一个理查出现的迹象，这个理查专注于自己的神圣任命，力求自立。国王自己的骑士队伍第一次穿着标志身份的制服，所有人都佩戴徽章，和他最近选中的个人坐骑白雄鹿一起登场。他们对面排列着外国骑士，穿各种制服，这些队伍的徽章是新鲜玩意儿，在全世界人看来，理查的"哥们儿"都像一支小型私人军队。

白雄鹿再次出现，是在威斯敏斯特大教堂的壁画里，它戴上了王冠和项链，意味深长，仿佛国王仍然对受约束感到焦躁不安。对于自己的国王身份，上帝代言人、英格兰仲裁者和保护神、这个饱受瘟疫打击而崩坍的世界救世主等这些身份，理查内心想入非非。毕竟，英格兰国王可以是圣人，在威尔顿（Wilton）的双联画（Diptych）里，和理查在一起的是两位圣人——圣埃德蒙，东盎格利亚的国王殉道者，和忏悔者爱德华——还有施洗者约翰。理查作为捐赠者，直接对天使合唱团和圣母马利亚说话，他给圣母献上不列颠岛，这不亚于她的嫁妆——在旗帜上刚刚好看得见的"银海上的岛"，理查这样和圣母扯上特别关系，国王和英格兰王国都没什么好害怕的了。

可是，英格兰不是理查想送就能送的礼物。莎士比亚借濒临死亡的冈特的约翰之口，发出著名的岛国赞美诗，是要强调不列颠岛国的天赋自治权；这片土地，而不是君王个人被授予权杖、受上帝祝福。但是，在理查的思想里，任何民族主权身份的观念脱离了他本人，都是不可理喻，要不就是异端邪说。他要的是尊重，在英格兰国王历史上他是第一个说得这么明明白白的人。他要大家称呼他"圣上"和"陛下"。理查是第一个自觉的皇室身份设计师，因为他之前没有国王这么做过，懂得这样做就不只是包装皇权，让皇权带着权力奥秘位于神秘中心，才能使人们服从。很长时间里，在晚祷和正餐之间，他头戴王冠独自坐着沉默不语，任何人接触到国王凝视的目光，都要垂眉以示敬意并且屈膝。1394年，他的王后安妮——绰号"小碎肉"死后，理查更加虔敬地礼拜。英格兰历史上至今独一无二的这一块巨大肖像嵌板，准确地表达出他的专制孤独：坚不可摧、不苟言笑的国王上帝形象，蓝紫色宽松外衣绣着字母"R"，向下瞪着低微的子民。难怪理查还有时间搞炼金术、哲学、科学成分兼具的"泥土占卜"，授权写书出版；毫无疑问，他想做英格兰的占星家。

1397 年，暴风骤雨式的复仇打破了幻想和现实间的屏障，序曲是个贵族"阴谋"，理查声称要防患于未然。他 30 岁了，并无子嗣，在这种情况下，有野心的人难免开始在暗地里嘀嘀咕咕，但是被理查杀掉的人，都是又老又不中用的家伙——阿伦德尔、沃里克二伯爵和格洛斯特公爵——只是些政治上过气的人。英格兰真正的实权一直掌握在冈特的约翰兰开斯特公爵和他的儿子亨利·博林布鲁克即德比伯爵手里。有时候，理查突发震怒，比如阿伦德尔没有出席王后安妮的葬礼，他挥起手背，打了阿伦德尔一个大耳光，使他鼻血直流。但 1397 年的"鸡蛋里挑骨头"可不是一般的震怒，阿伦德尔、沃里克二伯爵被捕，理查亲自带一小股队伍，莅临格洛斯特公爵城堡，捉拿几个老人。这几次审判前，埃克赛特主教就这句经文"他们之上，将只会有一个国王"进行布道宣讲。在诉讼中，兰开斯特公爵、理查和平民院议长理查德·布歇爵士审问阿伦德尔伯爵，后者勇敢地拒绝承认任何罪行，但又借口国王早前曾宽恕他，要求从轻发落，但理查此时决定撤销宽恕，干掉了阿伦德尔伯爵。沃里克伯爵被流放到曼恩岛（Isle of Man）上，当信使到达加莱格洛斯特公爵的牢房时，发现他已被人扼杀在羽绒褥子垫着的床上，显然是理查下的命令。

宿仇已报，读者也许认为理查可以克制自己的胜利感，哪怕是为了政治生存的利害，可是，既然理查觉得人们好像害怕他，他就发现他挺喜欢令人害怕。冈特的约翰生病卧床时，最后一点能抑制理查关于自己是万能的幻想也消失了，他梦寐以求大权独揽，至此终于梦想成真。和罗马皇帝一样，身边围绕着自己的随从，他耽于吃喝玩乐，旅行逍遥，柴郡副郡长成了他的类似古波斯行省私人省长。他还下令加固边上的威尔士城堡。理查自觉军事上羽翼丰满，他开始插手干预郡长事务，把他们的人手从郡社区里抽调走，这违背了 13 世纪内战后建立的原则。只要他怀疑，任何一个人对他不是绝对忠心的，他就把这个人清洗掉，用可靠的空降兵取而代之。国王在宫廷里培植了一批溜须拍马之辈，他自感帝国坚不可摧，他们就竭力迎合他。不管如何，这个时期，正是 1313 年但丁《论君主制》（*De Monarchia 'On Monarchy'*）这样的宏文帮助奠定了君主权威，认为君主是绝对独一无二直接向上帝负责之人。无疑，有一堆学者心甘情愿地给理查赞颂功德；同样不用怀疑，理查对他们的阿谀奉承照单全收。

　　然而，英格兰历史上速度最快的直线坠落马上降临了，哲学保护不了理查：两年之内他从独裁者变成了逊位者。贵族上诉人的这个大胆提议，可想而知，对所有理查贴身扈从组成的宠臣圈以外的人，造成一定紧张气氛。他在搞倒阿伦德尔伯爵前，没有任何预兆，谁知道他下一回什么时候跳出来？又要针对谁呢？冈特的约翰和他儿子博林布鲁克倒是十分清楚，只要理查没有子嗣，按理，他们就是王位继承人，然而这既是机会也包含极大风险。他们最担心的事果然出现了，托马斯·莫伯雷、马歇尔伯爵、诺福克公爵（理查的童年好友）与亨利·博林布鲁克之间，闹出了一场怪异的互相控诉，都指控对方谋反；他们约定在考文垂（Coventry）附近高斯福（Gosford）的赛马场决斗解决这个问题。双方穿上专为本次决斗预备的铠甲，周围是一种不同寻常的空前高涨的亚瑟式预期，就在骑士们准备策马飞驰出去时，理查从座位上站起来，高呼"等一下！"这时，骑在马上的人们坠落下来。作为皇家裁判和调停人，他有权终止诉讼。也许他忽然意识到，无论结果如何，他都会是输家：莫伯雷赢的话，他帮助国王解决格洛斯特公爵的私下指责就成了公开谴责；假如博林布鲁克占上风，他作为王位继承者的状态就更使人不可忍受。然而，国王做出的处罚没有让任何人满意的，他招致众怒。莫伯雷终生流放，博林布鲁克被判无罪，但也给了十年流放。处罚时，理查脑子里好像还没有剥夺博林布鲁克家产的一点意向。数年来，冈特是帮手，而不是敌人，尽管年迈，理查还是想他会再在背后支撑国王一段时日。1398—1399 年，冈特却病得不轻，最后死于 2 月初。他过世后，兰开斯特家族的巨大财富不再属于朋友，而属于一个上诉人、竞争对手、一个对立面，坐视不管很危险，做点什么更要命。理查把博林布鲁克改判为终生流放，将他该继承的家产打包转送给自己的死党。他给博林布鲁克和他的儿子亨利留了一线希望，也许将来有一天，他们能拿回自己的领地，但在盛怒中，谁也没留意到这小小的让步。

　　插手遗产继承——特别是对国内最大领主——在很多大贵族看来，是直接违背了国王的加冕誓言。如果理查能对博林布鲁克这么做，他们一定会想到，他可以对任何人都这样，那需要有人制止他。1399 年 5 月，理查罔顾这些不祥流言，自以为在权力顶峰，他抓住机会，亲征爱尔兰。爱尔兰为首的主君是睿智的伦斯特国王，他的名字挺拗口，叫阿特·麦克马罗（Art MacMurrough，全名为阿特·康哈纳克·麦克·默查达，Art Caomhánach Mac Murchadha）。理查计划要他臣服，做自己的诸侯，但他没选对时机，行动更糟。国王带的人马仅仅够他在英格兰自保，并不足以威慑爱尔兰人。所以，到理查又一次悲切地无功而返时，博林布鲁克即此时的兰开斯特公爵带着为他考虑周全的法兰西国王提供的队伍，已经在约克郡的拉文斯博（Ravenspur）登陆，来主张自己的继承权，短短几周时间里，亨利就掌控了英格兰东部和南部的大部分地盘。

　　即使到这时，理查如果下决心祭出自己的实力，依靠柴郡弓箭手和步兵这些兵力，守住那些几乎攻不破的威尔士城堡，他也许有机会抵抗翻盘，但是正如莎士比亚描绘的幽灵肖像，其内心崩溃的情形和事实差不多，看起来理查悲观得过早。当理查得到坏消息，说很多最信任的盟友都反水投靠了博林布鲁克，他的反应不是稳固阵地，站住脚跟，而是连夜逃之夭夭，化装成祭司，悲叹自己命运多舛，和往常一样把责任都推到别人身上。

一开始，他认为被迫逊位还是没影儿的事，亨利三世和其子爱德华安度危机，都是通过一边做技术性让步，一边加紧建设自己的皇家军队。在康威，诺森伯兰伯爵作为博林布鲁克的特使，只是要求归还他合法继承的兰开斯特领地，理查重申了 1387 年的让步，清理了一些不受欢迎的人。但博林布鲁克一路上毫无阻挡地在英格兰行进时，他的野心变了，因为有上诉者的前车之鉴，他几乎可以肯定，哪怕理查答应让步了，也不大会做到，指不定将来某一天疯狂报复突然降临了。还有，最近国王与伊莎贝拉结婚，新娘还很年轻，也许能给理查生个继承人，加上一众伯爵和主教进一步推动，不要一个反复无常、神秘自恋的国王，而宁愿要一个讲实际的国王，一个懂得自己不是上帝而是被大家给他抬轿坐上王位的国王；因此，这个时候，亨利就顺水推舟，开始觊觎王冠。

在这个节骨眼上，莎士比亚给出的答案是理查被宿命论打倒了，看着博林布鲁克的军队靠近弗林特城堡，自己宣布："哦，我看到结局了。"但是，实际上，这只是兰开斯特－都铎王朝的事后宣传，一个得了便宜就卖乖的说法，恰好露出马脚：这是一点心虚，说什么理查自己让出了王位，而不是博林布鲁克乘人之危夺取的，兰开斯特王朝的御用历史学家们坚持说，只是在王位空缺后，博林布鲁克才很绅士地同意登基。但实际上是进行了整整一个月的艰苦谈判，其间理查已沦落为伦敦塔里的囚徒。三次问到他能不能逊位，他三次都拒绝了，最后他才向命运低头，变成了平平淡淡的"波尔多的理查爵士"（Sir Richard of Bordeaux）。

说起政权易主的原因时，亨利非常害怕那份渎职者清单，因为可能会有人要以未来的王权做交易，用来和他自己以及继承人作对。所以他做了让步，转向家族血统的含混辩解，声称王位属于他也同样合法，因为自己是亨利三世的儿子"驼背"埃德蒙（Edmund Crouchback）的后代；亨利还强词夺理，说埃德蒙是长子，只因身体缺陷被非法地踢到一旁，王位这才落到爱德华一世头上！即便如此，亨利和死党们也心知肚明，这太不着边际，难以服众。所以，1399 年 9 月 30 日，在议会宣读理查的"退位诏书"（Renunciation）时，把它说成是因为"给予大贵族报复性刑罚"。当提请议会同意亨利·博林布鲁克，即赫里福德伯爵兼兰开斯特公爵为王时，"是、是、是"的喊声响成一片，在房间里回荡，但显然声音不够响，因为博林布鲁克自己又一遍地提出要大家衷心地欢呼。

这一惊人的不安全感折磨着亨利四世，正如莎士比亚描述的：一个饱受良心谴责的失眠症患者。因为不满理查狂妄自大，才被人送上宝座的人，自己却立刻染上了同样的恶习，理查一直对王冠感兴趣（还授权出版了一本专门讲英格兰王族标志的书），但是亨利四世才是第一个头上戴上合拢圆箍样式的王冠（现在仍在使用）的国王，仿佛是要宣传自己无瑕的金雀花血统，亨利选在他们钟爱的保护神忏悔者爱德华的圣徒纪念日加冕。他自认好事多多益善，亨利涂的圣油据说是圣母给贝克特的，她是理查自己的保护神，但这显然已不可靠。

这一切还没有让亨利四世感到万无一失；仍然有人为支持废王而起义；只要理查活着，他恐怕只能眼睁睁看着他们闹下去。很有可能，"波尔多爵士理查"是被活活饿死在庞蒂弗拉克特城堡（Pontefract Castle）里的，真是恐怖的死法，但却是保证他身上没有痕迹的折中方法。亨利消灭前任的全部意义在于公开展示他的遗体，先发制人地打击理查的忠实走狗。因此，亨利指挥从庞蒂弗拉克特城堡向南运回理查的遗体，过程时间之长、行动之缓慢，展现出令人难以置信的假惺惺关心。到伦敦后，遗体被安置在黑色灵柩上，边上是圣爱德华和圣乔治的武器。当然，不可能把理查安陵于威斯敏斯特大教堂，在圣保罗大教堂给他做安魂弥撒，随后，遗体被送往白金汉郡的国王兰勒（King's Langley）多明我会

（Dominican）修道院，一直留在那里，而亨利四世任期剩下来的日子一直不太平。

更奇特的是，正是他儿子亨利五世（他随理查出征爱尔兰，在那里国王表彰了他）让人把理查遗体起出，重新安葬到威斯敏斯特大教堂，就是理查退位前自己计划好的宏伟镀金雕像处。也许亨利五世继承了他父亲的负罪感，也许他想方设法，是为了安抚各方，希望大家的伤口最终愈合平复，当然这个希望最终还是落空了。

但在他短暂的任期里，有那么一段时间，看起来他的希望实现了。因为莎士比亚的鸿篇巨制一直在我们耳边回响，我们想到亨利五世的最初最突出的形象就是战神，不过，他已经从前任们犯的错误里学到了教训：就是首先生存然后壮大，英格兰国王必须兼任救世主和管理者两个角色。在管理部门，亨利无疑是首席执行官，深谙何时终止大贵族不可避免的争吵，给它盖上封印章，哪个时候又敲打他们，让他们同意。对教会，他是亨利三世以来最勤勉最一贯的资助人。而且他拥有丰富的、很关键的心理技能，使接近自己的圈子里的每一个人，从他的兄弟们开始，感到受信任被敬重。不像理查似乎老把英格兰当作自己人格外延。亨利明白无误地使政治团体确信，国王的事业就是英格兰的事业。因此他毫不费力地从议会那里拿到他想要的税收，事实上，比引起农民暴动的税负要重很多！自然，在阿金库尔（Agincourt）以少胜多大败法兰西军队，歼灭众多法兰西军事贵族，羞辱了法兰西国王的战役中，这可是帮上了大忙，亨利的军事行动确实像莎士比亚描述的如英格兰拳击手般闪电出击。第一次，用英语写成新闻通稿从法兰西发回并公开发布，伦敦啤酒商会通告："我们最尊贵的国王亨利成功地推荐文人用英语写作，而上下议院大部分开始采用我们的母语记录他们的事务。"亨利从阿金库尔回来时，伦敦街头上演了盛大"凯旋庆典"，一大群天使、预言家和门徒冲着国王欢呼喝彩。黑头发苍白脸的国王却是冷静得令人害怕，他是天堂圣骑士（miles celestis）的化身：能训导修道院院长们，告诫他们何谓正当的基督徒责任；他是圣乔治和加拉哈德（Galahad，最纯洁完美骑士）不可战胜的复合体。

不可战胜，当然，除了死神。1422年，亨利以35岁的盛年死于痢疾；不管怎么看，都是令人扼腕的灾难，所有英格兰历史书里都常常这样叹息。自然，假使亨利五世活了下来，极有可能到最后他也会经历他儿子亨利六世那灾难性任期的那些棘手事。法兰西人被迫签下协议后，必定被刺痛了，到时候起来排斥亨利五世和凯瑟琳王后的儿子，接着开战。不管有没有圣女贞德（Joan of Arc），他们都要收回失地。国王——无论是谁——都必须得到议会要求更多资助和税款。如果没有接连不断地打胜仗，就会遭遇议员们抵抗。这样的内外交困情况下，英格兰王位上又来了个孩子，明摆着前景黯淡，亨利六世长大后，稚气却迟迟没有褪去，因此重复了一遍所有的旧痛苦：瘟疫来袭、巨额债务——有一部分是因为国王不负责任产生的。1450年又一次爆发农民起义，大贵族密谋后为了自己的利益把国王抓了起来。

这一时期的混乱和无政府状态叫作"玫瑰战争"（Wars of the Roses，莎士比亚很多历史剧的角色都出于此），这是博林布鲁克政变的恶果。他已经给皇室旁支示范了如何推翻合法国王，这个先例一开，英格兰贵族们也就随心所欲地有样学样了。

关于玫瑰战争，我们只有两种感觉：编年史里没完没了的战役，国王走马灯般上下台，一个急匆匆地上船驶离，下一个接着更紧急地加冕，看着好像英格兰历史是波澜壮阔的史诗；或者同样的故事让读者轻微地麻木了。如果是后者，我有个冲动将整个这团令人遗憾的乱麻一笔带过，就是说长得过快的大男孩们，每人领着自己的小型队伍或者叫"族人"斗嘴流血，在陶顿（Towton）、巴尼特（Barnet）和圣奥本斯（St Albans）这些战场上，没心没肺地搏击；他们踏着"国王制造商"

（Kingmaker）沃里克伯爵吹奏出的调子，跳着死亡之舞。但是，在这些恶棍和花花公子的蹭伤之外，所有这些骚乱背后，有一些东西是决定成败的关键：就是有必要恢复英格兰君主制的信用，重新焊接曾经维系从威斯敏斯特发出直到郡法庭、村陪审员之间的忠诚之链；理查二世的命运中断了这一链条。各主要参战方都非常清楚这一点，希望自己胜出的基础，不是光依靠开具给沃里克伯爵的支票和短时间里强大的兵力。但是，他们都分成两类：公司经理和救世主，而不是将此两个角色团捏出一个如亨利五世那样的统一人格。

特别是爱德华四世，就是个公司经理。他相信通过赞助能巧妙地施加影响力，他资助他妻子伊丽莎白·伍德维尔（Elizabeth Woodville）的娘家兰开斯特家族。还有一些小救世主：爱德华的父亲约克公爵理查好像认为自己受万能的上帝召唤要他恢复英格兰的尊严；而他的小儿子格洛斯特的理查，我们已习惯于把他看作不信神的混蛋化身，要不就是（受激情澎湃的粉丝影响）被都铎王朝的宣传恶意中伤的北方英雄。

实际上，比起上述各种固定类型，理查三世本人更有意思也更邪乎；他不是个无神论者，而是狂热地信奉上帝，一心要扫除那帮不够格的家伙，从爱德华四世的岳丈家开始，以及他自己那些棘手的侄子，这样他才能在英格兰建立虔敬和公正统治：疯狂城堡镜子里的亨利五世。正是理查认为哥哥爱德华大逆不道——坚持认为爱德华和伊丽莎白·伍德维尔生活在罪恶中——强迫爱德华的情妇简·肖（Jane Shore）像普通妓女一样在伦敦街上游行。他攻击这些他自认的道德堕落，力度之大令人不可思议。当理查在博思沃斯·菲尔德（Bosworth Field）战死后，英格兰失去了清教徒卫道士，而不是逃脱了腐败堕落巨怪的魔爪。

忙于摇动鹅毛笔为亨利·都铎及其王朝开脱愧疚的历史学家们，必须写成只有都铎人才能建立一个宜人的国家，往往莫名痛苦，因为玫瑰战争是一个漫长的噩梦，那时英格兰从上到下四分五裂，是毫无怜悯的杀戮之地，就像莎士比亚时期的历史学家写的，一个父亲可以杀死自己的孩子们，反之亦然。但是，这当中，一位睿智的法兰西观察家，菲利普·德·贡米内（Phillipe de Commynes）在 15 世纪 70 年代（那十年里王冠三易其手）却声称：在他知道的所有国家里，英格兰是"公共事务执行得最好、管理上最少打扰人民的地方"。贡米内抓住了 15 世纪的基本事实：玫瑰战争只影响了英格兰一小部分人。比起中世纪战争，它几乎没有长时间的围困，极少有可怕的劳师远袭，那样的话无助的乡村往往涂炭，英格兰的贵族大佬们彼此厮杀时，其他阶层的人生活平静如常。

不过也许，正如不列颠历史上很多例子一样，我们这么说又是矫枉过正了。因为对绝大多数人来说，黑死病仍然比沃里克伯爵更加面目狰狞，王权蒙受羞辱，在这个超强和超级武器（黑死病）面前无能为力，本地的确已经降格到了无政府状态。一份给理查三世的议会请愿书抱怨爱德华四世的政府堕落，自然算不上一个公正的文件，但是，其中哀叹"这片土地由一己意愿、兴之所至或害怕与恐惧统治着"，这话还是反映了一些现实状况。瘟疫和无政府状态一起将权威之布撕扯出了一个大洞，这个漏洞可以看作使人兴奋的机会，也可以说是可怕的空虚。

诺福克东北的帕斯顿（Paston）家族书信——现存最早的英语书信——奇迹般地完好保存下来。它们是中世纪晚期那种高风险、高收益、刀刃上舔血的世界最好最生动的反映。它们记录了不同寻常的变化中，这一家族如何适应本地无政府状态、远方的战斗、15 世纪 60 年代及 70 年代反复的两场瘟疫。帕斯顿家产的奠基人是克莱蒙特（Clement），在村记录中简单记载为"husbandman"——换句话说，农民。但是在他 1419 年死去前，因为劳力短缺，可以和庄园主讨价还价，积累了一笔小小的财富，成为村里一个小有实权的人物后，也许做了品酒官或巡警。但他的成功之处在于积攒了足够的钱，资助儿子威廉完成法律教育，还精明地认识到这个教育和土地一起才能使家族财富增长。

威廉·帕斯顿当然成了律师，娶了富家小姐，搬进郡里豪宅之一奥克斯尼德堂（Oxnead Hall）。短时间里，他成了教区里国王的人，是那些在外面的地主管理本地产业不可或缺的人。其子约翰步父亲后尘也干了这一行，并且更上一层楼，做了约翰·法斯托福爵士（Sir John Fastolf）的朋友。只可惜，这爵士平淡无奇，不过是亨利五世战争中一个富有的退伍兵，身后留下积存的金器和珠宝，包括一枚琢成白玫瑰式样的"巨钻"，死的时候已经是凯斯特（Caister）城堡老爷。不久，约翰·帕斯顿受委托管理法斯托福在东盎格利亚的小帝国。它由萨福克和诺福克二郡的庄园组成，等到他自己变成约翰·帕斯顿爵士，继承了凯斯特城堡，这就已经在三代之内从农民变为郡里骑士，华丽转身。

这是极罕见的例子，当帕斯顿们籍籍无名的时候，玫瑰战争中的血腥屠杀可以高高挂起，与他们无关；但一朝富贵，他们立即成为流氓们的目标，其中出手最重的人当数诺福克公爵。公爵的"姻亲"中有无数恶棍。其中一个莫雷恩伯爵（Lord Moleyn）拥有一小支私人武装，1449年趁约翰不在时，将他的厉害老婆玛格丽特·莫特比（Margaret Mautby）赶出格雷沙姆庄园（Gresham Manor）。"她当时就在屋里，明恩德（myned）把她房间的墙扒了，将她孤身赶出大门"，约翰写信给亨利六世，"请求陛下，如果这类暴动骚乱日日不断，存心作恶，冒犯您的尊严和平……如果不对他们适当惩罚，必将使其更加胆大妄为，并带引其他歹徒聚众闹事，最终毁灭臣民和法律。"1469年，一直觊觎凯斯特的诺福克本人，亲自来抢。玛格丽特愤愤地写信给大儿子："谨此致意，告知你，你的小弟弟和他的人在凯斯特，万分危急。"显然，她已陷入绝望，满腔怒火，几行字后，要儿子约翰听听她的辛辣指责："本郡任何人都很惊奇，你居然这么宽容……在这样危急关头你不帮一把，也没有其他作为，这真是任何一个年轻绅士能得到的最大非难。"而看起来，小约翰被别的事缠住了，他忙于追求另一个更高贵的女继承人，一个"具有王后血统的女人"。与此同时，玛格丽特没有退路，只能将城堡拱手让给贪婪的诺福克公爵，后来他们花了七年时间打官司，包括直接向爱德华四世上诉，最终才拿回凯斯特，这一平反几乎没给约翰带来实惠。1471 年，在可怕的瘟疫盛行中，他写信回家打探消息，心里惴惴不安："这是我见过的英格兰最大范围的死亡，说实话，听那些走过英格兰大部分地方的朝圣者说，没有人骑马或走过英格兰任何地方或城镇，能幸免于难。"他自己也没有，这一年晚些时候，他也死了。

帕斯顿家族在诺福克的偏远角落里，躲过了所有这些劫难，幸存下来，还保有实权，其他很多英格兰男男女女也是这样。首先，他们是幸存者，躲过了瘟疫、废黜王位、内战以及本地暴行。他们习惯了种种令人伤脑筋的事务，高度紧张、混乱不断的状态，但也知道坐镇威斯敏斯特（不管在谁名下）的朝廷，依然由下议院请愿、国王法庭、大法官法庭、财政大臣主持公道。一年两次，当立法会议召开时，有必要时，他们仍然可以鸣冤，可以期待重新审理，充当陪审员，送儿子去当扈从，最好是到那些不太打仗的贵族家族里；甚至形势不太紧张时，他们也被召去宫廷，沐浴在爱德华四世和蔼的笑容里。

瘟疫袭来的第一个世纪里，英格兰整个儿翻了个个儿，爱德华三世晚期，伟大的金雀花王朝领土表面上没什么受损，但乡村贫穷封闭的世界已经受创伤感染。100 年后，借助死神之手，一切都被推翻。有些历史学家认为 15 世纪是"衰落"的时代，其特征是贸易萎缩、农业收入缩减。而乡村的好房子比如肯特郡的威尔登里的只是为本地绅士和自由民而建，却不是给大贵族的，所以也不足以证明"衰败"。国王们一个个来了又走了，但村子里这批人，1381 年到伦敦去烧了萨伏伊的同一拨人，现在要成为乡绅了。他们懂得最坏的情况是什么——瘟疫爆发，婴儿会夭折；或者骑士们从山后面横冲直撞而来。不过，他们也已深知，只要够谨慎，外加祈祷，就能渡过劫难。

　　因此，1480 年前后，如果一个外来者拜访英格兰村庄，就会看到和我们现在可以看到的一样的景象：重修的教堂，坚固、简约、漂亮，高耸入云；啤酒作坊第一次有了如"天鹅"或"青蛙"这样的名字；一堆房子中间，是本地区最大的农民租户的高大美观住处，这不再是那种篱笆上涂抹泥巴后加以美化的单间茅屋，而是个微型庄园，有自己的厅堂，有仆佣服侍主人夫妇，后面是食物存储间，底下是地窖，还有私人休息室。

　　瘟疫和屠杀洗礼后，最不可思议的幸存者榜样脱颖而出：英格兰乡村绅士阶层。

第六章

燃烧的信念

　　我们不会注意到幽灵，不会马上就注意到。第一眼看上去，宾汉小隐修院（Binham Priory）和其他东盎格利亚乡村教堂都差不多：石灰粉刷的石灰石建筑，外观简洁朴素。然而多看一眼的话，你会觉得平常的外立面下，潜藏着些什么。对于一个教区教堂来说，多层拱廊和西墙上高高的圆窗似乎过于气派了些，然后你瞧出已然隐匿的事物来了：褪色的镶嵌玻璃窗，墙上壁画，巨大的十字架苦相，这些填补了空缺。这个陡峭向上的空间里信念林立，我们恍如置身于一个热烈多彩的喧闹世界，从前教士们曾在此做过多次弥撒，唱响赞美诗：这是一幅天主教英格兰图景。

　　几百年来，"天主教英格兰"这个词听起来没什么不对头。就是基督教英格兰的另一种说法。但是，在两代人时间里，它从自明之理变成了叛国，圣母形象、圣人、门徒，这些从前大家崇拜和珍惜的，忽然遭到蔑视和大肆破坏。宾汉教堂里，支撑着高挂十字架受难圣像的屏风上曾经装饰着漂亮的门徒图像，宗教改革来临，这些形象都被抹去，刻上英语《圣经》词句将它们掩盖。但随着时光流逝，出现了奇迹。被终结者打发去游荡的灵魂们又悄然回归，在《福音书》（Gospel）字母间窥视，仿佛它们是对面窗户栅栏之间的囚徒，虽然身子动弹不得，却并没有被彻底消除。

　　假如你伸手去捉住幽灵，那是枉然。你这么轻率，试图触摸他们，宾汉门徒们会从墙上剥落，化为乌有，正像他们自在安居的世界拒绝修复一样。但是，因为那个世界消亡得这么出乎意料、令人震惊又不可理喻，宗教改革及其引发的宗教战争在我们历史上留下如此深刻的印象，我们需要把留存的碎片再拼凑成一幅完整大图；只有这样，才能回答我们民族历史上最绕不过去的问题之一：天主教英格兰到底发生了什么？

　　20 世纪 50 年代，当我开始接触学习神秘残酷的异教徒战争（Wars of the Gentiles）时，关于宗教改革的不可避免或正当性，都是毫无疑问的定论。宗教改革是形成英格兰民族的基石之一，正如议会法律条例发展一样必然，脉络清晰，二者又相辅相成，假如说宗教改革残酷的进程令人遗憾，那也只是蜕变的痛苦。但是，走访过诸如格洛斯特郡费尔福德的圣玛丽（St Mary's in Fairford）教堂后，思索马上不能再停留在肤浅的表面。一般认为宗教改革前夕，教会正处于暮气沉沉停滞不前的状态中，但事实上，圣玛丽教堂的事业正如日中天。长期以来，它特别受传统青睐，由"国王制造商"沃里克和几代约克伯爵支助，直到亨利·都铎这位博思沃斯胜利者出手摧毁了它。亨利七世向来乐于见到别人的钱花出去，就将教堂出租给英格兰最富有的布匹制造商之一约翰·泰姆（John Tame），后者的响应是给十字架上加建一座漂亮的新塔，接着引入理查德·福克斯主教（Bishop Richard Foxe）作为光大圣玛丽教堂的计划，让金钱、君主制和神职三者通力合作，结果是这个不列颠最美丽的彩绘玻璃窗作品之一。这一壮丽工程无可否认，也许甚至从亨利自己的财库里撬动了若干资金，为了回报他，他本人和其余皇室成员在透明玻璃中乔装出现：希巴（Sheba）女王的形象是伊丽莎白王后；魔术师之一是威尔士亲王亚瑟；他的姐姐玛格丽特是手捧鸽子者、妹妹玛丽是圣母形象之一。亨利七世自己也在内，头戴王冠，光晕环绕，这是永久偶像忏悔者爱德华的又一化身表现。实际上，值得注意的是，只缺一个家庭成员，即亚瑟的弟弟亨利，正是他日后作为国王，无意中开始了一个过程，就是用福音派的锤子敲碎了这些窗户。但是，就在这些窗户玻璃彩绘并嵌入铅条框架的时候，国王和教会之间即将上演的这场冲突还是毫无预兆。

从头起，亨利七世的注意力都在死后报应上，就和他关心生前享受一样，很清楚自己（作为非法篡位者兰开斯特家族后人）登上王位非常牵强，亨利需要寻求教会支持以便神化自己的王位，也将理查三世的死后声名妖魔化。新国王深知，一批主教特别是伊利主教莫顿（Morton）个人因为拒绝支助理查吃了不少苦头，因此亨利不失时机，扮演起教会保护人角色。

他的榜样是那些真正虔诚的兰开斯特家人：亨利五世在威斯敏斯特大教堂建造了一个附带小教堂的豪华圣陵，1421 年，他攻击本笃会的世俗气息；还有他的儿子圣愚人亨利六世，亨利·都铎保证自己保留了亨利六世在伊顿和剑桥的伟大基础，同时更是出手大方地建造最宏伟的工程——在威斯敏斯特大教堂里增添一座宏伟皇家圣陵、一座小教堂，小教堂的样式在英格兰教堂里从未有过，是文艺复兴雕塑和镀金装饰的典范。圣陵原来预备安置亨利六世的遗骨，但后来，很明显不能将他从温莎移过来，国王于是决定将它当作都铎王朝三个奠基者的陵墓——墓由意大利雕塑家彼埃特罗·托利贾尼（Pietro Torrigiano）设计——他自己、王后伊丽莎白和他的母亲，不可一世的玛格丽特·波弗夫人（Lady Margaret Beaufort）。

里士满公爵夫人（Duchess of Richmond）玛格丽特是都铎王室中给予天主教教会福利最多的人，但这并不意味着沾沾自喜。玛格丽特夫人运用声望和权力，通过罗切斯特主教约翰·费歇尔（John Fisher）和圣保罗教堂执事长约翰·科莱特（John Colet, Dean of St Paul's）这样的人影响宫廷；他俩认为自己是改革者，要加强教会势力而不是相反。已经有几代人提出这些改革目的，特别是亨利五世：少一些修道院和皈依者，修道院要朴素些，学校和经院更多些——就像我就读的剑桥大学基督学院，由费歇尔和玛格丽特夫人在"上帝的房子"基础上创建，用意是造就学者。科莱特尤其觉得有必要发起指控，反对全套罪恶连祷（whole litany of evils），包括祭司过分依赖世俗的资助人。只是实际上，改革者们根本不必悲观；一次次拜访主教管区没有揭示出什么贪赃、潜逃、不负责任的神职人员，情况正好相反。例如，在坎特伯雷教区，500 个在世者中，只有 26 个教区祭司曾有缺席记录，而且绝大部分是因管理事务外出。当然教会记录不可能无可挑剔，但也不会是批评者想的那样懈怠和疏忽不堪。

改革者们认为假如任由迷信泛滥，信念和圣事就会贬值，因此他们花了很多时间以正视听。例如，诺福克郡的沃尔辛厄姆（Walsingham）圣母圣陵，是两个最著名的屡屡显示奇迹的圣陵之一（另一个是坎特伯雷的贝克特圣陵）；朝圣者去这些地方当然相信圣母神奶的说法，也相信传说中此地是由圣城直接飞来东盎格利亚，因此才创建的小教堂。而改革者的英雄鹿特丹的伊拉斯姆斯（Erasmus of Rotterdam）拜谒了前者后，公开嘲笑那些轻信者，结果使朝圣者大为恼火。在沃尔辛厄姆叫卖和神圣混搭，更像那不勒斯而非诺福克。但伊拉斯姆斯的学究气观点是用拉丁语说的，一般人读不懂也就不会引起外界纠纷，更不需要他的那些贵族和皇室资助人背书，因为几位亨利国王都定期去沃尔辛厄姆朝圣，诚心可鉴，亨利七世任期内至少去了三次。1511 年，亨利八世赤脚走去忏悔，对儿子出生表示感恩，奉上一条红宝石项链。亨利王子几周内就夭折了，但国王的蜡烛（他捐了 48 先令 8 便士）一直点了好几年。

天主教英格兰无疑是个光怪陆离的世界，沃尔辛厄姆与心存疑虑的伊拉斯姆斯以及他那些头脑清醒的朋友费歇尔、柯莱特和莫尔并存；深切地依恋德高望重者、圣人，间或骗子，与敦促更新改革并列。但是，所有这些分明各自不连贯的想法都可以收纳在天主教会圣母的宽大裙裾下。

　　比如，萨福克龙梅尔福德（Long Melford）的圣三一教堂可谓宏大与精致的典范。它是萨福克郡羊毛商会不惜工本所建，用于歌颂上帝荣光，体量巨大，从它身上可以看到大量金钱投资在虔敬信仰上的效果。龙梅尔福德的乡绅和商人这么出手阔绰，心里盘算着准能在去天堂的旅程中得到保障，预订到座位。龙梅尔福德教堂的鼎盛时期是 16 世纪初：那时候它是最接近天堂的模拟版本，同时就在本郡。现在它只剩下残垣断壁。但玛丽女王时，龙梅尔福德的律师兼教堂监管罗杰·马丁记述了它，我们可以从其描述中得知，就在宗教改革来袭前它的光辉岁月里，圣三一教堂的真实模样到底如何。马丁此文作于伊丽莎白时期，其时情形已大为不同，他对当时英格兰教堂的单调乏味深感失望，很明显，骄傲与悔恨交加中，他着手告诉后人，大家失去了什么。"梅尔福德教堂和东头的沃尔辛厄姆小教堂，当我……我真的知道：高高的圣坛背后，全部镀金的浮雕栩栩如生地雕刻着基督受难的故事，耗费了很多人工，展示详尽优美。"马丁还写到屋顶的绘画宛如天穹上金星闪烁；镀金的骑马群像目睹金像基督从圣坛后升起，基督像平时遮掩着，逢宗教节日时才露出来供瞻仰；壁龛里的耶稣和圣母像也非常精彩；十字架阁楼是高高地悬在空中的微型教堂，上面绘着十二门徒的形象；整个建筑中到处是塑像、雕像和圣物，在金银烛台的烛光辉映下闪闪发亮。

　　马丁笔下的教堂远不只是座建筑。他还描述了节日游行、仪式庆典，圣三一教堂是精神启迪中心，也提供（尽管这么说有点儿犯了渎圣罪）娱乐和观光。

　　　棕枝全日，圣餐在教堂院子里进行，由四个自耕农扛着一顶华盖……这时，角楼上站着一个男孩，唱起《看你的王来了》（*Ecce*

Rex Tuus Venit）……接着全体跪下，然后站起来，迎接圣餐，加入齐唱，走进教堂，来到走廊前，上面一个男孩向其他男孩洒下花儿和圣饼。

随着时间流逝，游行线路从教堂走廊漫延到大街上，向着各个小厅堂进发——它们是村里议事厅的前身——这个包罗万象的世界中心就是龙梅尔福德教堂。厅堂是宗教协会和帮会的聚集地。他们的财力是天主教英格兰社会结构的基本组成成分。带着半俱乐部半微型福利社会的性质，他们捐款兴建本地学校和救济所，照料贫病者，为更穷的人支付丧葬费用。他们雇佣更多祭司为死者颂弥撒，储存蜡烛，订购法衣和圣坛用的布，保持出生、婚礼、葬礼的荣耀，购买银鞋给十字架上的基督穿上。那个十字架高高地悬在正厅和高堂之间，是到教堂来的人们为之瞩目的中心。

在这里，世俗和精神的分界不明显也不生硬；必要时请圣徒为人做点儿好事也没什么难为情的。可以向犁廊圣徒乞灵，保佑好收成，或者请亚历山德里亚的圣凯瑟琳（St Catherine of Alexandria，从龙肚子里爆出来的圣徒）保佑孩子顺利降生。如果不知道需要哪位圣徒做某事，可以查阅都铎王朝早期英格兰的畅销书《牧羊人日历》（*Kalender of Shepherdes*），该手册集历书、星象和祈祷书于一身。当时的教会作用更广泛，兼具学校、剧院、道德指导、地方政府多个职能，不只是魔术占卜和医疗。

但是如果没有管理层，以上这一切都会失去意义；而他们就是神职人员，传统天主教的神秘中心教义的守卫者——救世主的补赎牺牲，每当做弥撒时，祭司高举圣饼（圣餐礼薄饼），这种神秘变得这么真实，信众觉得十字架上的基督现身了，血肉丰满地来到众人之间。在工作日时，像龙梅尔福德这样的大教堂，往往在各个侧旁祭坛前同时举行几台弥撒，这些祭坛现在都已经了无踪迹。神职人员精心安排这些弥撒时机，以便圣餐礼时（举起圣饼的高潮时刻）保持一致，快到这时，信众往往激动地从一个祭坛跑到另一个祭坛，冲着祭司嚷嚷"举起，举起"，不用说，看见圣饼就是得见自身救赎。

因此，祭司是不可或缺的人，不经他的手，谁也进不了天堂。只有祭司之手能触摸面包和葡萄酒，圣化二者，通过圣餐礼把它们变为基督的血肉，只有祭司的手能画十字，使人洗脱罪过。这些意味着善举，无论是买蜡或者兴建一座学院，都是只有祭司才分得清救赎还是沉沦。

正是这句来自圣彼得的话，使得救赎必须通过祭司，新基督教——指基督教教义，不是为应景——的领导者发现这话非常令人不快，甚至亵渎上帝。他们追随马丁·路德（Martin Luther），攻击只有祭司才能宣布圣饼神圣这一公认观点，说这是不合法的篡改，而且其攻击之强烈令人侧目。祭司怎么可以拥有否决上帝判决的权力？可怜的有罪人命运只能由上帝单独判决；通过弥撒、赎罪券、朝圣和苦修这些就能积德的观念被提到亵渎神圣的高度。假如万能的上帝决定运用他无边的慈悲拯救最悲惨的违背者，那一切俗界的功德和善事都不能影响他。正如圣保罗坚持的那样，能扪心自问的是，有罪者要向上帝神秘而无比仁慈的恩泽屈服。相信这仁慈，相信《圣经》，相信耶稣的牺牲已经够充分；这三个信念就足矣。马丁·路德语：唯独信念（Solus fides.Faith alone）。

这一新信念的倡导者们自称"福音派"，它源于希腊语"evangelion"一词，意为塑造。其目的是用自己懂的语言翻译《新约》"四福音书"，以便取代罗马教会声称的唯一智慧。一旦掌握了这个毋庸置疑的真理，就不需要由神职人员充当指导者、守护者和爱管闲事的人；信众们完全可以自我教育，凡是信仰者皆可自任祭司。这就把整个神职人员阶层从救赎看门人降为精神顾问，一下子使他们特殊的合法地位失去理论依据了。那么，如果他们也只是凡胎，为什么要有他们自己的法庭、税收以及政府？赎罪券看着有点像巧妙的勒索。或许炼狱也是骗局的一部分？一个怀疑论者说，不管进去时高峰期多么拥挤，假如购买赎罪券的钱都管用的话，炼狱里岂不是要空空如也。16 世纪 20 年代，英格兰的论调都是这些。拉夫堡（Loughborough）的威廉·班克斯（William Bankes，因与自己侄女生了两个孩子，1527 年受审），当教会法庭指令其苦修时，他居然大言不惭地说："我不会为了你们苦修，你们也甭想判决我，因为我自会去面对最高判决，面对上帝。"还有更过分的，1514 年，伦敦兼售衣料的裁缝理查德·哈恩（Richard Hunne）在其夭折幼子的葬礼上，拒绝付给教会应得的"停尸费"。哈恩居然有脸以《蔑视王权罪》（the statute of Praemunire）法令的名义，不是向教会法庭起诉，而在国王法庭提起反诉，因为该法令涵盖了教会侵犯皇室特权的法条。伦敦主教的手下以查找异端的名义，彻底搜查了他家，逮捕了哈恩，囚禁两天后，哈恩被发现在牢房里被吊死了。令人震惊的是，验尸官叫嚷着，轻率地做出了自杀的裁决，但人们发现哈恩其实是被勒死的。教会方面却不思悔改，依然假称死者是异教徒，焚烧了他的尸体。这个案例在议会（特别是平民院，里面有几个律师坐镇）引起轩然大波，自从亨利二世在位以来，人们第一次开始思考教会法庭违背了习惯法的公平原则。

当然，反教权主义不是什么新鲜事儿。随着时间流逝，教会一般都会直接洗刷掉像哈恩案件这样的偶然丑闻。但是，在他家里紧急搜寻所谓犯罪的证据，说明教会知道，自己已经面临某些危害性更大的东西，这远胜于某个人不服管教，那就是印刷品。

用本地语言印刷《圣经》，即具备这样潜在的可能，把"所有信众都是神职人员"这个异想天开的虚构变成宗教现实。从 14 世纪末威克利夫（Wyclif）和罗拉德派那个时候起就有英语版《圣经》；但那只是以手抄本形式流传，手抄本数量稀少，相对来说也更贵。另外，印刷版《圣经》能广泛流传，并且只要几先令。威廉·廷戴尔（William Tyndale）花了毕生精力使它得以印刷出版。他是历史上一眼就能认出的那种人——严于律己、不屈不挠、狂热，但在追求自己的使命时不知疲倦。简单地说，他的使命就是："没有在世人面前用其母语平实地给出经文，就不可能让任何真理在俗界扎根。"和所有革命者一样，廷戴尔是个精明的策略家。当伦敦主教拒绝给他资金印刷英语版《圣经》时，他从一个同情他的富有商人那里得到资助，到外国去做成此事。1526 年，在德国沃尔姆斯（Worms）市，3 000 本廷戴尔英译版《新约》（*The New Testament*）印刷出来，书从四开本变成八开本，价格降到每本四先令。这样它们就成为便携本，通过路德派到罗拉德派的地下路径——各港口和清教徒的北欧都是常规联络，这条路径在这些城市尤其成熟——走私进了英格兰。赫尔（Hull）的水手到不莱梅（Bremen）时，看见祭司结婚，惊诧不已，然后将《圣经》藏在大桶的蜡或谷物里带回英格兰。

卫道士们对秘密进口廷戴尔英译《圣经》的情况非常清楚也非常紧张，下定决心不管手段怎么下作也要追根究底，找出"最邪恶最具威胁的毒药"。最热衷的迫害者并不是天主教会最激进的一批，反而是我们一直以来误以为是革新者和自由良知殉道者的这班人：托马斯·莫尔（Thomas More）和约翰·费歇尔（John Fisher）。对于辩论经文字句这个世所罕见的乐趣，这二人都只想保留给自家人，但在"每人都是一座自己保有的教堂"这一愿景——这个时代，每个男人女人，无论多么无知，都可以自行读取教义——里，他们认为一切教义权威都崩坍了，很多人吓坏了，包括亨利八世。1521 年，他允许以他的名义出版一篇论文，攻击路德派教义是可怕的异端。他最信任的仆人红衣主教托马斯·沃尔西（Cardinal Thomas Wolsey），也热切地要压制廷戴尔所说的"新的《圣经》声音"，以免它成为刺耳的叫嚣。沃尔西周详部署，采取行动，渗入《圣经》读者圈子，在圣保罗大教堂组织审判：迫使那些怪物放弃主张，搬来柴火跪下，在卑微的恳求声里把他们的作品扔进火堆；严词警告他

们，如果被蛊惑而偏离正轨（有些人不可避免如此），下一次和书一起烧
掉的就是他们自己。

亨利八世乐于见到这一切，因为写文章反对路德，教皇感激地赐
予他忠实的"信仰卫士"（Fidei Defensor）称号。这时候亨利八世30多
岁，没有一丝理由可以想象，他以后会完全改变态度。毕竟，他曾去沃
尔辛厄姆朝圣，他的王后是天主教阿拉贡（Aragon）王朝纯洁无瑕的凯
瑟琳，西班牙国王费迪南（Ferdinand）之女，她原本（如果说曾经，也
是非常短暂的）嫁给亨利的大哥威尔士亲王亚瑟。亨利年少时，没有人
想到他以后会成为国王，与伟大的西班牙王朝费迪南和伊莎贝拉家族联
姻，亚瑟和凯瑟琳的婚事是亨利七世增加都铎王朝威望的尝试。因此在
1502年，亚瑟——正如其名字意为骑士之花——少年夭亡不仅是家族灾
难，也是外交挫折。亨利七世当时将近50岁，是个鳏夫，有一段时间曾
认真考虑要不要和凯瑟琳结婚。但最后他决定她应该和新的威尔士亲王
亨利订婚，尽管他才11岁。当时定的是他们4年后结婚，那时新郎15
岁，新娘19岁。可是凯瑟琳的嫁妆没有兑现，这对爱钱如命的亨利七世
来说非同小可，因此直到1509年亨利七世死去，亲王和他的西班牙公主
都被分开。此后，亨利八世终于掌握朝政，也可以和订婚了很长时间的
妻子结婚了。

这时，亨利快满18岁了，急不可待地向大家表明，他将主宰自己的
命运。他把父亲那些不得人心的大臣埃德蒙·达德利（Edmund Dudley）
和理查德·恩普森（Richard Empson，他们管理税收很有一套，因此惹起
众怒）做了简短的指控，旋即处死。这样保证自己不必再和他俩打交道，
接着他开始花费他们搜刮来的钱财，特别是用在自己和凯瑟琳的豪华婚
礼上。我们一般认为阿拉贡的凯瑟琳是怨妇加弃妇——后来无疑是这样，
但肖像可以肯定当时的报告是对的。刚结婚时，她还不是魅力全无，只
是黝黑丰满。夫妇俩恩爱的迹象表示王朝未来必定兴旺，毕竟，亨利七

世曾生育了 7 个孩子，虽然只有 3 个长大成人。

至于亨利本人，实际上可以闻得到他的雄性激素，任何时候任何地点可以让他挥洒精力的，他必定现身：马鞍上、舞场、网球场。一个痴迷的廷臣激动地写道，网球场上国王的皮肤在精工织就的衬衫下闪光。高 6 英尺（自从约翰以来哪个英格兰国王个子矮小？）的亨利不仅发光，事实上他令人炫目，手指上戴满戒指；另一个爱慕者写道，他脖子上的长项链厚重、优美，如同女子的项链，上面有一颗核桃大的钻石。亨利的轻松快乐脾气和英格兰的天气一样远近闻名，间或晴朗，大多时候多云，猛然间雷电交加。愉快的时候，他会轻挠肋下、拍拍后背、手臂勾肩、肚子上捅一拳；然后，看这一星期里哪种情绪占上风，接着要么给伙伴快速提拔，要么当场逮捕。他的廷臣和外国使节当面谄媚，亨利沉溺其中：英勇、聪明、机敏，是个超级明星。他是唯一拥有自己乐队的国王，乐队随他出行，18 岁的国王是首席歌唱家兼作曲。

刚登基不久，他让人把一本亨利五世的拉丁文传记译成英语，这不算一个巧妙的暗喻，意指他相信自己已转世，不太像阿金库尔战役武士的后人。那样一来，第一要务就是和法兰西好好打一小仗。这个主意特别对亨利岳父家的胃口，费迪南和伊莎贝拉正要帮自己的边境省份纳瓦（Navarre）一把。1512 年，英格兰和西班牙准备联合出击，但是，当英格兰舰队苦苦等待而西班牙部队根本没有出现时，计划化为泡影，这真是可耻。下一年，进攻诺曼底获得巨大成功：农庄一个个被劫掠后付之一炬，刀光剑影在城镇里闪烁。亨利很享受整个过程，尤其是像"马刺之战"（Battle of the Spurs）这样的小规模战役，胜利大大增长了英格兰的志气。这一役中，法兰西骑士们发觉中了埋伏后，掉头逃窜，扔下贵族做了大有赚头的俘虏。接下来的事儿就更妙了。亨利的姐夫、苏格兰詹姆士四世（娶了他姐姐玛格丽特）勇敢地决定践行"老同盟"（auld alliance）的盟约，入侵不列颠北部，结果在 1513 年，在弗洛登

（Flodden）被萨里伯爵托马斯·霍华德（Thomas Howard, Earl of Surrey, 不久他成了亨利的王室典礼大臣诺福克）带领的一小股英格兰军队打得落花流水，苏格兰人被全歼，1万人死亡，包括大部分苏格兰大伯爵和詹姆士四世本人。

所有这一切都没有出现财政困顿，原因是有个高超的财政管理：屠夫之子托马斯·沃尔西（Thomas Wolsey，他所有的敌人都这么提醒他），他是英格兰的全权守卫者。沃尔西的管理艺术在于他既精通事务又善于和人打交道。他从约克家族国王们和亨利七世那里继承了日臻完善的管理技巧，又加上精明地理解权力的运行机制。必要时，他会轻轻敲打议会，也能敲掉人头（甚至贵族们的头颅）。他或资助，或尊敬，或贿赂，或威胁，熟练地玩弄这些手法，令人敬畏。换句话说，他是个戴着红衣主教帽子的政坛心理学家。

沃尔西洞察人们做事的动机——人们爱慕虚荣或害怕——他也知悉表现和权威之间的重要关系。在汉普顿宫（Hampton Court），他利用这一点的效果惊人（也是最终导致他自己毁灭的原因），沃尔西在这里给自己造了座宫殿，用瓷砖和砂浆自封"教会之君"（prince of the Church）。他也利用这一手，为亨利八世在为君之人及其日常事务之间精心地设计创造距离，这些事务由沃尔西和枢密院照料；另外，亨利本人则被关进私人密院（Privy Chamber），与外界隔绝，一支经过挑选的16人绅士廷臣组成内侍在这个私人空间里巡逻。领头的是宫廷侍从官，有野心的绅士都为这个美差打破了头：这是荣耀，只要国王醒着，每个小时都服侍在他边上，包括他在马桶上哼哼的时候。

1520年，沃尔西组织了皇家礼仪的经典之作，以"金缕地"（Field of the Cloth of Gold）闻名，这是一场令人眼花缭乱的嘉年华会。其政治意义在于向新任神圣罗马皇帝（Holy Roman Emperor）查理五世展示，如果有必要，英吉利海峡两岸的老冤家可以并肩作战对付哈布斯堡

（Habsburg）王朝的恐吓；查理五世统治着欧洲大片领土。因此，这并非常规战争，而是在亨利和年轻的瓦卢瓦（Valois）国王弗朗西斯一世（Francis I）之间，展示不同寻常的和睦关系。虽然没有动用剑和矛，不管怎样，它也是挑战，其上演形式更加致命：排场。

一连几个星期，弗朗西斯和亨利争着摆阔。自爱德华三世时代之后，这次盛会的运输规模可谓空前，沃尔西把全英格兰的统治阶层，大约5 000 名伯爵、主教和郡骑士都送了去，包括他自己。他以一种令人难以置信的谦卑，穿着深红天鹅绒骑在一头驴上（唯恐人家觉得他不爱出风头，身后跟着200 人，同样装束）。可惜，弗朗西斯赢得了装饰和设计大奖，他那边用蓝色天鹅绒布条和黄金织布，弄了个60 英尺高的亭子，上面缀缝着鸢尾花，然后3 000 匹马和5 000 个人，源源不断地从亭子里涌出来。英格兰人这头，一座木头和帆布做的多重雉堞假城堡，用来表现打了半个世纪的内战[1]，装饰以无所不在的都铎玫瑰。音乐——特别是亨利作曲的音乐——演奏起来；葡萄酒从红的白的喷泉里流淌出来；席间吃掉了很多鹭；两位国王花费几小时的时间，穿出成套行头要压倒对方。他们为棘手的国家问题角力，也彼此角斗，上演狐狸和熊[2] 的游戏，半裸着身子，扭打在一起，弗朗西斯身体更灵活，把亨利摔了个大跟头。

亨利大笑起来。毫无疑问他心里痛恨这一切。无怪乎，在这个好伙伴的狂欢后，虽然郑重起过誓，就在当地盖起了一个和平女神小教堂二年后，弗朗西斯和亨利又开战了。

难以置信的是，在这个过度包装的混战中的某一节点上，有个女人拉倒了沃尔西的整幢纸牌屋，而且顺势拖垮了英格兰的天主教罗马教会。关于安妮·博林的生活，已经有那么多肥皂剧、悲剧、歌剧反映，"严肃的历史学家"貌似都应该绕开她；直觉中英格兰和罗马教廷决裂，这么

---

[1] 这里指玫瑰战争。——译者注
[2] 狐狸和熊，比喻弗朗西斯和亨利身型。——译者注

深刻的变化，应该有比她的生活及个人私事分量更重的东西值得钩沉。的确，传统教会日薄西山，新教教义在英格兰已初露端倪；但是，在亨利八世迷上她之前，没有任何迹象显示他对宗教改革有什么兴趣；那么，只能回到安妮·博林身上，来考察这个不同寻常的方向性变化的契机，这是合理而且必要的。

最初她被引荐给国王时，可能还是在"金缕地"，她当时是弗朗西斯妻子克劳德（Claude）王后的侍女，因此她在法兰西营帐里，并不在英格兰这边。但是，这女孩本身姿色平平——长长的黑发，鼻子突出——不足以吸引国王眼球。亨利的注意力在别的地方，不过，也不在阿拉贡的凯瑟琳床上。不管国王和王后曾经如何恩爱，1511 年，他们的儿子两个月大时夭折，辜负了国王向沃尔辛厄姆圣母教堂奉献的全部寄托，之后他们的关系渐趋冷淡。凯瑟琳后来又怀孕了，1516 年生下的却是女孩，取名玛丽，尽管在公开场合，亨利对王后礼仪周全，但西班牙公主没能诞下一个男性继承人，国王对此非常失望，而且几乎不加掩饰。后来他的情妇伊丽莎白·布朗特（Elizabeth Blount）生下一个儿子，国王给孩子取名亨利·菲茨罗伊（FitzRoy），随后封他为里士满伯爵（Earl of Richmond），这头衔曾是亨利父亲的，他父亲上博思沃斯（Bosworth）战场时就是顶着这个头衔！这几乎已经是明说要有儿子的重要性了。像亨利八世（还有全欧洲的君主）的情妇，那就是一次性用品，这一点对理解当时的情形很重要。1525 年的某个时候，他开始和安妮的妹妹玛丽睡在一起［她和威廉·凯里（William Carey）的婚姻好像也不太碍事］。1526 年，玛丽·博林的儿子也叫亨利，关于谁是孩子的父亲，自然是众说纷纭。

尽管博林家作为名不见经传的乡村绅士有些神秘，但实际上，他们是肯特郡的望族，野心勃勃、广结善缘，朝廷正是倚重这类家族才平稳有效地达成自己的意愿。作为回报，像托马斯·博林之辈在宫廷讨主子的欢心，得到地位。如果站对立场正在国王一边，会进入王室私人枢密院（Privy Council）。托马斯的妻子伊丽莎白·霍华德来自英格兰最伟大的贵族家族之一，是萨里伯爵家的女儿。这么一来，从头起托马斯·博林就是和年轻国王个人亲近的侍臣之一，是他打闹的玩伴，这亲密程度足以惹得托马斯·沃尔西心生厌恶。但是博林说一口流利法语，游历广阔、四海为家，亨利那时正试图以主力军身份在欧洲崛起，正用得着这样的角色。

　　博林的两个女儿还在孩提时，就随着他的外交生涯，进入了欧洲主要王朝的宫廷生活。安妮出道时应该是在弗兰德斯的梅赫伦宫廷（Mechelen in Flanders）里，统治荷兰的哈布斯堡摄政即奥地利的玛格丽特（Margaret of Austria）一团和气。当英格兰的外国联盟从哈布斯堡王朝转向法兰西时，安妮也跟着转到瓦卢瓦当时还是法国皇太子弗朗西斯的妻子克劳德宫廷里。在卢瓦河畔的宫里，除了打猎，主要消遣就是宫廷恋爱。这种贵族调情的表演形式已经发展为一整套文化：无限推迟欲望；两性激情拔高为纯粹无私的爱；行吟诗人，舞会假面；丝质手绢，长吁短叹。当然也有时候，人们把精心伪装抛到一边，基本本能占了上风。安妮·博林和她妹妹玛丽都近距离亲眼见识了这样一个时刻——那个时代最不寻常的两性剧情。

　　和哈布斯堡王朝紧密联系中摩擦日益厌烦，沃尔西制定战略要与之抗衡；作为战略的一部分，亨利决定把妹妹玛丽嫁给法兰西国王路易十二。他52岁，她还不到20岁，但是聪明，非常漂亮，已经能将哥哥要得团团转。她为外交作牺牲的价码是下次匹配姻缘，她可以自主，也许有些事是玛丽知道而她哥哥不知道的，因为路易11个星期后就死了。他的联姻策略告挫，亨利将整个计划做了180度大调转，要把妹妹转嫁给查尔斯大公（Archduke Charles），后者马上就是皇帝了。亨利希望加强和哈布斯堡王朝的联系，不管他答应过玛丽什么，比起英格兰的国家利益，那都微不足道，他料定她也会这么想，可是她没有。玛丽听闻了大公著名的灯罩下巴和金鱼眼，对国王说，宁愿死也不嫁给查尔斯。亨利吃不准对妹妹未来做什么打算好，派自己最亲密的伙伴之一查尔斯·布兰登（Charles Brandon），也是圈子里的拳击伙伴，去法兰西带回新寡的玛丽，至于嫁妆，能弄回多少是多少。布兰登是个出了名胆大妄为的花花公子，但是见到玛丽·都铎梨花带雨的美丽面庞后，他成了她手中的面团，任她摆布。法兰西新王弗朗索瓦一世正乐于拆散盎格鲁-哈布斯堡婚姻，做了不诚实的媒婆，但这二人根本不需要潘达罗斯（Pandarus），玛丽投入布兰登怀中，要他娶自己。亨利八世得知布兰登和玛丽秘密结婚，受好友和妹妹双重欺骗，勃然大怒。实际上来说，他们俩私奔哪怕不从技术上说，就是叛国行为，因为这危害了朝廷血脉。但是，几个星期后，国王的震怒在布兰登和玛丽二人的悔过泪水里消融。他发了慈悲，布兰登和玛丽双双成了萨福克公爵和公爵夫人。

他们躲过了灾难，但事情并没有到此为止。历史学家总是被告知罗曼蒂克的爱情是 18 世纪才有的发明，要在这里重新构建使玛丽和布兰登甘冒天下之大不韪的感情力量是徒劳的。婚姻是讲究实际的商业安排，是社会、政治或经济算计的产物；激情不会产生婚姻；除了某些时候——比如这个发生在都铎王朝宫廷中心的经典案例——就不是这样。如果爱不是主题，如果彼得拉克（Petrarch）、怀亚特（Wyatt）或莎士比亚的十四行诗，或《罗密欧与朱丽叶》的主题都不算爱；不管我们叫它什么名字，到 16 世纪早期，它已经苏醒。带着强烈的紧迫感在现实中登台，而这种情愫改变了英格兰历史。

玛丽·都铎和查尔斯·布兰登这一幕上演时，安妮·博林和妹妹玛丽是法兰西克劳德王后的侍女（玛丽·都铎后来对安妮冷淡，也许是因为安妮太知根知底）。这事给安妮提前上了一课，后来，在激情这个人类行为领域，安妮成了一个策略天才。她从法兰西回来的时候大约 19 岁，进入都铎朝廷华丽炫目的危险地带，给凯瑟琳王后做一个荣誉侍女，日后安妮取代了她。

从外表上看，安妮相貌普通，虽然长发乌黑，眼睛又大又黑。威尼斯大使显然注意到了这点，根据他的记载，她的胸脯"不太丰满"。但是，她不做作，只要觉得值，就利用活泼个性，玩弄爱情游戏。或许是天性，或许是多年耳濡目染，她拿捏得恰到好处，擒纵自如，时而恭维男人让他们自以为是，时而点破他们，使他们像被严厉斥责的小狗那样痛苦打滚。安妮浑身散发自信、卖弄风骚的聪明劲儿，性感十足。令她高兴的是，男人们拜倒在她脚下。

第一个是诺森伯兰伯爵大笔财产和权力的继承人亨利·珀西（Henry Percy），很明显当时贵族社会还不能自己选择婚姻伴侣，因为珀西和安妮没有请求伯爵应允就缔结了订婚约定，诺森伯兰伯爵怒不可遏，让沃尔西对两个年轻人严厉逼迫，珀西顶不住，只得屈服。后来他和富有得多的玛格丽特·塔尔博特（Margaret Talbot）结婚，在闷闷不乐中早死，而且没有孩子。这桩丑闻使安妮回到法兰西宫廷待了几年，但也许那里并不是个能鼓励她谦恭服从的好地方。

1525 年前后，安妮返回英格兰，吸引了另一个爱慕者，可这个追求者也不合适（但这次理由不同）：宫廷诗人托马斯·怀亚特。他们两家在肯特原来是邻居，很可能二人从小认识。托马斯的父亲亨利（和托马斯·博林一样）很快在约克郡飞黄腾达，已经买下了阿林顿城堡（Allington Castle），将它修复成玫瑰战争后的宏伟气派狰狞外貌，而内部豪华舒适。他的儿子托马斯差不多也是这个样子，十足的文艺复兴时期廷臣，英俊非凡［假如霍尔拜因（Holbein）的话可信］，在廷侍里才华横溢（因此得到国王青睐），非常聪明，游历广阔，把意大利爱情诗带回英格兰，用母语改写它们。怀亚特的诗歌，照例沉重哀叹得不到的爱情——其中起码有一首献给安妮·博林。他和安妮重逢时，已和妻子分

开，据说是因为她与人私通。但分居并不是离婚，他最多只能让安妮做
他的情妇：安妮野心勃勃，一心追逐名利，她不干。怀亚特的诗歌，徒
然追求他的"雌鹿"，带着强烈的失败信息：

> 不管是谁欲狩猎的，我知道那里有只雌鹿，
> 但至于我，哎呀，可不会再去猎了。
> 无谓的努力已经让我极度疲惫，
> 我是他们当中走得最远的。
> 然而也许我并没有厌倦的想法，
> 猎到这只鹿，但是她却在昏厥前逃离了。
> 我的追踪，于是我停止了追捕……

在诗的末尾，绝望又疲惫的猎手警告任何人，不要鲁莽地以为自己
能做得更好：

> 我来驱走疑问，
> 也许是徒劳，浪费时间，
> 刻着清晰字母的钻石，
> 一行字环绕着她那美丽的颈部：
> 别碰我，因为我是恺撒，
> 我看似温顺，却是野性难驯。

"不要染指"——因为亨利八世也加入了追逐，众所周知，国王是不
知疲倦的猎手，怀亚特那时候知道他输了。但在他退出这场竞争前［据
他的孙子乔治说，乔治是从安妮的侍女之一安妮·盖恩斯福德（Anne
Gainsford）那里听来的］，怀亚特至少取得过一个小小的胜利。据说有
一次，亨利和诗人一起玩保龄球。亨利冲着他传闻中的对手笑笑，指着
抛出的球，手指上戴着安妮常戴的戒指，傲慢地说："我相信是我的啦。"

作为回应，怀亚特从衬衫里掏出安妮曾挂在她项链上的珠宝，回答道："如果陛下肯容许我，谦让一下，我希望是我得到。"亨利一点儿没觉得幽默。"也许是这样，那就是我被骗了。"他俩不欢而散。

到1526年夏天，亨利开始一本正经地追求安妮。当他和她一起在王后面前跳舞时，两个女人的对比太鲜明了，阿拉贡的凯瑟琳没有的，安妮都有。安妮比凯瑟琳年轻10岁，欢快而不伪善，生机勃勃，甚至调情都是法兰西式的，而不是西班牙式的沉闷刻板。她能给他性的欣喜、家居的快乐，最重要的是还有生下儿子和继承人的可能。亨利这时非常相信他和死去哥哥的妻子结婚，受到了神的诅咒，17年来，他是在过着乱伦的生活。关于这点，《旧约·利未记》第20章第21节说得很明白："如果一个男人娶了兄弟的妻子，是不道德行为：他揭开了兄弟的裸体；他们将不会有孩子。"如果认为亨利这是纯粹找借口，要打发了凯瑟琳而满足他对安妮的渴望，恐怕也不尽然，当然他色迷心窍，但他也是认真严肃研读过《圣经》的人，《旧约·利未记》的文字解释了为什么他婚姻不育的痛苦（甚至女儿玛丽也不太对应无子的诅咒）。1525年，他不再和凯瑟琳同居，他相信自己必须回避这个不神圣的结合，这个念头迅速变成执念。

安妮断然回绝了做他情妇的主意，更使亨利觉得事情紧急。1526年和1527年，他们从宫廷调情（送雄狍和珠宝做礼物）发展到非常严肃的关系。亨利本来觉得写信是件折磨人的事，可居然写了17封给安妮，分析她的每个回答，苦恼痴迷，表明亨利是个没有安全感的情人：

> 我自己和自己探讨你来信的内容，陷入极大悲伤中，不知道如何解读它们，我理解，有些地方对我很不利，另一些又好像有利于我；我全心全意地祈祷，你能明确地向我证明，你对我们之间的爱全神贯注。我必须给自己保证，这个回答非常必要。从被爱击中到

现在已经一整年了，还没有确认，在你心里我到底是失败了还是找到了一席之地，爱是否已生根发芽？这最后一点，使我短时间里不能叫你"我的爱人"，因为如果你对我只是泛泛喜欢，没有其他感情，爱的名义就不能属于你，因为它很明确，意思就是指这种非凡的爱，远胜于平常感情。

安妮的妹妹玛丽是出了名的容易让人得手，安妮可不一样，这在亨利的一生中是破天荒的难题，他甚至打出王牌，起誓让安妮做他唯一的情人，正式的王家外室，结果却适得其反；这个建议一出，她的回应是背转身去，直接从宫廷走人。这可害苦了亨利，他后悔得肠子也青了，祈求原谅，安妮最终让他跳出苦海，送给他一艘小船，上面有个孤单的少女，这一下使亨利如梦方醒。他大喜过望，回复提出和纳妾完全不同的主张：

> 我恳请，如果以前曾经冒犯你，如果你愿意宽恕我，和你要求我宽恕你一样（无疑是为了表现冷淡），向你保证从此我的心只属于你；很希望我的身体也这样，因为如果能取悦上帝，上帝就能觉悟，能应允我；我每天恳求上帝，请他成全，坚信心诚则灵，但愿别让我长久等待，我知道我们不久就能再见。

信的末尾亨利署名：

> 由书记之手写，其心、身及意愿，
> 皆是你忠诚的最诚挚的仆人，
> 亨利。

剩下的事就是保证离婚，亨利一定相信，不管这条路上的任何障碍，沃尔西都可以用他的魔术技巧搞定。

但是 1527 年，在远离英格兰的地方发生了一些事，使这些小障碍变成了泰山压顶。阿拉贡凯瑟琳的侄子查尔斯五世皇帝洗劫了罗马，囚禁了教皇克雷芒七世（Clement VII），不管他本人对这事如何考量，教皇已经无法开罪查尔斯皇帝而给亨利的"头等大事"开恩，甚至害人精弗朗西斯一世建议亨利单方面宣布自己未结婚，但即使他采纳了弗朗西斯的建议，也不能阻止凯瑟琳向罗马投诉，很可能招来教皇开除亨利的教籍，这就正好排除了亨利最想要的：他希望自己和安妮的孩子们能被承认为合法继承人。

也许这是沃尔西第一次尝到这种滋味，发觉红衣主教的帽子不好戴，不管怎么着，他都会两边不讨好。如果不能给国王办成离婚，自己就毁了；要是得罪了教皇和皇帝，他就丧失了外交威信和教会君主的权力。1528 年秋，他把一切都押宝在精心策划的特别行动上，由教皇使节坎佩乔（Campeggio）红衣主教审理这个案件，宣布亨利与凯瑟琳婚姻无效。原定红衣主教要援引《旧约·利未记》里的禁令，来衡量国王的申辩，在亚瑟死时，教皇就没有权利允许将凯瑟琳嫁给亨利，如此一来，亨利和凯瑟琳的婚姻从一开始就是乱伦。但是，法庭迟迟不开庭（1529 年 6 月才开），这么长时间耽搁后，英格兰上上下下的舆论都倒向了凯瑟琳一边。关于乱伦的指控，王后坚持她和亚瑟的婚事从来没有完婚，因此乱伦根本无从谈起。渐渐地大家把凯瑟琳当作牺牲品，她越来越得人心，后来如影随形地跟了安妮·博林半辈子的绰号"眼睛突出的婊子"，这时已经在小酒馆里和街上流传开来。亨利不得不把她送到她父母亲的海韦尔（Hever）城堡去，她在那里得了严重的汗热病（很明显是一种病毒性感冒）。王后坚定不移，亨利被逼得口不择言，说了一通口是心非的话，关于他和凯瑟琳的婚姻，被证明成合法那再好不过："她是个最谦恭、最令人愉快的女人，是的，她具有一切贵族的好品德。"这糊弄不了人，所有偏袒王后的人忽然一起发难，包括约翰·费歇尔、罗切斯特主教，甚至还有马丁·路德。

在布莱克弗里亚斯（Blackfriars），法庭变成了凯瑟琳绝望心碎的舞台，亨利面无表情地坐着，王后在他脚边双膝下跪泪如雨下，啜泣着一边把证实他们诉讼本质的婚姻秘密一件件摆出来，只有绝望才能把一个女性逼得如此谦卑地说出这番话：

> 大人，我乞求你，为了我们俩曾经拥有的所有的爱，为了上帝的爱，请公正公平地对待我。我是个可怜的女人，一个生于你统治范围外的外国人，请你可怜我，对我慈悲些吧。我在这里没有可靠的朋友……当你最初接受我的时候，我请上帝给我判断，我是个真正的处女，没有男人碰过我。这一点是否真实，我请你的良心说话。

这太过分了。教皇特使红衣主教当庭发作，借口进入夏季休庭。国王面色铁青，沃尔西完蛋了。他被开除了教籍，表面上名义是欺诈和腐败，一拨反沃尔西的人联合起来指控他，包括安妮自己家的人：她的父亲、兄弟乔治罗奇福德子爵（Viscount Rochford），她的舅舅诺福克公爵霍华德，萨福克公爵查尔斯·布兰登（也许他觉得欠国王一个姻缘的情）。一年之内，沃尔西被控叛国，然后他就死了。

踢开了沃尔西，可问题还没解决，接替他的是大法官托马斯·莫尔。他情愿不去碰触离婚这只有毒的高脚杯。费歇尔，恼怒得不停地引用《旧约·申命记》的段落，实际上敦促人采取怜悯行动，续弦死去哥哥的妻子！亨利自己也没信心能圆满解决问题，向安妮重提建议，要她重新考虑做情妇的可能，这个可能性在她看来如此冒犯，一定是"闹着玩儿"用来考验她的。1530 年某个时候，安妮决定只有自己插手，往别的激进方向扭转整个事情。她给了亨利一册威廉·廷戴尔的书《关于一个基督徒的顺从以及基督教统治者们应该如何治理国家》（*On the Obedience of a Christian Man and how Christian Rulers Ought to Govern*）。这本书出版于 1528 年年末，在教会眼里，它大逆不道。尽管廷戴尔和路德一样反对离婚，他的小书却极具破坏力，因为它直白地反对教会和国家之间分权的论调，取而代之的是，"一个国王，一种法律是上帝在每一个地域的规定"。换句话说，一个真正的基督徒君主，就是宗教世俗两界的统领，本来就用不着遵从"罗马主教"权力，那是它不合理侵占的。这样，峰回路转，亨利离婚突然出现了不必教皇批准的解决方式。事实上，亨利可以做自己的教皇、英格兰教会的统领，自己判决自己离婚——当然，还要拜英格兰主教们和议会所赐。这事儿本来是私事，只涉及国王个人和朝廷；这么一来，成了事关英格兰民族的国体政局的大事。

1530 年春，教会和英格兰国家事务陡然蒙上了一层诡异而不现实的气氛。托马斯·莫尔忙于焚烧异教徒和他们伤风败俗的文学作品，但后来轮到英格兰的罗马天主教会要化为青烟。带着鲜明的个性特点，混合了信念和个人利益，安妮·博林和她的家族招募了一个智囊团，包括十分友好的神学家如剑桥学者托马斯·克兰默（Thomas Cranmer），提出皇权至高无上的历史证据。他们埋首故纸堆里，之后推出一个《足够丰富的结集》（*Collectanea satis copiosa*），声称在教会初期，每个行省（比如英格兰）都有自己的审判权，它和罗马教会分开，也独立于罗马教会；而且上帝的意愿一直以来就是国王们统治这些教会，国王只对全能的上帝负责。在这个欺世盗名的复古主义背后，这个"结集"的内涵和廷戴尔的书一样激进。

直到此时，亨利也还是没有下定决心要和罗马决裂。他的律师和神学家团队旋风般扫过欧洲各大学，发布足以动摇教皇的言论。只是，皇室明确的保留态度和耐心终归有穷尽之时，亨利开始采取行动，说话行事都像君主和首席祭司。对着一群惶恐的教会人士集合——本来亨利召集他们，要指控他们为异端的——他进一步说也许他个人应该动手来翻译《圣经》，这样可以送到每个俗人手里，他就能判断是否合适和正当了。面对着皇帝的大使，亨利让他明白，路德说的一些话有利于他。事实上，关于皇权无上的东西亨利读得越多，就越喜欢；这个计策可以恐吓教皇和英格兰主教们，使他们站在他的立场看待离婚；随后亨利内心里开始把这个主意作为一个自证的真理。你简直可以听到他禁不住高兴地用手拍着自己的额头，叫道："我怎么这么笨，以前就没看到这个？"

国王自大，为人从不低调，此刻更是等比例放大，那就需要很多宫殿来承放——到亨利八世在位后期，一共盖了50座宫殿，其中一些最伟大壮观的本来属于沃尔西，这时候转到国王手里。这就是伦敦的约克广场（York Place）重新命名为白厅（Whitehall）。安妮亲自去视察，看是否适合居住；亨利的宫廷生活成了令人难以置信的剧院，汉普顿宫就是他表演的舞台。没有什么比填充它的广阔空间更能表达皇家气魄了，每天弄来1 000人吃吃喝喝，全部费用由国王买单，雇了230个仆人为他们服务。仅仅储存肉类的柜子就有3个，专门设计1个水箱放养活鱼，水从外面的喷泉抽进来；香料、水果；6个巨大的壁炉；3个巨大的地窖，能存储300桶葡萄酒和每年喝掉的60万加仑麦芽酒。这一切的中心，由皇家私人枢密院悉心保护以免不恰当地曝光。他是英格兰的新恺撒，40岁的国王，魁伟专制，高高在上，他的姿态特意说明了他要恢复罗马皇帝的权力。

那么从1530年夏天，亨利说话开始带"皇帝的"一词，就不奇怪了，他刻意算计好使用这个词的频率。自然皇帝不承认人间还有更高权威。安妮的兄弟乔治·博林，与萨福克公爵查尔斯·布兰登对教皇特使说："英格兰不在乎那些教皇，哪怕圣彼得再生也不行，因为国王在自己的王国里，就是绝对皇帝兼教皇。"后来在1533年，他设计了法令压制英格兰教会向罗马申诉，在法令的序言里又提出来这套说辞，声明是这样写的："英格兰疆域是一个帝国。"一个月又一个月过去了，罗马没有裁决，亨利变得越发咄咄逼人。他不会接受教皇命令，他告诉他的使节们，教皇自己就是个有名的私生子。到 1530 年 11 月，他公开宣布自己就是"神职人士"的"首席"。

也许教会人士都想着，这一切都会过去的——毕竟，前任们曾经和亨利二世，还有约翰都曾有这样的过节——但是，等待他们的事格外惊悚。1530 年年末，发布了惩治蔑视国王罪的法令，叫作冒犯国王的"轻微叛国罪"（lesser treason，但处罚是囚禁和没收财产），坎特伯雷大主教威廉·沃勒姆（William Warham）第一个被判这个罪名，更多主教紧随其后；最后，因为大家坚持教会法庭，全体教会人士都以这个"轻微叛国罪"名义被判为共谋犯。一开始，他们想用 10 万英镑买通亨利，但亨利闻到了他们害怕的气息，加重打击，要求承认自己"最高元首"（Supreme Head）的头衔。他鼓励议会对类似不满持续进行恶战——教会法庭、什一税、神职人员可疑的世俗性，亨利摆明了他要无所不用其极。1532 年春，他开始动用死刑。揭发出教士对教皇的誓言和他们每年付给他的钱款后，亨利问，他们真正的忠诚到底在哪里？"亲爱的臣民们，"他在一个特别召集的代表团面前咆哮，"我们都以为英格兰的神职人员是完全属于我们的子民，可是现在我们很清楚，他们只是我们一半的子民，是的，几乎快要不是了。"

面对这样的大问题，教会严重分裂。也还有些硬骨头，如约翰·费歇尔，坚持为王后凯瑟琳慷慨激昂地辩护，他还相信损害教皇的权威等于瓦解基督教世界的团结。但其他神职人员开始一厢情愿：国王可以做"最高元首"而不一定是教皇，他们自己也许可以是某个叫作"英格兰教会"的一部分。1532 年 5 月，高温化解了对抗，托马斯·莫尔辞去大法官，费歇尔主教继续游说国王；但他的大部分同僚提交了奴颜婢膝的《教士投降书》（Submission of the Clergy），按亨利的要求全面屈服：未来教会集会要由皇家法令召集；没有国王同意不能通过新的教士法规；而现存法律将由国王指定委员会审议，这是一败涂地。无疑此时在英格兰，教会只有一个主人，他当然不是住在圣彼得大教堂的那位。

这是一种改革，但还不是新教改革（Protestant Reformation），还没有触动教义的核心，做弥撒时依旧保留着基督的真实代表，还要求祭司保持单身，各处还矗立着修道院，用拉丁文祈祷和诵读《圣经》。既然亨利找到办法离成了婚，安妮挺着大肚子，在威斯敏斯特大教堂由新的坎特伯雷大主教托马斯·克兰默加冕了，对传统教会的干预也许应该可以告一段落。

可干预没有停下，这是因为这一对整个英格兰历史上无出其右的工作搭档：托马斯·克兰默和托马斯·克伦威尔。拿掉其中一个，英格兰宗教改革都不会发生，或者起码不会以这种方式进行。他俩的议事日程总比国王的还要大胆，二人都有很强的个人和宗教动机来推进改革事业。在克伦威尔这里，是权力和威望，这个普特尼（Putney）织布工的儿子，死的时候头衔是埃塞克斯伯爵（尽管没有死在伯爵府里）；尽管信念甚深，克兰默玩的游戏更危险。就在被任命为坎特伯雷大主教前，他和一个日耳曼女人玛格丽特秘密结婚，这样他亲身实践了路德最令人震惊的革新。克兰默还坚持老罗拉德派的观念，为普通人提供英语《圣经》；当然他不相信这就算给每个人颁发许可证了，不是每人可以自行生发出自己的版本做公用。那会产生宗教混乱。克兰默和克伦威尔一样，秉持文艺复兴观念，即在一个强大的基督教国度里，要有一个强大的君主。要从上面给予人民他们官方审定的《圣经》，不允许存在其他版本。

1539 年由克伦威尔授权出版的《大圣经》（Great Bible）的卷首就是一幅秩序井然公平的独裁主义英格兰教会插图，上方是国王——皇帝兼君主祭司直接从天父那里接受"上帝之词"（Verbum Dei，Word of God），俨然所罗门王，然后传递给两个可信助手，左边的克兰默是精神疆界首领；右边是克伦威尔，世俗领域的头儿。他俩又继续往下传递给大群感激不尽的神职人员和俗界众人。

　　托马斯·克伦威尔大约是英格兰统治者里最不动声色的人，但并不是由他发明的都铎王朝高压政治。他曾是沃尔西的勤勉学生，学会了老师那套高压方法；但毕竟是国王本人在继位后的第一年里，想出了那个绝妙主意，摆开架势，审理并处死其父亲的大臣们。审讯托马斯·莫尔时，克伦威尔肯定提醒过莫尔，他自己并没有反对，也曾运用权力保障对罗马忠诚。但克伦威尔知道，为了亨利自己必须做恶人，这是后手：需要动用下三烂手段时，他会密谋撒谎，以便卫护国王使其免受恶名。最重要的是，克伦威尔非常清楚亨利永远搞不定；要宣布与罗马决裂，然后指望每个人都放下身段，公开宣称对国王忠诚，要做成这事儿怎么弄都不够；他预计会有一场战斗，就准备着恶战。

　　克伦威尔很明白，在这场战斗中，教皇迟早会动用他最有力的武器，即开除教籍。如果国王要取胜（约翰就在这里栽的跟头），最好是准备用政治语言就是爱国主义来回击，这或多或少有点新意。必须在英格兰掀起新的自主权意识，发挥它的潜力。要把罗马妖魔化为"外国人"和"敌人"，那么只有议会这个英格兰民族的声音，制定法律规定皇权无上，这样用爱国的欣快感当头重击、爆破般炸响的欢呼和高喊"英格兰、英格兰"大队行进的啦啦队，才会消除大家的不安。雇佣托马斯·斯达基（Thomas Starkey）和理查德·莫里森（Richard Morison）这样的宣传家，把这个紧张的变化，表现为一种全民觉醒。教皇这时被称作"罗马主教"，他顽固的拥护者则是"老爹主义者"——这个词当时还闻所未闻。"老爹"一词从教会服务里剔除出去，布道以最高元首名义进行。

　　在这部仇外的宣传机器上，克伦威尔加上了沉重的国家恐怖机制。必须宣誓承认皇权无上、承认亨利和安妮的继承人合法，以及玛丽小姐（这时不再是公主）非法。侮辱新王后是叛国；说国王分裂教会或异端也是叛国；将这些写下来或腹诽还是叛国，这在英格兰历史上是第一次，大家会因言获罪。

克伦威尔将英格兰变成一个可怕的、啜泣的、心惊肉跳的地方，告发是假装圣洁的责任，无数卑微的小人物被处决，处决他们的人抗议说自己只是在做正确的事。许多人一不留神就成了牺牲品。阿玛达斯（Amadas）太太自命为预言家，大声说国王被"上帝之口诅咒"，预言他会被流放，苏格兰人将要征服英格兰王国。威尔士祭司威廉·艾普·利（William ap Lli），想让国王到斯诺登来站着，"他会把国王浸入水里，没到耳朵，直到他的头颅变软"。牛津郡接生婆说她很高兴侍候凯瑟琳王后，至于安妮嘛，就不适合自己这样的人啦，她是个"婊子，妓女，人尽可夫"。

这些人都是大嘴巴，但托马斯·莫尔的嘴巴可是铁将军把门。他让大家知道，议会有权决定继承权；至于最高权威本身，以及废除英格兰的教皇司法权，莫尔对此一言不发，也不起誓。克伦威尔把他和费歇尔一起送进伦敦塔，还有听取国王忏悔的人。克伦威尔指望他们三人能让步。后者是真的收敛了，就被释放了，但是费歇尔不肯住嘴，而莫尔金口不开。教皇封费歇尔为红衣主教，亨利怒不可遏，莫尔和费歇尔被当成忘恩负义者和叛国者的典型，原定处罚是绞死、溺毙并分尸，后来国王开恩，只发落他们砍头。可是，尽管二人都英勇就义，却并非为了任何其他人的自由。被判刑后，莫尔让大家知道，他一直反对皇权无上，因为这是上帝嫌恶的；如果他继续担任大法官，必定会和克伦威尔起诉他一样卖力地推行他自己的真理版本。

1535年到1536年初，克伦威尔的忠实追随者们再也找不到一个地方，像他的强权体制那样，任由他们闪电般奔袭"探望"各修道院。1.5万名僧侣和修女被赶出来，这一古老的生活方式完全被毁，这种情况几乎和热心宗教改革扯不上边，首先是受金钱驱使，看起来和欧洲天主教的冲突不可避免，洗劫修道院教堂是用以充当备战资金。克伦威尔冠冕堂皇地开展这项工作，打的旗号是加强而不是削弱修道院，清算不能自给自足的衰落修道院，将其财产和土地转给皇家后再出售，一部分僧侣修女合并到规模更大运行更好的修道院里。但克伦威尔的飞行小组——利（Leigh）和莱顿（Layton），艾普·里斯（Ap Rees）和特瑞贡威尔（Tregonwell）降临女修道院，要求住宿，修道院院长们吓得浑身发抖——可不是他们自以为的革新者那样。一开始，他们干这事儿就有点取乐过头了，"我将隐匿叛国罪名加在他头上"，克伦威尔的一个打手写报告给他的上司，说到一个落到他手里的小隐修院院长："用我能想到最坏的名字叫他无耻的叛国者，他一直跪在地下，不断向我求饶，叫我不要将他做的坏事告诉你。"这就是他们改革的乐趣。

克伦威尔的"探望者"们很快走遍英格兰的大部分地方——一次戏剧性扫荡就毁了121处房舍，深入北方1 000英里。每到一处，他们就知道到底要什么：一份自我定罪的目录，包括性、欺骗、阴谋和迷信。性在清单上是第一位有助于忏悔的罪行，越下作越有效。"鸡奸"这个词（sodomy，有时候指同性恋，有时候只是手淫）在报告中反复出现。"无节制"——另一个他们爱用的词——意指两性间通奸，修女生子、男女修道院院长睡在一起，外加口头诽谤国王王后、顽固服从罗马，或者只凭沉默就可以怀疑成"阴谋"。"探望者"们的最大成果是"迷信"，他们拿走车载斗量的据说是神圣的遗物——成罐成罐可疑的黏东西，说是圣母的奶水；锈迹斑斑的铁器被推崇为"圣彼得的铁链"，怀孕妇女分娩时将之绑在身上，这些都是克伦威尔娱乐清单上的物品。在布里的圣埃德蒙（St Edmunds），"探望者"们"在审查中花了很大力气"，修女们还是保持沉默；在修道院，他们中了头彩，修道院院长喜欢赌博，"很喜欢玩牌和掷骰子"；修道院大门是为妓女出入的旋转栅门，橱柜里倒出五花八门的神圣垃圾："圣劳伦斯烤过的煤，圣埃德蒙剪下的指甲，圣托马斯·坎特伯雷的卷笔刀、靴子和治头痛的头骨。"

对成千上万被赶出来抛进世俗社会的男男女女来说，1536年和接下

来的几年可不是闹着玩儿的。没有其他英格兰革命进行了这么大规模的
财产再分配。对威尔特郡拉考克（Lacock）这样的小修道院讨价还价，
忠于新秩序使他们保住了修道院的建筑没有变成一堆瓦砾砂浆的废墟。
它从前的居民被遗忘了，或者变成了家人传说中的无头修女和幽灵僧侣。
这些收入充实了国王的金库，解散修道院让亨利有足够资本，面对天主
教势力可能打击他的最糟局面。这是现实政治的成就，沃尔西再疯狂也
想不出这个点子。

但是克伦威尔曾经和沃尔西非常亲近，足以从红衣主教的命运中吸
取谨慎的教训。清醒点吧，除非真以为自己是金刚不坏之身，小心提防
那些被中伤的贵族，不管他们脸上的笑容多么屈尊俯就，他们骨子里鄙
视你这个暴发户，追逐权力的、手上沾满墨水的乡巴佬。国王才是你的
救命福音，去做国王自己都还没有想到的他需要的事，他们就不能动你
一根毫毛。克伦威尔很痛苦地意识到，亨利想要的是一个儿子，他为之
绝望、痛苦、悲伤。而安妮，直到那时都没有给他这个承诺了的奖赏。
1533 年 9 月，一个女婴伊丽莎白诞生了，亨利把手放在孩子头上，承认
她是自己的合法女儿，希望下次运气更好。18 个月后，安妮又怀孕了。
1536 年 1 月，好消息更多，阿拉贡的凯瑟琳死了。"赞美上帝，"亨利说，
"我们不会打仗了。"也许就是此时，克伦威尔的预测机制嘤嘤嗡嗡地启
动了。既然查尔斯皇帝的姨妈凯瑟琳已死，何不让他与亨利和解呢？但
是，和平的代价是玛丽小姐重新合法化，而这可不是安妮会同意的，逻
辑推理的结论是她必须被除掉。

安妮怀孕的结果改变了一切。1 月 19 日，她流产了，是个男婴，这
个灾难重新唤起亨利的悲观愤怒。"我明白了上帝永远不会给我男性继承
人。"他敷衍着安妮，告诉她说等她能下床了就来见她。他四处乱打，要
找些人来顶罪时，黑色精神抑郁症开始演变成某些更加荒诞不经的念头，
不是上帝而是魔鬼把他带进了这桩婚姻，他被巫术引诱进去。众所周知，

巫婆会使人无能为力，阳刚的国王出了点儿小岔子，这件婚事不明不白，注定没有好果子，这就需要马上驱邪。

克伦威尔知道几乎不会有人惋惜博林一家，凯瑟琳的死又激起大家对玛丽小姐的无比同情，诺福克和萨福克公爵嫌恶安妮的家族贪婪，认定他们是傲慢的暴发户，克伦威尔自己也没有把这一家子放在心上；博林一家现在妨碍国家大事，这就够了。但他敬畏安妮，不敢有半点儿马虎，假如要除掉她，她和她身边的人都得清除、摆平，必须做得滴水不漏。

因此他精心炮制编造出一个半色情半瞎猜的纯粹恶行：调情。文艺复兴时代宫廷里司空见惯的时刻——五朔节柱（May Day tilt）下安妮扔下的手帕不是国王的；安妮和一个年轻人跳舞，也不是国王；安妮的一次飞吻，安妮窃窃低笑——都被克伦威尔歪曲、编造成反神圣的、背叛的性狂欢。对安妮的审判中，一个起誓证人说："王后每日只顾意志薄弱的肉体情欲，引诱了国王的日常仆人，与各种各样的人私通。"看起来，安妮和每个人都有一腿，宫廷乐师、内侍（Groom of the Stole）、国王的网球搭档弗朗西斯·威斯顿（Francis Weston）、侍臣威廉·布瑞里顿（William Brereton），甚至她自己的兄弟。安妮像疯狂的麦瑟琳娜（Messalina）引导恶魔般地不忠狂欢，也许是要拿所有这种杂乱性交来冒充不能生育皇室继承人的毒果。

木匠的儿子宫廷乐师马克·斯米顿（Mark Smeaton）屈打成招，为克伦威尔利用司法实施谋杀提供了一片合法性的遮羞布。4月27日，斯米顿的招供呈现给亨利，他对里面的每一句话供认不讳。三天后，伦敦塔里大炮低吼，她的第一批朋友被关了进来；安妮怀抱着还是婴孩的伊丽莎白，绝望地恳求国王，试图让他明智起来，然而这是徒劳的。克伦威尔放出的恶魔吓坏了众人，大人物和善良的人都纷纷各自捞救命稻草。安妮的舅舅、迷人的诺福克公爵主持私设法庭。如果没有安妮，克兰默还能继续在剑桥学院里烤着他自己的马芬蛋糕，这时大惊小怪又愁眉不展。他原本相信王后是世上最高贵最贞洁的女人，但是现在认识到自己受到了最恶毒的蒙骗。最令人作呕的是她的父亲，为了自保，托马斯·博林决定假认那些通奸都是真的，他保住了自己的命，任他的孩子们去送死。其他安妮的故知旧友都岌岌可危，她的旧情人托马斯·怀亚特也因通奸嫌疑（还能是别的什么罪行吗？）被捕，送到伦敦塔里，通过钟塔牢房的一个格栅，他看到了安妮的兄弟和朋友们被处决的情景：

> 钟塔指给我看这幅世相
> 在我脑海里日夜挥之不去
> 这里我的格栅外看得真切
> 一切恩宠，荣耀，或权势
> 王座周围雷霆咆哮

　　两天后，5 月 19 日，流产后整整四个月，轮到安妮了。作为一个特别恩惠，从法兰西引入一个专业剑客，据说安妮告诉伦敦塔看守："我听说刽子手很好，我的脖子很纤细。"接着她双手环绕自己颌下，大笑起来。断头台上，她穿着镶白貂皮的黑色缎子衣服，说道："我到这里，不想指控什么人，也不想对给我的指控和死罪说什么，我只祈祷上帝保佑国王，给他长久任期，但愿他对你们比从前任何君王都要温柔和仁慈。"观看英格兰第一场王后死刑的人中，包括她的舅舅诺福克公爵、托马斯·克伦威尔、萨福克伯爵和伦敦市长大人。怀亚特的妹妹玛格丽特是服侍王后直到最后的几个贵妇之一，诗人自己通过小格栅目睹了最后一幕：

> 这些血腥日子已使我心碎
> 欲望，我的青春都已离去

　　虽然这样，怀亚特还是在安妮被杀之后活了下来，还和克伦威尔走得近了，后来被赏赐做了肯特郡长。

　　斩首安妮安慰了亨利八世。安妮被处决前一天，他让克兰默以她通奸的名义解除了两人的婚姻，这就让伊丽莎白像玛丽一样变成了私生子，这个事实使那个姐姐玛丽很高兴。行刑后第二天，国王宣布和简·西摩尔（Jane Seymour）订婚，18个月后，他又一次当上父亲，这次是个盼望已久的男孩；而这之后不到两个星期，他再次做了鳏夫。嗯，这没关系，一个王后总算已经不辱使命。

　　据说安妮·博林的死讯传到多佛尔的时候，教堂再次一齐点亮蜡烛。绝大部分英格兰人，尽管和罗马决裂，依旧自认是天主教徒，她的死对于他们称为异教徒和二便士文人的那些人，仿佛是迟到的审判。既然国王现在不再被蒙蔽，他们以为他会让事情回到旧轨道上去。当没有立即恢复原样时，他们便自己赶过来，要将他从那些邪恶的大臣手里解救出来，显然是他们妨碍了国王的真实意愿。大家打着基督五伤旗（Five Wounds of Christ），大约1万人从东部和北部来，要求恢复旧规矩，或者说是请愿，因为他们为首的罗伯特·阿斯克（Robert Aske，与他之前之后的很多起义者一样）采取一种忠心恳求的姿态。他相信，他们这一群人唱着赞歌是前来朝圣而不是造反，是恩典朝圣。他们相信只要国王摆脱奸佞之徒克伦威尔和克兰默，他真心想做的事应该就是：恢复修道院、还玛丽合法地位、像沃尔西与莫尔那样热切地起诉异教徒、保留旧礼仪。

　　这支十字军正如他们自己想象的那样，燃起了燎原之火。到1536年12月，基督五伤旗下，汇集了大约4万人之多。这时候，不仅仅是阿斯克这些乡村绅士，就连北方主要贵族如珀西家族都卷了进去。实际上，这是英格兰历史上第一次以地域划分的宗教战争行动——在接下来的几个世纪里也是这样——北部西部的天主教反对东南部，东南的改革思想强一点，或者说，最起码，统治势力更强大些。然而，短时间里，因为还无法组织起足以抗衡并打败叛乱者的力量，政府别无选择，只得假装至少愿意倾听他们要大赦和恢复天主教的要求。以反对福音派闻名的诺福克公爵，刚刚将自己的外甥女安妮送上断头台，被派去唐克斯特（Doncaster）干这件肮脏勾当。他沉着应付，代表国王同意了大部分请求，除了恢复修道院。罗伯特·阿斯克扯下基督五伤标记，宣布："我们不要别的，只要我们国王老爷的徽章。"朝圣者们欢天喜地地回家去，相信国王，相信他的善意，能让大家如愿以偿。

当然，这是 1381 年计策的翻版，当时国王就是这样安抚农民起义作为缓兵之计的。一旦迫在眉睫的威胁消除，亨利远比理查二世做得更绝，对起义者极尽残暴、疯狂报复。"我们的欣喜，"国王给诺福克公爵写信，"是你应该给每个城镇、村庄、小村子里那些冒犯我们的很多人，带去恐怖的处决，要给所有其他人一个可怕印象，使他们以后再不敢这样。"自然我们现在都知道他同意也这么做了。

不同派系从这次恩典朝圣得到各种教训，像诺福克公爵这样思想比较传统的人，相信这事表明有必要采取更深入的改革措施，以绝后患。但克兰默和克伦威尔得出的结论正好相反：无意中把天主教和叛国罪连在一起，给了他俩一个机会，更快地把他们的理论进攻推进到一个他们以前想都不敢想的地步。1538 年，克伦威尔给神职人员发送了一批新的"禁止令"（Injunctions），预计好大肆利用"迷信"威逼屈从。他的目标是那些使大量人群坐到一起来的传统宗教圣事。因为他非常懂得群众，尤其在他们相信基督和圣徒都站在他们那边时，就会有勇气做那些单个人不敢做的事。因此，禁止朝圣、圣徒纪念日、圣物展示，公开捣毁焚烧最异乎寻常的敬奉物品，这样做才能更好地震慑轻信者。在一次恐怖行动中，为了省事儿，烧化圣德斐（St Derfel）一具屡现奇迹的塑像的同时还烧死了一个拒绝接受新命令的圣方济各会修士。

英格兰两个最有名的朝圣圣陵是眼中钉。在坎特伯雷，雇来福音派游方剧作家"'坏脾气的'约翰·贝尔"（John "Bilious" Bale），重写贝克特故事，剧本《贝克特叛国》（*Treason of Becket*），讲背信弃义的大主教死于扭打意外。这个剧在坎特伯雷上演的同时，克伦威尔的破旧习暴徒们心领神会地毁坏圣陵。不再有老太太跌跌撞撞地走到墓前祈祷痊愈；肯特郡大路上也不会再有赤脚前进的队伍。在沃尔辛厄姆，27年前，亨利前来献上生子感恩的地方，烧毁了圣母像；1538年的功德簿，史无前例地记述着："国王大蜡烛款；修道院院长薪水：无。"

　　克兰默和克伦威尔在赌博，只要他们用破坏偶像行动打击国王的家天下之敌，他们就是和他在一条船上；但他们的信心放错了地方，亨利年纪渐长，王权无上（好）与新教改革（坏）之间在他头脑里的分别变得更大更绝对，而不是相反。毕竟，从他父亲和祖母的年代起，赎罪券和对无名氏圣徒的极端崇拜，作为天主教改革的一部分，就已经是批判对象。在所有最冒犯新教主义的教条问题中——做弥撒时基督形象真实出现，教士独身主义，做好事即能灵魂得救——亨利不只保守，他就是个纯粹的正统天主教徒。所以当克兰默及其门徒抛出《主教手册》（*Bishop's Book*），公开宣扬浓厚新教色彩的新教会版本时，亨利不仅拒绝认可，还在书上一页页地加上自己的校勘。在第二版《大圣经》序言里，克兰默明确说道，这是给"各色人等，即男人，女人，年轻的，年长的，富的教士，穷的教士，俗人，老爷，夫人，官员，佃农，普通的人，处女，妻子，寡妇，律师，商人，不管什么状态和条件的一切人"。但是亨利可不愿这么包罗万千信众，1543年，他明确禁止女人和低等人（就是说，他的大多数子民）读英语《圣经》，以免误入歧途。对很多人来说，权利被这样剥夺很伤感，在一种宗教小册子的书皮底纸上，有一个牛津郡牧羊人题词："我买这本书的时候，刚刚废除了牧羊人不许读它的教规，我祈祷上帝会纠正这个轻率的法令。罗伯特·威廉姆斯（Williams）记于塞恩特博里（Saintbury Hill）山上放羊时。"

克伦威尔尝试让亨利和日耳曼公主缔结婚约，从而向路德派君主联盟看齐，这时他是得寸进尺了。一旦亨利发现，她远不及荷尔拜因小肖像显示的那样可爱动人，他与可怜的克利夫斯的安妮（Anne of Cleves）的联姻立即告吹。克伦威尔这时刚晋升为埃塞克斯伯爵，诺福克和萨福克二公爵组织了一次宫廷政变，将他扫地出门，一如他曾经对敌手那样的冷酷无情。议会通过《六法令》（Six Articles）宣布教士结婚非法，违者将处以死刑，支持做弥撒时基督真实出现。不知怎的克兰默逃过一劫；当然，他在国王面前死守着自己的婚姻秘密，而且，他为克伦威尔稍作辩护后，就谨慎地否认了他，和先前否认安妮一样。尽管国王知道他受到了误导，还是在感情上和大主教藕断丝连，毕竟后者曾指引他经历了这么多风暴，尽管真正的神学力量越来越多地落到更保守的主教们手里，如斯蒂芬·加德纳（Stephen Gardiner）等人。

亨利八世在位末年，无论在身体力行和神学思想方面，他都趋向于更刻板的风格。此时他 50 多岁，曾经在网球场上能使人发狂爱慕以致昏厥的好身板已变得肥胖臃肿，因关节僵硬而笨拙，弄了一辆小车供他坐着在汉普顿宫里从一个房间推到另一个房间。可是，有那么一刻，他昏庸得自欺欺人，认为诺福克公爵正当年的侄女凯瑟琳·霍华德和他在一起最幸福，他尴尬地扮演着健壮丈夫的角色，直到他发现五号王后（不像二号王后）和她的表哥托马斯·卡尔佩帕（Thomas Culpeper）上床。他的最后一任妻子，凯瑟琳·帕尔（Catherine Parr）正适合亨利走下坡路时的需要：护士、保姆阿姨、女看守三职合一。他发脾气，她迁就他；亨利刚愎自用地认为自己还是伟大的战神，她纵容他，导致他发动对法兰西的最后灾难性一战。当他的战利品"玛丽·露丝"（Mary Rose）号战舰在朴茨茅斯（Portsmouth）港口沉没后，好像整个沉重的亨利式帝国幻想也随之一起沉入大海了。

亨利最足以自慰的空想中，主要是这个观念：多亏他踩下刹车，才使全英格兰从痛苦分裂中愈合。荷尔拜因工作室里为理发师外科医生行业学会画的巨幅肖像上，亨利看上去不仅是神秘的英格兰恺撒，还是"伟大的医生"，这正是国王自己希望的样子：都铎巫医把英格兰的身子放到手术台上，切除了教皇迷信的溃疡，病人已经痊愈；全英格兰都不胜感激，手术大获全胜。

当然，除了不成功，亨利的后继者是他的三个孩子。什么样的精神和政治最适合英格兰，他们三人的主张，每一个都大相径庭。爱德华无疑是他的继承者，他和两个同父异母姐姐玛丽和伊丽莎白一起，三人引领着英格兰，从激进的新教福音派到同样激进的天主教主义，穿越了信念的光谱，折射出截然不同的色彩。这时候，英格兰教会前进的方向比起历史上任何时候来都更取决于皇室出生、婚姻与死亡的博彩，而不是建立在任何忏悔程序上。

亨利的葬礼一如其生平之壮观，令人难忘，并没有预示着接下来要发生什么。为了他的灵魂宁静，人们颂唱挽歌和弥撒，他的肥大内脏被礼节性地葬在白厅。最保守的主教们——温切斯特的史蒂夫·加德纳和伦敦的埃德蒙·博纳（Edmund Bonner）——依旧待在自己的教区里，但就在亨利八世任期的最后一年里，天主教派已经自信过头地做了致命的妥协，萨里伯爵上了断头台，他的父亲诺福克公爵成了伦敦塔里的一个囚犯。这样，爱德华的教父，同时又是先王遗嘱执行人之一的克兰默就成为爱德华时期文化革命的一个关键人物。没过多久，克兰默留起胡子，使自己看上去像《旧约》里的先知，唱起了一个新调门。有一次布道时，他讲到那个9岁孩子时，拿他比作约西亚（Josiah），约西亚可是以色列的少年国王，其使命就是打破偶像崇拜。小爱德华庄严肃穆地把这话听进了耳朵。尽管在威斯敏斯特大教堂加冕礼上，圣爱德华马刺必须取下，以免绊倒他，他依然是上帝的小十字军骑士。在他的任期内，发生了全面彻底的宗教改革，使得他父亲在世时发生的一切，相比之下，就是暴风骤雨前的微风细雨。

克兰默主导精神领域；萨默赛特公爵兼护国公爱德华·西摩尔提供人手，他们合力发动了真正的改革。1547年，爱德华继位第一年，王室枢密院发布一个特别"禁止令"，禁止了所有的传统习俗和仪式。圣烛节（Candlemas）不许再有蜡烛祝圣。受难节（Good Friday）不得再对着十字架哭泣。圣灵降临节，圣保罗大教堂屋顶上不再放飞鸽子。第二年，没有了宗教协会和兄弟会，取而代之的是教堂里指定的穷人陪审席。任何圣徒崇拜和游行，即使以前躲过了克伦威尔的攻击，这时也全被废止了。没过多久，爱德华亲自过问，在嘉德授勋时，摒弃提到圣乔治的任何说法。古老教堂的碎屑装满手推车和四轮马车：十字架、彩色玻璃、圣衣、器皿、钟塔上的钟都被拿掉了。在达勒姆，一个特别行动队员在圣体节大圣物匣上上下跳蹿，确保将它踩坏。石灰水桶被拎进英格兰教堂，用来涂掉壁画；八成就在这时候，宾汉小隐修院的圣徒壁画被涂白了。礼拜中没有声音或可观景象，"可惜啊，真会扯，"一个女人发愁了，"我们能在教堂干什么啊，既然所有我们习惯的神圣景象都不见了，我们以前能听到的管乐、歌唱、吟诵和管风琴演奏都再也听不到了？"

1549年是爱德华继位的第三年，剔除了名声不好的文学作品，英语翻译的《圣经》取代了文学的地位。整个爱德华任期内，有不下于60种翻译版本的《圣经》出现，所有亨利不想让他们得到《圣经》的福音派危险分子现在都拿得到了。宣道书向普通人解释，灵魂得救是上帝恩典的免费礼物，而这是他儿子的牺牲换来的。一本新的《公祷书》（*Book of Common Prayer*）使英语成为教堂服务的主要语言，这还是史上第一次所有教区都要用它，洗礼时不再用盐驱邪，婚礼上不再做戒指祝福。

想知道爱德华革命是怎么回事，就到格洛斯特郡黑利斯教堂走一趟。几年前，安妮·博林派专员去修道院视察十字架，据说它浸染过基督的血——他们揭穿血迹其实是用蜡和鸭血伪造的。但是，1550年，发生在教堂的事远比这过激。教堂东端，原本供奉着石头祭坛，象征基督血肉的酒和面包的地方，一张普通木桌子放在中央原来高坛的位置，身穿白色法衣、打扮成教区官员模样的祭司，破开面包，递给坐在他身旁的人们。教堂重新设计，昭示着废除了祭司（还是这么叫他）和信众的距离。屏风本来是用于保护弥撒神秘性的屏障，现在它和接受圣餐的信众只一步之遥。他们与祭司汇集在一起，没有留下一点可以产生奇迹转换的空间，只剩一个基督牺牲的象征性回忆。好像这还不够吓人，1550 年某时，祭司邀请信众参加圣餐礼，在教堂里前所未有地说起了英语——"亲爱的"，如此随意的称呼肯定使很多人不知所措；还有，比如受到一个名唤"鲍勃"的教士鞭策，使一些人很不舒服。更糟糕的是领圣餐时，男女分开在桌子两旁，难免使人想起乡村舞蹈的开场。

的确，爱德华时期宗教改革的一个后果，就是两性关系发生重大变化。确实，这时候祭司也能够公开地和妻子生活在一起。托马斯·克兰默是第一位结婚的坎特伯雷大主教，他编了一套英语文本的婚礼服务，首次不提婚姻关系神圣而说婚姻是人类道德关系，"为了互助、社交和舒适……这样，一方应该和另一方荣辱与共"。还有，因为婚姻不再神圣，就可以离婚中止婚姻，爱德华任期内，妇女可以因为丈夫通奸而办理离婚得到自由，这又是一个历史首创；因为这包括丈夫冥顽不化地与偶像崇拜的天主教主义"精神私通"！

此时，英格兰真的是支离破碎，首先是代际分裂。在改革最强势的东南部城镇里，爱德华这一代人关于 1530 年前教会的记忆荡然无存。少年，特别是男孩子目睹所有老物件——纪念品、塑像、玻璃——被特别行动队毫不费力地砸烂，那么，他们也能毫无顾忌地拿过时的教会闹着玩儿，向祭司扔石头，或者让他们在做弥撒时说笑话，还有不自量力者站在街角恶意攻击。一个愤愤不平的天主教徒迈尔斯·哈格阿德（Miles Huggarde），痛苦地抱怨年轻人"在神圣节日里，根本不进教堂，只会成群结队，在货摊边，蔑视过路人，或者说些他们自己发明的聪明话，引用他们的《圣约》"。可是，在诺里奇和伦敦这些地方，一种特殊教堂吸引了年轻人，也是史上第一次可以聆听流动布道，有时候在室外，这成了消遣。实际上，可以去同一个地方——如泰晤士河畔私人花园——前一天看耍熊，第二天则是狂热的清教徒。一个个轮番布道，振聋发聩，关于人类邪恶的演讲，听得人热血沸腾，心潮澎湃：有罪者吓得胆战心惊。这是他们的宗教——圣歌词句已转化为英语韵脚——他们感受到正义之师的成员忠实激情的汹涌波涛。

将新教主义的兴奋呼吁当作是某种愚蠢的反文化代表，怕是小看他们了，要扫除几个世纪以来形式繁复的习俗和不可置疑的权威，那些非常直白的号召既动人心弦又令人毛骨悚然。如果曾经发生过毁灭伪神道和假偶像的事，那也是因为只有这样才能彰显真理福音的纯洁，告诉大家每一个信徒都可以独自在经文里发现真理福音。这真是一次思想解放，基督教历史上第一次认可个人主义，那些经历过这个自由和自足思潮冲洗的人，仿佛获得新生：如饮净水，如吸纯氧。

罗马天主教一向被描述为母亲形象，那么，现在孩子们是时候该长大了，当然，不需要每个人都离家出走。16世纪40年代，在兰开斯特郡和康沃尔郡，年轻人和上辈人一样沿袭旧的生活方式，或者过着比他们更古老的生活。在西部北部，虽然意识到两个抗议克兰默新制度的主教埃德蒙·波纳和斯蒂芬·嘉德纳已经被投入监狱，他们的教区已经指派给了改革派。祭司还是偷偷摸摸、战战兢兢地用拉丁文做弥撒，然而，也有一些下死决心不计后果抵抗的。1547年4月6日，在海尔斯顿（Helston），威廉·博迪（William Body）在康沃尔监督销毁偶像的时候，在教堂前被殴打致死。两年后，在东南部因强制推行《公祷书》引起大规模叛乱，其高潮是围攻埃克赛特的35天，共4000德文郡人和康沃尔郡人死于萨姆普福德科特尼（Sampford Courtenay）的激战中。

更糟的是在牛津郡和白金汉郡，又爆发了反对《公祷书》的叛乱；因为高物价和圈地运动（land enclosure）加上对社会经济不满，在东盎格利亚，3 000名工匠、城市手工艺人和自耕农在诺里奇外面的摩斯赫得·希斯（Mousehold Heath）扎营，起义情势更严峻。他们的头领是制革工罗伯特·凯特（Robert Kett），他"对所有绅士怀着满腔仇恨，视为死敌"，摩斯赫得的造反者特别提出，要禁止地主使用公地或用平民的耕地费养羊。这场叛乱也被镇压了下去，死了几千人，之后，萨默赛特当局威信扫地。一时之间，有动议要请玛丽公主摄政；但是，在沃里克伯爵约翰·达德利（John Dudley，Earl of Warwick）这个大贵族的新首领支持下，克兰默牢牢把握着改革原则。如果说有什么不同，就是只变本加厉，没收多余的弥撒器皿，邀请著名的（或者说臭名昭著，看你站在什么立场）新教徒来英格兰居住，到牛津和剑桥任职。

自然，没有国王本人的大力支持，这一切都无从谈起。当他从孩童成长为少年时，爱德华六世越发显现出得其父真传，根本不是流行传说中脸色苍白的软柿子。爱德华和亨利一样，骑马、架鹰、打猎，乐此不疲；脾气也同样火爆（特别是得不到他认为适量的津贴时）；一样执着地认为自己完全配得上当教会最高元首，只是和父亲有一点不一样，爱德华对旧宗教毫不留恋。他的教育来自——和朋友亲戚一起，同父异母姐姐伊丽莎白，查尔斯·布兰登与玛丽·都铎的孩子们——热诚而知识渊博的新教徒们，包括他的导师约翰·奇克（John Cheke）。他从小就得到灌输，要炸毁愚昧罗马天主教主义者的偶像崇拜，要把它放在首位；要枪弹上膛，随时准备着。在他还只有10岁的时候，就让大家知道教皇"是魔鬼的真正儿子，反基督，是讨厌的暴君"。1550年，他得知同父异母姐姐玛丽不顾1549年的《统一礼仪法》（Act of Uniformity）已经宣布弥撒不合法，不仅坚持天主教崇拜形式，而且毫不掩饰这事儿。为了解决这件事，专门召开了触霉头会议，爱德华自己报告说："玛丽小姐，我的姐姐，来威斯敏斯特见我。致意后，我的枢密院大臣叫她进了一个房间，宣布我已经忍受她做弥撒很久了。她回答道，她的灵魂属于上帝，她的面孔不会改变，也不想假装做些相反的事。"玛丽在感情上忠于她的弟弟，但更忠于旧教会，事实上，之后她增加了弥撒次数，一天两次甚至三次。"当他们命令、禁止我做弥撒的时候，我就想着，和父亲当日在世时有一段时间那样忍受吧，"她说，"我像一个无知的小姑娘，我不在乎自己，也不在乎这个世俗世界，我只在乎为上帝服务和我的良心。"

无疑，玛丽这样坚定的殉道者情结，有着其原因：一是她妈妈的示范及其痛苦经历；二是后来几年，她从玛丽公主降格为非法的玛丽小姐所受的屈辱。但是到她弟弟继位时，她已经不是自以为的那么无助了。1543 年，凯瑟琳·珀尔说服亨利八世，重新把玛丽和伊丽莎白列为王位继承人，还将两个女孩接到她的房子里居住。1544 年画的一幅肖像，珍贵的石青蓝底色，显示玛丽不是传说中邋遢修女那样的怪物，而是一位文艺复兴时期公主，佩戴着珠宝，穿着光彩夺目的法兰西天鹅绒衣服。因为她父亲自觉愧疚，后来慷慨地赠送她大批位于东盎格利亚的宫殿和城堡。玛丽凭自己的地位，就已经大权在握。她还有一个非常有权势的同盟，就是表哥查尔斯五世皇帝；假如不许她做弥撒，他就威胁说要开战；因为他好客，玛丽曾试图逃离克兰默的福音派体制，要投奔他。

1552 年春夏，爱德华感冒了，发烧不止，后来恶化成呼吸道感染。福音派的守护人们很明白必须采取一些极端措施，否则玛丽要把英格兰拉回到宗教改革前的那个样子。15 岁的病重国王与约翰·达德利也就是这时的诺森伯兰伯爵密谋，要阻止这个灾难发生，诺森伯兰动作敏捷，让儿子吉尔福德·达德利（Guildford Dudley）和简·格雷（Jane Grey）小姐结婚；她是那对著名的私奔者查尔斯·布兰登和玛丽·都铎的孙女，非常可靠的新教徒。爱德华肺部感染（不是肺结核）持续恶化，肺部化脓，迫使他长时间一阵阵地咳嗽。简·格雷和吉尔福德·达德利被命令赶快生育继承人，越快越好，但还是来不及了。1553 年 4 月 13 日，爱德华去世。诺森伯兰招来简，告诉后者现在她已经是女王了，让人把皇室华盖罩在她头上；但是，作为这场先发制人行动的策划者，他犯了一个非常严重的错误：没有确保先将玛丽锁起来，又把钥匙拿在自己手里。

诺森伯兰对民族情绪和玛丽本人的判断都出了错，这真要命。他的政变根本没有吓倒她，她讨还血债的时候到了，她决心像个十字军骑士那样战斗。她从自己在哈特福德郡亨斯登（Hunsdon）的家出发，向北穿过剑桥郡，在萨福克的福瑞林姆（Framlingham）城堡竖起自己的旗帜。这是诺福克公爵祖先的领地，公爵自己 1547 年起被关了起来，成千上万的人马上集合到她这里。因为长期以来，玛丽在天主教为主的郡里很受绅士和骑士阶层爱戴，这是事实，有些人记得她母亲遭遇不堪，有些人认为她会拯救他们，不再有宗教改革的外国做派，还有的人——也许绝大部分——尽管他们被迫和罗马教廷疏远，仍然相信玛丽应该继承王位，因为她父亲的遗嘱写得很清楚。所有这一切都是玛丽开启自己事业的充分理由，在伊普斯维奇（Ipswich），简·格雷女王海军的水手们哗变了；诺森伯兰自己队伍里的战士逃走，聚集到玛丽旗下。在剑桥，诺森伯兰假装可怜地把帽子扔向空中，喊出"上帝保佑玛丽女王"，想要保住自己的头颅。玛丽骑着一匹白马，眼里含着泪水，检阅了 1.5 万人的队伍。她宣称这是上帝创造的奇迹——谁又能说她说得不对呢？

1553 年 9 月，玛丽凯旋，乘双轮敞篷马车进入伦敦，街上铺满了鲜花。一时间，她看起来要把时钟拨回到从前亨利八世在位期间的那个保守时光。她接见了妹妹伊丽莎白，后者来向她致敬（谨慎地带了 2 000 骑兵组成的小部队）；把波纳和嘉德纳两位主教放出囚牢；让议会赶快废止爱德华任期内的所有宗教立法。但实际上，玛丽的使命更加激进反动，她不只要教会回到 1546 年那个样子，她还想要它回到 1526 年那样：服从罗马教廷。当她宣布解散修道院时卖出去的土地不能恢复，几乎没有人反对，教皇使节红衣主教博尔（Pole）从流放地回来。1554 年，议会上下两院屈服，对 16 世纪 30 年代以来所做的一切含泪悔罪。克兰默受到女王最严厉的指责，以分裂罪被捕，和其他冒犯的福音派主教一起，送进伦敦塔，女王下达命令把教堂壁画重新画出来，恢复十字架雕塑、石头祭坛和拉丁文弥撒。1554 年 11 月 30 日，玛丽正式宣布，英格兰教会回归罗马教廷，命令将这一天（正好赶上是圣安德鲁日）作为以后全英格兰最重要的节日之一庆祝。

只有一件紧要急事在玛丽欢欣鼓舞中投下阴影：岁月不饶人。她已 38 岁，按 16 世纪的标准，要想怀孕的话早已超龄，她的神圣职责却是要生下继承人，确保英格兰忠于罗马。她一直把查尔斯皇帝当作保护神，因此选他儿子西班牙的菲利普做丈夫才顺理成章，议会对此震惊不已，恳求她转而在英格兰范围内选择；甚至超级保守的加德纳主教也想打消她这个念头。坚定不移的女王小小地发了一通脾气，抗议说如果被迫与不喜欢的人结婚，她会在几星期内死去，不可能生出继承人。保护英格兰最好的办法莫过于和菲利普结婚，他只有国王头衔，却要起誓保护、保存英格兰国体；如果女王死在他之前，他也被排除在继承人之外。菲利普本人其实没有兴趣将火刑引进到伦敦街头。但是，尽管采取了这些预防措施，这桩与西班牙的联姻，无疑让大家对女王的喜爱一落千丈，而且无可挽回。"女王打心眼里就是西班牙人，"他们这么说，"爱西班牙胜过英格兰。"

当托马斯·怀亚特带领 3 000 名绅士和平民，从肯特一路来到伦敦城门口，似乎应验了悲观者的预言；他父亲是从前爱慕安·博林的那位诗人。爱德华在位时已经流行，并且大家公认重要的词——共同体与自由——是怀亚特宣传的显著特点。在宣传中他把自己包装成英格兰自由的保卫者，发誓"废除、阻止外国人"，至少在某些人的思想里，新教主义和爱国主义开始联系起来。

玛丽见风使舵，戴着王冠穿着国服，来到公会堂（Guildhall），声称（有点儿傻）是因为枢密院请求她结婚。如有不满，可以在议会讨论这事，但是当前人民必须和她站在一起反对叛乱。那么大家就站到她一边，2万多伦敦人志愿保卫城市。怀亚特的军队没能打进拉德盖特（Ludgate），随即迅速溃败、散去，他的事业和人生都败光了。自然，玛丽认为这又是上帝的功劳：标志着上帝赞同她的婚姻。1554年7月，婚礼在温切斯特天主教堂如期举行。菲利普大胆和气地对待他的大龄新娘，不像威尼斯大使，描述玛丽此时"没有眉毛，她是个圣人，穿着古怪"。西班牙随行人员发现英格兰人"苍白、粉红、爱吵闹"，从天主教堂出来时，他们赶上了经典的英格兰夏天气候，一阵瓢泼大雨。但是，没什么能浇灭玛丽的欣喜，在她孤独的人生里，生平第一次，她相信她有依靠了，她甚至相信菲利普是完美无缺的纯贞君主（这也好，她永远都不知道婚礼后几个月内，他就带着两个情妇去了荷兰），现在，有上帝和菲利普的帮助，她可以开始清洗被异端污染的英格兰了。

1555年火刑开始出现。三年内，玛丽烧死了220个男人和60个女人。开始时，火刑使人们警醒，到后来火刑使人们——不止新教徒或温和的天主教徒——感到恐怖。1555年11月，克兰默的死敌，年迈的加德纳主教临死前，大声疾呼反对火刑。菲利普及其最亲近的一些大臣都被玛丽日益狂热的激情惊得目瞪口呆，预计这会使人民疏远王室，他们猜中了。

玛丽开头就强调要展示审判，报复爱德华时期的宗教改革（可那时没有一个天主教徒被绑在火刑柱上）。第一批被烧死的人中有格洛斯特主教约翰·胡珀（John Hooper），他缓慢地死去，因为扔在柴堆上的火药没有爆燃。接下来是伦敦主教尼古拉斯·里德利（Nicholas Ridley）和沃奇斯特主教休·拉蒂默（Hugh Latimer），二人被带到牛津，进行荒谬的审查，正式裁决他们的观点该当死罪。1556年2月14日，他们在百老汇街被绑上火刑柱。不久拉蒂默告诉自己共同赴死的同伴："里德利大人，坦然面对做个男子汉吧。今天，我们将在英格兰点亮一支蜡烛，这是上帝的恩典，我相信这蜡烛永不熄灭。"对托马斯·克兰默的审判也放在牛津，他被迫站在高高的基督教天主堂十字架上（就是他自己热衷于销毁的那种东西），听取据说是他带给英格兰的罪恶连祷文。克兰默抵抗了一会儿，然后，发布了给他的火刑令。他屈服并签署一份放弃新教信仰的声明。如果克兰默指望这能保命，那就错了，相反，女王要求他在牛津大学的圣玛丽教堂正式声明悔罪，之后还是要烧死他。出乎意料的是，克兰默没有说什么赎罪悔过的话，而是公然重申自己的新教信仰，他咆哮着："至于教皇，我拒绝认同他，因为这是反基督的。"[1]克兰默被人从讲坛上拽下来，拖到火刑柱上去，火点起来后，他将签署放弃新教信仰伪声明的手伸进火焰里，以示对其不诚实的惩罚。

　　玛丽烧死的绝大部分殉教者都是一般角色——织布工、蜡烛工、刀具制作者——很多人都很年轻，属于自己阅读英语《圣经》寻找真理并体会到兴奋的一代人。像罗林斯·怀特（Rawlings White）这样的人，他是个文盲渔夫，出钱让儿子上学，学会阅读后，儿子每晚饭后给他朗读《圣经》；一个穷瞎子女人德比郡的琼·威斯特（Joan Waist）攒钱买了《新约圣经》，付钱请人读给自己听。诸如怀特、威斯特等人简单有力信仰的生动事迹都记录在册。这本书比任何其他书，都更能定义英格兰新教；或者，毋宁说，它重写了历史，从而在某个意义上说起来，一直就是上帝的意志使英格兰命运和罗马教廷分开。这本书的名字是《殉道史》（*Book of Martyrs*），也叫《行状录》（*Acts and Monuments*），作者约翰·福克斯（John Foxe），1563 年伊丽莎白在位时首次出版。这书图（木刻）文并茂，把玛丽火刑变成了英格兰牺牲和救赎的民族史诗，正如基

---

[1]　新教认为，只有上帝是唯一最高的裁判。——译者注

督为拯救人类牺牲了自己，受玛丽火刑的烈士们也是为了从外国暴君和
反基督的统治下拯救英格兰而死。

蒂莫西·布莱特（Timothy Bright）本来是个医生，后被授予神职成
为教士，1589 年以方便携带的四开节略本（quarto format）出版福克斯
的这本书，使它的影响达到最广；这时正逢英格兰侥幸逃过西班牙无敌
舰队（Armada）打击。到这时候，毫无疑问，英格兰民族的命运历史都
与新教主义息息相关；福克斯给予遇难烈士事迹的待遇仿佛更加证明他
们不仅是精神牺牲品，某种角度来看，还是爱国者，不消说福克斯的书
是宣传品，但它也包含着一个基本道德核心真理。不用说，玛丽的父亲
在别处焚烧过更多异教徒，绝大部分人沉默不语，历史上关于"血腥玛
丽"急躁的老套说法，比起在位时玛丽不可言说的残暴，那些都不足以
冲淡她穷凶极恶的罪行。

事实上，越来越多人觉得玛丽和她的政府有些不对头，两次有消息
说她怀孕了，两次最后都没动静，菲利普对自己作为丈夫和伙伴的关系
深感不安，两次离开，女王承受着幻想破灭的痛苦，还得了卵巢癌或宫
颈癌。1557 年丢了加莱（Calais），真是丢脸，这是金雀花帝国最后的碎
片——凑巧的是物价飞涨，城镇失业率高企——痛苦中的英格兰恍如又
经历了一场瘟疫。托马斯·斯密斯（Thomas Smith）是激动人心的伊丽莎
白时期的人。他说："我从没有看见英格兰缺钱、缺人、缺有钱人……什
么都没有了，只剩罚款、绞刑、大卸八块、火刑、征税、乞讨，还弄丢
了海外堡垒。只那么几个祭司，竖起六英尺高的十字架，就把持了一切，
以为万事大吉。"1558 年 11 月 17 日，玛丽想着她那宗教主张不太可靠
的妹妹伊丽莎白要继承王位，在巨大的痛苦和屈辱中死去。她还设法签
署了两张额外的火刑许可证。

一开始，伊丽莎白就表明她要废除玛丽反宗教改革的过激部分，祭
司在皇家小教堂里点亮蜡烛时，被告知灭掉它，"因为我们看得很清楚"，

但伊丽莎白是要恢复她父亲保守的改革教会，还是要她福音派弟弟的那种教会，谁也说不准。1559 年，颁布《统一礼仪法》试图找到一条中间道路，让天主教徒和新教徒二者都可以实践自己的信仰，革除了弥撒，再一次引进《公祷书》，但鼓励祭司单身，圣徒纪念日还保留在历法里。这样给各教区留下了很大回旋余地。

伊丽莎白不像她父亲自封"最高元首"，而是别出心裁，弄了个"最高统领"（Supreme Governor）头衔，毕竟她要结束宗教战争，它已经在英格兰政体上撕开了一道深深的裂痕。在她的同父异母弟弟、姐姐的任期内，英格兰人关于真理、信念、服从的说法相互排斥，各自为营，两极分化情况不减只增。16 世纪 60 年代，英格兰天主教徒可以同时忠于教会和女王，但他们只能接过伊丽莎白的赏赐，这只在英格兰教会范畴里起作用，可惜大部分人不满，认为这样不够；对罗马教廷而言，这又简直不值一提。因为 16 世纪 60 年代，反宗教改革派扮演挑起不调和战争的角色，矛头直指中心，不达目的不罢休，不允许忠实而与世隔绝的英格兰天主教贱民进入英格兰新教所指的异教徒教堂。如果在公开情况下，他们被迫顺应环境以免遭迫害，那么暗地里他们不得不找到秘密教堂，继续遵守老规矩。这时候，他们的职责是在英格兰之外——从西班牙、苏格兰的天主教女王、教皇那里获得帮助。1570 年，教皇宣誓，任何刺杀伊丽莎白一世的人都会成为殉道者升入天堂，得到他的祝福。

不用说，隔绝神职人员，对教会来说就是判了死刑缓期执行，因为它的礼拜形式依靠祭司来完成。剥夺公开礼仪，就是彻底摧毁公共社区的整体感，这是旧教会赖以壮大的根基。那么英格兰天主教还剩下什么？是一种地下存在，一种流动教会，寄托于方便走私藏匿的物件：

　　　　小册子、微型雕像、珠宝、念珠串。在外国神学院训练的英格兰天主教神父走私进来，结果是送死，或者躲在富裕又有权势保护他们的天主教徒家里。因此，英格兰天主教最后是这样的：它在神父洞里找到了一席之地，原本在龙梅尔福德（Long Melford）隆重壮观的游行，降格为慌忙夺路的信仰。

第七章

女王的身体

　　高德福雷·哥德曼（Godfrey Goodman）开始爱上伊丽莎白一世的时候才 5 岁，而她已经 53 岁。很久以后，当查尔斯一世在位的时候，他成了格洛斯特主教，依然记得 1588 年——正是西班牙无敌舰队猖狂的紧张年份——的那个傍晚，当时他家住在"圣克莱蒙教堂附近的斯特兰德街上尽头，突然有消息说（是 12 月的傍晚 5 点左右，当时天很黑）女王要到枢密院来，你想见女王的话，就快去"。高德福雷和朋友们撒开双腿飞奔过去，穿过伦敦街头到了白厅宫（Whitehall Palace），只见院子大门口两边站满了人，火把照亮四周。大约一小时后，伊丽莎白"很气派地"出现了，然后我们喊："上帝保佑你，陛下。"然后女王转身，对我们说："上帝保佑你们，我的所有好子民。"然后我们再喊："上帝保佑你，陛下。"然后女王说："你们也许以后会有更伟大的君主，但是不会有更可爱的君主了。"……这一幕给我们留下了如此深刻的印象……第二天我们一整天什么也没做，尽说着她是多么可爱的女王，我们这辈子要怎么卖力地为她效命。

　　她对所有人都有这种魔力，尤其是男人，甚至当他们上了年纪，本来应该更加洞察世故却仍然难免。来自泰晤士河畔瓦尔顿（Walton-on-Thames）的约翰·塞尔文（John Selwyn）下定决心要向伊丽莎白展示自己的阳刚之气。一次在奥特兰兹（Oatlands）皇家公园打猎时，他从自己的马上跳到牡鹿背上，骑着它来到女王面前，接着用剑割断牡鹿喉管杀死它；毕竟，她被当成了戴安娜（Diana）[1]［更别提贝尔弗比（Belphoebe）、辛西娅（Cynthia）、阿斯脱利亚（Astraea）与塞林克斯（Sirinx）][2]。尽管诗人和叙事歌谣作者们都歌颂她为女神，但是很明显伊丽莎白一世也是凡胎肉身。她无能、傲慢、恶毒、残忍，常常不公，更多时候优柔寡断得令人发狂：换言之，一个真正都铎家族的人。可同时，她又勇敢、聪明、能言善辩、看着赏心悦目，偶尔也有真知灼见。她魅力十足，处世精明；不论对方地位高低，她都具有非凡的洞察力。事实上，她才是不列颠历史上第一位真正的女政治家。极少因为恐吓而退缩，她也明白，说到底只有基于奉献的忠实才最牢固。那么，这种奉献是否大半因为她刻意控制公众形象才引起的，就无关紧要了。我们历史上哪个政权不这么做？伊丽莎白成功地做到使英格兰人为自己是英格兰人而高兴（不小的成就），让他们感到她比他们更在乎这一点。人无完人，但她的情况是，她是一国之君，唯一的问题是——是个大问题——她不能生育。

1603 年 2 月，忧伤笼罩着伊丽莎白，同时她十分痛苦。因为喉咙溃疡，她咽不下食物，只能用调羹送一点点汤汁进入食管。双手长期受风湿病折磨，此时廷臣已不再吻她的手指，它们肿胀得太厉害，女王的加冕戒指已深深地嵌入了肉里，因而决定要锉掉它。不管她是否真的在加冕礼上展示过这戒指，表示她和人民绑在一起的婚礼标志，多年来，每个人都相信了这一点。一个叙事歌谣作者写她对她的追求者——快乐的英格兰，这样唱道：

> 这是我的手

---

[1]　戴安娜，狩猎女神。——译者注
[2]　希腊神话中的童贞女神。——译者注

> 我的爱人英格兰
>
> 我全心全意都和你在一起
>
> 永不离弃
>
> 你可以确定
>
> 直到死亡分开咱俩

这时，分离的时刻到了。

当然，大家都认为她长生不老，"semper semper eadem"（从来都一样），据说这话是她那不幸的母亲的座右铭。她越上年纪，肖像画家就越往年轻里画她，三角胸衣上从来都是洋丁香、三色堇盛开。1602年，即她死的前一年，诗人约翰·戴维斯（John Davies）还在坚持献殷勤：

> 时光为她留驻
>
> 青春与美
>
> 依旧充实在
>
> 她的眼眸和两颊

奇怪的是，尽管她戴着俗气的假发，牙齿黑、胸脯瘪塌（这是最后发现的，而且符合处女状态），像威尼斯大使斯卡里内利（Scarinelli）这样的外国人，看着珍珠以梨形环绕她的额头，也还是觉得伊丽莎白的美"尽管已逝"，但是居然没有完全消失。日耳曼人托马斯·普拉特（Thomas Platter）发誓，他在面具下看到的是个年轻女人，"不过20岁的年纪"。她在圣母报喜日（Annunciation of the Virgin）前一天去世，据说"死得安详，如苹果成熟从枝头落地"般；从她身上除下的内衣，就看得出是少女身形：蜂腰、窄臀、肢体修长。

根据医生的说法，女性身体如果没有完成上帝赋予她们的任务，就有染上萎黄病或叫"缺绿病"这种处女病的危险，呈现标志性的"黑黝黝的鼬鼠"颜色。因此，女王的情况尤为不同寻常。这本是女性卵子没有消耗，衰败后腐蚀到身体上部的结果（现代医学认为卵子存储在卵巢里）。1554 年，约翰·兰格（John Lange）第一个发布缺绿病的诊断结果，建议通过有益的性交排出有害身体的卵子。曾有一个时候，伊丽莎白一世的枢密院大臣们非常希望她能这样做，这是为她自己好，也是为了英格兰；因为二者实为一体，众人希望伊丽莎白找个丈夫，生下继承人，以便保持英格兰的和平、信仰虔敬，还有，保证繁荣，但她没有这样做。此刻，他们将她的遗体放进墓里，尚且有人认为伊丽莎白辜负了英格兰。不必说，她非常独特，一个人挑起英格兰的重担，但她也已经警告了每个人可能到来的危险。登基之初，她就说自己有两个身体，一个是"自然思量的身体"，是女人；但另一个，是上帝应允的，"政治的体格，用来统治"。以后她逐步调整，使前者服从后者，发明了君主制历史上的创新：雌雄同体的处女君王。

她永远逃不过性别政治，生物学让她母亲做了王后，又害死了她。1542 年，安妮·博林死后 6 年，伊丽莎白 8 岁，当然开始明白父亲宫廷的旋转门，或者至少继母们走马灯似的来来去去。亨利八世外出打猎，她的表亲凯瑟琳·霍华德（Catherine Howard），因为和另一个表亲托马斯·卡尔佩帕（Thomas Culpeper）有染被宣判处死。因此，如果说女人受制于欲望，而不受理智控制，那么霍华德家的女性更容易在这上面栽跟头，但是凯瑟琳·霍华德一点儿也没有减轻安妮·博林的罪孽和罪行，对安妮的谴责一直是乱伦、通奸的女巫。伊丽莎白的舅妈她母亲的嫂子罗奇福德夫人（Lady Rochford）怂恿卡尔佩帕接近凯瑟琳·霍华德，这个事实怕也于事无补。有句老话说，孩子喝谁的奶将来脾气就随谁，谁知道伊丽莎白的都铎血统有没有让女巫的乳头给玷污了呢？

因此，既然这个红金色头发的女孩子有嫌疑，就特别需要一个监护人；更要紧的，这监护人得想着她的长处，而不把她想成坏孩子。在最后一个继母凯瑟琳·珀尔（Catherine Parr）身上，伊丽莎白终于找到了这么一个保护女神，她是亨利八世的第六个王后，正是她说服他将两个女儿重新列为继承人，1544 年，议会正式通过这条法令。凯瑟琳把伊丽莎白接到自己在切尔西（Chelsea）的家中，短短的一段时间后，伊丽莎白感受到赞同甚至喜爱，她放松下来，她那坏脾气厚脸皮的父亲，把溃疡的腿搁在凯瑟琳王后的膝盖上，一边微笑着表扬她，这时她是美德的活化身了，而不是罪孽的提示。1545 年，这个 12 岁的女孩呈给父亲一个本子，她自己的法文、意大利文和拉丁文翻译合在一起，是王后的典范《祈祷与沉思录》（*Prayers and Meditations*）一书，用深红色的布面装订，交叉绣着亨利和凯瑟琳的名字首字母，以金银线缝制。重新获得宠爱后，伊丽莎白和弟弟爱德华也亲密起来，毕竟，他只比她小 3 岁。1547 年 1 月，亨利去世的消息当着姐弟俩一起宣布，旁边的爱德华扑到姐姐怀里啜泣。他俩拥有相同的老师，包括令人敬畏的学识渊博的剑桥人文主义者约翰·奇克。他没有因为当时所谓女性头脑简单的成见，对她的教诲退而求其次。1548 年罗杰·阿斯克姆（Roger Ascham）教过她，他给另一个学者朋友写信，赞叹：

> 她的头脑没有女性的弱点，为人坚韧如男子，学得快又记得牢。法语和意大利语说得与英语一样流利，常和我用拉丁语对话，出口成章，希腊语稍逊。她书写的希腊文拉丁文，其优美可以说世上罕见。她喜爱音乐，又精通音乐。着装优雅而非炫耀。

阿斯克姆可不是一般谦恭的大学老师，而是会因为受聘于宫廷就得意扬扬的那种人。他的话分量很重，他是当时的一代书法宗师，当然正是他教会伊丽莎白写得一手好字；他提倡严格的"对译"法，就是让学生拿已经译成英文的拉丁语文章，在还没有读过拉丁文原文的情况下，

再翻译成拉丁文。阿斯克姆还是剑桥大学的公共演说家，因为这个角色，
他给伊丽莎白看西塞罗的《论演说家》（*De Oratore*）。这个稀奇古怪的念
头是要培养这个十几岁的女孩子，做绝大部分人都认为根本不适合女性
的事：公共演讲术。她的姐姐玛丽有时候表现出一些技巧和勇气，但从
一开始，伊丽莎白的政治武器兵工厂里最强大的武器就是修辞。她总是
自己起草演讲，还要几易其稿。她在位的开头几年，这些演讲由男性朗
读；没多久，伊丽莎白开始自己念，效果出奇的好。她抑扬顿挫的演讲
或强硬或诱导或嘲讽或威吓，只要她一开金口，对手和批评家们就退缩，
因为他们知道自己没好日子过了。

在爱德华的明确要求下，这位十多岁公主的肖像被画了出来，是一
副文艺复兴楷模的样子：虔诚又有学识。国王叫她"可爱的贞洁姐姐"，
后来成为她处女标识的珍珠，这时候已开始装饰她。机敏聪颖的面庞，
坚毅的下巴，长而挺括的鼻子，左手指着书页，仿佛被打断而不耐烦地
要继续读下去。甚至在她还要对个人品质略作自谦时，伊丽莎白已经晓
得自己力量何在。"这副面孔我也许要脸红一下，"她给国王弟弟写信说，
"但是，我永远不会羞于表达思想。"

那时她还没有脱离嫌疑。直到 1558 年 11 月 17 日她成为女王之前，
伊丽莎白的生活都在澄清自己和忍受耻辱中平衡得很好。她用博林家的
黑眼睛观察，知道自己被人盯梢，但她是个少女，和她母亲曾经时一样
贪玩，而且她不可避免地有放松警惕的时候。有一次差点儿就毁了她。

那是最出乎意料的时刻，爱德华六世刚当国王的头几年，是伊丽
莎白年轻时过得最舒心的日子，直到那次丑闻打断了这段时光。到那时
为止，无可指责的基督徒王后亨利八世的遗孀凯瑟琳·珀尔引起大家的
惊讶，居然和她从前曾经谈婚论嫁的那个男人结了婚。当时原本就是亨
利八世横刀夺爱，他是海军上将托马斯·西摩尔（Lord High Admiral,
Thomas Seymour），也就是爱德华六世的舅舅，其兄爱德华·西摩尔是

萨默赛特公爵兼护国公（Edward Seymour，Duke of Somerset and Lord Protector），那是英格兰最有实权的人。托马斯 38 岁，长得一表人才，野心勃勃。凯瑟琳很快就怀孕了，对某些人来说可能是太快了一点，根据 1549 年针对西摩尔的证词，这正是麻烦开始之时。

托马斯·西摩尔和凯瑟琳·珀尔结婚前，曾想过也许他可以和伊丽莎白配成一对，那时她只有 14 岁，但按当时的贵族标准已经算到适婚年龄了。他的哥哥、护国公得知这一鲁莽想法后感到震惊，断然制止了他。可是，当伊丽莎白在格洛斯特郡苏德利（Sudeley）城堡西摩尔家（Seymour ménage）小住几个月时，海军上将把开玩笑般的打打闹闹变成了某种和调情差不多的危险行径。伊丽莎白的家庭女教师凯特·阿什利（Kat Ashley）说，他一大早只穿着"睡衣……赤脚"就进入她的卧室，"她还没有打扮停当"。

> 如果她已经下地，他就对她说早安，问候她，亲昵地在她背上或屁股上拍打……还有如果她还没有起床，他会拉开窗帘……装着他要扑过来的样子，她就往床的里面去，要躲过他。还有一个早上，他力争在床上吻了她，那时这个应讯者（凯特）在场，就叫他出去，说他可耻。

那么，凯特·阿什利这么说的时候，她是笑着呢还是皱着眉头呢？拍屁股是不是无心取乐，就和英格兰人有名无实地表示喜爱身体接触的说法一样？或者，是邪恶舅舅要染指王位继承人？因为有时，如果说真的是这样，凯瑟琳自己也会参与进打闹里来不让伊丽莎白动弹，而同时海军上将把她穿的一件黑色连衣裙砍成了条条。过一会儿，凯瑟琳就沉下脸来停住了笑声。她怀孕了，开始"怀疑海军上将常常接近伊丽莎白郡主（Lady Elizabeth's Grace）并且会突然过来出现在他们面前。他俩会单独在一起（他环抱着她）。这样，她就和海军上将与郡主两个人都吵了起来"。12 岁时娴静的伊丽莎白，给过凯瑟琳一本她自己翻译的《纳瓦拉的玛格丽特罪恶灵魂沉思录》(*Marguerite of Navarre's Meditations of a Sinful Soul*)，是对非法情人乱伦的警示。这时候面具揭开，让人大吃一惊，她原来是个戏弄人的小家伙；或者，最起码，伊丽莎白成了西摩尔罪恶不轨图谋的牺牲品。为了大家都好，她被打发走了。

可是，这只是个开头，伊丽莎白走后几个星期，凯瑟琳·珀尔死于难产。托马斯·西摩尔毫不气馁，着手阴谋推翻哥哥还要取而代之，要绑架爱德华六世，让他和简·格雷小姐结婚，他来做新的护国公。他喝得微微醉醺醺地走到国王卧室门外，爱德华的西班牙猎狗忠于职守，一通狂吠，这个阴谋败露了。西摩尔被捕，押去伦敦塔，对他的指控多达 33 项。其中之一就是不经枢密院同意计划和伊丽莎白结婚，这就是一个无可争辩的叛国行为。

凯特·阿什利和伊丽莎白的管家一起接受讯问，她也在苏德利见证了发生的事，说出公主卧室里嬉笑打闹的所有细节，使审讯者罗伯特·泰威特爵士（Sir Robert Tyrwhit）大为愤怒；尽管如此，凯特拒绝指控公主有任何针对国王、枢密院或英格兰的阴谋。当问到伊丽莎白自己时，令人不快的记忆一定飞快闪过——人家告诉她的她母亲和表亲凯瑟琳的事——然而，与往常深陷困境一样，伊丽莎白利用了强大的坚毅内心。她平铺直叙地说出事实，既不回避也不减轻，承认自己知道西摩尔想和她结婚的野心，但否认她曾给他哪怕再细微的鼓励。她向护国公萨默赛特申明自己在西摩尔计谋里是无辜的：

> 我的大人，泰威特老爷和其他人告诉我，外国有谣言，玷污我的名誉和清白（二者我都非常珍惜），说：我在伦敦塔里，怀了海军上将的孩子。我的大人，这些都是无耻诽谤；因为它，我迫切希望、必须觐见国王陛下，此外，我最衷心地希望面见阁下您，请

尽快决定准予我到法庭，以便将我本人的真实面貌呈上并展示给大家。

> 1 月 28 日急就于哈特菲尔德（Hatfield）
> 请您为诚实的朋友略尽绵薄之力
> 伊丽莎白

请各位记住，她只有 15 岁，写的信读来这么毫无心机，可是要大费周章。她一定吓坏了，但伊丽莎白还是沉着的，请求实际上几乎是命令护国公发布一个声明"给乡村"（各郡）命令人民"停止传谣，宣布传闻只是谎言"。甚至她可能还没有她妈妈命运的记忆，伊丽莎白就已经在战斗，而安妮在当时是做不到的，就是保护自己的根本资产：能给她预留王位主张的好名声，也能给她强大有力的婚姻，没有人会要一个不贞洁的公主做新娘。

1549 年，倒霉的托马斯·西摩尔被处决了。临死前夜，他用身上连接袜子与紧身上衣的蕾丝边的金属箍，给伊丽莎白和玛丽二人写了懦弱悔恨的辩白信。他的这种幼稚行为表明他深爱她俩。自然，这两封信都没有送到收信人手里。

这是无情的关于两性政治险境的早期教育。伊丽莎白不安地意识到她随时可能成为含沙射影的牺牲品；后来，她的同父异母姐姐玛丽，让她任期内的第一届议会宣布自己的母亲也就是阿拉贡的凯瑟琳与亨利八世的婚姻合法，这就使伊丽莎白又一次成为私生子；她忧虑发愁也没用。尽管没有人胆敢正式取消她的王位继承权，但是，在宫廷里，连亨利八世姐妹的女儿们的排序都排在她前头，她还被当作潜在的新教反抗中心而被监视，这些都侮辱了她。当怀亚特[1]徒劳地尝试阻止玛丽和西班牙的菲利普结婚时，伊丽莎白又被卷进非常严重的困局。断头台上，怀亚

---

[1]　怀亚特，诗人托马斯·怀亚特之子。——译者注

特坚持伊丽莎白事先不知道这个计划，伊丽莎白否认收到过据说是他寄给她的信。但无论如何，她被软禁在圣詹姆斯宫，接着传来不祥的命令，女王和枢密院要将她挪到伦敦塔去。那个两星期女王的表外甥女简·格雷，还在里面等着死刑。高墙外，怀亚特叛乱分子的内脏被取出后的残骸还挂在绞刑架上。

在被驳船送去监狱的途中，伊丽莎白突然记起护国公萨默赛特后来也被处死，他临刑前说的话：假如当时他答应弟弟托马斯见了他最后一面，也许他不会判处托马斯上断头台。这不无道理，伊丽莎白此时明白了，只有面见玛丽才能保命。因此她着手动笔写信，坚持自己是无辜的，引用了萨默赛特的自责，恳求女王接见她。她才思敏捷，只见她十指纤纤，开头几句书法紧凑优美，后面思绪和言辞激动起来，字母写得大了，笔走龙蛇一般。到底下，为了防止别有用心之辈添油加醋，损害她的意思，伊丽莎白画出潇洒的斜列线，龙飞凤舞地倾泻在页面上，直如泰晤士河上的波浪涌动。她写着写着，不知不觉间，泰晤士河水涨上来了——到她写完，伦敦桥下的水位已经无法让驳船通过送她去伦敦塔了，谁说写得一笔好字不能救你一命？

第二天，他们用舢板送她去伦敦塔，不是传说的从叛国者门（Traitor's Gate）而是从旁边的商人入口进去。这可不是什么好地方，据传说伊丽莎白坐在潮湿的石块上，眼里噙着泪水，声音不高，对自己的几个随从说："我请你们，所有我的好朋友好伙伴，为我作证，我不是叛国者，我只是个女人，请你们任何人，只要活着就为我在女王面前作证。"伊丽莎白在伦敦塔里待了两个月，关于她的食物，有过争执。玛丽女王坚持她要和任何其他囚犯一样在上尉的桌子上吃饭，而不是自己预备。她可以在比彻姆（Beauchamp）通往钟塔的小路上走走，但有人监视她。1554年4月，她被释放带去里士满宫，杯弓蛇影中她以为这将是自己的行刑之地。但在伍德斯托克软禁一年后，她终于见到玛丽，后者对伊丽莎白"仍然坚持事实真相"不满。

这一次生物学成了她的朋友，担心玛丽所谓怀孕不是预示生命而是死亡。她的丈夫菲利普国王采取谨慎的步骤，与伊丽莎白和解，打消玛丽把她剔除出王位继承人序列的念头，实际上，是他说服女王释放了她。菲利普打的算盘是，让伊丽莎白和一个适当的天主教君主结婚，借此占得先机，在信奉新教的英格兰讨到便宜；尽管伊丽莎白为自己的自由，感激他的所作所为，却并不想拱手交出自由，她给玛丽写信抗议：

> 我极喜欢这种状况（单身），告诉自己没有其他生活能与之媲美……将来会怎么做，我不知道；但此时此刻，我以人格和忠心向你保证，只要上帝垂怜，我对你声明不做其他考虑，即使给我全欧洲最伟大的君主，也不会改变我的想法。还有，愿女王陛下明鉴：我的答复基于处女的矜持而非任何草率决定。

到 1558 年秋，除了玛丽自己，每个人都心照不宣，她的腹部隆起是肿瘤而不是怀孕。焚烧异教徒的刑罚仍在继续，但此时去往伊丽莎白居住的哈特福德郡哈特菲尔德宅的大路上，忠心耿耿的英格兰贵族络绎不绝，争先恐后地来表忠心；西班牙大使法里亚伯爵（Count Feria）也在其中，他看到两位铎王朝同父异母姐妹的命运大相径庭，感到不安。"她是个非常自负的聪明女人，所受教育一定饱含其父处世之道，我生怕她对宗教事务不十分友好……全英格兰上下没有一个异教徒[1]或叛国者不是开心地感到起死回生一般赶来她身边。她意志坚定，不会被任何人操纵。"

1558 年 11 月 17 日，来自伦敦的信使送来了等待已久的消息，我们历来珍视的传统说，伊丽莎白听到姐姐死讯时，正坐在或站在一棵古老橡树下，接过玛丽手上摘下来的戒指戴到自己手指上，然后面对大

---

[1]　西班牙信奉罗马天主教，所以大使称英格兰新教徒为异教徒——译者注

树跪下，用拉丁语说了《圣经·旧约·诗篇118》里的一句诗："这是上帝所为，在我们眼里视作神奇"（A domino factum est mirabile in oculis nostris'，即 This is the Lord's doing and it is marvellous in our eyes）。

这是全英格兰历史上我们最熟悉最珍贵的一幕：橡树下的黄金女孩，即将开启全民族的伟大时代，其中大树扮演的支柱角色带来至关重要的神秘色彩。英格兰历史大多有橡木影子。据说古代布列塔尼人就崇拜它们；绿林好汉托庇于它们；逃亡的国王们藏身其中；橡木树芯做的船只航行在大海上，打败了各个帝国。只有到了下个世纪——比如，在约翰·伊夫林（John Evelyn）的《森林志》（Sylva，1664 年）中——才明确说出，古老大树是民族天长地久的象征。哈特菲尔德橡树——树干上布满节瘤，身经霹雳而巍然屹立——是伊丽莎白的第一个忠实支持者。这样一来，实际上，是英格兰从自己的厚实传统里汲取了力量，宣告至关重要的新生。

那么，英格兰人真的这样想吗？毫无疑问，很多人，无论贫富，都急切地指望新君给他们减压。玛丽统治的最后几年里，寒冬萧瑟，收成低得可怜，食品价格飞涨；大路上流浪汉成群结队（据说如此）；瘟疫卷土重来；丢失了加莱，真是耻辱（为菲利普国王打仗的直接后果）。伊丽莎白在加冕典礼［据她的占星家约翰·迪（John Dee）占卜，1559 年 1 月 15 日最吉利］前正式进入伦敦，刚刚用沙砾铺过的路上还有雪，但是一个同时代人说，"唯有欣喜，唯有祈祷，唯有安慰"。当然，盛大庆典和游行都是特意布置的宣传，自有商行会买单，他们热切盼望结束玛丽的各场战事，重归繁华；小心翼翼地设计它们，要讨个彩头，翻开新黛博拉[1]篇章，这年轻女王是智慧、虔诚和正义的化身。根据习俗，所有君王加冕前照例要待在伦敦塔里，伊丽莎白第二次由水路过去，自

---

[1]　黛博拉（Deborah），希伯来传说中的蜂王。——译者注

然，这对她自己和人民都意义不一般，被囚禁的痛苦记忆已经消除，代之以喜庆的期望。登基后的第一次演讲，她把自己的历程比作先知达尼埃勒（Daniel），说自己是经由上帝奇迹般解救才安全地脱离了狮子窝（伦敦塔里还真有几头狮子）。一路上每个环节都是精心安排的，以示她的任期将和她姐姐不同。另一次，肯定是排练过的举动，从一个象征真理的人物手中，伊丽莎白姿态优美地接过一本英语《圣经》，根据官方颂圣的《女王陛下纪事》（*The Queen Majesty's Passage*）一书记载，"她恭恭敬敬地双手捧着，吻了它，贴在胸口，众人见了，甚是欢喜"。

对于最狂热的新教徒来说，这段虔诚哑剧还不足以补偿那段倒霉日子，即玛丽在位时，说得轻巧些是诸事不利；说得重些，是两性间神圣关系的全面大倒退。说女人是"弱者"的陈腐提法最早就是在 1526 年廷戴尔的英语版《圣经》里出现的。紧接着，新教徒关于家庭适当养生的手册里例行公事地重复它，还说女人必须服从男人。那么，英格兰王国这算怎么回事？难道就只是放大版的家长里短？被玛丽流放的苏格兰卡尔文教派（Calvinist）传道者，也是《敲响反对妖邪女人军团的第一记鼓声》（*The First Blast of the Trumpet against the Monstrous Regiment of Women*，1558 年）的作者约翰·诺克斯（John Knox）认为，曾经有那么多女人当朝——玛丽·都铎、苏格兰的吉斯（Guise）家族玛丽、法兰西的美迪奇（Medici）家族凯瑟琳——他深恶痛绝这些妖魔鬼怪，认为这是个瘟疫物种；事实上，明摆着，这就是为什么时代脱榫的注脚。为了与当时的老生常谈一唱一和，诺克斯写道，女人"应该忠贞不渝、坚定不移、小心谨慎，做任何事都要明辨是非、理智，女人在美德方面不能和男人比……我敢说，大自然的确将（女人）塑造成更虚弱、脆弱、急躁、衰弱、愚蠢，向来的经历也表明了他们确实不忠、多变、残忍，无知、缺乏严格管理的精神，还有……所有女人的本性里都潜伏着这些恶习，她们做不了好统治者"。

诺克斯得知伊丽莎白继位，顾虑到不能损害英格兰新教政府的机会，写信给女王的新国务大臣威廉·塞西尔（William Cecil），解释（尽管不是撤回）他的谩骂，诺克斯和其他批判女性统治的批评家们一样，心里准备让步，承认伊丽莎白也许是个特例，她是上帝派来实现恢复福音意愿的人。但他坚持，她必须承认，对全能上帝的正常秩序来说，女人统治"有失体统"；他这么做也并非精心设计要来讨好年轻的女王。只是，就在英格兰境内，赞同诺克斯观点的大有人在，新教教堂里，布道时诵读的《婚姻状态讲道》（*The Homily of the State of Matrimony*）反复宣讲，女性身体固有的失败即"所有不堪一击的疾病"连祷文。后来的伦敦主教约翰·艾尔默（John Aylmer）写的《忠诚子民的庇护所》（*An Harborowe for Faithfull and Trewe Subjects*，1559 年）被认为是反驳诺克斯的小册子。不管怎么样，他也只能这么写：上帝又选了一个女人做统治者，她"天性懦弱、身体脆弱、勇气不足、没有手段、不能震住敌人"，这个令人不解的抉择，只能解释为上帝在考验他自己产生奇迹的能力。

统治阶层里（及以外）的每个人都相信要用婚姻来纠正这一不幸，只是他们坚持（也许伊丽莎白自己感觉到了）她不能在侍候丈夫时有悖良心，又要无损君王权威；艾尔默巧妙地引用君王两个身子的简便说法。他说，作为自然女性，伊丽莎白当然是丈夫的附属；但作为君王，她只听从上帝而不服从任何人。这样讨论了丈夫的权威问题后，议会发起请愿，要女王在 1559 年 2 月结婚。伊丽莎白也不一定如多数传记作者想的那样排斥婚姻。爱德华在位期间，瑞典的埃里克王子（Prince Erik of Sweden）曾经为自己提亲；的确，她问过同父异母弟弟，也许她不"保持那种状态，虽然那时大家都最喜欢我，我也喜欢这样"，即她的处女状态。玛丽当朝时，她也说过差不多的话。但此时，英格兰的安危和新教徒能否现世安稳全靠她是不是能给英格兰生个继承人。她从来钢铁一般紧紧把握政治现实，深知众望何在。后人一直引用她给议会的回答当作她不愿结婚的证据。实际上，是威廉·卡姆登几十年后放进她嘴里的，那个伟大的结尾，"最后，对我来说这已足够，一块大理石将写明女王活着统治了多少时间，死时还是处女身"，这听起来更像墓志铭，而不是表述意愿。这肯定是她在位晚期的宣传，那时女王终身不嫁已经从责任上升为爱国崇拜，但这决非伊丽莎白当日所说，相反，她关注的不是她应不应该结婚（除了想当然之外），而是候选人的资质。她特地宣誓："无论何时，只要上帝愿意，他喜欢我倾向于另一种生活，你们可以放心，我的意愿不是做或决定任何英格兰可以或应该有正当理由不满之事，至于谁能有这个机遇，我相信他会像我一样，小心照料英格兰和你们大家的。"

也就是说，伊丽莎白不会犯玛丽那样的错误，嫁给一个其野心和宗教都损害而不是保护英格兰利益的君主；与其匆匆忙忙在圣坛前起誓结婚，然后走向灾难，不如花一点时间找一个合适的人选。可是，另一些人倒觉得女王时间并不充裕，可以慢慢地挑拣；对国务大臣塞西尔而言，这事儿已迫在眉睫；他和他那帮爱德华时期的枢密院新教同僚，比如他的连襟尼古拉斯·培根（Nicholas Bacon），还有弗朗西斯·诺利斯（Francis Knollys），都在玛丽反改革的年月里吃够苦头，或被流放或中止了政治生涯。他们最懂得英格兰绝大部分人，或主观或不情不愿地依然是天主教徒；1559 年的宗教协调裁决将主权从教会"最高元首"调和性地降低为"最高统领"。就这样，才克服了所有主教和七个世俗议员的反对，勉勉强强地在议会通过。就这事儿，必定有那么几次，甚至在伊丽莎白当政早期，塞西尔对女王是否是个好新教徒，还心存疑虑。某次圣诞节的时候，有个祭司想要做弥撒，她大发雷霆怒气冲冲地从皇家小教堂拂袖而去；尽管如此，后来她又说，想在那里搞个十字架受难像。伊丽莎白也准备允许在圣餐礼上供应薄脆饼，把行圣餐礼的桌子挪到前面即以前石头圣坛的位置，坚持神职人员穿传统圣衣。对塞西尔来说，这也许是令人不快的拉锯过程，因为要保持天主教徒忠于英格兰，同时慢慢地使英格兰福音派恢复元气；但除了伊丽莎白自己，大家都意识到这样妥协其实两面不讨好，这使他惴惴不安。

在枢密院里，塞西尔每天进退维艰。他大大减小枢密院的规模，以便更好监管其忠诚度；可是即使这样，他还是要直接和桌子对面一批当日玛丽的大臣打交道。像威廉·佩特罗爵士（Sir William Petre）和温切斯特侯爵（Marquis of Winchester）等，伊丽莎白希望通过留用他们，使其立场中性化，但英格兰的很多大宗族——珀西家族、戴克斯（Dacres）家族，以及彭布罗克与阿伦德尔二家族——还基本上信天主教，这一切只会让塞西尔更加不安。他和同僚们谙悉要解决所有问题，这才是万里长征第一步，瘟疫、汗热病都可能要了伊丽莎白的命；或者天花。1562年10月，她真的差一点死于天花；或者，有人会刺杀她，正如很多其他社会地位高高在上的达官显贵，他们自以为刀枪不入而其实不然。

因此，尽管女王一直和议会及私人枢密院说，只要时机成熟，她就料理婚姻大事，但那是她的个人私事，不用他们管；塞西尔那一班人几乎都要忍不住地提醒她，英格兰急需一位继承人。1560年，托马斯·查洛纳爵士（Sir Thomas Chaloner）送给女王一本歌颂她父亲的书作为新年礼物，献词里写着，希望她能"给您的谦恭加上丈夫的束缚……因为那样，一个小亨利就可以在宫廷里的我们面前玩耍"。说她的统治不过是中断了正常男性国王的序列，她的首要任务是通过提供另一个男性国王来弥补这个过失，也许她对这个说法会感到不悦。

强调她只是个女人的提法由来已久。但是，假如一个候选人合适所有的标准——地位高、实用坦白、血统纯正、家财万贯——当然伊丽莎白会正眼瞧瞧。从1559年到1566年之间，不乏这样的追求者。最具实力的是菲利普二世，早在妻子去世前他就有所表示，但因为伊丽莎白与同父异母姐姐的朝政实在格格不入，常常坚持她永远不会将英格兰利益作为嫁给外国君主的价码，他根本就没戏。英格兰人认为，在一场为了西班牙利益而发动的战争中，丢失了加莱，菲利普的罪过甚至大于烧死异教徒。其他人选，如奥地利查尔斯大公等是狂热的天主教徒，这是先天不足。伊丽莎白，甚至一些枢密院新教成员，都设想这样一条路径，如果要找天主教徒配偶，除非可以预见到届时他会改变信仰，或者只在私下里保持天主教礼仪，或者同意孩子交给教会改革派抚养成人。但是，一个真正的天主教徒，无论哈布斯堡王朝还是法兰西王朝的人，都不会打算做这样的让步。

也有一些新教徒追求者，排着长队，希望她青眼有加。然而，像威廉·皮柯林爵士（Sir William Pickering）这样的人，他的名字在16世纪60年代早期常被提起，常常被看作（伊丽莎白自己倒最不这么想）家世不够尊贵。塞西尔更头痛的是，假如他给女王加压过大、操之过急，她可能把票投给那个大家都以为她真心爱的人。他可是新教徒，也是英格兰人，但很不幸，对塞西尔来说，他又是罗伯特·达德利（Robert Dudley）。

达德利和塞西尔正好相反，他的家世并不悠久，但他养成了古老血统贵族的气派。他引人注目、勇敢，而不是冷静温和；冲动而不审慎；他充满活力、激情四射，还令人难以置信地仪表堂堂，骑在马上就更加英俊潇洒。女王曾不止一次被谪贬，对那些（无论男女）她认为外表不佳的，这一点非常重要。不可否认的是他俩很般配。他的父亲诺森伯兰伯爵约翰·达德利取代了护国公萨默赛特，将后者送上断头台；只是没过多久，就因尝试把简·格雷郡主推上王位，诺森伯兰自己也送了性命。因此，从某种意义上说，罗伯特和伊丽莎白皆是断头台下的孤儿。他和她的同父异母弟弟爱德华一起接受教育，和伊丽莎白同时师从令人敬畏的阿斯克姆。玛丽执政时一片肃杀，他同情她的险恶处境；更重要的是，有一段时间，他几乎没钱接济伊丽莎白，就卖掉达德利家的一些领地，用来改善她的生活，这些事她永远不会忘记。不管身处何方，他们彼此有一种心灵伙伴的感觉，几乎像兄弟姐妹。他叫她的昵称是"眼睛"，给她的信署名"OO"，看见过他们在宫里跳沃尔塔舞（volta）的人都知道他们没兴趣多看别人一眼。

他们在多大程度上是一对呢？不只是好莱坞制片人认为伊丽莎白和达德利是情人。他们喜爱对方身体的表现，这一点就惊骇到了当时的人；全欧洲都在流传关于他们的绯闻，包括西班牙驻英格兰大使，都确信他们一定睡在了一起；谣言四起，传说女王怀了达德利的孩子。她执政后很久，在街头巷尾的流行文化里，都流传着他们私生子的故事，有时候两个，有时候四个，用船偷运走，或者甚至杀死婴儿。1587年一个间谍在西班牙被捕，他告诉菲利普国王的英语秘书，是一个真正的"亚瑟·达德利"，罗伯特与伊丽莎白的私生子。据说起码有一个乡村祭司，称呼伊丽莎白妓女，因为她跳舞，而对祭司来说，跳舞的人就是婊子。他们好像根本不把达德利与艾米·罗伯萨特（Amy Robsart）的婚姻放在心上。他们的亲密关系真令人吃惊。不用说，伊丽莎白不会无视艾米，但她也知道达德利妻子病得很重，可能是乳腺癌，好像活不久了。都铎时期的英格兰，和喜欢的人直接睡在一起司空见惯，大约有1/5的新娘在婚礼上怀着孩子，想想自己招认的概率应该较低，这意味着远远超过20%的订婚情侣有婚前性行为。自然，男性君主要保持健康，需要经常性地射精，不仅仅常常保有情妇，大家也希望他这样。

可是，普通人或者男性国王中习以为常的事，放到一个女王身上仍然无法容忍。她在加冕礼上的表现是腼腆处女，羽翼未丰的样子。考虑到之前她妈妈还有她自己和西摩尔丑闻（不管伊丽莎白在其中如何无辜）的历史，她几乎不需要人提醒，一如她的很多子民心头所关切的，她的生理身体和政治身体应该合二为一，她不能随心所欲。对这些含沙射影的说法，她的回应是恼怒地自卫，告诉好管闲事者流言是可耻的诋毁；退一步讲，哪怕她要过所谓"不名誉的生活"，她也不知道谁有资格来阻止她。

很自然，塞西尔抓狂了。1560 年 9 月，他一筹莫展地看着伊丽莎白在达德利身上大把花钱、赏赐给他很多礼物，还赔上女王自己的名声。他告诉西班牙大使他正在眼睁睁看着"英格兰走向毁灭"，因为女王与达德利"关系亲密，把所有事务都交给他，意思是要和他结婚"。对塞西尔来说，这等于将英格兰交到一个自私的王朝派系手里［罗伯特的兄弟安博罗斯（Ambrose）也是枢密院成员，但塞西尔的连襟尼古拉斯·培根爵士也是］。塞西尔不惜一切手段要搅黄这段姻缘，散布恶意传闻说达德利在毒害其妻，他向西班牙大使这么胡说后仅仅两天，他最大的噩梦好像变成现实了：艾米·达德利被发现在朋友家的楼梯底下死于颈部断裂。很明显看起来像自杀，因为当时她必定非常疼痛，但却坚持主人们在她死前几小时就离去。验尸官说是意外事故，据说，乳腺癌晚期使她骨质疏松，有可能一摔致命。但对那些见识过达德利与伊丽莎白罗曼史的人来说，这类事故就是个天大的巧合，无法信以为真，那是一个八卦的黄金年代，而八卦不信艾米·达德利摔下来，八卦说她是被推下来的。

女王不失时机地下令宫廷哀悼，打发达德利到克佑（Kew）去，直到他被官方宣布，洗脱了犯罪嫌疑才允许他回来。尽管伊丽莎白忠诚于他，坚持他是完全清白的，说他不是会下作的人，她也很清楚这已经让他俩的缘分到头了。1560 年，她非常渴望成为受人民爱戴的君王；而与一个有谋杀配偶嫌疑的人（正如苏格兰玛丽后来表现的）结婚只会带来公共关系灾难。

即便这样，女王尤其是达德利还不想放弃。1561 年，西班牙大使应邀与他们俩到一艘驳船上，观赏水上表演，大使报告："她、罗伯特和我在单层甲板大帆船上，别无他人；他们开始说笑她到底更喜欢和谁谈论事情；他们的玩笑开过头了，罗伯特爵爷说，如果她喜欢，我可以为他俩主持结婚，她也没什么不开心的，说她不能确定我的英语够不够好。"可是，这事儿大概远不止大使想的那样只是戏谑，因为达德利非常想结婚，他做了异想天开的计划，提出如果菲利普二世支持他们的婚姻，帮助处理担保不满的事，他起誓他和伊丽莎白将使英格兰教会回归罗马教廷。他玩大发了，消息居然都传到了教皇那里。

这将是最具讽刺意味的事：英格兰教会成了都铎皇家婚床的玩物，母亲的欲望引起英格兰教会与罗马决裂，而现在女儿的激情要来修复它。

只是，塞西尔决不允许它发生，他确认一旦把这个故事捅了出去，预计到大家肯定会立即爆发愤怒的情绪。年老贵族可不在乎达德利，城里的人民同样怒火冲天，似乎反天主教暴动就要爆发了，两个搭档迅速让步，否认有任何计划要复辟旧教会，或者与西班牙有任何交易。

危险过去了，但威廉·塞西尔关于皇室御马官达德利的话题还是不敢掉以轻心。他提出自己喜欢的提名者，奥地利大公查尔斯，他列了一个"利弊"清单，使达德利 [1564 年封为莱斯特伯爵（Earl of Leicester）] 在比较中，每一项都处于下风：

	查尔斯	达德利
门第	生来就是大公	被授予伯爵
财富	据称收入 3 000 英镑一年	一切都是女王的，还身负债务
知识	一切君王具有的品德	只够担当廷臣
名声	众望所归帝国之名	因其妻之死成为众矢之的

也许塞西尔不必如此煞费苦心，因为事实是伊丽莎白本人吃不准达德利是否足以配得上她。1565 年，她告诉法兰西大使："至于莱斯特

伯爵，我从来爱其品德，但我敬仰崇高和荣誉，不能容许他成为伴侣和丈夫。"

不过也许他还是能成为一个王位继承人的父亲，但不是她的继承人。1563年，伊丽莎白非常郑重地要把他推荐给玛丽·斯图亚特（Mary Stuart），也就是苏格兰女王。

对于威尔士都铎皇室而言，苏格兰一向举足轻重。北部王国的某些事务总会同时引起他们傲慢的看法又不安，二者混合是其特征。这个某些事务就是"旧联盟"，在这个词里英格兰想象自己腹背同时受敌，一边法兰西，一边苏格兰。这种因果关系自然取决于你站在特威德河的哪边。在苏格兰一边，是怀疑都铎皇室要把他们的"封建主权"加在苏格兰头上（大部分正确）。这是拽着金雀花王朝的前朝幻影不放，逼得他们除了从法兰西那里寻求帮助外别无选择，毕竟，命运之石还在威斯敏斯特大教堂里。因此两边各怀鬼胎，代代相传，悲剧结果不可避免。

都铎王朝对苏格兰的两个策略都不甚高明：进攻和婚姻。亨利七世偏好和亲，把大女儿玛格丽特嫁给斯图亚特王詹姆斯四世；但这不妨碍亨利八世和苏格兰打了两场战争，分别在即位初期和末期，两次都重创了苏格兰。1542年，亨利八世的外甥詹姆斯五世躲过了英格兰对自己贵族和战士屠杀，却在索尔威·莫斯（Solway Moss）一役后一蹶不振，不久后死去，可以算是战争的间接死亡者。詹姆斯留下了两个玛丽：他的法兰西遗孀吉斯的玛丽做了摄政，另一个是他们的幼女玛丽苏格兰的婴儿女王。

吉斯的玛丽和她的大臣们面前有两条路：要么止损，与英格兰和解，因为亨利八世提出让自己的幼子爱德华娶小玛丽；或者她把票投给敌人的敌人，即她自己的同胞法兰西人，然后继续打下去，能打到什么时候就打到什么时候。亲英格兰的解决方案难产，因为摄政玛丽的弟弟，一个是法兰西国王亨利二世，另一个是洛林红衣主教（Cardinal of

Lorraine），两位都是新教改革的死敌。无论表面上看起来亨利八世晚期怎么保守并且偏向天主教，他到底是个异教徒，在英格兰篡夺了圣父的权威，要把她的小玛丽送到南面，作为新教君王的新娘抚养成人，总是不对胃口。另外，虽然亨利·都铎答应英格兰苏格兰两国和平联合，她还是怀疑其诱人前景到头来会不会出现平等的合作伙伴关系，因此，本着某天她会成为一个良好天主教瓦卢瓦女王的初衷，年幼的女君主被船送回法兰西，在那边宫廷长大。

亨利个人十分反对这个安排，开始"粗暴求亲"（rough wooing），烧毁了大片苏格兰低地，并不是所有苏格兰贵族都对亨利这强硬一手感到冒犯。玛丽公主的同父异母哥哥詹姆斯五世的私生子詹姆斯·斯图亚特莫瑞伯爵（James Stewart, Earl of Moray）领导着一股重要势力，就把英格兰人当成救世主而非倚强凌弱的侵略者，原因是他们很多人已改信了新教。联合英格兰可以把吉斯的玛丽从法兰西搬来的救兵赶出苏格兰，并恢复真正的苏格兰教会。在约翰·诺克斯和他的同道者们用加尔文教派的正义观指引下，1557 年，苏格兰新教徒自己约定盟誓结成"爵爷会"（Lords of the Congregation），目标是在苏格兰推翻吉斯的玛丽，建立不可颠覆的改革派新教教会。两年后，"爵爷会"与英格兰政府（塞西尔大力提倡）结盟，英格兰人答应干预，以便"复辟苏格兰自古以来的自由"。不用说，作为明显的虚伪帝国主义计谋，这个事放在现在一定会在民族主义者的历史上拉响警钟引起警觉，但当时，两边都没把这个联盟看成英格兰人为并吞而设的特洛伊木马。塞西尔的意图是在北面保证一个友好的新教邻居。那段时间里，英格兰被天主教大军四面环绕——法兰西、荷兰、西班牙——这么做，只是减少了一个敌人。

1560 年春，战事重起，伊丽莎白又习惯性地犹豫不决（她对军事事务一直是这样），直担心要不要把整个事情倒过来；她不舍得投入足够人手和金钱打仗，非常保守，简直要毁了这事，她的指挥官们比如诺福克公爵觉得必须趁她没打退堂鼓前赶快做点什么事。因此，他们笨拙地围困利斯（Leith），但是，雪上加霜（还有很多伤员）的是，一群苏格兰妓女，因为不满她们固定的法兰西客户被紧急驱逐，把烧红的煤块扔在进攻的英格兰军队头上。只是由于吉斯的玛丽突然去世，英格兰人才避免了一场尴尬的惨败。她的诸多敌人签订了《爱丁堡协议》（*Treaty of Edinburgh*）。为了给和平添点甜头，塞西尔在协议里加进一些关键的然而非官方的条款：如果女王本人一直不结婚并且没有子嗣，玛丽·斯图亚特可能被认可继承英格兰王位。至此不列颠呼之欲出。

但是这需要两个重要前提：第一，（玛丽·都铎死的时候，法兰西亨利二世主张）苏格兰的玛丽是英格兰的正当继承人而伊丽莎白不合法，这个主张必须立即正式宣布废除；第二，既然玛丽的丈夫，即下一任法兰西国王弗朗西斯二世已经死亡（死于欧洲历史上最严重的耳部感染），她可以重新结婚，伊丽莎白应该有权保证玛丽未来的丈夫不得威胁英格兰。

自然，解决以上两个问题，有个最简便的办法，还是玛丽自己起头开的玩笑，后来演变成伊丽莎白的驻苏格兰大使尼古拉斯·斯罗克莫顿（Nicholas Throckmorton）常说的异想天开："我认为，这是所有聪明人和女王陛下善良子民的共同愿望，就是这两位不列颠岛女王，其中一位变成男儿身，就可以喜结良缘，皆大欢喜。"

自然，没人把这话当真，谁来做男人（罗伯特·塞西尔后来说伊丽莎白"实际上更像男人，而不像女人"）？潜伏在这种意识下的，两个王国中很多人都本能地感觉到，两位女王实际上是一个完整人格的两半。不只是她们血管里流淌着共同的都铎血脉——她们拥有同一个（曾）祖父亨利七世[1]，二人鼻子都较长——看起来，不管好赖，某种方面，她们

---

[1] 亨利七世，即伊丽莎白的祖父，也是玛丽祖母的父亲。——译者注

的历史被命运连在一起。

她们成长的情形却是天差地别,大部分时间里,伊丽莎白住在贵族但相对来说贫寒的乡间房子里,教育严格;如果事情井井有条,她的日常就按部就班,否则就鸡飞狗跳。到她即位时,她已经掌握了生存技能,对酒肉朋友保持警惕。相反,玛丽在欧洲最浮华的宫廷枫丹白露(Fontainebleau)、昂布瓦斯(Amboise)皇家城堡与舍农索(Chenonceau)城堡里被当作掌上明珠,又赶上那时候宫廷建筑界的文艺复兴大师们都正在创作最伟大的艺术杰作。她的妈妈远在苏格兰做摄政,当舅舅的亨利二世对她越发宠爱有加:在瓦卢瓦宫众多香气馥郁的百合群里,这个漂亮的苏格兰小玩偶是一朵北方的蓓蕾,他们叫玛丽"最漂亮的小宝贝"。因此,她成长在一种人人对她大献殷勤的文化中。瓜子脸、肤色白净温润、赤褐色头发、杏眼、长睫毛,玛丽是男人尤其是诗人梦想中的尤物。

可是,她不止拥有一张漂亮脸蛋。1560 年,玛丽到苏格兰时,比伊丽莎白看起来更正经更负责任,毕竟,她没有陷入鲁莽的调情里。伊丽莎白表现糟糕,几乎可以说不可理喻,不许玛丽安全地穿过英格兰,逼得她只好沿着长长的海岸驶向苏格兰。伊丽莎白的借口(此后几年又重复了这点)是玛丽还没有签署放弃英格兰王位主张的协议。但是,玛丽对伊丽莎白苛求的反应是招牌式的戏剧性自怜,这是后来两个女人关系的特色。离开法兰西前,她告诉伊丽莎白的使团:"我相信风向必定有利,因此不必登上英格兰的海岸。假如我必须那样,大使先生,你的女王陛下可以任意处置我;假如她铁石心肠地要结果我,她可以以此为乐,牺牲我,说不定,对我来说,死比生更好。"当然事情还没到这个份上,大海上,皇家的单层甲板大帆船相互驶过时,必须相互致敬,没有什么比这更要紧了。一旦到了苏格兰,玛丽写了很多信,想见伊丽莎白,希望当面解决折磨人的王位继承问题。尽管伊丽莎白也这样想过,但她越琢磨越不喜欢这个主意，就是公开宣布让玛丽做自己的继承人。她已经感到不安和威胁来临，害怕这个声明会招致自己挪位。用伊丽莎白自己的话说，这将是"在生前，要求我在自己眼前放一块裹尸布。请你为我想想，我会喜欢自己的裹尸布吗？"

假如玛丽选择伊丽莎白认为政治友好的丈夫人选，这种敌对意愿就会烟消云散，转而成为亲情温暖：只要玛丽愿意侍候罗伯特·达德利。但是，如果伊丽莎白都觉得达德利名分低下，配不上她自己，难道玛丽会另眼看待他？无论如何，自从他的妻子死后，达德利已经变成一件破损商品，接受英格兰女王撇下的情人，可不是"最漂亮的小宝贝"想要的。另外，苏格兰贵族的模范亨利·达恩利勋爵（Lord Henry Darnley）前途光明，不像达德利，他的门第无可挑剔，是两位女王的表亲，他是亨利八世的姐姐玛格丽特·都铎的孙子。詹姆斯四世因为弗洛登（Flodden）战斗而死后，玛格丽特改嫁给了安格斯伯爵（Earl of Angus），他们的女儿玛格丽特嫁给了勒诺克斯伯爵（Earl of Lennox），即苏格兰詹姆斯二世的曾孙，达恩利是他们的儿子。甚至用文艺复兴的标准，他也是一件活艺术品，只要他不开口讲话。看一眼那像精雕细刻凿出来的两颊，光滑有型的小腿子，玛丽就无可救药地动心了。只是到1565年婚礼举行之后，她才发现，除了皇家血脉，他血管里流淌的更多是烈酒。达恩利本该担当起苏格兰国王的职责，可他就算没有喝得烂醉的时候，也往往不辞而别。打猎、架鹰、嫖妓，别指望他料理又苦又累的朝政。

孤苦无依之下，玛丽越来越依赖她的宫廷大臣，特别是私人秘书意大利人大卫·里乔（David Riccio），他妒忌地挡在前头，大家不能接近女王，这使苏格兰大贵族们很不满。更糟的是，玛丽同父异母的哥哥莫瑞伯爵是新教贵族的头儿，向英格兰政府透露玛丽正考虑在全苏格兰复辟天主教改革派。实际上，尽管苏格兰的大部分地区尤其是北部和西部，都是天主教占压倒性势力，但玛丽并没这么鲁莽。自从回到苏格兰，她坚持走她妈妈的道路，小心区分私人守礼和公开实践信仰的政策；她不隐瞒自己的天主教信仰，但同时也从没打算强势压制苏格兰。自然，这样使得诺克斯之流不满，他们常常给她讲道，要她放弃天主教的罗马天主教偶像崇拜。不到一年前，玛丽曾认真考虑嫁给菲利普二世的儿子卡洛斯王子（Prince Carlos），那时，苏格兰的新教徒如丧考妣。然后，她坚持以天主教仪式与达恩利结婚。当他们放眼望去只见她的吉斯家族在法兰西全力以赴地对胡格诺派（Huguenot）开战，无须多说，就能使他们相信，玛丽也一定计划全面复辟。

达恩利发牢骚说自己没有得到足够的尊重或责任，得到尊重后牢骚就更多了。他和妻子逐渐疏远，却公然表示不能做有名无实的国王。这给了心怀不满的新教贵族们一个机会，他们毫不犹豫地趁机而动，一堆人——以莫顿伯爵（Earl of Morton）和威廉·梅特兰爵士（Sir William Maitland）为代表——接近达恩利，提出发动激烈政变。他们公然说里乔是玛丽的情人，要除掉这可恶的家伙，根本无视这样一个事实：就是里乔是个驼背，几乎不比一个侏儒高多少，可那时候的传闻是驼背的人邪恶好色。这个提示一定突然使达恩利漂亮又混沌的脑袋开了窍，原来女王是因为这样才对他不客气而有敌意，这下都说得通了。得有人明明白白地告诉她，谁是主人；而且，还得在她把怀着的孩子生下来之前；否则，他要被踢到一边去了。这就开始了一连串的事情，它们恐怖得可以媲美任何伊丽莎白时代情节剧毛骨悚然的戏码。1566 年 3 月 7 日，达恩利本来极少晚饭的时候现身的，当晚却突然闯进荷里路德宫（Holyrood Palace）玛丽正在用餐的房间，借着酒劲高声指责里乔，一群阴谋者迅速跟进来，领头的是鲁斯温勋爵（Lord Ruthven，绝大部分人都以为他已奄奄一息快要死了），不祥地穿着全套铠甲，叫喊着把"戴维"拉上来，里乔从他的藏身处被拉了出来，吓得大叫。玛丽愤怒地命令鲁斯温出去，否则要逮捕他，但根本没人听她的。里乔紧抓着玛丽裙子的双手被扯开了，他就在玛丽眼皮底下被刺死了。尸体被扔下楼梯，人们发现他身上有五六十处伤口。

阴谋者原来的想法是这种暴力会使玛丽屈服，变成一个哭泣、害怕得缩作一团的人，可怜巴巴地依靠这伙强人。这时他们的大梦才醒。她没有要达恩利开恩、保持着冷静，自信地认为只要谋杀故事传出去，所有苏格兰人的怀疑都会打消，她对了；故事的一个细节是他们用手枪顶在她的大肚子上。面对她的决心，达恩利先消了怒火泄了气变成了水，短暂的狂喜过后是颤抖地认罪，玛丽耍了一把妇人心眼，用恫吓加同情，说服达恩利如果要自保就要放弃阴谋者。玛丽在宫廷高墙外散布她怀着身孕而阴谋者侵犯她的舆论，自以为她是被迫害的女英雄和未来苏格兰之母的形象——这是她喜欢的角色。里乔被谋杀九天后，她重新进入爱丁堡，带着 8 000 名士兵。

好戏还在后头，玛丽曾经被达恩利迷得神魂颠倒，此刻却对他难解心头恨，她不想要他了，很可能她的意思就是不要他做丈夫和配偶。一旦她生下孩子，也许可以说服达恩利离婚，可以利用他的很多违法行为，让教会来解除婚姻。但在忠于她的人中间包括博斯维尔伯爵，却把她的叹息言语当成意义更深远的事。

博斯维尔可不是什么简单的亡命徒，他来自赫伯恩（Hepburns）的大贵族家族，其领地主要在苏格兰东南部。他富有、精致，讲得一口流利法语，对玛丽大献殷勤，使她在沮丧中拿他当保护神。他的关心安慰了她，她回报博斯维尔的忠诚，在他一次骑马意外出了事故后，她甚至骑了 20 英里路去看他。1566 年 6 月 19 日，她生下了儿子，即未来的苏格兰国王詹姆斯六世兼英格兰国王詹姆斯一世，得知这一消息，伊丽莎白像被匕首刺中一样大哭起来："呜呼！苏格兰女王得了个大胖小子，一身轻松，而我已是朽木。"

一个健康的小男婴躺在小床里，可以打发掉达恩利了，玛丽变身为能干的马基雅维利主义者。她不去积极地深挖谋杀里乔的主犯，让他们为自己的罪行干着急，然后通过中间人，暗示他们可以用另一桩罪来掩盖第一个谋杀罪名，毕竟看来杀人是他们的拿手活儿。因此，尽管贵族中的最高贵者如莫顿和梅特兰，几乎还没逃过一桩因为谋杀而不管来自人世或者天神哪一方的惩罚，又要受雇去干下一桩谋杀，心里惴惴不安；可是，他们对博斯维尔既恨更怕，不得已签署了一份以达恩利为目标的合同。

1567 年 2 月 9 日晚上，达恩利在爱丁堡郊外柯克欧菲尔兹（Kirk O'Fields）的房子里正躺在床上，这是一处精美的小地方，女王考虑周全（尽管他想待在荷里路德宫），让他在这里休养。他发着高烧，也许是梅毒急性发作的副作用。她说，不能拿婴儿国王的健康冒险。他们夫妇之间气氛好像缓和了一些，她关心他的病，他对此表示感激，盼望病好了就回宫。一个她最信任的仆人要结婚了，女王穿着假面舞会服饰，达恩利对此有点不快。女王已形成一个惊人的固定模式，晚上逍遥地过，一般先给孩子念床头故事，然后打牌；但是这个晚上她打断了固定模式，而是出去了。在一个预先订好的时刻，博斯维尔离开假面舞会，脱下他的银黑舞会装束，到柯克欧菲尔兹某处，监督雷管的起爆。

凌晨 2 点，全城都听到一声巨响，就像 30 门炮同时开炮。众人最后发现达恩利的尸体时，他只穿着睡衣，在柯克欧菲尔兹瓦砾堆里，没有烧焦的痕迹。原来就在爆炸前几分钟，他听见了花园里的一些动静，就让人把他从窗口用一根绳子吊着椅子放到花园地上。他穿着睡衣跑过花园时，迎头撞上一拨阴谋做乱者，他们还在完成准备工作中，就在震动爱丁堡全城的声响和混乱中勒死了他。如果谋杀里乔激活了玛丽，那么结果了达恩利则刚好相反，不管她是否真的想要这样，毕竟又面临着死亡，死亡太多了。她怀着孩子挺过了杀戮，成功地将他带到世上。这时，局势已经超出玛丽的心理承受极限，她控制不了自己经受过这么多战斗的身体，长时间止不住地干呕，吐出黑色带血的黏液，脸色苍白，时而筋疲力尽时而歇斯底里。她需要人帮助，而詹姆斯·博斯维尔就在边上。

　　玛丽开始摇晃失去方向感时，博斯维尔知道他要去哪里：上楼走进她的卧室。一场荒唐的审判宣告玛丽无罪，这是因为博斯维尔几千个武装随从在场而影响的结论。女王对他更加依赖，他在安斯利（Ainslie）召集苏格兰贵族会议，做出不可一世的政治家姿势，宣称为了苏格兰的正常运转女王需要一个丈夫，他愿意自己来担当此职。那些小罪犯喽啰，因为至少参与了一起谋杀——假使没有掺和两起的话，乖乖地签了字。对博斯维尔之流来说，剩下的只是技术手段：一夜之间和自己那碍事儿的老婆离婚，然后"说服"玛丽。博斯维尔和他的人手埋伏在去爱丁堡的路上，拦截了女王的车队，引导玛丽去了邓巴他自己的森严城堡，她一副听天由命、诡异恍惚样子。这样，公文流程结束后，博斯维尔竖起旗帜表示他就任苏格兰王位，把自己植入她身体里。

　　这就是博斯维尔建议的婚姻版本，他认为她别无选择，只能和强奸犯结婚。他猜对了，几个星期后，二人在荷里路德宫结婚，这次用的是新教礼仪。一些勇敢的人大声说出他们想说的话，约翰·克雷格（John Craig）是约翰·诺克斯在苏格兰教会的同僚，直到玛丽承认她没有被强奸，是她自己愿意的，才同意张贴出结婚公告。即使这样，克雷格公然对这桩婚事提起几个异议："通奸法、苏格兰的传统习俗、强奸法、夫妇同谋嫌疑、突然离婚、仅仅四天后宣布再婚，最后前国王之死的嫌疑被她的婚姻坐实。"

　　玛丽的窘况，以一种特殊的方式成了伊丽莎白与达德利之间麻烦的镜像式反射，但是，两个女人的反应截然相反。艾米·达德利死后，不管罗伯特有无干系，都演变成伊丽莎白对他的抵触、恼怒。它没有带她走近婚姻梦想的现实，反而使之化为泡影。谋杀达恩利，没有让博斯维尔变得不可亲近，却反其道而行之，玛丽诡异地变成了没有他就活不下去；谋杀让她不只是得了重病，还变得有一点神经质了。在各种选择中，她老是挑最糟的那个。如果她事先不知道谋杀计划，尚能通过追究暗杀惩戒凶手，保住自己王位的合法性，她没有，反倒和罪魁祸首结了婚。

假如伊丽莎白随心所欲和达德利结婚，也会面临同样的结局。1567年6月15日，在马瑟尔堡（Musselburgh）附近的卡伯里山（Carberry Hill），玛丽和博斯维尔的人马迎来了反对者。造反派的旗帜就是绝佳宣传品：一棵绿树下躺着国王，白色表示其无辜被谋害，遗体旁是婴儿詹姆斯和口号，"哦，主啊，请主持公道，还我王国"。博斯维尔假装没看见它，向对方头头发出挑战要求举行个人对决。这个请求（因为他们人多势众）被否决了。还在吵吵嚷嚷中，博斯维尔的人马就消失在林子里了，自己人作鸟兽散，博斯维尔随即掉转马头，一溜烟地追去到邓巴搬救兵，撇下玛丽毫无防卫地做了叛军的俘虏。几年后，他死在丹麦监狱里，和一块石枕拴在一起，被自己的粪便弄得一身污秽。

玛丽立刻开始受羞辱。等回到爱丁堡，她全身臭烘烘的，泪眼婆娑。城里人都冲着她来了，叫嚷着"烧死这婊子，她不配活着，打倒她"。手绘传单上玛丽被画成美人鱼的样子（暗指妓女）张贴在墙上、门上。第二天她出现在一扇窗前，向沸腾的人群告饶。"最漂亮的小宝贝"此时就和啤酒屋妓女一样：内衣被撕裂敞开到腰，胸部暴露在外，头发一绺绺披散着，脸上布满泪痕，污浊一片。紧接着她被迫宣布退位，立自己的幼子为君，让同父异母哥哥莫瑞伯爵摄政，直到詹姆斯成年。她只有25岁，但是好像一生都完结了。

当然不会就这么完了，被囚禁在冰冷深深湖水中的洛赫莱文（Lochleven）城堡里，玛丽动用了她最后的武器：被悲剧般命运破坏的美丽魅力。她的看守是一个刚硬的道格拉斯（Douglas）家族人，被她的魅力融化了。被囚禁10个月后，1568年5月，玛丽戏剧性地从湖上城堡逃出来，着手招募人马反对摄政，考虑到莫瑞摄政几乎和前女王一样不招人待见，她能轻易召集到人倒也不足为怪。可是，不管怎么样，在格拉斯哥附近的朗塞德（Langside），她心不在焉，可耻地吃了败仗，输光了这些人马。

这样就只剩下了一条路：通过英格兰打回苏格兰去，玛丽必定非常焦虑。无疑她知道伊丽莎白对谋杀达恩利一事非常反感，只是造反派和退位逼得她惊吓过度，使她忽略了这点。她只是推测伊丽莎白也许会帮助她夺回王位，甚至给她提供军事援助。当她计划逃过边界，玛丽只想着短暂避难，期待凯旋，她必定是想着在英格兰待上也许几个月，或者最多一年？

如果她能预知正确答案是 19 年，当然她会想尽办法不踏上索尔威湾（Solway Firth）这一段路。但是，她筋疲力尽地到了这里，因为要伪装剪掉了有名的褐色头发，脏兮兮地坐在一艘敞开的小船上。北风呼啸中她弓着背，眼睛一眨不眨地盯着渐渐消失的苏格兰海岸，背后是沃金顿（Workington）的小康姆布莱恩（Cumbrian）渔码头和表姑伊丽莎白的英格兰王国。据说半道上，她忽然一个激灵，预感好像有点儿不对头，她应该去法兰西而不是英格兰，也许她永远不会再见到苏格兰了。

玛丽突然出现在英格兰，在伊丽莎白政府刮起一阵旋风，依循亲戚间互通声气的惯例对她的困境表示同情并谴责叛乱，这是一回事；这当口要怎么做则是另一码事，尤其苏格兰摄政是个坚定的新教徒。塞西尔本人也给搞得晕头转向，只是当他运用了自己有名的"利弊"备忘后才松了一口气："如她所愿""不合她意"……或许，不管玛丽的到来多么尴尬，至少有一点儿能起作用：终于使他的女王集中精神考虑自己的将来也就是英格兰的未来，不能再拖延下去。毕竟伊丽莎白总是年纪越来越大——1568 年，她已 35 岁。皇室洗衣女工每个月还给出证据，表示她能生育，但她的意愿看起来愈发顽固。如果她不愿讨论婚姻，那必须有责任提供继承权；如果她自己不抓住这团乱麻，其他人会，因为大家知道玛丽是最没有争议的继承人，这些人也许就会在边界不远处另立朝廷。

　　但是能让伊丽莎白直面现实的人得要胆大包天才行。当她认为达德利还在纠缠她时，她挑逗他，对他说："如果你想在这里统治，我来想个法子给你现成弄好，我这里只能有一个女主人，不能有男主人。"同一年，1566年，议会想威胁她不批准资金，除非她解决婚事。女王震怒，坚持这些是她的私事；或者，最多是枢密院讨论的话题，而不是在议会。还有，如果他们要讨论个人事务，那么，大家都知道，诺福克公爵或多或少可以算是一个叛国者；北安普顿侯爵呢，他把自己的婚姻搞得这么糟糕，恐怕需要一整套法令才理得清他自己的家务事。照这么说下去还有一大堆，塞西尔试图用休会来打圆场："看起来女王陛下今天很不高兴听这事儿。"

　　她明知道这不是什么"看起来"的那样。1566年11月5日，伊丽莎白心气恢复了一点平静，对特地召集的一个议会代表团说话。她批评了平民院没有遵守正确程序，试图夹带私货；接着她做了不列颠历史上最伟大的演说之一，也是最具狡辩技巧的。她用一个经典的技巧即拒绝一项事实上没有人加给她的指控：她对自己子民的命运满不在乎、冷漠处之。她实际上在责问，你们拿我当外人？

　　　　我难道不是生在英格兰吗？我的父母亲出生在外国吗？这不是我的王国吗？……我压迫过谁？我是否给谁谋了福利又做了伤害其他人的事？我给这个共同体造成什么混乱了，要怀疑我不关心这些？自我即位以来，我干得怎么样？只有嫉妒能审判我。我不想多说什么，因为我的所作所为已经给我裁判了……只要是君王在公开场合说过的话，我从来不会失信，这是为了我自己的名誉。因此，我再说一遍，我会结婚，一旦人选合适……而且我也希望有孩子，否则我就不结婚了。

说到有罪时，演说更精彩了，伊丽莎白提醒她的听众，姐姐玛丽当政时，因为继承权不明确她吃过的苦头，她永远不会让别人也遭这罪。

> 至于我自己，我不在乎死，因为所有人都会死。尽管我是女人，我也和我父亲一样，有勇气响应职责对我的要求。我是你们神圣的女王，我永远不会受武力挟制做任何事。我感谢上帝赋予我这些品质，哪怕把穿着衬裙的我赶出英格兰，我也能在基督教世界的任何角落活下来。

等她觉得安全适当了，她会通知他们关于继承权的事，不要再对她发号施令，"因为如果让双脚指挥大脑，这是魔鬼行为"。

这是伊丽莎白式修辞的经典，这么炫人耳目，没人注意到通常来说不合逻辑的推理：我不过是个穿衬裙的女人，也想结婚生子；但是我又不单是个女人，因此没有人能给我下命令何时与何人结婚；因为实际上我是女王也是国王，所以别费口舌了，走开吧，等我心情好气儿顺的时候，就让你们知道一切。

可这没解决任何问题。18个月里伊丽莎白表面上不搭理玛丽那个人，但她不好好解决这些关键事务，之后就出现了真正的严重后果，这时，不能再回避问题了：玛丽·斯图亚特是她的继承人吗？如果不是，那谁是？怎么对待玛丽？作为储君还是让她作为暂住客人和联盟者？都不确定。玛丽向表姑要的第一样东西是一些合乎身份的衣服和首饰，以便换下她来到时穿的破烂衣服。在抱怨了很多次后，她得到了一箱亚麻衣服。玛丽不知道伊丽莎白已经戴上她的珍珠项链，是莫瑞偷来讨好英格兰女王的，也许她不知道更好。

事实上，伊丽莎白非常纠结要怎么办才好。强烈的君王责任感使她有意出手帮助玛丽，但她还是怀疑玛丽在谋杀另一个表亲达恩利的过程中是否是同谋；而现实政治直觉告诉她，根本不必用一个天主教女王取代友好的、感恩戴德的新教政体，何况还不能确信玛丽不会再次张臂欢迎法兰西。就这样一如既往，当国家之争出现分歧时伊丽莎白就无所作为，只盼着它们自动消失。

当玛丽要求当面会见伊丽莎白的请求没有得到回应时，她困惑地以为她的信件都被扣留了。到伊丽莎白的特使弗朗西斯·诺里斯爵士（Sir Francis Knollys）前来解释不能在宫里接待玛丽，要等她的案件彻底审查，证实她清白无辜后，玛丽开始明白自己已沦为俘虏而非客人，那么她怒火冲天也不足为奇。但是这样没用；她火气越大，伊丽莎白对她的请求越是装聋作哑。1568 年 10 月，在约克的调查委员会开会，伊丽莎白绝大部分的枢密院大臣都希望莫瑞呈上一个非常混账的不利于玛丽的案例，这样她的事业就能被中止。他做的倒也正中他们下怀，带来一匣子证明她有罪的信件，或许是伪造的，内容是达恩利死前，玛丽写给博斯维尔的信，叫他杀了她丈夫。

正如她整个后半辈子那样，玛丽对此证据不屑一顾，根本不回应任何说她有罪行为的指控，甚至不接受英格兰法庭要审判苏格兰女王行为的司法权，她当然是对的。但是，这次委员会调查后，她不再幻想，除了囚徒身份，她已一无所有。她在什鲁斯伯里伯爵乔治·塔尔博特（George Talbot, Earl of Shrewsbury）看管下来来回回地从一处房子转到另一处。伯爵当她的看守这份差事一点儿也不让人羡慕。有的房子，比如，斯塔福德郡塔特伯里（Tutbury），简直就是雨水浸泡的废墟，其他的如德比郡的绍斯温菲尔德（South Wingfield）稍好些。她还被允许骑马去打猎，给什鲁斯伯里妻子，可怕的贝丝织挂毯。但是玛丽一直被监禁着，因为塞西尔和弗朗西斯·沃尔辛厄姆（Francis Walsingham，伊丽莎白后来的国务大臣）二人都在女王面前坚持，玛丽是她最危险的安全问题。作为一个热忱的新教徒，沃尔辛厄姆几乎就不同情玛丽的艰难处境。在他看来，只要她活着，不管在哪里都是麻烦：流放到法兰西，她是个麻烦；送回特威德河对岸的苏格兰去，她会是个大麻烦。在英格兰关押着——控制策略——她还是个麻烦。作为伊丽莎白的预设继承人，她会吸引不满者，正如苍蝇之趋就蜂蜜罐。沃尔辛厄姆也许可以算是典型的秘密警察——冷酷、阴险、专心致志——但他并不算多虑，因为不久后玛丽真的成了一块阴谋磁铁。最危险的是有个计划，想让她越狱和英格兰头号贵族、第四任诺福克公爵托马斯·霍华德结婚，他三次丧妻，最近又成了鳏夫。这还不是什么天主教狂热者和理想派边缘帮搞的动作，是接近政府核心的人搞的，包括阿伦德尔。有一次，他还曾打过伊丽莎白的主意；他们都拥有良田千顷，给教会很多赞助，只是这些贵族受不了塞西尔对伊丽莎白的控制日益增加；里头也有达德利本人参与。尽管他和诺福克曾长时间不和，因为有一次打网球的时候，达德利从在一旁观战的女王那里拿了一条手帕，擦自己的眉额，这一举动太过傲慢、不得体，惹得公爵威胁要用球拍打他。

事后来看，这计划似乎古怪离奇，但当时却有点儿值得人回味。诺福克，和所有霍华德家的人一样，也许内心里是天主教徒，虽然对官方他说自己是新教，与伊丽莎白教会一致。莱斯特、萨塞克斯、阿伦德尔，还有其他人也许甚至想象玛丽和诺福克结婚，能算一种解决办法，能弥合英格兰远没有愈合的宗教伤口，这是一举多得。所有旧的分裂——英格兰人与苏格兰人、新教徒与天主教徒、北方南方——都会消失，结果是一个全新的更好的不列颠，而这里没塞西尔什么事。

毫不奇怪，伊丽莎白可不这么看，她半开玩笑半当真地问诺福克，关于他和苏格兰女王结婚的谣言是真的吗？"我更想高枕无忧。"他回答道。伊丽莎白可不是好糊弄的。诺福克的父亲是被她自己的父亲以叛国者名义砍头的，她嗅到霍华德家族的一丝恼人气息：他们相信自己的家族比都铎家族要好。女王给了诺福克很多机会向她坦白这一计划，但最后是一个吓坏了的莱斯特家的人向女王交代了实情——他得到伊丽莎白的感谢而非惩罚。1569 年 10 月，诺福克进了伦敦塔。

但是，搭救玛丽不只是阿伦德尔和莱斯特这些宫廷政治家的图谋。或者毋宁说，同样这批宫廷政治家，他们的另一个面目是地区性的大巨头，拥有大量金钱、田地、人力。一个不同的英格兰，不列颠英格兰的宏伟蓝图，对于伦敦以外的人意义最大，是女王前进的赞歌大合唱。在北部和西部，因为不满世袭大贵族戴克斯和珀西两个家族以及威尔士边界小朝廷，天主教主义不但没有被铲除，反而兴旺发达起来，这些地方的人想要拿玛丽取代伊丽莎白的意愿特别强。他们告诉自己，都铎家还在威尔士经营酿酒业时，他们就已经到了诺森伯兰和威斯特摩兰；而现在，不管在他们自己郡的政府里，还是有关他们的宗教，要一个南方来的什么暴发户告诉他们什么能做什么不能做，他们打心眼儿里不服。对这些人来说，玛丽·斯图亚特不仅仅是个继承人，她是替代品。

当南边的叛乱分支屈服后，有一阵消停，耐人寻味。可是，接着女人拿起了接力棒，尤其是威斯特摩兰公爵夫人，她正巧是诺福克的姐妹。比她的兄弟还厉害的角色，"公爵（她的兄弟）这么没头脑的人，"她这么羞辱他们，写道，"做事虎头蛇尾。"当北部伯爵们接到要去伦敦枢密院辩白的召集令时，公爵夫人说服北方贵族们，他们要么举起义旗，要么懦弱地走向断头台。

这样他们就揭竿而起，1569 年 11 月，威斯特摩兰和诺森伯兰伯爵领头造反。刚开始时，看起来至少在北方，他们真的能胜利。因为都铎王朝是外强中干，在英格兰稍偏北一些的地方，这个外壳就更摇摇欲坠。起初，政府只能派出寥寥数百个骑士和 1 000 个左右武装士兵。北方军队，打着基督五伤旗——这还是 1536—1537 年恩典朝圣之旅那面旗帜，一路行进，扫荡了它的故土兰开夏郡、约克郡、诺森伯兰郡。1569 年 11

月，达勒姆大教堂宣布再次忠于罗马教廷，英语《圣经》被卷起来烧毁，恢复了石头圣坛，拉丁语弥撒再一次回响在巨大的诺曼巴西利卡的 V 形条纹柱子之间，那景象看起来一定像英格兰的天主教圣徒们重生。造反者相信只要他们坚持挺过冬天，到春天西班牙援助就会来到。

但是伊丽莎白政府此时非常明白形势严峻，知道英格兰宗教战争的又一幕上演了。一支北方机动部队正赶去塔特伯里要搭救她，在这紧急关头，玛丽被转移到防守严密的考文垂（Coventry）。开头的几次混乱后，南方召集了一支强大的部队，人数达到压倒性的 1.2 万人，一到北方人数就更多了。军队残酷地镇压造反，伯爵们逃过边界去了苏格兰，伊丽莎白勉强宽大了被捉住的贵族，诺福克很幸运，当时人在伦敦塔里，逃过一劫。但是女王关于报复和惩罚的指令非常野蛮，当地治安官只好自作主张，为避免一代代冤冤相报，最大限度地不执行这个命令。即使如此，还是处决了 450 人。这是亨利八世在恩典朝圣造反后杀掉人数的三倍，而那次的叛乱规模还要大得多。低等级的人被绞死，人还没咽气就被活活地砍头剖腹。

恐怖镇压起到了作用，北方伯爵的这次造反是都铎王朝英格兰最后一次严重的叛乱。他们眼睁睁地看着叛乱者的大片土地被没收，财产转移给忠于女王的南方人，不满者不得不认清现实，再也不冒险尝试改朝换代了。然而 1570 年，对于最热忱的天主教徒来说，他们非常难受。教皇庇护五世又在这个错误的时间颁布了一个教皇诏书，宣布将伊丽莎白开除教籍，号召天主教信徒们起来废除他们的异教徒女王，如果有必要就结果她。英格兰的天主教徒们这时面对做叛徒的选择：是背叛教会还是他们的君主呢？

无可避免的是有些人选择后者。1571 年，佛罗伦萨银行家罗伯特·利多尔菲（Roberto Ridolfi）组织的一个阴谋被揭破。目标是里应外合解救玛丽。英格兰起义加西班牙人从荷兰启程渡海入侵，要杀死伊丽莎白，把玛丽推上王位。令人震惊的是，诺福克公爵因表现良好从伦敦塔里释放出来后，居然参与这个阴谋。这个人难道从来就不学点儿教训吗？哪怕有充分的证据，伊丽莎白还是退缩了。她下意识地忌讳、反对杀戮表亲，推迟对诺福克的审判。尽管议会将苏格兰女王魔鬼化，说她是"魔鬼、巨龙、不顾众生死活"，伊丽莎白更不情愿把玛丽打倒，或者，甚至到了这个地步，从继承人序列中拿掉玛丽。但是，需要做一些牺牲，否则女王在自己臣民面前，将变成她自己和臣民们的最大敌人。终于，诺福克的同僚们组成陪审团审判了他，全体一致通过在伦敦塔里砍了他的头。他和他父亲以前一样，加入了圣彼得阿德文库拉（St Peter ad Vincula）石板下的无头帮。

北方造反结束后，塞西尔写道："女王陛下有一次全英格兰最著名的审判。"他和她都知道，对于仪式上的短曲和花儿来说，光荣与灾难之间那条分界线从来薄如刀片，成王败寇。

16 世纪 70 年代中叶，麻烦貌似远在天边。隔着北海，荷兰人和西班牙人在荷兰交战，围城直到饥饿迫使城里人投降，或者化为焦土。1572 年，巴黎圣巴塞洛缪日大屠杀（St Bartholomew's Day Massacre）中，新教徒（据报道，包括妇女和襁褓中的婴儿）都被屠杀，尸体扔进塞纳河。"耶稣钉上十字架以来最大的罪恶。"塞西尔这么评论。

但那是外国。在英格兰，索尔兹伯里主教宣布英格兰从来没有"在世俗方面，如此安定健康，实际上的富足"。伊丽莎白时代的英格兰，主持宗教仪式的司仪用"富足"一词好像张口就来，仿佛英格兰只有一个季节：黄金般的夏天。女王自己也许没有"结果"（尽管她拿樱桃当耳环），但她的任期果实累累。弗兰德斯灾难成全了英格兰，资本和技术工大量涌进。伊丽莎白仿效安特卫普股票交易所（Antwerp's bourse），设立英格兰第一个股票交易所。如果说古怪的话，经济运行蔚为大观，工业扩张迅速。各种制成品，从锡、铁、亚麻、蕾丝、玻璃、肥皂到盐，都由英格兰自己生产，不必进口。甚至相对简朴的房子，安装玻璃也很平常；木头餐具和用具换成了锡镴制品。全英格兰正在经历脱胎换骨的深刻变化。自然，因为人口众多，如此丰益也不一定使人人私囊鼓起：到 16 世纪末英格兰人口 500 万（对比之下苏格兰是 50 万人）。这一时期人口增长是从黑死病以来最快的。要养育更多人口，可是工作更少，人力更不能讨价还价，得到工作的拿到更低的工资。养羊利润可观，乡村里，常常可以看到公地被圈起来，不计其数的村民不再能自给自足，只得沦为无地劳力，或背井离乡加入贫穷的流动大军行列。相应地，伊丽莎白的议会通过了"贫穷法"（vagabondage），给没有能力又不外出的赤贫者施加野蛮的"流浪汉"惩罚：初犯者受鞭笞和耳朵钻洞，被认定是流浪汉惯犯后就吊死。

1575 年在沃里克，当女王快要巡游经过时，有碍观瞻之人都被以某种方式给弄得看不见了，取而代之的是莱斯特伯爵达德利给上了年纪的退役军人造的养老院。女王可以以此宽慰自己，她的政府何其仁慈善良。对于沃里克议员们来说，面临王室巡视的巨额费用，真是不知道哪一拨旅行者造成的麻烦更大，是乞丐还是廷臣？运走整车整车的遢里邋遢者，200 辆大车载来的宫廷行李搬进来，每辆车由六匹马拉着，这就需要大量马棚和干草。女王抵达前一周，王室采办商就空降到沃里克，他们在视力可及范围内，购买一切东西，价钱只能按照他们认为差不多的支付。无怪乎，有些家庭和城镇被选中巡视时，一时间感觉酸甜苦辣百味杂陈，因为八成会闹得鸡飞狗跳。宫廷里的夫人绅士，向来穿惯绸缎戴珍珠，八成会不满意招待，然后将其不满散布出去。然后还有贝丝（伊丽莎白的简称）女王本人，这宝石装扮的鬼魅、人间女神，与大多数这些不朽人物一样壮观又威严。读者可以想象，一个镇里官员被选来做个公开演讲，一边浑身颤抖，一边长篇大论谈到本城的历史——"我们在古籍和信史里，可以读到远在布列塔尼人时，这里就有市镇或者叫围墙之城，那时候它叫卡沃尔（Carwar）……"——这表明他挺称职，最害怕的人看起来好像只是个记录员，他被要求向女王说话，但是他在这个节骨眼上，紧张得结结巴巴，使伊丽莎白正好有机会，用一滴魔水点拨他的人生。"到这里来，小记录员，"据报道她这么说，"他们告诉我，你会很害怕，不敢看我一眼或者和我对话，但是，我更怕你，现在谢谢你，使我记起我的职责。""嗯，那么，"《沃里克黑皮书》（*Black Book of Warwick*）接着写道，"对所有议员和随从做出一副最优美最赞许的表情，又说一遍'我衷心地感谢你们，我的好人民'。"

就这么着有时候还会出岔子。沃里克伯爵弄了个盛大的烟火表演，他是伦敦塔的典狱长，从那里拿来枪和爆竹，但是，龙嘴里喷出的火焰点着了镇子尽头四户人家的房子，"只要一个火球穿过两边出来，给房子弄了个人头大小的洞，郊区就着火了"。第二天早上，全城一股硝石味儿，伊丽莎白让人把昨夜那对睡梦里房子着了火的夫妻带到面前，她给他们钱补偿。那自然是廷臣的钱，女王用别人的钱很大方；但是向廷臣举债，只会使沃里克的市民们更热爱她。

这些只是冰山一角。16世纪70年代，是"伊丽莎白教"的发端时期。她的继位日，11月17日，成了全英格兰节日中最隆重的，比异教的教皇日历上所有节日都要神圣的日子。这一天放烟火、教堂敲响钟声，两天后有马上刺枪比赛，为了她的荣耀，女王的斗士亨利·李（Henry Lee）爵士骑着马用长矛挑斗，买了一先令门票入场的观众会大声叫好。马库斯·格雷特斯（Marcus Gheeraerts）这些流亡的弗莱芒艺术家，印制出大量图画、小幅肖像和徽章，到处是她的形象。为了表示大胆蔑视教皇的驱除令[1]，她的贵族和绅士们在自己服饰上别小肖像做标记。当她的婚姻希望日益渺茫时，开始推崇她的童贞（将坏事变为好事）。许多有

---

[1] 驱除令，指革除女王教籍。——译者注

关她个人的非直接象征——凤凰、白鼬皮毛、新月、玫瑰、珍珠——原来指玛多娜（Madonna）的标记，这时都套用在童贞女王身上。她还以纯洁的戴安娜、图奇娅（Tuccia）、处女维斯塔（Vestal Virgin，她手持一筛水而没有溅出来一滴，以此证明了童贞）面目出现，或者披戴一领雪白的鼬皮，或者塘鹅，据《圣典崇拜》里说塘鹅让下一代啄吸自己胸脯的血，如此牺牲自己养育后代。又或者，伊丽莎白可以是太阳，其光芒发出彩虹般的光波。她是一切，"彩虹"肖像上的千里眼和顺风耳已表明，她看得见听得见任何事物。那些不能进入宫廷或乡间宏伟的大房子专为接待她而盖的"华屋"的人，瞻仰不到她的画像。诸如爱德华·霍尔（Edward Hall）等历史学家的编年史里有她的插图，这些历史著作上记载，上帝自己的新教共同体奇迹般升起，童贞女王的朝政尽善尽美。

　　甚至那些知晓内里的，只要他们愿意，就能一眼看穿她的"荣光女王"的光辉形象依赖制作细致的脚手架外加罩着绫罗绸缎；他们也知道女王脸蛋苍白如月色，不过是硼砂、明矾粉碎后和着磨坊水涂抹出来的，但他们就是不可救药地敬仰她。比如克里斯托弗·哈顿（Christopher Hatton）这个北安普顿绅士本来是议会的无名之辈，一次假面舞会上，因为莱斯特伯爵失宠，他入了伊丽莎白的法眼，受宠若惊，离开时人失魂落魄的。哈顿生病了，伊丽莎白送他去水疗，他写的回信好像一个少年在经受发狂的折磨："但愿上帝允许我和你哪怕待一小时……我神经紧张……我爱您，我不能没有你……最亲爱的甜蜜的小姐，请允许我，我激情澎湃，我写不下去了。请务必爱我，以我爱您之名……一万个再见……"

　　哈顿是贝茜（伊丽莎白的简称）狂热综合征的又一个患者，然而，那时还有一点略微精神错乱的是关于"盛世"年岁的晕眩转台：像哈德威克（Hardwick）豪宅，它的"窗户比墙多"、里头有个足球场那么大的舞厅（因为有伊丽莎白式足球）、占地广大的图书馆收藏着读不完的经典，甚至培根大人领地上的浴池的墙上和地板上装饰着珠宝，在水中闪闪发光。与 16 世纪上半叶的相对节制比较起来，伊丽莎白式的光辉需要珠宝，有些来自异国如巴西黄晶和翡翠，或者来自东方的橄榄石和金绿宝石。16 世纪末 17 世纪初的伦敦珠宝代表，非凡的奇普赛德宝藏（Cheapside hoard）使我们懂得珠宝习俗如何从宫廷传入商人阶层的富裕者之家。无可避免地，莱斯特伯爵给女王的新年礼物是硕大无比的珠宝，壮观华丽一如其个性。

照理说，莱斯特伯爵参与撮合诺福克与玛丽婚姻的阴谋，足以让他完蛋，但伊丽莎白念着旧情人的好，对他总是心软又宽大为怀。1575 年，她让他在凯尼尔沃思（Kenilworth）城堡为她布置一个大型娱乐场，城堡就是赏赐给他的。到这时候，他和女王已经在玩高级智力游戏了。他假装仍然是她狂热的爱人，而她也假装接受他夸张的诌媚。莱斯特和情人道格拉斯·谢菲尔德（Douglas Sheffield）生了个儿子的事实仿佛压根儿不存在。这类游戏不那么好玩儿，因此 1575 年在凯尼尔沃思的消遣，就成了他俩最后的约会，几千号人在边上看着热闹。莱斯特给城堡加了一整幢裙楼，供女王偶尔来住，墙上是大红色皮草，蓝色土耳其小挂毯，夜晚点上几千支蜡烛，里面有水晶的国际象棋棋盘，一个大鸟笼里养着五彩斑斓的外国珍禽，白色大理石的喷泉，裸体接吻的大理石仙女充满整个仿威尼斯睡莲的水池；还有 300 道菜的宴席。引来水将城堡前面的一块田变成了一个人工湖，中间漂浮着一座岛屿。女王抵达时，打扮成小女孩的小男孩们在岛上唱欢迎歌曲，田野林子里钻出披头散发的野人，烟火冲天，声响雷动，凯尼尔沃思的守门人写道："水涌起波浪，城堡在震动，我这么心肠硬的人也不禁害怕起来。"

作为"王室御马官"的莱斯特这时有一点自负，面色绯红，踌躇满志地主持这一切。只因为他不再一本正经追求女王之后，他才成为了大众的宠儿淘气的罗宾叔叔（Uncle Robin）。他的情况和法兰西国王亨利三世的小弟弟阿朗松（Alençon）公爵正好相反，伊丽莎白对待阿朗松的求婚很认真，邀请他来英格兰。她已年过四十，医生宣布尽管她已四十有五，还能生育。历史学家大部分都认为她基本上是在做政治外交上的考量。第一次在 1572 年到 1573 年，后面是 1579 年到 1581 年——用这个方法向法兰西加压，要他们反对西班牙在荷兰的统治，以此缓解英格兰的麻烦和战事耗费。这无疑是塞西尔的算盘。但在枢密院和公众中，说反对的人不少。1579 年，女王给大家展示了她对阿朗松喜爱有加——不顾他个子很矮和一脸讨厌的麻子——叫他"我的青蛙"（当某人收到贪婪绰号时的一个不祥记号）。莱斯特已再婚，夫人是伊丽莎白的一个宫廷贵妇莱提斯·诺里斯（Lettice Knollys），因此，她真的喜欢阿朗松而认为他是她的最后机会也没准。

英格兰第一次嫉妒起来。哈顿给女王送去一个戒指，保证能赶走"有毒空气"，只要她"在甜蜜的乳头间——纯洁忠贞的处所"戴着它。莱斯特和哈顿两个受伤的伤感专家，接着联手指挥了一场爱国主义反对运动，特色歌曲有《青蛙和老鼠的最怪异婚姻》（The Most Strange Marriage of the Frog and the Mouse），还出版了猛烈抨击的长篇大论。1579 年 8 月，约翰·斯塔布斯（John Stubbs）出版了《发现张开的海峡要并吞英格兰了》（A Discoverie of a Gaping Gulf wherein England is like to be Swallowed），警告疾病感染了整个瓦卢瓦王朝是上帝的惩罚，女王不该玷污自己并葬送政体。他得到的回报是以诽谤罪起诉他，刑罚是砍掉他的右手（还有他的印刷商和经销商的右手），没有判罚印刷商，但斯塔布斯的手被剁肉刀砍下后，用球棍挥击回家，他挣扎着用好手举起帽子，喊了一声"上帝保佑女王"然后昏死过去。威廉·卡姆登见证了这可怕一幕，写道："站着围观的众人默不作声；不是被这新奇可恶的惩罚吓呆了，就是可怜这诚实又作无可指责报道的人，抑或憎恨这个婚姻很可能预示着宗教颠覆。"

毫不奇怪，女王拿阿朗松、枢密院和公众一起当玩具耍时，她的声望一落千丈。1581年的继位日，最后她交换了戒指，为了保全公爵名声宣布订婚，将他送走。到年底不再提起法兰西婚事。这样，不管她想不想，只能做个童贞女王了。

1580年4月6日黄昏，英格兰发生了地震，震中在肯特郡东海岸，但是，伦敦塔里震感强烈，皇家动物园的狮子发出吼叫，柯腾（Curtain）等剧院里看戏的人们吓得从观众席上跳下来。上一年的10月，一颗彗星出现，冬天下了大雪，大到从没人见过。在这些预兆前，女王都表现得很勇敢，在廷臣们一片惊恐万状中，她打开窗户，要更清楚地观看彗星的灰黄火焰，而旁人都认为这些是上帝预警黑暗时代即将来临。

但是，英格兰或好或坏地有了自己的黑色天使，来识破这最糟糕的：弗朗西斯·沃尔辛厄姆，他肤色黝黑神情抑郁，伊丽莎白叫他"穆尔"（Moor）。"智慧永远最可爱"，这句话是沃尔辛厄姆的座右铭。他的全部职业生涯就是知识即力量这个当代真实主义的应用示范。在他身上，"智慧"这观念可以有两种意思：理解力和洞察真相。沃尔辛厄姆因其继父是女王的亲戚，成为1572年后的两位国务大臣之一，当时塞西尔提升为财政大臣。因此，这两位是伊丽莎白的私人枢密院的一副书挡，能够共同工作，又彼此依赖才做出判断，脾气也合拍。

塞西尔和沃尔辛厄姆又有很大不同，不仅仅是各有个性，他们还反映了不同的世界观。再者，在他俩看来，英格兰在世界上的位置也有别。塞西尔是苏格拉底实用主义者（Socratic pragmatist），总是看到事情的两面，然后竭力乐观地调和。他就是这么看待他那个时代的最大分歧即信仰之战的。塞西尔认为1559年已经解决了宗教争端，要求人们加入英国国教会，偶尔去一去圣餐礼，也不强迫大家生吞活剥接受整套新教教条，就这样"文火慢炖"，然而必定能把英格兰的绝大部分人团聚到新秩序里。

另一方面，沃尔辛厄姆对和解没兴趣，他要的是完胜。他认为，权力之法术也许复杂，但世界真是简单到分野清晰，即新教好、天主教坏。1572 年圣巴塞洛缪日大屠杀期间，他正在巴黎，因此他对和解不抱幻想。协议和联盟本身都很好，但只是策略；现实战略说到底就是一场战争。从两面看问题，与反基督者妥协，只会让自己输掉；假如沃尔辛厄姆要做点儿什么的话，英格兰不会输。

在天主教十字军之战的这些年里，如果要简单地测试一下，大家如何严肃地思考英格兰要怎么样才能生存下去，就是看他们怎么看待荷兰正在进行的战争。它始于 1568 年，还看不到快结束的迹象。那边只是一场发生在天边、和英格兰无关的莫名其妙的内战吗？还是一场与岛国命运攸关的挣扎？沃尔辛厄姆懂得塞西尔和女王都不想掺和进去，都认为那不过是一场势均力敌的战斗，双方都狂热到不可救药。枢密院里很多人也看不到有什么紧迫性，要帮助荷兰人吗？他们还在袭击与西班牙和平贸易的英格兰船只呢。但沃尔辛厄姆坚持认为，如果西班牙人把造反的荷兰人打得落花流水，那接下来就要来收拾英格兰了。塞西尔勉强接受了应该做点什么的必要性，但是这应该找别人出头，让法兰西人去干；因此他希望与法兰西联姻能够成功。

但无论是联姻还是军事战略都没用，几年之内，所有能挡在英格兰及其关键时刻之间的屏障全倒下了。法兰西代理人运动在荷兰溃败。1584 年，荷兰抵抗大英雄"沉默的威廉"在代夫特（Delft）自己家里的楼梯上被暗杀了。帕尔玛公爵（Duke of Parma）的军队迅速通过弗兰德斯到了海上，到 1585 年，他们控制了安特卫普，正好虎视眈眈地面对着英格兰海岸。

危机给英格兰朝野上下带来了心灵探索式的大辩论。英格兰破天荒第一遭面对这个问题——以后历史上类似的问题倒是反复出现：我们需要管欧洲的事吗？流血的大陆人到底是只需要我们关心还是那就是我们的利益所在？塞西尔和沃尔辛厄姆的想法刚好相反。荷兰明摆着抵抗力量衰弱，北海和英吉利海峡已然危险，塞西尔承认英格兰和西班牙直接开战[1]已是早晚的事。只是，他的本能意识深植于狭隘的岛民想法，为什么要把金钱和人力浪费在"那边"？英格兰也正需要二者加强工事，或赢或输，都只能自己单干。而沃尔辛厄姆认为，这就是自寻短见，让欧洲自我消耗而袖手旁观，英格兰人只是延缓时日，等荷兰人躺倒，届时敌人已壮大百倍，要打就现在打，用尽一切力量，在所有地方打：在海上，在荷兰，在美洲，在英格兰各郡里，在有天主教绅士藏着耶稣会会士的地方都开打，把他打散打跑，那才有赢他的机会。

随着岁月过去，莱斯特更强烈地主张新教教义，同意沃尔辛厄姆；当北海对面的形势恶化，情报确认西班牙的确磨刀霍霍要从荷兰发起入侵，终于，几多疑虑下来，女王也同意了，派一支 8 000 人的部队去安特卫普，莱斯特自己领军。但是女王和往常一样，不想开任何空白支票，几乎刚做完决定，她就要留后手，撤销了这一命令。从一开始，给莱斯特的命令就束缚住了他的手脚，他只能打严格意义上的保卫战，因为"沉默威廉"死后，女王已拒绝成立联合省而自己做元首的提议，特别交代莱斯特他不能接受任何形式的请求做他们的统领。

不消说，几个月里，他做的不多不少。在海牙，人家郑重地邀请他做统军将领，他辩解说，他心里反对这项委任；但如果要打得下去，在这个众所周知不结盟的荷兰，需要得到某种指挥权。当伊丽莎白听说这个消息后气急败坏，"如果不是亲身经历看着他出现这个状况，我们永远无法想象，一个我们自己培养的人，我们这么器重的人，比英格兰任何臣民都受器重，这么卑鄙地破坏我们的指令，这种手段太损害我们的名誉了……"这时只有沃尔辛厄姆能够阻止女王在彼时彼地停止施以军事

---

[1] 荷兰原属西班牙所有，想独立而不成。北海对面就是西班牙，是天主教国家，与信奉新教的英格兰有矛盾。——译者注

援手。莱斯特听说女王发火后，后悔得打蔫了。他说，现在只希望能到女王马厩里找个活儿"给马儿们钉马掌"。

好在经过提醒，伊丽莎白还是能用全局观念看问题，明白过来，假如西班牙赢了北海之战，会发生什么：入侵、天主教徒叛乱、玛丽·斯图亚特得救后在威斯敏斯特登基。沃尔辛厄姆这会儿忙着国内外同时作战，他动真格的了。他知道教皇庇佑五世（Pius V）不仅把"英格兰那个邪恶女人"开除教籍，还起誓"不管谁送她上路……不仅没有罪，在上帝眼里反而是积德"。针对这一弑君号召，沃尔辛厄姆设立联络会：自发组织绅士们宣誓要捣毁任何胆敢威胁女王安全的人。第二步是驱逐耶稣会修士，重新定义将其列为谋杀共案犯，滞留在英格兰会自动成为叛国者。如发现任何人庇护天主教神父或者望弥撒，都要处以重罪。成千上万的天主教徒陷入恐慌：要么做叛教者，要么犯法？从此，忠心耿耿的天主教徒（很多人抗议他们只能这样）这一概念被当成危险的异数。

伊丽莎白治下的英格兰整个进入沃尔辛厄姆的国家安全紧急状态，告密者和双重间谍忙得马不停蹄，频繁使用刑架和拇指夹。一个叫托普克里夫（Topcliffe，后来因僭越职权被捕）的热心过头的施虐狂在自己家里，经常拷问嫌疑犯。一个叫波特莫特（Portmort）的神父为了报复，反咬托普克里夫曾吹牛触摸女王胸脯和肚子的感受。女王的私人枢密院甚至讨论过万一女王遇刺，英格兰政府该怎么办，最后得出的结论意味深长：将由议会当政，弄一个"大枢密院"来运作政府。然而，假如说沃尔辛厄姆凶残，他却并没有过虑。法兰西、罗马、西班牙确实有阴谋组织，他们的工作只对准一个目标：就是结果伊丽莎白，用玛丽·斯图亚特取代她。

多年来，在什鲁斯伯里伯爵和他吓人的妻子贝丝·塔尔博特的监管下，玛丽过着乡村绅士太太的生活，可以打猎、架鹰，留用几个不多的家仆，还算体面。她的身体状况恶化，原先苗条优美的身材已发福，玛丽原本指望做朋友和盟友的表亲，却将自己软禁起来；玛丽从来没有与她达成和解，也不原谅她。当儿子詹姆斯和英格兰签署协议不认生母时，玛丽吓傻了，签署了协议把自己的继承权让渡给西班牙国王。这更让沃尔辛厄姆确信自己的悲观观点，即再也不可能有本土出生的王位继承人了。玛丽活着就是插在伊丽莎白心上的一把匕首。

　　这样他就设计了一个陷阱来解决这个麻烦。1585 年 12 月，沃尔辛厄姆瞒过塞西尔，改变了玛丽的囚禁地点，突然将她和家仆一起送到斯塔福德旁的查特莱堂（Chartley Hall），换了更凶狠的新教徒看守艾米亚斯·保莱（Amyas Paulet）。他一点也不掩饰对自己犯人的仇恨。在查特莱，她的一举一动都受到监视，必要时，设计成给她带来毁灭。想象一下玛丽该是何等欣喜，发现同党居然发明了一种新的天才方法，收发往来信件。他们有巴黎特工、最近宣誓效忠的复仇者、拥护者伦敦富商安托尼·巴宾顿（Anthony Babington）。密码信装入防水袋，通过啤酒桶塞子的孔，进出查特莱。玛丽不知道这是沃尔辛厄姆想出的计谋，信件发出后几小时，他的解码文书就忙于解读她的信息，策划出这整个查特莱诡计，就是要把玛丽置于死地，一劳永逸地解决掉她。

　　她中计了。巴宾顿告诉玛丽他的计划详情：有 6 个绅士一起，要谋害伊丽莎白，她如何能得救，即将到来的入侵，怎么东山再起。1586 年 7 月 19 日，玛丽回复，鼓励他们，但一如往常，强调他们首要的任务是解救她自己。她直白地警示巴宾顿，万一哪个环节出错，想想她的命运会怎么样。信送走后几小时，还没有上路送去给巴宾顿，沃尔辛厄姆的解码文书就已复写一份，并且译写给了朋友。

　　在威斯敏斯特，伊丽莎白突然莫名地抓狂，担心起自己的安全来，想象着每个阴影每块窗帘后都藏着刺客的匕首。她知道"沉默威廉"出的事儿。他们就在他旁边。沃尔辛厄姆怎么说的，他们也能接近她。她病倒了，病得很重。

在查特莱，玛丽觉得天空柔和了不少。近 20 年的不公平监禁后，自由和清白触手可及。1586 年 8 月 11 日，保莱说她可以去骑马，对污浊的肺有好处，你不知道吗？走得稍远些，玛丽看见一小队人骑着马过来，啊，这就是了，她一定想象着：他们来接她了。

当然，这批人是来逮捕她的，巴宾顿及其同伙已被捕，在严刑拷问下已招供。玛丽被带走，她在查特莱的房间被翻了个遍，查抄出几百份罪证和 60 种密码的解码本。在伦敦，伊丽莎白大喜过望，给保莱写信："艾米亚斯，我最忠心最周到的仆人，上帝会用三倍的恩惠报答你，如此周全地替我除了心头大患。"她说玛丽是"邪恶的谋杀犯"。她告诉塞西尔，巴宾顿这一伙叛国者搞阴谋太邪恶，光吊死加开膛破肚都不够。

苏格兰女王、流浪的玛丽只需停留最后一站，最后一个城堡就结束自己的悲惨人生了，即理查三世的出生地，北安普顿郡的宏伟约克风城堡福瑟林格（Fotheringhay）。如果有人指望她痛哭流涕的写个悔过书，那么，他们可以见识一下她的本色。面对自己末日的游戏，玛丽内心反而强大起来，好像超脱了这本卑劣戏码，让人看了不由得怕起她来。叫她认罪，她不认，玛丽坚持自己的君权；听了保莱的恫吓，她回答道："作为一个罪人，我很清楚我冒犯了造物主。我请求他宽恕我，我请求他宽恕我。但是，作为女王，作为君主，我知道我没有任何错误或冒犯，需要向面前各位交代的。"

她的第二招是推得一干二净，否认与巴宾顿的一切阴谋有关，直到给她出示自己的亲笔签名信。但沃尔辛厄姆在其中混入伪造的话语，弄巧成拙，使得玛丽指控他设计了整个阴谋，目的是扳倒她。毕竟，这和事实差不多；她提醒枢密院的审问者，她到英格兰是自由之身，是来寻求帮助，对付她在苏格兰的敌人的，"我马上就被监禁了"，她直率地加了这句；这样说更接近真相。

伊丽莎白可不这么看。她给玛丽写信，好像苏格兰女王是不懂感激的客人，没有对好客的主人写信说谢谢，反而偷走了毛巾。玛丽"偷偷摸摸地计划要我的命，通过流血毁坏我的英格兰王国。我从没有草率应付你，相反，我保障你的生命，一如我照顾自己一样上心。"

1586 年 10 月 15 日，福瑟林格大厅里正式审判开始。玛丽用一贯的半请求半威胁姿态，警告起诉人要按照良心审理，"记住世界舞台比英格兰王国更大"。她在舞台中央扮演自己的角色，面向世界古今的观众。

她蹒跚地走进房间，大家都大吃一惊，她身体极其虚弱，从头到脚穿得像个高贵的母亲，黑色天鹅绒，头上戴着白色头饰，还有面纱。看到台上放着一张华贵的椅子，她很自然地认为那是她的座位，结果被告知那是代表英格兰女王的宝座，真扫兴。她被领到被告席上，那是一张半月形的小椅子。她勇敢地开始发言，没有给她呈示证据、没有辩护律师、没有书记员，甚至没有笔墨。玛丽转过身来，对着塞西尔和沃尔辛厄姆，说，在这种情形下"我想你们当中任何人，如果处在我的位置，即使是世界上最聪明的，都没有人能够自卫或反对什么"。但是，她做到了自卫：坚持她从来没有想过要在伊丽莎白活着时夺取王位，只是作为谱系里最近的亲属，不会放弃继承王位的主张。玛丽根本不认罪，接着扭转局面，把审问者放到被告席上，指控沃尔辛厄姆伪造巴宾顿信件，迫使他一反常态，小心地为自己的行为开脱："上帝作证……作为个人我没有做什么不诚实的事；作为国务大臣，也没有不称职。"这个猫捉老鼠反被老鼠咬的游戏继续了一会儿，塞西尔只得插入审问她：质问她将王权转手给菲利普二世之事。玛丽高傲地答复，他这样的人不配过问君王间的事务。当他追问她，说如果西班牙人入侵她会怎么办，玛丽说除了自由，摆脱非法拘禁，别的什么也不要。

自然，她最终说什么都无关紧要。因为大家见识了她这么能言善辩，审判就中止了，在伦敦重新举行审判，索性就不要她到场。10 天后，委员会迅速地给她定了罪。刑罚公布后，伦敦大街小巷一片欢腾。

议会恳请伊丽莎白快快批准执行，但这正是女王不情愿的；几个月来，她破口大骂"谋杀犯"卑鄙，但轮到要杀她，她感到、她知道他们是亲人——诺福克和玛丽——斧子落在脖子上，这是长久以来藏在她心底的深切惊恐，使得她畏缩不前。还有，玛丽声音喑哑地威胁说牺牲她会招来报应。这话不无道理，也使伊丽莎白害怕，"我们君王是在世界这个舞台上表演"，玛丽这么说，伊丽莎白知道她是对的。

整整三个月，伊丽莎白对于这个表亲的命运，苦苦挣扎不能决断——这已经打破了她此前犹豫不决的纪录——但是，到1587年1月1日，她终于还是签发了死刑令，请她的私人秘书威廉·戴维森（William Davison）盖上英格兰大印，拿给沃尔辛厄姆。她坚持不得公开行刑，在福瑟林格就地执行。事实上，伊丽莎白真正想的是，自己摆脱干系，要让人知道，整个丑事是底下某个死党，为了除掉玛丽，用古老的方法处理过气女王。但是，忠心耿耿的保莱，被这个建议吓坏了："上帝不允许！没有命令叫人砍头，我不能昧着良心，这要伤后代阴骘的。"

如果说伊丽莎白畏惧公开行刑，玛丽对即将殉道反而洋洋得意。所有混乱、肮脏、鲁莽冒险、轻率密谋，所有妄想、装腔作势、勉强逃脱、战场上可笑的失败，她这一辈子惹人注目的任性、疯狂，一刹那都有了方向和意义。上帝引导她经历这一切，才到达这一蜕变时刻：是为了永恒教会的真理和持久性而牺牲。因此，当一个苏格兰廷臣哭泣着告诉玛丽第二天也就是1587年2月8日早上要行刑时，她说他应该高兴："玛丽·斯图亚特的麻烦要到头了……把这个消息传出去，告诉朋友们，我死得像一个真正的苏格兰女人，一个真正的法兰西女人。"

最终时刻，她的表现不可思议，一切都值了。彼得伯勒大教堂执事长（Dean of Peterborough）理查德·弗莱彻（Richard Fletcher）对她慷慨陈词。她转过去背对着他，拒绝和他一起祈祷："执事先生，我已决心用鲜血捍卫古老的罗马天主教。"弗莱彻没有退缩，走到断头台的另一面，继续痛斥玛丽，两个声音，一个英语一个拉丁语，渐渐提高嗓门，也不太对调，他们试图阻止她吻她自己的十字架。最后，要行刑了，她抖落拘谨的黑色斗篷，露出血色猩红的衬裙：殉道者的污点。金线绣的白色绸布蒙住她的双眼，她躺在下面纹丝不动，行刑者反而被她搞得双手出汗了。第一下深深地砍进她头的背后，只听见她轻轻说了声"亲爱的耶稣"；第二记马上跟着落下，这次全断开了，只剩一根筋连着，这下子刽子手只好拿斧当锯子使。

好了，玛丽不可能让死亡这件小事妨碍她全盘统筹的进程，受邀请前来的大批观众目瞪口呆。据目击者报告，在她断开的头颅上嘴唇继续嚅动了好几分钟，仿佛在无声地祈祷。那个刽子手，此时简直恨不得死的是他自己了，上前去例行公事地拎起头，高叫一声"上帝保佑女王！"他犯了个错误，只抓着一团赤褐色头发，当然是假发。众人惊魂未定之时，只见玛丽的头，上面只覆盖着一层灰色短粗毛发，从头发上脱落下来，像一只保龄球在地板上骨碌碌地滚过。接下来的任务是从无头尸身上除去衣服，以便保存死尸不腐——也是不许将有价值的物品拿去当圣物交易。当浸透鲜血的衬裙被解开时，里面有什么东西钻了出来开始哀叫。这是玛丽的小巴狗，一只斯凯狗，它用牙齿紧紧咬着血污狼藉的织物。最后终于将这小东西和主人分开后，他们把狗洗了又洗，可是没用，血在它的衣服上结成了块。脏不脏也没关系了，小狗拒绝进食，失去活力，最后死去，又一个可悲的小牺牲品，它还带着玛丽式悲剧的意味。小狗是玛丽的第一个哀悼者，但不是最后一个。

钟声敲响，伦敦人唱着"一支绝妙小曲，大众庆祝苏格兰女王砍了头"，伊丽莎白一世却一下子坠入悔恨的深渊里，传送玛丽死讯的信使原以为会得到感谢，却只有惊愕。为预防她再次改主意，塞西尔和沃尔辛厄姆决定等一切尘埃落定，推迟了一小时告诉伊丽莎白。不管他们多少次想迎合女王，告诉她——或者让人告诉她——她不"仅仅"是女人，她远比这强得多；但还是有很多次，他们的思想和行动显示，他们就是拿她当个女人：长期犹豫不决、反复无常的女性，由着情绪起伏；就和她没有充分利用的子宫也是受月亮和星星的周期支配一样。通常情况下，造成既成事实后他们都能逃脱处罚，但这次没有，伊丽莎白得知玛丽的死讯时，据威廉·卡姆登的记载："她的脸色变了，言语颤抖，悲痛欲绝，震惊哀伤，泪如雨下。"没有祝贺仆人们为自己做了好事，相反，伊丽莎白怪罪他们，禁止塞西尔在她面前出现长达六个月；试图让人逮捕私人秘书戴维森，是他送手令给沃尔辛厄姆，要以忤逆罪吊死他。这不是做做样子，眼泪也不是假惺惺；更像是通盘否认，伊丽莎白貌似真的想起来她明确告诉戴维森延缓行刑，不要加紧执行，他违背了她的命令。可是，无法确认他是否胆敢冒险，深知如果这么做，很多人包括他自己都会命悬一线。每个人都在这个不该受的指责里做了各自分内事，明白不得不允许女王哀号、咆哮，自欺欺人：尽管希望玛丽死，但不是因她而死。

　　伊丽莎白不敢面对真相，也许受良心谴责，又或许有充分理由，愁的是玛丽行刑可能给欧洲政治造成严重后果。从此，她不只是声名远扬的异教徒，还加上弑君者的标签；福瑟林格行刑阻止不了阴谋按其轨道运行，反而使那些人，下更大决心来除掉英格兰女王，取悦教皇。还有，不再是单枪匹马的阴谋者，她也许要面对全面主权战争。

　　她是对的，甚至在玛丽审判前，菲利普二世已经计划入侵的"英格兰事业"，目的是光复天主教会。但是，尽管他得到教皇诏书授权，称伊丽莎白是"孕育于可耻的妓女罪恶中出生的乱伦私生子"。对菲利普的无敌舰队来说，要紧的是保卫帝国，而不是宗教报复。数年来，甚至英格兰政府表面上在进行和平谈判时，枢密院的忠诚新教徒，比如莱斯特和沃尔辛厄姆，一直在鼓励海盗如弗朗西斯·德雷克（Francis Drake）与约翰·霍金斯（John Hawkins）等袭击西班牙船队。首要目标是伟大的珍宝舰队，每年春秋从秘鲁（Peru）矿上带着大量银子驶回塞维利亚（Seville），只此一项就支撑起西班牙在荷兰巨额的军费。当然德雷克和霍金斯从来没有拿到过大头，但是整个 16 世纪 70 年代和 80 年代，不管怎样，他们成功地弄回来大批很可观的战利品，乐坏了他们的投资人，当然，包括高枕无忧的合伙人伊丽莎白一世。对女王来说，这是双管齐下，将西班牙人赶出荷兰的一部分努力，都是有意义的。不必用大量军力耗费巨资，就能切断西班牙的补给线；全力以赴进行和平谈判，但是用海盗迫使西班牙人愿意达成协议。对菲利普而言，这是彻头彻尾的虚伪，对西班牙美洲殖民地的袭击是英格兰王国政府资助的恐怖主义行为，如果伊丽莎白不阻止，他只有切断问题的源头即英格兰本土。

但是海盗行为非但没有停止，1587 年春，海上袭击还达到了新高潮。这边厢，伊丽莎白派出使节来作和平谈判，那一边德雷克却完成了最无礼的袭击，就在加的斯（Cadiz）港口袭击了西班牙停泊在自己港口的舰队，摧毁了船只，然后经过锚泊地大摇大摆地驶离：这是 16 世纪的珍珠港袭击事件。这个消息在马德里引起群情激愤、恐慌，西班牙国王的权威在自己水域都不作数了吗？

尽管菲利普已被逼得走投无路，只能派出无敌舰队背水一战，但从一开始，他的很多大臣都已预见到灾难不可避免。伟大的西班牙海军上将圣克鲁什（Santa Cruz）预计，要取胜，得有 5 万到 9 万军人和 200 条船。他一定认为这个估计太高，足以难倒国王。而菲利普就是不想努力达到这个规模，恰恰这样，他真的栽了。

接下来的 1588 年夏天，是英格兰这个岛国的爱国主义伟大史诗篇章之一，自古以来，英格兰总是得天独厚，这时候，代代相传的传单和明胶再一次点燃"英格兰之火"（海岸边点燃火腿用以警示入侵者靠近）。1798 年，威廉·皮特（William Pitt）的同僚亨利·邓达斯（Henry Dundas），震惊于法国计划入侵的消息，去重温伊丽莎白一世的演讲，发现她已替他未雨绸缪，于是心里释然。7月，差不多130艘船驶过利泽德（Lizard），场面壮观，来势汹汹，天时地利却有利于防守而不利于进攻。德雷克沉着冷静，他打完保龄球再出发一说真伪难辨，但他不急着冲上去是对的。他们驶出港口时，心知肚明，生死在此一战。西班牙海军指挥官们亦然，从以往的痛苦经历中，他们非常清楚英格兰船只速度快得多、机动性高，炮术特别好，能达到每小时一次齐射，而不是西班牙船只那样，才一天一次！他们也知道英格兰舰队不会坐以待毙，不会等到帕尔玛公爵由驳船运来的军队来援才开始较量，这诸多因素使得西班牙人非常不安；不只一次，海军上将们提请菲利普，趁着为时不晚，取消整个行动，但只是徒然。

　　在历史上每个阶段，地理和天气决定结局。最初，德雷克在索伦特（Solent）袭击无敌舰队，几乎没有对它造成什么伤亡，它继续向着加莱前进，器宇轩昂地去与帕尔玛及其在荷兰的队伍会合。就在那里，天助新教徒，大风逼停了载着军人的驳船小舰队，使它们无法进入深水连接区；同时，在英格兰火炮船的攻击下，无敌舰队也不能贴近浅水区接引士兵登艇，就是那几英里致命的英吉利海峡海床，划分出了灾难和胜利的界线。

　　7月28到29日，格拉沃利纳（Gravelines）一役，至此已变成无敌舰队的垂死挣扎，英格兰无忧矣！当指挥官梅迪那－锡多尼亚公爵（Duke of Medina-Sidonia）终于从战斗中脱身，带着不到11只船，驶向东北方，开始漫长而艰苦卓绝堪比奥德赛的返航时，他的舰队还很强大，足以震慑英格兰人停下不追击穷寇。只是当无敌舰队绕过苏格兰西北，进入赫布里底群岛，那里狂暴的大风巨浪才掀翻了它。具有讽刺意味的是，在苏格兰和爱尔兰之间这片海域，西班牙人的"入侵英格兰事业"才真正葬身鱼腹：水手们、士兵们或淹死，或饿死，或染上斑疹伤寒，或者被爱尔兰人候个正着，一个个收拾了。

　　不应把 1588 年侥幸取胜当作纯粹的爱国主义神话一笔勾销；如果做个事后诸葛亮，可以说西班牙人入侵本来就赢面不大，但是当年的人们可不会这么看。菲利普二世哀悼死去的 1.5 万名士兵和折戟的舰队，但他还没有蚀本到在 16 世纪 90 年代不能卷土重来。在英格兰，除了军力动员之外，积极应对这个危机也许意义更加重大，因为它使得全英格兰团结自卫。如果要问女王是干什么的，答案就在 1588 年，她使得人民——妇孺商贾、贩夫走卒、达官贵人、平民百姓，全英格兰上下齐心协力。伊丽莎白集国王和女王于一身，成为英格兰真正不可阻挡的载体。伊丽莎白的天才（就像 20 世纪 40 年代的丘吉尔）在于她深谙如何给惊吓中激动不安的人民鼓舞士气。莱斯特即使病得很重——极可能是胃癌，又成了女王陛下抵御外敌入侵的海军上尉，最后一次做她的公共形象经理。他指挥军队也许无能，做外交官和政治家更糟，但是说到筹划爱国主义展览，没人能赶得上他。

　　如果西班牙入侵英格兰本土，伊丽莎白执意御驾亲征。对此，枢密院大臣们面面相觑——"陛下凤体乃我等于世上最为关切之高贵神圣者，匹夫思之即不由战栗"——莱斯特也不例外，时在 8 月初，危险还近在眼前。于是，莱斯特在蒂尔博里（Tilbury）营地（他还抱怨这里混乱无比）组织了非凡的一幕。8 月 9 日，女王来检阅，向征募的守卫兵员演讲。荒谬的是，关于蒂尔博里的形象和报告车载斗量，却无法确知女王那天到底穿的是什么衣服，说了什么话；但是，毫无疑问，8 月 8 日，她乘着一辆镀金四轮大马车，由 2 000 名趾高气扬的卫兵护卫着，到了阿登豪斯（Arden House）下榻处。第二天，很可能她真的徒步穿过人群，然后与莱斯特一起，后者为她挽着缰绳，骑上一匹灰色骟马，一队荷枪士兵、鼓手笛子吹奏陪同。有些版本说她穿戴着莱斯特制作的胸甲，也许不是真的，可是不容置疑，她给军队留下了一个指挥官的印象，以及英格兰童贞国母的形象。一名目击者詹姆斯·阿斯克（James Aske）描述为

"王者风范""神圣将领"。

随军祭司莱昂纳尔·夏普（Leonel Sharp）第二天重复了她的讲话，作为不列颠历史上最伟大的演说之一，值得传之于千秋万代，在这样黑云压城城欲摧之时，尤其卓越：

> 我亲爱的人民，有几个人想说服我们，为了我的自身安全、防止叛徒，要把自己托付给大军。但是，我向你们保证，如果不能信任我忠心可爱的人民，我宁愿死。让暴君害怕去吧。在上帝指引下，我从来行事有规矩，你们的忠心和善良愿望就是我的最大力量和安全的保障。正因为这样，我来到你们中间，正如大家看到的，这不是娱乐或消遣，而是决心到战场上来，和大家同生共死，就在这里。我将我的王国放在上帝面前，将我的荣耀放在我的人民面前，我的鲜血甚至可以洒在尘土里。我知道，我只有微薄脆弱的女人身躯，但是我有一颗国王的心，和一副国王胃口，还是个英格兰国王；想到帕尔玛或西班牙或任何欧洲君主胆敢侵犯我英格兰国界，这是违背天理，是对我们的蔑视；他们如果敢来，我就要自己拿起武器，亲自担任你们每个人的将军、审判官和嘉奖者，而不会感到任何羞辱。我早已知道你们勇往直前，值得给予嘉许和荣誉；以国君之名，我们保证，你们将得到它们。

这个演说还有不那么莎士比亚化的其他版本，但是，都保留了伊丽莎白表演的真谛：君权不应该被认为是脱离人民令大众畏惧的存在，而是在危急关头成为人民大众中的一员。即便她是个女人，臣民爱戴她，使其成为亚马逊女战士[1]、彭忒西勒亚[2]、一个战士。用1612年版本的话说："敌人也许因为我是个女人而挑战我的性别，那么让我也仿效他们，

---

[1] Amazon，传说中黑海边的女战士，源于希腊神话。——译者注
[2] Penthesilea，亚马逊女王彭忒西勒亚，战神阿瑞斯的女儿。——译者注

看看他们是否像男子汉。"不管怎么着，伊丽莎白在蒂尔博里已经成为民族偶像。不久后，莱斯特给什鲁斯伯里伯爵写信："我们尊贵的陛下，和我一起在这里视察了她的营地和人民，这使她的好子民热情高涨，照我看，哪怕他们中最不济的，都顶得上胆敢踏上英格兰土地的最骄傲的西班牙佬。"在金斯林（King's Lynn）的圣菲斯（St Faith）教堂里的一块超大嵌板上，头戴王冠的女王像光圈环绕，仿佛在天堂里，俯瞰着熊熊燃烧的无敌舰队，而她本人在蒂尔博里军队面前，骑在灰色斑点骟马上。

都铎世纪接近尾声的时候岁月艰难，这一雌雄同体的女王战士形象常常被制作出来，当然，乔治·戈尔（George Gower）的《无敌舰队肖像》（Armada Portrait）有好几个版本。那些使她神圣化的男人们此后不久都去世了。莱斯特死于1588年10月，据说女王因此悲伤过度，闭门不出，最后人们不得不破门而入，说服她重新出门并面对余生。1590年，沃尔辛厄姆去世。1591年，克里斯托弗·哈顿最后的日子里，女王亲自用调羹给他喂食。塞西尔，1571年被封为柏格莱勋爵（Lord Burghley），老了受关节炎之苦，死于1598年，之前已将国务重担交给次子罗伯特，其人虽然是驼背"小个子"，却一如乃父精明能干。伊丽莎白在位的最后15年里，罗伯特·塞西尔忙于和他的死敌埃塞克斯伯爵、莱斯特的继子罗伯特·德弗鲁（Robert Devereux）死战。第三个重要角色是沃尔特·拉雷（Walter Ralegh），更多时候不支持塞西尔与埃塞克斯作对。事实上，16世纪90年代，好像是过去的奇怪回声，塞西尔扮演其父的谨慎实用主义者，而埃塞克斯酷似御用玩具男生莱斯特的鲁莽好战，不断挥霍人力金钱进行军事行动（特别在爱尔兰），冒冒失失地出入水深火热中，无视女王的指令，也不按时前来奉上恭敬的崇拜。

伊丽莎白的宫廷从来不冷清。但16世纪90年代，社会现实与讽喻白日梦的脱节近似荒诞不经，时尚竞赛和肥皂剧般的冒犯就是个人恩仇，有一次，拉雷和埃塞克斯的手下身穿相同的橙色号服去参加骑士比赛撞衫了，二人差点儿决斗。埃塞克斯渐渐被疏远，直到1601年在未遂政变里被砍头。当时，他被女王劈头盖脸一顿怒骂，他就转身背对女王，女王直接给了他一个大耳光，出手很重，这一下应该惹毛了埃塞克斯。有一段时间，他记恨女王不给他的随从足够的资助。埃塞克斯很受大众欢迎，仗着这点，他就托大。当他突然从爱尔兰回来，硬要与议会和枢密院对峙的时候，他采取的行动开始是直闯女王内室，而当时女王正在梳洗中，没戴假发也没带假牙，这和埃塞克斯看见她裸体一样了，他已经遁入面具内里，这是不可饶恕的犯上行为，目睹裸体戴安娜的惩罚当然非以死谢罪不可。

　　不可避免，伊丽莎白政治身体的不老神话和自然身体枯萎的现实之间的距离越来越远，说奉承话的廷臣和形象制作者假装她是时间之缝里被遗漏的人，说她焕发出了第二春。伊丽莎白被这些幻想曲作曲家们弄得没了自知之明，上身装扮得越加华丽，用半透明的打扮以表示童贞，甚至有一次脱光上身，趁热的时候，一路把扣子解开到肚脐。占星家西蒙·福尔曼（Simon Forman）之辈被挑逗得想入非非，望着这个小老太太依然吸引人，在尘土里寻找她的衬裙；造梦者宣称为了英格兰，他愿意从上面而非下面使她的肚子变得更大；红发者（像埃塞克斯）的喝彩声拯救了造梦者。

　　很容易觉察出有一丝过于着力地渲染伊丽莎白后期世界如同盛装的化装舞会一般的浮华，是否全因为巧合，我们关于这个时期记忆最深的是文学发明毫无预兆地大量涌现，因此我们以为这时期文学作品致力于多种虚构体裁，而同时，英格兰乡村和城镇生活其实非常艰难。当荒芜的政治体制本身摇摇欲坠、急躁不安的时候，埃塞克斯这些人已经不仅局限于自己的命运；历史正在被改写成歌颂都铎王朝的观点，即本朝是秉承上帝旨意，使新教民族圆满，只有他们才从中世纪晚期争斗得你死我活的宗教手中创立民族的联合体。这个时候社会等级森严前所未有，一点细微差别很可能就引起严重分歧，而造梦者变魔术般弄出田园牧歌式的仙境，在里面两性交换了位置，人类和不朽者混为一谈，仆人对主人还嘴，强人得了报应。1592 年，小马库斯·格雷特斯（Marcus Gheeraerts the Younger）为最近退役的女王比赛斗士亨利·李爵士画了一幅所有伊丽莎白时代最令人难忘的肖像。当时他给女神做了最后一次表演。她的脸如月色般银白，衣服上缀着白玫瑰和表示贞节的珍珠，伊丽莎白站着，鞋子踩在泰晤士河的源头，那里接近李在牛津郡迪奇雷（Ditchley）的领地。女王和英格兰在字面上已是一体，一个是另一个的延伸。此图以全息俯视角度绘制，英格兰同样看起来不可一世：水系发达，小块森林点缀其上，当中镶嵌着整齐的城镇和小村子——无疑是一副天堂的样子。

现实却乏味得很。16 世纪 90 年代，官方历史声称已消失的所有罪恶都非常扎眼：无休止的战争导致税负沉重、高失业率，1594 年到 1597 年连年歉收，食品价格飞涨。1596 年各地暴动，地方法官面对一波犯罪浪潮，上绞架的重刑犯数量创出了新高，仙境里遍布绞刑架。1598 年，一个肯特郡劳工使大家知道他"希望看见在英格兰王国里有折磨富人的战争，使他们不再铁石心肠而要回报穷人"。

几十年来，大家第一次听见到控诉女人——据说是个老女人，尽管假装青春永驻的样子——统治的诉苦大合唱，尤其是在宫廷里，如果有人被指控侮辱女王，就得给戴上颈手枷或削去手足。埃塞克斯大文登（Great Wenden）的劳工约翰·菲尔特维尔（John Feltwell）据说想"祈祷有个国王"，问他为什么时，他回答："女王什么都不是，就是个被贵族统治的女人……所以穷苦男人什么也得不到……只要女王活着，我们就永远也别想有好日子过。"1599 年，一个叫托马斯·沃恩（Thomas Vaughan）的"普通流浪者"声称死于 1553 年的青年人根本不是爱德华六世，而是某个放在他位置上的人，而真的爱德华是丹麦国王，他去了爱尔兰和威尔士拯救穷人，免得他们饿死。

这些直言不讳的男男女女，说英格兰需要一个能给他们工作、啤酒和面包的国王，这有点危险。但相反大家得到的是皇家的冒险和空中楼阁。尽管戈尔的《无敌肖像》表示女王的手自信地搭在印度群岛（Indies），"荣光女王"（Gloriana）帝国的海床上布满了虚妄工程的残骸，很多是浪漫文人空想出来的。约翰·邓恩（John Donne）年轻时跟随埃塞克斯踏上去亚速尔群岛（Azores）的航程而一无所获。他们本来意图降服西班牙帝国让它屈服，拉雷（Ralegh）在弗吉尼亚洛亚诺克（Roanoke,Virginia）设立定居点，这个最初的空想延续了两年不到，最后几乎没有任何收获，它毁于疾病和饥馑。斯宾塞（Spenser）想在爱尔兰建立类似豪华梦想的"拓展地"，用盎格鲁－苏格兰新教徒的美德和恩惠拯救本地人，使他们脱离不幸的野蛮，最后以可怕血腥漫长的战争而告终，只是让盖尔人和老英格兰爱尔兰人确信他们自己与英格兰王国的共同点太少，后者只是把他们当成半人半兽的沼泽居民凯里班（Caliban）。

这些梦以一种恶作剧的方式毁了造梦者自己，特别是用石头和砂浆筑梦的时候。为迎接女王盖起来一批最豪华的"盛世房子"，上面烟囱、尖塔、阁楼林立，这已是后期，她把自己的巡视范围限制在短途。其中最壮观的是诺丁汉附近的沃莱顿堂（Wollaton Hall），主人是罗伯特·威洛比爵士（Sir Robert Willoughby），由罗伯特·斯迈森（Robert Smythson）建造。他最精通当时的砖石拼砌工艺，威洛比一定非常希望沃莱顿的美轮美奂足以使他从郡里勤奋发家的领主晋升到大贵族，但是他和他的继承人们只留下了大笔债务，因为女王从来没有光顾过。

所有竹篮打水一场空的家宅和空中楼阁的故事，没有一个抵得上北安普顿郡的建筑大师托马斯·特雷瑟姆爵士（Sir Thomas Tresham）。他的家族从律师起步崛起迅速，其中一人一路升迁至亨利五世的大法官。

托马斯爵士的爷爷，和其他众多郡里绅士一样，忠心地为亨利八世服务，后来又为爱德华六世服务，但同时一直是天主教徒。有一段时间，正如塞西尔和伊丽莎白所愿，1559 年，托马斯自己接受了改宗。1575 年他被封为骑士，讨了个好老婆，生了 10 个孩子。但是到了沃尔辛厄姆实行可怕镇压，并且耶稣会布道团（Jesuit mission）又给那些忠实的天主教徒施加压力，要他们必须站队时，特雷瑟姆决定为了信仰，抛弃伊丽莎白政体的妥协礼仪，彻底地重新回归老罗马天主教会。他变成了不屈者，拒绝参加英格兰新教仪式，为自己的缺席付出了巨额罚金。即便如此，当沃尔辛厄姆政治团体召集他，履行为臣之职时，特雷瑟姆对伊丽莎白王朝从来忠心耿耿、恪尽职守。

出于这种动人的自信，认为欧洲天主教和岛国新教可以在英格兰并存的情况下，特雷瑟姆萌发了一个念头，给自己建造一幢房子，从各方面来彰显他的善良信仰。后来它造就了不列颠最优美的废墟。

和许许多多伊丽莎白在位末期的宏伟工程一样，利夫登纽比尔德（Lyveden New Bield）是一个虔诚信仰的狂热产物。一个末代乐观主义者，认为自己既可以是天主教徒又能做一个忠实的乡村绅士。因为不能明言自己的信仰，特雷瑟姆决心让自己的建筑说话：把地面格局和窗框弄成十字形，在外墙上用石头饰带围绕一圈表示纪念耶稣受难。最后的效果看起来一点也不像我们熟知的其他"英格兰风"建筑，或者说，"不列颠风格"——更像是从法兰西或意大利移植来的外国经典——但是，特雷瑟姆也使它融入北安普顿郡本地的周边景观。如果说能有一种盎格鲁–天主教风格，利夫登纽比尔德当之无愧。

这个工程雄心空前，由一个真正的高瞻远瞩者构想。特雷瑟姆在自家藏书室里有古典建筑大师维特鲁威（Vitruvius）、塞里奥（Serlio）和帕拉迪奥（Palladio）的伟大教科书，去意大利访问时，他在威尼斯见识过那些设计如何变成现实。在利夫登，房间比例也有完美的数学效果，优雅的凹槽壁柱，宏伟如万神殿式的穹顶。因为这是特雷瑟姆用来过退休生活的私人隐居处，有个私人小教堂供其敬奉上帝，墙上镌刻着丰富的神圣标志性经文和纹章。

单在这个自己的神圣孤岛上，特雷瑟姆还不能够创造奇迹。伊丽莎白死后，现实不放过他，他没有在这个熠熠发光的天堂等候室里，而是在黑暗的监狱度过了余生；他因为信仰被囚禁了起来。一个儿子参与了火药阴谋（Gunpowder Plotter），只是通过提供关键证据才保住了命。家族财富急剧缩水，使得利夫登草草完结，远没有达到设计中那么漂亮的穹顶覆盖，那已经不被允许，不可行了，它从来就没有做出来过。特雷瑟姆的宏伟蓝图剩下的只有悲伤的幽灵和封在石头间的秘密。

但是，即使特雷瑟姆能建成这座房子，它最后也会变得像一个疼痛的大拇指那样戳出在地面上。因为当他在竭尽全力调和自己个人、信仰与趣味、英格兰和古典欧洲时，历史正在打散这一切。在编年史家、地理学家、剧作家、教会人士、讲究礼仪的古文物研究者笔下，正在重新界定所谓的真正英格兰风格，其定义范围非常狭窄。真正的英语就是母语里的一本公祷书，一种剔除了外国习语和写作风格的文学。而且，如果，就像现在看起来，可能莎士比亚本人是个秘密的天主教徒，他只有通过写作极其谄媚的颂歌，赞美英格兰的岛国分离意识，将它放进临死的冈特的约翰口中，才能逃离这一切。

也是历史上第一次，当急切的颂圣者向北方特威德河望去，盼望女王的继承人詹姆斯六世时，这个被上帝祝福的岛屿开始被想象成不只是英格兰，而是不列颠。这个头衔是威廉·卡姆登非凡的历史和地理汇编敬献给女王的。1603 年 3 月伊丽莎白去世的时候，全英格兰大部分人还不理解不列颠这个概念；对他们来说，这个词的外国特色太浓厚了。但是老女王自己可能是少数几个真正懂得其中含义的人之一，因为当她奄奄一息地躺着时，她的"结婚戒指"被取下，她也许想到上帝让她保持处女之身，可能本来就有他自己的某种计划。因为她一直未婚，最后，她反而促成了至关重要的联合：苏格兰和英格兰，这时还不在一个王国里，而是在一个人身上，那就是她的表亲、敌人和牺牲品玛丽·斯图亚特的儿子。那么说来，她到底也不算没"结果"，那也就没有"缺绿病"之说，凭借自己的政治之身，她也结出果实来了。这果子的名字，就是大不列颠（Magna Britannia）。

致 谢

不知道英国广播公司是否会认为它还承担了遣返国人归国的业务，但事实上《英国史》[1]让我有机会在去国 20 年，并且离开这门课的讲台 10 年之后重返英国。回归者常常因为多愁善感或吹毛求疵而迷惑了双眼，讲到本民族历史时，也许不够冷静客观。当贾尼丝·哈德洛（Janice Hadlow，当时在英国广播公司二台任职）第一次向我提出，要我考虑做一档有关英国历史的节目时，我的第一反应就是，我已远离专业领域多年，明显不能胜任这项工作。但贾尼丝鼓励我，让我把这种远离当成潜在的力量来源，而不是障碍，借此再次审视而重新理解历史的机缘，在我和观众、读者之间建立起某种关联。其实观众、读者本来就是专家〔我平常和出租车司机接触，得知他们对黑斯廷斯（Hastings）之役和黑死病的一切了如指掌，已经使我想到他们就是专家这个说法〕。贾尼丝打赌说，重新发现的欣喜必将胜过因生疏而产生的恐惧；贾尼丝、艾伦·延陀博（Alan Yentob）和迈克尔·杰克逊（Michael Jackson）三人一起构思了这档节目，这赌注下大了；就我们几个来说，大家搭上了自己的一辈子。

后来，由于受艾伦和贾尼丝的热情与信念的感染，我不得不回应说，

---

[1]　*A History of Britain*，指电视系列节目。——译者注

英国史的确适合做成电视节目：在家喻户晓的故事里加入鲜活的能量和戏剧性事件，把其他鲜为人知的故事呈现给英国广播公司的广大观众，还原并重现历史。作为大众共享的娱乐节目，让它完全融入而不是抽离当代生活，尤其在当下这样一个民族凝聚力和身份认同感再次成为严重问题而非简单身份认同的时刻。

虽然《英国史》的封面上只有一位作者的名字，其实本书从头至尾都是集体工作的结晶。不能想象，如果没有朋友们以及英国广播公司天才同人们的鼓励和我们坚持不懈的共同努力，《英国史》不会取得成功。在这项工作中，马丁·戴维森（Martin Davidson）一直是位卓越的伙伴：专注，极富想象力，（在运作不顺时）保持冷静、思路清晰；我这个主持人可不具备这些品质。我非常幸运能和这样一个制作团队合作，大家乐于分享我的很多幼稚又异想天开的主意，我从他们那里学到了太多东西，这么简短的致谢无论如何都难以尽述：克莱尔·比温（Clare Beavan）、伊恩·布雷默（Ian Bremner）、玛蒂娜·霍尔（Martina Hall）、丽兹·哈特福德（Liz Hartford）、提姆·柯比（Tim Kirby）、珍妮特·李（Janet Lee）、保罗·提尔泽（Paul Tilzey）。尤其是迈克·易比吉（Mike Ibeji）和伊恩·布雷默做了大量艰苦卓绝的工作，填补了我本人在中世纪历史方面的巨大知识空白，给我指出了专业研究的方向和问题，我深怀感激。对下列研究助手们孜孜不倦地对文字和图像资料坚韧的钻研精神，我也深怀感激；没有他们，这个节目很可能会半途而废。他们是：梅丽莎·阿克朵根（Melisa Akdogan）、亚历克斯·布里斯科（Alex Briscoe）、艾米·爱斯纳（Amy Eisner）、凯伦·格林（Karen Green）、帕特里克·基夫（Patrick Keefe）、琼安娜·金（Joanne King）、本·雷顿（Ben Ledden）、克洛伊·莎玛（Chloë Schama）。作为节目首席摄像师，卢克·卡迪夫（Luke Cardiff）是位预言家，这么说毫不夸张。在英国广播公司二台，保罗·哈曼（Paul Hamann）和珍妮·露特（Jane Root）给予了我全程的支持。保证一个电视节目编剧和主持人不跑题是全世界的最大难题，我只能对英国广播公司二台历史组的萨拉·弗莱彻（Sara Fletcher）、克莱尔·莎普（Claire Sharp），还有特丽莎·莱顿（Theresa Lydon）表示感激。三位忠于职守，无论在片场还是场外，工作高效又细致。

　　哥伦比亚大学的普罗沃斯特·乔纳森·科尔（Provost Jonathan Cole）批给了我超长假期，我得以从事这项明显不知何时才结束的工作，为此我深表感激。同时谢谢我的同事戴维·阿米蒂奇（David Armitage），给予了我各种各样专业的帮助和指点。但是，约翰·布鲁厄（John Brewer）、斯黛拉·提尔雅德（Stella Tillyard）、阿曼达·福曼（Amanda Foreman）、埃利奥特·弗里德曼（Eliot Friedman）、明迪·恩格尔·弗里德曼（Mindy Engel Friedman）、约翰森·吉力（Jonathan Gili）、坦雅·鲁赫曼（Tanya Luhrmann）、吉尔·斯洛托沃（Jill Slotover）和特里·贾斯托（Terry Justo）都伸出了友爱的援手，对我非常友善。

　　这本书不仅是电视节目的"配音台词"，探讨英国历史各个话题和问题的深度和广度都超过电视脚本。和以往一样，斯图亚特·普罗菲特（Stuart Proffitt）通读了手稿，他凭借着鹰一样的敏锐，指出书稿中需要改善的大大小小各个方面。玛格丽特·威尔斯（Margaret Willes）对几次初稿都提了很多宝贵意见。令人感激的是，安德鲁·佩特格利（Andrew Pettegree）教授和约翰·哈德森（John Hudson）博士对文本进行了润饰。所有余下的错误都由我本人单独负责。在英国广播公司世界频道，我很幸运，由玛萨·考特（Martha Caute）担任本书的编辑，她是那样慷慨、细心和明辨秋毫。我还要感谢希拉·阿博曼（Sheila Ableman）、萨利·波特（Sally Potter）、克里斯·威勒（Chris Weller），他们毫不怀疑，坚定地相信这档节目非常重要，值得郑重地进行探索。在陶克·米拉麦克斯（Talk Miramax），媞娜·布朗（Tina Brown）和乔纳森·博恩汉（Jonathan Burnham）承诺要把《英国史》带给广大的美国公众。一得知有关本书的信息，媞娜就对这件事情非常热情，付出的心血远远超过我们的友谊。

在本书写作和出版的这几年里，工作量大大超出我这个"罪魁祸首"平常带给家人的烦扰，我再一次地谢谢吉尼（Ginny）、克洛伊（Chloë）、加布里埃尔（Gabriel）和戛斯（Gus），每天你们给予我的爱和快乐使我免于身心俱疲。在我和家人要延期停留在英国时，彼特斯·弗雷泽和邓洛普代理处（Peters, Fraser & Dunlop）[1] 的瓦妮莎·凯恩斯（Vanessa Kearns）总能使事情圆满解决。凡此种种，不一而足。

从头到尾，《英国史》就是这一群人坚定信念的惊人产物，他们是：艾伦·延陀博、珍妮丝·哈德洛、马丁·戴维森、我的电视经纪人罗斯玛丽·斯科拉（Rosemary Scoular）。这些人对这个节目及其作者毫不动摇的信念是我作为一位历史学家漫长的职业生涯中最动人（也最令我紧张不安的）之处。但是，我最需要感谢我的同行者之一迈克尔·西森斯（Michael Sissons），他不仅给予我勇气来做这档节目，一路陪伴着我直到最后完成，他还帮助我，与我一起去冒险，从而使我 30 多年的作家生活更完整。他一直是我在暴风雨中的领路人。

---

[1]　Peters, Fraser & Dunlop，旅行社。——译者注

参考文献

缩略词：BM Press – British Museum Press; CUP – Cambridge University Press; OUP – Oxford University Press; UCL – University College, London; UP – University Press

已出版基本文献

Adomnan of Iona, *Life of St Columba*, trans. R. Sharpe (Penguin 1995)
Alfred the Great: Asser's Life of King Alfred and other contemporary sources, trans. S. Keynes and M. Lapidge (Penguin 1983)
Aneirin, *Y Gododdin,* trans. and ed. A. O. H. Jarman (Gomer Press 1988)
Anglo-Saxon Chronicle, trans. and ed. Michael Swanton (Dent 1996)
Arthurian Chronicles by Wace and Layamon, trans. Eugene Mason (Dent 1962; University of Toronto Press 1996)
Barbour, John, *The Bruce*, ed. A. A. M. Duncan (Cannongate 1997)
Bede, *Ecclesiastical History of the English People*, ed. D. H. Farmer, trans. L. Sherley-Price (Penguin 1990)
Beowulf, trans. Seamus Heaney (Faber 1999)
Blind Harry's Wallace, introduction by Elspeth King (Luath Press 1999)
Bower, Walter, *Scotichronicon*, ed. D. E. R. Watt, 9 vols. (Aberdeen UP/Mercat 1987–98)
Caesar, Julius, *Gallic Wars*, trans. H. J. Edwards (Loeb Library, Harvard UP 1986)
Camden, William, *The Annals of Elizabeth* (1615)
Camden, William, *Britannia*, trans. Philemon Holland (1637)
Chronicle of Richard of Devizes of the time of King Richard the First, ed. J. T. Appleby (Thomas Nelson 1963)
Chronicle of Walter of Guisborough, previously edited as the chronicle of Walter of Hemingford, ed. Harry Rothwell (Royal Historical Society 1957)
Chronicles of Matthew Paris: monastic life in the thirteenth century, trans. and ed. Richard Vaughan (Sutton 1984)
Early Irish Myths and Sagas, trans. Jeffrey Gantz (Penguin 1981)
English Historical Documents, Vols. I–VI:
> Vol. I *c.* 500–1042, ed. D. Whitelock (Routledge 1995)
> Vol. II 1042–1189, ed. David C. Douglas and G. W. Greenaway (OUP 1996)
> Vol. III 1189–1327, ed. Harry Rothwell (OUP 1996)
> Vol. IV 1327–1485, ed. A. R. Myers (OUP 1969)
> Vol. V 1485–1558, ed. C. H. Williams (OUP 1997)
> Vol. VI 1558–1603, ed. D. Price (Methuen 1988)
Flores Historiarum, ed. H. R. Ward, Vol. III (1890)
Froissart, Jean, *Chronicles*, trans. and ed. Geoffrey Brereton (Penguin 1968)
Geoffrey of Monmouth, *The History of the Kings of Britain*, trans. Lewis Thorpe (Penguin 1976)
Gerald of Wales, *The History and Topography of Ireland*, trans. J. J. O'Meara (Penguin 1951)
Gerald of Wales, *The Journey Through Wales*, trans. Lewis Thorpe (Penguin 1978)
Gildas, *The Ruin of Britain*, trans. and ed. Michael Winterbottom (Phillimore 1978)

Harrison, William, *The Description of England*, ed. Georges Edelen (Dover Reprints, Constable 1994)

John of Fordun, *Chronicle of the Scottish Nation*, trans. Felix J.H. Skene and ed. William F. Skene (Llanerch 1993)

Leland, John, *John Leland's Itinerary: Travels in Tudor England*, ed. John Chandler (Sutton 1993)

The Mabinogion, trans. Gwyn and Thomas Jones (Dent 1993)

Nennius, *British History and Welsh Annals*, ed. J. Morris (Phillimore 1980)

Orderic Vitalis, *The Ecclesiastical History of England and Normandy*, trans. T. Forester, Vols. I and II (Bohn 1905)

Paris, Matthew, *Illustrated Chronicles of Matthew Paris,* ed. Richard Vaughan (Sutton 1984)

Paston Letters and Papers of the fifteenth century, ed. Norman Davis (Clarendon Press 1971–6)

St Patrick, *His Writing,* ed. A. B. E. Hood (Phillimore 1978)

Smith, Thomas, *De Republica Anglorum* (Leiden 1630)

Stones, E. L. G. (ed.), *Anglo-Scottish Relations 1174–1328: Some Selected Documents* (Clarendon Press 1963)

Stow, John, *A Survey of London written in the Year 1598*, ed. Henry Morley, introduction by Antonia Fraser (Sutton 1994)

Tacitus, *Agricola*, trans. M. Hutton, rev. ed. R. M. Ogilvie (Loeb Library, Harvard UP 1980)

Vita Edwardi Secundi – The Life of Edward II by the so-called Monk of Malmesbury, trans. N. Denholm-Young (Thomas Nelson 1957)

Bartlett, Robert, *The Making of Europe: Conquest, Colonisation and Cultural Change, 950–1350* (Penguin 1993; Princeton UP 1993)

Black, Jeremy, *A History of the British Isles* (Macmillan 1996; St Martin's Press 1996)

Broun, Dauvit *et al.* (eds.), *Image and Identity: The Making and Re-making of Scotland through the Ages* (John Donald 1998)

Cannon, John (ed.), *The Oxford Companion to British History* (OUP 1997)

Connolly, S. J. (ed.), *The Oxford Companion to Irish History* (OUP 1998)

Davies, John A., *History of Wales* (Penguin 1994; Viking Penguin 1994)

Davies, Norman, *The Isles: a history* (Macmillan 1999; OUP 1999)

Davies, R. R., *Age of Conquest: Wales 1063 to 1415* (OUP 1992)

Davies, Wendy, *Wales in the Early Middle Ages* (Leicester UP 1982)

Foster, R. F. (ed.), *The Oxford History of Ireland* (OUP 1989)

Frame, Robin, *The Political Development of the British Isles 1100–1400* (OUP 1990)

Given-Wilson, Chris, *The English Nobility in the Late Middle Ages* (Routledge 1987)

Grant, Alexander, and Stringer, Keith J. (eds.), *Uniting the Kingdom: The Making of British History* (Routledge 1995)

Hallam, Elizabeth (ed.), *The Plantagenet Chronicles* (Tiger Books and Random House 1995)

Hanawalt, Barbara, *The Middle Ages – An Illustrated History* (OUP 1998)

Harbison, Peter, *Guide to National and Historic Monuments of Ireland*, 3rd ed. (Gill & Macmillan 1992)

Kearney, Hugh, *The British Isles – A History of Four Nations* (CUP 1989)

Lynch, Michael, *Scotland: A New History* (Pimlico 1991)

Morgan, Kenneth O. (ed.), *The Oxford History of Britain* (OUP 1999)

Platt, Colin, *The Architecture of Medieval Britain: A Social History* (Yale UP 1990)

Pounds, Norman John Greville, *The Medieval Castle in England and Wales: A Social and Political History* (CUP 1990)

Prestwich, Michael, *Armies and Warfare in the Middle Ages* (Yale UP 1996)

Samuel, Raphael, *Theatres of Memory*:
Vol. 1 *Past and Present in Contemporary Culture* (Verso 1994, 1996)
Vol. 2 *Island Stories. Unravelling Britain*, ed. A. Light with S. Alexander and G. Stedman Jones (Verso 1997, 1999)

Somerset-Fry, Plantaganet, *Castles of Britain and Ireland* (David & Charles 1996; Abbeville Press 1997)

Williams, Gwyn A., *When Was Wales?* (Black Raven Press 1985)

Wright, Patrick, *On Living in an Old Country. The National Past in Contemporary Britain* (Verso 1985)

第一章

Abels, Richard P., *Alfred the Great. War, Kingship and Culture in Anglo-Saxon England* (Longman 1998; Addison-Wesley 1998)

Barber, Richard, *King Arthur: Hero and Legend* (Boydell & Brewer 1994)

Birley, R. E., *Vindolanda. A Roman Frontier Fort on Hadrian's Wall* (Thames & Hudson 1977)

Bland, Roger, and Johns, Catherine, *The Hoxne Treasure* (BM Press 1994)

Bowman, Alan K., *Life and Letters of the Roman Frontier: Vindolanda and its people* (BM Press 1998; Routledge 1998)

Breeze, David, *The Northern Frontiers of Roman Britain* (Batsford 1993)

Breeze, David, and Dobson, Brian, *Hadrian's Wall*, 3rd rev. ed. (Penguin 1991)

Brown, Peter, *The Rise of Western Christendom: Triumph and Diversity AD 200–1000* (Blackwell 1997)

Campbell, James *et al.* (eds.), *The Anglo-Saxons* (Penguin 1991)

Carver, Martin, *Sutton Hoo: Burial Ground of Kings?* (BM Press 1998; University of Pennsylvania Press 1998)

Crummy, Phillip, *City of Victory: The Story of Colchester* (Colchester Archaeological Trust 1997)

Cunliffe, Barry, *Ancient Celts* (Penguin 2000)

Cunliffe, Barry, *Iron Age Communities in Britain*, 3rd ed. (Routledge 1991)

Cunliffe, Barry, *Roman Bath* (Batsford/English Heritage 1995)

Dodwell, C. R., *Anglo-Saxon Art: A New Perspective* (Manchester UP 1982)

Dumville, D., 'Sub-Roman Britain: History and Legend', *History*, Vol. 62, 1977

Esmonde-Cleary, A. S., *The Ending of Roman Britain* (Batsford 1989 and Routledge 2000)

Fletcher, Richard, *The Barbarian Conversion: From Paganism to Christianity* (University of California Press 1999)

Hanson, R. C. P., *St Patrick: His Origins and Career* (Clarendon Press 1968)

Higham, N. J., *The English Conquest: Gildas and Britain in the fifth century* (Manchester UP 1994)

Higham, N. J., *An English Empire: Bede and the Early Saxon Kingdoms* (Manchester UP 1995)

Higham, N. J., *Rome, Britain and the Anglo-Saxons* (Sealoy 1992)

Hines, John (ed.), *Anglo-Saxons From the Migration Period to the Eighth Century: an ethnographic perspective* (Boydell & Brewer 1997)

Hodges, Richard, *The Anglo-Saxon Achievement: Archaeology and the Beginnings of English Society* (Cornell UP 1994)

James, Simon, *Atlantic Celts: Ancient People or Modern Invention* (BM Press 1999)

James, Simon, *Britain and the Celtic Iron Age* (BM Press 1997)

Johnson, S., *Hadrian's Wall* (Batsford/English Heritage 1989)

Morris, John (ed.), *Arthurian Period Sources*, Vol. IV: *Places and Peoples and Saxon Archaeology* (Phillimore 1995)

O'Kelly, M. J., *Early Ireland* (CUP 1989)

Ottaway, Patrick, *Archaeology in British Towns: From the Emperor Claudius to the Black Death* (Routledge 1992)

Potter, T. W., *Roman Britain* (BM Press 1983; University of California Press 1993)

Renfrew, Colin, *The Prehistory of Orkney BC4000–1000AD* (Edinburgh UP l985)

Ritchie, Anna, *Prehistoric Orkney* (Batsford 1995)

Salway, Peter, *Oxford Illustrated History of Roman Britain* (OUP 1993)

Salway, Peter, *Roman Britain* (OUP 1981, 1984)

Sawyer, Peter (ed.), *The Oxford Illustrated History of the Vikings* (OUP 1997, 2000)

Smyth, Alfred P., *King Alfred the Great* (OUP 1996)

Stenton, Frank M., *Anglo-Saxon England*, 3rd ed. (OUP 1971, 1989; Gordon Press 1977)

Thomas, Charles, *Celtic Britain* (Thames & Hudson 1997)

Todd, Malcolm, *Roman Britain* (Blackwell 1999)

Waddell, John *et al.* (eds.), *Book of Aran: the Aran Islands, County Galway* (Tir Eolas 1994)

Wood, Michael, *In Search of the Dark Ages* (BBC Books 1987)

第二章

Barlow, Frank, *Edward the Confessor* (Yale UP 1997)

Bates, David, *William the Conqueror* (George Philip 1989)

Bates, David, and Curry, Anne (eds.), *England and Normandy in the Middle Ages* (Hambledon Press 1994)

Chibnall, Marjorie, *Anglo-Norman England 1066–1166* (Blackwell 1986)

Chibnall, Marjorie, *The World of Orderic Vitalis: Norman Monks and Norman Knights* (Boydell & Brewer 1996)

Clarke, Peter A., *The English Nobility under Edward the Confessor* (OUP 1994)

Davis, R. H. C., *The Normans and their Myth* (Thames & Hudson 1976)

Douglas, David, *William the Conqueror* (Yale UP 1999)

Fleming, R., *Kings and Lords in Conquest England* (CUP 1994)

Gameson, Richard (ed.), *The Study of the Bayeux Tapestry* (Boydell & Brewer 1997)

Golding, Brian, *Conquest and Colonisation: Normans in Britain 1066–1100* (Macmillan Press 1994)

Grape, Wolfgang, *The Bayeux Tapestry* (Prestel Verlag 1994)

Hallam, Elizabeth (ed.), *Domesday Book* (Random House 1995)

Higham, N. J., *The Death of Anglo-Saxon England* (Sutton l998)

Hinde, Thomas (ed.), *Domesday Book: England's Heritage Then and Now* (Bramley Books 1996)

Holt, J. C., *Colonial England 1066–1215* (Hambledon Press 1996)

Holt, J. C. (ed.), *Domesday Studies* (Boydell & Brewer 1990, 1995)

Lemmon, C. H. *et al.*, *The Norman Conquest* (Eyre & Spottiswoode l966)

McLynn, P. F., *1066: The Year of the Three Battles* (Pimlico 1999)

Rowley, Trevor, *English Heritage Book of Norman England* (Batsford 1997)

Stafford, Pauline, *Unification and Conquest: A Political and Social History of England in the 10th and 11th Centuries* (Edward Arnold 1995)

Stenton, Frank *et al.*, *The Bayeux Tapestry. A Comprehensive Survey* (Phaidon 1957)

Strickland, M. J., *Anglo-Norman Warfare: Studies in Late Anglo-Saxon and Anglo-Norman Military Organization and Warfare* (Boydell & Brewer 1994)

Walker, Ian W., *Harold: The Last Anglo-Saxon King* (Sutton 1997)

Williams, Ann, *The English and the Norman Conquest* (Boydell & Brewer, 1997)

Wright, Peter P., *Hastings* (Windrush Press and Interlink Publishing 1997)

第三章

Barlow, Frank, *Thomas Becket* (Phoenix Press 1986, 1997)

Barlow, Frank, *William Rufus* (Yale UP 2000)

Bartlett, Robert, *England Under the Norman and Angevin Kings, 1075–1225* (OUP 2000)

Bartlett, Robert, *Gerald of Wales 1145–1223* (Clarendon Press 1982)

Bradbury, Jim, *Philip Augustus: King of France, 1180–1283* (Longman 1998; Addison-Wesley Longman 1997)

Bradbury, Jim, *Stephen and Matilda: the Civil War of 1139–1153* (Sutton 1998)

Brand, Paul, *The Making of the Common Law* (Hambledon Press 1992)

Butler, John, *The Quest for Becket's Bones: the Mystery of the Relics of St. Thomas Beckett of Canterbury* (Yale UP 1996)

Chibnall, Marjorie, *The Empress Matilda: Queen Consort, Queen Mother and Lady of the English* (Blackwell 1993)

Crouch, David, *William Marshal: Court, Career and Chivalry in the Angevin Empire, 1147–1219* (Longman 1994)

Duby, Georges, *William Marshal: The Flower of Chivalry* (Pantheon 1985)

Duby, Georges, *The Three Orders: Feudal Society Imagined* (University of Chicago Press 1982)

Duby, Georges, and Birrell, Jean, *Women of the Twelfth Century, Vol. 1* (Polity Press 1997; University of Chicago Press 1997)

Duby, Georges, and Birrell, Jean, *Women of the Twelfth Century, Vol. 2* (Polity Press 1998; University of Chicago Press 1998)

Flanagan, Marie Therese, *Irish Society, Anglo-Norman Settlers and Angevin Kingship* (Clarendon Press 1989)

Gies, Frances, *The Knight in History* (HarperColllins 1987)

Gillingham, John, *The Angevin Empire* (Holmes & Meier 1984)

Gillingham, John, *Richard I*, 2nd ed. (Yale UP 1999)

Holt, James C., *The Magna Carta*, 2nd ed. (CUP 1992)

Holt, James C., *Robin Hood* (Thames & Hudson 1982, 1989)

Hudson, John, *The Formation of English Common Law* (Longman 1996)

Jolliffe, John E., *Angevin Kingship* (A. & C. Black 1963)

Kelly, A., *Eleanor of Aquitaine and the Four Kings* (Harvard UP 1950)

Leyser, Henrietta, *Medieval Women: A Social History of Women in England 450–1500* (St Martin's Press 1998)

Mortimer, Richard, *Angevin England 1154–1258* (Blackwell, 1996)

Owen, D. D. R., *Eleanor of Aquitaine: Queen and Legend* (Blackwell 1993)

Seward, Desmond, *Eleanor of Aquitaine* (Barnes & Noble 1998)

Turner, Ralph V., *King John* (Longman 1994)
Warren, W. L., *Henry II* (Yale UP 1973)
Warren, W. L., *King John* (Yale UP 1998; Eyre Methuen 1998)
Weir, Alison, *Eleanor of Aquitaine* (Cape 1999)

第四章

Alexander, John, and Binski, Paul (eds.), *Age of Chivalry: Art in Plantagenet England, 1200–1400* (Royal Academy in association with Weidenfeld & Nicolson 1987)
Barrow, G. W. S., *Kingship and Unity, Scotland 1000–1306* (Edinburgh UP 1981)
Barrow, G. W. S., *Robert the Bruce and the Community of the Realm of Scotland*, 3rd ed. (Edinburgh UP 1988)
Binski, Paul, *Westminster Abbey and the Plantagenets: Kingship and the Representation of Power, 1200–1400* (Yale UP 1995)
Carpenter, D. A., *The Reign of Henry III* (Hambledon Press 1996)
Cosgrove, Art (ed.), *A New History of Ireland, Vol. II: Medieval Ireland, 1169–1534*, 2nd. ed. (OUP 1993)
Coss, P. R., *The Knight in Medieval England, 1000–1400* (Sutton 1993)
Davies, R. G., and Denton, J. H. (eds.), *The English Parliament in the Middle Ages* (Manchester UP 1981)
Davies, R. R., *The Age of Conquest: Wales 1063–1415* (OUP 1987)
Davies, R. R., *Dominion and Conquest: Ireland, Scotland and Wales, 1100–1300* (CUP 1990)
Duffy, Sean, *Ireland in the Middle Ages* (St Martin's Press 1997)
Duncan, A. A. M., *Scotland: The Making of the Kingdom* (Edinburgh UP 1992)
Dyer, Christopher, *Standards of Living in the Later Middle Ages c.1200–1520* (CUP 1989)
Fawcett, Richard, *Stirling Castle* (Batsford 1996)
Fawcett, Richard, *Scottish Abbeys and Priories* (Batsford 1994)
Fisher, Andrew, *William Wallace* (John Donald 1986)
Harding, Alan, *England in the Thirteenth Century* (CUP 1993)
Hicks, Michael, *Bastard Feudalism* (Longman 1995)
Keen, Maurice, *Chivalry* (Yale UP 1984)
Mackay, James, *William Wallace: Brave Heart* (Mainstream 1996)
McNamee, Colm, *The Wars of the Bruces: Scotland, England and Ireland* (Tuckwell Press 1996)
Maddicott, J. R., *Simon de Montfort* (CUP 1996)
Mundill, Robin R., *England's Jewish Solution: Experiment and Expulsion* (CUP 1998)
Prestwich, Michael, *Edward I* (Yale UP 1997)
Prestwich, Michael, *The Three Edwards: War and State in England, 1272–1377* (Routledge 1997)
Prestwich, Michael, *War, Politics and Finance under Edward I* (Gregg Revivals 1992)
Watson, Fiona, *Under the Hammer: Edward I and Scotland, 1286–1307* (Tuckwell Press 1998)
Webster, Bruce, *Medieval Scotland: The Making of an Identity* (Macmillan 1997)
Young, Alan, *Robert the Bruce's Rivals: The Comyns, 1212–1314* (Tuckwell Press 1997)

第五章

Allmand, Christopher, *Henry V* (Yale UP 1993)
Binski, Paul, *Medieval Death: Ritual and Representation* (BM Press 1996; Cornell UP 1996)
Brewer, Derek S., *Chaucer and his World* (D. S. Brewer 1992, 1996)

Burrow, J. A., *Medieval Writers and Their Work* (OUP 1982)

Cam, Helen, *England Before Elizabeth* (Harper Row 1960)

Carpenter, Christine, *Wars of the Roses: Politics and the Constitution in England, 1437–1509* (CUP 1997)

Cohen, Kathleen, *Metamorphosis of a Death Symbol. The Transi Tomb in the Late Middle Ages and Renaissance* (University of California Press 1973)

Dobson, R. B. (ed.), *The Peasants' Revolt 1381*, 2nd ed. (Macmillan 1983)

Gies, Frances, and Joseph, *Life in a Medieval Village* (HarperCollins 1990)

Gillespie, J. L., *The Age of Richard II* (Sutton 1997; St Martin's Press 1997)

Gillingham, John (ed.), *Richard III: A Medieval Kingship* (St Martin's Press 1993)

Gottfried, R. S., *The Black Death. Natural and Human Disaster in Medieval Europe* (The Free Press 1983)

Griffiths, R. A., *The Reign of Henry VI* (Sutton 1998)

Hanawalt, Barbara, *Growing Up in Medieval London: the Experience of Childhood in History* (OUP 1993, 1995)

Hanawalt, Barbara, *The Ties that Bound: Peasant Families in Medieval England* (OUP 1986)

Hatcher, John, *Plague, Population and the English Economy, 1348–1530* (Macmillan 1977, 1986)

Herlihy, David, *Black Death and the Transformation of the West* (Harvard UP 1997)

Horrox, Rosemary (trans.), *Black Death* (Manchester UP 1994)

Horrox, Rosemary (ed.), *Fifteenth-Century Attitudes: Perceptions of Society in Late Medieval England* (CUP 1994, 1997)

Horrox, Rosemary, *Richard III: A Study of Service* (CUP 1991)

Hughes, Jonathan, *The Religious Life of Richard III: Piety and Prayer in the North of England* (Sutton 1997)

Keen, Maurice H., *English Society in the Later Middle Ages, 1348–1500* (Penguin 1991)

Lander, J. R., *Government and Community: England, 1450–1509* (Arnold 1980; Harvard UP 1980)

McFarlane, K. B., *The Nobility of Later Medieval England* (OUP 1973)

McNeill, William H., *Plagues and Peoples* (Doubleday 1977; Peter Smith 1992)

Nicholas, David, *The Later Medieval City, 1300–1500* (Longman 1977)

Ormrod, Mark, and Lindley, Phillip (eds.), *The Black Death in England, 1348–1500* (P. Watkins 1996)

Ormrod, W. M., *The Reign of Edward III* (Tempus Publishing 1999)

Platt, Colin, *King Death: The Black Death and its Aftermath in Late Medieval England* (UCL Press 1996; University of Toronto Press 1996)

Richmond, Colin, *The Paston Family in the Fifteenth Century: Fastolf's Will* (CUP 1996)

Ross, Charles, *The Wars of the Roses* (Thames & Hudson 1986)

Ross, Charles, *Richard III* (Methuen 1981; University of Chicago Press 1983)

Saul, Nigel (ed.), *The Oxford History of Medieval England* (OUP 1997)

Saul, Nigel, *Richard II* (Yale UP 1997, 1999)

Sumption, Jonathan, *The Hundred Years War, Vol. 1: Trial by Battle* (Faber 1999; University of Pennsylvania Press 1999)

Sumption, Jonathan, *The Hundred Years War, Vol. 2: Trial by Fire* (Faber 1999; University of Pennsylvania Press 1999)

Tuck, Anthony, *Crown and Nobility: England 1272–1461: political conflict in late medieval England*, 2nd ed. (Blackwell 1999)

Tuck, J. A., *Richard II and the English Nobility* (Arnold 1973)

Virgne, R. (ed.), *The Illustrated Letters of the Paston Family* (Macmillan 1989)

Waugh, Scott L., *England in the Reign of Edward III* (CUP 1991)

Webster, Bruce, *The Wars of the Roses* (University of California Press 1997)

Ziegler, Philip, *The Black Death* (Sutton 1998)

第六章

Ackroyd, Peter, *The Life of Thomas More* (Chatto & Windus 1999)

Anglo, Sydney, *Images of Tudor Kingship* (Seaby 1992)

Aston, Margaret, *England's Iconoclasts – Laws Against Images* (Clarendon Press 1988)

Aston, Margaret, *The King's Bedpost: Reformation and Iconography in a Tudor Group Portrait* (CUP 1995)

Bossy, J., *The English Catholic Community, 1570–1850* (Darton, Longman & Todd 1975)

Brigden, S., *London and the Reformation* (OUP 1989)

Chadwick, Owen, *The Reformation* (Penguin 1964)

Collinson, Patrick, *The Birthpangs of Protestant England: Religious and Cultural Change in the 16th and 17th Centuries* (Macmillan 1988, 1991)

Collinson, Patrick, *The Religion of Protestants: the Church in English Society, 1559–1625* (OUP 1984)

Cressy, David, *Bonfires and Bells – National Memory and the Protestant Calendar in Elizabethan and Stuart England* (Weidenfeld & Nicolson 1989)

Cressy, David, *Birth, Marriage and Death: Ritual and Religion in Tudor and Stuart England* (OUP 1997, 1999)

Daniell, David, *William Tyndale: A Biography* (Yale UP 1994)

Dickens, A. G., *The English Reformation*, 2nd rev. ed. (Batsford 1991; Pennsylvania State UP 1991)

Donaldson, Gordon, *The Scottish Reformation* (CUP 1960)

Doran, Susan, and Durston, Christopher, *Princes, Pastors and People* (Routledge 1991)

Duffy, Eamon, *The Stripping of the Altars: Traditional Religion in England, 1400–1580* (Yale UP 1994)

Dymond, David, and Paine, Clive, *The Spoil of Melford Church* (Suffolk Books 1992)

Ellis, Steven G., *Tudor Ireland, 1470–1603* (Longman 1985)

Elton, G. R., *Policy and Police: The Enforcement of the Reformation in the Age of Thomas Cromwell* (CUP 1972)

Elton, G. R., *Reform and Reformation: England 1509–1558* (Arnold 1977)

Erickson, Carroly, *Bloody Mary: Life of Mary Tudor* (Robson Books 1995, 1997)

Fletcher, Anthony, and MacCulloch, Diarmaid, *Tudor Rebellions Seminar*, 4th ed. (Longman 1997)

Guy, John, *Tudor England* (OUP 1988)

Guy, John, *The Tudor Monarchy* (Arnold 1997)

Haigh, Christopher, *English Reformations: Religion, Politics and Society under the Tudors* (OUP 1993)

Haigh, Christopher (ed.), *The English Reformation Revised* (CUP 1987)

Haigh, Christopher, *Reformation and Resistance in Tudor Lancashire* (CUP 1975)

Hearn, Karen (ed.), *Dynasties: Painting in Tudor and Jacobean England 1530–1630* (Tate Publishing, 1995)

Hoak, Dale E. (ed.), *Tudor Political Culture* (CUP 1995)

Hutton, Ronald, *The Rise and Fall of Merrie England: the Ritual Year 1400–1700* (OUP 1996)

Ives, E., *Anne Boleyn* (Blackwell 1986)

Kamen, Henry, *Philip of Spain* (Yale UP 1997, 1999)

King, John N., *Tudor Royal Iconography: Literature and Art in an Age of Religious Crisis* (Princeton UP 1989)

Lacey, Robert, *The Life and Times of Henry VIII* (Abbeville Press 1992)

Lloyd, Christopher, and Thurley, Simon, *Henry VIII: Images of a Tudor King* (Phaidon Press 1996)

Loach, Jennifer, *Edward VI* (Yale UP 1999)

Loades, David, *Power in Tudor England* (Macmillan 1996; St Martin's Press 1996)

Loades, David, *Tudor Government: Structures of Authority in the Sixteenth Century* (Blackwell 1997)

MacCulloch, Diarmaid, *The Later Reformation, 1547–1603* (Macmillan 1990)

MacCulloch, Diarmaid, *The Reign of Henry VIII: Politics, Policy and Piety* (Macmillan Press 1995)

MacCulloch, Diarmaid, *Thomas Cranmer: A Life* (Yale UP 1996)

MacCulloch, Diarmaid, *Tudor Church Militant: Edward VI and the Protestant Reformation* (Allen Lane 2000)

Marshall, Peter, *The Catholic Priesthood and the English Reformation* (OUP 1994, 1997)

Marshall, Peter, *The Impact of the English Reformation 1500–1640* (Arnold 1997; OUP 1997)

Platt, Colin, *The Great Rebuildings of Tudor and Stuart England* (UCL Press 1994)

Rex, Richard, *Henry VIII and the English Reformation* (Macmillan 1993; St Martin's Press 1993)

Rosman, D., *From Catholic to Protestant: Religion and the People in Tudor England* (UCL Press 1993, 1996)

Rowse, A. L., *Tudor Cornwall* (Cape 1941)

Scarisbrick, J. J., *Henry VIII* (Yale UP 1968)

Scarisbrick, J. J., *The Reformation and the English People* (Blackwell 1995)

Thomas, Keith, *Religion and the Decline of Magic: Studies in Popular Beliefs in Sixteenth and Seventeenth Century England,* new ed. (Weidenfeld & Nicolson 1997; OUP 1997)

Thurley, Simon, *The Royal Palaces in Tudor England: Architecture and Court Life, 1460–1547* (Yale UP 1993)

Todd, M., *Reformation to Revolution* (Routledge 1995)

Warnicke, Retha M., *The Marrying of Anne of Cleves: Royal Protocol in Tudor England* (CUP 2000)

Warnicke, Retha M., *The Rise and Fall of Anne Boleyn* (CUP 1991)

Watt, Tessa, *Cheap Print and Popular Piety 1550–1640* (CUP 1993)

Whiting, Robert, *The Blind Devotion of the People: Popular Religion and the English Reformation* (CUP 1989)

Wormald, Jenny, *Court, Kirk and Community: Scotland, 1470–1625* (Edinburgh UP 1991)

第七章

Collinson, P., *The Religion of Protestants: The Church in English Society 1559–1625* (OUP 1982)

Ellis, Steven, *Tudor Frontiers and Noble Power: The Making of the British State* (OUP 1995)

Falls, Cyril, *Elizabeth's Irish Wars* (Constable 1996, 1997; Syracuse UP 1997)

Fletcher, Anthony, *Gender, Sex and Subordination in England 1500–1800* (Yale UP 1996)

Fletcher, Anthony, and Stevenson, John (eds.), *Order and Disorder in Early Modern England* (CUP 1985)

Fraser, Antonia, *Mary, Queen of Scots* (Weidenfeld & Nicolson 1990; Dell 1993)

Frye, Susan, *Elizabeth I: The Competition for Representation* (OUP 1996)

Graves, Michael A., *Elizabethan Parliaments*, 2nd ed. (Longman 1996; Addison-Wesley Longman 1996)

Guy, John (ed.), *The Reign of Elizabeth I: Court and Culture in the Last Decade* (CUP 1995)

Hackett, Helen, *Virgin Mother, Maiden Queen: Elizabeth I and the Cult of the Virgin Mary* (Macmillan 1995; St Martin's Press 1995)

Helgerson, Richard, *Forms of Nationhood: The Elizabethan Writing of England* (University of Chicago Press 1992, 1994)

Levin, Carole, *The Heart and Stomach of a King: Elizabeth I and the Politics of Sex and Power* (University of Pennsylvania Press 1994)

MacCaffrey, Wallace T., *Elizabeth I and Religion* (Routledge 1993)

MacCaffrey, Wallace T., *Elizabeth I: War and Politics, 1588–1603* (Princeton UP 1994)

Martin, Colin, and Parker, Geoffrey, *The Spanish Armada*, 2nd ed. (Mandolin and Manchester UP 1999; W.W. Norton 1992)

Mattingley, Garrett, *The Defeat of the Spanish Armada* (Pimlico 2000)

Neale, J. S., *Elizabeth I and her Parliaments* (Cape 1957)

Patterson, Annabel, *Reading Holinshed's Chronicles* (University of Chicago Press 1994)

Quinn, D. B., *The Elizabethans and the Irish* (Cornell UP 1966)

Rowse, A. L., *The Elizabethan Age: the England of Elizabeth*, 2 vols. (Macmillan 1955)

Russell, Conrad, *The Crisis of Parliaments 1529–1660* (OUP 1971)

Salgado, Gamini, *The Elizabethan Underworld* (Sutton 1992, 1997)

Somerset, Anne, *Elizabeth I* (Phoenix Press 1997)

Strong, Roy, *The Cult of Elizabeth: Elizabethan Portraiture and Pageantry* (Pimlico 1999)

Walker, Julia M., *Dissing Elizabeth: Negative Representations of Gloriana* (Duke UP 1998)

Williams, Pendry, *The Later Tudors, England 1547–1603* (OUP 1995)

Williams, Pendry, *Tudor Regime* (Clarendon Press 1979)

Wilson, Charles, *Queen Elizabeth I and the Netherlands* (Macmillan 1970)

Woodfield, D. B., *Surreptitious Printing in England 1550–1640* (Bibliography Society of America 1973)

Yates, Frances A., *Astraea* (Routledge 1999)

更 新 知 识 地 图　　拓 展 认 知 边 界

英国史

II

1603 — 1776
不列颠的战争
The British Wars

A History of Britain

〔英〕西蒙·沙玛（Simon Schama）/ 著　彭灵 / 译

中信出版集团·北京

图书在版编目（CIP）数据

英国史 . II, 不列颠的战争：1603—1776/（英）
西蒙·沙玛著；彭灵译 .-- 北京：中信出版社，
2018.7（2024.5 重印）

书名原文：A History of Britain - Volume 2: The
British Wars 1603-1776

ISBN 978-7-5086-4930-6

I.①英… II.①西… ②彭… III.①英国—历史
IV.①K561.0

中国版本图书馆 CIP 数据核字（2018）第 000316 号

英国史 II：不列颠的战争 1603—1776

著　　者：[英]西蒙·沙玛
译　　者：彭　灵
出版发行：中信出版集团股份有限公司
　　　　　（北京市朝阳区东三环北路 27 号嘉铭中心　邮编　100020）
承 印 者：北京盛通印刷股份有限公司

开　　本：880mm×1230mm　1/32　　彩　　插：8
印　　张：16.75　　　　　　　　　　　字　　数：432 千字
版　　次：2018 年 7 月第 1 版　　　　印　　次：2024 年 5 月第 7 次印刷
京权图字：01–2016–2369　　　　　　书　　号：ISBN 978-7-5086-4930-6
审 图 号：GS（2024）1442 号（本书地图系原书插附地图）
定　　价：238.00 元（全三卷）

叙述只是一条直线，行动却是全方位的。虽然我们孜孜不倦地在无数个只有手指缝那么宽的年份和平方英里之间探索"因"与"果"，还想要把它们串联起来，但历史真相是那么的广袤、深远，而且，每个原子都"彼此纠缠"，然后和所有因子一起组合成为整体……

托马斯·卡莱尔

《谈历史》

需要幻想才能理解维柯（Vico）的历史观，少了幻想可不行；它不是简单地说尤利乌斯·恺撒（Julius Caesar）已经死了，或者罗马不是一天建成的，或者13是个很重要的数字，或者一星期有7天，也不是如何骑自行车的知识，或者怎样从事统计数据研究，或者怎么打赢一场战斗。它更像是懂得贫穷是怎么回事，什么叫属于一个民族，何谓革命，一见钟情是什么，笼罩在无名恐惧中又是什么感受，被一件艺术作品打动会是怎样的喜悦……

以赛亚·柏林

《乔瓦尼·巴蒂斯塔·维柯和文化史》

人类是唯一会大笑和哭泣的动物，因为他是唯一能为了事物是什么样的和按理说它们应该是哪种样子的差别而感到震惊的动物。

威廉·黑兹利特

《论英语喜剧作家》

目　录

前　言

　　生而为大不列颠人真的从来就不存在需要直接向谁表忠心的问题，在本书讲到的两个世纪里，这一点尤为明显。这个国家是一个群岛还是一个帝国，是一个共和国还是一个君主国？"大不列颠"这个概念始于苏格兰国王詹姆士六世也就是英格兰国王詹姆士一世的头脑中，那是个堂而皇之的狂想。最终塞林伽巴丹（Seringapatam）城墙沾上鲜血，这个帝国现实让人惊得目瞪口呆。自信的编年史家们经过难以置信的思想斗争，思维从准岛国版图转换到全球帝国，喜欢把这段历史想象为某种意义上来说是注定的、自然形成的：从地理方面来说势在必行，而产生议会君主制也是水到渠成，是各派达成一致的共识。但是，从来没有一个民族比我们这个民族的命运更不可预测，或者说更不确定：地形标记从来没有明确指出过到底是特威德河或者斯莱戈（Sligo），还是阿巴拉契亚山脉（the Appalachians）甚或孟加拉湾（Bay of Bengal）是我们疆域的边界，也不知道那些做出这些决断的人应该被认为是王室的仆从，还是人民的代表。

　　就是这些为了忠诚问题的一次次战役——我们群岛各民族之间以及各民族内部的两场大不列颠内战，然后在更广大的世界范围里，关于我国历史和政治继承的不同理念，经过激烈争辩后进行的各场战事——才塑造了我们。我们的身份认同来自鲜血的洗礼。

　　但是大屠杀并不总是毫无益处，它们对于我们的未来常常至关重要，甚至影响深远。维多利亚时代的历史学家，特别是麦考莱，都相信大不列颠诞生于好运气中，是祖先们用牺牲换来的。现代学术界已习惯于严厉指责他们令人憎恶的狭隘的自鸣得意，还有因为他们"回读"历史而产生的愚蠢错误，他们完全不懂议会公民学，习惯于设计断代——那是19世纪时他们全神贯注的事。据说，读他们的书会使人进入一个历史，一个失去了它自己的自由意志的世界，在那里结果不确定，他们授命过去按照新教徒的鼓角节奏行进，走向议会制的未来。但是如果浏览一下19世纪的伟大历史著作，当然最好是长久地沉浸其中——加德纳、卡莱尔，当然还有麦考莱，说明对于普通读者来说，除了将他们限定在仿佛能自动完成的预言世界里，没有其他更好的方法了。那些最强有力的鸿篇巨制展示给读者的是恐怖、混乱和残酷得令人震惊的世界。

当然，很多伟大的历史讲述者假设自己演绎的长长的故事是信仰之争的战斗历史，而不是一幅错综复杂、利益交织的单纯画面，自由党派的最终的、公认的部分胜利，代表了世界政治历史的一个真正转折点。假如要重新讲述这个故事，又坚持这些大部分是真的，等于揭示出讲述者自己就是个重生的辉格党人，是个最不可救药的不合时宜者。好吧，也算上我一个。

2001 年于纽约

第一章

重塑不列颠

"大不列颠？这是啥玩意儿？"约翰·斯比德（John Speed）肯定对此有点儿概念，他本是个裁缝，半路出家转行成了地图制作者兼历史学家，因为在 1611 年，正是他出版了一本含有 67 幅地图的英格兰各郡、威尔士、苏格兰及爱尔兰地图集，并堂而皇之地用"大不列颠帝国全览"（*The Theatre of the Empire of Great Britaine*）做书名。尽人皆知，国王詹姆士希望自己以"不列颠的君主"之名而广为人知，而不是苏格兰詹姆士六世兼英格兰詹姆士一世国王。斯比德是个野心勃勃的投机分子，自然投其所好。威廉·卡姆登（William Camden）的地理汇编加古文物研究的编年史《不列颠志》（*Britannia*）赋予了不列颠的奇特历史以新的权威，到 1607 年，此书已是第六次编纂。封面上大不列颠的化身戴着头盔端坐着，两侧是海神尼普顿（Neptune）和谷神刻瑞斯（Ceres），还有不列颠的最大古物象征——巨石阵（Stonehenge），据说后者是罗马-不列颠英雄奥勒留（Aurelius）所建。

卡姆登的巨著用拉丁文写成，所以他的历史书只适合装点绅士们的图书室；斯比德的著作却是面向普罗大众，他已感觉到大家坐在平稳的扶手椅里放任想象驰骋时的兴奋。这个国家需要确定自己在世界上的地位，同时审视它的过去和现在。因此，在伦敦波普海德巷（Pope's Head Alley）的约翰·萨德伯里（John Sudbury）与乔治·亨伯尔（George

Humble）的印刷厂里印制的这本地图集，就不仅仅是一本地形信息的汇编，还是一本复杂的、生动活泼的读物，充满了五花八门的各种事件。历史名胜，如玫瑰战争（the Wars of the Roses）的战场，均以骑兵与长矛兵拼死搏斗的小图像标注出来；牛津和剑桥大学以穿长袍的学者和盾形纹章表示；温莎城堡与其他无可匹敌的王室宫殿则带有丰富的插图及说明。肯特郡的图上有满载货物的船只，沿梅德威河经过罗切斯特城堡脚下上溯航行。50 个城镇的详细地图，历史上第一次被绘制出，在其插图中街道、市场、教堂一应俱全，满足了自豪的市民和未来旅行者的需要。这位前裁缝雄心勃勃，要为新国家与新世纪提供第一本大众用的地图册，毫无顾忌地在前辈们身上动剪刀。起码有 5 幅英格兰郡的地图，或多或少是直接从克里斯托弗·萨克斯顿（Christopher Saxton）那里盗来的，后者是伟大的伊丽莎白时代的绘图者［给伯格利（Burghley）提供了他自己的袖珍地图册］，另有 5 幅来自英格兰地图绘制者约翰·诺登（John Norden）。那张苏格兰的单张地图，是斯比德要出版不列颠地图集的重要原因。他依据的是弗莱芒绘图者兼地图绘制者基哈德斯·墨卡托（Gerardus Mercator）早前的版本，也引用了一些神秘信息［如尼斯湖（Loch Ness）从不结冰，骑士在河里用矛叉三文鱼］，还有恬不知耻的恭维话（苏格兰人的优点是身体强壮，英武神勇，在战斗中表现如此英勇，简直无所不能，冲锋在前，撤退在后）。他的东爱尔兰地图堪称精确，八成是他自己去过那边；可是西爱尔兰对他来说明显就是异邦，是一片神秘之地，说到那里的居民时，只是胡乱地引用中世纪编年史学家威尔士人杰拉德的话，说什么海岸附近的"岛上，有的住满天使，也有的全是魔鬼"。

尽管只是个用奇怪的布料与碎片粗制滥造的东西，斯比德的大不列颠地图却不全是假的。他写在图背面的点评也许是老生常谈，什么哪儿的空气洁净啦，哪里的污浊啦，但有的却是只有一个真正的旅行

者，一个拿着经纬仪去各郡游走的人才能说得出来的话。他一定曾经小
跑着从潮湿阴暗的山谷里上来，发现自己正好处在环顾英格兰全景的位
置。他面前的风景应该和我们现在看到的没什么两样：溪流勾勒出来的
田野（比一个世纪前少了很多带状地块），一片小树林，远处一群羊，一
缕青烟。有一处——也就是沃里克郡（Warwickshire）东南的红马（Red
Horse）溪谷——把讲究务实的斯比德都给感动了，他不禁要学着田园诗
人那样夸张起来。阿文河（Avon）把沃里克郡分割成对比鲜明的两块：
北面是半工业化的阿登（Arden）森林，当然，这里没有失恋的罗瑟琳
（Rosalinds）与西莉娅（Celias）[1]，只住着贫穷的烧炭工、林地拾穗人、
偷猎者和伪造者，他们都处在暴动的边缘。南边是菲尔登（Feldon），可
耕种的"原野"起伏不平，这里的山谷里种着麦子，缓坡上放着羊群。
就在那里，科兹沃兹（Cotswolds）正位于急速下降的地点。斯比德领略
了乡村之美，诗兴大发，他写道："农人微笑地瞧着他的艰苦劳作，草场
绿茵一片，花儿点缀其上，从艾奇希尔（Edgehill）小山上看去，仿佛这
里就是伊甸园。"

　　约翰·斯比德死于 1629 年，身后留下了《大不列颠历史》（*History
of Great Britaine*）、一堆漂亮的地图、18 个孩子与（想来应该是）精疲
力竭的妻子苏珊娜（Susanna）。13 年后，在 1642 年 10 月 23 日，查理
一世（Charles I）来到沃里克郡的这个山脊，就是地图绘制者曾经一
瞥之下惊为伊甸园的地方，掏出轻便望远镜，观察着山脚下的圆颅党
（Roundhead）的部队。到天黑的时候，艾奇希尔山顶上国王站过的地方
就堆了 60 具尸体，几千名伤兵在刺骨的寒冷中痛苦地呻吟，这让查理一
世根本无法入睡。第二天早上，斯比德曾添枝加叶地描述过的草场上躺
着 3000 具尸骸。因为他们的衣物都被扒光了，他们的手指因有人掳掠戒

---

[1]　罗瑟琳与西莉娅，莎士比亚喜剧《皆大欢喜》中的女主人公。——译者注

指被扳断了，赤裸着的尸体无法辨别他们本来是属于哪一边的，伊甸园变成了骷髅地（Golgotha）。

1660 年，不列颠战争第一轮战事结束时，英格兰、威尔士、苏格兰至少损失了 25 万人，死因包括疾病、饥馑、战斗、围困，死于伤口感染者比在战斗中直接杀死的还多。死神的镰刀从不悲悯，照例忙碌着抹去一切，无论身份和职位：军官或士兵；骑兵与火枪手；军中小贩和营妓；第一次戴上头盔的新兵；头脑已和他们的胸甲一起生锈了、铁石心肠的雇佣兵；饿着肚子、弄不到靴子穿的士兵；拿不出任何东西给他们的农民；鼓手和号兵；上尉和厨师。现代人口统计学之父威廉·配第爵士（Sir William Petty，查理二世的爱尔兰测量总监）粗略估算，在爱尔兰另外有超过 60 万人死亡，哪怕把他的数字除以 3，与当时不列颠群岛总人口 500 万相比，其死亡比例仍然高于本国在第一次世界大战（1914—1918 年）中的死亡率。

不管哪种情形，单纯的死亡统计都无法衡量灾难所造成的巨大创伤。从康沃尔到康诺特郡，从约克到赫布里底群岛，不列颠群岛的每个角落都遍体鳞伤。每个教区和郡里的各社区人群，本来在改革动荡中对由谁统领以及统治者如何行使职权，一直保持着相同的意见，此时全都被分裂了。从前在一起共同审理案件的人，这时在相互拷问着彼此。即使对教会和议会事务持不同意见的男男女女，从前对爱国忠诚向来没有异议，这时却称对方为叛国者。以往会认为不可思议的最极端的事，这时全冒了出来，还被付诸行动。对普通的男人女人来说，本来国王的存在是为了满足共同体的正常运转，而这时他们被要求接受的主张却是，要想共同体还能正常运行的话，就必须杀死国王。

不列颠内战割裂了民族、教会、家庭成员，导致父子兄弟反目。在兰斯多恩（Lansdown）战役中，比维尔·格伦维尔爵士（Sir Bevil Grenville）死的时候，得知自己的兄弟理查德是议会方的指挥官（不久后他又换边了）。士兵希尔斯丁（Hillsdean）死于围困威尔特郡的沃德城堡（Wardour Castle）之战中，他让大家知道了是自己的兄弟对他开的枪，尽管他原谅了他的兄弟，因为"他只是在尽职"。1645年苏格兰内战最残酷的时候，弗洛伦斯·坎贝尔（Florence Campbell）听说，在因弗罗奇（Inverlochy）一役后，她的兄弟邓肯（Duncan）被胜利方麦克唐纳家族的首领杀死。虽然兄弟输了，但是她丈夫和儿子追随保王党麦克里恩家族（MacLeans），站在赢家一边。可是弗洛伦斯的愤怒悲伤全是为了坎贝尔家族。"假如我那天在因弗罗奇，"她写道，"我会用手中的利剑把麦克里恩家和麦克唐纳家的人全砍成碎片，我要坎贝尔家族的人都活着回来。"

不列颠大厦不仅被撕裂，还被摧毁了；象征统治阶级财富和权威的、令服从议会贵族院权力的普通大众望而生畏的华厦，很多情况下被无情地围困——围困成了主要的攻击方式，这样的豪宅最后都化为了灰烬。很多大宅经过加固变成堡垒要塞，如汉姆普郡的贝辛庄园（Basing House in Hampshire）与波贝克岛（Isle of Purbeck）上的科夫城堡（Corfe Castle），它们一直坚持到了最后。守卫者死的时候手里还握着剑，在燃烧的门廊和窗户边的搏斗中倒下；或者像沃德城堡被围困的守卫者那样，凭每人8盎司谷物和以半匹马均分的小份马肉，饿到最后不得不投降。如果说围困过后还剩下点儿什么的话，那就是这些房子都"瘦身"了（这场战争的伟大委婉说辞之一），以便保证以后它们再也不会构成威胁。

食物短缺造成人口减少，天花和斑疹伤寒也趁机流行起来。也许最成功的大军是老鼠部队，它们造成又一次黑死病流行，让整个情况更加恶化。有几年，在英格兰、威尔士、苏格兰、爱尔兰感染最严重的地方，一切习俗、同情心、法律几乎都到了全面崩溃的边缘。像博尔顿（Bolton）那样的城镇，在1644年的大屠杀之后，人口减少了一半。1643年，在普里斯通（Preston）除了"'杀死，杀死'，什么都听不见，骑士追逐着惊恐的穷人，并进行杀戮残害，对妇女儿童的悲号哭喊充耳不闻"。阿伯丁落在蒙特罗斯侯爵（Marquis of Montrose）与阿拉斯戴尔·麦考拉（Alasdair MacColla）的军队手里后，富有的市民在被砍头之前要被剥光身上的衣服，因为衣物是珍贵的战利品，不能沾染血污。对有些受害者来说，创伤从来也没有愈合。据约翰·奥博利（John Aubrey）所记，年逾古稀的乔丹夫人（Lady Jordan）"在赛伦塞斯特（Cirencester）围困期间，受到枪击惊吓，失去理智，变成了一个小孩子，大家只能一直给她玩偶玩儿"。

为什么不列颠岛上各民族如此自戕？成千上万的人到底为什么送命？尽管这个问题已问过千百遍，但还是值得继续追问下去。尽管历史学家们没有办法给出答案，但我们永远不应该放弃探寻。我们必须追问死者所遭受的痛苦有意义吗？或者，不列颠岛上的这些战争根本就是毫无意义的自相残杀？还是正如维多利亚时代的历史学家所相信的，17世纪爱尔兰人、苏格兰人、英格兰人与威尔士人所遭受的痛苦，是为了后代能生活在议会制的国家——这个议会政体稳固、自由而且公正，举世无双。他们相信的这些都是真的吗？这些战争的根源之一肯定是教会和国家之间绝不可调和的且不可避免的矛盾冲突吗？这些社会等级或高或低的人——历史学意义上的傻瓜——参与战事，是不是被他们一知半解的力量推进去的？而其结果又是他们根本无法预见的？或者，整个血腥事件就是荒谬的误解，如果正常一点儿的话，根本就不会发生？

维多利亚时代的人对此肯定的观点曾经贯穿我们的整个历史，现在可以十拿九稳地说，至少在学术界，它已经是古人牙慧。针对维多利亚时代历史学的这个教条的、自以为是的观念，一些现代历史学家的结论更冷酷、更复杂，即事实真相是：明摆着，不列颠内战是无法预见的、并非必然的，是原本可以避免的。一直到最后一刻，即1641年末或1642年，英格兰的政治团体都一致同意，英格兰应该由一个神授君权的君主加上负责任的议会辅佐这样的方式来统治。如果有争议，可以容忍；即使有什么理由要分裂人民，那怎么也比不上将他们联结在一起的利益和基本原则更重要。国王不是专制主义者，议会也不是自由斗士，他们大同小异，这就是英格兰本色——理智的中间道路。维多利亚时代的历史学家都被蒙蔽了，如S. R.加德纳（S. R. Gardiner）将斯图亚特王朝几位国王与议会之间的每次争执都细致入微地梳理出来，差不多编成了一部伟大的政治交锋戏剧，写出了他们非此即彼的两派对立思维，过分关注议会辩论的声音和愤怒，以及创立史诗的需要。因此他们回溯历史，这样辩论下去的结论就是：议会这个19世纪帝国的跳动的心脏，一直被认为是进步的工具，不列颠"独特性"的标志，正是它使得英国与欧洲大陆那些专制主义国家分道扬镳。正是这种狭隘的岛国意识、国家主义者、议会党人的叙述，与民族英雄皮姆（Pym）和汉普登（Hampden）一起，捍卫了英格兰的堡垒，使其没有沦落到欧洲专制里。半个世纪以来，正是这种思想激起了学者们的热情。现在可以说，关于内战起源及发展的最糟糕情况，正是因为它受了辉格党历史观的蒙蔽，即所谓追求自由的"进步"和追求权威的"反动"之间泾渭分明，已经注定要发生冲突。评论家们坚定地认为，事实正好相反：君主和议会、宫廷和乡村，并不是沿着一条冲突的路径持续运行，不可避免地朝着宪政这个巨大的火车残骸而去；相反，直到最后一刻，它们都在平行的轨道上平稳地前进，天气晴和，一路畅通，发动机马力充足。1629年，查理一世选择了不要议会而治的时候，大家都满不在乎，除了一小撮自以为是的、自认为是英格兰自由的"守护人"。

但是，不知怎的，似乎有人抛出了一名扳道工。接着，那个绝对不可预料的、不可能发生的，我们该叫它什么？——场不幸——发生了。我以为，这是我们共同历史上的最大不幸。但你懂的，事故发生了。

它们真的发生了吗？

有段时间谣传苏格兰国王詹姆士六世兼英格兰国王詹姆士一世想要改名为亚瑟（Arthur）。嗯，干吗不这么改呢？卡姆登自己说得不是很明白，"不列颠"不算什么新发明，而只是远古的一个联合体，即特洛伊的博鲁特斯和卢修斯王（King Lucius）之国的复兴。卢修斯是第一个皈依者，它绝对是亚瑟基督教不列颠的伟大帝国中心，其疆域覆盖从冰岛到挪威，从爱尔兰到阿摩力克人的布列塔尼（Armorican Brittany）。当然詹姆士自认为他把两个久已分开的国家英格兰和苏格兰重新联合在一起，两国分开曾经造成可怕的无休止的血腥争斗。宫廷布道者约翰·霍普金斯（John Hopkins）用《旧约·以西结书》第 37 章的内容提醒詹姆士：书中讲一位先知梦见两根木杖，耶和华命令他将这两根木杖放在一起，而当他这么做了以后，瞧啊，二者合而为一，还活了起来，这个梦的寓意是分开的以色列（Israel）与犹大（Judah）复合了。随詹姆士南下到英格兰的苏格兰大臣约翰·戈登（John Gordon），自诩为犹太神秘哲学家（cabbalist），说自己破解了"不列塔尼亚"（Britannia）一词发源于希伯来文（Hebrew）的深奥的意义，引用翻译 Brit-an-Yah："此处有约（Brit）在先"——即蕴含着上帝的旨意，要将不列颠分开的两半重归一处。就从他接过伊丽莎白手指上取下的那枚蓝宝石戒指那一刻起，詹姆士就很高兴地接受了这个说辞。1603 年 4 月，他到达泰恩河畔的纽卡斯尔（Newcastle upon Tyne）后，便对硬币进行重新设计。硬币上称呼自己的王国为"大不列颠"，他自己呢，是头戴月桂花冠的罗马皇帝的形象。整个在位期间，他给自己的定位就是第一位基督教皇帝，出生于（通常都这么认为）不列颠北方的新君士坦丁大帝。

精通科学的哲学家、散文家兼政治家弗朗西斯·培根（Francis Bacon），不遗余力地促进英格兰和苏格兰的联合，担心国王"对两个王国与民族混合有点儿操之过急，政策跟不上，承受不了这一进度"。可是没有什么能阻挡詹姆士，联合意味着安定、完整、和平，每个人、每件事都要纳入他的这个包罗万象的一体大王国里。国玺要包括三个王国的盾徽（四个，如果你真的扳着手指头数数的话，詹姆士当然还得把法兰西的百合花也算上）。新的旗帜，联合的象征——詹姆士常常过分乐观地比之为充满爱的婚姻，将在圣乔治和圣安德鲁两个十字交叉的美满姻缘里融为一体。他尝试了很多设计：一个是苏格兰圣安德鲁十字和圣乔治十字并列；另一个是只占四分之一的圣安德鲁十字，红底白色交叉。最后，1606 年，第一面联合王国的旗帜终于完成了，蓝底白色十字在下，上覆白底红色十字。苏格兰船主们立刻抱怨圣安德鲁十字被圣乔治十字盖住，看不清楚，对于联合前景，这可不是一个好征兆：光学定律打破了两个王国之间任何表面上的平等，因为鲜艳的红色看起来总是凸起在隐性的蓝色之上，圣安德鲁十字注定被解读成"背景"。

那么，好吧，我们不谈论旗帜了：让选手们上场吧。对那些毛遂自荐的公关人员和策划展览的人来说，两国合并的幸福婚姻是天赐良机。例如托马斯·戴克（Thomas Dekker），他是居住在伦敦东面贫民窟的异军突起的剧作家、长期负债者兼监狱常客，他要抓住这个千载难逢的机会。本·琼生（Ben Jonson）是他的搭档，比他境况好得多。他们俩得到授权，要布置伦敦城的盛大娱乐（The Magnificent Entertainment）场景，作为首都正式迎接国王之用，不消说，"欢乐不列颠"（Happy Britannia）要放在中心。"圣乔治和圣安德鲁，几百年来彼此不买账，现在是结拜兄弟了：从今以后，英格兰与苏格兰亲密无间。"戴克知道该怎么办，要弄成圣安德鲁和圣乔治这两位骑士，兄弟一般亲密地肩并肩骑马前行去迎候国王。戴克乐观地认为，这是一个真正受人喜爱的活动。他会写一个故事，是关于 1603 年英格兰民族如何笼罩在黑色的哀悼里伤心不已，在令人忧郁的疟疾中痛苦挣扎，最后终于迎来奇迹般的治愈，这都是因为"全心全意地接纳了一个名正言顺的国王……看哪！北方升起一轮红日，赏心悦目，它的光芒像一把大扇子，吹散了一切厚重的污浊的乌云"。

很不幸，正当戴克要品尝成功之杯饮时，瘟疫将它从他的嘴唇边打落。（"然而，哦，人的幸福何其短暂！哦，世界，你的欢愉是何其轻微与缥缈啊！"）在 1603 年夏天，有 3 万—4 万人死去，剧场关门，街巷空荡荡的，没有了欢庆，戴克只得转向备用计划：为了从痛苦中搞几个钱来，最大限度地利用瘟疫，他弄了个小册子《奇妙之年》（*The Wonderfull Yeare*，1603）：

> 一位吟游诗人整夜整夜地待在巨大的寂静的太平间（Charnel-house）里，这是难以言说的折磨，如豆的灯火在空中慢慢燃烧，四下里空荡荡的，发出幽幽的光（使这里更显得可怕）。本来绿草萋萋的人行道上，现在只散落着枯萎的迷迭香、凋零的风信子、致命的龙柏和母羊，死人的骨骸叠成堆，厚厚地混杂其中：躺在那边的是其生父的白骨，这边是其生母的空洞头骨（Chaplesse）；他的周围还有 1000 个粗人（coarse），一些直挺挺地裹在打结的裹尸布里，另一些半个身子已腐朽在烂掉的棺材里……假如他突然大张嘴巴打个哈欠，鼻子只闻得到臭气，眼睛也只看得见蠕动的虫子。

好在一年后鼠疫终于退去，戴克和琼生终于上演了他们的盛会。如果说瘟疫有什么影响的话，那就是延误吊足了伦敦人对这类节日狂欢的胃口，上一次还是在半个世纪前伊丽莎白女王登基时候的事。戴克写道："街上全是人……货摊上没有丰富货品，全让小孩子占了，窗户洞开（铅条镶嵌的玻璃已取下），挤满妇女。"他这么说也许不全是自夸，但是，对国王来说，公众的热情与其说是机会，不如说制造了麻烦。因为詹姆士在众人面前会不可救药地感到紧张，只想逃避到别处去；他更喜欢在罗伊斯顿（Royston）附近的山里骑马，兴致勃勃地追踪牡鹿。但是，富含寓意的露天剧场里乐声喧天，场面花哨华美，使人眼花缭乱，至少短暂地解除了国王是土包子形象的印象。除了兄弟般的安德鲁和乔治，老父亲般的"泰晤士河"（Thamesis），带着寓言书里拟人化的飘动胡子，以大地做陶罐献上贡品，罐中的鱼儿鲜活可见；斯蒂芬·哈里森（Stephen Harrison）的巨大凯旋门必定给大家留下了深刻的印象。它用木头与石膏砌成，27米高，15米宽，就竖立在游行经过的路上，每隔一段距离就有一座。其中之一为格子架，上有三座塔，点缀着厚厚的绿色植物，寓意詹姆士的王国永远"丰茂长荫"，特色是"羊群吃草，羊羔啃咬，鸟儿在空中飞翔，其他主题也都是安享太平时光"。竖立在芬丘奇街（Fenchurch）的那座拱门上，升起一个钝锯齿形的城垛，上面放着一幅巨大的伦敦全景图（仿佛从远处塔上看到的景象），中心是圣保罗大教堂模型，相比20万蝼蚁般生灵行走的杂乱无章的真实大都市，这个全景图看起来可是要规整得多。这个新特洛伊（New Troy）的奥古斯特式（Augustan）景观下面，正是不列颠自身——在一个象征帝国的大圆球上，刻写着"独立于世之不列颠"（Orbis Britannicus Ab Orbe Divisus Est）。熟读经典的学者——也许人群中就有一些——会一眼看出它援引自博学的维吉尔（Virgil），尤其暗合《田园牧歌之四》（*Fourth Eclogue*）里面预言新黄金时代将会回来的句子。威廉·卡姆登在《不列颠志》一书开头早已确认过，维吉尔的诗句承认不列颠作为一个独悬海外之地的历史命运。那么，很自然地，不列颠群岛的一些古典地理学家尽量利用它，称许其为传奇的大洋西边的"幸运群岛"。到1603年，英格兰人正以此沾沾自喜，认为岛国与大陆的分离状态具有无价地利；"这个大自然为她自己建造的堡垒，免于瘟疫感染，也不受战争纷扰"，莎士比亚的话恰好道出英格兰民族的自信心声，即他们受到天神的福佑，隔绝了世界其他地方的痛苦。

这时候，不管怎样，要让大不列颠分享这种幸运岛国的意识，还要延伸到幸运的爱尔兰和苏格兰（虽然一向的事实是，历史上苏格兰与欧洲的联系，比它与英格兰的关联更紧密）。1604年10月，詹姆士对着心怀重重疑虑的英格兰议会两院（国王已告知它们，圣上允许它们享有特权，此说已给议会套上马笼头）发誓："因为我的血统而带来了英格兰和苏格兰的联合，它产生的好处，我必将回馈给全体岛民。"每当他提及自己的国家时，总是一再表示，这是不可分割的"本岛"。他略带歉疚地承认，即使是特威德河两岸的邻居，也曾有过不幸的异见和血仇，但那种情况，很大程度上得归咎于邪恶大陆（尤其是法兰西人与西班牙人）的干扰阴谋（Machiavellianism，即马基雅维利主义），他们恶意煽风点火要英格兰与苏格兰对掐。而现在，詹姆士本人——他身上本来就有英格兰人、威尔士人、法兰西人与苏格兰人血统，又蒙上帝恩宠赐予他两个健康儿子——过去长久以来关于王位继承的痛苦战争，将一去不复返。"这种令人不快的杂音，"卡姆登写道，"使得这些民族长久以来陷入纷争（否则他们是不可战胜的），而现在可以终止，一去不复返了，可以代之以快乐地无穷尽地享受甜蜜的和谐胜利曲调。"假面剧开始，大家入场吧，太平调子奏起来，斯图亚特王朝桃花源（Arcady），前进吧！

可是，本·琼生、托马斯·戴克、约翰·斯比德、威廉·卡姆登等一群人欢天喜地预言的"独立于世之疆域""卓尔不群的不列颠"，结果呢，没有带来和谐与协调，反倒是浩劫与毁灭。不管王室还是共和主义者们，千辛万苦，越使出吃奶的劲头要把不列颠的碎片聚拢来，它们反倒散得越厉害。詹姆士一世与查理一世父子俩耗费巨大心力"联合""统一"，到头来只落得仇恨和分裂。詹姆士一世即位那年，没人（当然不是琼生或戴克）能预测到这个（尽管国王对议会所做的专横讲话已经不是个好兆头），可是还需要再过一段时间，"不列颠的麻烦"才现出它的危险性。晚到1637年，查理一世的苏格兰朋友兼盟友汉密尔顿公爵（Duke of Hamilton）还在给他最明白清晰的警告，劝告国王收回成命，不要一意孤行地在苏格兰和英格兰两地推行宗教统一，以免边界北部，也就是特威德河以北的苏格兰反应激烈发生危机，再蔓延到其他两个王国，也就是爱尔兰与威尔士。

　　具有讽刺意味的是，建设和谐不列颠本身就是一桩自动毁灭的买卖，在三个王国之间连同其各自内部都造成了混乱。历史学家一直想让我们相信，斯图亚特王朝的英国是个基本温和的政体，因政见一致而联合在一起。他们声称：尽管有关于宗教与政治的争论，但都局限于政府与社会的既定秩序内。用这个观点来看，斯图亚特王朝治下的英格兰（与不列颠历史重合的部分较多）是君子协定式的统治。统治阶层对君主的权力及其界限没有分歧，议会应该给国王提供金钱，同意保持社会等级固定；在詹姆士统治期内，接受较宽泛的加尔文宗教义。当议会和王室意见不一时，绝大部分人民都愿意他们和解，而不是各自背离，走极端。可是，也许学者们给出的印象，是单就英格兰来看，没什么大不了的事情就把这个国家引向了灾难性的后果。历史学家的问题没有错，如果说出了岔子，那要看说到的是哪个国家。即使缩小范围，单说英格兰，问到统治着英格兰各郡的那帮人，这就可以当成一个能容忍什么样的冲突的案例来分析（尽管我认为不是十分契合上面所说的情况）。但如果说有麻烦的不是英格兰，而是不列颠——特别是苏格兰与爱尔兰，那也并不是说，在17世纪40年代一下子就冒出来非常严重的问题，搅得英格兰政局不安宁，至少，麻烦早在两代人以前就已存在。也绝不是说，不知怎地，因为某个遥远的凯尔特人的外围地带冲突风云际会，就突然莫名其妙地搅动起英格兰政坛的浑水。棘手的是苏格兰加尔文教派和爱尔兰天主教派，以及它们将各自深刻的宗教需求，诉诸英格兰斯图亚特王朝朝政，结果就使英格兰闹起了内讧。稍后我们可以看到，这些宗教诉求本身不仅带有神学意味，还有政治甚至外交政策含义。对这些需求，英格兰的帝国政府想要毫不含糊地快刀斩乱麻，务必贯彻"不列颠"统一规范，但这样做却将帝国引向可怕的危险境地。除非强迫，苏格兰、爱尔兰都不接受英格兰颁布给它们的指令，如此，不列颠战争爆发。是不列颠扼杀了英格兰，也是不列颠使得苏格兰、爱尔兰血流成河。

　　所以，等我们回过头来看这些问题，并将它们放在原本没出乱子的王国里，就会发现灾难发生的原因浮出了水面，这些长远的原因及短期的原因就会得到迥别于以往的解释。假设一下，英格兰清教徒们（Puritans）够愤怒、够强大吗？能够凭其本身就能把斯图亚特王朝推翻吗？答案八成是否定的，尽管毫无疑问，王朝的尊严与权威会受到惩罚和伤害。再试问，苏格兰加尔文教徒与英格兰清教徒联合起来（二者都认为国王与臣民有约在先），能不能把斯图亚特君主拉下马？答案就是肯定的了。1639 年，在贝里克，查理一世和苏格兰加尔文宗圣约派（Covenanter）谈判，要终止第一次主教战争（Bishops' War），沃里斯顿（Wariston）的阿奇博尔德·约翰斯顿（Archibald Johnston）个性急躁好斗，频频打断国王的话，又出言不逊，一向矜持的查理，极不习惯这种粗鲁无礼，不得不命令约翰斯顿这个小小的检察长闭嘴。在谈判结束前，苏格兰人给了查理·斯图亚特更恶劣的侮辱。试问，一次爱尔兰天主教暴乱能产生这样的结果吗？假如忽然揭露出英格兰国王原来不是爱尔兰守护人，而是爱尔兰教会和国家的破坏者，那么这个问题的答案也是肯定的，那就是爱尔兰天主教暴乱同样会造成这样的情况。假如詹姆士是荷兰人或日耳曼人（后来的国王们即是），对苏格兰没有那么强烈深切的感情，还会有内战吗？

　　但是，詹姆士就是苏格兰的国王，这麻烦就大了。苏格兰的詹姆士六世，在快 40 岁的时候，成了大不列颠的詹姆士一世。多年来，他不得不忍受坚硬冰冷的石头沙发，终于得到了一床温暖舒适的羽绒被褥，他必定打心眼儿里感激不尽。作为苏格兰国王，石头沙发给了他痛苦漫长的教育。他母亲玛丽·斯图亚特的榜样危险而令人厌恶。废黜她的加尔文宗贵族对她记忆犹新，他们就要确保以严格的加尔文宗教义教育她还在襁褓中的儿子。1570 年，他们将詹姆士委托给可怕的乔治·布坎南

（George Buchanan）监护，相比之下，约翰·诺克斯（John Knox）的严词苛责都变成了春风化雨。有个故事最能说明布坎南对王权持有略显不礼貌的态度：马尔伯爵夫人（Countess of Mar）抗议他粗暴地对待这个王子，他回答说："夫人，我刚刚鞭打了他的屁股，如果愿意，您可以亲吻它。"大家都不抱幻想，布坎南可不是什么亲谁屁股的人，他的个性正好相反。他关于君主制的观点，都毫无隐晦地写在《论苏格兰王权的对话》[*De juri regni apud Scotos*（1579），*A Dialogue Concerning the Rights of the Crown in Scotland* [1]]一书里。该书论证了废黜詹姆士母亲的正当性，即国王是要为人民服务的，如果他们没有履行与自己子民签订的契约，人民就有权推翻他们。自然，按照这种反抗理论，苏格兰人和王权分立，王权若干预教会事务，也会被推翻。苏格兰长老会（Presbyterian）对任何王权统治形式都怀有敌意，它自己就是国教，有单一的、统一的教条，但是由各个群体的代表组成的最高宗教裁判会议（general assembly）却要监管这个教条。

　　但是不管怎么着，詹姆士·斯图亚特毕竟是他妈妈的儿子，他可不想一辈子给长老会当门口的擦脚垫。他用辩论术铺平自己通向王权的道路，而不是像玛丽那样冒险。他的智力和学习品位早就崭露头角，他采取的技巧和伊丽莎白差不多：狡猾、实用主义，还有灵活性。1587年他成年后，开始恢复国王的权威，凌驾于长老会的最高宗教裁判会议（用来统治苏格兰人，于天主教女王在位时创立）和永远好争斗的贵族之上。他手里没有任何常备军队，因此只能争取做所罗门式（Solomonic）智慧的裁决者——詹姆士懂得如何通过带有浓重象征意味的姿态使自己的权威发挥作用。为了庆祝他的成年礼，他设法在爱丁堡的市场十字广场（Market Cross）给苏格兰著名的互为死对头的贵族提供自由娱乐。当他

---

[1]　英文书名来自网络，并据此译中文。——译者注

们喝得醉醺醺后，詹姆士叫他们手挽手地沿着高街（High Street）走向王室住处荷里路德宫——有时候议会会在这里碰头。他们像羊羔一样乖乖地去了，穿着相当正式的服装。国王鼓励他们这么穿着去议会开会的。他也懂得分裂与团结都会对他有利。他对苏格兰人略微做了些让步，就成功地使他的敌人长老会分成了两派：一派愿意为其所用，另一派是死硬加尔文宗，如安德鲁·梅尔维尔（Andrew Melville）。后者认为任何国王对苏格兰人的干预都是专横而令人憎恶的。在苏格兰人当中赢得"王党"的支援，加强了自己的力量后，詹姆士开始进一步行动，比如，规定最高宗教裁判会议的开会时间。他彻底改造主教制度，使它比英格兰类似的制度看起来没有那么浮夸，然后不管怎么说在 5 年时间里，詹姆士重新在苏格兰人当中引入主教。1591 年，他感到羽翼丰满了，就铸造金币，上面刻写希伯来文，意指金币的缔造者"你是我唯一敬畏的"（Thee Alone Do I Fear）——这着棋走得急了一点儿，因为第二年，梅尔维尔就让苏格兰议会废止了主教制，詹姆士被迫同意。詹姆士总是对自己的人身安全感到没有保障，尽管他查禁了布坎南的书.这个老挥鞭者一直是他这个学生君主的噩梦，迟至 1622 年，他还曾出现在詹姆士的梦中，警告"他将坠入冰中，然后又被火烧"，还有"他要不断地承受痛苦，不久就会死去"。不仅布坎南，还有鲁斯温家族（the Ruthvens）也是他的梦魇：当他还在妈妈肚子里的时候，正是鲁斯温家的人用手枪顶着他；1582 年，另一个鲁斯温家的后人把他扣为人质；1600 年，又是这家的高里伯爵（Earl of Gowrie）绑架了他，再一次威胁到他的生命。无怪乎詹姆士一直到老都活得草木皆兵。

对于那些以制作不列颠君主——血腥雷霆的亨利八世、童贞荣光伊丽莎白一世及其他——小肖像为营生的人来说，詹姆士一世注定是个看起来拥有令人困惑的性格组合的人，这些性格简直是无法在同一人身上兼容并存：嗜好打猎，精通学术，追究加尔文宗教义和追逐牡鹿一样起劲儿；喜欢大摆酒宴，在冗长的假面剧上演的时候，用一口浓重的苏格兰腔高声嚷嚷着要看清跳舞者，特别是他的王后丹麦的安妮（Anne of Denmark），也是最喜欢在假面剧中表演的；他又是个口若悬河怒吼狂啸的辩论者，常常引经据典地攻击布道者和议会人员。但是詹姆士性格（还不是他的性取向）里最大的特点是拒绝疏忽慢待等级制。不管喝醉了还是头脑冷静的时候，说他深沉或肤浅也好，是同性恋还是异性恋也好，没有任何其他君主像他那样，如此频繁地感到有必要从理论上强化君权，然后诉诸笔墨。人常说詹姆士"他真心地渴求探讨学问"，出版了不下 10 种专著，论述他认为重要的各种事，包括抨击巫术和烟草的罪恶。其中两本，《君王天赋之权》[*Basilikon Doron*（the Prince's Gift）写于 1598 年，到 1599 年才出版，是写给儿子亨利的。书里援引大量例子，如查理五世给菲利普二世如何行使王权的忠告]和《自由君主的真正法则》（*The True Law of Free Monarchies*，1598 年出版），就是在他到英格兰之前的那段时间里出版的。至少直到尝试阅读的时候（因为无论哪一本，虽然简明扼要，但都算不上引人入胜），他的新臣民们一定是热切地盼望，想看看詹姆士的书有没有揭示他们这个新国王的性格，因此在他继位后的短短几个月里，他的书就卖掉了 13 000~16 000 册。

如果说这两本书都被当成是王室对子民的命令理论，要他们开始屈膝膜拜，这是误解了它们。当然，詹姆士不顾大家的感受，直言不讳地说自己的权威基于上帝旨意，反过来君主也只需对上帝这个最高裁判负责，这无疑是事实。"君权神授，因此，一切裁决已被剥夺。"后来成了他的名言，诸如此类的话是他精心设计用来和议会过不去的。他想要说服那些要维护普通法、认为只有普通法才具有最崇高地位的斗士，比如埃德温·桑兹爵士（Sir Edwin Sandys）、尼古拉斯·福勒（Nicolas Fuller）、爱德华·柯克爵士（Sir Edward Coke）。他们认为詹姆士已受到欧洲大陆王权专横风气的感染，现在需要速成课程来纠正他，告诉他英格兰的事情是怎么回事。

柯克与那些和他想法接近的人相信"英格兰的古老宪政",虽然其起源已在远古的时间迷雾里消失(类似的还有其他基本习俗,如成年年龄和陪审团规模),但到盎格鲁–撒克逊七王国时即已牢固定型,它蕴含在普通法里,后者在时间上早于,也优先于任何个人王权。在英格兰,最高主权是且一直是不可分割的"王在议会"(king-in-parliament)。粗暴征服,比如像詹姆士这样抢夺英格兰大权,也许可以一时将"王在议会"这个概念踢到一边,但英格兰人骨子里的"古老宪政"已在习俗里保留了基因,只等时机合适,就会浮出水面,比如《大宪章》的制定。让詹姆士回顾"记忆"(据说国王自己的记忆笨拙),自然于事无补,尤其他是一个浸淫在苏格兰罗马化法律传统里长大的人,这个传统与英格兰传统颇为不同,相距甚远。还有,詹姆士论述苏格兰的王权时,就已轻巧地应付了议会优先于王位的传说:"议会……不是在王权出现(就像很多人愚蠢地认为的那样)之前就有的,而是在王权设立很久之后才发明的。"以上种种在此时还没有成为严重问题,因为詹姆士在《自由君主的真正法则》里也痛苦地承认君主制起源的问题与如何统治一个"稳固的"国家几乎毫无干系。这么说的时候,他已指明这个国家只是当时的苏格兰与英格兰。就他个人而言,这一点也没什么矛盾,他坚持对自己有约束性的职责:首先而且优先是对上帝负责,那是他的唯一上司;同时接受生活中的现实,即"混合的"、均衡的君主制。在这个体制里,有些政府事务属于国王特权,但其他很多事务不是。如果无视国家的"基本法律",就是跨越了合法王权与暴君的分界线,那将是冒犯而非尊重与上帝订立的契约。当负责任的王室政府自贬为专横暴政时,国王即已经侵犯了他与上帝以及与自己臣民所订立的契约。尽管"国王受上帝恩宠,超越所有其他普通人的地位和等级之上……他的座次越是高出普通人,他对自己缔造者的责任就越大……越是最高宝座,越难安坐"。

如果认为詹姆士到英格兰来时，丝毫不想在国王、贵族、高级教士还有平民院之间保持平衡，这样的看法是误导。他刚来的时候就已经有人不停地向他吹嘘平民院是英格兰政体里特别的天才发明。然而，他要维护自己的"王权和至高无上的特权"，反对任何来自平民院或真实或假想的冒犯，这个决心也是再明白不过的。这个时候只有极少数统治阶层人士，能够意识到这个外来暴君将要把英格兰的自由践踏在脚下。英格兰人普遍接受的基本真理是：政治社会秩序是英格兰和平不可或缺的条件，国王及其大臣的职责就是提供这一条件。看着英格兰的财富和权力放在黄金盘子上被双手奉送给喀勒多尼亚来的海盗，英格兰人心里真不是滋味。詹姆士呢，倒真的是内心挣扎着才保留了伊丽莎白一世时期声名显赫的国王私人枢密院（Privy Council），其中包括：打败无敌舰队的功臣、埃芬厄姆的海军大臣霍华德伯爵（Lord High Admiral Howard of Effingham）；特别不可或缺的是驼背小个子国务大臣罗伯特·塞西尔，国王还提升后者为索尔兹伯里（Salisbury）伯爵。尽管有 6 个苏格兰人被任命为私人顾问，可只有两位——乔治·赫姆爵士［Sir George Home，不久成了邓巴伯爵（Earl of Dunbar）］和金洛斯伯爵（Lord Kinloss）职位稍高。但是，因为国王重用苏格兰朋友兼童年伙伴，如勒诺克斯公爵（Duke of Lennox）和马尔伯爵（Earl of Mar，他更对后者大肆赏赐金钱与豪奢礼品），把他们加入了国王私人枢密院，这使它的班底更偏私人家臣。如此一来，给大家留下的印象当然是，要接近国王只能通过这些苏格兰廷臣，尤其是宫廷卫队长托马斯·厄斯金爵士（Sir Thomas Erskine）。不止一个愤怒的英格兰求见者抱怨，很"讨厌"必须在厄斯金眼皮底下坐很长时间，才等得到国王接见。威尼斯大使报告，1603年 5 月，"没有英格兰人（不论他什么等级）能不受召见就进入接见室（Presence Chamber），与此同时，苏格兰伯爵们却可以自由进入"。这么说有点儿夸大，但无疑是大家的共同印象。

英格兰人有恐苏格兰病，反应激烈在所难免，虽然《麦克白》（*Macbeth*，1605—1606）的结尾歪曲了苏格兰历史，却更好地暗示了马尔科姆·坎莫尔（Malcolm Canmore）只是通过英格兰人的帮助才赢得王位。琼生的舞台剧《东向而锄》[*Eastward hoe*（1605），因为写了这个剧本，他与他的两个合作者乔治·查普曼（George Chapman）和约翰·马斯顿（John Marston）在伦敦塔里待了些日子)]，讲的就是苏格兰的穷贵族依靠英格兰人不劳而获。1612 年有一桩轰动一时的案件，苏格兰桑克尔伯爵（Lord Sanquhar）出钱买通两个杀手，射杀了数年前曾在一次意外中失手弄瞎了自己一只眼睛的英格兰剑术大师；桑克尔作为普通刑事犯定罪绞死后，伦敦街头流传着尖刻的打油诗，大肆渲染恐苏格兰病：

> 他们讨去我们的土地和财物，还要我们的命；
>
> 他们鞭打我们的老爷，还睡了老爷的老婆；
>
> 他们压榨我们的绅士，对我们的议员（Benchers）呼来喝去；
>
> 他们捅了我们的巡佐，枪杀了我们的剑术师；
>
> 傲慢的苏格兰佬快住手，快这样放过我们；
>
> 要不然看我们如何让你和来的时候一样穷得叮当响。

克罗伊登（Croydon）赛马场上，苏格兰与英格兰贵族时常爆发打斗；在律师学院（Inns of Court），一个叫马克斯韦尔（Maxwell）的苏格兰人，把一个英格兰人的耳环连同他大半个耳朵拽了下来，差一点儿引起暴乱。一时间，伦敦的苏格兰人小心地窝在霍尔本（Holborn）与查令十字街（Charing Cross）的小圈子附近，尤其注意避开剧院旁边的后巷，那里的人"横冲直撞"，擅长粗暴地对待苏格兰人，突袭苏格兰人，名声好一点儿的剧场里同样充满恶狠狠的敌意。尽管弗朗西斯·培根竭力鼓动，可国王正式缔结联合的宏伟计划却还是淹没在了英格兰议会的抗议风暴里。议员们反对用"不列颠"取代英格兰国籍，说那将是英格兰法律和古老宪政的末日，会使外国人把去外国的英格兰人和本土英格兰人混为一谈，贫穷的、不干净的、贪婪的移民（常见的侮辱说法是"臭烘烘的""肮脏的"）会成群涌入英格兰。到 1607 年，联合协议（union treaty）已经死过千百遍，但詹姆士继续风雅地自称"大不列颠、法兰西和爱尔兰之王"（King of Great Britain, France and Ireland），尽管他对这挫败感到迷惑、恼怒，但还是命令（花公众费用）制作新的"帝国王冠"（Imperial Diadem and Crown），上面镶嵌着蓝宝石、钻石和红宝石。

那么另外一方又怎么看待这个未遂联合？詹姆士在苏格兰发布通告禁止反英格兰的歌谣、诗歌与宣传册子，说明感到被冒犯的苏格兰人在索取无度的同时，也大肆诋毁英格兰。但是，且慢说受伤的感情，苏格兰——或者，毋宁说，低地、信奉新教的苏格兰部分——对詹姆士的"二重奏政府"，应该没什么理由感到自己受了冷遇，只要国王能让他们保持自己的宗教独立性不受威胁。在最后这个关键领域，国王按照自己的习惯，等到他的代理总督〔邓巴、邓弗姆林（Dunfermline）两伯爵〕向大部分苏格兰贵族充分说明合作的好处后，才缓慢而精明地推进。等到支持他的大本营稳固了，国王觉得羽翼够丰满了，就更直接地对最难啃的骨头长老会下手。在 1610 年恢复主教制之际，从 1607 年起就被关在伦敦塔里的安德鲁·梅尔维尔提出强烈抗议，终于在 1611 年被流放了。1618 年在珀思（Perth），最高宗教裁判会议同意（还是经过了一些非常激烈的争辩）执行主教制，但随即又把它当作天主教偶像崇拜与圣餐时下跪、庆祝五个神圣节日、圣事管理一并给革除了。

在珀思，詹姆士侥幸地拿到了《五教规》（*Five Articles*），这是他的典型做法，他没有特别施加很大压力，因为对爱丁堡、珀思或斯特林来说，英格兰和苏格兰王国合一，带给苏格兰的好处已使得成本开支账本上收益明显。一到边界治安专项治理开始严厉执行（苏格兰人与英格兰人双轨齐下）的时候，抓捕、定罪、吊死盘踞在边界的盗贼土匪后，跨境贸易开启，渔民、赶牛人、织布者都有利可图。英格兰的免税麦芽酒在苏格兰大卖，逼得爱丁堡麦芽酒行会只能降低本地酒的价格，才有竞争力。在苏格兰有些地方，尤其是人口密度较大的地区，如中洛锡安（Midlothian）与法夫，受够了彼此仇恨的贵族们的胡作非为，小地主们、议员、律师——所有这些人，此时对天高而皇帝不远的政府几乎没啥可抱怨的。而对大贵族们，詹姆士则尽快奉上英格兰、爱尔兰、苏格兰的土地——他们已学会得了便宜要卖乖。

然而，苏格兰的低地并不能代表整个苏格兰，自有书写历史以来（从塔西佗开始），大家就注意到，以福斯湾与泰河为分界，苏格兰南北即低地与高地之间区别明显，习俗、语言、信仰、耕作及一切重要的事，两边人可以说天差地别。詹姆士自己又给大陆上的高地人加了个区分，认为他们"大部分未开化，但是稍微显示出了一些文明迹象"，而到了赫布里底群岛那里的原住民，就是"纯粹野蛮人，没一丁点儿开化"。不论野蛮人自己要不要接受神圣文明的福佑，很明显得把他们连根拔起、赶走，如果有必要，就全杀光。他们当中最糟糕的是原住民宗族头领，诸侯及其官员们也没好到哪里去，与盗贼土匪差不多。西部的麦格雷戈家族（MacGregors），还有爱尔兰的盖尔人酋长，如康·奥尼尔（Con O'Neill）继续冥顽不化，领着他们的手下铤而走险，干非法的抢劫勾当。詹姆士还没到英格兰之前，已开始对西部岛屿进行殖民计划，包括出租土地给想要"发展的"低地贵族，这样做既能平定地方又有收入，一举两得。如果有必要，迁走当地人，用更驯良的移民取代他们。当这些计划失效，无法消除当地抵抗的时候，就抡起大棒伺候：1608 年，詹姆士从爱尔兰招募英格兰人军队组成泛不列颠无敌舰队，在路易斯（Lewis）和琴泰半岛（Kintyre），给那些不听话的原住民一个他们永远不会忘记的教训。后来威廉三世与汉诺威王朝（Hanoverian）对高地人与岛民实行的残酷镇压——包括禁止格子呢和盖尔语——都是苏格兰詹姆士六世开的先例，至少理论上是。

值得称道的是，詹姆士的苏格兰大臣们并不认可惩罚性地残杀岛民，因为他们懂得那样做将带来覆灭，代价太高而收效甚微，还会永远地疏离当地人，从而使西班牙人与法兰西人有机可乘。与此同时，他们改变策略，要求高地贵族首领来开会。会议放在船上开，明着说是听取布道，然后把他们扣押在马尔（Mull）岛上，直到高地人脑子转过弯来，识时务地低头。制定并首次启用了《伊科姆吉尔法令》（*Statutes of Icolmkill*），通过它"曲线救帝国"。这个阴招后来不列颠人玩了很多次（从南印度到尼日利亚北部）。不是采用罗马征服那样直接派驻地方总督，而是迫使当地部落首领和大头领与地方分权制的政府系统合作，让他们负责自己部落的治安和税收，报酬是给予土地与身份地位。取得合作后，他们就唯大公显贵们马首是瞻地组织起来——坎贝尔家族、麦肯锡家族（Mackenzies）、戈登家族（Gordons）等，自会料理那个偌大地界。后来的赤道大不列颠帝国案例只是萧规曹随。交易涵盖表面承诺直到道德教化：限制酒精饮料，压制家族世仇报复，为了他们自己的利益也为其母国利益将当地人的孩子送到大陆的都市，在那里孩子们集中接受再教育。不列颠帝国实验室选在赫布里底群岛，后来扩大到整个苏格兰。

既然高地和岛屿当时已经实现自治，詹姆士原来要把贫穷而胆大的新教徒农民从人口密度过大的低地，移到山区"未开化"天主教中的宏图，这时就需要重新考虑了。解决方案是瞪大眼睛向隔着北海海峡的爱尔兰看过去，在爱尔兰北部和东部已经有一些苏格兰人，但是在反叛贵族，如蒂龙伯爵休·奥尼尔（Earl of Tyrone Hugh O'Neill）、泰康奈伯爵罗里·奥唐纳（Earl of Tyrconnel Rory O'Donnell）二人于1607年逃亡罗马后，他们广大的领地被国王没收，这样突然之间詹姆士和他的政府就可以玩一把"不列颠皇帝牌"了。

到1641年，将近10万苏格兰人、威尔士人、英格兰人被"移植"到爱尔兰阿尔斯特（Ulster）9个郡的绝大部分（其中6个就组成了现在的北爱尔兰）地方，不过也有大量移民同时去了蒙斯特（最初是在16世纪80年代"移植"的）。大概除了西班牙人移民墨西哥之外，17世纪爱尔兰的移民，是迄今为止单个欧洲国家最大规模的帝国居民迁徙，它使得通过大西洋跳板到达北美的"迁徙"都相形见绌。当然对卡姆登之辈来说，爱尔兰（Hibernia，拉丁文）充其量也不过是"不列颠的西边外围"。因为1541年的一个法令，爱尔兰的政体已经从一个伯爵领地提升为王国，其统治者拥有国王之"名义、排场、头衔及荣誉"，还有"王室的"全部特权。事实上，爱尔兰王位是"与英格兰王位联合并交织在一起的"。伊丽莎白一世时期还曾经有过雄心勃勃的计划：驻法兰西大使兼女王私人顾问托马斯·史密斯爵士（Sir Thomas Smith）等提出超大规模的移民、定居，以便对爱尔兰岛实行宗教新教化（Protestantize）和开化。这些人想象（和所有王室白日梦想家想的差不多），爱尔兰的土地要么抛荒着，可以白捡便宜；要不就是那里的人都是话也说不清的野蛮人，一旦受过教化，就不会再懒惰、迷信、犯罪，将迫不及待地接受（开始时有必要稍许动用点儿卑劣的手段）都市文化的福祉。但实际上，爱尔兰当然既不荒芜也并非纯粹是说盖尔语的农民与做偷牛贼起家的老爷们。在伦斯特，居住的是"老英格兰人"即原盎格鲁诺曼底定居者的后裔。安茹王朝的时候，他们跟随理查德·德·卡莱尔（即"硬弓"）而来，大部分人信仰天主教。几个世纪下来，原来界限分明的盖尔人原住民和英格兰入侵者已经模糊不清，很多人通婚，共享领地。尤其在东南部，尽管很多老英格兰人还是自认为忠于王室，可是他们和原住民盖尔人共享一些基本事业——他们信仰共同的宗教，都仇恨此时英格兰大规模移民的威胁。

　　但这两个族群都失败了，没人理睬他们——詹姆士对待盖尔人比老英格兰人更加凶狠残暴。詹姆士一世派到爱尔兰的诗人兼大法官约翰·戴维斯爵士（Sir John Davies），谈到谋杀当地人时口齿伶俐，说他们"简直不比食人魔更好"。戴斯蒙德伯爵（Earl of Desmond）在蒙斯特被查抄的领地分给了 35 个英格兰地主，份额蛮大的，每份有 4 000—12 000 英亩（1 英亩约合 6 亩）。阿尔斯特要小一些，打包分成更小的份额——1 000—2 000 英亩——给了"承办人"和前军人"跟班"。这两类人得到土地战利品后喜出望外，作为回报，他们签约同意为爱尔兰的新教教会事业出钱，也掏钱办学校、学院。只有这样，才能把改革派宗教（Reformed religion，即新教）植根深入，不至于让偶像崇拜派（Papist，即天主教）把推广新教给毁了。在另一桩特殊交易里，德里（Derry）被交给伦敦城来的团伙，这个古城才有了现在"伦敦德里"（Londonderry）这个带前缀的地名。詹姆士用完没收、查抄来的土地后，并未停止剥夺，他从所有爱尔兰地主那里巧取豪夺，要他们根据英格兰法律的严格标准，提供土地所有权凭证——这简直是个不可能完成的任务，因为这些领地已经流传了很多世代。当然，詹姆士就是冲着这个来的。韦克斯福德（Wexford）、朗福德（Longford）、沃特福德（Waterford）和卡洛（Carlow）的大片土地，就是通过这个途径从爱尔兰人手里转为殖民者所有。

国王觉得整个大项目空前成功，只是有点儿遗憾它生根比较慢。他的承办人在撵走爱尔兰人时如果有意无意中不是特别凶狠，国王就威胁说要收回土地，除非他们又快又狠地赶走当地人。到 1620 年，大批贫穷农民从人口密度过大、狂热的加尔文教徒所在地苏格兰东南部迁来，这里真是需要他们全身心投入挑战。詹姆士给苏格兰阿伯康伯爵詹姆士·汉密尔顿（James Hamilton，Earl of Abercorn）等人找到了用武之地，也让他们发了大财，那么他也就能指望他们忠心耿耿地效犬马之劳。詹姆士和这些殖民者一样，无疑也相信殖民本质上是挽救了爱尔兰的社会和道德：自由游荡的爱尔兰牛羊群在冬天被圈进围栏，制造了大量土肥，这样能改善贫瘠的爱尔兰土地，牛奶产量也将成倍提高；根据市场需要种植麦子，这样与时俱进的农民就可以住进带玻璃窗户和木头地板的石头房子。这幅绝妙的旷野和丘陵风景将被神奇地复制到蒂龙与弗马纳（Fermanagh），堪称礼仪保育院的城镇就会成长、壮大，能用唯一可靠的语言——英语，识文断字就会如野火一样蓬勃发展，而原住民说话听起来像大舌头般模糊含混就该退到爱尔兰深处，一个新爱尔兰呼之欲出。

公平地说，应该指出并非所有老英格兰人甚至爱尔兰盖尔人都齐心一致地敌视新来者及其带来的新发明，这是爱国主义者需要理解的历史。正如老英格兰人与盖尔人的文化在几个世纪混合后已经水乳交融一样，在都柏林与德里那样的城市里，新来者和本地人分享各种商业、法律和社会利益，都柏林的三一学院变成了非常活跃的学术中心。但是，不管如何，从一开始，殖民就被弄得走形了，尤其在阿尔斯特，因为这里是不列颠对峙罗马与马德里的敏感前线，其特点是防御，这让当地人焦躁不安。殖民者也许带来了石头房子，但他们墙外、篱笆外的乡村极其抵触新教主义；反过来，这也总是让殖民者感到不安全，他们就永远保持着警惕，提防着万一天主教徒邀请西班牙人过来，将爱尔兰变成下一个不列颠宗教战争的主战场。詹姆士时代的种子在爱尔兰是撒下去了，但是它们并没有如詹姆士时代的不列颠发明者所希望的那样获得收成。

但是，假如不列颠音乐的和声里有强大杂音的话，白厅（White Hall）里的人是永远也听不到的。1630年詹姆斯的儿子查理委托鲁本斯作画。此画将詹姆士的美德比作不列颠所罗门一般，到1634年，即詹姆士死后9年才完成。巨画装饰在伊尼戈·琼斯（Inigo Jones）仿帕拉迪奥富丽堂皇的新宴会厅的天花板上，不管怎么看，它们都是詹姆士时期美好愿望的完美画幅：画面竭力鼓吹王室的善良意愿，和平与富足紧紧拥抱，新奥古斯都引领着智慧女神，迅速地驱走战神。考虑到已经发生的事（以及后来推翻查理王位的事），最靠近门口的那幅油画显得最乐观——此画又一次地引用了所罗门最有名的故事，来比喻新不列颠的重生：全能智慧的君王所罗门躬身前倾，对两个争夺儿子的母亲说出裁决。但一分为二的建议不太切合当时英格兰和苏格兰合并的情绪，传递的信息也不对头。与所罗门故事情节不同的是，詹姆士本人就是仁慈的体现，而两妇人不言而喻就是英格兰和苏格兰王国，鲁本斯画笔下的大胖小子就是不列颠。

对新朝廷寄予如此之高的期望，朝野上下如此兴奋可不仅仅是斯图亚特宫廷的幻觉。沃里克郡阿伯里（Arbury）的约翰·纽迪吉特（John Newdigate）是国王那本《君王天赋之权》的几千个读者之一，他在自己的绅士庄园里提笔给国王本人写信——"我亲爱的国王"——表达自己的喜悦心情，英格兰现在有了一个所罗门君王，臣民们都和示巴（Sheba）女王一样，眼巴巴地要亲眼见证国王的智慧和伟大的全套方略。但是，纽迪吉特写到他要谈的问题时，语气就热切起来，他说国王怕是有很多紧急事务要改革，比如：男穿女装，这令人恶心；绅士们整天忙于在伦敦打官司，花费昂贵，简直要被生吞活剥了，而他们的领地在荒芜腐朽，租户民不聊生；可恶的寄生虫们从国王手里买到垄断经营权，转而用来榨取毫无防备的人；本郡为外国战争上缴的税收，沉重得难以负担……纽迪吉特没有要国王诏告和立法，而是要詹姆士改革：清除整个王国的污秽，不单单是王宫本身。"我恳请陛下能……帮助大家改革，以便符合你想要浇铸的模子。"他乐观地写道，然又加了一句，生怕詹姆士会懈怠，"因为所罗门的一切智慧与好开端，到用得着坚忍不拔的时候都不见了，和平的福祉反而带给他罪孽"。

尽管以后他们会非常失望，可开头的时候，乡绅们和纽迪吉特一样对新朝廷都满怀希望，另一位正直的绅士赫里福德郡布兰普敦·布莱恩（Brampton Bryan of Herefordshire）的罗伯特·哈雷（Robert Harley），此时很高兴能被国王封为骑士［而且是巴斯骑士（Knight of the Bath）］，这是由国王主持加封礼的荣誉，一起受封的共有62人。哈雷后来成了议会斗士，又幸存下来进入克伦威尔时期的共和国（the Commonwealth）。哈雷和纽迪吉特那样的人压根儿没想到，虽然詹姆士自己承认清教徒的人数很少，但是他心里非常鄙视他们。相比之下，詹姆士更同情福音派（Evangelical），哪怕他嘴里说他们"在上帝的桌子旁和基督一起坐着，的确像个跟包"。哈雷和纽迪吉特那样的人，看着这个一本正经的苏格兰人在苏格兰的作为，心想詹姆士定会把苏格兰的长处带来英格兰，而事实上国王正为能摆脱它而欣喜若狂。"清教徒"是他辱骂"头脑发热的"基督徒的用词，但是在所有因持不同信仰而折磨斯图亚特朝廷的人当中，有一些人执拗地认为教会改革还不到位——爱德华六世的神圣福音派事业被他姐姐玛丽一世耽搁了半个多世纪，这些人与满足于维护英格兰国教会（Anglican）现状的人，他们之间的分野可能是最危险的，因为他们双方期待的国家功能性质和观念水火不容。狂热的福音派传道者最反感的是：洗礼用十字架，以戒指表示婚姻神圣，神职人员穿白色法衣。这些也许看起来太鸡毛蒜皮（而且，让他们恼火的是这些被詹姆士定义为无关宏旨或"不感兴趣"的东西，还要在国王的权限里等着由詹姆士来判定它们是否合适、要不要保留或去除），但对这些狂热信徒来说，它们就是可恶的天主教偶像崇拜圣物，必欲去之而后快，国王却并不太理会他们的要求，而一味提倡虔敬布道与说教。

具有讽刺意味的是，在詹姆士与不满的改革派进行完这场扩大化的理论探讨之后，唯一幸存并且流传下来的就是那本漂亮到不朽的《圣经》，偏偏就顶着詹姆士的名字（King James Version of the Bible[1]）。如果一个教会分化到细碎的原子级别，只剩下无数忘我地研读经文的读者，或者信徒们都是那些关起门来过着隐士般道德高尚同时自我封闭生活

---

[1] 简称KJV，也叫钦定版或詹姆士王版《圣经》，英语《圣经》第一个通行版本，是最权威、最早的英文译本之一，语义准确、言语简洁的特色使它成为奠基石式的现代英语范本。——译者注

的家庭成员，那么詹姆士和他宠信的大臣们，如乔治·阿博特（George Abbot）或兰斯洛特·安德鲁（Lancelot Andrews）认为这是一盘散沙，会完全破坏教会与民族的团结。加尔文教派不管是从前还是以后都一样，他们一直认为世界非黑即白，无非就是亲基督的或敌基督的，他们申诉道，"团结"说好听点儿是空虚的幻想，说难听点儿是故意设圈套，诱骗无知者和有罪者随便加入宗教团体。不是一切都很明白，万能的上帝已经对"联合"没有兴趣了吗？就像加尔文和圣徒保罗两人深刻理解的，上帝已发布命令，人类已无可救药地分成浑蛋和值得拯救的，或者像多切斯特（Dorchester）圣三一教堂（Holy Trinity Church）的教区长约翰·怀特（John White）直截了当地说，据其教区里一个吓得不敢相信的成员记载："基督可不是什么全世界的救世主，他只拯救被推举和被他选中的人。"他们认为詹姆士拒绝更"彻底地"改革是无原则的软骨头，而事实上这却是深思熟虑的结果。1604 年，詹姆士在特地为考量这些事务而召集的汉普顿宫廷会议（Hampton Court conference）上，花了很大力气阐述自己的想法。他认为坚持典礼、圣事与教会的"仪式"并非只是某种折中路线，也否认是因为心有余而力不足才将自己放在天主教教义与清教主义之间。他说它蕴含着他积极的愿望，希望在教会的大营帐里容纳基督教徒——吸引忠实的清教徒和同样忠实的天主教徒，剔除他们比较极端的因素，并提供有罪者仍然可以通过勤奋工作和遵守教规得到拯救的可能性（不是必然性）。还有，詹姆士也非常认真地对待等级和秩序，而且，他认为教会等级制就已经包含着秩序，在这个秩序里打头的就是他自己这个跨世俗与精神两界的君王，紧随其后的是大主教、主教。在位期间，不论在苏格兰还是英格兰，詹姆士都没有动摇过（与亨利八世或伊丽莎白一世不同）这个信念：王室权威与主教制结合是对付罗马的最好利器。而且他把这个观念传给了儿子，只是，到了查理那里，恰恰就是这点最后酿成了大祸。

　　所有这一切想法对福音派来说都是不可理喻的，因为他们认为最纯正的罗马天主教的真谛就是不追究命定天数，就是暗示说任何善事都可能起一点儿作用，并且令救赎改观。实际上，很多天主教徒也误解了这个观点（而且为之欣喜），以为它曲折地表示国王要回归旧的罗马天主教的愿望。1604 年詹姆士一世与西班牙和解，流言四起，说国王要改宗，英格兰要回归罗马教廷属下看起来就要奇迹般地实现。王后丹麦的安妮已皈依天主教的事实，更助长了这个期望。当然，假如他们读过詹姆士一世对自己洗礼过程的动人描述，他们也许更会捕风捉影：他有改宗的潜在可能。"我是由一个教皇任命的大主教（Popish Archbishop）给施洗的，（其母玛丽）发话，为了要容忍用口水……就遵守了这个腌臜愚蠢的戏法……而她的原话是'她不愿意一个得过天花的神父朝她孩子嘴里吐唾沫。'"和他母亲一样（但他是站在别的立场上来忏悔），詹姆士没觉得王后个人不能信仰与国教不同的宗教，但是他绝不考虑自己这样做，他可不要弄点儿别的，他还是继续做他的新教徒。忠实的天主教徒也许对詹姆士的真实立场一无所知，那些人如托马斯·特雷瑟姆爵士此时已出狱，重新开始侍弄他的北安普顿郡大屋利夫登纽比尔德，那是原先设计来象征他的信仰的。这时候爵士认为他们受迫害与因为不服从（英格兰国教）而被剥夺一切的日子是终于到头了，这是可以理解的。

　　不久托马斯·特雷瑟姆爵士等人就明白自己错得一塌糊涂。罗伯特·塞西尔和大主教理查德·班克罗夫特（Richard Bancroft）可没有给他们喘息的时机，他们俩热情地实行詹姆士的政治体制，加紧镇压不服从英格兰国教的人和秘密耶稣会会士，建立了一套自动预报天主教阴谋（Predictions of Plots）的体系。因此天主教这边痛切地感到自己是彻底地上当受骗了，才产生了要消灭国王和他的异教徒大臣的阴谋。乔治·布坎南的加尔文宗训导是：国王并不神圣，抵抗他具有合法性；这个思想

到了天主教徒们那里就是耶稣会胡安·德·玛丽安娜（Juán de Mariana）[1]
的教条，即反抗异教徒君主的暴政也是合法的。这么一来两下里真是
半斤八两。这种免罪说使天主教阴谋家与暗杀刺客热情高涨，充满乐
观。1604 年，甚至早在火药阴谋者们策划他们的政变前，起码就有两
起暴动的阴谋被揭露。一个（真正的天才）计划是劫持国王，扣押他当
人质，直到议会同意在英格兰容忍天主教教义。这个计划由罗伯特·凯
茨比（Robert Catesby）、特雷瑟姆的儿子弗朗西斯、埃弗罗德·迪格比
爵士（Sir Everard Digby）、托马斯·珀西（Thomas Percy）、托马斯·温
特（Thomas Winter），以及吉多·福克斯（Guido Fawkes）筹划。福克
斯曾在荷兰的西班牙军队里干过，受到一个耶稣会神父托马斯·加内特
（Thomas Garnet）的祝福。他们的阴谋最富戏剧性，想出的点子居然是
这样的：不单是在本季议会开始当天炸毁议会，连同国王、太子亨利，
甚至可能四岁的小王子查理也一起干掉，但要把他们的姐妹伊丽莎白推
上王位。因为他们觉得她受她母亲信天主教的王后安妮的影响最大，最
起码也会更能容忍他们。看起来早在蒙蒂格尔勋爵（Lord Monteagle）接
到匿名信（很可能来自蒙蒂格尔夫人的兄弟），告诫他不要在 1605 年 11
月 5 日去参加议会开幕式之前，罗伯特·塞西尔的情报网就已察觉了这
个阴谋。当局对威斯敏斯特大教堂房屋下面的地窖进行了搜查，这里的
承租人即阴谋者之一托马斯·珀西。福克斯与 36 桶炸药正好在那里被抓
了个现行，那些炸药足以把正在它上面的议会贵族院整个儿炸上天。

　　这伙人的下场全都非常凄惨也很有名：凯茨比与托马斯·珀西一直
被追踪到他们在斯塔福德郡的藏身处，他们在追捕中双双身亡，凯茨比
死时手里还拿着一幅圣母图。也有人的尸体被从墓里掘出，割下头，送
去放到他们要炸毁的议会大楼角上示众。特雷瑟姆被关进了伦敦塔，临

---

[1] 胡安·德·玛丽安娜，16 世纪鼓吹推翻暴君的反暴君派（Monarchomaques）耶稣会士。——译
　　者注

死前做了大量忏悔。他死于非常可怕的尿道感染，痛苦之至，基本上连例行的颈枷都显得多余了。福克斯和其他人很快就被施以绞刑，然后还没咽气呢，就被挖出心脏，对此，围观群众倒是还挺欣赏的。

比阴谋本身更重要的是，它给斯图亚特王朝的前途带来很好的影响。固然詹姆士向来怕受阴谋诡计的刺激（毕竟他的父亲达恩利也是一桩炸药阴谋的牺牲品），但他小心翼翼地不走极端，不因为要反对天主教而暴跳如雷。实际上，他和他的政府还艰难地将福克斯这样的"狂热分子"与真正忠诚的天主教徒如老特雷瑟姆之辈区分开，还希望他们已经够害怕了，以后能满足于私下里实践自己的信仰。但 11 月 5 日成了新教徒最好的神圣节日，新的"英格兰民族的生日"，他们用焰火和钟声欢庆国王得救，也庆贺英格兰宪政结构完整地幸存下来。詹姆士从来没有和英格兰贴得这么近，他差一丁点儿就与上下两院分享恐怖的焚化，这倒让他显得亲议会了。凯茨比、珀西和吉多·福克斯做了詹姆士自己从来也没做成的事：他们让他成了一个很受大众欢迎的英雄。议会宣布火药案叛国罪（Gunpower Treason）那天为一个假日，利用它大做文章，赞颂詹姆士一世是"我们最仁慈的君主……历代君主中最有学识、最虔诚的国王"。

可这并不意味着接下来的 20 年就是这个蜜月的延续。如果说还有什么的话，那就是在位时间越长，詹姆士和不列颠人彼此的爱意越淡。格洛斯特主教戈德弗雷·古德曼（Godfrey Goodman）等许多同时代人注意到，随着詹姆士时代宫廷里异国情调的奢侈挥霍和飞短流长日益增长，他的光芒开始消退，人们开始戴上玫瑰色眼镜，格外怀念伊丽莎白时代。詹姆士的声望黯淡下来，也并不一定是宪政危机的序曲，因为他在位的22 年里，议会总共开会时间才 36 个月，而且这个断断续续的记录和伊丽莎白任期时相比，也不见得更能引起争议。议会此时还没有自认为是国王政府的"反对派"，也不是政府机构的"伙伴"。议会上下两院的绝大部分成员接受国王的观点，就是他们主要是为英格兰王国的事务提供金钱——议会主要是起这个作用，但是——这是个天大的职责——他们相信历代传承的真理，就是自己肩负责任要给国王提供专业咨询，保证税收不是以伤害人民的"自由"或安全为代价收取的。这就意味着，当国王来向他们伸手要钱时，他们自觉有义务给他递上民怨清单。这抱怨成了个连祷文似的仪式，然后，大家等着国王吹毛求疵，回嘴说这是侵犯了君权，再装模作样一番，比如要弹劾某个无足轻重的国务官员，或表彰一些杰出的民族代表。有时候詹姆士会自动配合这么干，但大部分时候需要众人推他一把。更多时候，他像个面带愠色的少年被拽回家中，要父母救他出债权人的火坑，当他们训斥他不该闯祸时，他咬紧牙关翻着白眼。

　　然而，詹姆士的财政困难都是他自找苦吃。伊丽莎白是出了名的"铁母鸡"，他却是个无底洞，花钱大手大脚。从继位之初开始，他就给自己的苏格兰伙伴廷臣们大把撒银子，惹得一个议会议员形容财政部是"王室蓄水池，圣上给苏格兰人的慷慨馈赠造成持续、不可修复的漏洞"。詹姆士来自相对贫穷的苏格兰，那里资源有限（只是那样也没能阻止他如滚雪球般地借债）；到了英格兰，他更觉得自己进了养肥猪的天堂，土地、特许专营权、职位、珠宝、房屋都一股脑儿地往亲信们身上砸，搞得他们反过来拿国王当金主，当然也是花钱如流水，哪管什么量入为出。整个宫廷文化就是沉浸在消费中。钱的去处可多了：本·琼生和伊尼戈·琼斯搞的盛大假面剧（平均每年 1 400 英镑），机械装置搭架起来，把人搞得像在空中飞过或者像被海洋吞没；稀奇怪样的服装外面包着红榴石；庞然大物一样假托波斯风的妇女裙子，腰以下波涛滚滚，或者上面露出胸部，只用最通透的上等薄纱细麻布（对正直的大臣们来说，宫里这十分平常的时尚让他们很看不入眼）；宴饮豪奢异常，王室与国家关系较紧张的 1621 年，一次这样的宴会就耗费 3 000 英镑，动用 100 名厨师整整 8 天，做出 1 600 道菜，包括 240 只雏鸡。詹姆士时代，宫廷热衷于奢侈，最典型的当数苏格兰伯爵詹姆士·海（James Hay），即后来的卡莱尔伯爵（Earl of Carlisle），发明的所谓新式"预支晚宴"：客人到后，在巨大的桌子前，看着上面摆放的精美食物目瞪口呆，但是它们唯一的作用就是给众人瞧一眼，纯粹挑逗得大家口水直流后，满桌东西直接撤走倒掉，代之以厨房里刚出炉的一模一样的菜肴。

盲目追求靡费、哗众取宠极具传染性。宫廷大圈子（詹姆士将它扩大数倍，包括 32 个伯爵、19 个子爵及 56 个骑士准男爵）里的任何人，只要想被人正眼瞧的，都得跟风炫耀、极尽渲染之能事，因为这是时尚品位。这个骑在马上马不停蹄地在各家的打猎小屋之间转悠的国王，比伊丽莎白一世更希望人们以富丽堂皇的方式款待他。詹姆士一世在一个廷臣家里待着太舒服了，以至于受不了的主人只好写信给国王的一个随从杰勒先生（Mr Jowler）——因为他在圣上面前能说上话，提请他敦促国王早日离去。不用说，那些伊丽莎白在位最后 10 年里兴建的"华屋大厦"在詹姆士一世时期搞得更加豪华。不列颠本身太平了，贵族们可以更从容地在欧洲大陆上悠游，走的地方更多，带回来活力四射、矫揉造作的设计，石头贴面、内部嵌板的雕刻繁复精细。詹姆士时代达官显贵的展示场所，比如罗伯特·塞西尔的哈特菲尔德［国王用哈特菲尔德郡的伯爵领地和塞西尔交换来美轮美奂的西奥博尔兹（Theobalds）］，威尔特郡彭普洛克伯爵的威尔顿，或者其中最豪奢的令人倒吸一口冷气的是萨福克伯爵位于埃塞克斯郡的奥德利恩德（Audley End，关于它，詹姆士说了那句著名的反手还击式的恭维，"对国王来说太大了，不过也许财政大臣大人用起来刚好合适"）。可以吹嘘的是那里的画廊有足球场那么长，而且，既然此时英格兰玻璃工业已经建成完备体系，巨大的玻璃窗使房间采光充足；即使是屋子里的家具——床、书桌和柜子——都装饰着突出的小丘比特像、斯芬克斯像、方尖碑、微缩庙宇。帷幔要特别扎眼，还得时常更新。索尔兹伯里伯爵夫人的临产室花了大约 1.4 万英镑（据当时价值估算）用于装饰，白色绸缎上用金线刺绣外加珍珠点缀。没什么东西会是太过新奇的，只要有趣，特别是让人目不暇接的花园，因为这时又兴起复杂迷宫和复古潮流，修建了许多雕塑、喷泉、洞穴，这就需要专业水力学工程师像德·考斯（de Caus）家族来设计并维护它们。

不消说，这一切所费不赀，很多最雄心勃勃的建造者闹到后来就破产了。天字第一号冤大头就是国王（他花钱是伊丽莎白一世的两倍），前后几任财政大臣绞尽脑汁供他挥霍，他们沿袭老方法加上变出新花样，还是不够詹姆士一世玩的，每一任财政大臣都得罪人。老的典型的"王室权力"手段，如"采购权"，就是由王室给货物和服务定价，表面上是为宫廷日用采购，价钱却远低于市价；随着时间过去，这招貌似更容易，尤其是王室给采购价与市场价之间定个象征性的差价——这本来就不是着眼于货物本身的价值，历史上的起源是为了体现王室尊严，到这时这个手段就蜕变成了勒索。王室荣誉——此时依然是它权威的一个重要因素——被詹姆士贱卖了。他册封了 800 多人为骑士，每位 30 英镑，是他闹的众多笑话之一，反映在诽谤和歌谣里，典型人物如"费边·稻草人爵士"（Sir Fabian Scarecrow），他的太太勉强凑够钱给他买到骑士头衔。

这些变通手段没有一个能在臣民面前给王室加分，到了外国人那里——他们都很尊敬骑士和贵族制，就更是贻笑大方了。同理，政府出售税收"田庄"时（这是一项权力，回报是一笔预付款，将收税操作或关税当成私人业务来操作），看起来无助的消费者就落到了私人手里，在工钱一直低但物价高的一段时间里，这个人的兴趣就是把自己的进项最大化。从很多方面来说，詹姆士时期与伊丽莎白一世在位的最后 10 年相比并没有更糟糕，可那会儿大家还觉得有盼头儿，以为詹姆士政府会好起来，而到这时，就感到彻底没希望了。一直到 1610 年，国务大臣罗伯特·塞西尔都在兼任鸡肋的财政大臣一职，很明显他非得干点儿什么，设法给国王找到一个更可靠的收入来源。这一年，他尽力向议会兜售一份"大合同"：王室放弃自己的封建勒索权，比如采买权和"分封权"（wardships，管理小封建主财产的权力），以换取每年 20 万英镑的回报保障。这桩交易到头来落了空，因为与此同时，詹姆士决定索要废除分封官的补偿，议会就得出结论认为自己要多付了。一片怨声载道中，金钱纠纷演变成了宪政之争。詹姆士解散了不合作的议会，宣布废弃平民院，因为他们"危害、干扰我们的健康，伤害我们的声誉，恶意地给人民加重负担，侵占了我们很多特权，使我们财务状况恶化"。埃尔斯米尔勋爵（Lord Ellesmere）相信，平民院经商讨而拒绝给国王足够的资金，已经侵犯了"王室尊严"，因为这显示出他们关注自身的"自由"；对这一点，如果不立即严加约束，"就一发而不可收拾，直到爆发动乱而要求民主"。

1612 年，罗伯特·塞西尔死于胃癌。没有了救命稻草，詹姆士的英格兰政府继续摸索着干下去。塞西尔死后不久，已经可以预见的一系列攻击就开始了。针对何谓"不合规范"，包括弗朗西斯·培根在内的若干人进行了一场非常直率的辩论。塞西尔病故后，王室的道德与实际声望也一落千丈。没有预付款，伦敦酿酒商们（击中国王痛处）拒绝为王室提供艾酒。詹姆士向一个荷兰金匠订购价值 2 万英镑的珠宝，金匠拒绝他赊账，说别的人已出价买走了！这时候国王让一个霍华德家的人，也就是萨福克伯爵执掌财政大权，他在奥德利恩德肆无忌惮地挥霍早已说明他不可能称职，但是债务越多，国王似乎觉得越要用更能摆出十足架子的大臣。

接下来的几年里几乎一切都乱了套。1612 年，威尔士亲王亨利是新教爱国者们的楷模，众人称赞其品行端正、有智慧、善骑，而且［与其父老霸王龙（Rex Pacificus）相比］更喜欢干净利落地打打杀杀，可他却死了。葬礼的规格很高，他的死引起广大民众由衷的哀痛。和已故新教英雄形成鲜明对比的是，继任的威尔士亲王查理身体十分羸弱，口吃（这一点与其父有天壤之别）、拘谨、个子很矮，直到 5 岁还需要人抱，本来大家全都以为他会夭折。亨利太子死后，他那副检阅用的金盔甲全套传给了新的威尔士亲王，结果盔甲太大了，这导致查理后半辈子都在努力长大，以便配得上这副王室仪仗行头。

1613 年，王室举办了两场盛大的婚礼，和冲喜一样。当时表面上看来都有理由为两对新人高兴，但到最后这两桩结合都演变成了詹姆士帝国的凶兆，极大地破坏了不列颠的和平与良好的社会风尚。前途更被人看好的是伊丽莎白公主嫁给莱茵河巴拉丁选帝侯王子弗雷德里克（Frederick, the prince-elector of the Rhineland Palatinate），假如说宫里失去了亨利这个本土新教王子，那么此时得了个新教女婿弗雷德里克算是个补偿。2 月中旬，节庆如常，排场喧闹，以泰晤士河上一场竭力渲染地戏谑模仿"土耳其人"与"威尼斯人"海战为高潮。其间，用纸和纸板搭建的阿尔及尔（Algiers）港口化为青烟一缕升上天空，这真是高兴得太早了。

另一桩婚事却最终吹了，朝野上下轰动一时。萨福克伯爵也就是那个败家子财政大臣的女儿弗朗西丝·霍华德（Frances Howard）嫁给詹姆士的新宠罗伯特·卡尔（Robert Carr，苏格兰小听差海勋爵，很喜欢开派对的人）。在一次比赛中，他骑马持矛冲锋时受了伤，詹姆士注意到他修长的腿。萨福克伯爵形容他"身板笔挺，品位良好，肩膀孔武有力，面孔光滑，兼有精明与谦虚。上帝知道，他非常懂得何时可以放肆"。海勋爵就此如火箭般地升迁，1611 年成为罗彻斯特子爵（the Viscountcy of Rochester），受赏赐得到亨利二世时的一座巨大城堡；紧接着在 1613 年 11 月，再高升到领地更大的萨默赛特伯爵。本·琼生为这两个婚礼写了一个假面剧，名叫"婚姻中面具与屏障的庄严"（*Hymenaei, The Solemnities of Masque and Barriers at a Marriage*），目的在于通过热烈赞美此桩婚事，来掩盖英格兰苏格兰联合已悄然变化中的不乐观情形。因为此前在1606年，弗朗西丝·霍华德13岁的时候，曾与当时14岁的第二任埃塞克斯伯爵结婚，但是——后来在判决这起婚姻无效时，是这么说的——婚姻不顺，至少在床上不行。詹姆士一世时代的宫廷里，人们没什么隐私可言，因为这类八卦是报纸或新闻的收入来源，和今天的小报一样，它们靠耸人听闻的故事、星座运程、富豪名门重口味的通奸故事来维持生计。弗朗西丝·霍华德的故事正好符合这个路子，它甚至超出了人们所能想象到的最疯狂的幻梦。

在弗朗西丝还没遇见卡尔前，就有传闻说埃塞克斯性无能，另外还有弗朗西丝破除了亨利太子童贞的流言。1613年，卡尔的朋友兼政治顾问托马斯·奥弗伯里爵士（Sir Thomas Overbury）非常惊异地发现，卡尔居然明确说要把他们那点儿风流韵事升级为婚姻大事。那段时间里，霍华德家族正如日中天，国王发现自己真的无力招架，不能否决卡尔的任何事，甚至娶妻，因为如果说国王真是个性活跃的同性恋者，可这时詹姆士看上去却一点儿也不嫉妒自己年轻基友的异性需求，而弗朗西丝一旦下定决心，就没什么能阻挡她。她坚持说，与埃塞克斯从来没有圆房，也不需要她尽人妻职责（后来有指控是她给埃塞克斯下了药造成他阳痿）。教会指定一个委员会裁决这起无性离婚案，（坎特伯雷大主教惊慌失措地向国王请辞）英格兰高级教士们煞有介事地听取案情——尊贵的伯爵怎么不能使自己的阳具进入夫人敞开洞口的详细证据，体检发现她还是处女（尽管后来说，检查时弗朗西丝坚持戴上面纱，实际上雇了一个处女替身，考虑到她后面表现出来的创造性，只能说有这个可能）。当坎特伯雷大主教反对提交"正确的"结果时，国王就把陪审团人数大为增加，塞进些不是那么刻板的主教，然后陪审团就宣布埃塞克斯伯爵与霍华德小姐没有结合过，新婚姻终于批准了。

可是，要实现弗朗西丝·霍华德与罗伯特·卡尔这桩美满婚姻还有个障碍，就是托马斯·奥弗伯里爵士不识时务，不断地说她是个"贱女人"，给卡尔出主意，要他和这个几乎比妓女好不到哪里去的女人一刀两断。为了封住奥弗伯里的口，国王给他安排了一个驻外使节的差事。让众人大跌眼镜的是，他居然拒绝了，那就只好以欺君之罪将他关起来，1613年9月奥弗伯里爵士死在伦敦塔里。

一时间，弗朗西丝与萨默赛特伯爵过起了一个长蜜月。只是，婚礼过了18个月后，在1615年夏，发现奥弗伯里的死事出有因，是被谋杀在伦敦塔里，还是用了一种非比寻常的方法，即他是被毒药灌肠剂弄死的。一个药剂师的助手揭露了奥弗伯里的死因内幕。他在临死前做忏悔，说自己得了埃塞克斯伯爵夫人20英镑干的这事。接下来的调查揭发出更多惊人的故事。伦敦塔的监狱长已经注意到伯爵夫人送给犯人的果馅饼与果冻之类的食物看上去、闻起来都很可疑，特别是他自己的一个手下已招供曾试图下毒；因为不敢得罪全英格兰除了王后以外最有权势的女人，可怜的监狱长为了保护她要泄愤的对象，只能拦截这些致命的食物，用自己厨师做的食品取而代之，但是没能拦截（甚至没有怀疑）里面填充了纯水银的灌肠剂。尽管萨默赛特伯爵本人对谋杀奥弗伯里爵士的阴谋一无所知，但一旦面对既成事实，他非常积极地试图掩盖案情线索，只要可能，就不惜贿赂，在要害处销毁文件。惊恐万状的国王给调查施加压力。他亲自去枢密院，"在那里跪下，发誓如果他曾经同意要置奥弗伯里于死地，就请上帝发落自己和后代"。阴谋揭穿后，密谋者采用的险恶伪装——约克郡一个驼背药剂师给弗朗西丝提供了全套毒药，包括"毒粉宝石"、白色砒霜、一种叫"大蜘蛛"的东西，以及安·透纳（Ann Turner），她因为设计的服装使用黄色上浆织物走俏流行而闻名，是个裁缝兼老鸨，就是她给奥弗伯里的狱卒送去毒药——使得约翰·韦伯斯特（John Webster）最骇人听闻的剧情相形之下也黯然失色。面对铁证，弗朗西丝低头认罪。萨默赛特算天良未泯，事先并不知情，依然被判定事后成了帮凶。无须多言，这桩公案里的平民罪犯都被处以了可怕的死刑，这样才配得上投毒分子的罪行，可是相应地，詹姆士当然是赦免了贵族们，只是将他们关进伦敦塔。萨默赛特在里面时不时地练习重新设计牢房内部，以此自娱自乐。

对于伦敦城外的老百姓来说，他们的神学理论把世界分为基督的区域和敌基督的营地，可是霍华德-萨默赛特一案却上演了违法全武行——通奸、谋杀、以罪恶压制真相，也许还有巫术——真是再明白不过地证明，宫廷已成为"斯图亚特索多玛（Sodom）之城"，即不可言说的罪恶深渊。清教徒的宣传手册里长篇累牍地宣扬父权家庭是正直高尚国家的基石，并强调不列颠联合体的正常秩序。国务大臣拉尔夫·温沃德（Ralph Winwood）自己是福音派新教徒，他是将国王的注意力转向怀疑这桩婚姻很可能是可怕至极的阴谋的主要推手，就不足为奇了。温沃德之辈认为，社会政治秩序的尊严与组成都已岌岌可危，看起来社会秩序都被扭曲在霍华德的阴谋里，高居社会政治金字塔尖的人物涉足其中，还是主角；可怜的萨默赛特屈从他那狠毒的老婆，明摆着已经违反了妻子应该服从丈夫的常理；弗朗西丝及其同谋犯安·透纳，好像是詹姆士一世时代文化的典型，是所有讨厌女人的人的噩梦：贪得无厌者魔鬼般地盘踞在女妖心里，恶魔通过肉体社交毁灭对方。可怜的奥弗伯里的死法一定是着迷于肛门的魔鬼设下的诡计，这还有什么疑问吗？詹姆士自己似乎已经得出结论：透纳当然是女巫。

这样看来，霍华德家族在英格兰政府里大权独揽，证明了撒旦阴谋败坏贵族的崇高与阳刚之气，本来这时候贵族特权还建立在其作为军人阶层典范的地位上；1617 年，老兵如巴纳比·里奇（Barnaby Rich）写到，贵族委顿得太过分，从前罗马人也曾经那样。无怪乎霍华德-萨默赛特阴谋背后的天才恶魔就是时尚女王透纳太太，因为"我们的脑子女性化了，军事训练和战争法则变成了女流之辈的乐趣和消遣……我们更愿意乘四轮轿式大马车，已经不适应野营了"。至于主教大人们与恶行同流合污，也已经表明其职位可耻、一钱不值［清教徒们不会对此感到惊奇，他们已看够了大名鼎鼎的欧弗劳（Overall）太太，她的丈夫后来是考文垂及利奇菲尔德主教（Bishop of Coventry and Lichfield），她在1608年与自己的众多情人之一私奔］。国王在宫廷评论家们那里挽回了一些信誉，因为非常明显，他真诚地决心要将犯罪事实查个水落石出。但是他没有完全严格按照法律处罚主犯，倒是判处小喽啰死刑，这又进一步证明詹姆士一世无力阻止英格兰堕入异教徒缺德的深渊。

　　20世纪最后30年，大家公认在17世纪20年代的英格兰，清教徒人数很少又仅限于本地。（要是说虔诚的加尔文教派在苏格兰没那么重要，这难度要大得多，那边当然也知道英格兰霍华德事件的很多情况。）请不要认为是霍华德丑闻这一事件突然就使广大人民恍然大悟，詹姆士一世的王室宫廷某种程度上已不可逆转地腐化。本来就有些人已献身道德净化（以及在自己家里、本城和村落里）事业，这件事的作用在于加强了他们的信念，认为上帝选民（Elect）的定义就是一帮被精选出来的虔诚信徒。当时，正直者只能集中关注本地纯洁性，他们一如既往地从自身和家人开始，再扩展到社会群体。少数人也许因此会说，英格兰为了避免讨人嫌，甚至要创建单独的锡安之地（Zion），用大西洋隔开他们和阿尔比恩-俄摩拉城（Albion-Gomorrah）。可以很肯定地说，那时可没有任何这样的战略设想，它根本不是什么一个计划好的时间表上的"第一阶段"，要据此在英格兰创建一个真正的"耶路撒冷"，但是同样，只有因为过分关注在1641—1642年内战爆发时的情形而缺乏远见，才会无视虔诚者的力量与精神凝聚力，才会认为虔诚之力对不列颠命运无足轻重。当然清教徒们做梦也想不到，后来的道路终将导致君主制被推翻。当然，所有这些突变的代理人——比如18世纪的法国、20世纪初的俄国——都是顽固的积极分子，相信自己受到更高目标的召唤，奔向伟大的波及全国的社会变革。

17 世纪初，锡安之地的建设还只局限于本地。但是，在多塞特郡的织布之城多切斯特，虔诚者取得的成就，最起码肯定能给某些人提供实际范例：在上帝的帮助下，他的忠实信徒能够战胜黑暗之主。1613年——就在霍华德–萨默赛特结婚那年——多切斯特还是只有 2 000 人的小城，遭遇祝融光顾，170 间房屋被烧毁，却奇迹般地只有一人丧生。圣三一教堂的清教徒教区长约翰·怀特于 1606 年被指派到多切斯特，他认为这是来自索多玛的公报：这是一个非常清晰的信号，是上帝对冥顽不化者的罪恶及瞎起劲的邪恶地方官们发怒了。怀特与新近移居到此的志同道合者一起，着手通过布道说教，要带来伟大而神圣的改变。他的目标是常见的可疑者：婚前性行为；通奸；酗酒；赌咒；娱乐消遣（如逗熊和街头剧场），这些行为本身就卑鄙，还亵渎了安息日，任何时候都该受到谴责；长期不进教堂者及随意的吵闹打斗。他的执行人是巡警（共三组）、业余守夜人、白天的教区执事以及本地治安法官。他们将冒犯神圣者戴上足枷，或者，如果有必要就送进监狱。同时怀特和他的热心朋友也要对社会群体风尚进行积极改造，倡导大家做慈善，甚至或者说特别是在经济低迷时要大做慈善。他们通过教堂募集资金用于再造小城：设立新学校，一处穷人孩子的半工半读场所，照顾病者、老者。多切斯特成为名副其实的慈善源泉，它不单为本地困顿者排忧解难，任何堪称道德的事业——剑桥与沙夫茨伯里（Shaftesbury）瘟疫、萨默赛特汤顿（Taunton）火灾（对此本地人尤感同情）受害者——同样能得到它的照拂。

怀特及追随他的清教徒们是主持这个小城的主力，他们相信自己是在与郡里的其他社会各阶层博弈。他们这样想是对的，其他阶层根本不赞同他们倡导新的高尚改革目标，但这个事实却正好反过来加强了他们的信念：就应该有人来完成上帝的工作。这样在火灾之年和 1640 年之间，在这个小城里，他们的确完成了惊人的改良：道德警察怀着满腔热情不遗余力地追索冒犯神圣者；揭露那些地主占租户或欠债者便宜、霸占租户和欠债者老婆的，并对这样的地主处以罚款或给他们戴上手颈枷；一天到晚嘴巴不干净的赌咒者，如亨利·戈洛普（Henry Gollop），他因为在一次吵架中一口气吐出惊人的 40 个咒骂，被扭送到地方治安官面前，给封了口；为相好者提供私会地方的女人和麦芽酒屋老板，后者的酒馆总是喧闹不止，或关张或被依法收回房屋；传统节日因容易导致人们酗酒淫乱，干脆从日历中划去；有名的不去教堂者（尤其是年轻人）被赶进教堂，每周日严格以待；剧场消失。1615 年，一名演员经理吉尔伯特·里森（Gilbert Reason）来到城里，带着伦敦表演大师（Master of the Revels）的执照，这本来意味着他可以在市民面前表演。但多切斯特的法警明明白白地拒绝了他，当里森回答对方，这是对王室钦定执照的不敬，法警简直比叛国者好不了多少的时候，里森被关进监狱，两天后被打发开路。更可悲的是，一个无手"法兰西女人"自学了用脚做事（如写字、缝纫），并以此表演谋生，也这样给送走了。

1617 年，国王颁布《娱乐书》（*Book of Sports*），出其不意地给卫道士们来了当头一棒：它明令允许周日晚上可以有一些适当消遣（如音乐），但还是禁止逗熊、斗牛和保龄球。有一次，詹姆士一世从苏格兰返回，途中经过兰开夏郡稍作停留，发现这套道德严苛的规章制度生生禁止了无伤大雅的游戏和消遣，这促使他要求吹毛求疵者稍作放松。但是在多切斯特，本地治安法官的警惕性高，根本就没什么人注意到《娱乐书》一事。这里大肚子新娘的数目骤减，乞丐和无执照的过客也少了；孩子们上了新学校，修建了一座"医院"，鼓励人们养成良好的工作习惯与虔心信仰；还新盖了两座救济院，以及一个多方筹集资金建立起来的酿酒厂，它只雇用"配得上的"（即不乞讨）赤贫者。改造所的门上刻着说教，那也是多塞特这个"小耶路撒冷"的主旋律精髓："看看你们自己，这是机会；罪恶带来监禁，监禁后面是绞索。"

1620 年，有个紧急的新事业要多切斯特的高尚人民掏光腰包：西班牙国王的天主教军队入侵莱茵河的巴拉丁，那里的新教徒成了难民，只得流亡。有些逃亡者甚至来到多切斯特定居，因为怀特的国际知名度太高，他的日耳曼助手保证小城与欧洲大陆事件紧密联系。莱茵河那边的事件，很明显和英格兰人与不列颠人不太扯得上边儿，却忽然成了这个国家政治宗教生活的头等大事，无数的文章、布道、小册子都感同身受地说着这事，这样它们就改变了不列颠。明摆着选帝侯弗雷德里克资质愚钝，但因为他是新教徒，所以就是可靠的，但詹姆士将女儿伊丽莎白嫁给他，却是将自己作为和平国王的全部声誉置于危险境地，实非明智之举。这桩婚姻的后果导致王室陷入窘境中，一直到 1625 年 3 月詹姆士一世驾崩的时候都在拖累着他。后来，他儿子在继位开始后很长一段时间还笼罩在它的阴影里。

这个问题几乎是无法预料的。即使到了 300 年后，同一个地方又发生了类似的事，内维尔·张伯伦（Neville Chamberlain）的名言："那个遥远的国度，我们对其知之甚少。"指的就是：波西米亚（Bohemia）。1618 年的时候，新教徒联盟（Protestant Estates）拒绝信仰天主教的国王候选人提名［即后来成了皇帝的费迪南大公（Emperor Ferdinand）］，将马提亚斯皇帝（Emperor Matthias）派来的使节扔出布拉格城堡窗外，导致他跌进楼下的堆肥里，以此表明立场。联盟转而邀请合格的新教徒候选人。1619 年 8 月，弗雷德里克接受了王位，老丈人看到这个情况可是惊恐不已。1620 年 11 月，白山一役（battle of the White Mountain）中，弗雷德里克的军队惨败在天主教神圣罗马帝国皇帝手下，与此同时，西班牙军队又抄了他的莱茵兰的巴拉丁老巢。弗雷德里克和伊丽莎白——冬日国王与王后（Winter King and Queen），在布拉格短暂居住后——成为那个时代最著名是也最时尚的流亡者，在英格兰和法兰西之间来来去去，最后落脚在海牙，并在此设立了自己的流亡朝廷。

在不列颠以新教徒为主的中心城市，从伦敦到爱丁堡（当然还有多切斯特），舆论沸腾，叫嚣着要与西班牙和其他天主教政权开战。对宗教狂来说，这是末日之战，预示圣徒王国即将来临，必须站对立场。情况再明白不过了，必须迫使国王这么干。但是，詹姆士一世非常不情愿开战，因为那样的话不仅自己即位以来苦心维护的和平主义者生涯会到此终结，还可能造成不列颠财政破产。从 1622 年起，国王信任的顾问兼财政大臣莱昂内尔·克兰菲尔德（Lionel Cranfield）出身商业金融背景，凭借苦心节俭，不说扭转也算是成功地维持了挥霍年头拉下的国库亏空。他深知自己说话的分量，此时正告国王，战争会造成财政灾难。但是，詹姆士一世同样懂得，对女儿、女婿的羞辱窘境坐视不管，就是妥协，这不可能有助于恢复自己的政府权威，更别提如何在欧洲新教徒国家中立足了。

詹姆士一世个人的感受是天主教背叛、冒犯了他，因为 1620 年前，有段时间他向马德里提议，让儿子查理和西班牙国王腓力三世的女儿联姻。他在一片诚心谋求这桩婚事期间，曾被告知不必担心巴拉丁本身，甚至西班牙人占领后仍然假惺惺地对他说，他们出现在莱茵河地面上，仅仅是为了给弗雷德里克施压，是要迫使弗雷德里克从波西米亚撤出。詹姆士一世非常讨厌冲突，只能抓住这最后一根稻草，明知是谎言，也准备假装相信。他的新宠是乔治·维利尔斯（George Villiers，莱斯特郡穷骑士的儿子），他在萨默赛特和霍华德两家倒霉的时候开始走运，怂恿国王这样自我安慰。维利尔斯升迁飞快，先后被授予嘉德骑士、私人顾问、男爵、伯爵、侯爵，因为英格兰自从诺福克在伊丽莎白一世任期内被处以极刑后就没有公爵了，所以最后，众人瞠目结舌地看着维利尔斯一路飞升，直到做了白金汉公爵。

　　上一次与西班牙联姻——玛丽·都铎和腓力二世——到末了，谁都没捞着好处。因此从一开局，这个计策就引起大家的争论，对国事和宗教敏感的人们，个个都在心里掂量。还有像赫里福德郡的清教徒罗伯特·哈雷爵士这样年纪大的，对西班牙无敌舰队记忆犹新。卡姆登关于伊丽莎白一世统治期历史的皇皇巨著深得人心，导致在詹姆士时代的英格兰，人们心中依然鲜活地留存着大战西班牙的史诗。西班牙宫廷和政府在一旁坐观英格兰人打落牙齿咽下肚的绝望，乐得看见对方这么巴巴地把自己从更广大的欧洲战场上剔除出去。他们的条款相当苛刻，作为婚姻条件，坚持（还有同样非常高兴的罗马教廷也这么加压）玛利亚公主不仅要有自己的私人小教堂，还得有向公众开放的教堂；联姻生下的孩子到青少年前，都要由公主而不是让亲王抚养。最过分的是，他们规定英格兰天主教徒应该被允许可以公开自由地践行自己的天主教信仰崇拜。詹姆士当然晓得，接受这些条款无异于在英格兰和苏格兰点燃野火，但他被俊美的白金汉公爵鼓惑。詹姆士在写给他的信里，称呼他"斯蒂内"（Steenie），这个苏格兰昵称是指他认为公爵酷肖圣司提反，而白金汉公爵则回信称他"亲爱老爹"。他知道对着了迷道的国王来说，任何恭维都不肉麻，因此："很自然地我热爱你，基于这么美好的经历和知识，我还爱慕你所有其他部分，它们比任何人拥有的都多，因此即使所有你的人民，不，整个其他的世界都在一边，而你一个人在另一边，我也要服从你、让你开心，而使他们不高兴，不，才不管他们高不高兴呢。"詹姆士此时已经是患了痛风的老人，本来应该足够明智、世故，对这样过分的奉承要大打折扣，可是，不管是打比喻还是事实上来说，很明显詹姆士需要依赖某人。而白金汉公爵本人既然仰仗国王一手"打造"，正如其重生父亲一般，很明白地接受分派给自己的完美儿子角色：健壮、聪明、活跃。他从不失手，尤其是在夸大詹姆士国王的神奇方面。

　　查理行为拘谨，疏远父亲那没大没小的好朋友。他本来应该是白金汉公爵难以搞定的人，但白金汉公爵为查理办了一次特别宴席就拿下了他。查理和白金汉公爵一道说服了詹姆士——他剩下那点儿本来还好使的脑子也给他们俩闹糊涂了——要敲定这桩婚事，只有他们俩一起去马德里，当面向公主求婚，用既成事实应对西班牙宫廷。詹姆士一世非常急切地想避免战争，居然同意了这个轻率的计划。1621 年，是他继位以来政治冲突最严重的一年，他召集议会要求他们提供预备战争的资助。1621 年初，因为眼见马上就能打击西班牙，议会开始的时候提供了资金。詹姆士像往常一样要做出牺牲，让他们弹劾一个大臣［这一次是大法官（Lord Chancellor）培根，他被指控受贿］，还承认自己初到英格兰时"过于慷慨"，给自己造成一些坏影响。这时候国王和议会双方真的是相亲相爱在过节一般。但到年底，据说国王在认真考虑和西班牙联姻而不是战争，这消息使双方的关系僵冷下来，议会坚决拒绝拨款，说除非詹姆士预先承诺款项将用于战争。相应地，詹姆士也针锋相对，否认议会有权力讨论诸如王室婚姻以及战争或和平事宜："你们侵犯了王室特权，干涉我们，超出了该你们管的事务范畴。"事实上这与伊丽莎白一世在 1566 年对议会所说的话如出一辙，但是，之后英格兰王室和议会处在胶着状态，在双方你来我往的拉锯战中，历史早已悄然向前，特别是经历了长足发展，实际上在不知不觉间，议会已经能够讨论这些事由，而且他们有自由地讨论国务的权力，并且议会的讨论已经在 1621 年的"抗议书"里落实到了字面上："是英格兰王国子民自古以来、无可置疑地与生俱来及继承至今的权力；所有国王的紧急艰难事情、英格兰国家和教会事宜暨防务、维护与制定法律、赔偿日常发生的委屈及损害，均是议会的正当议题，皆需议会同意和辩论。"詹姆士坚持这些"特权"都是应许给议会的，而非议会本身权力。也许从历史根源来说他才是对的，但是他，还有后来他的儿子都在辩论中输在了理论上。一般人嘴仗打败了就恼羞成怒，尤其是斯图亚特王朝的君主们更甚，国王的反应是将这冒犯的一页从《平民院日志》（*Journal of the House of Commons*）中撕掉，把言辞最激烈的议员囚禁起来。

所以，如果能扭转形势，让西班牙人从巴拉丁撤军，就不用去议会讨要战争费用。也许是出于这个需要，詹姆士才答应白金汉和查理俩人去冒险。另外或许，从詹姆士一世写给"斯蒂尼""查理宝贝"这样一封信来看，说明他非同寻常，头脑有点儿发昏了：他称呼他们"我亲爱的孩子们，勇敢的骑士，值得为新罗曼史冒险"。从一开始，白金汉和查理选择用"汤姆·史密斯和杰克·史密斯"这样迷惑人的化名，还戴上假胡子（路上又掉了）；直到为了更清楚地看看自己爱慕的对象，查理稚气地决心攀爬马德里的花园墙头。这件事从头到尾整个儿就是模仿詹姆士一世时代舞台上的蹩脚剧本。不管怎么说，西班牙人绝对被两个史密斯[1]的尴尬还有俩活宝闹出的笑话逗乐了。当白金汉与查理天真地以为自己能手到擒来时，西班牙人回过神来：这就是两个自己送上门来的外交人质。假如詹姆士一世应允他们这么做，西班牙人推测，那他一定是非常希望结这门亲；那么如果他渴望，他们就该从他这里诈取最优厚的实惠。这时候西班牙人的条件，就不只是要给公主修建对公众开放、受王室保护的天主教堂，还有查理王子要接受她的教堂天主教神父的教诲。让他们始料未及的是，连这一点王子也接受了，还有其他一些七七八八西班牙人能想出来的零碎，都不在话下。为了测试英格兰人到底能容忍到什么地步，他们又推进了一步，规定不仅要写明白婚书，还要严格执行（为了真实圆满地实行）一年试用期，查理自己要在马德里住满一年，詹姆士一世的政府和王国也要严格执行。如果在此期间一切正常，公主和她丈夫可以自由地返回英格兰，否则不行。

这最后的要求吓坏了詹姆士一世，此时他已经真的（或者非常伤感

---

[1]   意指美国电影《史密斯夫妇》那样的闹剧剧情。——译者注

地）感到担忧，真的受不了一年看不见他亲爱的"斯蒂尼"和"宝贝"。也许在此期间，只有上帝知道，他这把病重的老骨头可能将要进坟墓了。很幸运，这个异想天开的试用期主张也吓着了查理和白金汉，头脑发热的西班牙罗曼史总算降温了。查理的一个随从，白金汉郡的年轻绅士埃德蒙·弗尼爵士（Sir Edmund Verney）一拳打在一个神父脸上，因为神父试图对一个王子将要死去的随员进行天主教的临终仪式。好像这奇耻大辱才让他们开始明白自己不是求婚者，而是已经被当作俘虏。为了保证自己的人身自由，查理和白金汉假装同意协议，但甚至在他们还没有回到英格兰的时候就明确地拒绝了协议。等他们一干人回到英格兰时，虽然一肚子窝囊气，白金汉倒是完全把王子的角色（顺便捎上自己）彻底重新包装成新教徒英雄，不再是去西班牙求婚的新郎官。英格兰王室不会有婚礼了，现在要打仗了；看起来好像是这个糟透了的婚前协议才引发了一场好斗的战事。

1623 年 10 月，查理回国了，仍然是新教徒，还是单身汉，全英格兰上下长出了一口气，自议会火药案揭露以来社会气氛还没有这么轻快过。欢庆的钟声再一次敲响，外加施放烟火。1624 年 2 月，春季议会召开，同意给国王提供资金，国王与英格兰一团和气。另一个大臣〔这次是国库司库克兰菲尔德勋爵（Lord Treasurer Cranfield），就算薪俸高，本来他相对来说无可指责，又勤勉〕充当丢脸角色，被废了。既然英格兰要打爱国的新教徒之战，议会就给国王他所需的金钱。

本来议会和国王彼此讨价还价的并不是关于战争的事。关于伊丽莎白一世时期反抗西班牙人的记忆，随着时间流逝加上历史修饰，便戴上了荣耀的光环，必定使好多人自作聪明地认为英格兰马上会给西班牙人以致命打击，以及在大海上攫取西班牙人的财富。可是，很显然，这时候是要在莱茵河流域的陆地上打仗，由雇佣军将领厄恩斯特·冯·曼斯菲尔德（Ernst von Mansfield）指挥，军队令人印象深刻，是从英格兰强征过来的。没有人对这可疑的事业表示一点儿愤怒，只是有人把自己的手指头锯下或者弄瞎自己一只眼来逃避从军，但是仍有 12 000 个倒霉蛋，手脚眼睛完好，被地方治安法官从艾酒作坊和街角落里拉出来，赶去多佛尔。等他们在北海对岸找到了一个愿意接收他们的港口时，荷兰泽兰的法拉盛（Flushing in Zeeland）却发生了瘟疫，人员损失惨重，每天都有尸体被扔下码头，直到只剩下 3 000 人，这个人数几乎不足以完成任何军事行动。因此，曼斯菲尔德的远征还没开始，就已经悲惨地失败了。

　　和平缔造者詹姆士一世国王，原本这会是他最后一次伟大征战，然而，1625 年 3 月，詹姆士一世痛风严重到几乎走不了路，最后他与万能的上帝"达成和解"。"所罗门和父辈们长眠在一起。"林肯主教约翰·威廉姆斯在詹姆士一世的葬礼布道上这么说。援引这句枯燥乏味的陈词滥调，真是典型的詹姆士一世式赞颂。可是这话恰如其分，因为这时候在威斯敏斯特大教堂里，人们把都铎王朝创立者亨利七世的巨大棺木打开，放进去詹姆士一世的遗体。如果说他生前要将两个王国联合起来时总是困难重重，那么最起码，死后他做到了这个别致的和平共处。尽管詹姆士一世自己是隐身在此，但他命令，将他母亲玛丽与自己前任伊丽莎白一世的墓放在同一个地方：她们两个的墓，一华美辉煌，一素白如少女。大不列颠：愿他安息（R.I.P）。

　　如果说詹姆士一世是不列颠的所罗门，那他儿子能立志做不列颠的查理曼大帝吗？在范·戴克（Van Dyck）最动人的骑马肖像里，一棵古老的橡树上挂着一面盾牌，上有加洛勒斯·雷克斯（Carolus Rex）的《大不列颠》（*Magnae Britanniae*），画中脚踩金马刺的国王向前驰骋的身姿，无疑令人联想到 1548 年提香（Titian）那幅哈布斯堡皇帝查理五世的戎装骑马肖像杰作。查理一世的身后是英格兰林中空地，前方是新的金色时代的蔚蓝天空，罗马皇帝、辽阔的基督教地区、基督教骑士都等着他去指引。查理个子矮小，范·戴克只好改变国王与马匹的相对比例，这样让查理一世看起来更自然地像威风凛凛的恺撒。据说关于驰骋与统领是合二为一之事，全欧洲最有名的骑术教练安托瓦内·德·布鲁维耐（Antoine de Pluvinel）曾出版了一本专著，读者甚众。他不仅将坚毅、镇定自若地驾驭烈马比喻为国王统治国家，还明确指出，作为骑手的训练正好是建立恰当的君王权威的前提。骑着高头大马的冷峻、无畏、镇定，正如罗马卡比托利欧广场（Campidoglio）上的马可·奥勒留（Marcus Aurelius）骑像雕塑表明的，这才是恺撒真正的标记。

可以肯定的是，查理受的是人文主义者教育，他必定熟读经典，尤其斯多葛学派（Stoics）的塞涅卡（Seneca）[1]是其核心。从小，新国王就培养了一种斯多葛派的内敛气度。查理一本正经，与其父截然不同——詹姆士一世健谈、豁达，不拘小节到令人不安。也许查理和很多人一样，受了西班牙宫廷庄重肃穆的气氛影响，在埃斯科里亚（Escorial），节制统领一切，国王被一道刻意庄重的藩篱与众廷臣隔开。埃德蒙·弗尼打了一个耶稣会会士，那可不是什么过于庄重的表现，此时他被授予宫廷骑士元帅（Knight Marshal of the Palace），负责宫廷内外的警戒。这任务一点儿都不轻松，得看管皇宫院落和走廊，特别是白厅，那里有不计其数的穿着光鲜却举止粗鲁的人、讨债者、可疑的带武器者、各式各样的请愿者在各处游荡，弗尼要把他们都清走。不管怎么说，查理拘谨（不能说神秘）又相当循规蹈矩的个性，使他更倾向于庄重。当然他使宫廷气氛庄重一点儿没什么不好，毕竟，早就有克制的呼声（不只是清教徒）呼吁彻底打扫奥吉斯国王的牛舍（Augean stable）。大致上来说，查理所执行的政策本质上与其父没有大走样，都拒绝承认在议会限制以外征税不合法，也不承认议会有权辩论其自以为是的议题，当他用这些预设的思想压迫议会时，不过是在重复詹姆士一世时代关于君权

---

[1] 塞涅卡（Seneca），公元前4—公元65年，古罗马斯多葛派哲学家、政治家、戏剧家。——译者注

的思想，他认为这都是大家已接受的条款，这也应该可以体谅。

　　造成查理一世和英格兰对立的，与其说是他说了什么话，不如说是他的说话方式不对头。詹姆士一世在苏格兰的政治实习期曾经大起大落，他早已懂得需要及时做出实用性的让步，也能够将喀勒多尼亚人的愤怒转变成同样逢场作戏式的欢笑。但是，查理一世非常重视一致性，也许他有点儿过于相信斯多葛主义及 17 世纪的亲斯多葛派人士，因为他们认为公共人士的美德莫过于表里如一，因此查理一世根本就认识不到任何事物都有两（或者更多）面性，比其父更加不可能违心行事。对于英格兰政府来说，这也就使问题更严重。

　　例如，查理一世不愿意做英格兰国王从爱德华三世和 1376 年 "善人议会"（Good Parliament）以来一直在做的事，就是为了改善王室与议会的工作关系，放弃一个王室宠臣。查理一世对这样玩世不恭和不忠深感震惊，于是，他反过来要求议会给他看真实个案。这就错得离谱了，在宪政历史上，没有人能找出任何章节是关于补救这个失宠老规矩的，但是创造性地找个替罪羊顶缸，不管怎么样，都早已经是英格兰政治的组成因素了。对一些不得人心政策的憎恨积聚在某个政客头上（当然，结果就是把他拉下马），这样才能保全 "国王不可能做错事" 的神话。通过坚持这种可敬的愚忠 [先是白金汉的案例，后来是劳德（Laud）与斯特拉福德（Strafford）]，即国王和臣属没有分歧，但查理毁坏了弹劾的便利手法，只能怪他自己。

　　当然，查理一世自己压根儿想不到所有这些潜规则，也没人能和他解释清楚，甚至在白金汉公爵的案例里，是因为这个宠臣信誓旦旦，要为庞大帝国不断积累的爱国主义效力，却保留了绝大部分精力，而不是参加他嘴上说自己迫不及待要打的战争。1625 年，查理一世成功地与法兰西 [娶路易十三的妹妹亨丽埃塔·玛利亚（Henrietta Maria）] 联姻，取代了早已终结的西班牙婚姻项目。作为与法兰西联盟的一部分，英格兰舰队和军人要去加入法兰西人对西班牙的进攻。红衣主教黎塞留（Cardinal Richelieu）的手段不比西班牙人差，他吸收了英格兰人去攻打在拉罗谢尔（La Rochelle）飞地的胡格诺教派。还有，很明显，和西班牙公主一样，亨丽埃塔·玛利亚也得到了自由信仰天主教的保证，甚至更糟，作为婚约条件，查理一世搁置了不服从英格兰国教的法令，这么一来，英格兰似乎是在和新教事业开战，而不是保护新教了。

这样，议会与各郡的清教徒都怀疑英格兰好像已经从一项高尚的新教徒十字军东征变成了罪恶的准天主教战争，神不知鬼不觉地开倒车回到天主教会的怀抱。罗伯特·哈雷爵士给第三任夫人布里丽安娜〔Lady Brilliana，这个神奇的名字来自布瑞尔或布里尔（Brielle or Brill），荷兰人在这个港口取得反抗腓力二世的第一场胜利，而她的父亲正是那场战斗的指挥官〕写信，心情沉重，疑虑满篇。最使哈雷忧心忡忡的是，查理一世任命理查德·蒙塔古（Richard Montague）为宫廷附属教堂牧师。在哈雷等人看来，蒙塔古是个著名的亚米念派（Arminian），这一派可比纯天主教徒好不到哪里去，也许还更坏，因为他们假装留在英格兰新教教会里。事实上，蒙塔古这一派的神学和詹姆士一世重用的大臣们，比如兰斯洛特·安德鲁及其继任者约翰·巴克里奇（John Buckeridge），说的做的都没什么两样。但是，清教徒们知道，在荷兰共和国关于神学斗争的斗鸡场里，亚米念派与其对手即 16 世纪末更好斗的加尔文教派的分歧正在于天命（predestination）这个根本问题[1]，荷兰神学家雅各布·亚米念（Jacobus Arminius）的追随者们认为救赎不是单凭上天注定，他们相信有罪者能通过忏悔行善可以（不是非得如此，但是有可能）得到上帝怜悯，因此，得救者和受谴责者之间的边界并非固定且一成不变的。不说好坏，在荷兰亚米念派不比天主教徒好多少——他们被开除了教籍。

---

[1]　1618 年在荷兰升级为真正的内战——指多特大会辩论。——译者注

在英格兰他们的同行也一样，包括蒙塔古和威廉·劳德（William Laud），查理一世任命后者为伦敦主教，接着又把劳德升为坎特伯雷大主教。查理和他父亲一样，认为反加尔文教理论能使英格兰教会宽大为怀，从而在各派中都受到欢迎，甚至能令人信服地成功地抚平宗教改革以来的伤口，但在虔诚的英格兰新教徒们看来，这就是偷偷摸摸地开改革倒车。

1625 年 6 月，当查理一世第一次召集议会要其提供战争费用时，议会促狭地给了一小笔钱，故意侮辱性地用一年而不是终身的普通税种"吨税"和"手续费"，显然想借此表明宗教事务和王室的收入供给息息相关。一个议会调查委员会被受命调查蒙塔古，下一个就会轮到白金汉公爵，后者对加迪斯进行一次突袭拙劣无比，以至于大家怀疑他根本没有用心去做这事。为了打消议会的疑心，白金汉公爵非常突然地调转方向，提出打另外一仗，他认为他们也许会喜欢——不是支持而是反对法兰西人，要去支持受围困的胡格诺派。

由于前面劣迹斑斑，办事不牢靠，白金汉公爵早给自己闹了三回弹劾了，但 1626 年 6 月，查理一世第二次议会期间，国王明言他永远不会同意反对他这个宠臣的动议。6 月 12 日，一场龙卷风刮过英格兰南部，阻断了一条路，掀开了前一年死于瘟疫者的坟墓。虔诚者认为这是预兆，可国王不信，议会说除非弹劾白金汉公爵，否则不提供新的战争费用。查理一世决定强征借款（loan），这可是要惹出大乱子。中世纪的传统"恩税"（benevolences）——不经过议会批准而为英格兰国防筹钱——在 1484 年就已被裁决为非法，在 1546 年后就废弃了，因为它总是引起严重的宪政问题，即国王是不是有特权独立决定实施战争紧急状态与否。但是，在 1614 年，詹姆士一世复活了恩税，尽管它后来一直引起激烈的争议。可以预见查理一世是相信这个说法的，即那些阴谋家、煽动者是"相当受人欢迎"的蛊惑者，他们会把借款（在他看来是）错误地表达为非法征用。但是，愤怒的抵抗，无论是规模，还是牵涉的广度，无疑使查理一世大吃一惊。威廉·劳德不是布道说，除了上帝，没人有权判决国王；那么应该毫无异议的是，服从上帝延伸下来不就是服从国王吗？但是，他没吃透这点。不仅仅清教徒们否决借款，说它非法；抵抗的核心来自国王赖以组成稳定政府的政治团体：贵族和各郡的绅士阶层。当然，即便如此，也不是所有郡都同仇敌忾，一定和国王对着干。因为借款是让郡里自己组织安排的，情形稍微好些，而且，不论反对派们怎样骂娘，事实上国王依然募集到了 24 万英镑，这就说明并不是整个英格兰和威尔士都决心造反。

但是，英格兰的确有一些地方比较好斗，这里的绅士们要保卫"自由"和臣民财产，这是以前从未有过的。比如，在康沃尔，一般认为这里忠于王室，也属于王室，议员威廉·科里顿（William Coryton）很直率地对征收者们说，他征询了上帝、自己的良心以及历史上前朝的事迹，三者都很明白地指出强征是非法的。科里顿因此被关进了伦敦的弗里特（Fleet）监狱。英格兰一些最伟大、最有实力的大人物也成了抵抗者：沃里克、埃塞克斯、亨廷顿和阿伦德尔四个伯爵。27 岁的林肯伯爵（Earl of Lincoln）西奥菲勒斯·克林顿（Theophilus Clinton），本来怎么看都不像个反对派英雄的，这时候却不管三七二十一，组织了郡里 70 位有名望的绅士进行抵制。他被关进伦敦塔以后，还要自己的管家继续阻挠征收者。在埃塞克斯、萨福克、牛津、沃里克、北安普顿和白金汉，这些郡里的领导阵营非常强大，给虔诚布道者与通常情况下被认为是能稳定大局的一班人吃了定心丸，但就在这些郡里的危机中也产生了令人吃惊的蔑视、挑衅国王的言论。"如果这个（借款）继续下去，"一个林肯郡的骑士写道，"我们就是给自己和后代套上永世奴役的枷锁，永远不得翻身。国王的征税以后就会肆无忌惮，没完没了且无边无际。"在约克郡，约翰·杰克逊爵士（Sir John Jackson）警告"如果谁的下人给钱，他们将永远别想从他那里租到土地；如果我的租户出了这钱，上帝饶恕我，我将亲手吊死他们"。

　　钱是收上来了，这些愤怒的叫嚣却没有停止。1628 年，在第 32 次议会竞选中，抑制还是服从强征成了一个关键问题；反对派调动世袭土地保有者们，利用这点打败宫廷重用的在职者。科里顿和他的朋友约翰·埃利奥特（John Eliot）都因为抗税而被关押起来。政府对他们施加压力，不许两人再代表康沃尔参选。但是他俩都参选了，还把监禁变成了一枚荣誉奖章。更要命的是，他们还在本地区组织有类似思想的绅士阶层，保证他俩竞选成功重返议会，而他们是代表康沃尔当选议员的，这个郡本来可是热烈拥护国王的。国王想要控制政治大局，但不祥的是，在几次更激烈的竞选中出现了群情激动的场面。在剑桥，约瑟夫·米德（Joseph Mead）为自己的新闻报纸《分界》（Separates）收集政治情报。他报道在伦敦有个亚麻布商人因为抗税入了狱，反倒被选为议员，也报道了群众"非常难以驾驭"。在威斯敏斯特，宫廷赞同的候选人罗伯特·派爵士[1]的支持者们试图为他造声势，在街上游行，高喊："要派！要派！要派！"却遭遇嘲讽回应——反对派则喊："布丁！布丁！布丁！""骗人！骗人！骗人！"17 世纪 40 年代初期，很多后来成了议会概念象征意义和在本地政治团体中固定出现的名字——比如康沃尔的弗朗西斯·鲁斯（Francis Rous）、塔维斯托克（Tavistock）的约翰·皮姆（John Pym）——都是在这次竞选中第一次出现的政治血液，这可是英格兰政治生活中前所未有的现象。

　　自然，英格兰此时还没有走到革命边缘，或者说，只是在朝着革命的方向发展，但是毫无疑问，像强征借款这样的危机，在政治上具有催化作用，危机或好或坏地培养了全英格兰活跃群体的政治意识，他们都开始怀疑，这个国王（查理一世）是不是决心破坏议会，违背普通法，

---

[1]　罗伯特的姓 Pye 与馅儿饼（pie）同音。——译者注

而议会是保卫他们财产的。这种怀疑具有引爆作用，在最焦虑的人那里，它出乎意料地导致了关于限制王权的战斗性言辞的产生。如在坎特伯雷，教堂教区长布道要求大家要无条件地服从国王，对此，城里的议员托马斯·司各特（Thomas Scott）回应"有良知的清教徒"（这个词此时是个自己给自己加贴的傲慢标志）要反抗不公正统治者滥用特权，司各特声明说："臣民可以不服从并拒绝一个卑劣国王的命令或要求，如果那已经超出我们应该对他负的责任。"

反抗者们坚定地相信英格兰普通法是最合理的，这时候他们就将它提交给法庭验证：不经议会同意征税是否合法，政府有没有权力不公布相应理由就监禁人。其实早在1614年就有个叫奥利弗·圣约翰（Oliver St John）的马尔伯勒（Marlborough）的律师说过这二者都违反了《大宪章》。但在当时这种情况下，法庭还是坚持征款是合法的，因此国王有权监禁违抗者。这样尽管事态曾经一度非常严重，不过等到喧闹消退后，国王应该还是能收拾这个政治烂摊子。但是，就在这当口又出了两件破事儿，注定使关于征税的讨论不能轻松地结束。

1627年10月，白金汉公爵又遭遇了一场可怕的失败——他没有攻下法兰西的大西洋要塞雷岛（Ile de Ré），而付出的代价却极其高昂。怎么没有攻下呢？是因为这个海军组织天才居然没有注意，用来攀爬围城的梯子短了15英尺（约4.6米），只这个溃败就耗费了足足20万英镑，而征收来的总额也就26.7万镑。蹩脚诗人与新闻评论者们无情地讥讽公爵。接下来的事就更糟了。1628年3月，消息披露出来，说国王是在明明知道的情况下鼓励大法官故意篡改关于裁决征款传下来的条件，这是公然挑战强征合法性；之前法官们已经裁定在那个特定的军事紧急状态下，强征是合法的——公布出来的一条判决是国王有权不经议会征税，只要他决定它们是合乎英格兰需要的即可。这下可炸开了锅，以前相信国王的人们，觉得自己不能再相信国王了。而那些本来就非常怀疑查理一世意图的，随着这一点揭露出来后，倒是大获全胜。"远古宪政"（immemorial constitution）的保护者们趁热打铁、乘胜追击，将关于这一特定措施的辩论扩大为捍卫全面宪政原则的战斗：作为防止以后更多拨款的前提，他们要求颁布一个《权利法案》（Bill of Rights），宣布不经议会同意征税就是非法的，禁止国王以无特定的"国王原因"，不经审判就监禁任何人，还要宣布军事管制和强制摊派也是非法的。但是，无论在由平民组成的平民院里还是贵族院，想要保卫议会自由的斗士都还是少数。实际上，这场斗争可以用三种方式决出胜负，唱主角的是走中间路线的温和批评派。在贵族院，沃里克伯爵和萨耶塞勒子爵（Viscount Saye and Sele，二人都是非常严肃的清教徒，个人生活严谨，严守教规）在多数人的支持下，他们决定采用《权利请愿书》（Petition of Right）的形式。这个形式没有一定要和国王对着干的意味，但请愿和法案二者所蕴含的内容在实质上是相同的，只是很重要的一点是请愿保全了查理一世的面子，保护了詹姆士一世反复强调的原则（最近一次重申是在 1621 年），即詹姆士一世认为这些权利是国王的恩赐，他不同意它们是英格兰臣民的天然权利。

这样危机本来可以到此结束了，然而 1628 年 8 月，白金汉公爵被暗杀反而让查理一世产生了严重的挫败感，不过暗杀在政治天平上巧妙地去掉了一个令人烦恼的问题，即如何处置这个广受嫌恶的宠臣。查理一世在震惊悲伤中，意识到议会将公爵丑化成恶魔才导致了他的死亡［事实上，暗杀者约翰·费尔顿（John Felton）却是在想象自己是为了给英格兰和国王减负而去除恶魔］。查理一世被剥夺了发动战争这个实权，痛心之余，他发起反击，决心维护《权利请愿书》里没有明文规定的事项。我们不难想象，国王不厌其烦、逐字逐句地在请愿书里找漏洞，这可真是死心眼儿，但他还真的找到了两条重大疏漏。首先，他声明有权提前，也就是不用等到议会批准就征收"吨税""镑税"。争议更大的是，他分别任命蒙塔古和劳德管辖奇切斯特与伦敦两个主教教区，这就等于在昭告天下，在事关宗教信仰的智力和权力领域，国王也无意让渡垄断权，一如其父，查理一世认为自己是上帝"在凡界的副总管"。

但是，在他的那个时代，就在他反复重申他原以为不证自明的君权真理的同时，君王特权项下什么能被合法地接受、什么又不能被合法地接受，以及政治游戏的规则都正处于变化之中。即使他不能就这些原则达成妥协，也需要一些政治管理技巧，而不是一味顽固不化地摆出高贵的姿态。前一年好不容易拼凑了一个巧妙解决冲突的议会中间派们，已经准备好再尝试一次，被叫来与国王谈判，可惜这一次他们无功而返。与此同时，查理一世命令议会暂时中止讨论进程，以免继续下去引起公众走极端。当然，这道命令被解释成强制关闭议会，于是平民院里的强硬派们就大声地抗议这是侵犯了他们的辩论权。1629 年 3 月 2 日，议长（Speaker）约翰·芬奇爵士（Sir John Finch）尝试与国王的命令做妥协，想要用休会来中止议程，但被告知他应该为平民院服务，而不是做国王的奴仆。强硬派们不允许他搁置辩论，直到他通读了一项决议，攻击谴责国王"在宗教上翻新花样"以及不经议会的同意就征税。在这样颇为尴尬的处境下，芬奇议长不无动情地说："我受你们使唤，也不亚于做国王的奴仆。我不会说我不提交它，但我必须说我不敢。"可见他已被逼得无路可走。迈尔斯·霍巴特爵士（Sir Miles Hobart）锁了议会大门，还拿走了钥匙。国王的官员在拿大锤砸门的时候，来自虔诚的多切斯特的丹泽尔·霍利斯（Denzil Holles，而且是个大个子）把议长死死地按在椅子上。强硬派里最雄辩的约翰·埃利奥特爵士滔滔不绝，警告说"没有人能分裂议会，最后只有议会的人自己才能分裂议会"。接着就宣读了措辞非常激烈的决议，宣布"无论何人要改革宗教……宣布议会不允许的征收补贴"都是"英格兰王国及不列颠共同体的头号敌人，每个臣民自愿地遵从这非法勒索即是英格兰自由的叛徒与敌人"。台下欢声雷动，"好！

好! 好! "响彻整个议会大厅,气氛热烈。两天后,霍巴特、霍利斯、埃利奥特和其他 6 人都被捕并关进伦敦塔。3 月 10 日,议会解散。

这不算什么,这样从动动嘴巴到推推搡搡及呼喊叫嚷,算不了什么,是吧? 可是从另一方面来看,它说明了一切:这是惊人地侵犯了体统,在那个年代,肢体语言的分量很重,它表示着藐视权威。霍利斯的粗鲁和明显蔑视文雅礼节的行为,意味着对王室的尊重已荡然无存,它的确是具有真实意味的不祥之兆。随之而来的一些事,同样孕育着未来的后果——它们创造出了公共政治领域,事实上促成了英格兰公共舆论的产生。尽管议会辩论在很大程度上仍然是保密的,但长篇累牍的详细报道已经由专门的抄写员写出来了。有时候抄写员们接受委托得到报酬,有时候为了供给渴求新闻的大众市场,然后又复写成多份,因此议会里辩论的大舞台就成了新闻来源,而且历史上第一次有人能以兜售这些来谋生。地理学家兼国外探险家约翰·波里(John Pory)在英格兰全境有一个通讯员网络,他把他们发来的消息汇编成新闻通讯,以 20 英镑一年的价格卖给订阅者。另一个邮政新闻业的先驱拉尔夫·斯塔奇(Ralph Starkey),则提供一系列产品与服务,议会报道从 "20 先令一刀[1]" 到 10 英镑一册的《嘉德骑士勋位黑皮书》(*Black Book Proceedings of the Order of the Garter*)。传播新闻的人认识到,重要的是要保证播发最新的、轰动的、观点有分歧的新闻。《分界》的供应商雇用一群抄手,几天就能拿出最近辩论的话语(在纸面上)。因此,新闻业已经隐约可见其现代雏形,它在 1628—1629 年议会与国王的唇枪舌箭中迎来了自己的曙光。修正主义历史学家坚持认为,新闻强调冲突但并没有反映出任何英格兰国内真正普遍意义上的极端对立。这不无道理,但是,新闻恶作剧般的天赋从来就在于它在假装报道的同时,其实又在塑造政治。17 世纪初的英

---

[1] 一刀(a quire),指一叠对折的手抄纸(约 20 张)。——编者注

格兰新闻人鲜明的取向，给王宫与英格兰提供了扮演坏人好人的舞台，通过说"喏，就是这样"，就足以收到让事情真的朝着这个方向发展的效果。新闻通讯在各地传播，同样对未来起到决定性的作用：它将伦敦发生的事与外地公众联系在一起（偶尔也把本地事件变成"英格兰全国"的新闻）。1642 年的长期议会（Long Parliament）之前，议会演讲还没有全印出来，但是 6 便士一册的《分界》在国王的大道上通行无阻，用无冕之王的特权传播各种各样的自由主张。

新闻总是需要英雄，拜国王政府的高压政策所赐，新闻英雄来得不费吹灰之力，因为强烈批评国王的人都遭遇了不幸：丹泽尔·霍利斯、迈尔斯·霍巴特爵士和约翰·埃利奥特爵士进了伦敦塔，1632 年埃利奥特爵士死在塔里。在反对斯图亚特王朝专制主义的议员圈子里，埃利奥特的命运使他成了他们的抵抗烈士原型。同是议会议员的白金汉郡绅士约翰·汉普登（John Hampden）一直与埃利奥特保持着联系，不仅到伦敦塔去探望他，还做了埃利奥特两个十几岁儿子的监护人，可以说是那群和埃利奥特一起守护自由火炬的人之一。国王却根本不管反对派是暂时蛰伏了还是内心依然在愤懑不平，直到 1640 年才再度召集议会。

20 世纪 50 年代的历史教科书里说的都是这一段长长的无议会政府时期，像绷带一样紧紧缠绕在伤口上，以至它没有愈合反而化脓，国家政体就这么悄悄地感染，疮疤演变成溃疡。据说英格兰的情况是人们普遍对"船税"和新教教会准天主教化敢怒而不敢言，被剥夺了自由而被关押起来的议会斗士们要等到那个大日子，才能光复英格兰的自由。这个故事没有多少留存下来，因为后面的版本走向了另一极端。最近某种所谓应用个性化法则的历史说法又非常过分，居然辩称 17 世纪 30 年代是王室政府无为而治的"太平日子"，说什么当时的管理层[1]充满了活力，他

---

[1]　即王室政府的执行部门。——译者注

们是在努力地响应国王的意愿。这个历史学说还把查理一世打造成一个有公德心的苦行僧形象。

也许真相就在这两极之间（尽管我想不可能在它们的正中间），当然我们不能认为关闭议会是某种王室发动的政变，在此期间也没有什么迹象预示王室政府要引进类似天主教哈布斯堡–波旁王朝的专制。在英格兰的政治系统里，议会长时间缺失的情形时有发生，况且查理一世明着说他并不认为这次关闭就标志着他不要"王在议会"这个传统了。只要议会愿意回到他说的"古老的"与合理的行事方式，特别是提供给他英格兰国防事务所需资金的老路上来，一切就会运转如常。自然，各位还得记住，詹姆士时代和卡洛琳时代 [1] 的议会还根本不是和现在一样的人民选举圣坛；平民院的大多数成员得到议席是郡和市镇当政者一致同意并且无竞争选举的结果；其中一些最激进的人如约翰·皮姆能得到这个位置，是因为他在贝德福德伯爵（Earl of Bedford）的个人市镇选区，实际上那里根本没有选民；另一些人则来自人口非常稀少的选区。大体来说，议会议员都是这同一批人，即郡里社会群体的自然统管者，如地方治安法官、国王代理人助理和郡长等，不管他们怎么担心国王滥用特权，在接受这些职位时可都心无挂碍。也正是因为这样，正直的清教徒如罗伯特·哈雷爵士才有可能在 1626 年接受皇家铸币厂总监（Master of the Mint）这个肥缺，直到 1635 年他才失去这个职位，尽管他对强征借贷和任命亚米念派人士在教会里任职感到愤怒不已。

另一方面，1629—1640 年，英格兰也不是什么宁静、满足与和谐之地，这可是近年来在修正主义历史学派里占上风的看法。1628 年、1629年发生的事碰巧了，已经产生一些微妙然而实质性的变化：文质彬彬的礼仪屏障已被打破，两边说的话都不可原谅、不能忘怀。社会各界兴奋

---

[1]　即 1603—1714，Carolus 是 Charles 的拉丁文，其形容词音译就是卡洛琳。——译者注

躁动，事情变得明朗化起来。即便是在那些暴风骤雨的年份里登上了最高平台演练过之后又筋疲力尽而不再折腾的也只是一小撮人，可这一小撮人记性好得很，报纸通讯要找到他们也很方便。不能说他们"韬光养晦"（尽管约翰·皮姆当然是在此列）没有意义，在17世纪20年代末纷纷扰扰的、深层次的不安与激辩烟消云散后，大众得到消化这些激进思想，并对它们进行咀嚼反思之后再沉淀的机会，从而使不安与激烈辩论都化为了顺其自然与良好愿望。现在我们常常说，要不是苏格兰1637年的暴乱，也许就不会产生长期议会；可是苏格兰发生暴动在很大程度上和17世纪30年代查理一世想要驯服整个大不列颠的意图有关，并非完全出乎意料。正好相反，我们将会看到，苏格兰发生的事是牢牢扭结在王室这棵大树主干上的根根须须。

　　查理·斯图亚特（即查理一世）的问题不在于他独断专横、阴险狡诈，或者政治上不够敏锐，有人之所以夸大他的这些方面，目的是让英格兰内战看起来是为了一些大家可以理解的利益，但这不是真实发生的情况。查理·斯图亚特的问题是他心里怀着良好的意愿，实施起来却笨嘴拙舌、词不达意。反之，回顾一下，大家可以清晰地看到他的父亲天性懒散、注意力很容易分散反而取得了政治上的丰功伟绩（令人惊异的是，路易十五和路易十六的情况也是如此，温和迟钝也许该被列入君王成功的美德推荐清单）。詹姆士一世喜欢将朝政托付给别人，如枢密院和各郡，因此他可以逍遥自在，去罗伊斯顿（Royston）追猎野兔，不用国王亲力亲为。而这几个别的人正好是极具才干的罗伯特·塞西尔、弗朗西斯·培根和莱昂内尔·克兰菲尔德（Lionel Cranfield），国王这么做是赐予英格兰莫大的恩惠。而查理一世相反，总是心里痒痒地要事必躬亲。公平地说，因为他继承了詹姆士一世的巨大债务，还有一场战事做添头，也基本上没什么选择余地。一旦英格兰、苏格兰在和平中安定下来，国王头上的两道紧箍咒就是财政和政治敌对势力，查理一世不是一个能将余生花在打猎上或者给范·戴克摆姿势让他画肖像（尽管一定程度上，他也热衷于这两样）的国王；正如奥古斯都、君士坦丁，特别是阿尔弗雷德大帝，国王特别委托人为后者写了一部传记。使命在召唤！

这个使命就是在大不列颠范围内营造和谐，不管它自己喜欢与否，尤其是宗教方面，但是恰恰宗教方面又最显得四分五裂。查理一世认为自己的王权不只是一个政治职位和最高裁判（像詹姆士一世的理论），而是将其设想成三重召唤：集骑士与指挥官于一身的恺撒、精神领袖外加民族之父。在第一层面上，他把圣乔治当作偶像，指定圣乔治日为国定假日，大力推崇嘉德勋位。他每天佩戴为他个人特意重新设计的嘉德徽章，上面有个很大的银色光环［借鉴了法兰西的圣埃斯普瑞勋位（order of Saint Esprit）］，这样使它的外观像某个神秘的圣物。除了这点受命于基督教骑士的感觉，查理一世（和很多巴洛克时期欧洲的同时代人一样）作为一个柏拉图主义者（Platonist），显然懂得自己在事物中的地位。柏拉图认为不可言喻的观念和真理统率着宇宙中神圣的排列组合，卑微的凡人在尘世中够不着也说不出其奥秘，唯有少数天性敏锐的人即守护者才能感知其美。柏拉图的这个看法已经嫁接到基督教的神学理论里，为神职人员的存在创造了一个新的正当理由。查理一世毫无疑问自认为是大不列颠的首席守护人，那么柏拉图式守护人的严格自律——个人苦修、不知疲倦地奉献、情感上感官上的自我抑制（这些都不是他那令人怀念的死去老爸得以闻名的品质）——他都一贯坚持并自己加以强化。考虑到他继位后最初几年不走运的经历，还有什么比将和谐带给英格兰和苏格兰更崇高的目标呢——不管他们是不是喜欢这样，那又怎么样呢？

查理一世喜欢收藏荷兰与弗莱芒油画（他极佳的鉴赏品位，到了令人惊诧的地步），这些画常以正在演奏音乐的家庭象征和谐，这样的家庭就是微型的共同体，这是真谛；同时这种形式规整均衡得恰到好处。此外，他父亲在家庭日常生活中不检点、混乱不堪，而查理一世要自己的家庭给政府做出少有的坚定仁慈的榜样，父子俩在这方面对比鲜明。查理一世与王后在开头的一段艰难时光过后，真的变得亲热起来。查理一世对亨丽埃塔·玛利亚忠贞热爱，但这盲目的爱后来却让他付出了惨重的代价。范·戴克的王室肖像即使只是作为记录私人情绪的文件在朝廷历史中也是非常独特的。正如油画在白厅和汉普顿宫这些公共空间永久展示的那样，他们俩的确是查理一世自己关于模范家庭观念的忠实又生动的诠释，即在父系家族里，夫妇、父母与孩子的关系具有严格而相亲相爱的规律，这是一切良好秩序的基础。在这一点上，还有很多其他方面，他和清教徒们的观念惊人地不谋而合，因此像沃里克伯爵这样的清教徒贵族们非常痛苦：不想与他决裂，这是其中一个原因。因为他们亲眼看见他和他们自己一样，非常在乎这一点，要使家庭与共同体符合道德高尚的愿景。

然而，这一需求必须而且可能打断卡洛琳式的和谐追求，特别是那个时候的当务之急是解决多年急需的金钱。船税遭到痛骂，它是最著名的一项强征税经典案例，表明政府专横的同时业已不堪重负。这项税收之前从未在英格兰实行过，可是，最初引入它是因为海军普遍不受重视，导致在与西班牙人、法兰西人海战中暴露了弱点，吃了苦头，最后使英格兰海军船只甚至遭到荷兰武装民船和海盗的袭击。一开始，船税只要求沿海各郡要么提供一艘船，要么（对他们来说更实用）支付相等的款项。因此查理一世还能够自圆其说地为自己辩护，说不经议会批准强征船税是合法的，因为这是为了国防。但是接下来海军需要重新装备又开征船税就不一样了，仿佛英格兰又一次要面对西班牙无敌舰队，这使有些人认为其已经变成查理一世搞了新一次的强征借贷。1635 年，在内陆郡里征收船税时，各郡齐齐反对的情况就开始加剧、严重起来。

钱征收来了，本地政府还是配合王室的。治理英格兰和威尔士的人——从通过代理人管理各郡的治安长官，到郡长、治安法官、巡警、教区执事，尽管他们在17世纪20年代的暴风骤雨里都是批评派，但还是安于自己在社会群体里的政治和社会职守本分，主持每季的开庭，带头追捕罪犯，在教堂里排座位。那么到底这种当地领导的继续留存意味着什么？是不是因为自身利益让他们将批评搁置在一边，还是他们能轻易地掌控正义与政府，而同时又不必放弃并且保留对王室宫廷的强烈不满呢？

对于其中一些人来说，这是真的，就这样，他们成为查理一世的现代化改革和革新议事日程的搭档。查理一世的现代化改革和革新内容往往与清教徒在多切斯特这些城镇里的项目不太一样：它们加大消除贫困的范围，取缔无执照的艾酒作坊，建造新的学校学院并给其奠基，设计改善农业的项目，比如17世纪30年代贝德福德伯爵在英格兰东部沼泽地带（Fens）搞的著名排水工程——沼泽地带的人民虽然因此受益，却对仿荷兰的集中排干湿地做法抱着浓浓敌意，是反映本地社会群体对王室政府行动很反感的最典型例子；这一行动无论怎么出于好意，也是强迫，干预到了当地政府自己的后院。做出这类"改善"行为的同时，往往没有连带考虑先要打消公众的疑虑，而只是浮夸地宣传政府要提升共同体福利的宏大愿景，那就更像埋伏着一丝骗局气息。在东部的沼泽地带，他们诡异地复活了中世纪的下水道工法庭（Court of Sewers），让本地人迁离沼泽地，一旦清空顺利，土地就转手给排干巨头[1]，后者的巨额利润来自排干后的土地投资升值。

为了避免此类憎恨，查理一世的管理当局已经是尽其所能地在这些工程中指派郡里的绅士和贵族进行操作，然而，在有些计划实施中，大家难免只感受到政府也有份参与，而甚少体会其良苦用心，最明显不过的是著名的战略性火药供应生产及存储计划。此事非同小可，当时战事

---

[1] 巨头（syndicate），音译是辛迪加。——译者注

连绵，火药短缺是全欧洲的老大难问题，储备决定战争的胜负。还有什么是更尽善尽美或者说是必须的爱国事业？在实践上来说，就是创立一个英格兰国家级的硝石储备，最廉价便捷的氮硝石来源就是动物和人的粪便。只有查理一世这个最缺乏幽默感的正经国王，才会非常严肃认真地要求所有臣民保存自己一年的小便作为对国防的主要贡献〔这实际上还不是最匪夷所思的将人体废弃物转化为军火的尝试，在17世纪40年代的爱尔兰叛乱和17世纪50年代的同盟战争（wars of the Confederacy）中，利用尸体遗骸造火药——我以为这才是自力更生产业的绝佳例子〕。然而查理一世的"火药收集队员们"（petre-men）精力旺盛，很快将自己变成了自由与私人财产的敌人——他们拿到法令后直接进入谷仓院落和私人家舍，如果必要，甚至掘开地板，用双手去染指那宝贵的重要战略储备——鸽粪或羊粪。考虑到这个任务非同寻常的工作条件，可以理解被"打扰"的房主人必然不会高高兴兴地让人挖开地板。看起来火药收集队员如果不说一句"请别见怪"，不太可能安抚他们，也许他们得大大加强思想动员工作才行。

　　同理，查理一世支持劳德大主教对教会的计划也是一片好心，可很容易被曲解。劳德教条的核心思想只不过是为仪式和圣事背书，而詹姆士一世和他宠信的大臣、主教们，包括兰斯洛特·安德鲁斯也都在坚持这些。可是詹姆士一世在苏格兰的政治实习期里，即使还没有以此为原则，倒真的勉勉强强地成了一个多元论者。他为统一礼仪说话（1618年还在苏格兰推行），但在英格兰更加审慎小心。另一方面，查理一世把劳德的神学理论当成一种能在有序等级的英格兰教会里笼络基督徒的方法，他感到造成宗教严重分裂的原因是英格兰教会痴迷于说教布道、个人研读《圣经》的特权、鼓吹救赎与受天谴二者之间有不可逾越的鸿沟。1640—1641年的劳德主义彻底失败之后，人们从某种程度上想当然地认为它是长在英格兰本土教会身上的一个异物，但在17世纪30年代，有很多拥护者确信它是一种民族责任，比如劳德征税用于维修和修复圣保罗大教堂，而当时圣保罗大教堂已经因疏忽和不敬而颓废到了几乎崩塌的程度。

赫尔福德郡是布兰普敦·布莱恩（Brampton Bryan）的哈雷家族的家乡，他将自家城堡变成了清教徒教师和布道者的中心，也给受劳德派迫害的人提供庇护。可也就在这个郡里，霍姆莱西（Holme Lacy）的斯丘达莫尔（Scudamores）家族，一直到詹姆士一世时，还在为王室的马上刺枪比赛提供骑士。他们特别以自家的马匹自豪，这些马不单用来打猎，也任由国王处置。第一任斯丘达莫尔子爵是赫尔福德郡的副地方治安官，他公开向本郡绅士们推荐改良的优种马，帮他们提高养育马匹的数量，让他们也能为国王服务。在威尔士边界地区，亚瑟式的骑士风看起来也没有完全消失。可斯丘达莫尔不只是崇尚古代武士精神的忠实骑士，他也是个真正博学的拥有牛津学历的乡村绅士。他属于后培根那代人，是个热忱的业余科学家和驾驭自然的能手；他热衷于培植赤条纹（Red Streak）苹果，也为之自豪，据说这种苹果能制成英格兰最好最受商家欢迎的苹果酒。他的全部激情——崇拜过去、基督教君主制愿景、对美的本能感受，加起来集中体现在修复多尔修道院（Abbey Dore）这个工程上，而这个工程使得他在赫尔福德郡乡下享有威望。

修道院原来是一处西多会（Cistercian）废墟，在 16 世纪中叶斯丘达莫尔家族得到它和周边的土地后就重新将它神圣化。而在子爵着手修复它的时候，正如不列颠各地很多快要废弃的教堂一样，它已经濒于坍塌，屋顶掉落了很多，以至于教区的神父（curate）不得不在一处拱门的遮蔽下朗读礼拜，这样雨水才不会淋湿祈祷书；当斯丘达莫尔去寻找原来那块圣坛的石板时，他发现它正被用于腌肉和压奶酪。

赫尔福德主教马修·雷恩（Matthew Ren）是最热诚的劳德派信徒之一，斯丘达莫尔无疑受了他的鼓励，然后又自命为赫尔福德郡的赫齐卡亚[1]：重建废弃的庙堂，光复了上帝荣耀的支助者。郡里的古文物爱好者群体当时热火朝天地修复毁坏的教堂与修道院，以至于17世纪40年代成了古文物"哥特风复兴"的发轫期，古文物研究者与系谱学者威廉·达格代尔（William Dugdale）在沃里克郡这个清教徒的老巢，开始着手自己里程碑式的工作：描述全英格兰的教堂遗迹，并为之撰写编年史。达格代尔也是给圣保罗大教堂写作第一本精美插图史的人。这是劳德运动的一个有力武器：清理、修复了受玷污的建筑和教堂院落（被随意地用作公共厕所），使得大家认为它和威斯敏斯特一样，是一座英格兰的国家级庙堂。

斯丘达莫尔埋头忙于本地的复兴建设，正如劳德忙于修复建设全英格兰的教会一样。被亵渎的圣坛还给了多尔修道院（当地一个传说，有个仆人想背了它逃走，圣坛表面流出血来）。中世纪教堂漂亮的绿色釉瓦散落在农田和小村子里，只要可能的都重新利用起来，不能用了就拿另外的替代它们。斯丘达莫尔让赫尔福德郡的手艺人约翰·阿贝尔［John Abel，他也是设计莱姆斯特（Leominster）那座装饰精美的大厅的人］利用老修道院教堂残留下来的原十字架，雕刻出一面壮观的、真正帕拉迪奥复兴风格的高坛屏风，带有爱奥尼亚式（Ionic）的柱子，这下就齐活了。1635年棕枝全日（Palm Sunday）那天——选择这个日历上的圣日，还因为这是斯丘达莫尔本人的受洗纪念日——多尔修道院重新化身神圣，会众在此进行了一整天的祈祷、游行、跪拜、鞠躬，从此以后多尔将被会众认为是一个"神圣的居所"（Holie Habitation）。

但是，就在布兰普敦·布莱恩对面，罗伯特·哈雷爵士和夫人布里丽安娜一定是将这个西多会修道院再次化圣看成是最恐怖和最应该受到谴责的举动，并以此证明天主教敌基督者（Popish Antichrist）又来征服

---

[1]　赫齐卡亚（Hezekiah），希伯来语《圣经》里的犹大第13位国王，为人正直，约生活于公元前7世纪，修复耶路撒冷的神庙并使其重新成为世人崇拜的核心。——译者注

英格兰并且得逞了一次，而且国王的劳德派宠儿是在滥用职权，要复辟全套罗马天主教的魔鬼奴役。可是，劳德派觉得自己的工作没有一丁点儿精神上的或者基督教会的征服行为。相反，他们认为：重建壮观与神秘，是一种使痴迷于咬文嚼字因而疏远了教会的人回归教会的办法；令人一饱眼福，而不是对耳朵进行疲劳轰炸式的说教，是唤醒所有受加尔文教派的说教、认为不受天谴即能得到救赎的人，使他们看到希望，从而和看得见救赎的群体站到一起来的方法。因此在他们看来，适当的修复是纯粹的使命而不是矫情。一张简陋的小桌，人们常常在那里寄存帽子而小狗直接从那里叼走圣餐薄饼，怎么能使大家恰当地想到救世主（Saviour）使世人得救的牺牲呢？崇敬、秩序与服从才能使信众重新集合到一起。

劳德派强调包容正好合乎查理一世自己天真的想法，即他的君权职守要包括全体臣民。但是他所认为的全部指的是苏格兰与英格兰，而麻烦恰恰就在这里。如果劳德派改革只是要在英格兰教会里创建有序的和谐，那么从这个定义上说，任何突破这个框架的例外，都会打乱整盘棋。所以，查理一世完全相信自己的信念是正确的，他计划在苏格兰引进劳德派的祈祷书。1634年，距查理一世在爱丁堡加冕已经一年了，似乎这是个必做的好项目。他怎么会料到这将导致他的末日？

第二章

帝王之业乎?

1637 年 7 月 23 日早上,不列颠内战爆发,发射的第一批"导弹"是脚凳,地点在爱丁堡圣吉尔斯大教堂正厅(St Giles's Cathedral,又称圣吉尔斯苏格兰人,直到为了与新君王匹配,教堂按比例扩建,拆除了东西墙),脚凳瞄准的目标是爱丁堡主教和执事长。当时这两位可敬的绅士刚开始用一册新的《王室钦定公祷书》(Prayer Book,以下简称《公祷书》)诵读;其实在脚凳还没有横飞起来以前,想要读《公祷书》的尝试就已经引起一片震耳欲聋的叫喊和哀号,尤其是教堂里聚集的很多妇女发出的声音特别大。长老会牧师约翰·洛(John Row)把这个该死的东西叫作"这天主教–英格兰人–苏格兰人–弥撒–礼拜–书",用来描述当时爆发呜呜的恸哭及"可悲啊可悲,这是忧伤的一天,他们将罗马天主教教义带给我们"的抱怨。这些声响一齐回荡在教堂里,把主教和执事长吓坏了。他们俩迅速撤退,但还是不够快,有人眼明手快地从背后扯下了他们的白色法衣。在城中的其他教堂里,如圣吉尔斯旁边的老苏格兰人教会(the Old Kirk)教堂,众人大喝倒彩,牧师只得噤声;在葛莱菲(Greyfriars)教堂,阿盖尔(Argyll)的指派候任主教在一片辱骂中宣布投降,落荒而逃。到了下午,主教和神职人员所到之处,都会凭空涌来一大群人。人们包围住神经紧张的牧师们并冲撞他们,叫嚷着发出对"罗马天主教"公祷书难以平息的憎恨。

因为要诵读《公祷书》而引起骚乱，并不是普通苏格兰人出于愤怒而一致发出的抗议。早在几个月前，王室枢密院就特意告知苏格兰方面，要在 1637 年复活节的时候引进《公祷书》，这给了对手——加尔文教派的布道者和伯爵们——时间来组织他们的示威。印刷延误又使这个日期拖后了，这样一来，到了 7 月，陷阱早已布好，而劳德大主教、他的下属主教们、枢密院及国王始料未及，正好跌落其中，他们一点儿也没有防范就被逮了个正着。当初，查理一世预见苏格兰几乎应该能完美地服从他的雄心，即在全不列颠创立一个单一的亚米念派教会。如果说 1633 年他到爱丁堡来加冕（在威斯敏斯特加冕 8 年后）的时候，苏格兰人有点儿勉强的话，苏格兰议会不是也顺从了他？自然，1626 年，当他废除苏格兰贵族的地契，不再授予他们封号时，贵族们曾有些抱怨，但这是每 25 年做一次的老规矩，就是新国王会颁布新条款，然后重新把土地和封号授予他们。查理一世没有注意到他们的仇恨集中在这一点上，就是他明确宣布改革中从教会转移到世俗人士手中的一些土地授权，此时要还回去组成主教们的财产。1636 年他引入"准则书"（book of canons）限制布道，并给主教们以统领权威，并没有遭到苏格兰教会的明显抵抗，因此国王在 1637 年也是踌躇满志。

但是，这其实是查理一世在错误的地点和错误的人说话才得到的这么个印象。那是一些长期居住在伦敦的苏格兰贵族，如身裹绸缎的汉密尔顿公爵之辈，他们早已疏离了故土；或者是在爱丁堡的苏格兰财政大臣即强硬的特拉奎尔伯爵（Earl of Traquair），他大部分时间里都在迎合国王，捡他爱听的说。国王虽然出生在邓弗姆林城里古老的皇家修道院，但他是个缺席的君主，对苏格兰的现实情况一无所知。最要命的是，查理一世根本不懂炽热的加尔文教派在苏格兰的深度和牵涉面之广，这样他误判了整个形势。他本来应该这样做：在某一个星期一的集市日，去苏格兰西南某个由灰色花岗岩房子组成的小城，比如欧文港

（Irvine），听一听布道者们如罗伯特·布莱尔（Robert Blair）或戴维·迪克森（David Dickson）是如何咆哮着演讲，反对劳德大主教以及他手下那批腐败专横的主教，说他们邪恶地毁坏了高尚的教会。哪怕是简单地说罗马天主教会（如亚米念派争辩的）是一个"真正"受了误导的教会，而不是实际上敌基督的可恶机构，就这个论调都会使他们怒气迸发。因为这些人受到官方教会的严厉弹压，常常没了生计，之后他们就变成了流动布道者，在北海海峡对面的阿尔斯特避难。他们在那边很受欢迎，和他们站在一起的还有同样激进的苏格兰长老会派的人，他们这群人思想一致，就在一起唱赞美诗，研读经文。一些高尚的牧师对斯图亚特王朝统治下的不列颠感到绝望，甚至已决定在马萨诸塞（Massachusetts）建造自己的"耶路撒冷"，也曾经尝试去纽芬兰（Newfoundland），只是半途中被风暴吹了回来，这样，他们就自然地理解为上帝的旨意是要他们在家乡完成他的工作。回到苏格兰后，他们变成了众多耶利米[1]和以西结[2]，呼吁上帝的孩子抵抗可恶的习惯，如穿白色法衣、跪拜、安设石头圣坛，仿佛这些是来自索多玛的侮辱。

　　然而，查理一世却没有能力欣赏苏格兰加尔文宗呼吁大清洗的号角。在国王看来，苏格兰和英格兰没有太大区别；如果一个已经屈服于王室坚定的良好意愿，另一个应该也会。可事实上，苏格兰的宗教改革当然一点儿也不像缓慢的、断断续续的英格兰新教的转化过程。苏格兰加尔文教义引发了非常激动人心的转化，它背后的支持者是教师、布道者和牧师，只有间歇性的勉强后退——因为受詹姆士一世的压迫，但詹姆士比他的儿子更懂得在什么时候就该打住。1637—1638 年，非常具有讽刺意味的是，两边都高喊神圣的口号，想象着自己是代表着继承往圣而非变革。查理一世和劳德认为自己的基础是 1618 年的珀斯《五教

---

[1]　耶利米，《圣经》人物，公元前 7 世纪—公元前 6 世纪犹太人先知。——译者注
[2]　以西结，公元前 6 世纪犹太人先知。——译者注

规》，认为抗议者们都是长老会反叛者，后者在寻求推翻王室对教会的整个控制权。萨缪尔·鲁斯福德（Samuel Rutherford）这样的牧师在安沃思（Anwoth）的布道太偏激了，盖罗威（Galloway）的主教塞德赛夫（Sydserf）把他下放到阿伯丁去——那里的人思想保守一些，那么对鲁斯福德来说也就稳妥一些，鲁斯福德等人认为自己是在坚持苏格兰与上帝之间更古老的协定，从各方面来看，这个古老的协定都更像是上帝与以色列之间的约定，根源却在公元 3 世纪的苏格兰改宗历史（那段历史是虚构的，然而它的影响力不可小觑）中。根据那个历史传说，公元310 年，苏格兰在第一个国王弗格斯（Fergus）开始统治之前，苏格兰各界就已经接受了教会，弗格斯王权的前提就是接受上帝与苏格兰的约定。苏格兰是最早崇尚上帝的民族——早于英格兰，甚至早于罗马。

　　这就是布莱尔、迪克森、鲁斯福德以及其他无数牧师布道时讲的内容，也是他们的追随者的狂热信念：劳德和他的主教们是巴力[1]的邪恶祭司，要来破坏苏格兰人与全能上帝的约定。在这个时节，苏格兰长老会对国王还是客气的，还仅仅怀疑他因为是受了"恶毒顾问"的引导才误入歧途。 1637 年 7 月的《公祷书》骚乱及后来更恐怖的事件都没有预示他们的目的是要推翻斯图亚特王朝，相反，他们是要重新确立斯图亚特王朝在苏格兰的王权。但是，唯一的前提是，不能也不会单纯地把苏格兰王国当成英格兰的附属。大家希望无法执行《公祷书》能使国王听取苏格兰贤者的忠告，好让他放弃在政策上"花样翻新"，尤其是一班思想不那么激进的贵族更是这样期待着。事实上，汉密尔顿取代了国王的苏格兰特命全权代表特拉奎尔，前者在 1638 年 6 月就警告国王不要再进逼而应该后退；汉密尔顿甚至有先见之明，向查理一世预示说如果他再

---

[1]　巴力（Baal），犹太教前迦南主神，太阳神，雷雨和丰饶之神，达贡之子。曾打败邪恶海神雅姆，并在女战神阿娜特协助下年复一年地与死神莫特相搏，导致四季更替和万物枯荣。名字意思是"主人""王者"，进入犹太教时代后被视为恶魔，并派生出别西卜、贝尔菲高尔和巴艾尔等一系列恶魔。——译者注

坚持下去，麻烦就不会局限在苏格兰，而是不可避免地蔓延到他的所有三个王国。

汉密尔顿回到苏格兰后目睹了 17 世纪不列颠革命的首次风潮。其实这个时候就连《公祷书》骚乱的组织者都被抗议者们的力量与浩大声势吓得缩了回去，城镇官员除了短暂地扣留那几个在礼拜中叫得最响的妇女和学徒工之外，就不再费心地去理解这些暴民的意图了。但是，整个 1637 年到 1638 年的冬天，对苏格兰王室枢密院不满的一群人抓住这个时机组织起反主教大请愿运动，其中裹挟了牧师、贵族、地主，还有市民。这群类十字军般的狂热分子搞了个给国王的"恳求书"（Supplication），敦请他放弃劳德派教会，用虔诚的长老会等级教会取而代之。查理一世接到"恳求书"后，以为这个冲动只能解释为苏格兰受到外国势力，比如法兰西的影响，就命令王室枢密院到骚乱不断的爱丁堡的城外去，还威胁说要把那些坚持反对的人当作叛国者对待。

这一举措没有压制住苏格兰人的反抗，相反查理一世如此对抗直接导致了革命。1638 年 2 月 28 日，爱丁堡葛莱菲教堂，一份《国民圣约》（National Covenant）在庄严的气氛中签署，整个仪式时间长达 4 小时，从头到尾伴随着祈祷、赞美诗和强烈呼吁虔诚的信仰者来建成新以色列的布道声。那天晚一些时候，《国民圣约》在牛门街（Cowgate）的裁缝行业协会大厅（Tailors' Hall）里展出，牧师和来自城里的代表们在上面签名。第二天，普通人包括很多妇女也签上自己的名字，又制作了副本在全苏格兰各地传递。尽管我们初读《国民圣约》的时候会感觉到它好像用词保守，声明要保护国王的和平，但其中一部分是倔强的加尔文宗律师阿奇博尔德·约翰斯顿（Archibald Johnston）起草的，他可是那种食而不化、自我克制的狂热分子，会半夜里转辗反侧，唯恐自己思想上有一丁点儿不纯洁就犯了大错，不配成为上帝的选民，还有，他会在和自己的年少的妻子珍上床后，直接对上帝（大声地）发誓他宁愿要上帝的脸而不是她的脸。在约翰斯顿看来，《国民圣约》是"苏格兰王国与上帝的神圣婚姻"，而他和萨缪尔·鲁斯福德一样，坚定地相信他们可以合法地追究国王的责任，另外，如果必要的话，如果国王万一真要违反与上帝的神圣婚约，那么就该推翻他们。

对于不计其数的苏格兰人来说，在《国民圣约》上签名只是他们与上帝在苏格兰盟约的一个延伸，但是，很快文件本身带上了类似爱国主义经典的意味，仿佛根据它就能验证某人是否是真正的基督徒，或者是不是真正的苏格兰人。稍后，汉密尔顿试图组织一个《国王协议书》（King's Covenant）作为一招温和的还手对策，为此，他收集到了 28 000 个签名。与苏格兰历史上其他很多关键转折点一样，这一结果却成了一个证明，即苏格兰王国又一次分裂了而不是团结一致。可是，看起来查理一世自己根本不愿把《国王协议书》当成一种技巧策略，因为他那边已经在召集足够的人马要来镇压苏格兰人，直到他们服从为止。到 1638 年末，绝大部分苏格兰地区都已经是山雨欲来风满楼。约翰斯顿在格拉斯哥做首席牧师（chief clerk），他召开了一次义愤填膺的声讨大会。形势更是一发而不可收拾，这有效地切断了英格兰政府与苏格兰教会的所有联络：大会废除了主教们以及其他劳德派建制。然后 1639 年 8 月，苏格兰议会第一次集会；1640 年 6 月，在没有国王许可的情况下苏格兰议会第二次召开，并推选出一届任期三年的议会，也不管国王有没有召集它。

没有一个在《国民圣约》上签字的苏格兰人指望查理一世能善意地看待格拉斯哥大会，他们知道那是做梦。他们的想法是，自己并没有威胁要做什么事，也没有干预英格兰的事务（尽管作为国际加尔文教派反对"反宗教改革"事业的一部分，他们只希望也许能给边界以南的长老会树立一个好榜样）。但是，如果英格兰国王要武力阻止他们神圣的"改革"事业，当然，他们要以死捍卫它。1638 年冬到 1639 年春，苏格兰人很快采取了适当的预防措施以确保苏格兰的防务安全。参加过欧洲宗教战争的退伍军人亚历山大·莱斯利将军（General Alexander Leslie）被任命为军队的总指挥。他们从银行家威廉·迪克（William Dick）那里借了贷款，到荷兰购买军火弹药，城堡要塞从亲国王者的手里转给《国民圣约》当权者，在本地签署了《请愿书》和《协议书》的网络——苏格兰城镇村庄——中掘金，大家纷纷出钱出人。查理一世和劳德成功地做到了真正非常独特的事：正是他们设法让苏格兰的百姓和贵族老爷们团结起来，而这两派本来可是一点就着的冤家对头。苏格兰教会和宗族这两拨人都有各自的死党，都能征召来为了神圣宗教事业打仗的士兵。到1639年春，这支军队的人数起码有25 000人，或许多达30 000人也未可知。

但在边界的另一边，即英格兰，国王查理一世要召集一支像样的军队都非常困难，更别提弄一支能指望其去敲打苏格兰人并让他们害怕（或者最起码说服他们放弃《国民圣约》）的军队。埃德蒙·弗内爵士这个时候更多的是做自己的乡村绅士，而不是为国王贴身服务的廷臣。他在白金汉郡克莱登（Claydon）自己的领地里侍弄田园，陪伴妻子玛丽，还有其他迅速增加的家庭成员，再惬意不过了。但他仍然是官方的骑士元帅、国王私人内阁（Privy Chamber）的成员，因此职责所在，不管多么不情愿，也要应国王之召挺身而出，"作为穿胸甲的骑兵，带着赤褐色的武器，衣服上装饰着镀金饰扣或铆钉，骑着合适的马"，到约克去觐见国王，也不管他心里是多么地担忧怀疑国王与劳德的政策是否明智合适。他的大儿子拉尔夫对其父的处境（不管什么情况，他身体不佳）更不乐观，认为他是在冒生命危险，是硬着头皮去执行他自己都不太赞成的有争议的教条，那本来是最好留给神学家们去探究的。父亲离开克莱登前就写好了遗嘱。拉尔夫依然疑虑重重，他父亲给他写信——老子本来还怕自己的信没寄到儿子手里就被私拆了——描述了军事灾难更使他担心，

"我们的军队太弱了，军费（purce）就更糟了，如果我们只能用这些军力打仗，恐怕不到年底我们就没命了。"饱学之士、阿伦德尔伯爵王室典礼大臣托马斯·霍华德（Thomas Howard, Earl Marshal Arundel），貌似在收集艺术品和古董方面比带兵打仗更在行些，因为他带着国王一起打仗而没有警告他军队的可怕状况："我敢说从来没有哪支军队，这么没经验、没技能、没斗志。"埃德蒙爵士描写阿伦德尔时心里对他一点儿也不以为然：

> 我敢说，我的典礼大臣老爷自己会安全的，然后他才不关心其他人会怎么样呢。这里有很多真正勇敢的绅士，他们为荣誉而战，来冒这么大的风险。我心里也真为他们感到难过，除了他，他这是故意要毁了大家。至于我自己，我会活到痛苦和麻烦使我疲倦地倒下为止。我也不怕什么最糟糕的情况发生，只是很遗憾地看到这些被屠杀的人是什么样的。除非说上帝要国王心里愿意增加军队，或者等到这些人懂得他们到底在干什么，因为他们还不知道他们要拿自己的同胞当敌人杀掉。

弗内这么说真是一点儿都没有夸张，很快，英格兰从中部和北部各郡召集训练有素的士兵组成军队的机制就开始瘫痪，船税在扩大到内陆郡后征收起来就非常困难，有的情况下根本就收不上来。给军队招募的郡特派员和收船税的郡长都不见影了，或者只听到他们抗议说根本收不到税。这些人自己都是识文断字的手艺人，有一技之长——比如裁缝——在应召的地方就不现身了，强征官员们不管在哪里找到些替身，就驱赶他们回去复命。官员们也不理解为什么要募集人员来打什么"主教战争"。原先召集这些人，那可是要严格按照抵御外敌入侵英格兰而自卫的名义的。但这个时候大家都知道，特别是苏格兰《国民圣约》一派在边界以南做了宣传，消息早已散播开来，苏格兰人明确宣布否认他们有任何入侵英格兰的企图。这些人不情不愿，比他们高一等级的社会人士和军官也是如此。国王觉察到了这种勉强的忠诚，却命令军官们宣誓效忠，把事情搞得更糟。这种情况下，清教徒贵族塞伊塞勒子爵和布洛克伯爵（分别来自牛津郡和沃里克郡）索性拒绝宣誓效忠。持异见的贵族这样公开地违抗王命，马上在约克被关押了起来，这让二人反而在正直者当中赢得了声望。埃德蒙·弗内爵士注意到，发给平民士兵的军饷肯定不足（很多时候压根儿就没发放），军队的装备又差，他们就这样可悲地疲惫不堪地从约克向北方边界开拔了。

在凯尔索（Kelso），那仅仅是刚到苏格兰境内，弗内的全部悲观预见就都应验了。霍兰伯爵（Earl of Holland）带领包括埃德蒙爵士在内的一小股骑士，迎头遭遇苏格兰军人。乍看起来对方人马不多，英格兰人可以应对，但是，当霍兰伯爵把人马摆开战斗阵形后，苏格兰军队似乎一下子就在他们眼皮底下疯长出来，长矛兵和骑兵越来越多，越来越多，直到霍兰伯爵一眼就能看出，随便怎么打英格兰人都只会惨败。霍兰伯爵于是只好急急忙忙回撤到扎营地，随后，他们（必须地）夸大那边等候着他们的敌方军队的规模。查理一世听到这个不利消息心生不满，一下子就从傲慢自负转为极度心烦意乱，他此时非常迫切地希望蛮干一场。苏格兰人向国王请求见面，阐明自己的主张（因为他们从没有当自己是叛乱分子），被恩准了，安排于1639年6月在特威德河畔的贝里克进行双方代表的会晤。查理一世亲自出席，这时他才有机会第一次见到阿奇博尔德·约翰斯顿，见识到了对方火花四射的加尔文教派的敌意。像平常一样，国王的外交辞令是斥责苏格兰人的"伪"议会（assembly），除了说问题可以公开，查理一世把什么责任都推得一干二净，说自己也希望通过召集苏格兰议会解决分歧，而不是这样跑到战场上来见分晓；在等待问题解决期间，双方军队都解散。约翰斯顿怀疑这是国王的缓兵之计，但他不会讲究分寸，就直说了出来，几乎就是当着国王的面说的。但是，不论苏格兰人怀疑与否，他们到底还是签了《和解书》（Pacification）。可《和解书》的墨迹未干，约翰斯顿的怀疑即得到证实：查理一世宣布他要召集一个新的大议会（general assembly）来废除格拉斯哥的所有改革。

1639 年 7 月，苏格兰人得知《和解书》的条款后又发生了近乎骚乱，因为他们觉得白白浪费了一个打败国王的机会。苏格兰人此时反而被休战协议捆住了手脚，眼睁睁地看着更糟糕的新一轮战事就要降临到自己头上。也许，查理一世一时自鸣得意，想象着自己在苏格兰人那里耍了点儿小心机，拣了个便宜，过一阵子在武力上也能占上风。他的顾问大臣（counsellor）爱尔兰总督托马斯·温特沃斯（Lord Deputy Thomas Wentworth）说没问题，自己不久就能给他带来胜利，帮他洗刷耻辱，讨回清白，报复那些签《国民圣约》的人。温特沃斯对国王来说简直就是个奇迹，本来他是议会里批评国王最起劲的人，后来却成了专制王权最坚定、最强硬的支持者。查理一世在心理上一定觉得温特沃斯和自己最气味相投：他们二人都认死理、个性阴沉；他也懂得国王的使命就是运用王室判决的香油，抹平英格兰和苏格兰因宗教纷争而造成的精神创伤。温特沃斯的药却是不可避免地有一股臭味，那些和他这个爱尔兰总督见解不一致的人发现自己处于非常不利的境地：地契受到审查，财产被剥夺，人也进了牢房，总督"彻底清洗"的政策使爱尔兰陷入一片沉默，他就认为爱尔兰各阶层——来自老英格兰的天主教徒、阿尔斯特的长老会、爱尔兰的盖尔人之间彼此都存在着隐晦的敌视，他的政策本身就是基于他对爱尔兰阶级战争的理解而推出的特制药方。而查理一世能看到的，是温特沃斯保证了"王室之舟"在爱尔兰一帆风顺、毫无损伤，就像宫廷假面舞会上的天神帆船。因此，当他给国王出主意，说要怎么应对苏格兰的危机时，查理一世就特地留意了：温特沃斯说要召集议会，没有它，你的军队永远都得不到好装备，英格兰也不会真的愿意打仗；还有，别怕；议会不管看上去怎么好斗，总是可控的，特别是合法地提出保卫英格兰的时候。为了给国王示范，1640 年 3 月，温特沃斯在都柏林召集了爱尔兰议会，而爱尔兰议会的议员们真的像羔羊一样地顺从，老英格兰人与许多新英格兰人一起投票，产生了压倒性的多数，给国王提供了很不小的资助。不得不说温特沃斯的第二步战略有点儿狡猾：他提出用一支爱尔兰军队去对付苏格兰叛乱。唯一的问题是，如何能迅速地招募到足够数量的纪律严明的部队，以便在对苏格兰的战争中打开局面。不用说，他们几乎不能从阿尔斯特的新英格兰人和苏格兰长老会移民定居地召募军人，因为这里的人全都同情苏格兰的《国民圣约》。

这时候，安特里姆侯爵兰德尔·麦克唐奈（the Marquis of Antrim, Randal Macdonnell）解决了查理一世的难题。他是北爱尔兰的一个特殊人物，本来是爱尔兰天主教徒，但是得益于温特沃斯的协议，使得他的土地大大增加，可以接纳移民。同时，如果说安特里姆侯爵还不是国王最信任的人，他至少已经成了查理一世宫廷小圈子里的一张熟面孔。当他提出可以招募他那里的本地爱尔兰军人提供给国王用的时候，这一提议对查理一世来说颇有吸引力。国王表示要非常认真地考虑这个提议，但温特沃斯深谋远虑，他认为这将是一支低等级的野蛮的天主教力量，让他们来给国王干活，"这么多人都姓'奥'啊、'麦克'啊的，那会吓着整个枢密院的人"。万一这个赌博输了，连他都能一眼看明白，这个半私人性质的天主教军队对阵虔诚"圣约者"的主意会在英格兰掀起怎样的狂涛！

因此，从一开始，就连温特沃斯都看得懂查理一世的两手战略准备——一边是议会，一边是当地的以天主教徒为主的爱尔兰军——这样很大程度上是彼此自相矛盾的。但是国王的思维极其混乱，事实上，他根本就没有思考，他只是梦想着要讨回清白，要出一口气，要胜利：大不列颠的和谐终于触手可及了。

第一步是于 1640 年 4 月召集议会。受到温特沃斯和劳德的鼓励，查理一世很自信：苏格兰危机只是暂时地中断了但还没有彻底解决，这一点将使得这次议会和爱尔兰议会一样只讨论国王提出的事务，而一旦讨论结束后，议会就会给他的军队提供充足的供给。他似乎甚至觉得，这 11 年来他独自掌权，已经使议会议员们更听话了，而不是相反。因为英格兰已见识过他的王权智慧、充沛活力、仁慈和不偏不倚的公正。因为他相信"圣约者"与法兰西国王有联系，他需要做的就是给足证据，证明这个著名的"旧联盟"复活了，英格兰要起来保卫自己。这是金雀花王朝对簿勃鲁斯们（虽然这样得出了一个非常怪异的结论，那就是斯图亚特王朝是为了反对而不是为了支持苏格兰的独立）!

新议会召开后，根本没有如他想象的把旧的不满放到一边，这真是令人震惊，让人非常不愉快。其实，议员们第一天的议程，就是翻出反对约翰·埃利奥特爵士全过程的记录。虽然爵士已经死在伦敦塔里，可没人忘记他，大家非常认真，当他是为了人民的自由而牺牲的烈士，也不管报道写得有多么偏颇歪曲。报纸和《分界》上长篇累牍都是埃利奥特的命运以及所有劳德高等法庭委员会（Court of High Commission）和星室法庭制造的其他万神殿人物式的烈士，而这些报纸在英格兰各地发行。新闻贩子们把埃利奥特编成了精彩的故事，后来又层出不穷地冒出来其他牺牲了的英雄，所有这些人的故事全都充满了虔诚信仰的自由经文的章节。其中一些如威廉·普林[1]，这个执拗、顽固的律师自己想尽一切办法给自己招惹来刑罚。普林的《演员的悲剧》（The Player's Scourge, or Actor's Tragedy）尖刻地讽刺宫廷，特别是国王和王后喜欢以跳舞者出现的假面舞会。更危险的是，在这个激烈争辩的过程中，普林埋进去一个反抗的教条（走极端的天主教徒和加尔文教徒都认同它），即如果

[1] 威廉·普林（William Prynne），律师兼作家，当时的极端主义政治分子。——译者注

国王明白无误地决心要违反上帝的法则，那么就可以让他靠边站。因为这个煽动造反的言论，1634 年普林被判割掉双耳，罚款 5000 英镑，终身监禁在伦敦塔里。可是在伦敦和清教徒为主的社区，如多切斯特，这个心情暴躁、天不怕地不怕的普林马上化身为圣人。他的书信通过虔诚信仰者的网络，从阿尔斯特一直传播到苏格兰。1637 年，政府把普林从伦敦塔里拖出来，与亨利·伯顿博士（Dr Henry Burton）——伦敦周五大街圣马修教堂的清教徒教区长（the Puritan rector of St Mathew）——一起戴上颈手枷示众，后者布道说罗马天主教徒的阴谋及其罪恶。还有一个是约翰·巴斯特威克（John Bastwick），也是个活跃的大嘴巴，和他们俩一伙儿。后两位新的犯罪分子也被割下耳朵——但没有什么能制止伯顿，他一边鲜血直流，一边还在挑衅地宣道，反正清教徒的《外典》（*Apocrypha*）里就是这么描写他当时的情况的。

尼希米·沃灵顿（Nehemiah Wallington）住在伊斯特奇普（Eastcheap）的圣安德鲁教区，是个狂热的木工车工。他相信普林所说的每一句福音，这时候开始记录当时人的罪恶和事迹，包括对无耳烈士伯顿和巴斯特威克的赞颂，后来弄出了一本 2 000 页的书。在沃灵顿关注的小天地里，无事不含天意：有一次出了一场翻船事故，那是上帝在惩罚有人亵渎了安息日；另一回暴风雨打破了教堂的彩绘玻璃窗，这是上帝对俗气的偶像崇拜的裁决。显然，普林、伯顿、巴斯特威克是受到了上帝的召唤而布道反对时下的污秽，他们遭遇的苦难是一个信号，末日大清算就快到了。在这个发昏错乱的世界，到处都是奇迹、征兆、信号，太多了。沃灵顿书里记下的一场对话说明他和他的清教徒工匠同伴们是何等强烈地感到上帝的孩子与敌基督军团之间的战斗就要到来：一个异教徒揭发上面三个人是"卑鄙的分裂分子"，他们扰乱英格兰王国，应该被吊死，就在他说完这些话之后，突然就出了一身大汗，鲜血从耳朵里直流下来。沃灵顿感到普林、伯顿和巴斯特威克是在打一场正义之战，这也是他的战斗，他真切地感受到了这一点。因为在 1639 年，他自己和其他三个人也被点名、受到指控说，他们犯了煽动诽谤罪，并勒令他去星室法庭应诉。不过他总算保住了自己的两只耳朵，还好好地活了下来，等到 1640 年年底议会命令释放巴斯特威克后，他加入了伦敦街头的庆祝胜利狂欢。

沃灵顿这个关于抵抗英雄的群像展示录里收进了所有社会类型和各种条件的人，包括作为持异见者[1]的低级神职人员，如彼得·斯玛特（Peter Smart）。他因为攻击尼尔主教（Bishop Neile）的仪式创新，丢了原先在达勒姆大教堂（Durham Cathedral）享有俸禄的牧师职位，还被罚了 500 英镑。还有白金汉郡的绅士兼议员约翰·汉普登（就是埃利奥特孩子们的监护人），他拒绝支付自己一个领地上 20 先令的船税，还到法庭提起上诉，要求验证船税的合法性。尽管王座法庭（the King's Bench）在 1638 年判了汉普登败诉，那也是 7 票赞成对 5 票反对的险胜。汉普登的律师奥利弗·圣约翰（Oliver St John）在法庭上慷慨激昂的辩护词，加上法官乔治·克洛克（Judge George Croke）反对判决的话，后来马上就成了新的个人品行标杆。人们用约翰·怀特（John White）在多切斯特圣三一教堂（Holy Trinity）的一次布道劝告的话举例做证，那就是"服从上帝的意志可以使人免于服从执政者的意志。

约翰·汉普登与普林或者怀特可不一样，他并不是什么粗人，也不是不理会世俗看法的头脑简单的狂热分子，而是一个受人尊敬的郡里要人。他的关于不经议会批准就征税是非法的言论有力、表述清晰，使得同郡那些原来站在温和立场的绅士，如弗内之类，也开始非常严肃地思考，如果大家都服从了国王，可能给宪政带来的代价问题。1640 年被选

---

[1]　持异见者（Dissenters），指在英格兰、威尔士、后包括爱尔兰的社会宗教历史上，从既定国教中分离出来的教徒，或不承认新教高于其他派别的新教徒，与下文中non-conformist意义有重合。——译者注

进议会的白金汉郡议员再也不是一群看着像外省偏远地区来的骑士和城镇议员，不再像原来那样首先关心且只关心本教区的事务，又忠心耿耿、积极地为国王服务，而是包括了好斗的清教徒布尔斯特罗德·怀特洛克（Bulstrode Whitelocke）和汉普登自己，以及弗内父子。这群人的核心是具有高度文化修养且政治诉求清晰的一批人，他们都强烈地关注全英格兰的政治——当然，他们这时已经分不清郡里事务和英格兰事务的界限了，在他们自己中间意见也不全统一：一边是埃德蒙爵士感到时代要求改革，他比自己的儿子拉尔夫还迫不及待；拉尔夫明显地感觉到，英格兰历史上最伟大的时刻之一就在眼前了，在这个时候他们父子俩还没有彼此疏远。拉尔夫后来就"长期议会"（the Long Parliament）的所作所为写了一部编年史。从"国王不经议会的批准就征税是非法的"这个观点的角度来说，汉普登的案件也许一点儿都没有改变法律文本，但是它改变了很多人的思路。英格兰真实的公众舆论正在形成中，且舆论的方式多种多样，但是基于个人统治的独断性，使王与他的顾问们都还根本没有注意到公众舆论已经悄然形成这个社会现象。很多情况下，英格兰政治容易激进化，而那个时期导致英格兰政治偏激的催化剂，正是苏格兰那批忙碌地捍卫正义的盟约者们出版印刷的大字报——它们被送到了南方来。偶尔，在某些文件记录里隐约可以看出当时阅读政治新闻的读者群体，其形成速度非常之快。在埃塞克斯的瑞德文特（Radwinter），一个无名之辈走进一间劳德派的教堂，来到教区牧师面前，直接在他书桌上当面扔下一册清教徒的宣传册子，说一声"你有东西好读了，读读这个吧"。1640年，在斯特普尼（Stepney），另一个牧师在教堂的院子里发现一个男人在读印刷的议会讨论记录。直到1641年冬天之前，国王政府还都觉得这些"印刷品"（ephemera）不过是小百姓的俗气八卦；直到那个冬天，他们才发觉它们可不是表面上看起来的那么简单，但为时已晚。

他们被蒙蔽了，一失足成千古恨。虽然这种八卦新闻里充斥着大话、飞短流长、谆谆善诱、含沙射影，但舆论已经跟代代因袭的稳固的政治体制较上劲了。当时的人们是生平中第一次，于现实中在郡里竞选郡骑士的时候，见识到了一些非常激烈的竞争场面。王室政府用尽全力去影响选举，希望竞选产生的成员可以和温特沃斯在都柏林的爱尔兰议会一样乖巧顺从；可是，王室政府的财力不足，加上本地势力的坚决反对，他们几乎是无可挽回地失败了。比如在多塞特，王室大造声势，要将英格兰驻荷兰海牙宫廷大使的儿子达德利·卡尔顿（Dudley Carleton）选上，来替掉丹泽尔·霍利斯，却失败了；霍利斯杀了个回马枪，决心更大了，要在英格兰"国家级的"代表们面前让宫廷和枢密院行事靠谱。选举在市镇级别的遭遇也不佳。原先一直被认为非常忠于国王的康沃尔郡，政府提名的全部 8 个候选人却都落选了。1640 年 4 月和 11 月两次召开的议会，开始出现议员们来自更广泛社会阶层（尤其以宗教色彩强烈的工匠为主）的现象，而不是像往常那样以治安法官为主。沃里克郡和牛津郡的县里，清教徒贵族（布洛克、塞伊塞勒）一边大把花钱，一边大力打击对手，双管齐下，保证选上的议员都是信仰虔诚的人，其中很多是本地有名的抵制船税的人。1639 年 12 月，布洛克很大胆地试图把萨缪尔·鲁斯菲尔德这个圣约者、布道者带到沃里克。萨缪尔的《法律至上》（*Lex rex subtitle*）一书在 5 年后出版，书里公开宣称政治权力"是人民与生俱来的权利，它以前被人窃取了；人民可以为了自己的利益而让渡它，但当它被滥用了的时候，他们也可以收回"。

到 17 世纪 30 年代，清教徒已不只是一种信仰崇拜的方式，更是一种亚文化。它那种虔诚信仰的情景，从家里灶台边的摇篮开始，包围着男人、女人和他们的孩子，它也是决定他们如何评判政治事务的条件。它对不列颠的未来起着重要作用，这个在宗教旗帜下，众人团结起来的愿景打破了社会等级和毕恭毕敬的封建秩序之间的那些旧界线。布洛克之类的清教徒贵族感到自己和卑谦的布道者、说教者们更有共同之处，和那些贵族伙伴们反而话不投机。这些家庭养育出来的孩子读相同的书籍，被送入同样的学校，进剑桥伊曼纽尔（Emmanuel）和西德尼萨塞克斯（Sidney Sussex）这些典型的信仰虔诚的学院。他们保证自己的儿女们缔结神圣的婚姻，从而延续了他们自己紧密团结的小圈子的凝聚力，还希望能隔绝世俗实用主义的感染，不受世俗的诱惑。最重要的是他们在一起共事，当然圈子是不封闭的，但往往果断，而且这些事情有时候会生发出另一些事来，不一定局限在金钱方面。事实上，他们有时候反倒会损失一些钱财，但依然在上帝子民的共同事业上取得了辉煌的成果。例如，整个17世纪30年代，所有那些决定了清教徒在议会中政治命运的人——约翰·皮姆、约翰·汉普登及其律师奥利弗·圣约翰、阿瑟·哈泽里格爵士（Sir Arthur Haselrig）、布洛克伯爵、塞伊塞勒子爵、贝德福德与埃塞克斯两位伯爵，和无所不在又至关重要、炙手可热的沃里克伯爵罗伯特·里奇（Robert Rich）一起，他们全都参与了在加勒比（Caribbean）和新英格兰地区（New England）创建移民据点的事业。加勒比地区的普罗维登斯岛公司（Providence Island Company），原本是他们组织最严密的事业，后来被西班牙人捣毁了（这样就更强化了他们的清教徒世界观，即世间的人事无非是信基督与敌基督的十字军之战）。但是两伯爵/贵族也在长岛海峡（Long Island Sound）创建了塞伊布洛克（Saye-Brooke）居民点，他们中的大多数人（尤其是沃里克伯爵）经常与所有殖民地中最有前途的那个据点保持联络，这就是设立在马萨诸塞湾（Massachusetts Bay）的居民点。那里包括十几个多切斯特移民，他们于1630年3月抵达，给这里补充了虔诚信仰者，是约翰·怀特在普利茅斯（Plymouth）的新医院（New Hospital）给他们做的行前告别布道。考察一下北美新英格兰这些定居点的政务，可以看出它是英格兰创建者们的政治理论短训班——他们要看看有没有可能分享基督教生活，他们这是在摸着石头过河。在大西洋彼岸，这是一个比英格兰更纯洁、更虔诚的世界，这里的学校与学院将茁壮成长，这是在播下真正锡安之地的种子。这些年来，他们在英格兰远距离地守护着北美的定居点，这种情形促使他们去思考要用相同的方式来建设英格兰本身，只要这是上帝的意愿，他们就将把英格兰建成一个新耶路撒冷。

这些人只是一小撮，但是作为上帝的选民，他们就希望自己只是一小撮：这才是救赎的核心组织。他们以人数稀少而感到光荣，仿佛自己是自我净化的犹太战士部队（Gideon，他们常常引用这个类比）。现代历史上充斥着这样一些专心致志的少数派，他们具有自觉自愿的牺牲情结，以及帮助大众自我提升的异秉，只要有合适的历史条件，即他们的对手也就是当局的势力有所削弱的时候，这些少数派正义军团就可以撼动大山。1640—1642 年斯图亚特王朝君主制下令人震惊的分崩离析就这么发生了。

从短期议会（Short Parliament）——1640 年 4 月 13 日到 5 月 5日——开始，情况就已经很明显：这些自以为受上帝指派来拯救英格兰、消灭敌基督力量的人，已经成功地说服了平民院和议会贵族院的中间派——这些议员数量更多、主张更温和，也更紧密团结，他们也开始相信英格兰子民的自由已受到侵害的观点是对的，并且这个观点在历史上有据可考，而原来相信这个观点的只有少数派。贵族和绅士阶层——并不全是狂热的长老会成员，他们在日记与信件中，全都在评说，只有清除英格兰王国脚上的荆棘，它才能继续前进；已经溃烂的血管也需要清洗，否则身体（英格兰政体）不会痊愈。爱德华·海德（Edward Hyde）即后来的保王派死党克拉伦登伯爵（Clarendon），以及他的朋友兼资助人格雷特图（Great Tew）的福克兰子爵（Viscount Falkland）、法学学者约翰·塞尔登（John Selden），他们和许许多多同伴一样，这个时候也都相信王室政府必须改革，还相信议会对政府是无害的，政府可以信赖议会。虽然圣约者要彻底废除主教制的论调当时在英格兰还是非常激进的主张，但是上面提到的各派惊人一致地认为有必要打掉劳德派狐假虎威的气焰。有一些主教，如林肯主教约翰·威廉姆斯（John Williams），按照乔治修道院（George Abbot）的传统，本来应该是他在劳德之前就任坎特伯雷大主教的，一直把罗马而不是日内瓦看作敌人，他声称自己是都铎改革（Tudor Reformation）的真正守护人。这些人都曾经因为自己的上述公开主张受到迫害与监禁，但到这个时候他们的观点得到了广泛传播，很多普通人都听到了。

那么，以上述情形来推理，想要议会乖乖地将国王重开苏格兰之战所需要的费用交给他，去粉碎粗暴的圣约者叛乱当然是行不通的。查理一世冠冕堂皇地提出放弃船税（这没什么困难的，因为在 1639 年船税实际上已经收不上来了），改成只要议会批准给他 12 项补偿（后来又削减到 4 项）。这一提议立刻被议会当成了一个糟糕的笑话。相对谦和的平民院议员，如哈波特尔·格里姆斯顿（Harbottle Grimston）爵士，他是弗内父子的好友，坚持说要先洗刷他们之前的冤情（特别是要摆正星室法庭和高等法庭委员会的位置），才能考虑拨款事宜。4 月 17 日，约翰·皮姆做了长篇演讲，历数这 11 年里国王因个人专制所犯下的种种恶行，并将火力特别集中在劳德派头上，认为他们的"创新"是对宗教的公开侮辱。在 1640 年 4 月及 11 月的议会上，都是皮姆在替大家出气，他挑动众人，使他们心里产生了类似英格兰全民族的紧迫感，即大家感到随着天主教（popery）和专制两股力量联手，劳德派和国王要扼杀英格兰子民的自由，皮姆一个人就比平民院里的任何其他平民领袖的煽动力都要大。渐渐地，在伦敦的街头巷尾，像尼希米·沃灵顿这样的市民都全神贯注地听着，大家对约翰·皮姆的话深信不疑。

这些情况使得国王心烦意乱，短短的三个星期后，他就解散了议会。这个计策上的失误那可真是非同小可，因为没有什么比吊起人的胃口又突兀地切断他们的希望更遭人恨的了。不管是温特沃斯（是他主张说要召开议会的）还是爱德华·海德都马上意识到解散议会这个决定绝对是政治灾难，这一点毫无疑问：这是白白浪费了在传统的"王在议会"框架内解决问题的宝贵机会。然而，查理一世早在 1629 年就已听够了议会的咆哮与怒吼，议员们走了，他就再也听不到了。他还是盲目地认为真正的问题是在爱丁堡，而不是威斯敏斯特；那么，除非他干掉苏格兰圣约者——还得快刀斩乱麻——要不，苏格兰人的加尔文教义和教义中明确的君主契约论就会像瘟疫一样蔓延到英格兰来。事实上，查理一世这么想还是对的（皮姆与圣约者头头们保持着联络，共同密谋反叛，还有塞伊塞勒也是），但是查理一世选择了最糟糕的一着棋：在根本就不知道他的军队（一年前看起来就不太可靠）是否能无条件地听从他的情况下，他就敢把他们拉出去打苏格兰人。在查理一世的脑子里，温特沃斯的救急方案当然是用爱尔兰人去干这事。在夏季战事进程中，他指派温特沃斯担任总指挥，而在这之前的 1640 年 1 月，查理一世已经提升温特沃斯做了斯特拉福德（Strafford）伯爵。本来这是个荣誉，后来却酿成了毒酒。反天主教宣传在伦敦飞快地传播着，斯特拉福德伯爵的爱尔兰战略经过这一番大肆宣传，查理一世还不能正确地估计它带来的影响，只能说国王真的是感觉迟钝得要令人倒吸一口冷气了。1638 年在苏格兰的时候，他没有听取智者的意见，现在他依然不听。除了他自己，唯一还听得进去话的，就是他的天主教王后。

在 1640 年夏天，接下来发生的事就是军队根本不服从命令，情势令人胆寒；没有军饷，接下来也没有，中部郡和北方招募来的士兵几乎是自费入伍的。他们饿着肚子，骂骂咧咧。在几个城镇，如赫尔福德，市民们愤起反抗将他们赶到了城外。普通士兵们转过头来找他们自己的军官当出气筒，特别是当哪个军官与天主教徒或者爱尔兰人有点儿瓜葛的，那就痛打他。暴行当道，在惠灵顿（Wellington），一个叫萨默赛特

（Somerset）的中尉因被怀疑是天主教徒，就被切成碎片，死尸还遭到抢劫。在牛津郡的法灵登（Faringdon），多塞特来的士兵们（包括一个来自多切斯特的）无缘无故地打了一个军官，后来发现他在接受治疗，又拖他上街接着打，结果把他打死了，其被砍得七零八落的死尸还遭到虐待被戴上足枷。作为一支反加尔文教的军队，要表现出自己在宗教上是靠得住的，士兵们正好做了自认为该做的事：他们打烂圣餐桌围栏、圣坛、彩绘玻璃，发现教士法衣就撕烂。年轻的埃德蒙·弗内（Edmund Verney）给父亲写信说，他一天去了三次教堂，以便向他的手下证明他不是罗马天主教徒（papist），"可是那天有一次，我稍微冲着教堂点了下头，如果再多那么一分钟，我想我真的会被他们抓走了，因为士兵们指着我，愤怒到了极点"。如果当时有外国观察员这回事的话，观察员们一定会觉得英格兰军队恰恰是圣约者的同盟军，而不是敌人。"然而，之前，我们的士兵是要去反对苏格兰的，"尼希米·沃灵顿写道，"此时此刻，在英格兰这片土地上，我认识的人里，没有人会去反对苏格兰。"

　　混乱逐渐升级，且来势迅猛，一发而不可收拾。这些军队的行家帮伙们打开监狱，放出里面关着的人。他们拒绝付"军装税"（coat and conduct），是因为他们自己的供给商也被监禁了。其他被政府疏远了的社会各阶层的人，就抓住机会向那些行家帮伙们大倒苦水，反对那些圈了公地或者把他们赶出森林的人。本来这些英格兰的倒霉蛋都互不相干，但是没关系——他们都在找出气筒——这会儿大家合伙说服了负责维持法律和秩序完好无损的人，也就是治安法官和警察，使得他们也不得不相信过去11年来王室政府已经坏透了。

　　这种情形下，英格兰人在这场战事中以可耻的惨败收场就不足为奇了。苏格兰圣约者的指挥官莱斯利将军非常清楚自己该怎么办：8月20日，他带领苏格兰军队跨过特威德河，直指纽卡斯尔，切断给英格兰中心都市的煤炭供应；这样一来，实际上他已经违背了自己只是要打一场苏格兰保卫战的声明，但在当时大军压境之下，两军对垒形势危急，谁还有心思去追究这个细枝末节？在纽伯恩（Newburn），英格兰军队试图在泰恩河岸扎营站稳脚跟，莱斯利的军队占据着地势较高的北岸，对英格兰人发起火攻，国王军队被打败了，幸存者们跌跌撞撞地回到约克。苏格兰人占了纽卡斯尔，接着又占了达勒姆。英格兰军在纽伯恩可耻地失败后的第二天，一群议会派党人（parliamentarian）的核心分子——奥利弗·圣约翰、皮姆、塞伊塞勒、沃里克、布洛克，与埃塞克斯以及贝德福德两伯爵在伦敦贝德福德家碰头，起草了一纸请愿书，以 12 个议员的名义，请求国王召开新议会。随后请愿书的手抄副本在伦敦城里和外省广泛传阅。查理一世试图去找出别的方法，不管是什么方法，只要不用召集议会就能筹到款再去打一仗就行，因为与贵族们见面就是让他承认战争失败。但是苏格兰人在那边索要赔偿，作为他们退出英格兰和放宽煤炭供给的代价，但只有议会才能筹集到这个款项。1640 年 9 月 24 日，国王预先召集了一次贵族扩大会议，会上贵族们反复声明要召开议会，于是国王只有让步了，这才定下 11 月 3 日重开议会。此后贵族们变着法子让议会一直延续展期，直到它最后要了查理一世的命，顺带也结束了英格兰的君主制。

对尼希米·沃灵顿来说，1640 年秋天是大快人心的好时光，大把的灰绿色迷迭香花束，连同象征得胜者的花环，倾洒在伯顿、皮姆、巴斯特威克和威廉姆斯的头上，他们被释放了——巴斯特威克从锡利群岛[1]回来，其他人从伦敦塔里放出来——伦敦的大街小巷人头攒动，他们像英雄凯旋般地走过伦敦街头。迷迭香是表示纪念的，这次议会何等令人回味！它几乎马上就投入到反击当中，设立了一个 40 人委员会，用于调查非法行政和专制行为的罪魁祸首：船税、星室法庭的特权、教会的高

---

[1] 锡利群岛（Scilly），位于康沃尔郡外海上。——译者注

等法庭。议会集中怒火起诉以下两个典型恶棍：斯特拉福德和劳德。这是在找替罪羊借以打击国王：敲掉他选中的顾问，但是能保全王权的尊严和独立，是当时逆袭王权的一般做法。1640 年，议会两院中的绝大多数除了弹劾这二人，还有下一级别的顾问，如掌玺大臣芬奇（Lord Keeper Finch），以及宫廷大臣伊利主教雷恩（Bishop Wren of Ely），这是终结劳德派教会和 11 年里国王一个人主持政坛的标志。除此之外，对于如何弹劾，尤其是针对斯特拉福德，议员们产生了严重分歧，需要消弥。在福克兰子爵和爱德华·海德这些人看来，弹劾重在医治和修补创伤，把憎恨集中到不得人心的政府，给国王一个台阶下，让他接纳改组后的政府，使政府与负责任的议会和信任议会的大臣们还能够共同理政。这个改革方案是修复性的：清除他们认为不明智和新奇的花招（例如劳德派教会的管理体制，不经议会批准就征税），取消无耻地滥用权力及收入（特权法庭、森林管理体制、骑士罚款）的过时机构。只有清理了这些，君主制才会焕然一新，英格兰才可以从头再来。

但是，对那些从根本上控制了议会议事日程的人来说，这不够，且永远不够；他们就是最能上蹿下跳、叫得最响、最不知疲倦的那拨人：皮姆、奥利弗·圣约翰、莱斯特郡（Leicestershire）爵士亚瑟·哈泽里格、布洛克和塞伊塞勒。只有建成理想纯真的"锡安之地"才能满足他们：单单毁掉劳德将是得不偿失的，除非端掉主教制，再用神圣的长老会教会取而代之，正如苏格兰人已经成功做到的那样。他们此时已公然将苏格兰人引为同盟，他们也做到了和苏格兰一样（当国王在议会召集时说苏格兰人是"叛徒"，但一周后他不得不收回，因为这个说法已经被禁止）。12 月 11 日，一份以伦敦市民名义要求废除主教制的请愿书（请愿成了煽动民意的主要武器）提交到了议会。皮姆非常机敏，他没有将这个问题强加给平民院，因为他深知这个议题太容易在议会造成分裂，而此时更需要策略，先保证议员们在弹劾斯特拉福德时齐心合力。这批激进分子掌控着大局，心里还有更宏大的图谋，就是重建国王与议会之间的宪政关系。事实上，他们要在英格兰推行苏格兰那样的计划——预谋启动一个"三年法案"，要求每三年召开一次议会。1641 年 2 月 15 日，查理一世签署了《三年法》，他兜了整整一个大圈子，纯属政治无用功。他发动战争的本意是要打击苏格兰圣约派，结果呢，倒反过来将它成功地移植到了英格兰。皮姆和他那些志同道合者还想要让王室政府的成员不但要服从被议会否决的事项，还要直接对议会贵族院、平民院负责，不能与大多数议员的明确意志对着干，这样的话，议会就再也不会单单是禁止征税或者只能行使否决权的政治实体。那么，议会贵族院与平民院就能与国王平起平坐，同样可以设立议事日程，这样议会就能成为立法者。虽然这时候还没有人假设议会能绕过国王直接立法，但已经没人认为国王能够立法或者选择大臣来和议会唱反调，甚至有人提到皮姆（假如查理一世不那么迟钝）未来可以做国王私人枢密院成员 [1]。

皮姆等人为了证明这些都只是改革而不是革命，花费了大量笔墨来论证，当真把它搞成了纯粹的微调，却在短时间里荒谬地改变了它原来本质上具有的颠覆性的创新性质。很有可能的是，正如新一代历史学家勇敢地提醒我们的那样，是因为皮姆等人不敢将罪名安到辉格党人（Whiggery）的头上，让他们承担罪责；那么这样当我们回溯历史的时候，就再也找不到它中断的原因了。直到最后一分钟，这些引导深刻变化产生的发起人与机构几乎都不去描述它长远的后果，虽然他们隐藏了自己的真实意图，但这一事实却丝毫也没有降低它的重要性。革命在刚开始的时候往往听起来反而是保守怀旧的，革命的主角们竭力让大家相信他们是在压制而不是释放创新。再没有什么比号召大众重返想象中的美德与公正之地更激动人心的了。

---

[1] 作者意指皮姆所议事务在前面的历史时期本来是国王私人枢密院的范畴。——译者注

现在审视长期议会的作为和言论，以及当时伦敦街头与印刷品里徐徐展开的激荡的政治风云，我们可以毫不怀疑长期议会主角们的信念是正确的，就是在教会及英格兰国家两个层面上同时进行关乎原则的战斗。他们取得的成果同样是至关重要的，和当年在危机中产生的《大宪章》一样，他们可是常常把《大宪章》挂在嘴边的。当然，这时候还没有产生如我们后世这样的议会民主［哪怕当时最激进的辉格党人（Whiggish）都不是现在这样的真民主的拥趸，即使维多利亚时代的历史学家总是这么认为］，然而，无疑正是它铲除了不列颠的君权专制。也正是最终将暴君铲除这一光明前景激励着那些人，比如沃里克伯爵、罗伯特·哈利爵士、奥利弗·圣约翰以及平民院议员奥利弗·克伦威尔（Oliver Cromwell MP）。

这次革命一直都没有什么宣言，直到在1641年11月才提出《大抗议书》（Grand Remonstrance）；相反，它经历了一次审判。所有伟大的政治突变几乎不可避免地都要有个主要的罪魁祸首，因为正义者要冲着他去，才能在新的社会群体里找准自我定位。苏格兰军队那时还占据着英格兰北面的大部分地面呢，议会党人领袖就热烈地欢迎苏格兰的和平谈判者到来，这摆明了是要斯特拉福德的人头，借口就是爱尔兰天主教人侵威胁到了他们自己的革命。罗伯特·巴里（Robert Baillie）还算是相对温和的苏格兰加尔文教派，也毫不犹豫地说劳德与斯特拉福德是"引火柴"，不要说让他们逍遥法外了，甚至只要他们还活着就不会罢手，非要把全国都搞成崇拜教皇的天主教专制不可。皮姆自己心里忌惮斯特拉福德的强大能力，心知自己想要顺利重建英格兰政治的话，斯特拉福德伯爵这个眼中钉当然是非永久地拔掉不可的。这个时候，斯特拉福德的情况是雪上加霜，他根本没有一个朋友，因为他太公正了，成功地做到了一碗水端平，离间了爱尔兰的三个社会群体，使其彼此疏离（他本来是挺为之自豪的）。

饶是这样，他也做不成一个热心相助的替罪羊，议会无法轻松地抓住他的小辫子。斯特拉福德的确为人铁面无私，但如果因此将他简单地归结为某个类型化的人物，叫他"黑脸暴君汤姆"（Black Tom Tyrant），这就大错特错了。毕竟，在 17 世纪 20 年代的时候，他还只是托马斯·温特沃斯，当时他也在积极地反对强征借贷，他对法律的理解之深刻绝不在律师约翰·皮姆之下。斯特拉福德明白，皮姆必须遵守法律程序，全面公开审判他，才算是秉承公道而不是仗势欺人；他也知道审判者想要找他的碴子，但将对他治理爱尔兰的批评捏造成叛国的罪名却难于上青天。一个人在伦敦塔里的时候，斯特拉福德在思忖着自己逃出生天机会的同时，对法律的公正与英格兰的正义怀抱着坚定的信任，而对手却想要污蔑他长期滥用法律赋予自己的权力。他一定是反问了自己，怎么可能判定他违背了那个时候根本还没有通过的法律？当时英格兰国家的法令与国王的明确意愿是完全一致的，那又何来所谓的违法断言？

从 1641 年 3 月到 4 月，整整 7 个星期，在议会贵族院起诉期间，斯特拉福德是眼看着一点儿也没有了"黑脸暴君汤姆"的威风，胡子灰白，人明显呈现出病态。他头上戴着毛皮镶边的帽子，用严密得滴水不漏的逻辑为自己辩护，把审判者提交的证据中的一切自相矛盾及破绽漏洞反驳得体无完肤。这个情况清楚地表明，他在爱尔兰已经和形形色色的各路人等打过交道，为了各种各样的利益披荆斩棘——他不断剥夺爱尔兰天主教徒的土地（英格兰议会里并无人关心这一点）；让老英格兰人去康诺特寻求扩大种植地而擅自闯入佩尔（Pale）地区；斯特拉福德最大的破坏力是针对苏格兰与英格兰的阿尔斯特长老会派的人，他加强了爱尔兰的教会主教制，还规范他们的贸易——但所有这一切加起来都不足以构成叛国罪；相反，在爱尔兰总督的法律权限里，他忠实、公平、坚定地维护了国王的权威。针对斯特拉福德的 28 条指控里，唯一与叛国罪硬扯得上边的，是第 23 条，它是根据一句据说是斯特拉福德说过的话，他会送爱尔兰军队去"削弱这个王国"。这却从来就不是什么秘密，它是针对苏格兰说的，是要取得反对苏格兰的胜利，这本来就是英格兰战略的一部分；斯特拉福德据理力争，说 1640 年春的时候苏格兰和英格兰两王国在交战。提起指控的起诉方是从安特里姆来的新英格兰人种植园主约翰·克洛特沃西（John Clotworthy），他指控斯特拉福德用"这个王国"说的是英格兰而不是苏格兰，而且他曾经试图通过武装政变，要捣毁英格兰议会和英格兰人民的自由，这个才会真的构成叛国罪。斯特拉福德继续否认自己曾经想要对英格兰做这样的事，还击说这一口头证言不可信，因为这是小哈利·维恩（Harry Vane the younger）从他父亲即枢密院秘书（Secretary to the Council）的纸堆里发现的一个手写纸条，上面有这么一个不祥的词组，那个纸堆是一堆的会议记录，在那次会议上是斯特拉福德提议要把爱尔兰军队弄过来。但是当时那纸条不在斯特拉福德手里，仅仅是逐字逐句即时的记录。到 4 月中旬时的情形，只要审判按照通常的弹劾程序继续，仅仅凭维恩的纸条，还根本看不出来是否足以给斯特拉福德坐实罪名从而能够给他定叛国罪。

然而，审判斯特拉福德压根儿就不是什么正常的司法案件，它更像是公开羞辱与报复的舞台表演。每天，议会贵族院、大街上，还有威斯敏斯特大教堂院子里都聚集着一大帮子人，他们全都渴望了解当天事情的进展。传单、大幅印刷品和即兴创作的请愿书铺天盖地，大众可以尽情地阅览，唱叙事歌谣，教士们进行着反对亲教皇的斯特拉福德布道。5 月初，尼希米·沃灵顿夹杂在议会贵族院门口聚集的大群人中，他们请愿要判处斯特拉福德伯爵死刑。尼希米·沃灵顿说自己这辈子都没有见过这么多人，"每当一个贵族走进来，他们就齐声喊道'正义！正义！'"尽管沃灵顿当时还没有意识到，却真的已经见证了现代政治的另一个因素，即群众性的狂热，此时，它已经宣告诞生。

虽然那个时候皮姆等人还不能超前地像我们今天这样理解"革命正

义"这个概念，但皮姆、圣约翰、哈泽里格及其他人凭直觉认为有必要使用"革命正义"这个险恶的委婉用词，它就是指为了迎合大众心理而做出消灭政治对手的展示。因此，到1640年4月中旬，皮姆改变了方式，既然弹劾控诉这个司法程序要求必须有确凿的证据，那么他就改为用褫夺公权法令（act of attainder）指控斯特拉福德，这个只需要在司法程序内部通过就可以了，也不需要一堆可疑的证据就能罗织出罪名。褫夺公权法令指控实质上是把审判变成了英格兰国家安全听证会。奇怪的是，这一招变数也解决了某些人，如福克兰子爵内心还存有的良心不安的问题。他本来是不同意，说根据针对斯特拉福德的证据来看，斯特拉福德的问题还没有严重到可以定其为叛国罪的标准，这时候就乐得愿意因其高度可疑的性质而投票赞成了。福克兰之辈是相信斯特拉福德事实上已经是一个密谋反对英格兰自由的人，他们很高兴能摆脱自己的心头顾虑，而不再烦劳去思量追究这到底是怎么发生的。

以褫夺公权法令控诉斯特拉福德唯一的麻烦是它需要国王签署，它在平民院以204票赞成59票反对通过后的第二天，查理一世给斯特拉福德写信，发誓自己不会抛弃他，或者恩将仇报，以夺取他的性命、荣誉和财富回报伯爵对自己的耿耿忠心。在这个过程中，查理一世一直很高调地热情友好地对待斯特拉福德。1641年5月1日，他告诉议会贵族院他的良心不允许他签署（该法令）。由此，国王又做了一次违背自己最大利益的事。这些过程的全部意义在于转移大众对国王自己（以及王后，她那班天主教密友此时已日益成为反教皇崇拜派的目标）的痛恨与愤怒，这才能保证国王可以重新开始新的宪政。可是查理一世，特别是王后亨丽埃塔·玛利亚相信自己手里还有牌可打：贝德福德伯爵建议，一手软的，包括把皮姆拉进国王的私人枢密院；一手硬的，把他自己的忠实军人带去伦敦塔，在军队里撤换一些军官，解救出斯特拉福德，如果有必要的话就动用武力。最后，倒是斯特拉福德自己看清楚了形势这样发展下去的话，将是混乱与流血，于是他先发制人做了一个自卫牺牲的决定，这真的是异乎寻常。5月4日，他写信给国王，请求他签署指控自己褫夺公权的法令：

> 神圣的陛下，我恳请您……我理解那些人的思想越来越集中地反对我，尽管陛下已宣布在你的君王意旨中我没有叛国罪，而且良心不安，不能通过这个法令。这已经非常直接地还了我清白，使我免于在孩子们和家庭成员面前蒙羞，我已没有任何污名之罪，但此时我面前仍有诸多用心险恶之辈。故虽尊贵的陛下与议会彼此不甚满意，但请务必为了王位和人民保留彼此，否则此辈必不甘罢休，将祸延于陛下圣体及全英格兰王国，而我面前无非是世俗凡人最珍贵亦最恐惧之二物：生和死。
>
> 上帝知道，我本软弱之躯，如果说我内心不曾挣扎，这是自我吹嘘；自寻灭亡，年幼的孩子们亦将随我之亡而毁……血肉之躯无法安宁……因此，为安慰陛下良心得到宁静，我谨此谦卑地提请陛下，为免除陛下因拒绝而带来罪恶横行，请签署此令。

5月10日，查理一世签署了指控斯特拉福德褫夺公权的法令，据说当时他双目饱含热泪，几乎没有意识到自己在做什么。他还签署了同时呈送给他的另一份文件，那个文件的革命意味更强，说的是没有议会的同意禁止解散议会。与此同时，国王给议会贵族院写信，敦促他们要保持宽容："正义在国王是与生俱来，仁慈亦然，二者密不可分"。他要求将斯特拉福德终身囚禁在伦敦塔里，"如果能这样做，又使我的臣民满意，将是我不可言说的欣慰"。威尔士亲王第二天亲自向议会送交了此信。第三天，也就是5月12日，斯特拉福德来到栅栏前抗议道："为了一切荣耀，我必须保护陛下，我没有任何私心，我的目的只有国王与臣民的联合和个人幸福。"劳德在伦敦塔里自己牢房的窗前，观看了行刑；他永远无法原谅查理一世这样的背信弃义，在日记里说国王"根本不懂什么是伟大，或如何才能做到伟大"。可是查理一世永远也没有原谅自己，8 年后他自己也面临死刑，他真的相信，这正是上帝对他的正确判罚，因为他曾经同意处死自己忠实的仆人。

斯特拉福德认为自己的死将使全英格兰民众的愤怒得到宣泄，他这么看是对的：斯特拉福德自己做了替罪羊，给英格兰人发泄愤怒的机会；这也是国王的机会，只要国王够精明，懂得如何止损，巩固自己的地位。毫无疑问，这桩粗鄙的褫夺公权法令交易使政府里一些最严厉的批评家极其不安，就这么着的能用另一种专制权力[1]交换那种专制[2]吗？

1641 年夏天，那些伯爵以及曾经象征旧政体里的机构——特权法庭、船税、圣餐围栏——都被清理了，议会贵族院和平民院的许多议员，还有更多郡级社会群体里的绅士和法官们开始自问，为什么那批自命不凡的平民领袖，如皮姆之流，还在无休止地鼓吹打击专制和阴谋。尽管废除主教制的《根枝请愿书》（The Root and Branch Petition）在平民院由罗伯特·哈雷爵士［布利丽安娜夫人非常骄傲欣慰］两读后通过，但它在议会贵族院搁浅了，且否决票数还挺多的。哈雷不由得对自己成为新的托马斯·克伦威尔[3]感到高兴，他开始监督巡视教区教堂（这可是一个不祥的请求）的状况。在赫尔福德郡，1641 年 9 月，有人把当地威格莫尔（Wigmore）教堂的十字架给拉了下来，使得它"被大锤敲成了碎片，就在尘土里，然后放进……教堂院子的小路上任人踩踏"。为了平息议会贵族院的反对，激进派暂时妥协了一下，这就让更执着的苏格兰加尔文教派失望了。假如说这也算是长老会，那也是非常英格兰化的：成立由世俗者组成的九人委员会取代主教们，由贵族阶层管理教堂的事务。

---

[1]　指议会的。——译者注
[2]　指国王的。——译者注
[3]　托马斯·克伦威尔，亨利八世的国务大臣。——译者注

即便如此，还是有很多贵族索性什么都不要，更愿意看到教堂里以后再也没有法衣与跪拜，也许甚至愿意看见十字架被踩在教堂院子里，但即使如此，他们也还是认为主教们——亲切谦和的主教而不是盛气凌人、装腔作势、神学理论高深莫测的劳德派主教们——应该是英格兰教会的组成部分。

其他人则对爆发的偶像破坏活动表现出深深的恐惧，就在1641年夏，沃里克郡的古文物研究者兼系谱学家威廉·达格代尔确信不久就将有一次可怕的大规模清洗，正如他给自己精彩的《圣保罗大教堂历史》一书所做的介绍那样："不幸的经历常常是这样，紧接着痛苦感受之后，不期而至的就是审慎者们已经预见到的悲哀结果，这就促使我必须发奋，要抓紧时间去看那些现在还能找得到的历史遗迹——英格兰的主要教堂，哪怕直到天涯海角，我也要用我的笔墨来记述，描绘其阴影，为子孙后代抄写他们的经文，因为这都是快要被毁灭的东西了。"于是达格代尔出发了，他抓紧写生、抄写，在地契、特许权登录簿中翻检审视。无数个早上，他躲躲闪闪地来到墓室的雕像前、彩绘玻璃窗前尽可能快地工作，一心想要赶在偶像破坏者之前。布洛克伯爵对圣保罗大教堂的威胁使他深深不安，因为布洛克说自己希望"不要在那一座建筑上还能看到有一块石头剩下"，意思就是要彻底让大教堂连个影子都不留存下来。

并非人人都这么疯狂，到1641年12月，一群更温和一些的改革者包括爱德华·海德在内，注意到反主教运动——包括它决定弹劾12人——遇到了一些反推的阻力，认为这是查理一世的宝贵机会，他可以利用这些分裂。这是他们的直觉（20年后得到证实），那就是可以由一个不专制但强势的君主兼任教会和军队的首脑，以此来拥有合法的特权，包括能挑选政府与召集或解散议会的权力。其实这样才真正符合大多数人对于英格兰民族政治格局的期望，君主立宪制就从他们这个清晰有力的信念里产生了——这是到那时为止的斯图亚特式自相矛盾。

不过查理一世思路既不清晰，也没有明确目标，他不知道如何才是修复君主权威的最好方法，假如说他也曾经思考过他应该做什么的话，那么他想的是要全面恢复自己的君权。他们从他身边夺走了他最信任的顾问，其他人则为求自保而远离了他；斯特拉福德死了；劳德还在伦敦塔里，眼看着下一个就是轮到他自己了；国玺大臣芬奇（1629 年大辩论中的议长）以及国务秘书温德班克双双为了避祸而逃亡去欧洲大陆了。查理一世从没有像现在这个时候那么依赖王后，向她咨询，而她的直觉却是强硬地不和对方妥协。如果说查理一世这时候表现得温和一些，那也就是这样，但他一刻也没有放弃自己对君权神授的坚定的深刻的信念。他必须忠于王权的完整性，低声下气的王者在他看来配不上国王这个名义。他从父亲手里接过的权柄，可不是对议会提的任何意见都说是，如果他就这样传位给儿子，是对王权莫大的羞辱和背叛。1641 年 8 月，他来到苏格兰，表面上是要与圣约者缔结和平，实际上却是想法子利用苏格兰人对付英格兰人，就像他曾经想利用英格兰人反对苏格兰人一样。但是即使在那里，查理一世也还是无法做出决断；自己到底是用说服苏格兰人的方式还是阴谋策划；是争取贵族将领如蒙特罗斯伯爵詹姆士·格雷厄姆（Earl of Montrose，James Graham），还是把圣约者头头们如第八任阿盖尔伯爵阿奇博尔德·坎贝尔等抓起来。但是无论怎么着那都没有实际意义了，因为就在查理一世想象着他能通过理顺一个王国的事务来解决另一个王国的混乱时，正在这个节骨眼上，他的第三个王国爱尔兰爆发了激烈叛乱。

这是一场与 4 年前圣约者作乱差不多的动荡。查理一世和英格兰议会也许都以为，斯特拉福德的"彻底政策"政府垮台了，爱尔兰的头面人物们一直抱怨的大部分不满也应该可以随之烟消云散了。但是，正如斯图亚特王朝时期的不列颠政治生活里常见的，每个人的思维都朝着错误的方向发展，大家都在揪住上一次危机的问题不放，而不想着未来该怎么办。要知道温特沃斯政府倒台对于爱尔兰天主教团体，尤其是原住民爱尔兰人来说，可不是什么值得庆贺之事。虽然温特沃斯政府曾经欺凌、强抢、杀戮，但它无比坚定的独立（以及愿意迎合原住民爱尔兰人的计划）。而现在后来的英格兰人与苏格兰长老会要取代它，无节制地支配一切，这比温特沃斯政府可是差太远了。迟至1639年，温特沃斯"黑法令"（Black Acts）针对的都是清教徒，而不是天主教团体。既然他这个时候不在了，对阿尔斯特的天主教绅士阶层来说，爱尔兰的情势就变得扑朔迷离起来。他们看着北海海峡对面，只见圣约者阿盖尔伯爵征服了苏格兰高地西部和赫布里底群岛，并在那里定居，联想到接下来就会轮到阿盖尔伯爵渡海而来征服他们自己了。在过去好几年里，本来为了配合温特沃斯政府出的难题，要他们把自己的领地打造成"改善了的"模范，要他们建造英格兰式的豪宅，引进优良畜种、耕地，这些人都已经债台高筑。他们还被勒令禁止增持土地，反而新来的英格兰和苏格兰清教徒得到鼓励，扩大土地。这时候，象征着英格兰议会压倒国王占了上风的最好事例就是议会扳倒了斯特拉福德，如此一来，爱尔兰的政局就开始激烈动荡起来。他们自身的地位已经眼看着难保了，又看不到长期艰辛劳作与巨额金钱投入后苦苦期盼丰收果实的前景。相反，这时候阿尔斯特的天主教绅士阶层正面临着长老会包围的噩梦，眼下也看不出处于矛盾中间的天主教老英格兰人会突然转变他们一直以来对英格兰王国的忠诚。因此，阿尔斯特伯爵们，像费利姆·奥尼尔（Phelim O'Neill），他曾经自称其祖先是"九年战争"（Nine Years War）时的伟大领袖蒂龙伯爵休·奥尼尔（Earl of Tyrone，Hugh O'Neill），此时转而去抓最后一根稻草，即武装抵抗以自卫。当他在反叛早期攻下查尔蒙特（Charlemont）城堡后，就杀掉自己的主要债主富勒顿先生（Mr Fullerton），他们以为这一下是彻底清算了。

　　自相矛盾的是，1641年10月末，爱尔兰反叛者头领们认为，攻打强大的要塞，包括都柏林城堡，是在助自己的困兽国王查理一世一臂之力。起码，他们最初的行动表明他们并不是原始民族主义者，而是狂热的保王派。11 月 4 日，奥尼尔甚至声称他的军事行动已经得到国王本人的授权。这个假托捏造太反常了，也许他这么说是想拉拢老英格兰人（在三拨人里，真的是他们一直最忠于英格兰国王）一起干。当时老英格兰人还置身于反叛之外。奥尼尔也许是希望以此引来老英格兰人中最有势力的奥蒙德（Ormonde）伯爵（是清教徒，但绝不是长老会成员）加盟。可是，奥尼尔这条计策在英格兰本土极大地损害了查理一世的名誉：对很多正直的人士来说，毫无疑问，看起来查理一世是在放纵爱尔兰天主教玩阴谋。

疑神疑鬼是革命的最佳助燃剂。1641 年 11 月，对哈利、沃灵顿、皮姆和圣约翰等人来说，可供人瞎猜的材料太多了。当时国王人还在苏格兰，就有谣言说查理一世试图通过政变推翻圣约（Covenant）。一时间小道消息铺天盖地，说什么爱尔兰海的对面不只是打下了城堡、要塞，而是发生了更黑暗的事——在被围困的清教徒城镇和新英格兰人村庄里，天主教反叛者们大开杀戒；等传回来的消息说到爱尔兰暴乱时，反天主教暴行的宣传已经演变成分裂欧洲的文化战争的固有模式，就是很多关于暴力的描述，意图刺激感官的图文，以木刻版画和"亲历"形式的报道，詹姆士一世时代那些曾经用来描绘西班牙人在荷兰或者华伦斯坦（Wallenstein）军队在德意志的所作所为的，又全部演练了一遍：什么长矛尖挑婴儿、孕妇子宫被剖开胎儿被撕下、被刺穿的老爷爷、被砍头的布道者。当然，并不是说这一切魔鬼般的杀戮就没有发生过，在波塔当（Portadown），毫无疑问的确发生了可怕的屠杀：100 个新英格兰人（New English）被赶到桥上，被捆住手脚，然后被扔下河里淹死，扔下去后看起来还有在游泳的，就用棍子敲或用枪射击，直到他们消失在血水里。

　　但是实际上，几乎没有阿尔斯特天主教绅士叛乱的军事首领赞成手下这样干的，但他们只能在原先以天主教人口为主的地区做一些微弱的控制。这些地方的天主教徒世代受后来的移居者压迫，因此在爱尔兰的一些地方，这时天主教徒抓住机会以牙还牙进行血腥杀戮。如果说没有人鼓动他们这样做，那也没有人阻止他们。在更偏远的移居地和村庄里，比如在芒斯特，移居者更容易成为攻击目标，大约 4 000 人直接死于暴力；另外无数人在爱尔兰阴冷潮湿的冬天里，因为被驱逐、被脱光身子吊起来、饥馑、没有防寒保护而死。其中就有沃灵顿的妹夫让巴涅（Rampaigne），他们一家是弗马纳郡（Fermanagh）的富农，当他们试图逃到海边去的时候，被人追踪，扎卡赖亚·让巴涅（Zachariah Rampaigne）被当着孩子们的面杀死，其他幸存者想尽一切办法自保。当然不久，仇杀报复就降临到无辜的天主教徒的头上，可悲的仇杀与反仇杀反复轮回，在爱尔兰的历史上留下了斑斑血迹，绵延不断。

　　在英格兰，爱尔兰叛乱马上就被激进派当成泛不列颠阴谋的有机组成部分，是其自身救赎的终极目标。沃灵顿在自己的一条笔记里就引用了谚语"谁要想赢下英格兰，必须从爱尔兰开始"。更糟糕的是，叛乱使人们回忆起爱尔兰在伊丽莎白一世时期曾充当过天主教势力武装联盟的后门。不管英格兰喜不喜欢这样，它的命运貌似已经和国际宗教战争绑在了一起。1642 年春天，当蒂龙伯爵的侄子欧文·若·奥尼尔（Owen Roe O'Neill）从弗兰德斯（Flanders）渡海回来接过叛军头头的指挥棒，这一下子就证实了大家心里的怀疑。他本来是 1607 年逃去罗马，在西班牙军队里干了 30 年。不久后，一个罗马教皇的教廷大使红衣主教乔万尼·瑞努基尼（Cardinal Giovanni Rinuccini）抵达爱尔兰，敦促叛乱者全面开展反宗教改革议事日程：复兴天主教教会，回到亨利八世宗教改革前。

　　这是爱尔兰老英格兰人天主教团体命运的转折点，他们的悲剧从此开始，这个时候与16世纪80年代西班牙人以教皇名义侵犯英格兰期间一样，关于忠诚问题，英格兰本土的天主教徒陷入了死胡同般的困境。欧文·若·奥尼尔之辈似乎不理解：悄悄奉行忠实的天主教徒生活，私下践行信仰，只要不受煽动就被默认，这在一段历史时期里曾经是可行的，尤其是斯特拉福德当政的时候，但是这时王权衰败，不能再罩着他们，这个至关重要的生活空间突然被关闭了，他们就这样硬生生地夹在了强悍的罗马教会与长老会两个帮派之间。1641年11月，一些老英格兰人头领与爱尔兰叛乱分子达成协议。到第二年春，他们的压力更大了，要出钱出人参与起义；迫于压力，很多老英格兰人贵族（尽管清教徒奥蒙德没有）踊跃加入反叛，其中约翰·普利斯顿（John Preston）成了爱尔兰联军在伦斯特的指挥。老英格兰人也许可以自慰的是，即使在1642年春还有以后的几年里，正如其旗帜所确认的，联军的官方公开准则都是强烈忠诚于查理一世的。然而，在英格兰，不管是亲王还是国王的反对派，那可是都不这么看待他们。等到罗伯特·门罗（Robert Monro）来执掌清教徒部队的指挥权——他是个苏格兰长老会成员，三十年战争中的老兵，是由清教徒为主的苏格兰议会委任的——爱尔兰就完成了武装宗教阵营的两极分化，悲剧由此注定。在纽里（Newry），60名男女和两个教士被杀，门罗早已经受了暴行文字宣传的影响，拉开架势，表明他也完全可以放任部下进行波塔当那样丑陋的屠杀。"敌基督行动在凶狠地推进中。"沃灵顿写道。这是个好消息，因为它意味着大家口头上说了很久的天使与魔鬼的无情对决终于开始了。

1641年11月末，查理一世回到伦敦，此时，真假掺半的爱尔兰屠杀的消息接踵而至，一天比一天厉害。要通过议会控制民兵的提议已经在平民院进行了一读，皮姆肯定是认为爱尔兰叛乱可以无可逆转地帮助完成权力由国王手上向议会转移。这真是非同小可，各种要求——从军队里剔除天主教徒、议会要对外交政策享有决定权——开始甚嚣尘上。这帮强硬派起草了一份《大抗议书》作为夺取君权的前奏，他们开始登上历史舞台。这个文件彻底改变了当时政局的走向，也使此后的政治格局改了道;《大抗议书》说查理一世自始至终就在计划侵犯臣民的自由，在臣民们头上强加邪恶的令人憎恨的暴政。它还简要地写了人民代表们都做了些什么才经受住了这个阴谋，以及代表们还需要做些什么。

在伦敦，政治热潮澎湃，群情激奋，《大抗议书》成了又一个影响巨大的公众事件。每天，沃灵顿观察着从埃塞克斯、肯特、萨塞克斯来的一群群绅士和自耕农骑在马上喧哗着经过伦敦大街去威斯敏斯特，在那里他们将议会大厦团团围住，纸面上的喧嚣已化为现实中的风暴。可是，恰恰是这种沦为大众——外省的绅士阶层、农民以及伦敦城里工匠和学徒——人质的感受，使得平民院和议会贵族院的很多成员反对《大抗议书》。肯特郡的爱德华·迪尔林（Edward Dering）爵士说出了大家的心声，他表示非常震惊，"从议会降格到人民……当我第一次听说《大抗议书》，我当时设想是作为忠诚的大臣，我们应该向陛下举起一面镜子……我做梦也没想到我们要向下抗议，给老百姓讲故事，谈起国王的时候当他是某个第三方。我也从来没有想过，要从普通百姓那里找到治愈我们抱怨事物的良方，当然更没有要让他们来医治我们。"正因为要与这个感受一致，《大抗议书》对国王的责骂语气是平淡的，这是经过精心算计好的，设计了一个国王肯定不愿同意的表面上的和解，它在平民院以微弱的 11 票赢得多数通过。

皮姆受挫，自然给了中间派一个机会。爱德华·海德这个天才领头人，助力一帮有改革思想但不是长老会派的那些激进的人，来支持海德相信这时候国王已经受到了适当的遏制。因此，海德起草了另一份文件来还击《大抗议书》。这份文件的论调首先强调的是忠于王权的理念，它将会贯穿整个内战;那么直接明了地说起来，就是国王还有不少的清教徒拥趸，这才是真正代表普通百姓的福祉和利益;是他，而非他们，才是真正的改革者。海德等人希望看到国王将自己包装成能宽容的君主，非劳德派，亦非专制暴君。看着他从苏格兰返回伦敦时受到民众的热情欢迎，好像他被错待了，而不是他犯了什么错，希望国王可以振作起来。《大抗议书》只得到微弱多数，使海德乐观地相信可以将强硬派的气焰打下去。

那么，复兴王道的政治前景从没有像这个时候那样一片光明，哪怕查理一世相信的就是王权的专制力量，也不足以削弱这个光辉灿烂的前途。海德和新的国务大臣福克兰子爵说服了他，还有《大抗议书》的投票票数也使他相信，皮姆和他的追随者们在平民院里只是孤立的一小撮，一旦使皮姆他们中立，议会就会恢复老样子，到那时查理一世就能对付得了议会，议会就能批准给他钱，组成军队去爱尔兰。但他说的中立化又不是单纯地让皮姆他们在议会失败，他的意思又进一层。因此 1641 年12 月，查理一世受了乔治·迪格比（George Digby）的热烈怂恿之后，着手系统地计划政变；迪格比家族的城堡在舍伯恩（Sherborne），离清教徒的大本营多切斯特只有几公里远。埃塞克斯伯爵的人——他们大部分是城里的练家子——原先守卫着议会的进出口处，被威斯敏斯特卫队替代了，后者来自忠于国王的可靠的多塞特伯爵军团。那么就这样，在英格兰历史上第一次，以贬义互称对方的词语"圆颅党"（Roundheads，离开的学徒）和"骑士党"（Cavaliers，调进来的卫士）成了相应的仇视词汇，这从某种意义上来说，大不列颠内战此时即已开始。伦敦塔的监管人（Warden of the Tower）正处在城里亲议会的暴乱最激烈的伦敦中心街区，也由朗斯福德上校（Colonel Lunsford）的军团取代了。上校的军团战士素以残暴著称。

这一切正是皮姆想要的。自从查理一世从苏格兰返回，不是国王而是皮姆进入了防守状态，而《大抗议书》的失败让皮姆的日子更难过。可是，这时候，查理一世明着兴师动众要搞政变，和正直的议会对着干，

反倒奇迹般地使皮姆坐收其成。哪怕他自己动手来写一篇揭露国王并不
是合适的改革者而是军事阴谋家的文章，也比不上查理一世自己的作为
（还有王后，像她一直以来的那样，在这里火上浇油）。1642 年 1 月 3 日，
5 位议会平民院的成员皮姆、汉普顿、霍利斯、哈泽里格和威廉·斯特罗
德（William Strode），还有曼德维尔子爵（Viscount Mandeville），由议会
贵族院的大法官（Attorney General）正式对他们 6 人提起指控要弹劾他
们，要立即逮捕他们（这是小心地应用针对斯特拉福德和劳德一样的程
序）。虽然两院都明确地说不会交出这几个被指控者，但是针对这 6 人要
颠覆英格兰的根本大法的指控已经公之于众。如果到此时，皮姆、霍利
斯还有其他几个人没有把握接下来事情会怎么样，那么强行进入他们家
搜查倒给了这些受指控者们一个好主意。另一方面，查理一世肯定是非
常自信——议会和伦敦塔周边地区都已在自己人的控制之下——一切都
已就绪，他可以扳回大局。

　　因为确保了能接到宫廷间谍事先警告，皮姆和朋友们就想玩一把
火。他们本来可以是在 1 月 3—4 日的夜间安全地逃走，但是他们真的希
望国王来抓他们，这样才可以明白无误地让国王自我暴露以说明国王就
是侵犯议会独立的人。因此 1642 年 1 月 4 日早上，他们就待在平民院里，
由卡莱尔夫人[1]和其他间谍通风报信，得知国王从白厅过来的一举一动。
一等确定查理一世已经出发，他们就开溜了。在最后一分钟的时候，威
廉·斯特罗德突发奇想要充好汉，宣布他要留下来直接面对国王，这差
一点儿毁了整个计划，大家不得不生生地拖拽着他上了等在下面的驳船，
载着他们几个顺流而下往城里去。

　　这就上演了以后青史留名的著名戏码：来犯的暴君对阵缺席了的人
民斗士，在历史上以前可是从来没有国王敢用武装力量来威吓平民院；

[1]　卡莱尔夫人（Lady Carlisle），全名露西·海，即卡莱尔伯爵夫人（Lucy Hay, Countess of
　　Carlisle），当时王后的宫廷内侍。——译者注

国王带着一小队自己的卫兵过来，乔治·迪格比确保门开着，刚好看得到外面的卫兵。不一会儿，议会外面的院子里就挤满了焦急的群众。查理一世进门后还脱下帽子做了一个向大家致意的动作，礼貌地请求使用议长的座椅，他们就让了给他。接着国王要求把被指控者交出来，回应他的只有一片沉默。查理一世要议长兰泽尔（Lenthal）指出皮姆和其他人，兰泽尔说的话，正是 1629 年丹泽尔·霍利斯强迫吓坏了的芬奇当时说的原话："在这个房间里，我没有眼睛可看，也没有舌头可说，只有议会才能指使我。"这戏剧化的一幕从这时候开始一直就是英格兰政治史里的长久记忆，直到现在也依然如故。查理回答他可以自己看，就是"鸟儿们飞走了"，接着就是一阵长久的停顿，屋子里弥漫着充满沉默的愤怒、愚蠢和心照不宣。尴尬的国王恼怒地原路返回，"特权、特权"的喊声伴随着查理一世走出门去。

这是彻头彻尾的失败，如果查理一世当初有十足把握，他还能搏一下，然而这么惨败后，他完全暴露了（正如皮姆预想的）自己比暴君还糟糕——是一个蹩脚的暴君。国王逮捕议员未遂，那么他想建设相对温和地大家齐心一致来改进君主制的最后机会也消失了。当国王要求伦敦城交出被指控者时，议会的答复就是指定一个职业军人，即欧洲战争的老兵菲利普·斯基庞（Philip Skippon）来指挥伦敦民兵，并且宣布任何人协助攻击议会和议员都会犯重大叛国罪；不管怎么说，伦敦就这么着闹翻了天。1 月 11 日，皮姆、霍利斯还有其他几个人在庆祝狂欢里现身了，他们在泰晤士河的喜庆驳船上，面对欢呼的群众。宫廷和政府随即自动地迎来了反攻倒算：任何与宫廷有关的人被认出后，人们都报以嘘声，冲他们喊着"特权"；查理一世悄悄地到伦敦周边活动——汉普顿宫、温莎、格林尼治，试图找到方法回到他已经失去的中庸地位，可是没有成效。王室政府此时开始操作本来为了应对意外直接冲突而做的后备计划：查理一世打发王后去海牙质押王室的珠宝，用来筹款召募军队；国王 22 岁的外甥莱茵河区的鲁珀特亲王（Prince Rupert of the Rhine）——他的外号是"大笑骑士"，老是带着一条叫"男孩子"的贵宾犬——忽然在宫里现了真身；做了预案保护主要的武器库和港口。国王去了北方，他相信在那里他最有可能得到军力支助。在纽马基特（Newmarket），有人问查理一世，他会不会同意将民兵交给议会控制一段时间。"以上帝的名义，一小时也不行，"他回答道，"你问我的问题，从来没人这么问过国王，而我怕是连交给妻子和孩子也不会放心。"

接下来事情即使不是说一定就朝着武装冲突的方向发展，那也是一步步地累积起来使它变得更加可能发生了。因为国王仍然拒绝签署《国民军法案》（Militia Bill），而议会单方面把它作为法令（ordinance）通过后，将强征人员和军火的权力从国王那里转移到议会。这个法令指定由郡里的郡治安长官（lord-lieutenant）和副郡长（deputy lieutenant）来监督实施转移。国王移驾约克，从约克的宫廷里发出指令宣布，任何遵守这些非法法令的军官都是在犯叛国罪。他援引了一条古老的兰加斯特（Lancastrian）王朝时期的封建动员令，并且在每个郡里指定了自己的"阵列委员会"（Commissions of Array），让他们保卫国王。

这时候议会在给国王的宣言里，第一次正式地指控他阴谋发动针对自己子民的"内战"。这话终于说出来了，不可能不说了。但是，眼见得真的血战在即，哪怕是清教徒议会党人，如布尔斯特罗德·怀特洛克等也一下子紧张起来。他对议会说，英格兰已经"不知不觉地被一个接一个的意外事件冲进了内战前奏，如同海上波涛，将我们卷出了这么远：我们几乎什么都还没搞明白，只是在纸上论战，通过宣言、抗议书、声明、投票表决、信使、回复和回答，现在已经闹到要招募军队了。"当议会给远在约克的国王提交《十九条提议》（Nineteen Propositions）作为最后的解决办法的时候，与其说它们是可商谈的，不如说这个最后通牒是他们对英格兰政府未来构想的主张，因为里面包括了议会派明知道国

王不会让步的条件，比如他孩子们的教育和婚姻权利，对全体天主教徒
（包括他的妻子）的强力指控，以及要国王政府移交所有港口、要塞和城
堡给议会派军官。事实就是：当时的议会，还有皮姆就是相信查理一世
和爱尔兰人必须承担英格兰改革的反动派角色。因此，他们会一直利用
国王，直到最后让他变得一无是处，他们就将废除君主制——强行逼迫
王室政府要通过议会认可的委员会来运作——实际上，就是创建一个议
会制摄政制度，就当查理一世已经变成没有理智的疯子一样。

　　最后，国王与议会和解的希望破灭后，前几个月双方做的主要工作
就是增加军备——捐款盘、钱、枪支、弹药、马匹和干草——要保证到
开打的时候都已准备停当。与此同时，两边也尝试搞定其他不确定的因
素，宣传纸片已经从阵雨变成了倾盆大雨般散发到民众手里，国王的印
刷所已小心地搬到了约克，因此对北方人民进行宣传的工作可以展开了。
他们与议会的报纸《市民信使》（ *The Mercurius Civicus* ）开始一场墨丘
利[1]之战，王室的《宫廷信使》（ *Mercurius Aulicus* ）对前者进行回击和嘲
讽。这样的舆论你来我往令人憎恶，群众这样热衷于围观国王政府和议
会派打嘴仗的心理也是够令人反感的，这就发生了一些非常悲哀而影响
深远的事：当日的英格兰正在如后世的巴尔干那样分崩离析[2]，不是那种
分裂成界限分明的碎片式战区（事实上没有），但是社群、机构——教区
和郡——在这些层面发生了坍塌，本来尽管大家的观点和宗教信仰不一，
却依然能出于共享本地和平与公正的利益而容忍彼此的矛盾。无疑，在
许多地方对于忠诚的选择[3]大家根本不必多加思索，或者甚至也没有什
么不情愿的情况，男人女人只是随大流，当时当地的习惯、成见，他们

---

[1]　墨丘利，罗马神话天神朱庇特与女神迈亚(Maia）的儿子，担任诸神的使者和传译，是朱庇特
　　　最忠实的信使。——译者注

[2]　Balkanization，直译巴尔干化，指当代南斯拉夫解体后原先不同信仰而和平共处的各族也开始
　　　互为敌人，随之分为今克罗地亚、塞尔维亚等多国的状况。——译者注

[3]　也就是具体到信哪个宗教派别。——译者注

的地主、布道师是怎么着,他们就怎么地。当然,还有像罗伯特·哈雷和布里丽安娜·哈雷那样早已经站在了一边,而斯丘达莫尔子爵是另一边的,早就有了事先的定论。可是,他们到底是怎么做的,反而又是一回事(奇怪的是,事到临头,斯丘达莫尔表现相当暧昧,成了保王派[1]。还有更多的人,比如诺福克郡的地主可怜的托马斯·尼维特(Thomas Knyvett)茫然失措地陷入了困境,"哦,亲爱的,"他在给妻子的信中写道,"我都不知道我该做什么。"他走进威斯敏斯特,迎头撞见约翰·波茨爵士(Sir John Potts),后者给他一个任务,是沃里克伯爵要他为议会招募一队人马,"我傻眼了,不知道怎么办,接受还是拒绝。那里可不是能讨论这些的地方,因此我接下了它,希望有一点儿时间来讨论,可是没人给我什么建议,但几小时后又从国王那里来了明确的指令,要我们反对它。"理查德·阿特金斯(Richard Atkyns)时年 27 岁,他生活在亲议会派势力强大的格洛斯特郡,他相信只要曾经听取过对斯特拉福德的审判,并且"掂量过国王做出了这些让步的分量的人",就不会反对国王。可是,"整个英格兰王国里盛行着害怕和嫉妒,走过任何一个市集和城镇的时候,都会有人问你是赞同国王还是议会,否则简直就走不过去"。

　　1642 年春夏,真正非凡的是大量的证据表明,英格兰很多善于思考的人经历了痛苦,严厉地拷问自己关于忠诚这个生命中分量最重的问题,他们热切地、诚实地向朋友、家人和自己尽力说明自己的决定为什么是正当的;自从长期议会重新召开以来,一场大危机就逐渐形成,此后在不同的时间段里,英格兰的每个普通人得出了自己的结论,然后义无反顾地忠于自己内心的抉择。康沃尔——常常被当成特别团结的社区,本来大致上也是可以这么看待那里的——的人群直接被劈成了两

---

[1] 这里指他相信天主教,和国王的信仰不同。——译者注

半。康沃尔议员中的两名领袖本来是乐观地赶去伦敦，满怀着和平改革的希望，结果两人因为各自对斯特拉福德的褫夺公权判决的反应不同而分道扬镳了。比维尔·格伦维尔爵士（Sir Bevil Grenville）是海盗爱国者海军船长理查德·格伦维尔的孙子，但是在牛津的埃克赛特学院接受教育，已经变成了一个典型的精力充沛的学者型乡村绅士：忠于妻子，热爱孩子、土地（就依照这个顺序）；他喜欢做新技术实验，融化提炼锡，饲养北非种马，并且终身热爱古典历史、哲学和诗歌。1626 年，他是康沃尔最激烈地批评国王强征借贷的人之一，坚持自由立场，那时候他站在约翰·埃利奥特爵士和威廉·科里顿一边。当埃利奥特死于伦敦塔里的时候，他非常震惊。但是到了 1641 年，对斯特拉福德褫夺公权的判决又使他吓坏了，他认为这是议会激进派在公然践踏正义。本来也正是因为国王和宫廷践踏正义，格伦维尔才攻击国王和宫廷。他是康沃尔 8 个投反对票的议员（包括科里顿）之一，他也曾试图说服亚历山大·卡鲁（Alexander Carew）爵士投反对票。"爵士，请你，"格伦维尔给卡鲁写信，"不要让人说我们郡的议员在这桩不祥的事里插了一杠子，因此请务必对法令投反对票。"卡鲁的回信同样观点鲜明："如果我知道断头台上同一把斧子下，谁会是下一个，我也会投票同意的。"（他在 1644 年被处决，到那时这个反对票一直是他的梦魇）其他居住在康沃尔曾经彼此亲密尊敬的老朋友们此时分成了两拨：戈多尔芬（Godolphin）的弗朗西斯·戈多尔芬（Francis Godolphin）爵士［和其子诗人西德尼（Sidney）］赞同国王，而特雷弗尼格（Trevneague）的弗朗西斯·戈多尔芬站在议会那边。

尽管福克兰伯爵的格雷特图圈子里的朋友们都对褫夺公权判决法令没有异议（可以想象大概他们当中没有任何人喜欢古板粗鲁的温特沃斯），可是他们却分成了两拨，第一次是因为攻击主教制一事，接着是关于议会的《国民军法案》。海德和福克兰认为这个法案明显是非法篡夺君主的合法特权；自然，在这个时候，国王是否可以拥有任何特权也就成了一块使英格兰大众立场分裂的试金石。

但他们的朋友，尊重法律的约翰·塞尔登（John Selden）议员真的相信，是国王行事不合法，不该压榨子民，除非英格兰遭到明确的外国入侵的威胁，否则就不能征收船税；于是塞尔登选择忠于议会。相反，其他如蒙塔古伯爵（Earl of Montague）等人非常痛苦地希望大家理解，支持这个可能是历代以来最亲近议会的君主制，它只是没有与议会就某种特定的最高权力进行商谈。蒙塔古给他的儿子威廉写信：

> 非常明确的是，真正英格兰人的精神就是以生命和自己所有的一切保存、维护的同时包容国王、议会贵族院与平民院。但是，这个法令能号令全体英格兰子民而没有得到国王的同意，后果将是非常危险的，也是违背议会所有的特权及全体子民的共同自由的，因此，我向上帝祈求议会贵族院和平民院不要坚持这个主张。我的心、我的双手和生命都与议会在一起，但是，不应该仅仅只有议会贵族院和平民院同意的法令。

对埃德蒙·弗内爵士来说，选择相对简单，可实际做起来太困难了，他的道德和理智告诉自己，这个事业不值得，可他却受到不可原谅和不对等的责任感的束缚。在约克，为了给害怕的保王派战士鼓舞士气，爱德华·海德叫他最好要装出一副和大家一样的欢欣神情时，海德发现自己的朋友弗内预言悲哀，他这么笑着回答海德：

> 我很愿意尽力和你一起，做到最好，但我会做得非常卑下……你认为你是对的，你没有良心不安，你认为国王就是不能应允他们这样的要求，因此你的责任和事业是一致的。但是对我来说，我不喜欢吵架，从心里希望国王会屈服，同意他们的要求；因此我

的良心只是要求我凭荣誉和感恩跟随主子。我吃他的面包、为他服务三十年了，不能做放弃他这种龌蹉的勾当；我会以生命（我敢肯定是这样的）保存和保卫这些，虽然它们是违背我的良心的。

弗内一家曾是和睦又相亲相爱的绅士家庭典范，此时被撕扯成了两半。1640 年在议会里，坐在父亲旁边的拉尔夫明确表示支持议会自己的事业。议会在《国民军法案》通过后，要求所有成员发誓的时候，他郑重地发了誓要忠于议会。要知道誓言在 17 世纪那可是非同小可，尤其对清教徒而言。这一行动不仅将他自己与父亲鲜明地分开，也和自己弟弟决裂了。他的弟弟埃德蒙不理解拉尔夫为什么不能像父亲一样忠于自己对国王应尽的责任。但是，他们仍然是一家子。夏天早些时候，身在克莱登（Claydon）的管家接到埃德蒙爵士从约克发出的信，要求他预备好马枪（carbines）、火药和子弹保卫家园，"我恐怕不久就会出现这样的情况，流氓无赖就会到家里来搜寻战利品，因此不能没有准备，但是什么都不要说，因为那样会引起更多人的误会，他们可能现在还想不到这个……赶快把别人欠你的钱都收回来，因为无疑我们会大干一仗。好好收庄稼，上帝保佑我们，我们感谢他。我不能再说了——你亲爱的主人"。但是，管家也接到了在伦敦的拉尔夫来信，要他把父亲最好的手枪和马枪找出来给在约克的老爷送去！ 1642 年暮春，有一个时期，国王和议会双方都在谨慎地试探对方，弗内一家和朋友们都非常希望和平还能维持。但是 6 月 1 日，平民院和议会贵族院一起通过了《十九条》，英格兰的前途因此难免一搏了。

不足为怪，随着时间的推移，国王与议会和解的希望越来越渺茫，到了 8 月底，已经很清楚弗内一家的老子和大儿子必将互为敌人。萨塞克斯伯爵夫人埃莉诺是他们家的老朋友，她在信念上来说是议会党人，也同情议会派，但是在社交上，和两边都有交情。她在 1642 年 9 月 9 日给拉尔夫写信说，自己收到他父亲一封信。"信中很悲观，这是他提到你的原话：'夫人，他一直在我心上，真的现在他也还在我心上'。他想起你就很痛苦，还有，你利用了他，这使他感到痛心，"她说，埃德蒙爵士"已经变得激动、心烦意乱，因为你宣称自己站在议会一边：我相信只需要一点点时间就会使你们之间的一切不快都消散了。"接着她要求拉尔夫尽力迁就其父："让我以最衷心热爱你的朋友的名义，恳请你不要过于对你父亲严词以对，要以亲爱之情对他。无疑他很悲伤，他是个好人，虽然我知道你们之间有很多分歧。"

1642 年夏天，英格兰各地出现了常常被后世描述为"人为的"分裂和疏远。正如内战本身一样，分裂在各地社群中发生，本来长久以来大家都在分享相同的习俗、地域和信念，几乎没有什么郡甚至城镇在政治上是单一基因的，能轻易地决定要忠于哪一边，或者说忠于了谁就会明显地有利于自己。议会党人在埃塞克斯占压倒性多数，威尔士的大部分地方非常忠于国王，可是，哪怕在沃里克之类的郡里，这些地方有鲜明的党派存在——像格雷维尔家族（Grevilles）——也有些郡的一部分地区比如沃里克北部，忠于两派的人往往混杂地居住在一起。只有少数几个地区——坎伯兰郡（Cumberland）和威斯特摩兰郡（Westmorland）——刻意要保持中立，这两个郡避免组成议会党派或保王派团体。总的来说两派的实际情况——他们在郡里和市集城镇遇到的反应——是在警告对方，应该转移去安全地带，要么预备好尽力保护自己的家舍和田地。

布里丽安娜·哈雷伯爵夫人是少数决定留下的几个人之一，正如她后来说的，自己不惧怕因为要保护家产领地和虔诚信仰而死。她的丈夫罗伯特爵士远在威斯敏斯特，是议会委员会里一个重要的鼓舞人心的精神领袖，他告诫她原地不动：他不相信在偏远的赫尔福德郡西北部，会给她带来什么大的伤害，特别是因为哈雷家在郡里和别的绅士们一向都关系友好，即使他们因为宗教信仰而分道扬镳。但是 1642 年夏秋之际，布里丽安娜很快就明白了自己家变成了这一带保王派大洋里的议会派清教徒孤岛，原来可靠的旧绅士纽带很可能在即将到来的冲突中断裂，她自己已经成了众矢之的，有人辱骂她，还有人真的威胁她。在勒德洛（Ludlow），她给儿子爱德华写信，她听说已经竖立了一根五月柱，"而且上面好像有个人头那样的东西……一大帮人围着，瞄准它射击，来嘲笑圆颅党。"他们的老朋友威廉·克罗夫特爵士（Sir William Croft）当众挑明，虽然在内心里他尊敬布里丽安娜夫人，但这种尊敬对他公开的国王忠实仆人立场不起什么作用。不久，在布兰姆普顿·布莱恩（Brampton Bryan）的地里、去往勒德洛市集的路上，布里丽安娜和家人就得忍受辱骂。"非常粗鲁的"乡人冲着她们叫喊，说他们希望"所有清教徒和布兰姆普顿的圆颅党都被吊死。"那一年晚些时候，保王派士兵带走了她的两个用人，关押了他们，她请斯丘达莫尔子爵从中斡旋，不合时宜地呼吁"本乡绝大部分绅士都与罗伯特·哈雷爵士有关联，要不就是大家沾亲带故的，所有人都和他长期真心地交好，以及我本人作为一个陌生人来到此地，也曾得到大家普遍的尊重，我真的不知道所有这些我一贯相信如此善良的人，何以要恩断义绝。"但是，渐渐地，布兰姆普顿·布莱恩变成了虔诚信仰者的藏身处，吓坏了的布道者、教师和清教徒朋友们陆续过来躲避风头，没有人知道还有多长时间能在此安身。不只是赫尔福德郡有很强的保王势力，北面的什罗普郡、西边和南边的威尔士也都有，布里丽安娜必定花费了很多时间向万能的上帝祈祷。

1642 年 8 月的第三个星期，查理一世决定竖起自己的旗帜，当时他还仅仅是象征性地而非实质性地挑起战争，给他出人出钱的郡县远比给议会的少。海军站到了议会那边，国王在赫尔（Hull）城外吃了当地执政官约翰·霍瑟姆爵士（Sir John Hotham）的闭门羹。在兰开夏郡出产粗斜纹布的曼彻斯特小城里，斯特兰奇伯爵（Earl of Strange）想占住一个军火库，他的骑兵却被一群激愤的武装织布工追赶到了城外。然而，威尔士和什鲁斯伯里答应给国王数千马匹和军队，查理一世对自家军官的品质很有信心，也相信他的职业军人经过短期训练战斗力能有所提高，更别提又有年轻的鲁珀特亲王给他们灌输骑士精神，一定比议会党人的军队强，虽然议会党人的军队在人数上占优势；后者由埃塞克斯伯爵领军，他是荷兰战争的退伍兵，为人阴沉，还是臭名昭著的弗朗西丝·霍华德的第一任丈夫。那么此时大旗要竖起了，预备像恺撒那样跨过卢比孔（Rubicon）河，竖起旗帜的荣耀落在新晋旗手兼骑士元帅身上，他就是 52 岁的埃德蒙·弗内爵士。这责任真是分量沉重，光是将大旗竖立在诺丁汉城堡外的地头上，就动用了 20 个人，"非常像市长大人展（Lord Mayor's Show）上用市招（City Streamers）的风气"，一个古文物研究者回忆说。在一根巨大的旗杆上，升起了好几面旗帜，最上面是国王自己的旗，图案是一只手指着王冠，其下是乐观的王室箴言"把属于恺撒的事业给他"（Give Caesar His Due）。旗子先在三队骑兵和 600 名步兵面前巡展。就在鼓声即将敲响，传令官马上要宣读王室宣言前，查理一世忽然提出要纸墨和鹅毛笔——他人还在马背上，临时起意要修改文章。等他完成后，传令官紧张地宣读这份改写后的文稿，同时旗帜冉冉升起，部队将帽子抛向空中。随后旗帜被带回城堡插起来高高地飘扬着，让方圆几公里都看得见它。但是，当夜风暴猛烈，旗杆折断旗子掉落了下来。风雨刮了两天后才停歇，旗帜重新竖立。这让那些（而且他们的人数还不少）习惯于看兆头的人可不好受，尽管对埃德蒙·弗内爵士来说，一切都早已注定。他在流水账日记里写着"凭上帝的恩典，如果他们想要从我手里夺取旗帜，就请先从我的身体里夺走我的灵魂吧"。

等到保王派军队在沃里克郡的艾奇希尔集结的时候，情况大有改观，查理一世的军队此时已达 2 万多人。1642 年 10 月 23 日早上，其中 1.4 万人被部署在艾奇希尔岭上。山顶上有查理一世和他的儿子们，也就是威尔士亲王及 9 岁的约克公爵詹姆士[1]，还有鲁珀特亲王带着他的玩具贵宾犬"男孩子"。国王拿起望远镜向山下看去，看到议会党人的军队从下方的瑞德豪斯峡谷上来。山坡倾斜而陡峭，对方没有树木阻挡，只有少数树篱可供掩护，国王的军队不仅占有巨大地利，而且埃塞克斯伯爵的人马还没放一枪之前，就已经精疲力竭。查理一世从什鲁斯伯里快马赶来，成功地避开了议会党人设在沃里克和考文垂之间的要塞。埃塞克斯不得不抓紧赶上，试图在通往伦敦的大路上拦截国王的军队，其实已是亡羊补牢。两军之间的首战对埃塞克斯不利。上个月，也就是 9 月 23 日在沃斯特附近的波伊克（Powick）桥，一场小规模战斗结束得非常难看：针对鲁珀特亲王骑兵的正面冲锋，埃塞克斯的贴身卫兵根本不懂，更别说"迂回包抄"了，结果只好传令要大家逃跑。

　　国王身边围着王室贴身卫兵，而身穿红色外套、手握旗帜（已经大幅缩小尺寸的可移动旗子）的就是埃德蒙·弗内爵士。他的家人如果知道他身上没穿铠甲，只戴了一顶头盔，会吓坏的；他自己呢，相信如果穿戴上全套胸甲，与其说那是在保护自己，不如说它碍手碍脚会使他在战场上无法移动，导致更容易被杀。他的一些最亲密的朋友也在场：海德与国王在一起，福克兰在骑兵中间。鼓、展开的军团旗帜、彩色围巾像肩带一样系在铠甲外面，好让自己人在战斗激烈的时候辨认。但是在怎么部署军队的时候，国王军队内部有了严重的分歧，福斯伯爵（Earl of Forth）和步兵指挥林赛伯爵（Earl of Lindsey）愤怒地争吵：一个要按照瑞典军队的方式把火枪手放在长枪兵里穿插起来；一个要用老式的"荷兰"方法分开二者，自成一体，后者认为那样对没经验的士兵更合适。国王和鲁珀特亲王都不够老练，同意了前者。这时，林赛觉得自己受了冒犯就生气了，扔掉指挥棒，大步流星地走到一边去指挥自己的军

---

[1]　海德在照看他，詹姆士后来娶了海德的女儿。——译者注

团了，那时的骑士们就这副德行。尽管如此，很明显国王仍然受到爱戴。查理一世策马经过队列，穿着黑色天鹅绒外套，白色貂皮镶边，身上唯一闪亮的是他的嘉德骑士徽章。"国王是你的事业、你的拌嘴对象，也是你的老大。"他告诉部下们，并发誓他会感激他们且记得他们是如何效忠自己的。他的声音一如既往地低沉，但是无论如何，场上也有些附和他的声音。

戎装的多切斯特议员丹泽尔·霍利斯，作为 1 月跑掉的五只"鸟儿"之一，正在议会党人这边的中心。从自己所在山谷里的位置，他应该可以看得见山脊上保王派的强大军队阵势。他从伦敦受过训练的帮派和学徒里招募了自己的步兵——他的很多朋友和同伙也都这么干。他让他们穿上红色的外套，这是最便宜的染料。（有关内战的一个老掉牙的笑话就是部队没有彩色的制服，布洛克伯爵的人马全套行头是鲜艳的紫色！）约翰·汉普顿应该在路上了，他知道阿瑟·哈泽里格在东米德兰兹差点儿被国王的军队逮住。万一议会党人的事业在战场上失败了，他非常明白等着他的将是什么。他们在英格兰西部来回穿梭行军过程中，士兵们已经养成了一种粗鲁的做派：当有需要的时候，他们就抢东西；只要他们认定是罗马天主教的，就毁坏其教堂和村庄，消灭教士，打烂并且烧毁圣餐桌围栏，偶尔也念几句他们自己的祈祷词。幸运的是当时正值收获季节，他们经过的西米德兰兹是富饶之地。"我们的食物就是能摘到手的果子。"一位由学徒工转变而来的士兵尼西米亚·沃顿（Nehemiah Wharton）在伍斯特郡写道，"我们喝的是水，席地而卧，云朵为盖，但是我们拔掉了树篱、围栏，卸下大门，生起篝火；大人（埃塞克斯）向我们保证，如果在接下来的日子乡间没有使我们摆脱困难，他会放火烧了他们的城镇。"

路上，他们曾与鲁珀特亲王的骑兵遭遇，一度情势非常紧张，但对步兵的士气也没什么影响。好，现在那边的山脊上又是他们了。最起码，在这个时候议会党军人手里有几条枪了。在笨重的 4 米长的长枪行列里，分散着火枪手，他们忙着检查涂了焦油的火绳，这玩意儿是他们武器的引信，要紧紧地敲击到位。在他们有机会瞄准射击之前，火枪和枪兵（arquebuses）都要依靠分叉与刻槽支持。前排中心有一些野战炮(field gun)，但是他们要对着小山的斜坡向上发炮可不容易。

现实证明了，这的确不易。大约三点钟，埃塞克斯认为需要连续炮击保王派的步兵中心带，以便弥补地形造成的不利。议会党军对绝大部分连续炮击的回应都来自部署在斜坡下方很远的火炮，结果出现了很多跳弹；另一个原因也许是国王炮兵的表现非常令人失望，加上议会党部队军官费思富尔·福蒂斯丘爵士（Sir Faithful Fortescue）突然出现，他戏剧化地做了个扯下自己橙色围巾的动作，暴露了自己，这些情况使得鲁珀特亲王开始率领骑兵出击。对于议会党军队来说，骑在马上的或站在马匹前拿着长枪的，眼看着马儿从快速小跑变成了慢跑，而自己的火枪和马枪一点儿都伤不到冲过来的骑兵。在这个生死关头，战争的现实一下子吓坏了他们。面对一波波骑兵以横扫的角度冲过来——这保证对方根本不受火枪的火力压制，吓呆了的议会党军队恐慌了，他们的骑兵和一些步兵开始溃败逃跑。鲁珀特的人马径直冲出一条路，追赶着议会党军队的逃兵，像一群猎人追击狐狸一样冲过去，一直追了三英里，直到凯恩顿（Kineton）村。议会党军队在这里留着辎重，这时候被鲁珀特的骑兵们夺去了，他们一片欢腾。但一英里远的后方，约翰·汉普顿正领着自己的人马赶来战场，他们与抱头鼠窜的逃跑者迎头撞上。

鲁珀特和自己手下的骑士们觉得这一仗已经赢下了，就准备祭酒了，过一会儿，鲁珀特亲王决定最好还是回艾奇希尔，哪怕是帮助清理战场也好，结果却发现那里正在发生大屠杀。原来鲁珀特身后的骑兵违反了要他们保持在原地不动的命令，看见对方溃逃，一时眼红也追下了山。这样一来，保王党部队完全失去了保护。发现目标！

　　这是一个灾难性的错误，因为并不是所有议会党军队的步兵都被打垮了。虽然说本来也被打败得差不多了，但这次又是苏格兰人，或者说起码是一个老圣约者威廉·鲍尔弗爵士（Sir William Balfour）改变了英格兰的命运。当托马斯·巴拉德（Thomas Ballard）上校忙着填补步兵的缺口时，鲍尔弗在逃窜士兵的乱阵里收拢起骑兵的残部，向保王党步兵发起冲击。保王党的雅各布·阿斯特利爵士（Sir Jocob Astley）在带领士兵冲入战斗前做了简短的祈祷："哦，上帝！你知道我今天会有多忙。如果我忘了你，请你不要忘记我。"被冲垮了的议会党军队包括霍利斯的伦敦学徒们稳住阵脚，过了一会儿，他们开始聚拢，慢慢地向山上失去保护的保王党军队推进。保王党接下来的冲击被众多枪兵挡住了，双方的枪兵和火枪手扭作一团，面对面地，像两队伐木者，又像两拨掠食恶魔，徒手抓住彼此高举的长枪，混战了几个小时。即使幼小的约克公爵[1]，国王让人把他护着待在安全的后方，也能看得见这可怕的厮杀，而且终其一生对此记忆深感震惊。两边都不退让，直到一个个精疲力竭才停下互搏。"参战的步兵投入战斗如此热烈接近，"他后来写道，"设想一下，如果有一方逃跑了，战场上一片混乱也是情有可原的，但当时发生的事正好相反，因为每一个人似乎都相互商量过了，后退几步，放下彩条，继续对射，甚至到了半夜还在对射。这非常奇特，当时有这么多目击者都在场，却简直不像是真的发生过。"

　　在这一片贴身肉搏、烟火弥漫和金属的撞击声中，埃德蒙·弗内爵士身在其中，手里紧握的旗帜当然使他成为最显著的目标。赞颂他的人们说，在目睹自己的仆人杰森死在自己面前之前，他已经砍倒了16个敌人，然后消失在冲上来的队伍中。保王党军的旗帜被夺了过去，又被查理一世的一个贴身卫兵夺了回来——他用议会党军的橙色围巾伪装自己，

---

[1]　就是后来的詹姆士二世。——译者注

把旗帜带回给了国王。

这一仗随着 10 月夜晚的降临和双方士兵都累得不行了才告结束，而保王党守住了阵地。埃塞克斯认为要保留残存部队，以便迎战第二仗，以防止国王向伦敦进发。他们收兵退回到安全的布洛克伯爵的沃里克城堡里。尽管保王党试图庆祝这个表面看来是胜利，可事实上他们已被打烂了，即使不撤退，也不再是很有自信的姿态。将近 3 000 具死尸躺在沃里克郡的这个山谷里，重伤者更是不计其数。夜晚天气寒冷凛冽，温度接近冰点，使他们的伤口止住了流血，因此第二天上午有的还活着。双方军队的将领们，尤其是在欧洲战场上没怎么见过流血的，都不寒而栗，原先大家想象着只不过像是打猎游戏般的战事暂时告一段落。

这里的乡村居民以布洛克伯爵和塞伊塞勒子爵的佃农为主，保王党几乎不能指望从他们那里得到帮助。尽管查理一世也许可以抓住眼下机会，指挥部队急行军进入伦敦，但保王党损耗严重，残缺不全的队伍急需休养和补充兵员。因此，国王转向班伯里（Banbury），可那里的守卫不战而降。随后他们就去了保王派坚定的大本营牛津——后来内战期间牛津一直是陪都，随后又去了雷丁（Reading）。

在平民院里，拉尔夫·弗内不得不坐着听完埃塞克斯伯爵将军的报告。埃塞克斯乐观地声称艾奇希尔（当时它以凯恩顿战斗闻名）是一次"上帝保佑的胜利，上帝使我们打败骑兵和那些邪恶的人，直到星期天也就是 23 日的此时此刻，是那些邪恶者把陛下拖进反对自己忠实子民的危险血战中。"但是拉尔夫迷失在个人悲痛里，他的敌人父亲手握王旗倒下了，好像没有人知道他发生了什么，尸体也不知所终。萨塞克斯伯爵夫人给拉尔夫写信，安慰他："我以最悲痛的心情和世上曾经经历了最深创伤的灵魂向你承认，他曾经是我生命中最大的安慰。"拉尔夫回复：

　　　　夫人，昨晚埃塞克斯伯爵部队里的一个仆人告诉我，不可能找到我亲爱的父亲的尸体，因为我的将军大人，布洛克伯爵……和其他20位我的旧相识向他保证，他从未被俘虏，他们中也没有任何人曾经见到过他的尸体；唯一的消息是，他是被一个普通士兵杀死的。听了这个，我的人去找了几个教区的所有教士，是他们埋葬了战斗中的死者，但没有人能给出关于他尸体的信息。有人告诉他，我的奥比格尼（Aubigney）伯爵可能被埋在野外，但是，碰巧有一个人认识他，把他带进了一个教堂，将他放在那边的地上，身上甚至连一张床单也没有，就这样和其他几个一起下葬了：教士们保留了所有下葬者的记录，他们总共差不多有4 000人。夫人，你可以理解我非常悲哀，我恳请你为我祈祷。

然而几个月后，埃德蒙·弗内爵士又一次现了真身——但是只在村民们面前（包括一个教士和治安法官），大家发誓看到了幽灵部队在夜空里鏖战，其中有位旗手紧紧握着国王的旗帜。另外有人声称某人在某地发现了埃德蒙爵士的断手，手指戴着的戒指上镶嵌着国王的肖像，那只手紧紧地拽着一截旗杆。

这些都安慰不了拉尔夫·弗内，父亲的死动摇了他对战争的信念。第二年，即1643年，他是诸多（包括丹泽尔·霍利斯）寻求试探国王，企图找到打开死结方法的人之一。与位于牛津的宫廷进行试探性的谈判失败后，议会要求大家与苏格兰人签署《庄严盟约》（Solemn League and Covenant），以期承诺要和保王派血战到底，不达全面胜利不罢休。拉尔夫·弗内深陷在失去父亲的悲痛之中无法自拔，没有签名；相反，他消失了，带上全家自我流放去了法兰西。

1642年11月，国王试图夺取伦敦，粉碎议会，却在首都西边外围的特纳姆格林（Turnham Green）折戟。战争将是长期的、严峻的、痛苦的，这时已很明显了。此前一周，保王党军队将守备部队留在雷丁和牛津，这样军力稍有削弱。他们在布伦特福德（Brentford）遭遇民兵连的学徒帮，包括丹泽尔·霍利斯的红外套团。鲁珀特的骑兵冲锋又一次冲破了他们的阵列，逼迫霍利斯的骑兵败退到泰晤士河边，很多人在慌乱中跌进河里，受身上铠甲拖累而淹死。这在伦敦引发了恐慌。志愿者们蜂拥而至，他们决心阻挡鲁珀特骑兵团的报复。12 月 12 日是星期天，议会党军共 2.4 万人，加上成群的妇女和其他市民提供食品，给议会党军打气，对阵保王党军队的 1.2 万名士兵。虽然很多议会党防御者的武器仅仅只是棍棒和干草叉，但是数量庞大，在特纳姆格林紧张地对峙一整天后，查理一世反对冒险，决定撤回牛津。

艾奇希尔之役已经教会查理一世，自己和议会间的冲突不可能毕其功于一役，即使是史诗性的战斗也不行。特纳姆格林让他懂得对方不管怎么组织涣散、水平业余，议会就是能笼络到足以和他自己的人打平甚至反超自己的人手。那么，现在的关键是，要依靠乡绅支持基础坚实、更能接受较重税收支付战争的地区，加强充实自己的军力，而这基本上就只剩下英格兰西部、东北部和威尔士了。一旦他的军力基础打好，就可以从英格兰外围向战略中心进发，渐渐地扼住伦敦，给它的脖子套上绳索。另一方面，议会党一派知道自己的补给来源核心是英格兰的东部和东南部，这些地方完全处于自己的掌控下，首都后备充足。那么防止保王党军队在东盎格利亚和东米德兰兹之间打通道路，连接国王的北方和西部势力基地，对议会来说至关重要。1643 年，议会党军建立东部联合，在蒙德维尔伯爵的统一指挥下，并联各郡的防务委员会，他此时已经是曼彻斯特伯爵，是少数几个留在议会里的旧议员之一；这也意味着得赶快利用克伦威尔的步兵、枪支和马匹，随时随地就要将他们利用起来，还要更有效地发挥其作用。

那一年，战事局限于小范围内进行，主要是在约克郡和英格兰西部；战争是肮脏的、血腥的，城镇和乡村都被毁了，对此人们震惊不已。因为战火真的烧到自己身上了，事情对两边来说都不可预料。随后把他们带入战争的绅士阶层的热情与忠诚力度时强时弱，而普通步兵和骑兵在战斗之后，无论输赢都大批大批地开溜，也使他们备受背叛的煎熬。（"回家，回家"，在德文和康沃尔，伦敦学徒们不断喊着，他们深知自己已经远离齐普赛街与索思沃克）。然而，至少在 1643 年，他们的绅士军官们毕竟看起来也惊慌失措地频频换边，大部分是倒向国王那边——那一年，国王的运气无疑占上风。在约克郡，约翰·霍瑟姆爵士就是让国王在赫尔吃了闭门羹的那位。还有休·乔姆利（Hugh Cholmley），他曾经那么不可调和地坚定地要置斯特拉福德于死地而后快，这时候却阴谋策划将普利茅斯交到保王党手里，结果被自己的一个仆人检举，被捕后被押往伦敦，经过议会派简单的审理后给处决了。在西线战事迷离扑朔之际，理查德·格伦维尔爵士，即比维尔爵士的弟弟突然发现，宗教不过是"造反的一件披风"，他随即改为效忠国王，后来成为保王党中最冷酷无情的将领之一。

在战争之初，两边的很多将领在社会属性、文化人格上都非常接近，不管在议会里还是在乡村彼此都很熟悉。他们说着相同的公正的爱国的语言，这个事实无疑会削弱，或者至少在不断地考验他们对各自派别的忠诚。在西部乡村，威廉·沃勒（William Waller）和拉尔夫·霍普顿（Ralph Hopton）两位爵士，在一次小规模但是同样杀得血腥的战事里担任对垒双方的统帅。他们俩分别来自格洛斯特和萨默赛特，都是职业军人，各方面都在伯仲之间，甚至在信仰上，霍普顿虽然身为保王党，却和清教徒沃勒一样过着简朴的生活。霍普顿不仅投票通过斯特拉福德褫夺公权判决，还投票赞成了《大抗议书》这个妖孽。别忘了正是《大抗议书》引得保王党奋起反击的，只是因为议会要越权领导军队，霍普顿才改变了效忠对象转投到国王一边，当时他和对手的思维模式实际上非常接近。在战事的短暂间歇里，霍普顿给沃勒写信，请求见面，沃勒不得不拒绝他，但对彼此间的友情决裂，言语间饱含痛惜：

> 致我尊敬的朋友，维尔斯（Wells）的拉尔夫·霍普顿爵士：
>
> 　　先生，此刻，我看着眼前我们这个距离，你我曾经共度的快乐时光，你的尊贵和友爱，想起来就令我痛心。无疑，我对你的友情不会改变，敌对本身无损我对你个人的友谊，但我必须忠于我的事业。我们的旧日情谊虽有限却可昭日月，依然藏在我心底，我的职责并没有吞没我的良心。我原本是最欣然如你所愿恭候你的，只是我看你参与其间，不可能退步，且你心意已决，不是谁能说服的。虽知你我以后不会再像此次聚首离得更近，但必被泄密而误会，失我清誉。伟大的上帝，可鉴我心灵，唯有他知道我来此效劳，何其哀伤；我又何等憎恨这一非敌之战！然而，我视之为上帝旨意（Opus Domini），仅凭此足可泯灭我心中的任何激愤。和平之神在此良辰送来庇佑，同时容许你我接纳它。这是舞台，你我只能扮演这个悲剧里的指定角色。就让你我以磊落之心从事，抛弃个人仇恨。无论世事如何，我将永远不会放弃这个亲切的名分。
>
> 　　　　　　　　　　　　　　　　　　你最亲爱的朋友
> 　　　　　　　　　　　　　　　　　　忠实的仆人
> 　　　　　　　　　　　　　　　　　　威廉·沃勒

　　三个星期后，在巴斯附近的兰斯当（Lansdown），霍普顿的部队对部署在小山上的沃勒的手下发起冲锋，拿下了阵地，获得枪炮和俘房，但自己的部队也损失惨重，2 000名骑兵冲上去，胜利后只剩下600人了，简直得不偿失。这次袭击导致沃勒死了200名步兵。战斗最激烈的时候，沃勒的另一个朋友比威尔·格伦维尔爵士被长柄战斧劈倒。霍普顿自己的手臂也被砍中，伤势严重。第二天霍普顿在巡视俘房时，一辆弹药车爆炸，火烧到他身上，使他暂时失明了，因此他只能由人用担架抬着，心里却在忧虑沃勒的步兵虽然被打败了，但就在巴斯休整，也许会猛扑过来，而自己的部队已经残破不堪。又过了一周，在迪韦齐斯（Devizes）城外的隆得威当（Roundway Down），尽管霍普顿的视线还有些模糊，骑不了马，但他的部队却又打胜了一仗，还是大胜。两个星期后的 7 月 26 日，霍普顿的康沃尔军攻下了向来被认为固若金汤的布里斯托城墙。他们攻进城里，守军头领是塞伊塞勒伯爵的儿子纳撒尼尔（Nathaniel），他向鲁珀特亲王投降。

布里斯托城落入保王党手里，这消息一石激起千层浪，在西南部坚决抵抗保王党的虔信者议会党全都感到震动，其中有最虔诚坚定的多切斯特。威廉·斯特罗德带来一个令人不安的消息，就是保王党的军队围城者爬上 5 米高的城墙根本不在话下，以他之见，多切斯特的防守只能力保半小时不失。那些曾经宣誓与其《盟约》共存亡的议会党人，忽然间心思大变：约翰·怀特直奔伦敦而去，威廉·怀特维（William Whiteway）试着从韦茅斯（Weymouth）乘船出海，但是被一支保王党的巡逻队拦住了。8 月 2 日，在得到保王党只要赶快投降就不会被劫掠的保证后，多切斯特市民为国王的骑士部队打开城门，可是最终还是发生了劫掠。

保王党这个时候拿下了西部的大部分要塞和市镇，布里丽安娜·哈雷伯爵夫人被困在布兰普顿布莱恩，她惊恐万分地做了最坏打算。罗伯特爵士（后来他改变了想法，叫她别留在赫尔福德郡，但为时已晚）仍然身在伦敦，没有办法赶回家里。两个儿子内德（Ned）和罗伯特都在沃勒的手下，她只能祈祷，但愿他们安全。附近其他清教徒虔信者家庭和教士们大部分都早已逃走。很多人去了格洛斯特城堡，那里正在坚决抵抗保王党的围困。她的朋友们遗弃了的家宅被抄了个底朝天，牲口给拉走宰杀了，佃农和劳工吓坏了，土地被国王没收了。布兰普顿的门楼建于 17 世纪，门后有 50 个火枪手守着，他们要保护另外 50 个平民，包括她的家庭医生和少数几个虔信者朋友，还有她的三个年幼的孩子托马斯、多萝西和玛格丽特。7月下旬，700名步兵和带马步兵驻扎在布兰普顿周围，在靠近她家花园的地方建造起矮墙，以便发射炮弹和用火枪射击房屋。布里丽安娜无计可施，唯有祈祷、等待，巡视自己的防御工事。敌人在围困开始时非常迫切，天天炮击，一直持续了6个半星期。守卫者们只能自己动手把麦子磨成面粉做面包。大厅的屋顶坍了，然而，尽管炮火不断，奇怪的是只有很少几人丧命，那就是布里丽安娜的厨师、一个仆人，以及一个女性朋友。普里阿摩·戴维斯（Priam Davies）是在这整个围困期间一直在场的议会党人头头，他宣称布里丽安娜最讨厌的是敌人一直在吵闹咒骂，从"我们花园和小路那边的矮墙发出，他们恶毒难听的话语比有毒的子弹更惹我们生气"。他这么说也并非难以置信。

布里丽安娜自始至终一直和围困者们保持着正常的联络，他们也希望如果谈判可以的话就结束战斗，而不是轰掉宅邸。作为缓兵之计，她让他们一直聊着，希望议会党军队来解救自己。最后，直到1643年9月，保王党军队被召去加强对格洛斯特的围困，她才得以继续做布兰普顿布莱恩的女主人。她着手平整土地，在花园和果园重新栽种花草果木，由于急需补充领地的畜群，就从已变成敌人的邻居那里牵来牛羊。虔诚的布里丽安娜化身为掠夺者布里丽安娜，但她知道，上帝会原谅她处于窘迫中的冲动。

但是，上帝给布里丽安娜·哈雷做了另一安排。10月，很明显她是非常突然地就倒下了。因为肺叶脱落，她大口咳血，身体不断抽搐。1643年10月31日，众人还在一片震惊和悲哀中，她就去世了。当罗伯特爵士得知噩耗，尽管身为加尔文教派人，在万能上帝的神秘莫测的意图中，他也屈服了："接到噩耗，上帝从我这里带走了我亲爱的妻子，对他的天意智慧之手，我愿以衷心谦卑之心服从。"布兰普顿布莱恩的守卫者们被布里丽安娜榜样的力量感动了，坚持继续抵抗，直到1644年4月，他们才最后放弃抵抗，将房子交给赫尔福德总督巴那巴斯·斯丘达莫尔（Barnabas Scudamore）名下的部队，他是斯丘达莫尔子爵的弟弟。

1643 年秋，也许是议会党事业最低谷的时候，1642 年的"鸟儿们"死的死，背叛的背叛。1643 年 6 月，在查尔格洛夫菲尔德（Chalgrove Field）一战中，汉普顿受了致命伤；丹泽尔·霍利斯对这一年的不利情况非常悲观，成了最积极地谋划与国王谈判和平的人之一；哈泽里格的铁骑兵因其胸甲和红外套得名"龙虾背"，7 月，也在朗德维当大败于霍普顿；只是哈泽里格活了下来，还要打更多的政治仗；约翰·皮姆被肠癌折磨得奄奄一息，但就在皮姆死前不久，他与苏格兰人签署的《庄严盟约》使联盟紧密起来，这一招比其他任何单一事件都厉害，它拯救了议会党人的地位，决定了不列颠内战的最终结果。

1637 年，苏格兰开始反对查理一世的暴政，7 年后，这个《国民圣约》几乎要结果了他。只因我们的历史观狭隘，顽固地非得以英格兰人为中心不可，老觉得需要本土出产的英雄。只有从这个角度去理解才能明白，为什么英格兰历史留给我们的普遍印象似乎是奥利弗·克伦威尔单枪匹马地在第一次内战中击败了查理一世。其实他这个角色上场很晚，起的作用也很有限（尽管他常常做出关键性的决定，还取得了胜利）。如果没有伟大的苏格兰圣约者将领亚历山大·莱斯利的干预〔查理一世在 1641 年应苏格兰议会的要求提升他为利文伯爵（Earl of Leven）〕，克伦威尔也许永远都不会有机会庆祝那些胜利。具有讽刺意义的是，圣约者与英格兰议会结盟后，苏格兰人给后者向位于约克郡的关键战场输送了庞大的军队。这是自苏格兰詹姆士六世兼英格兰詹姆士一世企图建成不列颠联盟而不成后，苏格兰和英格兰第一次尝试协调合作。为了巩固联盟，皮姆和议会两院里的清教徒虔信者团体真的答应在英格兰、苏格兰、威尔士教会里将会建设共同的长老会（concordance）。因为那时已经有门罗的苏格兰军活跃（假如不说残忍的话）在那里，看起来这么打下去的话，把爱尔兰包括进来也是早晚的事。1643 年 9 月 25 日，议会两院聚在一起，在威斯敏斯特的圣玛格丽特小教堂里，就《庄严盟约》立誓，一幅惊人的斯图亚特王朝联合的梦境——神圣的大不列颠——的转化版图似乎触手可及。

1 月 19 日，利文伯爵跨过特威德河，带着 1.8 万名步兵、3 000 匹马、500 名龙骑兵，以及 16 门炮。诺森伯兰在 5 年里这是第二次被苏格兰人占领了。为了保卫泰恩河，纽卡斯尔拥有 500 名步兵和 300 匹马，明摆着保王党这下子麻烦大了。查理一世能收拢的队伍特别是南边和西边的都急急忙忙地赶往诺森伯兰，可是 1644 年 3 月在切里顿（Cheriton），沃勒在与霍普顿的第二轮战争游戏得胜，查理一世又少了霍普顿的一支人马。

约克作为国王的北方陪都，长久以来似乎都是不可侵犯的，可此时却被议会党军队和苏格兰部队合起来围了个水泄不通，合围时间长达 11 周。周边的村子都已被夷为废墟，围城者抢走了田里的一切东西。西米恩·阿什（Simeon Ashe）在城里看着毁坏的一切，写道："如果你的眼睛和我一样看了昨夜燃烧的约克城，你的心会和我一样沉重。上帝飨我辈以糟蹋一切的战争悲伤之果实，他迅速终结吾等深重罪孽与肆意破坏之焚烧，实为仁慈。看到这一切，我的心有时候真的快要爆裂了。"

慢慢地，议会党和保王党两边都认清了约克城以及英格兰北部的命运将是整个不列颠战争命运转折的支点。在西南，国王只留下足以拖住埃塞克斯伯爵和沃勒后腿的兵力。纽卡斯尔公爵和鲁珀特亲王费了九牛二虎之力召集了强大的兵力，给约克解了围，并且足以和苏格兰圣约者与议会派的联军相抗衡。7 月 2 日，天气潮湿闷热，一大早，离约克城外几公里远的地方，4 万人在马斯顿荒原（Marston Moor）面对面僵持着；天时既不对，也没有地利，前面一连几天的暴风雨，将整个约克郡变成一片泽国，两军之间是一条宽阔的壕沟，离彼此的前沿都不到一公里远。众将士身穿胸甲，内里汗水直流。鲁珀特亲王并不着急发起进攻——就这一次，只要可能，他不想挑头打仗，下午在慢慢地过去，这是长时间的猫捉老鼠游戏。鲁珀特在等待时机，他要等对方的骑兵跌跌撞撞地冲过壕沟时再从容射击。但没等他回过神来，克伦威尔骑着马在议会派军队的左翼，此时已经冲过壕沟杀到了他的士兵面前，并杀出一条路直奔后方来了。激战中，克伦威尔的脖子和头部都受伤了，不得不离开战场。这样，因为左翼的保王党军队曾经狠狠地教训过托马斯·费尔法克斯（Thomas Fairfax）爵士的部下，他们的枪兵和火枪手都像往常一样拥挤在中间射击。本来还有机会取胜，但是就在自己这一辈子的生死关口，克伦威尔与圣约者戴维·莱斯利将军一起重返战斗。克伦威尔刚刚因为自己马匹的战场纪律赢得名声，没有让它们浪费宝贵的时间和精力在敌人的辎重后部乱跑。他让自己的部下包抄到保王党军队失去保护的右翼后部。正是议会党军队骑兵的这次快速移动，占据了地面的有利位置，随后骑兵冲向这时被团团包围着的保王党中心，彻底地封住了他们。

　　三个小时后，马斯顿的沼泽里死了6 000人，国王的精锐步兵全部被歼灭了。纽卡斯尔公爵散尽个人财产给查理一世筹集了军队，眼睁睁地看着它全军覆没，他是再也拿不出钱来资助另一场战事了。他说自己不愿意听到法庭上敌人的耻笑声，宁愿手里只拿着90英镑就去流亡了。对奥利弗·克伦威尔来说，这场胜利无疑是上帝在与他正直的战士们一起并肩作战的信号。他给姐夫瓦伦丁·沃尔顿（Valentine Walton）上校写信，宣称"上帝让他们做了我们的剑下鬼"。接着他的欢乐报告蒙上了一层阴影："先生，上帝带走了你的大儿子，他被炮击中，腿断了，我们必须给他截肢，他就这样死了。先生，你知道我也曾经经受这等审判（克伦威尔自己的儿子小奥利弗服役的时候病故了），但是上帝这样支持着我：上帝带他进了天堂，那也是以后我们要去的地方，我们现在活着就是为了以后去那里。你宝贵的孩子已经蒙受了上帝的荣光，现在他既没有罪孽，也没有愧疚了。"

到 7 月底，约克城投降了。此时国王仅存的希望就是康沃尔了。在那里，埃塞克斯伯爵（他坚持接替沃勒指挥）的一支一万人的部队，在洛斯特威西尔（Lostwithiel）和福伊河（Fowey）之间的一片 8 公里长的长条地带遭到埋伏，彻底溃败。查理一世亲自指挥战斗（而且他喜欢指挥），他问伯爵是否考虑与自己一方联合起来把苏格兰人赶出北方，埃塞克斯拒绝了。他一看到骑兵突破了防线，就离开自己的部队乘船逃走了，留下菲利普·斯基庞（查理一世也给他提供了保王党军队职位，他也拒绝了）在福伊收拾残局，以便自己的步兵能体面地撤退谈判，当然最后这变成了物流和人道灾难。一个保王党士兵观察着撤退，看见"溃败的士兵彼此挤压，像一群羊……肮脏又垂头丧气的样子非常少见"。斯基庞的败兵们被剥夺了食物、衣服、靴子，头上没有遮盖，还受到乡下村民的袭击（尤其妇女）。他们睡在湿漉漉的地里，喝水坑和沟里的水。其中一个记得遭到了"非人的待遇、辱骂、呵斥、蔑视、撕扯、脚踢、掠夺，很多人被抢光，这些完全违背了战争条约的条款"。疾病、饥饿，加上伤口得不到护理，使得部队逃兵剧增，这样，败军离开福伊时是 6 000 人，到普厄（Poole）时就只剩下 1 000 人。

到年底，议会控制了英格兰和威尔士 57 个郡中的 37 个，以及大部分人口众多、战略重要的市镇，除了布里斯托、埃塞克斯和切斯特，但是国王还没有被打败。10 月，在纽伯里的第二战，查理一世成功地避免了沃勒与埃塞克斯的军队对他的合围，否则那就将是致命的打击。那天，双方军队死缠烂打最后进入胶着状态，两边士兵都已精疲力竭。查理一世的军队虽然损耗严重到无法突围，但还不至于就此完蛋。查理一世很清楚，议会党也深知，一方面沃勒与埃塞克斯日益不和，另一方面曼彻斯特和克伦威尔也并不融洽，他们几乎互相都不说话，彼此猜忌，还彼此看不起。要击败国王就像猛拍一只特别讨厌而又机敏的家蝇，尽管从军事上来说，查理一世丢失了地盘，但议会党的军事将领们有一种不祥之感，即查理一世一直在赢——至少是政治上——他没有被摧毁。曼彻斯特伯爵这么说："哪怕我们把国王打败九十九次，他还是国王，他的后代还要接着做国王，但是只要他打败我们一次，我们大家都得被绞死，我们的后代就得全部做奴隶。"奥利弗·克伦威尔马上对此嗤之以鼻，认为曼彻斯特的思想陈腐、懦弱，他反唇相讥："假如真这样，那当初我们干吗还要起兵造反？"

曼彻斯特和克伦威尔关于如何利用东部联盟（the Eastern Association）的可怕军队的争论绝非单纯的战术策略上的口角。克伦威尔公开怀疑说曼彻斯特没有全力以赴推进战事，因为他在受一种错误的焦虑思想指导。他说曼彻斯特不想彻底打败国王，以免出现权力真空。反过来，曼彻斯特指责克伦威尔在军队里塞进社会等级较低的人，这些人的宗教思想不正统，是非常危险的，他们不太可能服从长老会的统治，而曼彻斯特等人可是为了正统而战的，他们要统一苏格兰南北。随着时间的流逝，就可以看出奥利弗·克伦威尔根本不是什么社会平等主义者，他也没有把他的军队当成政治激进主义的学校，但是，他相信军官和士兵的道德思想一致、观念意识能重合的时候，军队的战斗力会更强，从这一点可以看出克伦威尔具备了现代军人的意识。他认为，绅士冲在前、家丁们跟上的旧式思想已经落伍，也不适合他们的事业，虽然骑士风度应该是那样，但他们不要这个。在艾奇希尔一仗后，他告诉汉普顿，就是这个意思："你的步兵……大部分是老得走不动的仆人和酒保，其他也都是差不多这样的人，而且……他们的步兵是绅士的儿子们……你得弄到一种有精气神的人……就是只要绅士去哪里，他们就能跟得到哪里；否则，我敢说你还是要挨揍。"当他告诉萨福克委员会"我宁愿要一个知道自己为何而战的黄衣服平民队长，因为他热爱自己的目标，也不要你所谓的一无是处的绅士。"可这么说的时候，他并没有要求搞一支民主的、道德思想动机神圣的军队。他和曼彻斯特的争论一直持续到 1645 年的冬天在平民院进行的公开辩论。在会上克伦威尔说得很清楚，一支神圣部队不一定（如圣约者想象的）是严格意义上的长老会军队。不止一次，当克伦威尔部队里的低等级军官被指控是浸礼会信徒或者其他非正式新教徒时，他就为他们辩护，说只要是愿意为了正义事业献身的，不应该为了讨好苏格兰人而受到轻视。不管克伦威尔愿意为之战斗的不列颠是什么样的，反正不是一个长老会的联合王国。

至少在 1645 年，长老会派如曼彻斯特、埃塞克斯和哈雷，以及自称对信仰的划线问题更包容、更大度的"独立派"，都同意要以最大的力量打击国王；为了能做到这样，议会尝试将政治和军事指挥权分开，并为此通过了《自我剔除条例》（Self-Denying Ordinance），要求所有两院的议员们辞去在军队的职务，或者反过来也行。这样就有效地剔除了大部分刺儿头——埃塞克斯、曼彻斯特和沃勒，然后组建了一支联合的新模范军（New Model Army），由年长的托马斯·费尔法克斯爵士统帅。他是唯一没有人（迄今为止）对他有微词的将军，他声明自己政治上中立。尽管费尔法克斯对政治不感兴趣，但他对这支议会党的核心军队应该如何管理的想法倒是和克伦威尔不谋而合。他们俩都认为军队要热情高涨、圣洁（大唱赞美诗）、纪律严明，那些士兵的固有习气——酗酒、咒骂、嫖妓——都将被安静地学习《士兵教义问答》（*The Souldiers Catechisme*）所取代，严厉禁止劫掠（无论如何，这一点很符合基督徒主旨的善意思想，但是在特别可怕漫长的围困后执行起来就是自取灭亡）。为了报答他们的节制和热情的自我牺牲，战士们需要感受到将领——事实上是所有军官——真心实意地关爱他们的福祉，给他们提供靴子、食品和遮蔽风雨的工具，当他们因手臂被锯断而躺在地上哀号时，他们要知道这是有意义的。克伦威尔和费尔法克斯当然毫不怀疑这的确有意义。

但是，怎么才能把这种确定性变成全面胜利那又是另一回事了。尽管到 1645 年春，看起来查理一世不太可能（假如不说根本不可能的话）

赢下英格兰，但他现在在为不列颠而战，人也在不列颠。他在一个王国里受挫，可以在另一个王国得到胜利的补偿。在焦虑烦恼的议会派将领们看来，他可以把这个金蝉脱壳的军事游戏无止境地玩下去，直到他的敌人们彼此对掐起来。因为此时不列颠的所有四个民族都在内战，它们的矛盾戏码并非彼此不相干，而是全都息息相关地交织在一起。因此查理一世要感谢他的金雀花王朝的远古祖先们，他们建设的威尔士堡垒最坚不可摧，这里发生的事，尤其是在威尔士边界地带，像切普斯托（Chepstow）和蒙茅斯城堡（Monmouth），会最终改变英格兰的战争走向。威尔士士兵这时候已经是在西部作战的保王党军队里非常重要的组成部分。苏格兰圣约者的军队陷在爱尔兰不能分身，他们在保卫阿尔斯特的长老会，与盖尔人联盟（the Gaelic Confederacy）交战。考虑到罗马天主教和欧文·若·奥尼尔这个核心问题意义重大，苏格兰人相信自己在保护爱尔兰免受敌基督的天主教徒的入侵，这和保卫苏格兰与英格兰一样。1644 年 6 月，门罗在蒂龙郡的本伯布（Benburb）对决欧文·若·奥尼尔，但他丢了这关键的一仗，那么看起来这个敌基督的天主教徒入侵末日来临的可能性更大了。

1644 年秋，在苏格兰本土，圣约者对天主教、苏格兰人对爱尔兰人之间的战争又回来了。当时阿拉斯戴尔·麦考拉带着 2 000 爱尔兰人在西部高地登陆。这些士兵是由他的亲戚唐纳德家族（Clan Donald）的安特里姆伯爵提供的，几乎都来自以天主教徒为主的阿尔斯特地区。它和蒙特罗斯侯爵詹姆斯·格雷厄姆的规模更小的部队组成联军。侯爵的野心是在苏格兰北部和西部给查理一世开辟第二战场。圣约者的大部队主力那时候还在英格兰（英格兰议会党军队的指挥肯定还不能让它离开）。于是，蒙特罗斯想搏一把，企图开个后门给自己争取权力。他企图借力高地和赫布里底群岛，杀过当时弱势的低地，一路通往爱丁堡。在那里，他就能推翻圣约者，建立起一个苏格兰保王政体，最后用这支部队入侵英格兰，扳回大局。

不管怎么说，计划就是这样——一个泛不列颠、反圣约者的解决方案可以拯救整个国家——开始的时候，它还真的取得了一系列引人注目的军事胜利，因为低地的圣约者军队已经被削弱了。但是1644年末到1645年初的秋冬季节，蒙特罗斯和麦考拉打了胜仗，这与侯爵的不列颠大计无关，也不是因为他个人和圣约者疏离，一切都是因为两个古老的苏格兰宗族之间的世仇不和。第一桩是低地加尔文教派与天主教为主的西北高地人无休止的战争。但是，即便在高地人中间，苏格兰战争的卑污屠杀主导者是唐纳德（包含其爱尔兰、苏格兰分支）与阿盖尔的坎贝尔两大家族，他们互不原谅、发自内心地仇恨彼此。侯爵离开嗜杀成性的山地越远，就越难以聚拢自己的部下，尽管对珀斯和阿伯丁屠城的诱惑稍微帮了点儿忙。对阿伯丁大开杀戒尤其残忍，持续了三天三夜，每个被认为稍微和公职或权威——律师、商人、医院院长、救济院院长以及大批其他市民——沾边的人都被杀害了。这太冷酷无情了，它在爱尔兰人和苏格兰人之间造成长远的彼此仇视的敌意。当时一个阿伯丁人说："他们在城里肆意杀戮、抢劫、掳掠，简直禽兽不如，只有满街可怜的号叫、痛哭、抽泣、哀悼，有些女人被他们当场奸污了，另一些被他们强拉到军营去给他们干活。"

尽管爱尔兰人和苏格兰高地人联合军的技术风格也与现代战争背道而驰，但是圣约者步兵在其核心位置和英格兰人一样部署了六排火枪手。为了发挥他们的作用，火枪手要进行"反向行走"，就是等步枪射击结束，第一排要以纵队形式走到第六排的背后，让第二排上来接替他们。等到原先的第一排回到前面，他们的火枪应该已经重新装好子弹了。这一过程需要非常快速而无误的操作，但是没有密集的训练，这样前后移动，事实上既不迅速失误又多。而就在这个节骨眼儿上，爱尔兰人和高地人士兵的做法是在第一次射击后把火枪扔在地上，直接拿着剑和盾冲锋，径直杀向对方手忙脚乱的火枪手和长枪兵。这种"高地式"冲锋（盖尔人天主教徒士兵在爱尔兰战争中对此已屡试不爽）虽原始，但杀伤力却极强。还有几种别的不按牌理出牌的方法，蒙特罗斯和麦考拉的军队也是这么任性地使用着，一直到隆冬时节。在高地上，特别是在坎贝尔家族的地面上，他们扫荡村庄，并且（贯穿整个1645年到1646年）对成年男子和男孩子赶尽杀绝。一时间，战略演变成了简单的宗族清洗，麦考拉家族的人把尽可能多地杀掉坎贝尔家族的人弄成了战略目标；反过来，阿盖尔伯爵阿奇博尔德·坎贝尔则同样满足于杀死唐纳德家族的人，以及唐纳德家族的帮凶麦克里恩（MacLean）家族的人。双方杀人都是务求多多益善，就这样大屠杀日复一日地进行下去，不管季节或地点：在那两年里苏格兰鲜血飞溅，雪地、石楠、松树丛，无一幸免。在某次格外凶残的暴行中，坎贝尔家族的数百口男女老幼被赶入一个谷仓，然后放火烧死。

蒙特罗斯后来真的深入到圣约者的大本营低地，在格拉斯哥自立而不是在爱丁堡，那里随即经受了一波可怕的瘟疫袭击。1645年在菲利普霍赫（Philiphaugh），他的部队迎来第一次重创，但直到1646年初，他在苏格兰还处于常胜地位，这为保王党的事业贡献了很多。因此，当1646年5月刚一开始，查理一世亲自来到围困纽瓦克（Newark）的圣约者兵营自投罗网。国王投降引起不列颠全境的震动程度之大，可想而知。

当然，1645年和1646年初，国王这边唯一没出岔子的也就是蒙特罗斯（以及爱尔兰本伯布一仗）了。1645年4月，新模范军投入战场后，议会及其苏格兰盟友总共能动员5万人，另外可能还有同等规模的守备部队——这是到那时为止不列颠有史以来最大的军事力量，国王却最多只能投入2.5万人部队作战。查理一世困坐牛津城里，他没有太多选择，第一就是止损，积极回应那年早些时候议会党在阿克斯布里奇（Uxbridge）提出的和平条件。但是，《庄严盟约》要求国王接受无主教制的长老会宗教体制，还有新的《礼拜指示》（*Directory of Worship*），这个已经分发下去代替了《公祷书》，而查理一世一直以来就特别反感这个。如果保王党一定要继续战斗下去，那么除了在牛津城里坐等不可避免的围城，就得选择向西部或北方移动。

鲁珀特亲王建议查理一世选择第二项，就是向西移动，从埃塞克斯郡通过布里斯托和加迪夫去卡莱尔，一路上在沿线的要塞城堡里保存军事实力，然后和此时还没有被击破的哥林（Goring）将军汇合，把议会党军队拖入这一片对其敌意很深的威尔士地区，同时保证去爱尔兰的海路畅通，希望从那里还能得到些帮助。最后，也可以北上，向蒙特罗斯那边去，希望沾点儿他的胜利运气，和他的部队联合。国王犹豫了很久，蒙特罗斯的胜利似乎给了他一些鼓舞，外加那种可以理解的感受，就是他在位期间的所有决定性事件都发生在苏格兰，查理一世选择了向北而去。1645 年 5 月末，他的军队攻下莱斯特后屠城，然后向东北方向推进。正如所料，这一下引得费尔法克斯放弃对牛津的围困，也促使克伦威尔向东移动以图保卫东盎格利亚。却不料，这两支队伍合力在北安普顿郡的内斯比（Naseby）村，正对着国王，一场恶战在即。

哪怕不算新模范军，费尔法克斯的人马也比查理一世多，可是，国王再一次不顾鲁珀特的谨慎，唐突地决定不管怎么样都要挑衅议会军。等他们利用两山对峙间的小小沼泽峡谷布置好军队，才发现双方力量对比悬殊：克伦威尔和费尔法克斯大约是 1.4 万人，而国王只有他们的半数人马。不列颠内战的最终胜负实际上在这时就已成定局了。鲁珀特吸取上次在马斯顿荒原犹豫地等待导致战机贻误的教训，决定先发制人，冲下自己的山头，又趁势冲上对面斜坡，杀向对方左翼；那边领军的是克伦威尔的未来女婿，他受了伤，但他的骑兵只有一半在这次冲击中被击溃。然后鲁珀特又一次纵马去抢辎重，留下保王党军队步兵在中间，用长枪对付费尔法克斯的步兵和苏格兰人。就在此时，看来费尔法克斯的人要顶不住了，克伦威尔发起冲锋，他的骑兵密集地冲击留在左翼的保王党军队骑兵。就在这紧要关头，查理一世穿着镶金胸甲，要带领自己的贴身卫队冲击克伦威尔的胜利队伍。吓呆了的卫兵牵着他的弗莱芒马的缰绳，带着马走开，而这一举动被误认为是指挥撤退的信号，于是将士们拥挤成一团，终于崩溃，两小时之内，战事就结束了。看到自己的部下处于被宰割的境地，阿斯特利只得交出 4 000 名步兵和 500 名军官，以及全部保王党军的炮弹、几千条火枪和火绳枪。这时，在内斯比，除了场上的死尸，保王党军队已经没人了。议会军俘获的辎重中包括国王的私人和军事信件，价值 10 万英镑的珠宝、四轮大马车和捐款。一队威尔士妇女被胜利者叫作"爱尔兰妓女"，不用说，这些人全都被无情地杀死或被砍断手脚。

　　在接下来的一两个月里，英格兰的保王党战争机器几乎什么也不剩了。在萨默赛特的兰波特，费尔法克斯又和哥林伯爵干了一仗，摧毁了保王党硕果仅存的西部势力，大的中心市镇——布里斯托、加的夫、卡莱尔——一个接一个地都倒下了，议会党军凶狠地围困、杀戮坚持抵抗的守卫军。 10 月，当克伦威尔的军队经过艰苦的围困最终拿下贝辛豪斯（Basing House）后，这里原本是温切斯特天主教侯爵（玛丽·都铎的财政大臣）所建，城防异常坚固，此时的拥有者仍然是侯爵的后人；克伦威尔的军队相信要连根拔掉这个下流的天主教教皇偶像崇拜的老巢，为此，他们放火焚烧城堡，对火中逃出的每个人，无论平民还是士兵都拔剑相向，连妇女胆敢反抗他们也格杀勿论。伟大的建筑师兼宫廷假面舞会演奏家伊尼戈·琼斯（Inigo Jones）身上只披了一条粗布毯子才算没有裸着身子逃出。城堡里的画作和书籍被带到伦敦在公众面前付之一炬，剩下的家具或珠宝都被士兵们拿去出售了。

　　1646 年 4 月 26 日，查理一世离开牛津，他剪短了头发，戴上假胡子，穿的服饰连绅士都不如，更别提像一个国王了。当时只有一个王宫附属教堂的牧师与一个男仆和他在一起。有一段时日，他化装躲在诺福克，希望从海路出逃，也许是想去法兰西和王后会合。但此地是克伦威尔势力的腹地，港口都有议会党军人把守。他在苏格兰人那里更有希望，因为他知道即使苏格兰圣约者是长老会，他们也还是愿意将来苏格兰有个国王。当然很明显，苏格兰人要什么样的国王，那还得再讨论。

当然，在接下来的三年里，不列颠各民族都在用言论和战火探讨这个问题，正如前面的三年一样分崩离析，毁灭了很多事物。假如说1646年议会党与保王党达成了和平，那也只能说围城和战役暂时告一段落。

真正说起来，要建成一个什么样的新英格兰、新不列颠，成千上万人为之死去而要得到的战利品又是什么，这些问题却依然没有答案。1642年最初的时候议会提出的原则，并不惜以它为目标而发起战争，但因为议会党和保王党的冲突最后演化为暴行而使得这个原则已经变得多余了。议会里绝大多数人依旧坚持不变的只是一个坚定信念，即大家需要一个国王，要惩戒、削弱、限制、改造他，但无论如何，得要一个国王作为宪政里不可或缺的一员。因此，为了更好地永远清除王室的结构性罪责，要保留传统政治的虚构说法，即国王是被邪恶狠毒的"嗜血之辈""引入歧途"导致战争。为了同样的原因，那些对内战负有责任的人以及罪无可赦者外加应该偿付血债者——那些应该被起诉的——不少于73个，且以鲁珀特亲王为首。还有，任何在保王党一边打仗的，或者帮过忙、敲过边鼓的人，只要有名有姓的，永久不得担当本地职责或受到信任。这么一来，其实英格兰自1642年开始就分裂成水火不容的两派，这时候更是永久地割裂了政府和法律团体。因为看起来国王很满足5年前议会提出的限制他的建议，那些东西回想起来太小儿科了，现在是要给他戴上钢枷锁，国民军和武装力量控制权要移交给议会20年，但还没有说他是否可以自行指定英格兰高级军官或国王的枢密院成员，是否可以采取外交行动，而后二者是否都不需要议会同意。在长老会风头正劲的时候，英格兰教会的最终命运先放到一边，为了各种充分的政治原因，留待将来解决那些问题。

这一切预示着不列颠会是什么样子？比如说阿盖尔侯爵相信苏格兰和英格兰"真正联合"——非强迫的、赞同神圣和睦、与詹姆士六世（苏格兰）和一世（英格兰）的高教会派的结合相反，与查理一世的亚米念派的高压更是南辕北辙——终于近在眼前了，而他不是唯一这样想的人。但是，当然，唐纳德还在他的村子里作威作福，残杀他的族人；天主教爱尔兰人联盟没有废除，照样能派出新的军队压迫他的人民。阿盖尔说话听起来这么友善是有实际含义的。战争之初衷本是为了保持不列颠诸岛上各民族各管各的，到这时却把大家搞到一起来了，尽管彼此对怎么联合的条款还有分歧。因为天主教反宗教改革（Catholic Counter-Reformation）不可避免才揭竿而起的爱尔兰造反者，这时候已接受了从前它的敌人认为根本就是天方夜谭的事：恢复旧教会是导致英格兰和苏格兰走向异端毁灭的序曲。反过来，阿尔斯特的长老会这时候想的是他们在爱尔兰将永无宁日，没有安全，除非不列颠其他地方的新教徒势力送来真正有力的军事干预。直到今天我们还生活在这一思想的后果中。

诡异的是，在 1646—1647 年，英格兰却只想独善其身。议会党付给苏格兰军队 40 万英镑打发他们回老家去，留下了国王（查理一世刻毒地挖苦说，苏格兰人贱卖了他）。尽管战事结束，英格兰安静下来了却还没有太平起来。英格兰政坛沸反盈天，其实倒是处于权力真空阶段。自从宗教改革以来，由老派的温文尔雅的法律和政府团体担任的统管已被动摇，有人甚至认为那已经无可挽回（后来证明这想法错了）。在被战争蹂躏的各郡，郡委员会（county committees）替代了治安法官掌控一部分实权，负责征收钱款和武器，而治安法官们还继续传统的管理与打击犯罪。郡委员会因为安排士兵住宿民宅和负责征税而遭到市民的憎恨，而军队又反过来恨他们没有足额支付军饷，迫使士兵们要么乞讨，要么偷盗。

1646—1647 年，随着议会党接管了整个英格兰，各地的治安法官们开始反攻倒算。大大出乎众人意料的是，这个时候，英格兰的掌权者并非大家在战争开打的时候想象的那样是议会，而是军人：像这样的大规模的军事机器，不列颠以前还从未有过。当战争差不多结束了的时候，这支贪婪的、愤怒的、领饷不足的军队，已经完全预备好哗变，下级士兵扣押自己的军官，然后未经允许就开拔到新地方去，或在某地赖着拒绝拔营离去。在内战的后期，至少新模范军的社会属性有所蜕变，其军官是从社会各阶层提拔上来的。而在 1645 年之前，人们是想不到军官可以来自这样低的社会阶层的，还有他们可以来自这样广泛的阶层。这并不意味着他们的思想更激进——骇人听闻的亲民主平等派（Levellers），如约翰·李尔本（John Lilburne），当时还是一个影响力有限的少数派，但它的确意味着英格兰政坛里加入了一点儿新的玩意儿：能识字、会巧辩的军人极其渴望与议会的账房先生们结算账目。这头还在算账呢，那边由克伦威尔和艾尔顿（Ireton）带头，军队里越发敌视因为《庄严盟约》而强加给英格兰的苏格兰式长老会主义（Presbyterianism），这个变化非常重要。独立派（Independents）说，就让苏格兰人自己搞个教会好了，我们这里虔诚的英格兰清教徒信众就按照他们自己对信仰的理解和愿意崇拜的方式来选牧师好了。

1647 年夏，这样掺杂着宗教敌意和经济愤怒后，形势出现了很大变数，时局非常危险，差一点儿就把英格兰拖进另一场议会与军队之间的内战，好在这是一场只有单边持有枪支的较量。议会党的想法是解散军队就能将这个问题化解于无形了，哪怕议会党自己还没有和国王讲定条件。自己的委屈没人受理，军队当然不会同意解散。议会领导人们看着军队不遵守命令火了，尤其是丹泽尔·霍利斯，开始转向宪政。他们声称（有些道理）保卫议会的权威是最初发起战争的理由，现在威胁"人民代表"的完整和独立则是另一种暴政，其害处不亚于国王。但是 1647

年，军人们不只手里拿着枪，他们的头脑里也有了一点点思想——虽然大家不一定都是同一种观点，像艾尔顿或雷恩巴勒上校（Colonel Rainborough）等人，就敢于争辩说议会实际上"已经腐朽"，军队比威斯敏斯特的绅士们更能代表人民。

6月3日，科尼特·乔治·乔伊斯（Cornet George Joyce）领着费尔法克斯的一个小分队把国王从北安普顿郡的霍姆比宅邸（Holmby House）抓走，关于主权的争吵不折不扣地变成了现实。两天前，他们劫持了要用来解散他们的金条。一星期之内，费尔法克斯答应建立新模范军将军委员会（General Council），这可是一个没有先例的机构，它包括每个军团里的军官以及士兵们选出来的人。新模范军将军委员会掌握了财政、武力加上国王，军队这就真的掌控大局了。他们放话说要求弹劾霍利斯和平民院的其他 10 名议员，包括罗伯特爵士的儿子爱德华·哈雷，因为他反对补偿他们的委屈，特别是欠饷、战争补偿，也不给予他们足额的退伍费。所有这些对于经过战争历练的士兵来说真是生死攸关。还有，他们要尊重公理会[1]偏好的独立而不屈服于长老会压力的宗教体制，这是克伦威尔珍视的。

这么摊牌很可悲，没有英雄（也许也没有狗熊）。1647 年夏，非常奇怪，费尔法克斯本来是个对政治不感兴趣的职业军人，却带领（出于良心为部下谋福祉）一支政治目的非常明确的队伍，当初的打算是用武力来实行宗教自由。如果说这还不够怪异的话，他们憎恨的议会长老会派，本来是由他们投票选出来代表英格兰要在英格兰实行加尔文宗的，长老会正是要维护这些代表的权力！霍利斯及其朋友们，包括爱德华·哈雷，这些反对军人的议会权力的斗士（就像五年前反对国王一样）已经准备着，如果有必要的话，再一次利用群众的压力（这是从 1642 年复活

---

[1] 公理会是英格兰新教教会的一支。在教会组织体制上主张各个堂会独立，会众实行自治。——译者注

的另一个手段）得到他们想要的。民众又激动起来，起草了《魔鬼请愿书》（Monster Petitions），组织了已经从新模范军以外的军队退役的伦敦学徒和士兵进行自卫。7月末，一场声势浩大的武装游行要迫使议会两院支持霍利斯等人的长老会派，流血冲突似乎就在眼前。落败的一方，议会议员和同僚们，包括曼彻斯特从伦敦逃到费尔法克斯的营地，大将军（Lord General）开始向伦敦进发，放话说如果不打开城门，他就轰开它。8月2日，新模范军平静地进城，伦敦——扩展开来说是英格兰——整个都处在枪口之下。

这时轮到军队来和国王提解决问题的条件了，这就产生了《建议要点》（Heads of the Proposals）这一历史文件。不用说，查理一世很高兴可以利用一方对付另一方，特别是军队的条件比议会放到桌面上的条件要宽大得多：不是73个，而是只有4个保王党人会被起诉；两年一次召集议会；军权只要移交给议会10年，而不是20年；5年后曾经当过保王党的人就可以合法地恢复他们在当地的职位。查理一世这时候仿佛看着荷兰拍卖场里，自己站在令人愉快而预料不到的位置，就等他签名了，他等着更低的标的出现。

那时候在英格兰的残垣断壁中，有一些幸存者绝望地想要重整自己支离破碎的生活，试着将发生在自己身上的事找出点儿人生意义，也为了自己的信仰和英格兰。对于一些人来说，这简直是要等铁树开花一样。1647年，尼希米·沃灵顿的妻妹多萝西·让巴涅，也就是扎卡赖亚的遗孀，回到英格兰来看看是否能恢复自己已故丈夫的领地。但是沃灵顿一家惊恐万分，他们得悉自从扎卡赖亚死后，多萝西接受了一个爱尔兰天主教徒做爱人和保护者。这使得沃灵顿一家一直相信的所有事都翻了个个儿。"哦，我的妹妹，"尼希米悲叹，"想到你悲哀可怕的现状，我心痛，还在颤抖……为了你可怜的灵魂。"多萝西不仅和"那个爱尔兰叛乱分子"睡在一起，隐瞒了怀着身孕的事实，还随身带着"罪孽和邪恶的东西"，这十分无耻，必定会招致来自天堂的可怕审判。尼希米的妻子格蕾丝恳求妹妹将扎卡赖亚留下的唯一孩子，一个叫查理的男孩，送来伦敦，以免孩子受到敌基督教派的影响，要让他在这边正当的神圣家庭气氛里长大。不论为了什么，多萝西真的把查理交给了沃灵顿家，尼希米就在这边训练他做车工学徒，直到 1655 年孩子出师。

1647—1648 年，拉尔夫·弗内的生活和英格兰一样变动剧烈、痛苦不堪。尽管他从来不是保王党，但他半路逃走了并且后来一直躲在布卢瓦[1]，议会官方却宣布他是"怠工"，扣押了他的几个领地要他顺从。1647年，在长久地权衡利弊后，他让能干的妻子玛丽返回英格兰看看能否要回他们家的领地。他指望着能利用老相识萨塞克斯夫人的关系来达到自己的目标，因为在他父亲去世的时候夫人表示了非常诚挚的情谊。可是此时她已改嫁给了下一任丈夫，结果得知此人原来不是别人，正是沃里克伯爵，他是个清教徒，而且年事已高。玛丽·弗内的到来使大家想起了她的过去，让她感到难堪，听到玛丽的提议后她陡然翻脸。玛丽仍旧不屈不挠地和郡委员会打交道，最终"老先生的太太"，拉尔夫和玛丽约定用这个暗指前面那位夫人，总算出手相助。1648 年 1 月，扣押取消了，但是玛丽为自己不知疲倦的努力付出了巨大的代价。当她最后抵达克莱登时，它居然奇迹般地还没有坍塌。尽管因为曾经被用作兵营，家具和壁挂里到处是老鼠和飞蛾，被啃咬得不成样子。拉尔夫特别心疼那些"土耳其织工"（Turkie Worke）的小壁挂毯子。可是倾圮的房子比不上接下来的个人悲剧。玛丽一直有孕在身，她风尘仆仆地奔波拿回了领地，最后生下一子，她随即给孩子洗礼，起名叫拉尔夫，但是婴儿不久就夭折了；同一个星期，她接到丈夫的来信，得知他们的小女儿佩格（Peg）

---

[1]　布卢瓦（Blois），法国的一个城市。——译者注

也死了。拉尔夫满怀悲伤，却勇敢地用斯多葛派基督徒坚忍的口气给忧心如焚的妻子写信："是的，他们真的离开我们了（那是他们的福分），但是我们将来也会去他们那里的（那将是我们的安慰），对我们和他们双方来说，不是很好吗？我们宁愿升入天堂，分享他们永恒的福佑，而不是让他们下降到地面上，分担我们的痛苦。"但是实际上他被悲伤弄得神经错乱了。他告诉外甥丹顿博士（Dr Denton），他要离开法兰西去别处旅行——意大利或"野蛮人的沙漠"，那样可以找出死亡方法。一旦自己离世，他认为他的遗孀和健在的孩子们可以自由自在地重新开始生活，不受他过去从政的污点妨碍。玛丽总算拿回了他的领地，使他精神振作起来不再迷失。经历很多磨难后，夫妇俩于 1648 年春在巴黎再聚首，他们在法兰西又待了两年，玛丽死于肺病。那时拉尔夫回来还有危险，他只得将她的遗体装进棺木，用船运回白金汉郡，在一小拨朋友的见证下，玛丽被葬入米德克莱登（Middle Claydon）教堂。

到了不列颠内战后期，就好像舞会终曲开始了。1647 年 11 月，查理一世摆脱了新模范军的羁押，但是只到了怀特岛，在这里他马上被关进卡里斯布鲁克（Carisbrooke）城堡。不管怎么说，他还享有一点点政治自由，因为他还被允许给最低投标者背书。现在他们，包括苏格兰人——当然，最纯粹的圣约者（他们被最初发生的事唬住了）不在其中，但还是有一拨不那么狂热的贵族，担心强大的英格兰军队已经架空了议会，接下来会不会就直奔着他们而去；如果真的是那样的话，新模范军治下的苏格兰将会疯魔遍地，他们可不要那样，这可不是什么闹着玩儿的事。苏格兰人也知道，眼下深陷麻烦的查理一世比他在权力巅峰时还要更受人追捧。因此，他们来到怀特岛，给他提出迄今为止最优厚的条件：首先是三年期的长老会必须固定下来，国王还要自愿承认《庄严盟约》，在这个约定的（Engagement，可当作结束苏格兰内战的方案）条件下，苏格兰军队，以及必要的时候，加上新近从英格兰北部召募的保王党军队，通过武力实施以上这几点。

查理一世、汉密尔顿公爵，还有马默杜克·兰代尔爵士（Sir Marmaduke Langdale）等幸运地活过马斯顿荒原和内斯比两场战役的保王党，老是一厢情愿地想要把第一次内战的结果翻盘，因为1647年12月，整个英格兰南部和威尔士在反叛。不幸的是，对于那些要把叛军整合成一支能协同作战的军队的人来说，他们反叛的动机不是为了查理一世（尽管这时候他很受追捧），他们是为了圣诞老人。五月柱和庆祝圣乔治日，当然，还有查理一世的登基日以及其他，都已经被长老会派议会党人宣布为非法，也就是说这些是异教的和煽动性的聚众喧闹。但是圣诞节这个最长的节假日，在一年中最寒冷黑暗的时候大家都需要的庆祝，尚可一议，长老会派议会党那些人一心一意地要清理日历，只允许民众在要做礼拜的上帝安息日这一天休息，而11月5日，作为来自罗马天主教专制的赎罪日，是唯一被允许可以进行庆祝活动的节日。但是，治安官们忙着在伯里、圣埃德蒙兹（St Edmunds）和伊普斯威奇这些城里撕扯冬青和常春藤，那些地方的市民故意用垂花装饰大街，以示他们就是冷眼横眉以对长老会派议会党那批苛求分子；治安官还要去命令店主们在圣诞节开门营业，这太强人所难了。在肯特，圣诞暴乱闹得最厉害，且来势汹汹，迅速发展成全面的武装叛乱，接着被血腥镇压。然而有3 000人逃过泰晤士河到了埃塞克斯，在那里，他们躲在伟大的罗马科切斯特城墙后面，又与费尔法克斯对抗了好几个月。

真正要算认真严肃的保王党复兴，还得依靠不列颠的其他地方，但在1648年夏天，它们支持不了查理一世。威尔士南部和中部的反叛被镇压了，克伦威尔围困切普斯托和彭布洛克（Pembroke），痛击抵抗者。本来在这之前，议会派军队给予保王党军投降者的条件相对宽大，这一次到不列颠内战的第二轮战事了，克伦威尔变得铁石心肠，往往纵容自己部下放肆胡来。他像后期的爱德华一世那样清剿威尔士，然后转向苏格

兰人。1648 年 8 月 17—19 日，新模范军先在普利斯顿，接着在温维克
（Winwick）歼灭了对方。

1648 年春，尽管议会通过决议，继续宣布英格兰政府还是要包括
国王和议会两院，但克伦威尔加上他那日益好斗的女婿亨利·艾尔顿却
已经不再这么想了。第一次内战后，他们本来预备着相信查理一世是被
"嗜血之辈"误导步入歧途的说法，很多这批在不列颠内战后依然幸存的
罪犯经过简单的审理后就被处决了。但是到了这时候，已经没人能做替
罪羊了，首犯就是查理·斯图亚特本人。上一年，也就是 1647 年，发布
了平等派的主张《人民公约》（Agreement of the People），它已经公开宣
称以前谁也不敢说出口的话：不列颠不要国王、不要主教了。这本来是
议会党军队里普通士兵的要求，连艾尔顿等人都不会容许的，但是此时，
他们开始寻求将第二次内战中苦苦打杀而得到的战果据为己有。这并不
是说他们经过了谵妄的宪政而得出的结论，更像是他们对议会本身非常
悲观，因为前面有个先例，即议会曾以"英格兰王国的安全原因"将斯
特拉福德置于死地；退一步讲，斯特拉福德比起查理一世来，那太无可
指责了。艾尔顿以此推测，既然查理一世逃脱过，还打了第二次内战，
更别提从来就没屈服的爱尔兰联盟，这样就用不着与国王再一次谈判，
他永远不会按照讲定的条件遵守善意的信仰，也一定会充当那些心怀不
满者的大佬替他们出头。特别是这时候物价飞涨，瘟疫蔓延，世道艰难。
还有，也许比以上这些都更具决定性的，至少对克伦威尔来说是那样，
他异常愤怒地坚决认定查理一世已经违背上帝的判决，这是马斯顿荒原
和内斯比两场战役的启示。也许这样（克伦威尔还不能完全说服自己相
信这一点）这个君主必须滚蛋；至于要不要查理一世死，那是另一码事。
那又有什么意义呢？毕竟，还有一大群活蹦乱跳的小斯图亚特子孙在法
兰西和荷兰排队等着继承王位呢！

议会长老会派这时意识到极有可能要审判查理一世了，因此，他们

就赶着抢在前头希望能阻止此事的发生。1648 年 9 月，一个代表团来到怀特岛上的纽波特，想做最后一次努力，和国王对话。但查理一世此时已经陷入了一种奇特的欢欣中，他感到自己既足智多谋又神圣。前一天他觉得自己能继续利用议会与军队之间的深刻矛盾，这二者总有一方要利用他来占得先手；第二天他会沉思，冥想自己成为烈士，这样的情况与他的祖母在福瑟陵格时候的感觉和行为一模一样。假如说玛丽很清楚自己会成为烈士，但她死的时候还不太吃得准自己的儿子詹姆士到底会效忠谁；相反，查理却一点儿也不担心威尔士亲王。看起来，范·戴克的所有家族肖像画表达得再清楚不过了，斯特亚特家族的人也许有这样那样的性格缺陷，但是他们是相亲相爱彼此忠诚的。这样，查理一世越发准备着，甚至热切地接受命运的安排，坚信只要自己一死，无论旁人说他是背叛也好，愚蠢也好，必定都能洗白，会激起人们广泛地反感议会党，从而为他儿子保住了王位。"英格兰人是个清醒的民族，"他给威尔士亲王写信，"只是这时节有点儿迷失了。"他很有把握他们或早或迟会从这不幸的神经错乱中恢复理智。因此，他有什么理由要同意自己曾经拒绝的条件，从而让长老会轻易得手？没准儿，私下里，他看着他们这么无计可施偷着乐儿还来不及呢。

1648 年 11 月 16 日，费尔法克斯没能说服国王签署一份军队版的《建议要点》文件，这时他几乎只得被迫同意凶险的《抗议书》——它大部分是由亨利·艾尔顿起草的，要求审判国王，废除君主制。但是到此时为止，这一切都不能吓倒查理一世。在自己最无助的时候，查理一世有一种怪异的感觉，如果说他对自己眼前的厄运无能为力的话，但是他却终于掌控了他后代的命运。最糟糕的时刻成了他的最佳时机，处决他就是成全他。议会声称自己的原则是为保护臣民的自由而战斗，但议会即将对他做的一切会使这个原则显得荒谬；当他得知他们别无选择只能这么干的时候，一定心满意足。查理·斯图亚特此时只需要走一小步，就可以表明自始至终都是他而不是他们，才是他子民的盾牌，才是人民的守护者。

于是事情就这么发生了。1648 年 12 月 6 日，托马斯·普赖德（Thomas Pride）上校带着他那群佩剑卫兵们站在平民院门口，挡住要投票同意《纽波特条约》（Newport Treaty）的议员们，逮捕他们。无疑他正在侵犯议会的独立性，而整个内战本来就是为了保卫议会独立性的。议会落得缺斤短两，被人戏称为"残缺议会"的结局。比起斯图亚特国王们曾经干预或解散议会的行为，这才是更大的冒犯。原先强大的长期议会的平民领袖只有奥利弗·圣·约翰和小亨利·维恩（Henry Vane）两个还能接受这个军事化"致命一击"。所谓"高等法庭"（high court）由经理人艾尔顿一手包办并听从他的吩咐而运行，那就更是滑天下之大稽，它与任何长期议会曾经废除了的作为国王专制工具的专横法庭相比，反而有过之而无不及。在很长时间里，克伦威尔好像痛苦地认识到这样是放肆地操纵司法，深为审判的前景担忧困扰。迟至 1648 年 12 月，他还在说那些"设计"废黜查理一世的人是叛国者，但在接下来的几个星期里，他决定，上帝毕竟在明确地命令他惩罚那个"负有血债的人"，即造成人民灾难的人。135 名委员被精心挑选出来组成特别高等法庭，这可是费了九牛二虎之力，它包括英格兰贵族的各个等级——地主、军队军官和议会议员。有一个委员缺席了，就是费尔法克斯。当一开始点到他名字的时候，费尔法克斯夫人戴着面纱坐在公众席上替他回答："不，他不会来这里；他才不会傻到来这里呢。"奥利弗·圣·约翰同样决定不出面。首席法官约翰·布雷德肖（John Bradshaw）采取了某些预防措施，戴了一顶边沿镶金属的帽子"以便能抗打击"，而罪犯和公众席隔得远远的。

任何人，只要对 15 世纪的历史知道个一鳞半爪的，都懂得审判斯图亚特家族的人可不是什么好主意。他们对精密细致的法律理解得无懈可击、反应机敏，接着大义凛然地慷慨赴死，这是他们家族的拿手绝活。

查理一世从温莎被带到威斯敏斯特，他以查理·斯图亚特之名用餐、住宿，没有君王该有的仆佣仪礼，仿佛法律上他已经是死人一个了，但还是要走一些过场。1649年1月20日，在威斯敏斯特大厅里，在理查二世建造的伟大的悬臂托梁顶棚下，这个小个子头戴黑帽，胡须灰白，面色疲惫憔悴。他被律师约翰·库克告知，他被指控为"这个民族所有叛国罪、谋杀、抢劫、纵火、伤害、遗弃、损失、危害"的主谋和首犯。法庭要他答辩，查理一世拒绝了，反而要求知道"是什么权力叫我到这里来……我想知道是哪个当局，我的意思是哪个合法的当局；（因为）世上有很多非法机构，高级小偷和强盗……请记住我是你们的国王，合法的国王，你如果自己犯下什么罪，那么上帝对这片土地的审判，好好想想这个……在你还没有犯下比这个更大的罪之前。"

查理一世一反往常的口吃，在目击证人的众目睽睽之下，流利地否定法庭，说审判只是在走过场，重申他拒绝承认它的司法管辖权限。1月22日，当国王再次出现的时候，他说希望读自己写下的文字，解释他为什么要拒绝申辩，坚持国王不能对任何世俗的法官负责，还有，现在剥夺了他制定无形法律的权威，就不可能剥夺他身上任何合法性，因为他的合法性本身就是制定无形法律的权威。那么，唯一可以宣称拥有这种司法权的主张就是利用革命的语言。1月4日，残缺议会断言"人民是在上帝之下的所有正义力量的源泉"，就是这个意思。查理一世毫不犹豫地揭开这个伪装的高压政治，抗议说，这个所谓议会声称代表人民靠的是扣押和驱逐了许多议员。这样查理·斯图亚特实际上是在声明，他才是人民福祉和自由的真正守护者，而不是军队或伪议会。当然，这一点正是他那些口才最好、最公正的斗士们，如爱德华·海德，早就希望他说出口的。不用说，审判的主办方不允许查理一世这样大声地说出这些言辞，他开口讲话没多久，就被喝止、带离了法庭，尽管他竭力抗议。第二天，同样的一番唇枪舌剑，当布雷德肖劝诫查理一世，他是"在一个正义法庭上（Court of Justice），尽管你不能理解"，这才算结束。

"我懂了，我面前的确是某种权力。"查理一世精确简明地回应说。在接下来的法庭进程中，委员们就枯坐着，直到 1 月 27 日通过审判，宣布刑罚为"处死，斩首"。第二天，查理一世又被带来听候宣判，当他又说自己有话要说时，委员之一的约翰·唐斯（John Downes）抗议说应该允许查理一世说话，却招来克伦威尔厉声呵斥——"你说什么？"当听到自己被判定为"暴君、叛国者、谋杀犯，英格兰联合体（the Commonwealth of England）的共同、罪恶深重之敌人"时，查理一世发出最后一声冷笑，他再一次要求说话，还是被拒绝。这次不算全没道理，因为"从前他可没给过我们法庭"。他在抗议声中被带走："不让我说话，我没什么痛苦的；想想以后其他人能有什么正义。"法庭成员中，只有寥寥 59 人签署了死刑法令，克伦威尔和艾尔顿自然不会拉下。

伊莉莎白一世曾经命令对玛丽·斯图亚特的行刑必须极其秘密地进行，不能让公众看到。克伦威尔和艾尔顿则坚信，越多人看到查理一世被砍头越好。为了防止有人打劫法场，他们俩自以为在执行上帝的意旨，没有半分羞耻或犹豫，因此索性就在白厅搭建起断头台。1 月 30 日，寒冷的清晨，大群人蜂拥而至。查理一世被带上伊尼戈·琼斯设计的宴会厅（Banqueting House）的后楼梯，大厅本是他和亨丽埃塔·玛利亚在王室假面舞会上跳舞庆祝他们的美满婚姻，以及他们和不列颠幸福结合的地方。宫廷的帕拉迪奥式窗户已被封多日，因此这个小个子国王穿过房间时，几乎看不见头顶天花板上鲁本斯画的伟大作品。出了房间，通过一扇开着的窗户，他上了平台，死神在那里等着，但是上面依旧是描述斯图亚特王朝的权力和智慧欢乐场面的作品：和平紧拉着繁荣的手；墨丘利（Mercury）和弥涅尔瓦（Minerva）的庇佑；彼此拥抱的小天使象征着两个王国狂喜地合并。幸福联合的不列颠这引人注目的虚构的幻象和要把苏格兰与英格兰这对冤家拉在一起的冲动，既成就了斯图亚特王朝，也毁灭了它（这还不是最后一次）。

　　查理一世举止从容，穿着两件衬衫以免因冷得发抖而被人误会自己害怕了。他注意到底下比木头平台低很多，就问能否升上去一点儿。很明显这不可能，也没人告诉他为什么。最后，终于允许他讲话了，他在断头台上展开写好的演说词，"我从来没有对议会两院发动战争，请上帝做证，我必须对上帝做一个简要的回顾，就是我从来没有想要侵害他们的特权，是他们对我发动了战争。"接着他做了一个即兴的历史演讲，是他个人对 1642 年《大抗议书》滞后的回应，但不是爱德华·海德考虑周全的君主立宪制政治理论，而是表示他个人的愧疚和愤怒。查理一世对剥夺他的军队指挥权仍然愤愤不平，对自己在造成斯特拉福德不公正的死亡中扮演了共谋角色深感懊悔，说上帝现在为此而惩罚他是对的，他最后声明"为了人民……我和任何人一样，真心希望他们自由自主，但是我必须告诉你们，人民的自由自主包含在政府和那些法律里，只有这样，人民的生命和财产才最有可能是他们自己的。不是说在政府里有份额不适合大家，只是身为臣民，和身为君王，根本就是两回事。"

　　没有人曾经指控查理一世迎合大众，从头到尾，贯穿查理一世整个在位期的是因短见而扭曲的策略和让人莫名其妙的转弯。他并不卑鄙，且始终如一，相信自己是接受了神圣之命。鲁本斯画作里的天神赞美（hosanna）是为他这一类人而作，甚至就是为他而作的。"我从一座会腐朽的王位走向另一座不朽的王位，那里没有打扰，没有凡俗的打扰。"他这么说着，声音深沉、安静。他把散乱的头发塞进白帽子里，躺下去。在那个低矮的台子前，刽子手理查德·布兰登（Richard Brandon）一下子就砍断了他的脖子。

　　克伦威尔曾经高调地说过，他要"砍掉戴着王冠的头颅"。但是后来广为人知的说法是，国王的头颅掉落进血污的篮子里时，"当时在场的几千人哀悼"，接着布兰登举起国王的头；这却不能十分肯定就是当场的情况。因为历史的发展已经证明了君王可以和政府分开，在这最后的几天里，他崇高的王权没有产出什么，尽管议会做了一切努力要封他的口，但查理一世还是成功地维护了一个信念，假如 7 年前他就学会了这样，他就能做得更好：武装力量不可能重建英格兰国家被打破的合法性，更遑论苏格兰。这一点大家都记住了。但是假如说，大家在查理一世在位时的悲剧经历里学到了点儿什么，那就是从此以后，仅仅声言统治权是由神圣的上帝指定，恐怕不足以带来政治太平；只有一个统率英格兰和苏格兰两个王国的君主能成功地破解这个两难之局；另外还要确保国王的权威得到真正的加强，又不需要议会这个伙计妥协。只有到那时候，英格兰和苏格兰大幅摆动的政治钟摆才会找到平衡。不管怎么样，这就是维多利亚时代的人相信的，也是辉格党人自我庆幸的那个著名的过时的观点。实际上，他们是对的。

战役地点

0　　　　　50 英里
0　　　　　100 千米

奥尔登
奥尔福德
　　　　　阿伯丁
因弗罗奇
提珀缪尔
基尔塞斯
　　　　邓巴
爱丁堡
菲利普霍赫
纽伯恩　希尔顿
克莱尔

北海

马斯顿荒原
塔德卡斯特　约克
希克洛克夫特沼泽
普里斯通奥德沃顿
盖恩斯博罗　温斯比

德罗赫达
都柏林
爱尔兰海
安格尔西
罗顿希斯　南特威奇
霍普顿希斯　阿托克塞特
　　　　　　　格兰瑟姆
蒙哥马利
韦克斯福德
利珀尔　内斯比
沃斯特　艾奇希尔
波伊克布里奇　克洛普里迪布里奇
海楠　斯托
查尔格洛夫菲尔德
圣法根斯
朗德维当　纽伯里
兰斯多恩　奥尔顿　伦敦
　　托灵顿　兰波特　切里顿　梅德斯通
斯特拉顿　劳恩斯顿
洛斯特威西尔　布拉道克当

英吉利海峡

不列颠内战 1640—1651

第三章
寻找利维坦

对于直肠子和硬头皮的人来说，这应该是时候让英格兰清洗掉过往的污渍从头来过了。亨利·马丁（Henry Marten）在议会里宣称："不管我们的祖先怎么样，或者从前他们做了什么或遭受了什么苦难，或者被迫接受了什么，我们已经是现时代的人了，应该享有绝对自由，不要过度，不要骚扰，也不要强权（Arbitrary Power）"。1649 年前几个月，全英格兰上下废除大大小小的各种法令，开始重新上路了。小艾萨克·阿彻（Isaac Archer）家住在科切斯特附近，一直懵懵懂懂地花费大量时间给印刷品贴银饰，其父威廉"用一把小刀，我也不知道为什么，从图上剔出来"，那是查理一世的像。在国王被处决之后的那几个星期里，被肃清后的议会残余像砍掉自己的头一样废除了议会贵族院，理由是贵族院"无用还危险"，公开指控他们都是"不必要的累赘，威胁自由、安全和人民公共利益"。由此，君主制和贵族阶级一起进了垃圾堆。国王的象征大国玺（Great Seal）曾经是赋予议会通过的法律生效的工具，被磨去了之前的刻印，取而代之的是平民院的印章，上面刻着乐观的词："1648年由上帝保佑恢复自由元年"。从前以国王名义实行的官方令状，此时用"英格兰自由保护者的名义"发布。

这么说起来，那么的确是有一个"共和国"（Commonwealth）喽，那它到底是什么——或者说到底是有还是没有？官方的大喇叭宣传盖过了民间的不安和困惑，大家都在想，到底现在大权在谁手里。当然，不乏暗示。"那时候，"露西·哈钦森（Lucy Hutchinson）写道，她的丈夫是一个坚定的清教徒士兵，"几乎每个人都在构思政府的形式。"问题是还有谁能来给他们做裁判，要说到找个仲裁，那大家就全都只有干瞪眼了。

就像经常发生的情况，虚空是令自然哲学家和政治哲学家着迷的话题，学究们激动地辩论自然界里是否存在着真空；如果真的有，那它们指的是绝对真空，还是"抽象物质"，即肉眼不可见也不可测定的神秘存在。1644 年，意大利物理学家埃万杰利斯塔·托里拆利（Evangelista Torricelli）已经做了那个引起众多人争论的著名实验：托里拆利用一根灌满水银的玻璃管，封住一头，然后将玻璃管头朝下放进同样装满水银的盆里。实际上，他是做了一个原始气压计。大气的压力将水银往管子的上端压上去，但并不能到顶，在水银平面上部和管子里封住的底端之间有空隙。那么，这空隙的里面是什么？有点儿什么东西还是啥都没有？这就是"真空论者"（vacuist）和"普满论者"（plenist）的分野，前者相信自然界存在真空的可能，而后者将"否定虚空"[1]奉为至高无上的真理。

哲学家托马斯·霍布斯（Thomas Hobbes）是一个普满论者，对他来说，这时候英格兰政府的权力真空状态就如同自然界的真空一样令人厌恶。1649 年 1 月处决查理一世的时候，霍布斯正在巴黎忙着和法兰西哲人们，如马林·梅尔塞涅（Marin Mersenne）讨论托里拆利空隙的神秘性。他在写出其他作品的同时，也给出了解决权力真空所造成的尴尬的办法。保王党一直认为霍布斯是自己人，但是两年后的 1651 年，《利维坦》一书出版，着实把他们吓了一跳，因为它好像在建议大家要顺从取

[1]　否定虚空（horror vacui），亚里士多德的一个论点。——译者注

胜的那一方，就是要无条件地服从这个自命的填补了死去国王留出空间的权力。更糟糕的是，这一年，霍布斯根据自己的信仰行事返回了英格兰，当时正是议会和国务院（Council of State）里尽是死不改悔的弑君者统治的时候，而霍布斯所拥有的一切——国家、职业、安全——都属于保王党卡文迪什（Cavendish）家族，因为他曾经是这么一个人，那时候霍布斯这样做是不可原谅的背信弃义。

霍布斯出身于威尔特郡一个教区牧师的家庭，他的叔叔是个富裕的手套商人，供养他上了牛津大学。之后他担任德文郡卡文迪什伯爵家的少爷威廉的家庭教师，威廉即后来的第二任伯爵。少爷自立后不久就开始挥霍，伤害了他的老家庭教师。据他的朋友约翰·奥布里（John Aubrey，17 世纪最能嚼舌头的人）说，霍布斯"上街走下街地去借钱"，鞋子都走烂了，湿冷的双脚使他得了感冒。1628 年，第二任伯爵去世后，霍布斯继续代表国王在德文郡收钱，提取 1628 年借贷，安排士兵在拒绝支付者的家中住宿。1640 年，他代表德比郡参选议员失败。当时作为保王党的忠实斗士，他拥护王室特权和国王统治。也许，参选失败使他（他很自豪说自己清楚地预感到了）看出了不祥之兆，早在战争开始之前他就流亡去了巴黎。后来，他的支助人卡文迪什家族吃了败仗，丢了家产，然后跟着朝廷也流亡到了巴黎。那时他还是个国王的宠臣，就做了威尔士亲王的数学老师。亲王早熟的浪荡子伙伴第二任白金汉公爵也是他的学生。几何学对霍布斯来说是宇宙间少有的无可争辩的现实之一，而他的那两个学生对此可是要大费周章。据奥布里记载，在老师乏味地说教时，白金汉疲惫地手淫，查理（亲王）则认为老师"是自己遇见过的最奇怪的家伙"。

《利维坦》出版后，亲王对霍布斯就更看不懂了。《利维坦》提供了论证来说服大家接受内战的结果。除此之外，看起来用这么让人迷惑的怀疑主义来攻击大家习以为常的基督教教义（Christianity），也使霍布斯在廷臣的圈子里被视为几乎不比无神论者好多少的奇葩，大家对他侧目以待。"霍布斯先生受的教育应该使他不至于这样，"爱德华·海德抱怨道，本来在格雷特图的福克兰子爵的社交圈子里，海德还挺欣赏霍布斯的，"他出版《利维坦》，书里带着这么多的怨气，讥嘲此刻正处于泥菩萨过河自身难保的英格兰教会，这事儿做得实在不地道、下流。"

霍布斯是个唯物主义者、理性主义者，从基督徒相信充满奇迹和神圣灵异现象的福音这个角度来说，他不是个真正的基督徒，但是毫无疑问，他相信还有其他最高权力要对某个神负责，也只对这个神负责。不是因为别的，而是霍布斯需要上帝保证利维坦能守信，而且他毫不含糊地谴责那些背叛了国王的人。后来他关于内战的历史著作《贝希摩斯》（*Behemoth*，意为巨兽，1679 年出版）就以想象中的恶魔之山图景开头，这个恶魔之山"包括世界上的各种不公平、各种愚蠢"。但是在 1650年，他相信对于深陷权力真空中的每个人来说，用道德憎恨来回答这个终极问题于事无补。假如你正好在巴黎，跟着哀悼"国王死了"之后高喊"国王万岁"，这样很好，因为这里就是未来国王之所在。但是想想如果你不幸地身陷在威尔特郡呢？那么，折磨你的就不是恰当与否的问题，而是怎么才能保住自己的命。如果要伪装成别的什么就是自欺欺人，任何有理智的人都难免受困于简单而不可逃避的焦虑折磨中。我和我的人都会变成什么？我们又该服从谁？我们能指望谁保障我们基本的安全需求？谁能阻止不同意见和不同宗教的纠纷——因为霍布斯论证了此类分歧将会永远存在，不可裁决——使其不至于变成无休止的战争杀戮的借口？谁能不让士兵放火烧了民舍，偷走牲口，袭击手无寸铁者？谁来实施合约——它是正义的基石？谁能让我们安卧于床？凭什么大家可以认定某人是守护者，凭其信仰还是通过推论？

这些都是英格兰孤儿们的噩梦，他们亲眼见证了自己的父亲兼统治者[1]被杀；在硝烟弥漫的郡县，曾经有过类似的最高判决者——主教和教士，但他们这时都被拉下了神坛。1660 年，查理二世登基，复原了主教和法官们，还在宫廷接待自己昔日的数学老师[2]，但以上种种疑虑都没有平息。复辟（Restoration）缝合了内战在英格兰政体身上戳穿的刺洞创伤，却没有使它痊愈，皮肤下仍然有受伤的组织；如果遇到不幸的撞击，它们会再一次地发炎、流血。瘟疫、大火、失败及疑神疑鬼会动摇英格兰人对国王保护臣民的权威作用的信心，还会再一次让众人的忠诚变得模棱两可、随意摇摆。被砍头国王[3]的大国玺给磨去刻印之后的 40 年，他的儿子詹姆士二世在一次反常的自毁行为中将它扔进了泰晤士河；如果政治的气压计感受到了大气变化的压力，自由的保护神墨丘利[4]会升起，就见得出顶端存在一个虚空的空间。

　　霍布斯认为想要根治民众心中的害怕，就得公开承认它是人类社会中普遍存在的自然现象。他非常了解恐惧是怎么回事。根据约翰·奥布里的记载，哲学家说自己是在 1588 年未足月出生的，因为他母亲恐惧西班牙的无敌舰队。霍布斯大胆地宣布对未知事物的恐惧："害怕看不见的强权……想象来自公众听之任之的传言。"即使那些传言不是全部，那也是绝大部分来源于宗教经历，虔诚的传说——比如奇迹、天启或者灵魂的存在——往往既不能证实也不能证伪。它们也许可以安慰焦虑者，但是，要说到帮助人们逃脱那场所有人反对所有人的无情战争[5]，就无能为力了。而那个时候，大家所处状态的本质正是这样。避开无政府状态的唯一真正可行的办法是将自由托付给一个全能的统治者——利维坦，那么所有个体都可以包括在内了。毕竟，坚持相互残害的自由有何意义？

---

[1]　即查理一世。——译者注
[2]　即霍布斯。——译者注
[3]　指查理一世。——译者注
[4]　这个单词多义，也指水星和水银。——译者注
[5]　指不列颠内战。——译者注

没有任何神圣、传统或道德体系可以授予哪个权威政府要所有人服从。如果利维坦能提供安全与公正，能让信仰争执不再演变成为武力冲突，那么利维坦就是合法的。

即使不说这是无神论的答案，那也是在道德上非常令人惊异的、亵渎神明的。对保王党来说，这更是公开的侮辱，因为查理一世已死，他们所拥有的只剩下了虔敬，霍布斯这样说是冒犯了"无形的"事物。对于非常虔诚的忠实者来说，国王的无形存在是他们的安慰和希望，他们在绝望中紧紧抓住任何一点据说是查理一世的遗物以求安慰：据说沾染了烈士国王血迹的棕色小布片、丝带缠绕着的头发锁——提供锁的人发誓保证头发来自查理一世被砍的头。最重要的是，他们坚持相信查理一世最后说的每一句话，《国王的圣像》（*Eikon Basilike=Royal Portrait*）一书收集了他的沉思录。共和国当局试图压制它，但"国王之书"直接引发了出版热，单在 1649 年就印刷了 35 次（另外在未被征服的爱尔兰有25 次），国王被砍头一个星期后就上市了。1649 年 3 月出现了一个包括国王在断头台上的祈祷和演讲的扩充版本，它特别受欢迎。查理一世身故后鼓动人心，也许是他曾经发起过的最成功的战役。无论在英格兰、苏格兰还是爱尔兰，他死后却比活着时更无所不在，这正是查理一世的意图。虽然他的书是由天才的教士约翰·高登（John Gauden）博士编辑的，却正是查理一世自己煞费苦心地（和他的祖母玛丽如出一辙）将自己打扮成教会烈士[1]。

《国王的圣像》一书被设计成国王的精神遗产，按照圣查理[2]之谕示，这是必定能恢复君主制的虔诚希望者的福音。现在基督教复杂（但对那时候的人来说是明白清楚、不复杂的）的象征主义，主要体现在由威廉·马歇尔（William Marshall）设计、温斯劳斯·霍勒（Wenceslaus

---

[1]　这一回是英格兰教会的烈士，玛丽是为了苏格兰。——译者注

[2]　指查理一世牺牲后被保王党认为已经成为圣徒。——译者注

Hollar）刻印的封面上，并且契合国王给自己后代预留的晓谕的调门。它的主题是安慰：抚慰失去亲人的人，在混乱中安定人心，照亮黑暗的光。封面上有一棵棕榈树——当时被一般人认为是永远不死的树，因而象征着古代复活，即使在王室美德的重压下也在继续生长，而信念之基石（又一个真正教会的象征）在狂风暴雨肆虐的大海上依旧岿然不动。上帝授予烈士国王的恩典用接受光束的图案表示，上方是昏暗的天空，从那里射下一道庄严的光，正照在跪着的查理一世头上，使他看见美好的前景，受到鼓舞。正如同他临终的誓言，能够离开脚下易腐朽的世俗王位，把握自己的回报，即来自天上的荣光四射的王冠。

到共和国当政的第一年年底，到处都是"国王之书"，恍如不可遏制的幽灵，甚至出现了便于藏匿的袖珍本。不可否认它太受欢迎了，这让此刻的英格兰的那些新主政者们很不自在，因为他们自认自己是合法的，坚信自己是那些"诚实""神圣的"人民的代表。很明显，这么看来在英格兰更多的同胞甘愿受旧的专制奴役，这些人的人数比他们预计的要多。保王党报纸，如约翰·克劳奇（John Crouch）的周刊《月球人》（*The Man in the Moon*）封面粗糙地"将光照射在"邪恶的共和国[1]身上，而这个人的狗陶泽（Towzer）放肆地抬起腿对着残缺议会的宣言撒尿。共和国政权必须得做点儿什么来反击这些诽谤，以消除保王党报纸的恶劣影响。那时候约翰·弥尔顿作为议会忠实宣传家的名声已经确立，因此，虽然当时他的视力下降得很快，还是被授命给那些受骗上当者启蒙。弥尔顿最伟大的作品——《失乐园》（*Paradise Lost*）和《力士参孙》（*Samson Agonistes*）——是他长久失明和困顿时期的杰作。1645 年，他出版了一卷诗集，认为散文创作只是"我左手的工作"。不过他也认为自己属于古典传统意义上的正直的共和党人，正如古罗马的西塞罗就曾经把自己的

---

[1] 以人的形象出现。——译者注

"消遣"搁置在一边而用雄辩术为国家服务一样。不管怎么说，视力日渐模糊的弥尔顿要医治普通人民的"盲瞽痛苦"。他们受了蒙蔽，反倒伤感地怀念起那个不知悔改、已被砍头的暴君来了。

1649 年 2 月，就在保王党的圣徒传流行之际，弥尔顿发表了一篇文章。共和国领导人那会儿正陷于四面楚歌之中，特别是奥利弗·克伦威尔，当然一下子就注意到了这篇文章。弥尔顿从来没有隐瞒自己狂热地敬仰克伦威尔。《论国王与官吏的职权》（*The Tenure of Kings and Magistrates*）一文精确地瞄准那个使大家产生焦虑的权力真空，抨击议会党因为审判和处决国王而不安得如坐针毡，他甚至愤愤不平，说他们开始"思想转向，甚至身体发抖……仿佛他们最近才干了一桩滔天大罪……共和国不会因缺乏实际事务而消亡，不会因为它已经进行了一场正义和信仰的远征就告终"。假如现在他们畏惧这个恰当的合法结果，当初为什么要开始着手反抗国王呢？难道他们不懂得，国王诉诸武力就已经单方面撕毁了他与臣民的合约：这个合约可是他的权威基石。当他在诺丁汉竖起旗帜，就已经自己废黜了自己。上帝和议会只不过是通过打败他，确认了国王不再接受上帝恩典而已。对弥尔顿来说，不需要担忧什么权力真空，它原本就一直存在于人民自己的权威中，只是从前大家有条件地授予国王来使用权力。一旦这个共享又有限的权力被剥夺后，查理·斯图亚特必须因其罪而受审，和任何重刑犯没有两样。听信查理一世自己的话，说只有上帝才能审判他，那是危险荒谬的，因为那就是质疑他是否需要负凡俗的责任，正如他签署的任何法律或条约，或他作伪证的誓言（包括他的加冕誓言）。

就历史而言，这种说法完全是从结果反向回溯到起点，因为 1642 年开战的目的并非要干掉查理一世，而是要约束他。在那场冲突里，作为党派的"人民"还不存在，那时人民的形式就是他们在议会的代表。但是在 1648 年残暴的不列颠第二次内战中，一切都走样了；至少对克伦威尔来说变成了生死存亡的挣扎。他拿弥尔顿的出版物当了自己工作的申请书，或多或少就是那样。诗人相应地成了共和国国务院的外交宣传秘书，负责将拉丁文和欧洲其他语言的文件与英文互译。因此，1649 年 10 月，弥尔顿是忠实地执行了自己作为共和国政府宣传主攻手的任务。他抡起自己的辩论术大锤，对准《国王的圣像》一书砸过去，他的《偶像破坏者》（*Eikonoklastes, The Image Breaker*，1649 年）一书从《国王的圣像》里仔细节选了他认为欺骗性最大的有利于查理一世的那些段落，志在粉碎那个精心炮制的圣洁形象。但是砸烂"国王之书"这活儿不如砸烂国王本人来得干净利落，在大众那里也不讨喜。弥尔顿后来承认《偶像破坏者》一书是他奉命而作，这一点也许说明了它拉大旗做虎皮的语调，风格在绵里藏针、马后炮（弥尔顿仿佛恨不得自己当日坐在法庭上审判查理一世）和爆发史诗性的指责之间切换。针对查理一世在平民院的著名评价"鸟儿们飞走了"一语，弥尔顿加上形象，将国王比喻成以自由者尸体为食的食腐动物："如果山里的秃鹰能张口说人话，看着到嘴的食物飞了，它还能说什么比这话更合适的吗？"

　　也许弥尔顿创造的比喻比他的政治理论更有说服力，因为他大胆地先验辩论——政府的权力基础在于公众同意政府，以及政府一直对握有权力的人民的意志负有义务，政府还要局限于人民的意志，这就产生了一个非常大的问题，就是人民如何行使自己重新发现的主权，他们又能将自己的信任安全地交到谁手里？无疑议会应该就是这个答案。但是对于很多传统的统治阶层里的人而言，甚至那些曾经在这个旗帜下为之战斗的人，1649 年精减后的单院大会（single-chamber assembly），即没有贵族院的议会，后来被嘲笑为"残缺议会"而闻名，它与那个为了保卫英格兰的自由而开战的代表机构，即 1642 年的议会，已经是风马牛不相及。1648 年因为公开反对审判国王而被克伦威尔等"驱逐出去"的议员，打头起就认为"残缺议会"及其执行机构国务院（Council of State）行使的不过是非法篡夺的权力。

"残缺议会"及其国务顾问们只是填补了因国王已故而留下的真空。说这些话的人里面，有的认为"残缺议会"不够大胆，也有的质疑它是否真的够勇敢。因为英格兰这时候已经没有主教了，最狂热的新教徒说话都是毫无顾忌，认为能继承查理一世国王的只有耶稣国王。到处是先知的预言，说新纪元要开始了，敌基督势力已尽数毁去，末日（the Last Days）来临就在眼前。最狂热的信徒梳理了《旧约·但以理书》和《启示录》后，宣称四大君主制国家（Four Monarchies）埃及、波斯、希腊和罗马之后，现在将有第五个接班人，那就是英格兰这个神圣的现实版圣人国度。由于这股狂喜的煽动，处决国王不仅是一个政治行动，也是上帝给出的一个信号——无疑，他选中了英格兰作为他救赎人类的指定工具。最近得到净化的英格兰必定会脱颖而出，因为它下放了权力，也提升了谦卑者。在圣徒们率领下，不可否认英格兰的"任何人都会享受舒适，人人都将受到神佑"。

对于这些持第五君主制国家（the Fifth Monarchists）概念和很多其他同样狂热的人来说，砍头国王留下的空白根本不是什么虚空，而是留待等着荣耀到来的前厅。他们的布道者和先知在大街上，对着学徒工和工匠们就这么说着，成群结队的学徒和工匠们听得入迷。这些信息在军队里尤其鼓动人心，布道之火成了军刀的磨刀石。1647 年以来英格兰的统治力量是军队：尽管在英格兰保王党已经被打败，但在不列颠岛的其他地方，保王党还很活跃；苏格兰的长老会当权者得知查理一世被处决后，立即宣布其子为英格兰和苏格兰两王国的国王查理二世；在爱尔兰，天主教联盟不仅没有被打败，此时奥蒙德公爵旗帜鲜明的保王党军队前去加盟还充实了天主教联盟叛军。因为在刚过去的 10 年里，英格兰权力斗争的果实常常取决于苏格兰和爱尔兰发生的事，军队不可能放松警惕，轻易地被和平的假象愚弄。

这么一来，英格兰还是个武装兵营，部队、马匹、铠甲制作者和军工厂之地；在一个徒有其名而实际上的被占领之地，法律也许很容易用利剑来实施，在地方法官的法庭就这样。10 年之间，军队早已面目全非：军官，尤其是下级军官，年纪更轻，比从前的下级军官受的教育更少，来自更低的社会等级，而这些下级军官对宗教也更狂热。因为约有 70% 的工匠——鞋匠、织布者、制桶工人、制革工人等都能阅读，普通士兵都非常明白自己的政治命运以及英格兰的命运，也深知自己在塑造英格兰命运中所扮演的角色，这在英格兰可是前所未有的情况。1647 年秋，每个军团都选了两名鼓动员（Agitator）在军队委员会里当代表。他们有胆量与克伦威尔和艾尔顿在普特尼辩论英格兰的政治社会应有什么样的框架，他们不满议会欠饷和拖欠退役遣散费等。之所以会这样，有一部分原因是他们受了平等派作家和演说家，如约翰·李尔本、理查德·奥弗顿（Richard Overton）和威廉·沃尔温（William Walwyn）这些人的影响。军官代表们变成了十字军战士，要把英格兰改造成不说是有代表性的，按照 17 世纪的标准来看也是非常激进的民主社会，因为平等派的建议是所有 21 岁以上的男性户主都要有选举权，议会要每年召开，议员可以连任，废除支持教会的什一税和食品税，简化法律使之适用于所有人民。

李尔本和他的平等主义追随者们所要求的，并不是非分之想，他们仅仅是在要求"天赋的"自然权利。这些"天赋的"自然权利都是盎格鲁－撒克逊人在被诺曼人的威逼打碎前明明白白地拥有的，《大宪章》曾恢复了一部分权利。事实上 20%—30% 的英格兰成年男子拥有选举权，除去平等主义者仍然排斥的一些等级（仆人、学徒和贫民）后，他们可以合情合理地辩解，这就是扩大到英格兰的其他人了，也就是像剑桥和埃塞克斯这些城镇里实际上的所有居民。大部分时间里，沃尔温、奥弗顿与李尔本小心地为自己辩白，和别人说他们是社会平均主义者

（egalitarianism）的责难拉开距离——平均主义者这个标签原先是傲慢的指控；他们把自己的报纸取名为"温和派"（The Moderate），这样做并不是他们在刻意讽刺。他们坚持说自己是相信社会等级的，他们相信有秩序的政府。

　　不管怎么说，他们还是逃不脱给人以他们是激进者的印象，因为这正是铁一般的事实。如果说他们并没有要求大量的社会平权，那也是要求大家注意发自贫困者的正义抱怨。平等主义者试图让更幸运的市民懂得，这些受饥挨饿者并不是让地方法官和治安法官们非常挠头的流浪乞丐，后者受了鞭笞就逃离了众人的视线，大家是可以把流浪乞丐忘在脑后；可是最近产生的穷人往往是农业劳工、工匠，甚至佃农等定居者——他们被内战的破坏带累致贫，田地被焚毁，二轮马车和牲口被军队征用（换言之即被偷了）。废除什一税意味着帮助佃农，但是平等主义者也要求共和国政府启动某种可持续的计划，以便缓解此类需求，而不是遗弃他们，或者用伊丽莎白一世时代的济贫法去对付他们。更大胆的是，他们提出应该可以考虑把处于贫困线之上的人当作政治团体的活跃分子。在普特尼辩论（Putney Debates）中，海军军官和议员托马斯·雷恩巴勒上校声称："英格兰最穷的人和最富的人一样都应该有活路"。他坚持没有人应该生活在一个自己没有明确赞同的法律体系里。

　　这个辩论真的具有革命性、够大胆，这震惊了军官们，而李尔本攻击军官们是军队的"显贵"——艾尔顿、费尔法克斯和克伦威尔。他们渐渐认识到，平等主义者及其军中同盟是要不遗余力地颠覆军队的神圣纪律，因而会动摇整个社会和政治秩序。针对雷恩巴勒关于人民政权的字面解释，艾尔顿强调财产权利："没有人有权在处置英格兰王国的事务中拥有利益或股份……如果他没有一份永久固定的利益……那些人全加起来就正好代表了英格兰王国。"换句话说，一个人要有领地才可以有选举权。更有甚者，议会里塞满了律师，他们可不会热心于平等主义者关于法律民主化的建议。奥利弗·克伦威尔自己后来说了一句最经典的名言，明白无误地表明了他认同社会等级的重要性："一个贵族、一个绅士、一个自耕农，这就是英格兰民族的利益，最大的利益。"

后来奥利弗·克伦威尔和约翰·李尔本虽然成了死对头，但他们俩却是同时期的人，活跃在同一个历史舞台上。李尔本和克伦威尔一样来自郡里的绅士之家，从小就不安分。他这号人在17世纪还很稀少，到19世纪才更常见，这就注定了他在17世纪时只能做个局外人。二十几岁时，他因为发传单攻击劳德和主教们被捕，星室法庭出名的原因之一就是在1637年对他滥用刑罚。在伦敦，李尔本当时被人在地上拖着从弗里特街到王宫大院（Palace Yard），然后上了颈枷（即使这样，他还是对着围观的众人滔滔不绝地演讲），最后关在伦敦塔里两年多。那里条件极其恶劣，对他限制颇多。实际上，正是克伦威尔让长期议会关注李尔本的境况，才把他给放了出来。李尔本在布洛克伯爵的军团里当了个上尉，鲁珀特亲王的士兵在布伦特福德作战期间俘虏了他，在牛津以严重叛国罪对他进行示范性的审判。假如不是议会公开宣布将对保王党俘虏施以相同的报复，他那个时候在牛津肯定就被处决了。因为他受审期间表现很勇敢，埃塞克斯伯爵主动提出要给他300英镑，他的家境非常拮据，照常理说他几乎不能拒绝这笔金额，但是李尔本声明他宁愿"为英格兰的自由和平而战，哪怕一天只拿8便士"。他是东部联盟的军官，肯定遇见过克伦威尔，他也毫不隐瞒自己与后者一样，不看好曼彻斯特伯爵的指挥能力。他在韦克菲尔德（Wakefield）手臂中弹，加上不断地被抢被偷，又甚少得到了军饷。到了1645年，李尔本境况之窘困，使得克伦威尔给平民院写信举荐他，请求拨给他一笔特别退役金，因为他是受星室法庭迫害才被选为议员。但是这个建议没有被采纳。

可是，那也是李尔本和克伦威尔的同志关系发展的顶峰了。1646年李尔本两次被收监，克伦威尔都没有表示反对。第一次在纽盖特，后一次在伦敦塔，在那里，议会贵族院认定他指控议员犯有"残暴、篡权、伪证、不公、违背信任"等罪。李尔本出现在议会贵族院面前时，拒绝脱帽，因为他（意图）以此表示他不承认他们有审判"生而自由的英格兰人"的权力，但这并没有用。在纽盖特，他赖在自己的牢房里，用手指捂住耳朵不听对他的指控，两年后才给放出来。但是，没有什么事，哪怕被剥夺了书写材料也不能阻止他在伦敦塔里发出一篇篇文章。这样文章进入到大街小巷、学徒铺子、守卫的军队，还有浸礼会（Baptist）教堂。1647 年，平等主义者开始组织大规模请愿，请愿常常是大群吵吵闹闹的人，帽子上戴着他们的海绿色飘带标志。克伦威尔无疑认为平等主义者鼓动直接政治选举正在削弱军事纪律。当最高指挥禁止军队"大会面"（general rendezvous）后，依旧有两个军团不管不顾地在赫尔福德郡的沃尔（Ware）边上的柯克布什菲尔德（Corkbush Fields）出现，去听平等主义者的鼓动宣传，还拿着他们的传单。纸条和绿飘带从帽子上撕扯下来，会场上爆发了打斗，一个哗变者开了枪。

平等主义者对"显贵们"的威胁还不止于此，在整个第二次内战期间，《温和派》继续宣传它前一年开始的"人民公约计划"（Agreement of the People），同时也指责议会里那些倒退者和冒险家（令人吃惊的是，有些平等主义者骨干甚至开始接触国王，希望说服他支持他们的每户拥有选举权的民主主张）。打败查理一世后，艾尔顿移植了一些他们的主要要求——废除议会贵族院和君主制，每年召开议会——放进他自己的官方建议里，要求建立共和政府。然而，到 1649 年初，奥弗顿、李尔本及沃尔温确信共和国已经落入寡头统治手里，它和从前那个被它取代的王室政府一样贪婪、自私，对大众的需求漠不关心，因为那时候看起来 1646 年李尔本对议会贵族院的愤怒指责三年后同样适用于"残缺平民院"："你们让我们开战，想要的就是把旧骑士和暴君拉下马，这样你们可以上位来接替他们。"

李尔本憎恨新政体的任何事，他曾经反对处死国王，拒绝支持审判国王，因为它违反了普通法规定的所有关于平等的原则。他甚至认为查理·斯图亚特作为生而自由的英格兰人（Freeborn John）的一员，也有资格适用于《大宪章》的同等优惠条件，包括由陪审团审判的权利。三个保王党的指挥军官被俘——苏格兰的汉密尔顿公爵、霍兰伯爵和阿瑟·卡普尔（Arthur Capel）伯爵——在伦敦塔里（他们在国王处死后不久也被砍头，就在议会房子的前面）等待受审的时候，李尔本给他们送去法律书籍，让他们学习为自己辩护。新模范军军队里正式下令禁止讨论政治以后，平等主义者领袖的反应是马上搞出一本包含两部分内容的小册子《英格兰的新锁链》（England's New Chains），书里提出的最起码的质疑就是认定听从军团的命令是非法的。1649 年 3 月 28 日，李尔本、奥弗顿与沃尔温，以及他们的第四个同僚托马斯·普林斯（Thomas Prince）都被逮捕，在国务院门前拖行。这么一来，奥利弗·克伦威尔愤怒爆发，（据李尔本说）他们和大臣们同样受到非难：

> 我告诉你们……你们对这些人没有别的办法，只有打烂他们，否则他们会打烂你们；是的，拼着性命不要，去犯英格兰王国所有流血散财之罪孽，挫败他们，让这个活计全报废。这么多年来，你们辛苦、艰难、痛苦，以为把自己给了世界上所有理智的人，谁料到他们却是地球上愚蠢、精神低下的最卑鄙一代……我再和你们说一遍，你们必须打烂他们。

这样，不用奇怪，不承认克伦威尔枢密院权威的平等主义者们被集中关押进了伦敦塔里。但是，接着发生了非常惊人的事——军队的强硬显贵则认为是不可理喻——伦敦立即爆发了平等主义者妇女发动的要求释放他们的请愿运动。1646 年，李尔本就已经冒天下之大不韪，实际上早已成功地深入到每个家庭（特别是清教徒家庭），坚持并印刷出版自己

的主张，即妇女（与男性）"天然地同样拥有所有平等权利、尊严、权威
和主权"。平等主义者妇女一直都在直接参与整个运动。伊丽莎白·李尔
本通过早年的努力，已经开始了政治工作，当自己鲁莽的丈夫从一个监
狱转到另一个监狱的时候，她就帮助他谋划越狱。开始的时候人家小看
她，预计她只会眼泪汪汪地恳求，后来她出乎意料地讲起了关于男人女
人权利的话。玛丽·奥弗顿好像从一开始就是个激进的人，因为印刷和
散发丈夫的小册子，她受到粗暴的惩罚，被一辆马车拖过伦敦街头，怀
里还抱着六个月大的婴儿。人们朝她投掷杂物，像对待妓女一样地辱骂
她。但是，这些姐妹们里最能言善辩也最富有激情的是平等主义者凯瑟
琳·奇德利（Katherine Chidley），她是颇具人格魅力的前布道者，尽力
要使共和国政府理解女性到底受了什么特别的痛苦，希望得到政府的帮
助，开始解除她们的困境：

> 讲到在共和国我们与男人一样，拥有平等的份额和利益，这不
> 应该被浪费（就像现在是被浪费了一样），不要让我们成为英格兰最
> 无助、牺牲最多的受害者。想想贫穷、痛苦、饥馑，像一阵狂风刮
> 在我们身上，要撕碎我们……我们不能眼睁睁地看着孩子吊在脖子
> 上，哭号着要吃的，而我们没钱买给他们吃的。我们真的宁愿死去
> 也不要看到这一天到来。

主流清教文化看到这些女性义愤填膺地发出如此不满的声音，深感
震惊。清教文化忠于性别的划分，等级特别严格，它安排给妇女的角色
是顺从、静默地忠于伴侣。当伊丽莎白·李尔本和凯瑟琳·奇德利带头，
领着一大群妇女游行去向议会请愿，要求释放平等主义者领导人，可想
而知，她们只会得到干巴巴的答复："你们请愿的事，不是你们所能理解
的，超出你们该关心的了，议会会回答你们丈夫的，还是赶紧回家吧，
管好自己的事，做好家务去吧。"

但是平等主义者妇女们没有回家去，相反，她们开始采取措施以确保《示威书》（*Manifestation*）在伦敦广泛传播，这是伦敦塔里关着的几个人共同联名出版的。书里类似神学著作的调门——将平等主义者承受的遭遇比作基督和其信徒的处罚——使我们可以推测作者也许是威廉·沃尔温，因为他的祖父是个主教。可是，《示威书》里论述较少，多的是向愚钝者解释，在这么多迫害、剥夺、挫败之后，为什么他们还是没有别的选择，而是只能坚持下去，不管他们将会遭受什么样的折磨。《示威书》用它的决心和凄清悲情，非常清晰地显示其现代职业特点——召唤革命：

> 我们非常明白这是巨大的不幸，要一直在世界上挣扎着争取权利，的确完全使我们远离本来有条件可以享受的人生乐趣。如果我们仅仅围着自身，照应一己舒适，那么我们永远也不会开始自己所从事的事业，它是为了共和国，然而，当我们做了这么多事，要恢复我们的自由，眼见得上帝已这么保佑……我们的愿望是建成一个真正幸福、完全自由的国家，但永远不能达到；我们自认受限于这些最伟大的责任，保证不错过这机会，尽量少给我们设置障碍，才能使从前洒的热血不至于如水泼溅于地上，也不会在遍布英格兰各地的多灾多难之后，而英格兰社会的改变仅限于想象，如此微不足道又间接，同时真正的负担、民怨、枷锁还在继续，甚至就在君主制已改为共和国的时候，也还是这样。

这四人一如既往地否认自己"为了公众之善而有急躁及过激言行"，他们在 1649 年 5 月 1 日 "被莫名地羁押"，从那时起，他们提出另一个《自由人民公约》（Agreement of the Free People）版本，希望达到目标。这份文件比较严肃也并非不切实际：里面说依据"天然正义"，由所有 21 岁以上的成年男子——除了贫穷者、保王党和仆人，选举一个 400 人的司法机构；没有它的同意，不许动用军事武力或者征税，不过要对这个议会的权力做强力的限制，正如同强力限制其司法权一样。它不能侵犯民众的良心自由；它不能强迫任何人入伍，也不能设立任何法律程序，除了在普通法里已经有的；它不会限制贸易，也不会为了任何事，更不会为了一些"鸡毛蒜皮的冒犯"，判处任何人死刑或者致伤残，除了谋杀。没有人会因为宗教原因而不具备担任公职的资质，除了罗马天主教徒。从怎么样才是共和国可以接受的政治理论来看，这份（第三份，同时是最终版本）《自由人民公约》也就是纸上说说而已，不可能实施。可是，它并不意味着平等主义者的这类设想与辩论应该被当作乌托邦理想〔因此他们绝望地表示要和杰拉德·温斯坦莱（Gerrard Winstanley）的掘地派（Diggers）划清界限，后者布道说大家要共有土地和货物〕。实际上，平等主义者的原则在后来是闯出了自己的路子的，而且不单单在美洲。

然而，接着读李尔本、奥弗顿与沃尔温（还有，谁知道，也许包括凯瑟琳·奇德利也是的）书的士兵们等不及了，4月，在伦敦一个被处决的哗变者的葬礼上，关于军饷支付的哗变演变成了一场大规模示威。5月中旬，当一些部队在行军途中经过驻守在坚定的清教徒大本营牛津郡班伯里的守卫部队时，另一场哗变爆发了，接着萨里斯伯里近旁又有两个军团哗变，他们试图（但没做到）加入牛津那边的造反派。5月13日，克伦威尔和费尔法克斯率领追捕部队在一天之内赶了80公里，到半夜在科茨沃尔兹（Cotswolds）边上的伯福德（Burford）抓住了哗变者。七八百人逃走，他们逮住了400人，其中4人被判处死刑，毙了3人。第二天，克伦威尔到牛津大学接受一个法律荣誉学位。布里斯托继续出版平等主义者的警醒言论，不久再一次遭到军方的严厉打击。李尔本和多次哗变没有什么直接联系，但是8月份，他出版《以严重叛国罪弹劾奥利弗·克伦威尔和亨利·艾尔顿》（*An Impeachment of High*

Treason Against Oliver Cromwell and Henry Ireton）一书，尽最大努力地声援哗变者。但是 10 月，李尔本自己在伦敦市政厅（Guildhall）以严重叛国罪受审。面对听众，他发表了非常精彩的演讲，坚持只有陪审团才有权裁决他，法官们不过是人民意志的"解读者"。这使得他免于罪责，被无条件释放；跟着伦敦塔里的那三个也被放出来了，前提是他们同意共和国要求全体公民发誓的盟约。沃尔温、奥弗顿与普林斯都同意了，这么一来，自克伦威尔以下，众人皆知不如去咨询约翰·李尔本。

到 1649 年秋，事情很明白了，不管将来会是什么来填补君主制留下的权力真空，也不太可能是平等主义者所描绘的共和国。军官们被买通、恐吓或关押，他们瓦解了；用船只把认为不可靠的军团士兵们送去爱尔兰，在那边他们可以对愚昧的造反者发泄自己的热情和失意。他们的领袖们最终各奔前程。最具有哲学思想的沃尔温成了医学事务方面的业余权威；约翰·威尔德曼（John Wildman）通过倒买倒卖没收的王室财产，挣了大钱；奥弗顿去了法兰西；李尔本对各种各样的社会事业感兴趣加打抱不平，直到 1651 年被终生驱逐。在流放荷兰期间，他试图对已发生的事情寻求意义，深入阅读罗马共和主义的经典文献——李维（Livy）与塞勒斯特（Sallust）的作品，可是这些文本貌似只是让他确信寡头政治或暴政的悲哀情景。1653 年回到英格兰，他又出版文章，结果又被监禁，最终成了贵格会教徒（Quaker）了其一生。

平等主义者之火化身为贵格会之光，老实说，并不那么令人吃惊，先前的政治狂面对共和国的残暴镇压，都转向宗教以求真理和内心解脱。对于受挫的平等主义者来说，这一精神蜕变不单涉及寻求自我安慰；假如平等主义已经失败，那么唯一的原因就是上帝要这样，上帝要兄弟们从凡俗离开，去别的地方寻求救赎。这别的地方，最初及最正确的意思就是自己内心自身的隐蔽处，食欲、言词、野心，这些世俗事务以前羁绊了它们；在所有这些凡人的污浊之下，是赤子的无邪心田和灵魂，在这里，他们保持着最本真的精神，而且，一旦挣脱凡俗枷锁，就是上帝的恩典之光。

第一批这样自身得救的使徒是绝对觉悟的，哪怕是身处发臭黑暗的地牢，他们也知道自己走在光明里。可怕的战争是上帝的意愿，不是为了改变世俗——议会、共和国，而是通过战争，让伪权威机构倒塌。没有了主教，也没有了长老会，留下的是自由——珍贵的自由，大家有了自由就可以凭此探索前进的道路。1650 年，在罗马也许是大赦年（Jubilee），教皇英诺森十世（Pope Innocent Ⅹ）在纳沃纳广场（Piazza Navona）竖立起他的方尖碑（obelisk）当作光柱，但对于寻求恩典的探索者来说，这是一个奇迹出现的时代。一方面，共和国及其将领们坚决地执行武力独裁，控制公开的政治舆论；另一方面，他们（尤其是克伦威尔）同样坚持，只要没有威胁到公众的和平，任何教派与忏悔（自然，除了天主教徒）都有良心自由。当然，什么才会构成这样的威胁，要留待地方治安法官来判定，他们可不像克伦威尔那么容易动怒，人们，特别是贵格会教徒常常发现治安法官就是这样的。但是在这段短暂仁慈的管制相对松弛的时间里，是自宗教改革以来（或者就精神生产来说，也包括之前的那段时间），人们探索精神理想的热情空前高涨，所得的成果是最丰富的。有些是有组织的，比如浸礼会进入了教会；其他更多的是围绕着具有人格魅力的布道者，因为追随他们而产生的文化，如亚比以谢·考博（Abiezer Coppe）或喧骚派教徒（the Ranter）劳伦斯·克拉克森（Laurence Clarkson）。

这一群群信徒的情况各不相同，例如，关于《圣经》经文的重要地位（有些喧骚派教徒和贵格会教徒认为那只是个历史文本）、洗礼以及教堂婚礼（贵格会教徒抵制教堂婚礼，和抵触教派的其他外在标识一样）重要性的看法就大相径庭。但是，他们有个共同点，都非常讨厌任何形式的正式教会权威或以往一惯的原则。加尔文宗的教义是人群分成被上帝选中的和该下地狱的，而且不可逆转。他们就断然反对加尔文宗的这个观点，因为它肯定与上帝的爱不一致，真正向上帝敞开自己、拥抱其恩典的人都能接收到上帝的爱。他们中最极端的如劳伦斯·克拉克森就教导大家，因为上帝是完美的，罪恶的念头以及由此而产生的羞耻，无疑是人类的发明。他为了验证他们的理论而公开和一系列情妇同居，这引起其他基督徒的诽谤。通过逻辑推理到极致来否认了正式的权威之后，贵格会和喧骚派教徒们一起身体力行。他们认为上帝与每个人、与所有人同在，并且上帝就在那里等待着，他早就预备好了，要前来占领转而信仰他的人的心灵。

离开教士阶层欺骗性的、多余的权威，这时候任何人只要岁数够大、知道自己在干什么（因此浸礼宗不赞成给婴儿洗礼）的，得到救赎就可以是自由自愿的行动。教区的概念纯粹是地理上的霸道荒谬，是为司法管辖的方便而设立的，却以教会的名义乔装打扮地出现。为什么要假设，碰巧居住在同一片相关地方的所有人，只凭身处同一教区这个事实，就是基督的兄弟姐妹？贵格会教徒戏称教堂建筑是"陡坡房子"，不过是石头堆砌起来供俗人敬仰的，根本就应该被砸烂，如果不是事实上那也是要在精神上砸烂它，这样被奴役的可怜羊群才能转化成福光之子（Children of Light）。

英格兰从王国进入共和国之后，种种情状的变化都不尽如人意，这些教派满足了两种截然不同的愿景，在前进路上指向两个不同的方向。对第五君主制国家主义者，像约翰·罗杰斯（John Rogers）、瓦瓦瑟·鲍威尔（Vavasor Powell）、陆军少将托马斯·哈里森（Major-General Thomas Harrison）这一帮人来说，他们忙于埋首故纸堆中，寻找《圣经》经文中的预言，认为最新的这个时代已经在国王被砍头的昭示中降临。因此他们有责任不能背弃英格兰，而是将它托付给圣徒（Saints）管理，这样共和国才能准备好完满地实现先知的预言。士兵、地方治安法官与布道者都不得不参与而非放弃公众世界，当然，最好是让它服从上帝的命令。

对贵格会教徒以及和他们想法差不多的人来说，这个与世俗事务捆绑起来的顽固想法只会把问题搞得更复杂。从本质上来说，只要是某种政权形式就不可能实现精神上的转化，因此应该直接避开它，最好只关注那些可靠的事务——改善个人的品行，因而使他们适合接收上帝之光。自我肯定是使人成为世俗凡间领袖的品质，应该让位给自我否定。

那么，贵格会教徒等人的生命就成为走向甜蜜虚空的征程，这需要从摒弃熟悉的习惯开始。乔治·福克斯（George Fox）是一个清教徒织布者的儿子，19 岁不到，便离开位于莱斯特郡杜锐敦（Drayton-in-the-Clay）的家（他的父亲对此颇为不满）。那年是 1643 年，福克斯走在被战争毁坏的地里，身穿灰色皮外套，沿着军队和辎重军车压过的路慢慢地走着。在贝德福德郡和白金汉郡边界的卫戍市镇纽波特帕内尔（Newport Pagnell），他看着萨缪尔·卢克爵士（Sir Samuel Luke）的士兵从教堂里拉出雕像，在街上将其砸碎；他听到裁缝出身的陆军上尉保罗·霍布森（Paul Hobson）给士兵布道，指控"陡坡房子"的虚荣，坚持一个教堂不过是一群信教者的集合体。两年后，福克斯在莱斯特郡各果园间漫游，开始经历"开窍"，使他接受启迪。到 1649 年，他已经准备好，热切地期盼漂泊。他拥有一点点继承来的财产，这很好，因此还能在路上给人匀出他那更简陋的日用品。在德比郡，乡村里住着饥饿的铅矿工人，国王和议会都没怎么给过他们什么甜头。他在这里布道反对什一税，亲近可能转变信仰的人。他不请自来尝试让人"信服"。更危险的是，他开始破坏长老会派的演讲，大喊着灾难即将来临，要等待光明。

不久，福克斯谋划着尽可能多地用干扰的方法来吸引大家关注他。首先他自己成了其他教派，尤其是长老会派讨厌的人，因而他们把他看作眼中钉。他天不怕地不怕地在条件最肮脏污秽的牢里蹲了一段时间。

但是（正如李尔本那样）关押只让他名气更大，更不能封住他的口；相反，开始有人关注他，并且前来拜访他。1650 年，在德比，他被判入狱 6 个月。一个狱卒问他，是否可以在他牢房里待一个晚上听他讲道。这下子福克斯一发而不可收，他向北走，来到兰开郡和约克郡，这里聚集了一批转而信他的人，其中有穷人也有富裕者——诺丁汉的荣誉郡长约翰·瑞克利斯（John Reckless），他的名字本来意思就是"胆大妄为"，这也就够凑趣了，以及兰开夏治安法官的妻子虔诚的玛格丽特·费尔（Margaret Fell）。这两人都打开自家大门让福克斯用作避难所，也让他把他们的家当作招募新信众的大本营。在威克菲尔德（Wakefield），他引入织布工出身的新模范军军需官詹姆斯·内勒（James Nayler），内勒原来就已经是个天赋极好的布道家，他对福克斯来说是个祸福相依的人。

　　他们开始颤抖。尽管福克斯随意地利用信众攻击"少数"和"陡坡房子"即教会，但他教导他们蔑视并且不信任语言；他说理性是光明之敌。于是他们自称"福光之子"，当光明照射到身上时，他们就感到地面发生了一阵巨大的抖动，仿佛大地要裂开了，像他们的心灵一样，这样他们就不由自主地摇摆晃悠起来，有时候还快乐得唱起歌来。大家共同感受得恩典的这种状态很重要，因为这让他们与来自俗世的真实危险和惩罚隔离开了，灵魂上升到了某个高度。毫无疑问，虽然贵格会教徒一直对政治不感兴趣而且忠于其政权，共和国及其后的护国主政体（Protectorate）却感受到了来自贵格会的威胁。从某种程度上来说，他们非常爱挑事儿，在教堂里，他们拒绝脱帽或保持安静。当然，他们进教堂就是为了弄出大不敬的响动来。在约克大教堂（York Minster），福克斯被人打了；在蒂克希尔（Tickhill），有人用《圣经》扇他的脸，把他拖出教堂，掷过树篱。他戴过足枷、颈枷，不断被捕、关押，尽管有一个大人物国务顾问约翰·布雷德肖，也就是审判查理一世的法院院长保护他，还有一个是玛格丽特丈夫托马斯·费尔的朋友。

然而他并不气馁，1652 年春，福克斯爬上位于约克郡和兰开夏郡边界的彭德尔山（Pendle Hill）的山顶，向下看着，假如说这还不是应许之地（Promised Land），那么绿色的里布尔（Ribble）山谷一直向西延伸，直到爱尔兰海，这一整片乡村之地的信众应该正等着他来聚拢。"我很感动，"他写道，"宣告这一天属于上帝。"他沐浴在光明之中。

在托马斯·霍布斯看来，光只是"大脑运动引起的一点儿虚幻感受"，和人世间其他一切事物一样，光不神秘，它就是物质，可以运用合理的推论来解释。正当福克斯在他的光照启迪中挣扎的时候，《利维坦》出现了，它的前提是应该分流宗教事务，把它纳入属于它自己的形而上学的思辨领域，而政治和政府只能由强悍坚定的逻辑来支配。道德憎恨无处不在，理性要求人服从权力，不管这权力是什么，只要它有能力提供和平与法律。

1651 年春，霍布斯回到英格兰，发现除了叫喊和唠叨，还有其他人和他对效忠问题的看法很像。其中一个是议会党最多产的天才记者玛奇蒙特·尼德汉姆（Marchamont Nedham），他的周刊《不列颠信使》（Mercurius Britannicus）和保王党的《宫廷信使》（Mercurius Aulicus）对着干。17 世纪 40 年代末，在一个很短的时间里尼德汉姆曾经转变过立场，但是一到不列颠内战结束，他又转回来支持共和国，还成了它主要的吹鼓手。共和国搞正式的全民《公约书》（Engagement），尼德汉姆很乐意地签署了。他还预备要发展一个共同立场（public position），以便让英格兰不计其数的保王党和解，让他们接受既成事实的"残缺议会"及其政府。尼德汉姆和霍布斯的出发点是相同的：建立政府的终极原因在于它够强大，能给臣服者提供保护，因而接受和服从它的理由也是这点，否则全社会只会沦为无政府主义的牺牲品。霍布斯增加了尼德汉姆辩论的力度，他问的是"这么做行吗？"而不问其"是否正当"。只因为看问题的角度明显地改变了，这样到底是好是坏且不去说它，实际上现代政治学就是这样诞生的。

那么，奥利弗·克伦威尔是否就是"利维坦"？这个"做作的人"集中了所有人的权力，且不可争辩、不容置疑，他算得上是一个"利维坦"吗？后来，他成了"护国主"（Lord Protector），他的管家约翰·梅德斯通（John Maidstone）这样描述他的外貌，仿佛他是一座单体的民族纪念碑："他的头形状独特，可以看成一座库房和商店……一座巨大的天然珍宝宝库。"不管这个奉承多么肉麻，克伦威尔可从不吃这一套。从共和国建立伊始，就没有什么重要证据表明，克伦威尔意图谋划个人最高权力，或成王或成圣这些事儿。尽管那些恨他的人如爱德蒙·勒德洛（Edmond Ludlow）相信，克伦威尔反复宣称讨厌高位是虚伪的，是独裁野心的伪装，但有充分理由相信克伦威尔是真诚的。克伦威尔当然表现出一些极权主义迹象——极端自负、傲慢、狭隘，非常容易为一点点小事就暴跳如雷，不择手段地压制反对者，但是，他缺乏真正独裁者的一个基本特征，即贪婪地积累权力。对克伦威尔来说，行使权力只是必要的手段，他并不醉心于此，也不以此为能事。他有许多失败之处，但为人不虚荣；他疾恶如仇、下手无情，但从不装腔作势。作为公共人物，他一生都相信自己是微弱的、卑贱的，是万能的上帝在借助他为器具，是上帝之手在拨弄不列颠历史。他说话常常像口吃的摩西（Moses），是上帝硬要选他来担当大任，而他自己巴不得有人能来接手他的活儿。

1648 年，他写信给奥利弗·圣约翰，表示自己要响应这召唤："上帝用强有力的手对我说，指引我。"因此，克伦威尔相信自己是在为上帝服务，而真正的独裁者们都认为自己就是上帝。正是那些自诩为小上帝的人，从查理一世到"残缺议会"的共和派寡头，比方说亨利·马丁与阿瑟·哈泽里格，这些人才最让克伦威尔看不起。他不信任好弄权者和个人帝国建造者，不断地质疑他们的动机，甚至包括他自己。说到自己的为人和行为，他反复用"简单"一词，这是他对人的最高道德赞美。一直以来，大家总是说，被人认为天真总比被看成精于世故要好。假如说他根本不是实干者，那么克伦威尔（不像艾尔顿）也不是什么新不列颠的思想家。可以佐证这一点的是，他对创立某种类似于真正共和国的文化来替代前朝的王权政治体制那一套完全不感兴趣，而正是这一点才导致共和国生存堪虞而后陷入岌岌可危的境地。对克伦威尔分析到最后可以得出，他和福克斯相去不远（克伦威尔认为后者既有趣又讨厌），因为两人都认为政府形式的"世俗性"是最平淡的。他说，他们俩都是追随圣徒保罗的，"与耶稣相比，那可是云泥之别"。他这种崇高精神使他具有个人威望，但对永续共和国政治却大为不利。"护国主国"要想延续自身的话，就需要克伦威尔更像利维坦，做个更残酷无情的主君，但这不是他的天性，他这是赦免了自己，也正是他失败的地方。

　　他和恺撒、拿破仑以及所有其他受命运青睐的幸运儿们一起，是英雄万神殿里不可缺少的一员。奥利弗·克伦威尔的奇迹在于他在一生中的大部分时间里，根本没有先知先觉地意识到前面有什么在等待着他，他也不急着要人家拿他当个非凡的人。他活了59岁，相比其政治作为，他在一辈子中更多的时间里就是个英格兰的外省乡村绅士式农民，在灰暗的盎格利亚中部莱地里辛勤地劳作，默默无闻。虽然在他的绝大部分职业生涯里，他成为不列颠权力的仲裁人，但他对此却浑然不自知。同样，作为那个时代最伟大的将军，他根本就没上过军校，从来没有操练过战争之术。由此看来，克伦威尔不是一个凭直觉知道自己命中注定要高升的人，相反，他认为自己是英格兰社会、政治与精神三重坠落的牺牲品，他能崛起，仅仅是因为他义无反顾地尝试他人不愿意也不敢做的事。

　　从社会角色来说，克伦威尔的父亲是其祖父的次子，他自己又是其父的次子，并没有生于温柔乡中[1]，这注定他早年大部分的时间都是匍

---

[1] 当时英格兰长子继承全部家业，次子以下都得自谋生路，这意味着其父必须白手起家。——译者注

匐在尊贵者的边缘。有一段时间他差点儿得到一笔真正的财产。他的祖父亨利爵士兼任亨廷顿和剑桥两个郡的郡长，是伊丽莎白一世时代的议员，排场大到至少被女王称为"金骑士"。他的长子[1]在宫里和东盎格利亚也是风头挺健：他是詹姆士一世葬礼上的掌礼官，娶的太太带来了荷兰和热那亚银行家的钱。这一切，让奥利弗的父亲罗伯特的贫寒境况相比之下就更显得寒酸。奥利弗伯伯的钱用来保证他自己的中等产业顺风顺水，他也出钱送小奥利弗[2]去伦敦的律师学院（Inns of Court）进修。不过，在这里，小奥利弗与富裕的皮毛商人的女儿伊丽莎白·鲍彻（Elizabeth Bourchier）结婚，貌似发了一笔财，看起来他上道了。克伦威尔接受了律师教育，手里有了几个钱，1628 年被选进了议会，那个时候正是《权利请愿书》争斗起伏波动的时候。在那关键的一年里，却不见奥利弗·克伦威尔有什么作为，他只是坐在议会平民院后排的座位上，对关于国王特权和普通法的辩论保持沉默，任凭他们的声音在他身边炸雷般轰响。但王室医生西奥多·梅耶恩爵士（Sir Theodore Mayerne）知道克伦威尔曾置身于这政治喧嚣中，因为他给克伦威尔治疗过严重的抑郁症（valde melancholicus）；以后他常常这样（实际上他的情绪波动剧烈——他赞美上帝要全面歼灭敌人的时候会突然爆发不协调的大笑；到情绪低落时悲伤中的怒目金刚样子——是抑郁症的典型临床症状）。

　　不知道什么原因，1629—1630 年，克伦威尔的家道好像没落了。到了 1631 年，他的境遇非常糟糕，不得不卖掉几乎所有的土地，搬到亨廷顿郡的圣伊夫斯（St Ives）去耕种 17 英亩的农田——他不是作为庄园主而是自耕农租户；克伦威尔是从剑桥学院租来的土地，在田里和自己雇来的帮手一起干活。这些年，克伦威尔在社会阶层上跌落，经历了农村的艰难生活，这使得他接近了普通人的习惯和语言，这是一笔无价之

---

[1]　也叫奥利弗，就是克伦威尔的伯父。——译者注
[2]　家里 7 个孩子中唯一的幸存者，即克伦威尔。——译者注

宝，后来他将这点融入了自己的军事指挥魅力中。他的口音里一直都保留着东盎格利亚的弱舌音，当他讲到他要"穿着普通粗糙衣服的上尉"与"诚实的"人充当自己队伍的核心时，克伦威尔很明白自己在和谁说话，说的又是什么。当他还在亨廷顿郡过着乡绅阶层悠闲生活的时候，王室政府改变了自治市镇的章程，因此在一场艰苦的本地政治辩论中他失败了——克伦威尔是被这些改变挫败的本地绅士之一——那也是得意洋洋的赢家们第一次见识到了他犀利毒辣的辩才，当然那不是最后一次。一个对手抱怨克伦威尔反对亨廷顿市长和刑事法官时，"言辞不雅、不体面"，其攻击性之强，使得他被上报到了王室私人枢密院。

自深深处[1]，也就是处于政治边缘化、社会地位低下。在英格兰东部比海平面还低的芬斯沼泽地带，克伦威尔突然重生了。正是这个转变过程，使他相信（而不是他及时地从单身舅舅那里继承了财产）自己已经开始走上救赎之路。1638 年下半年，他在给表姐奥利弗·圣约翰夫人的信里回顾了自己的救赎，那是一个保罗式加尔文宗信徒觉醒的经典案例，此信不虚其名："哦，我生活在黑暗中，我爱这黑暗，我憎恨光明。我是个领头的，也是众罪人之首。这是真的：我恨神圣，但是上帝以仁慈待我。哦，上帝的仁慈是多么的博大！"

他的政治选举——成为短期议会的议员，接着在 1640 年作为剑桥议员进入长期议会——不如他的精神选举来得重要。他在思想上站出来响应上帝的召唤，或者毋宁说，政治生涯之于克伦威尔只是一个精神职位；不管表面上他对选民或者国王要负什么职责，都不如他在上帝面前要负担的责任。尽管他住到了伊利，略有薄财，克伦威尔依旧把自己看成显贵世界边缘的人。因此，他疏远权贵，深深地怀疑他们，即便他们能说出恰当的议会派论调；说到底他们还是缺乏他那样的坚定决心。他非常

---

[1] De profundis，拉丁文，英文意思为 "from the depths"。——译者注

信赖（此后一直如此）当时的主流社会秩序，不相信直接挑战国王的假设权威就能颠覆它。相反，他认为只有通过抵制这些假设的推理和宫廷的腐败、傲慢，才能安全地保留英格兰这一古老然而本质上又是仁慈的等级制度。1640—1642 年议会两院的里里外外有很多人害怕开战，可克伦威尔不怕，只要是为了神圣的事业他就敢。他比大部分人都觉醒得早，知道在正义和非正义的势力之间必有一场大战，假装说不开战只是自欺欺人。因为心里知道事情必定会如此，克伦威尔就顺势而为，成了议会平民院里发言最积极的人，要求把指定郡治安长官（Lords-Lieutenant）和召集民兵的权力从国王手里移交给议会。就克伦威尔而言，战争并不是从查理一世的王旗在诺丁汉竖起开始的，而是比这更早——从他在爱尔兰的叛乱中看到斯图亚特王朝机器的血腥之手的时候就已开始；那个时候他就敦促议会，要让英格兰"进入防守姿势"。他说得倒是很明白，对此，霍布斯给予了勉强的称赞，但防守仅仅是一个及时自保的动作。

　　因此，其他人还在慌张犹豫的时候，奥利弗·克伦威尔已经开始行动。他在剑桥郡招募了一支拥有 60 匹马的队伍，凭着它给议会夺下了剑桥要塞，从而阻止了学院从当地搬走也阻止了大学的捐款移交给国王的金库。整个不列颠内战中，克伦威尔致命的直觉与果断是他惊人的戎马生涯中的里程碑（和他后来在纯政治世界里表现出的优柔寡断截然不同）。他不会干等着把时间给他怀疑的人——一开始是丹泽尔·霍利斯，后来是曼彻斯特伯爵——他们一边打仗，一边冷眼看看是否能和国王谈判，而不是争取全胜；或者埃塞克斯伯爵那些人，他认为伯爵在开战前就已经退缩了。他相信耶和华戴着头盔站在自己的一边，因此他绝不模棱两可。在唱着赞美诗、口袋里装着《圣经》的新模范军里，克伦威尔已然化身为犹太勇士：他领导着的是一支神圣的部队。他把事情做到极致，帮助《议会童子军》（*The Parliament Scout*）的主编约翰·迪林厄姆（John Dillingham）在时事书里鼓吹克伦威尔将军的声誉，因为他无疑相信自己已经被上帝（Lord of Hosts）选中来领导他那些上尉和下士的。而且克伦威尔还懂得，如果军官们对所从事事业的正义性深信不疑或者坚信他们会取得最终胜利，普通士兵就会更好地响应军官。这一精神武装使克伦威尔不亚于任何聪明的战略家，尽管他缺乏军事历练和培训。他带到马斯顿荒原和内斯比的（而且从艾奇希尔的失败中汲取了教训）是一支骑士军队，它已经强大到既能承受敌人冲锋的力量，也能灵活地重新组队反击，即使没有可以补充场上力量的后备队。克伦威尔天赋过人，能精准地掌握战场上的时机；没有这一点，任何作战计划都是废纸一张。在战场的喧闹与混乱中，克伦威尔能透过呛人的烟雾"解读"战斗，具有神秘的直觉，懂得如何应对此消彼长的局面。但这并不意味着，他只是远远地用望远镜坐观士兵屠杀；相反，通常他都身先士卒地发起冲锋，与长枪兵和龙骑兵厮杀，冒着受伤的风险（有时候真的受伤），但他总是能活下来。克伦威尔个人英勇无比，在战斗最激烈的地方表现神勇，从而赢得了士兵们的信赖，即使去冒险，他们也在所不辞。他们怎么能不相信一个从没有打过败仗的将军呢？（甚至在纽伯里的第二次战斗，当胜负还未见分晓的时候，当时最糟糕的是一次不尽如人意的撤退）随着每一次新的胜利，克伦威尔的士兵更有证据相信，将军是与上帝亲近的人，连同他们自己也因此得到了庇护。尽管他相信自己的士兵们在做着上帝的工作，这是一回事，但和他认为应该由军队而不是议会来决定英格兰民族的政治命运，那是两码事。

两个克伦威尔——一个相信英格兰保守社会的古老宪政结构，另一个是热心的福音派改革者——在他自己内心还没有达成一致。尽管议会里出现了真正的清教徒，如罗伯特·哈雷爵士，克伦威尔和艾尔顿一样还不能确定议会是否足以担当神圣改革的大任。但是，在1647年夏秋的危机中，用武力硬逼议会的想法还是让克伦威尔觉得别扭。不管武将内心的信仰能多么虔诚，由他们来组成政治体制可不是他当初为之奋斗的目标。一年以后，随着第二次内战变得非常残暴血腥，很多这类顾虑就被克伦威尔抛到脑后了。长老会看起来不再是前锋，倒是信仰纯洁者的防守后卫。霍利斯那些议会派斗士好像被真正的宗教信仰自由吓坏了，他们甚至和苏格兰人一样，准备和国王做个廉价买卖，来保障他们自己狭隘的教会利益。他们已经"通过凡夫俗子的推理，缩头不做上帝的工作了"，他写道。因此，即使他让艾尔顿做和解工作，假意与普赖德上校的肃清活动保持距离，但不再真的相信"长期议会"是神圣不可侵犯的了，他对所谓合法性的面具起了疑心。"如果除了法律规定的，什么都不能做，"在他支持的又一次肃清［第二次护国议会（Protectorate parliament）期间］之前，他这么说，"还在我们着手制定一项法律的时候，可能英格兰民族的喉咙就被割断了。"一切政变者都是这么自圆其说的。

1649 年，克伦威尔加入共和国的国务院，但是，他从来没有想到，自己这时候正带领着英格兰从议会国家转向军事独裁统治。旧议会六神无主、心怀不正，迷失了自我，因此才需要摆脱它。3 月 15 日，他接受任命去远征爱尔兰指挥镇压那里的叛乱。在克伦威尔自己的思想里，他是作为上帝的仆人去的，而不像残缺议会自己标榜的是"英格兰民族自由的保卫者"（Keepers of the Nation's Liberties）的主人。甚至克伦威尔就任"爱尔兰总督"（Lord-Lieutenant），至少在理论上也是他要服从共和国军队总司令费尔法克斯。很多人为头衔、权力奔忙，但是在克伦威尔这里，这一切都不是他主要考虑的。"我不想让军队在意这些个人的思绪。"他告诉国务院，"不是说谁有个指挥官的头衔，然后他去了，我们就得跟着去，不必把它当成我们措施或基础的一部分，但是，如果上帝去了，我们就得跟上。"他自己很清楚必须平定爱尔兰，否则它就一直会是天主教入侵英格兰的跳板，也许甚至是它包抄行动的一半，因为当时查理二世已经在苏格兰被立为国王，另一记重拳就会从那边打过来。正因如此，当一群无知的人想着也许 1649 年是可以坐下来好好料理英格兰共和国的年景，对克伦威尔来说，这时仍然是紧急战争状态。

然而，无论紧急与否，在整个不列颠的历史上，1649 年秋奥利弗·克伦威尔在爱尔兰所犯下的罪行被认为是最臭名昭著的罪恶之一，其穷凶极恶之阴影使英格兰与爱尔兰的联合从此再无可能。无疑，在德罗赫达（Drogheda）和韦克斯福德（Wexford），克伦威尔的军队犯下了令人发指的暴行。可是，到底在那里真正发生了什么，又发生在了谁身上，几个世纪以来，因为误会深重早已经成为迷雾一片。只是到了最近，在德罗赫达土生土长的爱尔兰历史学家如汤姆·赖利（Tom Reilly）才有勇气用学者的严谨，给这段历史拨开迷雾。更好的是，赖利那样做并不是要开脱谁或减轻谁的罪孽，而只是给出解释。

首先，到底德罗赫达的牺牲者是谁，现在搞清楚了，他们绝大部分既非天主教徒，也不是爱尔兰盖尔人，更不是手无寸铁的普通市民；1883 年墨菲神父（Father Murphy）出版的历史书，很大程度上故弄玄虚地说牺牲者是妇女和儿童，实际上也不是。因为克伦威尔受命于当时的共和国国务院和残缺议会，并不是去抵抗 1641 年起兵的天主教同盟（Catholic Confederates），而是去打击奥蒙德公爵率领的以新教徒为主的保王党军队。多年来，一直到国王被处决时，保王党军队都在和欧文·若·奥尼尔领导的叛乱分子作战，而奥蒙德与奥尼尔并没有联手。德罗赫达一开始就是坚定的保王党老英格兰人的城镇，实际上在 1641 年，保王党军队还破除了弗里姆·奥尼尔（Phelim O'Neill）叛军的围困。就在那个时候，克伦威尔的舰队共有 130 条船，在米尔福德黑文（Milford Haven），他开出去 35 条船，带了 1.2 万名士兵。此时爱尔兰分明有不少于四股武装力量：欧文·若·奥尼尔和红衣主教瑞努基尼领导的爱尔兰盖尔人盟军（Confederacy）；奥蒙德的保王党军队；门罗将军在阿尔斯特的苏格兰长老会军本来倾向于英格兰议会的，但查理二世在苏格兰宣布继位后，他们又成了英格兰的潜在敌军；最后，英格兰议会党由迈克尔·琼斯陆军中校（Lieutenant-Colonel Michael Jones）率领的军队。当然，保王党和爱尔兰天主教联盟经过谈判后停战了，这样就简化了这个爱尔兰军事四角。但是克伦威尔从心底里嫌恶罗马天主教，总相信爱尔兰叛乱就是个"特洛伊木马"，给斯图亚特王朝，也给罗马乃至于西班牙（从这个角度来说，他骨子里就是个伊丽莎白一世时代的人）都会留下能让他们插一杠子的门缝。他认定在爱尔兰他最直接和最强大的敌人是保王党，而不是爱尔兰天主教派；如果说他在爱尔兰一路战斗下来都是摧枯拉朽、毫不留情，那是因为他在第二次内战中同样仇视他们，而此时第二次内战很明显还没结束。

克伦威尔并不隐瞒自己蔑视爱尔兰原住民的心思。他和同时代的很多清教徒一样，相信那些夸张的骇人听闻的暴行，这些宣传是大部分英格兰人获取1641年爱尔兰叛乱新闻的来源：挑在枪尖上的长老会派婴儿，阿尔斯特与伦斯特的被大卸八块的男性家族首领。"你们，无缘无故地，"1650年，他给爱尔兰的主教们写信，"将英格兰人置于自有日月以来最野蛮、前所未闻的屠杀（不分男女老幼）中。"无疑，相信爱尔兰人拥有兽性的偏见使克伦威尔在面对即将因战争降临到当地居民头上的灾难问题上变得铁石心肠，但这也并没有让他做出种族灭绝之事，他的目标是要消灭士兵，而非平民。事实上，和他在英格兰历次战役中的一贯做法一样，克伦威尔不同寻常地公开发出威胁，说如果发现自己的军队有任何人袭击了没有武装没有反抗的人，都将受到惩罚；在德罗赫达围困还没有开始的时候，就确定有两个手下因违反这个规定被绞死。克伦威尔也不是嗜血的杀人狂，也许正因为他预感到了谢尔曼将军（General Shelman）的名言"战争即地狱"，才下定决心恶战一气，而速战速决是最好的方法。

凡是有机会不伤一命，能以恐吓吓倒要塞防守者而使他们直接投降的，克伦威尔总是千方百计地这样去做。在德罗赫达扼守住往来都柏林与阿尔斯特的大道，他相信就有这样的机会；因为对方的指挥官阿瑟·阿斯顿爵士（Sir Arthur Aston）是保王党退伍兵（也是极少数天主教徒之一），阿斯顿的人手少得可怜，最起码在炮兵方面和克伦威尔威力强大的炮兵不成比例，根本无法招架。9月10日早晨，克伦威尔试图要阿斯顿和平投降，给他写下了一个语气冰冷的最后通牒：

> 爵士：我已经率领英格兰议会军队到此，命令他们在原地待命，希望能避免流血。现在我想呼吁你做出同样的决定使他们归于正途，这才适当。如果你拒绝，那就休怪于我。我期盼你回复，谨此。

你的仆人

奥·克伦威尔

当然，阿斯顿很快拒绝了这个最后通牒。1641—1642年被长期围困的经历，还有德罗赫达明显很雄伟的城墙使他相信，自己的城市能抵挡住克伦威尔的第一波进攻，至少能坚持到奥蒙德的援军来解围。但事实上，他的悲剧是双重的，德罗赫达的城墙根本没能承受住克伦威尔的炮火。进攻开始那天，奥蒙德的援军影子也不见一个，尽管前一天，奥蒙德曾经派了几个人来充实守备。克伦威尔的大炮只花了几个小时就在德罗赫达的外道城墙上打开了缺口，但是他的步兵通过这些缺口倒是费了更多时间。保王党士兵守着这些缺口拼死抵抗，其中就有拉尔夫的弟弟小埃德蒙·弗内。伤员和死亡的士兵尸体堵塞了缺口，克伦威尔自己带领部队进行了第三次冲锋才冲进去，这是胜利的关键。防守方后退到米尔山上（Mill Mount），这里只有栅栏阻挡，根本就没什么用，有些士兵还退守到了陡峭的清教圣彼得教堂的塔楼和尖塔里。

接下来发生的事，在惊人的17世纪战争历史上，尤其是爱尔兰战争里，就不足为奇了。苏格兰长老会将军门罗曾经在麻吉岛（Island Magee）屠杀了 3 000 人。1647 年，在诺卡瑙斯（Knockanauss）战役中，迈克尔·琼斯上校曾无情地让部下杀掉了 600 名俘虏，吊死了自己方面的逃兵（包括他的侄子）。当然，所有这些案例都是同样的卑鄙下流。克伦威尔自己的记述也非常惊人，他居然毫不愧疚，一点儿也没有犹疑或隐晦："我们的人赶上了他们（米尔山上，阿斯顿和他的手下），我下令全部杀掉他们。当然，在行动激烈时，我不允许士兵们放过城里任何带武装的人。我想，这一夜，士兵们大概杀了 2 000 人。"在德罗赫达，至少 3 000 个保王党士兵被杀。需要指出的是，他们中的大部分都不是死在疯狂的战斗中，而是当他们放弃抵抗、投降或解除武装后被屠杀的。对于小部分拒绝投降且最后被打败的敌人，迎接他们的那就是精心设计的大屠杀。在圣彼得教堂，克伦威尔让属下在尖塔下焚烧教堂的座椅，用烟把塔楼里的守卫者赶出来，结果是钟和石墙一起崩塌，很多人在火中掉落下来摔死。场面之惨，使得有些克伦威尔的军官背弃了他的命令，甚至有的真的去拯救敌人。这一细节反而使人感觉合乎情理。

在这次暴行中送了命的士兵，几乎没有爱尔兰人或天主教徒，这个事实自然已经够得上控告克伦威尔是不可饶恕的了；不必要再添加虚构情节，说什么他是故意为之的，或者甚至说他是迫不得已时才延祸屠杀了平民。赖利指出得很对，妇女儿童被强奸、切成几段的故事，那都是一些非目击证人的片言只语，实际上所有这些妇女儿童的故事都是激进的保王党［如古文物研究者安东尼·沃德（Anthony Wood）等人］编造的，他们在复辟期间（the Restoration，1660—1685 年）出版这些故事，是为了反对共和派，意在如女巫一般混淆视听；要不就是在事情发生了起码一两个世纪后的杜撰。沃德的兄弟托马斯在英格兰为保王党而战，然后投到议会党旗下，之后在复辟时期再一次效忠国王查理二世，是个出了名的跳梁小丑。他喜欢说大话，很明显要急着为自己开脱，所以托马斯是很多血腥故事的源头。他的德罗赫达版本故事，经沃德反复传播，说是士兵们用阿斯顿自己的木头假肢打死了他（尽管杀人者的确抢走了他身上的一条带子里的黄金）；还有穿戴着最精美的珠宝和华服而殉难的神秘"贞女"（在战斗激烈的时候他们如何得知的呢？），抢劫的士兵刺中了她的肚子或臀部致其死亡。这些号外故事都不足以对克伦威尔提起诉讼，而能指控克伦威尔的最有力证词来自他自己——他对自己蓄意犯下屠杀之罪如此大言不惭，爱尔兰的其他要塞再也不敢跟着犯同德罗赫达一样的拒不投降的错误了。

恐怖策略生效了，克伦威尔大军所到之处——比方说纽罗斯（New Ross）——德罗赫达的下场足以保证其他地方不战而降，克伦威尔大军兵不血刃拿下了这些地方。但是在韦克斯福德，守卫部队与平民并非德罗赫达那一派而是天主教派，他们为了爱尔兰同盟（Irish Confederacy）守城。10 月 11 日激战开始前，事实上其军事头目没有拒绝投降，但还是再次发生了可怕的屠杀。尽管像往常一样，克伦威尔非常清楚地表明，如果拒绝最后通牒会有什么后果，但他答应对方的头领塞诺特（Sinnott）上校，假如最后还是投降，他会让士兵和不在执勤的军官和平地离开，只要他们同意不再拿起武器反抗，也不俘虏军官；"至于居民，我答应不会动他们的物品，我会保护城市不被抢劫"。但实际上塞诺特从来没有得到过这个通报，双方的谈判尚在进行中，那边就已经开火。议会军一进城就开始杀戮对手，多多益善。在韦克斯福德，尽管死人堆里没有市民，恐慌情绪却并没有缓解。韦克斯福德的普通民众奔逃上在码头周围停泊着的船，而船只超载后不可避免地发生倾覆，于是最大的死亡就发生在这里。当天在韦克斯福德，包括教士（可以理解，他们也许带着武器）和士兵，人数至少有 2 000 人——其中 300 人淹死了——这是最让人痛心的。

克伦威尔是不会为神父之死掉眼泪的，他直言不讳地说，不相信教士们是会在冲突中袖手旁观的无辜者，他相信教士们是敌基督力量阴谋的代理人。1649 年末，爱尔兰天主教高级教士团（Catholic prelates of Ireland）指控他，在国内蓄意"灭绝"其宗教。1650 年 1 月，克伦威尔对此给予了长篇大论、雷霆般咆哮的回复，以最出格的方式揭示出他的英格兰–爱尔兰新教历史观，他自认是上帝的选民，其情之烈、偏见之深如下：

> 你们说你们的联合是反对一个共同的敌人……我要给你们点儿苦头尝尝，这样才能证明上帝没有在你们那边。是谁弄出的这个共同敌人？我想你们的意思是英格兰人。英格兰人！记住，你们这些虚伪的家伙，爱尔兰从前是和英格兰联在一起的；英格兰人家底好，他们很多人用钱买来的；他们或他们的祖先从很多你们和你们的祖宗那里买来的……他们和平地在你们当中过日子……而你们打破了这个联合！

他声称教士们要为此负责，是教士们用神学的谎话，欺骗了普通穷人，同时又收获了财富和社会地位。克伦威尔直率地承认，他否定他们，既不能忍受他们做弥撒，"也不能忍耐你们这帮罗马天主教徒：我发现你们在勾引人民大众，或者公然地违反既定法律"。换言之，对待爱尔兰天主教徒要和对待英格兰天主教徒一样严厉，不过也不会更糟。假如他们只是在私下里信仰，还可以置之不理："至于人民，他们自己内心对宗教怎么想，我管不着，但是要知道，这是我的责任，如果他们行事诚实和平，我不会让他们因为内心里的信仰遭一点儿罪，反而我会耐着性子友善地对待他们，倒要看看上帝什么时候高兴了，送给他们另一副或者更好的头脑。"关于通过"屠杀、摧毁或驱逐天主教居民，"来"灭绝"的指控，"……很好，现在，请给我们一个例子，自从我来到爱尔兰，有没有一个没有武装的人被屠杀、摧毁或驱逐；关于这二者中的第一个，正

义有没有得到申张，还是努力地去申张了。"有证据表明，他这个话倒说
到点子上了。但是，是克伦威尔的热情，而不是他的理智在他长篇演说
的末尾如潮水般上升。他轻蔑地否认英格兰军队是公开来抢劫爱尔兰人
的土地，他愿意如实承认，和平常一样是允诺士兵们会从被证实了的叛
乱者那里没收来的土地里得到补偿，然而：

> 我可以给你们一个比它更好的理由，为什么军队到这里来；英
> 格兰已经受上帝的庇护实行了正义和正当的事业，不管代价和危
> 险多么大。如果人们从事的是世界上正义的事业，这就是头等大
> 事……我们是来打败一群目无法律的叛乱者组成的政权，你们已经
> 抛弃了英格兰的权威，活着就是人类社会的敌人。社会的准则（世
> 界已经有过这种经历）就是摧毁和征服所有不服从它们的人。我们
> 来（在上帝的帮助下）到这个国家，宣示并保障英格兰人自由的光
> 荣与荣耀，在爱尔兰毫无疑问我们有权这么做。

这绝对是彻头彻尾的真正的克伦威尔，今天，我们简直读不下去这
篇文字。它不同于一个种族灭绝狂的不自觉的承认，它无意中流露出来，
他是一个猪脑袋、思想狭隘、新教徒偏见以及英格兰帝国主义者，这真
是糟糕透了。

可是，即便对他最忠心耿耿的战士，上帝偶尔也会掉以轻心。克伦
威尔除了在蒂珀雷里（Tipperary）郡的克朗梅尔（Clonmel）把进攻搞砸
了，几乎没有别的什么残余的保王党和爱尔兰军还能做点儿什么来抵挡
他的军队的没完没了的征服，这导致芒斯特南部的要塞大部分都落到了
他的手里。但是，克伦威尔的人手对"饥饿少校"和"疾病上校"可没
有免疫力，1649 年末到 1650 年初那个冬天，这二位无情地袭击了他的队
伍。当军队的人员折损率上升到毁灭性水平的时候，克伦威尔自己也病
倒了。哪怕他发布再严厉的规定，禁止士兵放肆地盗抢掠夺当地百姓，

这些命令也根本无法执行。极有可能的是，这些抢劫连同在遭到战争蹂躏的爱尔兰普遍发生的时疫、痢疾发烧，又有几十万人死去，人数比直接死于英格兰士兵剑下的还要多。而且这一恐怖情况仍然在持续，没完没了。

1650 年 4 月，国务院召回了克伦威尔，授权艾尔顿取代他，但爱尔兰还是不太平。第二年，艾尔顿死于战斗。这样我们可以理解勒德洛有充分的理由战战兢兢地就任国务院爱尔兰军的临时总指挥，直到 1652 年 7 月被查尔斯·弗利特伍德（Charles Fleetwood）接替。这样爱尔兰和英格兰强扭着瓜地重新联合在了一起，土地又经过了一轮大换手：爱尔兰东部、中部和南部受叛乱牵连的绅士和贵族被剥夺了土地，被发配到西部康诺特去。那里土地贫瘠，石头又多，分到手的土地很少。有些军官和士兵在战斗中被俘——比如在韦克斯福德，然后被当成动产战利品卖到巴巴多斯（Barbados），签下了类似奴隶的卖身契。

克伦威尔返回英格兰，清教徒们把他看成恺撒。正是这个包含了所有丑陋的令人毛骨悚然坏事的爱尔兰战争，而不是马斯顿荒原、内斯比或普利斯顿，使他成为英格兰人心目中的英雄。因为他报了 1641 年的一箭之仇，教训了野蛮人。大家欢声雷动地迎候他，给他戴上用月桂树叶编织的花环，在豪恩斯洛荒地（Hounslow Heath），几千人向他欢呼。年轻的安德鲁·马维尔（Andrew Marvell）为胜利者写下贺拉斯式的（Horatian）颂歌，相信他不会被胜利冲昏头脑：

> 他这么善良、这么正直，
> 足以担当最高的信义，
> 却不会拘泥于命令，
> 照旧依托共和国之手；
> 他这么适合统领，
> 却如此愿意唯上帝之命是从。

不管克伦威尔是否被所有这些谄媚搞得晕头转向，他仍然坚持自己
是上帝和共和国的仆人。无论在爱尔兰感染了什么疾病，他的身子骨已
经衰弱了，但克伦威尔心里还是明白，在无休止的不列颠战争中，最少
还得再打一场硬仗，才能完成自己常常挂在嘴边的"治愈然后安定的"
职责。马维尔也这样认为：

> 可你是战争与命运之子，
> 不知疲倦地继续前进吧！

下一战是要去北方。1650 年夏，20 岁的查理二世在苏格兰继承了王
位，这里本来不是他首选的反扑之地；从各个角度来说，因为最起码爱
尔兰还有奥蒙德的军队，所以爱尔兰更应该是（正如克伦威尔所料）理
想的运作基地。但是 1649 年末的事态使查理二世的希望破灭了。因此，
在悲观得近乎绝望的情况下，查理在荷兰会见了苏格兰的谈判者，同意
他们提出的苛刻条件，签署了《国民圣约》。最初它本来是反对他老子
查理一世的战斗口号，但从 1637 年以来，不列颠发生了天翻地覆的变
化，连查理一世自己在绝境中都曾打算接受它作为获取苏格兰人支持的
代价。尽管如此，苏格兰人心知肚明，查理二世比他爹更不可能成为长
老会派。查理二世很少接受加尔文宗有关悔悟的专业训练，虽然只有 20
岁，他已经毫不倦怠地在积累足资悔改的罪孽了。他开始的时候是和情
人露西·沃尔特（Lucy Walter）交往，她给他生下一个私生子蒙茅斯公
爵（Duke of Monmouth），此后还有一长串的情妇。查理年轻时脾气温
和，也没什么抱负，以后也就那样：轻松愉快、和气、聪明、懒散、性
上瘾。从各个方面来看，和他父亲禁欲、简朴、在公众面前勤奋而神
经质的沉默寡言相比，正好是另一个极端。当别人给他介绍安妮·穆雷
（Anne Murray）夫人时，他保证只要自己有能力就会报答给她应得的；
她曾经将他弟弟詹姆士化装成女孩帮其逃出去。"说了这话，"她写道，"国

王将手放在我手里，仿佛它们是在我胸口上一样。"这种姿态对查理来说是信手拈来——不管好坏，大家几乎不可能不喜欢他，同样几乎也不可能太拿他当一回事儿。但是，一到了苏格兰，圣约者领袖如阿盖尔侯爵等却对他保持警惕，双方摩擦顿起。他希望真正的保王党蒙特罗斯的苏格兰军队能解救他，直到从未失手、老奸巨猾的蒙特罗斯遭到苏格兰议会出卖——他被逮捕，后被抓到爱丁堡吊死并分尸，他的军队被拆成几部分分散到苏格兰各地。

圣约者怀疑有保王党掺杂在苏格兰部队里，于是尽数肃清他们认为可能不忠的军官和士兵，其结果就是戴维·莱斯利将军带领的军队人数虽多，但水平业余、行动笨拙。1650 年 9 月，在邓巴，苏格兰军队被克伦威尔打得落花流水。由于费尔法克斯（因为夫人是长老会苏格兰人，自己又曾与圣约者并肩作战）拒绝领兵北上，克伦威尔只得自己接手指挥。人数劣势本来对克伦威尔是大大不利的，但他趁拂晓前一小时苏格兰人还没有集合好就发起了猛攻。他对准苏格兰队伍最密集的地方，用骑兵直冲过去，这样一来就抵销了自己兵力的不足。在短时间的混战中，就有数千苏格兰人被杀，另有数千人被俘。

苏格兰人一如往常地后撤，离开中洛锡安郡和法夫，跨过福斯河到了斯特灵；相应地，1651 年 1 月 1 日，查理在斯康即位。然而，克伦威尔不顾天气严寒、补给线拉得过长，追过福斯湾继续求战。1651 年夏，查理和莱斯利自以为得计，扔下克伦威尔的军队在雨水泥泞中挣扎，他们自己向西南行进到英格兰本土，希望［后来在 1745 年，他的曾侄子宝贝王子查理（Bonnie Prince Charlie）也这样］一旦进入英格兰，狂热忠于斯图亚特王朝的保王党就会蜂拥而来汇聚到他的旗帜下。和 1745 年一样，这样的事儿从来就没发生过。并不是说整个英格兰都对议会党的新共和国忠心耿耿，在任何形势下都不能指望英格兰的保王党会来帮助查理，只是明摆着，当时的共和国军极其强大，任何人如果头脑发热提着

脑袋来赌这一把，明显是要输的，这就没有意义了，除非是最愚忠的保
王党。因此深入英格兰直到沃斯特——这里，正如克伦威尔所说的，是
内战开始的地方——只是苏格兰人单打独斗、孤注一掷的事儿；克伦威
尔有意纵敌深入英格兰，这样他们只会有来无还。查理二世以这着鲁莽
的险棋开局，到此就变成了落入钢铁陷阱，被紧紧包围了。另一支大军
向西北行进而来，加入克伦威尔。这样在沃斯特城外，大约有2.8万名共
和国军对阵保王党苏格兰部队，而后者的数量只有前者的一半不到，结
果又是一场血腥的屠杀，直到日落时分，双方士兵们还在城里的街上彼
此对砍。

　　奥利弗·克伦威尔得胜返回伦敦，欢迎场面比他从爱尔兰得胜回来
还要热烈、盛大。查理二世开始了长达6个星期的逃亡，这是他做过的
最酷最勇敢的事。尽管一回到巴黎流亡宫廷，他自吹自擂地杜撰了很多
细节——据说这是为了避免牵连那些帮助过他的人，同时很明显他也乐
得吹牛——但他的冒险经历真相已经很惊人了。查理二世化妆成一个自
耕农，把卷曲的黑色长发剪短，脸上用果油抹黑一些，看起来沧桑点儿，
穿着粗糙的皮质紧身背心，查理比追击他的人更聪明，跑得更快。他依
靠英格兰西部地区的保王党网络，其中很多人是天主教徒，因此精通临
时躲藏之道。查理二世最初藏在斯塔福德郡博斯科贝尔大屋（Boscobel
House）周围的林子里，这里是彭德雷尔（Penderel）兄弟的家。接着，
查理二世尝试渡过塞文河去威尔士。渡河失败后，他先是躲在干草棚里，
接着在雨中走回博斯科贝尔。途中他疲倦了，就在公地（park）的一棵
大橡树上睡了一觉，而士兵们那时正在整个领地里搜索他。对保王党传
说者来说，这又是一个象征意味十足的时刻：年轻的未来希望在古老英
格兰大树的怀里受到父亲般的庇佑，平安无恙。从那里，他化名"威
廉·杰克森"，以简·雷恩（Jane Lane）小姐男仆的身份，骑马穿过乡村。
无论在布里斯托，还是在多塞特的布里德波特（Bridport），查理二世都

没有找到安全渠道，两个地方的码头和小酒馆里满是共和国军的士兵，他们要去海峡群岛（Channel Islands）。接下来查理二世在南部的海岸边流浪，最后终于在萨塞克斯郡的肖勒姆（Shoreham）找到了一条可靠的船——"惊喜"号（the Surprise）。头上还顶着 1 000 英镑的悬赏呢，他倒是很乐意测试一下自己化装的程度。人家说着查理·斯图亚特这个无赖，他也没心没肺地插嘴打趣（这类游戏逗乐了国王）；实际上，居然没有人出卖或发现他，这倒真的是非常惊人。此时"利维坦"的风头正劲，保王党们都收敛了锋芒，而查理二世近乎奇迹般的逃脱给了他们一些安慰。本来常胜将军克伦威尔的不败记录使得他们非常沮丧，现在他们觉得有了希望，也许可以图谋将来与克伦威尔一较高低。

查理二世逃走了，当然这期间很多人曾施以援手，但这也说明了这次英格兰革命的一些关键的问题，即（为了它自己的利益）共和派的生存还缺乏一些因素——警察和妄想狂。不管是胸怀雄心壮志的共和派，比如埃德蒙·勒德洛，或是有远见卓识的约翰·李尔本，或者怀旧的保王党约翰·伊夫林（John Evelyn），他们都没有形成气候。很明显共和国没有建立起一个独立的共和派文化，以取代被驱逐了的君主制。任何革命，特别是 18 世纪的法兰西或 20 世纪的俄罗斯，如果不建设意识形态，改变人们的忠诚对象，都不可能生存，即使存活下来也不会长久。这些活动都是激进的乃至于残暴的，为了维护新国家的利益而要大家一致合唱忠心（霍布斯对此理解得就很透彻），要求他们公开表示忠诚——出于害怕而歌唱、宣誓、赞颂、表现热情——这样做了以后，人们要么不可能再保持政治中立，要么当局就能将中立者定为罪犯，这么一来，谁也别想走回头路。

17 世纪 50 年代，在不列颠这些事儿一件也没发生。从这个角度看，虽然把查理一世砍头的危险戏码是一个带错了路的导游，却指出了共和国与克伦威尔的护国主政体的真正本质。因为治理国家的人都不是雅各宾派（Jacobins），更不是头戴大礼帽身穿翻领大衣的布尔什维克。他们都是头脑清醒的实用主义者，关于"自由"的必要行话，可以随时张口就来，但在内心里他们总是假定这些都太模糊，不足以承载系统性的根本改动，比如法律程序（像平等主义者想要做的）。英格兰已经搞了一些空前也是绝后的砍削切割，国王、宫廷、议会贵族院以及主教们都没了，但英格兰还是有很多方面原封不动——英格兰这时候大部分管事的都还是像亨利·马丁和阿瑟·哈泽里格这些大人物，他们在其中成长起来，自己也是那旧英格兰的一部分。尽管经历了1649年的所有喧闹和愤怒，他们可是做梦也不会想到用某个想象出来的新耶路撒冷来取代旧英格兰。他们的"锡安之地"依然只是舒舒服服地坐在地方治安法官的椅子里，谢天谢地，只要在乡间的猎场和城里的会计行里就好了。而在17世纪50年代，这些都还在正常运行。因此约翰·伊夫林这样死不悔改的保王党（对比之下，法兰西大革命中流亡贵族的命运那就是天差地别了），在伦敦和巴黎的斯图亚特流亡宫廷之间穿梭来回，正是约翰·布雷德肖个人给他签发的护照，后者是审判国王法庭的主持人，就是他判处国王死刑的！可就在1649年，伊夫林又给自己买了一块乡村领地。1652年2月，他回来定居了，实际上是因为他的朋友霍布斯已经回来，给了伊夫林一个利维坦式的选择机会："不要再往英格兰外面跑了，要么就在这里（德特福德，Deptford），或者英格兰别的地方安顿下来，反正现在英格兰全都在造反派手里了。"

但也并不尽然，因为伊夫林真的掉进革命恐怖的噩梦里了。实际上，他亲眼见到了共和国承诺的沿续传统政体的法律和秩序，这给他留下了深刻的印象。伊夫林骑马经过布罗姆利（Bromley）森林的时候，几个强盗用刀子威逼他，抢去了他的两个戒指（一个祖母绿，一个缟玛瑙），以及一对"上面镶嵌着红宝石和钻石"的搭扣。伊夫林身上戴着这些闪闪发光的珠宝骑马外出这一事实本身，就能说明他并不认为自己回归的共和国是社会混乱动荡的地狱。他的想法没错。伊夫林被绑在一棵橡树上经历了两个小时的"苍蝇、蚂蚁叮咬，日头照晒"之后，他总算挣脱了绑绳，找到了自己的马，径直骑去找到"当时的大法官布劳恩特（Blount）上校，他马上大叫了起来"。在伦敦，伊夫林让人印刷了被劫通告散发出去，仅仅两天内他就知道自己的珠宝去哪儿，也就顺利地拿了回来。一个月后，他被传唤，要他去参加审判其中的一个强盗，但是因为"不愿意绞死那家伙……我就没去"。对迅速找回这些珠宝以及示范性地拘捕罪犯，伊夫林都"必须永远感谢我的救世主上帝"。不过也许他还是寄希望于英格兰的弑君者的司法系统在正常运营，在接下来的 8 年空白时期（interregnum）里，他的日子照旧，一如查理一世国王在位的当日。重要的是难于找到可接受的布道了，还有禁止了庆祝圣诞，这两个意外使他很难过（特别是有一次秘密庆祝被人搞了突然袭击）。然而，伊夫林继续自己的生意，照料各个领地，指导旧相识和有学识的同伙及绅士们如何在他们自己的地面上营造风景、植树。

1654 年夏，伊夫林在牛津待了较长的一段时间。这时，牛津已经从国王的劳德派首都转向，由他的东家沃德姆的威尔金斯博士（Dr Wilkins of Wadham）等牛津各学院的头头们把持，这是护国主克伦威尔赞成的。无论顺从共和国与否，牛津还是更在意科学与研究。伊夫林在这里结交了很多天才人物，后来他们在英格兰皇家学会（Royal Society）共事，那里包括"天才的年轻学者克里斯托夫·雷恩（Christopher Wren），他向我展示了一块白色大理石，他自己给它染成鲜红色（大概是模仿斑岩），颜色很深，非常美丽，浑如天然"。实际上，伊夫林在英格兰的整个行程——贯穿西部乡村，返回到东盎格利亚及克伦威尔的剑桥——表明了当时在全英格兰，显然大家各司其职，战争创伤在修复中，农庄繁荣（即使在经济有点儿错位的 10 年里），绅士们计划"美化"自己的家园。当然英格兰并没有处在一片惊愕停顿之中。

在很多方面英格兰依然是讲究实际的人在治理，他们可不以救世主自居。布尔斯特罗德·怀特洛克是出身中殿（Middle Temple）律师学院的律师，后来他成为白金汉郡绅士兼议员、大国玺掌印官（Commissioner of the Great Seal），是克伦威尔的朋友。读怀特洛克的日记，你会惊诧在国王查理一世被弑前后，他的生活一如既往地波澜不惊，一切运行如常。1649 年震惊怀特洛克的不是查理一世的死，他是坚定的议会党人、温和的清教徒，思想上倾向独立派的自由良心观念，但一样反对审判国王，拒绝担任国王审判法庭委员会的委员（如果在雅各宾时期的巴黎，这样的表态早晚会把他自己也送上断头台）。可是，怀特洛克当时还有更重要的事情要考虑——首要的是他的第二任妻子弗朗西丝去世使他悲痛欲绝，人都差一点整个儿垮掉。他吃不准共和国应该是怎么样的，只是直觉不管什么样的英格兰国家政体，都应该包含"一些君主因素"（于是他建议斯图亚特家最年轻的一位，格洛斯特的亨利王子可以作为候任者。因为他的年纪小，还能再教育，塑造其政治品德和适应性），怀特洛克在公众生活中发挥了自己的作用而没有遇到任何阻力。

怀特洛克，还有其他国务院和残缺议会的重量级人物花费了大量的精力和时间防止而不是促进激进的改革。他们那时候还能拥有权力也许说明，假如 1641 年查理一世能争取到约翰·皮姆等人的支持，而不是仅仅指定几个反对派的头牌进入自己的私人枢密院，可能会组成一个非常实用的政府，不包括那几个让他发忧的暴脾气家伙，也许查理一世能拥有亨利·马丁、亨利·维恩和阿瑟·哈泽里格这些治国之才、商业头脑和理财高手；他们当日那可是踌躇满志、目光锐利，爱国热情又高。假如说真的用一种共和派的理念取代斯图亚特王朝片面与疑虑的政策，要英格兰人（而不是不列颠人）二话不说就出手相助的话，那就只有大力推行英格兰的民族利益。如果认为在沃斯特之战以后，英格兰社会就是一路虔诚信仰的太平生活，未免太简单了点儿。实际上，它先和荷兰人干了一仗，接着是葡萄牙人，最后是西班牙人，这几仗都无关宗教。那个时期的英格兰，是伊莉莎白一世驾崩后——当然统治者对于圣洁童贞女王时期的记忆已经非常模糊——最成功的武士国家，特别是在外海远洋上，对比倒霉的斯图亚特王朝屡战屡败的一连串军事行动，那才真算得上是战果辉煌。布莱克海军上将（Admiral Blake）在白金汉公爵失败的地方得胜了；埃塞克斯伯爵在哪里失手的，克伦威尔就在哪里用最无情的进攻建立军功。共和国不仅锻造了一个不列颠帝国（詹姆士一世和查理一世两任国王在这方面都是一败涂地），还在海外建立了一个庞大帝国，从北海、波罗的海乃至于大西洋对岸直到赤道两边，商业掠夺外加武力镇压发泡为沙文主义（chauvinism），嵌入了国家的指路标。因此1651年的《航海法案》（Navigation Act of 1651）比起处决查理一世来，更能为此刻的不列颠指明方向，对整个国家也更有用。它规定只允许本土船只或者来自原产国的货船能进入不列颠，目的是务必要动摇荷兰的船运老大的海上霸主地位。出台这项政策是为了保证不列颠的商业利益最大化（又一个优先举措），如果需要，国家同时准备着以武力为它保驾护航，而动用武力护航常常是必要的。

那么说难道就是为了这一点吗？这就是为什么差不多20万人在战场上丧命、更多人在贫病交加中死去，就是为了让一帮郡县绅士和城市商贾们来合伙联营不列颠？亨利·维恩、阿瑟·哈泽里格和残缺议会那班人八成会说"是的"。也许英格兰还没有建成新耶路撒冷，但这个自我利益及宗教良心上的自由，也不可小觑，绝对非同小可（当然1776年它在费城以反弹面目出现就更不得了）。但对克伦威尔这个宗教狂来说，这永远也没够。不列颠眼下这样随意的不拘小节作风，享用所有那些流血牺牲的红利，都使得他寝食难安。他给"空位时期议会"做的那些演讲，长篇大论又杂乱无章，相信说这一套的人心里正难受着，而听到的人又一样觉得别扭。他不厌其烦地梳理着不列颠内战的历史，努力而徒然地定义着冲突的核心，即它的救赎意义。

克伦威尔永远也无法建立一套令他自己满意且清晰而无可辩驳的基础理论，因为当他希望英格兰"痊愈、安定"的时候，一场内战在他自己内心的深处就重新开打了；继续在英格兰硬着头皮寻求政治和平，也是同样的挣扎，那就是在圣洁和良好秩序之间挑起战争。对于这点，克伦威尔自己得不到明确结论，那么共和国在这方面也是混沌一片。

他的思想有很大一部分是属于秩序一派的。克伦威尔感到迫切地需要尊重不列颠内战的思路，即打倒斯图亚特王朝是为了保持英格兰在共和派出现之前自己想象的旧有方式，那就是普通法制约着国王，定义了只有经议会同意才能向人民征税。克伦威尔身上的乡村绅士之气使他尊重并服从这个社会保守主义，但是耐着性子听过他在议会讲话的任何人都听得出来，克伦威尔的内心另有一股圣洁的热情，他的终极理想是对英格兰进行道德改造。从这一点来说，克伦威尔不在乎不列颠内战的起因是什么，关键是它必须怎样收场。"一开始宗教不是争夺的目标，但是最后上帝把战争带向了宗教，它也证明了什么是我们最珍贵的。"他的工作已经间接地把斯图亚特法老（Pharaoh）僵尸化了，他的上帝选民（Chosen People）才能动身、出发。但是一开始的时候没有人能想象得到天启的上帝应许之地的前景，现在就轮到克伦威尔带领人民前往那里。

这样克伦威尔再也不是犹太勇士，他自许自己是摩西了；那么残缺议会的人在他眼里，就越来越像金牛犊（Golden Calf）前的崇拜者。克伦威尔冷眼瞧着他们不择手段地倒卖没收来的财产；他鄙视亨利·马丁等共和派是酗酒的花花公子，他们俗不可耐还扬扬得意；他对众人亵渎上帝的慷慨恩典感到愤慨。克伦威尔关于政府的观点基本上是田园牧歌式的，或者正如他自己后来所说的，就是治安法官那一套：上帝给予了他们权威和财富，他们就有义务给受其照应的人提供无私的公正。但他在残缺议会里看到的却是人民被剥夺了良法，这样律师们才能中饱私囊；他看到财富通过贸易积聚起来，土地集中到富人手中；送士兵去与荷兰开战，商人才得以充实他们的仓库和腰包。他的士兵们在马斯顿荒原、在邓巴命丧黄泉，就是为了满足这些世俗的贪欲吗？"你们不作为，没有尽职，没有做到曾经答应过他们的事情，英格兰各地的人民都不满意。"1653年7月，他在一次演讲中表示自己反对残缺议会是正当的行动。

最折磨他的莫过于残缺议会的政治家们一副自证的舍我其谁做派，克伦威尔却一直想着1649年的政体只是临时过渡一下，以待日后为共和国建设敲定一部合适的宪法。他得出结论，这样临时凑合耽搁得太久了，残缺议会要赶快拿出计划完成自身的清理工作。但是，起码有一年的时间，克伦威尔真的痛恨要对残缺议会动武的念头，他与军队委员会一起尝试让残缺议会的头头们自己集中思想，将共和国改造成恰当的"稳定"模式，并花了很多时间与精力调停愿意维护旧秩序和热衷宗教改革的各派身上。1651年12月初，克伦威尔召集会议，参加者包括议会永久成员，如怀特洛克、奥利弗·圣约翰以及议长威廉·兰泽尔，还有些高级将领，比如托马斯·哈里森——军方急着要将庸俗的共和国改造成更接近于新耶路撒冷的样子。大家在一起讨论新的国家应该采取什么形式，将领们大都说想要一个"专制共和国"，议员们则要"混合君主制"，但是有一个将军奥利弗·克伦威尔承认，也许某一种君主制最适合英格兰。

此后不到一年，大国玺掌印官布尔斯特罗德·怀特洛克就发现了这里面的奥秘。当他与克伦威尔一起在圣詹姆士公园散步时，将军忽然问他："假如一个凡人要做国王会怎么样？"怀特洛克（据其自述）直率而坦白地回答："我想这个方子比疾病本身更糟。"他接着解释：克伦威尔已经拥有"堪比国王的全部权力"，但又没有这个职位的虚饰，因此没有招致嫉恨，为什么还要行此下策？这一盆冷水浇下来，可不是克伦威尔想听到的话，忠言逆耳就更别提了，什么"绝大部分朋友跟着我们走，是因为希望在英格兰自由的国度里建立政府，他们是为了这个才不惜冒生命危险的"。怀特洛克急急忙忙地向克伦威尔证实，他们的大部分同僚自以为在共和国里必须比在一个得到恰当限制的君主制里享受更多的自由，他本人倒是认为他们的这个信念有误。他警告克伦威尔任何类似君主制的冒险都会毁掉他自己的权力基础。"我谢谢你这么周到地为我考虑，这证明你爱我。"克伦威尔回答，但是怀特洛克知道将军听到他的这一番大实话心生不悦。

　　这样说了以后，将军就自顾自地走开了。他与别人结伴走进了白厅，一副快快不快的神情与举止，对听到的话闷闷不乐（尤其是怀特洛克的劝告把他和查理二世联系起来），但是他从来没有在以后的公共场合反对（我）。

　　只是他针对（我）的举止从那时候起就改变了，他向（我）咨询不再那么频繁了，我们俩的关系也没有那么亲密了。不久他找到了一个荣誉职位（驻瑞典大使）的机会，打发（我）走开……因此（我）不再妨碍他的野心计划，不在其中作梗。

尽管奥利弗·克伦威尔还没有成为国王，他已经认为自己就是那个蒙上帝选中的人。他毫无羞愧之感，一心要决定不列颠各民族的政治命运，来终结当时的"混乱局面"，他自认是救世主的经理人。《圣经·旧约》诗篇110萦绕在他心头，也常常挂在他嘴上："圣主耶和华会从锡安伸出神杖，使你在你的仇敌们中间统治一切。"等到后来事成之后，克伦威尔和他的军官们喜欢假装是英格兰自身渴望把残缺议会当作目标攻击，也许因为残缺议会征税用于支付与荷兰开战的费用，还要支付在苏格兰和爱尔兰军队的费用。英格兰人当然不喜欢残缺议会和国务院，但是，正因为这样，残缺议会反而更加认为，一旦让军队下马，适当地裁减兵员，让军队服从国内的权力，残缺议会就能减轻税负，可以被当成英格兰的救星。当然，在军队的高级将领们看来，这样来诊断共和国疾病得出的这个结论纯粹是本末倒置，只有他们而不是残缺议会才是英格兰人民利益的真正保护人。如果不是军队，那么还有谁能让寡头们为了如果没有好好地解决普通人民的困难而负责？寡头们拒绝纯朴的正义，拒绝提供可靠的政府部门，没有军队，谁能让他们负责？换言之，两边都在怀疑对方，阴谋将自己永久强加给人民，双方都将"稳定"共和国的前提条件设定成要摆脱对方。

和平常一样，还是奥利弗·克伦威尔来做决断，尽管他常常不是心平气和地判决；他既是战士又是政治家，有时候能看清两边的主张都有道理，他们都真正代表了人民。但是，到1653年初，他不再骑墙，转而护着军队，因为他常常发誓要保护军队的利益。残缺议会设想可以解散士兵，这一点特别冒犯他：士兵们曾经为了英格兰出生入死，而他们还没有得到拖欠着的军饷和遣散费。他感到自己还能说服残缺议会，或者需要采用别的办法让它同意自我解散，再好好安排一场替换选举，但是他极容易起疑心。当残缺议会的领袖们，如托马斯·司各特（Thomas Scott）、维恩和哈泽里格提出计划，说可以逐步地一点点地重建议会，即让单个议员一个个地退出，而不是一下子全部撤掉，克伦威尔认为这是残缺议会无耻地要自我永久化的战略。更糟糕的是，他相信渐进选举会把长老会派或中立派（Neuters）聚拢过来，他们将反对他认为真正适合共和国的神圣改革。他感到有把握可以在乡村里找到心地纯洁的基督徒，把他们带到威斯敏斯特来为英格兰完成上帝的旨意。可是，现在这一群不干不净的实权者挡着道，得有人帮忙带领他们翻越一路上的障碍，才能实现圣人共和国的理想。因此，克伦威尔在召集议会和军队双方的头头们讨论时，提出在议会解散后和重新选举前的空档期，设立一个看守执行机构，来仔细检查那些自荐者的资质。尽管残缺议会实际上本来是经历了1648年普赖德上校的《肃清法案》才得以保留下来的，但五年后在1653年，它倒是面无愧色地以议会自由的守护神自居，反抗起军队的恫吓来了。

但是，武夫就是武夫，暴徒们开始将手按在剑鞘上，军队首领隐晦地放出话来威胁要进行军事干预。好像这么一来还见效了。到 4 月 19 日晚上，显然克伦威尔相信他已经非常接近解散并取代残缺议会的协议计划：议会首领们说他们赞成他的提议，中止他们自己计划的讨论，但是他们还需要考虑定当。

但第二天早上，克伦威尔得知，残缺议会的首领们没有放弃，反而在议会里急急忙忙地宣读了他们自己的计划。克伦威尔一向性子急，此刻就当场发作了，假如说他还需要什么证据的话，违背事先同意的行动路径即是明证。残缺议会为了自己的利益，那些先生们会不惜降低自己的身份去使出下三滥的阴招。"我们不相信如此素质的人能做这种事。" 1653 年 7 月，他在演讲里叙述这事的时候就这么说。

克伦威尔带着一队火枪手，从白厅以雷霆万钧之势冲进议会，随后让他们在议会门外候命，他到房间里自己平常的位子上坐下。有那么一会儿，克伦威尔装作尊重议会的惯例，请求议长允许他发言。他摘下帽子，表扬残缺议会"关照了公共利益"，但是这番话只意味着他在宣读残缺议会的讣告，而不是投票祝贺。克伦威尔为工作而热身时，就把繁文缛节给扔到一边去了。他的演说"激情充沛、思绪万千，恍如发狂"。随后他转而攻击听得呆若木鸡的议员们，咆哮着指责他们对正义和虔敬漠不关心，议会是基于律师利益的腐败机制（克伦威尔的一个执念），他们邪恶地与专制的长老会朋友们眉来眼去。"也许你们会说，在议会不该用这样的语言，"有一份记录说他这么直言不讳，"我承认这不是该在议会说的，可你们别指望我会那样说话。"克伦威尔把帽子戴回头上（这向来是个坏信号），离开座位，在房间中央来回走动，喊叫着。据勒德洛记载（当时他不在场，细节是从哈里森那里听来的），"上帝让他们玩完了，上帝已经为他自己的工作另外挑选了人，他们更配得上"。有个议员鼓足勇气要阻止他，可真是勇敢！沃里克郡的彼得·温特沃斯爵士（Sir Peter Wentworth）勇敢地站起来，告诉克伦威尔他的话"不得体"，还有"更可怕的是，这话从他们的仆人嘴里说出来，议会曾经非常地信任这个仆人，并给予他崇高的重任"。

但是，此时克伦威尔已经完全进入"灭绝天使"模式，他瞪着这些他特别愤怒轻蔑的对象：不止是冒冒失失的温特沃斯，还有亨利·维恩和亨利·马丁，指控他们（尽管没有明确地指名道姓）是酒鬼和嫖客。最后克伦威尔高喊着（还是根据勒德洛记载）"你们不是什么议会，我说你们根本就不是"，接着他把火枪手叫进来，随后传来一阵嘈杂、沉重的军靴声。

议会权力的象征这时候已被当作垃圾，少将托马斯·哈里森"帮助"议长走下座位，他面前的权杖被克伦威尔称为"蠢货的玩意儿"，在他的命令下士兵们拿走了它，议员的豁免权成了玩笑。当军队司库奥尔德曼·艾伦（Alderman Allen）试图说服克伦威尔把士兵们清出房间时，他就被指控贪污基金而加以武装监管。议会记录被士兵们抢走，议员们被清出房间，大门上了锁。

这是在令人懊丧的现代政治学词典里，我们称之为教科书般经典的军事政变：代表集会上武装高压的重拳出击。实际上，就在1653年4月20日早上的这一时刻，议会辩论让位于武器镇压后，克伦威尔自己已经跨界，从恃强凌弱进入到专制统治。他自己曾经为了国王抛弃议会的原则和行为起而战斗，但是，就只这一下，他已经把不列颠内战的全部合法性彻底粉碎了。当他用武装的士兵们强行打发残缺议会的全部议员出门时，克伦威尔心里想着自己是给了"野心和贪婪"一记重拳，但他实际上却真正致命地伤害了共和国本身——共和国的权威（假如不是建立在纯霍布斯理论上的权力）必须以议会这个不可分割的组成部分为基础。当然，5年前，当残缺议会一边任由普赖德上校的士兵列队引领议员出门，一边禁止其同僚们进入房间，它就已经丧失了自己的童贞，那时候它就已经被武力玩弄于股掌之间。克伦威尔相信只有正直圣洁才是在议会服务的合适品质，马丁之辈不配当其重任，从这个角度来说无疑他是对的。

然而，克伦威尔的上述其他事情都还算不上有碍大节，除了4月这个早上，他强行屠宰议会独立这个无可辩驳的事实。这一记绝杀使得他的竖立在伦敦下议院门外的雕塑变成了一个值得令人玩味的笑话。1642年春，难道不正是因为国王查理一世如此粗暴地攻击议会的自由，议会才决定奋起反抗的吗？当日克伦威尔可是议会里最好斗的那波人中的一员，他们一致主张议会自己掌控大局，要做好自我防卫。那么这一下有何不同？英格兰砍掉一个国王的头，难道只是为了要把自己拱手交到另一个比斯图亚特国王们对议会更凶残的人手里？

哦，可是这有很大不同啊。1653年7月4日，克伦威尔给新"大会"的第一次聚会做演讲，就坚持这么说。他提议解散残缺议会不是给议会政府"致命一击"，而是解放它，让它新生。他最大的愿望是拯救共和国，而不是扼杀它。他辩称，如果放任残缺议会自由发展，就会使议会更快地充满那些从根本上就敌视共和国的基本大业即良心自由和人民正义的人。替换掉这些捣乱分子，不让他们鬼鬼祟祟地扼杀自由。现在按照指定而非选举产生的这些正直可靠的人坐在一起，在接下来的16个月里一边充当神圣看守，一边等待着最后"敲定"恰当的政府机构。

和往常一样，真相是克伦威尔在摸着石头过河，实际上他对什么样的"大会"并没有清晰的概念，如果要有的话，又是什么样的"大会"能够或者应该最终取代长期议会的残余。对于他来说，上帝当然不存在于细枝末节里，它们太微不足道，不值得劳烦他来关注；相反，他叙说着神秘的虔心——"关心全体群众"（这是对新任命的集会说的）……"爱所有羊[1]，爱所有羊羔，爱全部人，照料大家，"……"因为你们的呼唤我们今天才拥有耶稣基督，你们愿意在这里出席也是因为他"———一方面，在仔细思考宪政安排的美好前景时，这些话没有一句有什么特别用处；另一方面，这种牧师般的热情确实激励了一批最乐观的圣徒，比如第五君主制国家主义者哈里森少将，好斗的布道者，如克里斯托弗·费克（Christopher Feake）、约翰·罗杰斯、瓦瓦瑟·鲍威尔，他们相信很久前预示的"圣徒"约会终于快到了。因此，既然不列颠已经和以色列一样受神的祝福，他们就要仿效古代犹太人，努力地推动召集最高评议会兼最高法院的"七十人公会"（Sanhedrin，所有人都有神圣的宗教信仰）来拯救不列颠。哈里森对即将到来的幸福感到特别兴奋，他穿着鲜红的外套昂首阔步地走路，脸色也被映衬得发红，"和一个人喝多了那样的轻快活泼"。在令人晕眩的短短几个星期里，克伦威尔分享了他们发烧般的欣喜。他不是和他们说情况"已经到了希望和先知预言的边缘了"吗？克伦威尔又引用起《圣经·旧约》诗篇110来了，仿佛自己已经身处预示的欣喜来临前的阵痛中："你的民众在你权威到来的那一天会愿意接受你的统治，从朦胧的早晨开始在你美丽的宫殿里，你的青春如晨露一样晶莹剔透。"

　　然而，这里不是耶路撒冷，这里是英格兰，欣喜与政治在英格兰共存是罕见的，至少没那么容易。当狂热消退、克伦威尔冷静一些后，他的政治天性（political id），也就是警惕自己不能头脑发热的亨廷顿郡乡村绅士出身，果然重新占了上风。看一眼新"大会"里面的那批人，很明显，军官委员会（Council of Officers）挑选的这些人根本就对所谓天启的欣喜无动于衷，和他们的议会派前任们根本没有什么分别；事实上，这些人不像布道者，更像身为地主乡绅的克伦威尔自己，140人中

---

[1]　基督教里比喻大众是羊群。——译者注

有 2/3 是领地拥有者，其中有 115 名治安法官，包括来自郡县的四个准男爵，四个骑士和一个贵族——莱尔伯爵（Lord Lisle）——还有，上了年纪的伊顿公学校长（Provost of Eton）弗朗西斯·罗斯（Francis Rous），他曾经当过议员；他们中的大部分人的名字都是普通的吉尔伯特、威廉和查尔斯，而不是宗教色彩浓厚的亚多尼亚（Adonijah）或赫齐卡亚（Hezekiah）。尽管本届"大会"有个伦敦的独立派代表皮革商人的名字意为"赞美上帝"的普雷士戈德·巴本（Praisegod Barbon），后来它却被戏称为"贝厄本"，意为"光秃秃的骨头"（Barebone's），这个词比皮革商的名字只多两个字母。就这一届大会的大部分成员来说，却并非是金刚怒目的千禧年迷信者[1]。还能有别的什么选择吗？一旦军队的显贵们背弃意欲扩大选举权的平等主义者，又剔除了宗教信仰上更热烈的基督教各派，唯一可供挑选组成新"大会"的社会团体就只剩下"骑马猎狐阶层"（也许他们明显地多了那么一点点虔敬），而他们一直都是威斯敏斯特议员席上坐着的那批人。所以，毫不奇怪，后来组成复辟议会里中坚分子的那些人——如萨缪尔·佩皮斯（Samuel Pepys）的恩主爱德华·蒙塔古（Edward Montague），即后来的桑威奇伯爵（Earl of Sandwich），以及安东尼·艾什利·库珀［Anthony Ashley Cooper，他和霍布斯、奥布里（Aubrey）一样都是马姆斯伯里（Malmesburyite）的人］是从前多塞特的保王派指挥官，后来库珀成为沙夫茨伯里伯爵——他们都是在这个时候进入"大会"开始从政的。而现在我们往往想象"光秃秃的骨头"议会是一个清教徒庙宇，这其实是错误的。

"光秃秃的骨头"议会中的绝大部分人明摆着就是各个郡里通常意义上的地主乡绅。由于他们抵制狂热者们热衷的目标，比如废除什一税，所以圣徒里最狂热的那班人，如托马斯·哈里森就愤怒地拂袖而去；好

---

[1] 千禧年原指隐含的末世意味被跨世纪的喜悦和期待所取代。——译者注

斗的布道者，如费克和鲍威尔一开始欢呼着新"贝厄本"是基督降临，此时却只能留在荒野里号哭，他们救世主般的雄心只能化作去威尔士传播福音的计划。"光秃秃的骨头"议会的成员们确实也能够同意一些激进变革，但那些往往与宗教的关系不大，而最激进的就是废除在教堂里举办婚礼。1653 年之后的三年里，只有在治安法官面前隆重庆祝的婚姻才被认为是合法的，这种地方法官的证明可不是那帮第五君主制国家主义者们想要的重生的福音派共和国。另外，他们满怀激情地要和荷兰开战，而克伦威尔好像莫名其妙地不愿意，还默认与之和平。他们的美梦也破灭了，就开始破口骂人，公开指责克伦威尔是"有罪之人""老龙"[1]，他们还咒骂温和派"不圣洁"。1653 年 12 月 12 日，骂累了，又受挫于自己期望过高的共和国实用政府，温和派的领袖们，包括威廉·西德纳姆（William Sydenham）、安东尼·艾什利·库珀来到克伦威尔面前，回顾了前面 4 月份发生的事，表示自愿终结这个机构。他们跪在他面前辞去委员会的职责，恳求克伦威尔终结这个可悲的爱吹毛求疵的"大会"。他真是再高兴不过了。

不列颠（因为在任命的"大会"里有爱尔兰、威尔士、苏格兰的代表）最接近神权政治的就是"光秃秃的骨头"议会，它相当于基督教毛拉[2]的立法机构，真是再也没有那么接近的了。尽管克伦威尔大发雷霆地说了一大篇，说正直者在"大会"里的任期是神圣的，但他们的本质和行事方式之古怪离奇，一时间使他对圣人们失去了兴趣。这召集神圣"大会"的貌似万能的执照好像真的吓着了他，以至于让每个范围狭小、高度分裂的绿树篱庭院救世主都能宣布自己的一群毛头小子就可以组成一个"集合"的教会。克伦威尔不能不注意到，一边是各派都非常高兴地利用共和国来保证他们的良心自由，一边又不愿意对心灵战场上

---

[1] 龙在西欧中世纪的寓意是恶魔。——译者注

[2] 毛拉（mullah），伊斯兰教对学者的尊称。——译者注

的任何竞争对手更加宽容。可想而知，这些人的忍耐力如此有限，他也越发觉得他们不可忍受。当克里斯托弗·费克和约翰·罗杰斯诽谤将军把他比作查理一世时，他让人把他们俩关进了兰贝斯宫（Lambeth Palace），一个世纪前，在这个同样肮脏、空气污浊的洞里，另一个同姓的托马斯·克伦威尔也曾监禁那些与自己意见相左的人。后来，当罗杰斯被拉出来与克伦威尔进行做做样子的辩论时，罗杰斯要求被告知，自己这么露面算是犯人还是自由人，对此克伦威尔带着奇特的讽刺与伪善回答：因为上帝已经把自由给我们全体了，那罗杰斯一定算是自由人了。哑谜打过后，这"自由"的基督徒又被扔回他的牢房里去了。

1653 年 12 月 16 日，把这几个圣徒收监仅仅四天之后，奥利弗·克伦威尔在大法官法院（Court of Chancery）以一种煞有介事的仪式宣誓就任护国主；这个头衔上一次在英格兰出现还是在爱德华六世未成年的时候，是萨默赛特公爵爱德华·西摩尔用的，如果考虑萨默赛特的结局是在断头台上，那么这可真不是一个好兆头。但对于 17 世纪醉心于历史的读者来说，16 世纪 40 年代末是托马斯·克兰默福音主义派最热情赞颂上帝的哈利路亚（hallelujah）年头。当时第一任护国主曾带领英格兰新教纠正罗马天主教的错误，走上正道。克伦威尔（在这个节骨眼上）知道最好不要让自己有任何尊贵气息，于是典礼在杂货商行会大厅（Grocers' Hall）举行，由伦敦市长（Lord Mayor）主持。一路上他是骑着马去的，保证让大街上的人们看到他头上什么都没戴，以示自己是卑微的。

克伦威尔不会受这些新政体组织机构的细枝末节的干扰，因为预见（不是说促进）到任命"大会"也快要瓦解了，军官委员会里更加务实的成员预先架构了一套"政府约法"（Instrument of Government），就等着能派上用场。它的主要作者约翰·兰伯特（John Lambert）将军聪明而极富野心，自从亨利·艾尔顿死后，没人比他更懂克伦威尔了，知道什么时候该把克伦威尔从先知位置上弄下来，然后再将其送回到权力宝座上去。兰伯特说服克伦威尔，告诉他集中权力和威望就是他自己一直念叨的英格兰"痊愈、安定"的最佳希望；兰伯特向克伦威尔保证"政府约法"可以让英格兰得到痊愈、安定的希望而又不会牺牲英格兰的自由，因为国家现在将由"个人联合议会"统治——这个构想成了克伦威尔余生的护国主宪政魔咒。实际上，护国主的国务院担当日常的政府职能，它是15—20人内阁的早期胚胎，其中多人是"光秃秃的骨头"议会中最能干的议员，包括他的老同志兼表亲奥利弗·圣约翰、爱德华·蒙塔古以及安东尼·艾什利·库珀（直到1654年12月他才离开），还有国务院秘书兼事实上的安全总管约翰·瑟洛（John Thurloe）。可是，不管怎么说，至少护国主时期的议会也不是装样子的，它明文规定每三年选举一次，不列颠四个民族都要有代表，每年起码要开5个月的会，也就是说，它们回应的正是17世纪40年代最先进的议会派提出的建议，并且直到1688—1690年下一轮革命后才通过以上关于议会的这几点建议。

要搞个宪政蓝图是简便的。这个经过重新打造后的无国王国家，未来的真正问题不在于其像模像样的正式设计，而是其政治可行性。正如老霍布斯已知的，新不列颠表面看起来完全战胜了国王，但它的麻烦还是在于怎么把大众勉勉强强的同意变成实际上的效忠行动。事实上，护国主时期的政府越有效且越能让人接受（且不说受欢迎），那它就越和君主制没有区别：即使不可能是那个旧的斯图亚特王朝君主制，那也是某个不亚于此的版本，虽然护国主时期的政府包含着一个品德优良、负责任的君主，他尊重普通法，同时还是有限宗教自由的可靠保护人，但问题反而因此越发复杂。实际上，这正是克伦威尔给自己的定位，也正因如此，他才会煞费苦心地想出那么多理由说自己不应该当国王——那种议会在1642年和1647年想要的国王之王，也就是后知后觉、自掘坟墓的查理·斯图亚特最后唾弃的王位。这正是最后奥利弗·克伦威尔坚信上帝给他和他的国家的旨意［毕竟，不是所有以色列国王都出自同一家门，大卫王就不是扫罗（Saul）之子］。克伦威尔一边脑子里想着这些，一边向王位方向悄悄地挪动进发。他的肖像出现在护国主大国玺上（Great Seal of the Protectorate）；1655 年，他的头像覆盖在范·戴克画的查理一世骑马肖像上；在另一幅雕版印刷品上，他以经典的穿铠甲帝王的和平缔造者姿势出现，身旁是两根立柱，装饰是英格兰、苏格兰、爱尔兰三王国跪着做感恩进贡状，克伦威尔的眉额上围绕着月桂花环，一只和平鸽［或者叫神圣精灵（Holy Spirit），还要看你自己的神学立场而定］在其上展翼振翅。

在同一幅印刷品上，克伦威尔还带上了现代尤利西斯（Ulysses）特征——他是伟大的领航员（Great Navigator），正带领国家安全地通过斯库拉巨岩（Scylla）与卡律布狄斯（Charybdis）旋涡之间的危险海域，然而实际上不列颠这事的本质是护国主只能将政府架设在不列颠的斯库拉与卡律布狄斯这两拨人之上——共和派狂热分子与能干的实用主义者（老克伦威尔派和新克伦威尔派）——仍然代表着两股对立并且互相威胁的极权。如果克伦威尔靠近实用派，他就在冒疏远军官和那些被他驱逐的残缺议会的共和派政客们的风险，他们可是从来也没有原谅过他；假如他一意孤行，贴近狂热派，就会天下大乱，自己伟大宽容的和平缔造者权威就会消失。

具有讽刺意味的是，克伦威尔如果更傲慢、更独断专横地使用他手中的权柄，也许会答应手下几次三番地恳请他登基的请求，那么就开辟了第三条道路，从而向英格兰展示一种保证稳定的最佳方式，可是事实上，奥利弗·克伦威尔天性里或多或少还真的不适合做利维坦。差不多有三年的时间，在政府的实际管理中，他躲在兰伯特和瑟洛身后，而他领航的政治路线介于狂热者和实用派之间，绝大部分只是对最迫切的威胁做出反应。在打仗的时候克伦威尔的战略眼光非常著名，但在和平时期，他很少躲得过那些技巧性的陷阱。因此，在 1654 年 9 月，第一次护国主时期的议会选举保留了大量的残缺议会幸存者（如托马斯·司各特与阿瑟·哈泽里格），他们可不准备接受"政府约法"。克伦威尔的反应是又搞了一次肃清，驱除了不签署"认可"誓言的人，这下子可算搞定狂热派了。

虽然，有一种情况——天意，克伦威尔也许说过，即宗教信仰和爱国实用主义完全结合，那就是英格兰犹太人社区得到重建。在克伦威尔时期的英格兰，历史如此反复多变，这可不是一个人人能轻巧掩盖自己身份的时期，因此，不管他的动机如何多重甚至混乱，他的行动确实一度产生了可以估量的、完全仁慈的结果，对犹太人及其后裔来说，护国主头衔可不是一个纯粹的形式而已。

克伦威尔有意向把犹太人带回英格兰，并不纯粹是因为当时居住在阿姆斯特丹的犹太学者兼拉比梅纳什·本·以色列（Menasseh ben Israel）作为这次移民的主要推动者，乐观地认定护国主"心地仁厚"。克伦威尔和很多他的福音派同道一样，首先是为了响应救世主的时间表，因为救世主的命令是只有等犹太人都皈依了，才是消灭敌基督者的关键，共和大计才会走上正道。反过来，梅纳什的犹太教神秘哲学的计划则要求只有犹太人散布到地球上的所有民族中，救世主才会现身，他的人民才会重归锡安之地，犹太神庙才能得以重建。不管以上是这也好那也好，但如果不是更实际的出发点将克伦威尔往那个方向推，英格兰重新接纳犹太人恐怕永远也不会做得这么好。这些考量无关救赎，而是金钱和权力。

事实上，当时在伦敦城里非法生活着一个犹太商人小团体马拉诺（Marrano，西班牙和葡萄牙犹太人，表面上皈依了基督教）。他们的人数不少，在克瑞彻驰巷（Creechurch Lane）创建了一个秘密的犹太会堂。他们分为两拨，一拨是塞法迪犹太人（Sephardi Jews），和他们同教派的广泛分散在西班牙和荷兰的商界，其商业和军事情报价值很高；另一拨犹太人害怕有了落脚点，就会被逼着彼此角逐。但约翰·瑟洛相信他们自己要发展更雄心勃勃的计划，要在大西洋上建立英格兰商业帝国，就只能打败西班牙人、葡萄牙人、荷兰人。也正是他鼓励犹太人采取措施寻求重返英格兰。1655 年年初，有个提案放到了国务院面前，但遭到冷遇，因为有谣言说克伦威尔要把圣保罗大教堂卖给犹太人改成犹太会堂，以贪婪闻名的以色列人会把善良的英格兰商人弄得一贫如洗。

但是不管怎样，克伦威尔走上前去了。1655 年 10 月，他与梅纳什私下见了面，后者被安置在护国主房子附近的斯特兰德街。他们会谈的内容，假如不是关于《圣经》的，那也是有关《圣经·旧约》中的《次经》的。梅纳什认为克伦威尔是第二个塞勒斯[1]，能继续带领大家完成重返、重建耶路撒冷的神圣目标；据一些更加私密的基督徒记录，梅纳什把双手放在克伦威尔身上压了一压，以确保他毕竟只是凡人肉胎。但是在阿姆斯特丹，只有极少几个既有学识又是宗教狂热分子能忍受梅纳什，他集圣洁与智慧于一身，表现出令人着迷的人格，很容易使人想到这俩人交换意见的时候，谈的是《圣经》经文、古代历史、先知预言和科学，彼此建立了同情，这很重要。因此，尽管军官委员会的大部分成员反对这一举措，克伦威尔无法正式重新接纳犹太人，但动用了他的个人权威保护那些已经在伦敦以及其他小心谨慎到来的犹太人。这可不是梅纳什原先设想的，任何没有公开的重新接纳犹太人的行为都是失败的，犹太人完全分散到全世界各民族中救世主才会出现的预言也落空了。梅纳什后来在穷困潦倒之际，不得不向克伦威尔请求资助，以便他能带着在伦敦死去的儿子的遗体返回阿姆斯特丹，不久后他本人也去世了。

然而，这个犹太团体重生了。1656 年，不列颠与西班牙之间的战争爆发，英格兰政府要没收住在英格兰的西班牙国王臣民的财产，受此影

---

[1] 塞勒斯（Cyrus），公元前 600/576—公元前 530 年，希伯来《圣经》里犹太人的保护者和拯救者，据《圣经》记载塞勒斯是当时的波斯国王，按照天意帮助犹太人重建了耶路撒冷的神庙。——译者注

响的商人安东尼奥·罗德里格斯·罗伯斯（Antonio Rodrigues Robles）向政府请愿，说自己其实是犹太人而不是西班牙人，请求取消没收他的财产。当他的案件被默认准许后，这是到那时为止犹太人三个半世纪以来第一次在伦敦城里得以公开地正常地生活、交易、礼拜，然后较少受到干扰。克瑞彻驰巷的犹太小教堂里的橡木长条凳至今犹在，当日那些犹太人可是第一次把自己的下盘安扎其上，后来这些凳子移到了更宏大的贝维斯马克斯（Bevis Marks）犹太教会堂，它们狭窄，没有靠背，坐在上面你得紧绷着身子不能放纵自己，与任何清教徒小教堂的条凳别无二致——主宾双方用的是一样的家具。

　　不管他们个人关于重新接纳犹太人的感受如何，政府里那些实用主义管理者们都懂得毕竟这是有利于国家的，他们的世界观（还有不列颠在其中的位置）基本上是机械的、商业的而非福音派的：他们都是技术官员、情报收集者、利益算计者，而不是有远见的基督徒，如果护国主的目标是建设新耶路撒冷，那么这些人想知道的第一件事就是砖瓦的价格。我们现在认为护国主时期所处的短短几年在不列颠历史上是突破性的，但是，至少从这个角度来说，有没有国王，好坏且不论，它们标志着在这些岛屿上现代政府的真正开端。正是在这个时间段，一个商业帝国开始创立，它建立在常常是肆无忌惮的军事压迫和惨无人道地在大西洋岛屿上奴役奴隶的基础上。在北美的新英格兰海滨，一个从头开始就是既神圣又获利颇丰的共和国在现在的美国马萨诸塞州的海湾里开启了它波澜壮阔的历史进程。而同时另一个知识帝国也在开创中：这个知识帝国并不是为了科学本身而获得科学知识，而是它可以给权力提供原材料。

　　这些人认为通过科学方法得到信息和政府进行有效统治的方法有一种天然纽带，他们后来描述自己是"政治算术家"，这个词是威廉·配第（William Petty）发明的，他自己就是这一类人中的杰出代表。配第是一个男装裁缝的儿子。据说他在海上航行，结果断了一条腿，被同船的伙计扔在法兰西海岸上。在卡昂，先是由耶稣会会士教他，接着他在皇家海军这个熔炉里经受了历炼。在巴黎，配第显示出很高的数学与自然科学天赋，使得托马斯·霍布斯雇用了他。不列颠内战结束时他返回英格兰，也许那时他就已经接受了霍布斯的思想；当时他只有二十多岁，和一群科学家混在一起，其中包括罗伯特·波义耳（Robert Boyle）。波义耳既是坚定的保王党，同时又是更忠于"自然的哲学家"。每个这样的科学人士都需要一个奇迹来引起大众瞩目，1650年，配第已经是个优秀的医生，他就是借助"安·格林事件"赢得声望的。安因谋杀自己的私生子被吊死。当时已经宣布她的死讯确凿，尸身也已入殓棺木。就在这千钧一发之际，配第利用解剖学使她起死回生。他不仅给她放血，照料她，最后还为她募集了一笔嫁妆。这正是报界花边新闻喜欢的故事，它们可以冲淡政治悲情。此事令配第声名鹊起，后来他被选为牛津大学布雷齐诺斯学院（Brasenose College）的研究员。

正是在牛津，配第第一次遇见了科学家团体中的几个核心人士，后来随着斯图亚特王朝的复辟，他们创建了皇家学院。这些人是沃德姆学院的沃登·约翰·威尔金斯、小克里斯托弗·雷恩以及罗伯特·波义耳。他们都受到奥利弗·克伦威尔的仁慈照拂。波义耳是个保王党，可是他的哥哥布罗格希尔（Broghill）是克伦威尔最亲密的朋友和顾问之一。克伦威尔本人拜访过威尔金斯家，当时他的女儿伊丽莎白和女婿约翰·克莱波尔（Claypole）——他是议员兼贸易委员会的成员——正在威尔金斯家，克伦威尔对威尔金斯家中的光学仪器和机械装置很感兴趣。威廉·配第的兴趣并没有局限在学问圈子里，1652年，他以英格兰军队（急需医疗指导）首席医生（Physician-General）的身份去了爱尔兰。随后几年，他把自己的智慧运用在测绘1654—1656年国内普查（Civil Survey）期间确认的爱尔兰被没收的土地上。这可不是什么无关紧要的制图工作，这活儿是给奥利弗的儿子亨利干的，而亨利反对那些宗教狂军官。配第的活儿还具有第二重意义，这是精心设计要把被打败的爱尔兰地主的土地转移到英格兰军队的手里。此时配第是爱尔兰这个被大卸八块的身体的解剖学家，他夜以继日地工作，口授速记员做记录才完成任务。实际上，配第成了剥夺爱尔兰人土地的首席科学家，但他自我安慰说，英格兰军队贪婪地攫取爱尔兰人的土地造成一片混乱不堪，毫无正义可言，自己勘测精准相比之下一定更可取。毕竟他的事务不只是驱逐，也在移植——他在康诺特给迁居的爱尔兰人找到土地使其重新定居。一年后，他给亨利·克伦威尔交出手头的活计，那是一沓厚厚的有关人口、地主、土地和牲畜信息的图册，是不列颠历史上从未有过的皇皇巨著。如此全面掌控信息后，理想主义的共和派人，如勒德洛等认为，配第已经令人作呕地不可救药地沦为护国主的门下走卒，实际上他才是真正的爱尔兰地方殖民的总督，而配第这时还不到 30 岁。

好坏不论，威廉·配第之辈是英格兰官僚的典型：精通拉丁语诗歌，同时擅长高等统计学。他们执着地记录着一切，陶醉于英格兰新的国家权力机器，这正合乎护国主国务院的事业，因为其涉猎甚广。举例来说，国务院一天里会处理 62 件事，这样的一天也算是很平常的。

政府官员们，即那批嘴里说着"是，护国主"的管理员们，精力旺盛、精明强干，深知除非他们在白厅和 17 世纪 40 年代彻底崩塌的郡县之间重新建立起稳固的旧链接，否则自己的所有努力都会付诸东流，这意味着政治决策和管理措施要双管齐下——复原地方治安法官。他们原来是传统的地主绅士阶层，在不列颠内战中被郡县委员会指定的人粗暴地替换掉，因此，白厅那拨人使了一些君主制的小花招，在郡县里进行了不计其数的细致耐心的复原，以使那些脱离了地方治安法官干系以求自保的人慢慢地回来审判醉酒者和小偷。郡县社会的日子逐步回复到古旧轨道，绅士们（包括护国主幸存下来的最大的儿子理查德，他不隐讳自己的享受）又开始追逐牡鹿，修整、复原战争中被捣毁、遭到打劫或弃之不理的房子，公地、田地重新修整充实起来。彼此相邻的地主们晚饭后在一起娱乐，抽一管烟草，喝一杯来自葡萄牙的暗红色浓葡萄酒（这得多亏和葡萄牙停战了）。尽管官方还不待见舞蹈和戏剧，可是音乐与诗歌作为有益的娱乐得到鼓励（特别是在克伦威尔自己的宫廷里），显然大家感受到了愉悦的激动，但它们不是圣洁国度的好兆头。

国务院里更激进、更狂热的共和派成员——兰伯特自己和他手下的一拨军官，如迪斯伯罗（Disbrowe）与查尔斯·弗里特沃德——担忧地看着老派郡县社区生活的复苏。这样鼓励绅士们从废墟中站起来爬回到昔日的权位上，不会是护国主体制自己给自己种下解体的隐患吗？在爱尔兰居留地，当勒德洛中将看到共和派因为心虚胆怯而让位给"随波逐流的骑士"、律师及"腐败的牧师"，"同时这些共和派都是最虔敬地拥护共和国的利益，不惜抛洒鲜血……战场上出生入死……在最伟大的革命和危险中，为了人民的自由……为了英格兰民族的真正利益出钱出人，这些君子被如此忽视、轻慢，"他被激怒了，他认为这是引起诽谤、轻蔑和恐慌的原因，让骑士、律师、牧师等人进议会，等于是请进了保王党特洛伊木马。

1655 年春，保王党约翰·彭拉多克（John Penruddock）在威尔特郡反叛，虽然力有不逮，却仿佛证实了他们的怀疑。反叛迅速都被镇压下去，接着是例行的吊死砍头，5 月彭拉多克人头落地。这个突然的威胁，加上完全有理由害怕遭遇暗杀，使克伦威尔从自鸣得意中惊起，英格兰远征军在加勒比海惨败于西班牙人又大大地刺激了他，他认为这是上帝给英格兰的罪孽做了裁决，因此带给他前所未有的军事失利，看来靠统计学可搞不定一切。

那么，是时候忏悔、改过自新，痛下宗教狂热这剂猛药了。在 1655 年 7 月之后的一年半时间里，克伦威尔放任自己正直的骑马侍从也就是军官和中将们各行其是，让他们在英格兰实施高压军事统治，这是自沃尔辛厄姆与托马斯·克伦威尔安定英格兰以来从未有过的现象。在郡县地图上，划分了由中将统领的 12 个军事区域。首先，他们采取行动，粉碎了萌芽中的郡县民兵，代之以忠诚无比的骑士，由"抽取税"（decimation）——保王党或者被怀疑为保王党者上交其领地十分之一价值的税——来支撑这个骑士层的财政，从而使安全保障与先发制人的威慑如此节俭地合二为一。然而，克伦威尔确信真正的和平意味着必然要把英格兰亵渎神明的世俗社会转向严格地服从神圣国家的制度，这个任务往往被借口要各派和解而延误，甚至回避了，他的将军们当然就更相信这一点了。在"抽取税"的名义下，绅士们，例如已经返回英格兰的拉尔夫·弗内爵士，他在 1642 年曾经支持议会派的记录不足以证明他的清白，被勒令到将军和评估员们面前报到，并发誓保证自己会上交"抽取税"，否则就没收他的领地或将他本人收监。

中将们很快变成了飞行小组，到处去实行正义。表面上看他们是堂吉诃德式的，其实这就是自不列颠内战以来习俗刽子手们（Common Hangman）焚毁詹姆士一世应允的《娱乐书》开始的清教徒狂热分子的十字军行动；詹姆士一世在位的时候曾经颁布法令宣布星期天不得娱乐；此时，就再来一遍"任何人不得举行、维护或出席拳击、射击、保龄球、敲钟庆祝……假面舞会、守灵（Wake）或者举行另外名目的宴会、喝淡啤酒、舞蹈等娱乐活动"。还要除去斗鸡、赛鸡（cock-running）、赛马、逗熊；任何人如果被逮着竖起五月柱、在安息日工作或者偷偷地庆祝圣诞节，就等着倒霉吧；艾酒屋要有安保许可证，要接受监督，禁止在酒屋里奏乐助兴和赌博；任何人违反《发誓赌咒法令》（Swearing and Cursing Act），如被抓到就要根据其身份（绅士罚得比普通人要多）罚款，12 岁以下小孩说脏话要受到鞭笞，淫乱罪确定后犯人要蹲三个月监狱，通奸者将被处以死刑。

这就是我们能得到的克伦威尔统治下的英格兰的典型形象：严厉的清教徒斯巴达。只是这里的军事力量打击的是娱乐，野心勃勃的中将们还不觉得这有什么离谱的。可是不用说，强力推行美德的远征遭到了惨败。特别是因为缺少能为了基督而执行规定的自己一派的人手来监管这一切的实施。中将们别无选择，只得转而依靠原来的治安法官和警察。他们可不同情这份伟大的工作，相反，各地地方法官的记录里充满了根本不理会什么道德警察的犯罪分子，惩罚执行起来常常就成了故意闹笑话。在萨默赛特的巴顿圣戴维（Barton St David），约翰·威特科姆（John Witcombe）因为发誓被戴上足枷，他的牧师抗议这个惩罚法令本身不合法，反而拿给他酒喝让他振作精神。柴郡的一个女仆因为在星期天工作，被揭发是恶意违反安息日条令，被（不恰当地）判处为从轻发落，不罚款而由她家主人"纠正"。在地方法官的见证下，她的处罚"完全成了玩笑，主人从草皮中摘下一小枝石楠，在她衣服上轻轻地碰了两三下，那样的碰触不会伤到即使是刚生下两天的婴儿"。

在很多地方，这恐怕就是"克伦威尔的獒犬"能咬得最深的位置啦。国务秘书瑟洛的报告里满是他们心有余而力不足因此完成不了任务的痛苦抱怨。"我在这些市镇里麻烦不断，"中将贝里（Berry）从蒙茅斯写信来，"所有地方都恶习累累，而地方法官们的监管太松弛。"可是，如果说他们用武力也不能强加圣洁的话，他们倒是的确疏远了护国主时期赖以存在的人民——郡县绅士。这就迫使克伦威尔不得不认真地让手下暂停这项圣洁的事业。1656年选举的时候，即使军方尽力恐吓，结果依旧是大部分议会成员失去了自己的支持者，整个权力结构瓦解。在国务院实用派的敦促下，克伦威尔这时候退了回去，这一回是彻底退缩了，回到了保守的"安定"政体中。

1657年夏，他接受了《谦卑请愿与劝告书》（Humble Petition and Advice），也接受了实际上就是长期议会预期的君主制改组后的政府。其中最大的差别是承诺保护民众享有良心自由，虽然到这时此承诺早已摇摇欲坠，因为当时要指责各基督教派信念可耻的门槛已经大大降低。尽管面对面地会见时，贵格会领袖乔治·福克斯（George Fox）向克伦威尔（他不能发誓）保证自己会服从当局，福克斯还是被当作公共和平的威胁关押起来好几次。牢房是噩梦般的污秽肮脏。当他试图在牢房里点燃干草取暖时，狱卒就在上面小便浇灭火，还从上方的走廊往福克斯身上扔大便。哪怕这么可怕的审判监禁，也比不上福克斯特立独行的徒弟詹姆士·内勒（James Nayler）的遭遇。1656 年晚秋，后者因为亵渎上帝的罪名，由议会和国务院审判，罪行是他模仿救世主（检举人说他假装自己是基督）骑马穿过布里斯托。他在雨水泥泞的街上骑马小跑过去的时候，他的几个信徒欢呼着"和撒那"。内勒因为自己的这次疯狂的鲁莽举动，戴了两个小时的颈枷，额头上被刺了意为亵渎上帝（英文 blasphemer）的首字母 B。狱卒用火烫的熨斗烫他的舌头，让他在伦敦大街上边走边接受鞭笞，然后送到布里斯托再来一遍这些，之后才将其送去关押。虽然他以惊人的毅力挺过了这些非人的折磨，但是四年后当他死去的时候依然在忍受它的后遗症所造成的痛苦。

因为要保证他自己的信誉，克伦威尔好像和其他人一样对议会滥用刑罚感到困惑，真的质疑审判是否合法。之后，他貌似要限制单一议会的权力，于是公开复辟了第二个上级内阁（upper chamber），毫无创意地将它定名为"另一院"（the Other House）。布尔斯特罗德·怀特洛克以亨利子爵（Viscount Henley）之名进入"另一院"，还有克伦威尔的另外两个女婿，福肯贝格子爵（Viscount Fauconberg）和沃里克伯爵罗伯特·里奇（Robert Rich，the Earl of Warwick）。历史仿佛迅速地退回到了 1642 年，克伦威尔扮演着"类似国王"的角色。如约翰·皮姆所设想的，议会此时有了同意或否决英格兰国家高级职位任命的权力。没有议会的同意，政府不得开征税收，也不得宣战或媾和。事实上，1657 年的宪法与负责任的、受普通法约束的君主制，也就是不列颠内战打响的根本原因如此接近，那么搞一个负责任的国王罩着它是理所应当的事了。五年前，怀特洛克还在反对这个主张，到这时他明显已改变了想法，竟然主动敦促克伦威尔，说这是能稳固不列颠改革后的未来国体的最佳方案。

虽然这个诱惑就在眼前，最后克伦威尔还是不能接受自己要变成国王奥利弗一世的想法。自然，他拒绝这个做法（除非他能不管三七二十一地提名自己的继任者为护国主）的决定中政治原因占了很大的比重，因为万一他真敢戴上王冠，他的手下那批将军如兰伯特与弗里特沃德都必定会威胁他说他们要哗变。然而克伦威尔也显示出了掌控军队的魄力，很快他就革除了兰伯特的军职，肃清了军官阵营里他认为对其政权不忠的人。但是克伦威尔受到的最严厉的拘束却来自他自己的良心苛责：他深切地感到，因为上帝已经明确地命令"消灭了"英格兰的君主制，他不能违拗这一旨意。假如上天有新的意图说他应该成为"以色列的国王"，那会有所改观，但是1657年，因为万能的上帝害怕直接与他沟通，护国主的前额也就没有能涂抹上膏油。

实际上，奥利弗·克伦威尔最终会戴上王冠，但这只能等到他死后。1658年9月3日，这一天正好是邓巴与沃斯特战役的纪念日，他去世了。临终时，一股龙卷风般的暴风雨袭击了英格兰，大树被连根拔起，教堂的陡坡被掀翻了（连同教堂里停止使用的钟塔也被打翻了），它们落到地上被砸得粉碎。相信预兆的人（事实上这意味着每个人）都认为这绝非偶然，这是魔鬼来收取他的约定协议了。因为沃斯特战役后很长一段时间里流传着一个故事，说奥利弗已经为了得到最高权力而向魔鬼出卖了自己的灵魂。还有其他一些可怕的迹象：1658年居然没有任何战事，这本是少有的情况，也就没有谁输谁赢这么一说，但死亡的阴影浓重地笼罩在英格兰各地，严冬肃杀，乌鸦的双脚被冻住粘连在枝头；贸易中止，谷物价格飞涨；一种叫"四天热"的流行病（也许是某种流感）死死地紧攥着英格兰这个已经被瘟疫削弱的国度。一月末，可怜的约翰·伊夫林只有五岁的儿子夭折了，这孩子可爱而聪颖；此后几乎两个星期不到，另一个孩子又夭折了。"我生命中的乐趣全没了，"他后来这样写道，"进了坟墓我也会哀悼他们。"幸存者们被吓破了胆，他们开始戒吃鱼和肉，甚至什么都不吃，"只喝鼠尾草牛奶酒，只吃薄饼或鸡蛋，或者偶尔吃点儿萝卜或胡萝卜"。不管她吃了什么，克伦威尔最喜欢的女儿得了高烧和癌症，8 月病故，护国主痛心不已，接着自己也病倒了。在格林尼治，约翰·伊夫林随着一大群人去观看一条搁浅的鲸鱼，它绝望地在滩涂上拍打着尾鳍，它的喷水孔受了伤，鲜血直流。这个征兆让理智之人都不得不注意，利维坦的命数已定。

　　等到树叶凋零的时候，奥利弗的身体死了，幽魂却一时不散。当局对他的尸身进行了防腐处理，但这活儿没做好。当局想要保留护国主体制却出师不利，没有能够保存好护国主的身体，不过抢在克伦威尔尸身不可避免地萎缩之前，当面从他身上拓了一个塑像。然后，在萨默赛特宫（Somerset House）用躺倒的姿态展示他，给他穿上紫色的皇袍，一圈白炽光的蜡烛照着圣陵，这是中世纪给予国王的礼仪。后来又决定将他立起，于是用绞车将其摇起来。他就像个小矮人那样僵直地在那里站了两个月，头上戴着王冠，手里拿着权杖和天球，就这样到了末了，他到底还是做了国王。1658 年 11 月 23 日，本来要给克伦威尔举行盛大的国葬，最后却演变成了混乱和惨败的情形。据法兰西大使记载（他自己对当日的事也不能完全脱离干系）：大游行还没开始的时候，众人关于外交先例和礼仪的辩论耽搁了时间，而穿过伦敦全程共花费了 7 个小时；等克伦威尔的灵柩到了威斯敏斯特大教堂天已漆黑，教堂里蜡烛预备得不够，仪式只能草草地结束。因此，他本来比历史上任何一个统治者都热爱布道，一辈子都喜欢大声地反思上帝的意图，自己却没有得到葬礼演说，没有入葬祈祷，也没有布道，只是在克伦威尔的雕像被匆匆地送入墓地时有几声短促尖锐的小号声。不久，被招来参加葬礼的威斯敏斯特学校的男孩之一小罗伯特·尤维达尔（Robert Uvedale），趁着人群混乱，悄悄地上前偷走了纪念品"陛下标牌"（Majesty Scutcheon），那是一面印着不列颠各民族纹章的白色缎面旗子。

假设要克伦威尔给他自己写葬礼悼词，他会对自己非凡的一生说些什么呢？当然不会是从无名之辈到最高权力的轨迹叙述，因为他虽然一方面热烈地拥抱权力，另一方面却一直无比讨厌它。死前不久，他抗议说，自己"会很高兴地住在小树林边上，养一群羊而不是得到这样一个位置"。这一番忏悔听上去是真实的，也的确完全真实。克伦威尔体现了一个真实的经典案例，即最高权力竟然落到了最没有欲望的人手里，而原因恰恰就是他从来没有渴求过它。不列颠内战中另一个更没有欲望的人是托马斯·费尔法克斯，他一直不太能从查理一世受审和被处决中回过神来——费尔法克斯后来重出江湖，从约克郡的无名之辈中再次现身，帮助查理一世的儿子重登王位。但克伦威尔永远做不到这般自我隐身，因为他像摩西一样经历了感召，就和听到声音从燃烧的灌木丛中（burning bush）传来一样，相信自己的生命从此以后已奉献给上帝，要执行上帝给英格兰设计的任务。

具有讽刺意味的是，正是因为这个看起来像耶和华设计的在制品，即使忠诚如克伦威尔般的仆人，上帝也只允许他时不时地瞥见一眼，所以他从来就不觉得有必要为共和国构建一个长远的战略，也没有策略来调和自由议会派与神圣基督徒之间不言而喻的矛盾主张。他甚至都没有给这二者公断，并给双方指出一个稳妥的方法；他只是让上帝给他指出道路。要是上帝一会儿一个主意，好吧，那也是他老人家的特权。

克伦威尔在对议会发表的滔滔不绝的长篇大论、虔诚的演说中，却埋藏着他真正想要英格兰走向何方的宣言，如果时势允许的话。（其实只要他稍稍讨好一下上帝，就能顺势而为，但他认为这是亵渎神明因而打消了这个念头）。结果，这个易怒、无情、傲慢、自我折磨的家伙却是得天独厚，人道与智慧兼具。更惊人的是，从本质上来说，创建了现代英格兰国家母体的这个人最深切地感受到的准则是自由。因为在这个坚定信念的中心还有宽容：不强加于人的希望（只要他们不是天主教徒都可以接受），都应该被允许不受打扰地以他们自己希望的任何方式接受基督；耕种自己的一亩三分地，养几头猪，国家政权不该粗暴地干涉这样的民众———一直都该如此，只要他们不去阴谋反对其他人的自由。在所有屠杀、行军、脸红脖子粗地大喊大叫之后，奥利弗·克伦威尔真正想要的是，每个人安静地生活："在我们所有人和自由之间，保持一个能自由地不断地聆听上帝福音的通道，清醒地把握并践行各自的上帝之光照启迪及认知，根据上帝分配给每个人的丰富恩典和智慧，把握同样的自由去实践来自福音的信仰，在全部神圣和诚实中各自过自己平静安宁的生活，不受打扰。这是上帝赋予这个共和国的权力。"

　　也许要过两个半世纪以后这个梦想才能实现，而且，其实到了那个时候，已经没人太在乎了。

第四章
未竟事业

　　克伦威尔死后不久，约翰·德莱顿（John Dryden）有点儿过于乐观地写道："他死后就没有市民争吵/但现在各派遵从习惯。"其实英格兰每个人都在想——失去了奥利弗，护国主体制能继续下去吗？——回答是否定的，也是令人瞩目的。最初，克伦威尔提名的继承人，他幸存的最大的儿子理查德看起来还能行。忠诚的问候如潮水般涌向理查德。他时年31岁，大家认为他体面、诚实、心地善良，没有其父的爆脾气，他最大的长处就是没人能想得出什么理由来不喜欢他，但这也是个障碍。克伦威尔曾有选择地利用威胁，但理查德明显没这个能耐，这使得他在政治上既毫无防卫能力，处理事务又没有头绪。一直以来，他的父亲都知道理查德太温和，不堪担当其使命召唤。理查德生活在温柔乡中，自身不够刚强。一方面，不论是弄权还是要让人害怕，他都无法使人惊出一身冷汗，通常在需要选择依靠军队，还是依靠实用派，比如要借重艾什利·库珀和蒙塔古这些人的时候，理查德的温暾性子就成了大问题。不管克伦威尔看起来多么保守，自弗里特沃德以下的将军们都觉得凭着并肩作战的兄弟情谊，他们总是能唤醒克伦威尔，让他记得"旧日美好事业"的色彩。另一方面，理查德看起来不是其国民仆人们的主人，倒更像是他们的玩偶。因此，到1659年春，将军们为了他们自己，也为了共和国之计，和1653年他们驱逐的残缺议会的政客们联起手来，出于自保他们别无选择：当时军队欠饷已达 40 个月，下级军官的愤怒给他们施加了很大压力。克伦威尔任护国主末期几年经过政治清洗，用旧系统的绅士控制的郡县民兵取代了他们，这使他们走投无路。

1659 年 4 月，一份二万人签名的请愿书呈送给护国主理查德，要求他召回残缺议会。理查德经人指点明白了如果他不能平息事态，就将爆发军事政变。理查德就退位了，他和家人（包括他的弟弟亨利，也许他能当个更称职的接班人）被命令马上离开白厅。召回残缺议会（前来现身的议员总数是 42 名），强硬的共和派如勒德洛从来就认为护国主体制是个玷污神圣的东西，这时就废止了它，恢复了共和国。但是毫无疑问，本来在护国主时期消失了的共和派政治家与宗教狂军人之间严重的互相敌视也马上复原了。没有了奥利弗·克伦威尔在一旁坐镇，两派开始互相撕扯。没有了国王的英格兰变成一盘散沙，迅速陷入了无政府状态，而恢复君主制是唯一能摆脱这种情况的办法。最大的讽刺莫过于查理二世要复辟成为国王，不是因为英格兰非常需要人来继承查理一世的王位，而是因为急需他填补奥利弗·克伦威尔之后的空缺。

1659 年 8 月底，乔治·布斯（George Booth）上校领头的保王党起义被轻易地镇压下去了，看来查理二世近期回归的希望渺茫，复辟之事很悬。但是英格兰的全体候补权力角逐者们自相残杀——不止是残缺议会反对军队，残缺议会的议员们也相互敌对（维恩和哈泽里格互掐，而勒德洛则恨他们俩）——使共和国的稳定化为泡影。反对分子们激烈地争辩到底是要一院还是两院议会，以及贵族院议员是该选举还是由直接任命而产生，与此同时，真正的议会即共和国议会就在他们身边化为乌有。回顾起来，他们短视得要命（实际上也没有比任何其他革命情景更疯狂），牵涉其中的各派都更乐于将眼前的对手置于死地，而不是同意保障共和政体以便在可以预见的未来把君主制排斥在外。无疑，是共和派自己扼杀了共和国。

1659 年，英格兰莫名地陷入了一个 10 年前就开始出现的短暂的虫洞里，那时候一切事物——政府、宗教、社会秩序——都处在一种流动不定的状态，没有人知道该如何处置这些事。突然在 1659 年，小册子市场兴旺起来，其间充斥着各种各样的实验性提议、短文和宣传。英格兰回到了托里拆利空中之虚空的间隔里。平等主义者的小册子又出现了，随之骑马乡绅阶层的忧虑油然而生，他们生怕民主会打倒郡县社会的政治结构。像克里斯托弗·费克这样的第五君主制国家主义者姗姗来迟地宣布，毕竟真正的基督王国没有被挫败，只是被克伦威尔这个敌基督者（Antichrist）给耽误了。乔治·福克斯在一次短暂的假释中，出版了《五十九条细则》（*Fifty-Nine Particulars*），"要把英格兰带入花园，成为自由国家，人民享有自由"，提出要废除贪婪成性的律师，还有大家照顾盲人、腿脚不便者；除了公务人员有需要，禁止普通人随身携带剑、匕首、枪；还有一项改革是他内心里特别感到亲切的，那就是要改善监狱条件，"犯人不能躺在自己的屎尿里"。

护国主时期政府里的实用派幸存者早已经看穿，再也不信这些，索性将自己置身于骚动之外。在伦敦的罗塔俱乐部（Rota Club）里，威廉·配第可以和詹姆斯·哈林顿（James Harrington）同坐，一起探讨后者的《奥希阿纳》（*Oceana/The Commonwealth of Oceana*，即《大洋国》），它第一次揭示了财产与政治权力的必要关联。然而，实用派们完全拒绝他的平均地权法（agrarian law）以限制领地的大小；社会实验对商业可没什么好处。他们都明白，由于没有政府在维持秩序，导致经济受创、商店关门、贸易停滞、税收受到威胁；关税和应缴税费都收不上来；为了安全，珠宝商们都将自己店里的库存移出了伦敦。明摆着，共和派狂热分子顽固不化，只代表他们自身的利益，而军队专制，二者都不可选。他们要建立起一个强大的国家——具有商业活力、在远洋上令敌人闻风丧胆、经济上自给自足、政府的管理科学合理。这个强国要建立在与郡县绅士阶层的合作而非与之敌对的基础上。趁着英格兰还没有败坏到不可修复的地步，他们需要全力以赴，恢复护国主时期下的稳定状态；因为无论共和派还是将军们都弄不了这个，除了查理·斯图亚特，还能去找谁呢？他倒是还有一线希望成为下一位护国主。

　　正像不列颠历史上的很多巨变一样，这一次也不是渐变，在 1659 年夏天到年底之间的某个时候，蒙塔古、布罗格希尔伯爵和威廉·配第等人用脚投票，做出了这个突如其来的决定。下半年，约翰·伊夫林决定出版自己的保王党《道歉书》（Apology）。实际上他是会触犯众怒的，但他并不在意就自顾自地发表了。它"引起了大家的兴趣"，他挺高兴，尽管也许并不吃惊。这是整个形势大局发生改变的一个信号：他和赫伯特·莫雷（Herbert Morley）套近乎，给他一本书让他转送给查理二世，莫雷是共和国的伦敦塔典狱长。伊夫林相信这个人不会背叛他，因为他们是老校友；更因为他有把握，已预见到典狱长需要为自己的相同利益而行动，伊夫林才敢向他托付这个重任。其他很多人都在这么干。托马斯·霍布斯有句格言：如果国家的保护能力已经不可逆转地衰败，则人们的忠诚就会中断。这话不证自明，从来没有像现在这时候那样听起来触目惊心。

　　最终把不列颠推向复辟的人是"黑乔治"蒙克（'Black George'Monck），他正是霍布斯所说的那类将军，即非常艰难地学会了自保之术的人。蒙克生于德文郡一个古老的绅士家庭，其最有力的联盟格伦维尔家族在不列颠内战中既产生了保王党英雄，也有议会党背叛者，而蒙克却一开始就是个观察领头羊的见风使舵者。他原来对国王事业的正当性和前景都不看好，却在一次面见查理一世之后转变了个人思想。他真的不如就继续对保王党持怀疑态度好了。1644 年在南特威奇（Nantwich）战役中，蒙克被俘后在伦敦塔里待了两年。至少在那里，他遇见了长老会派的裁缝安妮，她后来成了他的太太。1646 年蒙克签署了

《庄严盟誓》(*Covenant Oath*),后作为议会派上校去了爱尔兰。1649年8月,他第一次见到了克伦威尔,随后明显地开始信任并敬畏克伦威尔,二人的关系亲密起来。1650年在邓巴战役中,他和克伦威尔并肩作战。尽管蒙克并没有当过海军,但在英格兰和荷兰的战争中他被任命为指挥后,却又无可辩驳地显示出了聪明和坚强勇敢。

1659年,在英格兰共和国分崩离析的时候,蒙克镇定地掌控着苏格兰的军队。尽管因为曾经效忠保王党使他成了一个天然的目标——那些要他早点儿出来为查理(二世)做事的人盯上了他,但这一次他还是不确定情势将如何发展,也不知道怎么做才是正确的或聪明的,于是,保持了冷静。不过想要坚持共和派军事政权的头头们——兰伯特与弗里特沃德——很明显不能指望蒙克支持他们,但这时候只有蒙克的军队在不列颠是最团结最整齐的。兰伯特试图召集尽量多的人马,但他知道没有蒙克,他们就完蛋了。弗里特沃德意识到大势已去,咬牙切齿地说"上帝已经摧毁了他们的辩护律师,还打了他们的耳光"。1660年1月2日,蒙克自作主张带着7 000名士兵从贝里克附近的科尔德斯特里姆(Coldstream)向南进发,他这是身为军人而反抗军人统治。但是,如果说他真的是很明确地反对军队干预议会的话,那么他要支持什么就远没有那么清楚了。残余分子恢复残缺议会,盼望他来伦敦,当然希望并且也以为他会来保护他们。然而,蒙克手里拿着牌却不急着打出去。他不动声色,显然在路上的有个时刻他得到了这么一个印象:人们满怀激情,强烈要求摆脱残缺议会而非保全它。这几乎是普遍的呼声,即要有"自由的"议会,也就是召回被普赖德清洗的长期议会的全部议员。

2月初,蒙克抵达伦敦,召唤"自由议会"的宪法修正运动已经发展成绝望的呼声,要求把英格兰从共和国演变而来的混乱地狱里拯救出来。同时,保王主义也在抬头,虽然人们还不敢(不到时候)大声地说出来。如果说从前人们曾经呼吁结束王权享有自由,现在这呼声倒是非常明确地要求王权回归。甚至此时已经完全失明的约翰·弥尔顿，也因为共和国的败落且回天乏力而心灰意冷，但他最后努力尝试着要逆转退回到君主制的潮流。即使如此，弥尔顿在出版的言论里也承认共和国不得人心。在《创建自由共和国的现成简便方法》（*Readie and Easie Way to Establish a Free Commonwedth*）一文里，他辩论道少数派有权强迫多数人接受自由，而多数人不能逼迫少数派和他们一起屈从做奴隶走狗。可是，伦敦的学徒（和布里斯托及埃克赛特一样）群体组织游行要"自由议会"，而每个人都知道这个"自由议会"会给国王打开伦敦大门；学徒群体也不要强加给他们的自由，他们就想要做国王的臣民；妇女们对残缺议会提出自己的观念，她们弯下腰撩起裙子喊着："吻我的议会！"[1]

　　2月11日，做了5年财政部职员的萨缪尔·佩皮斯（受他的权贵亲戚爱德华·蒙塔古庇护），站在斯特兰德桥（Strand Bridge）一头，数着爆竹烟花，单是在桥上就有31下。"在街尽头，你还以为整条巷子着火了呢，热浪逼得我们不得不静静地待在另一头，远离那边。"他在日记里记着。伦敦全城好像变成了一个巨大的露天烤肉叉，都在烧烤臀部肉——有些鸡肉，有些牛排，大街小巷都满散发着油腻腻的庆祝谄媚（greasy，油脂的、谄媚的。——双关语），烤的不仅仅是肉，共和国也在煎熬中。这一天早些时候，人们决定重新接纳11年前被普赖德挡在门外的长期议会成员。伦敦人等待在新的"自由"议会期间照例用自己的肚子投票，他们在街上用刻刀摆成排钟的样子。"在斯特兰德街梅普尔的屠夫们，"佩皮斯写道，"要割掉它们的臀部[2]时，把刀子弄出非常响亮的声音。"

　　历史在这时候迅速绕回到了老路上去。一些很多年不在政界露面的人，如托马斯·费尔法克斯爵士，同他们的长期议会同僚们一起出现了，

---

[1]　ramp一词的一个意思是臀部。——译者注
[2]　语义双关，同时指残缺议会。——译者注

他们永远也不会忘记 1648 年 被"隔离"的羞辱；1642 年的两只"鸟儿"丹泽尔·霍利斯和阿瑟·哈泽里格又面对彼此，毫无疑问也相互取笑——他们俩一个成了半路逃亡的共和派，另一个出奔去做了斯图亚特王朝的贵族议员。但是，实用主义者们，特别是蒙塔古毫不费力地从一个政权转投到了另一个政权那里。最初在 20 年前召集的议会[1]，到这时候——深受蒙克的士兵和保王党民兵武装干扰——自废武功，自己下令解散了自己，还下令进行"自由选举"，有关人士都知道这是要产生复辟议会了。

　　向内战中的议会党表示了最后的敬意，同时也把真正为查理一世而战的保王党排除在外之后，议会不管三七二十一选出了 100 位议员。1660 年 3 月，他们坐上了在"临时"议会（Convention Parliament）的席位，还有另外 58 人是毫不含糊的保王党支持者。事实上和这个数字相同——接近 150 人——的是议会党，但不是共和派，也就是说他们绝大部分是一直以来想要改良君主制的绅士。因此，他们希望这次改良君主制最后能搞成功。他们精心设计给查理二世的条款让蒙克及其特使带到荷兰布雷达（Breda）去，要考验他是否有诚心要和解：要大赦在内战中站在议会党一边的人（除了签署查理一世死刑法令的弑君者），为天主教"温和的良心"[2]保留一定程度上的自由，保证不逆转在王位空缺期间（Interregnum）已经发生的财产改变状况，但是，临时议会并没有坚持要国王以承诺执行这些政策为前提条件。4 月 4 日在布雷达，查理反应敏捷，他提出一个 40 天的"恩典"特赦期，利用这个时间段给之后的议会留下可做慎重考虑的余地，也好让他们谨慎对待宗教与财产事务；让议会而不是自己成为这些事务的仲裁者。查理二世貌似在昭告天下：儿子不会

---

[1]　即长期议会。——译者注

[2]　"温和的良心"（tender conscience），天主教虽经仔细分别善恶但仍然较易形成比较客观的正确
　　　判别。——译者注

仿效老子的做法。

1660 年 5 月 23 日，在海牙附近的席凡宁根（Scheveningen），萨缪尔·佩皮斯看着查理二世带着弟弟们和他的表弟奥兰治亲王（Prince of Orange，后来的国王威廉三世）登上共和国的旗舰"内斯比"号。佩皮斯吻了他们高贵的手，亲吻的声音如同"无数枪声在响"。吃饭的"排场很大"，餐后"内斯比"的船名重新油漆成"皇家查理"号。佩皮斯及其赞助人蒙塔古，还有蒙克和瑟洛——他们全都是克伦威尔的人——尽力自我克制，下午他们启航驶向英格兰。

> 国王这里那里走走，反复地上上下下（和我想的相反，他居然这样），非常活跃激动。在后甲板上，他讲到从沃斯特逃出的事。他告诉大家自己经过的困难故事，听得我快要掉眼泪了，他徒步走了四天三夜，每一步都踩在深到膝盖的泥泞里，只穿了一件绿色外套和野外马裤，一双乡下人的鞋子，双脚痛得几乎不能挪动。

佩皮斯听着听着，自己显然激动了起来，这可出乎他自己的预料。这个高个子男人遗传了他母亲的黑色卷发、黑眼睛和厚嘴唇，是个能吸引人的演说家——只要他愿意，他可是一个能散发魔力的人。登陆几天后，查理二世真的做了一次展示，强调国王具有治愈疾病的能力——他用手触摸了 600 名瘰病病人。13 年前，议会曾经指定一个委员会起草声明，废除所谓的为了免除"国王罪行"而触摸的活动，并指责这是怪异的迷信。但此时成群结队的普通人，有些淋巴肿大或者长了瘤子，另一些眼睛上长了麦粒肿或嘴巴起泡了，他们全都相信国王的魔力回来了。20 年时间里，9 万名淋巴病患者接受了国王的触摸，还得到一条绕在他们脖子上的金项链。

在没有国王的 10 年里，约翰·伊夫林一直心中燃烧着保王主义，从无悔改，这时候几乎不敢相信眼前发生的事："所有人，男人、女人和孩子都渴望见到圣上，吻他的手，这么多人，一连几天他简直没时间吃东西。"甚至铁石心肠的老长老会派，如多切斯特的丹泽尔·霍利斯，他曾在艾奇希尔和查理一世作战，这时候以奴颜谄媚称呼查理一世的儿子是"他们（人民的）眼睛里的光芒，他们的鼻息、快乐以及全部希望"。5月29日是查理二世的生日，离佩皮斯在桥上数烟花的日子没多久，伊夫林还见识了二万匹马和步兵护卫国王穿过伦敦的骑马队伍，

> 挥舞着剑，叫喊着不可名状的欢呼；路边草上花儿盛开，钟声回响……我站在河岸上看着它，心里祝祷上帝保佑。这一切没有流一滴血，这支军队，正是当年反抗他的：可这是上帝的意愿作为……历史上可从来没有这样的复辟，无论古代还是现代，自从（犹太人从）巴比伦囚虏（Babylonian Captivity）回来，英格兰从来也没有这么欢乐、这么光明的一天：这样期盼或实现它，这已超越所有人类的谋略。

1660年5月，并非每个人都在庆祝这些大喜日子。埃德蒙·勒德洛是查理一世死刑法令上59个签署人中的第40人，他看着这些喧闹庆典日益厌恶起来，疑虑加重。当耶路撒冷突然变成了索多玛，你能指望什么？"那一夜的腐朽、醉生梦死，"他在鼻子里哼着，"如此盛大不堪，英格兰在过去很多年里都已经不曾这样，以至于国王……要人发布一个宣言，禁止为健康干杯。但如果是为他自己的健康干杯，他决定不要任何规则；不到几天，在桑树花园（Mulberry Garden）的一次行乐（Debauch）中，他公开违反了自己的命令。"勒德洛尤其惊恐地看着"马匹属于我们原来的部队，现在的雇主完全不同，和当初根本就是两码事，特别是……绝大部分……它们组建起来曾经是为了参加争取自由精神的战斗"。

1661年1月30日，在这个查理一世的行刑纪念日，奥利弗·克伦威

尔、他的女婿艾尔顿，还有约翰·布雷德肖，这几个国王审判法庭为首分子的遗骸，伊夫林高兴地写道："从他们壮观的墓（在威斯敏斯特，在国王们中间）里给拉了出来，弄到泰伯恩（Tyburne），从早上9点到晚上6点吊在绞刑架上，然后就在那个注定耻辱的纪念碑下深埋了。"伊夫林回顾了1658年克伦威尔盛大而混乱的葬礼，在克伦威尔香气馥郁的尸身保留和今日的遗骸分解之间，只有两年半的时光，他喟叹道："哦，上帝的审判是多么了不起又高深莫测啊！"

在勒德洛看来，克伦威尔得其所值，因为他已经背叛了英格兰的自由，他对权力的欲望扼杀了共和国。但是此刻，勒德洛的那些坚定不移地相信自由的朋友们要付出代价了，一下子，军队"显要们"有的变成了逃亡者，有的成了乞求者拼命地让那帮及时的变节者从中斡旋。这些人先是感到沮丧，接着是惊愕和害怕。牵连在查理一世之死里的老朋友、老同志们，都被带到惩罚性的特别法庭面前，被迅速宣判：要么被吊死要么被活活肢解。共和派人看得心惊胆颤。弑君者中的两位被用雪橇拉去泰伯恩，雪橇上还放着另一个被砍下的头，那是第五君主制国家主义者"圣人"中将托马斯·哈里森。勒德洛制定了快速出逃的紧急计划；弥尔顿此时双目基本失明，他在反思那些他们曾经犯下的够得上被绞死的邪恶罪行。

那么那些及时起跳、帮助复辟的人又怎么样呢？这些反攻倒算有没有让他们不安？1661年5月，查理二世加冕日那天，萨缪尔·佩皮斯站在威斯敏斯特大教堂闪闪发光的巨大拱门下，看着大把大把的金银撒向空中，硬币和纪念章撞击在石板上叮当作响。可是，财富之阵雨没有下到他肩上，他站得较远，他的位置到国王那里有一段表示恰当敬意的距离。佩皮斯本是一个弗里特街裁缝的儿子，他已经算得上高升了，但还只是海军部的一个职员。因此他只能看着比他更得势的人在抢夺国王赏金，好像伴娘们争抢新娘手里的捧花，"我够不到任何一个，"他在日记里酸溜溜地抱怨。

　　那他要"够得着"什么？像佩皮斯这样的人从新国王那里能期盼得到什么呢？著名的国王亲善安抚能使他发出满意之声，这是其一；其二，此时他们委婉地称自己曾经服务的政权为"旧国家"，这批人完全相信自己在新王国里可以同样左右逢源。无论在政治上还是在身体力行上，有肥硕的大法官克拉伦登伯爵（Lord Chancellor Clarendon）——他的新贵族头衔让他连升了几级，随之他的体重也在令人瞠目地飞速上升——压阵，多少舒缓了大家的紧张情绪，克拉伦登无疑是复辟的压舱石；可以理解，即使自命不凡的保王党骑士们要大干一场，他也一定能让他们保持政治上的头脑清醒。在长期议会的时候，当克拉伦登还叫爱德华·海德这个名字，他就是个改革派，但此后的天翻地覆使他们那一点点温和的改变显得太微不足道。现在克拉伦登的调节成了最可靠的保王党保守主义。国王的合法特权不能拱手相让，克拉伦登急着在稳固的宪政里重新锚定它：议会与国王要相互信任、依靠对方。虽然佩皮斯等一批年轻的复辟拥护者，像其他任何廷臣一样，对克拉伦登一副煞有介事的样子都在暗中窃笑，还对他吹毛求疵，但实际上佩皮斯他们倒是非常感激克拉伦登享有稳固的权威。他知道克拉伦登不太会为了保持连查理二世自己都不是很看重的王国纯洁性而踢开他们这一批护国主时期的前军官中的佼佼者——特别是在海军这个需要专家的关键领域。因此，看到自己的保护伞爱德华·蒙塔古被提升为桑威奇伯爵，佩皮斯应该会高兴，但也许没有吃惊；他很现实，看得懂要犒赏保王党骑士的猎犬，必须扔一些禽鸟出去，只是要留心自己的利益别做了那犒赏物。像他这样讽刺意识发达的人不会注意不到这个事实，即最受克伦威尔死后恶名连累的——维恩、布雷德肖、勒德洛和哈里森——正是最痛恨他的共和派！因此，佩皮斯和妻子伊丽莎白能搬进海军部的新住处，更坚定地相信这个新的国家和旧的国家一样，都需要他这样能干、勤快的人，需要知道哪里能找到枪支、舰船、人手和金钱的人，特别是钱。

即便如此，在那场鲜为人知的盛大的加冕礼上，他也必定感到有一点儿不自在。在这种自古以来就有的沉闷表演里，密密麻麻的主教们、贵族们似乎是本能地，当然也是通过教育培训才懂得怎么扮演自己的角色，假如要克伦威尔来一趟"国王斗士"跑马，就是在宴会中穿着全套锁子甲进入威斯敏斯特大厅，然后扔下白手套挑战任何一个非议自己国王地位的人，他能怎么样？他肯定会出洋相。

好吧，也许甚至连奥利弗国王都可以忍受这套荒谬的哑剧把戏，这些地主和浮夸者的玩意儿，但是他绝不会像查理二世那样"为了国王的罪孽"触摸聚拢来的瘰疬患者。好开玩笑调侃的查理二世还真的相信这些愚蠢的把戏？毕竟，也正是他支助了格雷沙姆学院（Gresham College）的自然哲学家们，他还为"皇家学会"背书，这个团体里的学者们可以交流，甚至彼此争论，但不能激烈地诋毁对方。实际上，查理二世钻研天体力学。他的天份很好，能自己重新装配最新的计时装置和望远镜，用它们仔细地观察宇宙，有些人觉得国王貌似有能做好学问的脑子。

那么，该说该做的都说了做了，能指望查理二世主政英格兰过太平日子了吧？1660 年 4 月签署的《布雷达宣言》（Declaration of Breda）保证要"善待良心的自由"（Liberty to tender Consciences）。这是一味解药，要解救因为激情和时代的不宽容而"产生了几种不同的宗教见解，人们为此分成各派彼此仇恨"。可是查理二世复辟后头几年发生的事，显示他几乎没有履行"对话自由"的诺言。查理二世自己也许希望保持理性来讨巧，但 1661 年 4 月选出的骑士议会（Cavalier Parliament）——直到 1679 年都没有更换——要清算旧账，而不是打个马虎眼就放过它，随它去。为国王流过血（不论自己出过力还是出过钱）的老战士们，无疑感到要狠狠地惩罚共和派，因为后者罪恶滔天、罪有应得。但是老战士们得到满足之后，真正渴望得到沉冤昭雪的是神职人员，尤其是主教们，他们在劳德倒下后蒙受了英格兰教会历史上最难以想象的屈辱：大主教被关押、处决，被开除出了议会贵族院，在自己的教区里被连根拔起，单单是主教的名称和职位就构成了羞耻。这时候主教法冠和圣体匣都回来了，没有比伊利的马修主教重新就任时更神气活现的了。他是克里斯托弗·雷恩的叔叔，在伦敦塔里待了几年，和劳德关在同一个牢房里。他死不悔改，又令人敬畏。马休是光荣的扎多克[1]，高高在上的《圣经》先知俄德（Oded）。他明确地告知大家，那些险恶的"狂热者和分裂派"家伙们毁灭了英格兰教会的圣洁，教会永远不允许他们再欺骗轻信者，不许他们在议会贵族院捣乱。

　　1661年1月，在伦敦发生了一次同情第五君主制国家主义者的暴乱，一共有50名支持者；英格兰教会在复辟时期恢复后想要收紧纲纪，而克拉伦登伯爵和国王却努力让教会放松，这次暴乱使得好斗的主教及其同盟在随后的骑士议会中正好有了借口反对他们。尽管克拉伦登的举止派头很大，却是个实用主义者，无意引起纷争或坚持不和。他认为最好是清教徒们只在内部彼此吹胡子瞪眼睛，也强过教会外部的人来搅和，因此，他希望英格兰教会的教条能宽宏一点儿，允许与一些非英格兰国教的新教徒（Nonconformist）和解，或者不执行"行为统一法令"（active conformity）中的处罚。国王也正想宽大天主教徒。可是伊利主教雷恩和吉尔伯特·谢尔登（Gilbert Sheldon）这些高级教士根本不想这样，所以，虽然实际上议会通过的一系列处罚条例代表着大法官真心反对的一切，但却用了他的名字，叫作《克拉伦登法典》（Clarendon Code）。《克拉伦登法典》特地被设计成要扼杀非英格兰国教教会的基督教信仰的生命。雷恩等主教们知道那些教派在城市工匠和商人那里颇受推崇，就规定把持异议的教士驱逐到城市以外起码8公里远的地方去；必须严格审

---

[1]　扎多克（Zadok），《圣经》中帮助大卫打败其反叛的儿子，后又帮助所罗门登上王位的祭司，在耶路撒冷第一圣殿建成后担任第一任最高祭司。——译者注

查职业神职人员的正统性，但凡沾有一点儿非英格兰新教倾向的蛛丝马迹都会被剔除出去——雷恩等人把这些倾向看作是对英格兰新教的玷污。当然，其严厉监督的目标不只是更邪乎的外围邪教——马格莱顿教派（Muggletonian）和再洗礼派（Seeker）这几个教派，这套法典意图先边缘化，然后彻底铲除英格兰的长老会加尔文宗。长老会在17世纪50年代曾经反对共和国、支持复辟，到这时候已经没什么后续作用，雷恩等主教们坚信（并非全无根据）清教异端才是对英格兰教会和国王不忠的最大动力，如果可以给这些派别加上造反的罪名就好了。他们得出的结论与克拉伦登坚持的中间路线刚好相反，那么只能这么办，必须清除英格兰的加尔文主义。

因此，令人震惊的是，起码曾经滋润了两代人的信仰和政治的全套说教、布道、祈祷、歌唱的文化，这时候要去除它了。如果还有一点儿被留存下来，那也只是经应允后偷偷地怀着歉疚地进行，好像不是他们本应有的权利。1662 年的圣巴塞罗缪惨案（St Bartholomew's Eve massacre）纪念日那一天，议会依法驱逐了几百名非英格兰国教的新教（绝大部分是清教长老会派）牧师们，停止付给他们俸禄。同年 12 月，国王颁布《信仰自由宣言》（Declaration of Indulgence，亦称 Declaration for Liberty of Conscience），表明他请求骑士议会允许他行使权限，摒弃《行为统一法令》。但议会比他更顽固，1663 年 3 月，议会挫败了查理二世！ 1663 年 11 月，佩皮斯听到他的文员威尔·休厄（Will Hewer）的叔叔布莱克本（Uncle Blackborne）带着沉静深刻的愤恨说"很多虔诚信仰上帝的牧师——有好几千，现在沦为乞丐了"，还有"当前的神职人员到处张狂，趾高气扬，人人都憎恨、嗤笑他们"。

这是从英格兰历史上消失了的规模空前的行为模式之一，原先到处看得见更听得到的文化转变成了关起门来只在家里举行的教会仪式。这既不能持久，也不能广泛地进行下去，持异见的基督教派将继续存在并

《苏格兰国王詹姆士六世》，阿德里安·范森，约 1585 年。这幅是这位年轻的苏格兰国王的早期宫廷肖像画之一，向他未来的妻子丹麦的安妮求婚时送往丹麦宫廷的可能即是这幅画

《狩猎中的威尔士亲王亨利和埃塞克斯伯爵三世罗伯特·德弗罗》，罗伯特·皮克，约 1605 年。亨利有天赋，备受民众喜爱，被视为完美的文艺复兴式王子

《查理一世》，丹尼尔·米登斯

《苏格兰国王詹姆士六世暨英格兰国王詹姆士一世》，丹尼尔·米登斯，约 1621 年

《伦敦大火》，荷兰画派作品，约 1666 年

《塞缪尔·佩皮斯》，约翰·海尔斯，1666 年。关于这次画像，佩皮斯在其日记中抱怨道："我……一直扭着头为他（海尔斯）摆姿势，脖子都快扭断了。"

《威廉三世在托贝登陆》，简·怀克，约 1688 年

《国王乔治一世》，戈弗雷·内勒

《下院的委员会（高卢委员会）》，威廉·霍格斯，1729 年。可能是在伦敦的弗里特监狱（Fleet Prison）里完成的。画中手持铁器者可能是葡萄牙人雅各布·美迪斯·索拉斯（Jacob Medez Solas），他是被关进弗里特监狱的第一批债务人之一

《托马斯·科拉姆船长》，威廉·霍格斯，1740 年。画中科拉姆右手所持的是育婴堂的皇家特许状

《查理·爱德华·斯图亚特王子》，安东尼奥·戴维，约 1732 年。英俊王子查理，史称"小王位觊觎者"（the Young Pretender），于 1745 年领导苏格兰高地人发起了詹姆士二世党人叛乱

《1746 年 4 月 16 日卡洛登的战斗》，戴维·莫里尔，约 1750 年。本画系坎伯兰公爵定制

《查塔姆伯爵一世老威廉·皮特》，威廉·霍尔，约 1754 年

《乔治三世》，艾伦·拉姆齐画室，约 1767 年

《沃尔夫将军之死》，本杰明·韦斯特，1770 年

《1770 年 3 月 5 日由 29 团一部在波士顿国王街实施的血腥屠杀》,《波士顿公报》的头版,插图由保罗·里维尔绘制,1770 年

《乔治·华盛顿在普林斯顿》（细部），查理·威尔森·皮尔，1779 年

《手中持弓的阿瓦德的纳瓦布苏贾·乌德·达乌拉赫》，蒂利·凯特尔，约 1772 年

《普拉西之战后克莱武勋爵会见穆希达巴德的纳瓦布米尔·贾法尔》，弗朗西斯·海曼，约
1761—1762 年

复活（特别是到下一个世纪）。强行毁灭加尔文主义，导致非英格兰国教的新教教会，比如贵格会，得到了充实，因为他们没有受到什么政治上的质疑。但是它在未来用完全出乎主教和骑士议会议员们预料的方式深刻地影响了不列颠的历史。尽管他们颁布《克拉伦登法典》时自信满满，但他们所做的不是消灭清教主义，而是取代它，把它流放出去。到后来，它至少给不列颠君主制造成了大麻烦，一如既往：比如在贝尔法斯特（Belfast）和波士顿这些地方。

关闭出版社是封口行动的最后一道手续，这个法令需要议会重新审议才能撤销，而议会选举这时候是三年一次，这么一来，政治竞争对手在刚露头的时候就被剪除了。一个许可证法令让正统的大学出版社或官方控制的文书出版公司（Stationers Company）垄断了出版历史、政治著作的事，这样堵住原来共和国的自由出版颇有成效。顽固的老劳德派记者罗杰·勒斯特兰奇（Roger L'Estrange）执掌对伦敦主要出版商的审查大权。他提议把出版商的数目从 60 家削减到 20 家。不管刊物多么有个性，不把罗杰这个权威放在眼里可不会有好果子吃。例如约翰·海顿（John Heydon），仅仅因为刻制国王星象图被认为是煽动行为，就被关进了监狱；像吉尔斯·卡尔弗特（Giles Calvert）这样专门出版政治理论著述的一批出版人，结果进了纽盖特监狱；1659 年在罗塔等俱乐部，人们还在自由激烈地争论宪法和政府，到此时都给封掉了；鼓动者们碰头儿的咖啡馆受到巡查和特务的监控。

预言家、布道者、出版人及记者都被赶到了野地里，他们散去后，英格兰就落到了伪君子、娼妓和寄生虫廷臣手里。不一定非得是清教"狂热分子"才会反感放肆变态的查理二世宫廷。尽管在忠诚的英格兰国教（Anglican）保王党如约翰·伊夫林看来，是万能上帝的仁慈恩典才使国王恢复了王位。可是他和他的兄弟却沉溺于感官享受，那是在冒犯上帝。这时候国王才三十五六岁，正是自恋的年纪，根本听不进批评。国王身陷在使人飘飘然的柔软靠枕里，一连串摇尾乞怜的诗人巴结他，对他大献殷勤（这种人很多，其中有约翰·德莱顿与埃德蒙·沃勒，他们俩也曾经逢迎过克伦威尔）。查理二世在王室沙发上逗弄着私生子和光滑的西班牙猎狗，与大把情妇厮混。国王天生亲切和气（却并不像路易十四那样是一种引力中心），让查理二世拒绝那些毫不犹豫地要接纳他上床的夫人们，不说完全不可能，也会引起他身体上的痛苦。她们当中最聪明、最有心计的人会最大限度地抓住时机利用这一点，比如卡斯尔梅因夫人芭芭拉·帕尔默（Barbara Palmer，Lady Castlemaine），坚持要大家以真正的伴侣之礼对待她。卡斯尔梅因夫人一边积累财富一边弄权，有时候国王见谁不见谁也由她说了算。克拉伦登没有左右查理二世床笫之事的能力，为此怒火中烧。克伦威尔狂热地（如果说间段式地）追求美德，以至于曾经威胁到了政府稳定，而此时查理二世同样狂热地追求恶习的结果也是一样的。因为如果说伦敦人见多识广，对过于卷曲的卷发和过于暴露的胸衣招摇过市并不惊奇，那么克拉伦登担心的是郡县绅士阶层的舆论恐怕不会如此看待这种时髦。当自己的女儿（已有身孕）安妮·海德与查理二世的弟弟约克公爵詹姆士的秘密婚姻被公布出来时，克拉伦登吓得目瞪口呆，他甚至建议国王以冒失罪砍掉自家女儿的头。詹姆士好色比其兄有过之而无不及，坊间不可避免地谣传是克拉伦登策划了这桩婚事，意图创立斯图亚特–海德王朝，二者叠加引起克拉伦登的恐慌（这一事后来真的水到渠成，但不是克拉伦登当初所想的和害怕的那样）。

不单是他一个人在这样担忧着，几年后，也就是1667年，英格兰政府出了大乱子，佩皮斯在海军部的同事乔治·卡特里特（George Carteret）爵士提醒他，需要"起码在政府里做出宗教表态和节制"，是因为下面这事儿：

宗教表态和节制的确造就了克伦威尔，帮助他维持下来，尽管他是世界上最大的捣蛋鬼。普通英格兰人天性正派，不愿和他过不去……大家都在辛勤苦干，维持王国，但宫廷里派系林立……国王不依附于任何人，但是今天将自己交托给这个，明天又是另一个，把自己和国事都搞砸了。他对任何一个妇人都像奴隶一般听命，（以及）……他在自己喜欢的女人面前根本无法控制自己。

萨缪尔·佩皮斯的日记巨细靡遗地记录了自己的风流韵事和国家大事，通过它我们知道二者不一定要分得井水不犯河水。他的双手很少闲着，不是忙着记录木材供应的状况，就是忙着抚摸最近某个引起他兴趣的女人的内衣。可是对佩皮斯来说，这些调情嬉戏与其说是分散精力，不如说是滋润：触摸使人精神焕发。

1664 年 10 月 3 日，又说起要再建立一支舰队再造几艘船的事，时间非常紧迫。接着，满脑子还是生意经，我们分头走开，我去理发店，在那里只看到珍，摸了一下她的下巴，然后赶去交易所，在那里大量买进几只股票，希望赚几个钱。然后回家吃饭……回家前在办公室和巴格韦尔（Bagwell）太太碰头，我带她进了办公室，但只是亲吻了她。她责备我不该这么做，说我对很多人都这样，我会名誉扫地的；说我糊涂，而她很清楚；当然，她说得大致没错。

说他日程排得满满的是低估了他。除了海军部公务，佩皮斯一周还要看好几场戏，与皇家学会会员见面，在小酒馆里喝酒寻欢，听室内乐。为了追逐新闻、流言或调情，佩皮斯在伦敦城里不停穿梭，乘船、坐马车、步行，寻找他此时此刻需要的一切信息来源：伍尔维奇（Woolwich）兵工厂；德特福德（Deptford）修船所的经理们；弗里特街后巷里那些女孩子；船坞木匠的老婆；理查德·里夫（Richard Reeve）店里新到的望远镜；裁缝手里最时髦的用黑色缎子做衬里的驼毛呢西装外套。

　　佩皮斯是当时伟大的观察家之一，既能洞察娘们儿挑逗意味十足的浑圆乳房，也精于计算给舰队用的绳索供应量。他对记账入了迷，特别是自家和全英格兰王国的财产，不管何时发觉它们的数目下降了都会感到懊丧。当他认为太太伊丽莎白在衣服上浪费了钱的时候，他就冲她大吼大叫，她要是敢回嘴，就打她巴掌（他常这么干），她简直受够了他。他却很少在他那一大帮朋友和同事们面前流露这点儿丑陋的性格，他们还都认为他是脾气最好的伙伴、最有学养的人。佩皮斯认为积累知识不仅是保持明智的关键，也是取得权力所必需的。他的朋友们和他观点接近，在他们当中，佩皮斯如鱼得水。因此，大家认为他为人可靠。他热情地支持为英格兰谋福利的各类科学实验项目，比如约翰·伊夫林在《伦敦雾霾纪实》（Fumifugium, The Inconveniencie of the Aer and Smoak of London Dissipated）里提出要减少虫害、搞好卫生、清除烟尘，使伦敦更安全，保障大家的健康；他也支持威廉·配第发明的双龙骨船——在第一次试航中双龙骨船下沉，淹了船上的人，连国王都有礼貌地无视它，转过头去看另一个发明者的船。

　　事实上很明显查理二世觉得科学是娱乐，他只是喜欢计时器、目镜这些玩具，而不是精细入微地持久地探究下去。国王（还有上流社会的其他人也是这样的）看到罗伯特·胡克（Robert Hooke）《显微制图》（Micrographia）一书中放大的虱子图画入迷了，满意地看着自己资助的人与皇家学会的研究有着紧密的联系。不过他也向大家表示自己弄不懂格雷沙姆学院里的事情，说那些一本正经的家伙忙着"花时间给爱尔乐曲（ayre）称重"。查理二世认为皇家学会会员的研究新进展不过就是绅士俱乐部的古怪消遣，从来没有想到它是一个通过观察实验来验证研究和探讨——配第和波义耳等人都喜欢这样——的典范机构。1665—1667年，一连串的灾难沉重地打击了英格兰王国，国王及其臣民的本能反应是通过修行、斋戒和祈祷祈求神明来干预，而非寻求科学说明和合理根据。

1664 年夏天彗星的出现吓倒了观察者们，他们不把它当成天文奇观（尽管那些拥有理查德·里夫望远镜的人可以空前清楚地观察它发光的尾巴），反而总担心这个现象是某种灾难的预兆。这一点令人丧气。国王好战又乐观，不顾克拉伦登等人的苦苦反对，宣布与荷兰开战。虽然刚开始时在洛斯托夫特（Lowestoft）英格兰海军取得了一次胜利，但克拉伦登等人看着那条白晃晃的飞尘带子在夜空里战栗，心里更加发毛。到了下一年夏天，还看不出荷兰人有投降的迹象，而瘟疫大车每个星期都会拉走成千的人去埋葬，耶利米们好像坚信自己的预言，即上帝在惩罚充满罪恶的英格兰王国。它基本无法解除这个迷信，科学在当时能做的就是以严肃的统计学和流行病分布测绘来记录伦敦的死者人数（比如 9 月第一周有 8 252 人死亡，其中 6 978 人死于瘟疫）。

从 1348 年这种瘟疫第一次袭击以来，人类对这种流行病的传染机制的理解几乎没有什么进步。因为认为猫狗是传播瘟疫的媒介，伦敦市长便命令大开杀戒：4 万条狗和大约（据佩皮斯推算）20 万只猫被杀掉了。猫狗被赶到一块儿干脆利落地处理了，这验证了自中世纪以来死亡管理渐趋现代的事实。这次瘟疫事件发生半个多世纪后，丹尼尔·笛福（Daniel Defoe）写作《瘟疫之年记录》（A Journal of the Plague Year）详述 1665 年人口锐减的痛心事，但他根据的是当时人可靠的回忆，其中包括萨缪尔·佩皮斯的一个抄写员保罗·洛兰（Paul Lorrain）的记忆。笛福在书中讲述了一个被分裂成疯狂和明智的文化：精神崩溃的预言者光着身子在大街上行走，他们大声疾呼人们要痛改前非，否则英格兰全民族就要灭绝了，而一队队督察在街头巡视，一发现哪里有感染迹象就强行将那栋房子全部封闭起来。王公贵族和职业人士（当然包括医生）都飞快地逃离伦敦，而普通市民在自己家里被督察幽闭起来，沦为传染病之囚，任自己病死、饿死或幸存下来。这个规定也许是为了使国家隔绝瘟疫，但感染总是不可避免地冲破隔离。同时这些规定使伦敦人被剥夺了获得工作和食物的希望，只能听天由命。想法逃出天罗地网的绝望者冒着被逮捕处决的风险。佩皮斯从奥尔德曼·胡克（Alderman Hooker）那里听到一个马具制作工匠"埋葬了所有感染了瘟疫的孩子，自己和妻子都被关起来了。他在绝望中逃了出来，只是要给这（他们幸存的）小孩子一条生路。他被说服把孩子脱得一丝不挂，交到朋友手里。随后他带着（给穿上全新衣服后）孩子到了格林尼治。"只有这一次，佩皮斯和同事们感动得允许这孩子安全地留在那里。

1665 年伦敦 1/6 的人口死于瘟疫。随着天气转冷，情况略有好转，但是人们心头的担忧挥之不去。佩皮斯戴着漂亮的新假发，却浑身不自在，因为害怕假发可能是用染疫者的头发做的。根据占星术，读者看到了年历上的数字感到格外焦虑，彗星尾巴预示着这人人皆知的吃人怪兽：666。当然 1666 年 9 月的第一个星期，无情之火从地狱中含有沥青的地方真的烧了起来。沃尔特·高斯特罗（Walter Gostelo）与丹尼尔·贝克（Daniel Baker）这些预言家一直在警告新索多玛的罪恶是淫荡和贪欲，必将遭到愤怒的耶和华充满怒火的报应。但头脑更清醒的约翰·伊夫林看着每天从乡下涌入的成千上万的人，他们的车堵塞了街巷，他们把臭烘烘、拥挤不堪又资源枯竭的伦敦填补得满满当当的，也相信万一一阵干燥的风吹到被四处乱扔的一点就着的火星，大规模火灾就会爆发。

即便这样，伦敦 1666 年大火的火势之大也让几乎每个人都始料未及，原来大家一直在害怕 8 月底到 9 月初酷热的那几天里刮的东南热风可能会带来传染病，没想到它却点着了火。因此，9 月 2 日星期天一大早，伦敦市长托马斯·布拉德沃斯爵士（Sir Thomas Bludworth）在睡梦中被人叫醒，得知布丁巷（Pudding Lane）的托马斯·法雷诺（Thomas Farinor）面包店起火，已经烧掉了菲什街小山区（Fish Street Hill）的大部分了，就快烧到泰晤士街（Thames Street）了。他的反应是仆人不该打搅他睡觉："哼！一个女人一泡尿就能灭了它。"说完这话，他就又倒头睡下。他的鼾声再起时，火势已蔓延到了伦敦塔桥和伦敦塔之间的泰晤士河边一侧的仓库，这里到处是牛油、沥青、焦油和白兰地酒。一团火球呼啸着冲天而起，在窄窄的街道上滚过，街道两边房子的吊窗和阁楼都是木头做的，它们都烧起来了，火势更盛。还不到两小时，大火又吞噬了300间房屋。众人惊恐万分地从屋子里逃出，把财物堆上车子，冲向河边，把自己的木箱子倾倒进肮脏的水里，让它们在火花光斑闪闪的黑暗中沉浮波动。街巷交通完全瘫痪了，人们的脸上焦黑满布，年长者躺在床板上或者临时拼凑的手推车上经过大街。佩皮斯得知情形非常糟糕，天没亮就起床走去伦敦塔。他爬上高层看到火势沿着伦敦塔桥吞没了河边挨挨挤挤的房屋和商铺，一路恶狠狠地烧上了吊起的桥面。只有鸽子在窗户和屋檐上待着，直到羽毛着火了才可怜地拍打着发亮的翅膀飞走。

佩皮斯向泰晤士河上游进发，船在满是家财的箱子中穿过，他得提防随风飘来的"阵阵火星雨"，不让它们迎面砸到自己脸上。在白厅，他告诉国王只有马上将火势要经过的路上的房屋毁掉，撤掉引火柴，辟出隔火区，才能控制火势。只有这一次，查理二世没有怠慢，下令马上这么干。在伦敦城和王宫之间设立了信使系统，保证国王知道火势进展。当佩皮斯来到市长面前，发现此时布拉德沃斯早已清醒，"像个没用的人，脖子上系着手绢"。他还发现市长不再自鸣得意，而是崩溃了："上帝啊，我能做什么？人们不听我的"。市长抗议说他已经在尽快地扒掉房屋，但是——毫不奇怪——那些财产正好处在要被毁范围的人（不是他们的身体），阻止这么做，事实是就连布拉德沃斯自己都非常不情愿，不想行动，担心房屋和店铺拥有者的损失。

到星期天结束时，火借风势，把伦敦塔和伦敦塔桥之间老城区人口最密集的核心部分大多数都烧掉了。浓烟像帷幕一样笼罩在伦敦上空，映照得9月的太阳血红血红的，火苗此起彼伏。约翰·伊夫林曾经把伦敦市的卫生和福利当成他个人的事业，此时更是忧心如焚：

> 哦，悲惨的灾难！这是自有快乐的从未被战胜过的人类世界
> 建立以来从未有过的景象，直到空前大火来临。现在整个天空都是
> 一幅烈焰腾腾的景象，就像个正在烧烤的烤箱顶端。很多个夜里在
> 60 多公里外都能看见这冲天的火光。上帝啊，真的但愿我从来没
> 有看见这样的情景，一万间房屋同时起火化为灰烬，声响如雷、噼
> 里啪啦、呼呼啦啦的火苗，妇女儿童的尖叫，人们竞相奔走，塔、
> 房屋和教堂倒塌，让人如处于令人惊骇的暴风雨中……就这样今
> 天下午我离开了这个燃烧的索多玛，或者说末日……它使我记
> 起《圣经·希伯来书》里的段落：像特洛伊一样的废墟（non enim
> hic habemus stabilem Civitatem：the ruines resembling the picture of
> Troy），伦敦过去是，但现在不是了！

9 月 3 日，星期一，在烧完了拥挤的房屋、店铺、酒馆和库房后，大火越过把老城一分为二的、窄窄的弗里特河，蔓延到了皇家交易所（Royal Exchange）和朗巴德街（Lombard Street）。"大火的声音在耳朵里听起来咯咯作响，仿佛有 1 000 辆铁战车正在碾过石头。"托马斯·文森特（Thomas Vincent）身陷交易所，亲身经历了附近的燃烧，这么写道："整条街一下子起了火，好像这里有很多大铁匠铺似的。"佩皮斯现在开始担心自己的财物了，趁着还有一点儿时间，他把珍宝送去朋友在贝思纳尔格林（Bethnal Green）的家，然后与威廉·佩恩爵士（Sir William Penn）一起，在海军部旁的塔街（Tower Street）挖了一个洞，把他们的官方文件埋进去。两个人穿着的衬衫满是煤烟灰尘肮脏不堪，接着各自挖了个深坑，埋入他们个人的宝贵财物：葡萄酒和佩皮斯的帕尔马干酪（Parmesan）。这天晚些时候，他想告知父亲一个可怕的消息，即圣保罗大教堂和整个奇普塞德都着火了，"但是邮局已经烧掉，信也寄不出去

了"。第二天，也就是 9 月 4 日星期二，情况更糟，阵风劲吹，大火烧得更远，不断往北部、西部蔓延。可怕的星期二这一天，大火对伦敦伟大的公共机构毫不客气，超过 40 家同业公会的大楼化为灰烬，市政厅烧了整整 24 个小时，匆忙中存放到地窖里的伦敦城档案，倒是奇迹般地躲过了这一劫。但是书商们放到圣保罗大教堂院子里的大量图书就没这么幸运了。眼看着大火就要烧到跟前来了，书商们才慌慌张张地跑去，把书放到自己喜欢的圣保罗大教堂的圣菲斯（St Faith）小礼堂里。有些运了几手推车过来，另一些在拥挤的人流中动弹不得，唯恐逃不出来，直接把书扔在了院子的空地上。当火势烧到它们，引燃了纸张和羊皮纸，大火腾空而起好像巨大的爆竹呼呼作响，空中，黑色的书页片片飞舞飘洒。但是放在圣菲斯小礼堂里的书也没有好到哪里去，因为在那个关键时刻，唱经楼绝大部分的上层建筑在火光中坍塌了，砸进了下面的小礼堂，彻底火葬了全部图书。接着圣保罗大教堂屋顶的铅熔化了："使徒保罗的（Pauless）的石头像格拉纳多斯（granados）一样飞走了。"就在一个星期前，即 8 月 27 日，伊夫林刚刚巡视了大教堂，"铅熔化后像溪水一样流到街上，人行道上闪着红光，马匹和人只能躲着它"。

灾难的规模之大似乎在嘲笑国王和政府以人民保护者自居的伪装，但是和瘟疫流行时不一样，查理二世和弟弟尽快出城后，就千方百计地控制火势，与大火搏斗。詹姆士负责控制和做隔离带，水是不太能指望得上了——1666 那年夏天干旱，伦敦城里地下蓄水池的水位都很低，还有就是，绝大部分给水泵、喷射装置，以及输送水的木头管道也已经被大火烤化、烧毁了。然而可以以火攻火，一旦解决了反对毁房的阻力，用军用地雷和地道炸掉整条街的房屋，那么阻止火势的成效将会非常显著。9 月 5 日星期三，风带来了雨，大火终于被压制住了。

国王带着几个卫兵出现在街头，尽最大的努力，给人们分发黄金（仅此一次，给配得上的人）。但是即使他这样表达真正的善意，对经历了创伤的大量人群——至此最少已有 10 万人——也是杯水车薪。他们无家可归，徘徊在伦敦尚在冒烟的废墟边。难民在圣乔治菲尔兹（St George's Fields）与莫尔菲尔兹（Moorfields）搭起帐篷，栖身其间，惶惶不可终日。伊夫林见到很多人"一块破布都没有，没有任何器具、床或板，原先他们可都是贵族、富裕家庭及小康舒适之家……现在已沦落到最悲惨的赤贫状况"。到了这个周末，无家可归者的帐篷之城已经通过伊斯灵顿（Islington）和普林姆罗斯希尔（Primrose Hill），一直到了海盖特（Highgate）。如果说这场大灾难使很多人一筹莫展，那么还有很多人出离愤怒了，他们要找出某个人，把自己的困顿归咎于他。因此查理二世来到莫尔菲尔兹的帐篷，要消除种种的无耻谰言。有谣传说不是罗马天主教徒就是荷兰人放的火，或者是某种不可想象的由他们双方勾结在一起的邪恶势力。为此有个荷兰面包师差点儿被私刑处死，幸好詹姆士干预。但很明显法兰西人仍然是目标，因为一个威斯敏斯特学校的男孩威廉·塔斯威尔（William Taswel）看到一个铁匠拿着根铁棍把一个法兰西人放倒在地。查理二世告诉那些赤贫者和无家可归者，不是外国人引起的这次大灾难，不如说那是上帝之手。那么，他们也许就盯着国王的眼睛问：如果这么说的话，到底是谁违背了上帝的旨意，才使伦敦变成了第二个索多玛？

大火开始后一星期，9 月 9 日开始下雨，大家这才开始清点存余之物。损失规模之大，即使乐观主义者也倒吸一口冷气：伦敦一片焦土瓦砾，恍如经历了一次残酷的围城，400 条街上连院子大约有 13 200 间房屋化为了灰烬，87 座教堂、6 个礼拜堂、圣保罗大教堂的大部分、44 家同业公会的会堂，以及市政厅、交易所、海关、布赖德威尔（Bridewell）监狱、大法院、4 座桥、3 座城门都没了，损失估计达 1 000 万英镑。

当然，伊夫林在哀叹"伦敦完蛋了"，从技术上说他是对的，但这话不是针对人口统计数字说的。虽然占伦敦老城 3/4 的人口最密集的核心区的商铺、库房、小住家都已烧掉了，但伦敦此时已经包括两部分（伦敦和迅速扩张的威斯敏斯特）或者甚至可以说是三部分——泰晤士河南岸的萨瑟克、罗瑟希德（Rotherhithe）和朗伯斯（Lambeth）已经连在一起组成卫星城。大火在没有烧到连绵的西面和北部前已被控制住，而伦敦最富裕和最贫穷的人都在那边。克拉伦登请罗杰·普拉特爵士（Sir Roger Pratt）为自己建造的宏伟非凡的宅第位于时髦的新街皮卡迪利（Piccadilly），这一带和白厅的宫殿在大火中都没有受损。正因为如此，富人和权贵都热切地要重建自己的家园和公共聚会房子。"复辟"最后也许意味着一些事情，而不是一句漂亮话，是时候需要恢复一些实实在在、正儿八经的东西了。

　　雨连着下了两天之后，到 9 月 11 日，大家不再害怕大火会死灰复燃；牛津的天文学萨维尔教授（the Savilian Professor of Astronomy）克里斯托弗·雷恩在这个时候紧急要求面见国王。他刚三十出头儿，只比查理二世稍年轻一点儿。他能够期望国王亲切接见他，是因为其父老克里斯托弗曾是温莎城堡礼拜堂的主任牧师（Dean）。他在不列颠内战中冒着生命危险保留了一些礼拜堂的珍宝，特别是查理一世在绝望中仍然热爱珍惜的嘉德骑士档案。主任牧师雷恩在复辟前死去，但他的哥哥伊利主教马修·雷恩更有名，也更不妥协。马修出狱后决心继续推行劳德的权威，计划恢复英格兰教会的美丽端庄以及正统。前伦敦主教吉尔伯特·谢尔顿这时已经成了坎特伯雷大主教，是小克里斯托弗的庇护人之一。谢尔顿把他推荐给国王，不单是因为他能演算深奥的数学，更因为他是个天才，头脑机敏、多才多艺，在实际建筑事务中很有一手。早在 1661 年，小克里斯托弗就曾被问到他能否就丹吉尔（Tangier）防御工事的事给国王提一些建议，那是查理二世与葡萄牙公主布拉甘扎的凯瑟琳（Portuguese Catherine of Braganza）结婚后作为公主的陪嫁传到国王手里的，但当时雷恩故意不去给国王说工事的事。

大火尚未完全熄灭，雷恩已开始起草重建伦敦城的计划以便国王审阅，他夜以继日地完成了这个工程，速度之快非常惊人。因为他成功地预见到几天后就会有比他考虑更周密的计划——出自皇家学会圈子里的科学家、他的两个亲密朋友约翰·伊夫林与罗伯特·胡克之手。雷恩决心赶在其他计划之前让国王过目自己的规划，不全是出于自我野心（当然雷恩也不是什么羞怯的人），而是非常自信自己的大胆激进的规划会震住保守的人，打破他们关于毁坏的伦敦应该如何重建的期待。绝大部分人——包括国王——都认为伦敦的街道和房屋都会在大火前的原址上重建。1667 年 2 月出台的《重建法》(Rebuilding Act) 意外地打破了大家的这个假想，提出了非常重要的要求：要用砖和石头建造新的房子；禁止悬挑层；选了几条街加宽，这样即便万一再发生火灾，火也不至于直接蔓延到街对面；要用到易燃物的有毒工业，诸如印染、制革、酿造行业，要从市中心移出，最好挪到河对岸去。

5 年前，伊夫林在《伦敦雾霾纪实》一书里即已提出这些预防措施中的绝大部分，然而，雷恩着眼于比火灾预防更大胆的事，他要的是伦敦老城华丽转身：他要创建一个全新的包括泰晤士河两岸功能一应俱全的新罗马城；要用一个伟大圆顶的巴西利卡取代烧毁了的老圣保罗大教堂的哥特式残骸。雷恩相信在查理二世面前展示的炫目景象能最完满地展现新的伦迪尼乌姆（Londinium，拉丁语，现代伦敦的古名）的精神：它将是古老与现代的结合，融宏伟壮观和商贸实用、神圣虔敬与创业实干于一体。它的中心将是一个椭圆形的大广场，由商业万神殿——皇家交易所的新柱廊式建筑统领。从这里散发出多条宽阔的大街，利用视觉原理，产生几何射线效果，可以令人满意地将多个大型公共建筑和纪念碑（尤其是纪念此次大火的那个）一扫就收入眼中。在这个崭新的大都会里，各处将镶嵌 50 个重建的教堂。雷恩相信大火已经使旧的教区边界失去意义，就不必考虑教堂原先的位置了，应该根据这些建筑的必要性重新规划教区，而不是反其道而行之。国王具有科学精神，品位又不俗，能看不出这里面的门道？难道他不想要一个这样的首都吗？它将配得上一切赞颂，会把他推崇为新奥古斯都的。

查理二世曾在巴黎待过几年，看着那个城市在弗朗索瓦·孟莎（François Mansart）、勒·梅西雅（Le Mercier）及路易·勒·法（Louis Le Vau）等建筑师手下脱胎换骨。现在他看到雷恩由衷地热爱宏伟气派，并展示了极具说服力的方案，知道雷恩这是在恭维自己，不禁开心起来。他的第一个反应就是恭喜这个年轻人，赞赏他的高瞻远瞩和乐观。然而——等听到国王私人枢密院里思想更顽固的人的告诫后——他也知道自己不是法老（Pharaoh），也不是法兰西的波旁（Bourbon）王朝国王，他根本不能直接下命令就建成这一切。商人、经纪人、贸易商一心要赶快恢复伦敦城市的活力，而且就在被大火中断的原地恢复。成千上万的人赖以为生的企业可等不及这个大都会重建成炫目的如凤凰涅槃般重生的景象，哪怕是非常小范围的改动（如拓宽街道），都要补偿那些被迁移的屋主，这就要从议会批准的税收（shipped 'sea coal'，要征收船运"海煤"税）的款项里支出，但是议会即便是骑士议会也不会支持这个乌托邦（utopia）的事业。这些乡村绅士在自家图书室里也许收藏着大部头的建筑和城市设计教科书，有古典主义的以及新古典主义的——维特鲁威（Vitruvius）、帕拉迪奥和塞里奥（Serlio），但是其中绝大部分书的牛皮纸上积满了灰尘，对开纸都还没有裁开，除了极少数是例外的。

这样，雷恩的辉煌前景注定实现不了，尽管他能够在接下来的30年里建造他设想的好多教堂，它们成了新的建筑奇观，糅合了新教徒以讲道为中心（内部通过声学原理调整）的关注点、上饰尖塔、排列着的坦比哀多（tempietto）和栏杆（balustrade）、壁柱（pilaster）与廊柱，将罗马和巴黎的巴洛克（baroque）建筑移到伦敦。还有，当然，雷恩给英格兰建了一座最伟大的神圣建筑：它不单是一座新教教堂，还是一座英格兰国家级的巴西利卡。

哪怕他不想干，雷恩也永远绕不过圣保罗。大教堂的重建工作使他伤透了脑筋，也带给他莫大的荣誉。他的伯伯马修曾经和劳德住在同一牢房，劳德曾在权力巅峰的时候为了翻修这个危险老朽的古旧建筑（早在 1561 年的一次火灾中圣保罗大教堂的塔尖就从塔上坠落了）在全英格兰大规模地募集基金。劳德被处决前还在遗嘱里留了 800 英镑做继续翻修圣保罗大教堂的工作之用。在马修看来，复兴圣保罗的任务包括修复破败的建筑以及去除亵渎神圣的因素，这才是真正意义上的复辟：要清理亵渎。在 1647 年和 1648 年，当议会党军队到伦敦时，骑兵曾在这里养马；国王被处决后，伊尼戈·琼斯设计的西门廊上方的查理一世和詹姆士一世两座雕像被拉下来砸了个粉碎。大教堂收捐款的奉献盘子被拿去熔化成金子后给了军队，彩绘玻璃被敲破了，长凳和唱诗班席位被砍成碎块做了柴火。事实证明：保王党古文物研究者威廉·达格代尔英明、有远见，他很早就察觉一场可怕的偶像破坏近在眼前。值得庆幸的是，在最糟糕的事情发生之前，他就已经完成了对圣保罗大教堂的结构和内部的详细描述。就这样，雷恩主教、当时的伦敦主教吉尔伯特·谢尔顿以及执事长威廉·桑克洛夫特（William Sancroft）带着这个发明［温斯劳斯·霍勒（Wenceslaus Hollar）画了优美的插图］，就自行充当了净化庙宇的尼希米[1]。

克里斯托弗相对于他的伯伯性格沉静，但他也是非常虔敬的基督徒，此刻他直面这一重任。克里斯托弗长期浸淫于罗马文学和文艺复兴的建筑理论中，一辈子的强烈愿望就是要在英格兰移植真正古典的经典建筑，使它们与他热切信仰的新教主义相得益彰。劳德曾经冒犯神圣，因为他

[1] 尼希米（Nehemiah），《圣经》中在异邦长大的犹太人，曾经在波斯皇宫担任要职。公元前445 年，即以色列、犹大灭亡后，犹太人分两次三批被掳，又分三批回归。尼希米带领第三批回归耶路撒冷，之后他建立公平的政府，修筑城墙，更关心众人灵性上的需要，重建他们破碎的灵魂。——译者注

太过"别出心裁",人们几乎将他看成异邦人,甚至险恶的存在。克里斯托弗·雷恩要建造的宏伟建筑必须气质优美,合乎英格兰本土的精神;现在我们认为雷恩是典型的英格兰建筑师,这就说明了他卓有成效地实现了自己的雄心壮志。但是这一自明之理蒙蔽了我们,忘记了他曾经历过怎样的万千艰难和推诿贻误,以及他在当时新教议会派占主流的英格兰盛行复古而一味宏大风气的圈子里如何巧妙应对、左冲右突。不管怎么着,雷恩完成了自己生平的得意之作——尽管他为此忍辱负重,做了不计其数的妥协——可是他原本相信通过这件公共成就之作能稳固斯图亚特王朝的基业,却没有做到。他在圣保罗大教堂的工作始于其作为斯图亚特王朝复辟的范本,却要等到一场革命之后才完成了它;可是实际上,复辟与革命二者又紧密相关,意味深长,连接它们的是长久以来摇摆在崇拜古罗马和恐惧罗马天主教廷之间造成的致命伤害。

　　1663 年,雷恩就开始和圣保罗大教堂联系在一起,当时成立了一个皇家特别委员会来检验大教堂的结构在经历了共和国的磨难后是否还稳固,这次皇家工程的总负责人是诗人约翰·德纳姆(John Denham),那时他决定征求建筑师的意见,其中包括时尚房屋建造师罗杰·普拉特和不知名的牛津数学家兼天文学家克里斯托弗·雷恩。雷恩并没有受过任何正规的建筑方面的培训,是谢尔顿硬塞给委员会的。谢尔顿大胆地对雷恩委以重任,让他负责建造牛津的以自己名字命名的标志性剧院。雷恩借鉴了罗马古老的马塞勒斯(Marcellus)剧场,创建了一个表演场所。因为不能像意大利那个一样敞开着,他设计了一个屋顶,用假扶壁支撑,内部用障眼法画了一片炫目的经典寓言。当时因为有这个任务在身,雷恩也就毫不犹豫地轻慢了普拉特预备推荐他去修复圣保罗的设想,尤其是重建它的高塔;相反,他建议索性推倒这个塔,移走其支柱,在原地面的上方加一个十字结构,用肋拱支撑大圆顶,下带鼓座,从内部以八个巨大的窗间壁(pier)支撑。更怪异的是,上面不是用保守的灯罩式而是菠萝式塔尖——精选这种水果来做建筑装饰，可能真的是为了迎合国王——查理二世在克佑的花园刚刚给他结出了第一个英格兰本土产的这种水果。

罗杰·普拉特可不觉得这样做有什么意思，实际上他被这个无名小卒的鲁莽激怒了，在主教、他的赞助人克拉伦登，还有国王面前猛烈抨击雷恩的方案过于奢侈，华而不实。但是查理二世受到谢尔顿的点拨，事实上已经被这个计划吸引，不会投雷恩的反对票。1665 年夏，在伦敦瘟疫形势严峻的时候，雷恩出去做了一次旅行，如果说这次旅行有什么特别之处的话，那就是使他更加坚定信心要做成自己的罗马化巴西利卡，但他的旅居地在巴黎而不是罗马。从建筑角度来说，罗马在巴黎的化身就是伟大的天才吉安·洛伦佐·贝尼尼（Gian Lorenzo Bernini）。雷恩拜访了他的家，看到了他惊人的胆大包天（没有实现）的卢浮宫（Louvre）东侧前立面的图。贝尼尼的正面透视图对称，韵律感十足，如潮水涨落般起伏，凹凸有致，很明显它给雷恩留下了深刻的印象。因为他也正有此意，在自己给圣保罗的规划里追求这种石头砌筑的音乐效果。同时，重建的路易十四统治下的巴黎以及法兰西岛（Ile de France）的伟大经典宅第，比如维孔宫城堡（Vaux-le-Vicomte），这些比贝尼尼的建筑语言更严谨、更简朴，又让雷恩有机会亲眼目睹了如何从罗马移植带穹顶的教堂和学院派建筑，以便让它们在完全不同的环境里大放光彩。法兰西建筑师们在不同种类的圆形屋顶（cupola）的基础上自由发挥：渐渐收进布拉曼特（Bramante）给圣彼得大教堂设计的半球形或者米开朗琪罗的更巍峨的形象，让巴黎一些建筑的屋顶陡斜度更大。雷恩一定很羡慕法兰西皇家建筑师们的活力和清晰思路，他们在中世纪乱哄哄的街道中切出与塞纳河平行的道路，创作出伟大的轴线大道，使它们在宽阔的广场上交汇，而沿街房屋的立面都采用古典的壁柱，十分和谐。

雷恩返回伦敦后，他的头脑里蠢蠢欲动，里面都是天才的创见。他急不可耐地要把自己的想法全部付诸现实，不再敷衍重建圣保罗大教堂的事。1666 年 8 月 27 日，他在约翰·伊夫林和普拉特的陪同下视察了圣保罗大教堂。当天普拉特对他仍然心怀敌意。从支撑塔的柱子顶上垂下铅锤线，他们发现柱子已倾斜，有的不是真正垂直而是已经偏离 15 厘米或者 30 厘米之遥——普拉特非常吃力地向雷恩解释何以产生如此大范围的变数，是当初哥特式建筑师们基于地面沉降考虑而有意为之的。当然，6 天之后爆发的大火解决了这个问题，再无须雷恩多费口舌。甚至在火灾后，也并不是说不可避免的结论就是允许雷恩来实现自己的罗马化梦想了。尽管查理二世心里也许想仿效路易十四挥挥手杖就发出命令说要建筑豪华宫殿，可他不是路易十四，也不可能是；英格兰国王花钱的时候都得先问过议会；另外还有主教座堂议会（Cathedral Chapter），其关注点往往基于他们自己的实际需求而非审美，而国王也必须听取他们的意见。

　　然而，雷恩对此只是断断续续地稍加注意。1667 年夏，复辟后的斯图亚特王朝作为上帝指定的英格兰保护伞，信誉又一次受到打击。因为本来英格兰接连遭受瘟疫袭击和大火灾，已经说明查理二世及其政府无能；1667 年这一次是他们不能保卫英格兰免受外国入侵，这是无力担负王朝基本责任的表现。6 月，一支荷兰船队在伟大的海军上将米歇尔·德·鲁伊特（Michiel de Ruyter）的指挥下沿梅德韦河上溯，如入无人之境。荷兰士兵在希尔内斯（Sheerness）登陆，在欧博诺（Upnor）和查塔姆两处横扫河岸的要塞，冲破了障碍链，或毁坏或俘获了英格兰舰队的精华，国王的旗舰"皇家查理号"（即从前在北海上令人闻风丧胆的"内斯比号"）也被他们掳回了阿姆斯特丹。对此，英格兰人大惊失色，而荷兰人得意扬扬。

　　英格兰在惊慌之后接着尝到苦涩的羞辱，最后变得怒气冲天。佩皮斯作为海军部的官员，说起来他的职位多多少少还是稳固的，总算侥幸逃脱了惩罚，而他的上司彼得·佩特（Peter Pett）被革职进了伦敦塔。可想而知，街头巷尾的怨愤将矛头指向最明显的替罪羊大法官克拉伦登——虽然他一直在大声疾呼，批评与荷兰开战的决定是鲁莽不明智的。人们攻击他的豪宅，到处流传说议会要弹劾他，也许他要和斯特拉福德同样下场。克拉伦登真的害怕了，不等人们这样对待他，克拉伦登就自我放逐去了——本来如果没有复辟的话，他早就该流亡了。历史上的亡灵总是如影相随，这时候他尝试用写作来驱魔，他的游击战结果就是《英格兰叛乱与内战历史》（*History of the Rebellion and Civil Wars in England*）这本杰作。

1667 年的这一下弄得英格兰朝野震动，迫切需要出现某种必胜主义的宣言来证明国王、教会和全英格兰都是光辉依旧。如果建成一座伟大的所罗门式庙宇来赞颂万能的上帝，也许上帝能对备受折磨的英格兰王国稍稍露个笑脸，慷慨一点儿。克拉伦登的出走也扫除了一个拦路虎，就是他宠爱的建筑师普拉特此时谨慎地避开风头，去忙着建造一些绅士宅第，包括他自己的家园。这样很自然雷恩就顺理成章地成了新的总负责人，可是他做的新的圣保罗大教堂设计第一稿相对来说格局不大，说明他很清楚预算紧张。雷恩沿袭他心仪的意大利大师塞巴斯蒂安·塞里奥（Sebastiano Serlio）和安德鲁·帕拉迪奥的做法，在 1669 年请雕刻家理查德·克里尔（Richard Clear）和其天才合作者威廉·克里尔（William Clear）制作出一个微缩模型，放在白厅供国王观赏。从现存的碎片和图画来看，很明显雷恩的想象力在这时候还没有大的突破，真正令人眼前一亮的设计尚未出现。这个设计的第一稿保留了 1663 年规划中的穹顶，但是它生硬地（在正方形的基础上）连接着中规中矩的长方形教堂正厅，沿外层预备建造的柱廊使正厅看起来颇为宏伟。最有争议的是，穹顶统帅教堂东部——这一侧被大火烧毁受损最严重。主教座堂议会最着急的是要尽快重建一个新的唱诗班席位，以便赶在教堂其他部分复建进行中能率先恢复某种教堂礼拜的形式。但是这个设计把唱诗班席位给框到穹顶的结构下面去了。这个规划的特点是最雄心勃勃、耗时冗长，还造价昂贵，如果主教座堂议会接受它的话就意味着要受限于这些。

　　国王非常喜欢雷恩的最初方案，允许他这个新的总负责人（最后雷恩感到很有把握，就辞去了牛津大学天文学的教授职位）着手开始进行大规模的拆除工作。因为屋顶上的铅熔融后化为液体流下，覆盖了旧圣保罗教堂的废墟和烧焦的墙体，加固了它们——这真是一个火灾悖论，拆除工作形同攻克碉堡的军事行动。他们召集了一大群劳工、矿工、挖掘者到现场干活，雷恩自己和助手在教堂院子北面的街对面自建了个专用办公室，就在现场指挥。拆除进行过程中，雷恩及其皇家学会的朋友伊夫林和胡克就利用拆除来深入挖掘。他们这么做既要保证建筑师不是在沙子上建造自己里程碑式的建筑，也是想看看先前的古董遗存会有什么冒出来。在雷恩儿子后来出版的自传体《父亲》（*Parentalia*）一书里，提到发掘出来的东西非同寻常，完全出乎他们的预想。克里斯托弗本来就是个历史迷，这些东西给他留下了深刻的印象，甚至深深地打动了他。现在我们大家都知道了，在工地上有个劳工给雷恩拿来一块石头做记号，雷恩却发现了上面刻着铭文"我将会升起"（Resurgam），这话正是如同预言一样。但这只是冰山一角，随着挖掘的深入，他们穿越了伦敦的历史，经过中世纪和诺曼人打下的基础，发现了古代的殡葬遗址。在发掘出了撒克逊人的别针和珠宝之后，他们继续往下挖，发现更深处是罗马停尸房：瓮中装着死者的骨灰，而陶罐碎片上的装饰十分生动。雷恩和朋友同事们撸起袖子，忙着在壕沟里挖掘、排列、记录日期、安排、分类，最下面的发现使他们目瞪口呆，那是砂岩里的海洋贝壳！就这样，建筑师看到了这个地方的古老地质学——路德盖特山（Ludgate Hill），根本就没有什么山，它原来是大海冲刷的浅滩，而泰晤士河原本是"海边的一弯洼地"。

古迹活生生地呈现在面前，尤其是罗马时期伦敦的气息扑面而来，雷恩的建筑想象力忽然如虎添翼。他的第二个设计稿，同样由克里尔家的雕刻家们巧手做成 5.4 米长的精美模型，表达了纯粹的天启（revelation）。雷恩受到鼓舞而迸发出的灵光乍现行为，让它成为不列颠前所未有的最美丽的建筑。

雷恩的设计在 1673—1674 年面临尴尬的境地：他需要把带穹顶的十字结构和唱诗班席位连在传统的教堂正厅上（就像给旧身体按上新的头脑），而去除整个教堂正厅，实际上就是在创建不列颠史上从未见过的教堂。他没有从十字结构引出一条长走廊通向高高的穹顶小塔（就像他伯父的伊利教堂），雷恩规划的是一个巨大的勺子形中央巴西利卡。这里将会充溢着阳光、空气流动、音色洪亮饱满：这是一个希腊十字结构，三边等长，第四边稍长一些作为进口门廊。门廊前有一小段贵人阶梯，只有几级，上面加一个小圆顶，这是为最顶上的那个巨大穹顶做建筑形式上的铺垫。希腊十字结构的外墙墙面凸出，与大穹顶下方凹进去的圆形鼓座相呼应。

很明显雷恩没有忘记贝尼尼，但是行家们在议会议事厅里（Convocation House）审视这个模型时，惊异地发现这正是问题所在。他们说了要建一个全新的圣保罗大教堂，而雷恩给出的答案是一个新的圣彼得大教堂；假如他再接着如贝尼尼在梵蒂冈新广场做的那样在圣彼得大教堂门前弄个柱式的围廊（braccia），他的设计就激进得不能再激进了，这太罗马化了。他们的第一感触非常强烈，非常不安，这个太没有英格兰本土的气息了。正如他们指出的，这个设计看上去一点儿也不像英格兰教堂。这真是非常具有讽刺意味，因为雷恩引以为自豪的就是创建了一个明确无误的新教徒的礼拜场所。他废除了传统的正厅加唱诗班席位的设计，还撤去了隔开二者的屏风阻挡，因为他想把信众带得更近处，去接受英格兰国教-新教礼拜的基本体验，即布道。雷恩确信自己的教堂是为了接受基督的训话而建的，而不是像天主教教堂常见的那样，人们只有在一眼瞥见从黑暗隧道里降下来的神秘景象后才恍然大悟。他也许甚至（有些正当理由）已经感到，正如宗教改革的导师们解释说他们更强调话语胜过图像，从语句里他们得到了早期基督徒神父们口耳相传的福音。因此，雷恩返璞归真，要重回那个早期转变的时代，正是为了这样真正的信念，那时候伟大的异教徒信仰的庙宇都被改成了巴西利卡。

这一大批人被吓得不轻，他们转而反对雷恩的这个设计，一开始他们并不清楚国王也在反对者之列。主教座堂议会，尤其是其中令人敬畏的爱德华·斯蒂林弗利特（Edward Stillingfleet）博士大声反对——大模型让他惊恐莫名、困惑不已。不管他们怎么看，雷恩认为它毫无疑问就是英格兰新教风格，但他们就是情不自禁地将它解读为天主教结构，更符合罗马教皇亚历山大七世的身份，而不是契合查理二世国王的英格兰首都身份。主教座堂议会还顾忌着他们不能再犯劳德宗教改革运动中的那些美化神圣的错误，当初劳德的错误就曾被攻击为他是要走私夹带罗马天主教的教皇崇拜特点。主教座堂议会坚持设计要回到传统的拉丁十字结构：正厅必须是长方形，要隔开唱诗班，特别是当他们知道实际上很少能用到整座大教堂，而且除了神圣节日，日常服务里他们只需要唱诗班那片小地方就够了。没多久，这些辩论开始给国王留下深刻的印象。1672 年罗马天主教会重新接纳了他的弟弟詹姆士，佩皮斯后来才发现，查理二世自己也正在私下悄悄地向那个方向转变，这样就更不能建造一个让人们觉得类似罗马教皇庙宇的建筑。

大模型如此不受欢迎，雷恩不禁垂头丧气，他着手发起运动尝试让国王用他的权威压服大教堂的主教座堂议会那批人，使后者不再反对这个设计，但是无论雷恩是利用说服、争辩，甚至尝试哀求，查理二世铁了心就是不答应。因为并没有人反对十字结构加穹顶这个建筑大框架，雷恩被命令改回传统的拉丁十字结构以便迎合主教座堂议会。他几乎像是要愠怒地表明把这个圆圈弄方（或拉成长方形）都是不可行的，第一个"可靠"的变通设计成了雷恩所有方案里最古怪、最不相称的一个，长方形的正厅上加一个诡异的双层穹顶，包括一个布拉曼特式的蹲式圆底座，上头是模仿米开朗琪罗设计的洋葱头圆顶：这么着就弄成了一座英格兰宝塔（Anglican pagoda）。这么个怪物当然是谁也看不上眼，又过了好几年雷恩才拿出一个能让人看得顺眼的折中方案，大体上是他偷偷地不理睬一些限制，重新回到自己 1663 年的初稿上来，即教堂有两个展现宏伟意义的表述——东侧的巨型穹顶和西面的大柱廊，中间宽敞的正厅连接二者。

这差不多就是圣保罗大教堂今天的样子了，可是这样的话人在正厅里是坐不住的，因为回声从柱子上返回后会使人不舒服。这可不是雷恩放弃了的 1673 年设计的那个梦想，否则在他设计的巴西利卡里音效会很好，人们将沐浴在如清水流动般的光照里。尽管雷恩人还在圣保罗大教堂继续工作，但遇到的阻力使他心烦意乱。据说他听到国王最后的决定时，眼里噙着泪花。1674 年，他被授予骑士头衔，应该得到了些安慰，但倒霉的事接踵而至：先是雷恩代表牛津竞选平民院议员失败，接着他的一个孩子夭折了，然后 1675 年太太又去世。时运不济，他想把伦敦打造成新罗马的雄心壮志成了牺牲品，因为在这个主意发端到雷恩试图向世俗权贵说明自己的设计"既美丽而实用"的这段时间里，英格兰政界发生了一些丑陋的事，就是要命的爱国主义神经病——反天主教——潮流回归了。

当然，这个潮流从来就没有走远过，它一直就在附近徘徊。在议会火药案（Gunpowder）和教皇阴谋之间，在英格兰信奉天主教等于是受专制的魔鬼权力"奴役"的说法使得英格兰的罗马耶稣会（Jesuitical Rome）的信众在 17 世纪中叶的不列颠内战和革命大事件中退缩到了角落里。应该这样去理解当时的情况：到查理二世复辟之时，英格兰人口中大约不到百分之一（也许在苏格兰更多）还在积极地践行自己的天主教信仰，但是，反天主教作为一股极端的政治势力，往往轻易地被利用来释放不宽容的歇斯底里、愤怒和惊恐力量，这和英格兰的天主教信仰造成的现实威胁根本不成比例。在 1641 年，大家认为查理一世秘密地鼓动爱尔兰暴乱，并利用天主教士兵同时反对苏格兰人和英格兰人，这使得皮姆和克伦威尔等人确信不再能信任国王，不放心让国王掌控军队。起码在这个意义上，反天主教潮流是英格兰内战的最直接的起因。在 1649 年，克伦威尔坚信爱尔兰保王派军队也许还会被人利用来逆转议会的胜利果实，这促使他下决心去扑灭爱尔兰的抵抗，接着他征服了历史上第一次没有国王的不列颠。两个世纪以来，像红线一样贯穿不列颠历史的——从 16 世纪 70 年代沃尔辛厄姆的国家安全到 18 世纪 80 年代戈登骚乱（Gordon Riots）——就是坚信罗马天主教的异端战争已经排除了一个英格兰人会存在同时忠于天主教会又忠于国王（或者共和国）的可能。即使克伦威尔等人狂热地相信宗教信仰自由，也还是依循旧例否定了英格兰人有信仰罗马天主教的自由。自由良知的伟大捍卫者弥尔顿也是从根本上就拒绝承认天主教是基督教。至少有一个世纪之久——从福克斯的《行为与纪念碑》[*Actes and Monuments*，殉道者之书（the 'Book of Martyrs'）]出版以来，反对凶残狡诈、政治暴君、精神恶魔的罗马天主教的时常威胁，已经如敲打铁砧般地锤炼出了英格兰人的民族身份。唯一的问题是哪派势力更能保护英格兰的民族良心，使其免受直冲而来的敌基督匕首之刺——是国王还是共和国，是议会或者护国主？

　　护国主体制作为英格兰国教–新教徒战士国家的信任状，是克伦威尔在一次疯狂的反对西班牙的议会演说中吹嘘出来的，当加勒比地区的"西印度公司"（Western Enterprise）在伊斯帕尼奥拉岛（Hispaniola，即海地岛）变成了不光彩的耻辱时，护国主体制受到一记致命的打击。

1659 年，英格兰宗教与政治的无政府状态为君主制的复辟打开了一个绝佳的缺口，它宣扬斯图亚特王朝回归后就能恢复秩序和统一。自然，克拉伦登和谢尔顿大主教是真的相信恢复英格兰国教无可争议的权威，而不是什么虚幻的分裂的良心自由，就会成为英格兰最好的堡垒，可以不用屈服于"极端分子"——不管是加尔文主义者、贵格会教徒还是天主教派。经过查理二世初继位时国王与议会政府的一段蜜月期，虽然在 1662 年国王曾经试图通过《信仰自由宣言》，但英格兰国内的绝大多数绅士都以为这只是国王的顽固成见。不管他有什么缺点，国王都应该是正当、正直的基督徒楷模。为了维护这一点，至少查理二世还是在不费心思地敷衍了事地遵守英格兰国教的规矩。他荒淫无度，当有人指控他，告知他这样下去会有什么样的严重后果时，查理二世会令人消气地回答，说自己不相信"上帝会因为一点点的非常规娱乐而怪罪他"。

但是优雅而轻快的态度顶多也就只能让你这么着了。在形势一片大好的时候，它让大家愉快地前进，君主制复辟后有意识地提倡大家过轻松的生活，以便抵销护国主时期的普遍压抑。不顺利的时候呢，玩笑会忽然变得苍白轻浮。（伊夫林忠贞地维护君主者，很快就因为大量的政治甜点而恶心反感了）1665 年后不幸雪崩般地压倒在英格兰身上，郡县里的那些信仰更虔敬但同样思想开明的长老会绅士开始怀疑查理二世在加冕礼上宣誓成为英格兰信仰保护者是否算得上诚实——他放荡无耻、淫乱卑劣，带情妇或猎狗上床（据不确切的说法，有时候甚至是同时）。无疑，很多人认同独立的老派"乡村"美德价值，听多了国王的这些事必然反感，他们本来就是"王宫"荒淫窝与提倡贪婪的道德对立面。他们虽然看着宫廷及廷臣这样任性地胡作非为心有不悦，却永远不会影响他们忠于国王本人这种乡村骑士的信念。但是英格兰经历了长久的惨淡岁月以后，举国上下对国王身边人的怀疑和敌意日益加深，随之而来的是焦虑。国王出了名的懒惰、自我放纵、优柔寡断（与其父截然相反，此时查理一世已成圣），也许查理二世甚至还没有来得及屈尊关心一下国是，英格兰就已经被拖入了危机。约翰·伊夫林一向关注民意，在谈到绅士阶层的偏见时，他答复他们说，查理二世"无疑本来可以做个明君，只要他不那么迷恋女色。是她们让他心神不宁，还总是索要无度"。总结起来就是查理二世管得太宽，唯独管不了自己。

斯图亚特王朝复辟的第一个 10 年结束的时候，英格兰人心里那种曾经一度说不清道不明的害怕，开始变得具体清晰起来。首先是国王无嗣这个事实令人不安。他的葡萄牙天主教王后即布拉甘扎的凯瑟琳不育——和查理二世一众情妇们多产的不幸事实对比鲜明——肯定是上天对英格兰王国的某种惩罚。如果用正确的——就是说把精确度调到最佳——透镜来观察世界的话，立即就能看到一些东西已经彻底腐朽，它们的来源只能是巴比伦淫妇（Whore of Babylon）所在的肮脏的妓院（即全是耶稣会会士的罗马天主教）。查理二世命中无子与纵欲无度是同一个阴谋的两部分——就是它破坏了新教英格兰的强大生命力。

国王无子引起臣民不安，没有了直系继承人，下一个王位继承人是国王的弟弟约克公爵詹姆士，他公开的忠诚信仰更接近其母亲王太后亨丽埃塔·玛利亚。她老人家依然健在，也仍旧是坚定的天主教徒，公然说自己确信丈夫倒台是因为他一味地相信在英格兰国教与议会同存的国家中也能创立强大的君主制。人人都说詹姆士是"全英格兰最放肆的浪子"，和其兄一样是无趣的登徒子，但是，不像查理二世，他成功地做到了表面假装神圣信仰的狂喜，又保持了内心欲望的冲动。詹姆士在首次婚姻娶了克拉伦登的女儿安妮·海德，结果表明他肯定有生育能力，起码能生育女儿。詹姆士撇下安妮围着情妇们打转使她成为笑柄，但安妮像海德家族的人那样见了好吃的就什么烦恼都忘了。和其父一样，安妮在尊严消减的时候腰围渐长。1671 年安妮去世，扔下了两个女儿玛丽和安妮，后来姐妹俩双双做了女王。她们俩拒绝父亲要她们跟随他重新回到罗马天主教会怀抱的努力。1673年詹姆士不失时机地娶了第二任妻子，她可是明确无误的天主教徒（还是美艳动人的），即摩德纳（Modena）的玛丽。

这桩婚姻可能带给英格兰一个天主教徒王位继承人，这样一来英格兰反天主教情绪失控的门槛骤然降低。大约在此一年前，詹姆士特意首次在复活节时不参加英格兰国教的领圣餐仪式，以此公开宣布自己已经回归罗马天主教会。这样精心安排广而告之自己信仰的行为，使得英格兰国教各阶层和郡县绅士们注意到，除非情况有改变，否则英格兰可能会出现一个信罗马天主教的国王，那么接着就是信罗马天主教的王朝。汉普郡率先乱了起来。虽然汉普郡的反应偏执了一些，但假如英格兰国教团体的保护神们知道全部真相的话，他们恐怕会中风晕倒。1669年1月25日，（在非常重要的圣保罗改宗宴会上）因为自己不能公开践行真正吸引他的信仰，查理二世向弟弟表示悔过。没有人（除了教皇）听到这个消息能比路易十四更高兴的了，路易十四利用自己的秘密武器——迷人的露易丝·德·克洛娃（Louis de Kéroualle）——瞄准了他知道的必然能得手的地方：查理二世的床上。这当然无损于法兰西国王的战略，因为露易丝在王室的床垫上运动，把竞争对手挤出跑道，正如路易在战场上一样干得漂亮；查理二世被这二人迷得昏了头，一事无成。1672年，露易丝给查理二世生了个儿子。1673年，她被封为朴茨茅斯女公爵（Duchess of Portsmouth）。1670年，查理二世非常感激地与路易十四签署了一个秘密协定。尽管他的心腹大臣中有人鼓动他朝那个方向去——特别是阿什利伯爵（Lord Ashley）、亨利·班内特（Henry Bennet）、阿灵顿伯爵（Lord Arlington）和托马斯·克利福德（Thomas Clifford）——这个协定的条款还是太过刺激，连国王私人枢密院的绝大部分顾问都得瞒过，尤其是疑心最重的苏格兰老顽固劳德戴尔伯爵约翰·梅特兰（Earl of Lauderdale，John Maitland）。这样也好，因为任何客观的观察者都会得出结论：查理二世这么做是愚钝鲁莽，将自己的王权质押给了法兰西国王；或者毋宁说，查理二世不准备依赖英格兰议会，转而想与法兰西的国库捆绑在一起。凡尔赛的援手非常漂亮，查理二世不必每隔几年就卑躬屈膝地去议会要钱。英格兰国王为了回报法兰西国王而承诺对英格兰的天主教徒们放一马，而且，也许等到机会合适的时候，公开自己的真正信仰。另外查理二世承诺要加入路易十四偷袭荷兰新教共和国（Protestant Dutch Republic）的计划，这个策略更合乎英格兰人的胃口，正好可以报 1667 年英格兰受荷兰侮辱的一箭之仇。

当有人暗示说他与法兰西达成了某种交易，查理二世就直接撒谎，干脆一口否认，说自己没有任何私下协议。事实上，《多佛尔协议》（Treaty of Dover）的秘密规定超出了反天主教阴谋的理论家们最恐惧的噩梦。毕竟，查理二世出卖的与生俱来的权力根本不是他自己的，而是属于议会的权力范围。只要国王仔细回想一下，也许他就能记起，1641 年曾经给他父亲造成大灾难的那些问题，首当其冲的就是怀疑查理一世要引入外国天主教（爱尔兰人）军队。那就是在议会这头公牛面前抖动的红布。正是这个因素使得议会剥夺了国王对军队的统帅权。实际上，也正是它引起的英格兰内战。因此，1670 年，与路易十四签订协议，同意面对英格兰出现叛乱时引入法兰西军队，这令人很不解！查理一世的这个儿子什么不能干，偏要这样？

几个大臣鲁莽地把查理二世引诱进这个自杀式的阴谋诡计，自有其原因，克利福德自杀前就被发现是一个秘密的天主教徒。阿灵顿伯爵或许也是，尽管他辩称 1672 年 3 月《信教自由宣言》的出发点是要加强而不是削弱英格兰国家安全，采取这个措施是特别针对非英格兰国教的新教徒这些臭名昭著的不肯妥协的共和派。因为《信教自由宣言》意味着允许天主教徒们在私人房子里礼拜（这一细节无助于减少大家的怀疑），且异见者表面上得到了公平的对待——政府要求他们提出申请，由官方给允许他们集合与礼拜的场所颁发执照。

1672 年 5 月，查理二世非常突然地第二次与荷兰不宣而战。结果英格兰战舰取胜，路易十四的军队占领了荷兰 2/3 的国土——英格兰与法兰西联手将这个当时世界上最强大的国家逼入了混乱之中。这一货真价实的胜利足以让英格兰的爱国舆论沾沾自喜。众人对 1667 年的惨败仍旧耿耿于怀，所以一时间它使得大家不再质疑国王为什么颁布《信教自由宣言》。但很快，随着战争形势恶化，舆论就不再一边倒地拥护查理二世了。荷兰共和国处在一片恐慌中，看起来大厦将倾，年轻的奥兰治亲王威廉三世临危受命，接手担任统帅兼海军上将。这场噩梦的替罪羊是德·威特（De Witt）兄弟。虽然他们曾领导荷兰共和国取得了 1667 年对英格兰的大捷，但接着也是他们招致了 1672 年的这场灾难，结果他们俩在海牙的大街上被撕成碎片。威廉三世曾被扬·德·威特（Jan De Witt）架空，所以他对德·威特兄弟俩的遭遇无动于衷。但是他也没有对侵略让步，没有像外界预料的那样与法兰西和英格兰国王（两人都是他的亲戚）讲和；就这样领导自己的祖国全力抵抗外敌，一夜之间威廉成为新教英雄，被恭维堪比其高祖"沉默者"威廉。正如几乎整整一个世纪前那样，荷兰人扒开堤坝，路易十四的军队和百年前西班牙腓力二世的军队一样真正是寸步难行。在泥沼里敌军无法组织抵抗反而陷了进去，荷兰舰队开始对英格兰和法兰西船只发起无情的攻击。很快，眼看着这场失败不可避免地正好送给英格兰各派评论家们一个借口，评论家们正要把这场拙劣的战争与《信教自由宣言》一起打包推销给民众，就是说二者都是来自法兰西天主教的威胁，英格兰政府内部关于开战的统一口径分化了。

接着，托马斯·奥斯本（Thomas Osborne），也就是不久后的丹比伯爵（Lord Danby），领导政府管理层向民众承诺要撇开法兰西而单独与荷兰人进行和平谈判，撤销《信教自由宣言》。尽管丹比和他取代的那些人一样野心勃勃、追逐私利，但他倒是第一个有意识地向全英格兰表明自己是英格兰郡县代言人的政客。他自认是乡村绅士的朋友和传声筒、坚定的英格兰国教徒，极其保守，毫无疑问是保王党，但他采用了英格兰人的而非法兰西化的方式——他的政府通过强行（痛苦地拒绝给国王税收）废除《信教自由宣言》给自己的权力打上了明确的反天主教印记。替代《信教自由宣言》的是一个反天主教审查法令（anti-Catholic Test Act），要求所有公职人员——包括地方治安法官、议会议员及英格兰军官，或者陆军和海军军官——否定天主教的变质说（transubstantiation）教义，言行都要符合英格兰国教的规定。这一法令同时击破了查理二世与路易十四亲善的两大主因——容忍天主教和向荷兰开战。私下里，查理二世和人说自己后悔了，但是他抱怨议会束缚了他的手脚。而路易十四心里则认为，任何能让人如此鄙视轻慢的国王几乎不配称王。他最不能理解的是查理二世居然甘愿看着自己的弟弟、王位第一继承人被剥夺了海军上将的职位，就因为詹姆士拒绝强加给王室的"审核"[1]。路易十四觉得那不过是一帮自以为是的、吵吵闹闹的平民搞出来的花样儿。

1672—1673 年的这一场突变之后，历史书上常把丹比政府接下来的5 年叫作和平恢复期。在此期间，因为英格兰国教非常注重自身操行是否端正，反天主教主义动不动就要爆发的本性有所收敛，朝野上下一团和气。照这么说来，假教皇阴谋事件（Popish Plot）"被揭露"后出现的更激烈的几乎是革命的危机，好像是凭空而来，是犯罪偏执狂们如泰特斯·奥茨（Titus Oates）和伊斯雷尔·汤奇（Israel Tonge）捏造编织出来的：他们诡异地指控天主教阴谋谋杀国王而用约克公爵取而代之。但是，如果不是前面几年已做了铺垫，英格兰政界应该不会因此而陷入自不列颠内战以来最激烈的动荡。如果说丹比上台时凭借的是他发誓要肃清英

---

[1] 指《反天主教审查法令》的要求。——译者注

格兰政坛里任何亲法兰西的天主教因素的话，很多评论者的结论是：他开的药方比疾病更糟。丹比差不多把议会议员当成"王"党来管理，规定官员任免的前提是政治上要顺从；他尝试让官员签署一份正式声明，声明自己在任何情况下都不反对国王；1661年的骑士议会存在的时间已经够长的了，他还想要它无限期地保留下去。以上种种似乎表明实际上他把英格兰政府的形象打翻了，搞成了专制，而他恰恰声称自己憎恨专制。

这些评论家并没有全说错。17世纪70年代之前，反对政府是通过讨厌个别人（斯特拉福德或克拉伦登）以及某项特别措施（船税）来推动和表达的。自从1640—1642年的议会斗争结束后，政治上本来没有这么清晰尖锐的意识形态冲突，正是因为丹比如此醒目地捍卫复辟后的王权，才又激化了矛盾。沙夫茨伯里伯爵原名安东尼·阿什利·库珀（Anthony Ashley Cooper），先后任"光秃秃的骨头"议会议员、克伦威尔时的国务委员（Cromwellian Councillor of State）、复辟时期的财政大臣（Chancellor of the Exchequer），被认为是流氓机会主义者的典型。他见风使舵，善于搭政治顺风车，从而攫取并保有权力。而且沙夫茨伯里还不能免于机会主义，毕竟，丹比把他的位子弄没了，他急着报复。但是沙夫茨伯里没有太粗鄙地滥用事实，就像他开始扯来古代宪法（Ancient Constitution）当自己的保护神幌子时，他还能够假模假式地宣称这是返回他政治生涯起点的原则：在1657年的《谦卑请愿和劝告》里把克伦威尔式的政体描述成"单人政府及（二院）议会"。毕竟，可供引用的英格兰历史传统丰富得很，甚至可以穿越《牛津条例》和《大宪章》，回到传说中的坚持王权是以友善同意为基础的撒克逊咨议会（witengemot）。英格兰王室政体自成英格兰一派，从头开始就是一种合约性质，这一点尤其与法兰西政体不同，但斯图亚特国王们却不理解这点，丹比等大臣希望背靠超级王权这棵大树好让自己发财，就误导查理二世他们，而另一边，任何曾经指望免受海峡对岸历来存在的天主教专制威胁、得到国王权力包办者如丹比之辈保护的英格兰子民，也都上当了。因为只有在真正的英格兰混合君主制下，即准备好承认主权由国王、议会贵族院、平民院分享，人民和新教教会的自由才能真正得到保证。

17 世纪 70 年代，正因为丹比非常成功地主宰了议会，保王党的神圣权力意识大行其道，毫无阻力，于是祈求改变现状的人只能向别处去传播他们要与保王党对抗的宪政观点。因此 17 世纪 70 年代，党派政治的雏形没有在威斯敏斯特诞生，倒是萌发在伦敦的街头巷尾、咖啡馆俱乐部、小酒馆以及印刷所里，像沙夫茨伯里的绿色丝带（Green Ribbon）俱乐部就在尚书巷（Chancery Lane）的"国王的头"（King's Head）酒馆聚会，俱乐部的志趣相投者确信保王党是邪恶的，也相信真的存在天主教阴谋，种种不一而足。这样到"假教皇阴谋"案爆发的时候，单在伦敦类似的俱乐部就不少于 29 家，另外在汤顿（Taunton）、布里斯托和牛津这些市镇里，它们设立了最成功的外省分支俱乐部。据一个来自意大利佛罗伦萨的访客证实，伦敦迅速出现大量的咖啡馆，在雅座或包间里，人们除了喝咖啡或巧克力饮料，还如饥似渴地打探、议论消息，并不受官方批评或威胁。这使得佛罗伦萨人大为惊奇。伦敦（在英格兰首先引进了茶叶，还有宪政激进主义）群奇巷（Change Alley）的加威（Garway's）咖啡馆是胡克和雷恩最爱去的地方，它和弗里特街上的奥伯雷彩虹（Aubrey's Rainbow）都是著名的流言发布站，当然还有很多这样的店。17 世纪 70 年代，观点激烈冲突、振聋发聩的辩论激起多个版本的"分界"式小册子的发行量显著复苏，政治情报从伦敦流向外省，与官方干巴巴的《公报》（*Gazette*）相比，读这些更振奋人心。1679—1682 年，起码创办了 17 种新报纸，大部分都鲜明地倡导某一个党派的观点。17 世纪 40 年代和 50 年代政治生活的其他幽灵都重新回来骚扰查理二世，一如当日它们曾经骚扰查理一世和克伦威尔那样。从共和国建立以来就绝迹的请愿运动又组织了起来，他们最多的借口就是要清除某种天主教妖孽。学徒帮——17 世纪 40 年代上街游行的那批人的儿子们——此时又出现了，仍然带着父辈的那副老腔调和司空见惯的蛮力。讽刺诗、段子和传单一直存在于高级赞助人当中，这时候它们换上了街头平民的装束。酒馆里高唱着歌谣和下流的韵文。在剧院里含沙射影成了一种艺术形式，只买得起低价票的下层出身的观众在回廊里就等着看它，然后大家照单全收，起哄、作乐，所有三流作家都很感谢查理二世给他们提供了丰富的素材。

　　尽管流言够多了（或许太多了），但是也没有哪些已经积累到了能产生像现代世界这样界限分明的党派政治。多变的走狗们臭名远扬，主角们擅长的是换边站，一有机会就换。两种对立的意识形态——神圣王权和"混合"君权——仍然代表了真正的英格兰政治结构。从前如此，以后也应该是那样，但它们真的相互矛盾。后世的辉格党人特别喜欢追根溯源到中世纪法令，强调英格兰独特传统的连贯性，而沙夫茨伯里那个时候就是坚持"英格兰议会就是至高无上的绝对权力，是它给了英格兰政府生命与活力"，并一遍遍地鼓吹这个爱国颂歌。反过来，他们每一个人都要把自己对手所表述的政治理论，无论在字面上还是其象征意义，说成与英格兰格格不入。在这场观念战争中，敌对的双方都具有强烈的攻击性与自我意识，这就是为什么他们都要给对方贴上最乏味的异邦标签，妖魔化对方，明着说对方不是和苏格兰人就是与爱尔兰人有牵连。如此一来［几年后有关詹姆士继位的《排除法》（*Exclusion*）危机中］，王权至上的捍卫者们指责对手要把英格兰拖回到内战，直接称呼他们为"苏格兰长老会罪犯"或者"维加摩尔斯"（Whiggamores），即意为"好斗的苏格兰长老会派教徒"，而辉格党人则回敬说，对方躲在不光彩的辩论后与教会和国王站在一起，他们简直就是爱尔兰天主教叛乱者或托利人（Tories），这个词来自盖尔语（Gaelic）单词 toraighe，意思是在泥沼里快跑的马或者土匪。

17 世纪 70 年代，英格兰政坛还发生了一些远比互相谩骂更严重的事。各派态度强硬起来，唇枪舌剑、火花飞溅。1678 年，没有人准备着要预测，更不情愿发生新的内战。很明显，如果约克公爵继承王位，因为他是公开的天主教徒，那就是可疑的准暴君，英格兰政府就将面临某种根本性的危机，实际上就是一种（当代意味的）"革命"，但是另一方面，人人都在想这个危机不可避免。赫尔郡的英格兰人议员、诗人安德鲁·马维尔（Andrew Marvell）既不轻信他人，为人又直率，他在护国主时期在政治上成熟起来，公开发布言论并印刷出版，1677 年说"好几年以来，有人在执行一个计划，要把英格兰合法政府变成独裁政府，将现在既定的英格兰新教改为彻底的罗马天主教"。这话可是说在泰特斯·奥茨远没有开口之前。

马维尔在《英格兰罗马天主教成长与专制政府纪实》（*Account of the Growth of Popery and Arbitrary Government in England*）一书中阐述的这种成见在当时非常普遍。这个事实向我们说明了为什么英格兰对此反应出格到了歇斯底里的程度，那就是奥茨所谓他"意外地发现"耶稣会在策划一个阴谋：欲谋杀国王（有的"线人"相信会用刀，有的说会下毒）以便让约克公爵取代他，然后组建一个由法兰西军队支持的法兰西天主教专制主义国家。当然这个指控是一堆丑陋的谎言，但是它说得有鼻子有眼。泰特斯多·奥茨是个邪恶的鬼才，但不傻。他是个活跃的同性恋，29 年来，这使得所有重要的英格兰机构都驱逐他：剑桥大学冈维尔与凯斯（Gonville and Caius）学院；海军；肯特的英格兰教会开除了他的牧师神职；他还是个副牧师的时候因为做伪证，就签署了协议成为海军的随军牧师以逃避指控；最后在西班牙，奥茨被耶稣会学院（Jesuit colleges）巴亚多利德的英语学校（Colegio de los IngleseValladolid）踢出来；在法兰西圣欧麦（St Omer），他改变了信仰却又被赶走。当然，所有这些地方都曾给奥茨提供了不可抗拒的机会，也严厉地惩罚了他。只是在他相对短暂的恶棍生涯里，奥茨已经练成了猛兽习性，即使被人揭穿，也能成功躲开自己恶意导致的最坏后果。

实际上，他非常聪明，足以把自己最新的污名，即被耶稣会驱逐变成他既知识渊博又为人正直的证据！当奥茨不断重复他怪诞的弥天大谎时，貌似就没有任何人想过，他曾经受到耶稣会的虐待（尽管还不如被海军虐得狠）是否就是他个人报复的动机。奥茨无耻地宣称自己去圣欧麦，是为了做教会的双重间谍，这样才能更好地刺探他们要破坏英格兰新教教会和英格兰自由的恶毒计划。为了使这个天方夜谭的说法站得住脚，奥茨表现得仿佛是个自封的间谍，保存着大量仔细书写的笔记，以及与耶稣会会士和他们所雇的英格兰国内外刺客的谈话记录，一如罗伯特·胡克或约翰·伊夫林记录自己的实验经过和园艺心得。奥茨是个邪恶的行家里手，处心积虑地炮制谎言来掩盖真相，正如自然哲学家煞费苦心地孜孜不倦地寻求真相。事实上，第一个听取奥茨的忏悔，吐露说他自己知道这个所谓阴谋的人是伦敦的教士、自诩为学者（当然他的确拥有一个真实的博士学位）的伊斯雷尔·汤奇。汤奇与皇家学会会员里一些最杰出的人有交往，可是这并没有使汤奇保持理智，因为他先入为主地相信当时盛行的伦敦大火是天主教纵火犯引起的荒唐说法。正是那场大火烧毁了他的牧师住宅和他的自然哲学藏书室——实际上大火毁了他的生活。

因为汤奇有强大的关系网，他才能让奥茨面见国王本人，讲出证明这惊天阴谋的 43 条实据。可以想见，查理二世表示怀疑，一开始他觉得整个故事匪夷所思，尤其是牵扯到了王后的医生，但渐渐地他越想越焦虑，就让丹比调查此事。1678 年 9 月的最后一周，奥茨出现在国王私人枢密院的全体成员面前，不管开头显得多么荒诞，但无疑他讲得滴水不漏，使得他们中至少有几个人对这个故事将信将疑起来。

　　奥茨谙悉自己听众的心理，他在故事里掺杂进一些反天主教公众喜欢的耸人听闻的噱头：纵火、毒药、罪犯医生、恶毒王后和凶险教士。随着详情一点点展开，故事火了起来，像闪电引燃了干燥的树叶，再加上上流社会又在一旁煽风助长火势。不管他自己信不信（也没有理由说他不信），沙夫茨伯里将它看作是丹比的报应，并正好利用它来反对他，说丹比是假装力图使英格兰免受天主教阴谋的袭击，事实上反而招致了阴谋。在这个阶段，怀疑者们还是尽力地把控局面，不让它脱离正常的轨道。可是，奥茨走了狗屎运，两个意外冲昏了人们的头脑。第一，在被他指控为邪恶的人的长长名单中有一个是约克公爵夫人的秘书爱德华·科尔曼（Edward Coleman），科尔曼的确在与听取路易十四忏悔的教士通信，信中谈到天主教在英格兰复兴有没有可能——这本身不是什么犯罪叛国行为，更确切说是令人遗憾的愚蠢之举，因为科尔曼没有销毁这些信件，而且信的内容极易解码。第二点就更巧了，10月17日，埃德蒙·贝里·戈德弗里爵士（Sir Edmund Berry Godfrey）的尸体在普林姆罗斯山（Primrose Hill）的草坡上被人发现，戈德弗里正好是第一个听取奥茨发誓的阴谋证词的地方治安法官，也许他是自杀的推测很快就让位于爵士是被谋杀的定论。这时就只有绝顶聪明又绝望的人才能想到这一切都属于反天主教派的叫嚷，是他们在试图引发英格兰社会的激烈反应。

　　如果真是反天主教派弄的，那可以说干得太漂亮了。因为他们公开展示戈德弗里的尸体，在周围点上蜡烛，装得好像他是为了拯救英格兰的新教事业而死的烈士。结果英格兰举国陷入狂躁。更凑巧的，因为11月是庆祝挫败盖伊·福克斯（Guy Fawkes）反天主教火药阴谋的月份，那么，在11月5日焰火之夜的庆祝就变成了大规模的"焚烧教皇草人"活动（Pope Burnings），有时候参加者达到数千人之多。11月17日是"好女王贝丝"即伊丽莎白一世的登基日，她当年面对罗马教廷的威胁可是立场坚定、态度坚决，接着就进行了更多的"焚烧教皇草人"活动。一幅臆想的天主教"夜骑士"漫游在乡村，四处寻找英格兰国教神职人员或地方治安法官伺机下手的景象，在公众的脑海里挥之不去。为了防止威胁，学徒帮自行武装起来，一些人携带"埃德蒙·贝里·戈德弗里"匕首，这个武器畅销一时，甚至一天能卖出 3 000 把。到奥茨出现在议会平民院的全体成员面前时，他已经能讲得头头是道了，也不怕自相矛盾，说"一直以来就有，现在还是有一个可恶的很坏的阴谋，是不参加英格兰新教礼仪的天主教徒所为，他们要暗杀、谋杀国王，要颠覆政府，将新教整个连根拔起毁掉"。

眼看着一场群众风暴自下而上如火山喷发般地沸腾起来，沙夫茨伯里有自雇的线人，很有把握利用这股力量帮自己和他的党派取得优势。热切的善于编造谎言的伪证者——"线人"和"证人"在议会轮流登场。第一个是骗子兼小偷威廉·贝德娄（William Bedloe），他声称对耶稣会会士杀死戈德弗里的事拥有第一手资料，还说曾看见他的尸体在萨默赛特宫即王后的宫殿那里。这时候指控叛国罪和谋杀的范围从知名的天主教人士和神父那里扩展到可疑的天主教"同情者"身上，包括萨缪尔·佩皮斯。一个前仆人作证说佩皮斯长期以来都是秘密的天主教徒，雪上加霜的是，另一个老恶棍约翰·司各特（John Scott）发誓说他个人知道佩皮斯在海军里支持并优先提拔天主教军官，还把防御工事和船只安排给了法兰西人，让其准备入侵。这足以把佩皮斯送进伦敦塔。他在这时与约翰·伊夫林一起吃饭，后者对他的困境深表同情。然而，奥茨讲的阴谋故事只是捕风捉影，对此，英格兰皇家学会的会员本来应该是一看到事情就能毫无困难地辨认真相的一拨人，但即便是他们内部，那时候却也产生了分歧。对于倒霉的佩皮斯来说，这事儿纯属一整套的恶意陷害。伊夫林也恨透了奥茨，但遗憾地发觉他无懈可击。为了自己的名声，佩皮斯可不想让这恶名碾碎自己，就出手回击，自己雇用了一个叫约翰·乔恩（John Joyne）的调查人员去和司各特套近乎，跟踪他这才找出证据。证据揭示了司各特为人不齿的生活——正如后来的结果表明这并非什么难事，就这样佩皮斯幸存了下来，但其他24个人成了猎杀女巫的冤魂。

到1679年，据说有次"焚烧教皇草人"的活动参加者多达20万。沙夫茨伯里把暗杀阴谋的丑恶能量发挥到极致，精心地策划政治运动。丹比政府受到恐吓，已然崩溃，丹比本人面临弹劾，除非沙夫茨伯里明确说要进行新选举。大量请愿活动被动员起来了（Monster petition，又使人想起17世纪40年代），有一份请愿书来自伦敦索思沃克和威斯敏斯特，足足长90米，签了1.6万个名字，国王只得让步。选举——在空前多的市镇举行——激烈艰苦，最后辉格党经过角逐在平民院占压倒多数，这正是沙夫茨伯里需要的。到了威斯敏斯特，为了那个特定的政治目标，竞争更是白热化，那就是要通过《排除法》，要把天主教徒约克公爵（以及任何他和摩德纳的玛丽可能生下的继承人）从王位继承人序列里除名，这样等查理二世死后，王位将传给他最年长的私生子蒙茅斯公爵。为了这个，沙夫茨伯里开动宣传机器，声称蒙茅斯公爵其实不是私生子，他就是合法的继承人，因为查理二世当时并不为人所知，其实他在巴黎和露西·沃尔特发生关系的时候确实结了婚。

这是不列颠君主制历史上特别严重的危机，不只是成千上万人的性命危在旦夕，连君主制本身的命运也将要成为谎言和歇斯底里的牺牲品。如果接受《排除法》，就等于承认议会可以拥有宪法权力，可以判断一个君王是否合适继承或拥有王位，那么无论是查理二世还是托利党都不会做这样的让步。肯特郡的绅士、哲学家罗伯特·菲尔默爵士（Sir Robert Filmer）写于50年前的论文《父权论》（Patriarcha）此时出版了。他在文中论述上帝已经将世俗权力直接交给了亚当，所有国王都由此而来——任何发自下层的干预永远都不能破坏这条继承直线。沙夫茨伯里和辉格党相继激活了某些来自共和国的最激进的思想，它坚持君主制的契约性本质——当然，约翰·洛克（John Locke）在《政府论两篇》（*Two Treatises on Government*）中的第一篇特别强调了这一点。对在平民院里占多数的辉格党斗士来说，这令人振奋，他们更容易老调重弹（比如丹泽尔·霍利斯此时依旧非常活跃，他就回收并利用了它）：说英格兰君主制从来就是和普通法捆绑在一起的，特别是它有责任保证国王在加冕礼上的誓言，还有议会肯定有权力，不只可以判断这些责任履行的程度，还要"束缚、统管、限制、监管并管理王位的流传、继承"。

但是沙夫茨伯里早已把他和奥利弗·克伦威尔共事的日子抛在脑后，他根本不是艾尔顿，甚至连皮姆都不如。最终他退缩了，否则他也许能把《排除法》推进到打一场新的不列颠内战来搞定它的地步。国王和托利党人越是真的指责他们就是要挑起内战，沙夫茨伯里就越是不敢，他半途而废的原因不是政治上良心不安，而是其谨慎行事的个性——他不想在英格兰冲突中打无把握之仗。

他对了，可是，他自己那种致命的悲观给了他什么下场？因为他从来就没有真的想过要在英格兰掀起又一场革命把国王拉下马。沙夫茨伯里太过于倚重公众舆论和恫吓，这是他的致命弱点。他想说服查理二世自己屈服，自愿接受《排除法》，但是有一些事他做得太绝，太为难国王了，逼得这个无精打采的老登徒子只好拿出点儿政治手腕和韧性。查理二世明显比沙夫茨伯里这个据说是策略大师的人要高明：首先，查理二世把自己很不受大家待见的弟弟和弟媳打发到外国去，移掉这个众人的眼中钉、肉中刺；那么做了一个让步后，查理二世接着要跨步向前，牢牢地踩住底线，标出印记。在独有的王室特权即王位继承权上，查理二世和一个世纪前的伊丽莎白一世一样地坚定不移，如果看起来像不可避免的那样，自己死的时候无后，那么詹姆士无论是否是天主教徒，都得继位。然而——这才是紧要策略——只要詹姆士坚持做个天主教徒，他的王位任期得有点儿不同：不管他的个人信仰是什么，它都不得有碍国王加冕礼的誓言所蕴含的庄严使命，即保存和保护英格兰既定的新教教会。而且，为了减少怀疑，使事情不致于变得如他父亲查理一世当日那样闹到不可开交，天主教徒国王必须同意放弃自己任命高级教会职位的权力，同时向议会移交军队任命权。

这是冲突之下灵机一动而产生的曲线补救措施，英格兰新教教会肯定得救了，也不用牺牲国王在继承人问题上的权威。查理二世的"权宜之计"非常合理，公众舆论开始扭转倒向国王一边。第二届议会平民院（查理二世解散了第一届）选出后，辉格党人还是占据主导地位，为此沙夫茨伯里扬扬得意，太过自信，没有注意到自己脚下的地面上已经出现一条裂缝，直到它变成一个吞没了他的大坑。平民院以二比一的多数通过《排除法令》，而议会贵族院正好以同样的二比一多数否决了它。这个死结意味着查理二世处于有利地位，可以向沙夫茨伯里挑战，他就冷静沉着地这么做（他采取了预防措施，私下又从路易十四那里拿了一大笔施舍）。1681年，第三届议会在牛津召集，这里是1258年国王及其政敌验证了自己意愿的地方。作为诱饵，查理二世再一次把自己的"权宜之计"摆上桌面，目的就是为了让对方将其拂到一旁。正如他预料的，沙夫茨伯里不接受而坚持《排除法》，那么唯一的解决办法就是诉诸武力。事实上，有些辉格党人就是带着武装来牛津的，还有其他人公开谈论要回到共和国的老路上去——这正中查理二世下怀，他要把这个形势变成是《排除法》的坚持者们而不是保王党们要把英格兰推向内战。末了，他明白沙夫茨伯里根本没有意向要真正打一仗；即使他要干，王室保险箱里有路易十四的金子叮当作响，查理二世也知道这一回不像1642年，自己仓促之间也有钱可以调动。

因此牛津论战结束后，就《排除法》坚持者们而言，他们什么都没干成，无处可去，就分成了两拨：一拨磨刀霍霍，另一拨在不利情况下不欢而散，骑上马回了家。情势急转直下，首恶者——骗子、杀人犯、多次作伪证的人等罗织了天主教谋杀阴谋的，最先觉察大难临头，随即反水，一个接一个地忏悔，承认自己撒了谎。当王后的医生乔治·威克曼（George Wakeman）受审的时候，首席法官斯克罗格斯（Chief Justice Scroggs）最早就曾发起袭击，怀疑泰特斯·奥茨是否诚实。到这个时候革命的可能性已经烟消云散，在宣告了沙夫茨伯里犯有严重叛国罪（high treason）而免去他的职位后，他就逃去荷兰，1683 年终老在那里。1684 年奥茨被捕——不用说要游街，第二年受审，他被判犯了伪证罪，接受严酷鞭刑，给戴上颈枷，送进了监狱。但是，他从来滑如泥鳅，一般不会在一个地方长待着。1688 年他又出现了，死的时候（还能干什么？）是个浸礼会传道者。

政治倒台湮没了沙夫茨伯里，他在政治上的犬儒主义让人瞠目结舌而难忘，但他身后的遗产却个性十足，二者完全矛盾。此外，他还留下了一些东西。一方面，他愿意赞助约翰·洛克的政治理论和其他政府契约论的追随者并决心让它们变得切实可靠，这给了这些真正激进的思想一条生路。本来大家以为在 1659 年后这些激进思想已经穷途末路了。政府的合法性不仅在于其保护人民的能力（霍布斯的辩论），也不是来自《圣经》经文的权威（如菲尔默坚持）那么简单，更多的是来源于被统治者的同意。但当被统治者授信给政府使之掌权时，并非就此交出了自己的自由和财产的天然权利，这个观念在未来还有非凡的道路要走。洛克写过："政府的每种形式都不是上帝而是我们自己的创造，它必须尽全力服从人民安全之所需。"这个主张那时还是很激进的，甚至是令人震惊的，但是话一旦说出来或大家听说了，就不再有人会觉得不平常或有什么古怪的。同理，人民授信于政府（或君主）时，并不能认为授信者就让渡了自己的权利；如果这权利大大超越其合法权威，或者政府的权威走向了暴政，甚至藐视原本授权给它、责成它保护的自由，还不能要求政府做出解释，这将是不合理的。可能这些争论一直到下个世纪的最好时光里还都是英格兰政坛边缘化的问题，但是在大西洋彼岸的新英格兰南部，定居者们（New Englanders）把整个新英格兰的总督埃德蒙·安德罗斯爵士（Sir Edmund Andros）看成是王室"专制"的权力而拒绝屈从他；相反，他们开始自发地出走去康涅狄格，这显示出撒在《排除法》危机的肥沃又气味难闻的土壤里的种子会结出果实。

然而颇具讽刺意味的是，康涅狄格的创建者们认为自己的权益受到了侵犯，反对官方权威管制过度，这也是沙夫茨伯里的遗产。因为在他简短的任期里，他比丹比本人做得更绝，利用了一切政治手段——资助、贿赂、司法恐吓和大规模的印刷品宣传运动。因为这时没有了审查——要打造他和辉格党人希望的强大到不可战胜的政治机器。这时查理二世和新任大臣们就顺手接收了这套机器——特别是克拉伦登的儿子罗切斯特伯爵劳伦斯·海德（Laurence Hyde，Earl of Rochester）、桑德兰伯爵罗伯特·斯宾塞（Robert Spencer，Earl of Sunderland）——就用它来组建保卫收复君权的防御工事。1683—1688 年是围剿和肃清为主的时期：比如，怀疑有的市镇社团在王位继承权问题上不友善，就要求他们移交特许状做出相应的修改，以便产生更愿意合作的当地政府；根除于事无补的法官，安置、奖励热心的托利党人。所有这一切都在合法的虚饰下小心翼翼地进行。在此期间，查理二世和他的最后一任政府成功地建立了一套国家权力机器，是其父和祖父（或者在这一层面上，甚至护国主克伦威尔）几乎做梦也想不到的。当然，他父亲和祖父生活的年代比起这时候好像已经是遥不可及了，那时候的动力是激情和笼罩着虔信的偏激。桑德兰等人已经是现代政治动物，他们理解普遍存在的贪婪、野心和自我中心是人性的基础，虽然三者都是令人遗憾地卑鄙，却都可以加以利用。说一千道一万，沙夫茨伯里说到底还是属于自以为是地干管理工作的那一代人。另一方面，桑德兰和他那一类人是第一代的现代政治管理者，他们的权力润滑剂是金钱。

更要紧的是，他们懂得所有如何利用半真半假和可怕人物的策略。如果郡里有一些抗议，说上层对本地事务胡乱干预，他们只要祭出可怕的克伦威尔式革命幽灵，就能封住绅士们的嘴而安然无恙。1683 年，一群共和派人——其中有两个贵族阿尔杰农·西德尼（Algernon Sidney）和威廉·拉塞尔伯爵（Lord William Russell），还有前平等主义者约翰·威尔德曼——对沙夫茨伯里的背叛充满不满和激愤，转而阴谋尝试让蒙茅斯公爵当国王。一旦这个黑麦屋阴谋（Rye House Plot）被揭露，政府立即意识到这是个天赐良机而非威胁。主犯被判叛国罪而砍头，西德尼在行刑前夜给伦敦治安官（Sheriff of London）写信，英勇地坚持说，"上帝已应允各民族成立最能取悦于他们自己的政府的自由"，以及"地方法官是为民族之利益而设，而不是民族为了地方法官的荣耀而存在"。因为这些坦率而明确的煽动言词，政府就为市镇特许状里的激烈干预政策辩护，说围剿和肃清都事关英格兰国家安全。

要不是说只可惜他无福消受这个世俗世界太多的声色犬马，1685 年2 月查理二世死了，他应该会满意地知道英格兰这时候对君主制来说是安全的。伊夫林最后一次看见国王的时候，他看到了令人沮丧的情景："不可言喻的奢华、世俗嬉戏以及所有腐朽，仿佛完全忘记了上帝（那是个星期天的晚上）……国王和他的情妇朴茨茅斯及克利夫兰坐在一起，和她们调情……一个法兰西男孩唱着情歌，在那个辉煌的大厅里，大约20 名廷臣与其他腐朽的人在赌玩短腿猎犬，围着一张大桌子，一堆至少2 000 个金币在他们面前……极端浮华的感觉。"查理二世应该是以为自己总会有足够的时间忏悔的，最后，他接受了弟弟的建议重新回到老教会（Mother Church）的怀抱，忏悔了自己的罪孽（或者做了必要的简短的回顾），相应地，老教会采用天主教的仪式宽恕了他。查理二世也许私下里拿最后这个小小的仪式当了自己得意的例子，觉得斯图亚特王朝也许可以在英格兰国教的王国框架里幸存下去。以前他的母亲都错了！现在这样对他弟弟是多好的前景！詹姆士只需要遵守那个巧妙设计的限定，在此范围内他可以自由地践行信条，接受议会选举的事实，不要把自己的特权交给议会（比如挑选大臣的权力），遵从议会对军事和教会人事的任命，然后以常识之道安居王位即可。

起初，看起来事情必定会这样，尽管后来为了要满足辉格党的历史观，他们争辩说詹姆士二世从一开始就是个异数，是英格兰政体中的一个非本土因素，注定要以被驱逐收场，但事实上，那时候还真的没什么事是必定像后面所展示的那样［当然，即使 1688 年 11 月 5 日奥兰治的威廉在托贝（Torbay）登陆后，只要詹姆士二世聪明地见机行事，也许保住王位并非难事］。新君詹姆士二世的第一批行动之一是向坎特伯雷大主教威廉·桑克洛夫特保证，他"不采取任何行为反对普通法确立的宗教"，但是，又相当不吉利地加了一句"除非你先对我食言"。1685 年的议会选举基本没有什么太大竞争，出现了以托利党保王党为主的有利局面，这更明显地表示詹姆士已继承了哥哥留给他的公众忠诚这个事实，他们一如既往地忠于他。蒙茅斯公爵试图在英格兰西部（同时在苏格兰的阿盖尔公爵也在发动叛乱）通过武力实施《排除法》，绝大部分英格兰人都对蒙茅斯冷眼相待。他的军队不中用，政治上又无能，两样加在一起挫败了他。由乔治·杰弗里法官（Judge George Jeffreys）领导的"血腥巡回法庭"（Bloody Assizes），恶狠狠地用过重的量刑审判那些叛乱分子。那时候的政治斗争成排地吊死人没什么大不了的，因此巡回法庭的残暴只是在随后的辉格党历史上比较有名，甚至在以后比当时的名气还大。

心有不甘的辉格党人可以稍稍安慰自己的是，死神这个大清除家最终会替他们赢下这一仗。因为詹姆士当上国王的时候已经 52 岁，按照 17 世纪的标准，即使不算很老也是中年了，而且他还没儿子。他的继承人是安妮·海德生的两个女儿玛丽和安妮，她俩都不听父亲的，还是新教徒。1677 年，玛丽由丹比牵线结了婚，嫁的不是别人，正是奥兰治亲王，即后来的威廉三世，此时他已经扮演了（而且有充分的理由）反对路易十四天主教扩张主义侵略的国际新教抵抗英雄角色。还有，威廉的故事通过对 1672 年战争的宣传，其辉煌历史经由天才的荷兰历史出版者罗梅因·德·胡格（Romeyn de Hooghe）与亚伯拉罕·德·威克沃特（Abraham de Wicquevoort）的插图本，在英格兰家喻户晓。和一个世纪前的西班牙人很像，这些路易十四的法兰西天主教军队令人难忘的形象，被描绘成没有人性的掠夺者，专事强奸、肢解（把婴儿钉在尖桩上、把孕妇剖腹、殴打老人，这些都是平常的事），而一边总是胖胖的、幸灾乐祸的天主教会修士们在重新奉献给罗马天主教教廷的原新教教堂里大唱弥撒。

正因为这种不祥的国际宗教战争观念死灰复燃，以及他错把自己放逐到另一边的不安定感觉，才导致詹姆士二世出了岔子。哥哥传给他的英格兰国体设计出于实用又别出心裁，但上帝用圣油膏抹了他，除了给权力的车轮和齿轮上上润滑油，无疑，总还有一点儿别的意图。如果在他们全家经历了所有的麻烦和艰苦跋涉之后，万能的上帝认为让他继承英格兰王位是合适的，他怎么能不管上帝的意愿自顾自地一边儿玩儿去呢？那么赶快行动起来吧。

开始时，要詹姆士二世严肃对待这个强烈的使命感可不容易。尽管詹姆士二世内心庄严肃穆，但他的行为却酷肖乃兄，一边和情妇凯瑟琳·塞德利（Catherine Sedley）打得火热，一边高调地公开去望弥撒，这就很说明问题。无疑，不论他多么无趣粗糙，这个男人还是懂得在政治上怎么讨巧，正如他谙悉如何讨好异性。干吗要毁掉一桩好事？查理二世的"安排"有什么不好——只要詹姆士二世不尝试撤销它们，谁也不能对他横加惩罚反对天主教不是？

　　然而，虽然查理一世的这两个宝贝儿子性情大不相同，但他们俩却都一本正经地对不列颠的政治命运意欲有所作为。尽管为人精明，查理二世本质上是个多元论者，他不一定同意别人的意见，但愿意倾听人家的想法（就是说，除了沙夫茨伯里）。如果说查理一定程度上能接受多样性，詹姆士却是不可救药地一根筋。毫不奇怪，他发明了一种"通用沙司"（Universal Sauce），用欧芹、干吐司和醋在研钵里打烂，他认为这个沙司就可以适用于鱼、猪肉和禽肉了，他还很为此自豪。如果下的功夫足够，只要敢坚持下去，也许他认为就可以让英格兰人民接受他的宗教与国家观点。他受限于哥哥设置的束缚，打从继位以来，就对这些束缚不满。当然詹姆士的目标不是让英格兰一夜之间回归罗马，他只要有一丁点儿关于倒霉的玛丽·都铎统治时期那段历史的知识，显然就不会那么干。1672 年，他哥哥小试了一把，曾经将刑法的尺度放宽一些，允许天主教徒在自家高墙后践行信仰，但詹姆士一定要比哥哥的步子迈得大一点儿。他对桑克洛夫特和主教们明言，如果不能自由公开地当众礼拜，他不会满意，对大臣们他也这样说；他也没有忘记自己因为《验证法》（Test Act）的结果而被迫辞去公职这一羞辱，他声称要么撤销，要么动用他的王室"分配权"（dispensing）颁布一个"声明"（Declaration），实质性地中止它，还有，要停止其他对天主教徒和非英格兰新教的新教徒信仰活动的惩罚。

　　可是，在 1662 年和 1672 年，查理二世要推进他的谨慎措施时，王室"分配权"就已经被判定为非法。高教会派（High Church）和乡村托利党人绅士曾经蜂拥而来地拥护斯图亚特王朝，反对沙夫茨伯里和蒙茅斯，因此詹姆士二世为什么会一厢情愿地认为他们此时会改弦更张，这真是个谜团。同样，詹姆士高估了自己，以为能轻易地说服他的天然选民，告诉支持国王的选民重新接续英格兰自 16 世纪 30 年代就与罗马天主教廷分离的官方关系，或者再次在英格兰各地设立罗马教皇的四个代理主教（Apostolic），或者在陆军和海军里任命天主教军官，都不会有什么不好的影响。他为什么要想象能让英格兰人民接受一夜之间到处可见天主教信仰活动——各披其服的教士、修女，在宗教节日里公开游行，教堂里再一次响起弥撒的声音？可是到了1687年，詹姆士不再听取——至少没耐心地倾听——理性的意见。他忙着发布警告，闪烁其词地威胁英格兰新教的主教们最好不要反对他的意愿，否则"我就想法子绕过你做我的事"。詹姆士只听到自己脑子里的声音，而它们在唱着称颂上帝的和撒那。

这时刻，英格兰却按照正常程序发出警告，接着展开斗争。但这其实并不是反动与进步力量、愚昧专制与宪政自由的较量那么简单，那只是后世的辉格党人喜欢讲的"光荣革命"历史。辉格党人其实只是那场革命主要的但不是唯一的受益者（"光荣革命"后，议会里仍然有大批托利党人），且绝不是辉格党人促成"光荣革命"的。英格兰在《排除法》危机里惨败给了查理二世与1688年胜利的区别在于英格兰托利党——即主教、议员和乡村绅士阶层——尽管按照新教的教条要求，他们是应该坚持不抵抗的，但这个时候他们却被迫奋起反抗詹姆士二世了；签发邀请，在请威廉到英格兰来保障"议会的自由"以及英格兰教会的"七贤"中，有最反对辉格党的大佬丹比。对于托利党人来说，服从的前提从来都不是无条件的，他们的口号是"服从合法的命令"。到1688年1月，他们已确信詹姆士二世才是真正的革命者，他在寻求推翻复辟所代表的一切，那么就要尽一切可能阻止他；即使最忠诚的托利党人也允许国王自废王位（像爱德华二世曾经做的那样），因此，要根据君主本人的特定情况，看能否解除维系托利党人对国王忠诚的约束。

那么詹姆士二世是革命党吗？冷静客观地掂量1687—1688年冲突的双方到底各自代表了什么，就需要通盘考虑所有英格兰人关于善、恶和宪政的保守习见。1688—1690年的形势也许是有其他意义，但肯定不是麦考莱所断言的摩尼教（Manichaean）那种简单的所谓光明与黑暗力量之间的战斗。很多关于詹姆士二世的说法都是从后世历史学流行的观点，即他本身罪有应得推断而来，甚至说什么长鼻子的人（实际上和同时期的肖像画相比，既不更多，也没更少"傲慢"）就是无可救药的暴脾气，当然也并不是说把詹姆士二世刻画成这么一副形象就是错了。很明显，詹姆士二世不如乃兄风趣，可是他至少和查理二世一样聪明，在海军战役中表现得更能胜任指挥战斗，还有，无疑他更认真负责地关心政府。很多流传下来的关于他残暴独裁的成见是历史赢家事后所写的。不管怎么说，毫无疑问，詹姆士二世绝对相信王权神圣，坚信议会有权提出建议、批评，甚至提议立法，但是只要他愿意，他就有权全部否决，而且坚信事情就该如此终裁。然而，毕竟詹姆士二世要挑起事端的缘由是宽容，即"良心自由"。本来那是克伦威尔苦口婆心拾掇的，只是詹姆士二世并不像克伦威尔执政时那样，而是要把"良心自由"扩展到天主教身上。无怪乎，在詹姆士二世最热心的同盟中不单有天主教徒，还有持异见者，如贵格会教徒小威廉·佩恩（William Penn the younger）。另外，也有一批具有理性和科学头脑的人是和国王站在一起的，比如詹姆士二世的海军大臣（Secretary of the Navy）兼人文理性的代表人物佩皮斯，他们一直到凄风苦雨的最后都忠于他。事实上传统历史学说都给予了欧洲18世纪的"开明专制者们"，如腓特烈大帝（Frederick the Great）与约瑟夫二世皇帝（Emperor Joseph II）很高的评价，因为他们在臣民中推行宗教宽容政策，反而詹姆士二世没有受到这样的褒奖，这是相当奇特的现象。至少从伊丽莎白一世在位以来，残酷的殖民战争摧毁了爱尔兰，土生土长的地主被逐出家园。詹姆士二世曾经冒着政治风险吃力不讨好地要扭转这种局面，请注意，只有他是第一个真正这么做的英格兰国王。麦考莱指责他的所谓"红衣主教之罪"，是指国王莫名其妙地表现出赞同维多利亚时代历史学家口中轻蔑的那些"土著"。反过来，反对詹姆士二世的那些人结成同盟，他们的共同基础是一种典型的克伦威尔式的偏执，1689—1690年的战争非常清楚地表明了这一点。

但是——正如不列颠这类宗教战争故事，以前常常也这样——在记载了所有这些申诉理由之后，要理解辉格党人做对了什么也一样重要。他们怀疑詹姆士二世会宽容天主教，然后扩大到"狂热者"，即非英格兰国教的新教徒（"fanatic" Nonconformist）教派。辉格派怀疑他的仁慈只是一种策略而不是出于内心真诚的态度。这怀疑并非空穴来风。这些多疑者也许会争辩说，假设一下，在《验证法》下给国王定的罪能得到赦免，詹姆士二世可以公开信仰天主教和布道，因此罗马天主教教廷（正如詹姆士二世从不隐瞒自己这么希望）就会处在有利的地位，能说服英格兰回心转意，重投到罗马教廷的怀中。这么一来，英格兰会是个什么样子？看在上帝的份儿上，路易十四统治下的法兰西不是在国际上就以宽容氛围而闻名吗？在法兰西王国，所有派别的基督徒都能和平地践行信仰吗？怀疑者需要做的全部，就是指出路易十四统治期内最无耻的案例正好发生在詹姆士二世登基那一年（也像平常那样伴随着法兰西对斯图亚特朝廷的施舍）：把法兰西境内的胡格诺教派社区连根拔起，全部驱逐出境。这在英格兰看来，这可不是什么很遥远或无关紧要的事。有关胡格诺教派受到残酷对待的传说，以及他们出走去了新教地界——特别是尼德兰——的事，直到17世纪80年代中期，才给什么叫忠于信仰指出了真实明确的含义。这么一来，一场泛欧洲战争似乎不可避免。胡格诺教派移民带着无数财富、技能及天才去了各处，其中当然包括伦敦，这不仅是那些持异见者同伴们使他们变得受欢迎。伦敦主教亨利·康普顿（Henry Compton）——他惹得詹姆士二世非常不高兴，国王让人把他从伦敦主教教区迁走弄到别的地方去了——最积极地组织救援受迫害的胡格诺教派难民。当然，荷兰版画刻印者和作家们出产了大批可怜的形象一遍遍地翻来覆去地讲述他们的故事。

那么，毫不奇怪，非英格兰国教的新教信仰者对詹姆士二世为他们所做的努力，一点儿也不觉得有什么必要感激国王。长老会派尤其警告自己的信众不要接受国王的好意。这样到头来，国王要为之奉献的教会和专制主义君主制实际上被局限在了一个非常狭隘的范围里。他在爱尔兰政治上没有牵绊，实际上是在禁止宽容新教异见者。詹姆士二世其实是向假定反对他意愿的传统英格兰机构——大学、主教及司法界——宣战了，他抨击他们的力度之大，说明他并不是真的有意要建立一个宽容的、精神多元化的共和国。"滚一边儿去！"牛津莫德林学院（Magdalen College）反对他提名的天主教徒做院长。他从学院联谊会里退出的时候冲着会员们嚷嚷："搞清楚我是你们的国王，你们得服从我，我现在命令你们走开。去和牛津主教、头儿、校长，不管学院里你们叫什么的……我指学院院长，叫他们拒绝，让他们留神，他们会知道得罪国王不是好玩儿的。"

威廉·佩恩竭力规劝詹姆士二世走一条中间线路（就像查理一世也曾有那样的机会），他恳求国王不必坚持正式地废除《验证法》，而满足于在现实里宽容就行了，那么那些英格兰教会里、郡县里你已经疏远了的人就会恢复他们对王室天然的忠诚，形势就会转危为安。但是实际上詹姆士二世决定要抛弃他们，相信只要反方联手——天主教徒、极端君主主义者和持异见者——某种情形下就能保他度过危机。无疑，他想象着自己和哥哥在1680—1681年一样坚定，那时候查理二世为他拉拢了英格兰政坛的大部分人，但詹姆士二世此时却疏远了他们。那时是沙夫茨伯里冥顽不化地自己把自己逼进了死胡同。这时候轮到詹姆士二世来做和沙夫茨伯里同样的事，结局也与伯爵一样悲惨。事后来看，国王如此一本正经地希望天主教徒和持异见者联手就能抵销得了辉格党与托利党绅士贵族们联盟的巨大力量，真是匪夷所思，更别说天主教徒和持异见者几乎是不可能联手的。但是，他一定是相信自己手里拥有的王牌，即王权神秘的能量。借助于托利党人一直在鼓吹的国王至高无上的权威，詹姆士二世希望起码能分化敌对阵营，使足够多的人听从自己，就能废止《验证法》转而通过他的新《信教自由宣言》，必要的时候甚至无须议会的同意，大家也能接受天主教军官在军中任职。事实上，这个主张并不算太离谱，1685 年 10 月哈利法克斯侯爵（Marquis Halifax）因为拒绝执行这个亲天主教的计划而被辞退，但桑德兰留下了。很多老骑士家族为了斯图亚特家族出生入死，他们的忠诚力量非常强大，詹姆士二世但凡能冷静一些稍加利用，再稍微灵活一点儿，他都还是有可能领先对方的。可是倒霉催的，不知道什么东西让他认为，哪怕托利党人牢骚满腹最后他们都还是会改变主意跟上他的思路。毕竟，除了这样，他们还能怎么样？

　　当然，这个问题的答案是托利党人去荷兰共和国搬来了威廉，这就是 1680—1685 年英格兰造查理二世的反没有成功和 1688—1689 年英格兰成功地反掉了詹姆士二世的根本不同。所有辉格党人都参与了先前 1680—1685 年的危机，那时候他们要把明显非法的蒙茅斯公爵作为合法的王位继承人，但是这一次他们是搬出了詹姆士二世自己的女儿玛丽公主，这就完全是另一回事儿，而她的丈夫奥兰治亲王到这个时候已经有了彻底不同的另一层合法意味——欧洲反抗法兰西统治的象征性首领。1688 年，"七贤"转而求助于威廉，并没有想叫他女儿玛丽即位而取代詹姆士二世。如果曾经提出过这样的讨论，托利党人如丹比绝不会赞同这个计划，凭这个他们也无法笼络绅士阶层与他们站到同一边。其实，他们是想叫威廉和他的军队来制止詹姆士二世别再搞他那套非法行径，辉格党人和托利党人关于何为非法在一定程度相同，但没有完全一致的看法。例如，两派都同意拥有废除法令的权力是不合法的，都同意需要迫使詹姆士二世清理他的常备军及其天主教军官，仅此而已，还要保留《验证法》，对托利党人来说这就够了，但辉格党人还要国王接受议会政府的"根本法"（fundamental law）：议会在政府里是与国王枢密院同等级别的伙伴，不仅仅是可以无视的顾问资源。

那么威廉自己是什么想法？他图的又是什么？首先，同时也是最重要的，只要对荷兰有利。纯粹从不列颠历史的角度看，1688 年革命貌似是自发的。维多利亚时代的人尤其是麦考莱，将这一事件看成历史上几个关键时刻之一，即它表现了独特的英格兰自由议会主义派的光荣传统，仿佛不列颠岛被天主教专制主义从中作梗，偶感风寒，咳嗽了几声，康复后回归到威廉和玛丽的正常秩序而谦恭有礼，一如既往了。然而事实并非如此，我们需要把它放到当时欧洲的历史大背景里去考察。正如历史上以前发生的那些事——比如 1066 年——英格兰历史的转折点是由欧洲历史中的几股力量决定的，而不是英格兰本民族的力量。推翻詹姆士二世统治的力量，大约是 600 条船的庞大外国舰队载来的约 1.5 万名荷兰与日耳曼士兵，还有，如果不是两年后在爱尔兰的博伊奈（Boyne）一战中取得决定性胜利，上述力量未必就能镇得住。后者虽然发生在爱尔兰本地，却是一场不折不扣的国际冲突，战斗的双方都是欧洲大陆人而非英格兰人———一边是法兰西人，统帅是洛赞公爵（Duc de Lauzun）；另一边有 3.6 万人，其 2/3 是荷兰人、日耳曼人和丹麦人，它先由陆军元帅勋伯格（Field Marshal Schömburg）指挥，当他倒下后，国王威廉接替他亲自指挥。在这场军事大戏里，唯一一个起了决定性作用的货真价实的英格兰人是约翰·丘吉尔（John Churchill）。1688 年 11 月，他背弃了詹姆士二世转投威廉亲王；两年后，他猛烈地打击爱尔兰抵抗，更是一举定乾坤。因此就不难理解，受封为马尔博罗公爵（Duke of Marlborough）后，他接替了威廉出任欧洲战场总指挥对抗路易十四。

至于 1688 年的决定性事件还是实事求是地描述成入侵最好。无疑，当日它就是入侵而不是什么"革命"。早在接到官方邀请之前，尼德兰的威廉亲王就策划已久。他很精明，知道这是在赌博，但到了 1688 年春，他已渐渐明白如果不放手一搏才更糟糕，当时欧洲时局危急，压力在荷兰每个人头上。1672 年的灾难年（rampjaar）是奠定威廉个人威望的基础，也是在荷兰历史上留下了深重一笔的年份。在法兰西和英格兰的包围夹击下，荷兰共和国差一点儿被从欧洲的版图上抹去，只要是能阻止此类事件再次发生，威廉什么都可以做。他与玛丽公主的婚姻好像起到了一些作用，不太会闹出第二个如查理二世和路易十四签订的《多佛尔协议》（Treaty of Dover）了，但是玛丽的父亲坐在英格兰的王位上，威廉也吃不准。詹姆士二世自然和哥哥当年一样继续从路易十四手里拿到好处。如果他不能用自己的方法处理天主教信仰的问题，几乎就很肯定他会向法兰西寻求军事和财政支援。还有，威廉很明白路易十四可以有很多种方法玩死荷兰共和国，可以用经济和海军系统（尽管秘而不宣）行动合力打击荷兰人，损毁其殖民地贸易；荷兰非常依赖从波罗的海地区进口谷物和木材，而法兰西和英格兰船只联手就能轻易摧毁其进口之路。因此在 17 世纪 80 年代中期，路易十四及其更穷兵黩武的大臣们拒不履行 1679 年签署的《奈梅亨条约》（Treaty of Nijmegen），开始放纵走私民船。路易十四一定测算过，两种方法他都不会输，要不就是骄傲自大的荷兰商业王国分崩离析，要么就是荷兰共和国再一次地被迫进入战争状态，而且仍然是两面受到敌人夹击。

威廉对此心知肚明，顺应形势预备应对即将到来的冲突，着手安排荷兰共和国进入最佳的战备状态。战场上的争斗必须以宣传说服为先导，还有，斗嘴也要两面出击。在国内，他需要让原先倾向和平的商业城市，尤其是阿姆斯特丹相信，除非接受他的战争策略，要不然它们必定在法兰西的经济和海军双重攻击下损失惨重。接着威廉在日耳曼君主中，特别是对维也纳的神圣罗马帝国皇帝开展外交攻势，强调路易十四屡教不改地扩张，严重威胁到欧洲的稳定，因为路易十四打破了自己早先昭告天下要遵守的旧界线。

当然，在军事计划启动前，威廉还必须赢下公关战争的第三条战线，即英格兰内部的危机。在这里，他最好的盟友就是詹姆士二世了。到1688年年初，詹姆士二世已经和10年前站在他和他哥哥一边的所有大人物、善良的人全都闹翻了，他把一切温和的劝告都丢在脑后，革除了任何胆敢再向他进言的大臣。桑德兰等人卑躬屈膝，以为自己能成为权力仲裁人，也准备着如有必要就公开自己已回归天主教教会的身份。他们的行为使詹姆士二世更刚愎自用、鼠目寸光。这些人用恫吓取代说服，将常备军的规模几乎翻了一番，大部分是来自由天主教军官指挥的爱尔兰部队。4月，国王命令教会必须连着好几个星期天在讲坛上宣读他的《信仰自由宣言》。当好几个主教包括桑克洛夫特试图解释他们拒绝宣读的授权时，詹姆士二世暴跳如雷，宣称他们反对就是"竖起造反大旗"。这时候所有对他的做法有保留意见的人，实际上都被当成叛国罪犯遭到处置。逮捕了反对派主教里最有名的那几个，但是审判他们演变成了公关灾难，国王四面楚歌——法庭宣判这些反对派主教们无罪。不久一个法官发布自己的裁定，说国王分配权很明显是非法的，这真的刺痛了国王。幽闭后解放出来的主教们发现，全英格兰上下都在庆祝他们捍卫了英格兰自由，认为他们是自由的斗士，是亨利八世宗教改革的守护神。大家放烟火，把教皇的草人像、听取詹姆士二世忏悔的佩特罗神父的像都烧了灰。

所有这一切针锋相对都没有引起詹姆士二世半点儿犹豫，他自负地以百米冲刺的作死速度冲向了悬崖，让主教们得意吧，因为他已经有了无与伦比的武器——威尔士亲王；在数年不育的失望之后，摩德纳的玛丽终于在6月10日生下一个男婴，随即孩子以罗马天主教会方式受洗，起名为詹姆士·弗朗西斯·爱德华·斯图亚特。可以想见，虽然前几个月王后的身形已见怀孕，但此时詹姆士二世已树敌无数，他们马上都指责这是个冒牌货，是其他人的孩子，也许是国王的某个情妇生的，现在寄养在国王家的婴儿床上，这是要剥夺玛丽和她的丈夫威廉亲王的继承权。不管怎么说，这个惊人的消息马上拨快了荷兰军事行动的时钟。国王儿子出生的消息公布后才一周，无疑受到了荷兰大使迪·杰克维特（Dijkvelt）的催促，"七贤"给威廉亲王发出正式邀请要他来英格兰，不是作为征服者而是作为新教徒和自由的保护人。那正是伊丽莎白一世时代西班牙对英格兰袭击过去整整 100 年的时间，女王遗产的守护者当然不会注意不到这一事实，但这一次，来的将是一支"好无敌舰队"（Good Armada），新教之风也会有利于这支船队。

眼看着英格兰发生的事越来越不乐观，越来越不对味儿，实际上路易十四已经向詹姆士二世提起军事援助，但是斯图亚特国王坚信正义无敌，拒绝了路易。其实，到了这一步，哪怕詹姆士二世用得着法兰西人的军力了，也为时已晚，因为路易十四将一支大军派到莱茵兰（Rhineland）去了——威廉确保在那边拖住法兰西人。只是到了这个节骨眼儿上，詹姆士二世还是忍着，没有因为家庭威胁而调动自己的军事力量，没有摆开一副国家和民族进入防守的姿态，他仍然不能相信自己的女儿玛丽会允许丈夫针对自己老爸发动大规模的入侵。照事后来看，这幻想似乎幼稚得可怜，但这出大戏里的两大主角事实上非常亲近，家庭血缘关系紧密相联。詹姆士二世不只是威廉的岳父，他同时也是威廉的舅舅——詹姆士二世的姐姐（也叫玛丽）嫁给了威廉的父亲（还是叫威廉）。当然，1688 年后历史分界线将他们俩分开，但除了血脉，他们俩还有很多共同点——两人都是政治剧变的孤儿。查理一世被处决后一年，威廉的父亲荷兰执政威廉二世（Stadholder William II）行军去阿姆斯特丹，要那个城市屈服于他的意志——这完全是仿效斯图亚特王朝政治劝说手册的策略。行动不久威廉二世就去世了，儿子不久后才出生。威廉二世的政敌们抓住机会报复，为了防止奥兰治家族试图加强势力，他们将威廉三世置于国家监护下，进一步废除了执政制（Stadholderate）；威廉三世在其政敌扬·德·威特的监护和教育下长大，后者试图把他变成一个亲共和派君主，这与当年护国主时期，曾有议论说要把斯图亚特家最小的儿子格洛斯特公爵培养成"可靠的"国王何其相似。

因此，詹姆士和威廉都经历过痛失亲人和羞辱，二人都仰仗代理父亲——德·威特与克拉伦登——他们对这两个代理人的感觉充其量是酸甜苦辣都有。二人最后都过上了自卫的有点儿神秘的生活，在逆境中锤炼自己。詹姆士作为约克公爵，自然比威廉三世在无执政时代的荷兰共和国过的日子相对容易轻松一些，但他的地位也是不牢固的，不足以保护他。《验证法》后他被迫离职，到《排除法》危机时还曾经被送出英格兰（到了苏格兰，他又承受了长老会的很多打击）。二人最后都变得沉默不语，习惯性地多疑，蔑视哪怕是有教养的说笑，除非背后有强硬的军事力量支持，他们都不太相信政治谈判。

1688年，詹姆士二世和威廉三世在某一方面绝对不同，恰恰到最后它起了决定性作用：他们看印刷宣传品的功效，他们各自所处的背景决定了命运。尽管他踩着德·威特那家人登上了权位，复原了陆军统帅和海军上将的职位，在过去的16年的时间里，威廉仍然要和荷兰共和国复杂、利害互相咬合、高度分散的机构争权夺利。恐吓、威逼都没什么用，通往权力之路最后靠的是钱，而不是君王的神秘力量。荷兰共和国是现代政体的雏形，商品市场发达，人们的思想丰富多样，宗教要求多元化，权力分散而非集中。得知荷兰共和国以宽容闻名，詹姆士真的想尝试利用它。当他们俩曾经多次通信讨论这个问题的时候，詹姆士试图以自己的《信仰自由宣言》为代表承诺宽容，但他大出意料地发现，威廉实际上在卫护《验证法》。威廉说为了英格兰国教教会的将来考虑，为了不引起英格兰新教教徒思想上的混乱，虽然遗憾，但《验证法》却是必须的工具。

威廉这个反应说明1688年夏，他和他的首席大臣（Chief Minister）、大州长贾斯珀·法盖尔（Grand Pensionary Gaspar Fagel）非常注重自己事业的公关效应，正如积极准备军事计划一样。多达 6 万份的声明印出来，作为荷兰大军的先导，为自己的出师正名，精心避免哪怕丝毫的暗示说威廉和玛丽是来取代詹姆士二世之位，是来征服的，不厌其烦地重复说他们的目的是复辟而不是革命：恢复英格兰国教教会，恢复议会秩序和政府，恢复法律统治，恢复真正的英格兰君主制，取代由耶稣会会士统治的天主教"专政"，即詹姆士二世正在进行安置的独裁法庭和爱尔兰军队。

正如 1066 年和 1588 年，谋略还得看天意或者说看天气，包括陆军精锐在内的荷兰无敌舰队及其庞大队伍在席凡宁根启航前足足等了三个月。也许受了英格兰最有影响力的赞助者丹比的影响，选定的登陆点是英格兰东北海岸［正是亨利·博林布鲁克（Henry Bolingbroke）起兵反抗理查二世的地方］，远离詹姆士二世军队集中的东南部，以便在遭遇国王的军队前占得一些先机。丹比保证自己的约克郡会响应起义支持，但是 10 月末的新教风对威廉的舰队太仁慈了，把他吹得偏离了选定的路线，直送到多佛尔海峡以西，而不是英格兰东北。最后，上帝不再含糊而是表明他站在新教绅士这边，因为就在 11 月 5 日议会火药阴谋案纪念日那天，威廉在德文郡的托贝登陆。

詹姆士二世全面认真地思考了自己的地位后，从不相信变得惊愕失措，慌乱中，他紧急开倒车，把一切引起冒犯的事全倒了个儿：撤销了《信仰自由宣言》，举行新的选举；规定罗马天主教徒没有资格当选军官；重新任用被开除了的英格兰国教教会和国家政府的高级官员。但是一切都为时太晚、太晚了。那些愤愤不平的合伙人——还有特别是托利党人绅士和国教教会——他们只愿意相信，只有威廉的军队和亲王本人才能保证让詹姆士二世不再食言，并且把他宠信的常备军中立化[1]。事实上，

---

[1]　也就是去除天主教徒军官。——译者注

假如詹姆士二世不是慌得六神无主，他依然能控制局面，或者至少经受得住损失，因为至少在数字上他的军队力量是奥兰治亲王的两倍，只是这4万人散落在全英格兰各地，然而詹姆士二世崩溃了，他跌落进了远古的噩梦，觉得没有安全可言，尤其是国王一家老小的人身安全没有保障，因此他将收拢得来的人马起码一半安排在伦敦的南部。他也根本吃不准，剩下的军队调遣去西南方向的索尔兹伯里临阵时会不会愿意战斗——针对天主教军官的哗变报告到处都是。接着又是一下重重的打击，这比听到荷兰舰队通过了多佛尔海峡更使他震惊：他的小女儿安妮公主也消失了，再出现的时候是在姐夫的营帐里，原来她叛逃去了那里。

这时，詹姆士二世领着剩余部队进入威尔特郡。他自己的状况就不能激起部队的斗志，失眠加上长期流鼻血，他愁眉不展，部下也无精打采的，甚至都没地图。他们一心想要迎头痛击威廉，可居然没人知道怎么找到他。詹姆士二世非常担心留在空城首都的王后和威尔士亲王，最后他决定不再寻找威廉，从索尔兹伯里掉头返回伦敦。可还没到首都呢，他又听说自己最器重的将军约翰·丘吉尔叛变了，这可是他这辈子都无法忘怀、无法原谅的。

这时威廉的军队一路上畅通无阻，日益壮大。他非常小心精明地要着手腕：他让部队在伦敦以西64公里的地方停下，告知大家，相信詹姆士二世也会把他的队伍相应地往东撤退，然后利用这段时间，议会可以不受任何胁迫地仔细考虑英格兰王国的命运。事实上，这些要求的所谓适度性是为了蒙蔽民众。王室在民众心中的地位一落千丈，辉格党人怎么可能放过这个大好机会不对詹姆士二世落井下石，索性直接撂倒他。威廉眼见着自己鸿运当头，能比仲裁人更进一步，同样也不可能不受诱惑，只是为了稳住并且拉拢住托利党人，至少要给他们一点儿甜头，希望詹姆士二世一如既往地轻蔑地拒绝。这时詹姆士二世唯一的办法是接受威廉的挑战，然后接受他们提出的条件。但是12月的第一周，詹姆士二世记起了父亲落入敌人之手、失去了全部行动自由、最后搭上性命的过程，深受此恶梦困扰。如果说詹姆士二世比其父更加焦虑的，那就是威尔士亲王的安危，因为这个褓褓中的婴儿将是他事业的最终救赎。因此他推诿搪塞拖足时间，只等王后和威尔士亲王安全地离去，奔向法兰西。詹姆士二世告诉贵族会议他将留下来继续和威廉谈判，但几小时后他就开溜了，那是1688年12月11日凌晨3点。詹姆士二世已变成一头愤怒悔恨的困兽，在不可名状的激愤中，他做了一件幼稚的怨怼之事。新的自由议会法令和大国玺一起拿到了他面前，法令随即烧毁了，当詹姆士二世路过泰晤士河去南岸时，他将大国玺扔进了河里，还真不如把王冠也丢进泥水里呢。

对于辉格党人来说，这完全出乎意料的转折比他们最狂野的梦想都要好。托利党人吓坏了，因为整个运动中，他们都没有要把詹姆士二世拉下王位的意思；相反，他们只是要他别拿法律当儿戏。然而，不久后，最深思熟虑的托利党人意识到国王这样仓促出逃实际上让他们得到了良心解脱，老是想到自己曾起意造反反对涂抹过神圣膏油的君王，这太让人难受了。那么如果说王位被腾空——出现了一个空缺，这是天意和英格兰国家都憎恨的，这怎么解释？这个争论从前有过，1399年，当理查二世的绝大部分时间都在伦敦塔里时，英格兰就曾似是而非地辩论过。但这一回是詹姆士二世自己跑掉了。如果他们不想——上帝不许——英格兰故态复萌回到共和国，那么最好赶快拿出有关王室的解决方案。

然而詹姆士二世匪夷所思地又回到了伦敦，一时之间引起混乱，以上所有这些小算盘都被抛到了脑后。当他快上船时被认了出来（尽管他扮作逃亡神父，而非国王），他被搜了身，身体受到骚扰。实际上，他的状态不佳，样子非常可怜，数年来头一次，伦敦百姓为之动容。对威廉和辉格党人来说，幸运的是，詹姆士二世无心听取人们对他的欢呼，他唯一的念头是速速离开英格兰，当然，他的捕获者们非常乐意助他一臂之力，这一下他一去不复返了。

王位真的空缺了，30 年里召开第二次临时议会来讨论英格兰的前途，尽管辉格党人和托利党人（后者作为少数派回归，但仍然拥有相当实力）以及全英格兰都认为这次集会是自由的议会，但它其实是在外国力量占领条件下进行的，荷兰士兵在威斯敏斯特、白厅和伦敦城大部分地方巡逻。不消说，威廉的野心膨胀了，随着形势发展到这样没有人能挑战他在英格兰的军事地位，他的态度也强硬了起来。詹姆士二世出走法兰西改变了他们冲突的动态，不必再关注那些令人伤感的细节，因为詹姆士二世到了法兰西，他就不再是个客人，而是欧洲各地正在进行的国际战争同盟的一员。因此议会提交给威廉一种夹生的安排规定，也许不足以使他面对眼前的严峻考验。事实上，临时议会分裂了。议会平民院的大部分辉格党人都赞同威廉和玛丽马上继位，这么做的根据是詹姆士二世已经公开违背了自己的加冕礼誓言，撕毁了国王和人民的契约；这是已经自己放弃了王位。议会贵族院的大部分托利党人却不认可这种契约，相反，他们遁入王位"空缺"争辩，即王位需要填补但不得改变其神圣的正当性。托利党人妥协说威廉和玛丽可以当摄政王，直到詹姆士二世去世，届时王位将传给詹姆士二世指定的合法继承人；当然，两边都没有明确提及威尔士亲王这个碍事儿的存在。

然而，正是因为威尔士亲王这一事实——以及随着时间推移，他的合法性只会增强而非减弱——使得威廉意识到，他必须抓住这个千载难逢的大好时机，所谓时不再来，他对时间的感觉真是无与伦比。因此，趁着大街上荷兰穿蓝色军服的军人们还在，威廉直接否决了所有不包括王位的动议。他当然知道，最后托利党人也没有选择余地。他隐晦地威胁说，如果事情不解决他就会马上离开，这又使托利党人开始焦灼不安。2 月 6 日，议会贵族院屈服了。

一周后，即 1689 年 2 月 13 日，威廉与玛丽被宣布为英格兰国王和女王。4 月 11 日，在他们的加冕礼上，在王冠戴上他们的额头之前，宣读了临时议会通过的一个《权利宣言》（Declaration of Rights），这个时刻不仅仅是礼仪式的，还深刻地影响到君主制在不列颠未来的地位，因为它庄严宣告国王承诺长期议会和护国王时期的各种改制是自己权力的一个前提条件。国王不再设常备军，不再有分配权，不得再要求议会同意之外的税收，不再重新设立无论宗教的还是民事的特别法庭，保证请愿自由、选举自由，议会要每年召开。后来在春季，《宽容法令》（Act of Toleration）通过了，它的条例里缺少很多保障，没有扩展到所有基督教教区 [比如，那些否认三一教会（the Trinity）的教区]。但是，正如约翰·洛克给一个荷兰共和国的朋友写的信里说的："在我们的国家里，宽容总算以法律形式得到确立，也许还没有你和你的真正基督徒朋友所希望的范围那么广，不能指望更多了，也不必嫉妒，但它取得的进步到目前为止还是可观的。我希望，有这些做开端为自由与和平打下基础，总有一天，基督的大同教会（Church of Christ）能建成。"

不管其他还有什么，1700 年的英格兰国家状况无疑不再是 1603 年或 1660 年的斯图亚特王朝，威廉政府的确有一个真正的先驱——奥利弗·克伦威尔的护国主时期。1657 年太过于匆忙地建立的政体——"单人与（两）议会"、保证常规选举及有限宽容——貌似是 1688 年后发展出来的英格兰事态的真实蓝本。从这个角度说，至少，也许可以说真正的"空缺期"是 1659—1687 年！在《谦卑请愿和劝告》里描述的政府，正好吻合了那个时候英格兰大部分地主统治精英们想要的，在花了一代人的时间后，威廉政府出现，他们总算如愿以偿。

弑君者共和派的最后一人老埃德蒙·勒德洛，在 71 岁时离开自己在瑞士莱蒙湖（Lac Leman）边的流亡居所，启程去英格兰，想亲眼看看威廉是不是他所希望的新犹太勇士吉迪恩。当然，如上面所说，事实并不是他所预料的那样。勒德洛带着苦涩回忆起战友们或在洛桑（Lausanne）

被暗杀，或在流亡中悲惨地死于贫穷。他还记得那些"旧时好事业"
（Good Old Cause）的战士们，诸如英格兰的阿尔杰农·西德尼被人告发
而绞死。但是勒德洛天真的想象 1689 年的问题和 40 年前是一样的，就
是"国王是否像神那样根据自己的意愿统治；英格兰民族是否被野兽统
治，或者人民自治，或者经过人民同意的管理。"这是勒德洛一厢情愿。
等到了伦敦，除了晚上与共和国崩盘后的无数幸存者们，比如约翰·威
尔德曼等相谈言欢，勒德洛注定要清醒过来，明白了威廉可没有什么兴
趣来鼓励英格兰搞一个基于大众同意的政府，他既不是头顶王冠的共和
派，也不是犹太勇士吉迪恩。在勒德洛看来，他是所有重生者中最糟糕
的那位：威廉就是第二个克伦威尔。不久，平民院里就流传着有关著名
弑君者埃德蒙·勒德洛现身的激愤谣言——这些话的背后支持者是新国
王；不等事情变得更糟，勒德洛将自己的一把老骨头带回了瑞士。

　　后来，像勒德洛这样的人要旅行得远一点儿才能找到自己能陆
藏的应许之地：实际上，跨过大西洋，在那里很多追寻真正新世界的
人，比如小威廉·佩恩，找到了自己的可用武之地。"革命解决方案"
（Revolutionary Settlement）最后落得个三不像，可稀奇的是，正因为这
样，它反而力道十足，取得了不俗的成绩。1689 年的悬案——在这个框
架里产生了能包容大家对于英格兰曾经发生了什么事又怎么才能继续下
去的相互冲突的观点的政体——却成了一个成功而非失败的举措，因为
它缔造了一个辩论王国，大家可以对英格兰宪法和政府进行激烈争辩而
不必激发全面内战。

　　托马斯·霍布斯——他活到见证了天主教阴谋——曾经坚持要包容
辩论，就只能向全能裁判"利维坦"交出自由，向他投降。然而如果说
威廉真的已经大权在握，他也没有全权独揽；国王对党派政治的打闹沸
腾感到震惊，不胜烦恼，正是对它的肯定，虽然这具有反讽意味。威廉
曾设想自己将引领一个感恩又团结的英格兰民族进入欧洲战争，他以为

这会同时符合英格兰人和荷兰人的利益。可是相反，他发现自己领头闹的事越闹越厉害，英格兰政界拒绝在军事上服从威廉，双方不能步调一致地前进；他越施加压力，给他带来的麻烦更多。17 世纪 90 年代，因为英格兰在打仗，成立了第一届议会决算委员会（Committee of Account），政府官员要向它做述职报告。《三年法》（Triennial Act，1657 年又进行了更新）保证了议会对政府的监管将是永久性的而非间歇性的英格兰政治系统的特征。不管这有多么如芒刺在背，威廉也只得学着与之共处，因为最终他发现，毕竟英格兰不需要利维坦，只需要一个董事会主席。

放眼欧洲别处，可找不到这么独特的政体：实干的政府机构与党派激辩共存。麦考莱在其巨著《英格兰历史》（History of England）第三卷的末尾说，这是移植了一个真正的议会系统，为避免日后专制君权被激烈得多的一次次革命推翻预设了一个前提。不管他这个说法是多么沾沾自喜，其结论仍可谓公允："为我们拥有法律权威、财产安全、大街小巷的安宁、家庭幸福，因此我们由衷地感激，感谢长期议会、临时议会和奥兰治亲王威廉，是他们在他的领导下拆毁了各民族，这随了他的心愿。"

那么到底是谁在给奥兰治亲王威廉盖棺论定时大放溢美之词的呢？自然是英格兰人，因为麦考莱忘了在赞歌里加上一句，英格兰人的自由是踏在爱尔兰人及苏格兰高地人的尸体上赢来的。假如说 1689 年是英格兰的荣耀，那却是不列颠的悲剧。在英格兰以外，这个克伦威尔化身一手打造了无法可依、财产没有保障、街头混战及凄苦的家庭悲哀，这些克伦威尔当政时的政治遗产长久地流传了下来，一如威廉自己带来的"光荣革命"（Glorious Revolution）的各项荣耀。

因为尽管爱尔兰地处欧洲地理的西方边缘，大陆战争却总是无情地波及它。这既不是第一次也不是最后一次，它又在打一场欧洲战争，又是进行代理又是出钱，结果代价高昂。威廉开始其英格兰事业的时候，就知道不会停止在特威德河边或爱尔兰海这边，他的悲观预测对他很管用。1689 年 3 月，威廉和玛丽登基前一个月，詹姆士二世登陆了爱尔兰。在那里洛赞公爵指挥下的二万法兰西军队支持着他，几万名爱尔兰天主教徒踊跃地志愿加入他的军队。5 月，詹姆士二世和"爱国者议会"（Patriot Parliament）在都柏林撤销了克伦威尔的《土地继承法》（Land Settlement，他哥哥查理二世已经承认其永久有效），将没收的土地归还给原先的地主，在政府各部门重新安插天主教徒。自从爱尔兰与伊丽莎白一世的英格兰战争之后，这是它第一次被控制在土生土长的爱尔兰人手里（麦考莱称他们为aboriginals，即土著）；不幸的是，同时他们还处于詹姆士二世和法兰西人的双重控制之下，后二者中可没有一个对爱尔兰人到底想要什么感兴趣，除了把他们当作一块重新征服英格兰并在英格兰重建独裁的斯图亚特王朝的垫脚石。詹姆士二世正式诅咒英格兰的宪政决定是"违反上帝的法律，违背自然和民族的"。相应地，爱尔兰议会重申国王的权力绝对神圣，足以让詹姆士二世在 1692 年直白地教导儿子，他唯一合适的追索权就是通过天主教法庭，由天主教军队保证。"你的王位权力原本是由自然和血脉传承，仅因上帝神赐国王当政，而非由你的人民，亦非经由与其协定，或任何你为其谋利益之财产所为……亦非议员或人民，不论其集体或代表，都不应该拥有任何凌驾于本国君王个人之上的强制力"。

1690 年 6 月的最后一天，在爱尔兰都柏林以北 32 公里处，博伊奈河隔开的可远不只是对垒的两军，他们同时代表了不列颠截然不同的历史命运，但双方都没有落得什么好下场。可是，也许用词恰当与否倒是其次，重点在于两边代表了相反的权力观念。詹姆士二世营帐搭在都柏林城墙与河之间，里面是宗教崇拜的仆人：上帝一样神秘的国王和信基督的、服从的群众，毫无疑问他们为信仰服务。另一边的威廉是战争机器的总工程师，他的祖父莫里斯（Maurice）的军队是史上第一支应用印刷的操练手册的。威廉向对岸的法兰西—爱尔兰战线看过去的时候，他用的是荷兰设备生产者能装备他的带有最精密透镜的望远镜（尽管他看错了方向，一颗炮弹凑巧在这时候从对面发射过来，差点儿在开战前夜就要了他的命）。他的军队真是国际化，包括丹麦人、日耳曼人，还有荷兰人、胡格诺派教徒和英格兰人，这个情况正与他这个多民族合伙国家的国王身份相称。当然，它还有国际金融支助——葡萄牙人、犹太人及胡格诺派为威廉提供资金，确切地说，专制君主们是不会为这些人提供生存空间的。

最后，当然，机械不能决定战场胜负，决定胜负的是由马匹、骑士还有枪手们完成的智慧和大胆的决策。威廉派出分队下河涉水，从两旁的翼侧包围詹姆士二世的防守者，同时威廉自己的部队骑马直冲过河急速袭击对方。法兰西人和爱尔兰人三面受敌被围，不可避免地产生了恐慌。詹姆士二世自己无心恋战，也不是特别坚决地要战斗到底。在都柏林过了一夜后，詹姆士二世又一次匆忙地离去，这时候他的逃跑技能已经练得很在行了。他结束了自己的政治生涯，正如其开始一样，末了还是做了法兰西国王的宾客。

对很多人来说，那时和以后，好像是一个章节结束了；如果单说英格兰历史，也的确如此。但如果说不列颠历史，博伊奈一战只是不列颠历史的转折，接着它翻到了血腥的下一页。

第五章

不列颠股份公司

荷兰文化非常重视守时，威廉三世统治不列颠那会儿，谁要是没有准时露面就可能得送命。1688年，精心维护校准的政治时钟（连同新教风送来好运）产生了一顶王冠和一次惨败之间的天地差别。荷兰国王期待不列颠的人们、金钱、军队都像时钟一样运行，凡事可预测、可靠。尽管这时他治理下的英格兰王国没有有规律运动的章法可循，那么紧一下弹簧、给齿轮上一点儿润滑油也许就可以保证机器走时准确，运行如常。

在威廉三世统治下的新疆域里，就数苏格兰高地人对精准最漠不关心，这真令人遗憾。那里生活着1/3的苏格兰人，他们的忠诚观念仍然是仿佛不以时间为转移的旧式骑士荣誉模式加上血缘纽带，高地人对加快现代化无动于衷。哪怕是在爱丁堡或伦敦这些地方尚存在偷牛这样明显落伍的风气。落伍们还能聚集足够的粗蛮力量伤及威廉和他的苏格兰人同盟设置的脆弱的权力机制。1689年7月27日，在苏格兰格兰皮恩（Grampians）东南的基利克兰克（Killiecrankie）河谷，第一任邓迪子爵（Viscount Dundee）约翰·格雷厄姆（John Graham）顽固又伤感地忠于詹姆士二世国王。他带领着2 000个高地勇士，其中一些还赤着脚，冲下山坡，对阵威廉三世方面的4 000名火枪手和龙骑兵。10分钟之内，600个高地人包括邓迪死于一阵训练有素的射击之下，但就在这10分钟里，他们已经尽可能多地砍死敌人，当火枪手们在笨拙地轮换填装子弹时，高地人的双刃大刀明晃晃地向他们头顶砍将过来。

可这依然没有改变历史的进程，1689年，詹姆士七世（兼英格兰詹姆士二世），自1371年以来的苏格兰斯图亚特王朝的最后一位国王，被正式废黜了，但是威廉依然只是牢牢地统治了福斯河以南。基利克兰克一战还有桀骜不驯的高地人的继续反抗令朝野震惊，使威廉在苏格兰的同盟特别是坎贝尔家族下决心要迫使其他苏格兰宗族就范。方法是软硬兼施，看哪里的人能感化，什么地方的乡下佬需要高压加屠杀。1690年夏天，威廉三世下令派出一艘战舰从阿尔斯特出发，驶过赫布里底群岛，烧毁还在支持詹姆士二世的村庄，杀死那些留在当地的倒霉蛋。在埃格岛（Eigg）上，所有男人都在苏格兰陆地上战斗，因此留在岛上的妇女都被先奸后杀。

1691年8月，这场战事的主要将领布雷多尔本伯爵（the Earl of Breadalbane）发布命令，规定1692年1月1日将是所有苏格兰人正式表示服从威廉国王行动的最后截止日。也许给的时间太长了，有的苏格兰宗族首领在威廉城堡（Fort William）总督约翰·希尔（John Hill）上校、爵士的敦促下，确实表示了效忠请求，但是还有人坚持到了最后，希望等到法兰西或爱尔兰方面出现军事奇迹，要不就是在做良心上的挣扎。其中之一就是格兰科（Glencoe）的麦克伊恩（MacIain）家族，它是坚决支持詹姆士二世的苏格兰宗族（Jacobite Clanranalds）之一。其头领第十二任格兰科族长（Chief of Glencoe）阿拉斯代尔·麦克唐纳（Alasdair Macdonald）就曾经在基利克兰克河谷一战中参加过战斗，他就一直拖延着——最后表明这真是要命，他拖延得太久了，布雷多尔本决定拿他杀鸡儆猴。我们查查地图就知道这看起来万无一失，从林尼峡湾（Loch Linnhe）旁边那个加了尖栅栏的新威廉城堡发出800名士兵，去火烧南边13公里外的格兰科，那里600名绝大部分手无寸铁的村民在山谷中的小块田地上散居。如果要制造恐怖效应，当然要流血，但是没有人会知悉此事，因为军队可以事先封锁两旁都是峭壁的山谷通道。

阿拉斯代尔·麦克唐纳耽搁了，最后才决定表示顺从，从此布雷多尔本的这些精心盘算开始走样。阿拉斯代尔·麦克唐纳希望得到远在法兰西的詹姆士二世宫廷的允诺，解除他对詹姆士二世的效忠誓言，可是一直等到最后一刻也没有片言只语到来，而时钟不祥地朝着新年"嘀嗒嘀嗒"地前进。最后阿拉斯代尔·麦克唐纳上了旧时高地的路（Highland Way），向西翻过本尼维斯山（Ben Nevis），在 12 月 31 日来到威廉城堡，向新国王威廉三世表示请求归顺。但是希尔上校告诉他来错地方了，把他打发走。他踏着深深的积雪，向南穿过西部的阿盖尔高地，向法恩湖（Loch Fyne）边的因弗雷里（Inveraray）进发。由于一路上耽搁了，麦克唐纳于次年 1 月 2 日才出现在因弗雷里，晚了一天。希尔给了他一封信，带给阿盖尔郡长阿德金格拉斯的考林爵士（Sir Colin of Ardkinglas），告诉爵士说希望即使晚了，也能够接受"伟大的格兰科迷途羊羔"前来效忠。但是郡长当天不在，只是到了 1 月 6 日考林爵士才听到麦克唐纳的话，不祥地警告他只有爱丁堡的国王私人枢密院才能裁决他的效忠是否合法。一天后，威廉三世的苏格兰大臣"斯泰尔老板"（Master of Stair）约翰·达尔林普尔（John Dalrymple）给首席将军写信，确认命令要杀掉没有顺从的地主首领："格兰科没有起誓，我很高兴，消灭这一窝盗贼就能适当地向公众澄清正义……对全民族来说，把那个盗贼的部落斩草除根是巨大优势。必须悄悄地行动，否则他们会人畜一起转移……要做到秘密突击。" 16 日，布雷多尔本签署了杀戮令。

2 月 1 日，士兵们抵达格兰科，他们的军官罗伯特·格兰里恩（Robert Glenlyon）上尉是坎贝尔家族的人，但是他和他的手下很多人都是麦克·伊恩家的远亲。苏格兰的传统要求是主人必须款待来访者，整整 10 天，120 个军官士兵被安排住下、取暖，让他们吃好喝好，而外面可是苏格兰高地的寒冬。12 日送来一个命令，要格兰里恩"开始进攻叛乱者格兰科的麦克唐纳家族，70 岁以下的格杀勿论"。凌晨 5 点，在冰冷的黑暗中，格兰里恩的队伍至少杀了他们的 35 个主人。老族长伊恩·麦克伊恩（Iain MacIain）正在起床穿衣时从背后被射死，他的遗孀耳环被抢，衣服被剥光，其他很多妇女（也被扒光衣服）和孩子都因为这样暴露在冰天雪地里而死去，伊恩·麦克伊恩的儿子们救下了族长夫人。在因弗雷里，格兰里恩让部下射杀了 9 个人，自己用刺刀"仁慈地"戳死他们。有一下子他良心发现要保护一个小男孩，但士兵射杀了孩子，说留个活口就是后患，他们在死尸上泼了粪便，把牲口牵走进了山。但是更多的村民逃走了——够多的了，因为部队没有封住山谷两端，屠杀的故事于是就传播了开来。

伦敦和爱丁堡两地马上就爆发了各人要撇清自己干系然后紧接着伪善悔过的表演，特别是那些要直接或间接为此负责的人，这时大家称这个行为是"委托屠杀"。在爱丁堡的荷里路德宫进行强制调查，苏格兰议会正式表示震惊。布雷多尔本和"斯泰尔老板"成了这次完全由官方预谋的谋杀的替罪羊。

对一切没有及时察觉到暗示和危险的人来说，它们就会造成大祸临头；如果能套用现代管理术语的话，"哭泣山谷"格兰科石楠草地上的凌晨大屠杀预示了整个不列颠帝国的标准操作实践。以后的两个世纪里，在美洲、亚洲、非洲，这样的事情发生了无数次。帝国给予"落后人民"合作机会，如果能接受，就欢迎他们在现代化企业中分赃，乃至于当合伙人；如果他们拒绝——那就把他们标识为非理性——就是自取灭亡。17 世纪 90 年代，不能简单地设想英格兰人与苏格兰人是两个对立的社会，然后说反詹姆士二世的苏格兰人在当中扮演了南方英格兰人殖民势力的没有节操的密友角色，因为这是苏格兰内部的两种文化矛盾在发生重大冲突：一个基于古老的荣誉和血缘关系的责任，另一个积极追求利益和利润。有先见之明的人已经预测到，在即将到来的下个世纪，这些社会团体之间的某种战争高潮也许马上要来到。但是，永远都无法预料的是接下来发生了如此惊人的彻底蜕变，使苏格兰从英格兰的牺牲品变成了不列颠帝国的支柱，不列颠的倒霉鬼华丽转身，成了英格兰活力最充足、最有进取心的工作伙伴。

当然在 1700 年还不能想象这种未来，苏格兰的高地宗族依然遵循着传统常规以及远古的工作和部落节庆日历——田园狩猎生活的季节性职守，家族庆贺和哀悼的仪式。苏格兰的宗族凝聚力建立在大家共有一个部落祖先的假想上，往往哪怕它只是一个传说，也已经创造了一种真正的纽带；它一路延伸，从族长通过大一些的佃户即租户（tacksmen）直到小佃农（crofter），把苏格兰人联结在一起。如果说苏格兰最大的地主开始喜欢喝波尔多（Bordeaux）红酒而不是麦芽酒和威士忌，听风笛的同时开始欣赏维奥尔琴（viola da gamba），而苏格兰高地的租户则更接近小佃农，后二者都还穿格子毛呢长披肩，说盖尔语，吃鲱鱼、燕麦片、黑香肠（blood pudding），随身佩剑，随时准备捍卫自己的荣誉。租户和小佃农们还是依照习俗之约生活，以口说为凭。

在福斯湾以南，低地苏格兰新教徒的生活已经商业化，他们和英格兰都市人一样住在城里，大家以金钱交易和法律为约为凭，二者皆用墨水书写在纸上，用硬蜡（hard wax）封起来保存。在这样的世界里，家族纽带本质上越来越成为攸关生意和钱财的事：例如领地最大化、农田资本化、提供产品在特威德河边界两岸的城镇市集上销售。卖的东西多起来，买方的胃口也就变大了，低地农庄里开始流行银器、陶瓷碟子、亚麻床单以及带转动柱的大架子床。苏格兰低地虽然还没有进入现代社会，但这里的人已经开始翘首展望未来。

在格兰科屠杀之后的几年里，苏格兰全境（尤其是南部）承受着后代历史上称为"坏年头"（ill years）的痛苦，连着几个夏天阴雨绵绵无尽，暴雨如注，苏格兰到处洪水泛滥，直到秋天还是阴雨连绵不绝，这就造成大麦和小麦的植株长不高，直接倒伏在浸透了水的泥浆地里，农人颗粒无收。偶有一年气候好一些，却因为前一年歉收，没有足够的种子也是枉然。牛羊群感染牲畜瘟疫和腐蹄病。苏格兰人对这第一次（好在也是最后一次）的大饥荒记忆深刻，125 万人口中至少 5% 死于饥饿。苏格兰高地商贩帕特里克·沃克（Patrick Walker）说看到过很多妇女在全部谷物粗粉都卖光后，不胜悲戚，她们"拍打着双手，从头上褪下衣服，哭道：'我们怎么回家去，难道要看着孩子们饿死？'"爱丁堡大学第一位医学教授罗伯特·赛布尔德爵士（Sir Robert Sibbald），也是《匮乏时期穷人如何应对的办法》（*Provision for the Poor in the Time of Dearth and Scarcity*，1699）一书的作者，就分门别类地指出人类的胃能消化哪些野草、杂草，推荐说如果没有别的肉了，可以吃猫。苏格兰的大路上满是赤贫者、被遣散的士兵以及各种各样的流浪者；一句话，这个时候在苏格兰，人们不去偷就得饿死。

然而即使在如此黑暗中，仍然有一些苏格兰人相信能看见光明，相信有一个计划真的能让苏格兰在一夜之间从羸弱痛苦中转变为全球强国，比任何格拉斯哥会计行梦想的都要富裕。这个新的喀勒多尼亚将建在巴拿马南边横跨大西洋的达里恩（Darien）地峡处，它正位于当时的世界贸易航线的反向上；在这里的棕榈树丛中，可以积攒巨额财富为苏格兰的繁荣打下基础，这将是以前从没有见过的富足。

这个计划并不像一开始听起来的那样疯狂，它是要在离现在连通太平洋和大西洋的地方的 240 公里处建设一个"自由港"，它背后的商业思路和当代的巴拿马运河是一样的；英格兰银行（Bank of England）的发起人之一苏格兰人威廉·帕特森（William Paterson）非常起劲地鼓动大家。他是在西印度群岛赚到了钱。他说亚欧之间货物运输的航程不是需要绕过非洲好望角就是必定走南美合恩角（Cape Horn），路途遥远得近乎绝望又危险，还拖了扩大亚欧贸易的后腿。他的话颇有说服力。如果苏格兰公司能实现这个"自由港"梦想，就能改变这种状况，从中国、日本出发的船只可以朝东航行，能在新爱丁堡[1]，与从欧洲向西而来的船只交换货物。这样一来，东向和西向而来的运费都将大大降低，货物在大不列颠市场就能卖得更便宜，相应地购买的需求必定会飞速上升，贸易量会以几何级数增长，那么苏格兰人就能占领世界最新、最繁华的交易场地，将要占据全球市场的顶点；苏格兰在陆路运输、交易和银行费用上将抢先占据优势，然后就等着以后运货的船队源源不断地从太平洋和大西洋上驶过来就是了。

实际上，达里恩工程的设想就是几个世纪以来阿姆斯特丹一直在提供的服务，工程一点儿也不比阿姆斯特丹更古怪，也许，正因此，威廉三世身边的荷兰财阀圈子感到它对他们的威胁极大。但是，这个项目也击中了当时认为国际贸易是零和游戏的主流正统经济思想，那时认为国际贸易是分享固定总金额的货物和金子，要实现在其中得到的份额最大化，意味着得动用国家实力——必要的话兵戎相见——锁定殖民地供给的独有资源，垄断货物运往母国的船只运输及其港口市场，只有在官方登记和特许公司的船只才能运输香料、茶叶、丝绸或糖。

然而，帕特森的"苏格兰对非洲西印度贸易公司"是另一回事，它对当时的世界贸易运输秩序看起来是个商业捣蛋鬼，在某些人眼里它是无耻地破坏重商主义秩序。它首要的——唯一的——大工程就是创立一个赤道自由贸易区，不管哪里来的买卖双方都可以来这个大洋当中的一小块地皮上讨价还价，只要谈拢价格就达成交易。无怪乎，伦敦的每一个人——除了帕特森的苏格兰人圈子和丹尼尔·笛福（Daniel Defoe）这样心怀良好愿望的——都不希望它成功。皇家非洲公司（Royal African

---

[1]　新爱丁堡（New Edinburgh），苏格兰人以这个名字命名他们将要建立的巴拿马自由港。——译者注

Company）在英格兰议会里大力游说反对它，预言如果允许这个不合规范的巨怪成立，英格兰商人和水手就会大批地移民到特威德河对岸去，"我们的商业就彻底毁了。"一星期之内，英格兰殖民贸易的另一支柱东印度公司的股价就从 72 便士跌到了 50 便士。

如果说伦敦对苏格兰–美洲大卖场的反应近乎歇斯底里的话，苏格兰人倒是毫不隐晦地表明就是要用达里恩计划打破英格兰势力的经济封锁。该公司最热切的支持者之一索尔顿的安德鲁·弗莱彻（Andrew Fletcher of Saltoun）写道，所有苏格兰人的"思想和倾向好像都团结在这个更高的权力周围，受其指挥，貌似已经转向贸易……它是唯一能拯救我们免于痛苦和可鄙现状的办法"。1695 年夏天，在爱丁堡的人都必定会注意到这个时刻的重要性：一方面，荷里路德宫在进行格兰科屠杀调查；另一方面，大家都在讨论这个新的贸易公司——苏格兰的过去与未来被放在一起掂量。

1698 年 7 月，从福斯湾的福斯开出三条船组成的第一支船队，船上飘着蓝白色的圣安德鲁十字旗（saltire），"苏格兰对非洲西印度贸易公司"旗上的图案是美洲驼、印第安人，加上表示乐观的一轮正在冉冉升起中的旭日，船上 1 200 多人，男人、女人和孩子都是挑选出来去做第一批殖民者的。它承载着全苏格兰的希望，带上了苏格兰大半的资金。虽然英格兰人禁止对现有企业做资金投资，人们的反响却是让投资涌入苏格兰公司。送第一批人去巴拿马需要 40 万镑营运资金，总共集合了 1.4 万个投资人才凑齐这笔钱。考虑到其中有些是机构投资，出资者如果按个人计算的话，人数就更多了。真正相信它的人涵盖了苏格兰全社会，无论南北、公爵、夫人乃至律师，从医生、布道者到小店主、制革及军械工人，从格拉斯哥、爱丁堡到塞尔扣克、因弗内斯与阿伯丁，读读苏格兰对非洲西印度贸易公司的分类账本就能看懂苏格兰如何尝试启动全国企业化，要驶向苏格兰美好的明天。

　　然而刚出去没几天，在奥克尼外面的浓雾中，船队就分散了，这可不是一个好兆头。那还不是最糟的，也不是最后的问题。从某种更严格的意义上来说，远征达里恩的人们根本就不知道自己在干什么。外科医生莱昂纳尔·华夫（Lionel Wafer）曾为加勒比的海盗亨利·摩根服务。华夫是这个项目的主要情报来源，但关于船队要如何航行的海上路线，到达后将面对的当地条件，甚至连是否能抵达，他却都不是很清楚。华夫对海盗给出的当地详情印象深刻，他向项目管理者保证达里恩是天堂，有淡水，猎物充足，鱼多得会直接跳进锅里，气候温和，土壤肥沃，玉米长得又壮又高。当地人由其大"皇帝"统领，友善平和，极爱虚荣，一天到晚就在梳理他们长长的黑头发。苏格兰公司听信了这一切，随他们物品装上船的还有一万把梳子：木头的给普通人用，角梳给中等人家，嵌珍珠的是为大皇帝及其廷臣准备的。新喀勒多尼亚还需要什么？大约 2 808 本长老会教义问答手册，这是预备让异教徒皈依基督教；另外 380 本《圣经》给苏格兰定居者用；1 440 顶上好的苏格兰帽子，还有足量的假发，没有它们，尊贵的达里恩人（Darienite）不会考虑移居国外。毕竟，公司答应殖民者在天堂里每人有 50 英亩（0.2 平方千米）可耕地，三年之内公司就会为他们在这上面建造一间房子，他们可以在热带棕榈树丛里做现成的太平绅士，不久就将是潟湖上的地主。

　　远征军根本还没到达里恩附近呢，梦想就变成了梦魇。8 个星期里，横渡大西洋及往南去加勒比的征程中，船只不是被狂风暴雨刮得停下航程，就是遭受着猛烈的打击，船员和乘客因常见的痢疾等病每周死亡 5 人。当定居者们抵达华夫精确定位的"黄金岛"（Golden Island），也就是他们的理想避风港新爱丁堡之后，结果发现那里绝大部分是蚊子遍地的沼泽。还有，很明显当地人压根儿不指望他们的梳子，或者说，他们用不着任何苏格兰人要送给他们的东西。这里根本就没有皇帝、宫廷或王国，只有野猪和持矛的渔夫。他们还意识到西班牙人并没有像苏格兰人那样认为达里恩是"闲置"的无主土地，也许时时刻刻都会遇袭。在痢疾高烧之后幸存又没有被疟疾击倒的人，在闷热的雨林里耗费时间精力砍出一块原始的栅栏围地，他们大胆地将之命名为圣安德鲁堡垒（Fort St Andrew），还把巨大的火炮拖了进去。

到 1699 年春，每天死亡 10 人，尽管带了 1.4 万根缝衣针，他们的衣服还是变成了发臭发霉的破布，褴褛地披挂在身上。树上枝头也没有成熟果实可以采摘，猎物难以找到，随船带来的供给物长了蛆，仿佛活了过来。五个人只能分享一把干豆子，煮熟后撇去虫子，豆子就更少了。至于牛肉，其中一人写道："黑得和我的脚底一样，腐烂得正如一只烂靴底。"

离开苏格兰 10 个月后，他们能为那个伟大的新喀勒多尼亚自由贸易财富计划所做的就是挖了一条沟，深 6 米，宽 8 米，今天巴拿马人（Panamanian）还叫它"苏格兰人之地"（Punta des Escoces, Scotchmen's Point）。但是，没有新爱丁堡，没有节俭自足的农庄殖民地，没有整洁的小码头可以迎候进港的船队，没有开辟陆路运输以便拖拉装满货物的箱子经过地峡之颈，实际上一无所有，除了一堆浸透雨水、老鼠到处乱窜的茅草棚，一座残破的堡垒，还有就是 400 座坟墓了。

还能收拾起体力和精力的幸存者们逃离了达里恩地狱，一路挣扎着返回家乡。几星期后，一群西班牙游击队，在老谋深算的英格兰人鼓励下，烧了茅棚，捣毁了圣安德鲁堡垒。因此 1699 年冬，不知道前辈厄运的第二批远征军，到达时发现那里只剩下废墟，其上早已杂草丛生。"满怀希望能遇见我们的朋友和乡人。"一个新来者写道，"我们什么都没找到，只有荒野，风声呼啸，殖民点早已人去地空，茅草棚都烧掉了，堡垒大部分被毁，毗邻堡垒平整过的地面已长满了杂草。我们寻求和平，但没有得到任何好处；我们希冀健康舒适时光，却只看见麻烦。"

回到苏格兰，当大家全面知晓达里恩灾难的详情后，它给了苏格兰全民族当头一棒，这个竹篮打水一场空的商业冒险事业抽走了全苏格兰整整 1/4 的流动资金，但这个惨败带来的最严重的伤害是苏格兰民族重生的最美好也是最后的希望破灭了，这个希望——苏格兰独力担当，然后弯道超越英格兰贸易帝国——在达里恩泥沼里消失了。对此次远征幼稚之处的自我谴责很快就被浓浓的愤怒仇恨代替，矛头指向跋扈的英格兰人乌鸦嘴，说什么它注定要失败。众所周知，牙买加总督（Governor of Jamaica）发布公告，禁止英格兰殖民者、商人和水手给予困顿的达里恩人任何帮助，弃他们于绝境，所以苏格兰人怀疑英格兰人早已经与西班牙人串通共谋。在这样火药味十足的氛围里，苏格兰就通过经济战争采取报复行动，允许苏格兰人与战时英格兰的敌人贸易。"沃奇斯特"号船被认为骚扰过达里恩人，当它在利斯港被逮住的时候，其船长和两名船员经过简短的"审判"就被定为"海盗"，他们被吊死的时候，街上的围观者发出一片欢呼声。

但是，要走向未来，复仇战略并不可行，明摆着苏格兰这时候走到了历史的十字路口，而能做出严肃抉择的时机稍纵即逝，如果过多徘徊，只会更加贫穷孤立。也许甚至可以召回 1688 年出生的斯图亚特家的儿子做苏格兰詹姆士八世，公然与英格兰对着干，那么这就等于是向英格兰宣战，但法兰西人也许和过去一样靠不住，未必能与苏格兰结成强大联盟。欧洲爆发了新战争，路易十四的军队表现得只比凡尔赛镜厅的天花板壁顶好一点点。另一个选项就是与英格兰联合，不管珍惜苏格兰独立的人认为联合的前景多么黯淡，所有统治阶层，甚至人民对它倒并非一致地反感。1689 年就有一个提案放到桌面上，但英格兰的"临时"议会否决了它。达里恩惨败之后，苏格兰有一大批贵族，特别是那些在边界南北都有经济利益和财产的，以及低地商人和职业阶层，倒是认识到需要和英格兰建立某种更密切的联系，甚至表现出一定的意愿。最好是建立联邦，两个王国同时保有自己独立的政治身份，但是到了 18 世纪第一个 10 年过半的时候，苏格兰人已经没有时间再犹豫，他们已经拖不起了。

因为战争和王位继承权的问题，使得苏格兰效忠国王与否变得对英格兰政府来说至关重要。1702 年，当威廉三世策马走在一个鼹鼠丘上时，马被绊倒，国王从马上摔下后去世了。他的小姨子安妮，众人乐观地称呼她"多产的丹麦王后"，但非常可惜，她并没兑现其口碑。因为安妮登上王位之前有 5 个孩子夭折了，另外起码经历了 13 次流产，还有两次假孕。大家悲观地测算她生下一个幸存继承人的机会很低。她最后一个儿子，格洛斯特的威廉·亨利死于 1700 年，当时年仅 11 岁。"光荣革命"的保护人辉格党感到 1688 年的"光荣革命"可能要前功尽弃，英格兰国王王位不能由新教徒继承是一个威胁，就在 1701 年通过《王位继承法》（Act of Settlement），索性决定要远赴汉诺威去请查理一世姐姐的女儿汉诺威选帝侯夫人索菲娅。这是先发制人，要抢过詹姆士·爱德华·斯图亚特（James Edward Stuart）的王位，因为后者明显是一个天主教徒（更别提其余 56 位天主教继承人）。1706 年，议会又通过了《摄政法》（Regency Act）——这是辉格党决心避免詹姆士二世派复辟的信号，成立了一个紧急国务枢密院（Council of State）以应对安妮女王死后直到汉诺威继承人到来的这段时间。因此，当英格兰与詹姆士二世的资助人兼保护人路易十四开战时，为了英格兰的安全打算，要让苏格兰承认汉诺威继承人就更加势在必行。尽管经过几番催促，苏格兰议会在一开始就拒绝承认这些，坚持苏格兰王位要自己分开安排。那么看样子只能开始一场肮脏的经济战，也许这么下去会闹出要动真格儿的大事来。1705 年，威斯敏斯特通过了一项《外国人法》（Alien Act），关闭了绝大部分边境贸易，并把在英格兰的苏格兰人当作外国子民对待。

这一招勒索奏效了，1706 年，来自两个议会的特使们，不止是英格兰人，还有（为了响应汉密尔顿公爵令人惊愕的提议）安妮女王政府挑选的苏格兰人，分别在不同的房间里集会考虑两国合并事宜。英格兰与苏格兰两边的人从来没有面对面地碰过头，他们只是通过信使交流沟通。爱丁堡和格拉斯哥的大街上发生了暴乱。前破产者丹尼尔·笛福通过志愿为罗伯特·哈利（Robert Harley）服务，充当间谍才得以出狱（他伪装成不同的身份——在格拉斯哥是"鱼贩子"，到了阿伯丁则摇身一变为"羊毛制造商"），他本来就是合并的鼓吹者；1706 年 10 月，在爱丁堡他大吃一惊，"我在那里的时间并不长，"他给哈利写回来的信中这么说，"但听到了巨大的声响，我向外看去，只见高街上走来一大群人，领头的手里拿着一面鼓，他们叫喊着，大声咒骂，嚷嚷着全苏格兰站到一起来，不要合并，不要合并，英格兰狗……我不能对你说我没有忧虑。"这群人用大锤敲破了苏格兰的协议特使之一帕特里克·约翰逊爵士（Sir Patrick Johnson）的家门，恐吓他与夫人，直到"夫人在绝望惊吓之中拿着两支蜡烛来到窗前"，召唤城市保安（Town Guard）前来。

　　笛福也许是英格兰政府雇用的秘密间谍，但无疑他真诚地履行了自己的游说使命。1706—1707 年，他的《关于扫除与苏格兰合并的民族偏见之六篇论文》（*Six Essays at Removing National Prejudices Against a Union with Scotland*），辛辣地讽刺了英格兰与苏格兰两国中喜欢吹嘘自己血统纯正的人。笛福指出，事实上不列颠的历史就是一部快乐杂交史，正因为这样，一直以来情况良好，没有比这样更好的了。英格兰银行的创始人之一兼达里恩项目的总动员苏格兰人帕特森是笛福的密友。笛福关于不列颠未来的设想是，两个旧的敌对王国边界之间人员流动、货物交换及思想交流都能自由自然地进行。这个新的大不列颠王国，将从此一劳永逸地结束英格兰与苏格兰之间的悲痛流血的历史。不管这些观点、出发点如何良好，却只感化了极少数人。事情没成之前总要给一些甜头，尽管还很难确定能给多大的好处。当然分派了一定数额的钱，保证苏格兰议会通过《合并法》（Union Bill），给乐意相助的苏格兰议员们许诺领地吊其胃口。但是，在 18 世纪早期的政治潮流中，盛行这些诱饵和决议的骗人把戏，且有的苏格兰议员收了钱，却照样投票反对合并。对笛福那样的热心人来说，他们认为最应该做的就是向所有苏格兰人光明正大地公开，这样才会结出最甜美的果实。为了使两国国债合并更加能让人接受，英格兰议会投票同意给苏格兰提供 398085.10 英镑——正好"等于"达里恩远征中发生的全部损失的金额。这对于那些依旧在承受其不幸投资的灾难性后果的人来说，可不是能轻易忽略的补偿。

1706 年冬，威斯敏斯特用 6 周的时间通过了《合并法》，而在荷里路德宫则花了 10 周时间。当然，不管怎么没有退路，无论经济状况会如何改善，总归还是有反对英格兰与苏格兰合并的人，他们就是不能眼睁睁地看着苏格兰失去独立，为此痛苦不堪。举个例子，索尔顿的安德鲁·弗莱彻就是其中之一，他恶狠狠地反对合并，说这是英格兰人阴谋盗取苏格兰的自由。政府还没有开动重型机器碾压他，1706 年 11 月 2 日，第二任贝尔哈文男爵（Baron Belhaven）约翰·汉密尔顿（John Hamilton）在议会就做了一席莎士比亚式的演讲，哀悼自己的祖国苏格兰："就像恺撒正坐在我们的元老院中间，听着这最后一记重击……看着她呼出最后一口气，替她盖上皇袍。"和其他倾向合并的人一样，笛福嘲弄这一幕情景剧，指其出自"粗俗、肥胖、黝黑、喧嚷，与其说是贵族还不如说是屠夫"的人之口。但是笛福也够实诚，（私下里）承认英格兰和苏格兰双方"甚少友爱而政策上强硬合并，这在全世界不多见。"最后他还同情起悲伤的贝尔哈文来，到监狱去探望他，友善地安慰他。

这个英格兰和苏格兰合并的过程也许粗鲁专横，却不是粗滥地吞并。苏格兰人保留了自己的身份和政府管理，两套法律系统大致分开，苏格兰大学、自治市镇、世袭传统的司法权都没改变。荷里路德宫的议会要由它自己投票废止，但苏格兰在不列颠平民院里将有 45 个议席，16 个苏格兰人将加入不列颠议会贵族院做所谓的贵族议员代表。1707 年苏格兰议会选出第一批议员，自 1708 年后在苏格兰进行选区普选。苏格兰选区议员的数目大幅削减，从 157 个变成了 45 个，这使得一些人感到沮丧。但是如果考虑到 18 世纪大部分的时间里，全苏格兰 125 万人口中，一共大约只有 2 600 名选民，这也就大可不必对代表制大动肝火了。可以说 1707 年苏格兰失去的肯定不是民主，但是，它仍然是一个真正的民族政治国家主体，在世界上有自己的一席之地。当然，希菲尔德伯爵（Earl of Seafield）詹姆士·奥格威（James Ogilvy）作为苏格兰大法官（Chancellor of Scotland）在签署《合并法》的时候说"它终结了我们古老的苏格兰故国"。

　　如果这些议会中的一个新任苏格兰人议员想要一幅振奋人心的不列颠愿景，这样他才能感到窝心——不管怎么勉强或温暖——那么他只需要沿着泰晤士河顺流而下，到格林尼治看看新建的漂亮的皇家海军医院，克里斯托弗·雷恩的双生子之一[1]，在它的立柱亭子前，游人一定会记起凡尔赛入口那座宏伟的皇家庭院（Cour Royale）。但在格林尼治，人们经由泰晤士河而入，在来访者面前徐徐展开的景观与其慈善机构相得益彰，没有巨大的屏障和格栅将皇家海军医院和外界隔绝；在面向小礼堂的巍峨大厅里，天顶上的寓言壁画，继续与法兰西专制形成鲜明的对比，其作者是詹姆斯·桑希尔（James Thornhill）：第一幅画直观地昭告 1688 年后的君主制宣言。鲁本斯在白厅的画美化了詹姆士一世，和勒·布龙（Le Brun）在凡尔赛谄媚太阳王路易十四的画作相比，那些画都是最有名的巴洛克（baroque）式君主寓言典故——它们熠熠生辉，却很好地显示出专制君主和宪政君主的不同。在桑希尔的壁画里，阿波罗从爱慕虚荣的专制主义者一边转而站到新教徒的自由斗士威廉三世和玛丽女王这边来。路易从欧洲各国人民那里夺取疆域、城市、农庄，而威廉却是施

---

[1] 他的另一杰作是圣保罗大教堂。——译者注

与者，他恢复了大陆的自由，他们因此感激不尽，而其死敌（模糊地伪装成专权）被踩在其脚下。这一鲜明对比贯穿着整个寓言：那边厢是奴役、天主教会和愚昧迷信，这一边是艺术科学的智慧引导着博识仁慈的国王；那边是耶稣会会士，这里是牛顿的形象。这些温和优秀的品德造就了伟大的不列颠谨慎、节制和仁慈的品格。

海军医院里年纪最大的退休者，因 97 岁高龄而闻名的约翰·沃尔（John Wall，实际上因为他满口脏话、酗酒还屡教不改，老是和医院的管理当局起冲突），其存在明显令人肃然起敬，这样海军医院就是具体而细微地体现出自己的慈善福佑本质。可是，历史事实光看寓言不足以说明真相，新的大不列颠形象——它平静地致力于宽容和自由——与一个经历了差不多 30 年内战转化为巨大强悍的军事机器国家的历史现实有不小的差距。在复辟期间，英格兰的军队很少有超过 1.5 万人的规模；到 1713 年西班牙王位继承战争（War of the Spanish Succession）结束的时候，不列颠的陆军人数是 9 万，海军 4 万（到 1715 年降为和平时期的 3.2 万人）。军事开支——1689—1697 年的九年战争期间（Nine Years' War）每年超过 500 万英镑，在西班牙王位继承战争时年年高达 700 万英镑以上——几乎翻了一倍，从 3 600 万上升到 6 500 万英镑；到 1710 年，军费支出几乎占全不列颠国民收入的 10%。建造一艘一流军舰就需要 3 万—4 万英镑，维持陆军和海军，供应他们足够的食物和军火又增添了 4 000 万英镑国债，还创立了另一支大军——哪怕战事结束也不会复员的债券持有人、征税员以及会计、海关与关税人员，他们就有成千上万。上述战事结束后，每一个不列颠人背负的税赋都是法兰西人的两倍之重，以后随着 18 世纪无休止的征战，这个负担更加沉重。

因此，尽管不列颠革命后存在官僚化、军事化、税负沉重等问题，格林尼治神话的一个特点却是真实的：当路易十四决定自己的战争动员需要多少钱后，他可以轻松地命令这笔资金进入国库，但在不列颠，国王及其大臣们却要向议会请求军费。因此无论喜不喜欢——当然威廉不会高兴——他和他的继承者们都没得选择，只能去议会请求批准战争费用。

事实上，就在欧洲的其他地方，如果不说全世界——从中国的明朝到印度的莫卧儿（Mughal）王朝、俄国的罗曼诺夫王朝（Romanov）、普鲁士的霍亨索伦王朝（Hohenzollern Prussia），越是军力强盛的国家，国王的权力越大。可是到了不列颠，战争打的时间越长，议会就会变得越强硬，因为他们控制着收口绳的钱袋子越来越大，议会还把绳子拉得紧紧的。除了荷兰共和国的议会（States General）及其各省议会（provincial estates），不列颠是欧洲主要力量中唯一这样做的国家，其资深军人——像马尔博罗将军——也进入议会，并扮演权力中介人，但不是要推翻议会政府，正相反，他们是要加强它。

不列颠历史上最具讽刺意义的事之一，就是保王派和议会派的传统地位在这个时候倒了过来。查理二世和詹姆士二世在位时，辉格党人主张限制君权，此时发现自己正在经营战争，而托利党人本来是为无限君权争斗的斗士，也不再信任这一点了，特别当1702—1703年议会投票批准的全部金额中差不多1/4的军费是用于补贴外国（特别是荷兰）的！同时受原则和利益驱使而支持战争的人们勒索地主，托利党人开始为郡县交税过多的这些地主选民代言。这个转折当得起枢机主教长斯威夫特（Dean Swift）[1]最辛辣地描摹了大小头目们争吵的讽刺作品，但它对不列颠政治影响深远，因为只要小国王的党主持战争政府，大国王的党就常常反对，角色转换控制了乐善好施的平衡，保证了隔绝国家军事独裁的可能。

更好的是，托利党人——查理二世在位时他们满足于单一议会的更新长达 15 年之久——这时候想要更频繁而不是更少的选举。他们当中最有口才的发言人，博林布鲁克子爵（Viscount Bolingbroke）亨利·圣约翰将自己打扮成远古英格兰自由的保护人，甚至信口说经常革命是政治活力的象征。自然，辉格党人觉得 1688 年的革命已经能够满足英格兰所需，但打那以后这一革命化的设计保证了议会必须每三年进行一次选举，他们就无法避免经常性的政治突变。而且，我们可以确定，或好或坏，政治是典型的现代特色事务，它就是一种党派争斗，这么说没有任何时代错误。两党进行殊死争斗，不仅针对当日的特定政策（如何应对大臣们的腐败行为、战争的正当性及其费用、承包商暴利），还有各自对 1688 年革命的不同解读，由此创立——或者重新确立——不列颠民族的政治特性。自相矛盾的是，两党都特别不愿意把已发生的事说成是与以往空前地决裂。作为政变的主要受益方，辉格党人不想为反方的观点背书，因为它看起来在鼓励抵制国王的大臣们。因此他们扮演起真正的保守派角色，说詹姆士二世是一个叛徒，正如以前他父亲一样要决意违反"古老宪法"的基本原则——法律准则、既定的新教徒决议以及议会政府对王权的适当限制，那么，废黜詹姆士二世的"（光荣）革命"就是合法的抵制行为，这是恢复了真正的宪政君主制，此时英格兰就实现了它。"暴君阴谋奴役生来自由的英格兰人为奴，"一个典型的辉格党争论者高叫着，"崇拜罗马教皇和独裁！他要把天主教爱尔兰人弄到你家里……和你的妻子、女儿住在一起，他会让托尔克马达（Torquemada，1420—1498）[1] 做你的法官，他自己撕破了他与人民的誓约，反抗他的专制是神圣责任，是听从爱国者的召唤。"

托利党人坚信辉格党人篡夺了君主制捍卫者的头衔，同时使君主制的本质变了，那个君主制本来还保留着 1688 年之前的老样子：英格兰王

---

[1] 托尔克马达（Torquemada），西班牙首位宗教裁判所大法官，以残暴著称，判决火刑烧死"异端"人士近万名。——译者注

位本来是一个神圣指定的职位。他们自己 1688 年参与其中的事对此没有任何改变，或在王位这个名物的神圣本质上做了妥协，仅仅是从个人偏好出发的行动，当时要填补詹姆士二世不幸制造的空缺；那只是人事变更，并没有改变宪政：

> 抵制什么都不是，就只是邪恶的海蛇怪叛乱，可怕的鬼怪乱异行为，是嫌弃上帝，唯独上帝才有权决定涂抹膏油者的命运⋯⋯詹姆士二世国王并没有被驱逐——事实上是他自己捅了挑子。王位空缺后，威廉亲王才受邀而来。但威廉受邪恶的大臣们胁迫把英格兰拖进战争，这样他的走狗们可以拿我们的税收充实自己的腰包；掠夺了你们的钱包还不满意，他们还推出一个最不诚实的计划，允许偶尔遵守教规（这无异于险恶地容忍持异见者），这是阴谋毁灭真正的英格兰教会。他的宠臣们是克伦威尔的信徒，现在甚至围攻谋害真正的、神圣指定的君主制。

辱骂会变成丑陋的个人攻击，最憎恨威廉三世的死敌们说他不只是个腐败的外国人，还是个同性恋阉人，这就解释了他为什么难于诞下继承人。当时一首典型的小曲儿是这么唱的：

> 他有男人的身形，
> 更是只猴子，谁能不这样说？
> 他长着天鹅腿，踩着鹅步，
> 真是个娇俏的好国王！
> 因为助产士的那把利刀，
> 他配不上他老婆。
> 鸡奸本廷克[1]倒是挺满意这生活，

---

[1] 本廷克（Bentinck），威廉三世的侍从。——译者注

真是个娇俏的好国王!

这么一来,辉格党与托利党的区别可不再是原来那样的绅士间的吹毛求疵,即使发生政治辱骂,过后可以一起坐下喝一杯红酒或一扎麦芽酒就什么都丢到脑后。可见到这个时候,他们彼此成见之深已入骨髓,甚至连去的咖啡馆都成了竞争对手〔辉格党人去老屠宰场(the Old Slaughter's),托利党人去的是可可树(the Cocoa Tree)〕,俱乐部也不一样〔辉格党人在基特猫(Kit Cat),托利党人从1709年起去尊贵兄弟会(Honourable Board of Brotherhood),1720年后改称"爱德华·哈利会所"(Edward Harley's Board)〕;他们是两个武装阵营,决心毁灭彼此,于是在竞选中好斗分子会使出浑身解数:金钱、饮料、娱乐、无耻地许诺就业、耸人听闻的诽谤;最后,他们威胁相互恐吓,有时候真的会上演全武行打斗。

我们从很多选区现存的投票记录看到,尽管绝大部分选民比候选人的社会地位低,可他们一点儿也不温驯,也很难能被轻易地打动。在竞争激烈的郡县,选民都是自由民(freeholder):他们断文识字,有主见,从《注册法》(Licensing Act)撤销后雨后春笋般地出现的报纸期刊上得到资讯;可想而知,报刊上关于当时的热门话题,如容忍异见者或天主教徒及征收新税种等等,都故意唱反调。按照当时的标准,选民规模已经非常之大:25万成年男子,或者说成年男性的15%。每个郡县和村庄都分成赞成或反对两派,即使最小村落的投票记录都显示他们选择党派投票时根本不会考虑本地乡绅的意见,而且在一次次选举中会投不同的党。

权力角逐高度集中又激烈,政治家们及其阵营里的追随者们——禄虫、摇笔杆子的、御用文人、市井无赖——都不会在得胜后对对方宽宏大量。安妮女王上了年纪后,大家日益焦灼地担心王位的继任问题,要对敌人先下手为强的诱惑真是不可抵挡。在选举中失利的政客们这时候就面临彻底失败，不仅会丢掉工作，以及积累了可靠支持者的小小领地，还会失去自由。那个时候，失去权力与议员位子还有可能牵涉弹劾、坐牢，个人与政治生命将完全毁灭。拳击赛中允许被打倒的敌手站起来离开垫子那就是自取灭亡。同理，不把一个先前只是令人恼火的、还没有形成直接威胁的对手的强势恶言运动扼杀在萌芽状态，即是暴露了自己的致命弱点。

所以，辉格党人展望老年安妮女王去世后自己的前途，决定要去除他们最讨厌的眼中钉、肉中刺：最顽固的托利党人、高教会派传道者亨利·萨谢弗雷尔（Henry Sacheverell）博士。1709 年，萨谢弗雷尔倒是渴望与辉格派正面交锋，用他自己的话说，"祭起血色的反抗旗帜"。11月 5 日，在圣保罗大教堂，他当着伦敦社团（Corporation of London）的面做了一次言辞激烈的布道，谴责 1688 年光荣革命是违反上帝的神圣指定，指责辉格党人通过实际上容忍异端的政策置英格兰国教会于险境。对萨谢弗雷尔来说，这两项罪名等于让英格兰回到了共和国的罪恶日子，这是颠倒了英格兰的一切正宗事物。为了保证众人听到自己已敲响警钟，萨谢弗雷尔还让人印刷了 10 万份布道词散发出去。到 1710 年，指控辉格党损害真正的英格兰国教教会、败坏辉格党名声的运动变得无所不在，甚嚣尘上。政府——因为欧洲战事久拖不决，成本又高，向人民征税已不得人心——要想不再厚着脸皮对此充耳不闻，就必须在萨谢弗雷尔变成真正威胁之前干掉他。

1710 年，议会贵族院要弹劾萨谢弗雷尔。对政府来说，这个审判是一场惨败的公共关系活动，亨利·萨谢弗雷尔成了伦敦市民的英雄。异见者聚会的地方和礼堂包括被法兰西驱逐出来后在斯皮塔佛德（Spitalfields）附近定居的胡格诺社区，都遭到抢劫，被焚为焦土。每天，一群忠实的屠夫追随者护卫着萨谢弗雷尔去接受审讯，所到之处，兴奋的群众围观他，呼喊他的名字，对辉格党大臣发出死亡威胁。在议会里，萨谢弗雷尔推翻加在他身上的罪责，反而检举政府，还有辉格党关于 1688 年历史的所有说法，特别是他们声称合法抵制的话，他反驳说这是恶毒的矛盾。在西南部和中部的每个主要市镇都爆发了声援萨谢弗雷尔的动乱。面对秩序混乱又没有足够军队来镇压的局面，政府决定不管怎么难堪也要止损，就轻描淡写地给了萨谢弗雷尔一点儿刑罚——三年不许布道，冒犯的布道书由公共刽子手烧毁。消息传开，英格兰遍地放起烟火并敲钟庆贺，场面堪比 1660 年复辟。同时又爆发了新一轮捣毁礼拜堂运动。托利党人在下一次议会选举里旋即重掌权力。

1714 年安妮女王去世，英格兰政界屏住呼吸：任何事都有可能发生，包括再打一场内战。从萨谢弗雷尔暴乱之后，两党的帮派之间时常爆发街头激战，第一任纽卡斯尔公爵（Duke of Newcastle）辉格党人约翰·霍利斯（John Holles）出资的"啤酒屋"（Mughouse）义务警员帮，与高保守派（High Tory）和詹姆士二世党人的追随者在街头厮打已经是主要戏码。谣言满天飞，据说安妮女王临死前让人知道，她希望自己的同父异母弟弟詹姆士·爱德华·斯图亚特继位，而不是汉诺威选帝侯，她甚至签署了一份遗嘱表明自己的意愿。但无论多么努力地搜查，谁也没能找到那份传说中的文件，如果找到，它将会给毫无魅力的中年选帝侯乔治继位造成麻烦。詹姆士二世党人的报纸无情地嘲笑选帝侯是个好色的笨蛋，一句英语都不懂，同时拥有两个情妇，一胖一瘦而皆丑，且毫无愧疚地让人谋杀了自己妻子的一名前情人。在乔治的加冕礼进行时，起码有 20 个英格兰城镇掀起又一波暴乱。可想而知，苏格兰的情况更糟糕。在因弗内斯，城镇地方法官打断了宣读乔治继位的公告，而"去他妈的他们和他们的国王"的吼叫压倒了"上帝保佑吾王"的歌声。

毫不奇怪，乔治开始反击，他指责托利党人即使没有实际上组织不怀好意的游行示威，也是他们鼓动了这些行为。乔治和威廉三世一样出身军人，不赞成匆忙与法兰西讲和，认为那是不得体的，而且1713年的《乌得勒支和约》（Treaty of Utrecht）条款对己方又很不利；他要托利党人出局。为了1715年的选举，他对政府官员进行肃清，并从王室年俸（civil list）里拿出钱，这样就产生了国王希望的辉格党人占议会多数的压倒性优势。面对以后在野的黯淡前景，国王又冷漠无情，托利党领袖奥蒙德公爵（Duke of Ormonde）和博林布鲁克发慌了，他们指望来一个空降替身——詹姆士·爱德华·斯图亚特，事后看来，即使不说这个赌注下得够疯狂的话，也可以说它真是蠢得出奇。10年前，拥护詹姆士二世还是不可想象的，但是在萨谢弗雷尔之后，这个观念在英格兰政界已经够深入人心了。即便如此，麻烦——而且是很大的麻烦——就是英格兰詹姆士三世兼苏格兰詹姆士八世只有在法兰西人的礼遇和帮助下入侵不列颠后才有可能登上王位，但是，数十年没完没了的战争过后，国库空虚，国家山穷水尽，几近饥荒，部分国土被占。不说路易十四，即使法兰西的财政也已经枯竭。另外，7年前的1708年，詹姆士·爱德华曾尝试在苏格兰登陆，这引起威斯敏斯特一阵恐慌，而《叛国罪法》（Treason Act）的通过，让詹姆士以耻辱的溃退而告终；汉密尔顿公爵是那次起义的名义上的领袖，但他在关键时刻迅速开溜，去了兰开夏郡。一支英格兰舰队堵住福斯湾入口，但詹姆士自己得了腮腺炎，脸颊肿起，没有一点儿帝王之相。意想中的苏格兰詹姆士八世从来也没登陆。

1715年，托利党人和詹姆士二世党人没有更好的规划，也没有更强大的法兰西军事力量来执行，他们只能寄希望于不列颠内部发生暴动——当然，得由苏格兰起头。这大有可能，丹尼尔·笛福等人热情鼓吹描绘的合并后的共同繁荣与泛不列颠和衷共济的闪亮前景当然没有落实。可以说苏格兰，甚至高地地带都不比1707年之前更差，但是由于引进了针对亚麻、麦芽酒和盐的新税种，苏格兰向英格兰出口物品并给苏格兰带来财富。1708年詹姆士二世党人的计划失败后，政府在边界实施叛国罪法，给生活在那些地方的人们带来新的困难。合并最明显的受益人是那些本就已经是苏格兰人最富有最有权势的人，如阿盖尔公爵，还有其他贵族们，尤其是马尔伯爵（the Earl of Mar）。他是1713—1714年的苏格兰国务大臣（Secretary of Scotland），曾在安妮女王的托利党政府中就职，他认为1715年后辉格党人将要强势很久，托利党人的严冬来了——于是他行动起来，谁知道结果却是确保了这种局面长久地维持下去。

想着詹姆士会和法兰西军队一起到来，还有老天主教地盘诺森伯兰的英格兰人也会起义，9月，马尔在布雷马（Braemar）——他的祖先猎鹿地——竖起义旗。在苏格兰低地的东北部，其他心怀不满的贵族们帮助他，西面有的（尽管不是全部）宗族开始助力他们的高地跟随者。事实上，不止在高地，全苏格兰对汉诺威王朝的支持如冰雪融化，速度非常惊人。在爱丁堡的城堡前，挖了防守壕沟。伦敦惊出一身冷汗，早在7月就有计划让乔治一世赶快出走去荷兰。

尽管1715年比1714年出的乱子也许更大，但是詹姆士二世党人的叛乱从来也没有能够推翻英格兰和苏格兰的合并以及它们的日耳曼人国王。11月13日，在谢里夫缪尔（Sherriffmuir），马尔的4 000名詹姆士二世党人士兵对阵阿盖尔手下比自己少得多的人大约1 000人，只打了个平手，但没能拿下格拉斯哥或爱丁堡。他们等待着法兰西人入侵，但对方似乎神秘地延误了，叛军陷在做无用功的前进行军与后撤中，发现士气渐渐从振奋转为懈怠。英格兰和苏格兰各地方的联军聚到一起，不久即吵翻，降格为（正如以前很多次那样）一支抢劫和破坏力量，直到最后在兰开夏郡被逼得走投无路。

致命的打击最终发生在凡尔赛这个远离特威德河与泰河边的地方，就在马尔为斯图亚特王朝出头的前几天，他们最伟大的赞助人路易十四死了，留下一个婴儿曾孙做其继承人。摄政的奥尔良公爵想尽一切办法稳定法兰西的国内局势，减轻税负重担。这就需要和平政策，就不再入侵不列颠了。1714 年 12 月 22 日，詹姆士抵达苏格兰，仅仅 6 个星期后，他又登船驶回法兰西了。不久，全部詹姆士二世的随从——3 000 名爱尔兰人和苏格兰人、英格兰人——长年以来仰赖路易十四的慷慨一直在圣日耳曼（St Germain）扎营，被移到洛林（Lorraine）的巴勒迪克（Bar-le-Duc）的不那么壮观的环境，他们还在夸口自己的事业，但事实是他们已经沦为昂贵的鸡肋。

在英格兰，辉格党政府和国王却只是稍微松了口气，依照古法把北面苏格兰造反的伯爵们以叛国罪砍了头（就像他们的前辈在 1569 年那样）。1716 年 2 月 24 日，在塔山的断头台前——这里是特为詹姆士二世党圣徒们定制的——德温特沃特伯爵（Earl of Derwentwater）被允许做了一番慷慨激昂的极富戏剧性的演说。但是，即使我们现在回顾，1715 年起义也许乍一看像阴沟里掀风浪，虽然在以后每当继任的辉格党政府要找一个借口恐吓或监禁政敌时，他们就愤世嫉俗地祭出詹姆士二世妖怪；事实在当时威胁还是挺严重的，而且它的阴影在历史上很久都挥之不去。1719 年 3 月，29 条船加 5 000 名士兵组成的小型西班牙无敌舰队，带着可装备 3 万人的军火，从加的斯港起锚驶向苏格兰，只是新教的风在拉科鲁尼亚（Coruña）就插手了一把，吹散了船队，让王位觊觎者（Pretender）搁浅了。

但是，不列颠并没有消停。如果有人在 1715 年，甚至 1720 年预测接下来的 20 年里不列颠政坛会出奇地风平浪静，都会被当成不可救药的诳语而完全无视。不列颠政局向来以活跃过度的狂热和党派偏见之易激怒闻名，不过早期汉诺威王朝的不列颠政坛的确变得——几乎——肃静，其统管者是罗伯特·沃波尔爵士（Sir Robert Walpole）。

沃波尔的直觉（也是精心设计）是刻意表现自己是维护常识正规的人。他出身诺福克绅士阶层，特别注意留给人稳扎稳打的"可靠性"和基于常识的实用主义印象，二者都根植于其出身。尽管如此，"沃波尔地主"还是非常接近典型的乡村绅士，正如国王乔治三世基本上和普通庄园主一样。还有，沃波尔虽然从来没有干过写书出版这个行当，但他从政的办法却显示他大大得益于约翰·洛克（John Locke）——不是那个写了两篇《政府论》（*Treatises on Government*）的洛克，而是写《人性理解论》（*Essay Concerning Human Understanding*）的这位。此书初版于 1690 年，到沃波尔开始在政界见习期间，已经再版数次。诚然，沃波尔并不在乎洛克认识论的精微论点——认识论是关于人类如何摄取可信知识的学问。但是和他同时代的很多人一样，沃波尔当然接受了洛克断然否认真理来自天启而不是亲身经历的观点。假如说那些相互不宽容的、曾经如此惨烈地分割英格兰政坛的执念并不是因为某些无可反驳的显灵而出现，而只是特定历史事件作用的结果，那么也许另一类历史事件可以打发那些幽灵走开。

因此沃波尔开始提倡政治推理性，而不是追究政治正当性。他的领导方式是留出空间，让大家去过非政治生活，这条准则与古典传统不相容。曾主宰 17 世纪的古典政治传统认为要么过政治生活，要不就什么都不是。沃波尔具有现代意识，即追求物质满足能让足以引起互相厮杀、毁灭彼此的意识形态抹去棱角，那么他就花大力气推行享乐主义（epicureanism，一译伊壁鸠鲁主义），让政客们消去心头火气，在主流的私人生活和公众生活里，用财产、安逸和享乐取代不妥协、不宽容和憎恨。对于绅士，装有护墙板的藏书室和猎物丰富的鹿苑比恶毒诽谤及胆大妄为的阴谋当然更受用。对普通人来说，诚实苦干、满足于简单欲望胜过喝得醉醺醺的喧嚣与暴动。不必说，宣传这种宁静田园、政治清静的观点，其中一个很大因素是利己主义——沃波尔要拔去英格兰政客们的利牙，保证他的敌人不再咬人。但是无疑，自查理二世死后，党派之间你死我活的斗争损害了公共生活，对此大家真的已经疲倦，他正好利

用了这种心理。《观察家》（Spectator）的主编理查德·艾迪生（Richard
Addison）说出了大家的心里话，他写道："比起那么可怕的曾撕裂政府
的分界魔鬼，把政府官员变成两拨泾渭分明的人群，彼此陌路，恍若两
国之人，不可能有什么更严厉的审判降临到一个国家头上……一个暴怒
的政党鬼怪拼尽全力发出戾气……使一个民族充满怨怼、仇恨，毁灭了
所有优良品质、激情和人性的种子。"

　　沃波尔监制的解药是他那一代人口中的"礼节"——不只是现代意
义上的良好礼仪（尽管这也并非无足轻重），而是文明的自我克制。有
礼貌的人不像充满激情者，他要的是加强大家的人际关系，不想分割彼
此；彬彬有礼的人会赞赏社会团体的各个部分是相互依存的，而不是不
可避免的冲突与不兼容。因此，沃波尔实用主义的大工程是尝试改变不
列颠政坛的话题——让大家远离所谓坚定的信仰，转向如何发财的实际
营生。他也许说过，追求个人利益不应该与具有进攻性的自私自利混为
一谈，因为，追求个人利益是实际上把大家联结在相互兼容、富有成果
的各项事业里，不会把英格兰民族分成很多彼此没有关联的个体。或许，
他还曾问过，你想要哪一个，是毫不宽恕的打击原则以至于带来战争和
混乱？或者，是他要提供的和平，大家老是抱怨土地税的重担压得人透
不过气来，那么不打仗就能缓解税负？还有，政治稳定，所有在我们今
天也许叫作健康商业环境的可取因素？

　　从一开始，沃波尔下了赌注，未来的政治更多地和管理大臣们的职
位有关，而不是他们的宗教热情或司法讨论。1712 年，在托利党掌权颠
峰的时候，他曾经因贪污被判入狱，这一痛苦经历给了他一个教训，即
政治和金融财富紧密地交织在一起。1720 年，他就能很好地利用了这个
早年心得。沃波尔在乔治一世的辉格党管理机构里断断续续地做了 5 年
大臣，到 1720 年平民院里还有超过 200 个托利党人议员，他们曾经跟詹
姆士二世党玩过暧昧，一时间辉格党将他们当成严重威胁而粉碎。不久，

辉格党奠定了统领地位，他们自己就分化为彼此竞逐的领主，以及基于利益而非意识形态的小派系。沃波尔也是游弋于威斯敏斯特政府圈子里不择手段又聪明的鲨鱼之一，在强烈的野心驱使下，他们的鼻子对一丝血腥味儿都很敏感。1720 年，"南海公司泡沫"事件（South Sea Bubble）爆发后，这才改变了他的名声——从精明过人到政府不可或缺的要人，而他的名气主要靠他小心控制得来。

南海公司凭空想象的计划使每个人都很开心，也许只有英格兰银行的经理们除外，银行喜欢的项目是一个非常简单明了的概念：核心是国债（National Debt）私有化。战时政府的融资需求紧急，国债，如年金债券的长期利率就很高了——约 6%。1711 年成立的这家南海公司，一直以来是一个金融管理机构而不是商业企业，它提出要向英格兰银行买断国债这个累赘。南海公司要说服不可赎回的长期债券如年金债券（每年给付利息直到持有人去世）的持有人拿这些长期债券去交换南海公司的股份，当时南海公司的估值达到约 4 000 万英镑，它将得到授权在"南海和西印度群岛"享有独家贸易权。在法兰西，苏格兰金融家约翰·劳（John Law）捏造、发明了一个叫"密西西比公司"（Mississippi Company）的类似计划，当时看起来真如梦幻一般美妙。虽然南海公司拥有格外让人垂涎的财富，但是每个人都知道它并不拥有船只，是个商业奇迹，实质上也就是一个基金管理公司。年金债券的持有人要拿它去换取南海公司股份的唯一理由，就是相信南海公司的股票能迅速增值，给他带来更多的钱，比他一辈子能收到的年金利息总额要多得多，多到做梦都想不到。

这个预言具有自我完善的功能，1720 年 1—6 月，南海公司股价从 128 英镑涨到 950 英镑，6 月 24 日达到最高的 1 050 英镑，年金债券持有人争先恐后地来换取公司的股权证书，直接把公司股价推得高得不得了。地租飞涨，新的壳公司一夜之间遍地开花，基于同样欺骗性的商业原理：

交易的货物从人的头发、靛蓝染料到珊瑚岛定点海钓，五花八门什么都有。5 月 23 日，政府审计员哈利（Harley）给其兄弟罗伯特爵士即当时的牛津伯爵写信说"股票交易的疯狂不可理喻"。和所有的表面繁荣一样，那时看起来它必定是会永远这样下去，兼顾公共利益和私人利润的非常恰当又完美的例子，直到有的永久股票持有人觉得够了，要拿了自己的利润走人，不玩了。艾萨克·牛顿（Isaac Newton）赚了 7 000 英镑，托马斯·盖伊（Thomas Guy）也就是伦敦同名医院的创始人，挣了 18 万英镑。南海公司股票卖出的节律开始增速，股价突然开始掉头向下，然后反复，最后恐慌占了上风，直线跌落：9 月 1 日—10 月 1 日，南海公司股票价格崩盘，从 725 英镑跌到 290 英镑。无数梦想一夜暴富的投资者，这时候要么手里还拿着自己的旧年金债券，要不就是一堆没什么价值的股票砸在了手里。伦敦德里勋爵（Lord Londonderry）亏了 5 万英镑，很多没这高贵的人直接破产了。英格兰乡村的人被淹没在没有价值的废纸堆里，他们破口大骂，到处寻找出气筒。

可以指责很多人：1718—1728 年的财政大臣（Chancellor of the Exchequer）约翰·埃斯勒比（John Aislabie），他也是沃波尔的主要对手，他持有价值 7.7 万英镑的南海公司股票，利润率几乎达到 100%；第三任桑德兰伯爵查尔斯·斯宾塞（Earl of Sunderland Charles Spencer）也是这个项目的一个主要推动者。但罗伯特·沃波尔可以肯定他本人可以免受指责，他曾经嘀嘀咕咕、不温不火地对南海公司说了一些保留意见。到了这个时候，他就说那是自己深思熟虑的认真想法，可是实际上，沃波尔只是侥幸，并非他真的有先见之明。他自己曾经重仓持有南海公司股票，过早地卖出了一些股票（不像狡猾的盖伊）。然后，懊悔之下，沃波尔想要再买进，就在此时它开始贬值了，他的运气在于他的投标标的让邮件延误给耽搁了。沃波尔给人留下自己有非凡洞察力的印象，这其实并非事实，但是他维护着自己的好印象。在这个节骨眼儿上，他真正的手腕是他擅长危机管理，而不是金融才能。沃波尔知道政府本身根基牢靠，不管个人股票持有者付出的代价有多大，国库（Treasury）已经出清了原先差不多 80% 的年金债券持有者，虽然财产损失了，但其他方面有赢的，因此这只是心理危机而非财政危机。像 1932 年的美国总统富兰克林·德拉诺·罗斯福（Franklin Delano Roosevelt）一样，他懂得第一要务是阻止大家自发性的恐慌，需要造声势说有一个拯救南海公司的计划，但又要说得含混其词，不能明确许诺。很高兴的是他的投资经理、精明的银行家罗伯特·杰科姆（Robert Jacombe）就真的拿出了一个如此这般的计划，主要的基础是将南海公司的股票重新整理纳入英格兰银行的可信责任里。

他把话说得很漂亮，但水分大。当沃波尔从容淡定、气定神闲地对平民院讲话时，受惊的人们平静下来，开始感到说不出得好，仿佛大家全都喝了一两杯他的上好波特酒（port），更妙的是，当他读出本来往往会让大家茫然而焦急得浑身冒汗的资产平衡表时，他们发现——奇迹中的奇迹——他们真的听得懂他说的话。而且，毕竟好像事情并没有坏到头儿，大家都能保住马车和猎狗，还可以过好日子。

沃波尔马上就成了众人的定心丸，稳住了明显已下沉的英格兰金融财富与政治命运。因为他善于保护本来应该受到谴责的人免于吞食灾难苦果的本领，大家叫他屏蔽大师（Skreen Master）——也就是我们说的幌子大师。每个人都欠着沃波尔的情，特别是他手里握有爆炸信息，比如到底是谁贿赂了哪个人才使南海公司的交易搞得成。埃斯勒比要牺牲了，但桑德兰逃过一劫，乔治国王的手也不干净（还有他的情妇们），此时国王兴奋中夹杂着妒忌和感激。沃波尔的大臣同事们，特别是桑德兰本来看他自高自大、野心勃勃的很不顺眼，暗中还会给他使绊子，现在却明显对他神秘地掌控财务表格（spreadsheet）的娴熟技巧佩服得五体投地，更甭提沃波尔考虑周详，成功地让他们逃脱了牢狱之灾。因为他扭转了大众的愤怒情绪，平民院议席上一排排的辉格党人衷心地喜爱他，即使是更具独立思想的乡村绅士，也因为沃波尔兑现了自己的承诺，没有让英格兰卷入与外国的战事，也就没有提高收税率，至少为这两点他们也欣赏他。

沃波尔回报他们的欣赏，反而是背离传统而留在平民院里做了"首席财政大臣"（First Lord of the Treasury），而不是像首席经理（Prime Manager）那样的首席大臣（Prime Minister，后来称首相）。这一决定有谨慎的原因在里面。议会里除了铁杆托利党人还有一大批的独立议员，为了保持自己统领管理的优势，沃波尔需要离间这两个非政府派别，这样的话，他要在平民院精心培植自己的忠诚党羽，花的力气就不用太大。"沃波尔真的是太爱平民院了，"切斯特菲尔德伯爵写道，"去议会时，他精心打扮自己，好像要去见情人一样。"沃波尔相信捆绑在一起的共同利益高于意识形态同盟，他开辟了一个联系与责任的领域，从点点滴滴的打动人的举止开始积累。辉格党政客中善于发表煽动性"爱国"言论的竞争对手威廉·普尔特尼（William Pulteney）与约翰·卡特里特（John Carteret）老是盖过他的风头，但他们永远不会和他一起坐下来吃吃喝喝。沃波尔刻意做到私下里和平民院的每一个新任辉格党议员一起用餐。一杯红葡萄酒握在手里，一块肥美的羊腰腿肉在木质餐盘上流着汁水，罗宾大厨（Cock Robin）好意地冲着你眨眨他那闪亮的眼睛，好像党的生命、英格兰的大政都指望着你，你怎么能不发誓永远忠于沃波尔、为他的利益效犬马之劳？

当然，此外，还有职位的事，沃波尔处于庞大的赞助人群体中心。自然，前面已经有很多大臣给自己的追随者分发职位或剥夺不称职者的职位，并把它变成了生意。但是，经过几十年战乱，不列颠国家政体产生了大量重重叠叠的职务，尤其在一些战略要害部门，因为税收增加而产生的肥缺——海关、税务、土地税收评估——这使得沃波尔手里握着空前多的职位可以分派。有一些是纯闲职，只要坐在那里收钱就是，这些职位特别能保证平民院的有效选票。还有很多是需要真正刻苦，甚至要一点儿才干的，但它们给在位者带来金钱的同时，可以彰显其身份地位，会让无名小子一跃而成为在本郡本城说话有分量的人。

回顾起来，应该看得出是沃波尔创立了不列颠（实际上是全世界）首个政党政治机器，他使议会禄虫们按照他的指引投票。因为 1716 年通过了《七年法》（Septennial Act，前提是要牵制危险的詹姆士二世党人），这时候选举变成了七年一次，大大延长了议员们的任期。沃波尔让御用文人鼓动如簧巧舌说服大家，相信他在孜孜不倦地致力于英格兰的最大利益（他真的相信自己就是这样）。他让乔治一世在他手心里讨吃食，特别是当他的管理技能产生了足以维持国王、王后体面生活的王室年俸的时候。为了免得任何人会想着他们可以打散公务员、禄虫及忠于辉格党的人在议会的结盟，沃波尔掌握着必需的足以震慑他们的信息，让他们不敢妄动。

也许沃波尔在诺福克的大房子最能体现他打遍天下无敌手的感觉，这是自红衣主教沃尔西不识时务地错误地建造汉普顿宫以来，又一个非贵族建的最张扬的豪宅。霍顿（Houghton）是辉格党人的行宫（Xanadu）：极致的奢侈，富人们买得起的任何东西——成车载的大理石、印花缎（damasks）波纹丝绸、画家兼建筑师威廉·肯特（William Kent）设计的用特别昂贵的红木做成的家具、古董半身像、文艺复兴和巴洛克艺术的非同寻常的大师作品——提香（Titian）、鲁本斯、普桑（Poussin）、荷尔拜因、牟利罗（Murillo）——全部运到这座位于东盎格利亚的用于寻欢作乐的地方。其中有些是驻罗马或马德里的大使及顾问们弄来的，安插他们到那里即是一种战略。沃波尔的儿子霍勒斯（Horace）后来自然而然地成了一个油画鉴赏家，其评论之精到，无疑得益于他父亲的收藏。从小的熏陶培养出了他的好眼力。从孩提时起，霍勒斯就穿着法兰西丝绸做的衣服，有自己的一批仆从。霍顿给地主阶层指出沃波尔希望他们过同样的生活，它展示的不只是令人瞠目的优渥生活，它还是一个富丽堂皇的宣言，意味着压倒怀疑者，要他们承认只有一个稳固的执掌英格兰命运（及财富）的人才能供得起这么明显的大规模靡费。

他的消遣是奢侈的（Lucullan）。有 6 个红酒商给沃波尔供酒，有一年他给其中的一个红酒商退去 500 打的空酒瓶。人们把那些宴请叫作"诺福克国会"（Norfolk Congresses）。对于品尝过沃波尔收藏的奥比安（Haut Brion）和拉菲（Lafite）酒的那些人来说，不言而喻，如果说乔治国王拥有王冠，那么罗宾大厨拥有的是王宫。

爱德华·哈利等批评沃波尔，蔑视霍顿是粗俗地展示"昂贵，既没有见识又没有品位"，但无疑，其拥有者毫不羞赧地诉诸进步的自利具有感染力，这样的奖品在众人鼻子底下光芒耀眼。英格兰的高等统治阶级——约 180 位议员及 1 500 名乡绅——齐齐地将党派纷争放下，把热情投入到帕拉第奥式建筑上；大家停止喊叫，开始修建社会公认体面的庇护所。沃波尔的政治管理设计是平息各派政治争斗，那么推荐给辉格党寡头的建筑风格也意味着隔绝卑鄙污浊的非常规物质世界。修葺过的风景使井井有条的英格兰更加完善，大肆宣扬沃波尔治理下英格兰的德行就是和谐，前述二者都有利于此。在建筑行家如第三任伯灵顿伯爵理查德·博伊尔（Earl of Burlington，Richard Boyle，他好像暗地里拥护詹姆士二世）的论著里，各部位要达到和谐，本质上就是个几何问题，这在古代建筑师手里是一样的。但汉诺威王朝时期乡村建筑的内在一致性和优雅是一个新的发明：通过整理现状达到外表看起来和谐，通过分割与闭合手法营造连续绵延的空间和景观视野。

在前面几代的英格兰乡村宅第，绝大部分是房子前一条大道连接相邻的村子和教区，那么到这时候，老爷的豪宅和农夫的小屋隔开的距离远近就表示他的社会地位高低；因此，房子越大，包围着它的花园就越深远。在霍顿，有个石柱显示了本地村子以前的所在，它太靠近沃波尔的宏伟宅第了，他嫌它碍事儿，就让人拆了它，挪到大门外去。高大的铁栅栏支座［和凡尔赛或布伦海姆（Blenheim）一样］上有主人的盾形纹章或交织的姓名首字母，过了大门，来访者还要经过一条长长的林荫道，才到房子跟前，道旁的榆树或法国梧桐也是在庄园主打理的财产和外头的野林子之间划了个分界线。林荫道的宽度经过计算，正好形成狭长的视野框住大屋，它矗立在远端升起的草坪上，正如王冠位于高台上一般。经过挑选的家畜取代了在房子周边乱逛的野牲畜：一群精心遴选的羊群或牛群装点着草地。这却是个错觉，实际上，它特别扫兴，在建筑上违反了帕拉第奥的美学观念，因为安德鲁·帕拉第奥在威尼托（Veneto）修复的罗马时期别墅是要在地主和他的农庄之间重新创造亲密氛围。例如，在意大利马塞尔（Maser）的巴巴罗别墅（Villa Barbaro）那里，农庄房屋、牲口棚经由有顶的凉棚与主屋相连。但是在霍顿和其他英格兰乡绅的宅第，在这些围起来的地面范围里不允许看到一丁点儿谷仓的影子，乱糟糟的传统马厩、厨房院落或鸭池都被移到离主屋很远的地方。尽管从房屋的窗户、平台看去，花园里、修剪整齐的牧草地上牲口在吃草，好像是一整个单一的没有分开的空间，其实却是似是而非——实际上哈哈墙将它们一分为二，深而窄的壕沟有效地阻挡了牲口逛到主屋的旁边。

给沃波尔设计霍顿景观的查尔斯·布里奇曼（Charles Bridgeman）发明了哈哈墙，这个奇妙点子把原来军事用途的壕沟转换成了装饰用途，也正合乎沃波尔化干戈为玉帛的主张。小心地保护享乐，通过管理排他性来维护外观的单一性，也许就是英格兰政体的暗号。吃草的牲畜，尤其是鹿，及其树林栖息地，都受到英格兰自安茹王朝以来最严厉的反偷猎法令的保护。1723 年，沃波尔的议会至少将 50 条严重条款加进了法令文件（statute book），大部分是应对偷猎、砍树（甚至树枝）及在鱼塘偷盗的。在制定惩罚野蛮行为的法令的过程中，埃塞克斯的沃尔瑟姆林地（Waltham Forest）忽然掀起一波犯罪行为，是一伙脸上抹黑的帮派盗贼干的，让政府忙不迭地应付。有些人辩称沃波尔纯粹是利用这个捏造的、对詹姆士二世党人的假恐慌，为了大地主的利益，在乡村来实施司法恐怖。对乡间地主来说，沃尔瑟姆黑脸帮大盗被描述为穷人的英雄：汉诺威王朝时的罗宾汉解放了富人的鹿肉；另一说里他们是挣扎在生死线上勉强温饱的人。沃波尔曾经非常多疑，但在这个特别的案例里，他的偏执好像很对头，因为最新的研究表明，明摆着，事实上沃尔瑟姆黑脸帮的确是一个组织严密的地下詹姆士二世党的一部分。

不管合理与否，当辉格党政府可以把一个偷了一只羊的人绞死的时候，它就是对大地主财产所作的投资进行必要的保护。沃波尔很好地做到了自己的誓言，利用政府机构关照了地主阶层的利益。土地税保持在低水平，圈地法令（enclosure acts）摆脱了几个世纪以来支撑着家家户户的分散田亩，以统一的经营性规划、产出利润的农庄取代了它们。在自己田亩上养殖几头猪或几只鹅、种植少量庄稼的小土地拥有者们（smallholder）都被打发走了，有的拿到微不足道的几个钱作为补偿，有的什么都得不到。他们沦落到完全靠工钱过日子后，可以继续在自己的村子里待下去，或者开拔上路去别的地方碰运气。送别他们的管家无动于衷。当然，这很无耻，但农业不再是伤感的事，更不是慈善；就像汉诺威王朝时英格兰的其他所有事一样，它就是个买卖。

如果说地主需要把自己的乡村财富当成提款机（money-pump），那是因为他们日益需要在城里维持面子。在布里斯托或格拉斯哥那些省城，金钱从殖民贸易中滚滚而来，还有可能节省一点儿，但任何有雄心的人都必须在伦敦抛头露面。沃波尔也许喜欢在霍顿扮演乡下大亨，但他在切尔西（Chelsea）的房子正如政治战略总部一样重要。

可以说伦敦是人力和金钱的帝国,沃波尔一手遮天,唯独罩不住它。没有哪个政治巨头,哪怕沃波尔再长袖善舞、足智多谋、精力充沛,也无法一统这个大约 70 万人口的城市——在全欧洲,它是最大的,人口最密集的城市。英格兰 1/10 的人口在城镇里生活,全英格兰更是六个人里就有一个曾经在伦敦工作。每天四轮马车和双轮马车还会拉来人,他们心怀梦想,要在这里发财。行政管理本来就难,伦敦更是难上加难,因为它像磁石一样吸引着最有创意、最独立的各路才俊,自发地形成一个独立的舆论市场,而国王对此无法完全控制。作为一个资助中心,宫廷已经有点儿像斯图亚特王朝后期开始萎缩,在这个更吝啬、更市侩的汉诺威王朝期间,公众的注意力中心结结实实地完成了从宫廷转向市民的过程。到 1730 年,伦敦大约有 550 家咖啡馆,数十家俱乐部,都拥有热心的识文断字的顾客群。对他们来说,就和日常食谱里必须有羊肉馅儿饼和艾酒一样,还要有毫不客气或者往往更粗鲁的恶意中伤男高音,像斯蒂尔(Steele)和艾迪生、斯威夫特和蒲伯(Pope),后者的《愚人记》(*Dunciad*,1728 年)责骂"和平女神"沃波尔时代的可耻恶棍,在民间大受欢迎。

还有,伦敦是伟大的,在这里英雄不问出处。外国人习惯于更严格的社会等级秩序区分,当他们看到伦敦城中大家随意推搡的情景,对贪婪、喧闹、醉酒打架,尤其是在娱乐场所各阶层没有疆界分野的混杂,都会大吃一惊。巴黎还不能夸口有与拉尼拉(Ranelagh)或沃克斯豪尔(Vauxhall)类似的地点,因为在这些地方,男人全带着剑,所有妇女都精致地化着妆,很多男人女人都参加化装舞会,不可能一眼看出谁是绅士阶层,哪个又是平头百姓。

伦敦伟大的娱乐源头也是这样,唯一的地位标志,比如在柯文特花园(Covent Garden)这样的地方,受到器重的就是金钱(或者至少信用)。另外,这里可以买到很多东西,开始时是各种妓女,从假处女到假法兰西女郎，再到"歌唱家、舞蹈家"。如果想找点儿更专业的，那么，哈里斯的《新亚特兰蒂斯》（*New Atlantis*）或者《伦敦嫖客指南》（*The Whoremongers' Guide to London*）可以帮着找到伪娘（cross-dresser）、苦修者、同性恋"莫莉之家"（molly-houses）或者卖艺女郎，她们会在银色反光盘上裸体跳舞。如果感到这一切展示都是堕落下作的，那么还有更清白的消遣——如柯文特花园里驼背罗伯特·鲍威尔（Robert Powell）的木偶表演，或者前演员兼杀人犯查尔斯·麦克林（Charles Macklin）的咖啡馆，他曾在激愤中用匕首刺中一个同伙。他还拥有一间自己的用于演讲的剧场，他在里面抨击时事。天拂晓时，柯文特花园会聚集来另一批供应商：卖馅儿饼的，卖干鲜果、蔬菜的，卖玩偶、玩具的和卖帽子、手杖的。

卫道士们普遍非常强烈地反对展示诱惑、吊人胃口的橱窗陈列，但是，他们的咯咯叫无法阻止邪恶。店铺——据估算伦敦当时大概有两万家——越来越多地用带玻璃橱窗的突出门面进行有效的展示。城市街道的照明情况改善了，历史上第一次，可以明确地说观赏仪式已经变成购物经历的一部分。家庭主妇、男主人还有他们的用人，可以对市面上新出现的奇特物品表示好感，比如东方金鱼、蓝色金刚鹦鹉或者鸟鸣雀。从前不可思议的奢侈品都被制造出来，并明码标价，以便在中产阶级里找到市场：仿中国明瓷的代尔夫特（Delft）青花瓷，可以用来喝茶或巧克力；喝甘露酒与红葡萄酒用的玻璃做的钟型高脚杯或柱状杯，喝艾酒的镴制或银质大啤酒杯。如果饮酒之外还想消遣点儿什么的话，历史上第一次出现了商业生产的避孕套：给富人用的是羊皮做的，8个一包出售，用丝绸的带子扎着；不那么富的人可以用浸了卤水的亚麻布，这可以武装自己（像当时人说的）免得性病。

伦敦就是个巴塞罗缪节大集市（Bartholomew's Fair）——一座壮观、混乱的大舞台，场面惊人，贪婪消费——成全了大地主，也照样威胁着他们。因为在沃波尔看来，这一切都是政治鸦片，或者至少能帮助人分散注意力。人们的精力都耗费在感官满足上，总比党派纷争和宗教战争死灰复燃强。可是，正因如此，18世纪20年代末至30年代批评沃波尔的人越来越多，他们看到他的镀金大网引发百姓深度麻木：无辜上当者身体受污，头脑昏昏，心灵蒙昧。他们说，伦敦把自由的男男女女变成了奴隶。

威廉·贺加斯（William Hogarth）和亨利·菲尔丁（Henry Fielding）二人的作品里充满这个魔鬼（Mephistophelian，一译梅菲斯特）城市的牺牲品，他们从乡下初来伦敦的时候如朝露般清新，但是听信恶棍们可以让他们暴富的花言巧语，这些乡下人急速堕落，掉进邪恶、疾病、疯狂和死亡的无底深渊。信用陷阱能飞快地吞噬即使最温和又深通世故的人，从衣冠楚楚到蹲监狱（只要欠债2英镑就够了）也就是跌入了地狱。罗伯特·卡斯特尔（Robert Castell）1728年出版的《古代罗马别墅：插图本》（*Roman Villas, The Villas of the Ancients: Illustrated*）里收录了大量精美的图片，乡村绅士人手一册，他们沾沾自喜地自比为新普林尼（Pliny）或贺拉斯（Horace）。同年，作者却发现自己在弗里特要听凭狱卒托马斯·班布里奇（Thomas Bambridge）的发落，因为卡斯特尔无力支付囚禁费用。他被扔进本地一家收容所（spongeing house），里面全是得了天花的人，这等于给不幸的作者判了死刑，到底要了他的命。

监狱是不列颠股份公司最野蛮生长的部门之一，相应地，沃波尔主政的麦切斯（Macheath）时期，监狱长职位的时价稳步上升。约翰·哈金斯（John Huggins）付了5 000英镑当上弗里特监狱长，然后他要囚犯分摊他们自己的住宿费用，以保证收回投资。监狱长的回报相当丰厚：5英镑可以拥有单间，加几个先令会得到一些食物以及（对食物承办商和顾客来说是同样的抢手货）几扎啤酒或狱中自制的杜松子酒。如果囚犯付不起这些，那就只能在筒子间里待着，睡在肮脏的稻草上，里面空气污浊、光线昏暗，没有卫生设施。

在哈金斯开始降低成本以便减少支出之前，基本服务是这样的：下水道堵塞，将更多的人关进更小的空间，让犯人自费负担自己的镣铐来提高收入。至于赤贫者，他们白白占用了宝贵的客户空间，因此哈金斯竭尽所能打发他们去天堂（Better Place）。有时候，他们不识趣还不肯走。有一天早上，拜访监狱小礼堂的一群人非常惊愕地看着一个全裸着身体肮脏得难以言说的人，披着条烂了一半的裤子，在他们思过的时候闯了进来，羽毛因为他自己的粪便粘在身上，他们其中一人看到这个样子想到了"疯鸡"这个比喻。客人们赶快离去，等他们一走，哈金斯让人把那倒霉蛋扔回冰冷的棚子里去，不知道那家伙怎么从里面逃出来的，当然，很快他就死了。

于是恐怖的话传开了——尤其是牵涉到像威廉·里奇爵士（Sir William Rich）这样的绅士，他因为敢于反抗监狱长而被投入了一个满是死尸的房间。议会成立了一个委员会调查监狱的状况，出具了一份报告，记录监狱的条件是难以想象的恶劣。贺加斯自己的父亲就曾因债务入狱。他画出委员会那帮人——因某种原因待在他们自己的会议室里，而不是他们实际应该进行调查的监狱办公室里。可是，从一个特定角度看来，贺加斯的视角更准确，那个戴着手铐被捆绑住的犯人——实际上是个葡萄牙犹太人——已经成为殉道者，备受折磨得几乎像米开朗琪罗画中的人物，而狱卒贼眉鼠眼，凶神恶煞，倒真是一副犯人相。

18世纪20年代末，在伦敦的新闻报章上和咖啡馆里，大家都在责问，"到底谁是真正的罪犯？"不管何处，犯法的人和执法的人之间的界线似乎任意、随性：1725年，财政大臣麦克莱斯菲尔德伯爵（Earl of Macclesfield）因南海公司泡沫事件被判挪用公款8万英镑；相反地，同一年，当乔纳森·怀尔德（Jonathan Wild）在泰伯恩行刑场（Tyburn）被处决时，围观者如切斯特菲尔德伯爵认为这个全英格兰最有名的罪犯分明具有"才情之人"的品性，伯爵认为假如怀尔德置身于不同情景，也许会"生而大有作为，而非鸡鸣狗盗"。

　　和很多他这类人一样，怀尔德的职业生涯以皮条客开场。他不仅敲诈勒索，还趁嫖客在床上忙乎的时候偷他们的东西。可是，像合法生意里小伙计向上流动一样，怀尔德也上升到一种高级生意，作为一个接收大师进入了自己真正拿手的行当。怀尔德统管一大堆偷来的东西，使自己成为小偷和被偷者双方不可或缺的掮客：小偷们需要他才能销赃，并为其守口如瓶；失主们需要他，因为只有在他这里才能找回他们的财物。那会儿还没有警察机构来干这个，这是个绝妙的生意链。怀尔德深知没有证据能把他和犯罪联系在一起，不讳言实际上他所说的那些拦路抢劫者、入室盗窃者、扒手就是他的手下。偶尔，为了表面上维护政府方面的"赏金猎人"（Thieftaker General），他会真的把一个小偷交给地方治安官——为了生意信用，遗憾地牺牲那个倒霉蛋。不排除他抱怨追回被偷财物的赏金根本不能抵消组织拦路抢劫的高昂费用，包括要养马、喂食、灯笼等。

　　在所有写作了关于英格兰掠夺经济的作家中，最精明也最诚实的是伯纳德·德·孟德维尔（Bernard de Mandeville，他认为消费者挥霍与总财富积累之间有关联，使卫道士们大为震惊）。在怀尔德被绞死前 12 天，他觉得这个天才罪犯的真正重要性在于把小偷小摸变成了真正的生意：辅之以常规的工作时间、地点，对偷盗的营业流水和利润严格记账。对地方治安官的虚伪他表示震惊，他们"不单知道看着这个还……持续利用这么一个人，就为……证据以及在方式上，他们依靠他伸张正义"。怀尔德死后，丹尼尔·笛福给他捉刀，代笔了怀尔德的临终遗言，为其假冒企业家的真情状盖棺论定——不用说，笛福的书立即成了畅销书。

　　约翰·盖伊（John Gay）以其天才认识到了咖啡馆生意经的真传，即罪犯和司法者是可以互换角色的，并把这个事变成 18 世纪最伟大的流行剧:他的"纽盖特田园诗"(Newgate Pastoral)《乞丐的歌剧》(Beggar's Opera)于 1728 年上演。当观众听到辱骂赏金猎人皮彻姆(Peachum the Thieftaker)的时候,狂呼声差点儿掀翻了剧场的屋顶。当然是因为观众认出了这个角色就是乔纳森·怀尔德,正如他们为拦路抢劫者麦切斯欢呼一样,明白后者就是入室盗窃者杰克·谢泼德(Jack Sheppard)的化身——杰克因为越狱不下四次而成为草莽英雄,早怀尔德一年就上了绞架。尽管盖伊的剧作里还有个叫"鲍勃屁股"(Bob Booty)的小角色,但明摆着他是趾高气昂的勒索者皮彻姆,颇具才干地假装公民道德,同时榨干每个人,这是一幅沃波尔本人的讽刺漫画,就只差一层薄薄的窗户纸。

因此,当《乞丐的歌剧》风靡伦敦后,又席卷了外省,它真是把反对派报纸上的讽刺直接搬演到了酒馆、咖啡馆和剧院里。也许沃波尔被刻画成当朝大盗(Gangster-in-Office)足以刺痛他,但他城府很深,自然不会按照约翰·盖伊的指示卷铺盖走人。他还能自我安慰,因为深知众人反对自己的缘起八成是大家看不惯新国王。乔治二世憎恨乃父,因而使得他们认为新国王会以解除老国王的首席大臣职位的方式来开创自己的统治,但事实是乔治二世拜倒在了沃波尔奇妙神秘的魅力之下。尽管最新的批评狂潮一时间没怎么损害沃波尔握在手里的大权,但它已见证了此时英格兰正涌动着一股剧变的浪潮。本来沃波尔对这世界的评价就是自负地夸夸其谈地说:在和平与稳定的陈词滥调背后,就是残酷、腐败和痛苦的感觉。用卫道士们的话来说,就是只要揭开表面的浮渣在下面深挖,谁都会发现疾病与死亡。

那时候如果走过伦敦的一些交接地带,穿过贫民窟和小巷,就是走在累累白骨上。廉价的烈性杜松子酒在伦敦城里创建了一整个酗酒和暴力的亚文化,唯一可与此相提并论的是 20 世纪 80 年代的可卡因磕头屋(crack-house)。贺加斯的名作形象地表现了噩梦世界是死寂的自我毁灭,这当然是过于夸张了，但也不太离谱。因为我们知道起码有一个母亲朱迪斯·杜福尔（Judith Dufour）闷死自己的女婴，卖掉自己的一件件衣服只为买醉。这个故事非常有名。有一点，就是当时人们已厌倦了动不动就踩到路边排水沟里奄奄一息的婴儿，或者扔进弗利特沟（Fleet Ditch）里的婴儿尸体，他们可是混和着"鲜血、内脏及粪便"。那么，正如蒲伯所言，杜福尔这事儿也不足为怪。

托马斯·科拉姆（Thomas Coram）在北美洲的马萨诸塞通过跨大西洋的木材贸易赚了大钱，他一心想着要在罗瑟希德（Rotherhithe）定居下来过自己安静的生活，因为那里看得见泰晤士河及其潮汐涨落。可是满大街被遗弃的婴儿尸体闹得他心神不定，他还知道出生在贫民窟后送出去给奶妈的婴儿死亡率接近100%，表面富足风光的伦敦背地里却是一个婴儿百牲祭（hecatomb）。这促使科拉姆决心要伦敦拿出一些财富创建一所育婴堂（foundling）。不管是否合法出生的婴儿，都可以让他们寄养在这里；不会管他们有什么问题，都会给他们一个体面生存的机会。这以后的 20 年里，朋友们见了科拉姆避之犹恐不及，他游说大人物和善良的人，甚至向国王请愿，直到所需要的资金全部落实到位。

有指责说收容私生子的地方是回报不纯洁的道德堕落，因而就是鼓励道德堕落。科拉姆还要对这种指责进行回击。他与贺加斯一起努力，设计了一个堂而皇之的募集资金的信笺，以便争取所有人的同情。在信笺的抬头处，科拉姆本人像圣人家长一样，领着他那些幸福微笑的受照管的弃儿们走向更美好的未来。这一招奏效了，乔治二世——他极少管倒霉蛋的闲事——被感化了，还有王后。在国王与王后出手捐助之后，社会各界精英人士就排着队送来捐赠。

1741 年这家医院开张，迎来了第一批孩子。老板们涌进会议室，看到艺术托起了他们新发现的使命的底座——比如，弗朗西斯·海曼（Francis Hayman）的《发现芦苇丛中的婴儿摩西》（*The Finding of the*

Infant Moses in the Bullrushes，1746）。但最打动人的是老船长科拉姆的巨幅全身像，它挂在古典柱子之间，通常这位置是留给君王、贵族或战斗英雄的。这幅肖像是贺加斯最激进的举动，因为这是大胆地把这个虚张声势的老家伙放上了传统上属于王室的位置。例如，他手里拿着盖了章的王室特许权令，世界和海洋——用球体表示——被看作是科拉姆真正财富的来源，甚至他右脚下的帽子也意义重大，因为这意味着提醒观众科拉姆另有一项不懈的事业——保护不列颠的帽子制作商免受来自外国同行的竞争，不消说，他在议会为帽子制作商做辩护，要求的唯一报酬就是给他制作一顶他自己的帽子。换言之，在贺加斯的巨制里（真实生活里亦然），科拉姆的一切正是沃波尔及其朋党所缺乏的：无私、仁慈、外表谦逊、蕴含公民宗教，他是个自由者、爱国者。

但是，光凭美德和善良的愿望不足以保证达成科拉姆的心愿：人们对医院的需求量过大，育婴堂开张期间竟然需要通过抽签来决定是否接收弃婴。焦灼的母亲们排着队从一个口袋里掏出彩色球，白球意味着接收，红球则表示被列入等候名单，黑球则把母亲们再打发到大街上去。

即使弃婴被接收来了，依旧带着辛酸。育婴堂至今仍然保留的一个柜子里，保存着18世纪留下的一些最悲伤的物品：母亲们遗弃孩子将其托付给医院时，给婴儿们留下的纪念品。尽管一些社会历史学家认为，高得令人咋舌的婴儿死亡率应该使得母亲对孩子夭折习以为常，但她们对育婴堂的反应，更不要说她们给予孩子的关爱和冀希，从而使得她们保证自己给孩子留下某种纪念，全都说明那些社会历史学家的认知是错误的。当然所有物品都记载着一种绝望的情绪，但这些东西并非全部来自赤贫的母亲，有一个心形珍珠母贝壳小雕件，上面刻印着婴儿姓名的首字母，其价值之昂贵，足以说明母亲来自一个相对优裕的家庭，无疑她还没有沦落到不堪的境地。更多其他非常简陋的东西则说明母亲们的困顿情况，它们往往是分离的时候母亲手头现成的物件：一个穿着绳子的榛实，预备给孩子做免遭厄运的挂坠或护身符，一个顶针，一个自己手工缝制的心形物件，或者简单到一条拴在婴儿手腕上的母亲的发带。

有时候历史令人心碎，我们现在得知还存在这些物品的原因，我们今天依然拥有它们的原因，就是这些东西最后都没有落到该接受它们的人手里。那些负责孩子福祉的人，或多或少地认为最好是别给孩子们一个提醒自己耻辱出身的物品，可另一方面，他们也不忍毁掉这些东西。这样他们就走了 18 世纪最典型的中间路线，如此就留下了这样一柜子各种各样的稀奇古怪的物品。

育婴堂不可能一夜之间就从创建而一跃成为一个身体健康和心情欢畅的庇护所，墙内第一代婴儿大约死了 40%，即便这样，对比当时英格兰全社会的孤儿或弃婴死亡率，它已经是大有改观了。并且，科拉姆的育婴堂事业还有另一个社会效果：它创建了一种新的文化。这个新文化自觉地区别于贵族领地和在乡间打猎的那拨人——这就是促使一个实干的中产阶层教区产生了。他们富足又热心于忙碌慈善，着眼于美德而非追逐时尚，关注心灵救赎而不是投机取巧。自然，此前就已经有一批公共慈善事业由各个商业行会及王室、贵族和教会举办，但育婴堂是第一次由商业经济社会的男男女女——各行业的人、商人和银行家，汇合著名作家、画家和雕塑家组成同一个良知阵营，向臭名昭著的社会罪恶开战。

他们也很坚定，不仅纠正弊病，也忠于建设使命——他们要培养爱国主义者，如果育婴堂的孩子们幸存下来，他们要被塑造成未来大不列颠人的典范：他们不会成为街头巷尾沉浸在杜松子酒里的混混，或者注定要上泰伯恩绞架的罪犯，而是成为努力工作、敬畏上帝、勤奋而富有进取心的模范公民。在不列颠的商业和港口城市里，发起这些小规模道德与市政改革行动的男男女女挂在嘴边的词是"爱国主义"。随着时间过去，爱国的意思不只是本土自豪感，而是社会和政治美德的承诺。实际上，爱国主义的内涵是沃波尔的政治机器缺少的所有东西：谦逊，公平的信念，在腐败面前坚守清廉，重视保护"生而自由的大不列颠人的自由"和敌视专横权力。尽管反"知更鸟统治"（Robinocracy）派的组成者涵盖各种政治类型：托利党人、詹姆士二世党人、辉格党人中的独立派、为殖民地贸易和迅速扩大海军力量的说客——大家一致感到如果要有一个新的大不列颠，那就是他们而不是沃波尔及其走狗孕育了它。他们抨击他在征税问题上独断专行，保持低土地税，特别是给予征税官搜查仓库和店铺的权力，不出示相关证据就关押所谓的罪犯。1733 年，沃波尔想进一步扩大搜查和抓捕权，结果遇到了大家的合力抵制。来自全英格兰商人和小店主的行会要求他们的议员投票反对这个法令，因为它违反《大宪章》，这还不是最厉害的。大家听说，沃波尔提到一群在平民院门口游说反对这个条款的人时称他们为"身强力壮的乞丐"。这个消息通过报纸捅了出去，激起了公愤："难道每个自由的大不列颠人、不认同启动它（《消费税法令》）（Excise Bill）的人就是英格兰的公敌？他自己不是恰好撞上罗马元老院的谴责（Censure of the Roman Senate），值得告发他，他正好配得上这句话'谁因为毁了自己国家而得到荣耀的，诅咒要降临到他头上'。"

这个触犯众怒的（消费税）法令撤销后，英格兰各城市、小镇和自治市镇一片欢腾。民众烧毁象征沃波尔的偶像草人，在街上游行，大声地宣告沃波尔这个大腐败者（Great Corrupter）和他的知更鸟统治派（Robinocrats）即将倒台。当然，后来结果表明他们未免高兴得太早了点儿，但无疑它已是一个不祥预兆。尤其在接下来的几年里，反对派的报纸成功地刻画了沃波尔政府是更忠于他们自己的个人利益而不是英格兰的利益的形象，这一点在需要他支持海外商人的权利的时候表现得特别明显。 1737 年，出现了一幅叫作"不列颠的赫克力士"（British Hercules）的印刷品。上面描绘了一个赤脚水手用罗马法尔内塞的赫克力士^[1]那样的英勇姿势，在斯皮特黑德（Spithead）一头躺倒的狮子和一支闲置舰队的面前，手里举着一张报纸，上面写着"我在等订单"。当西班牙海岸警卫强行登上他们的船只后，报纸为了英格兰船长们的事业开始鼓吹大家仇外。据说，一个西班牙人用弯刀割去了詹金斯船长（Captain Jenkins）的一只耳朵，"爱国者"反对派领袖如威廉·贝克福德（William Beckford）将詹金斯引见给平民院，作为政府在残暴的罗马天主教派威胁下表现懦弱因而造成本国水手在海外成为牺牲品的活例子，出版了关于被俘的不列颠水手在西班牙地牢挨饿的印刷品。从港口城市——布里斯托和利物浦——以及伦敦与爱丁堡发出了超过 40 份陈情书和请愿书。沃波尔一如既往地要用他进行商业管理的方式来处理：和西班牙谈判后签署一个"约定"（Convention），但"约定"保留了西班牙海岸警卫队检查走私的权力，这又引起好斗分子的另一场愤怒的爆发。年轻的议员威廉·皮特（William Pitt）发表了一番老练的演讲，抨击这个约定"根本不是什么好东西，就是英格兰的耻辱契约……我们绝望商人的怨恨、英格兰之声都谴责它"。议会内外要求开战的压力变得不可抗拒，不论有没有沃波尔在，都要打仗了；西班牙人反应迟钝，拒绝批准这个约定，这样才救了沃波尔，给了他一个迟来的宣战借口。

1739 年，新的海洋爱国主义迎来第一位真正受大众喜爱的名人：海军中将爱德华·弗农（Vice Admiral Edward Vernon）。1739 年 11 月，弗农在巴拿马地峡仅凭 6 艘船就拿下了西班牙人在加勒比的波尔图贝洛（Porto Bello）补给站，它是西班牙海岸警卫在那边的一个主要基地。一夜之间，小酒馆、俱乐部乃至于大街小巷里，大家都在为弗农举杯庆祝。小旅馆用他的名字重新命名，从伦敦到全英格兰各地，冒出来很多条以波尔图贝洛命名的路和街道，斯塔福德郡、萨塞克斯和达勒姆都以

---

[1]　法尔内塞的赫克力士（Farnese Hercules），公元 3 世纪罗马仿希腊公元前 4 世纪的雕塑作品。——译者注

波尔图贝洛命名它们的村庄。在弗里特街的一次游行中，有一幅描述波尔图贝洛之役的纸板画，上面画着一个西班牙人跪着向胜利者弗农投降。银质大啤酒杯、斯塔福德郡的石头杯子、雕刻的高脚玻璃杯、鼻烟盒和茶壶都做成弗农及其小型舰队的样子，还有那句到处传说的口号"6艘船"。1741年春，在威斯敏斯特及其他5个选区的竞选活动中，要弗农参选的团队开始组织运动要赶走沃波尔的人，将英格兰的海军英雄选上去，和沃波尔对着干。在威斯敏斯特，就在议会台阶上，还有很多闹得特别凶的街道公共投票处，沃波尔的政府当局动用了军队提早关闭投票站以避免羞辱。

　　弗农派的吵闹可以让沃波尔的政治体制出丑，却赢不了战争。波尔图贝洛之后，不列颠舰队袭击古巴（Cuba）惨遭失败，海军跌落低谷。沃波尔的对头们联合起来，一致指责他又一次背叛了英格兰的真正事业，这一次他们让议会的票数起了作用。还没等大家发难，1742年2月，沃波尔选择了自动下台。可是他走后，也没太平了。在沃波尔倒台后的几十年里，不列颠一直在打仗，无论面对的是什么样的敌人联盟，也不管是在海上还是在陆地上，总是法兰西人在里面挑大梁。正如16世纪的时候，英格兰的民族身份是在害怕、仇恨罗马天主教及西班牙哈布斯堡王朝中塑造的，不列颠的身份将在害怕、仇恨反对法兰西天主教专制主义者的烈火中锻造成型。1744年，一股入侵恐慌袭击了英格兰南部，乔治二世远在日耳曼带领他的军队（正如他坚持的）守在汉诺威选帝侯的旗帜下。为了供给大陆战争之用，守备部队也全调去了，不列颠只得设法自保。只有一条窄窄的英吉利海峡隔开不列颠，如果天主教势力真的成功入侵，接下来将是可怕的耶稣会宗教法庭幽灵、木头鞋子和波旁暴君奴役后的虚脱。上好的艾酒要没了，接下来英格兰人就要吃野蛮食物了。法兰西舰队随着一向可靠的新教风而来，登陆了，只是双方的政府和人民都知道这仅仅是缓期执行，还没有取胜。不需要什么战略天才，英格兰人谁都能预测或早或晚路易十五的政府要打詹姆士二世这张王牌，要么在爱尔兰，要么在苏格兰，或者同时在两个地方发动侵略。

1715 年的失利挫败了詹姆士二世党人的事业，但不足以剥夺它热忱如沸的正当感以及不可避免的合法的斯图亚特家族对汉诺威王朝篡权者的优越感，他们更看不惯后者在议会里唯唯诺诺。詹姆士二世党人在法兰西还保留着流亡政府，以及分布在欧洲各地的情报和外交网，指望着不仅在苏格兰还有英格兰东山再起。一场反对不列颠的战争，不单在欧洲，同时在美洲、加勒比地区以及南印度，最起码都会投入大量军事力量，这就能给詹姆士二世党人一个多年不遇的最佳成功机会。

尽管如此，1745 年 8 月 19 日，苏格兰詹姆士八世兼英格兰詹姆士三世年事已高，其子查理·爱德华·路易·约翰·卡兹米尔·希尔维斯塔·塞维里诺·玛利亚·斯图亚特（Charles Edward Louis John Cazymyr Sylvester Severino Maria Stuart）亲王，即詹姆士二世之孙，身穿格子呢，在格伦芬南（Glenfinnan）的湖边看着自己的旗帜竖起，告诉聚集在此的各宗族人们，他来是为了给苏格兰带来幸福。他这是大言不惭，事实早已经证明这场赌局他不太可能赢。他是从赫布里底的埃里斯凯岛（Eriskay）过来到达格伦芬南的，带了民间传说的"七人"，还有一个王室教堂牧师、贴身男仆、向导及书记员，他差一点儿就没过得来。运送亲王及其随员通过爱尔兰海的两艘法兰西船，在利泽德角以西 160 公里处，迎头撞见一艘不列颠船"狮子"号。尽管亲王的船"杜德尔"（Doutelle）号在不列颠火炮的射程外，因而得保安全，可第二艘船"伊丽莎白"号受到重创。"伊丽莎白"号凶狠地长时间地与"狮子"号交换舷侧，两船彼此撞得粉碎，"伊丽莎白"号不得不停航，扔掉了用来武装詹姆士二世党的约 1 500 条火枪及 1 800 把大刀。因此，查理·爱德华只带给这 200 多个宗族人一个希望，以及自己毫无疑问是迷人的人格魅力，此外无他。后来，那天下午，洛希尔（Lochiel）的卡梅伦（Cameron）率领 800 人赶来，使得这场原本堂吉诃德式的冒险变得更像那么回事起来。

这说的就是忠诚这个问题的复杂性，事实上，这是新一轮的苏格兰内战，它已经持续了两个世纪。洛希尔的卡梅伦不是还在逐鹿的落后的原始宗族首领的典型。如果说他有什么特点，那就是他和越来越多的高地人一样，身上更明显的是新事物，而不是旧苏格兰的影子：他是一个讲究实际的生意人，通过出售领地上的木材积累资本。作为一只脚已踏进新经济而一颗心还停留在旧的荣誉文化里的人，卡梅伦对亲王的到来怀着复杂的心情。在他交出自己的手下人之前，卡梅伦向亲王索要保险——这可不是什么不计后果的爱国主义标志。假如整个事情不成功，亲王能否保证给他赔偿所有无疑他要付出的牺牲？不过到了傍晚，谨慎已经让位给浪漫的理想，内心的忠诚挣扎战胜了生意人的精明。卡梅伦和下属宣誓效忠亲王。恺撒跨过了卢比孔河。

但区区 1 000 人是无法成就复辟大业的。尽管苏格兰是入口，斯图亚特家族的战利品却非得是全不列颠不可。如果想要成功，必得在正确的时间同时进行相互锁定的三个战略行动：不用说，苏格兰大部分地区要公开起义，但因为 1715 年的不幸先例已经显示，除非英格兰的詹姆士二世党造反者达到他们间谍所说的数目，否则没用，还有更重要的，一支不少于 10 000 人的法兰西军队登陆入侵，才能完成夹击效应，分散汉诺威王朝的镇压力量。有些悲观者已观察到，很久以来这样的入侵都失败了，斯图亚特家族也许还不如动动舌头念符咒，乞灵于一次全面胜利入侵：学学 1688 年的荷兰人！

有那么几个星期，威斯敏斯特政府对亲王已登陆并开始穿越苏格兰向南进发的传闻不知道该相信谁或相信什么。英格兰政府自得与恐慌参半：一是查理·爱德华如果要用他的小分队围攻坚不可摧的威廉和奥古斯特斯两座高地堡垒，无异于以卵击石，届时中将约翰·柯普爵士（Sir John Cope）的正规军就会收拾了这批没受过训练的高地人；二是政府里有几个人的结论要悲观得多，他们不知道会发生什么，认为任何一次登陆如果没有法兰西人或西班牙人在后面跟着入侵都是不可想象的。"这种事，"一个悲观者写道，"目前看来（就像一般人说的）还是轻率鲁莽而孤注一掷，但我认为不可小觑之。我们缺乏人手，只要有一队人马杀将过来，后果不堪设想。"亨利·佩勒姆（Henry Pelham）写道：可悲的事实是，英格兰的士兵连在王宫门口站岗的数量都不够，也不足以弹压走私犯的暴动，更别提抵御任何入侵力量。

然而对手崩溃之快出乎意料，这让所有伦敦人震惊，真是做梦也想不到。查理·爱德华聪明地绕过了威廉堡垒这个傻瓜目标，直接奔袭城镇，如佩斯。他明白自己在人数上比本地守卫略占优势。柯普中将担心自己能全部投入战场的只有 1 500 人，对阵（误传）据报告的 5 000 名詹姆士二世党军，他就做了一个战术撤退，一直撤到因弗内斯。柯普放弃了苏格兰低地，使这一地区实际处于不设防的状态。9 月 17 日，亲王拿下了爱丁堡，貌似战果辉煌，但离他想要的全面胜利还差十万八千里。爱丁堡市长（Provost）及其顾问委员会决定放弃抵抗，但这一谨慎的决定并不是说他们对亲王的事业就给予了热情背书；一旦军事力量的平衡反转，他们一样能轻易地转投而效忠汉诺威王朝。事实上，爱丁堡的城堡里还躲着两个装备完好的骑兵团，但他们深藏不出；要断绝他们的粮草的话，他们就反抗。绝大部分士兵是苏格兰人，骑兵团继续忠于乔治二世国王，是很多低地人的典型。即使在高地，也只有一半左右的宗族相助亲王。这样一来，在大部分 1745 年起义时间里，也许更多的苏格兰人是在与快乐亲王作对，而不是为了他而战。

渐渐地，生意经挡了多情忠诚的道。军饷短缺，詹姆士二世党军官被告知钱在城堡骑兵团手里攥着呢。不管怎么说，他们觉着应该问问是否——可以付合理利息——能拿到些现钱，免得手下因绝望而对爱丁堡市民撒气。那看起来一定是比较合理的提议，因为得到了骑兵团的积极响应。城堡里拿出一些钱来给了詹姆士二世党，这样双方还能玩一把佯攻与对峙的游戏。

有了新供给，发了军饷，士气得到提振，肚子也填饱了。1745 年 9 月 21 日，詹姆士二世党军队开拔，去迎战驻扎在爱丁堡以东 15 公里的普雷斯顿潘斯（Prestonpans）柯普中将的军队。双方大约都是 2 500 人，接着发生了不列颠军事史上最著名的一次惨败。柯普把士兵布置在河与沼泽之间，詹姆士二世党从一个临阵脱逃者口中得知对方的布阵后，他们就利用一条小道穿过泥潭，包抄到对方后面，天亮前抓住了还在睡梦中的部队。在这次溃败中 300 名不列颠士兵被杀，苏格兰唯一忠于汉诺威国王的职业军队就被消灭了。不用说，等消息传递到伦敦的时候，该为这个灾难受到谴责的就不再是军官的无能而变成了广大士兵的懦弱。

这一仗的成功几乎完满得出乎意料，使得詹姆士二世党军队吃不准自己到底接下来该怎么办：解放苏格兰，还是在全不列颠复辟斯图亚特王朝？ 10 月 30 日，亲王此时在他祖先的荷里路德宫里住下了，这个问题通过讨论得出结论。查理·爱德华辩解说，即使从战术上说，正确的思想应该是打到英格兰去，他和手下只是因为汉诺威的部队都集中在欧洲大陆，英格兰暂时空虚，他们才取得了空前胜利，但是这些士兵回来也是指日可待，那时候他们就将面临不可战胜的威胁，届时形势会远比普雷斯顿潘斯严重。问题是：哪里是最佳遭遇地点？ 亲王坚持詹姆士二世党战略的其他两点全都意味着必须行军穿过英格兰。如果不在那边动手，趁虚而击敌，英格兰人起义几乎没有成功的可能——而没有英格兰人起义则法兰西入侵就不大可能发生。必须向凡尔赛证明这一次不是 1715 年事件的翻版，而法兰西人急切地想看到这一点。

乔治·穆雷勋爵（Lord George Murray）是詹姆士二世党将军中最有才干的，他可是谨慎得多，仍旧担心他们在苏格兰立足未稳，在全不列颠的根基更浅，反而想去高地巩固自己的地位。在那里他们可以用自己的条件战斗，全面粉碎亲汉诺威的宗族，让斯图亚特家族在北部成为不可动摇的主子。那么，英格兰人要是敢来追击，就得冒更多类似普雷斯顿潘斯的失败的风险。

这些战争顾问们在荷里路德宫的讨论中出现的分歧，实际上并不单是关于军事战略而是直指核心，即为什么詹姆士二世党的每个人要冒砍头的风险？正如穆雷及高地士兵相信的，是为了苏格兰要恢复到合并前的旧世界、重归自由独立的苏格兰呢，还是亲王想要的废除 1688 年事件后果的征战：将汉诺威家族赶下不列颠王位，恢复苏格兰詹姆士八世，同时回归英格兰詹姆士三世？

经过一番激烈的讨论后，亲王赢了——起码在战略上，他一次性投票胜出。詹姆士二世党的军队向南进发，速度飞快，根据地在纽卡斯尔的韦德将军（General Wade）希望阻挡一下他们，却发现自己老是跟不上趟。很快地，一个接一个，卡莱尔、兰开斯特、普雷斯顿和曼彻斯特都倒向了亲王，实际上都未放一枪。每次韦德的部队穿过奔宁山脉（Pennines）要拦截对方，糟糕的天气都会拖他们后腿，等他们赶到山脉西边的目的地时，詹姆士二世党又向前进发了。不列颠士兵而不是詹姆士二世党的人吃够了苦头。11 月 19 日，第 34 步兵团的詹姆斯·乔蒙德利（James Cholmondeley）上校写信给他的伯爵兄弟，说到其中一次最糟的行军是通过达勒斯（Dales）。他说，他们经过"很坏的路，遭遇霜冻积雪，直到晚上 8 点才到营地，因为我的驻扎地还在 8 公里外，我们直到 11 点才到那里，又冷又饿，几乎饿死，但是抽了一管烟，喝了一点儿好酒，人又缓过来了。第二天早上，我们发现几个可怜的家伙冻死了，因为赶了 20 公里路后，他们什么都没吃上"。

到了 12 月初，詹姆士二世党军队靠近德比（Derby），他们事先预想的大规模英格兰城市起义并没有出现，但是也不能说他们行军所到之处，各地的英格兰北部人都像个男子汉一样挺身而起保卫汉诺威家族的宅院，相反，据报道，诺森伯兰、约克郡和兰开夏郡的商人、地主和银行家们都带着家眷与细软望风而逃。眼看詹姆士二世党军队来势汹汹、不可阻挡，伦敦人感觉不祥，全城陷入紧张和恐慌当中。英格兰银行还在正常运行，也流传着足以使人发狂的残暴故事，最典型的莫过于说什么詹姆士二世党军队把孩子绑在卡莱尔城堡的墙上，因此，假如汉诺威王室军队要攻打城堡的话，就只能先杀了这些无辜羔羊。然而，也出现了第一批爱国主义和恐苏格兰抵抗骚动。"上帝保佑国王"之前原本唱的是保佑斯图亚特家国王的，这时第一次在柯文特花园和特鲁里街（Drury Lane）的剧院里作为国歌唱响。大约 60 个郡里的志愿者协会产生了自愿服役的人。

12 月 10 日，三个团的步兵和一个团的骑马卫兵受命扎营在芬奇利（Finchley），指挥是乔治二世的儿子坎伯兰公爵（Duke of Cumberland），他原先组建了这支军队是说要"以防万一"用的。他打算在北安普顿与詹姆士二世党人开战，因为他们使得韦德将军很多次都撵不上，那么也应该会从他这里溜走。四年后，贺加斯画了托特纳姆宫大道（Tottenham Court Road）沿线的场景，尽管他的画已经是马后炮了。1751 年它作为一个印刷品出售时获得了巨大成功，利润丰厚。关于英格兰那个混乱的关键时刻，该画的确道出了真相。难怪乔治二世看到这幅画的时候，一下子暴怒起来："什么？这家伙存心拿我的卫兵开玩笑?!"因为画中的士兵们（以及画中的每一个其他人）都不完美，没有一点儿战士气概。画中的英格兰阅兵场还不如露天市场（这是贺加斯喜欢的比喻，他一次次地提到露天市场，因为在那里货物琳琅满目，它自身又活力四射）。光着脚的战利品争夺者在伊甸园（Eden）的标志下如该隐（Cain）和亚伯（Abel）在奋力搏斗；右边用国王的头表示恶行集中区域，头的特征类似查理二世；还有一个也是已故君主喜欢的消遣——妓院；一个正在倒下的士兵拒绝好撒马利亚人（Good Samaritan）之水而希望得到他真正想要的——烈性杜松子酒；一只咸猪手[1]让挤奶女工分泌她的奶；同时一个披肩上有个十字的疯狂女巫，这也许是指爱尔兰人——挥舞着詹姆士二世党的旗帜。他们的对面相对要好一些，树上还有叶子；拳击场的意思是战场在吉尔斯加德纳保育院（Nursery of Giles Gardiner）的院子里，妈妈在给孩子喂奶，绝望的孕妇拽着要分别的士兵的手臂，他手里举着"上帝保佑国王"，她篮子里的肖像是坎伯兰公爵。

作为一幅群像，这恭维明摆着言不由衷。从某种角度来说，贺加斯是要让我们相信这乱糟糟的乌合之众能自成一体，化为训练有素的军队，正在背景中行军去往海盖特山（Highgate Hill）。然而这是英格兰的爱国风奇迹，其力量源于自由。乔治二世反对这画的意思传了开来。当画家听说了以后，为了恶心国王，贺加斯将刻印版献给普鲁士国王腓特烈大帝这个"艺术与科学赞助人"（这样来造成和小气鬼汉诺威家族的对比，更招来国王嫉恨）。可是，也许这里还有含沙射影的意思，因为他画的这幅血腥、冲突激烈、狂暴的英格兰景象恰好和普鲁士王国是一派机械刻板堪比军营的场景相反。

不管贺加斯写生的军队能不能通过战斗检验，极少人（除了坎伯兰）心里是有把握的，因为直到1746年4月在卡洛登（Culloden）之前，汉诺威家的军队还没有正经打败过詹姆士二世党一次。1746年1月，在福尔柯克（Falkirk）双方各投入8 000名士兵，是此次开战后人数最多的一次。詹姆士二世党白天胜了，但他们却没有乘胜追击扩大自己的优势，他们浪费了时间、人力和金钱。这个月底，当围困斯特灵城堡徒劳无功时，詹姆士二世党的时间、人力和金钱全都耗费殆尽。末了，和1715年一样，詹姆士二世党自己打败了自己：他们不是败在战场上，而是在大臣商议室里。1745年12月5日，在德比的埃克塞特（Exeter）宅第，进

---

[1] 一只咸猪手（a groper），即指一个色狼。——编者注

军芬奇利营地前 5 天，他们又一次讨论了未来的战略，亲王和穆雷伯爵将军之间的分歧继续存在。查理说，200 公里外就是伦敦了，中间只隔着一小撮士兵和芬奇利，我们就能光荣复辟了，打到首都去。法兰西人一定会来，我们在英格兰的朋友们也会站出来，1688 年就会是个该忘掉的记忆。

穆雷却不为所动。几个月来，亲王一直发誓说法兰西人马上就出现了，但直到此时还是不见影子，说有 3 000 名英格兰的詹姆士二世党人要来相助的话也是个幌子。穆雷能看到的是得不偿失的胜利：詹姆士二世党的军队将会陷在伦敦城里，后路被坎伯兰切断，欧洲大陆的汉诺威援军就会源源不断地涌来。他坚持说，是时候止损了，要在自己事业的中心地带站稳脚跟：苏格兰。穆雷说话的立场暴露了他们觉得这整个事情根本上就不牢靠。因为说到底，尽管一路胜利，穆雷还是没有把握，除了苏格兰福斯湾以北那片地方，詹姆士二世党的武装在别的地方能否生存下来；或者最起码，他要把自己的营帐扎在离安全逃跑最方便的地方，以防万一军事力量的对比出现变化。也许他的同族祖先安德鲁·穆雷和罗伯特·勃鲁斯的记忆在他脑海里挥之不去？新的不列颠是用现金合同和刺刀堆起来的，荣誉文化能否在此存活下来越来越不确定。无论如何，他在讨论中占了上风，詹姆士二世党的军队掉转方向往北撤去，亲王骑在马上生着闷气。不消说，几乎就在他们刚开始长征跋涉往回走的时候，路易十五和他的大臣们终于对詹姆士二世党的进展有了印象，法兰西人回过神来，发出他们期盼已久的入侵舰队！

为时太晚矣！就算法兰西人顶着狂风与波尔图贝洛一战的英雄弗农将军抗击，他们也几乎帮不上什么忙。和上一次 1715 年一样，詹姆士二世党军的北进之路变成了一个长长的噩梦，暴风雪的拖累和坎伯兰此时非常强劲的追兵骚扰，后撤比前面任何时候都艰难又绝望。詹姆士二世党进发去英格兰时控制的守备部队，这时候就让他们留下来去对付坎伯兰，尽其所能就行。但是在卡莱尔，坎伯兰公爵拒绝接受城堡里的苏格兰守备部队投降，这样公爵就给自己免责了，不必根据管理战争囚犯的约定来处理俘获的囚犯。这是詹姆士二世党在造反，不是绅士之间的战争，所以任何英格兰人只要是据信与詹姆士二世党合作过的，都被草草地绞死，而他们的手下几百号士兵被关进很小很憋气的空间。那里没有空气、照明或水，非人的待遇甚至逼得那些俘虏去舔房间里的黏滑的石头墙面，想要得到一点儿水份。

冬去春来，在高地上，对詹姆士二世党来说，不管曾经取得过什么短暂胜利——比如在福尔柯克得胜——明摆着他们的事业已经被断送。一星期一星期地过去，汉诺威王朝的人力枪炮越来越强大，胜负已成定局。等到 4 月 16 日，两军在因弗内斯东面 10 公里的卡洛登决战时，坎伯兰的兵力是 9 000，差不多是亲王部队的两倍，后者人数约 5 000。更致命的是，坎伯兰有重炮以及新式的结合了刺刀与发射机器的刺刀枪（bayonet）。亲王不顾将军们的恳求，把一块烂泥地当作战场，让苏格兰高地战士们由此向山岗上发起进攻。一阵阵东北风迎面刮来，抽打在他们脸上；汉诺威方的枪击撕开了士兵的队列，冷风直接灌进缺口。基利克兰克的这次冲锋实在太糟糕，幸存者们跟跟跄跄，听天由命，外加一丝绝望中的宗族团结本能。开火后一小时，詹姆士二世党的苏格兰高地战士就有 1 000—1 500 人死在战场上，另有 700 多人被俘。

综合来看，苏格兰战士索性死了还好，可以不必看着汉诺威方面的士兵前来敲断伤者的骨头，甚至在结果其性命之前砍掉他们的手脚，可能多达 1 000 名无助的伤员就这样悲惨地死去。这样冷血的屠杀伤兵、组织围剿逃兵在英格兰是正当的。据说卡洛登一战之前，詹姆士亲王的命令也是要如此毫无怜悯地对待敌方。但这些命令的说法纯粹是历史赢家汉诺威家族的宣传，实际上穿过英格兰的詹姆士二世党在进军的时候非常注意善待当地人及抓获的军人，以免疏远他们，寄希望于他们能归顺参与詹姆士三世的事业中来。可是，英格兰造谣高地人都是半开化原始部落，坎伯兰利用了他们的歪曲描画，这样说对他自己没有怜悯心的镇压更恰如其实，而且，坎伯兰干得越血腥，英格兰就越喜欢。亨德尔（Handel）的《看吧，征服英雄来了》（*See the Conquering Hero Comes*）首演于1746年，它是为庆贺坎伯兰的胜利而作的。自治市镇和城镇给坎伯兰送来大量奖章和礼物表达感激之情。在纽卡斯尔，水手和商人组成的领港公会（Trinity House）给他呈送了一个装饰华丽的金盒子，感谢他把他们从可怕的苏格兰人手中解救出来。

卡洛登一役后，詹姆士二世党也许还是有一些机会的，正如他们的一些将领一直认为的，他们可以在高地和岛屿的要塞中继续抵抗，起码能坚持到获得政府特赦，毕竟，亲王的军队在卡洛登只投入了3/5。然而，查理·爱德华匆忙地断送了自己的事业，一如他仓促地开始。他简短地说了几句，宣布他们已回天乏力，命令众人各自保重，自己也开始跑路，直接上船回法兰西去了。他身后留下无能为力的人民，面对不列颠的一部分对另一部分实施系统的国家恐怖镇压而徒唤奈何；有些是通过武力完成的——整个村落被焚为焦土，根本不经详细询问，根本不顾念当地人的生存，偷走畜群，成千上万的佃农被驱逐背井离乡。始于暴力，终于法律高压，取消苏格兰的世袭传统司法权，这样就摧毁了宗族首领的族长权威，而苏格兰整个忠诚链原本维系在这些首领身上；禁止苏格兰人说盖尔语，也不许他们穿格子呢披肩，除非在王室军队服役时（这种情况下，予以鼓励是一种狡猾的心理算计）；一切有关苏格兰高地部落荣誉的古老文化都被连根拔起，余下的全部打碎压服。

在伦敦，审讯处决詹姆士二世党的为首分子演变成大众娱乐，也是这个热衷于消遣的城市的一场表演。毕竟，这出戏比任何一家特鲁里巷的剧院上演的剧目都要好看。一方面，第三任克罗默蒂伯爵（Earl of Cromarty）乔治·麦肯锡（George Mackenzie）的夫人双膝跪倒在国王面前啜泣，乔治国王给伯爵判处死刑缓期执行，夫人悲伤惊恐，随即可怜无助地昏厥过去。国王一向以对舞台表演无动于衷而闻名，此时也不禁为之动容。另一方面，第四任基尔马诺克伯爵（Earl of Kilmarnock）威廉·博伊德（William Boyd）、第六任巴尔梅里诺男爵（Baron Balmerino）带着英勇顽强的气概就义，昭告自己忠于神圣膏抹的斯图亚特家族。最具戏剧性的是第十二任洛瓦特男爵（Baron Lovat）西蒙·弗雷泽（Simon Fraser），找到他的时候，弗雷泽正藏身在苏格兰西部的一个空树洞里。这是个邪恶的乐观者，他在两派之间摇摆不定，一直到 1745 年都忠于乔治二世国王，却派了他的儿子随詹姆士三世亲王征战。此时詹姆士二世党失败了，他为自己的窘况责备儿子。贺加斯去见洛瓦特，画下一幅令人难忘的画：这个咯咯笑着的老怪物板着指头数苏格兰的宗族。据霍勒斯·沃波尔记载，洛瓦特在被押去审讯的路上，一个妇女瞪着囚车喊道："你这丑老狗，难道你不知道他们要砍了你这颗可怕的脑袋吗？"听到这话，洛瓦特针尖对麦芒地答道："你这浑蛋的老丑巫，我知道他们会的。"他说对了。1747 年 4 月 9 日，塔山上，由于处决他的地方围观的人太多，特别修建的看台倒塌了（贺加斯为此又画了一幅画），造成 7 人死亡，洛瓦特自己这辈子都没亲手杀死过这么多人。

在伦敦的苏格兰人看着这些可怕的报复羞辱场景（还有他们听说的北方家乡的悲惨状况），恐惧、悲怆、愤慨交织在一起。托比亚斯·斯摩莱特（Tobias Smollett）听到卡洛登的消息时正在小酒馆里，周围饮酒作乐的英格兰人爆发的庆贺声是如此刺耳，他深感屈辱。尽管他本人并非詹姆士二世党人，也感到悲愤难抑，提笔为自己灾难深重的祖国写下挽歌《苏格兰之泪》（*The Tears of Scotland*）

> 哀悼啊，无助的喀勒多尼亚，哀悼吧！
> 你的和平被放逐，桂冠已撕碎；

你的儿子们自古以勇猛闻名，

他们躺在故国土地上被屠杀了；

你好客的屋子，

不再对陌生人敞开；

他们躺在冒着青烟的废墟上，

已化为残暴的纪念碑。

如此深切的哀伤和自悲冲击之下，斯摩莱特和1745年叛乱余波里的很多苏格兰同胞一样，也一定会自问：到这步田地他们还怎么能做不列颠人？其中一些——急剧缩小的少数派——会坦白地回答不可能了，会说苏格兰人是被征服者（汉诺威王室）踩在脚底下，生活在殖民地里，自己的语言、服饰和习俗都被判定为非法了。这么一来，死不改悔的詹姆士二世党、荣誉文化的幸存者们不得不过起隐秘的纪念生活，在秘密的崇敬时刻拿出小心翼翼地收藏起来的遗物与偶像：带有快乐亲王查理头发的锁、亲王格子呢披肩的碎片；画着模糊得辨不出颜色的高脚酒杯，只有原配的底座才能正好倒映着还原出颜色，才看得出杯子上有那个可爱的失败偶像、那个生而为国王的男孩子、渡海而来的救世主。这本大事记依然是神圣的，但真实的查理（詹姆士三世）在罗马已变得非常堕落——他亵渎神灵，拥有太多的情人，醉饮就更多了。他喝着波尔多酒喋喋不休地伤感地诉说着本来应该如何如何，人却已发福，未老先衰、精神萎靡，靠轻信者的慈悲过日子。他瞪着广场上开裂的石墙，自己也已成废墟一般，深陷在希望破灭后的泥沼里。

然而，除了浪漫的自娱自乐外，亲王和苏格兰真实的未来已毫无关系。在卡洛登战役后的几十年里，苏格兰不再咀嚼痛苦，停留在伤感里，反而变成欧洲最现代、最富活力的社会。卡洛登一战四年后的1749年，约翰·罗巴克（John Roebuck）博士和萨缪尔·加贝特（Samuel

Garbett）在普雷斯顿潘斯取得了一个意义完全不同的胜利，就是开设工厂生产硫酸。即便在 1745 年叛乱之前，土地资本化就已经在改变旧的苏格兰高地生活方式，从前讲人情联系的社区转向生产投资。数百年来在此耕作、拥有小块土地的村民已被清洗赶走，让位于黑脸羊、雪福特羊（Cheviot）或高地牛，它们为低地和英格兰城镇迅速发展的市场提供原料。无论是苏格兰高地或低地，有闯劲的清理工程师，如洛希尔（Lochiel）的卡梅伦家族，做詹姆士二世党和做忠于汉诺威家族的保王派一样都没有违和感。当宗族首领无法履行保证自己佃户的权利和安全这个首要责任的时候，苏格兰旧的生活方式还能留下点儿什么影子呢？

好在起码被赶走的人总有地方可去，无法打破大不列颠的苏格兰族人此时有机会加入大不列颠了，很多人也接受了这点。18 世纪下半叶，几万名苏格兰高地人加入了不列颠的军队，他们在世界各地——从印度到加拿大——亲历了很多战事。据说在法兰西大革命和拿破仑战争期间，不列颠军团里有 7 万名左右的苏格兰人。不列颠帝国政府的编年史和帝国的军营及战场一样，很惹人瞩目地由几个著名的苏格兰宗族的名字把持着：门罗（Munro）、艾勒芬斯通（Elfinstone）、穆雷（Murray）、戈登（Gordon）和格兰特（Grant）。有一些最顽固的詹姆士二世党——如弗洛拉·麦克唐纳（Flora MacDonald）和她的丈夫，以帮助詹姆士三世亲王逃脱而闻名——移民到了美洲，在北美独立战争（revolutionary wars）期间，他们又宣称［在北卡罗来纳（North Carolina）］坚决热爱、忠于不列颠。

苏格兰人没有被不列颠帝国殖民化，与之相反的是，他们自己殖民了自己。18 世纪下半叶在牙买加投资超过 1 000 英镑的约半数是苏格兰人。格拉斯哥因为跨大西洋的烟草贸易而致富，商业巨子约翰·格拉斯福德（John Glassford）和亚历山大·斯皮尔斯（Alexander Speirs）跻身不列颠最具有经济实力者之列。笛福曾试图设想合并后的苏格兰会更幸福、更繁荣，斯皮尔斯就是这一拨新"北方大不列颠人"的一个完美例子。他原先是个小本商人，后来娶了早先的烟草贸易家族布坎南家的小姐，之后一发而不可收——斯皮尔斯鲍曼公司（Speirs, Bowman and Co.）成为跨大西洋贸易中耀眼的流星（meteor）之一。公司在克莱德赛德（Clydeside，1762年开始启用干船坞）建造自己的船只，在1757—1765年短短8年时间里，往来于弗吉尼亚及南、北卡罗来纳到不列颠之间，整整16个来回。在美洲，苏格兰人代理商设立公司库房，直接与当地的种植园主交易，摒除了中间商，这样交易费、运输谷物的费用都更低。全不列颠的市场迅速扩大，意味着18世纪中晚期这些货物的销量翻倍，赚到的利润就更高。这些利润（在18世纪70年代初的萧条和美国独立战争期间曾中断）反过来又投资到其他经济部门——斯皮尔斯和他的格拉斯哥人（Glaswegian）烟草地主合伙人在玻璃制造、炼糖及亚麻纺织业进行投资。

　　这些证实了达里恩事业是清白无辜的，也提升了它；苏格兰人想象自己国家的新未来要脱离英格兰而独立是没用的，苏格兰经济经不起英格兰人政治和军事力量的恫吓。作为大不列颠联合王国的组成部分，他们已被拉进一个日益不可分割的经济体，它让全不列颠脱胎换骨。韦德将军和他的勘测班底及工程师们［包括画家保罗·桑比（Paul Sandby），他做了无与伦比的风景记录］修建的原为战略用途的道路与桥梁，此时给货物运输者和赶牛群羊群的人提供了无法比拟的通衢大道。苏格兰高地的产品，如海带、石板、羊毛、威士忌酒，甚至熏鱼［因为单是在芬湖（Loch Fyne）就有几百条不停捕捞鲱鱼的渔船］，这时候都找到了销往南方英格兰市场的通道。人力、商业和技术真正实现了双向流动：苏格兰人詹姆斯·瓦特为格林诺克（Greenock）干船坞提供了一台蒸汽泵，瓦特又与英格兰人马修·博尔顿（Matthew Boulton）合作创建了博尔顿瓦特（Boulton & Watt）公司，在伯明翰附近开设他们的小型机械作坊（Soho Engineering works）；英格兰中部的科尔布鲁克代尔（Coalbrookdale）向北方输出其熔炼技术，使卡伦（Carron）铁厂在斯特灵郡（Stirlingshire）得以建成。

苏格兰发生这种情况绝非偶然，在以爱丁堡、格拉斯哥、阿伯丁为代表的"天才温床"城市里，第一批关于进步的理论产生并形成了系统。它首先建立在否定或者最起码质疑的基础上，即不能相信所谓天启，比如奇迹的说法。苏格兰人感兴趣的那类奇迹发生在克莱德赛德。此时上述三个城市的大学、读书俱乐部里理性文化盛行，治愈了长期以来被信仰战争撕裂的苏格兰，曾经低首徘徊在怀旧情绪里的文化迅速转变为直面不列颠帝国冰冷坚硬的现实，高唱福音的庙宇改为向现代看齐。在1768—1771 年之间首次刊印出版的非同寻常的三卷本《不列颠百科全书》（Encyclopedia Britannica）可以看成是苏格兰人理智务实又向前看的丰硕成果。苏格兰印刷商安德鲁·布尔（Andrew Bull）与柯林·麦克法夸尔（Colin Macfarquar）最初构思了这套书，主编是另一名苏格兰印刷商兼古文物研究者威廉·斯麦利（William Smellie）。1776—1784 年，扩大后的新编《不列颠百科全书》10 卷本首次出版，这是詹姆斯·泰特勒（James Tytler）的天才所为。他是诗人、印刷商、外科医生、化学家兼热气球玩家，他正是新苏格兰人的典型代表人物。这时候英格兰旅行者开始北上，在风声呼啸的沼泽和烟雾弥漫的湖边，他们沉思伤佗苏格兰人的悲剧，而苏格兰人作家、哲学家却在扫除多愁善感的蜘蛛网。大卫·休谟（David Hume）说：首先，绝对要看清楚，我们到底是怎么知道事情的；其次，一旦明确知道我们的知识确凿无疑，就要运用它，使之为社会服务，带来幸福和繁荣。幸福正是快乐亲王查理在格伦芬南向自己的追随者许诺的，但是休谟及其哲学家同人认为，实现幸福的机会恰恰要看大不列颠人把自己从旧的"塞壬（siren）之歌"里解放出来的程度。

休谟宣称："这是个前所未有的新时代，我们是新的历史时代的人。"但这一次，他并不是说苏格兰或者不列颠是受历史局限的替死鬼，注定经历早已铭刻在古代编年史里的循环往复，原地踏步、裹足不前，尽管在这个意义上他是不列颠不屈不挠的斗士。相反，休谟、亚当·弗格森（Adam Ferguson）和亚当·斯密（Adam Smith）审视苏格兰的史诗，在某一处看到整个人类社会发展的顶点，从狩猎社会到游牧民、定居农业最后达到真正的文明：迎面而来的商业、科学工业社会和城市世界。到18世纪末，世界上没有一个地方比苏格兰都市化、工业化得更快。

这时候，在焕然一新的爱丁堡和格拉斯哥的漂亮广场及大街上，我们能发现真正的苏格兰是什么样的。1767年，詹姆斯·克雷格（James Craig）——他是詹姆斯·汤姆森的外甥，而汤姆森竭力鼓吹不列颠联合，是创作了《统治吧不列颠尼亚》（Rule Britannia）的抒情诗人——拿出了爱丁堡新城的规划，他在上面写了几个特色句子，引自舅舅的诗，将新不列颠大厦比作新罗马——事实上是个升级版的罗马。不同于查理·爱德华·斯图亚特沉溺在罗马白日梦里无法自拔，新苏格兰人从壮游（Grand Tour）回来，也许随身带回来石膏模型或企业家加文·汉密尔顿（Gavin Hamilton）给的古董奖章。他们满脑子都是要怎么把古典主义商业化的想法，没有人比"罗马鲍勃"（Roman Bob）即罗伯特·亚当（Robert Adam）更成功地完成了这一本来明显是矛盾的艰巨任务。

快乐亲王曾把詹姆士二世党军队带到德比后走投无路，13年后，成功的爱丁堡建筑师威廉·亚当的儿子罗伯特·亚当回到德比郡。作为不列颠时尚的首位无敌之王，罗伯特进行了一次完全不同的时尚入侵，让不列颠为之瞠目结舌。在凯德尔斯顿（Kedleston），亚当大方地展示其学识，房屋的南面仿效君士坦丁拱门（Arch of Constantine），它的圆顶沙龙以万神殿为摹本。然而，重要的是，凯德尔斯顿并不是一座伪装成博物馆的乡村宅第，它是一个新的建筑种类。其主人第一任斯卡斯代尔男爵（Baron Scarsdale）纳撒尼尔·柯曾（Nathaniel Curzon）不仅像沃波尔那样依靠土地和政治关系发财致富并取得政治地位，他还开采德比郡的煤矿。显然，他不想让自己的房子给趾高气扬的阔佬客人以压抑感，与西塞罗式（Ciceronian）的高贵雄辩相反，他只要一个美德、沉思、冷静、纯洁与仁慈的庙宇。

亚当在凯德尔斯顿的成功使他成为当时最受人追捧的建筑师，一个真正的不列颠设计师：他在伦敦和爱丁堡两地都拥有事务所，同时在英格兰与苏格兰两国建造房屋。其成功的部分秘诀在于他能把这个"富庶"的要旨融入到自己的建筑风格里，按照亚当·斯密说法，他这一代人所说的"富庶"可不是［如霍顿（Houghton）所演示的］纯粹个人财富积累现象，它还是一股为大众谋幸福的力量。

1746 年，在坎伯兰残酷地追杀最后一批不幸的幸存者的时候，亚当·斯密这个福斯湾北岸海关官员的儿子回到了自己的祖国苏格兰。他背弃了牛津，在那里他写到，牛津大学已经彻底放弃了哪怕是"假装钻研学问"。不过亚当·斯密自己也一样背弃了苏格兰的过去，以便迎接激动人心的未来。斯密是在摒弃了天主教与加尔文主义的各种愧疚和原罪的观念之后才做此展望的。斯密在 1766—1776 年写作了《国富论》（*The Wealth of Nations*），提出了人类的本能及全部自然的动力都是自我改善，这是历史事实的本质，是虚荣和贪欲驱使上述本能反而并不重要。只要允许普通人听从自己内心的自然冲动，即便在不自觉的情况下，人们也会创造一个更美好的世界：一个更富裕、更有教养、更自由的社会。这样斯密就无视汉诺威家族国家权力的庞大机器，在这个新世界里，他想象着它不再是敌人，王权只是变得无关紧要，因为无须任何政府为财富立法；当然，任何政府自以为能这样做的结果就必然成为它自己自欺欺人的牺牲品；最好的政府是不挡道，放手让无形的市场去自行其是。他写道，经济世界就像手表一样，弹簧和齿轮"都按照其设计的目标会自动调节的，一切都令人赞叹不已"。因此，勤奋的人们所做出的无数的行动自然会为了上帝已安排的目的完美地相互配合。

这个目标就是物质、道德、智慧三方面的进步，现在轮到付出鲜血代价、支离破碎的苏格兰给大不列颠指出前进之路，这是历史最甘美的讽刺之一。苏格兰哲学家们说，如果想要看到未来，忘掉英格兰自负的过去、蒙尘的坟墓和被禁的大教堂吧；相反，到北方来，在格拉斯哥和爱丁堡这些新的"天才温床"，能看到那里蕴含着不列颠的希望，也许它也是全世界的希望。

第六章
谬误帝国

舞台上的场景：被林子围着的平原，一边有一座小农舍，另一边是畜群及牧人——这是远景。全景是一个隐士的洞，上面垂下野生树林；一派野蛮荒诞的气氛。

上场：阿尔弗雷德大帝随德文伯爵上场。

有多久啊，哦，向来仁慈的天空啊，战争还要如此蹂躏这片可怜的土地多久？

当烛光照到我们的盎格鲁－撒克逊英雄（他穿着常见的悲剧戏装，即上身胸甲，下身着裙子）逃避丹麦人的时候，他已经精疲力竭，精神颓唐，正在为英格兰的命运愁眉不展。我们必须记住，观众们也都在竭力装出一副全神贯注的表情，如果不那么专注的话，他们就不只是不礼貌也是不明智，这可是为了《阿尔弗雷德》这出戏。两个苏格兰诗人詹姆斯·汤姆森和大卫·马利特［（David Mallett，不再是（Malloch）马洛赫了，为了在撒克逊人（Sassenach）中得到更多机会，他已经把自己的名字英格兰化］合作写的一出假面剧，由托马斯·阿恩（Thomas Arne）配乐。这是接受威尔士亲王弗雷德里克·路易斯（Frederick Louis）的委托而创作的。亲王是自由大不列颠人的希望，全不列颠最大的艺术赞助人，他的房子在白金汉郡的克利夫登（Cliveden）。这个演出表面上是私家演出，但是在每一个真正重要的环节上它都被设计成了公开宣传，特别面向喜欢八卦的报界公开，要证明亲王及其支持者都是真正的爱国者，连它上演的日子即 1740 年 8 月 1 日也是刻意挑选的——这是亲王祖父乔治一世的登基纪念日。弗雷德里克公然讨厌自己的父母亲，相比之下，他更倾向于尊敬爷爷。这一天也是他女儿阿古斯塔公主 3 岁生日过后的第二天，她的出生对弗雷德里克来说非常值得回味：当时就在孩子快要降生的时候，亲王把妻子从国王、王后身边抢回来，坚持要她在自己家里即圣詹姆士宫生下这个孩子。如果说卡洛琳王后说自己的儿子是"最大的蠢货……最大的说谎者……世界上最大的畜生"好像有点儿过分，特别是她公开说即使他从这世界上消失了，她也不会悲伤得流泪，那就好理解了。但弗雷德里克认为他有的是时间，自己的父亲乔治二世已经 56 岁了，硬心肠的母亲已在三年前去世，而他只有 33 岁，等得起。

　　1751 年，弗雷德里克死于脑脓肿，他的追随者们失望了。但在这个夏天的晚上，在克利夫登，外面泰晤士河在静静地流淌着，他们可以不看他的赌局、他的女人们、他的脾气，而看一下他作为有造诣的大提琴手、爱国亲王的典型、自由的捍卫者又是怎么样的。一批从前沃波尔的同盟者、政治热心者们围着他打转。1737 年，在关于亲王俸禄的争斗达到最激烈的时候，他们中的很多人都被辞退了。现在他们都是政府的死敌，其中很有可能就有乔治·巴布·多丁顿（George Bubb Dodington），他最近才回归亲王一边。据霍勒斯·沃波尔记载，缎子衣服在多丁顿矮胖的身上紧绷着，纽扣快要撑破了。还应该有理查德·坦普尔爵士（Sir Richard Temple），即科巴姆子爵［（Viscount Cobham，沃波尔不只是不容分说地开除了他，而且，还剥夺了他在国王的骑兵团（King's Own Horse regiment）的指挥一职，因为这一点科巴姆不能原谅沃波尔），以及被大家叫作"科巴姆犊子"的他的被保护人，就是他的外甥格兰维尔（Grenville）兄弟和威廉·皮特，也许还有辉格党异见者，比如约翰·卡特里特。观众中还有个前托利党政客也颇为引人瞩目，他在盎格鲁－撒克逊寓言中具有特别重要的意义：博林布鲁克子爵亨利·圣约翰。哪能少了他呢？

　　1714 年博林布鲁克曾与詹姆士二世党眉来眼去，这给他带来了严重的不利后果——议会贵族院把他除了名，但他的影响依旧不容小觑。1738 年，他出版了《爱国者之王》（*Patriot King*），说白了是为了给威尔士亲王做职业培训。博林布鲁克为弗雷德里克设计的是不切实际的公正形象，要他超越自私的党派主义。作为国王，弗雷德里克将要发誓把国王之责上升到肃清国家腐败与压迫之上。但因为博林布鲁克也出版了一本不列颠中世纪的历史，书里声称自古以来自由与专制的力量是经博弈锁定的，弗雷德里克的角色应该是恢复古代盎格鲁－撒克逊的自由精神，而阿尔弗雷德大帝在位时就正体现了这个帝王荣耀。据说（错误地），正是阿尔弗雷德大帝开了陪审团审判先例，习惯上他被叫作"自由的保护神"。1735 年，亲王委托定制一尊这位盎格鲁－撒克逊英雄国王的塑像，由当时风头正健的雕塑家约翰·迈克尔·赖斯布莱克（John Michael Rysbrack）制作，事后将其竖立在自己帕尔玛尔街（Pall Mall）独院房子的花园里。亲王这样做是昭告世人，自己的野心是要做汉诺威王朝的阿尔弗雷德大帝。

　　马利特和汤姆森这两个反詹姆士二世党的苏格兰人根本不算什么，至多算敲边鼓的角色。1740 年的那个晚上，他们为亲王及其圈内人所做的，实际上是博林布鲁克一手策划的脚本，也是他给定的乐谱调门。考虑到这个情况的重要性，他们不吝花费，请的都是一流的表演者：从特鲁里街请来威廉·米尔沃德（William Milward）扮演阿尔弗雷德大帝，伟大的吉蒂·克莱夫（Kitty Clive）担纲富有同情心的牧羊女艾玛一角，音乐出彩处是柯文特花园剧院的著名男高音托马斯·萨尔韦（Thomas Salway），他兼饰牧羊人考林（Corin）和吟游诗人二角，后者在假面剧结束时的一首新歌独唱将是整个晚上演出成功与否之关键所在——新歌的作曲是阿恩。在这个欢乐的结尾之前，具有洞察力的隐士用魔法召来未来三个最光荣的后世精灵，点醒了那时正处境艰难的阿尔弗雷德国王。他振作起来重下决心与外国压迫势力战斗，这三个王室的幽灵——黑太子、伊丽莎白一世和威廉三世——使阿尔弗雷德大帝灵光乍现，认清了等在自己这四面环海的小国前面的帝国命运（并且向他们吐露心声，做了一番长长的为大不列颠而奋斗的勉励说教）。可是 1740 年激战正酣，观众对后两位王室斗士为了英格兰独特的新教教会、反西班牙及恐惧法兰西人侵入而战应该特别能有共鸣。就在这个时刻，海军传统的继承人，名闻海内外的"自由大不列颠人"海军中将爱德华·弗农正忙着装备一支新舰队，准备袭击古巴的东端。

阿尔弗雷德的武士热情再次点燃，他发誓要使英格兰摆脱外国蹂躏：这暗示着萨尔韦向前跨出一步，庆祝再次献祭爱国主义：

> 缪斯们依旧拥有自由，
> 必将为你修补幸福海岸。
> 祝福你不列颠岛！你的美无与伦比，
> 勇士们诚心保护着你。

到这个节骨眼儿上，阿恩乐队的弦乐、半球形铜鼓、双簧管、铜管齐奏，音乐声动屋瓦，萨尔韦来到舞台中央（他一开口唱就知道今晚的表演成功了）将全剧推向高潮，他的高音饱满洪亮，唱着第一句诗逐渐上升，正如一个水手爬上乌鸦的巢穴：

> 当天堂第一——一次掌控不列颠，
> 蔚—蔚—蓝色的天外升—升—升—升起大海，
> 蓝色的天外升—升—升起大海，

　　这就是特许状，这片土地的特许状，

　　还有那守护天—天—天—天—天使们唱着这……曲调。

　　（暂停，鼓乐大作）

　　合唱：统治吧，大不列颠……大不列颠统治了大海的波涛。

　　不论鼓掌声只是稀稀落落地表示礼貌或是喝彩震耳，这场表演都还没有完全落幕。隐士（不要与吟游诗人混淆）回来做最后的神谕，预言大不列颠将一统海洋。这点也已经成为阿尔弗雷德迷的一个标准配置，因为解读《盎格鲁–撒克逊编年史》，据信（不是完全没有根据），他是第一位曾经建立了强大海军舰队的本土国王。如果依照假面剧的传统演出《阿尔弗雷德大帝》的话，那么在这当口就会上演一出寓意深刻的哑剧，角色会是拟人化的海洋（如"金色南方""温柔东方""狂暴北方""广袤大西洋的巨浪"），他们每一个相应地伴随着阿恩配的各式乐曲，上场来向大不列颠倾泻他们的忠心赞颂。

　　隐士：阿尔弗雷德！前进吧！带领大家走向光辉岁月……

　　我看见了你的商业，不列颠把全世界掌控在手里，

　　各民族都为你服务，每一条外国河流都向泰晤士河付出奉献，

　　……大不列颠人在前进，去统帅大海深处的子民。

　　向海军致敬吧，每一块敌对的土地，

　　他们的威胁不足虑，军队也全是窝囊废。

　　谁统治了海洋，谁就统治了这世界！

　　接着（必须的）再来一轮齐唱，号鼓要更加响亮

　　统治吧，大不列颠人，大不列颠人统治了海洋！

　　无论如何，科巴姆子爵理查德·坦普尔都不是任何人的奴隶；关于

古文物或不列颠的自由繁荣，他也不需要博林布鲁克的指点。坦普尔认为自己全部的职业生涯都已经无私地贡献给了不列颠，一辈子都在为保全不列颠而战。他是与路易十四抗衡的战争中退伍的老兵，曾经为威廉三世接着为安妮女王在马尔博罗麾下战斗。那时他是步兵团的上校，因为他热忱的保卫"光荣革命"，为自己赢得了"军中最伟大的辉格党人"称呼。科巴姆的妻子安妮是个富裕酒商之女，两人的孩子都没有幸存下来，夫妇俩就精心地培养外甥、外甥女们，即格兰维尔家的子弟，而他们的钱财都投入到了一座如果以帕拉迪奥式宏伟气势为标准来说无疑是英格兰最美丽的乡村建筑：斯托（Stowe）庄园。斯托从来就不是一座逍遥宫，科巴姆是在利用自己的白金汉郡大屋回击沃波尔的霍顿庄园——建筑斯托是要它代表不列颠自由之永恒。詹姆斯·汤姆森在这里写出了颂歌"自由"，很可能是因为在科巴姆的藏书室里读到博林布鲁克的《爱国者之王》得到的启发。科巴姆"犊子们"在此汇聚——乔治·利特尔顿（George Lyttelton）、威廉·皮特（小）及格兰维尔兄弟们——他们都自视为不列颠的狮子，随时准备着咆哮。

在屋后的花园里，科巴姆明白无误地展现了自己的政治感想。具有讽刺意味的是，这是花园设计师们从法兰西风景设计师戴扎利埃·达赫让维叶（Dézalliers d'Argenville）的译作才得到灵感启迪，他们学到的全是关于何为古典的指教。斯托庄园里到处点缀着仿佛迷你万神殿的小亭子，圆顶在上、下列廊柱，位于土墩之上，或水潭尽处。游园者循曲径走来，真的可以驻足凝思。此园风格刻意借鉴画家手法，得益于英格兰贵族大力推崇的尼古拉斯·普桑（Nicolas Poussin）、克洛德·洛兰（Claude Lorrain）两位法兰西画家的风景画。只是科巴姆刻意营造历史的政治况味，在1731—1735年，他请威廉·肯特（William Kent）到斯托来，为园子设计了一套新结构，每一件都是他自己公共哲学的体现。在古代贤哲之庙〔Temple of Ancient Virtue，不是很严格地师法罗马附近蒂沃利（Tivoli）的火灶神维斯塔神庙（Temple of Vesta）] 对面，肯特造了一个不列颠荣光之庙（Temple of British Worthies）。尽管它后来也一直叫作"庙"，却根本不是什么结实的亭子，只是一个敞开台地上的古典半圆形无顶围壁，它上面的金字塔尖是一尊墨丘利 [他不只是极乐世界（Elysium）的领座员，也是商业之神]，其下一堵半圆形的宽阔墙壁怀抱着一排壁龛，壁龛上方各具山墙，每一个壁龛里面都是一尊英格兰贤达的"半身像"（印刷的导游指南上这么称呼它们）。

左右自有分野，一边是哲人，另一边是实干英雄（其中之一为女性）。二组囊括了必有的毫无争议的敬慕对象——莎士比亚、培根列在思想家的一边 [包括理查德·格雷沙姆（Richard Gresham）这位伦敦新交易所的创立者]，黑太子和伊丽莎白一世也位于实干家当中。但是，还有其他一些人物是科巴姆要更加旗帜鲜明地表达自己的爱国主义永远是"奴性"的死敌：约翰·弥尔顿位于思想家之列，而约翰·汉普登（John Hampden）则列入实干家中。也许，作为反对派的白金汉郡绅士，科巴姆自诩为是一个世纪后的晚年汉普登。因为 18 世纪 30 年代掀起了一股不只同情弥尔顿也同情克伦威尔的风气，后者被认为是自由大不列颠的典型，也是现代大不列颠帝国的创始人之一。实干家的"半身像"实际上表现了创建盎格鲁不列颠海上及帝国力量的缔造者系列：海军的"创始人"阿尔弗雷德（又是赖斯布莱克雕塑的，他肯定就这么一路沿着盎格鲁–撒克逊历史做下来的一整个产品线）、伊丽莎白一世，还有沃尔特·雷利爵士（Sir Walter Raleigh）、弗朗西斯·德雷克爵士（Sir Francis Drake）。德雷克的铭文是"经过诸多艰难困苦，第一批勇敢地进行环球航行的大不列颠人，使……四海之内和各民族知晓英格兰人的光荣与威名"。

这是第一批真正崭新的大不列颠人，他们以自己内心的爱国主义维系着国内的自由地位，也创建了一个全球海运商业帝国。博林布鲁克坚持说："海洋帝国是我们的，我们拥有它已经很多年头了，我们打了很多海战，付出了鲜血和金钱的巨大代价才保有它，我们今天必须不惜冒一切风险，经受住任何事件的考验，只要我们还有心保全我们自己的话，就必须继续保有它"。他真是道出了所有爱国者的心声。作为德雷克和雷利这些英雄的后继者，科巴姆和他的受保护人一起相信，这个帝国之所以在世界上是全新的，正是因为它不会再像古罗马那样汲汲于征服土地，而后毁于其拉得过长的前线，这可是导致罗马帝国的中心走向专制的恶行。贵族"男孩爱国者们"去欧洲大陆壮游（如汤姆森是以家庭教师身份前往的），在罗马亲眼目睹了傲慢的罗马帝国留下的气势恢宏的遗迹；在庞培奥·巴托尼（Pompeo Batoni）为他们作的画里，这些男孩们的姿势往往是面对着帕拉丁山（Palatine Hill）上可悲的残骸。而乔凡尼·巴蒂斯塔·皮拉内西（Giovanni Battista Piranesi）出色的雕版印刷品，初版于18世纪50年代，向古罗马致以崇敬的同时提醒着后人最好别重蹈覆辙。4年后，英格兰与法兰西的战争还在进行中，科巴姆让肯特给他建了个哥特式的自由之庙（Gothic Temple of Liberty），用黄褐色铁矿石（比古典建筑常用的奶油色鲕粒岩石灰石更粗砺的土质材料）做成，内部装饰以想象的撒克逊国王的纹章，门楣上刻着取自皮埃尔·高乃依（Pierre Corneille）作于1639年的《贺拉斯》（Horace）剧中的铭文，让人一目了然："谢谢上帝我不是罗马人（Je rends grâces aux dieux n'estre pas Romain）"。

岁月流逝，不列颠历史从虚幻的狂热转向军事现实，斯托庄园就成了表彰帝国自由的主题公园。1747年5月，格兰维尔兄弟中的托马斯死于菲尼斯特雷角（Cape Finisterre）外的海战，庄园里竖起一根柱子纪念他。1759年，另一座方尖碑立起，哀悼（与全民族其他人一起）整个帝国最有名望的烈士詹姆斯·沃尔夫（James Wolfe）。然后到了世纪末，再竖立一个纪念碑，这次是为了詹姆斯·库克（James Cook）。斯托是不列颠第一个向公众开放园子和花园的乡村宅第，还印制了低廉的说明书作为导览，这一点意义重大；到18世纪50年代初，来访的爱国参观者至少有三种选择（有些只要六便士，其他的要二先令六便士，因为加印了风景图），可以引领他们游览这片爱国主义风景地：在帕拉第奥桥（Palladian Bridge）上，他们会对着用浅浮雕铭刻的"商业历史和世界四个角落都给大不列颠人送来其产品"这句话思索；在友谊之庙（Temple of Friendship）的一个画廊里，满是皮特、科巴姆（他在1749年进入了他自己的不列颠极乐世界）、利特尔顿和其他人的头像；他们会在一幅大不列颠油画前伸长脖子，此时帝国又沐浴在光辉中，大家庆幸自己生活在一个自由和帝国合为一体的国家；它们还如此和谐地结合在一起，这真是一个奇迹，通常这二者是水火不容的。

那么，当他们用礼仪祈求"自由"的时候，自由斗士们心里到底在想着什么？第一，免于罗马天主教廷（也许这点使《统治吧不列颠尼亚》的天主教作曲者阿恩不快）的"奴役"，但是他们要恢复的那个17世纪时非常特别的反抗"暴君"努力的历史传统，不是会将它偷偷摸摸地走私夹带来（如在大主教劳德与查理一世时），就是通过常备军强加给大家（如詹姆士二世）。自由的意思是议会同意后才能征税、正常频率的议员选举以及人身保护权（habeas corpus）。大家公认这些善举在天主教欧洲的奴隶制国家里是不存在的，但它们已经在说英语的（即早在盎格鲁－撒克逊时期就已形成）民族里深深地扎下了根。自由意即不断地重申其历史渊源——《大宪章》《请愿权利法》（Petition of Right），还有最近的因此也是最神圣的1689年的《权利法》——及其英雄和殉道者：约翰·汉普登、约翰·弥尔顿和阿尔杰农·西德尼。18世纪30年代，对沃波尔的攻击又增加了一个当代发明的描述暴君的词：知更鸟统治派，它或许比斯图亚特王朝统治更糟，因为他们伪装自己好像在保卫1688年的原则，可是通过了1716年《七年法》（每七年选举一次，而不是三年一次），议会禄虫和险恶的征税官们实际上都在专心地搞腐败，他们已经彻底溃烂，这些奴颜卑膝的受雇官吏和阴阳怪气的马屁精都是在靠大人物的赏赐过日子。与他们形成鲜明对比的是，不列颠的诚实人都在勤勤恳恳地努力劳作：普通乡村绅士、商人、正派的工匠、商业从业人员——他们才是不列颠的"心血"，是不列颠活力的源头。正是他们感到沃波尔征税人员的专制力量欺压了他们，希望借助蓝色海洋帝国的促销，实现自己在贸易与自由之间的合伙人关系。因此，在其他事业之后，他们说的自由就是买卖奴隶的自由。

关于这一代人，有一点是毫无疑问的：他们大肆鼓吹的自由没有黑人的份儿，那些写了《大宪章》或《请愿权利法》的人绝对不会把黑人的福祉放在首位。他们几乎不会记得还有黑人的自由这一回事儿。他们鹦鹉学舌，要一个自由帝国的改革方案，但自由帝国的繁荣依靠的正是奴役成千上万的非洲人；因为还需要经过一代人的时间，激进的教会法规才会把平等"自然"地加入到自由的概念里来。那时候这些爱国者认为，如果一个非洲人祈求自己能适用一个自由大不列颠人的行为戒律，这是冒犯了其本意。所以当威廉·肯特自己树立起一个纪念碑，纪念 77 个尝试创建自由的说库阿语（Akan）的安提瓜（Antiguan）奴隶帝国的创始鼻祖们的时候，这些试图夺取安提瓜岛但失败了的领袖们，在 1736 年 10 月乔治二世加冕礼纪念日这天，正好被活活地当众烧死。如果安提瓜岛当局者是按照汉斯·斯隆（Hans Sloane）——他后来成为乔治二世的医生——描述的过程那样做的话，那么这些奴隶的四肢是"用弯曲的棍棒钉住在地上，然后从按住的双脚双手处以不同程度一点一点地点火，慢慢地烧向头部，这样才能给他们造成最大的痛苦。"据官方记载，5 个奴隶用马车撕裂，6 个活着吊死，还有 77 个烧死——不到 4 个月里共处死了 88 个。其他在这事件里没有直接干系的奴隶，也许是被阉割、砍去一只手或脚，或鞭打"直到皮开肉绽，有一些放上胡椒和盐让他们好受"。

　　自由大不列颠人的帝国如此大声地广而告之，却要建立在最残暴地强迫奴役非洲人这个基础上，其中的讽刺意义不单单是个学术悖论；它正是帝国成功的先决条件，不论如何正当地自我庆幸最后终于废止了奴隶制，这个原罪都不足以抹去。

　　对于帝国的创立者来说，接着还有两个历史命运的扭曲就在眼前——这是他们在帝国奠基年月的光明前景里怎么也想不到的后果。大不列颠帝国的海洋性格，喜欢推销商业机会胜过对开疆拓土的偏好；他们直觉军事冒险应该与商业投资分开，认为这样能对臭名昭著的罪恶产生免疫力。那些因为军事冒险而产生的罪恶曾发生在各个古老的帝国里，最近也出现在奥斯曼帝国及天主教西班牙帝国的帝制独裁政府里。大不列颠帝国被认为应该维持自足，保持刚刚足够的军力和中央管理体系，使得经济机器的各部门相互协同正常稳定地运转就好了。各殖民地只需配合"种植"，恰当保护好自身免受外国的掠夺和入侵，给大不列颠输送原材料，母国就会向它们返还工业品和这些原料的制成品。只要不列颠市场的价格上涨，海外原材料供应者就能赚够钱，足以保持进口工业品与制成品。殖民地甚至能发展农场来提高自己的产量，这就能降低原料的生产成本，反过来又可以使殖民地的产品供给更多的不列颠人。这种互惠好运的上升趋势可以使各方受益，又没有虚荣的征服费用，也不分散精力，自由帝国及其企业就能把世界编织在一起，仁慈的共同进步的循环往复就能永远地进行下去。

　　但是很明显，到 18 世纪末事情也没有朝着这个方向发展：大不列颠帝国不是遍地农民和贸易商，反而到处是士兵与奴隶；举起自由大旗的北美殖民地的定居者回过头来凶狠地对抗大不列颠人，然后自顾自地向前去了。不列颠原本指望帝国的基础建立在世界各地轻武装的商业网点上，这时反而发现帝国要对加勒比地区差不多 100 万的奴隶负责，另外还有起码 5 000 万印度次大陆的居民。大不列颠人出发向东走的时候本来心里想的是赚点儿小钱，结果不知咋的就闹成了统治（Raj），脚注变成了故事的主线。看看今天不列颠城市的大街，就可以明白到现在这个故事也还没讲完。

那么，不列颠到底是怎么走到谬误帝国这一步的？

一开始，大不列颠帝国是因循习惯形成的，它的特别之处在于温和亲切地鼓励大家过过瘾就好：一支烟、一杯好茶、一粒糖果（稍后的时日里，是一管鸦片）——异国的稀罕物变成了消费者的渴望，例外的欲求成了日常生活的必需品。对于商业来说，只要有利润，厌恶是可以克服的，詹姆士一世也许出版过短文，反对下流的尼古丁烟草种子（"亲爱的同胞们，让我们考虑，什么样的名声或策略能打动我们，去模仿野蛮的、不敬上帝的、奴性的印第安人的粗野兽行……学这么个粗鄙发臭的陋习？"）但是弗吉尼亚公司建立的第一个定居点种植烟草，还就以他的名字命名。假如很幸运，詹姆斯敦（Jamestown）的定居者更愿意的当然是自己能随地发现金银，就像南面的西班牙人帝国衣兜里揣满了黄金和白银那样。但是切萨皮克湾（Chesapeake Bay）没有金子，定居者们只好和能给他们带来可靠利润的粗大叶子植物对付着过日子。17世纪上半叶，有很多次，这个英格兰烟草殖民地到了快要消亡的边缘：夺去很多人生命的疾病，与美洲原住民的激烈战争（其间，英格兰人和原住民，彼此屠杀男人、女人、孩子），他们自己极其靡费的、不现实的期望；气候、昆虫和他们自身不讨人喜欢的禀赋毁了很多人。1607—1625年，约有6 000名移民到来，过了几年后，一次人口普查发现弗吉尼亚只有1 200人。但随着消费烟草的习惯在欧洲文化中扎根，弗吉尼亚烟叶作为优质品巩固了自己的地位。来自欧洲的需求猛涨，烟叶的价格上升，巴尔的摩伯爵的马里兰和弗吉尼亚两个定居点这才撑了下来，并且连成了一片，然后往内陆纵深推进。因为受到也许会拥有几百亩"庄园"的可能性的吸引，绅士阶层的小儿子们和贸易商蜂拥而至，最后变成以烟草

莫霍克

安大略湖

昂希达

昂农达加

卡于加

塞内卡

达马里斯考塔 1623
皮马奎德 1625
卡斯科 1632
萨比诺 1607
萨科 1623
约克 1630

阿巴拉契亚山脉

哈德孙河

康涅狄格河

缅

萨勒姆 1630
波士顿 1630
普利茅斯 1620
普罗温斯顿 1620

斯普林菲尔德 1636
温莎 1637
哈特福德 1637
普罗维登斯 1636
科德角

纽黑文 1637
米德尔顿 1653

楠塔基特

格林尼治
马撒葡萄园岛
纽波特 1639

新阿姆斯特丹
（纽约）1623

长岛
新伦敦 1658

萨斯奎汉纳河

特拉华河

波托马克河

普罗维登斯 1649

查尔斯 1658

大 西 洋

圣玛丽 1634

切萨皮克湾

兰开斯特 1651

格洛斯特 1651

詹姆士河

詹姆斯敦 1607
怀特岛 1637

约克城 1634
诺福克 1637

罗阿诺克河

阿尔伯马尔湾

罗阿诺克岛

	英格兰人定民点
1620	开创年份
	印第安易洛魁地区五个民族分布

0   50 英里
0   100 千米

1600—1700 年间英格兰人在北美的早期定居点

发家而受封的男爵。从伦敦和布里斯托的贫民窟及出租房里来了几万个男孩，平均 16 岁，极少超过 19 岁，他们和少量非洲奴隶一起，成为现成的苦力。这些男孩中 70%—80% 签订了契约（受合同束缚），为自己的食宿而白白地工作 3—5 年，之后可以自由地提出要求，得到一小块原先允诺的土地，或者接着出租劳力，或者开个小店。

原先设想的殖民地"种植业"是要这样运转的：一群反社会的没有出路的人从母国分离出来，带着自身各方面将要"改善"的期待开始着手工作，这片土地也因为受到了照应而得到改良。母国（严格控制下）作为珍贵原料商品的接收端，忙于生产成品运回发展中的殖民地。不像喧闹的爱尔兰本地人都是基督徒（那是一种欺骗性的天主教），还会吸引有害的外国势力来带坏爱尔兰人使其变成捣乱分子；美洲原住民很明显抵触福音，那么可以把他们推到河流的上游，赶进树林里、大山里，离殖民地越远越好。1622 年，弗朗西斯·怀亚特爵士（Sir Francis Wyatt）提到整个英格兰—美洲的计划时，毫不愧疚地宣称"我们的第一项工作就是赶走野蛮人，拿到这个国家的自由土地，强如与他们和平相处或联盟……因为在我们中间不要异教徒，这绝对是最好不过了，最好的原住民也只能是夹在我们当中的荆棘"。

然而接着事情就全出岔子了。从 17 世纪 80 年代起，烟草的价格开始下跌，之后一路直线跌落，北美殖民地的一批小种植园主、中间商和加工厂破产，但这还没有击溃切萨皮克定居点。马里兰与弗吉尼亚地面上有 5 万定居者，他们成功地转向种植更多品种的庄稼——特别是靛蓝和小麦，殖民地幸存了下来。烟草市场会在下一个世纪复活，但是暂时来说，钱不像先前那么容易赚了。

或者，更确切地说是别的地方赚钱容易了；因为 17 世纪下半叶，整个欧洲涌动着另一种渴求，它使大不列颠帝国从世界经济的小家碧玉转型为明星演员。这个过程始于咖啡这种备受人们喜爱的含较高咖啡因的

热饮。奥斯曼帝国的耶尼切里军团（janissaries）向西往欧洲中部进发的
时候，从伊斯兰世界带来了咖啡。维也纳抵挡住了奥斯曼土耳其的围攻，
却败给了咖啡豆。美洲可可豆做成的巧克力饮品通过中美洲文化传给了
其西班牙征服者，而荷兰人开拓新市场总是有独到的眼光，可可豆就是
经他们提炼后而加以市场化的。1650—1675 年，很多伦敦咖啡馆已经在
大量地供应咖啡和巧克力了。

　　可是，至今还没有搞清楚，不知道是什么原因，没有人类学统计，
更别提经济史学，没有谁能成功地提供令人满意的说明，大不列颠人何
以从头开始独独钟情于山茶（Camellia sinensis）叶子沏出的东亚饮料。
1657 年，托马斯·加维（Thomas Garway）在交易所巷（Exchange Alley）
自己的咖啡馆里，同时开售中国茶叶及茶饮，八成是中国安徽和浙江出
产的上等绿茶熙春茶（Hyson）或福建龙岩的新罗茶[1]。因为预料到当时
关于绿茶会有些更神奇的说法，加维把它作为一种神奇的药物推出，声
称它：“全面保健，绝对有益身体健康，延年益寿，明目”，能“清肠、
治感冒、消水肿、治坏血病”，能“增加身体活力，使饮者精力充沛”。
到了 18 世纪之初，茶至少在不列颠 500 家咖啡馆里行销，而位于中国东
南沿海的福建武夷山出产的红茶占领了市场。这些茶中最好的比如正山
小种（Souchong）需要较长时间烘焙，但产量够多，足以让东印度公司
从广东运来，保证以低价供应给市场上的广大用户。更重要的是，在 18
世纪的前几十年里，武夷红茶跨过商业饮料的门槛进入了不列颠人家庭
饮品的行列。起初只有时髦的富贵人家喝得起茶，等到了 18 世纪 20 年
代，商人阶层甚至工匠家里也都喝它了。茶一枝独秀，成了斯文的社交
饮品，最宜家居享用，还带着些女人手里闹出的礼仪小花样。到了 18 世
纪 30 年代，东印度公司一年从中国进口到不列颠的茶价值将近 100 万英

---

[1]　Sing-lo 应该是福建龙岩新罗，浙江没有新罗这种茶。——译者注

镑，然后公司在伦敦市场上以四倍的价格出售。

即使是单单为了增加讲故事的趣味也有必要给出证据，来说明糖为什么恰好就在那个时候出现了，事实却好像是从头开始茶就被认为需要加糖才会可口。在加糖这一点上，茶和味道更冲、更苦的咖啡与巧克力一样，我们简直无法设想生产第一套瓷茶具的时候会没有糖钵来配茶壶及奶罐。1715 年，公认大力推介糖的神奇作用的弗雷德里克·斯莱尔（Frederick Slare）医生竟大言不惭地说糖能治愈眼病，还是理想的牙粉。他宣称现代不列颠早餐真的产生了。"早正餐叫早快餐，"他摆出一副权威架势写道，"包括面包、黄油、牛奶、水和糖。"然后说茶、咖啡、巧克力作为上等饮品都具有"非同一般的好处"。从前的家酿淡啤酒（small beer）、面包，也许还加上奶酪或熏鱼的旧式早正餐开始没落，至少在不列颠的城市里是这样。到1747年，汉娜·格拉斯（Hannah Glasse）的书《简易厨艺》（*Art of Cookery Made Plain and Easy*）出版，这是第一本针对中产阶级的厨艺书，里面的食谱就假定糖是大家都买得到又用得起的。"做一个口感醇厚的蛋糕"需要 3—4 磅"两遍提纯的糖"；"长盛不衰的乳酒冻"，每 2.5 品脱奶油要配一磅两遍提纯的糖；"糖水桃花（主意绝妙）"要用糖两磅；两种格拉斯太太的"便宜"大米布丁（烤的和蒸的）都要用糖做基本原料。不列颠人喜爱甜食，好吃水果馅饼和布丁、风味奶油和奶酪蛋糕、果酱、柑橘酱、果冻，这些东西终于在民族食谱里来了一次大报复。这一次大众口味的改变在历史上起了革命作用，不只在大不列颠，在全世界都一样。

糖在中世纪的欧洲就已广为人知，消费也很常见。但它来源于外国，价格很高，这意味着它不是被当作调味品就是被当成药物。最常见的甜味剂是本土出产的蜂蜜，便宜又生产方便。因此，当糖在凯尼尔沃思的莱斯特伯爵西蒙·德·蒙特福特等大贵族的家用账本里出现时，其花费很少超过两英镑。糖通过伊斯兰世界抵达欧洲的基督徒世界，十字军的鲁西格南（Lusignan）王朝有一阵子统治着耶路撒冷，是他们在历史上首次尝试在塞浦路斯（Cyprus）岛上的家庭作坊里生产糖。但是甘蔗原产于东南亚的赤道季风地区，从新几内亚（New Guinea）岛到孟加拉湾都有种植，只要湿度高、多雨、气温高，它长到两米就成熟了。地中海地区更干燥，即使生长条件良好，甘蔗的产量相应就低，因而出产的糖价格相对就高。正因为这些困难，甘蔗在这里无法成为主要作物。所以几个世纪以来，糖在欧洲一直是做药物或调味剂，是具有异国风情的奢侈品，而不是日用品。但是葡萄牙船主和种植园主在荷兰和犹太人贸易商及提炼加工者的怂恿下，不断地向西进发，来到大西洋更暖和的北回归线附近，比如说，到了马德拉（Madeira）岛和圣多美（São Tomé）寻找热量和雨量刚好适合种植甘蔗的地方。后来有名的故事是（其实几乎是出于凑巧，船被风暴刮得偏离了原航线）在巴西的前葡萄牙殖民地，他们发现这里正是他们要找的地方。

　　但是，如果甘蔗的金色汁液要卖个好价钱，还需要具备其他一些条件，那就是大量的、集中的、能完成一种特定任务的人力。因为甘蔗是一种不易应付的不稳定的作物，它需要 14 个月才成熟，不是在一个单一种植年里种植就能收获的，然而一旦它成熟了，这一棵棵笨重的大草就要尽快收割，以防止其糖分转化成淀粉。一等剥了皮砍断成节，甘蔗就要迅速送进那些牛拉的竖直滚压机，否则汁液里的蔗糖就会聚集起来自动降解。生产的每一个环节——煮沸汁液，把握在煮沸过程中最合适的时刻让汁液结晶，在反转的锥模里加进黏土阻止糖分降解后进行部分提炼，长久的干燥浓缩过程——都需要体力、速度和耐力。在热带条件下，签约的白种欧洲人或抓来的美洲原住民都吃不消这么高强度的体力活儿，事实证明二者都难以自律，喜欢喝酒造反，很多人逃跑了；在闷热潮湿的艳阳天里，昆虫加上湿气带给他们多种疾病，让他们死得和苍蝇一样难堪。但是葡萄牙糖业大佬，还有特别是荷兰人犹太人中介商深悉这一行值得坚持，伯南布哥[1]的商人只要解决掉人力的问题，一切就迎刃而解了。

那么，上哪里去找这样一种人力供应，强壮、能扛得住疾病又温驯，就像那些拉动压榨机的牲口一样？还有什么地方呢？当然，正好就是葡萄牙人已经从那边的象牙、黄金和人力贸易中赚了大钱的中西非，就是这里了。

这正是个浮士德式（Faustian）的时刻，但也有人已经看破了这个葫芦的魔鬼本质：在巴西的耶稣会会士谴责这样把人当牲口使唤是对上帝最大的不敬；另外，同样可敬的教会之父们（Fathers of the Church）当中的有识之士及西班牙帝国的法学家们直接上书腓力二世，控诉这种不可言说、非基督教的奴役罪恶。但是其他的枢密院大臣和神职人员却盘算着假借虔信，辩解说奴役是给无信仰的非洲人带去福音的一种方法，还有，这样他们不是摆脱了他们自己内部的部落战争了吗？这些显然是狡辩，常常没有诚意，但西班牙帝国（1580年与葡萄牙合并）手头非常缺钱花，而且忠言逆耳，国王更愿意听宽心的话。到1630年，可能有超过6万名非洲奴隶在巴西种植甘蔗的州里干活。西班牙的一众投资人拿到了丰厚的回报，除了那些精神和身体都受到非人待遇的牺牲品。

从伊丽莎白一世时期开始，英格兰闯入者（是荷兰人的竞争对手）就在西非海岸购买奴隶，贩去美洲的西班牙殖民地。但是到17世纪中叶，他们看着巴西（葡萄牙和荷兰在那里决一雌雄争夺统治权）眼红，明摆着那里财源滚滚。荷兰人——随便去拜访一个阿姆斯特丹面包师或糖果商就看得出来——已经把糖引入日常生活，而不是当成一种稀有又昂贵的奢侈品。英格兰人还意识到，即使在早期生产过程中糖很不稳定，但它在运输和仓储阶段极其稳定；它用途广，市场容易接受。除产出两

---

[1] 伯南布哥（Pernambuco），巴西东北部的一个州，其首府同名。——译者注

种糖（精制糖和粗糖）以外，还有糖蜜、糖浆及朗姆酒。糖作为一种长
距离贸易的货物真是无出其右者。

那么，英格兰人到哪里去种植甘蔗呢？还要是安全的地方，远
离西班牙人的魔爪。早期英格兰人曾在百慕大（Bermuda）做了一些
尝试，但是南卡罗来纳海岸外的这个小岛太干燥、凉爽又偏远。另一
方面，巴巴多斯是个理想之地，它孤悬在大洋当中，位于安的列斯群
岛（Antilles）迎风面的最顶端，年降水量平均 60 英寸（超过 1500 毫
米）——甘蔗生长就需要这么大的湿度，还可以利用迎风面的风来推动
风车的风叶压榨甘蔗。还有，巴巴多斯远离西班牙在古巴和伊斯帕尼奥
拉岛（即海地）的势力中心，但还是在加勒比海的范围里，无论船只从
非洲还是英格兰来，这都是其停靠的第一个港口；连这岛的地形仿佛都
是完美的，南部的低地向着海岸倾斜下来，海岸上的一些地方天然合适
做良港，而北面是潮湿隆起的高原，英格兰人很快就将它命名为"苏
格兰"。

很可能，1625 年，约翰·鲍威尔（John Powell）船长从圭亚那
（Guianas）返回途中第一次登陆巴巴多斯时就想到了糖；可那个时候在
殖民地种植的作物首选烟草，在一两代人的时间里，巴巴多斯都在努力
地种烟草，但这里出产的烟草想要与弗吉尼亚和马里兰的烟草竞争太
难了。岛上雨林茂密——遍地是乳香、铁木、毒漆树、锄柄木和角豆
树——用了整整 20 年的时间才清理出足够的种植地。即便如此，这里出
产的烟叶也从不能和弗吉尼亚烟草值得夸耀的品质媲美，而困扰着切萨
皮克湾种植园的人力问题在这里也一样存在：爱尔兰的签约劳工在这种
能叫人累趴下的制度下尤其难以管束，来自英格兰的少年在烈日下打蔫
瘫倒。1649 年——英格兰革命那年——巴巴多斯岛上有一次奴隶阴谋起
义，被无情的典型克伦威尔式残暴镇压了。即使在起义前，有些第一代
垦殖者如詹姆斯·德雷克斯（James Drax）——他具有英格兰与荷兰双重

背景，就自费从非洲运来奴隶劳工。这样，奴隶和糖联结在一起远胜于挣扎着种烟草，尤其当荷兰人准备给种植者提供压榨设备投资，甚至已经给他们演示过如何使用压榨设备，本来潜在的甘蔗种植的好处这时候就迸发出来了。早在1647年，一个拥有50英亩地的甘蔗种植者报告"吃的东西……目前很短缺（因为）人们都集中精力种甘蔗，我们宁愿高价买食品，也不想用劳力自己种吃的东西，因为糖厂的利润太好了"。

1652年，伦敦的第一家咖啡馆开业。三年后，巴巴多斯运回英格兰7787吨糖，岛上有2万名奴隶，2.3万名白人，白人中过半数应该是契约劳工。两年后，当理查德·利根（Richard Ligon）来的时候，巴巴多斯作为富庶之地在不列颠已经大有名气。德雷克斯给自己在高坡上建造了一座詹姆士二世时期样式的庄园房子，"我们走过海岸时，"利根写道，"种植园接连地出现，它们建在山坡上，是一个在另一个的上面，就像它们是一整个很多层的很有气派的房子那样令人赏心悦目。"众所周知，一个甘蔗种植园的前期投入费用是1 000英镑（从荷兰人那里借），200英亩地。另需：一座风车（有时候，连带蒸煮房，和邻居合用）；蒸馏朗姆酒的酿酒厂；约100个奴隶。在几年之内，它能带来2 000英镑的年收入。无怪乎亨利·惠斯勒（Henry Whistler）在1655年记下"本地绅士比我们在英格兰生活得要好得多"。他们是不列颠美洲殖民地最富的人，远远地甩开其他人。

正是在1640—1660年，国内大声宣扬雄辩自由的时候，大不列颠帝国的奴隶经济在加勒比地区产生了（上帝好像决定了海地不属于大不列颠，克伦威尔于是感到失望受挫，因此在1655年得到牙买加后他又感到一些安慰）。可惜，这一时机不够凑巧，因为如果要建立"自由帝国"，就意味着不能要天主教徒，没有人比护国主时期（当然很多情况下他们与顽固的复辟派是一样的）那些顽固的国库管家们更想这样的了。20年前，完美的清教徒沃里克伯爵（Puritan Earl of Warwick）就已经是最热衷于在加勒比地区定居和贩奴的急先锋之一。因此，当巴巴多斯的白人议会重申他们在岛上实现自治就是对母国忠顺的时候，这里已经布满了戴着脚镣的非洲人，小岛变成了小共和国，但巴巴多斯的白人议会没有感到良心不安，他们没有不利于自身的道德警察那样的悲情。巴巴多斯被分成多个教区，每个教区都有一座小礼拜室（到现在也是如此），其庄园主绅士阶层扮演地方治安法官角色，像他们在波克夏（Berkshire）或柴郡那样援引英格兰普通法来充当法官。他们也用一套奴隶制来司法，宣布奴隶逃跑就要被截肢，如果奴隶偷窃超过一先令，惩罚是死刑。如果种植园主随意杀死一个黑人也许会有被罚款的不便，但事实上这是无法证明的。布里奇敦（Bridgetown）和其他几个码头很容易防守，巴巴多斯小岛天然地免受天主教入侵，这个殖民地充满了上帝的祝福，成了艳阳天下的阿尔斯特。

英格兰的君主制恢复后事情就更好办了。当年查理一世的战事失利后，莱茵王子鲁珀特（Prince Rupert of the Rhine）就去西非的冈比亚（Gambia）贩奴了，为此鲁珀特小赚了一笔。当他的表弟查理二世登基后，1660 年，非洲皇家探险公司（Company of Royal Adventurers into Africa）成立，在拿到一年 1 000 个奴隶的西非贸易垄断权以后，鲁珀特就有了用武之地。1663 年该公司重新注册成非洲皇家探险家贸易公司（Company of Royal Adventurers Trading into Africa），一般被大家叫作皇家非洲公司（Royal African Company）。等到鲁珀特的船只在布里奇敦放下第一批人类货物的时候，巴巴多斯已经有超过 3 万名奴隶，岛上的黑人是白人的两倍。到 1700 年，奴隶数量上升至 5 万人（一个世纪后，巴巴多斯的奴隶人口大约是 7 万人，而牙买加的奴隶是 40 万人左右）。巴巴多斯成了高端、利润飞快增长、工业化组织奴隶生产的资本主义温床。巴巴多斯岛上曾经拥有相对小块土地的农庄——平均 10 英亩左右——上面有白人契约劳工和奴隶混合在一起工作的情形一去不复返，取而代之的是 350 家超过 200 英亩地及数十家过百英亩地的大庄园,所有庄园都只有非洲奴隶劳工。乔治·福克斯(George Fox)这样的贵格会教徒访问巴巴多斯时,布道说"所有黑人、白人和黄种人"都是上帝的创造,都是平等的,请求庄园主温和地使用奴隶,过一段时间后就解放他们——但还差一点儿,福克斯并没有要求庄园主们废除奴隶制。1673 年,不屈不挠的老清教徒理查德·巴克斯特(Richard Baxter)问道:"把人等同野兽使用这是一项该诅咒的罪行,这不是你们干的好事吗?你们不是像买一匹马来干活一样买来他们、役使他们⋯⋯你们辱骂他们是野蛮人,难道不知道这是在谴责和辱骂你们自己吗?"他真是骂得够狠的了,可是,即使他们有时候尴尬地承认这个人力代价,庄园主们(当然还有国内的商人)就是耸耸肩膀,回嘴道"一个黑人要自由干吗"。底线向来是金钱,丹尼尔·笛福和往常一样直率得惊人,绝对说真话:"没有非洲人买卖,就没有黑人;没有黑人,就没有糖⋯⋯没有糖⋯⋯就没有岛;没有岛,就没有(美洲)大陆;没有大陆,就没有买卖;那就是向你的美洲贸易还有你的西印度贸易说拜拜了。"诗人威廉·库珀(William Cowper)后来关于这个困境写了一段短诗讽刺:

> 我承认我震惊于贩卖奴隶,
> 害怕买卖他们的都是恶棍。
> 我听说他们的艰难困苦、受的折磨和痛楚,
> 几乎能使石头都发出怜悯。
> 我非常可怜他们,但我必须禁口,
> 因为我们怎么能没有糖和朗姆酒?

在一个半世纪的奴隶贸易里,1650—1807 年,不列颠船只运送了 300 万—400 万非洲人离开他们的家乡到美洲所谓的新世界(New World)去。所有欧洲国家的贩奴者总共拐骗买卖了 900 万—1200 万名奴隶:这

是人类历史上最大规模的单一种群拐卖。其中 150 万人死于中段航程（Middle Passage）贩运路上的地狱十字路口，即不列颠—非洲—西印度群岛—不列颠的第二段航程途中，这一线路是"三角贸易"（triangular trade）这个术语的来源。当然，不止是欧洲和美洲白人应该为这个弥天大罪负责，它原本是葡萄牙人发明的跨撒哈拉（trans-Sahara）奴隶贸易，后来日益兴盛，最早由非洲的武士交易者捕猎黑人，也由非洲武士交付黑人给葡萄牙人，他们才是始作俑者。但是 17 世纪末—18 世纪，新世界对奴隶的需求如此贪婪，就使有些人动了邪念去打劫——通常是原住民或葡萄牙人——远远地深入超出他们传统的抓捕区域，对非洲内陆的灾区和不设防的村子伺机下手。到 18 世纪早期，劫掠团伙越过尼日尔（Niger）北部直达苏丹（Sudan）西部，该地区当时已经遭受多次蝗虫灾情和干旱，这时候就更不安全。在一些最糟糕的地区，绝望的村民出卖孩子乃至自身也并不少见。

　　在另一重意味上，比起一般伊斯兰和非基督教的非洲人世界里先前已经存在的奴隶的形式，跨大西洋奴隶贸易的性质更不人道。因为在那些地区，毋庸讳言奴隶当然也是没有自由的，但是他们只是特定情境中的对象，和其拥有者的家境、宫廷或军事随员或土耳其苏丹后宫有关联。在这些情况下，黑人奴隶从各种感受上都被看作是有价值的，这点也同样适用于欧洲城市里的奴隶：荷兰或英格兰居家中的黑人是被当作异国宠物一样展示和豢养的。可是，人类历史上到那个时期之前，从来没有某个特定种族的群体——非洲黑人——是纯粹以单位产出利润来计数的。奴隶的定义一直是财产，但此时花样翻新：核定价格、出售、打包、运送、再出售、分期偿还、贬值、注销及取代。如巴克斯特说过，他们不比能驮重物的牲畜好到哪里去。或许，这种非人道待遇中最可耻的莫过于，殖民者在回顾过去的道歉文学中，采取一套种族主义的陈词滥调，宣称非洲人如动物一般无能，感受不到痛苦，甚至无力拥有白种人一样的感情。

又有谁能知晓他们是什么时候觉醒的，他们吓坏了，自己已被当成野兽这种感觉如此的刻骨铭心？奴隶们在到达第一个转卖点——从海岸角城堡（Cape Coast Castle）的临时羊圈的时候——就已经遭受一连串的罪了。18 世纪中叶，伊博人（Ibo）奥拉达·艾奎亚诺（Olaudah Equiano）写下了自己的回忆录——后来他的主人给他取了个类似瑞典国王那样特别拗口的奴隶名字古斯塔夫·瓦萨（Gustavus Vasa）——当他还只是个孩子时就很明白被拐卖的危险。当村里的大人去地里干活的时候，他就爬上树头，一看到有可疑的人出现就发出警报。即使这样，有一天他和他的姐姐还是被抓住了，当他们俩分开时，痛苦第一次向他袭来："我陷入不可名状的心烦意乱中，一直悲悲戚戚地哭，好几天都没吃什么东西，只是他们硬往我嘴里塞东西。"尽管后来他又见到了姐姐，对艾奎亚诺来说，和其他无数人一样，当时是个绝望时刻，他被彻底地连根拔起，离开了自己熟悉的环境——故土、习俗、语言和亲人。被带到奴隶船上的时候，他们把他"抛掷起来看看我是否结实"。他对自己已经沦为牲畜的感受一定是再清楚不过了。"汉尼拔"号（Hannibal）的船长托马斯·菲利普斯（Thomas Phillips）记述 17 世纪 90 年代一次典型的航程，描绘在威达（Ouidah）的非洲奴隶贩子检查货物时，其过程更侮辱人，查验雅司病（yaws）的迹象"会发现其几乎一致的症状……和性病在我们身上的症状一样……我们的外科医生被迫仔细地检查男女私处，这活儿很累，但绝不可省事"。一旦买下，就在奴隶的胸前或肩上烙上代表船名的字母，"先用一点儿棕榈油涂抹，减轻痛楚，四五天后记号就好了，非常清晰，是白色的"。

装船过程中会出现其他令人遗憾的不便，影响其顺利进行：有的黑人"非常固执，不愿离开本土，直接从独木舟、小船、大船上跳进海里，藏在水里直到淹死，也不愿被我们追索他们的小船找到救起。他们把巴巴多斯想得很可怕，比我们想象的地狱还要可怕"。即使到了船上，还有机会自杀，尤其是奴隶贩子通常在非洲海岸边航行，继续装货：非洲人会跳过船舷，不管有没有戴脚镣，"我们看见过……他们沉下去，被鲨鱼吃了，"菲利普斯写道，"数量惊人的鲨鱼在这里（威达）的各条船边游弋，他们告诉我，鲨鱼会尾随船只直到巴巴多斯，等着吃途中被扔下船的黑人尸体……我绝对不想我们去那里的航程中，每天看到几条鲨鱼……我们船上大约有 12 个黑人真的顽固地自溺了，还有一些黑人绝食饿死，因为他们相信死后自己就能回到祖国和朋友们身边。"

其他记录"疯狂的"黑人不计后果的种种举动还有：要么他们在途中自残，要么是鲁莽地拒绝进食，因此危及货物价值。当小艾奎亚诺拒绝吃给他的豆子和蔬菜马料时，他遭受了鞭打直到他改变主意。奴隶贩子及其外科医生们轻描淡写地说的"忧伤的"事，几乎可以肯定是因为极致命的脱水引起的半强直性昏厥状态，其特征是眼睛凹陷、舌头肿胀和麻木。一个体重 70 千克左右的成年男子正常情况下一天需要 4 品脱（2.3 升）水，以补偿从尿液和汗水排出的水分。在中段航程里——不管如何"正常的情况下"需要航行 30—70 天，一个奴隶平均只能得到 1 品脱水加 2 品脱汤，就这样，假如说给过水分补充的话，也是很少，能给足量，即便是真的给够了量，奴隶们还是会缺水。这么长时间的航程中，如果他或她失去身体里 80 品脱（不到 50 升）水分的 10%，肯定必死无疑，而船上 10%—20% 的奴隶就是这样死掉的。

大量出汗而脱水是第一个原因。当船只航行到外海，奴隶们每天两次被带上甲板呼吸新鲜空气，喝水、喝汤。但是如果海上风浪太大，他们就只能待在狭窄的空间里。那是比欧洲穷人的棺材还要小的地方（据皇家非洲公司的规格），闷热得令人难以呼吸，每两人还被脚镣锁在一起；如果船继续沿西非海岸（世界上最热、最潮湿的地区之一）航行，且装载更多货物的话，甲板下的环境更危险，奥拉达·艾奎亚诺回忆：

塞内加尔河

圣路易斯
班巴拉人
戈里
卡谢乌
比绍
富塔贾隆

加利纳斯

冈比亚河

辛萨尼人

阿散蒂
凡蒂人
埃尔米纳
海岸角城堡
小波波

奥约帝国
约鲁巴人
拉各斯

伊博人

伯尼
旧卡拉巴尔
新卡拉巴尔
威达

几内亚湾

布班基人

尼日尔河

本尼河

卡诺

达尔富尔

博尔诺

芬吉王国

尼罗河

刚果河

芒贝图人

卢安果
卡宾达
安布里什
罗安达

本格拉

刚 果
卡萨内

奥文本杜人

乔克韦人

隆达

雅温得人

大 西 洋

赞比西河

太特

尚迦纳人

奥兰治河

祖鲁

● 贩奴港口

0   400 英里
0   800 千米

1700—1800 年之间非洲主要奴隶地区和港口

空间狭小，天气炎热，加上船上人数众多，拥挤到每个人几乎无法转身的地步，我们几乎窒息。每个人出汗都很多，空气中充满各种臭味，无法呼吸，奴隶因而生病，很多人死去。我敢说这种目光短浅的贪婪给他们的买家造成了损失。本来已糟透的情形再加上戴着锁链，皮肤磨损擦伤后雪上加霜，不堪忍受。孩子们经常跌进粪桶，几乎窒息。女人尖叫，将死者呻吟，场面之恐怖令人难以想象。

艾奎亚诺描述的这个环境，是排泄物的污秽造成的志贺氏细菌性痢疾（shigellosis）或细菌性痢疾（bacillary dysentery）即"红流"，以及更加凶险的阿米巴痢疾（amoebic dysentery）即"白流"爆发的最佳场所了。这些情况一般由登上贩奴船的外科医生记载，二者都会引起剧烈抽搐、呕吐和腹泻，导致病人脱水情况加剧。难怪当艾奎亚诺第一次被带到甲板下的时候，"鼻子里吸进一股我一辈子也没闻过的臭味"。阿米巴痢疾的潜伏期更长，往往在航程中间袭击牺牲者，在以上两种传染病之中它更凶险，因为它会持续好几个星期而不是数天。病人会一天腹泻多达20次，脱水严重，引发快速的钠消耗和钾流失。缺钾影响人的大脑功能，会引起病人产生奇异的光梦幻觉，之后受害者的心脏功能最终会受重创。在这种情况下，尽管奴隶船上只有12%—15%的死亡率，但无疑已经非常惊人，而儿童的死亡率可能高达20%——他们自然比成年人更容易受到急性脱水的伤害。

如果他们幸存下来，登上了陆地，接下来发生的事可能使得年轻的奴隶情愿自己在船上就死去。他们全身赤裸，只能缠一条腰带，排着队、像牲口一样遭到遍身刺戳检查，撬开嘴巴看看牙齿。只有少数是直接卖给种植园主的，更多的是被批发商再一次禁闭在一个院子或围在某个圈子里，经历一次非同寻常的折磨也就是种植园主们所说的"抢人"

（scramble）。在巴巴多斯的布里奇敦，艾奎亚诺描述，潜在买家随着"一个发出的信号如一记鼓声"，像拍卖中的投机商一样冲入院中，短跑冲刺一般奔向被锁链锁着的奴隶，争相挑选抢购。最好的货品是小男孩，就像奥拉达这样 12—15 岁的。正如尼维斯（Nevis）岛的一个种植园主的买手戴维·斯塔科（David Stalker）解释的："他们长到 18 岁时最能适应这里，好像他们就是出生在这里一样得心应手。而那些完全长大的家伙们，都认为这种活计太苦，永远也不会适应，老也想不开，然后就死去了，或者永远也做不好任何事。"艾奎亚诺写到，如果他们太羸弱，就会被放到称上秤体重，然后像白菜一样 3 便士或 6 便士一磅卖掉。买去后他们会再被烙印一次。在布里奇敦的博物馆里，有些烙印的用具被保留了下来：有用精炼银做的，是很好看的字母组合，还在恬不知耻地闪着亮光。

这样他们就真的只能听命于"糖之王"。奴隶辛苦的工作让种植园主发了财，他可不管奴隶们年纪大小，也不管男女。至少 80% 的奴隶在种植园里一周工作 70—80 小时，不是干这就是做那的。出生在当地的孩子约有 20% 活不到二周岁；如果幸存，则在四五年后加入童工的"第三帮"工作，就是拾穗、除草、割草及照料家畜。"第二帮"则混合了 12—19 岁的青少年，他们要外出去田里干活，也要照看畜群。这些工作非常辛苦——起早摸黑大约每天 11 个小时——特别是很多女孩子还没有能够再长大就死了，来不及加入到成人"大帮"（great）那种残酷无情的能压垮人的繁重劳作中。巴巴多斯、牙买加和安提瓜约 60% 的奴隶都在"大帮"或者叫"第一帮"干活，为种植新甘蔗在地里辛苦劳作。在 1—5 月疯狂的"收获期"，他们要砍剥甘蔗，捆起、运送这些沉重的"棍子"，赶着进度不让糖分变质。监工负责工作进度，监工有黑人，也有白人，如果他觉得奴隶干活落后了，就会一鞭子抽过来。榨汁车间和熬煮房里的作业情况鲜有改善，压榨甘蔗的直立滚压机因为是人工喂伺甘蔗，所以常常将工人的手卷进去，因为这种事常有发生，所以车间旁边放着斧子，以便在整个人被卷进去之前斩断其手臂。熬煮房里温度很高，肮脏不堪，热气腾腾，将煮沸的糖水从大铜罐倒进小铜罐里的时候，时常发生奴隶烫伤的事。

也许你会觉得从经济合理性出发，应该降低劳动强度，至少降到种植园主能最大限度地利用其投资价值的地步，特别是在死亡率过高不足以抵消出生率的情况下。种植园里的生育率出名的低——每千人约 10%—15%，而不列颠的出生率是 20%—30%。可是，无论是性别比例还是女性在园里的待遇，都不利于家庭生育、培养奴隶人口：男女比例是 2 : 1，怀孕的妇女一样要到田里干活，一直干到真的要生了那一刻。这些妇女如果工作稍有迟缓，也不会免受监工鞭打。营养不良、潮湿、害虫出没的茅屋、天花、黄热病以及非洲带来的疾病如象皮病（elephantiasis）和雅司病，更增加了妇女的流产率，从而导致低生育力。然而，看起来种植园经营者们不会没来由地受这类耗费的困扰，至少在 1750—1775 年奴隶价格上升前他们都不必操心这点。因为养一个奴隶小孩最少要花 40 英镑才能等到母子俩都能干活，而从奴隶贩子手里买一个新奴隶，只需要付 15—30 英镑。那么也难怪，尽管 18 世纪曾经有 150 万奴隶引进到不列颠加勒比地区，但当地人口总数从未超过 80 万。

只有暴力——口头威胁或实际施行的暴力——才使这一系统得以维系运行，而它对非洲女性特别残暴。在 1765 年这一年，托马斯·西斯尔伍德（Thomas Thistlewood），这个牙买加的埃及种植园领地经理就对 13 个妇女实施了 21 次鞭刑，每个人被打了不下 50 鞭（艾奎亚诺写到，奴隶受鞭打后还要跪下感谢主人）。无疑，成年妇女在奴隶中负荷最重，因为要她们做的事太多了——除了下地，还要做饭、照料婴儿、修补和洗衣服，而主人和监工对她们任何人都可以实行性侵，只要他们兽性发作了，随时随地都会：厨房、食品储存室、洗衣房，或者在院子里和谷仓里，女奴们都只有忍受的份儿。在地里，她们和男人一样，除了一条围腰带，赤裸着身体工作，这样尤其容易受伤。挑剔的信息收集者西斯尔伍德常年有一个女奴情妇菲芭（Phibbah），1765年西斯尔伍德与菲芭性交100次。除了菲芭，那一年里，在55个不同的情景下，他和其他23个女奴性交，绝大部分是在野外的甘蔗地里。女奴们被迫拥有一个以上的性伙伴，如果妥协而生下混血儿就会离间伙伴，她们对此心存恐惧，尽管采取流产，所有新生儿中还是有10%事实上是混血儿。

奴隶中不论男女的确有一小部分成功地逃脱了艰苦的田野作业，要不就在种植园主家里做家居仆人，要不就是他们从非洲带来了一技之长，而种植园缺乏这样的工匠人手。制桶工人、石匠、木匠和铁匠、双轮车和四轮马车车夫，还有渔夫甚至水手，这些人组成了奴隶中一个特殊的阶层。因为工作的需要，他们可以多些自由在各处走动，买卖物料。当甘蔗还在生长的时候，奴隶们不会受到甘蔗暴君的专横主宰，种植园主也知道给奴隶一些甜头对自己有好处。在巴巴多斯，奴隶们一年有60天节假日，在星期六下午和晚上的"自由时间"里他们可以纵情宣泄——经常是音乐、舞蹈。对此种植园主们嗤之以鼻地说是"号叫"。在这些短暂的自由时刻，奴隶们的生意和娱乐一样重要，因为它带来了一点点独立意味。

安提瓜的英格兰人码头（English Harbour）或巴巴多斯的布里奇敦这些市镇里的星期天市场，是重建的非洲人世界。在简陋的雨蓬下，男人、女人出售从村里合法带来的蔬菜和鸡，自己制作的物品——篮子、陶罐、木凳子、吊床、绳子、葫芦碗，以及从种植园主家（经常通过做家居仆人的亲戚）偷来的东西——钉子与用铜或铅做的东西。白人口中的"小贩"兜售着放在地上的物品，或者，如果是更明显的黑货（糖、烟草或朗姆酒），就随身带着在市场里走动，找机会出手。换过手的可能是钱，市场上也有其他东西充当货币：珠子、铜线，甚至是西非的交换媒介贝壳。

市场的世界及制桶铺和木匠铺创立了又一个奴隶阶层，他们比田里干活的人手更能识文断字，更有主见，视野也比局限在甘蔗地里的奴隶广得多。因为在某些特殊的方面依赖这些工匠和车夫，对他们了解也多，有些种植园主及其经理人就天真地以为这些更有进取心的奴隶也许能充当自己和田间奴隶之间的中介。这真是大错特错。记录揭发和镇压起义的文献里几乎都不可避免地有这种"奴隶精英"做头目的特点。哪怕从长期来说这些起义几乎是不可能成功的，特别是在巴巴多斯这样的岛上，能藏身的森林都已砍伐殆尽用来种植甘蔗了，但依然叛乱不断。18 世纪20 年代和 30 年代在安提瓜，18 世纪中叶在牙买加，就有几起冲突非常激烈的奴隶暴动。1760 年，牙买加的"塔吉起义"（Tacky's Rebellion）死了大约 100 名白人和 400 名黑人，超过 600 名奴隶被流放，才算最终平息下来。

奴隶们为了尽力抵制自己变成种植园经理人账本上的一个符号（买进、工作、死亡），除了暴力反抗，还可以用其他形式。虽然奴隶团体在社交上遭受了精神重创，奴隶们已经到了一个被剥夺了非洲传统和文化记忆的世界里，但也有人自觉地想要保留一些传统的文化。为了防止奴隶们结伙，种植园主特意把不同语言、宗教和部落的奴隶掺和到一起。但是他们具有强烈的愿望，需要共享生活，要保留仅存的远古记忆的碎片散屑，而不是单纯地受奴役。非洲文化虽然经过了恐惧和磨难的摧残，但没有沦为被风吹走的细末，反而变成了一颗颗小小的顽强种子，重新播种、生长、成熟起来，这些新文化的成长由守护祖先智慧、宗教及黑人治愈巫术和有音乐知识的奴隶精心照料着，因为部落和语言团体——阿肯（Akan）、契维（Twi）、埃菲克（Efik）、埃维（Ewe）——不能简单地置换到圣基茨（St Kitts）、安提瓜和巴巴多斯，巫医、打鼓者、歌者、编织者、雕刻工只得心无愧疚地以种种材料创作新的形式，有的继承了非洲传统，其他的是新的创见，由奴隶们共享。但不管怎样，那是他们来之不易的天赋，不属于他们的主人。事实上，早年间，加勒比主人不愿意让奴隶信仰基督教——以防止他们学会文字和宗教使其产生一种自以为是的基督手足之情，也怕他们利用文字造反——使得第一、二代非洲人不受干扰地创建了自己的融合文化。当后来努力要让他们改变信仰时，传教士们的福音不可避免地嫁接到他们的文化根基上，这时候第一、二代人的非洲融合文化在西印度群岛的土壤里已经深深地扎下了根。

在这个新旧交织的文化里，过渡仪式扮演的角色分量很重，最重的莫过于葬礼。自有奴隶开始，冷静的观察家如托马斯·菲利普斯就注意到非洲人总是将死亡当作自由；在极端的情况下，甚至戴着脚镣也会尽力挣扎着游向死亡（在航程中），或者逃跑奔向它（在岛上）。这真是奴隶文化最大的讽刺——奴隶主尽其所能地要保护自己的财产活着，而奴隶们回报他们的是寻求死亡的自由！在加勒比地区，死亡就是重返家乡。18 世纪 30 年代在牙买加，神职人员如格里菲斯·休斯（Griffith Hughes）牧师非常困惑，下葬的时候，奴隶们保持肃穆的同时又往往迸发出欢乐。黑人奴隶的尸体裹着全新的白布，缓慢地送去墓地，妇女们两两一排地走着，大家穿着白色的衣服，这个颜色在西非表示哀悼，"一路伴随尸体的男男女女长歌又哀号"。另一位观察家约翰·泰勒（John Taylor）在牙买加这样记述：一旦尸体埋下，食品也放进去：一条条木薯面包、烤好的家禽、朗姆酒、烟草，"还有用来点烟斗的火……他们这样做……是为了让他一路上能撑过去，飞越他们自己国家的那些极乐山岗，他们说这时候他要去那边休息了"。一等到坟墓填平，气氛就变成唱歌、拍手、跳舞，用上葫芦发出的咯咯声，还有鼓和石头贝司（baffalo）[1]，很多哀悼者"意欲死者（通过亲吻墓地）经过自己国家前往极乐之群山时，告诉

---

[1] 疑为 bafaro 的变体，后者见《韦氏国际词典》第三版（*Webster's Third New International Dictionary of the English Language Unabridged*）解释 stonebass。——译者注

他们的母亲、父亲、丈夫，还有其他亲人自己的现状和被奴役状况"。实际上，这是捎回家去的信，死者就是他们的信使。

墓里放置的（现在巴巴多斯奴隶墓地发掘出的）还有适合庆贺快乐回家的饰品，有粗劣的物品——狗牙、铜线、黄铜片，也有其他非洲人熟悉的珠宝，如贝壳和玻璃珠子——护身符和时尚可爱的小装饰品。尽管实际上被剥夺了一切物质的奴隶尤其不被尊重，但在某种程度上他们却成功地制作了一些艺术品，然后慷慨地赠予死者，使他们能体面地返回家门。只有没心没肺的陈词滥调才会说奴隶简直比没有理性的野兽强不了多少，根本就是累赘。这些物品是对那些人最好的反驳。

到 18 世纪中叶，重商主义的"自由帝国"大不列颠已经非常倚重奴隶制经济体所创造出的财富，加勒比地区的 75 万名奴隶生产的糖变成了大不列颠最有价值的单宗进口商品，一直到 1820 年糖的商业崇高地位都无可动摇。巨大的财富滚滚而来，这些钱财摇身一变，成为不列颠的宏伟乡村领地及建筑或者某种机构遗赠，如牛津大学万灵学院（All Souls College）的图书馆就是巴巴多斯和安提瓜的科德林顿家族（Codrington）捐建的，学院至今以此命名。糖业的利润也许没有成为不列颠工业革命的必须条件（有些研究奴隶史的历史学家一直坚持这样认为），因为它能用来投资的金额可能不到纯工业事业投资的 2%。但是，由奴隶经济维系的糖产业不可或缺，因为它衍生出了其他非常重要的企业，而这些企业使得不列颠飞速发展。18 世纪布里斯托的高雅就是用贸易带来的金钱堆砌出来的；利物浦港（Liverpool）在 18 世纪 40 年代拥有去往非洲和加勒比地区的三角贸易的船只数量是伦敦的三倍，它的扩展完全依赖糖产业；巴克莱（Barclays）与劳合社（Lloyds）的宏伟银行大厦也是在大西洋贸易中产生的，之后这两大金融机构才能有资金提供给英格兰及苏格兰的工厂主。当初不列颠给非洲运去印度印花布等出口货物换取奴隶，后来非洲对漂亮印花棉布的巨大需求几乎全部由不列颠纺织业产出的货品提供满足，因为不列颠比印度的产品价格更低廉。这样加上不列颠对糖产业的附属品——糖蜜、朗姆酒、糖浆——的需求，它们共同作用，不仅将西印度群岛和不列颠，也把美洲大陆的殖民地和加勒比地区捆绑在了一起。

18 世纪 50 年代，让人难以置信的富豪们在西印度群岛发家致富——威廉·贝克福德（William Beckford）、克里斯托弗·科德林顿〔Christopher Codrington，利沃德（Leeward）群岛总督〕、平尼（Pinney）及拉塞尔（Lascelle）家族——并开始在国内议会和伦敦市政建设中产生重要影响，尽管郡县里的古老大贵族们屈尊俯身探看这些暴富新贵自负的粗鄙，但他们同时也不得不承认对于不列颠地跨三大洋的商贸命脉，新贵们的作用举足轻重。

在嫉妒的局外人看来，他们的运气简直太好了，然而，那个时候，西印度游说团除了抱怨自己维系糖帝国的艰辛，其他什么也没做。他们声称，糖在跌价，而奴隶的价格在上升，其实二者都不准确。当然，1713—1733 年（最低点时），糖价腰斩，但他们又在乡下买了一幢大房子，年回报率在 10% 以上的投资使他们积聚起更多财富，这很难叫人对他们的所谓困境表示同情。只是他们长篇累牍的抱怨中有一点儿会触动不列颠的神经，那就是对法兰西人的恐惧。大不列颠人对法兰西王室莽夫式竞争的态度既傲慢又多疑，对很多为大不列颠主宰海洋辩解和叫嚣的人来说，单单是法兰西商业帝国的念头就是个滑天下之大稽的悖论。因为众所周知，这个民族由信奉罗马天主教专制主义的胆小鬼奴隶组成，怎么可能拿他们当正儿八经的殖民创业者呢？〔且不管这一事实，当马拉奇·波斯特思维特（Malachy Postlethwayt）想为自己的英文版《通用贸易与商业词典》——1751 年出版——*The Universal Dictionary of Trade and Commerce*，找一本《商业词典》（*Dictionary of Commerce*）来抄袭的时候，他找到的其实就是法文版原文〕不可思议的是，有证据很不祥地表明法兰西人于 18 世纪 30 年代和 40 年代在印度及美洲都迅速创建了他们的殖民帝国，然而，不列颠人特别是他们在加勒比地区也实在是太成功了，加上又成功得如此之快，他们简直被欣喜冲昏了头脑；等回过神来，不列颠的杞人忧天者不无惊恐地看到法兰西人的殖民地就好像一柄匕首插在大不列颠帝国的心脏上，危及其未来。

他们有充分的理由担心。因为尽管法兰西人来到殖民牌桌边的时间不算早，至少在西印度群岛的景气行业他们是迟到了，但法兰西人集中精力攫取利润，这一点弥补了他们晚到的不足。正如大不列颠种植园主一直在提醒国内政府的，法兰西殖民者的优势是能够与法兰西和西班牙的波旁王朝君主结盟，背靠从前的西班牙海军基地及殖民地在加勒比建定居点，没有西班牙海岸警卫会登上法兰西人的贩奴船或运糖船去损坏货物或伤害他们的船员。

实际上，到 18 世纪 40 年代，有迹象显示法兰西加勒比殖民帝国的糖产量已经开始超过不列颠殖民地。位于卢瓦河河口的南特（Nantes）港日益壮大，法兰西人在这里建造自己的贩奴船队。在非洲，他们独占了冈比亚和塞内加尔（Senegal）的奴隶供应来源，从而把不列颠奴隶贩子们推向了贝宁湾（Bight of Benin）。在西班牙殖民的海地西半部分的圣多米尼加（Domingue），法兰西人有一大块土地，都不用做什么比较就知道这地方比任何不列颠殖民岛屿，甚至牙买加都要大；那块地面上有河流，使得他们的货物运输又快成本又低，还得天独厚地兼有平坦的沿海平原和凉爽的斜坡，这样法兰西殖民地从一开始貌似就比不列颠殖民地产出更多的糖。无论如何，法兰西人生产出来很多糖，运到欧洲把那里的糖价打压下来，这是真正地从不列颠人手里抢走了市场。此外，法兰西的加勒比殖民地出口的产品也更加多元化，他们的咖啡、棉花、靛蓝运回母国再出口，赚头更大。

好像这些还不够糟糕，还有证据表明法兰西人张狂之极，已经打入了不列颠的殖民系统，他们鼓励不列颠美洲的船只去走私他们在圣多米尼加生产的朗姆酒和糖蜜运到不列颠在美洲的殖民地，这样就减少了巴巴多斯和利沃德岛的出口。因此，当不列颠大一统经济政策的制定者和维护者们审视世界地图时，他们已经能看清来自法兰西的严重威胁。的确，在印度东南海岸，从前幼稚的少年犯罗伯特·克莱武（Robert Clive），后来做了东印度公司的小职员，并为此闷闷不乐。那个时候他已转变为军事冒险家，与斯特林格·劳伦斯（Stringer Lawrence）一起指挥东印度公司的那支小部队挫败了法兰西人封锁卡纳提克（Carnatic）的企图。法兰西人本来想把卡纳提克弄成属于他们的独立的商业卫星领地。这次猛烈的小规模战斗后他们得到教训，就是商业边界不单单是由贸易保护的。当然法兰西人精明地认识到这一点，也准备和印度人［不管对方是北美洲的原住民印第安人还是卡纳提克的纳瓦布（Nawab）——孟加拉语，意为首领］玩政治花招，只要印度人抛弃了不列颠人，法兰西人就都会向北美的印第安人和卡纳提克的印度人提供“保护”。如果那样做需要以金钱和生命为代价，那法兰西人就准备付出金钱与生命。那么，不列颠人要怎么做？因为费用，因为与法兰西人纠缠有危险就裹足不前，而把那个地方拱手让给野心勃勃的法兰西人？还是奋起反击，正如东印度公司这一对雄心勃勃的指挥官干的，迎头痛击敌人，在印度洋上竖起“不得入内”的牌子？不消说，由审慎的佩勒姆弟兄（Pelham）——亨利在议会平民院，纽卡斯尔公爵在议会贵族院——两人领导的不列颠国内政府更警惕也更在意会计账本里的红色赤字。他们俩可不要蓝色海洋上的霸权，他们想的是定损。1748 年的《亚琛协议》（Aix-la-Chapelle），协议将印度的马德拉斯（Madras）还给了不列颠，而法兰西人得到了新斯科舍（Nova Scotia）北边镇守劳伦斯河（St Lawrence）河口的路易斯堡（Louisbourg）。看起来正是这样一个理性的和解——明智地划分各自的势力范围，但是没有一个诚实认真的通盘考虑全球经济策略的人会受

《亚琛协议》的愚弄——这只是个缓兵之计，和平还没来到。

在不列颠的掌权者当中，没有人比威廉·皮特更清楚、更悲观地认识到这是历史的紧要关头了。很容易就可以想象皮特生来就具有帝国视野，他的祖父是"钻石"托马斯·皮特（Thomas 'Diamond' Pitt），曾经以鹰猎获得一块410克拉的钻石原石，结果只卖了20 400英镑。用他自己的话说"便宜得和牛颈肉一样"（非同寻常的讽刺是，钻石最后落户凡尔赛），老皮特因此而闻名。后来这个商业闯入者华丽转身，成为不列颠在马德拉斯的总督，尽管总督往往喋喋不休地说自己的职业生涯糟糕透顶。皮特家族的人并不是经典的帝国主义冒险家，他们更像是多塞特和汉普夏郡的乡村绅士，还是屈指可数的伊丽莎白一世和詹姆士二世时期的财政官员世家，而且，他们循规蹈矩地玩政治。从前给征服者威廉呈示《末日审判书》的诺曼宫殿遗址到这时候已经是田野里的一堆碎石瓦砾，而老塞勒姆这个败落的自治市镇正是皮特家族的议员选区。尽管"钻石"皮特曾经是激烈的辉格党，他的儿子罗伯特却成了托利党，做父亲的曾对此大发雷霆。相反，孙子小威廉倒又成了辉格党人，后来小威廉在政坛上大声反对沃波尔，在沃波尔攫取利益时从中作梗。

威廉·皮特生来就不是过默默无闻生活的，早在他的政治见习期间，朋友和对手们都注意到他的情绪往往在极度亢奋、思路清晰、精力充沛和极其哀伤、绝望低落到麻木之间来回摆动。同时代的人把这种情绪起伏归结为痛风的早期症状。皮特当然是在经受一种疾病的折磨，它带给他各种苦痛，但对他脾气急速转换的描述，也吻合狂躁型抑郁症的典型症状。这是一种行为失常，貌似后来被尊为大不列颠帝国的缔造者们深受其苦的大有人在，其中包括詹姆斯·沃尔夫（James Wolfe）和理查德·韦尔斯利（Richard Wellesley）。

皮特选择释放神经痛苦的方式是演讲，他的长篇大论使被他批驳的人气急败坏。当时正盛行对拉丁语修辞的兴趣，特别是朗吉努斯[1]的论文《论崇高》(On the Sublime) 中关于自觉控制惊恐与欣喜的效用非常流行，皮特赢得演讲家的名声就正好在这个时期。皮特在当时的人中最能领会修辞不仅是一种学术艺术，也是当代政治中的潜在武器。"武装自己，"皮特给自己的大学生侄子托马斯写信说，"利用一切形态变化、丰富多样和优美措辞，伟大的罗马执政官思想的高贵华丽，充分表现雄辩术的力量，借助激烈辩论不可抗拒的洪流，紧密有力的推理，仿效古希腊政治家思想的深度和勇气。"尽管无人能驳回皮特一贯的惊人激辩，但他最拿手的却是漫不经心地转折——在峰回路转之际甩出一两个珠玑之词，以彰显其精心设计的矛头所指。卡特里特一度与他结成反沃波尔同盟，这时候是汉诺威王朝的防务大臣，"他已经放弃了大不列颠民族，看起来喝了诗意小说中那种令人忘记自己祖国的药，"听着他这样说话，整个平民院变成了罗马角斗场 (Colosseum)，仿佛同时又是罗马集会广场 (Forum)。议席上坐的尽是一些超龄学生仔，大家开心地盯着皮特这个高个子以雕塑般的姿态 (尽管痛风)，把他的老鹰鼻子冲着某个倒霉的趋炎附势者，等着让他掉进自己的挖苦之网，再用大不列颠的三叉戟戳破那个倒霉的家伙。

　　哪怕是塞内加也要有份工作。1746 年，尽管皮特自觉拥有罗马人般的正直，但他也渴望升官。他做了一些事保证自己不变节，接受了佩勒姆弟兄政府的一个职位，但拒绝了这个肥缺的油水。这可不是什么普通的职位，而是军队主计大臣 (Paymaster-Generalship)，是他能得到的报酬最丰厚的职位。主计大臣主管军队合同的款项支付，如果倾向于让这个或那个供应商接单的话，合同款项的零头就会进入主计大臣的口袋。皮特为了避嫌，非常高调地蔑视这个例行的报酬，免得落人口舌，被人

---

[1]　朗吉努斯（Longinus），约公元一世纪时的古希腊作家。——译者注

说他这个爱国者成了被买通者。根据博林布鲁克的授意，皮特非常张扬地在英格兰银行（Bank of England）开设账户存储主计大臣办公室的余额（从这里大家可以知道主计大臣偶尔转移出一二千英镑），在安排了给萨伏伊公爵领地[1]的军事支助后，用这种方式拒绝了通常情况下会给予他本人的佣金。

皮特刻意做出独立爱国者的姿态，这实际上或许比他自己想要的更孤掌难鸣。如果说他一直在赌自己能放弃本职工作的意外之财，是因为乔治二世已经年逾古稀，慷慨的弗雷德里克和他信任的大臣们即将上任，那么皮特的失望来得非常突然：他的赞助人群体居然消失了，1749年，科巴姆死了，两年后弗雷德里克也走了，而国王反倒坚持下来了。谁都知道乔治二世不喜欢皮特，这真是令人丧气。可是到了末了这一点却不碍事了，因为皮特的自我期许是要引领不列颠的历史航程，事实上这并非空话。他并不是戴着劣质假发的赝品塞西尔[2]，相反，不管好坏，他都是一个真正的预言家，而且他全心全意地看好美洲的光辉前景。当然他的祖父已经在亚洲瞧出来一些不可抗拒的（所有那些闪闪的钻石）趋势。虽然皮特自己也和贝克福德等一班西印度的糖业大亨们交好，但他却坚信自由帝国大不列颠的试验场非美洲莫属，发生在美洲的事将表明大不列颠帝国是一个造访斯托庄园旅游者的游乐场，还是一个能改变世界的主宰者。

和所有关注海军实力的人一样，皮特赞同传统的意见，即除非不列颠掌控了自身水域，否则永远不能真正地保证不列颠的"自由"和安全，但与更保守的战略家不同的是，皮特还相信为争夺商业霸权（它最终会决定是天主教专制主义还是不列颠议会政府能统领世界），假如要取得决定性胜利的话，不列颠将在美洲与法兰西人交手。皮特与西印度种植园

---

[1]　萨伏伊公爵领地，位于今意大利西北部。——译者注

[2]　塞西尔，伊丽莎白一世的国务大臣。——译者注

主及美洲殖民者们想的一样，都觉得不列颠等不起。圣多米尼加、马提尼克（Martinique）和瓜德罗普（Guadeloupe）这些法兰西殖民地已经从不列颠手里夺去了欧洲的再出口市场。这时，劳伦斯河口的布雷顿角岛（Cape Breton Island）上巍峨的城堡威胁着新英格兰无价的渔业安全（新英格兰的腌鳕鱼送去西印度群岛，是那里奴隶的食谱上除了豆子以外差不多唯一的蛋白质来源，而英格兰本土从西印度进口朗姆酒和糖蜜）。皮特完全同意出自美洲的这个观点，即法兰西人正在缓慢地然而系统地扼杀新世界的不列颠经济和政治权力。法兰西人教唆美洲原住民不让新英格兰捕兽者参与毛皮交易，今天是禁止河狸交易，明天就可能是扼杀整个美洲贸易。

因此，1745 年，当马萨诸塞总督威廉·谢利（William Shirley）手下的一支以志愿者为主的部队和一小队海军中队一起合力拿下路易斯堡这个要塞的时候，皮特很高兴——这是少数几次"乔治国王的战争"（King George's War）中无可争议的胜利之一。一年后，他支持贝德福德公爵（Duke of Bedford）的建议书，敦促在加拿大发起更大规模的攻击，摧毁法兰西人与印第安人的毛皮生意，切断法兰西海军船只桅杆木材的来源。可是，这个攻击太过冒险，代价太大，被搁置了；1748 年，和平谈判中路易斯堡易手，回到了法兰西人手里。

后来皮特渐渐认识到，法兰西美洲的问题，远远不是劳伦斯河和东部海岸跳板那么简单，其核心是生存空间之战。科学家兼讲究实际的作家本杰明·富兰克林（Benjamin Franklin）最清楚地表达出这种风险有多高。他的《关于人口增长的观察》（Observations Concerning the Increase of Mankind）于 1751 年写成（不过直到 1755 年才出版）。在文章中，富兰克林直击不列颠美洲殖民地的命门。当时已经有接近 120 万人在北美的几个殖民地生活，这个数目经过一代人的自然增长就会翻倍，因此，不列颠美洲殖民地不得不扩大，否则它将在自我毁灭的幽闭恐惧中委顿凋零。换句话说，富兰克林和不列颠的帝国支持者观点一致，相信这是一个自由帝国，但富兰克林的美洲自由和辉格党吹牛的还不太一样，它蕴含具体的内容，明确地指出了地域。富兰克林精确地领会了地理、人口统计学与自由的关系。在美洲（不像拥挤的英格兰）能取得土地就意味着落实自给自足的理想，这个观点在当时只有法兰西哲学家孟德斯鸠的思想可以匹敌。至少在1751年，富兰克林还是个热爱不列颠天真之人（Britophil innocence），还以为国内的帝国前途守护者会分享这些阳光灿烂的地平线。当一个世纪后美洲人口真的超过伦敦这个大都市的时候，富兰克林设想，分散在不知其多么广袤的美洲大陆土地上的众多人口，这个时刻唯有庆祝分享其欢乐："大不列颠帝国海上、陆地的实力何其强大！贸易与航海增长会有多少！会有多少船只和水手啊！"

富兰克林为这个梦想中的西向自由帝国（westward-ho empire）雀跃欢呼，然而，横亘在实现它的道路上的除了大不列颠人反应迟钝和自私自利之外，还有法兰西人的战略。后者在美洲的定居点包括三个地区："新法兰西（加拿大）——从劳伦斯河到大湖区（Great Lakes），密西西比河中段（mid-Mississippi）伊利诺伊地区［Illinois country，1682年法兰西人德·拉·塞勒先生（Sieur de la Salle）探险后宣称由法兰西占有，范围直到密西西比河河口三角洲］和三角洲上的路易斯安那（Louisiana）。自然，这三个地方彼此分隔，相互之间的距离遥远。路易十五（Louis XV）的大臣们和魁北克（Quebec）的总督们决心用道路、运河、港口之间的路径和要塞将它们全都连接起来，而法兰西总督们的决心尤其大。其中关键的是首先要打通加拿大与密西西比河，即位于阿勒格尼山（Alleghenies）和伊利湖（Lake Erie）之间的广大地区，这个地方叫作俄亥俄地区（Ohio Country）。这片土地上森林茂密、河流纵横，居住着多个美洲原住民部落，如肖尼人（Shawnee）和特拉华人（Delaware）、明戈人（Mingo）——大致上是现代俄亥俄州东部加上宾夕法尼亚州（Pennsylvania）西部的那一片——这就是将要决定美洲命运的地方。

不列颠在弗吉尼亚殖民地的定居者（Virginian）——他们宣称美洲内陆直到太平洋包括加利福尼亚岛，都包括在原先1609年的章程里——已经在1747年组成弗吉尼亚俄亥俄公司（Virginian Ohio Company），负责探索跨越到阿巴拉契亚山以西地区并宣示主权。不列颠的中大西洋殖民地——纽约、新泽西（New Jersey）、宾夕法尼亚、特拉华和马里兰这些地方的人口在18世纪上半叶迅速膨胀，他们非常在意防止法兰西人及其美洲原住民盟友从加拿大南下，那就会剥夺了不列颠殖民者自己在当地的毛皮交易。法兰西人还会抢先占领西面的地盘，从而向西扩展。法兰西人打着算盘的时候，最常用的词是"狡诈"（在殖民地竞争中没什么词比它更决绝的了）："我们殖民地的内部边界"的狡诈延伸、狡诈引诱美洲原住民拒绝不列颠人适当地分享鱼和毛皮的说法。可在这一系列手腕的后面是残暴的武力，法兰西人会用致命的扼杀，切断不列颠殖民者的的生存机会，要将其从美洲殖民地驱逐出去。是时候了，不列颠殖民者必须奋起反抗，否则就完蛋了。

1744年，在宾夕法尼亚兰开斯特县（Lancaster County）的纽顿（Newtown），不列颠殖民地的全权代表和印第安原住民的6个易洛魁部族（Six Iroquois Nations）签署了《兰开斯特协议》（Treaty of Lancaster），并用贝壳念珠（淡水贝壳）编成的带子以示郑重。这个协议允许美洲原住民自由地穿越不列颠殖民地追逐其部落敌人，如切洛基人（Cherokee），相应的回报是易洛魁部族貌似放弃了整个俄亥俄地区的主权。易洛魁人试图在英格兰人与法兰西人的战争中保持中立，不久愤怒地拒绝了让他们永久转让这片广大地区权利的任何建议，但是这个协议已经足以让一波捕猎者和绘图者进入该地区，为乔治国王、俄亥俄公司，特别是不列颠殖民者自己竖立起界标，宣示所有权。法兰西人的反应是用他们自己最擅长的方法，先下手为强地派出探险队，在 4 800 公里的圆弧状区域内放下小铅板标识。随后在 1752 年夏秋，法兰西人兴起大规模修筑要塞的运动，修成后，要塞的规模堪比古罗马帝国的城堡，代价是 400 条人命和 4 亿里弗（livre）。这些法兰西人的要塞或许用原木建成，但是正如杜奎斯尼堡（Fort Duquesne）——它以魁北克具有战略意识的新任总督之名命名——它们结构坚固，墙厚 2.5~3 米，转角都是欧洲军事教科书里规定的楔形工程，能安置数百人的守备部队。

到 1753 年初，不列颠和法兰西的北美殖民者之间的小打小闹已经变成正式战斗了，即使是纽卡斯尔公爵也被人说服，相信殖民地后方的林子里正发生着重要又危险的事。苏格兰商人罗伯特·丁维迪（Robert Dinwiddie）后来成了美洲勘测员，1754 年任弗吉尼亚副总督（Lieutenant-Governor）。他派遣一个身高 1.85 米，21 岁的少校——绝对是一点儿法语也不懂——给勒伯夫要塞（Fort Le Boeuf）的指挥官送一封信，要求法兰西人停止并终止在明显是属于乔治国王的地域设防。

乔治·华盛顿（George Washington）也许一点儿法语不懂，但他非常理解大不列颠帝国的切身利益所在，毕竟其同父异母的哥哥劳伦斯用波尔图贝洛之战的英雄命名他们在弗吉尼亚的产业弗农山庄（Mount Vernon）。华盛顿的第一份工作是英格兰贵族费尔法克斯勋爵（Lord Fairfax）的土地勘测员——勋爵是弗吉尼亚北部峡湾地区（northern neck of Virginia）首屈一指的大地主——但华盛顿早年保卫那些利益的经历并不愉快。在俄亥俄河大转弯（fork of the Ohio）处的一个美洲原住民的村里，他遇到了一个排的法兰西人。他们邀请他一起喝一口，"那酒，他们自斟自饮了好多，不久就没有了开头还说到的顾忌……他们告诉我，他们绝对是计划要夺取然后控制俄亥俄的——他们会这么干，因为尽管他们明白英格兰人和他们的人数是 2∶1，但他们也知道英格兰人动作很慢、很拖拉，无法阻挡他们抢夺"。在勒伯夫要塞，华盛顿得到同样无礼的答复，尽管法兰西人的措辞文雅谦恭。第二年，也就是 1754 年，他准备并带领士兵进行一次远征。先是成功了一次（接着是被俘的士兵被印第安人剥了头皮和法兰西人屠杀俘虏），但到了 7 月 4 日，事情变得很糟：当华盛顿的士兵在"尼塞西提要塞"（Fort Necessity，意为必不可少的要塞）里发现毛瑟枪在 7 月的大雨中根本就不能用时，他们只得留下死伤者，屈辱地离开要塞，挣扎着行军回到弗吉尼亚，这样法兰西人就得意扬扬地霸占了俄亥俄地区。

不列颠美洲殖民者和伦敦都不甘心接受西线受制于法兰西人的事实，想要组织一场反击。这时，对他们来说面前有两个选择：要么由各殖民地招募力量联合印第安武士组成强大的军力，要么派遣一支真正的不列颠将军指挥的正规军来替他们做这事。当然，富兰克林倾向于第一种方案，这是更典型的美洲人作风。华盛顿在尼塞西提要塞惨败后一周，在哈得孙河谷（Hudson Valley）的阿尔巴尼（Albany）召开了泛美洲代表大会（pan-American congress）。泛美洲代表大会第一次较为详细地讨论了不列颠美洲殖民地的军事力量及政治联盟，但阿尔巴尼会议点燃的火种被分散的殖民地各定居点大会的一片反对声给兜头泼了盆冷水——各定居点大会都有自己急需办理的事务，大家满眼都只有自己在当地的利益（新英格兰人想的是渔业保护，纽约人要其他人出钱帮他们守卫北方前线）。富兰克林是宾夕法尼亚的代表之一，但他的头脑和心里都热切地装着联邦的各种理想。1754 年下半年，富兰克林给谢利总督（Governor Shirley）写信，描绘了他憧憬的不列颠美洲殖民地的未来景象：第一，必须毫不妥协地防住、抗击法兰西人的西线，要以不列颠美洲殖民地是帝国真正不可分割的精神来执行这个防守，且美洲民兵和不列颠正规军协同作战。如果不列颠政府真的有远见，它应该理解它的利益最好不要让美洲从属于不列颠，而是让不列颠与美洲殖民地彼此合作，还要理解美洲殖民者想要自己的政府负责殖民地的内部事务，这才有利于不列颠；

如果需要出资共同防守，应该由殖民地自己的机构同意。其次，经济上也一样，不列颠和各北美殖民地的利益不能视作彼此竞争而是互补，那么美洲工业就不能被定为只能服务于母国的狭窄利益，而应该将大家看成共同的帝国的力量。

富兰克林关于大不列颠帝国理智而仁慈的前景是恭维了不列颠理想的创立者们，是运用了他们关于"自由"一词票面价值的修辞，但他预设的思维广度，提升了美洲殖民地的文化和社会力量，基本上没有对大不列颠帝国创建者们的良知造成冲击。不列颠帝国创建者的政策设计是消灭距离而不是尊重、体恤距离，他们没有为多样化预留空间，而是要加强"秩序"和统一。到18世纪50年代，威斯敏斯特的政客们相信他们已经树立了一个秩序井然、勤奋工作的帝国组成部分的典范，那就是苏格兰。

因此，很自然地，"卡洛登的屠夫"（Butcher of Culloden）坎伯兰公爵提名的将军是理想的坎伯兰门徒爱德华·布拉道克（Edward Braddock），让他去与法兰西人对阵拿下俄亥俄地区，一劳永逸地解决谁来拥有这个地方的主权问题。布拉道克是个做事干脆、不多愁善感的管理者，他的军队也是纪律严明。为表示他是脚踏实地的，布拉道克带了两个团——第41团和第48团，甚至他的声明都在不列颠报界添油加醋地报道后让人认为其足以保证胜利。报界刻画了一幅早期大不列颠帝国性格的自画像：不列颠不屑于征服谁，虽然应对挑衅的时候也许反应迟缓，但当它被激怒的时候，就会祭出万钧雷霆。"我们已经向世界表明海洋主宰可不是一句大话，"杰克逊（Jackson）的《牛津杂志》（Oxford Journal）大肆鼓吹，"只要有绝对的必要，我们就能这么做，也敢于这么做。我们从来不对我们的邻居耍小手段，从没有侵犯过他们的领土……但是如果我们受到威胁、欺骗、入侵……那么……它（军事行动）之于我们就是正义。"

　　帝国自信地认为，法兰西人一定是吓得浑身发抖了。派一支不列颠军队去夺回路易斯堡，不需要什么后援；第二支溯哈得孙河而上到尼亚加拉（Niagara）攻下要塞，而布拉道克自己要进军杜奎斯尼堡，即华盛顿落败的地方。一旦解决了这个地方，布拉道克会继续北上，一路反击，加入尼亚加拉湖边的大军：这是简明扼要、直取要害、速战速决的作战方案。就在布拉道克的两个团出发前，华盛顿和富兰克林在马里兰的弗雷德里克斯顿（Frederickstown）与他碰头。华盛顿要作为布拉道克的副手同去，因为他熟悉那一带；富兰克林向不列颠的保护表示了宾夕法尼亚式的感谢，给每个军官提供了等同于帝国食品储藏室的待遇：米、葡萄干、巧克力、咖啡和糖共6磅，绿茶、武夷红茶各1磅，半磅胡椒，一整块格洛斯特奶酪，20磅上好黄油，两个火腿，两加仑牙买加朗姆酒和24瓶马德拉白葡萄酒。这才像个不列颠的样儿。

　　不幸的是，也正是这才注定了布拉道克在1755年7月9日的惨败。当然并不是150辆四轮马车和500匹驮马带着这些辎重拖累了将军，导致军队在赶去莫农加希拉河叉（Monongahela forks）的路上行进缓慢，而是他们必须在密林里费力地砍出一条通道，拓宽小路使它够宽够平，这样他的随行供给才能毫不费劲地通过，也排除了潜在的危险。他的美洲原住民明戈人向导无疑警告了布拉道克这样明显的物流现实。作为明戈人首领的斯卡拉乌阿迪（Scarouady）说，他觉得这些东西还没有狗来得更好，狗还能咬几下。为法兰西人作战的"可鄙野蛮人"没有编队整齐地现身到空旷的地面上，就像自以为是的詹姆士二世党人曾经接受布拉道克的轻步兵挑战那样，而是从密林深处看不见的位置扫射偷袭。布拉道克虽深受痢疾和痔疮之害，但充分显示了自己作为军官的职业训练与绅士的涵养：当手下的步兵困在原地试图向松树林里盲目还击时，他仍旧沉着地留在马鞍上留在队伍里，即使士兵成百地倒下，布拉道克还在鼓励他们。他的胸脯正好做了绝好的靶子目标，一颗毛瑟枪弹不可避免地击中了他。不列颠的红外套士兵们正如教科书里教的那样排列阵型，像铅一样齐刷刷地倒下；同伴们顶上位置要成一线向对方发射子弹，结果又留在原地倒了下去。到一小批总算成功地保住了自己小命的士兵接上来撑住的时候，其他士兵们则四散逃命了。结果，布拉道克的人 2/3 或死或重伤，而法兰西人和他们的美洲原住民盟军只死了 23 个，伤了 16 个。布拉道克在不列颠帝国军队后撤中就死在了他的工兵们砍出来的路上。乔治·华盛顿把浸透将军鲜血的斗篷带回了弗农山庄，他也没有得出结论其实是布拉道克策略错误才导致这个可悲的下场，而只是认为他们兵力不足。

如果一种坎伯兰式的战争策略失败了，那么就要有另一种同样高压的战争来保证某种"胜利"；在新斯科舍，总督查尔斯·劳伦斯（Charles Lawrence）不只忙于和解，还有从现代意义上来说比较不祥的行动：大规模地递解出境。根据 1713 年《乌得勒支协议》，法兰西天主教阿卡迪亚人（French-Catholic Acadian）被允许在新斯科舍南部和平生活。他们可以待在英格兰法兰西划分后的英格兰人一边，前提是他们不得积极地帮助敌人。随着在美洲的法兰西—不列颠人的冲突升级，阿卡迪亚人拒绝口头宣誓忠于乔治国王，这使得他们看起来会永远像一支第五纵队，有可能怂恿美洲原住民袭击人数上占优的不列颠人。劳伦斯于是决心先下手为强，在阿卡迪亚人能干扰到自己之前先打搅他们。总督开始行动，要执行可怕的政策，委婉地对阿卡迪亚人说要他们"大迁移"（le grand dérangement），这样生活在芬迪湾（Bay of Fundy）沿岸的至少 6 000 名阿卡迪亚人被迫连根拔起，离开他们的农庄、家园、故土，集结后转运去马萨诸塞、南卡罗来纳和弗吉尼亚，这个行动极其突兀、粗暴，船只准备来带走他们的时候，阿卡迪亚人简直不能相信"这就真的要走了"。10 月 8 日，第一批阿卡迪亚人上船，负责运送他们的不列颠军官写道："居民开始上船，非常悲伤、非常不情愿，女人怀里抱着孩子，表情悲哀，其他人用二轮马车载着老迈父母及全部家当，茫然不知所措，一片混乱忧伤。"来自纽约和马萨诸塞的殖民者取代了他们在缅因（Maine）北部和新斯科舍的位置。去往南北卡罗莱纳的第一船乘客有一半人死于极度污秽和艰辛。数千阿卡迪亚人成功地逃离了加拿大，到头来却发现自己所在的这个地方在紧接下来的七年战争前又一次易手了；另外一些阿卡迪亚人顺着杜奎斯尼的战略路线艰苦跋涉，一路沿密西西比河抵达路易斯安那，最终在此定居，并把阿卡迪亚人的龙虾、鳕鱼食谱换成了卡津人（Cajun）的小龙虾和鲶鱼。

战争的猎狗放出去了（哪怕美洲的尾巴已经在摇摆它们）。从一开始这就是一场世界大战，即使是一向对成本保持警觉的纽卡斯尔公爵也如此认为，但帝国的作战战略实际上和18世纪40年代的战争打法没什么不同。这时候不列颠有了一个非常重要的欧洲附庸普鲁士，它的军队在欧洲牢牢牵制住法兰西人，使它无法从印度、西非、加勒比和美洲这些帝国舞台上抽调人力及资源。不列颠皇家海军的主力一如既往地不辱使命，守卫本土海域，劫掠并封锁从地中海到大西洋沿岸的法兰西港口，阻止其增援加拿大。在美洲殖民地本地，如皮特所说（和通常一样夸张），它"受伤已久、被忽略遗忘已久"。布拉道克原来的老计划被重新启动，要同时出击加拿大、上纽约湖的提康德罗加（Ticonderoga）要塞以及俄亥俄地区中心杜奎斯尼要塞，只可惜随之而来的不列颠还是犯了诸多旧错误。接替布拉道克协调指挥这些战略运动的是第四任劳登伯爵（Earl of Loudoun），即埃尔郡（Ayrshire）的贵族约翰·坎贝尔（John Campbell），他是坎伯兰临时拉来顶替的。坎贝尔热衷的军事生涯就是像沿着大部分边界线路去插上木头桩子以宣示不列颠帝国的主权。他的随员包括17个仆人和情妇以及情妇的女仆。如果说有什么不同的话，那就是劳登从心底里蔑视法兰西殖民者及其野蛮人盟军，比布拉道克的贵族派头更有过之而无不及。坎贝尔坚信整个血腥镇压要干得漂亮，他坚持国防部（War

Office）的政策，把美洲殖民地的军官安置在不列颠正规军里极不相称的很低的级别，还要在殖民地民兵里推行鞭刑（不服从就鞭打 500 下，偷一件衬衫打 1 000 下），后者从未见过这等处罚，遑论经受了，因此劳登自己招致了殖民地军官对他的仇恨。另外，他对法兰西加勒比及不列颠殖民地之间的走私贸易感到恼怒，索性直接关闭了二者之间的正常贸易通道。

劳登这样打仗代表着一种鲜明的倾向，美洲殖民者们都看懂了这一点；另一种是用真正的帝国气度合作配合殖民者部队和美洲原住民，那就意味着相信殖民地议会（assemblies）及其头脑们是有实力、有才干的，也能用他们自己认为的最佳方法召募到人力和钱财；那才最适合这些业余单身汉士兵，使他们感到在当前最坏的时期过去后，他们就能重返农庄和铁匠铺子。这些殖民地议会的头脑们也知道为这支部队募集金钱，是不能强行命令的，最好是先征得各殖民地议会的同意。可是布拉道克和劳登之流将殖民地议会甚至它的头脑们仅仅看成是属下，只须告知他们需要什么，又该在何时送到何处。他们相信，如果让他们染指军务，就会放任他们不服从的天性，从而牺牲了军纪，最后会导致失败。对于殖民地人士，尤其是那几个"领头羊"胆敢批评甚至给帝国战略提意见，劳登不断地表示骇然震惊。他认为美洲殖民地部队的士兵未经训练不适合真正的实战，只有编入正规军，教给他们真正的士兵应该如何做，必要的话得严厉训练，才能建立一支有实战能力的军队。

尽管劳登大都按其所想的去做了，但他依旧失败了。在印度，罗伯特·克莱武勇敢冒进倒是无人可挡，高效地解决了孟加拉的纳瓦布（即首领）西拉杰·乌德·德拉（Siraj-ud-Daulah），将印度莫卧儿王朝（Mughal India）最富庶省份的财政收入送给（不管它要不要）东印度公司，以便它平衡自己的账本数字。但在其他地方，不列颠与法兰西人开战的前两年就失败连连：在地中海，海军上将宾（Admiral Byng）丢了米诺卡岛（Minorca），该岛被认为是扼守东进意大利和黎凡特（Levant）航线的战略关口。在丑陋的爱国主义怒火中，军事法庭让宾将军做了牺牲品，以便转移人民对政府的憎恨；更糟糕的是，海军上将博斯科恩（Boscawen）的舰队没有能封锁住劳伦斯河的河口，使得位于魁北克和蒙特利尔（Montreal）的新法兰西得到了源源不断的军援和供给。1757年，在纽约湖边，傲然占据着威廉亨利要塞（Fort William Henry）的是法兰西人，而不是英格兰人。

纽卡斯尔公爵的战功到此为止。皮特大声疾呼要不列颠全面动员，虽然他已经回到了行政管理的岗位上，但没有实权（尤其没有得到国王的信任）。1757年末，形势严峻，英格兰政府不得不放手给皮特一个机会试试。他毫不迟疑地坚信这是上帝指派给他的活儿，立即全力以赴。首先，皮特明确地宣布要以美洲的方式打一场美洲殖民地之战，为了修复布拉道克和劳登之辈造成的伤害，不惜屈尊召回了劳登。其次，皮特允诺不列颠政府将给美洲殖民地补偿装备及其他费用，使他在美洲殖民地议会中赢得了朋友；单此一项费用就将超过100万英镑，此举立即让殖民地表示要全心全意地与不列颠帝国政府合作，而不再是三心二意的赞同，例如，马萨诸塞投票同意提供一支7 000人的部队。最后，皮特废除了招人恨的正规军与殖民地军中等级不相称的考量，然后把优势人员和财力全都集中到手头的工作上。有的只有30多岁，如詹姆士·沃尔夫（JamesWolfe）与威廉·豪（William Howe），他们一下子被提拔上来，越过了他们的上司。其他人如杰弗里·阿默斯特（Jeffrey Amherst）负责在加拿大前线攻击法兰西人，为此皮特给予了他前所未有的军力：单单攻打路易斯堡就动用了约1.4万人。而整个美洲法兰西人自己全部的兵力也就1.6万人左右，另外还有些能动员起来的随便什么美洲原住民，然而，原住民被莫霍克人（Mohawk）和其他易洛魁部落的人给抵销了，因为原住民一看势头不对，随即掉转头倒向了不列颠人。到1757年末，差不多有 5 万名大不列颠帝国军人投入到加拿大战争中，几乎是新法兰西总人口的 2/3。仅美洲战争部分的花费就接近 550 万英镑，其中 100 万是海军的开销，另外 100 万镑是承诺支付给了殖民地部队。皮特成功地说服了全国，这一回是不成功便成仁。

而且，这是一场大不列颠战争，不是英格兰之战。1745 年即詹姆士二世党人叛乱那年，不列颠军队招募组成了第一个高地人军团，主要是从坎贝尔家族等宗族里吸收的，到国外去部署在欧洲；等到组成其他军团参加美洲战事时，人员募集的来源区就广泛得多了，来自加洛韦（Galloway）的门罗家族和因弗内斯的穆雷家族都出了人手。据估算，到美国独立战争（American war）开始的时候，大不列颠帝国的军队里每四个军官中就有一个是苏格兰人，他们经历了严峻的战火考验。

1758 年 7 月初，肥胖的阿伯克龙比将军（General Abercromby，对其士兵来说他是指望不上的"老奶奶"），指挥远征军去提康德罗加欲攻占卡里隆要塞（Fort Carillon）。在他们还没有把炮兵部队在小山岗上安顿好以便掩护步兵的时候，将军就决定在离战场一英里开外派出士兵进行正面攻击。这真是找死，结果可想而知。苏格兰高地警卫团（Black Watch）与爱尔兰伊尼斯克凌龙枪队（Inniskillings）在风笛声中列队齐步走向前去，正好进入了布置在卡里永要塞外围的矮防护墙前面削尖的木桩堆里，就再也鼓动不起来了。阿基拉斯·富勒（Archelaus Fuller）是马萨诸塞志愿兵营的一个军官，那时节吓得平躺在一根原木后面的地上，听着法兰西人的毛瑟枪的子弹呼啸着掠过耳边，事后他描述说"看到的景象很可悲，死人和伤者躺在地上，有的断了腿，有的断了手臂，其他的肢体破碎，还有直接被射穿身体的，伤势危重。听着他们哭喊，看着他们躺在血泊中，小型武器继续开火，大地在颤抖，这是我这辈子所见过的最悲哀的时刻。"这场大屠杀持续了 8 小时，不列颠军方面有 2 000 人死了，伤者痛苦地躺在尖桩木头栅栏边。还有意识的幸存者们都在原木之间一动不动地趴着，待到日落时分，还没有听到军官的任何指令，他们小心地从矮灌木丛掩护里站起身，像逃跑的浣熊一样消失在林子里。

但是，提康德罗加是皮特战争的一系列战事中第一场也是最后一场真正的失利，接下来就是一个个的光荣时刻。第一个时刻：阿默斯特和陆军准将（Brigadier）詹姆斯·沃尔夫按照常规围困雄伟的路易斯要塞，他们的炮火之猛烈，使法兰西人在城堡化为灰烬之前投降了。13 岁的奥拉达·艾奎亚诺见证了这一胜利。几年前，一个海军上尉迈克尔·亨利·帕斯卡尔（Michael Henry Pascal）买下他做听差兼仆人。1756 年，当帕斯卡尔去皇家海军服役时，奥拉达也跟着去了，他发现自己上了同一条船，就是沃尔夫去布雷顿角航程的那条船。围困路易斯要塞快结束时，在战争的奇异恐怖中，奥拉达·艾奎亚诺觉得自己已经被一种可怕的奇迹淹没了："'阿米莉亚公主'号（Princess Amelia，它是船只之一）上的一个海军上尉在发口令指挥，当他嘴巴张开时，一颗毛瑟枪的子弹正好打进他的嘴巴，又从他的腮帮穿了出去。这一天我手里拎着一个在交战中被杀的印第安国王的头颅，是一个高地人割下了他的头颅。"手里拎着一个苏格兰高地人砍下的印第安国王的头，艾奎亚诺在这个多民族帝国里所受的教育日益积累。

美洲原住民继续充当辅助力量，但是另一个医生出身的苏格兰陆军准将约翰·福布斯（Brigadier John Forbes）在受命去攻打俄亥俄地区时，召集切洛基、特拉华以及其他部落代表签订协议，带领他们中的很多人去夺取杜奎斯尼要塞，那就是小菜一碟了。法兰西人搬走了所有东西，单留下军火然后引爆。在这个原址上后来建起来的定居点现在叫匹兹堡（Pittsburgh）。

在欧洲，腓特烈大帝以一己之力抗击法兰西人及其同盟，不过这活儿也不赖，因为不列颠每年补助他 20 万英镑！后来不列颠的一切忽然都顺风顺水起来，20 万英镑又算得了什么？1758 年快到年底的时候，不列颠议会通过了第二年的军事预算 1250 万英镑——以前想都想不到这样一个天文数字，更别说批准了。这个预算是半靠借贷半征税拿到的，养活了一支 9 万人的陆军，一支超过 7 万人的海军，外加 3 万—4 万人的地方民兵，可见胜利是用钱堆出来的。

皮特坐在这一大堆政府赏金上玩转世界：不列颠海军劫掠了西非的法兰西奴隶中转站格雷岛（Gorée）和冈比亚；随后海军远征加勒比地区，稍微遭遇了一点儿困难之后，就拿下了瓜德鲁普连同其 4 万名奴隶和 350 个种植园。一年之内，（牙买加和巴巴多斯的不列颠种植园主们惊愕失措，他们可不敢说自己肯定想要这个特别的征服），产自瓜德鲁普的糖大批涌进伦敦的市场。在孟加拉，克莱武（假如不说是东印度公司）快要被印度纳瓦布们争先恐后供奉的"礼物"淹没了。在南印度的科罗曼德尔（Coromandel）海岸，拉利伯爵（Comte de Lally）乐观地想要重新打造强硬的军事存在，但因为法兰西海军无法突破不列颠海军的封锁，只得半途而废。

以上这一切，只是主场大戏开演前的小插曲。因为 1761 年之后，皮特要绝对征服加拿大，一旦完成了这个，他相信什么也阻挡不了不列颠美洲殖民地的光辉前景，还有，通过扩展不列颠的实力，就是把他与斯托庄园信徒们理解的大不列颠自由放之四海而皆准。貌似不列颠人碰上了天时地利，因为 1758 年加拿大几乎发生饥荒。1758 年到 1759 年的冬春之际，是当时那一代人记忆中最严酷的一个寒冬，不列颠人掌控了路易斯堡和布雷顿角岛，除非有继续供应，法兰西的加拿大殖民地已陷入绝境。1759 年早春，确实有几条法兰西船成功地在劳伦斯河河口的冰层中破开一条通道，从不列颠的封锁中溜走，登陆后给魁北克送去了一些增援和食品。这给了魁北克一线喘息的生机，也使得法兰西总督德·蒙特卡姆侯爵（Marquis de Montcalm）确信，在魁北克的亚伯拉罕高地

（Heights of Abraham）上挖壕沟加上他能召集起来的全部人手就容易防守住并且与不列颠人抗衡，因为对方同样食物短缺；另一个选项是疏散魁北克城，把军队部署在几个不同的地点，安顿下来打游击战，加拿大的原住民和殖民者都是可靠的，都不待见不列颠人，但是蒙特卡姆的坚守观点得到了凡尔赛的首肯。

阿默斯特的部队一直是主力，但在伦敦，詹姆斯·沃尔夫成功地说动了皮特，让他尝试从劳伦斯河发起进攻。皮特给了沃尔夫 2 万人马，也许想着反正也没什么输不起的，但对于沃尔夫来说，这是命运在召唤。他身受肺病折磨，却已经看到自己被雕成了大理石像立在爱国者墓上。在迈向亚伯拉罕平原（Plains of Abraham）的殉难演出之路上，他差一点儿没能完成让自己不朽的计划。不管饥饿与否，蒙特卡姆就是缩在魁北克自己庞大的防御工事里不出来，亚伯拉罕高地的一边是靠河的约 61 米高的陡峭悬崖，另一边面向内陆的也是一样的石壁，更加易守难攻。沃尔夫在感到无从下手后，就放任士兵和美洲原住民对周边的乡村进行"大肆掳掠和尽情地蹂躏"。假如说这是要刺激蒙特卡姆，使他出于关心或激愤而出头露面的话，那是一点儿用都没有。这个法兰西指挥官做的全部事情就是按兵不动地挺过秋季，等着河水结冰，把沃尔夫陷在其中或者让他不战自退。

这就需要来个撒手锏，所有人哪怕是沃尔夫自己都打心眼里不看好这一招绝活儿能奏效：华盛顿在尼塞西提要塞败北后，有个叫罗伯特·斯托波（Robert Stobo）的做了法兰西人的俘虏。斯托波曾经在魁北克松弛的半监管状态下生活了好几年，最后又逃回不列颠阵线。他指出悬崖上有一条沟壑小道，可以在夜间直攀上去。只是到了要执行偷袭的前一晚，沃尔夫才屈尊向自己的准将副手们透露自己葫芦里到底卖的啥药，平时他几乎不和他们交谈。不列颠人的这个计划就是佯攻城东，而用 30 艘平底登陆船反方向朝西航行，接着让潮水把船只冲回到登陆点下面。清晨 5 点，第一批几百名士兵已爬上斜坡，他们到顶上和法兰西人守军发生了小规模的冲突，但不是沃尔夫以为的战斗全面打响。给魁北克守备部队报信的法兰西士兵吃不准不列颠人是留下来了还是原路返回了——这事儿太邪乎了，连沃尔夫自己简直都不敢相信就这么着有 4 800人还有两门大炮都上到亚伯拉罕高地了。既然事实已然如此，那么他就部署好兵力，一根红线在高地上从悬崖一头拉到另一头，长达半英里（约 805 米）。沃尔夫正位于蒙特卡姆与其供应线及增援之间，蒙特卡姆的供给和后备队都在沃尔夫的西侧。蒙特卡姆部队的食物和军需都快用完了，又绝没有回转余地可以去抄不列颠人的后路，那样自己就会掉下悬崖去。蒙特卡姆被眼前发生的事彻底地整傻了，听着不列颠人的鼓声、笛子声，他才明白自己已经没有退路，只能进入正规战斗——这在美洲可是几乎没有发生过的事儿。但如果当时蒙特卡姆及时召回派到西边去的部队，他就能扭转局面，而沃尔夫就会腹背受敌，陷于两面法兰西军夹击之间，除了撤回悬崖下面，没有其他路径。

　　直到 9 点钟，西边仍然没有法兰西军队的迹象，沃尔夫的大炮对法兰西人的防线造成破坏，苏格兰高地人的风笛在雨中嘹亮吹响，蒙特卡姆再也不等了。虽然他自己的人手和沃尔夫的人数持平，但其中一半是加拿大民兵，他们本来应该按照操练的顺序、节奏平稳地向不列颠人那边进发，在约 150 码（137.16 米）的地方停下，然后发射。但是当指令发出后，这些加拿大民兵其实是随意地冲向不列颠部队一动不动的单薄阵线，没有任何的协调前进，更别说遭遇不可避免的反击后重组队形。沃尔夫的手腕被一颗毛瑟枪的子弹击中了，他就举着另一只手让自己的士兵们按兵不动，直到法兰西人前进到他们面前只有 40 码（约 37 米）的近处，这样不列颠人怎么会打不中呢？他们一阵反击开火，声音"和大炮一样"，两边的人事后都这么说。不列颠人的反击给法兰西正规军的白外套和民兵以重创，硝烟散去，法兰西人全都后退了。沃尔夫的腹部、胸部中弹，圆满地实现了自己决意要成功、成仁的心愿，威斯敏斯特大教堂里多了他这一尊大理石雕像。消息一传回到英格兰，霍勒斯·沃波尔写道，人们"绝望——大家骄傲——然后他们哭泣——因为沃尔夫在胜利的那一刻倒下了！高兴、悲伤、好奇、震惊，每一张脸上都交织着种种表情"。沃尔夫的忠勇给皮特献了一份大礼，皮特在平民院里发表了一篇演说，实际上那是一曲远古遗风的挽歌，它为一个倒下的英雄盖棺论定，只是——正如斯托庄园里"爱国勇士"（patriot boys）围廊一直要表达的——这胜过了罗马。

接下来发生的事件更平淡但也更重要，只是没有一件比得上海军上将霍克（Admiral Hawke）在布列塔尼外面的基伯龙海湾（Quiberon Bay）消灭了法兰西布雷斯特舰队（Brest fleet），这样就彻底解除了法兰西对不列颠的威胁。那时候不列颠国内绝大部分防卫只有民兵在担当。亚伯拉罕高地之战以后，出乎大家意料的是，法兰西人在加拿大还坚持了很久。只是到了第二年，也就是 1760 年的夏天，在失去了任何增援和供给的希望后，法兰西加拿大总督沃德莱叶（Vaudreuil）才在蒙特利尔向阿默斯特投降。他不再继续抵抗，一部分原因是阿默斯特提出的条件相当优厚，只要求这 7 万名左右的加拿大士兵在任何未来的不列颠与法兰西的冲突中保持中立，回报是允许这些法兰西人在自己的罗马天主教区域里信仰自由，甚至保证魁北克教区的主教职位。正如沃德莱叶已经准确地预计到的，不说其政治存在，法兰西在加拿大的文化及其身份都将世代保留下去。

伏尔泰（Voltaire）也许已经把加拿大当作"几亩雪地"一笔勾销了，但对大不列颠帝国来说，拿下它绝对有一举定乾坤的感觉。富兰克林从 1757 年起生活在伦敦，担任宾夕法尼亚议会（Pennsylvania Assembly）驻伦敦的特派员，他对不列颠击溃法兰西人在加拿大殖民地的军队一事兴奋极了，他愤怒地反对任何说要向法兰西归还加拿大殖民地的提议。不列颠举国上下——特别是苏格兰——迸发出来强烈的爱国热情，庆祝、焰火、敲钟、宴请、上演加里克（Garrick）的《橡树之心》（*Hearts of Oak*），大家沉浸在欢乐中。富兰克林深信此战之重要与正义。"如果一定要说有一场民族之战，"他写道，"这就是了，在此一战中，全民族的利益直接攸关。"1759 年是个奇迹频频发生的年头，一个接一个的胜利，像霍勒斯·沃波尔所吹嘘的，"我们的钟都要敲破成碎片了"。富兰克林旅行去了苏格兰，在那里结交了有学识的朋友，如贵族兼写作政治经济和农业方面的作家凯姆斯勋爵亨利·霍姆（Henry Home，Lord Kames）。富兰克林一定向他倾吐了自己难以抑制的骄傲，他还说这些胜利使实现不可分割的自由帝国成为可能。他不是签署了给议会的请愿书《一个大不列颠人》吗？他写信给凯姆斯："很久以来我就认为大不列颠帝国未来壮丽和稳定的基础在美洲，尽管和其他基础一样，它们现在水平还很低，还不太能看得出来，但不管怎样，它们够广大坚强，足以支撑起有史以来人类智慧建构的最伟大的政治结构。"可是，仅仅 17 年之后，他在《独立宣言》（*Declaration of Independence*）上签下了自己的名字，这中间发生了什么？

1763 年，和平带来了觉醒。奥拉达·艾奎亚诺的青少年时期是在皇家海军的军舰上度过的，他作为炮弹填充手，见到了组成纵阵的庞大的舰船爆炸后化为青烟，亲眼目睹炮弹把男孩和男人炸得粉碎，或者他们被木头穿过，"送去了永生"。在贝莱尔（Belleisle）围攻中，艾奎亚诺看见"一下子有 60 发炮弹和尸体飞到空中"。奥拉达交替体验到了惊恐与欣喜，他受洗成为基督徒，学会了读和写，得到了书本和《圣经》。在其主人帕斯卡尔的引导下，他以为自己会最后成为自由人，能避开恐惧和屠杀。但是，他发现帕斯卡尔先是指控他试图逃跑，接着不顾他的哀求、愤怒和悲伤，将他转卖给了一个船长，后者带他到了西印度群岛，"这样，就在我希望结束磨难的时候，被抛进了一种新的奴隶状态"。帕斯卡尔剥夺了他的书、个人物品、唯一的外衣，以及艰难争取到的尊严。在痛苦绝望中——而且知道他要去西印度群岛——艾奎亚诺写道："我怨恨命运，宁愿自己从来没有来过这个人世间。"

虽然威廉·皮特没有走到这样的绝境，但很多时间里他也在愤怒、生病、痛苦。乔治二世一辈子到临终才总算欣赏而不再是蔑视皮特了，却在 1760 年 10 月 25 日死于心肌梗死。应该能指望他的继位者即其孙子做好事了，他曾是皮特的一个朋友苏格兰的布特勋爵（Lord Bute）的学生，也受到过博林布鲁克《爱国者之王》一书的规戒，其母亲王太后奥古斯塔公主（Dowager Princess Augusta）对新国王的影响也很明显。乔治三世和他之前的汉诺威先王们不同，他公开自豪地宣称"感到了大不列颠人这个名字的荣耀"。显然他的淳朴看起来是爱国者的好榜样，无疑其半身像不久也会加入斯托庄园的万神殿。但是，皮特这些美化的设想很快就化为了泡影，老朋友布特变成了不友善的竞争对手。布特更同情那些苦于战争费用太高而鼓动退出战争的人，而皮特一心一意不是仅仅要法兰西人吃点儿苦，受点儿侮辱，而是要干掉这个不列颠帝国的竞争对手，还有皮特的另一个目标是要在加勒比地区消灭西班牙的实力，这时候貌似这个目标越来越不理性。看起来，年轻的国王听从其导师，认同布特说皮特是个"疯子"的观点。更糟糕的是斯托家族在分裂。1761 年，皮特被迫出局，那位新任坦普尔子爵（Viscount Temple），也是他的一个大舅子詹姆斯·格伦维尔和他同进退，但另一个大舅子乔治·格伦维尔成了布特和纽卡斯尔公爵在平民院的代言人，却没有退出。皮特将这种行为看成背叛，所以在接下来的 10 年里，皮特和乔治·格伦维尔成了政治死敌。1763 年，不列颠签署《巴黎和约》（Peace of Paris）的时候，布特把马提尼克、瓜德鲁普和圣卢西亚（St Lucia）还给了法兰西，把哈瓦那（Havana）与马尼拉（Manila）还给了西班牙，法兰西人恢复了在劳伦斯河纽芬兰（Newfoundland）海岸之外的珍贵的鳕鱼区域捕鱼的权利。另外，因为法兰西人牢牢地占据着圣皮埃尔（St Pierre）和密奎隆（Miquelon），而这些岛屿保障了他们捕鱼的安全，所以皮特认为布特是将帝国利益全都出卖了。

但是看一眼地图——而且不列颠政治家们是仔仔细细地研究了地图——就能让他们确认皮特是神智失常了。牙买加和巴巴多斯的种植园主们，在那几个岛的糖卖到重要的美洲市场和国内市场的数量超出自己之前，很热切地要恢复马提尼克和瓜德鲁普这几个产糖岛屿的原状，而不想让它们保留在不列颠帝国里。而紧紧地抓住捕鱼垄断权也无助于改变一个逃不掉的事实，那就是，即使遭受了最近一连串的灾难，法兰西在人口和军事上，依然都是欧洲实力雄厚的强国。

强加的迦太基式和平[1]只会加速对方报复的意愿，当政府大臣考虑在新扩展的帝国之无垠的时候，从孟加拉到塞内加尔，从米诺卡到蒙特利尔——如霍勒斯·沃波尔欢呼的，大不列颠人对于能够"在三次战争中征服地球"莫不狂喜，而鉴于罗马人建立庞大的帝国是用了三个世纪，大臣们确实是有必要发愁怎么支付这个不列颠帝国的国防费用。庞大的战时兵力最多时曾超过 9 万，到这时候已经减半，但即使这样，财政负担也是日益加重，债台高筑。和平还导致了经济错位：阿姆斯特丹发生了银行倒闭，伦敦金融市场与其密切相关，殃及池鱼，伦敦金融的信用突然紧张起来；大量军人同时退伍给就业带来了压力，劳动密集型的工业不得不压缩到战前的水平；农业收成不好，物价高涨，港口及城市平民比平常更暴躁，如果开征新一轮消费品税只会让岌岌可危的现状雪上加霜。

因此，1763 年 8 月，接替布特成为首席财政大臣（First Lord of the Treasury）的乔治·格伦维尔（对皮特来说是太不利了，大家想让他回来

---

[1]　迦太基式和平（Carthaginian），强者加在弱者身上的短暂而不平等的和平。——译者注

哈得孙湾

鲁珀特地区

纽芬兰

拉图雷特要塞
尼皮贡要塞

布雷顿
角岛

劳伦斯河

路易斯堡

省

苏必利尔湖

魁北克城
新法兰西
阿卡迪亚

博塞茹尔要塞

克

麦奇利迈吉纳克要塞
休伦湖

蒙特利尔
尚布利要塞

圣约翰
新斯科舍

密执安湖

北

弗兰特纳克要塞
提康德罗加要塞

罗亚尔港

密苏里河

密西西比河

魁

伊利湖

奥斯威戈要塞
尼亚加拉要塞

康科德
波士顿

杜奎斯尼要塞

特伦顿
纽约

俄亥俄河

巴尔的摩
费城

卡斯卡斯吉亚

路易斯安那

夏洛特斯维尔

大 西 洋

阿肯色河

夏洛特

雷德河

图鲁斯要塞
纳基托什

圣马可斯

新奥尔良
圣卡洛斯德
奥斯特利亚
佛罗里达
圣奥古斯丁

1758—1763 之间
战役地点

✗ 不列颠胜利战役

⊗ 法兰西胜利战役

墨西哥湾

1763 年之前
各占领地区

⬭ 十三个殖民地

其他不列颠占领地区

西班牙占领地区

法兰西占领地区

| 0 | 200 | 英里 |

| 0 | 400 千米 |

北美殖民地，1758—1783 年

哈得孙湾

纽芬兰

拉图雷特要塞

尼皮贡要塞

布雷顿角岛

苏必利尔湖

魁北克城

劳伦斯河

阿卡迪亚

博塞茹尔要塞

麦奇利迈吉纳克要塞

尚布利要塞

蒙特利尔

圣约翰

新斯科舍

休伦湖

罗亚尔港

密执安湖

弗兰特纳克要塞

克朗波因特

提康德罗加要塞

尼亚加拉要塞

奥里斯卡尼

莱克星顿

伊利湖

波士顿

密苏里河

特伦顿

纽约

密西西比河

俄亥俄河

布兰迪维因

费城

巴尔的摩

路易斯安那地区

卡斯卡斯吉亚

印第安人保留区

约克城

诺福克

大 西 洋

阿肯色河

夏洛特

瑞德河

威尔明顿

纳基托什

查理斯顿

圣马可斯

圣奥古斯丁

新奥尔良

圣卡洛斯德

奥斯特利亚

佛罗里达

墨西哥湾

1763 年《巴黎协议》
后分界线

1763 年之后各占领地区

☐ 不列颠占领地区

■ 西班牙占领地区

1775—1785 年之间战役地点

✕ 不列颠胜利地点

⊗ 殖民者胜利地点

1783 年美国边界

0   200 英里

0   400千米

干）为人小家子气，不可避免地要动脑子试试让美洲帝国——他认为最付得起——自己负担防务费用，其中逻辑看起来也不容置疑：不列颠美洲殖民地不是大大受益于战争了吗？战争期间母国不是对殖民地的贸易和工业投入巨资了吗？增加了加拿大的大片土地，美洲殖民地的前景不是一片光明吗？然而，其实此时还需要一些考量。首先，需要重申和加强殖民地与母国之间基本的、不言自明的独立关系，在这种关系中殖民地供给不列颠原料又消费了母国的制成品。不管本杰明·富兰克林怎么想，不应该存在幻想，指望不列颠能容忍，更不要说鼓励美洲的制造业壮大到能与母国竞争。不列颠也不会和善地看着外国势力这样做，最不能看到法兰西和西班牙以及他们所有的殖民地与自己竞争了。其次，保卫美洲帝国的成本如果不想最后变得不可控制，定居点就必须限制在阿巴拉契亚山脉以东的土地上，因此西边的土地就得留给美洲原住民，不用抢夺他们的土地就能确保他们继续友好相处的意愿，也就不必自找麻烦地去对付原住民，那可是代价昂贵。最后，美洲殖民地应该通过某种形式的额外税收让他们支付自己的防务，这应该是天经地义。

只是这税收应该是哪些，可把讲究的格伦维尔给难住了。翻阅美洲海关和征税账本时，他惊恐地发现维持美洲殖民地的运行成本比从那里收上来的钱要高得多。格伦维尔的结论自然不是废除海关，而是新增一项对于美洲需求量最大的外国货物的关税，那就是法兰西糖，特别是加勒比的糖蜜（不列颠加勒比殖民地的糖蜜产量不够而且价格高），做朗姆酒的时候要用它来蒸馏，而朗姆酒在美洲是主食，无处不在。格伦维尔提出每加仑糖蜜收六便士，遭到反对——尤其是新英格兰地区殖民地的人最喜喝朗姆酒，这里人反对的呼声最大——格伦维尔于是把税降低一半，但是以强硬的准军事作风征收。1761 年是七年战争的高峰期，此时与敌国贸易被认为是蓄意破坏，政府会运用协助法令（writs of assistance）进行搜查，在军事法庭审判走私犯（因为殖民地法庭好像不愿给他们定罪）。这时候，对波士顿和纽约——在这两地走私是一种营生——的商业社会群体来说，这些法庭在和平时期还要继续存在，真是让人既愤怒又无奈。

格伦维尔的麻烦——除了他谁都懂——是他在跟世界上最善于阅读的走私犯过不去，而且这些走私犯们读的还是历史：英格兰历史，英格兰的自由史诗，以及正好就是格伦维尔自己在斯托庄园里非常天真地敬仰的历史。在波士顿和费城（Philadelphia）的阅读俱乐部里，在商贸促进会（Societies for Encouraging Commerce）里，不列颠殖民当局打压走私、海关人员的强硬手段及军事法庭的特别司法处理，都立即使走私犯们联想到查理一世时期的星室法庭，抵制他们就是召唤汉普登的高贵幽灵来保卫生而自由的大不列颠人的永久权利。"如果要对我们的交易征税，那还不会征我们的土地税吗？"1764 年春，在波士顿市集会（Boston Town Meeting）上演讲者们这么发问，这已经能使人嗅出了一丝暴政的气息，"还有我们土地上的出产和我们拥有或者得到的一切？这……触犯了我们不列颠人的特权。我们可是从没有放弃过它们，我们和不列颠本土的子民一样拥有这些权利。"

如果说 1764 年的《糖税法》（Sugar Act）只是刺激他们发发牢骚，那么格伦维尔的第二个真正的妙招——给纸张征税，即从纸牌和报纸到法律文件、宣传品和广告的所有纸制品征收印花税（stamp tax）——那就等于和查理一世在诺丁汉竖起旗杆一样。格伦维尔还为此自鸣得意，认为他想出印花税的天才点子和海关关税不同，这个可以直接自理，不需要繁重磨人的搜索（走私犯）。不管它将用于什么目的，都是要先付税。1765 年 2 月初，这个法案在平民院（一半缺席）里一读。随即格伦维尔宣布这个法案将在 11 月开始执行，因为要给各殖民地充分时间进行公示。因为尽管有很多抱怨，大部分殖民地最后都接受了《糖税法》，所以格伦维尔还是自信《印花税法》（Stamp Act，1765）也能通行。他预计第一年就能给政府带来 10 万英镑的收入，随后每年都会增多。殊不知，他已经开启了不列颠美洲殖民地终结的大幕。

那个时候，格伦维尔和不列颠的绝大多数同时代人一样，即便是认为自己广泛阅读、思想开明、四处旅行的人，对美洲殖民地的真实情况其实知道的也非常非常少，可以说少得可怜。他们在伦敦接触的那些极少数美洲人（如富兰克林），都是一些最认同不列颠自由定义的人，格伦维尔等人在官方事务中接触的与美洲殖民地有联系的人，如波士顿或威廉斯堡（Williamsburg）总督们通常告诉他们的，都是他们愿意听的：总督们往往鼓励他们对殖民者采取强硬路线，打压不服从的苗头，以及在最近的战争中，他们注意到殖民地人民自以为是的自由姿态。当伦敦的政客们想象美洲的时候，他们想的基本上就是移居过去的温驯的英格兰男女，有时候他们想到苏格兰人还有长老会爱尔兰人——那么，这些乡下人还在帝国的军队里干得好好的呢。他们很少想到宾夕法尼亚还有 8 万日耳曼人（German），纽约和哈德孙河谷的 4 万荷兰人，以及很多其他族裔社群团体——贵格会教徒、犹太人、非洲奴隶——所有这些人组成的美洲非常混杂，远不是威斯敏斯特所能想象的偏向盎格鲁也就是英格兰的地方。

以威斯敏斯特的顽固来看，他们无法想象费城和波士顿这些市镇本地政界选举的高密集度。在波士顿，总人口大约是 1.6 万人，有 2 500 男人被指定可以在市镇集会（Town Meeting）上投票，市镇集会在法尼尔厅（Faneuil Hall）开会时就是众人高声地雄辩。皮特和他那一代人喜欢想象自己是西塞罗投胎，但事实上波士顿才真的具备 18 世纪 60 年代卢梭（Rousseau）设想的新雅典式（neo-Athenian）的面对面民主的最佳条件，这里的几个演说家——詹姆斯·奥蒂斯（James Otis）、萨姆·亚当斯（Sam Adams）、乔舒亚·昆西（Josiah Quincy）和约翰·汉考克（John Hancock）——全都相信自己就是古希腊的雄辩家德摩斯蒂尼（Demosthenese）。格伦维尔和辉格党政客们压根儿想不到的是，从某种意义上说，不列颠历史的自由大炮会真的转过来对准他们自己——他们这时候已被美洲殖民地人描述成劳德和杰弗里法官（Judge Jeffreys）——有一天，某个年轻的弗吉尼亚人会查阅1689年的《权利宣言》，并据此对乔治三世国王提起一连串的指控。

当然，现实中离那一天还有点儿远，但是波士顿人特别爱读书，对新闻很敏感，文盲不多（70%的男人以及45%的女人都识字，比例高得惊人），他们的习俗是好打官司，宗教气息浓厚，惯用善恶两股力量战斗来看待世事纷扰。这个情况注定了《印花税法》从一开始就会失败。波士顿为自己的公民文化骄傲：它有众多语法学校、学院、报纸和图书馆。有见地的领袖自觉地努力争取普通大众，如约翰·亚当斯以笔名汉弗莱·普莱乔格（Humphrey Ploughjogger）在《波士顿公报》（*Boston Gazette*）上发文，指点不列颠当局的错误和不公。对于哈伯特·道尔（Harbottle Dorr）这样的小店主来说，这些文章如同佳肴美酒。他热衷于读这份报纸，浏览上面的木刻插图，如果那些故事能一浇其胸中块垒，他会大加评论。波士顿只有1.6万人，城市小，看重政治透明度。1765年，约翰·亚当斯说自己坚持"人民有权，这是他们不可否认的、不可剥夺的、不懈的权利，必须得到那种最可怕又令人嫉妒的信息，我的意思就是知晓自己统治者的品格和行为。"他说出了很多人的心声。对这样的波士顿人来说，《印花税法》看起来不只是宣示了一项非法的税收，而且会堵塞自由政治信息的产生和传播。然而，面对普通殖民地人的这一切悲愤如冒着火花的干柴资源，所有人，包括马萨诸塞的副总督兼大法官（Chief Justice）托马斯·哈钦森（Thomas Hutchinson，他一直怀疑《印花税法》是否明智）对接下来会发生点儿什么也根本没有预料到。

现在看来哈钦森那时候真应该担心一下的。1765年8月14日，他的草人像被吊在"自由之树"（Liberty Tree）上，但哈钦森早已经习惯于他们这么象征性地发泄仇恨。26 日，行动变得更直接、更实在，一次非常野蛮的暴动捣毁了他在波士顿的漂亮房子，包括其圆形屋顶，把他的历史手稿扔进了灰尘里。要不是他绝望的女儿哀求他逃走，激愤的人群可能连哈钦森本人也一起撕得粉碎。波士顿街头的吵闹、酗酒、打斗由来已久，尤其是城市北端和南端的冤家对头帮派在庆祝"火药阴谋日"（Pope's Day，11 月 5 日）的时候，他们每年在这一天进行激烈的足球比赛。1765 年这天的情景是，一大群生活在码头边的制革工人、码头工人、水手和木匠，联手直冲非常明确的目标而来：哈钦森和印花税票发行者，也是他的连襟安德鲁·奥利弗（Andrew Oliver）。很明显，28 岁的鞋匠埃比尼泽·麦金托什（Ebenezer Mackintosh）等是这伙人的领头人，如果不说他是直接听取一个叫作"忠诚九人"（Loyal Nine）的秘密组织的指令，他也是在听信他们的唆使。这个组织认为只有真正抵抗才能阻止印花税实施。

"忠诚九人"又是接受另一些人的提示，那些人可就不是什么粗鲁的暴徒了，而是一帮头脑清楚、意志坚定的政客，他们可是很明白自己在干什么。在波士顿，他们包括商人詹姆斯·奥蒂斯和前税务官兼麦芽酒制造商塞缪尔·亚当斯（Samuel Adams）。在弗吉尼亚，年轻的演说家帕特里克·亨利（Patrick Henry）把印花税比喻为最邪恶的罗马天主教暴政，因而推动了"弗吉尼亚决议"（Virginia Resolves）的出台，点燃了他们要激烈抵抗的决心；乔纳森·梅休（Jonathan Mayhew）在讲坛上为他们的事业祝祷；还有走得更远的，据报道《印花税法》在平民院一读的时候，艾萨克·巴雷（Isaac Barré），就是那位在亚伯拉罕高地上拼掉了自己半边脸的人，发表了一个非凡的演讲；上述这些都点燃了奥蒂斯与亚当斯这些政客想要激烈抵抗的意识。当时，查尔斯·汤曾德（Charles Townshend）宣称帝国议会具有"不容置疑的"权力对殖民地收税，因为不列颠"移植""输送养料""保护"了它们；巴雷的独眼盯着他，残缺的半边脸面向他，开始鄙夷地驳斥，对于说殖民地是无礼拒绝无私的不列颠家长这个官方说法的版本，讲的是截然不同的一段母国和殖民地关系的历史，他咆哮道：

> 受你们的关爱而移居！不！是你们的压迫才导致他们移居去了美洲，他们从你们的暴政下逃脱去了那时候根本还没开化又荒蛮的地方……他们因为你们的偏爱才壮大？是你们忽略了他们，他们才成长起来的：等你们一旦关心起他们来，那就是派人去统治他们……监视他们的自由……你们保护了他们？是他们高尚地拿起武器保护了你们。他们持续地、艰难地、勇敢地保卫国家前线，浴血奋战，可是他们那个家园的内部产出一点儿积蓄就要送来给你们发薪水。

不列颠自由的最神圣原则岌岌可危，被这个定性调门搅动起来，对《印花税法》的抗议蔓延到几乎所有的美洲殖民地，迫使威斯敏斯特的政策制订者们不得不认真地重新考虑它是否明智。格伦维尔又成功地引出一次罕见的殖民地内部合作范例：1765 年 10 月，各殖民地派出代表在纽约召集印花税法大会（Stamp Act Congress），讨论采取什么措施。但殖民地代表们避开有形的实际抵抗，转而采取一个策略（在波士顿已经辩论过），即联合抵制进口不列颠的奢侈品，因为不列颠已经受困的经济更依赖奢侈品的收入。7 月，格伦维尔政府倒台——尽管原因很多，但也不太和美洲危机扯得上。罗金厄姆（Rockingham）接手主政，他已经有意但还没有承诺撤销（哪怕是托马斯·哈钦森在波士顿都这么催促）《印花税法》。1765—1766 年冬春的辩论非常重要，不列颠议会破天荒地第一次试图处理不列颠和美洲的关系。

舞台中央是那对冤家——皮特和他的大舅子格伦维尔，双方这时候都已没什么实权。皮特做了一个在以后几年里非常关键（尽管在现实中还有随意执行）的区分，"外来"税——调节殖民地贸易的权力——和"内部"税（如印花税），后者的权力应归于殖民地议会，即在他们同意后才能开征，否则就是越权。对此格伦维尔回答，如果真要这么较真起来，不列颠实际上是让渡了主权的一个重要因素：

> 在他们之上的政府被消解了，美洲就会发生革命……保护与服从是互惠的。大不列颠保护着美洲，那美洲就应该服从。如果不是这样，那请你告诉我美洲人什么时候不受此束缚？国家已经受债务重压……现在只是要求他们对公共花费承担一小部分……他们拒绝服从你的权威，羞辱军官，然后决裂，也许我可以说，这简直就是公开叛乱。

皮特双腿因痛风而跛，这时候艰难地站起，做了自己一生中最精彩的演说：

> 这位先生告诉我们美洲顽劣，快要公开造反了。我很高兴美洲起来抵抗，300 万人民对自由如此冷漠，自愿甘当奴隶，真是活该被利用，被其他人奴役。我到这里来，没有带着法律案例和议会法律条文，没带翻得烂熟、折着角页的法令文簿来捍卫自由事业；假如我已经……我会……指给你们看，即使在前朝专制时，没有征得人民同意，议会也会羞于向人民征税……这位先生问，殖民地何时不受束缚？我倒是想知道，他们几时又成了奴隶。

皮特要求《印花税法》"彻底、全面、立即取消"，那就这么办。当这个消息传到波士顿时，约翰·汉考克在波士顿中央公园（the Common）里放出一大桶（pipe，105 加仑约 477 升）自己最好的马德拉白葡萄酒（Madeira）供市民畅饮。但事实很可能是，本杰明·富兰克林被叫到议会（the House）的讲台前，他信息灵通，以专业辩才回答了有兴趣的议员包括格伦维尔的询问，这才最有力地促成伦敦撤销了《印花税法》。格伦维尔说不列颠支付了战争费用就已经补偿了殖民地，对此富兰克林指出，仅在他自己的宾夕法尼亚州，志愿部队的装备和军饷合计31.3万英镑，而财政部只补贴了7.5万英镑。当格雷·库珀（Grey Cooper）质疑1763年前美洲对待不列颠的"态度"时，他回答道，那时候"是世界上最好的了，他们自愿地服从国王政府，支付所有廷臣的费用，遵守议会法令"。

"那他们现在的态度呢？"

"嗯，"富兰克林答道，"大不一样了。"

从前他们认为议会是自己自由的保障，现在可是不太这么想了。当问及如果不撤销《印花税法》会有什么后果时，富兰克林的回答既坦率又具有毁灭性的打击意义："彻底失去美洲人民对这个国家的尊敬和热爱，以及建立在这种尊敬与热爱的基础上的所有商贸关系。"

这些预言可没给富兰克林自己带来什么欢乐，正如他给好朋友、苏格兰的先知先觉者凯姆斯勋爵的信里写的，"我在不列颠生活的这一段时光非常好，结交了很多朋友，我深爱这种情谊，真诚地祝愿不列颠繁荣，愿看到这种联合，我认为只有联合才能保证与确立不列颠的繁荣，"他加上的这一句令人震惊，"至于美洲，这个联合的优势对她来说并不明显"。因为富兰克林相信，特别是对不列颠来说，时机并非掌握在帝国手里，他独特的生活经历使他形成一种直觉，他对未来的看法就是各民族的命运最大程度上不是由他们继承的习俗和传统决定的，而是取决于地理、人口和社会结构。只有一些苏格兰人如凯姆斯、大卫·休谟、詹姆斯·弗格森和约翰·米勒（John Millar）才思考过这些问题；法兰西的孟德斯鸠，以及他自己的一批"诚实辉格党人"俱乐部（Honest Whigs Club）里思想先进的朋友有几个，如理查德·普赖斯（Richard Price），或许能理解这个基本上是从社会学角度来看待民族兴衰的方法。对富兰克林来说，事实就是或迟或早地美洲会扩展到规模庞大（不管不列颠官方规定阻止与否），其自然人口增长与持续移民的活力，加上大陆经济扩张的超凡能力，都会注定使它超越母国。或许富兰克林也认可最先是由詹姆斯·哈灵顿在《奥希阿纳》一书中关于共和国的最终结局所做出的表述清晰的原则，即最终是财富分配决定政治权力的平衡。不久，可以说，美洲的资产总量就会要求不列颠人调整自己面对现实。虽然因为不列颠对法兰西人的战争取得了辉煌胜利，不列颠人在举国狂欢之下，很难想到事情的结果会是这样的，可是无疑它正在发生当中，这是必然的。在这个时候，问题在于不列颠人是选择弄权而凌驾其上，还是愿意在相互尊重同意的基础上，让美洲非凡的未来作为真正自由帝国的一部分展开，还是不列颠人愿意让自己的短期利益蒙蔽自己而牺牲长期的利益。

富兰克林很遗憾没能见到威廉·皮特，因为皮特越发体弱、悲观、暴躁了。可是即使这一次他们俩见面了，富兰克林也不太可能说服这个美洲人的"朋友"接受自己的观点，即不列颠帝国这个他自己的国家不可避免的有机发展。因为尽管皮特坚定地反对不公正的印花税法，但他也同样坚定地相信原则上不列颠议会对殖民地具有不可争辩的主权。正是因为这个不可动摇的理念，才导致接下来议会把美洲的管理放在低一等级的层面上。即使在美洲表示委屈时向殖民地做出让步，议会也反复重申这个绝对无条件的主权。印花税法是终止了，但是 1767 年又引进了其他商业税，即汤曾德税（Townshend duties）。为了加强海关管理，尤其在波士顿这些港口的走私犯毫无廉耻，海关在这些地方就更加军事化了。年轻、富裕的商人约翰·汉考克是走私犯中最不要脸的，他的典型做法是把自己的个人利益转化为意识形态，汉考克以"自由"命名自己的一条单桅纵帆船，夸下海口说要"跑动"马德拉白葡萄酒上岸。从新斯科舍的哈利法克斯（Halifax）调来一艘在役的"罗姆尼"号（Romney）军舰辅助海关军官们，但码头上发生暴动的时候军舰根本就不能完成指派给它的任务。

波士顿和纽约对于武力威胁无动于衷，而且迅速变得不可驾驭，正是这一令人侧目的事实引发了起用正规军充当警察的决定。殖民地港口反对1767年汤曾德关税，组织联合抵制不列颠进口货物，发现船只和店主有违反的，就告发、恐吓、殴打，有时候给涂上柏油加羽毛加以侮辱。大约3500名盖格将军（General Gage）的手下来到所有抗议声最响亮的中心波士顿。他们穿着鲜红的海军制服，在这个小小的铁板一块的城里格外惹人注目——这是有意为之——照例受到人群的嘲笑，（尤其是年轻学徒工们）辱骂这些士兵是"畜生的龙虾儿"。允许士兵们兼职做些一般本地人干的民事工作如打绳子也于事无补。到了1769年年末，士兵和学徒工们吵架已司空见惯，有时候事情会闹到不可收拾。1770年2月23日，一个进口商西奥菲勒斯·利莱（Theophilus Lilley）在自己的店外被一个海关军官射杀，一群学童和年轻学徒就来到店里抗议，吵吵闹闹的，11岁的男孩克里斯托弗·塞德（Christopher Seider）也夹在中间。《波士顿公报》上关于射杀的木刻版画很生动、很煽情，进口商的葬礼就成了波士顿群众的大游行，由萨姆·亚当斯精心指挥，务必使游行最大程度地煽情——小小的棺材后面走着500个男孩，两个一排，之后跟着起码2 000个大人。

3月5日，不可避免的灾难终于发生了，一个假发店学徒一路跟在一个士兵身后指责他，说是士兵没付账单，直到海关那里。一个海关卫兵打了这跟来的青年一拳，同时按照常规鸣枪警告他，而一大群愤怒的人听到枪声后聚集了过来。一小队心里惶惶然的8个士兵被派去恢复秩序，却被人群包围了，众人向他们投掷结实的雪团。他们害怕自己被虐待或者更糟，惊恐之下开枪射击。结果5人被杀，包括一个黑人克里斯普斯·阿塔克斯（Crispus Attucks）和一个爱尔兰皮裤制作者帕特里克·卡尔（Patrick Carr），更多人受了重伤。托马斯·哈钦森不得不亲自出面，向大家保证会迅速采取适当的法律行动，还要将盖格将军的部队撤到位于卡斯尔岛（Castle Island）的港区去，这样才避免了流血事态进一步恶化。尽管已经认定士兵们只是出于害怕而非预谋，另外至少有一个著名的"爱国人士"约翰·亚当斯为他们辩护，宣告他们无罪；这事却被故意歪曲成"屠杀"。雕刻师兼银匠保罗·里维尔（Paul Revere）精心炮制了一幅印刷品——一排不列颠士兵齐齐地举着枪对准手无寸铁的市民射击的画面，广为传播。《波士顿公报》把这幅画用在特刊头版，使用粗体的黑字以示哀悼，包括五个棺材形象，并按照格兰纳里与考普斯山（Granary and Copps Hill）殡葬场坟墓的形式，上面印着头颅。虽然萨姆·亚当斯（约翰的堂哥）对详情细节知道得更清楚，却毫不犹豫地把它当作不列颠人意图谋杀那些拒绝在议会高压下屈服的市民的证据，向各殖民地扩散发布。

　　然而，即使到这个时候，也没有什么事一定会造成美洲和不列颠分裂；绝大部分美洲不列颠殖民地的人，哪怕是感到深受汉诺威王朝政府与议会的经济军事政策冒犯的，都还是认为自己在宗教、语言和历史文化上是根深蒂固的大不列颠人。如果说有什么不同，那就是他们热切地感到自己才是"真正"的不列颠宪政的继承人，而母国已经抛弃了宪政，或者从某种程度上说，不列颠帝国已经被邪恶腐败的寡头政治绑架了。一些访问过伦敦的美洲人看到那里（有时候也稍微享受一下）无节制的奢华堕落非常震惊，将这可悲的低俗下流、摒弃自由的旧传统解释为沉迷酒色的邪恶。但是，仍然有很多人希望能重返 1763 年之前那种状况。这一年被认为是不列颠美洲殖民地的邪恶元年，带有分水岭一样的重要性。很明显，贞洁的国王被恶棍大臣们带坏了，也许还能拯救他，不让他再误会大家。只要换一换威斯敏斯特那帮卫兵，看起来就可以预示事情转好。臭名昭著的关税始作俑者查尔斯·汤曾德死了，美洲殖民地抵制进口不列颠货物运动开始消退，令人大大地松了一口气。有感于此，

1770 年，诺斯勋爵（Lord North）担任首席财政大臣，才胆敢宣布绝大部分讨厌的关税都可以撤销，也不怕被指责说他是屈服于恐吓才这么干。1771 年，富兰克林给萨缪尔·库珀写信，乐观地说，看起来"政治稍息了……只要（不列颠）政府这样有节制又公正，还我们《印花税法》之前的老样子，我们就不会起来提出要求，就没有危险"。

但是，诺斯勋爵以他自己的见识决定保留一种商品的关税，那就是茶叶；风起于青萍之末，这个茶杯里激荡起的风暴恰恰就颠覆了不列颠美洲殖民地。

1773 年 5 月，当不列颠议会通过《茶叶税法》（Tea Act）的时候，几乎没人预见到美洲殖民地会反弹。站在伦敦的立场上来看问题，好像这只是一个实用主义的权宜之计，它是为了让东印度公司摆脱财政困境。东印度公司 1600 年由伊丽莎白一世女王特许创立，8 年后它在印度西海岸的苏拉特（Surat）设立了第一家商栈。像往常一样，公司期望进口一些外国原料到英格兰（然后再出口给欧洲），交换母国精制的制成品，但是印度尤其是它的漂亮印花棉布却是比英格兰生产的任何东西都要精美得多，而没有什么东西是印度想要或者需要交换那些印花布的，除了银子。这样，印度印花布大量地涌入英格兰，而不列颠的银子源源不断地输出。特别是在 17 世纪下半叶，这种带漂亮图案的轻盈纺织品先是吸引了上流社会，而后又在中产阶层中走俏，引发了一阵时装革命，只有英格兰亚麻生产商中惊恐的代表们痛恨这种进口物流。而令人高兴的是，随后茶叶作为印花布的替代品进口来了，到 18 世纪中叶，茶叶几乎占进口量的 40%。

然而——特别在美洲——与荷兰人走私进来的这种实际上一模一样的树叶子相比，虽然作为必需的饮品，但不列颠茶叶被课以重税后在殖民地售价昂贵。1768—1769 年的抵制进口运动使事情变得更糟。到 1773年，伦敦城里的芬丘奇（Fenchurch）和利顿豪（Leadenhall）街东印度公司的库房里茶叶堆积如山，价值 1 800 万英镑，东印度公司的股票惨跌，而且这还不够，公司欠政府一大笔关税没付，还欠着政府提供给它的军事保护费。诺斯勋爵及其政府都不看好它的前景。就在这个时候，有个人——一个苏格兰人，罗伯特·哈利斯（Robert Herries）——想了个妙招：何不彻底免除进口到不列颠的茶叶的全部关税，这样就能降低价格，比荷兰人的走私货卖得还要便宜，这样，不止在不列颠销售，还能卖到欧洲和美洲市场上去？答案是好的，只是除了一点不好。诺斯勋爵已经决定取消全部汤曾德关税，除了茶叶，只是为了保留议会对殖民地征税的名义原则。那么，这时候，他们就认为茶叶的价格已经掉到够低，通过东印度公司运到美洲，那区区每磅三便士的税已经裹了糖衣，殖民地的人们就能把它给忽略了，能接受关税。

但是美洲人没有忽略，1773 年 10 月 7 日，当第一批装着茶叶箱的船还在大洋上的时候，纽约已经到处张贴发布上面写着"汉普顿"的传单，警告说这是在恶魔伪装下的廉价茶叶，美洲人又一次被诱惑着不征得他们的同意而接受关税。关税是用来支付殖民地的行政费用的，很多被选中的"收货人"——美洲商人会收到然后卖掉——都与波士顿总督托马斯·哈钦森这些人有关联，这样更增加了阴谋的感觉。其中两个收货人是哈钦森的儿子，第三个是其岳父，一下子好像众多汉普顿先生复活了，重现江湖，而且到处都是；其中一个是费城的医生本杰明·拉什（Benjamin Rush），他着了魔，船税敌人的魔鬼占据了他的灵魂，宣称"这些有毒的箱子里装着一种慢性毒药……比死亡更可怕——就是奴隶制的种子。"在查尔斯顿（Charleston）、纽约和费城，原收货人受到恐吓，说他们是强征税收的工具。他们压力山大，几乎全部退缩，答应不再接收这些货物。

四条双桅船开往波士顿，对萨姆·亚当斯来说，这个突然的危机是天赐良机。本来他努力坚持抵制不列颠进口贸易已经越来越遭人白眼了——直到茶叶已经上了路。就在此时，哈钦森、副总督安德鲁·奥利弗以及托马斯·惠特利（Thomas Whateley）之间的私人通信被富兰克林发现，而且被公之于众。哈钦森等人在这些信里嘲笑爱国者，表示希望议会和不列颠政府尽一切可能坚持控制殖民地贸易和税收的原则。非常明显，议会这样狡猾地利用廉价茶叶设下陷阱，引诱天真正直的美洲人告别自由，足以证明这个计划的"恶毒"本质。11 月 29 日，第一条船"达特茅斯"（Dartmouth）装载着 114 箱武夷红茶靠上了格里芬码头（Griffin's Wharf），城里到处是标贴——"朋友们！兄弟们！乡亲们！毁灭时刻到了，要不就勇敢地反抗虎视眈眈盯着你的暴君阴谋！"

波士顿立即就变成了革命的暖房。警钟敲响，召集关心此事的市民公开集会。他们从城里来，也从邻近市镇和村庄赶来，包括剑桥、沃本（Woburn），甚至哈钦森自己的村子弥尔顿。几千人涌进法尼尔厅——人太多了，集会只得移到老南房聚会厅（Old South Meeting House），也就是那个精美的公理会教堂（Congregationalist Church）里进行。光线从高高的窗户里射进来，照在激动不已的演说者和他们面前的群众身上，嚷嚷着"毒草"不能、不会卸下来，也不缴那不公道的关税，要它驶回伦敦去，自取其辱。然而，可怜的商人既然运了过来，全然没料到事情会变成这样，便恳求道：不列颠法律禁止回运任何已运出的应课税货物，那会被没收的，运回去他们只有破产的份儿。大部分人的意见都是非常不利。同时，哈钦森和他们家的收货人都躲进了威廉城堡里，也拒绝货物回运。因此茶叶仍然滞留在码头的货船上，实际上由爱国者保护了起来。同时双方的僵持继续，接下来另外两条船"河狸"号与"埃莉诺"号也抵达港口了。

到了 12 月的第三个星期，截止日到了，如果这时候关税还不交的话，海关官员（无疑会在军队相助下）要来没收茶叶；这个情况下，收货人将要蒙受金钱损失，就会屈服，支付税金然后开始卸货；爱国组织的骨干力量波士顿联络委员会（Boston Committee of Correspondence）的人都知道这一点，召集会议进一步讨论对策。16 日，老南房又一次挤得满满当当的，演说家公开指责这么做很大程度上就是要奴役美洲殖民地，乔舒亚·昆西攻击波士顿的敌人，是"心怀恶意……贪得无厌的报复"。他们派出一个船长作为代表去弥尔顿面见哈钦森，请求最后给个机会，允许"达特茅斯"起航，假如不去英格兰，最起码开到码头城堡去，那么就能说是上路了。大约六点差一刻，天快黑了，哈钦森还是不松口。萨姆·亚当斯站起来说，他看不出还能做什来拯救这个国家了；这句话听起来可不像什么暗示的信号。教堂走廊里回响着一种印第安人的战斗呼哨，门口大约有 50 人发出更大的呐喊，他们脸上草草地涂了煤黑，身上披着毡毯伪装成打扮滑稽的原住民勇士。传单上已经警告过，如果找不到解决办法，"莫霍克人"也许会袭击茶叶；这时候他们就踏上战争之路，它直通码头。这些人大部分如鞋匠罗伯特·特威尔弗斯·休斯（Robert Twelves Hewes）一样是工人，在过去 4 年里他们都直接卷进了政治抗议。爱国者的头头们特意选中他们，是因为他们相对来说是无名之辈，但是也仔细叮嘱了他们该怎么做。这些人发出的嘈杂声之大，打断了商人约翰·安德鲁斯（John Andrews）享用自己的晚茶，他来到老南房时，迎面撞上一群喧嚣的人，他们消失在波士顿静静滴落的雨中，奔向码头的"达特茅斯"号以及"埃莉诺"号两艘船。

就着灯笼的光，这批"莫霍克人"完成了任务，他们一路用斧子劈开 342 箱重 45 吨价值 9 000 英镑的茶叶，据估算大约能沏成 2 400 万杯茶。一等劈开，箱子就被扔进水里，散开的茶叶就全倾泻出来，这才能保证造成最大损失；"莫霍克人"边上有一双机警的眼睛监视着每个人，尽管这些人爱国热情高涨，也不排除个别人会在自己外套或裤子里顺手牵羊带一点儿走。茶叶太多了，劈开扔下箱子的活儿还没干完，茶叶就在船舷边浮了上来，整个船看起来像搁浅在了诡异的武夷红茶的泥浆上。第二天早上，趁着天色已明，几条小船驶出去，用船桨把木箱子和大量漂浮的茶叶摁进泥水里，务必彻底损毁所有货物。正当小船在污泥里漂流穿行时，约翰·亚当斯在日记里写道："这是所有运动中最精彩的……爱国者们的这个最后努力，包含了我非常敬仰的尊严、神圣、崇高……毁灭茶叶行动非常勇敢、大胆、坚决、无畏又灵活，它会产生非常重要、意义深远的结果，除了说它开创了历史新纪元，我不做他想。"

他说对了，"波士顿茶党"（Boston Tea Party）事件是一个经典的案例，表面上看它自身是细微琐碎，甚至怪异的，却引发了全美洲各殖民地一致抵抗的洪流。这正是当时波士顿描述它的方式，这些描述被散发到各个殖民地定居点，由特快信使网络送过去，尤其是银匠保罗·里维尔这个信使。当然，并非每个人对这事都持相同的看法，就连站在爱国者这一边的很多人，都被这样荒谬地毁坏财产而感到愤慨，相信干了这事的人应该做出赔偿。在1773年底到1774年初，有那么一段时间，这种行动似乎会孤立波士顿而不是自动地为它赢得其他殖民地的同情。不管怎么说，诺斯勋爵政府正是这样考虑的，基于此，他们决定以最严苛的方式惩罚波士顿及殖民地——要封锁波士顿港口直到波士顿人付出茶叶赔偿，给这里的商界予以财政上的毁灭性打击，真正让波士顿市民尝到苦果；他们还援引并重新发布《马萨诸塞共同体1691年特许状》（The 1691 Charter of the Commonwealth of Massachusetts），以便建立一个更有秩序的政府，《驻营条例》（Quartering Act）授权军队可以驻扎在未被占用的建筑和谷仓。

本来美洲殖民地还有人在摇摆不定之中，并且怀疑萨姆·亚当斯坚持说他们面对的是一个不讲道理且没有良好意愿的母国政府，还是一个自私残暴的专制政府；不管前面发生了什么事，都比不上这一条高压法令，只有它才真的让殖民地人确信亚当斯实际上说对了。乔治·华盛顿原先坚持私人财产是神圣不可侵犯的，这样写道："波士顿的事业，应对暴政之策，现在就是，以后也都是美洲的事业（并不是说我们就赞同他们毁坏茶叶的行动）。"接下来的几周、几个月里，帝国军队抵达，海军在码头外围安插到位，形成对波士顿港的封锁，这样就实际上促使美利坚合众国诞生了。远在南卡罗来纳的种植园主给波士顿送来大米，康涅狄格、纽约、罗德岛（Rhode Island）的农场主成立四轮大车特遣团，给波士顿市民运送食品，因为波士顿人代表了遭到不列颠报复的无辜受害者。自召开印花税法大会以后，最郑重其事的是 1774 年 9 月在费城召开的第一次跨各殖民地的大陆会议（Continental Congress），会上考虑的是大家要形成协调一致的对应行动。到了 10 月份，在费城的卡彭特厅（Carpenters' Hall）召开会议时，不列颠政府的另一个行动使美洲殖民地的人疑心加重，也越发让他们担忧。根据 8 月份通过的《魁北克法》（Quebec Act）条款，不列颠议会同意在加拿大保留法兰西系统的民事法，允许那边 7 万名说法语的天主教徒（Francophone Catholics）实践自己的信仰而不会受惩罚，允许那里的天主教教堂征收什一税。不列颠的美洲殖民地居民绝大部分是新教徒，对于新教徒来说，这预告了不经陪审团而审判的司法系统，实质上是终结了人身保护法，没有任何经选举集会就强加在美洲头上的一个政府，而且这个政府只有一个成员经指定的枢密院。这是变相地在以新教徒为主的美洲殖民地的后院，或者更确切地说是上起劳伦斯河下到哈得孙河实行"奴隶制，给新教徒穿小鞋"。这就最明白不过地说明，乔治三世除了身上流的不是斯图亚特家族的血脉，确定是一个彻头彻尾的斯图亚特王朝暴君，怪不得他在温莎城堡展出了那么多范·戴克画的查理一世肖像。

　　国王应该是什么样的，托马斯·杰斐逊在写给大陆会议的《简论不列颠美洲的权利》（*Summary View of the Rights of British America*）一文里，说他就是"人民的首席公务员"，如果他不遵守自己与子民签署的合约责任，理所当然可以被辞退与取代。杰斐逊本人因病没有去费城，而是去了一拨激进者——有些要求开始给市民进行军事培训——但激进者并没有能在大会进程中取得主导地位。更冷静的一些头面人物争辩说，要争取一次喘息机会，也许能向议会和国王请愿，让他们听取美洲申诉自己正当的冤屈。这又将是一次长长的深呼吸时间，只有到了 1775 年 9 月 10 日——整整一年之后——如果还没有给殖民地补偿委屈，美洲人才会在 12 月 1 日发起全面停止与不列颠贸易往来的运动。

这是宝贵的最后和解机会，但不列颠没有抓住，因为两边的政治家们都没有意识到这是一个稍纵即逝的天赐机遇，甚至连诺斯勋爵也试图竭力推出某种中间路线：如果殖民地能同意自己负担其自卫防务费用，就让他们自由地以他们自己的方式、通过他们自己的议会去筹措。但是，诺斯询问一名美洲代表：这几个殖民地能保证同意不列颠政府进行相应的分派吗？回答是无法给出这样的保证。而且，不管怎么样，甚至已经不能再指望美洲接受威斯敏斯特议会的征税原则。这就已经是过了这个村没有那个店了。在国王看来，这些最后的努力都是要胡乱地拼凑起某个协议，只是想往大伤口上贴个橡皮膏。乔治三世断言，难道殖民者不是明摆着在假装强词夺理提出这样那样的过份要求，存心忽悠？他们不是一路下来都在阴谋全面地推翻整个议会的权威吗？就他而言，这时候唯一的问题是，是否允许美洲人，最起码不打一仗就摆脱他们欠主子——国王和议会——的忠诚。

1774 年冬到 1775 年，不列颠内部对美洲殖民地的意见分歧严重到了针锋相对的地步，尤其在几个商业市镇，一旦两边开战，它们就将面临灾难。在曼彻斯特和布里斯托集会大厅外，不同群组的人为了要与美洲殖民地和解或者是开始军事行动的请愿此起彼伏，他们向同一批机械工人与店主争取签名。议会主流的呼吁是必须把大西洋对面不知感恩的坏小子结结实实揍一顿，让他们永远长长记性。1775 年 1 月 20 日，威廉·皮特这时候已经是查塔姆伯爵（Earl of Chatham），他深受病痛的折磨，在其 15 岁的儿子威廉和本杰明·富兰克林的陪同下，来到议会贵族院——他与后者进行了热诚的交谈，如果说还能做点儿什么，想要来阻止不列颠帝国走向解体。在门口，富兰克林被拦下，因为他既非议员的长子，也不是里面哪个人的兄弟。查塔姆进去了，尽自己最大的声音高喊："这是富兰克林博士，我要和他一起进来。"接着他请求从波士顿撤回盖格将军的军队，换句话说，他想在开战前制止它。尽管也算是还有几个议员相信，他告诉他们不列颠赢不了这一战。接下来他的话表明这个老人确实是非常仔细地听取了富兰克林的话，他生平第一次瞪大眼睛瞧着美洲之广袤，知道自己已经看见了失败。"什么，你们可以从一个市镇到另一个市镇，从一省到另一省，尽管你们可以做到一时压服他们，……那你们又能如何做到军队开拔之后保证让他们服从你们呢？……能管得住这方圆 1 800 英里（约为 2 880 千米）的大陆和它上面稠密的人口？这些人还拥有勇敢、自由和反抗之心！"

鲁莽地谴责美洲人的议员们是怎么想象自己从哪里得到自己的代表权的？他们最近有没有照过镜子？他们最近有没有读过写不列颠历史的好书？

> 反抗你们的强制征税制度是可以预见的……它本来就显而易见……从我们国家如火如荼的辉格党派的精神就可以知道……美洲反抗你们征税的精神和从前反抗英格兰船税的精神一脉相承。还有，号召全英格兰起来，通过《权利法》来维护英格兰宪政也是一样的精神……是这个光辉的精神使美洲 300 万人生机勃勃……他们宁愿守着自由而贫穷，也不要镀金的锁链和龌龊的富裕；他们宁死也要捍卫作为自由人的权利。
>
> 对于这样的联合力量，什么军队能反得了他们？——什么，我的大人、老爷们——派几个团去美洲，留一万七八千人看家！这个

主意太荒唐了，你们居然用它来打发你们这些老爷们的时间……这不是撤销一张纸片就能使美洲回到我们的怀抱里来，如果你们撤去他们害怕的东西，打消他们的怨恨，那么还能盼着他们爱你，对你感恩戴德……最终我们还是得被迫撒手：趁现在还来得及，让我们撒手吧，不要闹到我们只能撒手那个时节……赶快避免自取其辱……第一步要走向协调、和平与幸福。

但首先是盖格将军来到了马萨诸塞康科德[1]，他听闻那里有"造反者"——因为不列颠守备部队已经这么给他们定性——已经储备了武器弹药。冬末，不止在马萨诸塞，还有弗吉尼亚和宾夕法尼亚，这几个地方的联络委员会都在一步步地组织市民民兵来保卫自己的社区。因为风声日紧，谣传不只是不列颠人，还有外国雇佣军（该死的武装恶魔专制主义！）都在赶来美洲的路上了。1775 年 4 月 18 日，约翰·汉考克和萨缪尔·亚当斯都在莱克星顿（Lexington），这里已形成一群"一分钟人"（minutemen）——在紧急状况下能随时召集起来的农民民兵——在保卫藏匿起来的军火。大家已得知盖格要派军队到莱克星顿抓捕亚当斯和汉考克，夺取他们藏着的武器。三天来，士兵和水兵不再轮岗值勤，且下令船只待命。这一个事实早已让这次围捕闹得路人皆知，唯一吃不准的是到底几时盖格的人会渡过查尔斯河（Charles river）进村。因此就部署了后来著名的安排——放信号灯在老北教堂（Old North Church）的尖顶上，警示查尔斯顿镇里的爱国者们：如果士兵走水路，就放两盏灯；一盏灯则表示他们走陆路；另外再安排三名骑手去通知汉考克和亚当斯。一个骑手在出发前就被捕了，威廉·达威斯（William Dawes）和保罗·里维尔都跑出了波士顿。里维尔在一艘不列颠战舰的枪击下划过了查尔斯河，在查尔斯顿骑上马，绕了远路反而早到，抵达了在莱克星

***

顿格林（Lexington Green）旁的乔纳斯·克拉克牧师（Reverend Jonas Clarke）的宅第。那时候（现在也还一样），月光下的草地看起来像英格兰村庄的微缩模型，这个地方现在好像还在诉说着不列颠美洲会永恒，而不是那时它临死前的风声鹤唳。

里维尔想把警报送到康科德去，可人还没到那里就被不列颠军队的巡逻队抓住了。但是消息已经传开，汉考克和亚当斯马上离开，去了沃本，他们安全了。从此他们两个开始踏上走遍美洲殖民地的旅程，宣传这天早晨的事件即将见分晓，警告的钟声和枪声在波士顿全城响起。当6个连的不列颠军人到达莱克星顿时，天才刚亮，草地上有70个"一分钟人"面对着他们。一个军官喊道："走开！你们这群造反的家伙！"民兵军官帕克船长（Captain Parker）也很明确地下令自己的人解散。可是就在这当口放了一枪——至今没人说得清是哪边放的这一枪，随后不列颠步兵们的毛瑟枪开火了一通，硝烟散开后，只见死了8个，10人受伤。

就这样，在康科德不列颠人砍倒了一棵自由之树。他们接着遭遇来自老北桥（Old North Bridge）边一个小山顶上的猛烈开火。不列颠军经过米诺托密（Menotomy）撤回到查尔斯顿，途中噩梦连连，因为沿途1 000多名民兵从墙后或树林里向他们放冷枪。这场战争不会轻松。

4月18这个日子和发生在这一天的事情，特别是盖格将军单单挑出汉考克和亚当斯作为叛乱分子，说他们两个不可宽恕的话，在美洲各殖民地之间飞快传播。消息像长了翅膀，等他们到达曼哈顿（Manhattan）岛的时候，那里的街上满是慷慨激昂的人群。5月，第二次大陆会议（the second Continental Congress）在费城召开，会议任命弗吉尼亚人乔治·华盛顿指挥殖民地防卫军，这象征着小范围的波士顿之战至此开始进入美洲殖民地的全面战争阶段。整个夏天，不列颠人发现自己都处于美洲殖民者军队的围困中，对手颇有效率。因为不列颠军一直认为殖民者都只是莽夫，因此对方军队的规模和力量是他们从一开始就根本没有预料到的。6月，盖格派出一支强大的军队到布里兹山上（Breed's Hill），要打败守在查尔斯顿高地（Charlestown Heights）上的美洲殖民者。这期间，不列颠军损失了92名军官和差不多1 000名士兵，包括皮特凯恩少校（Major Pitcairn）；4月19日，少校就在莱克星顿。他曾经给伦敦发去一信，最后这信送到了国王手里。国王读信后也赞同少校的意见，即"只要狠狠打击造反者……他们就会屈服"。可实际上等乔治三世读到那封信时，皮特凯恩人都已经死了。盖格对如此惨重的伤亡感到非常震惊，他给防务大臣（Secretary-at-War）巴林顿子爵（Viscount Barrington）写信说，美洲人已经"被愤怒和激情点燃，其声势浩大为世上各民族中所仅见……我们遭受的损失已经大于我们能承担的"。那么伦敦就给他大大增强军力，到了7月在波士顿共有1.35万名不列颠士兵，还有好几千个忠于不列颠的殖民地难民，然而，即使不列颠军的力量如此强大，他们也不知道他们能守住这个城市多长时间。

战争已经开打，可是，在美洲殖民者们当中，还没有大家一致同意的终极目标。第二次大陆会议上的分歧依然存在：如果不列颠政府让美洲回到1763年之前的平静日子，同意殖民地享有高度自治的政府，包括自己的征税权的话，还能保留殖民地和不列颠的联盟吗？或者，现在殖民地只能选择自己绝对独立的地位了？1775年7月初，大陆会议发布了一个声明《拿起武器的原因和必要性》（*The Causes and Necessity of Taking up Arms*）。文中说："我们募集了军队，但没有野心勃勃的计划，不是要与大不列颠分裂，成立独立的邦国。我们战斗不是为了荣誉或征服，我们要向人类展示我们美洲人民受到敌人无缘无故的攻击时的坚定决心。"两天后，大陆会议伸出请愿的"橄榄枝"，由来自宾夕法尼亚的约翰·迪金森（John Dickinson）起草，通过宾夕法尼亚殖民地的创立人威廉·佩恩的孙子送交给国王，开头他们大表忠心：

　　道德与慈爱能赋予我们的全部忠心都与陛下个人、王室和政府
紧密相联，以能团结社会的最强纽带和大不列颠捆绑在一起……我
们庄严地向陛下保证，我们不仅最殷切地期望恢复她和这些殖民地
之间从前的和谐关系，也希望建立协调合作，夯实牢固基础，永受
庇护，两国间将来世世代代没有纷争打扰。

　　这是拯救美洲不列颠的最后也是最佳的机会，但乔治三世的大臣们
可没有这样想。历史学家们都想彻底研究这些各民族各帝国命运的关键
时刻，希望从政治学社会学的角度做出复杂的深层次的结构性说明。那
么，到底是什么使得整个事情急转直下，导致美洲殖民地与不列颠复合
完全无望的？那太简单了，原因就在国王及其政府本身。他们放话说，
国王没有兴趣和叛乱分子的议会联络。8 月 23 日，不列颠议会正式宣布
美洲殖民者处于"公开及公认的叛乱"状态；10 月 26 日，他们还坚持
说美洲殖民地造反就是"非常明显地为了成立独立帝国而战"。这样一
来，就是乔治三世和他的大臣们说了出来，实质上是他们发布的美洲殖
民地独立宣言，而杰斐逊等人迟至 1775 年 11 月，还是很不情愿说完全
脱离的话，还在称国王是"权杖暴君"和"我们最恶毒的敌人"。问题是
这一次没有现成的威廉三世能来做美洲的宪政主君。

　　托马斯·潘恩（Thomas Paine）1776 年 1 月发表了《常识》（*Common
Sense*），对他来说，就不再需要什么国王了；别再拿什么神圣的不列颠
宪政来哄自己了。他辩解道，这就是个幌子，会坏事儿的，别再要这一
套了："是时候说再见了。"尽管潘恩的小册子卖出了令人吃惊的 15 万
册，美利坚的建国之父们——尤其是约翰·亚当斯和杰斐逊——却不是
非常进步的新民主时代的人，此时他们还不能够与鲜明的英格兰自由
的伟大传统脱钩。如果他们要和大不列颠帝国开战，那是因为它是个犯
了错误的帝国，根本不是那个自由帝国，是因为它原先的立国基础原则

已经模糊不清，被歪曲了。直到在 1776 年春夏之交不列颠撤出了波士顿，不列颠政府拒绝提出和平条件，这时候他们才真的拿起笔杆最终起草《独立宣言》（ *Declaration of Independence* ），美利坚合众国的创立者们还是本能地退回到他们的英雄万神殿去，而不是向前瞻望。他们就是科巴姆勋爵的斯托庄园里纪念碑上的同一批人——汉普登、弥尔顿和威廉三世。1774 年，杰斐逊等人听说了波士顿高压统治的消息，考虑了他们邦国未来宪政的事之后，和他的弗吉尼亚市民会议（ Virginia House of Burgesses ）的同僚们查阅了约翰·拉什沃思（ John Rushworth ）的《历史文献集》（ *Historical Collections* ），那是议会与查理一世斗争史诗的文献汇编。最后，当杰斐逊动笔起草《独立宣言》时，他用来指控乔治三世、罗列他的罪行清单的范本就是 1689 年的《权利法案》，那里面可是说推翻詹姆士二世是正当的。

　　没人比查塔姆更感到莫大讽刺的了，一直以来，他不断地尝试阻止这场不列颠与美洲殖民地的战争，但都无济于事。1777 年 1 月，看起来不列颠不太可能赢的时候，他在议会贵族院演讲，说即使不列颠赢了，那也是代价惨重的胜利，因为"我们是挑衅者，是我们侵犯了他们"。皮特从前做的每一件事，哪怕是打败了法兰西，到这时候都变成毫无意义了，因为这个不列颠旧日的死敌法兰西只是在一旁作壁上观，在等待时机要从不列颠与美洲鹬蚌相争后的两败俱伤中得益。1777 年 10 月为了切断新英格兰与其他殖民地的联系，打了萨拉托加（ Saratoga ）一战，不列颠军在此役失利后，诺斯急着要辞职，连乔治三世也开始想法从灾难中脱身出来。据说查塔姆虽然身体已残，但依然是既能与独立的美洲殖民地寻求和平，同时又有能力与新近的威胁法兰西开战的合理人选。1778 年 4 月 7 日，在痛苦万状中，查塔姆跛着脚，从前有名的好嗓子也哑了。他在议会贵族院发表演说，仍然希望在美利坚和不列颠之间能保存某种联系，但是，如果必要的话，不列颠也要预备好应对法兰西、西班牙和美利坚的傲慢联盟。"任何状态都比绝望好点儿……如果我们要失败，那也要败得像男人。"里士满公爵（Duke of Richmond）说，"我们没有海军，没有陆军，还没钱，勇敢有什么用？"查塔姆看起来像是要回答他，挣扎着站起来，摇摇晃晃地犹豫了一下，一只手抓住胸口。他倒下时旁边的贵族院议员们伸手揽住了他，其中一个就是斯托庄园的主人坦普尔勋爵（Lord Temple）。1778 年 5 月 11 日，查塔姆去世，自由帝国也就是那个正确的帝国也随之而消逝。

1786 年 9 月 12 日，第二任康华里伯爵（Earl Cornwallis）查尔斯从自己的舰载艇上走下，来到加尔各答（Calcutta）的码头上。作为新任孟加拉总督，他也是不列颠印度的历史上第一个帝国议员兼总指挥（Commander-in-Chief）。为了与这个身份相称，康华里穿着不列颠军队的红色制服。不必介意，5 年前在弗吉尼亚的约克城，他曾经穿着同一身红色向华盛顿和法兰西的罗尚博将军（French General Rochambeau）投降，就那样终结了美洲殖民地战争的命运。这是他的神圣帝国在印度斯坦（Hindustan）新生的日子，加尔各答的人们挥汗如雨、喜气洋洋。尽管雨季已过，城里却还没有干透，紧贴在胡格利河（Hooghly）河面上棉絮般的轻雾饱含水汽，湿淋淋的，孑孓滋生，大群大群的蚊子刺穿欧洲殖民者的粉色皮肉，幼虫正在满溢的储水池和池塘里孵化。但受到困扰的不列颠人却没有注意热蒸汽或这些嗡嗡叫的害虫。康华里 48 岁，身材矮胖，面色温和却不失军人的威严。河岸上乐队奏着欢快的音乐，旗帜飘扬，船上也装点着彩旗，大家都在迎候新总督。他热烈地和高级军官、下级军官、委员会成员（Council Member）们，年长的、年轻的商人，军医及随军教士握手，头戴装饰着花朵的宽边帽子的女士们低声地说出欢迎词。在威廉堡（Fort William）用过早餐之后，本地银行家、商人、伊斯兰法律学者（kazi）、法官以及税务官来向他毕恭毕敬地致礼，深深地鞠躬。康华里已经得知，没有这些人，殖民地政府就无法运转，现在他们每个人看起来都这么彬彬有礼，难道真的就是这同一批不列颠人和印度绅士"逐利候鸟们"，1783 年 12 月埃德蒙·伯克（Edmund Burke）曾在不列颠议会里公开指责他们贪婪成性如秃鹫一般，需要他来修剪其羽翼？

如果康华里在 9 月的这个早晨在自己的亚麻衬衣下汗水直淌，那可能不是单纯的天气作用，1782 年、1785 年，他曾两次拒绝国王的任命，这是第三次委任他才接受。即使这时候，他也忧心忡忡。他深知自己是被小皮特先生（young Mr Pitt）和他的外交大臣（Foreign Secretary of State）卡马森侯爵（Marquis of Carmarthen）选中来上任的，要在东方弥补在西边失去的。甚至在 1783 年承认美利坚各州殖民地独立的《凡尔赛条约》（Treaty of Versailles）签署前，法兰西人在那场战争中当然少不了插手，逼使不列颠军惜败，还抓住机会在受伤的狮子身上又重击了一下，返回印度支助迈索尔苏丹（Sultan of Mysore）与不列颠人的战争。康华里肩负着挽回帝国崩塌的重任，这非同小可。

1778 年，他的夫人杰米玛（Jemima）饱含泪水地恳求他不要去美洲，除了这点，康华里不觉得有什么要自责的。第二年他光荣凯旋回来时，她又乞求他不要接受下一次任命，但他怀疑不列颠在美洲将领们的能力，有时莽撞，有时又胆小，不容他推却。得知她重病的时候，康华里急匆匆地赶回来，船在大西洋汹涌的波涛间每一次上下，他的痛楚懊悔就增加一分。她请求，实际上是下令在自己无字的墓碑边种下一丛荆棘。康华里敬畏这无声的责备，此时他还感到刺痛。

杰米玛弥留之际，大不列颠也正在失去美洲殖民地，这是康华里最感痛楚的事业。他曾最强烈地批评，正是政府的一连串愚蠢政策才导致美洲分裂出去的。在议会贵族院，只有四个议员反对在没有征得美洲殖民地同意或没有殖民地代表出席时就决定对他们征税的主张，他就是其中之一。在这些年的美洲怨怼威胁中，康华里与查塔姆一样对政府无效的高压政策感到绝望。然而，一旦战争开始，政府要求他服役时，不管他曾经多么反对，他的责任感占了上风。上帝知道他已经尽自己最大的努力阻止过它，甚至不惜惹怒犹豫不决的上峰——先是威廉·豪爵士、将军（General Sir William Howe），后是亨利·克林顿爵士、将军（General Sir Henry Clinton）。他赢下了他们能让他赢的几场战斗——在怀特平原（White Plains）和布兰迪温（Brandywine）——当他说南北军队要联合起来作战而不是兵力分散着自保的时候，他们根本就无视他的建议；在特拉华河边，如果不列颠军队通力合作，他们也许就能在法兰西人到达之前打垮华盛顿。等到法兰西船只控制了切萨皮克湾，数千士兵和给养开始送上岸时，康华里就知道不列颠人要面对战争的全新局面了。作为克林顿的副将，他想说服上司，只有部队在弗吉尼亚汇合——他自己从南北卡罗来纳北上，而克林顿从纽约挥师南下——才能在还没有为时太晚的情况下给殖民地军队予以致命一击，但是他说服不了克林顿。克林顿只派出一小股军力，由威廉·菲利普斯将军（General William Philips）带领前往，抵达后不久菲利普斯就死了，克林顿命令康华里就拿这么些兵力守住约克城，但这根本不可能。1781 年 3 月，他们在吉尔德福德（Guildford）取胜，却付出了惨重的代价，他手下的士兵都已疲惫不堪。就在此时他们被包围了，敌人的人数超过自己，一支法兰西舰队封锁了切萨皮克湾，切断了他们的补给，但康华里还是坚守了三个星期。当要塞外围的阵地遭到猛烈攻击时，他毅然做出决断，放弃对自己士兵生命的无谓牺牲；他身心俱疲，随着部队走背运他自己的身体也彻底垮了。1781 年 10 月 19 日，是奥哈拉将军（General O'Hara）去向华盛顿正式投降并带领部队离去的。不列颠士兵们卷起旗帜，敲着鼓，吹着风笛（尽其所能）奏着一曲《世界颠倒了》（*The World Turned Upside Down*）行进，而当时法兰西人站在约克城外的大路上，穿着白色军服、黑色绑腿以示羞辱，这些得意扬扬的老兵油子们！

在不列颠，几乎没有人对康华里抱有敌意，没人觉得他应该为美洲的灾难负责，只有克林顿和他过不去，公开揭他的丑，他被迫痛苦地为自己辩白。但是国王恢复了他伦敦塔典狱长（Constable of the Tower）的职位，之后不到一年，就第一次请他去孟加拉赴任。不列颠这时正为美洲发生的事感到羞辱而懊恼不已，另外，与此同时，法兰西、西班牙及荷兰的盟军严阵以待。大敌当前，即使以前曾反对美洲战争的人，也没有对这个失败的结果幸灾乐祸；相反，公众舆论开始反弹，进入一种受害者自我辩护的姿态，对于不列颠在美洲的好意被殖民地的人如此歪曲感到非常吃惊。他们自认不是在保卫什么"暴政"，这已经是世界上最自由、最开明的宪政制度：议会主权。马德里和凡尔赛的欧洲君主与美洲勾结共谋反叛，终有一天会为他们鲁莽、不负责任及玩世不恭的机会主义后悔。

尽管康华里和公众一起同样明确地感到需要重新树立大不列颠帝国公正高贵的形象，但他还是怀疑在印度竖起大旗是不是真有希望扳回一局。难道那里的情况真如满口辱骂批评东印度公司治理的批评家们所说的那样，它深深地浸淫在自私贪婪之中，它的生意是伪装过的讹诈，情势完全不可救赎？他怀疑，美德能在热带幸存吗？哲学家不是说生长橙子的地方专制主义盛行吗？他不能确定这里是否产橙子，但是明摆着，在印度次大陆无论东西两边都没什么稳固的自由可言。这里创造了惊人的财富，但不是通过使人自由的方式，而是靠奴役人；不是靠诚实而是靠腐败；不是靠仁慈地在本地人中间合理分配，而是用最无耻的高压和欺诈。诺斯勋爵政府倒台后，查尔斯·詹姆斯·福克斯（Charles James Fox）提出为东印度公司立法，他的《东印度法》（East India Bill）给议会佣金做了规定。此后的改革法案厘清了商业行为和政府作为，公司管理层向伦敦的控股董事会（Board of Control）负责，这里面包括国王私人枢密院的成员和一名国务大臣。这个法规，据埃德蒙·伯克（他写了大部分内容）说，目的是包容和逆转那些在假托公平贸易的保证下产生的个人权力和财富巨头。1783 年 12 月 1 日，议会就印度问题进行辩论，伯克怒吼着严词驳斥东印度公司及其仆从犯下的滔天罪恶，据他说印度长期以来无助地遭受蹂躏。

伯克宣称，东印度公司行为之残酷与强暴永远也不会得到原谅，也不像他们自称的商业和平运转受到了野蛮的威胁，他说，因为大不列颠印度的"3 000 万人"根本不是

> 什么卑鄙粗野的人口……而是文明开化的古老民族——"我们祖先还在树林子里的时候，他们就已经进化发展出全部生活艺术了。曾经有（现在也还有遗存）伟大尊严的君王，他们威名赫赫、富可敌国……那里有一个古老的令人尊敬的神职存在，保管着他们的法律、学识和历史，指导人民的生活，死亡降临时给予他们安慰；有一个伟大古老而声望卓著的贵族群体；它的一批城市，任何欧洲一流城市都赶不上，它们人口众多，贸易繁荣；还有商人和银行家，他们个人的房子价值一度可以叫板英格兰银行的资本。

东印度公司闯入后，这个辉煌的文明发生了什么？如果它虚弱了，东印度公司让它强壮了一点儿吗？如果它受困于国内冲突，东印度公司给了它和平吗？如果它陷于贫穷，东印度公司带给它繁荣祝福了吗？一点儿也没有。印度被迫屈服于卑劣的冒险主义和荒唐残忍，屈服于东印度公司那批被它吸引而来的年轻人，他们是一些戴三角帽的匪徒。

> 不列颠进入印度已经 20 年了，但是我们的征服和到那里的第一天一样粗鄙，本地人几乎不知道怎么看待一个英格兰长者才合适；年轻人（乳臭未干的毛孩子）在统治那里，他们没有社会经验，对当地人没有同情心。如果这些年轻人现在还生活在英格兰，也不会

有社会经验，不懂怎么和人打交道——根本就是没有能力和任何人打交道。而本来要暴富的话必须会社交，还需要懂得那些住得偏远的人的观点。但他们年纪大一点儿的满心贪婪，而年轻一些的只会鲁莽急躁，受到鼓舞，这些人一个接一个、一波接一波地赶去印度；当地的印度人眼前没看到什么，除了一茬茬无穷尽的、不可救药的新的贪婪的不列颠候鸟。他们胃口越来越大，不断产生新欲望，就这样一路消耗印度的资源，直到它枯竭。一个英格兰人从印度挣来的利润中的每一个卢比（rupee），对于印度来说都是永远地失去了。东印度公司灭绝了印度的希望。

英格兰人也没有因为自己执掌的权力对印度进行过善意的补偿工作。伯克坚持说，没有建造桥梁、公路或水库（这不完全准确）："假如我们今天就被驱逐出印度，那么关于我们统治的这个声名狼藉的时期，没有什么能留下来可以说明它被我们占领过，除了猩猩或老虎。"

那么康华里就明白了他们任命自己是指望他来拨乱反正的，他不禁感到心情沉重。假如大不列颠帝国要重新崛起如旭日东升，那只有通过正义和美德，而不是武力。他必须成为第一位真正的孟加拉总督，而不是便于自己同胞掠夺的用具。他对其中的困难非常清醒，也许这根本就是个不可能完成的任务。1784 年他写道：

> 我在脑子里想得越多，越不想接受这个任命。这把年纪了抛开安逸的生活，撇下孩子们，去和印度最高政府（Supreme Government in India）吵架，且不说它是什么样的；然后还发现我既没有力量给军队做出榜样也无力纠正其恶习；最后，还要冒着被某个印度富豪（Nabob）打败的风险，或者甚至可能遗臭万年。我读了这些战事之后感到这是极有可能发生的事——我看不到与之相反的崇高威望和辉煌未来。

简单地说，康华里可不想再次失败，就和他曾经在美洲的约克城不得不投降那样。

然而当查塔姆 25 岁的儿子小威廉·皮特给他施加压力时，他的决心动摇了，因为他很尊敬小皮特。"我心里时刻在喊着，'别去想它，你为什么要自愿去经受瘟疫和痛苦？'然后责任向我低语，'派你去那里不是让你自己高兴的，上帝的智慧认为享福应该恰如其分，应该有所节制……去尝试做个有用的人吧，为祖国和朋友服务。'"最后，一旦得到政府许可，同时给予他最高的民事和军事权力［他太清楚自己的前任华伦·黑斯廷斯（Warren Hastings）曾经面对针对他个人的敌意，以及来自加尔各答委员会的政治阻挠］，康华里就接受了任命。"我有责任说愿意，交出自己轻松舒适的生活，面对所有瘟疫以及驾驭殖民地大局和公职的痛苦。"他要尽全力做一个好罗马人，做个榕树下的奥勒留。

但是，当初英格兰人第一眼看上印度的时候，心里想的就是要做迦太基人，而不是罗马人；是做贸易商人而不是征服者。无疑那些先生们对于戴到自己头上的高帽子觉得很有滋味。1600 年，伊丽莎白一世女王特许状上写的是"伦敦商人在东印度的监管者兼公司"（The Governor and Company of Merchants of London Trading into the East Indies），但是实际情况是，在支付了一小笔钱让女王修建鹿苑或者打造泰晤士河上一条镀成金色的时髦游船之后，他们就成了商业冒险家。"东印度"一词到底指什么是刻意含混的，因为任何有经济地理眼光的财富追逐者是根本不会看上这个次大陆的，而是往东盯着更远的印度尼西亚群岛，那里出产的胡椒、肉豆蔻种衣、肉豆蔻核仁以及丁香才是目标。但是在那里，葡萄牙人和荷兰人看起来已经封锁了印尼这个香料群岛。当英格兰人在爪哇岛（Java）的万丹（Bantam）以及安汶岛（Ambon）的南摩鹿加（South Moluccan）艰难地建立起一个小小的贸易商栈，立足未稳的时候，骄狂的荷兰舰队就来炮轰他们，1623 年，一支荷兰远征军报复性地将商栈夷为平地，处决了 10 个英格兰商人，以示他们绝不容许英格兰人染指印尼。英格兰人决定止损，就离开了摩鹿加群岛（Moluccas）。因为荷兰人垄断了香料的来源，英格兰人无计可施，才想通过走印度这个后门以便能更方便地进入印尼，这才将印度作为先手。他们相信，在印度可以和莫卧儿皇帝的代表谈判，取得和葡萄牙人及荷兰人那样的同等条件，而不是与本地苏丹打交道，后者倒是已经答应给他们辟出一块商业专用地区。这是先发制人。在印度海岸上设立一个贸易基地或者"工厂"，英格兰人就能直接进口一些香料，还可以得到丝绸和棉纺织品，再用丝棉织物在万丹进行物物交换；剩下多余的纺织品总是可以出口运回到英格兰然后再转口给欧洲的。当然它不如秘鲁（Peru）的银矿那么诱人，但是一个开端：不管怎么着，它值得利登豪街（Leadenhall Street）的东印度公司的 200 个左右的股东投资，他们组成公司的"董事局"（General Court），每年选出 24 名经理来打理他们共有的企业。

1608 年，东印度公司的船"海克特"号（Hector）在印度西边的古吉拉特（Gujarat）海岸繁荣忙碌的苏拉特下了锚。葡萄牙人半个世纪前在不远处的果阿（Goa）建起了一个"工厂"，但此时他们拼命反对英格兰的到来。尽管如此，英格兰人还是设法从莫卧儿朝廷的总督那里拿到了许可证，可以经营香料和布匹贸易。但是詹姆士一世时期那批绅士商人的远大目标是与贾汉吉尔皇帝（Emperor Jahangir）本人进行正式的谈判达成某种协议。1615 年，托马斯·洛爵士（Sir Thomas Roe）以大使的身份带上詹姆士一世的信件求见，在苏拉特的莫卧儿朝廷总督却不为之所动；直到一年后，洛才设法见到了贾汉吉尔本人。一方面，皇帝对于洛拒绝按照印度礼俗跪拜戴着孔雀王冠（Peacock Throne，代之以单单脱帽鞠躬）的自己感到困惑；对于遥远的"国王"允许一个普通商人来代表他也觉得难以理解。另一方面，皇帝的大臣们相信给英格兰商人一份许可证敕令（firman），豁免其交易的皇家税收也不会有什么损失。很明显，这些英格兰船长们（Feringhis）没有什么东西可以带给印度的，除了大量银子，印度政府会很乐意拿它充实国库；此外，印度的布匹出口能给莫卧儿帝国的纺织工人、漂洗工和印染工人提供工作机会，向全世界传播他们无可挑剔的辉煌艺术。这些商人会出什么幺蛾子吗？肯定不会比一头作战大象屁股上嗡嗡作响的虫子更麻烦。

在两代人的时间里，东印度公司都在伦敦利登豪街的营业房里宣布了分红。但是，随着 17 世纪的时间一点点过去，公司的利润慢慢萎缩，被它的经营成本特别是要抵抗竞争者和海盗的防守费用抵销了。1660 年前后，印度贸易的前景不佳，东印度公司的守卫者们如乔舒亚·蔡尔德（Josiah Child）靠负责给共和国及护国主时期的舰队提供补给而发了财，接着在复辟时期继续在贸易世界乘风破浪，依然保持乐观——他坚持说，总是可以乐观的，只要公司懂得它需要采取激进的政治、军事措施，就能保障它的商业运营。到 17 世纪 80 年代，看起来有些东西真的值得保卫。公司在好几个印度的商业中心如东南部的默苏利珀德姆（Masulipatnam，即今日的班达港）和孟加拉西部的胡格利站住了脚；在这些城市建造了库房，为公司的"代表"和"书记员"（职员）盖了一层平房，这些库房和职工宿舍通常处于莫卧儿要塞的保护之下。到了 17 世纪下半叶，还有其他地方——印度西边的孟买（Bombay），作为查理二世的王后葡萄牙布拉甘扎的凯瑟琳嫁妆的一部分移交给了英格兰人；乌木（Coromandel）海岸上的马德拉斯（Madras）；1690 年后，再加上孟加拉西边的加尔各答——公司在这些地方的加固后的堡垒里面特地建起了适当的"工厂"。工厂的一面朝向大海，由一小部分公司的士兵把守，士兵们包括印度人、葡萄牙欧亚混血儿，还有其他欧洲人。在高墙里面或者堡垒守护的范围内，用大麻纤维编的席子、砖屑和一种叫作普卡（pucca）的石灰混起来，修建起很多单层的平房。对面还有一个典型的英格兰风格的教堂——带柱子的门廊，一个尖顶，里面用热带硬木做的一排排靠背座椅。教堂后面是院子，它的墓地里埋的死者比教堂的座位还多。在这个"白镇"（White Town）以外，另外有一个"黑镇"（Black Town），那里住着印度商人、公司的其他职员和高利贷者（money-lenders）。第三个社会群体是海事工人——水手、搬运工、赶车人和渔民——他们在靠近码头的地方群居。夹在他们当中，还有虽然很小但非常重要的亚美尼亚人（Armenian）和犹太人社区，他们是掮客和中间商。

到1700年，在印度的大不列颠人的日常生活已经固定下来：早餐前外出狂奔一圈，接着在小礼拜堂晨祷；上午业务忙到午后集体正餐（约下午两点或三点），那是一顿淡咖喱印度午餐，在中间充一下饥的意思，餐后午睡；起床后再做点儿事情，接着又去兜一圈去远处钓鱼或打鸟、打牌，吃过分量不大的晚餐后上床；不管怎么说，这是东印度公司的官方说法。那么根据不那么正式的记载，被迫到印度来的英格兰乡绅的次子们在这里过着苦闷的生活，报酬也少，是硬着头皮面对极高的死亡率（有一年的炎热季节，在加尔各答的大不列颠人总共只有1 200人，结果就死了460个）。大家都可以想象他们的生活：赌博盛行的同时大喝亚力酒（arrack），自己人中间打架、决斗，养印度或欧亚混血儿情妇，或者因沉溺在黑镇的妓院感染了梅毒，在接受使用汞剂治疗的间歇里接着去那边嫖娼。表面上来说，有一个头领总管负责这一切——不管从哪种意义上来说他都不是真正的总督，但是一位年长的商人（在定居点严格按照年资晋升），一边试着完成伦敦主人们的标的，一边睁一只眼闭一只眼地放任在印度的公司职员为弥补自己微薄的薪水而大肆中饱私囊。至少这些老成的头头们懂得怎么装点门面，离开城堡时从来都随身带着一队武装的印度士兵，打起两面联邦旗帜，一路上"国乐"吹吹打打的。一个评论员说，那动静够大的，使得当地人以为我们都疯了。

然而，在马德拉斯或加尔各答，并不都是这样的虚文矫饰，因为大不列颠在印度的商业前景受到欧洲印花布革命的影响；在17世纪最后

30 年里，除了乡下的穷人，所有社会阶层的人士都发现了印度轻盈的织物——染色鲜艳的提花丝织品供给中上人家，印染或纯色的棉布则人人受用，印花棉布和更贵重的丝棉交织印花布改变了生活。历史上第一次，除了厚重的羊毛织物和亚麻纺织品，几乎所有收入水平的人都还能买得起印花布，不管是色彩鲜艳浓丽的，还是单色的平纹薄细布，都够结实又柔软，还有最重要的是耐洗涤。男人女人，大人小孩，里里外外都穿着这些布做成的衣服。一个观察家写道："男男女女，人人都觉得自己穿着上好的衣服，印花布做的衬衫、围巾、袖口、围裙、睡衣、晨衣、衬裙、箍带、袖子和印度长袜。"在伦敦，它们每年的销量达到几十万件，最后东印度公司的分红变得可观，公司股价也大幅上升。可以预料，印花布贸易的成功引来了嫉恨，不列颠国内的丝织工愤怒地向政府请愿，"印花布追逐者"围攻装满印度纺织品的四轮马车。政府的反应是禁止进口，除了用于再出口的织物和可以在不列颠进行再印花的纯色布。但是禁止归禁止，非官方的贸易还是在继续，无疑欧洲大陆的需求量太大，使得乐观地预测这项业务看起来是真实的。

唯一的问题是印度，这一条向前向上的商业轨迹——要实现这个海上帝国的贸易而不需要地域征服也没有行政管理成本的负担——前提是由莫卧儿王朝无所不在的统治权提供稳定好客的商业环境。尽管斯图亚特王朝君主的使节和来到莫卧儿宫廷的第一代不列颠商人讨厌这些皇帝们高高在上的德行，私下里相信莫卧儿帝国是个特别的兼有野蛮和骄奢淫逸腐败的混合体，但他们依旧需要莫卧儿王朝的权威向东印度公司的欧洲竞争者示威，以及保护他们免受地头蛇的敲诈。不过一些有历史经验的人，如乔舒亚·蔡尔德爵士，他认为把企业的信用托付给一个永恒稳定的莫卧儿政府而指望莫卧儿政府向东印度公司提供安保工作，这是个危险的幻想，更别提托付公司的货物清单了。这意味着帝国（大不列颠）要么是在走上坡路，要么是（莫卧儿）在走下坡路。具有人格魅力的君主西瓦吉（Shivaji）在孟加拉中部和西部领导印度的马拉塔人（Hindu Maratha）骑士军阀起义，使蔡尔德认为莫卧儿王朝肯定很快就要不可逆转地走向没落了，那么他们之后必定造成莫卧儿帝国的权力结构的巨大真空，有潜力的对手就会占据这个真空，不管他们将来是本地人或欧洲人，都会不利于大不列颠的利益。蔡尔德的结论是与其坐等人家动手，不如东印度公司自己先下手为强，而且因为他相信莫卧儿王朝的势力在西面已经被严重削弱。17世纪80年代，他发动了一次灾难性的军事行动，结果是毁了自己公司在苏拉特的据点，引来围攻后他只能真的放弃了孟买，还卑微地向奥朗则布（Aurangzeb）皇帝屈服。

除了印度的情况确实处在变化之中这个事实，蔡尔德得到的其他情报都错得离谱，因此他误解了整个事态。莫卧儿王朝还远未到气数已尽的时候，后来唯一取代了莫卧儿统治的也不是某个疯狂野蛮的混世魔王：莫卧儿的先祖长头巾的匈奴人（Huns）曾经将印度拖进黑暗时代（Dark Ages），帖木儿（Tamerlane）和成吉思汗的后代统治了印度，他们从一个突厥（Turkic）马背武士的游牧民族华丽转身，变成了伟大的定居的穆斯林文明。在16世纪下半叶，莫卧儿王朝的鼎盛时期，阿克巴一世（Akbar I）皇帝实际上统治了整个印度北方和中央地带，用的是一整套基于伊斯兰沙里亚（Islamic Shari'a）法律与中央集权加波斯语管理的混合系统。阿克巴一世建造了几处宏伟的宫殿，其中最非凡的莫过于法塔赫布尔西格里（Fatehpur Sikhri），阿拉伯和波斯的宫廷文化产生了大批优美的诗歌和绘画。尽管莫卧儿王朝的权威大大得益于人们敬畏其骑士和炮兵、豪华宫殿、其行政管理的活力和严明，朝廷统领着辽阔的疆域，但是它治下的人口却绝大部分不是穆斯林而是印度人。莫卧儿王朝的统治者小心地平衡着中央与地方头领和各民族之间的合作——特别是竭力维护皇帝本人全能的光环，据说这是直接由上帝之光充实的，才成功地做到包容各方的不满。

　　这其中的奥秘是土地税，其份额是印度几百万庄园主和农民生计的1/3。皇帝给指定的下一级总督或者叫纳瓦布让他收取某一省的土地收入，以换取其效忠和军事合作。在向国库缴纳了皇帝的份额（自然是用银子）、支付了估值和收税的费用之后，纳瓦布就能自由地享用剩下的部分。同样，纳瓦布们——比如在孟加拉或阿瓦赫（Awadh）——和那些世袭的收租者即地主们（zemindar）事先约定从他们的地面上计算得出应缴的金额，地主又从他们与纳瓦布的合同金额和实际从种地者那里收取的金额之间赚取差额部分。同理，整个莫卧儿帝国鼓励围绕纳瓦布们的自治区域发展出复杂精细的特定商业中心，因此经常可以看到孟加拉的靛蓝和古吉拉特的棉花这些货物在莫卧儿帝国的主干道上长途运输送去遥远的城市。

　　在长达一个世纪的时间里，这是一个看起来神奇的自给自足的系统。但在好斗的奥朗则布死后，在中央和地方势力间的微妙均衡发生了决定性的转变。因为莫卧儿帝国这时候已经明显无力保护自己不受阿富汗（Afghan）和个性鲜明的波斯暴君纳迪尔沙（Nadir Shah）两方面的马背骑士的入侵和残暴屠杀，导致地方寡头们逐渐积累了更大的自治权。纳迪尔沙在1739年洗劫了德里（Delhi），他刻意制造血腥恐怖：在城门前一边将敌人切开喉管、肢解，一边纳迪尔就这样登基了。在印度中部和西部，莫卧儿的军队无力阻止马拉塔人巩固其实力。还有各种各样的部落劫掠对于印度来说就更糟糕了，因为那些是打了就跑的剪径大盗，他们并不（和原先的莫卧儿不同）在被征服的地方定居，除了轮番敲诈，这些来劫掠的部落根本不建设据点。

　　在这种情况之下，受莫卧儿帝国的委托管理全地区的穆斯林当局和官员很自然地越来越留神要自己照料他们自己及其直接下属。出于自身的需要，也是因为受到自己的野心驱使，孟加拉和阿瓦赫的纳瓦布们像阿里瓦地汗（Alivardi Khan）和舒贾·乌德·德拉赫（Shuja-ud-Daulah）

等强人一样在穆希达巴德（Murshidabad）和法扎巴德（Faizabad）拥有自己的行省宫廷，那么解决了税收、司法和士兵问题之后，不用说他们已经更加能够自给自足。虽然纳瓦布们还是自认为忠于莫卧儿皇帝的，但他们却世袭传承自己的职位，也不必理睬德里的好恶，就在自己政府里任命自己的人。他们开始不按照莫卧儿帝国的财政要求分配土地税，而是越来越自行决定要上交多少又可以留下多少份额。

随着莫卧儿帝国的这些支柱开始松动，欧洲人开始在这些各地的土霸王身上打主意，他们彼此斗智压倒或排除对方。在孟加拉，法兰西后于东印度公司成立的却活力十足的"印度公司"（Compagnie des Indes）在昌德纳戈尔（Chandernagor）设立贸易据点，其野心勃勃的总督杜卜雷侯爵约瑟夫（Joseph, Marquis de Dupleix）竭力讨好穆希达巴德的纳瓦布，想压制住在加尔各答的大不列颠竞争者。不列颠和法兰西两国的海军军舰——据说是为了自卫而召集起来——开始占领要津，等奥地利王位继承战争（在欧洲联盟里，大不列颠与法兰西处于对立阵线里）开打后，不列颠和法兰西也迫切地在这里开仗了。1746年，为了报复法兰西船只被对手俘获，伯特兰-弗朗西斯·拉·布尔多内（Bertrand-Francis La Bourdonnais）率领法兰西人从他们在本地治里（Pondicherry）的工厂外发起军事行动，一举攻克马德拉斯这个东印度公司资产中的掌上明珠，并在此盘踞长达两年之久，要到《亚琛协议》后才还给了东印度公司。那时候圣乔治堡[1]一片欢腾。但是当初的小规模冲突升级为针锋相对的战斗，因为乔舒亚·蔡尔德指示说取得利润的前提是行使权力，没有人比杜卜雷更拥护他这句话了。

当杜卜雷第一次在南印度干涉当地内部政治的时候，实际上他只是和当年法兰西人在北美的原住民部落那里做的事一样，就是结盟来保存

---

[1]　圣乔治堡（Fort St George），位于马德拉斯城外，不列颠人所建。——译者注

自己的实力并加强其地位，但在印度貌似他们的情况更不乐观。当南印度最有权势的海得拉巴的尼扎姆（Nizam of Hyderabad）死后，不列颠和法兰西开始争夺卡纳提克的控制权。杜卜雷支持钱德·萨希布（Chanda Sahib）这个资深管理者，准备给他法兰西正规军和印度民兵。这样，如果他占了上风，大不列颠人可以预见马德拉斯将会沦陷，随棉印花布而来的财富也将化为乌有。为了与法兰西人抗衡，大不列颠人支持穆罕默德·阿里·瓦拉贾（Muhammad Ali Walahjah），他是个雇佣军士兵的儿子。更要命的是，杜卜雷计划用本地的土地税收入资助他的公司。可想而知，巴黎的公司头头们急眼了，他却坚持对他们说这一切的最终目的都是为了商业利益：在南印度建立一个军事金融寡头政权可不是他愿意做的事。只是事情后来走向了反面——不是对法兰西人有利，而是有利于其敌人。

在这场较量中大不列颠人本来没有什么胜算。一开始，他们支持的候选人要统治南印度的资质不是很强，因为这个区域另有人占先。穆罕默德·阿里，正如其名字说明的是一个穆斯林，他的家族来自印度北方。但是18世纪40年代，马德拉斯出现了一个后来非常著名的人，他建立起一个他个人的独立王国，使杜卜雷的战略相形见绌，但他却和杜卜雷一样地自谦，说自己不过是东印度公司的忠实仆人。他就是罗伯特·克莱武，这小子天生就不是做生意的料。克莱武生长在什罗普郡的马基特德雷顿（Market Drayton）。这个孩子如此桀骜不驯，兄弟姐妹又多，他的父母烦不过他，就打发他去曼彻斯特的亲戚那边。克莱武喜欢曼彻斯特，可曼彻斯特却不待见他。等回到马基特德雷顿后，克莱武从教堂尖顶上向路人投掷东西，向本地小店主们敲诈勒索小额保护费。为了免于被砸被抢，他们只能给他的克莱武帮小流氓付钱。明摆着，他是公司在印度开展业务的一块好料。19岁的时候，克莱武来到钻石皮特的地盘马德拉斯，从最低等级的书记员开始做起。几年之内，克莱武就记记账，歪在散发着汗臭的单身汉宿舍里自己的床位上躺着，憎恨待在这里的每一分钟（"自从离开祖国，我一天也没有快活过"是他的原话），而想念曼彻斯特。为了解闷，他与大家一样喝亚力酒、斗鸡、打架、赌博，还有（除非他是个例外，这不太可能）性。很可能，吸鸦片的习惯是30年后他死亡的一个主要原因，这习惯几乎可以肯定就是这时候在这里染上的。在那样炎热的地方，他精神高亢，在欢欣鼓舞和抑郁症（这是大不列颠帝国建功立业的一项职业资质）之间来回摇摆，人更疯狂了。有两次克莱武用手枪对准自己的太阳穴自杀，两次——传说——手枪都卡壳了。

　　在不列颠人与法兰西人的战争中，表面上，双方各自为钱德·萨希布和穆罕默德·阿里·瓦拉贾而战。克莱武的小流氓帮派打架的聪明与蛮干劲头儿都得到了最好的发挥专长机会。他总是奋不顾身地冲锋在先，任何一个稍微理性的人都会好好掂量根本不是机会的机会，而他却不要命地抓住机会赌博，万一事情成了，他就是士兵们眼中的神。当法兰西人围攻特里奇诺波利岩（Trichinopoly rock）的堡垒时，克莱武不是正面冲击它，而是命令自己的小股印度人和欧洲士兵反向行军去攻打阿尔果德（Arcot）要塞，然后赌法兰西人会前来营救。法兰西人上钩了，他们从特里奇诺波利调动军队出来，可是花了两个月也没拿下阿尔果德，而克莱武守卫着这个要塞直到最后一个印度士兵！ 此役不一定是战争的转折点，但是非常考验人，并使25岁的克莱武一战而成为东印度公司的英雄。这样达到解围的目的，使得一支大不列颠武装给特里奇诺波利解了围，活捉了钱德·萨希布，就在特里奇诺波利岩石的阴影下砍了他的头。从此杜卜雷在法兰西的名声一落千丈。大不列颠人把穆罕默德·阿里·瓦拉贾扶上卡纳提克的纳瓦布位置，保证了不列颠人在印度东南的统治。

　　那么，这是为了什么？当然是为了分红，是为了东印度公司，还能是什么？克莱武和他的士兵同僚们总是坚持这么说。他们向伦敦讨要的军队力量仅仅刚够保障东印度公司在印度这一整片商业区域里不被法兰西人排挤在外。不要说 18 世纪，就是按照 20 世纪的操作标准来看，在某个根本没有自由贸易和充分竞争可谈的世界角落里，小心把握，一定程度地进行干预是恰当的，放弃介入等于将自己的地盘拱手相让。另外，总是有感兴趣的印度人——对家的君主、银行家和掮客、愤愤不平的将军、收租的大地主——都在等着鼓励大不列颠人，宁愿为红外套们效犬马之劳，送上财富，让渡权力。自然，对于伦敦的东印度公司和印度的机会主义者来说，危险在于军事行动和政治卷入一旦被调动启用后就会反客为主，不会再甘于为商业机会服务，到头来会引发不可预计的麻烦，反过来又需要更深入、更广泛的军事干预，直到一次快刀斩乱麻式的杀戮，可那个时候也就没有贸易机会可言了。这正是后来在孟加拉发生的事，也正是发生在孟加拉的事把不列颠推到了谬误帝国的境地。

没有人预见到这一切，哪怕是罗伯特·克莱武也没有。卡纳提克胜利后，在英格兰他成了东印度公司的强人，名利双收，腰包鼓了起来。他和公司董事会成员都懂得法兰西人不会就此善罢甘休，法兰西人在南印度损失的，他们一定会在贸易机会更多的印度东北地区找机会补偿。法兰西人自己在昌德纳戈尔的工厂具有成为"法兰西的加尔各答"（Gallic Calcutta）的条件，他们的舰队正在扩大中，足以和东印度公司的船队在孟加拉湾一较高下，争夺控制权。但那种在南方造成惨败的逐步升级的竞争在孟加拉纳瓦布的阿里瓦地汗的地盘里貌似得到包容，尽管这里的政局更加艰难，但也明显地更稳定。因为莫卧儿帝国的宫廷远在德里，无力保卫偌大的帝国，纳瓦布利用这一点在加尔各答上游 300 英里（约 483 千米）的恒河（Ganges）边的穆希达巴德小朝廷稳如泰山，实际上已经打造出了一个独立王国，不仅包括孟加拉本身，还有南边的奥里萨（Orissa）和西边的比哈尔（Bihar）。它自身就是一个巨大的经济活力十足的地区。随着这一年重新把河口地区收入囊中，孟加拉纳瓦布的阿里瓦地汗的地盘就变得更大了，此地还种植稻米、靛蓝，并进行糖的交易。

这里的欧洲人社会群体包括在金苏拉（Chinsura）的荷兰人，他们被限制在自己的"工厂"里，只给予有限的许可能与上邦交易（事实上就是用银子买入印花棉布和丝绸）。18世纪50年代中期，在这里看起来不太可能爆发斗争，发展出一个激进的、随心所欲的武装的邦中之邦，每个有关的人，都没想到也不愿见到事情变成那样。

但当时的实际情况比任何人到阿里瓦地汗的漂亮宫廷里看到的都要岌岌可危。阿里瓦地汗的地盘扩展得太大，要防止马拉塔人侵入西比哈尔和西孟加拉，也有点儿力不从心了。为了筹集装备军队的资金，要么继续向银行家如杰加特·塞思家族（Jagat Seth）借钱然后债务缠身，要么就是在地主们的头上施加重压，可以预料那会把他们变成自己的敌人。新的防务还牵涉欧洲人，随着又一轮英格兰法兰西龙虎斗，两家公司都决心必须阻止对方掌控那时已变成战略珍宝的另一个孟加拉特产：硝石（saltpetre）。1756年不列颠和法兰西人还在争夺中，阿里瓦地汗死了，继任者是他20岁的孙子西拉杰·乌德·德拉（Siraj-ud-Daulah）。

"罗杰·道勒爵士"（Sir Roger Dowler，我这一辈学童仍然知道他）是帝国主义历史上第一个被官方认定的恶棍。这个虐待狂恶魔在称为"加尔各答黑洞"（Black Hole of Calcutta）的活坟墓里囚禁无辜的大不列颠人。维多利亚时代乃至于20世纪"帝国故事"的插图，画着魔鬼漂浮在牺牲者上方的图画，是说明东方暴君的典型特征：他卷曲的须髭和他的心一样黑。"早年的放荡不羁败坏了他的身体与精神，"麦考莱写道（当然这不适用于麦考莱自己的童年生活）"……很小的时候，他就喜欢虐待野兽和鸟儿，长大后，他仍旧热衷于看着同类受苦取乐，更来劲儿。"但是西拉杰·乌德·德拉当然是标准的18世纪印度刚跨入成年的君主：冲动，从小被宠坏了，没有学识，政治上认识肤浅。联想到在卡纳提克发生的事，西拉杰·乌德·德拉要保证这些表面上的欧洲商业伙伴单单守在生意经上，故要求欧洲贸易商栈毁掉在金苏拉、金德讷格尔和加尔各答的堡垒。对他来说这真的没有什么不合理的。荷兰人和法兰西人照办了，但大不列颠人没有，也许是因为加尔各答这时候已经不只是一处贸易仓库的后续服务设施。自从乔布·查诺克（Job Charnock）在胡格利河边的榕树下扎下根之后的 60 年里，这里有被认为是全印度最不利于健康的气候，但加尔各答到那时已经发展成为一个规模很大的城市，在城中心至少就有 10 万人，它再也不是胡格利河边一连串团团围着的纺织、捕鱼的村庄，而是一个紧凑的小型经济策源地。

不管对错，大不列颠人觉得加尔各答是他们的创造，而且，它存在与否的关键是必须具有从恒河上游买入东印度公司需要回运产品的能力（公司的职员们都喜欢贸易，以便自己发财，并不一定总是合法的）。威廉城堡建造得虽然粗糙了一些，但其存在就是一个讨价还价的筹码，他们用它来宣示保护并扩大公司的贸易，可不想这么轻易地就拱手送给年轻的纳瓦布。这种表示蔑视的时机不巧，用于完善防守的壕沟还在开挖中，尚未完成，但西拉杰·乌德·德拉的大军已向城市开拔过来要强行实施自己的意愿。他没费太大劲就拿下了城堡。东印度公司在这里的头头和大部分顾问还有居民（大约 450 人）在被抓住前逃掉了，没来得及逃走的人中包括索福尼亚·霍尔韦尔（Zephaniah Holwell），1756 年 6 月 20 日，他和一群平民及军人俘虏被囚禁在一个单间里，大约 6 米 × 3 米大小 。这里本来是威廉城堡用来关押违反禁令者的，长期以来大不列颠人叫它"黑洞"。一年后，霍尔韦尔在回家途中写的书《在黑洞里窒息的英格兰绅士和其他人悲惨死亡的真实记录》（*A Genuine Narrative of the Deplorable Deaths of the English Gentlemen and Others Who Were Suffocated in the Black Hole*），正是其生动的描述使得大不列颠第一次将帝国暴行的情景剧搭上骇人听闻的伤感的当代口味，活画出一幅儿子抓住父亲的双手死去的图画。霍尔韦尔声称被囚的有 146 个，43 人幸存。现代最好的研究显示他夸大其词了，被关押和幸存者人数都要少一半，但即使这样，不管根据什么标准，这都是令人惊骇的数字。现在修正主义者的报告辩称，有一些受害者在打斗中就已经当场死亡，这一点也丝毫没有让大家对这件事情本身感到好受一些。霍尔韦尔写的某些情况无疑是真实的：高温闷热，精神错乱的牺牲者，剥去衣服以求多一寸空隙，有人死去而使得边上的人可以喘息。但是——正如 1746 年关在卡莱尔城堡的詹姆士二世党人幸存者们证实的一样——很不幸，这种待遇在 18 世纪不算什么稀罕事儿。

不管怎样，报复西拉杰·乌德·德拉是战略需要而不是出于抚平愤怒民意的考量，本来克莱武已被召去马德拉斯，要他在海得拉巴邦扩大东印度公司的影响，这时候又被调去北方的孟加拉，和查尔斯·沃森（Charles Watson）的船队一起去，协调行动。1757 年 1 月，他们从海上发起战事夺回加尔各答，纳瓦布被迫重申东印度公司所有的特权，归还防御工事。这样，曾经在卡纳提克成功地运用过的策略，再一次用在了孟加拉那边。西拉杰军队里的一个高级将领米尔·贾法尔（Mir Jafar）不受纳瓦布重用，并且纳瓦布本人任性、脾气可笑。被疏远的贾法尔激愤地告知大家假如克莱武要把纳瓦布弄下台，他不会太伤心悲痛。如果没有金钱掮客的资源，任何纳瓦布都将脆弱得像一根容易折断的芦苇，而最重要的金钱掮客杰加特·塞思本能地以为这是个放长线钓大鱼的好时机，这样一来又加重了这权力的分量。1757 年 6 月 23 日，在普拉西（Plassey），克莱武的人是 2 000 名穿红制服的本地印度兵和 1 000 名欧洲人，对方是 5 万人加上骑象的士兵。貌似在人数上克莱武非常不利，但如此悬殊的对比仅仅是哈哈镜，因为纳瓦布的阵营里也许只有一万人是真正准备好开打的，一等到明摆着米尔·贾法尔和他的将领们在场边作壁上观的时候，全依赖将军指挥的整个孟加拉军队就溃不成军。西拉杰·乌德·德拉很快被谋杀了，米尔·贾法尔被扶上纳瓦布的位置。

很自然，提供了服务就得要回报，当克莱武给贾法尔递上清单（也许开战前他就送去了）时，这可不是什么小数目，贾法尔得有足够强大的心脏还得腰包够鼓才消受得起。"补偿"克莱武将军痛苦的费用高达整整 23.4 万英镑，这立即让这个马基特德雷顿来的小流氓跻身大不列颠最富的人行列；另外他还受封为"普拉西的克莱武男爵"（Baron Clive of Plassey）；再者，一片区域的税收被指定给他，又使他每年入账差不多 3 万英镑。据称西拉杰·乌德·德拉国库里有 8 000 万英镑，但没人能找出比 150 万英镑更多的了，可这一事实并不妨碍东印度公司没收的规模。

这样，在个人掠夺机会主义之外，还有一个更深层次的问题，大不列颠帝国在跨越地球各大洲的前进过程中会一次次地面临这个问题：他们说是以军事实力"相助"当地政府，那到底是增强了还是削弱了当地政府？哪一个才真正为贸易帝国、自由帝国的利益服务了呢，是强大的还是弱小的印度政体？利登豪街的经理们及其财政保守的主席劳伦斯·萨利文（Laurence Sulivan）总是说，要把损害限制在最小范围：稳定大局，意义在于可以依靠印度政府的机构提供繁荣商业所需要的稳定与和平。普拉西之战以后，应印度当局要求加尔各答不干预其内政似乎符合这一准则，但公司远在天边，印度距离伦敦 1.5 万英里（24 140 千米），海上航行要 6 个月时间，在印度的东印度公司人几乎谁也不会去想、去相信自我克制的可行性，有的认为那是示弱。1758 年，克莱武有一次强烈地建议，他告诉公司的董事们："再也别指望还有这么好的机会让公司扩展了。"

明确地说，就是东印度公司想要一个听话的纳瓦布（就像在南印度那样），还是它的全部意愿和目的就是要自己做纳瓦布？公司的人可以告诉他们自己，通过剥夺穆希达巴德的军队，让它付钱给大不列颠的军队，他们只是根据 1756—1757 年发生的事见机行事。但即使是他们当中最没有头脑的，也懂得纳瓦布政府的合法性根本就是建立在耀武扬威之上——不只是战斗中的武装大象阵列，还有卫兵和警察可以到下面的地区或地主们那里为政府财政部门拿到银子。没有这个实力，管理印度就是一句空话。命令米尔·贾法尔说从此东印度公司会直接从所谓 24 个大区（Pargana）收取土地税，应该允许在东印度公司旗下交易的中间人（banian）在上邦做生意，交税也方便——这样做是基于政体不稳才需要采取的谨慎的安全措施——如此这般才能自圆其说。预计到印度人切实可行的行政管理将要崩溃，大不列颠人就尽力促进崩溃发生。不可避免地，米尔·贾法尔没有完成其财政责任，他在绝望中到处寻找可替换的同盟，哪怕是马拉塔人。1760 年，他就被其女婿米尔·卡西姆（Mir Qasim）取代了。等轮到卡西姆也自以为得计地要给大不列颠的私人贸易商立规矩的时候，同理，卡西姆又被抛弃了，其年迈的岳父又给弄回到穆希达巴德。

　　将纳瓦布们召来挥去地控制孟加拉政局，直到他们惊恐、撕裂，最后土崩瓦解，也许这样做符合大不列颠人的短期利益，而克莱武和他的助手们甚至可能在想的是这样使得东印度公司有更大的行动自由，但实际上，它将大不列颠锁定在干预、战争，然后更多的干预又遭到对方明确反对的怪圈里，这是一种把商业帝国转换成军事高压的帝国综合征。印度士兵知道有一种叫"棉花地面"（cotton ground）的土壤，他们会尽可能地避开在上面扎营搭帐篷，因为晚上睡觉的时候如果天下起雨来，干燥的时候看着坚实的地面，就会先软化为起泡的泥泞，进而成为会流水的洞穴，最后吞没帐篷、睡着的人，还有其他财物。尽管他们想象自己在"打基础"——尽管帝国主义历史学家也这么看待他们的剥削行为——克莱武和他的征服者同僚们在印度其实就是在"棉花地面"上打基础，就在他们不可一世地对纳瓦布呼来喝去的时候，印度东北地区正在展开一幕决定性的剧情。1761 年 1 月 14 日，德里西北方 96 千米外的帕尼帕特（Panipat）小城附近，莫卧儿帝国已然衰落，崛起的继承者在这里鏖战一场。一方是婆罗门马拉塔人（Brahmin Maratha）从骑士王朝联盟里还能纠集起来的最强大的军队，另一方是艾哈迈德·沙·杜兰尼（Ahmed Shah Durrani）领军的阿富汗人部队。和1739年的波斯暴君纳迪尔沙一样，艾哈迈德·沙入侵印度北方，是因为当时还流行推崇攻城掠地。但他也卷入了一个穆斯林政治联盟——和阿瓦赫的纳瓦布结盟——要阻挡印度马拉塔人控制印度北部和中部的企图。随着马拉塔人的骑士在阿富汗人的炮轰中倒下，穆斯林一方赢下了这一仗，但得胜后就沿着他们进犯的路线向西北方撤了回去。这么一来，帕尼帕特战役之后在莫卧儿王朝的中心留下了一个巨大的权力真空地带，而潜在的后继者们——孟加拉、阿瓦赫或者更南面的海得拉巴——没有一家能独力支撑这个权力真空。

当然，假如说东印度公司一直以来的计划就是要进入那个权力真空地带，那么帕尼帕特战役后的10年简直美妙得如梦幻一般。1764年，东印度公司的军队在阿瓦赫—比哈尔边界的巴克萨尔（Baksar）打败米尔·卡西姆和阿瓦赫的纳瓦布联军，它仿佛已成为势不可当的机器。东印度公司付给印度士兵的薪水比他们一向从纳瓦布那里能拿到的高，而且支付及时，所以公司就从瓦腊纳西（Banaras）及阿瓦赫南部传统的壮丁村庄召募到了印度士兵。这些人这时候就都穿上了英格兰海军的红色外套。东印度公司的部队打败纳瓦布联军后，要求阿瓦赫的纳瓦布国库为这些部队支付"保护费"，这就是印度次大陆版的"马基特德雷顿敲诈"。在孟加拉，公司军队装备了毛瑟枪、大炮、小公牛拉的补给车和骑士马匹，因为从1765年开始，它已直接收取土地税，发了大财。那一年，在安拉阿巴德（Allahabad）一个临时拼凑的仪式上，克莱武拿了一张椅子放在自己的餐桌上充当"宝座"，莫卧儿皇帝沙·阿拉姆（Mughal Emperor Shah Alam）就以他阿拉伯帝王的正式行文书法的迪瓦尼体（Diwani）权力正式投资入股东印度公司：允许公司拥有用沙·阿拉姆的名义征税的权力。尽管在穆希达巴德，纳瓦布表面上还是享有警察和司法权，事实上东印度公司已经在行使统治权，嵌入到奄奄一息的莫卧儿王朝帝国中，贪婪地寄生在莫卧儿这个宿主身上，吸取其营养直至耗尽它。

荒谬的是，本来1764年克莱武受指派回印度，东印度公司是叫他不要扩张实力和地盘的，只是作为整顿的代理人。对于在伦敦的那些人来说，印度和美洲的事各个方面都同样不容乐观，威廉·皮特主政的大不列颠帝国在财政和政治上付出的代价都一样的高昂。在伦敦要维持帝国的账面平衡是件苦差事，保持帝国正常运转和丢弃帝国是同等的灾难。不消说，在印度现场的那些人可不这么认为。得胜后他们容光焕发，沃克斯花园（Vauxhall Gardens）里的图画展出和歌谣都颂唱着他们的剥削，他们的金库被抢来的印度银子撑到爆棚。学克莱武带头的样儿，他们在不列颠大手大脚地花钱买下乡村大屋；有时候和格洛斯特郡的塞青柯特（Sezincote）那样，特地雇用建筑师修建一座印度风格的宫殿。在伦敦他们用自己的金钱买到议会议席，也开始发挥影响力。作为在印度发财的欧洲人，他们取代了西印度群岛的种植园主们，成了那一代不列颠最让人眼红又最遭人白眼的富豪。

克莱武意识到了不列颠帝国关于美洲成本过高的辩论，有两年的时间，他在印度继续把这种从商业占领到自我维持的军事状态的改变合理化为获取黄金财政的机会。"孟加拉本身是个取之不竭的财富源泉，"他给东印度公司的董事们写信说，"完全可以放心，钱和食品供给都很丰富。"他很乐观地特别指出，预计孟加拉土地税的产出和维持行政警察统治的成本支出之间的差额，即东印度公司的纯利润大约是每年100万英镑；那么这个利润反过来就是东印度公司可以投资所需要货物的全部资本，而这些货物都是注定在伦敦的拍卖行里能拍卖出去的。如果谁相信克莱武的这套话，说东印度公司的贸易条件会自我维持平衡，那就是相信美梦能成真，而不是无休止地往大印度的下水道里扔银子。大不列颠在美洲殖民地的财政噩梦，是因为在那里不列颠的军队和武装海关人员要与愤怒的人民角力才能征税，还要被美洲殖民地的人反咬一口说母国政府是暴君；对比之下，东印度公司的这个计划能如此完善地自我持续，其诱惑力之大对不列颠帝国政府来说肯定不可抗拒。东印度公司辩解说，在印度，他们只要暴政不要别的，而在大不列颠的旗帜（Union Jack）下，他们比在纳瓦布手下尝到的暴政还少一些。更妙的是，从莫卧儿帝国时代起，他们就自己征税，往后也一样。这能闹出什么乱子？农民当然会继续抱怨，他们从来就这样，但即使不情不愿，他们也会付钱的；地主们会事先给公司奉上现钱，然后一如既往地让他们自己的人手去对付那些顽抗的村子。什么都没改变，除了现在是东印度公司拥有着这个全孟加拉扔进去赏金的柚木箱子。

可是一切都在变化之中，看着大路上辛劳地抬着轿子的四人轿夫，或者河上驳船载着的毛绒，乡村好像对病痛灾害天然有免疫力似的。随着雨季的到来，财政损失就冲销了，大家都还能糊口。那么假如季风没有带来雨水会怎么样？这正是1769年和1770年发生的事，印度东北发生了可怕的大饥荒。两年中，四分之一到三分之一的孟加拉邦和比哈尔邦的人口死亡了。旅行者们记得看见过眼睛睁得圆圆的活死人，没有一点儿肉的肋骨突起的人在那里坐着等死，成群的鸢俯冲向尸体——这些可不适合反映在东印度公司风格的图画里。大饥荒不是不列颠政府的过错，但是18世纪60年代不列颠在孟加拉造成的动乱和痛苦可没有帮助乡村在这个打击之下幸免于难。

不管是在印度本土的还是大不列颠的财富追逐者都把自己撇得干干净净的，而在马拉塔人和法兰西人的双重威胁面前，要多收土地税的压力空前。加尔各答政府仰赖着地主们的税收，收税地主们靠的是村民，而村民们这时候要交的税收占他们产出的比例比以前更大。他们越来越难以积蓄谷物以便留下来做第二年的种子，如果收税者牵走了他们的母牛，或者没有草可供收割，他们就失去了牛奶，出不了劳力，也没有粪砖当燃料。没有了任何监管，打着东印度公司旗帜的武装随行人员进入村子，搜寻布匹，强行压低价钱给纺织工、染工——这又是一种合法掠夺。伯克在不列颠议会慷慨陈词，反对"所谓正义之手准时地在印度织机上扯下布匹，从农民那里攫取他们本来就不够吃的稻米和盐，或者从他那里榨取鸦片，原先农民还能在鸦片里忘记了压迫和他的压迫者"。这么说无疑是夸张了，但确实有一定的事实依据。评论家理查德·比彻（Richard Becher）是一个说话靠谱的人，他比伯克少一些党派偏见，也承认"事实无疑……是自从 1765 年东印度公司正式取得在孟加拉、比哈尔等地的直接征税权（dewanee）之后，印度人民的状况比以前要差"。

1765 年克莱武做的事是放了一把鬼火，它后来一直在英格兰－印度的历史上闪烁着火苗，这个徒劳的追求决定了后来不列颠帝国的命运。因为，尽管在自己职业生涯的最后阶段，克莱武坚持大不列颠人不应该鲁莽地更深入地监管莫卧儿帝国政府，可是他依旧坚持说抓住印度财政的小辫子只是短时间地刺痛了它一下，这之后就是东印度公司祈祷的回应了——既能应验获利的预言，也是商业利润的条件。到了 1800 年，这条准则强化成了不可更改的现实。虽然事实上董事局的财政赤字日益扩大，而且它已经违反了当初自由与商业的帝国创建者设定的每一条原则。当然，它也正是苏格兰经济学家亚当·斯密整理的经济学诫律的反面教材，即政府干预得越少，市场之手越容易自我调节（尽管斯密自己明确地将军事紧急意外状况和印度的"特殊"环境列为例外）。当然大致上来说，克莱武是对的，因为从德文或邓弗里斯（Dumfries）来的人在加尔各答或马德拉斯只要存活了下来的，每一个都比以前富了。即使克莱武假装把殖民者和本地人的利益都装在心里，他仍然是他们所有人当中得益最多的。当议会责备他的行为时，他以他典型的厚颜无耻为自己辩护，这一番话后来一直流传了下来：普拉西之后，"一个伟大的君主要看我高兴不高兴，一个繁盛的城市在我的掌控之下，最富有的银行家争相取悦我。我走进只为我开启的储藏室，两边堆满了金子和珠宝！主席先生，现在我真的很吃惊我那会儿竟然能那么自我克制。"当然，礼让是男爵自己的话，可从来没有别的人这么说过他。1774 年，因为沉溺于鸦片，克莱武在过量吸食鸦片中结束了自己的生命。

自相矛盾的是，由于克莱武个人太过臭名昭著，大家竟然忘了质疑他的帝国主义干涉者逻辑。因为从某种程度上来说，大不列颠政府对孟加拉抱着良好的意愿，但没有带给孟加拉人民大众和平与繁荣，那只是因为邪恶、自私的小人被贪婪的当地机会主义者忽悠而迷失了方向，滥用了给予他们的信任，中饱私囊。正确的纠正方法不是审视主张背后假设的前提，而是只要找到牢靠的人，采取得当的措施就可以了。大不列颠在印度的历史接下来的部分就是研究怎么才能做到这样。

如果东印度公司要找和罗伯特·克莱武这样极端残暴、浮夸正好相反的人，那么华伦·黑斯廷斯是最合适不过了。他的父亲原来是个谨慎的神职人员，最后在巴巴多斯终老。黑斯廷斯自己从小就是个拘谨的边缘人，他在威斯敏斯特中学读的书，聪颖、贫穷、非常害羞，人家和他第一次见面不是喜欢他就是嫌恶他，因为他内心高度紧张而表现得极其自尊。17 岁时，黑斯廷斯从东印度公司最低等级的书记员开始干起，在穆希达巴德待过一段时间。正是在这里的时候，他要和纳瓦布的官员、法官及有钱人打交道，才认识到东印度公司的财富不仅要靠切入最近的印度莫卧儿王朝政治，也要浸染到他们的文化中。那时候在东印度公司的人当中能有这个认识可真是了不起。黑斯廷斯在学会波斯语、阿拉伯语、印地语（Hindustani）、孟加拉语之后，他熟悉了印度和穆斯林的法律法典以及他们神圣又神秘的伟大的文学作品。也许他经历了其他种种失利，但华伦·黑斯廷斯没有任何文化优越感，而这本来正是以后在印度的几代大不列颠人的标识。

华伦·黑斯廷斯在行为上严以律己，习惯在酒里兑水（在加尔各答社交圈子里，这是他的一个道德高尚的举止，但让旁人不自在），这让大家困惑不已。他很容易坠入情网并且一往情深。太太死后，他爱上了一个日耳曼艺术家的金发妻子，艺术家自称因豪夫"男爵"（'Baron' Imhoff），后来男爵返回欧洲，玛丽安（Marian）留下了。1777 年，她成为第二任黑斯廷斯太太，这是一场爱情长跑，他们恩爱到老。然而更要命的是，黑斯廷斯自己爱印度的那种方式：他迷恋它的喧闹华丽，破旧圣陵庙宇之美，混合着随性和芳香的杂乱无章。他非常渴望成为莫卧儿皇帝，最不济也要做个纳瓦布，他要把东印度公司变成印度的公司。1773 年在美国独立革命前夕，诺斯勋爵领导的议会通过了《东印度公司法》（The East India Regulation Act），貌似给了他一心渴望的权力，因为法案将他从孟加拉总督提升为新的第一任印度"大总督"（Governor-General），位在马德拉斯和孟买两总督之上（这让他们极其不安）。但是该法案取舍并存，因为他这个大总督要和王室指定的四人委员会协调统治，他自己的决策权不比他们更大。

这样表面上看起来是个自相矛盾的决定，既集中又分散统治权，实际上是为了适应不停变换的宪政三权分立理论的界限（这一点在美洲已久经考验），但在实践中不太可能成功；如果想要成功的话，就意味着总督与委员会要结成利益团体，只能有一些细节上的小小分歧。但从黑斯廷斯与委员们结识的第一天开始，这就是个彻头彻尾的灾难。那三位在抵达印度之前一点点本地工作经验都没有，他们到加尔各答的时候，黑斯廷斯给了他们四响礼炮，而不是二十一响，这就已经得罪了嘀嘀咕咕的副总督约翰·克雷弗林（John Clavering）等人。实际上，他们紧盯着礼仪的神圣意义不放，认为说得轻巧一些也全都是因为黑斯廷斯要故意羞辱他们。黑斯廷斯一边向国内来的经理们解释自己的行动，将它作为荒谬的"细枝末节"一笑了之，明白无误地告诉他们，如果不是因为他在自己职位的"尊严"上做了让步，那他本来是会什么事也做不成的。

在加尔各答小小的白人圈子里，这样的冷落轻慢却等于不宣而战。［简·奥斯汀从来没有在谈克广场（Tank Square）走过或者在加登里奇（Garden Reach）的榕树下坐着敏锐地观察他们，真是英语文学莫大的损失！］那么既然这些委员个人不喜欢黑斯廷斯，他们就——除了个性温和的浪子理查德·巴维尔（Richard Barwell）——也不再喜欢他的政策了。当他整肃税收管理时，他们就相信他开除人是为了腾出职位来安插自己的亲信。黑斯廷斯为了阿瓦赫的纳瓦布的利益而与阿富汗的罗希拉（Afghan Rohilla）部落开战，他们就认为他是在充当纳瓦布的雇佣军而私下拿了一份份子钱。东印度公司的业务成了个人恩怨的牺牲品。黑斯廷斯与另一委员菲利普·弗朗西斯（Philip Francis）争斗得很厉害，没什么比他们俩的缠斗更大的事了。当一个孟加拉–印度的税收官南达库马（Nandakumar）公开做证（几乎肯定是伪证）总督大人受贿（尽管也许他是拿了非经正式授权的零用钱），黑斯廷斯报复性地控告南达库马贪污了一个已故债务人的财产，逮捕了他，并以伪造罪起诉他，由加尔各答新的大不列颠高等法院（British Supreme Court in Calcutta）审判。在拙劣的 8 天审判后，他被判处绞刑，依照的是乔治二世时期通过的一项大不列颠法令，而这在印度法律或习俗里几乎没有意义。

如此嘲弄正义当然不是黑斯廷斯统治的典型做法，他受到的批评都是说他对本地法律和机构关注得太多，而不是太少。黑斯廷斯的对手们不喜欢他的一部分原因，正是他太热衷于本土化而忘记了自己和东印度公司，还有他认为自己的本职工作是将大不列颠政府和正义带给印度人，而不是相反。如果说将军们、法官们以及弗朗西斯等人闯进了一个英格兰–印度人真正多元化的宽容世界，那是多愁善感的夸张。和其姐妹城市马德拉斯及孟买一样，加尔各答的白镇和黑镇之间泾渭分明，严格分开。就范围而言，可以说印度人在加登里奇和乔林基（Chowringhee）的房子里随处可见，他们是仆人：轿夫、园丁、厨子、警卫、跑堂、擦地板的、门卫。但是从蒂利·凯特（Tilly Kettle）和约翰·佐法尼（Johann Zoffany，他在冒犯了王室后到印度来挽回自己的职业生涯）的绘画里，可以明显看到有一二十年的时间里，种族、文化的界线比之前或之后的任何时候都要松散、更有弹性，甚至相互体恤。性当然并不一定就会带来跨文化包容，但因为欧洲妇女在印度的人数偏少，又极易受感染而得病，特别是怀孕后、哺乳期更容易感染，东印度公司的人拥有长期印度情妇也就不少见了，甚至罕见地〔如海得拉巴居民詹姆斯·阿基利斯·柯克帕特里克（James Achilles Kirkpatrick）爱上一位本地穆斯林贵族女青年，这桩爱情有政治风险〕与她们结婚。律师威廉·希基（William Hickey）留下一本18世纪80—90年代在加尔各答生活的闲谈式日记，温柔地描写自己的长期情人珍丹妮（Jemdani）。他给她在胡格利河边买了一所乡间房子，他们俩在家招待共同的朋友们。他写道，她"受到我所有朋友的尊敬、爱慕，她特别能令人愉快、性情温婉……不像一般亚洲女性那样，她从不躲避陌生人，相反，她乐于加入我们男人的聚会，热诚地参与我们的欢乐主旋律"。这些结合生下的混血孩子们的经历说明了跨种族关系有利有弊，通常他们都会受到很好的照顾，而接受教育要看其肤色深浅，有的在印度上学，有的在英格兰上学。

尽管没有一个东印度公司的成员在肖像画上和他们的亚洲情人一起出现，可确实有他们自己与印度商人在一起的画，后者为他们打理私人生意（以避开官方限制），同时又是公司商业及政治情报的重要来源。很多这些印度商人，比如和约翰·莫伯瑞（John Mowbray）一起的这位，来自孟加拉绅士（bhadralog）文化中的高级绅士阶层，这些世家中包括有名的泰戈尔家族（the Tagores）。在不列颠，人们臆想暴发户都是庸俗的，但这些人兼具商业精明与投身诗歌和神秘神圣文学的热忱，那么，很自然，华伦·黑斯廷斯相信东印度公司要有效运营的话，就需要比如何种植靛蓝更多的信息，还需要在工作中熟练地应用印度的各种语言，不管是经典语言还是方言土语，更要懂印度的宗教、法律、历史和政治。因此从 18 世纪 70 年代中期开始，到 1784 年他设立"孟加拉亚洲研究会"（Asiatic Society in Bengal）时，华伦·黑斯廷斯已经成为第一个为欧洲人研究印度而设立奖学金的赞助人。研究会里有一群学员，其中很多是年轻人，委托他们进行研究而提出成果。黑斯廷斯希望这些成为一个有良好素质及中立的政府的基础。1776 年，纳撒内尔·布拉西·哈尔黑德（Nathaniel Brassey Halhed）出版了他整理出的梵文（Sanskrit）法律书籍文集《法律汇编》（Gentoo Code，即 A Code of Gentoo Laws）。差不多 11 年后，苏格兰医生约翰·吉尔克里斯特（John Gilchrist）在 1787—1790 年分上下册出版了第一本英语—印地语词典——《英语印地语词典》（A Dictionary, English and Hindoostannee）。吉尔克里斯特走遍了从孟买一直到法扎巴德的各地，蓄起一把大胡子，装扮得和印度教遁世者（sannyasi，宗教托钵僧）那样，"有一段时间被认为就是本地人的装扮"。他花了多年时间，专心听自己的语言老师们或者叫"孟司"（munshi）说话，整理出这种语言的语音系统，后来他成为威廉堡学院（College of Fort William）的第一位印地语教授，该学院由总督韦尔斯利于 1800 年创办。

　　但这一切都不是说黑斯廷斯及其东方学学者们——哈尔黑德、吉尔克里斯特、柯尔布洛克（Colebrooke）和威尔金斯（Wilkins）——都真的认为印度的各种语言、律法和文学能与欧洲积累起来的智慧"等量齐观"。他们下决心要向自己的同胞传授印度文化，是要使他们免于过分依赖当地的消息灵通人士，那样后者会利用其垄断的知识达到他们自己不可告人的目的。理想化地来说，黑斯廷斯更希望做到的是欧洲法官能有资格统领，或者最起码完全理解印度和穆斯林法庭的进展，在 18 世纪 70 年代的政体下，这二者仍然是审判绝大多数印度人的最主要的依据。但也不能说他的"东方主义"就是粗暴简单的统治工具。黑斯廷斯及其同僚们的权力由母国授予，他们这样做是想为自己的政府争取到一些同情。例如，资助《薄伽梵歌》（*Bhagavadgita*）的第一个英语译本，保证其译者在东印度公司的保障下留在瓦腊纳西学习梵语，然后写出一个序言。这算是一个粗暴"东方主义者"的行动吗？黑斯廷斯给公司董事会主席写信，骄傲地介绍这项工作，说明这样一个译本的价值不只是对"与我们征服后而统治的人民社交"中"会发挥作用，"他以告白的语气写道，还有：

> 体现人性……它会让遥远的印度人感动，这是仁慈，能减轻本地人因为屈服而戴着枷锁的沉重分量，也使我们在印度的同胞发自内心地感到自己需要仁爱对待他们，应该体恤下情。即使在英格兰也很需要这种效果。不久前大家还都认为印度居民是野蛮人，几乎还没有脱离野生生活。这个偏见虽说现在肯定是减少了，但恐怕还没有完全根除。每一个能使国内关注印度人真正特点的事例都会使我们更大度地感到他们具有天然权利，教会我们用我们的尺度去衡量他们，那么这样的事例只有通过他们自己的作品表达出来，哪怕有朝一日不列颠在印度的统治终止，大家忘记它曾经一度是给予我们财富和权力的源头后，这些作品也会长久地存在下去。

纳撒内尔·史密斯（Nathaniel Smith）是这封信在利登豪街的收信人，很难说他有没有接受这个通达人情和乐观的观点。几个月后，黑斯廷斯回到英格兰——不是如他自己期望地荣归故里，而是遭到公开激烈地中伤，说他是个无情、腐败、古板的人；他简直不敢相信。1786年春，由弗朗西斯的朋友兼同盟者埃德蒙·伯克起草的议会起诉书完全不顾黑斯廷斯一直明智地在印度施行的仁慈统治的事实，反而控告他的行动是"草率、不公、残酷、不忠不义，违反民族信仰的"（伯克把阿富汗的罗希拉人夸大地说成了高贵的骑士，说他们掉进了黑斯廷斯好大喜功的陷阱里）；是他将阿瓦赫变成了"从前的花园现在没有人烟的沙漠"；还指控黑斯廷斯个人沉溺于"荒淫无耻的生活，滥施权力，不公，窃取了印度的信任，颠覆了这个古老的国度"。在伯克的严词谴责中，智慧的猫头鹰变成了贪婪的秃鹫。

尽管没有人能清醒地诚实地认清非常明显的事实，特别是伯克更不明智。尽管提出的指控都是关于罗希拉人和阿瓦赫的，但议会议员们要弹劾黑斯廷斯的潜意识里实际上是因为不列颠失去了美洲殖民地。毕竟，还有谁能做这个替罪羊？当然不是乔治国王，他毁了自己的大西洋帝国，却好像声誉无损，也不是康华里，他将接替黑斯廷斯在加尔各答的职位。大不列颠对发生在美洲的事内心真正感到不安，就指控黑斯廷斯对印度人犯下了种种声名狼藉的恶行来消除这种情绪。这些损黑斯廷斯的话，原本是更适合盖格、哈钦森和康华里这些人用来恶狠狠地抹黑巴那斯特尔·塔尔顿（Banastre Tarleton）的——塔尔顿是不列颠军在南北卡罗来纳的陆军中尉。黑斯廷斯甚至受到指责，说他差点儿丢了印度，而事实正好相反，是他挽救了它。1780 年，他曾经面对三重威胁：马拉塔人；凶悍的迈索尔的穆斯林苏丹海德尔·阿里（Muslim Sultan of Mysore，Haidar Ali）——他差点儿拿下了马德拉斯；还有法兰西人。就在大不列颠帝国在西边面对灭顶之灾的紧要关头，正是黑斯廷斯高瞻远瞩，及时采取正确的战略，付钱给马拉塔人，才使其顶住诱惑没有与迈索尔结盟，然后在南印度投入军队，从而避免了在东方发生另一场"美洲式"灾难。然而，1786 年因为不列颠人都沉溺在萨拉托加和约克城连败的劫后余波里，全民气氛紧张，议会不能批评那些真正应该对惨败负责的人，就不可避免地需要捏造一个国内出产的笨拙而腐败的东方暴君，这就是伯克要冲着黑斯廷斯这个稻草人靶子起诉，说他是"三条尾巴的帕夏"（Pacha）的缘由。"我的老爷们，难道你们想要一个罪犯吗？"他在弹劾中咆哮着：

> 什么时候曾经有过这么多的邪恶控诉是针对一个人的？……我以整个大不列颠平民院的名义弹劾他，他有辱我们民族的品格；我以印度人民的名义弹劾他，他毁灭了印度的法律、权利和自由，他使印度一片荒芜，陷入绝望……我以人类本性的名义弹劾他，他残酷地侵犯、伤害、压迫印度的男男女女、老老少少，无论他们是什么等级，也无论其生活状况与条件是怎么样的。

还要怎么样？难怪可怜的黑斯廷斯被他的预言搞糊涂了。在约克城投降的那家伙正在去加尔各答总督府的路上，而他自己被起诉，简直和某个穿齐膝马裤的成吉思汗那样被戴上了颈枷，他要为自己的声誉和生命奋起抗争。还好，起码他不像以前那么多的替罪羊，这一回议会没有匆忙做出判决，而是等到后美洲沙文主义者们出了胸中恶气，情绪缓和下来，而不列颠真的又和法兰西人开战了。黑斯廷斯为受伤的不列颠民族自尊充当出气筒也当够了的时候，他被宣告无罪，但是这浪费了他10年的生命，黑斯廷斯以后再也没有从这次耻辱和震惊中真正恢复过来。就黑斯廷斯而言，胖子老好人康华里在印度高举起经受住了考验后又复活过来的大不列颠帝国的旗帜，让它尽可能轻快活泼地飘扬，这本来应该是他做的事。

伯克和皮特的国务大臣亨利·邓达斯（Secretary of State, Henry Dundas）给康华里虚构了他前任的丑事，实际上是在清扫"奥吉斯牛舍"，这对他很有必要。康华里将是把真正的大不列颠精神（True Britishness）带给印度的人：他会听取他们的呻吟，而暴君黑斯廷斯在那边搞东方化是倒行逆施，给印度造成了损害，需要康华里来拨乱反正。那么，要清除税收部门的寄生虫（清走他们）；还有，不会再搞什么荒谬的本土化政府了，"我实在是觉得每个土生土长的印度人都是腐败的。"

康华里自己的这句话清楚地表明他对于印度人组成政府的观点是什么态度。这个国家需要大刀阔斧的改革：不是东方化的大不列颠人，而是大不列颠化的东方；不是讲英语的纳瓦布，而是总督府里明智的英格兰地方治安法官。为了让官员们抵制诱惑，康华里给他们高薪，使他们的行动范围与贸易的低级琐事无涉。从此，做生意的和统治者根本上是两套班子；两边井水不犯河水，以后越来越互不相干，甚至污名也只是和东印度公司的业务联系在一起。随后大不列颠产生了改变自己在印度使命的全新感觉，不管大不列颠从印度得到了什么样的商业利益，都将用其余不可比拟的远比银币珍贵的千倍回馈给印度——大不列颠机构的福佑、历代积累的司法智慧、社团坚实的仁慈事业。因此当康华里审视全部麻烦的核心——孟加拉的土地税——时，看出（毫无疑问一定是的）弊端丛生、令人沮丧的霸占和饥荒全景，他得出的结论是首先要忘掉所有迎合本地传统的想法，必须一切从头开始，要确立正确的首要的准则。

这就是那些英格兰地主的牢靠原则。虽然查尔斯·康华里身穿军服，但在肩章和盘花饰扣之下，他自己却是一个地地道道的英格兰地主。他认为，拥有土地不是所有权，而是信任。在每个诺福克村子里，在每一亩麦浪起伏的地里，都可以看到刻着进步，都得益于互利关系，一方是聪明的、心灵手巧的绅士农民［从农夫乔治（Farmer George）[1]开始)］；另一方是节俭的、积极进取的佃户农民（当然，不必介意，这一幸福场景也是因为 18 世纪残酷的圈地运动)。在这个微笑的朴实的大不列颠，这个自给自足的经济奇迹里的各方都得到了保障。只要大家明白能保有土地和上交固定税额，就可以各自收获努力工作的成果，那么只需要提供必要的稳定措施，康华里就能使印度乡村富裕起来；简直不用多说，稳定是固定社会等级的产物。"一套正常的等级上升制度，"康华里写道，

---

[1]　农夫乔治（Farmer George），即乔治三世。——译者注

"这个国家最需要促进它在市民社会里建立秩序。"很明显，在孟加拉，这一牢固的社会秩序需要和英格兰绅士一样的阶层为基石，政府可以依靠他们完成责任而不对佃农施以重压，总督自认为世袭收租者就是这样的人。历史上，在莫卧儿王朝时代，世袭地主可以在他们的家族中继承、流传其土地份额，但这并不意味着他像不列颠绅士一样真正地完全拥有这些土地。作为莫卧儿帝国的税务官员，他们已经被限定收入（从皇帝先拿走他的那一份开始），他们却不是贵族。但是康华里用他道德健康的土地拥有者不可战胜的阳光观点，渴望简化事情，把这些歧义撒在旁边，把世袭收租者们弄成他们自己领地的绝对拥有者，唯一的前提是在指定日期向政府上交一定金额的税收。毕竟在英格兰，领地保证能传给下一代是绅士改善领地的动机，一旦这些"土地老爷"明白了自己税收责任的最高限额后，他们可以成为乡村绅士的模范，从自己的"佃农"（实际上他们才是无辜的耕种者，有些拥有自己的田亩和土地）那里仅仅收取刚刚好的金额，那么"佃农"就可以留下一些能用于第二年的种子，还会有积存。随着"佃农"生产得更多，他们就能够给城市急速膨胀繁荣的现金市场提供货物，还可以向出口市场提供棉花、靛蓝、糖和鸦片，这些都是出口市场急需的。再说，这一切都会在诚实、公正的政府提供和平与正义的关照下运转。现在依照英格兰法律和印度法官的法庭能听取冤屈，政府指定的地区官员会保护本地人不受敲诈，还会监管收来的钱用于它们该用之处。

这个奇迹般自我完善的系统保护着每一个人，整个系统自身也能变得繁荣富足，同样也会开始产生奇迹般的文化变化。普通农民能变成大不列颠制成品的客户，孟加拉的新绅士阶层会开始收藏图书，打开思想汲取欧洲（就是说不列颠的）启蒙思想等不容置疑的智慧，蒙住他们双眼的眼罩会脱落，他们会放弃自己令人作呕的偶像，不再醉心于象头的众神，也许还能接受福音之光的指引。真正的文明就在不远的将来，康华里很有信心。

　　不管怎么说，这就是康华里的理论，如果它在苏格兰起作用了——事实上，派出去研究实际操作具体环节的官员和巡视员中的很大一部分比例的年轻人就是苏格兰人——为什么它就不能在孟加拉、比哈尔和奥里萨也管用呢？但康华里的系统预设以和平与稳定为前提条件，可是现实与之相反，虽然口头上说和平了，但实际上是连年征战，几乎没有中断过——与迈索尔打、与马拉塔人打，然后和法兰西人打仗。税负沉重，很多传统的世袭收租者们为了完成与政府签的合同，自己都欠了债，于是他们就派自己的武装人员进村子抢走村民的最后一个卢比。等到贷款和敲诈都不足以交出他们和加尔各答签的契约时，他们就被驱逐出去，家产被变卖掉。如果英格兰的乡村绅士阶层欠了债，会有有同情心的银行家愿意给他们长久信用，但在印度没有这类机构；常常发生的是世袭收租者的债主们直接拿走了他们的财产，也接手了他们的合约。这样一来，正是康华里最不信任的虚张声势的这个阶级——加尔各答的金钱掮客，比如泰戈尔家族——成了他的系统的主要受益人，他们正是在这个时候变成了富裕的土地大领主。在他们急吼吼的管理下，乡村的资本化土地积累起来，有一些是在恒河冲积三角洲上开垦的，用来种植鸦片、棉花，生产丝绸，靠着这些能很快变现的营生，他们大发横财。

　　1789 年 8 月，康华里引入他的《永久居留法》（Permanent Settlement）处理土地税，向东印度公司的董事们保证自己的计划已经"经过仔细测算能确保并且很可能增加你们的收益"。但是如果公司与政府曾经希望在新的政体下能平衡账面收支，那么这些希望就葬送在战争的漫天尘土中了。东印度公司的董事会和皮特政府的大臣们都曾认为黑斯廷斯的军事冒险不仅不道德，代价高昂，且毁灭性还很大，因此康华里的信条是要把握住这条底线，只可惜印度的情况不允许他这样。黑斯廷斯在前面谨慎地决定向马拉塔人做出一些地域上的让步，以换得他们不与海德尔·阿里武装结盟，后来证明那只是一线喘息空间。迈索尔的苏丹从一个印度王族手中夺取了权力后，20年里，已在印度南部建成自17世纪毗奢耶那伽罗王朝（the Vijayanagars）帝国灭亡后最强盛的邦国，修建了道路、桥梁，乡村和市场经济繁荣。尽管自己是个穆斯林君主，海德尔·阿里保证资助印度教庙宇及圣陵，连康华里都认为迈索尔是一方花园般的邦国。

意思就是说最后是康华里自己冲过去和迈索尔开战，去连根拔除了这个花园邦国。1782年，海德尔·阿里死后，他颇有手腕的儿子提普·苏丹（Tipu Sultan）继位。无论在灭绝了提普邦国的战争中间还是之后，大不列颠人都把提普妖魔化了，说他是又一个西拉杰·乌德·德拉，一个精神错乱的嗜血暴君，习惯性地称他是"古印度宪法"偷梁换柱的"篡位者"——仿佛大不列颠人自己才是印度合法性的可靠法官。但这个时候，在印度本土已经牢固地树立起把征服说成是合理地从印度自己人手里拯救印度人的模式，在大不列颠更是如此。还有什么比一个狂热的印度—穆斯林军阀更坏的吗？而且，这个狂热的印度—穆斯林军阀自认为是个法兰西共和派！无疑，提普欢迎法兰西人的主动示好，法兰西人紧紧地抓着印度洋上毛里求斯（Mauritius）和留尼旺（Réunion）岛上的海军基地，这两个地方都是战略要地，而且他高兴地利用法兰西人按照更激进的欧洲战争行为来训练自己的一些当地人及阿拉伯—非洲军队。自从美洲战争以来，好像法兰西帝国而不是大不列颠帝国处在上升期，那么，他为什么不能起码跟风一把法兰西？大不列颠的政策到底有什么能使他相信他们，而不是他自己才是侵略者呢？

因此1791年5月，从约克城之后第一次，康华里又披挂上阵了。在提普宏伟的塞林伽巴丹宫廷的堡垒前，噩梦又一次上演：他的军队在雨季的泥泞中无助地挣扎，战线拉得过长，通信中断，但是不知怎的军队还是抱成一团，没有溃散。第二年，在凉爽的季节里，他们对卡费瑞

（Kavery）的岛屿城堡发起新的攻击，一举拿下了它。提普惨败后，提普只得交出迈索尔的一半国土，并让两个儿子做了人质以保证他自己老老实实。慈祥的查尔斯·康华里手拉着两个包头巾的小家伙，成为帝国自我夸耀肖像画的标准特点——这个帝国坚定但是宽宏大量。

1793 年"好人大叔"查尔斯·康华里离开印度，大不列颠国内裁定他既为印度也为帝国做了好事，至少他没丢了印度。可是这是巨变的标志，推翻了帝国原先的设想：本来大不列颠焦虑的是东印度公司的贸易成本投入与产出效益不成比例，此时它却在印度成了一个终端开放的地域政府，这个结果不可避免地让人有一种历史正义感。克莱武那个时候，一群手指肥腻的沾染私下交易的书记员靠着在黑镇的妓院灌多了亚力酒后，在马德拉斯某个黑漆漆的洞里昏迷一阵又清醒一阵地苦挨日子，这时候他们摇身一变，成了堂皇的收税老爷（sahib），坐着轿子在区域里巡游，仔细检查种田人的福利，咨询爱丁堡的集体智慧如何才能改善他们大家的境况。不久之前，自由流动和公平对待与上邦交易的贸易商意味着必须搞清楚要向谁贿赂又要打压哪个，这时候变成戴假发的白人坐在加尔各答或孟买的法官席上审判这些事务。从前为东印度公司打仗，甚至还不如在日耳曼战场上检阅军队来得高大上，但这时候印度却成了英雄的战场，名人辈出。

1797 年年末，来自米斯郡（County Meath）的韦尔斯利（出生时姓Wesley）三兄弟——老大理查德是政治首脑，老二生意人亨利，老三战场上的奇迹小子阿瑟——来到印度时心里就在想着上面说的这个事。8年后到他们离去时，印度成全了他们，而他们自己，或好或坏地已化身为统帅（除了没有 Raj 这个正式头衔）。罗伯特·克莱武那时候可是从来也没有指挥过超过 5 000 人的部队。到了 1804 年，理查德·韦尔斯利总督暨第一任韦尔斯利侯爵（Marquess Wellesley）统领着一支约 19.2 万人的军队，堪比欧洲很多最有实力的国家军队。东印度公司——说起来这时候除了没有名头，其实就是大不列颠政府——在印度次大陆上的权力至高无上，无人能挑战。迈索尔已经没有了；莫卧儿帝国是个令人同情的笑话，这时候它的领头人沙·阿拉姆像个无助的瞎子，完全仰仗自己的大不列颠看守；德里已经向加尔各答投降，实力和权威都没有了，全凭加尔各答做主。阿瓦赫——恒河中部的邦国点缀着勒克瑙（Lucknow）和法扎巴德这样的大城市——是一个附庸国。马拉塔人被分割后，只剩下最后一个强大善战的头领，即保持中立的霍尔卡（Holkar）。识时务的地区统治者如海得拉巴的尼扎姆（Nizam of Hyderabad）搭上了滚滚向前的大不列颠军事长挂车，被保留了下来，但是在当地有个大不列颠居民给他当政治保姆，一队红制服驻扎（费用由他的国库支出）在那里以保证他不惹是生非。东印度公司的债务是以前的三倍，这使得它们不再与商业簿记有任何相似之处，已经改由政府机构资助。加尔各答的新总督府宏伟壮观，它抄袭了德比郡罗伯特·亚当（Robert Adam）的新古典建筑凯德尔斯顿（Kedleston）。在这里，韦尔斯利像当代的罗马皇帝奥古斯都那样发表帝国的宣言："不列颠帝国在亚洲的基础建立在周边国家的和平及印度人民的幸福和福祉之上。"

理查德·韦尔斯利出生在丹根城堡（Castle Dangan），曾在伊顿公学（Eton）和牛津求学，来自一个很好的自有选区自治镇，他从来就认为这都是自己应该做的。伊顿向他灌输了恺撒、李维和塔西佗。不列颠青年必不可少的是去罗马壮游，那么韦尔斯利在罗马漫步的时候心里就默念着自己是在与图拉真和哈德良的幽灵结伴同行。在波西里伯（Posilippo），他去维吉尔的墓朝圣，在心里憧憬着要写出自己的史诗篇章。1798年5月，当他遇见阿考特（Arcot）的纳瓦布——纯粹不过是个东印度公司的属官（satrap）的时候——韦尔斯利就被15头大象的仪仗吓着了，它们"装饰着华丽的丝质缎布，金银线绣，缀着珠宝，象背上驮着金色塔楼"。在加尔各答安定下来后，这个长脸、魅力四射的爱尔兰男人向自己美艳的法兰西太太亚森特（Hyacinthe）叹苦，说自己如何在热带炎热的天气里春心大动，但他将自己的男子气概转而投入到建立政治军事功名上，成就了华伦·黑斯廷斯或康华里做梦也想不到的丰功伟绩。他的托词——或者像他自己坚持的情形是——只有全球战争才能迫使母国政府抓狂而为了自卫与法兰西人开战。波拿巴（Bonaparte）在意大利的军事胜利震惊了反法同盟国，同盟国甚至被吓倒了。这时候拿破仑又派出大军远征埃及，如果他得手的话，必然会直接威胁到通过红海的印度交通线和贸易，没有人特别是韦尔斯利敢低估法兰西人的实力，他们能一路打到加尔各答，然后通过其代理带来极大破坏。

最危险也最鲁莽的就是提普苏丹，即使他假装遵守自己与大不列颠人的协议，然而他同时在和法兰西人密谋挣脱自己区域内的束缚与强权。韦尔斯利照常把这个背叛当成个人恩仇——提普拼命地想摆脱大不列颠人统治的桎梏，韦尔斯利认为这是精神错乱的侵犯者决心消灭东印度公司的行动："做出最和气的表情……他计划要彻底捣毁我们……他已准备了一场歼灭战的策略和装备。"阿瑟·韦尔斯利等人指挥一支大军一路直捣塞林伽巴丹。提普在水门（Water Gate）附近战死了，尸体和一大群士兵的死尸混在一起。大不列颠人将抢劫来的东西装满了四轮大车，其中有一顶帕夏——提普自称为穆斯林皇帝——的五角皇冠，华盖上高耸着一只金色火供吉祥鸟（homa），它的喙里内置一枚光芒闪烁的宝石，眼睛和尾巴上嵌着珍珠。有人说这鸟儿像鹰，还有的说像秃鹫，这话也可以用来描述韦尔斯利的战争机器。

所有提普宫殿里拿得动的东西——他的剑、战斗用的头盔、机械老虎，后者上了发条可以吞掉一个大不列颠士兵并发出可怜的哀叫而使皇帝满意——都被运回加尔各答，之后再运回英格兰［最后它们放在温莎城堡或伦敦的维多利亚与阿尔伯特博物馆（Victoria and Albert Museum）］。但真正的战利品是25万头白色小公牛和奶牛群，有这笔巨额财产作后勤流动供给，阿瑟·韦尔斯利可以调动军队去任何需要去的地方，他和杰拉德·莱克中将（Lieutenant-General Gerard Lake）一起向马拉塔人开战，也对阿瓦赫邦示威。

尽管很多战斗仍然在密集进行中，但理查德·韦尔斯利给印度带来了新一代的战马，且大部分是阿拉伯血统马，加上战场上大炮和补给四轮大车的优势，就已经决定了胜负。1800 年 9 月，最高统帅欣喜地给弟弟写信："我们总是杀死对方主将，总能幸运地辨认出他的尸体……说真的，我的幸运星在印度冉冉升起，我应该在运气变坏之前离开印度。"对于亚森特，韦尔斯利怀疑她偶尔不忠（她对他彼此彼此），他像少年一样吹嘘，仿佛统治印度就是用来取悦太太而使她不要上别的男人的床："瞧着我荣誉加身……两个月（在迈索尔）里，我干了康华里三年才能做到的事。亲爱的，再见，现在万籁俱静，我得去操持一个被征服国家的事务。"除了嘉德勋章他没有得到，他得到了其他绝大多数荣誉，但是如果国王坚持——好吧，他可以接受"迈索尔的韦尔斯利子爵"（Viscount Wellesley of Mysore）这个封号。

这有点儿操之过急了，韦尔斯利懂得，当账单送达的时候，那些他叫作"利登豪街的干酪商人"会大发脾气的。但是消息从印度传到伦敦需要 6 个月，这使他有足够时间给公司董事们和政府呈上"既成事实"。他会一遍遍地重复修辞挑战他们的神经：谁更懂得大不列颠力量在印度面对的真正糟糕的情况——在现场的那些人，还是威斯敏斯特办公室里盯着地图看的人？一旦所有事都已经做了，又一个马拉塔人将军的尸体给抛到大车上，他该干什么？把疆土换回去吗？把战败的人重新扶上位子？留下后患？韦尔斯利说，印度可不太看重宽宏大量，印度倒是敬畏毫不怜悯的强权。

尽管他的全部直觉都是独裁主义（Bonapartism，波拿巴主义），理查德·韦尔斯利实际上还不是一个纯粹的军事冒险家，更不是他天性倾

向于个人独裁——当然，如果有人观察到这个瘦长脸的贵族行进在加尔
各答城中，由 16 个骑士护卫着，心里肯定会怀疑韦尔斯利就是个独裁者
（特别是对比耿直的老康华里像个乡村绅士那样宁愿赶着自己的双轮马车
去纷乱嘈杂的集市）。不管怎么可能产生误导人的感觉，当韦尔斯利宣布
不列颠印度当局不遗余力地奔向权力巅峰会带来长期的经济效益，这确
定是他的肺腑之言。他极少在议会发言，但有一次他预言："伦敦是商业
世界之王。"那么为了后来我们称之为大不列颠与印度之间互惠的经济关
系打下必要的基础建设，大不列颠必须吞下短期财政苦果。如果他的前
任们认为这只要采取防御性的折中办法就够了，那是他们自欺欺人。只
要一日存在能制造麻烦的有实力的印度对手，就别指望能获得太平或直
接享有利润。韦尔斯利从来也没有想过可以在内部彼此协调的地区性小
邦国之间——孟加拉、阿瓦赫、迈索尔、海得拉巴——分享印度，那种
情况本来也许可以和他做至高无上的统领治理印度一样切实可行，但是
对于他这个从爱尔兰米斯郡来的小男孩来说，一个四个邦国的大不列颠
（印度）联盟没什么意义，韦尔斯利对一个由会计师经营运行的帝国可不
感兴趣。法塔赫布尔西格里（Fatehpur Sikhri）和泰姬陵（Taj Mahal）告
诉他，印度最喜欢的就是被一个伟大的君主统治，而他要保证新的统领
将是阿克巴和贾汉吉尔的忠实传人。

1800 年，韦尔斯利建立了新的威廉堡学院，这是他给自己的胜利
之拱加上了压拱石。他常常吹嘘这是他最骄傲的成就：学院将是新一代
地方总督的摇篮，他们在这里接受被统治种族、民族的法律、语言和宗
教教育。印度这时候已经不可逆转地安于大不列颠政府治下了。除了语
言教师（munshi，老师兼秘书），还有很多当年由华伦·黑斯廷斯支助
的年轻人就在学院里任教。韦尔斯利走后，学院因财政困难而关闭，由
位于英格兰的黑利伯瑞学院（Haileybury College）取代。不久学院的官
方宣传就反复说明东印度公司是如何从一间贸易公司起步，在莫卧儿王

朝的宽容默许下通过小商栈交易，到最终统辖了整个印度次大陆。就这样，在达到统辖之路上一直跌跌撞撞的混乱，外加自我欺骗和自我完善，被重新包装成历史的康庄大道，终于抵达韦尔斯利古典气派的总督府。大不列颠不是印度问题的一部分（也许是主要问题），反而被描述成正是不列颠才解决了印度的问题，说这是天意如此。"现在我们所处的位置，"1804年，韦尔斯利宣称，"正好适合大不列颠民族的个性，合乎我们的法律，合乎我们的宪政精神，合乎我们自由全面的政策，这已经是伟大强盛帝国的尊严所在。"在这个罗马人从来没有到过的印度次大陆，大不列颠人建成了新罗马。

难道不是才70年前，斯托庄园里的哥特式自由神庙里刻着启迪人的铭文，感谢诸神没有把自由的大不列颠人变成罗马人？不是才三代人之前，海洋帝国的创建者们还在坚持自己的统治将要特别倡导自由、不能让浮夸的虚饰征服成为负担？那时设想不列颠将是个极简风格的帝国：不要规模庞大、花费昂贵的常备军，没有税收官军团，一个建立在互利基础上而不是军事高压的事业。汉普登和弥尔顿都将祝祷它不要多管闲事。

它没有变成那样，那么这也算是生意了，伴随着敕令和大象，但这不是不列颠帝国创始者们脑子里本来想象的原材料涌入伦敦而制成品输出到帝国各处去。印度从来就不需要大不列颠生产的东西，这时候也还是不需要。那时候棉花原料从孟买运抵英格兰，但数量和价格都是亨利·韦尔斯利之流定的。然而那些把棉花在北部工业区的织布棚里的梭子上变成布匹的人，还需另一些从亚洲来的东西抚慰自己高损耗的体力劳作和微薄的薪水，它就是加了糖的茶——这个东西热烈又甜蜜。那么东印度公司的船只从广东返回，就运来武夷红茶，其利润差不多能付15万个印度兵的军饷（因为印度土地税这个虚幻的赏金比以往任何时候都更像海市蜃楼了），但是这项生意的利润又建立在中国人被诱惑着买进另一个货物来交换上，那也不是银子。

　　这另一样东西是印度的特产，它是麻醉剂。尽管大清帝国严禁鸦片，但却无法禁绝走私。从孟加拉运往中国的鸦片数量从一年几百箱上升到数千箱。第一个著名的有吸食鸦片习惯的名人牺牲品是罗伯特·克莱武，鸦片深入他的骨髓，折磨得他甚至无法继续他的另一个主要瘾念——为了帝国的至高无上的权力而斗志昂扬。尽管后来到印度的绝大部分大不列颠人都会遏制自己对鸦片的第一次欲念，但是，在 19 世纪、20 世纪，大不列颠都无力摆脱控制全球权力的渴望。

致 谢

今天"史诗"一词已被滥用，但是写作《英国史》的历史本身就是一长串英雄风云榜——除了作者本人——没有他们不知疲倦地工作，不管电视系列片或者本书都不可能完成。

在BBC（英国广播公司）世界频道，萨利·波特（Sally Potter）和我的优秀编辑贝琳达·威尔金森（Belinda Wilkson）面对原定一本小册子变成了三大本书这个状况毫无畏惧。不论从哪个意义上来说，这项工作是我和BBC电视台一群天赋杰出又热情的同事们合作的产物，特别是伊恩·布雷默（Ian Bremner）、马丁·戴维森（Martin Davidson）、丽兹·哈特福德（Liz Hartford）、迈克·易比吉（Mike Ibeji）。而不管在图书馆还是在拍摄现场查找提供资料，梅丽莎·阿克朵根（Melisa Akdogan）、本·雷顿（Ben Ledden）和艾什利·格辛（Ashley Gethin）都非常可靠。假如没有萨拉·弗莱彻（Sara Fletcher）从不疲倦考虑周全的帮助，我对不列颠群岛的方位会毫无头绪。在坦雅·黑桑（Tanya Hethorn）、蒂姆·萨顿（Tim Sutton）、马克·沃尔登–米尔斯（Mark Walden-Mills）的大力帮助下，主持人在现场好好地展示了自己。事实出版社（Factual Publicity）的苏珊·哈维（Susan Harvey）是最温和友善的推销员。在电视系列片配乐中，和约翰·哈勒（John Harle）一起亲密工作是最惬意的经历。在工作最关键的地方，劳伦斯·里斯（Laurence Rees）、格兰温·本森（Glenwyn Benson）和贾尼丝·哈德洛（Janice Hadlow）给予我们关怀、指点和最慷慨的支持。艾伦·延陀博（Alan Yentob）与格雷格·戴克（Greg Dyke）二位总是使我们感到BBC有多么重视《英国史》这个系列片。

我深深感谢通读书稿和台词的同事们，特别是约翰·布鲁尔（John Brewer）、安·休斯（Ann Hughs）、霍尔格·胡克（Holger Hoock）、彼得·马歇尔（Peter Marshall）、斯蒂芬·平克斯（Steven Pincus）、戴维·海考克（David Haycock）。当然本书如有任何错误，都由本人负责。

从更广阔更深入的角度来说，必须感谢我智慧和博学多才的老师们（包括小学老师），我最初从他们那里学到了关于17、18世纪不列颠和殖民地历史的很多内容；感谢我所有的朋友们、同行们，大家的学识见解和批评分析使我兴奋，激励我并指引我的研究。尽管他们也许会反对本书所表达的观点，但我还是非常感谢他们，特别是戴维·阿米蒂奇（David Armitage）、罗伊·艾弗里（Roy Avery）、罗伯特·贝恩斯（Robert Baynes）、马克·基西兰斯基（Mark Kishlansky）、约翰·普拉姆爵士（Sir John Plumb）、罗伊·波特（Roy Porter）、凯文·夏普（Kevin Sharpe）和昆汀·斯金纳（Quentin Skinner）。

在我往往需要依赖他们，甚至有时候崩溃的情况下，我在PFD（彼特斯·弗雷泽和邓洛普代理处）的经纪人——迈克尔·西森斯（Michael Sissons）和罗斯玛丽·斯库拉（Rosemary Scoular）——是我的可靠后盾，一如既往。我还要感谢詹姆斯·吉尔（James Gill）、苏菲·劳里莫尔（Sophie Laurimore）和卡罗尔·麦克阿瑟（Carol Macarthur）。哥伦比亚大学的教务长乔纳森·科尔（Jonathan Cole）格外优待地批给我长假，方便我做系列片的需要；另外BBC和哥伦比亚大学联合在Fathom.com网站上开设18世纪不列颠帝国历史的线上课程，我很高兴在这个课程里试水一把。我的同事詹妮弗·斯科特（Jennifer Scott）在创建这个普及历史教育的创新科系中做出了非凡的贡献。

在写作书本和脚本台词之间来回切换就好像拿自家脑袋当拨浪鼓玩儿，这使我这个作者兼主持人常常无法亲到现场，因此，正如往常那样，我无比感激朋友们替我诵读沙马书本里的哀叹之词——再一次谢谢你们——克莱尔·比文（Clare Beavan）、莉莉·布莱特（Lily Brett）、约翰·布鲁尔、蒂娜·布朗（Tina Brown）、简·达利（Jan Dalley）、艾利森·多米尼茨（Alison Dominitz）、哈里·伊文思（Harry Evans）、阿曼达·福尔曼（Amanda Foreman）、埃利奥特·弗里德曼（Eliot Friedman）、明迪·恩格尔·弗里德曼（Mindy Engel Friediman）、安德鲁·莫逊（Andrew Motion）、戴维·兰金（David Rankin）、戴维·雷姆尼克（David Remnick）、安东尼·希尔维斯通（Anthony Silverstone）、贝弗利·希尔维斯通（Beverly Silverstone）、吉尔·斯洛托沃（Jill Slotover）、斯黛拉·蒂利亚德（Stella Tillyard）、宾·泰勒（Bing Taylor）、利昂·威塞蒂尔（Leon Wieseltier）。向我最亲近和最亲爱的——吉尼、克洛伊、盖布——致以最衷心的感谢，谢谢你们容忍反复无常的老爸和丈夫，谢谢你们永远向我敞开爱的平静港湾。

参考文献

缩略词：BM Press – British Museum Press; CUP – Cambridge University Press; OUP –
Oxford University Press; UCL – University College, London; UP – University Press

已出版基本文献

Abbott, W. C. (ed.), *Writings and Speeches of Oliver Cromwell*, 4 vols (Clarendon
  Press 1988)
Bowle, John (ed.), *The Diary of John Evelyn* (OUP 1983)
Bray, William (ed.), *The Diary of John Evelyn from 1641 to 1705–6* (Gibbings 1980)
Camden, William, *Remains Concerning Britain* (John Russell Smith 1974)
Carlyle, T., *The Letters and Speeches of Oliver Cromwell*, 3 vols, ed. S. C. Lomas
  (Methuen 1904)
Defoe, Daniel, *A Tour of the Whole Island of Great Britain* (1742)
Defoe, Daniel, *Union and No Union* (1713)
Edwards, Paul (ed.), *The Life of Olaudah Equiano, or Gustavus Vassa the African, Written
  by himself* (Longman 1988)
Firth, C. H., *The Memoirs of Edmund Ludlow, Lieutenant-general of the Horse in the
  Army in the Commonwealth of England, 1625–1672* (Clarendon Press 1894)
Gough, Richard, *The History of Myddle*, ed. David Hey (Penguin 1981)
Hobbes, Thomas, *Leviathan* (Everyman's Library 1914)
Holmes, G., and Speck, W. (eds.), *The Divided Society: Party Conflict in England,
  1694–1716, Documents of Modern History* (Arnold 1967)
Hughes, Anne (ed.), *Seventeenth Century England. A Changing Culture: Primary
  Sources, Vol. 1* (OUP 1980)
Laslett, Peter (ed.), *Two Treatises of Government by John Locke* (CUP 1967)
Latham, Robert, and Matthews, William (eds.), *The Diary of Samuel Pepys. A New
  and Complete Transcription* (Bell & Hyman 1985)
Nichols, John, *The Progresses, Processions and Magnificent Festivities of King James I*
  (1828)
Petty, William, *Political Anatomy of Ireland* (Irish UP 1970)
Sommerville, J. P. (ed.), *Patriarcha and Other Writings by Sir Robert Filmer* (CUP 1991)
Spalding, Ruth (ed.), *The Diary of Bulstrode Whitelocke* (OUP 1990, for the British
  Academy)
Taylor, William Stanthorpe, and Pringle, Captain John Henry (eds.), *Correspondence
  of William Pitt, Earl of Chatham*, 4 vols (John Murray 1838–40)
Verney, Lady Frances Parthenope, *Memoirs of the Verney Family during the Civil War*,
  compiled from the letters, and illustrated by the portraits, at Claydon House
  (Longman 1892–1899)
Walpole, Horace, *Memoirs of the Reign of George the Third*, ed. G. F. Russell-Barker
  (Lawrence and Bullen 1894)

概览与一般性文献

Beier, A. L., and Finlay, Roger, *London 1500–1700: The Making of the Metropolis* (Longman 1986)

Black, J., *A History of the British Isles* (Macmillan 1997)

Bradshaw, B., and Morrill, J. (eds.), *The British Problem, c. 1534–1707* (Macmillan 1996)

Brewer, John, *The Sinews of Power: War, Money and the English State, 1688–1783* (Unwin and Hyman 1989)

Broun, D, *et al.* (eds.), *Image and Identity: The Making and Re-making of Scotland through the Ages* (John Donald 1998)

Cannon, J. (ed.), *The Oxford Companion to British History* (OUP 1997)

Clark, J. C. D., *Revolution and Rebellion* (CUP 1986)

Colley, Linda, *Britons: Forging the Nation, 1707–1837* (Yale UP 1992)

Connolly, S. J. (ed.), *The Oxford Companion to Irish History* (OUP 1998)

Coward, Barry, *The Stuart Age 1603–1714* (Longman 1994)

Davies, N., *The Isles* (Macmillan 1999)

Davis, J., *A History of Wales* (Penguin 1990)

Devine, T. M., *The Scottish Nation, 1700–2000* (Penguin 1999)

Ellis, S. G., and Barber, S. (eds.), *Conquest and Union: Fashioning a British State, 1485–1725* (Longman 1995)

Fletcher, Anthony, *Gender, Sex and Subordination in England 1500–1800* (Yale UP 1995)

Foster, R. F., *Modern Ireland, 1600–1972* (Penguin 1988)

Grant, A., and Stringer, K. J. (eds.), *Uniting the Kingdom? The Making of British History* (Routledge 1995)

Heal, Felicity, and Holmes, Clive, *The Gentry in England and Wales 1500–1700* (Macmillan, 1994)

Hutchinson, Lucy, *Memoirs of the Life of Colonel Hutchinson* (1973)

Hutton, Ronald, *The Rise and Fall of Merry England: The Ritual Year 1400–1700* (OUP 1996)

Kearney, H., *The British Isles: A History of Four Nations* (CUP 1989)

Kishlansky, Mark, *A Monarchy Transformed, Britain, 1603–1714* (Penguin 1996)

Kishlansky, Mark, *Parliamentary Selection: Social and Political Choice in Early Modern England* (CUP 1986)

Langford, Paul, *A Polite and Commercial People: England 1727–1783* (OUP 1992)

Lenman, Bruce, *An Economic History of Modern Scotland 1660–1976* (Batsford 1977)

Lynch, Michael, *Scotland: A New History* (Pimlico 1991)

Mitchison, Rosalind, *A History of Scotland* (Methuen 1982)

Patterson, Annabel, *Early Modern Liberalism* (CUP 1997)

Rosenheim, James, *The Emergence of a Ruling Order: English Landed Society 1650–1750* (Longman 1998)

Samuel, Raphael, *Theatres of Memory: Vol. 2: Island Stories. Unravelling Britain* (Verso 1998)

Scott, Jonathan, *England's Troubles: Seventeenth Century English Political Instability in European Context* (CUP 2000)

Skinner, Quentin, *Liberty Before Liberalism* (CUP 1998)

Smith, A. G. R., *The Emergence of a Nation State: The Commonwealth of England, 1529–1660* (Longman 1992)

Underdown, David, *A Freeborn People: Politics and the Nation in Seventeenth Century England* (Clarendon 1996)

Wrightson, Keith, *English Society 1580–1680* (Hutchinson 1982)

次要文献

第一章

Amussen, S., and Kishlansky, M. (eds.), *Political Culture and Cultural Politics in Early Modern England* (Manchester UP 1995)

Anderson, M. D., *History and Imagery in British Churches* (John Murray 1971)

Ashton, R., *James I by his Contemporaries* (Hutchinson 1969)

Clarke, Aidan, *The Old English in Ireland 1625–1642* (Cornell UP and MacGibbon & Kee 1966)

Coward, Barry, *The Stuart Age: England, 1603–1714* (Longman 1994)

Burgess, Glenn, *Absolute Monarchy and the Stuart Constitution* (Yale UP 1996)

Cust, Richard, *The Forced Loan and English Politics 1626–8* (Clarendon 1987)

Cust, Richard, and Hughes, Anne (eds.), *Conflict in Early Stuart England: Studies in Religion and Politics, 1603–42* (Longman 1989)

Donaldson, G., *Scotland: James V–VII* (Edinburgh UP 1965)

Durston, C., *James I* (Routledge 1993)

Eales, Jacqueline, and Durston, Christopher (eds.), *The Culture of English Puritanism, 1560–1700* (Macmillan 1990)

Farrell, Lori Anne, *Government by Polemic: James I, The King's Preachers, and the Rhetoric of Conformity, 1603–1625* (Stanford UP 1998)

Fitzpatrick, Brendan, *Seventeenth Century Ireland* (Gill & Macmillan 1988)

Hill, Christopher, *A Nation of Change and Novelty: Radical Politics, Religion and Literature in Seventeenth-century England* (Routledge 1990)

Hirst, Derek, *Authority and Conflict, England, 1603–1658* (Arnold 1986)

Holstun, James, *Ehud's Dagger: Class Struggle in the English Revolution* (Verso 2000)

Howarth, David (ed.), *Art and Patronage in the Caroline Courts* (CUP 1993)

Jardine, L. and Stewart, A., *Hostage to Fortune: The Troubled Life of Francis Bacon* (Phoenix 2000)

Lee, Maurice (Jr.), *Great Britain's Solomon: James VI and I in his Three Kingdoms* (University of Illinois Press 1990)

Lockyer, Roger, *Buckingham: The Life and Political Career of George Villiers, First Duke of Buckingham* (Longman 1981)

McGrath, Alister, *In the Beginning, The Story of the King James Bible* (Hodder & Stoughton 2001)

Nenner, Howard, *The Right to be King: The Succession to the Crown of England, 1603–1714* (Macmillan 1995)

Parry, Graham, *The Golden Age Restored: The Culture of the Court, 1603–42* (Manchester UP 1981)

Peck, Linda Levy (ed.), *The Mental World of the Jacobean Court* (CUP 1991)

Pocock, J. G. A., *The Ancient Constitution and the Feudal Law: A Study of English Historical Thought in the Seventeenth Century* (CUP 1987)

Russell, Conrad, *The Crisis of Parliaments: English History, 1509–1660* (OUP 1971)

Sharpe, Kevin, and Lake, Peter (eds.), *Culture and Politics in Early Stuart England* (Macmillan 1994)

Smith, A. G. R. (ed.), *The Reign of James VI and I* (Macmillan 1973)

Sommerville, J. P., *Royalists and Patriots: Politics and Ideology in England, 1603–1640* (Longman 1999)

Strong, Roy, *Henry, Prince of Wales and England's Lost Renaissance* (Thames & Hudson, 1986)

Wendorf, Richard, *The Elements of Life: Biography and Portrait Painting in Stuart and Georgian England* (Clarendon 1990)

Willson, D. H., *King James VI and I* (Jonathan Cape 1963)

Wormald, Jenny, *Court, Kirk and Community: Scotland, 1470–1625* (Edinburgh UP 1981)

Zaret, Paul, *The Origins of Democratic Culture: Printing, Petitions and the Public Sphere in Early Modern England* (Princeton UP 2000)

第二章

Adair, John, *John Hampden: The Patriot* (MacDonald & Jane's 1976)

Adair, John, *Puritans* (Sutton 1998)

Adair, John, *Roundhead General: The Campaigns of Sir William Waller* (Sutton 1997)

Bennett, Martyn, *The Civil Wars Experienced: Britain and Ireland, 1638–61* (Routledge 2000)

Carlin, Nora, *The Causes of the English Civil War* (Blackwell 1999)

Carlton, C., *Going to the Wars: The Experience of the British Civil Wars, 1638–51* (Routledge 1992)

Cope, Esther, *Politics without Parliaments, 1629–1640* (Allen & Unwin 1987)

Cust, Richard, and Hughes, Anne (eds.), *Conflict in Early Stuart England: Studies in Religion and Politics, 1603–1642* (Longman 1989)

Eales, Jacqueline, *Puritans and Roundheads: The Harleys of Brampton Bryan and the Outbreak of the English Civil War* (CUP 1990)

Emberton, Wilfrid, *The English Civil War Day by Day* (Sutton 1995)

Fletcher, Anthony, *The Outbreak of the English Civil War* (Edward Arnold 1981)

Fraser, Antonia, *Cromwell: Our Chief of Men* (Weidenfeld & Nicolson 1973)

Gaunt, Peter, *Oliver Cromwell* (Blackwell, 1996)

Gough, Richard, *The History of Myddle* (Caliban Books 1979)

Hinds, Hilary, *God's Englishwomen* (Manchester UP 1996)

Hughes, Ann, *The Causes of the English Civil War* (Macmillan 1991)

Hutton, Ronald, *The Royalist War Effort 1642–1646* (Routledge 1999)

Kenyon, John, and Ohlmeyer, Jane (eds.), with Morrill, John (consultant ed.), *The Civil Wars: A Military History of England, Scotland, and Ireland, 1638–1660* (OUP 1998)

Kishlansky, Mark, *The Rise of the New Model Army* (CUP 1979)

Macinnes, Allan, *Charles I and the Making of the Covenanting Movement 1625–1641* (John Donald 1991)

Makey, W.H., *The Church of the Covenant 1637–1651* (John Donald 1979)

Morrill, John S., *The Nature of the English Revolution* (Longman 1993)

Morrill, John S., *The Revolt of the Provinces: Conservatives and Radicals in the English Civil War, 1630–1650* (Longman 1980)

Morrill, John S., *The Revolt in the Provinces: The People of England and the Tragedies of War, 1634–1648* (Longman 1999)

Pereceval-Maxwell, M., *The Outbreak of the Irish Rebellion of 1641* (McGill-Queen's UP 1994)

Porter, Stephen (ed.), *London and the Civil War* (Macmillan 1996)

Raymond, Joad, *Making the News: An Anthology of the Newsbooks of Revolutionary England* (Windrush Press 1993)

Richardson, R. C. (ed.), *The English Civil Wars: Local Aspects* (Sutton 1997)

Roberts, Jane, *The King's Head: Charles I, King and Martyr* (Royal Collection 1999)

Russell, Conrad, *The Causes of the English Civil War* (Clarendon Press 1990)

Russell, Conrad, *The Fall of the British Monarchies, 1637–1642* (Clarendon Press 1995)

Seaver, Paul S., *Wallington's World* (Methuen 1985)

Sharpe, Kevin, *The Personal Rule of Charles I* (Yale UP 1992)

Stone, Lawrence, *The Causes of the English Revolution, 1529–1642* (Ark 1986)

Tyacke, Nicholas, *The Fortunes of English Puritanism* (Dr William's Trust 1990)

Underdown, David, *Fire from Heaven: The Life of an English Town in the Seventeenth Century* (HarperCollins 1992)

Underdown, David, *Revel, Riot and Rebellion: Popular Politics and Culture in England, 1603–1660* (Oxford Paperbacks 1987)

Wedgwood, C. V., *The King's War, 1641–1647* (Collins 1958)

Wedgwood, C. V., *The Trial of Charles I* (Collins 1964)

Young, John R. (ed.), *Celtic Dimensions of the British Civil Wars* (John Donald 1997)

第三章

Armitage, David, Himy, Armand, and Skinner, Quentin (eds.), *Milton and Republicanism* (CUP 1995)

Aylmer, G. E., *The Interregnum: The Quest for Settlement, 1646–1660* (Macmillan 1972)

Aylmer, G. E. (ed.), *The Levellers in the English Revolution* (Thames & Hudson 1975)

Barnard, T.C., *Cromwellian Ireland. English Government and Reform in Ireland 1649–1660* (OUP 1975)

Capp, B. S., *The Fifth Monarchy Men: A Study in Seventeenth-century English Millenarianism* (Faber 1972)

Danielson, Dennis (ed.), *The Cambridge Companion to Milton* (CUP 1999)

Fitzpatrick, Brendan, *Seventeenth-century Ireland* (Gill & Macmillan 1988)

Gardiner, S.R., *Oliver Cromwell* (Longmans Green & Co 1901)

Gaunt, Peter, *Oliver Cromwell* (Blackwell 1996)

Gaunt, Peter, *The Cromwellian Gazetteer* (Sutton 1994)

Hill, Christopher, *Milton and the English Revolution* (Faber 1979)

Hill, Christopher, *The Experience of Defeat: Milton and Some Contemporaries* (Faber 1984)

Hill, Christopher, *The World Turned Upside Down* (Penguin 1978)

Ingle, H. Larry, *First Among Friends, George Fox and the Creation of Quakerism* (OUP 1994)

Mack, Phyllis, *Visionary Women. Ecstatic Prophecy in Seventeenth Century England* (University of California Press 1992)

Morrill, John, *Oliver Cromwell and the English Revolution* (Longman 1990)

Ohlmeyer, Jane H., *Ireland from Independence to Occupation 1641–1660* (CUP 1995)

Reilly, Tom, *Cromwell: An Honourable Enemy* (Brandon 1999)

Richardson, R. C. (ed.), *Images of Oliver Cromwell* (Manchester UP 1993)

Rogers, G. A. J., and Ryan, A. (eds.), *Perspectives on Thomas Hobbes* (Clarendon Press 1988)

Roots, Ivan (ed.), *Oliver Cromwell: A Profile* (Macmillan 1973)

Schaffer, Brian, and Shapin, Steven, *Leviathan and the Air Pump: Hobbes, Boyle and the Experimental Life* (Princeton UP 1985)

Scott, Jonathan, *Algernon Sidney and the English Republic, 1623–1677* (CUP 1988)

Sharpe, Kevin, and Zwicker, Steven N., *Refiguring Revolutions: Aesthetics and Politics from the English Revolution to the Romantic Revolution* (University of California Press 1998)

Spalding, Ruth, *The Improbable Puritan: A Life of Bulstrode Whitelocke* (Faber 1975)

Stevenson, David, *King or Covenant?* (Tuckwell Press 1996)

Thomas, Keith, *Religion and the Decline of Magic: Studies in Popular Beliefs in Sixteenth- and Seventeenth-century England* (Penguin 1978)

Underdown, David, *Pride's Purge. Politics in the Puritan Revolution* (Allen and Unwin 1985)

Wheeler, J. S., *Cromwell in Ireland* (Palgrave 2000)

Woolrych, A., *Commonwealth to Protectorate* (OUP 1982; Clarendon 1982)

Worden, Blair, *The Rump Parliament, 1648–1653* (CUP 1974)

第四章

Ashcraft, Richard, *Revolutionary Politics and Locke's Two Treatises of Government* (Princeton 1986)

Baxter, Stephen, *William III and the Defence of European Liberty* (Longman 1966)

Childs, J., *The Army, James II and the Glorious Revolution* (Manchester UP 1980)

Downes, Kerry, *Christopher Wren* (Allen Lane 1971)

Downes, Kerry, *The Architecture of Wren* (Redhedge 1982)

Drake, Ellen T., *Restless Genius. Robert Hooke and Earthly Thoughts* (OUP 1996)

Furst, Viktor, *The Architecture of Sir Christopher Wren* (Somerset 1956)

Harris, Ian, *The Mind of John Locke, A Study of Political Theory in its Intellectual Setting* (CUP 1994)

Harris, Tim, *London Crowds in the Reign of Charles II: Propaganda and Politics from the Restoration to the Exclusion Crisis* (CUP 1987)

Harris, Tim, *Politics under the Later Stuarts: Party Conflict in a Divided Society, 1660–1715* (Longman 1993)

Hutton, R., *Charles II: King of England, Scotland and Ireland* (Clarendon Press 1989)

Hutton, R., *The Restoration* (OUP 1985)

Israel, Jonathan (ed.), *The Anglo-Dutch Moment: Essays on the Glorious Revolution and its World Impact* (CUP 1991)

Jardine, Lisa, *Ingenious Pursuits: Building the Scientific Revolution* (Little, Brown 1999)

Jones, James Rees, *The First Whigs: The Politics of the Exclusion Crisis, 1678–1683* (OUP 1961)

Kenyon, John Philipps, *The Popish Plot* (Heinemann 1972)

Lang, Jane, *Rebuilding St Paul's After the Great Fire of London* (OUP 1956)

Miller, John, *James II: A Study in Kingship* (Methuen 1989)

Ollard, Richard, *Clarendon and his Friends* (Hamilton 1987)

Picard, Lisa, *Restoration London* (Orion 1997)

Platt, Colin, *The Great Rebuilding of Tudor and Stuart England: Revolutions in Architectural Taste* (UCL Press 1994)

Porter, Roy, *London: A Social History* (Hamish Hamilton 1994)

Rosenheim, James R., *The Emergence of a Ruling Order: English Landed Society, 1650–1750* (Longman 1998)

Speck, W. A., *Reluctant Revolutionaries* (OUP 1988)

Western, J. R., *Monarchy and Revolution: The English State in the 1680s* (Blandford 1972)

Whinney, Margaret Dickens, *Wren* (Thames & Hudson 1971)

第五章

Black, Jeremy, *Robert Walpole and the Nature of Politics in Early Eighteenth-century Britain* (Macmillan 1990)

Boulton, J. T., *Daniel Defoe* (Batsford 1965)

Brewer, John, *The Sinews of Power. War, Money and the English State 1688–1783* (Hutchinson 1988)

Brewer, John, and Styles, John (eds.), *An Ungovernable People. The English and their Law in the Seventeenth and Eighteenth Centuries* (Hutchinson 1980)

Clark, J. C. D., *English Society, 1688–1832* (CUP 1985)

Cockburn, J. S. (ed.), *Crime in England 1550–1800* (Methuen 1977; Princeton UP 1977)

Daiches, David, Jones, Peter, and Jones, Jean (eds.), *The Scottish Enlightenment 1730–1790. A Hotbed of Genius* (Saltire Society 1996)

Denvir, Bernard, *The Eighteenth Century: Art, Design and Society, 1689–1789* (Longman 1983)

Devine, T. M., *Clanship to Crofters' War: The Social Transformation of the Scottish Highlands* (Manchester UP 1994)

Devine, T. M. (ed.), *Conflict and Stability in Scottish Society, 1700–1850* (John Donald 1990)

Dickson, P.G., *The Financial Revolution in England* (Macmillan 1967)

Douglas, Hugh, *Jacobite Spy Wars* (Sutton 1999)

Gilmour, Ian, *Riots, Risings and Revolutions. Governance and Violence in Eighteenth Century England* (Hutchinson 1992 and Pimlico 1992)

Gregg, Edward, *Queen Anne* (Ark 1980)

Harvie, C., *Scotland and Nationalism: Scottish Society and Politics, 1707–1994* (Routledge 1994)

Holmes, G. (ed.), *Britain after the Glorious Revolution, 1689–1714* (Macmillan 1969)

Houston, R. A., and Whyte, I. D. (eds.), *Scottish Society, 1500–1800* (CUP 1989)

Jones, J. R., *Country and Court, England, 1658–1714* (Arnold 1978)

Lenman, B. P., *The Jacobite Clans of the Great Glen, 1650–1784* (Methuen 1984)

Lenman, B. P., *The Jacobite Risings in Britain, 1689–1746* (Eyre Methuen 1980)

Lynch, M. (ed.), *Jacobitism and the '45* (Historical Association for Scotland 1995)

McKendrick, Neil, Brewer, John, and Plumb, J. H., *The Birth of a Consumer Society. The Commercialization of Eighteenth Century England* (Europa 1980)

McLean, M., *The People of Glengarry: Highlanders in Transition, 1745–1820* (McGill-Queen's UP 1991)

McLynn, F., *The Jacobites* (Routledge and Kegan Paul 1985)

Mitchison, Rosalind, *Lordship to Patronage. Scotland 1603–1745* (Edward Arnold 1983)

Parissien, S., *Adam Style* (Phaidon 1992)

Philipson, N. T., and Mitchison, Rosalind (eds.), *Scotland in the Age of Improvement* (Edinburgh University Press 1970)

Plumb, J. H., *Sir Robert Walpole*, 2 vols (Cresset Press 1956 and 1960)

Plumb, J. H., *The Growth of Political Stability in England, 1675–1725* (Penguin 1967)

Plumb, J. H., *The Making of a Historian: Collected Essays* (Harvester–Wheatsheaf 1988)

Porter, Roy, *Enlightenment: Britain and the Creation of the Modern World* (Penguin 2000)

Prebble, John, *The Darien Disaster* (1968)

Richards, E., *A History of the Highland Clearances*, 2 vols (Croom Helm 1982 and 1985)

Sanderson, M. H. B., *Robert Adam and Scotland* (HMSO 1992)

Scott, P. H., *Defoe in Edinburgh* (Tuckwell 1995)

Scott-Moncrieff, Lesley (ed.), *The '45: To Gather an Image Whole* (Mercat 1988)

Smart, A., *Allan Ramsay* (Yale UP 1992)

Smout, T. C., *A History of the Scottish People* (Penguin 1969)

Spadafora, David, *The Idea of Progress in Eighteenth Century Britain* (Yale 1990)

Speck, W. A., *Stability and Strife, England, 1714–1760* (Arnold 1977)

第六章

Anderson, Fred, *Crucible of War: The Seven Years' War and the Fate of Empire in British North America, 1754–1766* (Knopf 2000)

Armitage, David, *The Ideological Origins of the British Empire* (CUP 2000)

Ayling, Stanley, *The Elder Pitt* (Collins 1976)

Bailyn, Bernard, *The Ideological Origins of the American Revolution* (Harvard UP 1992)

Bailyn, Bernard, *The Ordeal of Thomas Hutchinson* (Harvard UP 1974)

Bailyn, Bernard, *Voyagers to the West. A Passage in the Peopling of America on the Eve of the Revolution* (Random House 1988)

Bayly, C. A., *Empire and Information: Intelligence Gathering and Social Communication in India, 1780–1870* (CUP 1997)

Bayly, C. A., *Imperial Meridian: The British Empire and the World, 1780–1830* (Longman 1989)

Bayly, C. A., *Rulers, Townsmen and Bazaars: North Indian Society in the Age of British Expansion, 1770–1870* (CUP 1983)

Bayly, C. A. et al. (eds.), *The Raj: India and the British, 1600–1947* (Nat. Portrait Gallery 1990)

Bayly, Susan, *Caste, Society and Politics in India from the Eighteenth Century to the Modern Age* (CUP 1999)

Beckles, Hilary, *A History of Barbados* (CUP 1990)

Blackburn, Robin, *The Making of New World Slavery. From the Baroque to the Modern 1492–1800* (Verso, 1997)

Butler, Jon, *Becoming America: The Revolution before 1776* (Harvard UP 2000)

Canny, N. (ed.), *The Origins of Empire: British Overseas Enterprise to the Close of the Seventeenth Century. The Oxford History of the British Empire, Vol. 1* (OUP 1998)

Chaudhuri, S. (ed.), *Calcutta: The Living City, Vol. 1: The Past* (OUP 1990)

Cohn, Bernard S., *Colonialism and Its Forms of Knowledge. The British in India* (Princeton 1996)

Conway, Stephen, *The British Isles and the War of American Independence* (OUP 2000)

Cook, Don, *The Long Fuse: How England Lost the American Colonies, 1760–1785* (Atlantic Monthly Press 1995)

Dickinson, H. T. (ed.), *Britain and the American Revolution* (Longman 1998)

Draper, T., *A Struggle for Power: The American Revolution* (Abacus 1997)

Dunn, Richard S., *Sugar and Slaves. The Rise of the Planter Class in the English West Indies 1625–1713* (Norton 1973)

Games, Alison, *Migration and the Origins of the English Atlantic World* (Harvard UP 1999)

George, Dorothy M., *English Political Caricature to 1792* (Clarendon Press 1959)

Greene, Jack P., *The Intellectual Construction of America: Exceptionalism and Identity from 1492 to 1800* (University of North Carolina Press 1993)

Handler, J. S., and Lange, F. W., *Plantation Slavery in Barbados* (Harvard UP 1978)

Harvey, Robert, *Clive: The Life and Death of a British Emperor* (Hodder and Stoughton 1998)

Hibbert, C., *Redcoats and Rebels: The American Revolution through British Eyes* (Avon 1990)

Inikori, Joseph E., and Engerman, Stanley L. (eds.), *The Atlantic Slave Trade: Effects on Economies, Societies and Peoples in Africa, the Americas and Europe* (Duke UP 1992)

James, L., *Raj: The Making and Unmaking of British India* (Abacus 1997)

Keay, John, *The Honourable Company: A History of the English East India Company* (HarperCollins 1991)

Labarée, Benjamin Woods, *The Boston Tea Party* (OUP 1964)

Lawson, Philip, *The East India Company: A History* (Longman 1987)

Maier, Pauline, *American Scripture. Making the Declaration of Independence* (Random House 1997)

Maier, Pauline, *From Resistance to Revolution. Colonial Radicals and the Development of American Opposition to Britain, 1765–1776* (Routledge & Kegan Paul 1973)

Marshall, P. J., *Bengal: The British Bridgehead, Eastern India, 1740–1828* (CUP 1987)

Marshall, P. J. (ed.), *The Eighteenth Century: The Oxford History of the British Empire, Vol 2* (OUP 1998)

Marshall, P. J., *Trade and Conquest: Studies on the Rise of British Dominance in India* (Variorum 1993)

Mintz, S. W., *Sweetness and Power: The Place of Sugar in Modern History* (Penguin 1985)

Mintz, S. W., *Tasting Food, Tasting Freedom. Excursions into Eating, Culture and the Past* (Beacon 1996)

Moorhouse, G., *Calcutta* (Weidenfeld and Nicolson 1971)

Padfield, P., *Maritime Supremacy and the Opening of the Western Mind* (Pimlico, 2000)

Pagden, Anthony, *Lords of All the World, Ideologies of Empire in Spain, Britain and France c. 1500–1800* (Yale UP 1995)

Peters, Marie, *The Elder Pitt* (Longman 1998)

Pocock, Tom, *Battle for Empire: The Very First World War, 1756–63* (Michael O'Mara 1998)

Sandiford, Keith, A., *The Cultural Politics of Sugar. Caribbean Slavery and Narratives of Colonialism* (CUP 2000)

Sheridan, R. B. *Sugar and Slavery: An Economic History of the British West Indies, 1623–1775* (Caribbean UP 1974)

Sinha, N.K., *The Economic History of Bengal from Plassey to the Permanent Settlement*, 2 vols (Calcutta 1956 and 1962)

Spear, Percival, *The Nabobs: A Study of the Social Life of the English in Eighteenth-century India* (OUP 1998)

Walvin, James, *Black Ivory: A History of Slavery* (HarperCollins 1992)

Walvin, James, *Making the Black Atlantic: Britain and the African Diaspora* (Cassell 2000)

Walvin, James, *Questioning Slavery* (Routledge 1996)

Weller, Jac, *Wellington in India* (Longman 1972)

Wickwire, F. and M., *Cornwallis: The Imperial Years* (University of North Carolina Press 1980)

Wild, A., *The East India Company: Trade and Conquest from 1600* (HarperCollins 2000)

Young, Alfred F., *The Shoemaker and the Tea Party. Memory and the American Revolution* (Beacon 1999)

Zobel, Hiller, *The Boston Massacre* (Norton 1970)

更 新 知 识 地 图　　拓 展 认 知 边 界

英国史

III

1776 — 2000
帝国的命运
The Fate of Empire

A History of Britain

［英］西蒙·沙玛（Simon Schama）/ 著　刘巍　翁家若 / 译

中信出版集团 · 北京

图书在版编目（CIP）数据

　英国史 . Ⅲ，帝国的命运：1776—2000/〔英〕西
蒙·沙玛著；刘巍，翁家若译 . -- 北京：中信出版社，
2018.7（2024.5 重印）

　书名原文：A History of Britain - Volume 3: The
Fate of Empire 1776-2000

　ISBN 978-7-5086-4930-6

　I. ①英⋯　II. ①西⋯　②刘⋯　③翁⋯　III. ①英国—
历史　IV. ①K561.0

　中国版本图书馆CIP数据核字〔2018〕第 000312 号

英国史Ⅲ：帝国的命运 1776—2000

著　　者：〔英〕西蒙·沙玛
译　　者：刘　巍　翁家若
出版发行：中信出版集团股份有限公司
　　　　　（北京市朝阳区东三环北路 27 号嘉铭中心　邮编　100020）
承 印 者：北京盛通印刷股份有限公司

开　　本：880mm×1230mm　1/32　　　彩　　插：8
印　　张：17.25　　　　　　　　　　　字　　数：450 千字
版　　次：2018 年 7 月第 1 版　　　　印　　次：2024 年 5 月第 7 次印刷
京权图字：01–2016–2369　　　　　　书　　号：ISBN 978-7-5086-4930-6
审 图 号：GS（2024）1442 号（本书地图系原书插附地图）
定　　价：238.00 元（全三卷）

终于把太阳抛在脑后，进入了东面的大海。加快速度划破油汪汪的水面，喧声越来越大，速度越来越快，咕噜，咕噜——哗啦——咕噜，肯特的群山——我曾经翻过山去，逃避尼克迪摩斯·弗拉普（Nicodemus Frapp）叔叔的基督教教训——在右侧落远了，埃塞克斯（Essex）在左侧落远了。它们远去了，消失在蓝色的雾霭里，而拖船后面高大缓慢的船只，那些几乎不大移动的船只和吭哧吭哧向前拱着的结实的拖船，在你泛着泡沫经过时，都变成了金子铸造的模样。他们背负着生与死的奇异使命出航，驶向要置人于死地的异国他乡。而现在，在我们的身后，蓝色的秘密，看不见的灯火幽灵似的闪烁，不一会儿，就连这些也消失了。我和我的驱逐舰越过灰蒙蒙的广阔空间闯入未知的世界。我们闯入了未来的辽阔空间，涡轮机开始用陌生的语言交谈。我们驶向茫茫大海，驶向风一般的自由和渺无人迹的道路。灯一盏盏熄灭了。英格兰与国王，不列颠与帝国，昔日的荣光，古老的奉献，都擦身而过向后滑去，沉没到海平线以下，逝去了——逝去了。河流逝去了——伦敦逝去了，英国逝去了……

赫伯特·乔治·威尔斯[1]
《托诺–邦盖》

……乡下村舍会被改造成孩子们的假日野营地，伊顿–哈罗对抗赛会被人遗忘；但英国将仍是英国，一个贯穿过去未来的永恒生灵，并且如同所有的生命一般，它拥有改头换面的力量，却依旧保持着原貌……

乔治·奥威尔
《英国，您的英国》

---

[1] 赫伯特·乔治·威尔斯（Herbert George Wells，1866—1946），英国著名小说家，以其科幻小说闻名于世。20世纪以后，除了科幻小说以外，威尔斯还创作了一系列以《托诺–邦盖》为代表的反映英国中下层社会的写实小说。小说描写叔侄二人靠推销假药"托诺–邦盖"成为巨富，后来又在竞争中惨遭失败的故事，反映了19世纪末英国社会变革时期复杂的社会状况。——译者注

目　录

前　言

　　想要借本书来了解罗伯特·皮尔爵士（Sir Robert Peel）或雷金纳德·麦德宁（Reginald Maudling）详尽生涯的读者可以掩卷作罢了。因为在这本《英国史》的最后一卷中，无论是对现代英国史史料所做的直接的解释性举例，还是就这些议题来提供我本人最翔实的主观论断，比以往更多的将是我就本书议题所做的警示性、非定性阐述。正如我与BBC2合作的电视节目一样，我趋向专注于少量的史料和论据，并详细论述它们，而并非只是粗略地涵盖英国在工业帝国转型过程中的各方面。正如之前的两卷，这卷就多个主题进行了详尽阐述，这些都是电视节目有限的叙述容量所不能完全涵盖的；即便如此，这并不意味着一个包罗万象的全面解读，这卷也不应被混淆成历史教科书。我审慎地选择了用一种散文般开阔又松散的笔调来描写20世纪后半叶的英国——至少是其中的部分历史，之所以这么做，是因为我很难将自己所身处的当代看成真正的历史，毋庸置疑，这更像是一个幻觉，一个过往时间流逝所带来的幻觉。然而，正如本书标题所指的一样，我试图在19世纪和20世纪的英国史中搜寻一些不常被研究的内容：尝试汇集帝国与本土的历史，特别是我一贯所关注的印度对大英帝国的扩张和繁盛所带来的重要影响；与此同时，也有责任检讨英国的殖民统治给印度及爱尔兰所造成的困境。

纽约，2002 年

第一章

自然的力量：通往革命之路？

　　不列颠失去"帝国"身份的同时，却找到了它自己。1775 年，美国独立战争在马萨诸塞爆发。就在英军面对当地愤怒的人群、充满敌意的民兵时，却有一位佛林特郡（Flintshire）的绅士、博物学家托马斯·彭南特（Thomas Pennant）出门远行，踏遍阿尔比恩（Albion，英国旧称）的山山水水，去寻找一个几乎绝迹的物种——真正的英国土著。彭南特认为，自己在迈里奥尼德郡[1]，高地峭壁与冰冷的山湖之间，找到了这样的人——那就是英国土生土长的纯洁原始人，初民的后代；他们简单质朴的天性，多少避过了现代"文明"的摧残。在林恩·厄蒂恩[2]湖畔，彭南特绕着两座圆形巨石阵缓缓而行，他相信，这两座巨石阵，一定就是"德鲁伊教派[3]古物"的残迹。彭南特在近旁，还发现了同样质朴的人类居民。有一户人家，男主人名叫埃文·鲁维德（Evan Llwd）；他们用"古代英国人的风格"热情地招待了彭南特：有浓烈的啤酒，下酒菜则是风干羊肉（威尔士语叫 Coch yr Wdre），还有牛羊奶制成的奶酪。主人还给我们看了一只家族的圣杯，用公牛的阴囊制成；这杯子曾经装过很多

---

[1] 迈里奥尼德郡：拼写应为 Meirionnydd，威尔士西北部一郡。——译者注

[2] 林恩·厄蒂恩：拼写应为 Llyn Erddyn，威尔士北部格温内思郡（Gwynedd）湖泊。——译者注

[3] 德鲁伊教派（Druid）：凯尔特人的古代宗教，教义神秘，崇尚自然。后来因罗马入侵和基督教打压而衰落。——译者注

祭祀用的酒……他们世世代代居住于此，进项不增不减；没有喧闹的名利，也没有随名利而来的各种苦恼。

这严酷而多雨的乡间，却充满了旧日不列颠的奇迹；有人类的奇迹，也有地貌的奇迹。彭南特在彭林湖（Penllyn）边，找到了一间小屋，小屋的主人是年过九旬的老太太——玛格丽特·伊赫·伊万斯[1]，但这位当地无人不知的居民却正好出门在外，大概是猎取狐狸去了。彭南特无比失望。因为他先前听说，玛格丽特夫人堪称威尔士的黛安娜（Diana）女猎神、凯尔特的亚马逊（Amazon）女战士。她捕鱼打猎都是一把好手，而且九十多岁的时候，依然"是湖上的女王，孜孜不倦地划着船；小提琴的技艺堪称一绝，对一切古代音乐都很熟悉；对机械的艺术也没有忽略，是了不起的细木工匠"。玛格丽特还会打铁，修鞋，造船，做竖琴；年近八十，仍是"全国第一的摔跤手"。

彭南特成了专家，专门记录古老奇异、未经雕琢的不列颠遗迹：野猫、松鸡、苔痕斑驳的史前巨石，还有穷苦但强悍的民族，生活在这些风景之间。彭南特在北威尔士"远足"之后几年，恰好也是詹姆士·鲍斯韦尔[2]和约翰逊博士[3]访问威尔士的前一年，彭南特又坐船穿越了赫布里底群岛（Hebrides），随行的有一位威尔士男仆摩西·格里菲思[4]，也是插画家。这一次旅程，彭南特看见的各种场景，让他时而忧郁，时而欢欣。此地的岛民，如同迈里奥尼德山间的牧羊人一般，也过着原始的生活。很多人住在没有窗子的茅舍里，食物只有麦片、牛奶，还有一点儿鱼。18 世纪六七十年代，数以万计的岛民被迫告别了自家小小的农庄，

---

[1]　玛格丽特·伊赫·伊万斯（Margaret Uch Evans，1696—1793），威尔士摔跤手、竖琴家，是很多民间歌曲和传说的主人公。——译者注

[2]　詹姆士·鲍斯韦尔（James Boswell，1740—1795），英国现代传记文学的开创者，代表作是《约翰逊传》。——译者注

[3]　约翰逊博士即塞缪尔·约翰逊（Samuel Johnson，1709—1784），英国文学巨匠。与鲍斯韦尔于 1774 年去威尔士北部旅行，写有游记。——译者注

[4]　摩西·格里菲思（Moses Griffith，1724—1785），英国医生。——译者注

让出来的土地，用来放牧利润丰厚的黑面羊与切维厄特绵羊。很多人难以忍受困苦，渡过大西洋，移民到了美洲。但偶尔也会出现一些神迹般的美景：在苏格兰西部的巴里斯戴尔湾（Barrisdale），彭南特看到了许多捕捞鲱鱼的小船，"在这片荒蛮而秀丽的地方，有一处繁忙的栖息地，有许多渔夫和渔船"。另外，赫布里底群岛，朱拉山脉（Paps of Jura）的山峰之一，盖尔语名叫贝恩–安–奥尔（Beinn-an-oir），意思是金山。这样的山峰，在山脉中一共有三座。彭南特登上峰顶，四处远眺，看到了英国边境的星星点点，备感兴奋：东北方是高地上的山峰，一路延伸到本洛蒙德山（Ben Lomond）；西方的大洋里，是科伦赛（Colonsay）和奥伦赛（Oronsay）诸岛；南方则是艾拉岛（Islay），以及北爱尔兰的安特里姆郡（Antrim）的遥远群山。

　　攀爬、行走、速写、笔记，这一切使得托马斯·彭南特成了不列颠第一位杰出的旅游向导。此时，这位旅人还远远没有将祖国探索完毕。彭南特的《苏格兰游记》（A Tour in Scotland）1772 年出版。到 1790 年之前，已经再版了四次。然而，给英国以重新发现、重新定义，并以此在名望、金钱方面小有收获的作家，并非只有彭南特一人。1778 年，美国独立战争仍在进行，英军撤出了费城。就在这一年，彭南特的威尔士游记出版之后，英国又出版了一本英格兰著名风景区——湖区（Lake District）的导览，作者是托马斯·韦斯特（Thomas West），一名苏格兰耶稣会信徒（Jesuit），住在坎布里亚郡（Cumbria）的阿尔弗斯顿（Ulverston）。韦斯特跟彭南特一样，也是一位学者，走过欧洲很多地方。先前，韦斯特曾经拉着一些英国旧派绅士，穿过满是乞丐的广场。这次"壮阔的旅程"对这些绅士而言，只是不得已的义务，因此百无聊赖。韦斯特厌倦了这种事，回国发展了第二职业，组建了一个团队，成员都是胆略过人、爱好旅行的男男女女，在湖泊、悬崖、山谷间穿行。韦斯特不论在现实中，还是在导游著作当中，都会引领着游客，拜访一系列观光胜地，在不列颠的壮丽山河中举杯畅饮。

彭南特和韦斯特要向公众传达一句话，这句话虽然简单，却带有革命性质：回家吧！从印度的迈索尔（Mysore）到意大利的那不勒斯（Naples），英国人已经漫步得太久，这漫步太过杂乱，也太过贪婪。英国人着力要让祖国的自然景色同意大利相仿，要么到处修建神庙，树雕像，制造种种古怪东西来装点山河，要么，就是照着外国油画来改造自然景观，让自己哪怕出了美术馆去野餐，也不会发觉景色有所不同。这一措施同乱搭乱建一样恶劣。这个过程中，英国人不知不觉丧失了本民族的精髓——那就是未经美化的自然。这种原生态，在英伦三岛某些边远地区，奇迹般得以保存；因为上流社会觉得这些地方太过遥远、景象丑陋、环境恶劣，即使远足也不会涉及。但如今，新建了收费公路，到切斯特（Chester）或爱丁堡（Edinburgh）可以节省一半时间。于是，爱冒险的旅人就能迅速抵达那个"壮丽的"不列颠边缘；再往更偏远的地方，当然就只能采用更简易、更原始的交通方式了，比如骑马、渡船。当然，还有一个情况令人不爽，那就是，要亲眼见到壮丽的景色，就必须淋很多雨，吹很多风。

然而，彭南特和韦斯特表示，一切辛苦都值得，因为去往"真正英国"的旅程，并非假日的休闲，而是为了"恢复自然美德"事业的尝试。英国人已经在邪恶的安乐中沉迷太久，需要艰苦的磨砺。当年，罗马帝国灭亡了，如今的英国人检视着那些帝国的遗迹，又走上了罗马声名狼藉的老路。这两位悲观的预言家说：英国人早在失掉美国以前，就已经失掉了自己。旧日的英国美德，输给了现今的丑恶。自由已经被滥用，自由的行为歪曲了，正义被无情的拜金主义蒙蔽了，乡村的纯真被都市的风尚污染了。"古老的宪法"（Ancient Constitution）曾一度保障过不列颠的自由，而今，用批评家的说法，却堕落成了"古老的腐败"，或者更辛辣一点——"那种问题"。有些人秉持着帝国必胜的信念，他们以为，只要有了经济的蓬勃发展，加上新教的朴素正直，就能让英国免疫，不受那种帝国衰落的必然规律影响。然而，"贸易"已经变成了英军枪口下掠夺财富的遁词，变成了非洲野蛮的奴隶贸易。1777年，美国纽约州发生了萨拉托加战役。1781年，弗吉尼亚约克镇又发生了约克镇战役。英军两次战败投降。彭南特等人认为，这两次惨败，就是上帝和历史对英国的惩罚。

而腐化的解药是恐怖的。宣传旅游景点的浪漫主义旅行文学正在发展，作品中经常出现的词，有一个就是"可怖"（horrid），其他的常用词还包括"怒发冲冠"（bristling）、"乱蓬蓬"（shaggy）、"险峻"（precipitous）等。英格兰西北部坎布里亚郡的莱克兰（Lakeland）区，有一处风景区，名叫隼岩（Falcon-Crag）。韦斯特是这么向读者保证的："你头顶上悬着一块巨岩，再往上面是破碎尖石的密林，呈一个巨大的半圆形，向内耸起，形成有史以来、人眼所目睹过的最可怖的半圆剧场，这就是动荡的自然的狂野形态。"苏格兰的南拉纳克郡（South Lanarkshire）克莱德河（River Clyde）上，有四座瀑布，组成了克莱德瀑布群。按照另一位旅行作家，绅士托马斯·纽特（Thomas Newte）的说法，克莱德瀑布群，也是漫游英国壮丽山河的必经之地。纽特是这么说的："巨大的水体，带着可怖的愤怒不停奔涌，宛如要给坚硬的岩石带去毁灭一般；这些岩石的存在，激起了波涛的憎恶。波涛从一座座洞窟中翻腾而起，洞窟就是波涛塑造出来的，好似从地狱大口中呕吐而出。"然而，这些可怕的经历，并非当作"地狱游记"而以猎奇夸大的手法编造出来，而是意在锻炼人的感官。对五感的刺激，目的在于给游客造成震撼，让他们脱离乏味的嗜好、麻木的状态，正是这些嗜好、麻木形成了恶疾，蚕食着民族的肌体。坎布里亚、威尔士、苏格兰这些地方清澈如镜的水面，能够治愈大英帝国道德与新陈代谢的疾病。英国人来到山地，远离大都市充满毒素的污秽、污染的空气，才能再度呼吸，才能开始新的生活。

一切都要颠倒过来。古罗马人、金雀花王朝[1]的人，曾经被视为"进步"的力量，如今人们却谴责他们带来了贪婪和蛮力。各种文明衰败的考古学成果，让旅人沉思良久，从而与旧日的英国美德建立了联系，这"老古董"可能会成为将来的蓝图。这些古迹包括：巨石阵；铁器时代（Iron Age）的梯田，上面留下了不列颠被罗马扫荡的印迹；威尔士残破的要塞，曾被英王爱德华一世突袭；荒废的修道院，先被托马斯·克伦威尔（Thomas Cromwell）霸占，又被托马斯的孙子、革命时期的护国公奥利弗·克伦威尔（Oliver Cromwell）焚烧——这些古迹，全都被旅行的写手们，做了口若悬河的悲情渲染。早在 1740 年，考古学家威廉·斯图克利（William Stukeley）就写了一本书《巨石阵：还给英国德鲁伊教徒的神庙》（Stonehenge:A Temple Restor'd to the British Druids），认为：罗马皇帝恺撒曾把德鲁伊人描绘成嗜血的野蛮人，但事实绝非如此。德鲁伊人是古代以色列失落部族的一支，迁移到英国，想要创造一片新的上帝赐予的"应许之地"；后来生存了下来，如同教士一般，守护着一个成熟古老的文明。德鲁伊人的凯尔特语言，不仅是原始的不列颠语言，也是一切非拉丁的欧洲语言的源头。

突然，"英国人"的意思就跟"英格兰人"不一样了。威尔士北部的军事要地格温内思郡，有一座多巴达恩城堡（Dolbadarn Castle）。当年，威尔士在独立状态下，最后一位亲王罗埃林·格瑞福德（Llewellyn Gruffydd）之子欧文·戈赫（Owain Goch），曾在此抗击英格兰国王爱德华一世大军。此时，城堡变成了人们朝圣的宝地。最早踏足此地的人——像彭南特这样的威尔士古董商，迫切想用"原始英国人"的身份，来拥有这些祖传的宝物。然而，一些坚持浪漫主义、同情英格兰的人，很快就尾随而至。这些化作废墟的石堆，映在黑暗的天幕之上，无

---

[1] 金雀花王朝（Plantagenets，1154—1485），也称"安茹王朝"，英国历史上的一个朝代，多次发起对外战争。——译者注

论是亲眼看到，还是绘画所表现的，都远比金雀花王朝的城堡，如康威城（Conwy）、哈莱克城（Harlech）这些毫发无损的建筑要"有情"得多。彭南特把康威城、哈莱克城叫作"吾人降服的伟岸之徽章"。抒情诗人托马斯·格雷（Thomas Gray），在1757年写过一首《吟游诗人》（*The Bard*），写的是金雀花国王爱德华一世率军在威尔士北部斯诺多尼亚（Snowdonian）山坡上行进，突然遇到了一位劫后幸存的吟游诗人。诗人对侵略者发出了愤怒的诅咒，最后从山巅一头扎进了深谷的滚滚波涛。如今，受彭南特等人影响，很多寻找刺激的游客，带着格雷的《吟游诗人》册子，造访了斯诺多尼亚地区，一边背诵诗中主角最后对侵略者国王的诅咒，一边向着深谷俯瞰；一想到诗人以不屈的姿势，跳入深谷自尽，就感到不寒而栗。游客们若是幸运，还可能受到沃特金·威廉斯·韦恩爵士（Sir Watkin Williams Wynn）一类人的邀请，来到威尔士登比郡（Denbighshire）的怀恩斯泰（Wynnstay），光临爵士自己的乡村活动基地，参加威尔士艺术节（eisteddfod）。艺术节期间，会有合唱队，以及年迈的竖琴家，如约翰·帕里（John Parry）等人登台演出，演唱祖先的歌谣。倘若竖琴家是盲人就更好了。从18世纪50年代中期开始，伦敦有一群威尔士人聚在一起，自称"赛摩多里昂人"（Cymmrodorion），时常在酒馆碰面。在享用浓烈麦芽酒的间歇，这些人会孜孜不倦地抄写、出版威尔士的史诗与歌谣，免得这些作品坠入遗忘的国度。

　　崇尚原始不列颠的浪漫主义者，不论到哪里，都相信那里曾有过用"高贵"来打破"教化之平衡"的恶行，这些恶行必须当作教训来记取。在英国最古老的山河中心——距离腐化的风尚最远之处，这山河曾让著名园林设计师"万能"布朗［'Capability' Brown，真名兰斯洛特·布朗（Lancelot Brown），设计风格尽量模仿自然］噩梦缠身；而今，这里又将出现一些真实不虚的当代奇迹。1746年，有一位建筑师，名叫威廉·爱德华兹（William Edwards），想要在塔夫河（Taff）上修建一座单孔石桥，全长 140 英尺。爱德华兹失败了两次，终于在 1755 年成功了；谁也不知道他是怎么建成的，而且石桥保存了很久。在 18 世纪 60 年代后期到 70 年代，有很多人写诗作文，称颂庞特浦里德（Pontypridd），说此地可与意大利威尼斯的里亚尔托（Rialto）相比，说它是"一处纪念碑，纪念着强力而自然的往日，是古代不列颠勇敢的尝试"。

威廉·爱德华兹本人，就是这古老又现代的不列颠的模范——既在残酷的世界中幸存下来，又是英国本土的"天才"（genius）。如今，"genius"一词既有古老意义，也有现代意义；既代表扎根于某地的人，也代表拥有极高技巧的人。天才一出，就必然会有英国人尽力去探索祖国的原始河山，正是这片河山当年保护、庇荫了英国的天性与本质。为此，英国人首先必须放下傲慢的架子，下马步行。只有靴子直接碰触不列颠的土地，浪漫主义的游客们才能显示出渗入骨髓的忠贞，感受那深刻而原始的含义。想做爱国者，必先做步行者。

当然，这时尚的风景区，也鼓励了这片土地的主人和家人，沿着蜿蜒的小路散步，要么路旁是弯弯曲曲的池塘，要么尽头是一座意大利风格的亭子；他们一边走，一边想着，走到亭子的时候，应当已陷入了一种诗性的沉思——这种状态，古罗马诗人贺拉斯（Horace）、奥维德（Ovid），以及英国诗人蒲柏（Pope）都提到过。但这种新式的徒步，不仅体力上要求精进，还要求道德甚至政治的意义。拿起一根长途跋涉的手杖，离开公园，就是一种自我宣言。英国最有名的浪漫主义探险家，外号"行路者"的约翰·斯图尔特（John Stewart），曾在东印度公司从业 20 年，写书，服兵役，还担任印度土邦主的宰相。1783 年，他离开了印度，不仅从地理概念上，也从思想上与帝国做了告别。他似乎成了一名印度–苏格兰的漫游苦行僧，一位"神圣的行路人"，穿过南亚次大陆，穿过阿拉伯沙漠，最终穿过法国、西班牙回到了英国。后来，他又重新启程，先去维也纳，后去了美国、加拿大。"行路者"变得小有名气，每次浪漫主义游客的晚餐会上他必然出现；他一去圣詹姆士公园（St James's Park），就会被人认出来。有位作家，名叫托马斯·德·昆西（Thomas De Quincey），认识斯图尔特，对长途旅行的深刻意义也毫不怀疑。昆西估计，威廉·华兹华斯（William Wordsworth）一定走过了185 000英里，虽然这个数字有些可疑；但他算出这个数字，目的在于宣传这位诗人的道德凭证——说明诗人对普通人、普通的场所，有多么熟悉。1793年，法国大革命的危机到了顶点，正值激进的雅各宾派掌权，开始了恐怖统治时期。英国有一个穷困的绸缎商的儿子，名叫约翰·塞沃尔（John Thelwall），成了一名激进的宣传家、雄辩家。塞沃尔在伦敦和肯特郡走了一遭，出版了一篇奇怪的记叙文章，诗歌体和散文体并用，名叫《逍遥学派》（The Peripatetic，1793），是关于"贫苦者和伟大者"的见闻，当然这见闻是以脚痛为代价的。

当时，还有许多人，不习惯看到"有品位的人"参加徒步旅行。直到1792年，才出现了第一本专门为"漫步者"写的湖区导览。这本书既包括了各条徒步路线的信息，也传递了一种革命性的观点：游客穿越的这片风景，是一种国民共通的财富，而非乞丐和劫匪的渊薮。又过了大约十年，有一位德国牧师，名叫卡尔·莫里茨（Karl Moritz），徒步走过了英格兰南部和中部地区。迎接他的，始终是当地人的怀疑和不信任。莫里茨留宿在里士满（Richmond）的时候，房屋主人听说他决心要徒步走到牛津（Oxford）去，"还要走得更远"，便"无法充分表达自己的惊奇"；6月，有一天，莫里茨走累了，坐到路边树篱的阴影中，打开英国文豪约翰·弥尔顿（John Milton）的书，看了起来。他回忆道："那些骑马、驾车从我身边经过的人，都震惊地看着我，做出很多显而易见的姿态，好像觉得我脑子发疯一般。"在牛津的米特雷（Mitre），房东一家人检查了莫里茨，确定他穿着干净的亚麻衣服，符合绅士的身份；但听说他决心徒步旅行，却困惑不已。房东一家承认，莫里茨倘若没有一些友好的朋友同行，他们绝不允许莫里茨跨过门槛，因为"只要徒步走过这么远的路程，无论是谁，都会被众人鄙视的；因为此人要么是乞丐，要么是流浪汉，要么……是恶棍"。

当时，全英国都在疯狂地追求速度，英国人都骑着马、驾着马车，在收费公路上疾驰。而莫里茨，就以一名纯朴的外国人的身份，现身在了这样的英国。但他也明白，即使徒步没有让他成为一名民主主义者，也使得他公开而坚决地漠视社会等级，并因这种漠视而欣慰。徒步让他直接接触了英国的民族精华——有一名清扫烟囱的女工；还有一名哲学马具商，马具商居然能背诵古希腊诗人荷马（Homer）的作品——他们是"路上的学术机构"。此外，徒步还让旅行家展现出了一种新人的姿态——有情之人。同年，也就是 1782 年，莫里茨终于拿到了一本书，法国政治哲学家让–雅克·卢梭（Jean-Jacques Rousseau）的《忏悔录》（*Confessions*, 1782）；这本书很快便成了沉思徒步者的"圣经"。这本书还有一个附录：《一个孤独漫步者的遐想》（*Reveries of the Solitary Walker*），收录了 10 篇文章，每篇文章都用散步的形式表现。

卢梭看来，只要散步，就总是能远离某种事物，同时接近某种事物。卢梭的代表作《忏悔录》，多亏了卢梭的英国朋友兼崇拜者布鲁克·布思比（Brooke Boothby）协助奔走，方才与公众见面。《忏悔录》中写道，卢梭有一次从巴黎步行去樊尚市（Vincennes）看望好友——作家兼哲学家德尼·狄德罗（Denis Diderot），其间有了一次决定性的领悟。卢梭离开城市，行至途中某地，突然想到，整个上流社会的价值观完全是上下颠倒。一直以来，卢梭接受的教育，都让他认为，"人类的进步"就是从自然到文明的旅程；但这种转变实际上却成了一种可怕的堕落。自然要求的是平等，而文化却制造不平等。因此，自由和幸福，并非用文化取代自然，而是正好相反。城市用时尚、商业、智谋的铁腕，迫使所有人按一定规矩行事。可以说，城市就是一张邪恶的网，充满了罪恶的伪君子、掠夺者。城市令人成为奴隶，而乡村却令人自由，只要这乡村不被城市的罪恶感染；城市令居民饱受污染，罹患疾病，而乡村却为居民涤荡身心，增添活力。教育的目的，不是用文明的艺术、礼节筑成围栏，驯服儿童的自然天性，而是恰好相反：尽可能长久地保存这些天性的纯洁、质朴、率直、简单。因此至少在 12 岁之前，不要给孩子看书，而要让他们在田野中奔跑，在树下听故事，在大自然中尽量多走一走。

1766 年冬，卢梭在伦敦短暂停留了一阵，但这次做客，因为之前的那些理念，而使得客人和主人都同样尴尬。卢梭来到英国，是受了苏格兰哲学家大卫·休谟（David Hume）的盛情邀请，但主要原因则有二：一是卢梭已经从"疯人院"逃了出来；二是他听说乡村是自由的圣地。当初法国奉行专制主义和天主教的时候，曾有刽子手公开焚烧卢梭的书。在卢梭的老家——奉行新教加尔文教派的瑞士日内瓦，他的待遇也没有好到哪里去，因为他草率地决定，与本地的寡头政治家公开决裂，为此惹怒了当局。曾经有一段很短的时间，卢梭跟情人泰蕾兹·雷瓦索（Thérèse Levasseur）一起，找到了一个闲适的居处，在瑞士比尔市（Bienne）圣皮埃尔岛（St Pierre）上。卢梭经常出门散步，一路上研究植物；也经常划船。有一个归入英国籍的瑞士人，名叫鲁道夫·沃特拉韦尔（Rodolphe Vautravers），为卢梭提供了最新的避难所。但政府的手臂却伸得很长，伯尔尼主教（Bishop of Bern）发布的反宗教禁令还是追上了卢梭。最后，卢梭接受了休谟的邀请，跟休谟一起渡过了英吉利海峡。

这次旅程让卢梭十分难受。卢梭到了多佛尔（Dover）时，还受着晕船的折磨，而且又湿又冷，直掉眼泪。在伦敦，休谟想要把卢梭介绍给一帮同心同德的朋友，其中包括名演员大卫·加里克（David Garrick）。这些"有远见的有情男女"（Prospective Men and Women of Feeling）排队欢迎卢梭，热情地表达对他的敬仰，含着热泪表示同情和安慰，低调地为他喝彩。此时卢梭已经放下了精神防备，接受了这些人的盛情，还穿起了束腰外衣，戴着皮帽，模仿"亚美尼亚"农民的行头。然而，卢梭却天生有一种神奇的本领，善于排斥那些对他有好意的人。这种本领立刻就表现出来了。大卫·休谟想要把卢梭推荐给英王乔治三世，让卢梭拿一份年金。卢梭却疑神疑鬼，觉得这是阴谋。休谟又想请卢梭到伦敦特鲁里街（Drury Lane）王家歌剧院去见国王，却知道卢梭会找借口说，要照顾自己的狗"素丹"（Sultan），不能去。为了避免这种局面，休谟将狗锁在公寓里屋，他跟卢梭待在外屋，一定要请卢梭看戏。休谟本以为，让卢梭适当出一点儿名，并不算什么恶意的企图；卢梭却不吃这敬酒，以为这也是圈套，要让自己被奴役、受嘲讽。当时，还有一个作家霍勒斯·沃波尔（Horace Walpole），冒充普鲁士腓特烈大帝（Frederick the Great）给卢梭写了一封信，假装邀请卢梭去普鲁士。卢梭竟然以为这信是休谟写的，于是爆发了一场可怕的公开争吵。休谟自己也悲伤地发现，这位贵客大概有点发疯了。

卢梭狂热地认定，逃到乡村去，是生死攸关的大事。有人给他在威尔士找了一栋房子——还能在什么别的地方呢？但是，租房的事宜却耽搁了一阵。卢梭对各位主人本来已经大起疑心，这下子更加恶化了。于是他转而接受了一个慈善家理查德·达文波特（Richard Davenport）的邀请，达文波特把斯塔福德郡（Staffordshire）伍顿村自己的乡间住宅腾了出来，这里挨着德比郡（Derbyshire）的边界，也就是紧挨着英格兰最美丽的风景之一。卢梭穿着那身"亚美尼亚"行头，走过多夫代尔（Dovedale）。当地人后来是这么回忆的："老'啰唆'[1]戴着那么个滑

---

[1]　啰唆（Ross Hall）是英国乡下人对法国名字Rousseau的错误发音，这里用来搞笑。中文做相应处理。本句为了模仿方言口音，用了一些不规范的拼写，中文仅在用词上加以口语化，拼写错误则不加以反映。——译者注

稽帽子，穿着又长又重的袍子，到处走来走去，采他那点儿草药。"有时候，卢梭也让人请他去凯威克修道院（Calwich Abbey），跟一群当地的崇拜者和弟子见面，其中就有布鲁克·布思比。这些人已经开始自称"有情男女"（Men and Women of Feeling）；后来，作家亨利·麦肯奇（Henry Mackenzie）1771 年出版了一本小说——《有情男人》（*A Man of Feeling*），当年畅销一时。

不消说，没有多久，卢梭的疑心病就又发作了。卢梭本来就几乎听不懂英语，特别是听不懂当地仆人说的英语方言，于是相信仆人都在说情人泰蕾兹的坏话，还要往二人的饭食里掺煤渣。1767 年春，卢梭回到了法国。但他那"有情之人"的小团体已经在英格兰乡间，那叹息悲戚的贫穷社会阶层当中扎下了根。仅仅 10 年之后，卢梭的疯狂就被人忘掉了，他在英国的逗留，给人留下的印象只有崇高和敬意，宛如使徒的传教任务一般。如同"德比郡启示"（Derbyshire Enlightenment）一般的东西，已经变成了激进政治和培养"有情"的混合。布鲁克·布思比和博物学家伊拉斯谟斯·达尔文（Erasmus Darwin），在小镇——利奇菲尔德（Lichfield）建立了一个植物学研究会。这两位杰出人物所在的圈子，其核心是一位诗人、散文家安娜·西沃德（Anna Seward），她在主教宫殿自己的住所举办一个沙龙。此外，与卢梭自己不一样，利奇菲尔德这个圈子，并不排斥将"科学引起的愉快"和"对自然的崇拜"混合起来。在德比郡，这个圈子似乎取得了二者的精华，因为德比郡的一座座山峰，既能让旅人在高地上欣赏壮丽的奇景，到深深的洞窟中探险，又能提供埋在地下的煤和铁，让人开采。这个郡，"有趣而神秘"的名声太大，乃至 1779 年，特鲁里街王家歌剧院竟然毫不尴尬地上演了一出戏剧，名字就叫"德比郡的奇迹"（The Wonders of Derbyshire）。全剧布景一共 21 种，由景观画家菲利普·德·卢戴尔布格（Philippe de Loutherbourg）绘制，内容包括瀑布，马恩和马特洛克的巨石阵（Marn and Matlock Tors），卡尔斯顿村（Castleton）的洞穴，既有内部也有外部；还有一个"山峰的精灵"（Genius of the Peaks），用机械装置，从"深深的居处"托起来，负责把赏金发给本地居民。

与此类似，德比郡最有盛名的艺术家——约瑟夫·赖特（Joseph Wright），也同样在家乡，画着马特洛克周围山峰的悬崖和峡谷；在克罗姆福德（Cromford）的理查德·阿克赖特（Richard Arkwright）磨坊画画，好像那磨坊是一座灯火通明的浪漫宫殿。也正是阿克赖特，在画布上塑造了"英国乡绅"布鲁克·布思比被人改造成"有情男人"的正式形象。这种新形象，并非画家庚斯博罗（Gainsborough）笔下那种傲慢的世袭地主，而是用詹姆士一世时期诗人那种沉思而深刻的笔法，融入了一片青翠的草木中。布思比一身打扮，堪称精心策划的新兴"随意风格"的广告：外穿双排扣长礼服，里面是短背心，扣子敞开，用来更好地展露自己"透明的真诚之心"；原先的丝绸领带换成了朴素的薄棉布领带。老一辈的绅士，可能会手拿一本《圣经》或者古典名著，来显示自己的美德；而布思比拿的却是（自己）这一代的福音，书脊上只有一个清晰可辨的字：卢梭。这幅油画作于 1781 年，不仅是一幅肖像画，而且是布思比身份的宣传——他在这个小团体的地位，就好像圣彼得在耶稣门徒中的地位一般。基督教中，圣彼得是天堂的守门人，因此相当于"形象代言人"。因为，布思比拿的那本书肯定是《卢梭评判让-雅克：对话录》（*Rousseau, Juge de Jean-Jacques*），一本忏悔性质的自传体对话录，是卢梭在居留英国期间写的。五年前，也就是 1776 年，布思比去过一趟巴黎，亲手从卢梭手中接过了这份手稿。两年后，卢梭去世。他度过最后时光的阿蒙农维拉（Ermenonville）小镇的公园（受卢梭的思想启发而建立），成了崇拜者朝圣、追思的圣地。布思比竭尽全力要传播卢梭的思想，也就不足为奇了。

这种"有情之人教会"的信徒们，都有一项自己赋予的使命。这使命，有一部分是"通过沉思的散步，将自己转化为全新的英国人，同情同胞的苦难，并能设计出各种精巧的办法，让同胞脱离苦海"。使命更重要的部分，则是通过文学、教育、慈善事业，还有以身作则，来养育一代新人，不受虚浮社会的残忍、腐败影响。他们将在现代的"阿尔比恩"（英国）中，重新创造古代不列颠人的纯洁品质。他们看到，这种品质，在乱世丛生的西部、北部依然保存得完好，尽管居民过着贫苦不堪的生活。实际上，在受过教育的城里人看来，这些贫苦社群最为鄙陋的一面——风吹雨打之下的恶劣生活，却正是未来一代需要逐渐灌输的生活，只有这样，才能让不列颠免受堕落的命运。信徒的目标，乃是在儿童长成大人的过程中，尽力保存这种原生态的自由、爱玩的天性、自然之子的真诚，不论这目标在表面上看来多么自相矛盾、不切实际。著名诗人华兹华斯认为，孩子应当是"大人的父亲"。信徒们若是成功了，就能创造出第一代真正自由的同胞，生于自然，也长于自然。

利奇菲尔德还有另外一个卢梭主义者（Lichfield Rousseauites）——托马斯·戴（Thomas Day），以上正是戴先生给自己设定的目标。他的任务是为英国更加纯洁的一代新人同时担起"父亲"和"教师"的责任，让新人尊敬自然的一切要素，因为戴先生此前已经当了一名生态学家，尽管生态学这门科学当时还没有成形；他相信，上帝创造的一切生命都有着内在联系，因此奉行素食主义，而且强烈反对斗鸡、纵狗咬牛等一些当时流行的娱乐活动。他相信，动物和人类一样，只要通过善良的手段加以调整，就能过上温馨而快乐的生活。他有个朋友，是个律师。一次，律师语带嘲讽地问他："你是否想要用一视同仁的关心，来对待所有动物，包括蜘蛛？你为什么不想杀掉这些蜘蛛呢？"戴先生回答："我不会这么想，我不知道自己有没有这个权利。假如有一个神灵对伙伴说：'把那个律师杀掉！'你会有什么反应？而且，对大多数人来说，律师比蜘蛛还要可恶呢。"

戴先生想要为自己建立一个完美的家庭，1769 年，他亲自挑选了两个小女孩，作为将来的妻子、母亲的角色，其方式很像从一窝小狗当中挑选宠物。戴先生致力于按照卢梭的方式养育两个姑娘，养大了就挑一个比较合适的结婚，与此同时，资助另外一个去当学徒。他从英格兰西部萨洛普郡的什鲁斯伯里（Shrewsbury）市孤儿院，挑了一个 12 岁的金发小姑娘，给她改名萨布丽娜（Sabrina），拉丁语意为"平静、耐心"；又从伦敦弃儿医院（London Foundling Hospital）挑了一个黑发小姑娘，给这个"童养媳"起名卢克丽霞（Lucretia）。这是古罗马一个贞洁妇女的名字，但这个古人最后却自杀了，戴先生显然忽略了这一点。这实验当然没有朝着计划的方向发展，对此，除了戴先生自己，没有一个人觉得吃惊。戴先生担心，成年男子当了两个小女孩的教父，可能会引发人们疑心，让他名誉受损，于是急急忙忙把姑娘们送到了法国。两个小孩在法国，好像两只小野猫一样大打出手，也跟戴先生这个人生导师冲突不断；哪怕戴先生在孩子们出天花期间悉心照料，还在罗讷河（Rhône）一次船难中救了她们两条命，情况也没有好转。戴先生骂养女卢克丽霞"愚蠢天下无敌"，把她带回了英格兰，又按照先前的约定，送给一个女帽制造商当了学徒；萨布丽娜则送到利奇菲尔德，屡次被戴先生用来做实验，这些实验经常很残忍——比如把滚烫的蜡油倒在她胳膊上，用来测试她对痛苦的忍耐力；还有枪支装上空包弹，在她脑袋近旁打响。最后，戴先生终于绝望了，认定她永远不可能变成自己的梦中伴侣，只好把她送进了寄宿学校，萨布丽娜为此感激不尽。后来，她嫁给了一个大律师。

戴先生盛赞卢梭是"人类之第一人"，也相信自己完全了解卢梭的感受，因为他自己跟卢梭一样，受到过时尚界的鄙视。戴先生的出身也跟人生导师卢梭一样毫不显赫，生于小康之家，父亲是个收税员。然而，1770 年，戴先生想要取悦一个陆军少校的女儿，努力毫无成效，大受打击。为了增进机会，他启程去了法国，想要彻底改变一番，请来了一群舞蹈教练、剑术教师、裁缝，用精致的假发打扮自己，甚至忍受了一种机械装置的折磨，用来矫正自己的膝外翻腿。但一切还是效果全无。那个戴先生想要取悦的姑娘，看了看这个努力改进的戴先生，笑得反倒比以前更厉害了。戴先生再次被拒，十分受伤，也就不理睬这些自己曾经关注的人了。"我这颗熊熊燃烧的跳动的真诚的心，他们知道些什么?!"戴先生终于找到了一名女继承人，当作合适的结婚对象，却又逼迫她接受卢梭的价值观，以缓和自己社会良心的折磨：他不让新建立的家庭拥有仆人，也不买大键琴[1]，因为他觉得，"穷人还缺少面包的时候"，沉迷在这种奢侈当中是一种邪恶的行为。

不过，所有这些荒唐事和灾难，都没有能阻止戴先生发挥自己关于童年的才智，写下三卷本的小说《桑福德与默顿》(The History of Sandford and Merton，1783)。这本书可谓一部"自然教学"理念的长篇预言，在英国的地位，就如同卢梭的《爱弥儿》(Emile)一般。书里叙述了两个孩子的冲突：一个叫托米·默顿(Tommy Merton)，是一个娇生惯养的小霸王；另一个叫哈里·桑福德(Harry Sandford)，性格要更加安静，是"乡村美德"的缩影。桑福德发现自己伤害了一只金龟子，就会大哭。《桑福德与默顿》现在被人遗忘了，只有在大学研讨班专门研究这部感伤小说的时候才会提起。不过，当时这套书却轰动一时。自从1783年第一部初版以来，小说重印了45次。只要年轻父母想体会如何用"自然童年"战胜"不自然童年"，这本书就是他们的必读之物。戴先生自己不寻常的一生，在1789年9月也突然终结了。他有一种对待宠物的理论，认为可以用温柔而不是强力去驯服马匹，于是做了一次实验。他骑了一匹没有驯服的小公马，公马没有回应他温柔的触碰，反倒让戴先生头朝

---

[1]　大键琴（harpsichord），又称羽管键琴、拨弦古钢琴，一种15世纪至19世纪初使用的键盘乐器。

下栽到了地上，不幸身亡，享年 42 岁。

戴先生实验最大的问题，有些朋友可能跟他说过——道德方面的调节，作用毕竟是有限的。或许，戴先生遇上萨布丽娜和卢克丽霞的时候，两个小姑娘的天性已经破坏了，这种破坏过程，是从母乳的污染开始的。当年卢梭还提出过一个公理：善良始于哺乳，乳汁提供的不仅是生理上的必需品，还有道德上的必需品。最损害儿童自然天性的做法，是把儿童送给乳母喂奶，而乳母哺育孩子只是一种生意。当时，普通人家的婴儿，送给农村妇女抚养的，有数以千计的死亡，这本来不足为奇。那些追求风尚的母亲，经济条件比较好，能给孩子提供高水平的照料，却也不知道，母乳当中究竟有些什么物质，一起喂给了孩子。谁也不知道，多少纯真的婴儿已经因母乳喂养而受到了毒害、腐化，失掉了自然的天性；那些妇女的乳汁里，染上了嗜酒的恶习，以及性病。当时的感伤小说里，母乳喂养被人说成是一种阴谋，特别是那些主张"男人和女人都能意识到自然天性的原始力量，以此获得救赎"的小说。一些男人倘若觉得，乳头带有挑逗和淫荡的意味，那么只要看到喂奶的举动，就可以"转化"过来。作家塞缪尔·理查森（Samuel Richardson）也有一部长篇小说——《查尔斯·格兰迪森爵士》（*Sir Charles Grandison*），里面有一个邪恶的妻子，代表那些炫耀暴露服装的女人；她们若是能够亲自喂奶，便也能宣扬这种"改恶从善"了。"从来没有哪个男人这么狂喜过！"妻子叙述道，"他匍匐在我脚边，把我和小坏蛋（孩子）一齐拥入怀中。"妻子说："你这野人！你想要把我的哈丽雅特闷死吗？"他说："我最亲爱的、最亲爱的、最亲爱的 G 夫人……我从来、从来、从来没见过这么幸福的景象啊！"

倘若新生婴儿通过母乳，其生命已经有了一个极为健康的开始，那么下一步，明智父母的任务，就是确保孩子的自然天性，不被"父母的管束"或者"死记硬背"永久毁坏。这以前，道德读物给"动物精神"

下的定义，是一种非基督教的、魔鬼一般的兽性。小孩子的身体柔软而善于接受各种影响，是撒旦最喜欢的"运动场"；而动物精神就是撒旦在运动场中嬉戏的表现。父母想要拯救后代的灵魂，头一项任务，就是把这种魔性从孩子身体中敲打出来；如果必要，还必须真正去"敲打"。然而，倘若动物与人之间的联系，像托马斯·戴一类人所说，是良性而非恶性，而且孩子那些同小猫小狗相类似的行为，表示的是纯洁，而非内在邪恶，那么就应当尽力保护、培养孩子玩耍的举动，这种举动是"学习"最温柔的路径；哪怕在老一辈看来，这样做的结果有时会显得反社会，那也要这样做。

现实中，提倡这种理念，造就了一代过度敏感而又不敢狠心打孩子的父母。伊拉斯谟斯·达尔文呼吁家长向自己学习，"永远不要与儿童抵触，要听之任之，让他们做自己的主人"；自己对自己的孩子也是这样做的，为此而声名狼藉。就连霍兰勋爵（Lord Holland）——亨利·福克斯（Henry Fox）这样强硬的父亲，也对这些崇尚玩耍的人妥协了。福克斯在辉格党（Whig）政府中担任财政部的主计长，他是听了妻子卡洛琳·伦诺克斯夫人（Lady Caroline Lennox）灌输的一堆卢梭理论，才这么做的。福克斯家族成了"纵容孩子感性"的代表，虽然还说不上是对孩子感性的"顶礼膜拜"。福克斯的儿子，查尔斯·詹姆士（Charles James）是未来的辉格党领袖。小时候，有一次他把一块崭新的手表扔到了地上。无助的爸爸只是挤出一个痛苦的笑容，喃喃说道："你要是非这样不可，我猜，你就只能这样了吧？"孩子头发的长度，也是经常引发两代人冲突的问题。有一次，福克斯相当于恳求长子斯蒂芬（Stephen）："你给了我希望，让我觉得，我要是想让你剪头发，你就会剪的……亲爱的斯蒂芬，你如果剪了头发，我会非常感激！"

尽管还有很多书依然坚持，对小孩子要严格管教，而不是单单把规矩告知他们，这时却出现了一种新的文学作品，既供别人给孩子朗读，也供孩子自己阅读；这些书都是劝善惩恶的寓言故事，配有生动的插图，告诉孩子，走的道路正确或错误，会带来什么样的结果。有一位天才童书出版商，名叫约翰·纽伯里（John Newbery），他出版了《玛杰里夫人的故事》（*Dame Margery*）；玛杰里还有一个名字叫"古迪"（Goody），意思是"好人"。纽伯里还擅长出版一些六便士一本的绘本，强调寓教于乐和实用的学习。纽伯里最畅销的书，也是第一本儿童的科普书，名叫《望远镜汤姆》（*Tom Telescope*，1761）。这本书是一切"自己做实验"读物的先驱，力图让一切种类的知识，不论历史、地理还是机械，既有趣，也"有用"。

　　纽伯里有很多插画家，组成了一支大军。其中一人，并没有福气见到卢梭本人，却正好体验过这种期望培养高尚的不列颠爱国者的"自然教育"。此人名叫托马斯·比威克（Thomas Bewick），1753 年生于诺森伯兰郡（Northumberland）欧宁汉（Oringham）教区的切利伯恩农舍（Cherryburn House）。父亲是农场主，自己也在农场上开煤矿。比威克一家都是北方农村的自耕农，身体健壮，日子不好不坏，但这一家人，始终都与那些崇拜卢梭的德比郡贵族，在地理上相距甚远。尽管如此，比威克在 19 世纪 20 年代充满深情的回忆录中还是写道：小时候自己被姑妈汉娜（Hannah）宠坏了。她"把我变成了一只大'宠物'，谁也不许'冷落'（当初用的就是这个词）我，让我为所欲为；而这样的结果就是，我经常被开水烫着，被火烧着"。米克利岸（Mickley Bank）的煤矿附近，有一所米克利学校。托马斯父母把他委托给了校长。校长的天性可一点儿也不温和，从校长使用鞭子的"热情"程度来看，他显然一点儿也没有时间从事当时的"新式教育"。校长最喜欢的惩罚措施，叫作"搂一块儿"，让他骑在一个"胖男孩"背上，模样很像一只交配的青蛙，屁股还要露出来等着挨揍。托马斯一被人放上去，就咬那个胖男孩的脖子。托马斯回忆说，校长揪住他的时候，"我拼命反抗，用我那双有铁环的木底鞋，踢折了他的胫骨，然后跑掉了"。

比威克没有因反抗而甘愿挨罚，而是火上浇油，干脆旷起课来。"每一天我都旷课，在一条小溪里筑堤坝，玩小船来取乐"，还跟"更驯服的校友们"一起回家。于是，"自然学校"就成了比威克真正的老师。20 年之后，诗人威廉·华兹华斯在奔宁山脉（Pennines）另一边度过的童年，也与之类似。哪怕比威克最后被迫学了分数、小数、拉丁语，他还是设法逃脱了这些令人枯燥的学业，方法是把演算石板、课本等一切能找到的表面都画上图画；没有地方了，他就用粉笔去画家中的石头地砖、墓碑，乃至教堂走廊的地板。比威克贪婪地盯着各处的图案，特别是那些酒店的招牌，用俗气的笔法画着牛、马、鲑鱼。只要稍有眼光，都不难看出，托马斯是一个过早发育的天才。他把村子每一家的地板都用粉笔画了个遍之后，总算有个朋友给他买了钢笔、墨水、黑莓汁、骆驼毛笔，外加颜料。全英国最早也是最伟大的博物学家兼插画师，职业生涯就这么开始了。比威克也堪称英国的奥杜邦[1]。他画了当地的树林、沼地及里面栖息的鸟兽，还因为画了狩猎的场景而得到了不多的报酬。他邻居房子的墙上，每只猎犬都得到了"忠实而详尽的描绘"。

比威克童年有两个关键时刻，留下了特别鲜明的记忆；正是这两个时刻，把他从坚强而单纯的典型北方小伙子，变成了对上帝造物深感同情，为此还非常痛苦的人。第一个时刻，是他碰巧抓住了一只野兔，那时这野兔正被猎犬追赶。尽管他写道，他脑子里从未有哪怕一刻想到过，狩猎有什么不对，或是有什么残忍之处，但他站在那里，将这颤抖不停的温暖动物抱在怀中时，当"这可怜的、惊恐的生灵有如孩子一般哀叫起来……我愿付出一切，来拯救它的生命"。有个农民过来，让比威克把野兔给他。比威克照办了，结果农民却为了取乐，弄断了野兔一条腿，

---

[1] 美国有一位博物学家和画家，名叫约翰·詹姆士·奥杜邦（John James Audubon，1785—1851），才华横溢。——译者注

又把野兔放走了，让它一瘸一拐地奔跑，只为了让猎犬也同样取乐。比威克回忆道："从那天开始，我一直盼望，那受人伤害的、无辜的可怜生物，能够逃走。"比威克毕竟是土生土长的英国农村孩子，不至于反对一切狩猎行为，特别是有些情况下，他觉得动物很可能不会轻易让猎人和鬣狗得逞。比如，獾就会非常凶猛地回击。不过，比威克还是憎恶那些不必要的残忍。第二个时刻，是有一次他扔石头从树上打下了一只红腹灰雀。他回忆道，自己把鸟儿捧在手中，鸟儿就"直直地、哀怨地看着我。我想，倘若鸟儿也能说话，一定会问我，为什么要剥夺它的生命"。比威克再次忍受了一回良心的折磨，盯着鸟儿的羽毛，把它翻来覆去。他写道："那是我杀掉的最后一只鸟儿。"但他又加了一句，大概说的是那些他画美丽插图用来参照的鸟类标本：有很多鸟儿"确实是因为我的缘故才被杀的"。

比威克绝对不是感伤主义者。他观察动物王国成员的习性、栖息地，特别是剑拔弩张、熙熙攘攘的昆虫世界。比威克早在20世纪的美国社会生物学家埃德蒙·O. 威尔逊（Edmund O. Wilson）两个世纪之前，就在艾尔崔格汉姆（Eltringham）附近的小船山（Boat Hill）上观察到了蚂蚁的殖民地。蚂蚁组成了一个完整的社会团体，"其忙碌拥挤，就如同人群去往或者离开繁忙集市一般"。而且，团体组织得极好，哪怕被棍子干扰，也会继续重新组队，继续忙忙碌碌。

这种社会的好奇心和同情心，在比威克漫长的一生当中，一直是他最突出的品质之一。在他小时候，也使得他被普通人所吸引。这些普通人，拥有对周遭世界和运行规律的丰富常识，而且往往十分渊博，令人惊讶。其中有一名老矿工，就在比威克家族的矿上。之前煤矿出了事故，老矿工救了一名同事。老人坐在石凳上，给小托马斯讲解夜空中的各个星座。还有一个邻居，名叫安东尼·里德尔（Anthony Liddell）。比威克在回忆录中给他起名"乡村的汉普登"（Hampden），此人是乡村务实干练的自由民的代表。里德尔能背诵公元 1 世纪犹太史学家约瑟夫斯（Josephus）的作品，还记得很多别的掌故。里德尔的穿着，好似一个野人：上穿男式紧身短上衣，"是什么动物的皮做成的"，下穿一条老式的鹿皮短裤。他口才很好，性格倔强，脾气火暴，这些特点，在谈到"自由"和"财产"，尤其是鸟类和鱼类，就表现得特别明显。他坚持说，鸟和鱼都是上帝赐给大众的，所以他有权自由地偷猎；对他而言，"他在监狱里过得比家里更好，所以监狱没有什么可怕"。但还有一个父亲手下的矿工，名叫约翰尼·查普曼（Johnny Chapman），他认为，站在齐腰深的冰冷污水中劳作，"也没有什么艰苦的"。比威克心目中，查普曼就是劳工阶级理想的坚强英雄。查普曼吃的是牛奶、面包、土豆、燕麦；兴致上来，会在乡间原野散步，或者走到纽卡斯尔（Newcastle）去喝麦芽酒；他会用浓重的泰恩赛德口音（Geordie dialect）为别人唱歌，讲笑话，讲故事，换取在外留宿。然而，查普曼又老又病的时候，各个教区都不愿收纳这纯朴的老人，因为都想推卸救济穷人的责任。结果查普曼只得打零工糊口，最后"有人发现他死在了莫佩斯市（Morpeth）和纽卡斯尔之间的路上"。

比威克回忆童年，想到的就是这些场面，还有他在诺森伯兰郡的露天游乐场；比威克的鸟类、动物著作的开头和结尾，不时出现一些不同寻常的木刻小插图，描绘了这些充满沙砾，黑乎乎、细节清晰的场景。比威克在鸻鸟和连雀之间，借着道德小故事的伪装，偷偷展现了一幅乡村世界的全景图卷——当时，帕拉迪奥（Palladian）风格的乡村别墅墙上，有不少经过美化粉饰的农夫、樵夫、牧羊人的形象。著名绘画世家——庚斯博罗家族（Gainsboroughs）的作品，充满了这些事物。而真实图卷的模样，与这些形象却相差甚远。比威克笔下的农村人，并不穿着破旧而动人的、田园牧歌一般的服装，他们臂弯中的婴儿，也并不都是脸如苹果，带着酒窝。《英国鸟类史》（*History of British Birds*，1804）

第一卷的序言末尾，有个穿着入时的乡村绅士，带着一把枪，给一个年迈的流浪汉指路，指向路上的一个方向。流浪汉靠着石墙缩成一团，想要避开诺森伯兰的寒风。绅士并没有指出真正有用的方向。黑琴鸡与红松鸡之间，有一群男人古怪地围成一个圈，背对着读者在看斗鸡，看着公鸡彼此撕成碎片。琵鹭与鹤的绘画之间，有个饥饿的老兵带着一条木腿，啃着一块骨头，旁边有一只同样饥饿的狗正在看他。老兵头上，勉强能看到一栋豪华的乡村别墅。比威克笔下的农村人，在路边砸石头，在破败的阁楼里喝粥，在路旁上吊自杀。这些人，记录了一种新的英国政治——当时的人称为"社会情感"（social affection），我们则称为同情心（sympathy）。英国小说家劳伦斯·斯特恩（Laurence Sterne）就慈善事业发表过一篇论述文章，以《圣经》中扶贫济困的"仁慈的撒玛利亚人"（Good Samaritan）为背景。他说："我们天性中有一种东西，让我们参与人类遭遇的一切祸事。"比威克无论走到哪里，都对 18 世纪英国穷人遭遇的很多"祸事"表达了自己的同情。比如，在穿越高地（Highlands）的时候，与大多数感伤主义的游客不一样，比威克马上就发现，连绵曲折的壮丽景色、空旷的高地，虽使得浪漫主义的漫步者喜悦非常，实则是大量小农场佃农被清理的结果；反映的是英国的总体转变——起初英国关心的是一户户人家，如今却关心羊群。

尽管，官方经典的自然史画册，与比威克的小插图完全不同（例如托马斯·彭南特的动物学，就十分细心地把内容限定在鸟兽的分类上），当时，社会上有许多"快乐不列颠"的陈腐图画，一般画的是乡绅和家人在大大充实的财产之前，或散步，或休息。但还是经常有其他的图景出现，显示的事物，恰在这种陈腐图画之外，而且清晰得令人惊讶。比如 1769 年，就有一位退休的军官，名叫菲利普·西尼克斯（Philip Thicknesse）。他怀着不安的良心，写了一份可怕的材料，配上了一幅同样可怕的绘画——达茨沃斯救济院发现饿殍四人（*Four Persons Found*

Starved to Death, at Datchworth）。赫特福德郡（Hertfordshire）当时人称首都周围的"家乡界"（Home Circuits），按说这里是不应该发生这种事的。

　　然而，比起比威克的诺森布里亚（Northumbria）来，南方，特别是穷困潦倒的英格兰西南部，大概还有同样多的贫困人口，就像这些达茨沃斯的牺牲品。因为，"农村发展"运动的社会结果，在英格兰南部表现得分外明显，特别是 18 世纪 60 年代那些荒年；这段时间，小麦连年歉收，价格飞涨，从伦敦到德比郡的大小城镇爆发了一系列"粮食暴动"。北方各郡主要吃的是燕麦，这时的情况稍微缓和一些。但也有很多人支持快速现代化的农村经济，比如英国农业经济学家阿瑟·杨格（Arthur Young），他在 1769 年发表了《英格兰与威尔士南部各郡六星期游记》（*Six Weeks Tour through the Southern Counties of England and Wales*），认为在 18 世纪最糟糕的年景之后，绝无任何谢罪的必要："你不论将眼睛转到哪一边，都只会见到大量财富，以及更大量的资源，再无其他。"先前，英格兰真正的光荣革命（Glorious Revolution）——他经常用这个词——并非通过演讲、国会法案获得，除非演讲和法案碰巧是关于圈地的；而是通过芜菁甘蓝、谷物条播机、红豆草获得的。杨格因粪肥而狂喜，乃至用英语的名词 dung（牲畜粪便）创造了一个同形动词"施粪"。约克郡有一个罗金汉侯爵（Marquis of Rockingham），拥有 2 000 英亩土地。杨格对土地的耕作情况做了"大量观察"，十分满意。同样，他能给予的最高赞扬，就是土地"充分施粪"（amply dunged）。他看到"一处堆肥，其他肥料和牲畜粪便混合在一起，腐败程度彻底到可以像黄油一般轻易划开；毫无疑问，这就是全世界最有效力的肥料"。杨格认为，就让那些浪漫主义者在穿越索尔兹伯里平原[1]的时候，自己思考德鲁伊教

[1]　索尔兹伯里平原（Salisbury Plain），英格兰南部的高原地带，史前巨大石柱的遗址。——译者注

徒去吧！他能想到的只有太多土地没有圈起来，浪费了，而浪费就是犯罪；这些土地可以加上篱笆，分割成块，好好耕作来赚钱！

杨格认为，听到圈地就矫情、坐立不安，这样只会背离农村历史、经济的最基本事实。圈地，也就是占领公用地[1]，以及户外开阔地[2]的残余，这些土地，之前是大家一起耕作，或者分成条块耕作的；要想充分发挥农田生产力，圈地是一个必要条件。旧法耕作的条块、农田，虽然在诗人笔下渴望，却从来不可能养活缺乏资本及现代农业基本知识的一国农民。尤其是基本知识的缺乏，让杨格分外悔恨。这些基本知识包括：适当的施肥办法，一茬茬作物之间让土地休耕，条播机的使用法，等等。而且，尽管18世纪60年代的圈地行动肯定有所加速，但圈地运动本身则已进行了几百年之久。此外，新一轮圈地的政策——私人国会法案（private act of parliament），需要一处教区五分之四地主同意。

批评家则指出，这法案却没有提到，圈地也需要数以十万计的小农，还有佃册农（copyholder）的同意，甚至都不跟他们商量。而这些人，却一直凭着小块土地艰难度日，只要同时能够以公用牧场放牧牲畜，就可以过得下去，而现在，他们却变成了拿工资的工人，这是一种退步。杨格坚持说，市场变得繁荣，其实会给农村的穷人创造更多，而不是更少的工作；在新环境之下，处境比过去好得多，过去他们一直想用本身就很贫瘠的土地谋生，根本不会成功。确实有很多人在当地的乡村工厂里找到了工作，当了看店的人，或者新学了钉鞋一类的手艺，但这些行当，有很多新的从业者进来，跟原有的人竞争，于是有些人不得不去找季节性的零活，比如挖水沟，从而让生活变差了。杨格悻悻地抱怨说，约克郡这些男工每天挣三四个先令，却"每周很少工作三天以上，余下的时间就喝酒度日"；还说，这些人的劳动价格大大上涨，工资也高了很

---

[1]　公用地（common land）指一群人共同拥有的土地。——译者注
[2]　户外开阔地（open fields）指还没有圈起来的地。——译者注

多，乃至"冬天的劳工非常无礼，差不多要贿赂他们，才能勉强他们去打谷"。

批评"农村发展"的人，认为最令人难过、愤怒的，倒完全不是圈地运动。这可疑的荣誉，落到了另一种行动之上，那就是"垄断居奇"。原先佃农很多，改革之后变得很少了，其原因往往是"新的"资金闯入了高价、高租金的土地市场。杨格一帮人说，想要粮食产量提高，牲畜质量改善，从而养活迅速增长的英国城市人口，则投资必须满足另一个必要条件，那就是"规模经济"。这一点，他们或许没有错。但是，同样的批评们坚持说，地产经理拼命追求租金最高、利益最大化，带来的恶果，不只是大批乡村人口涌入城市（英国、美国都是如此），还包括旧日生活方式的破坏，这种方式建立在公用土地基础之上。18 世纪 60 年代，出版了一本极为畅销的书，10 年内再版了 5 次。书名——茱莉亚·曼德维尔夫人的历史（*The History of Lady Julia Mandeville*），作者弗朗西丝·布鲁克（Frances Brooke）。这本书里痛斥了一个"T 勋爵"，是这么说的：

> 他着力实施的计划，招来成千上万的人谴责，而且他把自己的地产弄得一片荒凉：农场掌握在不多的几个人手里。至于佃农的儿子们，要么成了这几个头头的奴仆，要么到外国谋生去了。他所在的村子原先规模很大，人口很多，如今只剩下八户左右；荒废的田野上一片死寂；农场的屋子，原先有很多工位，工人们都安居乐业，如今则成了废墟，在其周围腐朽；现在的租客变成了商人和包买主，骄横、懒惰、腐化、粗野，对养活他们的人视而不见。

这些控诉、悲叹，当然是不切实际的怀旧行为。那种田园牧歌一般的乌托邦，体贴的牧师、慈祥的乡绅、人道的地方法官，从来没有存在过，除非是为了反对严苛的乡村地产法规而想象出来的反例。这幻想中的昔日乡村，虽然一厢情愿，但并没有阻止那些写诗作文的怀旧者来"口吐莲花"表示抗议，也没有阻止他们给整整一代人施加一种几近催眠的影响，让他们努力回应自己对"社会情感"的呼唤。这些雄辩的诗作当中，最有力的，来自一位多产作家奥利弗·哥德史密斯（Oliver Goldsmith）。他生于爱尔兰的朗福德郡（County Longford），见多识广，经常手头拮据，困苦不堪。18 世纪 60 年代，他终于名利双收，获准进入了"文学俱乐部"（Literary Club）的精英行列，与乔舒亚·雷诺兹爵士（Sir Joshua Reynolds）、约翰逊博士、詹姆士·鲍斯韦尔为伍。哥德史密斯的早期诗歌《旅行者》（The Traveller），已经用诗歌的方式控诉了那些为政策辩护的人。辩护者说，既然一切政策都合法，而且正大光明，那么英国发生的事情就没有什么错误。《旅行者》是这么说的：

> 荒唐的法官，人人都制定新的刑罚。
> 律法碾压着穷人，富人则操纵律法。

1769 年，那位菲利普·西尼克斯先生发布赫特福德郡救济院饿殍的可怕景象之前一年，哥德史密斯出版了长诗《荒村》（The Deserted Village），这是一切哀悼梦幻村庄死去的诗歌当中，最伟大的作品之一。村庄名叫"温柔的奥本"。

> 可爱的草地，
> 你的娱乐飞逝，全部魅力在消退；
> 看得见暴君之手伸入你的茅舍间，
> 凋敝颓败使你的青葱渐渐黯淡。
> 唯一的主宰控制了全部的领域，
> 你欢笑的平原上半数田园已荒芜。

哥德史密斯的双行体诗，写他在梦境中遨游，遇到一切组成社区的地方和组成社区的人，都停下来看一看。他拜访了"乡村牧师的简朴住房"：

> 乞丐是他的贵客，
>
> 走后他久久念叨，他下垂的长须在衰老的胸前拂飘；
>
> 这破落的挥霍者如今不再自尊，
>
> 要求当地的亲属供养，已获应允；
>
> 这个伤残士兵被好言相慰留下来……

拜访了乡村老师，最重要的，还拜访了小酒馆，这里能喝到"栗色的生啤酒"，但远不只是一家麦芽酒馆而已：

> 农夫不会再去将它撺弄修葺，
>
> 他喜滋滋地忘却了日常忧虑；
>
> 农场主和剃头匠不再讲述奇闻；
>
> 樵夫的谣曲不再众口传唱流行；
>
> 铁匠从此不再舒展黝黑的浓眉，
>
> 放松强劲的肌腱，倚身听得入迷；
>
> 那宴会的东道主如今不见了踪迹，
>
> 不再细心照料，让来客皆大欢喜；
>
> 不见忸怩少女半推半就被人抱紧，
>
> 她将亲吻过的酒杯递给他人啜饮。

最后，哥德史密斯结束了"奥本"鬼魅世界的孤独之旅，转而再次面对商业化的当代英格兰，正是当代社会营造了这种凄凉：

> 你们，这些坚持真理的朋友，你们这些政治家，
>
> 调查富人的快乐增长，穷人的衰落，

请度量一下"精彩"与"幸福"的国度之间距离究竟会有多么
遥远！

骄傲推开波浪，是装满矿石的货船，

"愚蠢"从岸边把他们呼唤；

拥有财富与骄傲的人，凭着很多穷人的供养占据土地；

地上有自己的湖泊，广阔边界的公园，

还有自己的马匹、马车和猎犬；

丝袍慵懒地环住他的四肢，

四邻的庄稼有一半被他抢去。

歌德史密斯控诉的诗篇，不论观点正确与否，确实对 18 世纪晚期
的舆论产生了极大的影响。这首诗影响了比威克这样的爱说教的批评
家，也影响了约翰逊博士这样的怀旧托利党人。比威克和约翰逊，都
对英格兰地主寡头手里集中的政经权力抱有怀疑态度。终于，"粮食暴
动"、军队动员、绞刑处死的混乱年月过去了，乡村的政治机构总算没
有毁坏，但乡村对家长式统治的信仰，甚至对贵族政治的道德原则、司
法制度的信念也动摇了。只有英王乔治三世，英国的"第一农夫"，号
称简朴、真诚、直率美德的化身，免受了越来越严厉的批评困扰。18 世
纪七八十年代，有一些意志坚定、口才高超的小册子作家，请愿者，假
装虔诚的捣乱分子，掀起了一系列社会运动。他们谴责的是某些特定的
罪恶，总是着重将这些罪恶斥为"违反自然"：有些未婚母亲，之所以
生下孩子，往往是被放荡的绅士勾引的结果，这些绅士有年轻的，也有
不那么年轻的。结果，这些母亲却被抓去坐牢；未婚妈妈，还有欠债的
人、一般的罪犯，服刑的条件都十分恶劣；司法部门对一些轻罪不加分
辨地判处死刑；儿童处境十分困苦。这种惨景，往往最能触动一代浪漫
主义者的心。而崇尚社会道德的人越来越多，儿童处境也必然激发他们

的悲悯之情。这些处境，例如贫苦家庭的新生婴儿，一生下来就送到圣吉尔斯（St Giles）或圣克莱蒙教堂（St Clement Danes）的贫民区，委托给一个乳母，实际上等于判了死刑；非洲的儿童被带离了亲人、村子，装上贩奴船；还有一些"爬高的男孩"，被迫打扫烟尘结块的污秽烟囱，最后得了阴囊癌或是呼吸系统的疾病，长到12—14岁，身体钻不进烟囱，就被一脚踢开。

这些社会运动，无一例外都带有强烈的宗教热情。很多福音传道者，热情地期望能够消灭当代的邪恶；他们大部分人都相信，现有的教会已经太过富有，太过自满，太过贵族化，没有办法履行基督教牧师的任务，而且成了问题的一部分，而不是解决问题的工具。于是，18世纪七八十年代，就见证了17世纪以来英国最不寻常的"精神重生"：各地涌现了很多叛逆思想和叛逆的教会，教会里宣读《圣经》，作为一种"共同人性法典"的公告，以及对贫穷者、受压迫者的同情。当初英国革命的时候，奥利弗·克伦威尔共和制下的一些激进派，也是这么做的。

这些非正统教会，并不一定个个都立场激进。毕竟，真正的福音派强调"神秘启示"（mystical revelation），也要求信徒服从"神秘启示"的力量。而著名的基督教派"卫理公会"[1]的创始人约翰·卫斯理（John Wesley）则非常厌恶那些"唯一神教派"（Unitarians），反对他们否认基督神性，将他们的教义斥为"毒药"。但是，卫斯理激烈的长篇演说，却成了一种反向的赞美，让"理性基督教"变得非常吸引人。这是"理性基督教"第一次不用矛盾修饰法来称呼，因为基督教的根基是对基督复活、神迹等教义的信仰，而不是理性。实际上，18世纪七八十年代，几乎所有的"唯一神教派"演说家，都激烈抨击社会政治现状。例如约瑟夫·普利斯特里（Joseph Priestley），他虽然是宗教学者，但后人更记得

---

[1] 卫理公会（The Methodist Church），基督教新教的一个分支，关注社会下层群众，主张热情但严格的生活方式。——译者注

他科学家的身份，他是氧气的发现者之一；还有威尔士人理查德·普莱斯博士（Dr Richard Price）。他们认为：不应把耶稣看作神之子，而应把他看作改革家的先驱，一个全面的好人，一个关心社会的公民；他比任何人都更有力地疾呼，在幸运者和不幸者之间，存在一种坚不可摧的责任纽带。

斯塔福德郡的伊特鲁里亚，有一座乔赛亚·韦奇伍德（Josiah Wedgwood）开设的工厂，里面生产一种陶瓷大奖章，主题是反对奴隶制，非常有名。奖章上的铭文是：吾非人乎？吾非他者之兄弟乎？此外，信奉"基督使人们团结"的新兴教派，用尽一切手段鼓吹他们"使内心清净的公民学"，手段包括：赞美诗；圣歌；充满激情的聚会，大家高呼自由精神口号；一系列培训班；小册子；向国会递交的请愿书。还包括图像这个有力的媒介，设计图画的都是些著名艺术家，包括威廉·布莱克（William Blake）；这些图画印到了所有能印的表面上，不仅印在纸上，还印在高脚酒杯上。每一种行动背后都有一个讲述恶行的故事，这些故事被人讲了又讲，当作战斗口号。比如，有一艘英国贩奴船桑格号（Zong），奴隶贩子将100多名生病的非洲人抛进大海，以骗取保险金。这个案例被反复渲染，以激发人们对所谓的"黑三角贸易"的愤慨。这贸易的情况是：货船从英国出发，把便宜的工业制成品运到西非，装上奴隶运到西印度群岛，又在第三站装上糖和朗姆酒，运回英国。刚刚加入这些新兴教派的人，来自差不多一切社会等级：有拥护改革的贵族，有牧师，有乡绅，有律师，有医生，有商人——与当年支持正义的"广教派"（broad church）情况类似，17世纪40年代正是广教派发动了革命，然而，这一次格外引人注目的是，科学家和工业人士也参加了。这些人很多都是名人的子女，例如托马斯·韦奇伍德（Thomas Wedgwood）。他们觉得，应当为自己贩奴带来的财富而赎罪，而且应当与贩卖黑人所得的钱财划清界限。愤愤不平的各派群众里，还有一些全新的阵营：中上层有文化的妇女，甚至还有家仆。据说，理查德·普莱斯博士在位于伦敦纽因顿格林（Newington Green）的会所开会的时候，这些人就坐在后排。

国会需要改革，这一点已经很明显了。全体选民的人数，比内战之前还减少了3%；某些很差的自治区，例如老塞勒姆（Old Sarum），只有七个选民，但还有一个席位。当时还有一种买官的人，买席位的时候，就知道自己投票要跟政府立场一致；新兴的人口稠密的城市，代表人数严重低于适当比例。不过，这个未经改革的国会，是否已经无药可救呢？首先一个遭到猛烈抨击的目标，是1689年生效的、允许天主教活动的《宽容法案》（Act of Toleration），其司法解释太过狭隘。异议人士不仅仅要求宗教活动的自由，还要求全面的公民权利平等——废除《宗教考查法》，该法案禁止天主教教徒担任官职。（托利党则认为，《宽容法案》通过的前提条件，就是再也不会有比法案本身更多的宽容。）但是，改革者也不得不承认，"古老的腐败"有时候也能回应他们最迫切的诉求，特别是当争议焦点是道德问题，不是政治问题的时候。扫烟囱男孩曾经给布莱克灵感，让他写下了1789年的著名诗歌《扫烟囱的孩子》（*The Chimney Sweeper*）。为了回应捍卫他们权利的运动，1788年通过了一项法案，禁止雇用8岁以下儿童清扫正在冒烟的烟囱。法案还明文规定，扫烟囱的儿童必须至少一周洗一次澡。但这项法案很少强制实施，而在那些最关心穷人命运的人看来，这法案也远远不够。有一些措施想要改革济贫体制，这些措施基于斯宾汉姆兰（Speenhamland）伯克郡郊区采取的体系，目的是让吃救济的穷人不至于进入条件恶劣的贫民习艺所；其手段是采取工资补助，资助的目标从教区税费到面包价格，完全取决于本地社区的好心。批评家认为，这纯属把问题交给最可能忽视问题的人去考虑。

托马斯·比威克开始在纽卡斯尔一个雕刻师手下当学徒的时候，抽烟斗，喝麦芽酒，身边都是一些识文断字的年轻小伙子，心直口快，骂起"身居高位的人不顾穷人死活"，一点儿都不犹豫。其中最激进的是一个好斗的小个子，是一名教师，名叫托马斯·斯宾塞（Thomas Spence）。比威克说斯宾塞是"全世界心肠最热的慈善家之一。他的关注点似乎只有人类的幸福，这一点把其他的关注全都吸收了。斯宾塞是乐天性格，对朋友热心，爱国之心也同样火热。但他对那些认为性格相反的人，就会充满敌意"。17 世纪 50 年代，英国曾经有一个清教徒掘土派（Diggers），斯宾塞也继承了他们的思想，坚信所有现代社会病的根源，都来自一种"原始的邪恶"：当前的土地所有制。当时，全国出现了成千上万的辩论协会，有些在伦敦，还有些专门是为妇女而成立的。斯宾塞在其中一个辩论协会上，慷慨陈词，宣扬他的共产思想。这个协会活动的场所，就是"宽阔中庭"（Broad Garth，纽卡斯尔一地名），斯宾塞的教室。斯宾塞的热情与对不幸者"真诚直率"的关心，显然鼓舞了比威克，但比威克也认定斯宾塞的理论太过虚幻，乃至危险。这理论对于某些"没有人居住的国家"还算实用，但想要"拿走人民自己的财产"，就大错特错了。有一天，两人吵了一架，越吵越凶，最后从动口到动手，拿棍子打了起来。比威克说："他不知道我是棍击运动家，我很快发现，他的动作错漏百出。我把他的胳膊和大腿内侧都打得淤青，他发火，使出了不光彩的手段，我不得不痛打了他一顿。"

然而，尽管比威克认为私有财产非常神圣，但统治者还是有很多方面太过自满，让比威克愤怒不已。因为，纽卡斯尔"黑孩子"（Black Boy）酒馆的史瓦利酒馆（Swarley's Club），经常举行会议和辩论，讨论英国现状和严重的社会问题；或者，听听可敬的约翰·霍恩·图克（John Horne Tooke）、理查德·普莱斯或者约瑟夫·普利斯特里如何谴责"古老的腐败"，会发现他们更加憎恨"不需改变现状"的自私谎言，而相对不太憎恨"老国会还存在"的客观情况。之前提到过，所谓秩序井然，一派祥和的田庄，佃农和劳工在土地上辛勤工作，这只是一个现代的幻想，遮掩了乡村贫困的丑陋现实。同样，那种没完没了的赞颂，说英国人能够生活在最自由、最贤明、最争议、最繁荣的国家怎样幸运，也激怒了那些最不幸、最无人代表的下层民众。

这种为权力涂脂抹粉的行为，有两个版本：一是辉格党，一是托利党。托利党的版本，直接声称，政府权力是天赋的，"人民"没有任何资格干预政府体制；而人民自然、适当的状态，就是臣服、效忠一个善良的君主、教会、国会；投票选出国会的人，都因自己的财产而有权跻身选民行列。辉格党的版本是：只需 1688 年的光荣革命，就足以巩固"古老的宪法"，不受独裁暴政的威胁；而且，《革命稳固法》（*Revolution Settlement*）对宽容政策和国会的明确规定（国会只需每七年选举一次），也足以保护生而自由的英国人的自由权利。

但是，1788 年，革命的百年纪念近了，人们必然会仔细审视这两种对现状的辩护。而且，英国政治家小威廉·皮特（William Pitt the Younger）1782 年 22 岁任国会议员，1785 年 25 岁任首相的时候，两次试图推动国会以温和手段进行自我改革，结果都失败了。还有一个背景，1788—1789 年，皮特努力反对废除《宗教考查法》。在这两个背景之下，重新评估现状，就显得更加紧迫了。大西洋的另一边，托马斯·潘恩（Tom Paine）的《常识》（*Common Sense*，1775）已经给大多数基于现状的推测带来了沉重一击。《常识》主张，美国人为了维护天赋权利（如纳税人必须得到政治上的代表，纳税人不应被迫为英军提供宿舍）而反抗，不仅是权利，而且是使命。美国人学到的一课，当然没有在大西洋这一边被人忽视，特别是没有被那些一直评论美国独立战争的人忽视。18 世纪 80 年代，英国存在一些到处游说人们加入的团体，如"宪法资讯促进会"（Society for the Promotion of Constitutional Information）、"威斯敏斯特协会"（Westminster Association）等。这些团体的成员，不仅有牧师、各种专业人士、工匠，还有辉格党的少数激进分子，如第三代里士满公爵（Duke of Richmond）、第三代格拉夫顿公爵（Duke of Grafton），还有剧作家兼政治家理查德·布林斯利·谢里丹（Richard Brinsley Sheridan）；这些人在"霍兰屋"（Holland House）聚会。他们的领导人，口齿伶俐的查尔斯·詹姆士·福克斯（Charles James Fox），他小时候的托儿所，就采用了卢梭自由教育理论。这些团体开始接受一种潜在的民主政府的理据，这种理据一开始就允许民众选择或改变自己的统治者。而且这权利不仅是天赋的，在历史上也能寻找根源。这种观点认为，所有政府的起源，都是民众自愿商定，将自己的权利赋予一些民众代表（不论是国王还是国会），其明确目的是为了保护自身的自由和安全。这种商定，一直都被理解为一种双方都有义务的合同。民众暂时委托政府保护自己的权利，只有在政府尊重民众的情况下，民众才会效忠政府。同样，当局如果被判定为没有保护民众的这些自由权利，而是侵犯了权利，则"主权人民"（sovereign people）完全可以将其废除。

这种理论是匆忙拼凑出来的：一部分是 17 世纪那些激进派留下的，是陈旧的"共和国人"/"联邦人"（Commonwealthmen）的信条；另一部分则是美国的共和主义，加上卢梭的推波助澜。不过，18 世纪 80 年代，这套理论却是一系列演说家必须对不满的民众宣讲的。他们包括：詹姆士·伯格（James Burgh）、普莱斯、约翰·霍恩·图克、约翰·卡特莱特少校（Major John Cartwright）。接受这种理论的人，绝不仅仅是极少数与主流不合的煽动者，因为这些经常难以理解的严苛论点，在当时极受欢迎。比如，理查德·普莱斯令人生畏的《公民自由性质观察》（*Observations on the Nature of Civil Liberty*，1776），卖了 6 万本，只有潘恩的书的销量超过了这个数字。这些观点，很多以前都被人宣扬过，尤其是被约翰·弥尔顿宣扬过。有些现代史学家认为，"老调重弹"是虚弱的表现，其实绝非如此。老调重弹反而是这种观点大受欢迎的诀窍。因为，18世纪的人们非常迷恋英国的往日，尤其是"伪哥特式的"（Gothick）中世纪；不光迷恋中世纪的政治历史，还迷恋中世纪的建筑、服装、家具、盔甲，把这一切编成配有漂亮插图的简明历史书，到处出版。所以，英国历史上的阿尔弗雷德大帝（Alfred the Great），人称智者、强者、好人的英雄，又被格兰维尔·夏普（Granville Sharp）等人抬出来，宣扬成明君典范，因为他与一切国会的前身，盎格鲁–撒克逊咨议院（Anglo-Saxon Witenagemot）进行了友好合作。此时，人们认为历史不是晦涩难解、与现实无关的东西，而是英国政府应该效仿的榜样。《大宪章》（Magna Carta）的签订，是另外一个"民众"经历的"神话"时刻。他们通过自己的男爵、议员，行使了向暴君问责的权利。这一事件也被视为对当下和将来有重大意义。而且，当时有一个激进分子，身份是素食者兼古董商兼运货员，名叫约瑟夫·里特森（Joseph Ritson），研究了罗宾汉这个人物，把传奇人物重塑成一个浪漫主义的大众英雄，出了书，还配上了托马斯·比威克的木刻插图。

自从16世纪开始，"88"这个年份，一直是英国和君主制命运的关键年份；每一代人都认为，上一个"88"年份的历史，就是下一个"88"年份的范例。1688年支持威廉三世的人，宣称自己在继续1588年伊丽莎白对天主教暴政的反抗。也是在1588年，英国击败了西班牙无敌舰队（Armada）。1688年，信仰天主教的英王詹姆士二世退位。1788年，英王乔治三世精神病恶化，无法执政。有些批评家谴责他试图建立斯图亚特王朝（Stuart）一般的专制政体。等到1789年他恢复神智，法国大革命已经爆发，震惊欧洲，改变了君主制的命运。那些庆祝光荣革命100周年的人，自然而然地认为，这次最新的革命，就是100年前光荣革命的圆满之举。他们觉得，上帝的日程安排很有意义。

乍一看，英吉利海峡两边这两个国王迥然不同。法王路易十六此时正被法国国民议会（National Assembly）呼来喝去，议会怀疑国王在策划军事政变，以夺回绝对权威，而且这种怀疑是正当的；英王乔治三世则正在恢复健康，也在恢复对英国的控制。路易十六遵命离开凡尔赛赶赴巴黎，一边尽量掩饰自己的窘境，一边至少假装在革命的三色旗下保持低调。与此同时，英王乔治三世正在英格兰西部诸郡（West Country）旅游，静养身体。每到一处，都有人高声合唱《上帝保佑国王》（*God Save the King*）来取悦他；在韦茅斯（Weymouth），乔治三世来到矿泉圣地疗养的时候，还有一支忠心耿耿的小乐队藏在洗澡机器后面，给了他一个惊喜。

然而，这些大张旗鼓的效忠表现，完全没阻止那些激进派的思考，这些人真正相信英国要有大变局。他们觉得：若是巴黎人民能攻入巴士底狱的高墙，那么，我们清算英国"古老的腐败"的日子，也就不远了。1785 年，约瑟夫·普利斯特里把激进派的事业，比作"在谬误和迷信的陈腐建筑底下，一粒一粒铺上火药，只需单独一点火星，便可点燃，立刻发生爆炸"，因此得了个"火药阿约"（Gunpowder Joe）的外号。巴士底狱攻陷的时候，史瓦利俱乐部、利奇菲尔德的主教宫、贵族的霍兰屋，这些地方都有人举杯祝贺。激进派希望，这火星也许能渡过英吉利海峡，来到英国。查尔斯·詹姆士·福克斯赞美法国大革命，说它是"堪称世界历史上最伟大的事件，而且无疑是最好的事件"。只是，大革命的成功，让英国人有些尴尬：过去好几代人的时间里，辉格党和托利党一直异口同声嘲笑法国人，说法国人是专制走狗，毫无希望；如今，法国人却完成了 1688 年始于英国的革命事业。毕竟，美国人早就论述，自由的"真正"精神，虽然生于英国，却显然已经迁移到了别处（美洲）。当初美国独立战争期间，法国的拉法耶特将军（General Lafayette）曾经热心地帮助美军与英军作战，如今大革命爆发的时候，将军又站在反对专制的一边，把自由精神从美洲带回了欧洲。这一点再次证实，受到民众拥护的自治政体，乃是一切人类的天赋权利。

　　但是，革命毕竟发生在法国这个外国，于是，英国辉格党最激进的派别"新辉格党人"（主张扩大选举权，实行无记名选举，资助国会议员等）赞颂外国革命，虽然是高尚的情操，却也引起了非议。1789 年，新辉格党人觉得有必要主张，自己为法国大革命而欢呼，这种行动和真正的爱国主义并不矛盾，反倒是爱国主义保持健康的标志。1789 年 11 月 4 日，在伦敦"老犹太"区的"唯一神教派"会所，理查德·普莱斯博士面对"革命纪念学会"（Society for Commemorating the Revolution）的成员，高调发表了一篇演说《我们国家的爱》（*The Love of Our Country*），传达的也是这个信息。这一天差不多正好是 1688 年光荣革命中，威廉三世在英国托贝港（Torbay）登陆的 101 周年纪念日。普莱斯主张，"国家"适当的定义，"并不只是地球的土壤或某个地点，我们恰好在这里出生；也不只是森林和农田，而是一个团体，我们都是这个团体的成员；或者是同伴、朋友、亲族的集合体，这些人在共同的宪法下，和我们联系在一起，受同样的法律保护，被同样的公民政体（civil polity）维系着"。换句话说，赋予我们真正的国家忠诚心的，并非国家的地形，而是国家的政治。余下部分，就都是自私的夸夸其谈了。他还说，伟大而光荣的法国大革命的政治，毫无疑问，同英国政治联系在一起，而且确实是英国革命事业的完工之作。1688 年光荣革命的意义，正是在于"人民有权反抗独裁统治，驱逐非法的统治者，恢复自己不容置疑的自治权"。难道不是这样吗？而且，这不也正是法国人现在做的事吗？法国人给我们上的一课，非常及时，因为在英国，人民的代表工作已经变成了一个糟糕的笑话；这是一种"影子"的自由，其背后真相是腐败的寡头政治，还有一个内阁制政府，操纵着国会中一群被收买的傀儡，达到自己的目的。

　　如果说，巴士底狱的陷落，法国从绝对专制到开明君主制的变迁令人震惊，这震惊也当然是健康的，对宪法有益的，就像韦茅斯的清凉游泳，或者莱克兰细雨中的郊游一般。有些人向乔治三世恢复神智表示祝贺，表现出怯生生的媚态。对此，普莱斯非常瞧不起。普莱斯说："他们更像一群牲畜匍匐在主人脚下，而不像有智慧、有尊严的公民与受人爱戴的君主同乐；与此同时，君主还明白，他之所以有今天的境遇，全依赖这些公民。"换句话说，公民才是真正的主人。普莱斯说，如果他有机会祝贺国王，他会这么说：

> 先生，得知您康复了，我非常高兴，感谢上帝对您的恩惠。我尊崇您，不仅将您视作我的国王，而且几乎将您视作全世界唯一合法的国王，因为只有您，才是因为人民的选择而得到王冠的。愿您享受一切可能的快乐。愿上帝向您显示，那些现在正对您盲目崇拜的行为是多么荒唐，并能保护您不受这种荒唐行为后果的伤害。愿您可以正确地认识到您目前地位的本质，并且拥有这样的智慧，从而在您回到这些王国[1]执政岗位上的时候，能够为国家带来福祉；而且努力将自己正确地视为人民的公仆，而不是人民的君主。

这已经够大胆的了。然而，在评论的结尾，普莱斯抛弃了所有敬重的伪装，发出了毁灭性的革命预言，宛如雷霆的疾呼："全世界的压迫者们，颤抖吧！支持奴隶政府、奴隶制度的人，接受警告吧！……如今，你们再也不能用黑暗笼罩世界了。面对越来越强大的光明与自由精神，不要再继续反抗。把人类的权利还给人类，接受人们对恶行的纠正，免得恶行与你们一起毁灭！"

普莱斯的文章有两个主要假设。假设一：法国大革命是英国革命的延续。当时有一句祝酒词，概括了这个假设，说的是："敬英国国会，愿它变成法国的国民议会！"假设二：英国的君主制并非（或者不应该）属于世袭继承，而应当对至高无上的人民负责。这两个假设激怒了一

---

[1] 乔治三世当时的头衔是"大不列颠和爱尔兰国王"（King of Great Britain and Ireland），因此是两个王国。爱尔兰 1801 年才并入英国。——译者注

个爱尔兰作家、演说家埃德蒙·伯克（Edmund Burke），他也是国会议员，代表一个口袋选区（被拥有土地的某个人或家族控制的选区）。伯克写下了尖酸刻薄、极有杀伤力的《反思法国大革命》（*Reflections on the Revolution in France*，1790）。伯克之所以又惊又怒，有各种原因，但主要原因还是普莱斯文章的时间问题。伯克一开始带着谨慎的乐观态度看待法国大革命，然而到了秋天，乐观就变成了惊惧的不信任。7月14日过后发生的一切——私刑肆虐；焚烧庄园；一片混乱中，贵族慌忙抛弃财产，表示赎罪；最严重的，还有"没收教堂财产抵偿国债"的行为……这些在伯克眼里，都是国家自我解体的疯狂之举。在伯克看来，最荒谬绝伦的，是法国风传这样一种说法"路易十六热情支持这一切破坏活动"；实际上，路易十六不过是这种打砸抢团体的阶下囚。1789年11月，恰好是普莱斯认为应该教训乔治三世，让他明白自己的使命，将自己看作"人民公仆"的时候，路易十六的真正景况，以最为残忍的方式对外曝光了。要求面包的一些女商贩，领导巴黎市民向凡尔赛进军，这进军却变成了对宫殿的进攻，市民冲进了王家成员的私宅。混乱中，两名瑞士卫兵被杀，但伯克写道，这两人都不是岗哨。国王和王后在拉法耶特催促下，先是紧张地在宫殿阳台上露了一面，接着就屈辱地被人塞进一辆长途马车，押回了巴黎。面对很多挑在矛尖上的头颅，两名阶下囚拼命装出勇敢的样子，假装与人民"团结在一起"。伯克用极尽渲染的笔法写道："国王……与王后，还有他们幼小的孩子们，这些孩子本来应该是伟大而慷慨的民族的骄傲和希望；如今，一家人却被迫离开全世界最华美的宫殿，离开的时候，在大虐杀污染的血泊中游泳，一片血海洒满了残肢与四分五裂的尸骸。"

普莱斯博士成了伯克尖酸嘲讽的对象。伯克说，他怎么能够赞扬这样的事情，就好像这些事情流露了人类善行呢？而且，普莱斯怎么如此胆大妄为，竟敢宣称1688年光荣革命，与一个世纪之后，伯克眼里不折不扣的耻辱恶行是联系在一起的？只有完全篡改英国革命的意义，方能把二者联系起来！

伯克说，普莱斯只有无视真正的历史，才能宣称，人民有权利选择自己的政体，有权利因为自己的意愿，或者因为觉得某些君主保护了个人自由的"天赋权利"，而扶植或者废黜这些君主。这么主张的人，不是 1688 年的人，而是 1648 年的人——约翰·弥尔顿，以及那一代主张杀掉国王的人。威廉三世之所以受到邀请来英国，并不是出于人民的选择，更不是要以任何抽象原则建立一种新型政府，而是为了捍卫一种自古以来的法律、教会、政府的形式；也就是詹姆士二世违背的"古老的宪法"。因此，光荣革命成了最保守的革命；所以才没有流血，所以才光荣。伯克还坚称，最重要的是：自从《大宪章》开始，甚至从盎格鲁-撒克逊人的英格兰开始，"古老的宪法"历经无数世代，一直保持着权威，保持着重量；它扎根在英国土地上，而非危险地浮在空中，挂在卢梭一类政治哲学家不切实际的猜想构成的热气球底下。政府不可能用想象出来的基本规则，以幻梦的方式建立。这种"几何式"或者"代数式"的建设，从定义上说，就是毫无生气的。伯克说："编造一个新政府，这种想法……足够让我们感到恶心、恐怖。"一切政府，至少一切合法政府，其权威，都源于远古以来的实际运作的经验。至少，不列颠民族的行事方式就是如此。"这种自由后裔的理念，赋予我们一种习惯性的祖国的尊严"；因此，普莱斯所轻视的"地球的土壤或某个地点，我们恰好在这里出生"，乃是让我们具有社会感的、最重要的因素！"在英格兰，我们还没有被大自然的消化系统完全包围，我们内心依然存有情感，我们也珍视、培养这些天生的情感，它们忠诚守卫、严密监视着我们的使命。"伯克认为，我们地域的血统，加上"盾牌上家徽的纹章"，是我们与生俱来的权利，是我们的"政治宪法"。之所以说"盾牌上家徽的纹章"，是因为伯克痴迷纹章学。而我们却不顾危险，随意破坏政治体制。

就在鼓吹世界和平与理解的预言家们，为即将到来的天下大同唱赞歌的时候，伯克对他们发出了愤怒的回击：自然？我来告诉你们，什么才是自然！你们以为它是天下一致的，雏菊花环、隔着海洋握在一起的手、大学兄弟会的合唱歌曲？但你们正在提到的，是一群知识分子的兄弟之情，他们从同样的巧克力饮料杯中啜饮，谈论着同样的陈词滥调，做着同样的天真幻梦。可是，朋友们！自然是生活出来的，不是想出来的。自然是"熟悉感"，是"对某地的感情"，是"爱国者"。

那些煽动家如此放肆地呼唤的"人民"，在法国已经暴露了本来面目。他们无知、轻信、嗜血！"民主"就是"暴民做主"。伯克坚持说："一名理发师或是一名蜡烛制造者，不可能成为任何人眼中的荣誉……这些人不应该受到国家的迫害，但如果这些人被允许进行统治……国家反而是受到了这些人的迫害。"但他们并不知道自己在做什么。有些本应更加明智的人，却愚蠢地给了他们幻想，让他们以为自己很重要，执掌大权。这种责任是不可原谅的。这些愚蠢的人，就是某些阶级叛徒、绅士、教士，将民主像玩乐一般对待，而且自己足够富有，能够避免滥用民主的致命后果；他们幻想着交出自己在政治秩序里分配好的地位，来换取更多"公民权利"。在英格兰，这些蠢人就是某些公爵、伯爵，诸如里士满公爵、格拉夫顿公爵、谢尔本伯爵（Earl of Shelburne），以及伯克的老朋友查尔斯·詹姆士·福克斯。这些人竟然支持那些毁灭他们贵族地位的人，荒谬地砍断了一代人和下一代人之间，过去和未来之间的宝贵纽带。他们幻想，自己可以像拉法耶特将军一样，骑着暴民化身的猛虎，获得权力和荣耀，但他们反而最先被老虎吞噬！

伯克的《反思》就当时标准而言，堪称论战的杰作，而且商业上也很成功。出版后三个月，卖了17 000本，当时小说初版印数最高也只有1 500本。某些辉格党激进派看来，《反思》标志着"曾与美国人交好的"伯克变节了。（其实这个名声不太准确。在美英冲突之前，伯克曾经努力让双方讲和，但冲突一开始，伯克就对英国忠心耿耿了。）《反思》一出版，就把普莱斯的声音给淹没了。1791 年，普莱斯郁郁而终。他最不能接受的，是《反思》的地方主义，狭隘观念。伯克坚称，英国政治的传承，是全世界独一无二的。英国人出生的时候，获得的并非"自然权利"，而是一种独特的本国政治遗产，与普世的自由理论毫不相容。伯克似乎认为，自然绝不可能是"四海一家"的。

法国大革命中曾有一次，民众冲进王后玛丽·安托瓦内特（Marie Antoinette）房间，要把她杀掉，玛丽急忙逃跑，"几乎全裸地……匍匐在国王脚边，想要得到庇护"。伯克认为，这样的屈辱，标志法国骑士精神的死亡，对此哀痛不已。伯克从来没有想到过，"反转的骑士精神"，也就是男人被残忍虐待的时候，女人会挺身而出保护男人。这种事，他肯定会贴上"违反自然"的标签，但这种事却是的的确确发生了的。伯克《反思》出版还不到一个月，普莱斯的好友玛丽·沃斯通克拉夫特（Mary Wollstonecraft）就出版了回击之作《男权辩护》（*A Vindication of the Rights of Men*，1790）。当初，玛丽在纽因顿格林开了一所学校，离普莱斯的教堂很近，两个人就在这个时候认识了。玛丽看到普莱斯受到伯克的尖酸嘲讽，显然感觉到了刺痛。玛丽从约克郡回伦敦的时候，还是个自学成才的女学者，默默无闻；普莱斯是她的第一任老师。普莱斯跟玛丽成了好友，经常鼓励她。普莱斯跟其他很多女作家也是这种关系，比如儿童文学作家安娜·利蒂希娅·巴鲍德（Anna Letitia Barbauld），也是个激进派。

玛丽当时过着颠沛流离的生活，因兄弟姐妹而烦恼不已，写的评论和文章也从来不足以糊口，急需别人的一切帮助。玛丽的父亲是斯皮塔佛德（Spitalfields）织布工人的儿子，一辈子到处尝试，在埃塞克斯开农场，在约克郡向人骄傲地宣传，但每一次冒风险创业都失败了。玛丽就自然而然负起了照顾姐妹们的责任，甚至在其中一个姐妹抛弃丈夫的时候，玛丽也去收拾烂摊子。抛弃的原因没有解释，但很容易猜得出来。思想上，她当然沉入了让-雅克·卢梭温情教育的团体当中，浑身浸透了"纯真情感""永恒友情"的梦想，像进入水池一样又热又黏。但是，两性的本质——卢梭关于自然的老生常谈之一，却令她非常厌恶。卢梭在小说《爱弥儿》中表达了自己的设想：养育女孩子，必须为了完成一个最高目标——培养成安慰、照顾丈夫的助手，培养成孩子的母亲（自然还得是喂奶的母亲）。上帝已经让男人和女人有了不可逾越的不同，因此女人只要想在外表或行动上接近男人，从定义上说，她就成了生物学上、道德意义上的怪物，剥夺了将一处房子变成"家"的关键品质——温柔。

　　玛丽父亲花钱大手大脚，而且时常喝酒；玛丽母亲就在父亲身上浪费了这种温柔。玛丽眼见这种悲哀的尝试，觉得太过分了。当时，似乎以写作为生的女性越来越多，玛丽也受到这个情况，以及别的原因鼓舞，写了一篇短小的论文，论述女儿的教育问题。与《爱弥儿》的观点相反，她主张女孩子完全有潜力，接受跟男孩子一样的教育。她把论文寄给了约瑟夫·约翰逊（Joseph Johnson），当时全伦敦乃至全英格兰最激进的作家，大概也是一切自由灵魂、激进作家的核心。

　　约翰逊是利物浦人，单身汉，小个子，戴着整洁的假发，经常在72圣保罗教堂后院（72 St Paul's Churchyard）自己商铺的楼上组织活动。这个地方，几百年以来，一直是伦敦出版商中意的所在。对伦敦激进派而言，约翰逊的地位非常重要：他不仅在1788—1799年出版了《分析评论》（*Analytical Review*）期刊，而且还资助、培养了一群弟子，组成了"破衣军团"（ragged rigement）。别人只要有报纸评论要写，有工作要找（约翰逊给玛丽在爱尔兰找了一份家庭教师的工作，但结果有好有坏），有短期贷款要借，甚至要寻求住处（他也帮玛丽找过住处），都可以找他。玛丽每周总要跟约翰逊一块吃几次饭，约翰逊有名的周日晚餐，玛丽也是常客。晚餐会上，光临的有趣宾客们，让朴实的"爱国者"菜肴

（很多煮鳕鱼和豆子）增加了不少味道。这些人包括：有远见的艺术家，例如威廉·布莱克、亨利·福塞利（Henry Fuseli）；"宪法资讯促进会"的老会员、坚定分子，例如约翰·霍恩·图克、约翰·卡特莱特少校；著名民主主义者，例如黑色眼睛、赤红脸膛的托马斯·潘恩；当然还有一群口才出众、说话不脸红的知识妇女，例如安娜·利蒂提娅·巴鲍德、女演员萨拉·西登斯（Sarah Siddons）。关于玛丽出席约翰逊晚餐会的资料，描述的玛丽，是一个笨拙、坚定、十分活跃的女人。她长长的鬈发，倘若上面不戴海狸皮帽（像本杰明·富兰克林或者卢梭那样），就要往头发上擦粉。她知道自己不修边幅，而且经常打断别人说话。社会哲学家威廉·戈德温（William Godwin）是来听潘恩演讲的，玛丽却屡屡抢了潘恩的话头，戈德温因此很生气。

　　玛丽·沃斯通克拉夫特拥有暴风雨般的热情、顽强的辩论精神，心灵和头脑的配合就像拳击运动员的左右手，这已经成了她的经典特色。因此，她知道伯克对伟大而善良的普莱斯博士发起凶狠的进攻，就尤为义愤填膺。然而，更加不同寻常的是，她把这种义愤填膺转化成了出版的行动。玛丽的《男权辩护》光彩被两年后出版的《女权辩护》（ *Vindication of the Rights of Woman* ，1792）遮掩了，也同样被潘恩引起轰动的《人权》（ *Rights of Man* ，1791—1792）遮掩了，但《男权辩护》依然占有两个第一。最早针对伯克发起的反攻，而且还是最聪明的反攻之一。玛丽并没有做出一般人（尤其是伯克）预期一个女人要做出的事，没有用拘谨而假装高尚的风格写作，而是用伯克自己的尖酸嘲讽，来攻击他作为"传统体制卫兵"的资格。玛丽大声质问：伯克若是为世袭王位的神圣地位如此操心，那么，在乔治国王精神失常期间，伯克又为什么那样匆忙地想要把他废掉，用自己赞助人的赞助人——摄政王（Prince Regent）取而代之呢？玛丽说："你如此渴望尝到权力的美味，竟然无法等到时间来决定，一次可怕的精神错乱，是否会变成长期的精神失常状态？窥探了全能上帝的天机，而后大喊大叫，上帝已经把他从宝座上赶了下去……这难道不是跟法国忠诚纽带的毁坏一样吗？而伯克先前，不是认为法国这样的情况极为恐怖吗？"玛丽的目标，让伯克不仅显得刚愎自用，而且荒唐可笑。她嘲讽了伯克的各种痴迷。他漫画式地咒骂玛丽的"勇气"（伯克曾说玛丽"不是最高等级的动物"）；他那痴迷纹章学的过去；他的目光短浅（伯克碰巧确实戴了一副眼镜，非常出名，尽管玛丽自己也戴眼镜），看不到所谓"完美的自由"，只对那些有权享受的人才完美。更严重的是，"古老的宪法"若真是永远神圣不可侵犯，那么，"滋润土地的融雪会引起临时的洪水泛滥"，而我们岂不要注定"永远冻结，无所作为"了？

如果说玛丽是狙击手，那托马斯·潘恩就是重炮兵。法国大革命刚开始的时候，潘恩曾经估计伯克作为"自由之友"，会同情革命，还在巴黎给他写了一封热情洋溢的信。但伯克的《反思》却使潘恩看清了此人何许人也。潘恩很是愤怒，又感觉事情紧迫，于是只花了三个月，就写下了《人权》（1791）第一部分，多达4万单词；这本书的目的，就是拆毁"专制主义的凄凉之屋"。《人权》的大部分主张，约翰·弥尔顿、阿尔杰农·西德尼（Algernon Sidney），还有潘恩自己，之前都已经表达过了：人的各种权利，包括生而平等、个人自由，都是出生时被上帝赋予的；因为这些权利超越一切形式的政府，当然也就不能被一切形式的政府所辖制。相反，政府之所以建立，还是为了保护这些权利的，并且要服从保护的要求。但是，潘恩还专门加了一段讽刺内容，嘲讽单纯的世袭政府——无论是贵族政治，还是君主政治。即使只是容忍这种观念，更别说尊重这种观念，其荒谬程度也不亚于相信有"世袭的数学家"。

不过，比起潘恩说话的内容，更重要的，还是潘恩说话的形式。潘恩的家庭，原本是诺福克（Norfolk）一家妇女胸衣和紧身内衣的制造商。他在一座名叫"荒山"的秃山上长大，房子对面就是当地的绞架；

还一直有人带他去贵格会（Quaker）的礼拜堂。所以潘恩绝不是伯克轻蔑地提到的那些"激进的花花公子，腰包很满，良心和脑子却都很空"。潘恩在美国成名之前，已经体验了颠沛流离、贫苦不堪（差不多完全自学成才）是怎样一种生活。他真正的学习生涯，是在小酒馆政客抽着烟斗，互相大喊大叫中度过的。他手中已经有了一张比较粗糙，但十分坚硬的弓；美国政治大打出手的喧嚣，给这张弓又加了一根弓弦。他还长期接触小酒馆和街道上的语言，这使他明白，思想之战同样也必然是语言之战。这种精明，几乎称得上 20 世纪的水平。而平民语言的锤炼，让他与伯克的论战，十分得心应手。伯克有意选了声音最尖锐的英语词汇，在描述法国那些可怕场景（都是二手信息）的时候，就用哥特式的装腔作势；在教训"猪一般的大多数"的时候，就改用贵族般的豪言壮语。这种精心安排的表演，潘恩称之为"为剧场演出而仔细计算过，而舞台上的事实，是为了演出效果而加工的"。潘恩的文风，也经过深思熟虑。伯克最可怕的噩梦，就是让平民受到政治教育。潘恩好像刻意要让这噩梦成真，他的写作，用了极为简单的语言，简单到具有攻击性："我的目的是让不识几个字的人也能理解……因此我要避免一切文字雕琢，把话说得像字母表一样清楚。"很多上层读者看了《人权》，他们最吃惊的，不是潘恩对君主制、贵族体系的必然嘲讽，而是潘恩的语言竟然这样粗糙，就好像盼着读者耸鼻子、摇扇子[1]一样，潘恩几乎是对着读者的脸，把自己的思想喷射了出来。

　　"猪一般的大多数"则把思想照单全收了。约瑟夫·约翰逊同意加紧出版《人权》，为了赶上 2 月 22 日乔治·华盛顿的生日（华盛顿将军也专门拿到了一本《人权》，感谢了潘恩）。此前，约翰逊的商店已经出版了不止一本对伯克的攻击的书，还包括玛丽·沃斯通克拉夫特的书。但在

---

[1]　当时欧洲贵族妇女习惯在激动的时候摇扇子。——译者注

22 日当天，约翰逊却一反常态，突然发作了，歇斯底里。潘恩不得不到处去找别的出版商，找到之后，雇了一辆马车，把没有装订的书页拉到了新的地点。约翰逊很可能后悔自己当时的恐慌，因为《人权》第一次印刷供不应求，三天后就印了第二次。到了 5 月，《人权》已经出了六版，卖了 5 万本。而一本《人权》售价三个先令，在当时并不算便宜。《人权》还卖到了外国：很多本运到了美国波士顿、荷兰首都阿姆斯特丹、法国巴黎、爱尔兰首都都柏林。如此一来，潘恩的书就成了 18 世纪畅销书的头一名，把伯克的读者群远远甩在了后面。《人权》第二部，鼓吹更为激进的"福利国家"，这一点让改革派也出现了分歧。第二部还主张，国库收入应该通过累进税来重新分配，以满足政府帮助老弱病残的需要。第二部，按照潘恩自己的说法，卖得更好，十年内销售量为四五十万。有些现代史学家认为，如此激进的思想，在当时只有一小部分人接受，没有代表性。然而，就算剔除夸张的因素，这些数字也足以完全否定他们的观点。"宪法资讯促进会"突然重获新生了。会议上，大家把英国国歌《上帝保佑国王》重新填词，唱了出来，对潘恩表示感谢：

上帝保佑人权 / 暴君若能把人权侵犯 / 就来试试看……

1791 年夏，法王路易十六和王后玛丽·安托瓦内特想要逃出法国，两人在瓦雷纳（Varennes）被捕，十分狼狈地被押回了巴黎，关在两人自己的宫殿——伊勒杜里宫（Palace of the Tuileries）。到这个时候，自称爱国的两派英国人士，斗争已经到了你死我活的地步。5 月，埃德蒙·伯克与查尔斯·詹姆士·福克斯这对老朋友，在英国下议院（House of Commons）撕破脸皮大吵了一架，友谊从此断绝。福克斯受到小威廉·皮特的刺激，始终强硬地坚持：法国的新宪法，以及《人权和公民权利宣言》（Declaration of the Rights of Man and Citizen），是全世界有史以来"最惊人的自由丰碑"。私下里，福克斯还将伯克指控为皮特的传声简，想要用"共和主义者"的罪名，卑鄙地玷污自己的名声。5 月 6 日，伯克在下议院发表演讲。福克斯手下有一些年轻的激进分子，伯克管他们叫"那群小狗"。伯克一演讲，"小狗"们立刻叫了起来。伯克公开表达了愤怒："友情和亲密相处延续了 22 年多，如今，却从他完全意想不到的地方，射来了人身攻击的冷箭！"伯克重复了二人其他的争执，这些争执，虽说让他和福克斯有所分歧，但从来没有伤害过他们的私交，也没有分裂过辉格党人。这次，他要说，这场关于法国大革命的论战，对双方都有致命的伤害。福克斯打断了伯克："友情并没有损伤。"伯克回答："我很遗憾地说，是有损伤的。我虽然失去了朋友，但总算完成了使命。"福克斯站起来，泣不成声，但还是毫不后悔地谈道，法国"可怕的专制"已经不见了。伯克再次回答，他希望谁也不会牺牲英国国体来换取一个"狂乱的、幻想的体制"。

这场交锋，虽然情绪化，但仍不失威严。它掩盖了当时英格兰各地方城镇正在迅速发生的严重分歧；更不祥的是，苏格兰也发生了这样的分歧。当然，伦敦也是激进派和保皇派斗争的风暴中心。不过，所谓的"新不列颠"——曼彻斯特（Manchester）、谢菲尔德（Sheffield）、贝尔法斯特（Belfast）、伯明翰（Birmingham）、格拉斯哥（Glasgow），还有一批让工商业改变面貌的老城，比如德比、诺丁汉（Nottingham）、比威克的纽卡斯尔——就正在经历一场真正的火焰洗礼。在这些地方，礼拜堂的"理性宗教"，辩论协会，印刷出版商、激进派的报纸，全都联系在一起。谢菲尔德有一位书商约翰·盖尔斯（John Gales），也是《谢菲尔德纪录报》（Sheffield Register）的编辑。他是该市"宪法协会"（Constitutional Society）的主心骨，协会自从建立，很快有了 2 000 多名成员。这些组织的激进程度，经常影响组织成员的团结。有些人要追随"人民之友"（Friends of the People），也就是福克斯一派的人，主张推动国会改革的宪法一派；他们可能还主张，男公民选举权（manhood suffrage）是"英国自由民与生俱来的权利"。其他人则很快迷上了托马斯·潘恩等人在"福音书"里勾画的将来社会的美好愿景。

英国政界最重要的日子，原本是 11 月 4—5 日，这一天既是 1605 年天主教极端分子企图炸毁英国国会的火药阴谋案（Gunpowder Plot）的纪念日，也是 1688 年光荣革命的纪念日；让人吃惊的是，如今，法国攻占巴士底狱的日子——7 月 14 日，却把前者取而代之了。1791 年 7 月 14 日，贝尔法斯特举行了一场新教天主教的联合集会，很多人欢呼"自由的曙光"，主要是为了爱尔兰；与此同时，伯明翰另外一群人正在以教会、国王的名义，毁坏约瑟夫·普利斯特里宝贵的图书馆和实验室。"火药阿约"确实招来了"火星"，而这火星点燃的却是另外一群人。1794 年春，普利斯特里移民到了美国，定居在宾夕法尼亚的诺森伯兰，建立了一个合作社，终于一定程度上实践了他的社会理想主义。

而普利斯特里抛下的祖国，距离那个和平自由的人间福地，却似乎前所未有地远了。1793 年 5 月 6 日，查尔斯·格雷（Charles Grey）提出的国会改革措施（想让国会议员的代表分配更加公平，选举更加频繁）以 41 票赞成、282 票反对的结果惨遭否决，此时，任何"人民之友"想要从体制内实现奇迹般的宪法改革的希望都落空了。那 41 票，大概就是国会里福克斯一派"新辉格党人"的人数吧。于是，也是在 5 月，王室发布了一份公告，禁止煽动性的集会。政府期望得到辉格党人的支持，也果然得到了。福克斯投了反对票，但波特兰公爵（Duke of Portland），当然还有伯克，都投了赞成票。不过，既然此时国会改革的路似乎堵死了，潘恩的革命政策，人气上升而不是下降了。1792 年 1 月，鞋匠托马斯·哈代（Thomas Hardy）建立了"伦敦通信协会"（London Corresponding Society）。用伯克的话说，这个协会是"捣乱之母"。约翰·塞沃尔任协会的主要理论家、发言人。协会公开站在民主主义的潘恩派一边，要求男公民选举权，要求每年召开国会。政府当时极为担心政治和社会的分裂，哈代偏偏又是苏格兰人，政府就更加警惕了。12月，苏格兰的"人民之友"，计划在爱丁堡举行"公会"（Convention），这一来火上浇油。之前，法国从君主制转向共和制的血腥冲突，产生的一个"国民公会"，法语也正好叫Convention（Convention Nationale）。虽然这个单词在英国和法国指代的事物相当不一样，英国政府依然将这个单词视为一种凶兆，以为这些人也要跟法国一样闹事了。爱丁堡公会共有160名代表，来自80个姐妹社团，至少35个城市。政府的探子汇报，参加大会的有爱尔兰人，还有贝尔法斯特和都柏林的苏格兰人。公会组织者之一，律师托马斯·缪尔（Thomas Muir）演讲，呼吁解放"奴隶制的英格兰"。缪尔原先是詹姆士二世党人（Jacobite），此刻的立场，却相当于拥护了法国最激进的雅各宾派（Jacobin）。这个转变，忽然就不那么引人入胜了。政府采取了非常强硬的反击手段，逮捕了公会的领导人，判了他们煽动罪，流放到澳大利亚14年；一部分原因，当然是害怕盎格鲁-苏格兰（Anglo-Scottish）的联盟会被人推翻，害怕在北方民主派的中心地带，从诺丁汉到邓迪（Dundee），国会被"不列颠大会"（British Convention）取代。

特工还注意到，这些社团里，很多人不仅吵闹，而且说话冗长啰唆。这些人是新一代傲慢的纺织工人、虔诚的钉子工人、共和主义的裁缝，最可怕的，还有谢菲尔德的刀匠。人们从报纸上看到巴黎的革命恐怖，就毛发倒竖；他们尤其害怕刀匠。当局偶尔会突击搜查，发现一些地方藏了长矛、斧头，更加剧了这种恐慌。伯克在下议院大谈恐慌气氛，把它称之为"革命"和"唯一神教派社团"的东西，比作某些虫子，说虫子可能会长成巨型蜘蛛，织起网来，吞噬拦路的一切。威廉·皮特则比较现实地警告说，若是允许潘恩的思想不加限制地在民众中间传播，"我们就会发生血腥的革命了"。

政府纵容之下，保守派先发制人，开始操纵民众，发动暴乱。10个郡都动员了民兵维持秩序，然而，他们一看到暴民的攻击目标是激进派，就掉头不顾了。很多出版社被砸了，煽动性的文献被抢走，烧掉了。保守派雇了天才詹姆士·吉尔雷（James Gillray）等漫画家，让他们画出英国一旦发生革命的情况，画得越恐怖越好。政治家约翰·里维斯（John Reeves）一度曾担任纽芬兰的首席法官，这时候回到了英国。他对激进派俱乐部的厚颜无耻感到十分不满，在 1792 年 11 月，成立了自己的团体"保护自由财产反平权与共和主义协会"（Association for Preserving Liberty and Property Against Levellers and Republicans），其目的是"支持法律，打击煽动性出版物，保护我们的人身财产安全"。跟那些有武装的保皇派一样，协会也支持保皇派出版各种短文，用来专门转化那些轻信潘恩主张的工人。1793 年 2 月，英法战争爆发。保皇派马上获得了丰富的论战素材——法国共和主义者的入侵，会有什么样的恶果。有一篇文章，写的是一个爱国的师傅，花了很多时间和精力，对手下一个容易听信谣言的学徒解释，潘恩的思想有多么邪恶、多么危险。学徒十分感激，回答道："师傅，您说得对！谢谢您跟我解释，我绝对不想看见法国人跟我媳妇睡觉，把面包从我孩子嘴里抠出来！我再也不去'自由俱乐部'了，我这就上工！"基督教福音派作家汉娜·摩尔（Hannah More），因为致力于儿童文学事业，声望很高。如今，她开始利用这声望，向老老少少灌输急需的爱国定义了。她的《乡村政治》（*Village Politics*，1793）里，"铁砧杰克"（Jack Anvil）向"砖斗汤姆"（Tom Hod）解释，民主主义者"喜欢被一千个暴君统治，却受不了一个国王"。书里说，《人权》鼓吹的是"战争、谋杀、横死"；所谓"新爱国者"，就是"爱所有别的国家都胜过爱祖国的人，而且最爱的是法国"。

　　假如在 1792—1793 年，这些动荡的年月里，纵然有一切的威胁与险境，你还是一个坚定的"人民之友"，那你应该怎么办呢？如果你为人精明，而且对潘恩一派过分的革命热情保持怀疑，最好还是做出托马斯·比威克那样的选择，紧紧闭嘴，韬光养晦，以待时机。与此同时，盼望着英国人的常识、公德、正义，最好很快能够得胜。为了安慰自己，比威克还阅读本地激进派的报纸《经济学人》(*Economist*)。这报纸在伦敦印发，印发的人是约瑟夫·约翰逊。或是享受那些攻击威廉·皮特的刻薄之作，比如老朋友托马斯·斯宾塞的《猪肉——猪一般的人的教训》(*Pigs' Meat, or Lessons from the Swinish Multitude*，1793—1795)；继续画他的鸟兽，并在绘画之间暗暗插入残忍、痛苦、暴行、横死。这一点，想要探究画中深意的人，不难看出。又或者，坐在自己俱乐部里，相对安全的赫普怀特式(Hepplewhite)椅子上，你也许能为国会里"新辉格党人"有所减少而欢欣——福克斯、谢里丹、查尔斯·格雷、谢尔本，也就是那些坚持反对"侵犯出版自由"，或是"取消人身保护令"措施的人，那些对法国大革命抱持友善观点，并且拒绝公开放弃这种观点的人。又或者，你要是特别勇敢，特别愤怒，或是喝得大醉，革命乐观情绪飙升，你还可以一不做二不休，加入那些手工业者的俱乐部。在那儿，你可以举杯祝愿潘恩身体健康，祝愿英国共和制立刻实现，祝愿暴君立刻死亡。既然政府的探子无处不在，这么做也就十分危险了，哪怕祝酒时并没有政府的间谍在场。此时，约翰·塞沃尔当了"伦敦通信协会"的首席演说家。据一名探子报告，有一次，他把一瓶啤酒瓶口的泡沫猛地打飞了，还说："我就要这么服侍那些国王！"这个笑话，后来在"老贝利"(Old Bailey，伦敦中央刑事法院)给塞沃尔惹了不小的麻烦。

当然还有另一个选择：彻底离开英国，一了百了。你可以渡过英吉利海峡来到法国，呼吸一些自由、平等，特别是博爱的空气，陶醉其中，为将来可能作为自由部队的先锋，杀回英国而奋斗。法国人似乎把英国激进派视为兄弟姐妹，托马斯·潘恩也当了法国的荣誉公民。来到自由的水源狂饮，这不仅仅是政治旅行的姿态，而是新生活的承诺。

但是，尽管很多人在尝试，并不是人人都能做出这样的飞跃。约翰·塞沃尔在1792年夏天或者秋天，给自己放了个假，不再对着越来越多的听众讲解自由和正义的根源，而是出去旅游，横穿了肯特郡。他展现出文学上另一面自我的个性，装成逍遥学派的席尔维纳斯·泰奥弗拉斯托斯（Sylvanus Theophrastus），来到了多佛尔的白色悬崖（White Cliffs），眺望着"白沫四溅的怒涛"，这片海把他和自由的国度——法国分开了。这个地方，对他而言，当然是不列颠大好山河的精华所在，但是可看的地方太多了，他没有办法拿定主意，是海滩还是悬崖顶上的景色更加壮丽。他想尽收眼底，于是爬上爬下"超过十多次"。后来，他燃起了雄心壮志，想要攀爬一面几乎垂直的峭壁，"只有一束接骨木，一丛百里香，再也没有别的东西可当扶手"。爬到四分之三的时候，逍遥学派的先生陷入了严重困境：既没有向上的路，也没有向下的路。这个局面，恰好反映了约翰·塞沃尔在政治上的两难处境。这个"伦敦通信协会"的西塞罗[1]，当局眼中极端的共和主义煽动家，确实既没有向上的路，也没有向下的路。于是，他暂时稳住身体，"尽管我的心脏惊悸不已，自己都能够听到……我尽可能冷静下来，在头顶的悬崖之下，眺望那宽阔大海的一片宁静"。他把"渴求的目光投向遥远的法国峭壁，不由得后悔了，因为我不能将目前的处境，变为光荣……危险，用正义之剑，去跟勇敢的法兰西民族一道，进行无畏的斗争，捍卫他们新生的自由"。

塞沃尔做不到。最终，他还是清楚，自己是一个不列颠的爱国者，要用自己的方式爱国。他的双脚必须站在不列颠的土地上。于是，"我设法爬了下来，从一个悬崖挪到另一个悬崖，终于毫发无损地落到了海滩上，带着一小片白垩土、一小支百里香……这些战利品的获得，比一切天下的掠夺者、破坏者的血腥荣耀，带有更多的纯洁。马其顿的亚历山大们、恺撒们，英国的爱德华们、亨利们……因为他们，人类的和平一

---

[1] 西塞罗（Cicero，公元前106—公元前43），古罗马政治家、著名演说家，擅长煽动听众的感情。——译者注

直在遭受劫难，而且还那么频繁"。可怜的塞沃尔！后来，他曾经试图在利斯文（Llyswen）的威尔士黑山（Black Mountains of Wales）当个农场主，最后还是回到了伦敦，教授雄辩术。他一辈子永远在接近幸福，却从未得到幸福！

第二章

自然的力量：回家之路

上一章的结尾，说到了作家约翰·塞沃尔揪心的焦虑。不过，著名诗人威廉·华兹华斯，直到 1792 年春，还完全没有体验过这样的情绪。他访问法国，是一场"希望与快乐的惬意修炼"。

> 强大的盟军站在我们一边，而我们因有爱而坚强。
> 幸福啊，活在那个黎明之中，年轻人更是如在天堂！

至少，这就是他 12 年之后的回忆，尽管这时候他对法国大革命的态度，远没有当时那么仁慈宽厚了。他参与革命，后来退出的编年史被他写成了长诗《序曲》（*The Prelude*）的一部分。《序曲》堪称是英语（或者任何其他欧洲语言中）最杰出的自传体诗歌。第一部分写于 1798—1799 年，正值华兹华斯的思想经历深刻转变的时候。

《序曲》的重要主题，是作者想要通过记忆，坚守童年时的那种本能生活，即使随着成长，他被不可避免地拉向了拥有个人自我意识的成人思想。他认为，沉浸在大自然当中，就极大地帮助了这场斗争，不让自己的纯真被时间和社会经验侵蚀，虽然这种侵蚀还是难免的。自然就是自由，而世事却是一所监狱。成熟的华兹华斯，通过大量而深切的回忆，做回了"自然之子"。他描写了自己在坎布里亚郡的童年。整个童年，他都在逃离，在对抗我们如今叫作"社会化"（socialization）的东西：抵抗鹰岬小镇（Hawkshead）上，学校里死记硬背，充满"事实"的课程。他排斥这种学校，而将大自然变作自己的导师和运动场：

> 啊，我，一个五岁的孩子，
> 常在河边磨坊的水道里度过夏日；
> 时而沐浴阳光，时而跳入水中，反反复复。
> 或有时——当山野、树木，以及远方昂然翘首的斯吉多峰，都在最浓郁的辉光中染成古铜色——
> 我会独自站在天地间，似乎出生在印第安人的平原，
> 一时跑出母亲的茅舍，任性地纵足四面八方，尽情游玩，
> 像一个赤裸着身体的野蛮人，在忽至的雷雨中夸耀着勇敢。

在剑桥大学圣约翰学院（St Johns College,Cambridge），华兹华斯依然不愿意急着去满足父亲的期望——让他进入教会，或是法律界。他也不算特别痴迷学业：

> 不必多言校园中学业的辛苦，
> 讲座室里那些见缝插针的座椅和密密匝匝的学生……
> 这些由他人去津津乐道吧，
> 我很少获取也无意追求这类荣耀。

这个倔强、焦虑的人，模模糊糊地意识到，有什么重大的事情在等待他。这种心态之下，1790年夏，华兹华斯决定跟好友罗伯特·琼斯（Robert Jones）徒步游览阿尔卑斯山。对他们那一代人来说，这种旅游，是一种道德和政治品性上的宣言。两个大学生在7月13日，来到了法国北部的加来港（Calais），正是法国民众攻占巴士底狱一周年的前一天。他们选择这个日子，当然不是巧合。二人一来，就目睹了鲜花与自由的狂欢节日。他们向着东南方穿越法国，看见：

到处都弥漫着亲切与幸福，

犹如春天惠顾八方时，

将花香洒满大地的每一个角落。

　　旅途中，还有一次，他们让一群载歌载舞的村民围住了："有的口若悬河，欢乐之情不能自制。"村民招呼他们吃晚饭，还跟他们围成一圈跳舞：

所有人都敞开心扉，所有的声音，都抒发着亲睦与欢乐。

我俩拥有在法兰西受尊重的名声——英国人的名声，

他们向我们致贺，充满友善，称我们是光荣之路的先行者。

　　过了两年，华兹华斯第二次法国之旅过后，他心目中，青涩的纯真或许已经消逝了，但政治理想主义还保留着。华兹华斯的家人对他的职业表示担心，诗人一边安慰家人，一边动身去了伦敦，在伦敦见到了约瑟夫·约翰逊，以及圣保罗大教堂的圈子。此时，正值伯克与潘恩辩论的高峰。他在下议院见到了伯克：

挺拔如橡树，累叶垂覆的额上伸出鹿角似的枝杈，

却更能震动林中的幼木……

当他……称习俗中结成的纽带，具有强劲的生命；

当他以蔑视的眼光否定时髦的理论，强调人们生来就有的忠顺。

　　可是，华兹华斯之所以为伯克写下这种回顾性的颂扬，把他比作英国大自然，说他像布满节疤的橡树，蔑视革命风暴带来的最坏打击，这说法，基本上是对旧日浪漫保守派的回忆。当时，华兹华斯依然采取潘恩式的激烈态度，写文章痛骂当权者，所以这时候他对伯克，实在不可能抱有这么热情的态度。

　　而且，过了很久，华兹华斯还坚称，他 1791—1792 年第二次去法国，只是为了学法语，是一趟学习之旅。然而，记忆就在这里变得不诚实了。当时，法国正面临一场你死我活的战争，对手是奥地利皇帝（法国王后玛丽·安托瓦内特的兄弟）和普鲁士国王，二人都公开支持君主权利，要把路易十六，从那些以人民的名义篡位的人手中解救出来。华兹华斯的说法，就好像说 "1920 年去俄国只是为了研究普希金"一样。而且华兹华斯确实向一个朋友承认（尽管带着悲伤、悔恨）："我在大革命的时候去了巴黎，大概是 1792 年或者 1793 年，而且很热心地参加了。"他的革命热情当时一定很高，因为他在法国的朋友全都是立场激进的英国流亡分子，比如罗伯特·瓦特（Robert Watt）、汤姆·韦奇伍德（Tom Wedgwood），还有诗人、小说家海伦·玛丽亚·威廉斯（Helen Maria Williams）。华兹华斯为海伦神魂颠倒，给她写了一首感伤的诗，写的是她掉眼泪的场景。

　　但这一切都不意味着他从到法国第一天开始，思想就毫无保留。他在漫游巴黎的时候，写下了忧喜参半的感受：

> 我睁大眼睛，以异国人的耳朵，
> 倾听小贩的叫卖和演说家的阔论——一片疯狂的喧噪！
> 还有频作嘘声的派别众人，都眼神炽热，
> 或三五成群，或成双结伴，或孑然一身……

拥有不容置疑的真理。

> 在巴士底，我坐在阳光下，看无声的微风逗弄着尘埃。
> 我从弃物中拾起一块石头，将这文物装入衣兜，
> 俨然一副狂热分子的气派；
> 然而，坦率地说，我表现出的情绪多于我的所感，
> 因为我未能找到我要寻找的东西。

华兹华斯本来约好要跟朋友在奥尔良（Orléans）见面，却没有找到，于是沿着卢瓦尔河（Loire）往下游去了布卢瓦（Blois）。此时，布卢瓦已经变成一座要塞，用来抵抗即将到来的国内外敌人。但真正爆发的战争，是在华兹华斯内心。在布卢瓦，他"成为共和派，我的心献给人民"，但他的忠心却被有生以来最为强烈的情感扰乱了，既包括友情，也包括爱情。他的恋爱经历，纯粹是卢梭小说《新爱洛漪丝》（*La Nouvelle Héloïse*）里的通俗闹剧，一场禁忌的师生恋，只不过卢梭笔下是男老师和女学生，这一次变成了女老师和男学生。华兹华斯的老师名叫安妮特·瓦隆（Annette Vallon），出身于一个狂热的天主教家庭。她用家族势力保护了这个孤单的英国小伙子，给了华兹华斯渴求的一切感情，还想转化他，让他跟自己家人一道反对革命。而华兹华斯又跟一个年轻的法国军官交上了朋友，军官是佩里戈尔（Périgord）人，名叫米歇尔·波普（Michel Beaupuis），是坚定的革命者；他们的友情，把华兹华斯拉向了相反的方向。华兹华斯感叹，波普就是大公无私的爱国主义的象征，因为波普之前放弃了贵族出身和头衔，变成了人人平等的法国新公民，一位自由战士。

波普跟华兹华斯一样，打动他们的主要是人民的现实疾苦，而不是高尚的哲学思想。因此，华兹华斯可能也觉得波普是同道中人。华兹华斯在湖区的住处，见过一些愁眉苦脸、衣衫褴褛的老兵，这些老兵给他的震撼无法用语言表达；以及，他有一次在伦敦街上走，遇见了一个盲乞丐，昂首挺胸：

> 他靠墙站立，仰起脸庞，
> 胸前那张纸上写出他的身世，
> 他从哪里来，他是何人。

华兹华斯在布卢瓦，也恰好跟波普遇上了"自然"教授的一课：

> 一天，我们偶遇一名饱受饥饿摧残的少女，
>
> 她拖着疲惫的脚步，尽力与她的小母牛同行，
>
> 她用一根绳子将小牛拴在手臂上，任它舔食着小路上的食物。
>
> 只见她那无血色的双手不停地编织，无精打采地打发着孤寂。

看到这景象，波普情绪激动地说："我们就是为此而战！"华兹华斯也表示同意：

> 一个吉祥的幽灵在四处游荡，势不可当，
>
> 绝除如此赤贫指日可待……
>
> 永远取消允许各阶层相互排斥的法规，
>
> 废除虚华的仪式，推翻纸醉金迷的权势与暴政——
>
> 不管他一人独裁还是寡头政治，
>
> 终将看到人民，作为世界的主宰，
>
> 积极参与制定自己的法律，让全人类过上更好的日子。

"自由"和"平等"能够完美结合的梦想，想要实现，当然比空喊口号来得困难多了。法国的战争危机越来越深，疑心病代替了欣快病。1792 年 8 月 10 日，共和制以流血的方式代替了君主制。巴黎市民攻占了路易十六所在的杜伊勒里宫，杀了瑞士卫兵，囚禁了国王。那些对共和国还保留意见的人，以及生来享有特权的人，如今有义务来显示，他们比"纯洁者还要纯洁"了。波普也毫无悬念地，以"公民士兵"的身份死去了，成为千万为理想献身的年轻人之一；而这种理想，天天在巴黎街道上被侵犯。华兹华斯哀悼这位共和主义的朋友，但与此同时，他却当了一名保皇党婴儿的父亲，从而陷入了危险当中。这是一个女孩，12 月出生，起名卡洛琳，在巴黎登记的父亲是"公民威廉姆·华德华特"（Citoyen Williame Wordwort，威廉·华兹华斯的化名）。华兹华斯面临一

个艰难的选择：1793 年 2 月，英国对法国宣战。不列颠与共和国之间的战争一触即发，华兹华斯要么留在法国，照顾情人和女儿（此时当局的疑心加重了，她们更需要保护），要么跟其他一些英国流亡者一样，收拾行李，回到英国的多佛尔。这些流亡者当中，就包括之前提到的罗伯特·瓦特。瓦特已经感觉到事情不妙，对法国局势感到疑虑，担心自己可能回不了英国。最后，华兹华斯选择了第二条路，但他还是犹豫了一段时间，对自己说："我回伦敦是为了给自己效忠的两份事业筹款，一份给英国的革命，一份给反革命的情人和女儿。"然而，他一走就是十年，十年后方才与安妮特和卡洛琳重逢。

华兹华斯走的时候，其他坚定的"自由之友"依然陆续抵达法国，其中很多人是"72 圣保罗教堂餐会"的来客。1792 年，托马斯·潘恩又出版了《人权》第二部，内容更加激进。英国气氛此时已经十分紧张，第二部一出版，潘恩就成了社会公敌。5 月 21 日，司法部门传唤了潘恩，让他回答一项严厉指控，罪名是煽动性诽谤（seditious libel）。但是，政府很可能最后相信，与其让潘恩在法庭上当个烈士，倒不如前往英吉利海峡的另一边——法国，这样他造成的损害要小一些。于是，潘恩又得到了充分的机会，逃跑了。8 月以来，巴黎已经成了"统一而不可分割的"法兰西共和国首都。潘恩在巴黎受到了热烈欢迎，法国人把他当成英雄，授予他荣誉市民称号，选他为加来国民代表大会（Calais to the National Convention）代表。而且，尽管潘恩几乎一句法语也不会说，他还成了宪法委员会的核心成员。富有博爱精神的"英国人俱乐部"（British Club）成立了，全名是"人权之友巴黎分部协会"（The Association of the Friends of the Rights of Man Meeting in Paris），聚会地点是巴黎皇家宫殿（Palais-Royal）的小神父广场（Passage des Petits-Pères）。成员除了英国人，还有共和主义的美国人、爱尔兰人。这些人忙着给国民公会写信，表达"不列颠人民"多么渴望摆脱专制主义和贵族统治，争得自身的解放。主要成员有：画家乔治·罗姆尼（George Romney），年轻的商人兼写手托马斯·克里斯蒂（Thomas Christie），苏格兰诗人、退伍兵约翰·奥斯瓦尔德（John Oswald，曾为英国革命训练志愿者），民主派贵族爱德华·菲茨杰拉德勋爵（Lord Edward Fitzgerald，也是退伍兵，策划了爱尔兰革命），海伦·玛利亚·威廉斯跟情人，富商约翰·赫福德·斯通（John Hurford Stone），还有托马斯·潘恩自己。华兹华斯走后刚刚一个星期，玛丽·沃斯通克拉夫特就来加入组织了。

自从她写了《男权辩护》，给埃德蒙·伯克突然一击之后，她经历了很多变故。公众看到她发出的批评如此尖刻，很是吃惊，不论是敌是友，都传开了她的名声，叫她"亚马逊女战士"。之前戏弄过卢梭的保守派作家霍勒斯·沃波尔就没有这么客气了，骂她是"穿衬裙的鬣狗"。潘恩和约瑟夫·约翰逊却明白，他们找到了一个强硬的天才辩论家，她不会知难而退，哪怕在危险艰难的时局之下也不会。潘恩甚至在逃离法律追捕之前就在巴黎居住，很可能就是他建议玛丽，写点什么来回答。在自由平等的新时代，妇女会提出的一些问题。潘恩与社会政治哲学家孔多塞侯爵（Marquis de Condorcet）关系密切。侯爵是法国作家中，极少数能把进步思想扩展到女性社会政治民主领域的一员。

不管动机是什么事件或者什么人，总之，玛丽抓住了这个机会，发表了她对于妇女问题的看法。她拼命写了六个星期，完成了《女权辩护》。如果她花上六个月，可能会写得更好一些。尽管这本书结构混乱，经常离题，而且内容重复，但这些问题却都没有遮掩或损害书中锋芒毕露的勇气；书中对于两性关系的历史分析，从根本上说也是正确的。书中很多观点，比如：女孩子被强迫塑造成人喜欢的刻板类型，玩着娃娃，喜欢漂亮衣服的"微缩版风情女人"；放弃了身体与心灵的独立，陷入偶像化的奴役中；书中还批驳了一些错误观念，比如"女性生理条件决定了自己无法严肃思考"；现代的女性主义经常谈论这些，来显示男权世界对女性多么不公平；这些话题已经很平常了。但是，在玛丽·沃斯通克拉夫特的时代，这些话题堪称惊世骇俗，就连那些觉得自己站在进步自由一边的人，也难免这种看法。

尤其令人不安的是，玛丽选了圣人一般的让-雅克·卢梭当作自己的头号敌人。玛丽相信，卢梭重申了一种古老的谬论——两性之间有着生物学的根本差异，用现代看法表达出来，因此成了伤害女性的罪魁祸首。玛丽的想法不是没有理由的。她认为，卢梭的"荒唐故事"简直"不值得蔑视"，而且完全没有一手材料做基础。传统上的无稽之谈——所有的女孩都应该擅长做饭、打扮、闲聊，在卢梭笔下得到了恶劣的延续。卢梭还坚持说，女孩子的教育，就应该围绕着妻子和母亲的角色。卢梭还主张，"照教育男性那样来教育女性，她们和我们男性越相像，她们支配我们的力量就会越小"。玛丽对此回应："这点也正是我的目的。我不希望她们有支配男人的力量，而是希望她们有力量支配自己。"难怪卢梭认为，他的同居伴侣，没有什么文化的泰蕾兹这个"愚人"如此"合乎时宜地恭顺"。既然卢梭不能把泰蕾兹擢升到理性之人的层次，他就下了决心，要把其他女人也都贬低到泰蕾兹的水平。玛丽宣称，女人不应该被人赞美"娇弱"，被困在这种束缚思想的陈词滥调当中，而是应该享有平等的教育机会；男孩女孩在小时候就应该接受同样的教育，这样才能容易地熟悉异性的共同人性，熟悉对方推论的能力，而不是彼此隔离，也不是与父母的家隔离。因为这一点，玛丽也强烈反对寄宿学校。

卢梭另外一个错误，是盲目迷恋"浪漫爱情的传播"，这观念鼓励人们结婚（当这种婚姻不仅仅是财产交易的情况下）并且带有期望，而这种期望注定要落空，因为"如果把爱看成一种兽欲，它就不可能长期维持下去"。先是这种不可避免的幻灭，紧随其后的，则是背叛、放荡、苦涩。而要好得多的教育方式，则是让女孩子拥有足够的精神力量，不是成长为大人模样的玩偶，而是成长为真正的伴侣，男人的朋友，用这样的友情来对抗欲望那不可避免的衰退。毕竟，"因为它（友情）是建立在原则之上的，并且是依靠时间巩固起来的，所以是一切感情中最崇高的感情……倘若妇女受的教育比较合理些，倘若她们对事物能有比较全面的看法的话，她们会满意于终身只恋爱一次，并且婚后安静地让热烈的爱情化为友情，化为亲密的体贴，这是避免忧虑的上策"。

　　但是，玛丽写下这些的同时，也逐渐迷上了约翰逊的常客之一：瑞士画家亨利·福塞利，此人正值中年，非常健谈。最适合福塞利的形容词是"古怪""奇妙"，他的作品包括了各种新古典主义的历史。有一幅《噩梦》，带有前弗洛伊德时期的风格，画的是肌肤惨白的少女，躺在松软的床上，身体拖到地上，腰上蹲着小恶魔一样的妖怪。这是欧洲民间对睡眠瘫痪症状，俗称"魇住了"一种传统上的描绘。其他的作品，有的画了莎士比亚笔下瑰丽的幻景，比如《麦克白》（ Macbeth ）中的女巫，还有《仲夏夜之梦》（ A Midnight Summer's Dream ）中演员巴腾（ Bottom ）的驴头；最重要的还有大量色情油画、素描，画了女人的各种发型，体现的都是不现实的生殖崇拜。1788 年，福塞利放弃了单身主义，娶了索菲亚·洛林斯（ Sophia Rawlins ）。这些幻想，有很多都以索菲亚为模特。福塞利痴迷色情，这爱好在别人看来十分怪诞，而且这痴迷还带有强迫性，经常用露骨的方式表现出来，让他名声很坏。本来，玛丽不可能跟这种人做朋友，因为《女权辩护》专门提到性欲是男女关系腐化的根源，是浪漫主义自我欺骗的根源，能毁坏理性和友谊。但是，玛丽或许认为，福塞利与其说是色情的俘虏，倒不如说是一位超然的分析师。无论如何，不知是因为情急还是因为规则，玛丽向福塞利示好，让自己成了福塞利的亲密伙伴、灵魂伴侣，而不是情人。福塞利似乎一直因为她的坚持而心神不宁，不过，1792 年夏，玛丽、福塞利、索菲亚，还有约翰逊（他绝对不是花花公子），这个奇怪的四人组，动身前往法国，准备花六个星期旅游。一行人到了多佛尔，这时，巴黎已经硝烟四起，这场争斗，终结了法国的君主制。听到的新闻，尽是一片血腥的混乱。众人只好打道回府。玛丽因法国的局面变得非常沮丧，冲动之下，她去敲索菲亚的门，向年轻的妻子宣称，玛丽、索菲亚、福塞利应该三人建立一个家庭。索菲亚理所当然大吃一惊。玛丽说："我向来不会骗人，可以这么说——这个提议，有我对你丈夫真诚的感情做基础，因为我发现，要是不能天天看见他，跟他交流，缺了这种满足感，我就活不下去了！"玛丽并不想把福塞利抢过来做丈夫，这个名分，玛丽很慷慨地让给了索菲亚；但玛丽还是主张，她和福塞利"精神上"必须在一起。索菲亚大惊失色，严禁玛丽再踏进门槛一步，然后砰的一声把门关上了。

　　玛丽大受打击，陷入了困惑与痛苦，决定一个人再去法国。她没有重视风险，说这次旅行是一次浪漫的冒险："我还是飞来飞去的半老徐娘。在巴黎，我可能真的会找到一个临时丈夫，等到懒惰的心灵再次渴望与旧日朋友依偎在一起，再跟他离婚。"然而，哪怕在平日，她一个人去法国，也可以说是相当勇敢，甚至可以说有勇无谋。而现在偏偏又是非常时期。1792 年 12 月初，玛丽终于穿过了英吉利海峡。此时，法国革命已经进入了饱经曲折、疑神疑鬼的阶段。之前，普鲁士入侵法国。雅各宾派领导人乔治·丹东（Georges Danton）口若悬河，号召各地动员了整个共和国的人力、物力，加上运气的眷顾，终于击退了普军，守住了巴黎。社会十分不安，欢欣与恐怖气氛并存，于是同一群人，今天是英雄，可能明天就成了叛徒。那些对共和国表忠心表得最热烈的人，可能发现，他们热情的事业，被人当成了搞破坏的烟幕弹。巴黎的外国社团，处境也越来越危险了。除非他们能表现为热情的激进分子，参与保卫国家，求得解放的战争，比共和主义者还要共和主义，否则极有可能被指控为"第五纵队"——间谍。华兹华斯就是因为遇到这种恐慌气氛而离开的，而玛丽发现，自己来到了这种气氛当中。怀特旅馆的同人，全都力图安慰玛丽。但玛丽操着一口不熟练的法语，与很多人一道发现，她在英格兰做的那些严肃认真的英法翻译，并不足以让她做好穿过巴黎街道的准备。玛丽认识一个女校长，是伦敦人，校长有一个女儿，刚刚结了婚，名叫阿莉娜·费列塔兹（Aline Fillietaz），玛丽就留宿在费列塔兹家。费列塔兹的宅子，在巴黎的玛莱区（Marais）穆勒街（Rue Melée）上。这一片，正好位于巴黎革命最兴盛的地区之一的中心，街上到处有人拿着棍棒长矛，气氛火热；而且，这条街还正好是革命派监狱到刑场经过的一条大路。

于是，不管玛丽的意愿如何，她就近距离观看了一场充满横死，冤冤相报的生活剧。她在巴黎住了几个星期，看见了法庭审判路易十六。国王沉着冷静，不失尊严，让玛丽吃惊不已。事后她给约翰逊写信坦白："我不知道为什么，可是心里百感交集，眼泪不知不觉就流下来了。"可是，这封信也充满了恐惧。

> 不，不要微笑，可怜可怜我吧——有一两次，我把目光从纸上移开，就看到椅子对面的玻璃门外，有眼睛向我怒视，有染血的手向我挥舞。我连远处的脚步声都听不见……要是把那只猫带来有多好！——我想看到活物呀！那么多种可怖的死亡，把我的幻想牢牢困住了。我睡了——生平头一遭，我无法熄灭蜡烛！

这不是玛丽期望的革命，也不是玛丽期望的生活。1793 年，英法战争爆发。法军在尼德兰被英军打败，多名将军倒戈投降，激发了不可避免的国内冲突，大家都要"把叛徒揪出来"。于是，建立了"革命的"简易程序裁判体制，告发，逮捕，砍头的死亡韵律响了起来。怀特旅馆的团体，跟一些相对保守的共和主义政治家有着最亲密的关系——孔多塞，以及温和的吉伦特派（Girondins），他们很多人投票反对判处路易十六死刑；如今，雅各宾派的革命政府把这些政治家指控成了"伪爱国者"，祖国（patrie）实际上的敌人。推而广之，托马斯·潘恩为首的英国人也受到了深深的怀疑，毕竟他们属于帝国，不论自己是否愿意。

最有名的反对处死国王的一票，确实是潘恩投的。很多人希望对国王从轻发落，实际上让潘恩成了一个仁慈的榜样；之前他说过，自己"共和主义者的信用"无可挑剔。尽管如此，潘恩还是表示，法兰西共和国应该彻底废除死刑，这大概是他不切实际的乐观精神的极致；于是，他口若悬河地雄辩，路易十六"作为个人"（而不是机构），"不值得共和国的关注"，潘恩还说，革命对敌人和朋友都同样欠缺慈悲之心。对雅各宾派而言，潘恩这是变节，而且异常邪恶。乃至于雅各宾派最激进的代言人——让–保尔·马拉（Jean-Paul Marat）大叫起来，说译员一定把潘恩的话翻译错了。而当潘恩的意见证实之后，马拉决定，既然潘恩是基督教贵格派，按照贵格派宗教原则反对死刑，则应该禁止潘恩投票。

潘恩还是投了票，然而，到了1793年夏，革命政府和恐怖政策体系建立，潘恩发现，无论是在君主制的英国，还是共和制的法国，他都遭到了百般诋毁。这是多么诡异的事！审判国王之后没多久，"英国人俱乐部"就解散了。不过，法国国民公会里那些赞助、支持俱乐部的人遭到了清洗，监禁，审判，处决。这么一来，英国人步他们的后尘，似乎只是个时间问题了。跟潘恩同在旅馆的朋友之一威廉·约翰逊，对局势感到极度恐慌，在旅馆台阶上企图自杀，先用刀扎了自己的胸，又像演戏一般，从台阶上滚了下来。8月底，英国海军攻占法国东南部港口土伦（Toulon），夺取了海军基地和城市。此后，任何跟英国的关联，都成了致人死命的罪证。潘恩、海伦·玛利亚·威廉斯和俱乐部一些其他成员一道被捕，关进了卢森堡宫，此地原先也是一所王宫。潘恩之所以没有落得上断头台的下场，只是因为一次奇迹般的好运。当时，第二天要处死的犯人，监牢的门上都要画一个标记。潘恩的门当时恰好是敞开的，画标记的人很匆忙，把标记画在了门内侧，于是，后来一关门，这个标记就看不见了。至少，这是潘恩自己的说法。

对玛丽而言，她也经历了同样的精神苦痛：《女权辩护》着力抨击的恶人——让–雅克·卢梭的形象变得到处都是。卢梭曾经提出过"美德共和国"（Republic of Virtue）的概念。如今，"美德共和国"守护神的画像，印到了招贴上、酒杯上、爱国小册子上。之前有过很多妇女俱乐部，强烈要求公民权与各种合法权利。雅各宾派关闭了一切妇女俱乐部，逮捕了负责人。要是她们胆敢张嘴抗议，还会在大街上遭到痛打。女人为祖国应尽的义务，跟卢梭开出的药方完全相同：接受"温柔贤淑"的思想教化，来安慰公民士兵（当时对法军士兵的称呼，因大革命时期主张人人平等，人们互称公民），为祖国儿女哺乳。

玛丽别无选择，只好顺应了敌人的规矩，聊以在恐惧不安中寻到一个避难之所。所谓避难之所，在现实中，就是一个帅气的男人，名叫吉尔伯特·伊姆莱（Gilbert Imlay），美国独立战争的老兵，也是个作家。伊姆莱此时正在销售"革命的快乐"，具体来说，就是村落和小城镇的房地产，只有在这里才能播种，收获快乐。伊姆莱的著作《北美西部地形概况》（*Topographical Description of the Western Territory of North America*，1792）跟他本人一样，拥有多方面的吸引力：游记、土地测量记录、商业性的广告文学。伊姆莱深谙浪漫的威力。玛丽，这个时而生机勃勃，时而深感不安的女人，有某些品质逐渐吸引了他。两个人恋爱了，而且恋爱关系很快变得更加正式。玛丽对外成了"伊姆莱夫人"，有了美国公民的身份，这就保护她免受了针对英国人的敌意和疑心，毕竟，法国人还在跟英王作对，英王的子民在法国当然不会有什么良好待遇。6月，玛丽在巴黎西部郊区纳伊（Neuilly）的一处农舍安顿了下来，照料花园，跟伊姆莱轻声细语地分享当天的双人晚餐。玛丽，这位《女权辩护》的作者，曾经如此坚决地反对浪漫主义热情那欺骗的，富有破坏性的本质，而今，她却陷入了浪漫主义狂热的痛苦。早在8月，玛丽就已经发现，伊姆莱并不想窒息在这么强烈的感情当中。带着她先前鄙视的言情小说里的感情，玛丽给伊姆莱写了一封绝望的哀求信："是的，我会守规矩的，我也许应该得到快乐；只要你还爱我，我就不会再次坠入痛苦的深渊，这深渊把生活变成了重负，几乎让我无法忍受！"玛丽·沃斯通克拉夫特已经在思想上依赖起别人了。

1794 年 1 月，玛丽发现有了身孕。伊姆莱一出差做生意，玛丽就心神不宁，以泪洗面。玛丽越是依赖丈夫，丈夫就消失得更加频繁，丢下玛丽一个人，只是有了婴儿的憧憬，才把她从病态的忧郁拯救了出来。玛丽决定采用现代的孕妇养生法，确保自己的运动量。女儿范妮（Fanny）出生的第二天，玛丽就下了床，把接生婆吓了一大跳。法国传统观念认为产妇生育是不洁净的事，需要举行"净化仪式"，把产妇全身撒上灰烬。玛丽拒绝了这种仪式，而且几乎立刻恢复了锻炼，去乡间走路了。不消说，她也自己给范妮喂奶。只是她曾经写给朋友露丝·巴洛（Ruth Barlow）一封信，坦率地说自己"奶水泛滥"，有时候造成了生活不便。然而，伊姆莱却经常出门，只要他一在家就得病。玛丽得到的这个小生命，让她对法国各地的杀人狂潮产生了新的厌恶。她说："我一想到革命流了那么多的血，那么多悲苦的眼泪，自己的血液就发冷，自己就觉得恶心。"

后来，雅各宾派恐怖统治遭到了温和派的强烈反弹，温和派联合起来，逮捕处决了雅各宾派领导人罗伯斯庇尔（Robespierre）。这下，全社会总算有了一点喘息的空间。潘恩等人从监狱里放了出来，这场磨难，把他们永久改变了。此时，全国各地的旅行也容易了，伊姆莱抓住机会，去诺曼底视察自己的海运生意。玛丽的精神起伏不定，时而在坠入情网的欣快症影响下升到高峰，时而坠入阴郁的谷底想要自杀。这种情况之下，她跟着伊姆莱，带着孩子来到了勒阿弗尔（Le Havre，法国西北部海港），结果发现伊姆莱不止一次渡海去了英国。伊姆莱想要让她冷静下来，从伦敦写信给她，劝她回家。玛丽写道："对我而言，英国不仅丧失了一切吸引力，还引发我的厌恶。"尽管如此，玛丽还是回到了英国，于是证实了她最大的恐惧。伊姆莱不想真正做一个丈夫，做一个父亲；而且这时他已经有了新欢。玛丽吞了过量的鸦片酊，想要自杀。伊姆莱虽然大惊失色，却并没有动摇，依然不想恢复两人过去的生活。他反而拟定了一个奇怪的计划，好让玛丽分心。此前伊姆莱有一艘运输银子的船，在挪威丢了，伊姆莱就把玛丽送到挪威，让她去打听这条船的下落。

玛丽一生漂泊不定，扮演过各种各样的角色，然而最古怪的一个，要数这一次的商业调查员。不过，她还是只带了小范妮跟一个女仆，动身去了北欧，先后走访了瑞典、挪威，想要找到丈夫的运银船。不出所料，并没有找到。玛丽住进了一家海边的小旅店。旅店的房子用圆木修建，漆成红黄两色，俯瞰着暗沉沉的海洋。在这儿，被政治与激情摧残得伤痕累累的她，终于找到了接近"自然恩典"的状态。她在海里游泳；她坐在石头上，沐浴着大风和北国的阳光；她飞快地写个不停。她写了一组"信"，打算作为沉思的笔记出版。她写道，挪威的渔民，才是她一直寻找的"自然之子"，这些人自由奔放，天真无邪，也不需要夸夸其谈的哲学论调，来指导自己的解放事业。

然而，玛丽清醒神智的恢复，只是暂时的。回到伦敦，玛丽又发现伊姆莱虽然不愿跟自己组织家庭，却愿意跟一名女演员——新的情妇成家。1795 年 10 月的一个晚上，玛丽迎着暴风雨出了家门，决心一死。她一开始选定了贝特西（Battersea）桥，又觉得这个地方太显眼，很不舒服，于是花钱雇了一个船夫，请他逆流而上，把自己带到泰晤士河上的普特尼（Putney）桥。玛丽在瓢泼大雨当中来回走了半个小时，让衣服湿到足以沉在水底的程度，然后付了半便士，上了桥，翻过栏杆，一跃而下。之前她给伊姆莱写了一封遗书，说道："让我的罪孽与我一道长眠吧！你收到这封信的时候，我燃烧着烈火的头颅已然冰冷……我渴望着死亡，我会投入泰晤士河，只有这里，才是别人最不可能把我带离死亡的地方！"

　　然而，玛丽并没有料想到，现代的慈善事业无处不在。此时，英国已经成立了一个"英国溺水者营救会"（Royal Humane Society），由公家出钱，专门奖励渔夫，从河里打捞自杀的人上岸。泰晤士河上到处都是船夫，专等着有人跳河。船夫们尽职尽责地救起了玛丽，把她送到了富勒姆区（Fulham）的酒馆"公爵之首"（Duke's Head），让她静养身体。玛丽经历这么一场奇耻大辱，痛苦万分。她立刻跟伊姆莱提议，组成一个三角家庭，这样女儿至少认得爸爸是谁。有一阵子，伊姆莱犹豫了，把玛丽带去自己家做客，然后（极有可能）遭到了那女演员的坚决拒绝。

　　这一年，玛丽 37 岁。除了孩子，她似乎什么都失掉了：她失掉了解放人类的革命理想，失掉了用友情而不是激情维系的婚姻的信心，失掉了作为真正独立女性生活下去的可能。至于"自然的好生之德"，在她看来，实在是残忍的笑话。玛丽给福塞利写了一封信，想把她写给福塞利的信都要回来。她喊出了自己的伤痛："只剩下了我一个。我遭受的不公平，直接把我一切萌生的希望都扼杀了。我胸口留下了深深的伤痕，心灵沉入了痛苦的猜测之海。我焦急地发问，真实究竟是什么？真实又在哪里？我一直负着血创，却每天挣扎着做工，提醒自己还要尽母亲的义务。"

　　约翰逊此时也是困苦已久，他帮着玛丽出版了《瑞典、挪威和丹麦短居书简》（*Letters Written During a Short Residence in Sweden, Norway and Denmark*，1794—1795）。以他为首，还有玛丽另外一些朋友，尽可能给玛丽提供了帮助。然而，除了玛丽·沃斯通克拉夫特自己的命运，他们还有别的东西，不得不去关注。玛丽跳河的那个星期，至少十万人举行示威，反对首相皮特，反对英法战争，反对"饥荒"。英国有史以来，距离革命，似乎从未如此靠近。

　　1794 年整个春天，英国政府一直在忙着起诉那些作家、出版商、服务商，政府认为他们是煽动文学的幕后黑手。英国中世纪有一个罪名"策划国王死亡罪"，这罪名相对模糊，因此正好为政府所用。政府把这个罪名变成一项法案，规定只要出版物和公众讨论共和概念，甚至讨论男公民选举权，就是现行叛国罪。（一名检察官主张，如果不推翻合法的国体，男公民选举权又怎么能实现呢？）曼彻斯特有一名激进派分子，名叫托马斯·沃克尔（Thomas Walker）。政府有人看到他说了一句话"该死的国王"，就作证控告了他。后来，法庭认为证人喝醉了，作的是伪证，没有采信。但在当时，这种证词，是被非常严肃地当作叛国罪证的。"英国自由"的拥护者——托马斯·厄斯金（Thomas Erskine），几乎为这类案件的所有被告提供了辩护，他的名字值得让更多的人知道。厄斯金冒着身败名裂、一贫如洗的风险，坚持主张一个原则：单纯的言论或者出版物，若没有证据证明确实有现实的阴谋行动，去犯下"骚乱"（tumult），甚至弑君（regicide）的罪名，则不应视为犯罪；特别是，政府如果扩大了煽动罪、叛国罪的范围，则这种扩大不应该具有追溯效力。1794年5月，伦敦通信协会创始人托马斯·哈代、约翰·塞沃尔、约翰·霍恩·图克，以及伦敦通信协会其他11名成员被捕。也是在5月，规定"未经审判则不得关押"的人身保护权令（habeas corpus）暂停执行。到了下半年，已经有2000人没有正当程序就被抓了。伦敦西北市区的乔克农场区（Chalk Farm）举行了一次大会，宣称不列颠已经"失去了自由"。

　　塞沃尔、哈代、霍恩·图克等人，都被关进了伦敦塔。中世纪被指控叛国罪的人，就关在这里，这一回大概是为了恢复当时的惯例。哈代的妻子听说丈夫入狱，受到了很大的打击，害怕他可能会因为"叛国罪"被杀，流产了，不幸去世。塞沃尔被单独关押了五个月，后来又关进了新门（Newgate）监狱的"死洞"（dead hole），这里几乎完全没有光线，也几乎没有空气，条件更加恶劣。10月25日，一行囚犯正式被控"图谋推翻政府，杀害国王"。过了三天，第一个受审的是托马斯·哈代。中央刑事法院外面，早已人山人海，水泄不通。检察总长（Attorney-General）、约翰·斯科特爵士（Sir John Scott）花了9个小时，拼命把各种碎片化的旁证编织起来，证实哈代有叛国阴谋，想要废掉国王，将其杀害。爱德华·瑟洛（Edward Thurlow）曾任上议院大法官（Lord Chancellor），他一听，就喊道："9个小时？那么，看在上帝分上，他根本就没有叛国嘛！"政府方面的指控，确实几乎完全依赖各种法国的对应事物，比如，"公会"这个词的法国含义。

审判到了周末，托马斯·厄斯金做了辩护发言，长度"仅有"7个小时。厄斯金的观点，与之前威廉·戈德温出版的一本小册子相似，他坚持说，一切言论（比如，哈代的言论；而且哈代言论极多）必须证明为实际的图谋，要直接杀害国王本人；而仅仅是抱怨国会，或者抱怨君主制的言论，则不应视为犯罪，而应当作为"自由政治辩论"加以保护。如果不知不觉地，把叛国罪的定义加以延展，哈代就会因为既和平又合法的一些行动而被判死刑。针对检察官"不忠"的非难，厄斯金睿智地反击："我希望，一切法庭上，再也不要听到这样的言辞——为了人民自己的权利而将他们集合到一起，能够导致国王被害；谁能说出这样的话，谁就是国王最可怕的敌人！"这英雄气魄的演讲末尾，他对陪审团嘶哑地说："我要沉入一片劳累和虚弱中去了！"接着，就真的"沉了下去"，瘫倒在地。陪审团为他的慷慨激昂所震撼，鼓起掌来。最后，哈代无罪释放。他对着法院外面欢呼的人群说："同胞们，我把感激之情，奉还给你们啦！"众人从被告的马车上将马解下来，拉着马匹通过了河岸街，走过了威斯敏斯特宫（Palace of Westminster），沿着蓓尔梅尔街（Pall Mall）一路前行。11月17日，霍恩·图克的案子开庭。12月1日，塞沃尔的案子开庭。早在开庭之前，判决似乎就没有什么悬念了。霍恩·图克小心翼翼，声称自己同其他被起诉的煽动者相比，立场一直比较温和——这话当然是背叛行为，但事实也的确如此。然而，塞沃尔却没有准备好，作为"英国自然权利"（British Rights of Nature）的化身来声辩；于是打算如往常一样滔滔不绝，直到厄斯金让他闭嘴。塞沃尔痛失了这次对子孙后代发表演说的良机，略微不快，于是在 1796 年写成一本书，出版了。[1]

1794 年年末到 1795 年年初的冬天，苦痛难耐，让皮特政府更加狂热地戒备起来。战争局势恶化了。法军先是占了奥地利尼德兰，又占了莱茵兰（Rhineland），最后打下了荷兰共和国（Dutch Republic）。此地的英国老朋友——执政长官威廉五世被废，用巴达维亚共和国（Batavian Republic）取而代之。庄稼也严重歉收，让小麦价格飙升了 75%。与此同时，出口下滑，导致纺织业大量裁员。伦敦居民用暴力做出了回应。居民掀起骚乱，攻入了以蒸汽为动力的大阿尔比恩面粉碾磨厂（Great Albion Flour Mill）。夏天，圣乔治空地（St George's Field）举行了多次大规模集会。1795 年 10 月 28 日，伊斯灵顿（Islington）的"哥本哈根之屋"（Copenhagen House）酒馆旁边的空地，又聚集了好几万人。伦敦通信协会认为多达 20 万，不过其他记录一般都在 4 万到 10 万之间。他们是来听一个 22 岁的爱尔兰小伙子约翰·宾斯（John Binns）的演讲，宣传反战，谴责皮特政府。人们喊的口号是："和平！面包！不要皮特！打倒乔治！"

第二天，国会召开，乔治三世乘马车去参加。在"林荫街"（the Mall）上，乔治的马车遭到了愤怒的人群袭击。有些人用绉布裹着一块块的面包，大喊："不要战争，不要饥荒！"到了国会街（Parliament Street），又有很多人向马车扔泥巴，扔石头，砸坏了车窗。路上还有一个飞来的东西，在马车上穿了一个小洞，国王觉得可能是子弹打的。据

---

[1] 图克与塞沃尔也同样无罪释放，此后英国政府不得不暂停了逮捕与审判。——译者注

说，国王来到上议院（House of Lords）之后，结结巴巴地说："勋爵们，有……有……有人朝我开枪了。"归途，国王经过圣詹姆士宫，一路上民众同样不友好，扔了更多东西，砸坏了更多窗户。到了蓓尔梅尔街，骚动更加厉害，国王不得不下了车，马车也被人们砸了。有一名王家马夫被车轮碾过，轧断了两条大腿，伤势过重而死。国王想要坐私人马车去白金汉宫（Buckingham House），却被人认了出来。毕竟，再也没有第二号人，是乔治三世这副长相了。短兵相接之下，第二辆马车又无法前行。据说有人开了门，想要把国王揪出来。幸好有王家马队前来救驾，才没有落得不可收拾的下场。与国王直接发生肢体接触，当局对这种威胁格外警惕。因为就在去年，传说有一场"气枪阴谋"，刺客打算用改造的气枪朝国王发射一枚毒飞镖。但这很可能是间谍编出来的故事。当时社会上还风传各种谣言，说有别的阴谋，有人要同时在伦敦、都柏林、爱丁堡发动革命政变，把地方官、法官全都关起来，把贵族软禁起来，向国会算总账。

当然，有人袭击国王的御驾，对皮特政府而言，可是天赐的良机。因为事件对皮特政府实在是太有利了，有些激进分子甚至起了疑心，怀疑皮特和内政大臣（Home Secretary）——波特兰公爵可能策划了这起骚乱，尽管皮特和公爵两人的车驾也被袭击得很惨。愤怒的保皇派到处演讲，忠于王室的热情有如怒涛一般高涨。12月，皮特紧紧抓住这个机会，提出了两个议案，要求对全国实施更有效的保护和监管。第一个议案，让50人以上的集会一律变成非法集会；与会者如接到命令解散而拒绝解散，则可能被控死罪。第二个议案，进一步扩大了煽动罪的范围，禁止鼓吹改变政府，除了国会法案要求之外。换句话说：不准出小册子，不准请愿，不准集会，不准改革。华兹华斯1793年回到英国，之后发表了一篇猛烈抨击等级制的文章，形式上是一封写给兰达夫主教（Bishop of Llandaff）的信，观点属于潘恩一派。如今，他却不得不三缄其口了。托马斯·比威克此时在英格兰东北部的纽卡斯尔。他本来不是潘恩一派主张革命的民主人士，如今却愤怒得咬牙切齿。后来比威克回忆说，当时是一个卑鄙无耻的时期，"无赖和无赖的教唆犯似乎统治了整个国家，而且逢迎权贵到了这样的地步——我认为，皮特先生倘若提议制定一部法律，将所有狮子鼻的人流放，60 岁以上的人一概绞死，这些人……也会作为睿智思想、明智举措而大肆宣传的"。

于是，政治宣传，黑帮恐吓，忠心的爱国志愿民兵，言论审查，政治间谍，无证逮捕——这一切混合起来，毫无悬念地阻止了高涨的民主主义势头。威廉·戈德温等批评家、改革家，之前曾经在叛国案审理当中，对被告施以援手，如今也不得不放弃了直接的政治行动，转而思考乌托邦社会，逃离公众的狂热。无论如何，对于一切想要让政府去"改进社会"的提议，戈德温现在都不相信了。他的小册子《政治正义论》（ *Enquiry Concerning Political Justice*，1793）正合那些幻灭者的需求，因为主要观点是，对于理性的个人而言，义务只有一项：实现自己的自由和幸福。任何机构，只要妨碍这一目的，都必须废除；所以不要宗教，不要政府体系，不要刑事法律（戈德温相信，社会如果自己产生犯罪，自己再惩罚犯罪，就是伪善的表现）；也不要系统的教育，不要除了满足个人需求之外的财富积累，特别是不要婚姻，因为激情一闪即逝，婚姻制度却让夫妻作了激情的俘虏。

最后一种观点，可能就是戈德温与玛丽·沃斯通克拉夫特唯一的共识。当初，约翰逊举行餐会的时候，戈德温记得玛丽也在场，他想听潘恩演讲，但玛丽总是说个不停，对她没有什么太好的印象。然而，戈德温看到玛丽在北欧写的信之后，说了一句："世上如果哪一本书的目的，是专门让一个男人爱上作者，那依我看来，应该就是这本书了。"戈德温先生五短身材，性格严肃，一身学究气，理性得简直不是人类。他与爱情的距离，从来都不是太近。却有不少女人——女演员和女作家，他称作"美人"的，向他示好，其中一些人的浪漫热情还很高涨。然而，最终是玛丽融化了他冰冷的心。而他，也反过来让玛丽变得更加多思、沉静了。玛丽和伊姆莱相处多年，备受磨难。在她加诸自身的一切痛苦过后，戈德温那冷静与笨拙的混合，大概是特别能打动人的。戈德温对她的情感越发坚实起来，玛丽也因此越发自由舒展。那个曾经公开怀疑性爱的女人，如今却唤起戈德温的热情，平复了他"背离信念"的不安，找到了奔放的快意。她写信给戈德温："昨夜的欢情，如果对你的健康、对我的气色有同样的作用，你就没有理由为自己'决心'的失败而叹惋。因为就在我今天早上整理头发的时候，看到了生命的火焰，奔涌在我全身；火焰如此旺盛，是我平生少见的——那是多么温情的回忆，唤起的幸运的潮红！"

玛丽又怀孕了。1797 年 3 月，威廉·戈德温，这个坚决反对婚姻、教堂的人，与"伊姆莱夫人"在伦敦圣潘克拉斯教堂（St Pancras Church）举行了婚礼。她第一次结婚，被认为只是共和主义公民的权宜之计，因此没有约束力。玛丽很高兴，因为自己并没有"承诺服从丈夫，以此阻塞自己的灵魂"。两人公开宣称，不会一直住在一起，而是继续尊重对方的独立，尊重对方同异性的交往，有时候搬到一起住，但各自都有房子。这种宣告在当时非常大胆。可是，随着玛丽身体越发沉重，戈德温发现自己说不清道不明地喜欢上了家庭生活，喜欢陪在玛丽身边。这种陪伴，完全发展成了亲密的、夫妻之间的友情。这恰好是玛丽先前为"婚后持续的幸福"开出的药方，尽管她先前从来没有体验过类似的生活。

而这，让一切的结局，哀伤得难以承受。8 月 30 日，玛丽的预产期到了，她请来一名本地接生婆。玛丽又一次顺利生下了一名女婴，就是将来《弗兰肯斯坦》（*Frankenstein*）的作者玛丽·雪莱。然而，孩子出生之后，胎盘却没有能随之从产道中娩出，说明将来可能会血崩。家人立刻从威斯敏斯特医院请来一位医生。医生尽了全力，可胎盘还是裂成了碎片。玛丽流血不止，痛苦万分。

血终于止住了。玛丽用惊人的毅力告诉戈德温，要是没有下决心与戈德温分享生活，她绝对活不下来。第二天，玛丽感觉好多了，她最看重的老师约瑟夫·约翰逊也来看她，玛丽很高兴。第三天，她情况似乎有了进一步好转，戈德温觉得，没有什么大碍，自己可以外出散步了。而等他回来的时候，却发现玛丽浑身颤抖，抽搐不停，很明显发着高烧。这一病，她就再也没有好起来。过了一个星期，1797 年 9 月 10 日，玛丽·沃斯通克拉夫特因为血崩，死了。

那年她 38 岁。戈德温，这个超级理性的人，悲痛得几近疯癫。他写给朋友的信中说："现在，我的妻子过世了……我绝对相信，世界上不会有像她一样的人了。亲身体验让我知道，我们诞生，就是为了让对方幸福。我对今后是否还能遇到幸福，已不抱一丝希望。"有一句话，可以成为她最合适，也最奇怪的墓志铭：她，承载了一个男人的幸福，这个男人曾经向婚姻宣战。思想家戈德温通过玛丽学会了感情。"感情动物"玛丽也通过戈德温，恢复了思考的力量。玛丽·沃斯通克拉夫特名正言顺地被后人奉为现代女权主义的创始人，因为，她发出了明晰而有力的宣言——女人一切的自然本质，是不能与生物性混淆的。而自然本质和生物性，却把她杀害了。

1797 年 10 月 17 日，奥地利帝国咬着牙，在卡波福米奥（Campo Formio）同这路远征军的首领，一个 28 岁的科西嘉人拿破仑·波拿巴（Napoleon Bonaparte）签订了和平协议。几年之前，谁也没有听说过这个人，至少在奥地利首都维也纳没有人听说过。拿破仑没有等到督政府的内政官员批准，就做出了这一举动。但是，大部分意大利地区（包括一些较大的城市，经济繁荣的地区）已经被法国控制，或者受法国影响，因此，想让督政府的各位督政官否认自己的军事才能，几乎是不可能的。法奥战争结束，使得法国能够重新调动大批军队，登上另外一个战争舞台，去对付最后一个敌人。不到一个月，就有 10 万法军，驻扎在法国鲁昂市（Rouen）和英吉利海峡海岸之间。鲁昂曾经是征服者威廉的王城。英国的皮特政府，很清楚这支大军有什么目的。忽然，世界似乎变得更加危险了。

英法战争 1793 年爆发以来，英国议会一直坚信，法国的革命政府既然源于革命，对外战争就必然失败。法军不过是乌合之众拼凑出来的，只要爆发过自我欺骗的激情力量，就会土崩瓦解。恐怖时期，法国很多将军被自己人斩首了，如果这些将军大意到连这种战争都输掉，那就进一步证实了这个预言。可是，拿破仑却以闪电般的速度，彻底征服了意大利，让国际社会大吃一惊。此外，法国还加紧控制了从尼德兰到莱茵兰的一大片土地，甚至威胁到了瑞士各州。这个"强盗国家"似乎做到了别人想不到的，而且真正创造了一架可怕的战争机器。法军并没有一哄而散。法国造出的大炮似乎越来越多了，而且显然很清楚，要怎样才能把征服所得变成有效的军事物资，一边扩张，一边席卷大量金钱、战马、马车、应征来的士兵。这时候，英国那个著名漫画家詹姆士·吉尔雷又画起了讽刺漫画，把这个拿破仑·波拿巴丑化成一个稻草人，瘦骨嶙峋，特大号的帽子上插着羽毛。但是，首相威廉·皮特，还有智慧过人、精力充沛的战争部大臣，苏格兰人亨利·邓达斯（Henry Dundas）却知道，拿破仑并不是一个笑话。潘恩也相信，拿破仑就是人民期待已久的"英国解放者"（Liberator of Britain），催促拿破仑准备 1000 艘炮艇的庞大舰队，费尽口舌，要说服将来的法国皇帝，只要法国一入侵英国，英国就会爆发大规模暴动，因为"广大人民都是自由的朋友"。一开始，拿破仑多少认同了潘恩，乃至封他为英国革命政府（English Revolutionary Government）的领袖，只要命令一下，入侵的海军就会出发，潘恩会随军同行。可是，命令始终没有下。拿破仑为了对付英国在亚洲的势力，把目光转向了埃及。

图例（地图内容）：

○ 王家海军兵变 1797
····· 英国海军封锁

各国海军基地
■ 英国
◣ 法国
◣ 西班牙

✕ 英军获胜
⊗ 法军获胜
✕ 不分胜负
法兰西帝国
法国附庸国
纳尔逊战役 1805
威灵顿战役 1808—1814
其他英国战役 1797—1807
英国附庸国或控制国

爱丁堡

北 海

丹麦—挪威
（法国盟友）

赫里戈兰 1807

都柏林

大不列颠

坎普顿
1797

阿姆斯特丹

瓦尔赫伦岛

莱茵邦联

菲什加德
伦敦
梅德威
诺尔

朴次茅斯
斯皮特海德

布伦港

布鲁塞尔

滑铁卢
1815

普利茅斯

巴黎

光荣的 1794 年
6 月 1 日

布莱斯特港

洛里昂港

法 国

巴塞尔

赫尔维希亚

格鲁瓦
1795

大西洋

拉罗谢尔港

里昂

意大利

波尔多港

热那亚

拉科鲁尼亚
1809

费罗尔

图卢兹
1814

马赛

土伦港

耶荷群岛
1795

科西嘉岛

维多利亚
1813

撒丁王国

布撒科 1810

萨拉曼卡 1812

马德里

塔拉韦拉德拉雷纳
1809

巴塞罗那

巴利阿里群岛

维梅罗
1808

里斯本

葡萄牙

阿尔布埃拉 1811

西班牙

地中海

圣文森特角 1797
特拉法加 1805
阿尔赫西拉斯 1801

加的斯港

直布罗陀海峡
休达

阿尔及尔

梅利利亚

0   100 英里
0   200 千米

1793—1815 年，英法之间的法国革命战争与拿破仑战争

不过，此刻英国政府最关心的，倒不是潘恩能够杀回来。早在拿破仑在意大利的胜仗规模被世人所知以前，1797年春，出了一件事，着实让人有天翻地覆的感觉：英国王家海军发生了哗变。朴次茅斯（Portsmouth）海港之外，索伦特（Solent）海峡的斯皮特海德（Spithead）海军基地，是第一处哗变的所在；然后泰晤士河口的诺尔（Nore）岛也出事了。哗变的水兵，一度封锁了泰晤士河。水兵要求发放军饷，并将一些军官撤职，不算什么无法无天的主张。可是，当时流行一个说法，海军全体官兵114 000人，有三分之一是爱尔兰人。而且，既然此前的爱尔兰已经变成了革命的策源地，也成了暴露的法国特务活动的基地。这些哗变，突然就有了阴谋色彩。其实，所谓"三分之一爱尔兰人"只是谣传。爱尔兰水兵最多不过15 000人，大都是抓来的壮丁。可就算这么多人，也足够把各位海军大臣吓得够呛，因为他们去年刚刚遭遇了一次险情，差一点儿没了命。当时，英国科克郡（County Cork）西南角的班特里湾（Bantry Bay），开来了43艘法国军舰，有15 000士兵，想在海湾登陆。统帅是路易－拉扎尔·奥什（Louis-Lazare Hoche）将军，当时人称世上最可怕的将军；还有爱尔兰共和主义者西奥博尔德·沃尔夫·托恩（Theobald Wolfe Tone）。结果，因为天气恶劣，登陆失败了。

爱尔兰一直以来，都是英国摇摆不定的后门。奥什如果成功登陆，立刻能占有绝对的数量优势——当时法军和驻守的英军数目是6∶1。沃尔夫·托恩向巴黎督政官做了正确的通报：一个当时如此脆弱的国家，军事上的防御却相当骄傲自满，很不充分。驻扎此地的常备军可能只有13 000人左右，战时还能有60 000民兵增援。就连这些守军的数目，也是当初美国独立战争时期，志愿者运动的产物；自从那时以来，特别是最近几年，爱尔兰的政治局势已经发生了剧变。

而且，如果是向坏的一面转变，也大部分要归咎于皮特自己对情况处置不当；皮特拒绝按照自己的智慧本能采取行动。1782 年，爱尔兰议会成立以来，就有一个充满精力、能言善辩的政治阶层（既有新教教徒也有天主教教徒），能够传播声音，强烈反对都柏林城堡当政者的新教寡头政治，英国在美国殖民地，曾经征税，但不给殖民者代表权。反对者提出一句口号——无代表，不纳税，掀起了暴动，在波士顿造成了流血事件。而在爱尔兰的贝尔法斯特，美国"无代表，不纳税"的教训似乎比波士顿更加合适。舆论要求政治权力适当下放，并改革选举制，特别是授予占有大多数的天主教徒以选举权。这项运动的领导人是一名律师，名叫亨利·格拉顿（Henry Grattan）。他虽然能言善辩，但并不主张发动革命，脱离英国。他认为，爱尔兰获得了更多的自由权利，就会对英国更加忠心，而不是更加离心离德。他还希望，乔治三世在管理爱尔兰的问题上能够做得更多，而不是更少。法国大革命爆发之后，皮特第一个想法是爱尔兰天主教教徒原本较为保守，可以加以利用，让爱尔兰改革运动同英国联系更为紧密；还要确保爱尔兰天主教教徒，不会跟那些不尊国教的宗教异议分子勾结起来，特别是在贝尔法斯特。异议分子对革命的同情实在太明显了，特别是巴士底狱陷落一周年的时候，他们欣喜万分，大肆庆祝。但是，天主教势力和英国政府搞好关系，有一个先决条件，就是，天主教教徒必须享有平等的公民权利[1]，或者最起码也要废除天主教徒在法律和民事权利上的禁令，允许他们参加投票，允许当官。

18 世纪 90 年代中期，出现了一场苦痛的戏剧，在接下来两个世纪中不断上演。因为新教徒此时占有优势地位，他们惧怕英国政府会取消自己的地位，可能做出激烈的反应。新教徒的领袖抓住机会，运用了法国大革命传播的社会恐慌；而且，武装民兵发起很多暴动，为恐慌提供了

[1]　1829 年英国议会终于通过了《解禁法案》（emancipation），满足了天主教徒的需要。——译者注

事实基础。例如，天主教的"护教派"（Defenders）和新教的"黎明小伙"（Peep o' Day Boys），在爱尔兰的乡镇地区闹事；于是领袖们就试图以此说服皮特，此时对自由主义要严厉处置。1795年，辉格党人费茨威廉伯爵（Earl Fitzwilliam）当上了爱尔兰总督。他采取的措施太过激进，皮特觉得很过分。伯爵断然解雇了都柏林城堡许多高官，而且宣扬自己的计划，说要将天主教教徒全面解放，给他们与新教教徒平等的权利。结果，伯爵只当了七个星期的总督，就被召回了。

　　不论费茨威廉伯爵的策略如何笨拙，他的下台都是一个悲剧，成了一个转折点。当初在1791年，爱尔兰人为了争取自己权益，成立了一个"爱尔兰人联合会"（United Irishmen），成员不光有天主教教徒，还有很多新教教徒。联合会本来认为，只要一直与英国政府合作，就能实现最基本的公平和改革事业。然而，这次伯爵一下台，最后一点和平改革的希望也破灭了。从此，爱尔兰的政治急转直下，陷入了宗派斗争、恐怖、战火的泥潭。战争局势越来越恶劣，于是，人们提出了一个问题："爱尔兰与法国究竟有什么冲突？"查尔斯·詹姆士·福克斯有一位表亲，名叫爱德华·菲茨杰拉德勋爵。他和阿瑟·奥康纳（Arthur O'Connor）等一些年轻的爱尔兰共和主义者，已经在巴黎呼吁法国和爱尔兰建立联系，这联系可以追溯到1689年。他们想说服法国当局将革命的"解放"政策施与爱尔兰，帮助爱尔兰解放。但是，天主教委员会（Catholic Committee）的新教书记沃尔夫·托恩（Wolfe Tone），之前是拥护宪法的主流改革家，后来却发生了转变，成了铁杆的民族主义者，坚持共和主义，而且打算穿上法国将军的军装。这就预示着，这些爱尔兰政治家已经准备越过禁忌的底线，实现爱尔兰全国自治的梦想了。就在不久之前，托恩还抱着希望，想要跟英国政府合作，逐渐达成自治。可是，政府强行解散"爱尔兰人联合会"之后（强行让成员并入英国，与苏格兰、英格兰的革命派激进分子取得联系），特别是召回费茨威廉之后，托恩的公

0　　　　30 英里

0　　　　50 千米

斯威利湖

大西洋

多内加尔郡

安特里姆 6 月 7 日

阿尔斯特省

贝尔法斯特

多内加尔湾

巴利纳欣奇
6 月 12 日—13 日

基拉拉湾

斯莱戈

德罗马黑尔

基拉拉

梅奥郡

贝拉恩

盖瑞克

伯里纳马克
9 月 8 日

福克斯福德

卡斯尔巴 8 月 27 日

康诺特省

爱尔兰海

塔拉
5 月 26 日

蒂厄姆

阿思隆

都柏林

伦斯特省

纳斯

卡勒平原
5 月 29 日

威克洛

阿克洛
6 月 9 日

戈里 5 月 28 日

芒斯特省

恩尼斯科西

新罗斯
6 月 5 日

醋山 6 月 21 日

韦克斯福德

科克郡

法军入侵路线 1796—1798

班特里湾

班特里

1796 年 12 月

1798

克利尔角

战役：1798 年 5 月—8 月

"爱尔兰人联合会"起义1798年5月—7月

"爱尔兰人联合会"主要活动区域

1798 年法军入侵康诺特

美珍角

法军行进

凯尔特海

英国政府军防御

爱尔兰政府军防御

法军 8 月—9 月占领地点

来自拉罗谢尔

来自布莱斯特

1798 年爱尔兰起义形势图

开演讲，就把"英格兰"说成了压迫者、征服者。

欧洲各国的军事情况越发恶化了，而且都柏林城堡当政者又清楚，爱尔兰的资源有限，因此只得与新教民兵组织合作，例如 1795 年建立的橙带党（Orange Order），以对抗那些"护教派"的势力，从而立刻激化了矛盾。1798 年年初，爱尔兰现代史的悲剧图景，就开始展现了：冲突不断，双方游击队互相烧杀抢掠，此时不列颠正在努力关上自己的后门，不让法国敌人入侵。

法军驻扎在诺曼底海岸的同时，爱尔兰已经把间谍派到了英格兰、苏格兰，探听这两个地方一旦发生外敌入侵，有多大可能发生暴动。间谍们带回的消息非常悲观，而对于爱尔兰本土的起义则乐观得多。有好几个月的时间，双方一直在玩"您先请"的游戏。18 世纪上半叶，苏格兰的詹姆士二世党人曾经用过这种灾难性的策略，这时，历史似乎又重演了：法国等待爱尔兰起义的迹象，爱尔兰人联合会却在等待法军远征的消息。最后，1798 年春，爱尔兰人首先发难，攻打都柏林城堡，让东南部大多数参加了起义。然而，北爱尔兰，旧称阿尔斯特（Ulster）的地方，是成功的关键，而这一片地方却毫无动静，令人有不祥的预感。冲突双方，烧杀抢掠都成了惯例。6 月 21 日，英军在醋山（Vinegar Hill）大败爱尔兰起义军。当时的爱尔兰新总督，名叫华利（Cornwallis），年事已高却精神矍铄。他职业生涯最后一番成功的事业，也是最血腥的事业，就是收拾大英帝国造成的一片狼藉。

法国的援军的确来了，但来得实在太晚，而且登陆地点是西北部梅奥郡（Mayo）的基拉拉村（Killala），而冲突的焦点则是爱尔兰东部的伦斯特（Leinster）与西南部的芒斯特省（Munster），所以法军简直没有办法离战场更远了。不过，位于爱尔兰西部的康诺特省（Connacht）的确贫穷落后，民众非常不满，而且这里居民大部分是天主教教徒。康诺特省的农村、乡镇，"护教派"的势力很大，而且还有一支临时拼凑的军队，首领是一些教师、农场主、牧师，武器则是长矛和干草叉。康诺特的民兵与法军联合了起来。英军和支持英军的自耕农在重新部署之前，爱尔兰起义军已经在卡斯尔巴（Castlebar）取得了一定的胜利，但兵员和物资很快就供应不上了，投降在所难免。更糟糕的是，托恩搭乘法军一支小舰队，勉强通过了英军在法国西部港市布莱斯特布下的封锁线，最后在爱尔兰西北部多内加尔郡被英军俘获。托恩遭到审判，以叛国罪处以绞刑，在监狱里自杀了。

法国在 1798 年吞并了大量领土，因此有人将欧洲军事你争我夺的 1798 年，直白地称为"法国年"。然而，这个称呼，并没有记录下这一年苦难的巨大规模。至少有 3 万爱尔兰人惨遭杀害；这个原先经济政治都很有活力的地方，如今变得像停尸房一般阴森恐怖，充满了外敌入侵，政治迫害，宗派仇杀；只有一件事还不算太坏：直接的军事威胁过去之后，当局很明智地给一些起义分子减了刑。1801 年，爱尔兰获得自由的梦想，被不列颠吞并爱尔兰的冷酷事实，决定性地取代了。米字旗上最后的一画也宣告完成。英国后来认为都柏林议会是麻烦的根源，解散了议会，让爱尔兰议员们坐到了威斯敏斯特宫里面。然而，这一行动却完全不是平等交易。爱尔兰各自治市的数目，以及爱尔兰国会代表的数目，都遭到了大幅削减。一个世纪之前，英国吞并苏格兰的时候，苏格兰的债务是一起并入英国而取消的；而这一次，爱尔兰的债务却依然是独立债务，形式换成了对爱尔兰人民的征税，从而让他们背上了沉重负担。爱尔兰独立运动领导人，那位律师亨利·格拉顿，目睹了惨剧的全过程。他愤怒地宣称，这一联盟"将天主教排除在国会、国家政权之外，因此并不代表人民，也不是两个国家所承认的结果；而只是一国议会将另一国议会吞并而已。第一国，也就是英格兰，依然保有全部的席位；而另一国爱尔兰，却在吞并中被削减了三分之二。这个国家的感情，不是得到了承认，而是遭到了疏离"。诚哉斯言。

不过，1798 年并不仅仅是"法国年"，也是"英国年"。因为，法军在爱尔兰登陆的时候，有些人最为信任"人类大同，四海一家"的观念，他们在哲学上认为，到了爱尔兰就是回家了。有很多"和平之友"主张，所谓"皮特战争"是压制自由的拙劣借口，当局以此为托词，来打击言论自由，关闭抗议途径，让富者越富，贫者越贫。有一次，约瑟夫·约翰逊和潘恩的出版人 J. S. 乔丹（J. S. Jordan）被起诉了，当局指控二人出版了攻击兰达夫主教的书籍。当时，约翰逊大概也是这么想的。但是，有很多人对拿破仑和督政府控制的法国，看法也几乎同样消极。他们认为，对于那些去过法国，听说过法国局势的人来说，法国也不过是一个有产阶级控制的暴君国家。当强大的"英格兰大军"在英吉利海峡这一边一字摆开，提防法国的时候，这些人也开始承认，伯克在《反思》中提出的公理的确有说服力——他主张，世界大同主义，有些"不合自然"的地方；他主张，如果能将情感进行公平分配，就可以证实，这些世界主义的一厢情愿有多么浅薄。他说过，自然就是"特殊性"和"地方性"。他说："依恋我们的邻居，爱我们在社会上的小团体，是公共感情的首要规则，也是最宝贵的东西。这是链条的第一环，我们就是依靠这一环，实现爱国、爱人类的。"换句话说，除了通过爱国主义，没有其他路径，能够实现人道主义。

无论如何，26 岁的年轻诗人塞缪尔·泰勒·柯勒律治（Samuel Taylor Coleridge）火热的心和强力的头脑，萌生的也肯定是这种感情。1798 年春，柯勒律治出版了一本诗集，收录了三首长诗。这三首诗既反映了他对法国的幻灭，也反映了他对英国命运的关切。这本书是约瑟夫·约翰逊出版的。这一事实充分说明，"自然倡导者"的前进方向已经变了。在剑桥求学以及后来的日子，柯勒律治，就像跟他同一代人中的很多人，坚信法国大革命和卢梭的事业，开创了一个新纪元，让人类按照自然法则生活。三首诗的第一首，《孤独的恐惧》（*Fears in Solitude*）创作的时候，正是英国最恐惧拿破仑入侵的时候，所幸拿破仑后来没有入侵英国，而是远征埃及，从后方去对付英国的印度殖民地了。《孤独的恐惧》是关于苦痛与欢喜的冲突的一首杰作。当时，战争拖延很久，变得常态化，柯勒律治为此十分难过：

> 我们亲自下令，让成千上万的生命，径直去奔赴死亡！
>
> 男孩子、女孩子，以及女人们，见到有孩子拽掉昆虫的腿，都会痛苦呻吟；
>
> 而今，他们吃早餐的时候，却会把战争的消息，当成最佳的娱乐！

但他也逐渐承认，法军侵略成性，因此英国大概只有把战争打下去，别无选择。他的诗歌也升华成了爱国主义的挽歌：

> 啊，土生土长的不列颠！啊，岛国，我的母亲！
>
> 你对我的意义，除了亲切与神圣，还有什么呢？
>
> 从你的湖泊、山峦，你的云霞，寂静的山谷，岩石与海洋，
>
> 我吸取了一切智慧的生命，一切温柔的情感，一切高尚的神思……
>
> 圣洁美丽的岛国啊！你是我唯一的，也是最雄伟的神殿……

对祖国的热爱之后，是对侵略者伪善的谴责。《法兰西：一曲颂歌》（France: An Ode）的第二诗节，悲痛地回顾了 1789 年的狂热：

> 法兰西暴怒了，伸展开巨大的肢体，发下的誓言，能击毁天空、海洋和大地；
>
> 说着"我要自由"，她强壮的脚踏了下去，请看吧，我那时怀着怎样的希望和恐惧！

柯勒律治只有 16 岁的时候，在基督医学院（Christ's Hospital）上

学，当时他立场很激进，也的确写过诗，赞颂巴士底狱被攻陷。直到 10 年之后，他思想才开始有了转变。后来，柯勒律治上了剑桥大学耶稣学院（Jesus College, Cambridge），依然不断惹麻烦，声名狼藉。当时，"唯一神教派"有一个重要人物，名叫威廉·法恩德（William Frend），在大学任教，因为攻击教会和"煽动性"思想，校方要采取措施开除法恩德。法恩德的支持者当中，柯勒律治是最积极的一个。不过，柯勒律治放荡不羁的个性，让他用假名，短暂地参加了第 15 龙骑兵团（15th Dragoons），当了骑兵。后来，他因为在政治与社会上都坚持理想主义，外加让马鞍磨出了伤口，令人尴尬，终于又脱下了军服。把他开除的军官说他"真是发了疯"。（柯勒律治一直演技高超。）他又打算重游彭南特的不列颠——凯尔特观光路线，这是民主派必须经历的夏日徒步旅游项目。路上，他在牛津遇到了同样热情高涨的年轻学生——理查德·骚塞（Richard Southey）。两个理想主义者计划在美洲建立一个乌托邦社会，一个"大同世界"（Pantisocracy）。这个社会里，男人也必须打扫屋子。玛丽·沃斯通克拉夫特如果地下有知，想必会很高兴。柯勒律治原定在美国纽约州的"萨斯奎哈纳河"（Susquehanna river）岸边建立这个乌托邦，然而他距离这里最近的地方，只是英国的布里斯托尔（Bristol）。1795—1796 年，他在布里斯托尔住了 10 个月，教授公开课，还编辑自己的报纸《守望者》（The Watchman）。这个阶段，柯勒律治妙笔生花，对皮特首相和英国政府百般谴责，说首相是"妖魔"，首相的演讲是"用谜团包装的卑鄙，如同云雾笼罩着粪堆"。他参加了向查尔斯·詹姆士·福克斯致敬而举行的宴会，去看了霍恩·图克、塞沃尔的审判，还跟"逍遥学派"塞沃尔交上了朋友，虽说柯勒律治看不惯塞沃尔坚持的无神论。最重要的是，这个退伍骑兵的课程和文章，都浸透了对英法战争的仇恨，说这场战争是权贵强加给穷人、不幸者的痛苦，而穷人、不幸者只得付出税款和鲜血为战争买单。

1798 年，柯勒律治的论调忽然剧变。《守望者》不出意外地关门了，主编评论道："我已经折断了吱呀作响的煽动的小喇叭，将喇叭的碎片挂在了赎罪室里。"因为这一年，法军消灭了瑞士各州的独立联邦（Confederation of Swiss Cantons），这样一来，不言自明：此时在威胁别国的法国，已经不再是解放者，而是军事侵略者，与其他侵略者并没有什么两样。而且，被推翻的瑞士政权，并不只是一个寻常的陈腐政权。1790 年，华兹华斯等浪漫主义者在庆祝巴士底狱陷落之后，一直徒步到了瑞士。在他们看来，瑞士乃是自由的圣殿，最卓越的所在；自然的要塞保护了质朴、纯洁、自由的瑞士人民。卢梭自己就是在勃朗峰的影子当中出生的；瑞士的民间人物，神箭手威廉·退尔（William Tell），在当代被重新发现，作为蔑视暴君的经典英雄受到传颂；英国的罗宾汉（Robin Hood）也享受了同样待遇。当年，瑞士独立运动的领导人曾在吕特利（Rütli）牧场上立下誓言，团结瑞士各州，一致对抗奥地利统治者。这幅场景，让画家亨利·福塞利变成了永恒。如今，法国侵犯了神圣的瑞士，撕下了假面具，变成了卑劣的压迫者。更可憎的是，他们还依然披着三色旗，伪善地鼓吹人权。柯勒律治因法国背叛自由主义而大怒，向他们倾泻了诅咒：

> 法兰西啊！你这肮脏的天堂，不伦、盲目的东西，
> 只有在恶毒的伟业中，才高举爱国的荣耀！
> 人类的冠军啊，这些是你的自吹自擂吗？
> 诱惑、背叛，抢掠自由民，用赃物来侮辱自由的圣殿？

柯勒律治对法国革命幻灭，但并没有走上反对革命的路。当时的社会，虽然有很多同情不幸者的声音，但这些声音要么故作姿态，只在意辩论技巧，要么故作愤怒，煽动闹事，让普通人去当炮灰。柯勒律治既要维持"社会情感"，又不能受这些不良倾向影响，因此处境很为难。他

把思考之后得出的结论写在了一首诗当中，这首诗是一套组诗的第三首，也是最后一首，让约翰逊出版了——午夜霜（*Frost at Midnight*）。柯勒律治看着自己襁褓中的儿子，想象他远离城市的喧嚣，自由自在的样子：

> 可是，我的孩子！你本应如清风一般，
>
> 漫游在湖畔，在岸边的沙粒上，头上是古老山峰的断壁与朵朵白云。

自然会起到抚慰人心、教化民智的作用，然而，自然的"首席指导"，不应是卢梭，而是上帝。人倘若能用应有的诚实和严肃去看待自然，自然就确实有转化一切众生的力量；但这种力量，并非是"可以让人起草政治计划"。如今，同自然质朴环境中应有的领悟相比，宪法与革命，无关紧要到了荒唐的程度。选票绝不能使人快乐。二月的雪花、云雀飞行的轨迹，婴儿爬行的喃喃自语，才有如此的魔力。

不消说，柯勒律治这些思想，绝不是在布里斯托尔忙乱的海港出现的。他在萨默塞特郡（Somerset）北部，内瑟斯托威村（Nether Stowey）找了一间农舍住下。先前，他曾经旅游来到这个村子，遇到了一个皮匠托马斯·普尔（Thomas Poole），热情的民主派分子。柯勒律治认为，普尔就是自己心目中"诚实纯朴"的代表。普尔帮柯勒律治找了这所房子，不过还有更重要的一点，柯勒律治一旦住到这里，就能走路去见华兹华斯，因为他觉得走上 40 英里不算什么。此时，华兹华斯跟妹妹多萝西（Dorothy）住在多塞特郡（Dorset）雷斯唐（Racedown）农庄。自从华兹华斯从法国回来，他在妹妹的鼓励之下，也不再论述抽象的"人类"，而是更加活跃地关心个人的疾苦，这些人往往是被社会遗弃的人：瘸腿的老兵、流浪的乞丐、破衣烂衫的流浪儿、孤儿、穷困的劳工等。多萝西这样描述英国西南部的"贫苦农民"：因赤贫而甚为痛苦，农舍用木材和黏土建成，几乎可以说，是些不成形的东西；这些人的生活，同野人可能的生活相比，实在并没有什么过人之处。后来，华兹华斯搬到阿尔福克斯登（Alfoxden），离柯勒律治家更近了。1797 年下半年到 1798 年春天，两个人计划要做一番前无古人的事业。这事业就是出版一本二人作品合集，使用英格兰西部诸郡工人、农夫的质朴语言，绝不含有一点"田园诗传统的装饰幻想"。这种"歌词性的叙事歌谣"，描述的事物一点也不美丽。面对残缺的尸体、毁坏的小屋，这些作品用清醒的眼光注视，用敞开的心扉关注。这些作品往往听起来很粗野，韵律也很沉重，就仿佛穿着平头钉子的靴子，走在客厅地板上的声音。但是，忠于"自然的至高力量"，首先意味着，不把这种力量看作书本上的理论，更不是政治标语；而是要将它作为一种物理的现实，在其中生存。这，就是这些诗人的革命。

华兹华斯和柯勒律治二人一些最杰出、最有同情心的作品，就是这次合作的产物。跟随着《康伯兰的老乞丐》（*The Old Cumberland Beggar*）从这座房子走到那座房子，步履沉重的路径，华兹华斯精确地关注了社会底层的人，这些人，权贵本来认为是最不足挂齿的：

> 但不要以为这老人无用！政治家们，你们拥有智慧，却如此不安，
> 你们手中紧紧抓着扫帚，想要扫尽世上一切讨厌之物……

为什么？因为这名乞丐在他多次"拜访"的过程中，用一种同情的"共同行为"，将男男女女联系了起来，让他们形成了一个真正的社会，一个村庄。而且，他还把过去和现在联系在一起：

> 这老人从一扇门爬到另一扇，村民们看到，他心中有一份档案，
> 将过去的种种慈善义举和职责编起，而它们在别处早已被人

忘记……

　　在农场、孤立的小屋，星星点点散布的村庄之间，老乞丐到处轮转的所在，

　　有一点必要，要采用强求的方法，来促成爱的行动……

华兹华斯尽管可能还没有坦白，但他显然已经越来越喜欢慈善的个人行动，喜欢程度更甚于政策的集体行动；他的一种基督教的看法也开始萌芽，认为个人、面对面的接触十分重要，这种接触往往发生在偏远的乡村；他还逐渐意识到，传统有一种非强制的力量。这一切，都让他更接近伯克，而不是潘恩。不过，有些当地居民就很困惑，因为这些诗人与地位低下的人打得火热，尤其是柯勒律治决定为了表达他的社会同情心而穿起了萨默塞特郡的村民衣服。这些不一般的特征，看起来就古怪到了危险的地步。有谣言说，这些绅士彼此之间说法语。或许，在国难当头的这一年，奎恩托克山（Quantocks）果真在孕育某种阴谋？而约翰·塞沃尔来看华兹华斯，是按照崇尚自然的习惯，从伦敦步行 150英里来拜访的，这就证实了他们的猜测。当初，塞沃尔被控叛国罪，无罪释放之后，尽管有不少间谍如蛆附骨，他还是当了地方激进派圈子的"明星讲师"。光是 1796 年，他就讲了 22 堂课，足迹从德比郡一直延伸到诺威克（Norwich）。后来，塞沃尔发现，正是因为自己，这些奎恩托克山的诗人才惹来了闲话，于是决定动身前往别处，把间谍们都引开。塞沃尔相信：尽管就无神论的问题，同华兹华斯、柯勒律治有过激烈争论，但三人的思想还是类似的。可惜啊！对方却并没有像他这样想。

　　有很多人慕名而来，造访内瑟斯托威村和阿尔福克斯登。其中敬畏之心最强的，莫过于一个 19 岁的小伙子——威廉·哈兹里特（William Hazlitt）。哈兹里特父亲是爱尔兰人，在什罗浦郡（Shropshire）当"唯一神教派"牧师。他本人则是油画画家，看上去傻乎乎的，大睁着渴望

的眼睛。在华兹华斯和柯勒律治两人看来，哈兹里特性格极度腼腆，而且还略为古怪，是个呆头呆脑的异类，只能当作笑料。但他的举止却一点没有预示，他将来会成为英语文学史上最伟大的散文家。1798 年 1 月，哈兹里特在冰冻的泥沼当中走了 10 英里来到什鲁斯伯里市，专门听柯勒律治发表振聋发聩的"唯一神教派"布道演说。他后来非常兴奋地回忆道："我浑身麻木，说不出话，感到绝望，好像路边被人碾过的虫子一般，鲜血直流，毫无生气。"柯勒律治张开嘴，声音"仿佛提纯过的香水蒸气"一般响起的一刻，哈兹里特就整个儿被带走了：柯勒律治身材高大，头发又长又黑，随风飘舞，嘴唇饱满，这形象，让哈兹里特想起了《新约全书》里的先知圣约翰（St John），在旷野中呼喊"天国近了，你们应当悔改"，"吃的食物是蝗虫蜂蜜"。

就在这个星期晚些时候，"伟大的先知"竟然登门拜访了哈兹里特的父亲，来商量教会的事情。小伙子威廉，一如既往坐着，眼睛盯着地板，沉默不语；只有在说到某个话题，他碰巧抱有强烈感情，而且觉得柯勒律治会有同感（柯勒律治确实有同感）的时候，才会突然迸发出一些言辞。这些话题包括：伯克、玛丽·沃斯通克拉夫特、威廉·戈德温。桌子上摆着威尔士羊腰肉，还有一盘大头菜。哈兹里特能跟柯勒律治对话，感到莫大的欢乐，于是觉得每一口都十分美味，仿佛从来没有吃过东西一般。后来，到了第二年春天，柯勒律治又请哈兹里特来到内瑟斯托威村做客。小伙子在崇拜的热情中，跟着诗人在路上走了 6 英里，超过了浪漫主义者"腿脚好"的标准。

在萨默塞特郡，哈兹里特还受邀拜访了华兹华斯的庄园，见到了多萝西。晚上，他就睡在一张蓝色吊床上，吊床放在英王乔治一世和乔治二世的画像对面，他还看到华兹华斯从布里斯托尔回来，因为半块柴郡奶酪而大惊小怪。他和两位诗人早上一起散步，听着他们吟诵自己诗歌的草稿。他用逗弄人的语气说："一首肯定无疑的圣歌！"柯勒律治总是更加戏剧化，而华兹华斯更安静一些，感情更丰富。有一次，柯勒律治马上要出发去德国学习哲学，顺便游玩哈尔兹（Harz）山。这时候，三个人沿着高出海岸的小路，做了一次很长的徒步。然后，又"徘徊在布满横纹的海沙之上"，检视各种奇怪的海藻；哈兹里特认为，就是在这里，他终于明白了，过上自然的生活是什么含义。有个渔民告诉他们，前一天这儿有个男孩淹死了，渔民和同伴们冒着生命危险，想要救孩子，但还是失败了。哈兹里特后来说："渔民说，他不知道为什么他们会那么冒险，但是说了一句'先生，我们天性就是互相照应'。"

互相照应！这就是将"社会感情"化为行动。哈兹里特认为，他在萨默塞特郡看到诗人们共享住宅，也是一种小社会，以相互同情为基础，自发形成，包括不被打扰的家庭生活，与村民交流十分顺畅，而且能重新发现，远离大都市狂热与戾气的、未经破坏的人性。

1802 年，哈兹里特想要再次拜访两位诗人，这次他只得北上了，因为柯勒律治与华兹华斯都已经搬了家，在湖区定居下来；华兹华斯和妹妹多萝西、弟弟约翰住在格拉斯米尔村（Grasmere）的一幢小农舍里；柯勒律治住在附近的葛丽塔大厅（Greta Hall），相对豪华得多。但是，随着乡村的气候逐渐变冷，还有什么其他东西也变冷了。当下的自然，似乎并没有把他们和"距离身边稍远"的日常世界连接起来，反而让他们和这世界疏离了。两人的诗里开始频繁出现孤独（solitude）、孤寂（solitary）这样的词，特别是华兹华斯；而他写到诗中人物的时候，这些人也几乎像是从布满乱石的风景中劈砍下来的一部分，被看作一个个寂寞的幽灵，背景是荒凉的秃山。在哈兹里特看来，这个"团伙"唯一真正的联系，就是成员之间的联系。格拉斯米尔村已经变成了一个亲友组成的小公社，人们互相读书给对方听，在石头树木上刻下名字，宣告自己对乡村的所有权；彼此分享食物。他们依旧认为，自己是"哲学诗人"，但哈兹里特却发现，他们鼓吹的却不是任何一种社会改革，更不要说革命了；而是怎样改造个人生活，其方法是重塑那种小时候体验过的、与自然简单而密切的关系。柯勒律治心目中的"伟大变革"，就是暗中在树林里播种旱金莲，把整个湖区变成一片金黄。

这种自我陶醉，让哈兹里特十分厌倦。此时，小伙子已经 25 岁，正通过当一名下层记者，大量写稿来勉强维持生计。他十分清楚，这些诗人，虽然表面上宣扬自己在湖区的生活多么简朴，但若是缺了乔治·博蒙特爵士（Sir George Beaumont）这样的绅士资助，这样的生活，他们也定然负担不起。柯勒律治有一个朋友，名叫汤姆·韦奇伍德，之前曾经是巴黎英国人俱乐部的成员。有一次，韦奇伍德要出门旅行，柯勒律治竟然决定哈兹里特不能当韦奇伍德的旅伴，说他智力上很聪明，但性格上却是 100 号人当中最令人讨厌的那一号，平时总是扬着眉毛，沉思着，性情古怪，而且天性善妒、阴郁，骄傲得令人愤怒，又痴迷女色。韦奇伍德添油加醋把这些评价跟哈兹里特说了一通，哈兹里特十分惊恐，大受打击，便对柯勒律治彻底幻灭了。他毕竟是一个能写出《憎恶的乐趣》（*The Pleasures of Hating*）这种名作的散文家。之后多年间，他几乎抓住了每一个机会，用小小的尖牙利爪，去损害柯勒律治被鸦片毁坏的痛苦名声。这不仅是个人的复仇，也是政治的复仇。哈兹里特从来没有宽恕华兹华斯和柯勒律治二人的变节，因为二人带着可鄙的热情，响应了埃德蒙·伯克的观点——"自然这东西，不是革命者，而是爱国者"。

1802 年，英法签署了《亚眠和约》（*Peace of Amiens*），法国遭遇的海上封锁暂时打开，船只可以进出了。托马斯·潘恩在法国监狱里染上了斑疹伤寒，出狱后一直没有彻底痊愈。但让他更加痛苦的，是他对拿破仑的刻骨仇恨。他评价拿破仑是"屠杀自由的头号刽子手，自然有史以来生长出的最庞大的妖怪"。和约签订的时候，潘恩已经最终丧失了对法国的希望，不再将它视为自由和社会公平的庇护所。他从法国的勒阿弗尔港乘船去了美国，会见了美国第一任总统乔治·华盛顿（George

Washington）、第二任总统约翰·亚当斯（John Adams），毫无悬念地与二人大吵一通，而后搬到纽约州新罗谢尔（New Rochelle）一处 300 英亩的农场，这里是 1784 年美国政府慷慨送给他的。潘恩养了几口猪、几头牛，差不多一直在这里住到寿终正寝。有不少崇拜者不远千里来看他，却发现他已经回归了"自然状态"的生活，从而非常不快。他节俭到了这么一个地步，茶叶泡过茶之后，再晾干了下回接着泡。最后，潘恩入不敷出，只得卖掉了农场。1809 年他死于纽约市，临终的时候几乎身无分文。

但是，对于法国建立的专制主义，并不是所有人都像潘恩这么憎恶。比如，威廉·哈兹里特，就被拿破仑的英雄业绩迷住了，一生都没有走出这种崇拜。后来，他还写了一本拿破仑传记，可能是他一生中最枯燥的作品了。1802 年，哈兹里特终于想办法凑足了路费，前往巴黎，站在卢浮宫里面，兴奋地欣赏着一件件艺术杰作，为了不影响心情，他很轻易地忽视了，这些馆藏艺术品都是第一执政（First Consul）从欧洲各处的教堂、美术馆掠夺来的。在卢浮宫的方形中庭，哈兹里特见到了查尔斯·詹姆士·福克斯，后者在这个短暂的和平时期，正在周游欧洲。福克斯此时已经发胖，头发也花白了，但他拒绝服从首相皮特的战时安全状态（wartime security state）命令，依然是哈兹里特心目中永不气馁的英雄。

华兹华斯尽管鄙视拿破仑统治下的法国，却也跟妹妹多萝西一道，乘坐夏季定期邮轮，穿越海峡来到了法国。他无意重拾年轻的热情，而是打算给热情贴上封条。他先前已经打算结婚了，为了不昧良心，还得再次关注一回情人安妮特和女儿卡洛琳，大概他要确保二人不会阻挠自己。从安妮特角度来说，她与旧情人见面，也有自己的实际理由。华兹华斯一直在给安妮特寄来卡洛琳的养育费用，安妮特想要确认，华兹华斯在结婚之后，是否还是会继续支付这笔微薄的资金。而且，拿破仑有一种"厌女症",歧视妇女。当时法国法律规定,非婚生子女的母亲,没有子女的抚养权。因此安妮特也需要确认,华兹华斯不会把女儿抢走。这两个保证,华兹华斯都认真地做了。诗人发现他能为母女俩做的不太多了,便为母亲跟孩子写了一卷诗,从此大路朝天,各走一边。

华兹华斯和柯勒律治二人此时正在飞速转变,成为孜孜不倦替"约翰牛"[1]宣传的吹鼓手。1803 年 5 月,英法再次开战,这一次,法国入侵英国的可能性,比 1798 年还要大了不少。柯勒律治奋笔疾书,宣称国家已陷入绝境,其风格与后世英国首相丘吉尔的文风颇为相似,大肆宣扬自己的僵化论点,说英国是抵抗欧洲暴政的最后一个堡垒:英国人必须为自己着想,为自己行动;让法国大肆贿赂,软硬兼施,把欧洲结成反英同盟吧!为了我的国家,我不会害怕的!以赛亚的话语,将成为确实的预言……"他践踏万国,像踩葡萄一样;他用不着人来帮他。"

当时,英国有一种"恐惧瘦弱、恐惧营养不良"的风气。那些年,跟绝大多数英国人观点一拍即合的,是柯勒律治,而不是哈兹里特。法国对英国的威胁,毕竟不是海市蜃楼。1803—1804 年,至少有 10 万法国与其他国家的盟军,驻扎在布伦(法国北部港市)(Boulogne),还有2 300 艘战船(虽然大多数很小)等着起航的命令。法国有一件古物,名叫贝叶挂毯(Bayeux Tapestry),上面绣着诺曼人征服英格兰的历史场面。拿破仑把这挂毯拿出来展示的时候,无论是英国陆军的各级官兵,还是窄窄的海峡对面 20 英里远处的海防部队,都领会了皇帝的意图。1804 年年底,英国还与西班牙进入了战争状态。

但威廉·皮特首相已经扛过了 10 年残酷的国际战争,并没有"眼睛里带着箭倒下去"。1804 年 5 月,他刚刚重新执政,就意识到了自己面对的威胁有多大。他和新任英国海军大臣(First Lord of the Admiralty)亨

---

[1] 约翰牛,John Bull,英国代称,拟人化形象。——译者注

利·邓达斯动员了空前的国家资源，其规模与彻底程度，50 年前他父亲指挥战争的全盛期都没有出现过。更了不起的是，这次动员，基本没有采取强制措施，与普鲁士跟俄国的情况截然不同。尽管不止一次，塞沃尔讲课的时候，有些迫使人服役的军官，得到通报，去抓这个没办法压服的人。塞沃尔养成了一个习惯，经常带着一把手枪，子弹上膛。有一次，塞沃尔遇到人要抓他，还把手枪顶在了对方的太阳穴上。战争最初几年，表现爱国主义的人，大都是上流社会的人与爱国的中产阶级，这些人为政府的预备役而贡献士兵；但是，也有数目惊人的国民，自愿参军，抵抗拿破仑入侵，他们的行动要自发得多。近代史将这种现象，称为"国防爱国主义"，这种称呼并不算过时。有时候，当局面临的最严重问题，是参军的人太多，管理不过来；而且这些人基本全都没有训练，大部分人也没有纪律。《领土防务法案》（Defence of the Realm Act）要求17~55 岁可服兵役的男子均应登记在册，这样一来，一旦法军入侵，就可以组织英国地方志愿军，投入战斗。1804 年，威胁最严重的时候，登记的人超过 40 万，其中大概一半是自愿要求的。政府先前估计，热情最高的人，大部分来自农村地区。实际上，倒是有很多来自南部海港（开战时立即去前线），英格兰中部地区的工业城市，还有北方。而北方仅仅十年之前，还被视为不忠和煽动起义的策源地，政府从来没有想过这里也能补充兵源。1804 年年底，整个英国，已经变成了"不列颠要塞"（Fortress Britannia）。当时英国总人口 1 500 万，有大概 375 万人属于参军的适龄人口。其中有 80 万人以上——1/5——实际是国防力量的一部分；还有 386 000 志愿兵，其中陆军 266 000 人、海军 120 000 人。

　　能动员这么多的人，苏格兰功不可没。其中，尤其引人注目的，是苏格兰贡献的高地苏格兰分遣队（Highland contingents）。对此，海军大臣邓达斯十分满意。他本人是低地苏格兰人（Lowlander Scot），但因为在高地的厄尔湖（Loch Earn）上有一栋度假宅邸，一直自诩为光荣的高地人。参军毕竟是移民之外的一种选择。拿破仑战争期间，苏格兰高地警卫团（Black Watch）、戈登高地人（Gordon Highlanders）、卡梅伦高地人（Cameron Highlanders）等，都获得了传奇般的名声。陆地战争当中，最早的著名烈士们——1801 年在埃及牺牲的拉尔夫·阿贝克隆比爵士（Sir Ralph Abercromby）、1809 年在西班牙牺牲的约翰·摩尔爵士（Sir John Moore），都是苏格兰人，这一点也被广泛宣扬。尽管此前，苏格兰士兵已经在美洲、印度服役，但苏格兰的自我意识，却通过"身为英国人"而在这场战争中得到了最大的强化。

这一切爱国的真情实感，其核心象征，当然是国王了。1803 年 10 月，乔治三世在海德公园（Hyde Park）检阅 27 000 名志愿者，大约有 50 万人观看了这场盛大的阅兵式。此刻，1795 年 10 月御驾惨遭袭击的痛苦回忆，想必已经非常遥远了吧。国王现在可以享受在公众前面露脸的乐趣了。1797—1800 年，他甚至看了 55 场戏，在观众的掌声中举杯痛饮。这些年，对这位国王来说，"上帝保佑国王"（而不是"上帝保佑人权"），的确成了英国的真正国歌。伯克的爱国感情，被他自己定义为"大众情感"的事物，似乎至少在这一刻得到了证实，而保家卫国的紧急需要，也确立成了最为自然的本能。

就在这个时刻，这个国王统治的岛屿的"快活英格兰"（Merrie England）的神话也诞生了；其中最主要的部分，是莎士比亚历史故事的"复活"。跟英国史相关的一切都引起狂热的追捧，开辟了市场。如今，大概破天荒头一遭，"过去"变成了一种消遣，而且是一种严肃的消遣，一种发现英国人风格（Britishness）的途径。英国的浪漫主义时代，开始于激进派对地理的探索，而今来到了"爱国历史"的时期。童书大量出现，用插画和场景描绘，给英国小男孩小女孩讲述这个岛国的故事。兰尼米德（Runnymede）的约翰王、蒂尔伯里（Tilbury）的伊丽莎白女王、格伦芬南（Glenfinnan）的漂亮王子查理（Bonnie Prince Charlie），好像全都从书页上走下来，到了孩子中间。杜莎夫人新建的蜡像馆，也出现了这些身影，插画家托马斯·斯托瑟德（Thomas Stothard）等人，也创作了这种题材的著名油画。为了迎合这种"跟老祖宗联系"的热潮，社会上还出版了大量图书，介绍古代服装、家具、体育、武器、盔甲。当时有一位专家，是研究中世纪武器和盔甲的权威，名叫塞缪尔·拉什·梅里克（Samuel Rush Meyrick），被乔治三世的继承人乔治四世请去，整理温莎城堡的收藏品，好让那些古代的幽灵骑士，挺立在本杰明·韦斯特（Benjamin West）的巨幅历史油画之下。整整一代乡村绅士，都来到自家谷仓里、阁楼上，将那些祖传的宝剑、头盔上的灰尘擦干净，摆放整齐，陈列在新布置的哥特式大厅里面。

　　跟这场自己战争的编年史一样，历史也变成了爱国主义的娱乐活动。对娱乐业贡献最大的，是当时人气最高的明星——霍雷肖·纳尔逊（Horatio Nelson）。此人身高可能不超过 5 英尺太多，还失去了一眼一臂，头发很早就花白了，牙齿也掉光了，但无论从什么方面说，这个纳尔逊都堪称伟人。他是个天才的海军指挥官，这一点，没有人比纳尔逊自己更加自信了。纳尔逊登上历史舞台的时候，正是浪漫主义狂热追捧天才的开始。传统上，所谓"受到上帝眷顾的天才"，一般都是文学家和艺术家，例如莎士比亚、弥尔顿、米开朗琪罗。然而，纳尔逊的职业生涯惊心动魄，他自己也同样善于宣传，所以，作为军事家，他也荣登了上帝眷顾的行列。打从一开始，爱国娱乐业的经理人，就把纳尔逊打造成了明星。1798 年，英军在尼罗河战役中获胜。这场战役有着一切吸引公众的卖点：埃及的马木留克（Mameluke）士兵、骆驼、鳄鱼，还有无数葬身鱼腹的法军官兵。当时的经理人亨利·阿斯顿·巴克（Henry Aston Barker）开了一个 360 度全景式"尼罗河战役"的展览，收入创造了票房纪录。但是，还有一位画家，名叫威廉·特纳（William Turner），之前当过马车制造商。在他看来，哪怕这样把巨幅画像摆成一个圆圈，也没有充分表现这部史诗的雄伟壮观。舰队街（Fleet Street）之外修建了一座水上剧场，名叫"海战演习馆"（Naumachia），式样仿照古罗马那些被水淹没的竞技场。由特纳编排、纳尔逊担任主角的盛大好戏，吸引的观众队伍一直排过了街角。演出持续一个半小时，配有震耳欲聋的大炮，还有发烟机器。特纳要监督的另一个项目是"胜利号"（Victory）的残骸，他跟另外一名艺术家合作，名叫菲利普·德·卢戴尔布格（Philippe de Loutherbourg）。此人对于公众兴趣把握得丝毫不差，凭着这样的能力，从"德比郡的奇迹"来到了海战模拟的工作现场，最终，在1808年，完成了惊人的戏剧力作《从胜利号后桅右舷上目睹特拉法加海战》（*The Battle of Trafalgar, as Seen from the Mizen Starboard Shrouds of the Victory*）。

　　然而这一切，都很难抢走小个子本人的风头。关于纳尔逊的一切，就连（或者说"特别是"）他对艾玛·汉密尔顿（Emma Hamilton）女士的痴迷，都成了吸引崇拜者的卖点。艾玛是英国驻那不勒斯公使的夫人。纳尔逊拒绝掩盖自己跟这个浓妆艳抹的女人的关系，让首相皮特、国王、海军部那些自命不凡的人十分难堪，但是，纳尔逊嗜好女色的名声，却丝毫没有损害他的人气，相反还可能让他人气大涨。对公众娱乐界，他此时已经是个魅力无限的"外人"（因为他本职工作是军人），而他一切爱慕虚荣、桀骜不驯、骄傲自大的品质，都化作了成功的宣传（特别是他自己策划的宣传），变成了英雄风采的一部分。纳尔逊因为过度招摇被法军击毙。纳尔逊就像玩弄竖琴一样，精确地操控那群崇拜者。不论是参加游行，还是站在甲板上，他都穿着招摇的军服，挂着一堆饰品，叮当作响。这一套闪闪发光的行头，让他成了法国军舰后桅杆上特等射手的目标，也就天经地义了。1805年10月21日，有一名法军特等射手击中了这个目标。先前，纳尔逊已经知道，这场战役的意义十分重大，不仅能够决定英国的海上优势，而且意味着岛国的独立能否保全。拿破仑若是能够将法国与西班牙的战舰全都集合起来，形成一支超大舰队，就极有可能入侵英国。拿破仑的陆上大军（Grande Armée）当时依然驻扎在英吉利海峡对岸，所以，纳尔逊舍命救了大英帝国一命。

就如同上一辈的詹姆士·沃尔夫[1]一样，纳尔逊实际上也一手炮制了自己的个人崇拜，让自己升格成了神仙。1806年1月，纳尔逊的葬礼举行，其声势完全盖过了2月首相皮特的葬礼。因此，也可以说，纳尔逊葬礼一定程度上超过了王家规模。跟一个半世纪之后温斯顿·丘吉尔（Winston Churchill）的葬礼相仿，葬礼所有元素都精心设计，专门用来唤起人们的爱国之情。纳尔逊的遗体从格林尼治（Greenwich）的"胜利号"残骸上运了出来，用酒精保存着，抬去参加了告别仪式。仪式上，普通的水兵，还有纳尔逊精心培养的崇拜者，都去瞻仰遗容。黑色平底船载着灵柩，顺流而下，好似传说中的英国英雄亚瑟王的遗体前往阿瓦隆（Avalon）的场面一般。灵柩运到圣保罗大教堂，葬礼持续了4个小时。皇室成员之前有一个不合时宜的协议，按照协议，只能作为个人出席葬礼。纳尔逊装在黑色大理石棺材里面，这棺材原本是为主教沃尔西（Cardinal Wolsey）预备的；纳尔逊就葬在教堂圆顶中心的地下，这一点跟丘吉尔不同。

政治上说，纳尔逊支持独裁的那不勒斯的波旁王朝（Bourbons of Naples），而且亲自下令对政治犯用刑，还鼓吹绞刑，因此，这个海军大臣被视为顽固不化的反革命，遭到了人们的憎恶。不过，纳尔逊依然是街头、酒馆、海员、码头工人谈论的对象，毕竟他把这些平民煽动得热血沸腾，而其他有军衔的公爵，谁也没有拥有过这样的成功。

此时，国王乔治三世已经垂垂老矣，而且精神病十分严重。国民虽

---

[1] 詹姆士·沃尔夫（James Wolfe，1727—1759），英国名将。1756年英法七年战争爆发，1759年沃尔夫在加拿大的亚伯拉罕平原会战中战死，但那一战也让英军大获全胜，并最终在1760年击败法军，占领加拿大全境。——译者注

然爱戴他，却也急需一些英雄人物来崇拜。威尔士王子身材肥胖，经常醉酒，而且好色；他的兄弟，比如约克公爵（Duke of York），纳尔逊葬礼上唯一的政府代表，也同样风流不羁。后来爆出丑闻，约克公爵为了讨好情妇玛丽·安·克拉克（Mary Ann Clarke），竟然把所有在她"心爱名单"上的人全部擢升了军衔。舆论得知此事，一点也不吃惊，只有愤怒。这般的丑事，对"古老的腐败"这一难题造成了威胁，也让批评家们重新找到了发声的机会，哪怕此时英国正在打仗。1807年，当初参加过纳尔逊葬礼的数十万伦敦民众，又开始为贵族弗朗西斯·伯德特爵士（Sir Francis Burdett）欢呼；也为另一个更不像英雄的人欢呼，此人名叫托马斯·科克伦（Thomas Cochrane），曾经当过私掠船的船长，闹出过与人私奔的丑事，还因为股票交易造假，进了监狱，后来逃跑了。这两个人，是新崛起的激进派候选人，正要竞选英国国会的两个席位。其中一个席位原先是查尔斯·詹姆士·福克斯的，福克斯1806年死于任上。

　　无论政治还是宗教的反对势力，其实都没有消失不见。只是忙于道德事业，不让自己的名声玷污，因为有人指责他们通敌。1807年，掀起了一场规模宏大的请愿活动。组织者是一支不尊国教的军队，他们动员起来的地方不是军营，而是小教堂和公共礼拜堂；这次请愿，成功让大英帝国立法禁止了奴隶贸易，虽然各个殖民地的奴隶还没有解放。又过了一年，伯德特与科克伦发起了一场宗教复兴运动，而且完全是在爱国名义下组织的，无可挑剔；这场运动，清除了辉格党候选人。他们说：把真正的英国、自由的英国、被公爵与花花公子窃取的英国还给我们！把我们天生的权利——每年召开国会，无记名投票，男公民选举权还给我们！先前不久，一些异议人士，比如卡特莱特少校，曾经遭到威胁，被迫保持沉默，如今再次发出了声音，而且比以前响亮。他们高举的旗帜，则属于比较遥远的过去——侠盗罗宾汉、英国内战时期的国会，还有约翰·汉普登（John Hampden）；这些人都是非官方的历史——人民历史的英雄，如今被重新发现了。

　　基督教士兵、《大宪章》武士组成的新军，一旦朝着目标进发，争取黑人与普通英国人的"自然权利"，就似乎所向披靡。与之形成强烈对比的，是各位公爵指挥的军队，却总是止步不前。英国有一支很有名的摇篮曲——《伟大的老约克公爵》（Grand Old Duke of York），说的就是约克公爵诸多丢脸败仗中的一次，也是最近的一次，发生在1809年荷属瓦尔赫伦（Walcheren）岛上。他指挥的4万远征军，本应在拿破仑控制的欧洲大陆上建立滩头阵地，却因为热病而折了不少人马，只好屈辱地撤退。英国在西班牙、葡萄牙跟法军对抗的半岛战争（Peninsular War）头几年，似乎也同样充满了英勇的失败，以及杀敌一千自损八百的"胜利"。英军在西班牙塔拉韦拉（Talavera）战役惨胜之后，弗雷德里克·庞森比（Frederick Ponsonby）写信给母亲，贝斯伯勒伯爵夫人（Lady Bessborough），信中透着幻灭的自我嘲讽："我们向法军的5个密集方阵发起冲锋，前面是一条水沟，真是乐趣无穷。损失了180名骑兵、222匹马之后，我们才发现，这种打法并不愉快，而法国人看见英国骑兵，也不总是落荒而逃。于是，我们就扬长而去了，我的马这辈子都没有跑得这么快。"华兹华斯最辛辣的讽刺诗歌之一，就写在《辛特拉条约》（Convention of Cintra）签订的时候，此时，英国似乎已经不打算援助西班牙抵抗法军了。坏消息虽然这么多，却丝毫没有阻止威尔士亲王在伦敦的豪华宅邸——卡尔顿宫（Carlton House）大宴宾客。宴会的桌子长达200英尺，桌上用人工雕刻了一副凹槽，用来运送美酒；凹槽的边缘包着金银，葡萄酒的"河流"则用微型抽水机来推动。这堪称一次小型的工业革命，专门用来娱乐权贵。而普通人，只有在威灵顿公爵（Duke of Wellington）——阿瑟·韦尔斯利（Arthur Wellesley）打了胜仗的时候，才会成群涌上街头，兴致勃勃地参加游行，点篝火，组织乐队一路行进。

1810 年，让拿破仑最后惨败的滑铁卢之战还没有一点迹象，法军只在印度和加勒比海遭到了失败。总体上，拿破仑似乎还是战无不胜。西班牙游击队顽强抵抗法军，确实精神可嘉，但在西班牙半岛上，法军却控制了所有大城市，从马德里到塞维利亚（Seville）。拿破仑的对手们，一个接一个向他求和。奥地利哈布斯堡皇帝弗朗西斯一世先前骂拿破仑是"科西嘉的吃人妖怪"，后来竟然把女儿嫁给了拿破仑。普鲁士国王弗雷德里克·威廉（King Frederick William）、俄国沙皇亚历山大（Tsar Alexander）也都与拿破仑签订了合约。拿破仑在欧洲大陆基本确立了霸权，但侵略英国的计划却屡次失败，而且王家海军也未能给大英帝国造成任何明显的损害，于是，拿破仑对英国发动了另一种斗争，想要搞垮英国的经济。他封锁了欧洲大陆，禁止一切出口，在海峡对面创建了一个跨国共同市场的雏形。这个雏形，差一点就成功了。欧洲大陆的工业，因为封锁而得到了保护，而且因为法国的科技发展（例如，化学和工程学的发展）还得到了推动。而英国，出口需求降到了谷底，于是出现了严重的经济衰退。工业纺织的羊毛线，之前曾经一度出口激增，手工纺织的岗位也供不应求。如今，贸易骤减，纺织工人就首当其冲了。失业率和物价同时飙升。

1811—1812 年，出现了一些组织严密的民间团伙，自称"卢德将军的部队"（General Ludd's Army），领导人是一名工人，名叫内德·卢德（Ned Ludd）。这些团伙在英格兰中部地区捣毁了手工驱动的机器，在兰开郡（Lancashire）也捣毁了工厂里的机器。卢德分子捣毁机器，用的是长柄大锤，署名"以诺"[1]。他们还向很多工厂主，特别是那些因为降薪而臭名远扬的工厂主写信，说"卢德将军的战士就要来了"。当局连忙颁布法律，规定破坏机器是死罪，然而，卢德运动还是一直坚持到经济危

---

[1] 以诺（Enoch），《圣经·旧约·创世纪》中的人物，传说与上帝同行三百年，最后被上帝接到天上去了。——译者注

机结束。

1812 年，有个破产的商人，精神失常，在下议院的前厅，用枪近距离打死了首相斯宾塞·珀西瓦尔（Spencer Perceval）。让统治阶级大为惊恐的是，伦敦、伯明翰、曼彻斯特的酒肆里，人们竟然大声喧嚷，为刺客干杯。1813 年，威灵顿终于在西班牙大胜法军，拿破仑远征俄国的大军也在雪地里遭到惨败。消息传来，的确有爱国者发出了醉醺醺的欢呼，但只要稍微有点理智的人，都不会感觉十分欣慰。此时，英国国内，示威游行、骚乱、机器破坏运动已经成了一种常态，驻扎在国内弹压地面的正规军大约有 1.2 万人，比威灵顿用来对付法军的人数还多。1815 年，威灵顿终于在滑铁卢最后击败拿破仑，25 万士兵被遣散，进入了已经十分低迷的劳动力市场，让局势更加严峻。此时，欧洲大陆的封锁解除，战时食品的高需求也没有了，按说，粮食价格应该下降了，应成为愈演愈烈的经济危机中唯一一道光明。可是，地主害怕自己的收入减少，发出了强烈抗议，当局为了回应，便通过了《谷物法》（Corn Law），规定只有在国内粮价达到一个设计好的天花板价格，才能进口粮食。其效果，确实像预计的那样，保护了英国农场主靠人工手段维持的高利润。于是，一个时期内面包价格居高不下，民众十分困扰。与此同时，权贵们却似乎开始了一场建筑房子的狂欢，破土动工了大量宅邸，一座比一座富丽堂皇。布莱顿穹顶宫（Brighton Pavilion），这是一座摄政王拥有的印度–中国–摩尔风格（Indo-Sino-Moorish）游乐厅，此时正在建设，炫耀一些华丽的设施，例如铁柱和一间煤气灯照明的舞厅。与此同时，4.5 万贫民正在猛砸斯皮塔佛德济贫院的门，希望能够在里面找到一个安身之地；其中不少人是印度、美洲、欧洲战场上退下来的老兵，身上还有伤疤。

对某些最恼怒、最能言善辩的激进分子来说，这些惊人的对比，是无论如何难以容忍的暴行。第一章提到过，博物学家托马斯·比威克有一个辩论的老对手，托马斯·斯宾塞。他此前已经开始给自己不高的身材，尽力赋予一种象征意义。西方神话里有一个"小伙子杰克用计谋战胜巨人"的故事，斯宾塞就自称杰克，将自己最新一本书命名为《巨人杀手》(*The Giant Killer*)。斯宾塞 1814 年去世，去世前不久，他做了一些革命性质的计算，算出来，英格兰和威尔士的房屋和不动产，租赁价值大概是 4 000 万英镑，储备还有 1 900 万英镑；以及，英格兰和威尔士的人口是 1 050 万人，所以每个纳税人，一年要付出 6 英镑，来支持那些"讲排场的阔气雄蜂"。

不过，就连斯宾塞的愤恨，比起威廉·哈兹里特的怒火，也是小巫见大巫了。哈兹里特终于放弃了当画家的梦想，转而拾起了笔杆子，只要哪家报纸愿意付钱，他就写稿子，什么内容都写。哈兹里特找了一份新工作——国会记者，当了实习生。不过，他也为戏剧、美术展，甚至拳击比赛写评论文章。他尝试每一种新闻媒体，都采取了新的写作形态。不过，这些凋敝的年头里，他最大的使命，还是谴责特权阶级。他认为，特权阶级已经把英国变成了不自然的残忍行为的社会，以及腐败充斥的污水槽。最让他怒火中烧的，是有人对他宣称，穷苦人的厄运，在战时经济到和平经济的转型期是必然出现的，只是社会结构的混乱而已，实在犯不着为此而发怒。哈兹里特在《考察家报》(*Examiner*)上发表了一系列尖刻的讽刺文章，发出了不敢苟同的声音：官员和富人不是已经在一切方面为所欲为了吗？他们难道没有纵容自己的野心、傲慢、固执，以及破坏性的铺张浪费吗？他们难道没有随心所欲地挥霍英国的资源吗？而哈兹里特旧日的偶像——华兹华斯、柯勒律治，对此说了些什么呢？什么也没说。这两个人已经变成了"托利党人"，让哈兹里特又惊又怒。

1816 年，哈兹里特为读者描绘了一幅深陷痛苦的英国画卷，其直白令读者十分难忘；其中，他特别提到了"现代托利党人"的特征：

他盲目崇拜古时候，崇拜久已确立的传统……托利党人从来不反对国王权力的扩大，不反对人民自由的削减，也从不质疑政府任何举措，是否有不公正、不明智的地方。托利党人坚持，政府闲职、官员的养老金都是神圣不可侵犯的，如想削减或废除之，则是不公而危险的举措……（托利党人）只要对方政见与自己不合，就会指控对方是雅各宾派、革命派、国家敌人。托利党人非常崇拜延续已久的名门世系、古代的望族，而鄙视出身低微的人（除了新晋的贵族之外）。托利党人崇敬一切冠冕、星章、嘉德勋位、绶带、十字架，外加所有的头衔。托利党人……将军事管制，视为对不满者的最佳补偿。托利党人认为军队中的体罚，都是必要、温和、有益的行为，尽管陆海军的士兵常常自杀来逃避体罚……（托利党人）都认为，某人因鄙视平衡法院（Court of Chancery）而在舰队监狱中囚禁30年，每天只有六便士补贴，这种遭遇，并没有什么困苦的地方。托利党人……坚决反对教育穷人，以免穷人获得思考、推论的能力……托利党人阅读的唯一的诗歌，就是庆贺国王生日的颂歌，还有庆祝滑铁卢大捷的诗篇。托利党人……在凯旋柱上浪费无数的金钱，与此同时，获得凯旋的勇士们却贫苦不堪，等待救济。托利党人确信，国家目前的艰难处境，只是临时的小麻烦，哪怕监狱挤满了欠债破产的人，被逼无奈而偷窃的罪犯；哪怕报纸上充斥着破产、农业歉收、商业、制造业几乎停滞的消息；与此同时，成千上万的人，移民去了国外，因为居住地已经杳无人烟，穷人的税费不堪忍受，而依然不够维持增长的穷人数目；又有数以百计拥有房子的人，曾经受人尊敬，如今却不得不凄惨地恳求当局，想要获得许可，进入贫民和流浪汉的收容所……

哈兹里特这些评价，大部分都既不准确，也不公平，因为比起托利党来，辉格党人的狭隘贵族立场，并没有更加温和，也许还更加恶劣。另外，确实也有不少托利党人，例如柯勒律治、华兹华斯，为穷人的处境而唏嘘不已。但他们的解决方案，是在统治阶层当中，重新建立社会、道德的责任感，而不是挑战统治阶层的合法性。1808 年，有两个小农场主在一场暴雪中不幸遇难。华兹华斯呼吁社会捐助二人的孩子们，还把其中一个女孩子带回了鸽子农舍的家中抚养。然而，正是这种个人的传统慈善事业，让哈兹里特尤其反感，他认为这是多愁善感，以恩人自居的行为。柯勒律治有一次想要做演讲，讨论当下的社会问题，自称这次演讲名叫平信徒布道（Lay Sermon）；他的观点，是希望回到以前的"唯一神教派"时期，当时哈兹里特刚开始听到柯勒律治的雄辩，深深着迷。这次，哈兹里特还没有看到演讲稿，就怒不可遏，大骂这演讲自以为是。等他看了演讲稿，愤怒也没有减轻。哈兹里特最瞧不起的，是柯勒律治这一班人，曾经宣扬自己是平民的代言人，如今却同意权贵来窒息这些平民（而平民本来是想让柯勒律治加入他们一边的）；窒息这些因为表达不满而受迫害的人。比如哈兹里特有个朋友，名叫利·亨特（Leigh Hunt），只是因为写文章就被关进了监狱。亨特把摄政王写成"这可爱的阿多尼斯[1]……身材臃肿的 50 岁男人！说话不算数的浪荡子……"

哈兹里特依然尊敬华兹华斯，认为他是伟大的诗人。但华兹华斯也许是这些变节者当中罪恶最大的一个。因为华兹华斯接受了家乡一个商业大亨，朗斯代尔伯爵（Earl of Lonsdale）的聘请。哈兹里特在伦敦威斯敏斯特行政区约克街 19 号——约翰·弥尔顿的故居发愤著书，这里是英国共和主义者的圣地。与此同时，华兹华斯住在赖德尔山（Rydal Mount）的新居，受伯爵资助，而且挂了个闲职——威斯特摩兰郡（Westmorland）的印花税票发行官。甚至还有消息说，这名年迈的乡村

---

[1]　阿多尼斯（Adonis），希腊神话中的美少年，此处用作反语。——译者注

流浪者，这名同乞丐、穷困老兵做朋友的好心人，已经背叛了信仰，穿上齐膝短裤和长筒丝袜，去伦敦与自己的上级贵族——印花税署署长推杯换盏。对此，哈兹里特做出了极为尖锐的嘲讽：难道华兹华斯先生就没办法挤出一首十四行诗，或者一曲颂歌，来赞颂这田园的、爱国的、精致的小摆设——刑具"夹指器"吗？依我的良心来看，他应该就这个主题写一点什么，不然他就再也不该写一个字，除了印花税票的收据之外。让他陪着自己的消费税去官运亨通吧！他在诗歌与政治上的天真，这世界已经拥有得够多了。

华兹华斯没有被嘲讽吓住。1818 年，他在《肯德尔纪事报》（*Kendal Chronicle*）上，为伯爵的儿子们参加竞选而大力宣传，竞选的是威斯特摩兰郡两个议员的席位。这两个席位，好几代人以来，都一直是伯爵家族的私产。与此同时，激进派人士亨利·布鲁厄姆（Henry Brougham）也要竞选两个席位之一，却遭到了全面惨败。朗斯代尔伯爵，跟他的一家子——娄泽家族（Lowthers），让哈兹里特恨之入骨。这个家族，在北方拥有数十万英亩的土地，地产规模如此庞大。据说，伯爵横穿奔宁山脉，从坎布里亚郡走到诺森伯兰郡的海岸，都不会走出自己的地产。娄泽家族拥有不少煤矿，在当代人记忆中最可怕的经济衰退的时期，伯爵却在兴建一座巨大的哥特复兴式城堡，有雄伟的塔楼、木制的大厅；这是伯爵自己的"快活英格兰"的梦想，历史小说家沃尔特·司各特（Walter Scott）笔下的概念。

这种人造的传统，假装把旧日家长制的美德具体化，同时又以贪婪、凶狠的手段，实现自己的幻梦。鄙视这传统的人，并不只有哈兹里特一个人。此时，托马斯·比威克成了一位老绅士，他著作并插图的《英国鸟类史》（*History of British Birds*，1804）、《一般四足动物史》（*A General History of Quadrupeds*，1790）大获成功。比威克尽管还充满着创造的活力，但长年累月创作精细的木刻画，严重损害了他的视力，于是到了

1818 年，不得不借助儿子和学生们的帮助，来出版他长期重视的插图版
《伊索寓言》（*Aesop's Fables*，1813）。他还是坚持认为，自己并不是法国
化的革命派。他也不尊敬拿破仑，这一点跟哈兹里特不同；后者听说拿
破仑在滑铁卢惨败的消息，悲痛不已，酗酒整整四天。但是，比威克批
评权贵却非常直截了当，令人惊讶。他说："这场最为邪恶的战争过后，
人类遭到了严重毁坏，宝物也被浪费，这些恶行随战争而来，又支持了
战争。"战争结束了，比威克认为，英国已经变成了一个掠夺横行的国
家，旧日的贵族头衔，与新兴的金钱剥削，勾结在了一起："海运事业沉
迷于财富，上流人士绕着贵族的浮夸团团转。"比威克觉得，贵族的权力
体系，首先是靠谎言维持的。贵族表面上亲近乡村的自然本质，但实际
上却与自然本质相隔离，守在自己帕拉迪奥建筑风格或是哥特式大宅的
豪华大门之后。例如，比威克有些地主客户，请比威克为他们的牛羊创
作版画，要求这些牛羊，不要按照比威克实际速写的模样，而按照事先
给比威克观看的油画来画，这些油画是其他画家创作的，他们为了酬金，
很乐意讨好客户。比威克很不高兴，说道："……我的旅程，就这些爱画
肥牛的人而言，实在是一无所获。我反对在我看不到脂肪的各个地方画
上脂肪……在这种狂热追捧肥牛的风气当中，很多家畜，都被竭力喂养
得膘肥体壮、身材硕大；然而，这还不够，在绘画上，必须肥胖得有如
怪物，才能让主人满意。"

　　这种欺骗的反面——真实，则表现在比威克自己的《一般四足动物
史》当中：有一种野牛，名叫奇林汉姆（Chillingham）野牛，生活在坦
克维尔伯爵（Earl of Tankerville）拥有的林地上，比威克有个好朋友，名
叫约翰·贝利（John Bailey），既是雕刻师，也是农业学家，就住在奇林
汉姆城堡。这种野牛，毛皮是纯白色，口鼻部却是黑色，据说是一种未
经驯化的古代品种的幸存者，早在罗马抵达之前曾在英国的丛林中游荡。
在比威克、贝利看来，这些生灵，才是真正的英国"约翰牛"，既不可驯

化，也没有被杂交污染血统，因此并不适合成为农庄表演的材料。比威克给这种野牛画了很多速写。他在记录里写道，为了不让野牛逃跑，或者在更加糟糕的情况下朝自己冲来，比威克必须天黑就带着伪装，耐心等候，然后在黎明时分接近，手脚并用地爬向野牛，带着一种尊敬、快乐又谨慎的态度。最后，他创作的木版画极有感染力，或许是英国自然史上最伟大的杰作，充满了道德、民族、历史的热情，以及纯粹动物学的迷恋。

在一个充斥谎言的年代，乡村的真实纯朴，对比威克这样的人极为重要。比威克与其他人一起，响应了一个人，他周身上下都散发着纯朴的光辉，那就是两条腿的咆哮野牛，名叫威廉·科贝特（William Cobbett）。科贝特是土生土长的农村人，但他的魅力一直延伸到城市。1762 年科贝特生于萨里郡（Surrey）法纳姆市（Farnham），从小一直在父亲的农场上做工，19 岁到伦敦，当了一名律师的办事员。但他真正的"学徒期"和教育完成是在加拿大的新不伦瑞克省（New Brunswick）。他在英国陆军中服役，同他一起服役的还有很多别的农家男孩。1800 年，科贝特回到英国，此时他已经成了一名文风简洁有力的记者，小有名气，写稿子用的是农村人的语言。让人吃惊的是，他居然成功见到了皮特首相，还有首相间谍组织的头领——威廉·温德汉姆（William Windham），二人都有兴趣资助一份亲政府的日报，科贝特管这份日报叫《豪猪报》（The Porcupine）。因为某些种类的豪猪，可以把棘刺射向敌人，这份日报也可以像豪猪一样攻击"和平之友"，以及任何有不忠嫌疑的人。有至少三年时间，科贝特一直忠心耿耿地敲着爱国主义的战鼓，催促政府多多出版面向大众、激励人心的通俗历史故事，叙述古代的英雄事迹，例如海盗德雷克（Drake）打败西班牙无敌舰队，马尔伯勒（Marlborough）公爵打败路易十四；科贝特还提倡一些暴力的运动项目，用于军事训练，比如"单棒赛"，参赛双方一只胳膊捆在背后，各持一根大头棍，猛击对方，直到"一名对手头上流出血迹长达一英寸"为止。这让基督教福音派大为恐慌。

1803—1804 年，是英国爱国主义感情爆发的时期。就在这一时期，科贝特经历了一生中的重要转变。《新约全书》中的保罗，曾反对基督教，在前往大马士革（Damascus）的路上遇到了耶稣的神迹，终于受到感化，改宗成了耶稣的门徒。科贝特的转变，几乎可以说是保罗式的；而他的"大马士革之路"，是一个小村子，名叫霍顿希斯（Horton Heath）。此地依然保有未经圈地的公用地，在英国，这样的村子只剩下了不多几个。他发现，这里的村民集体使用绿地，容纳了 100 只蜂房、60 口猪、15 头牛、800 只鸡。尽管第一章提到的农业学家阿瑟·杨格称这样的公用地是浪费资源，很不经济，但科贝特的观点却正好相反，认为公用地实际上非常适合乡村经济。然后，科贝特开始热心地统计起来。1803 年，他发表的一份报告承认，英格兰和威尔士共有大约 100 万贫民，其中大部分当然在农村。威尔特郡（英格兰南部的一郡）（Wiltshire）的居民，七人中就有一人是贫民，在按照《济贫法》（Poor Law）吃救济；在苏塞克斯郡（Sussex）则每四人就有一个贫民。科贝特用一种全新的愤怒声音，向读者转告了这可怕的消息："不错！就在英国，有这样的英国男人、女人、孩子，整整超过 100 万，我们全国人口的八分之一！奥利弗·哥德史密斯原来是对的，而我们却把他当成了没有希望的感伤主义者！"

更重要的是，科贝特还深深地感到，社会上流传着陈词滥调，吹嘘大英帝国怎样富有，而农村的一般民众，其生活条件，在过去的 50 年间却越来越差了。在这个标准上，民众的疾苦，就是现代的！科贝特猛烈抨击那些暴发户、资本家、金融家，说他们迷惑了传统的乡绅、地主，地主就不再采用"烤牛肉""葡萄干布丁"为特色的家长制的作风，而是让自己手下的工人在市场中自己养活自己。这些资本家如同"牛蛙"一般，把小佃农一口吞了下去。"自从农庄里多了钢琴、客厅铃铛，还有地毯，工人的运气就越来越差了。"

科贝特办了一份《每周政治记录报》（*Weekly Political Register*），这是一份大幅报纸[1]，专门列举这些恶行，立场相当激进，甚至可以说有革命色彩。报纸不光采用的语言十分通俗，通俗到了挑衅的地步，而且就好像是乡村压水机旁边、啤酒馆中的谈话，专门是为了大声朗读出来的。而报纸的核心，当然是威廉·科贝特。这一点，哈兹里特准确地观察到了："我问他日子怎么样？他说糟糕得很。我问他是什么原因。他说光景不好。他说：'什么时候有过这么好的夏天，这么好的收成呢？'他又说：'啊，就算夏天收成都这么好，他们还是把穷人的日子弄得很差。'"科贝特的记者生涯持续了很久，此间，他也一直是活跃的农场主，开明的地主，把自己的宅子专门腾出一栋，给单身雇工当作宿舍；他给成年男工开的薪水，平均一周15先令，或者按他的说法，是当下市场价的20倍，但他还是可以盈利。

科贝特与平民百姓十分接近，因此也激烈反对那些权贵用来形容平民的语言，比如"庄稼汉"，或是伯克说的"猪一样的大多数"。科贝特认为，这种绰号，实际上是对猪的污蔑。他富有感情地声称，他和猪是多么有共同语言："我给家养的猪，预备过冬的窝，仔仔细细打量这个地方，心里想着，我是不是很快就能自己住进去呢？"科贝特在格洛斯特郡（Gloucestershire）的克里克莱德镇（Cricklade），亲眼看到了雇工的恶劣条件，认为他们的住处其实在猪圈的标准以下，"而且他们的饭食，比猪食还要差得远"。

国会面对这样的痛苦，似乎在装聋作哑，于是，科贝特就登上了激进派的政治舞台，开始对"古老的腐败"进行清算，呼吁清除那些为

---

[1]　英国传统，如报纸幅面较大，则一般内容相对严肃。——译者注

了私利而当官的蛀虫、政府里的闲职、各个腐败的自治区。他也同样呼吁，让穷人享有社会公正。他认为，自己的目标，不是加速社会解体，而是恰恰相反：要重建社会同情心的纽带；这种纽带，他认为，在并不遥远的过去存在过，正是这纽带；将农场主、小农场主、雇工联系起来。科贝特天才地主张，要把农村和城市的不满，放到一起。他知道，城乡双方能够相互理解，也一定会相互理解，原因只需这么一个就足够了——兰开郡、约克郡、英格兰中部地区的工业城市，全都挤满了第一代移民，这些移民，来自阿瑟·杨格鼓吹之下建立起来的资本密集型、商业化的乡村，因为劳动力过剩而出来打工了。如今，城市和乡村都在受苦。纺纱工人和织布工人失业了，修剪树篱的人、农场工人、挖沟渠的人、牧羊人，现在找到的工作，工期更短了，有时候在冬天还找不到工作。

科贝特描述的风景，理所当然，完全不同于华兹华斯笔下田园诗一般的莱克兰——这片得到上帝庇荫的土地。而是一如既往地充满污秽、疾病，挣扎在饿死的边缘。之前，福音派教徒目击印度的穷困，大为震惊，写了一些报告；莱克兰的情况，也跟印度贫民区极为相似。无家可归而去占领空房子的盲流，和乞丐在路边挤在一处。科贝特还发现，北部、西北部有时候被认为更加落后，但实际上这里的雇工日子还要好一些。相反，在英国农业经济的核心地带，也就是伦敦周围各郡和东安格利亚[1]的农田上，为了利润最大化，曾经过度使用耕地，这种现象是全英国最严重的；这片土地上，雇工的生活条件却最为恶劣。科贝特准确地预言，英国若是再次掀起农民暴动，一定就在这个地方。

红脸、大嘴巴、"猪一样的"科贝特，骑着马穿过一个又一个郡，检视着一座座济贫院、一处处谷仓前的空地，记录下地方长官、缺席的地

---

[1]   东安格利亚（East Anglia），古代英格兰国家，今英格兰东部地区。——译者注

主那些最恶劣的事迹，把一切登在自家的报纸上。当局认为科贝特变节了，理所当然恼怒万分，不停骚扰报纸的编辑们。有一次，科贝特还写了一篇文章，抨击军队里的鞭笞体罚。虽然文章没有真正出版，科贝特还是在新门监狱里关了一阵子。尽管如此，他的《每周政治记录报》还是在巅峰时期每周销量达到了 6 万份，远远超过其他出版物。当然，科贝特不是圣人。他是个激烈的反犹主义者，还反感黑人，坚持说加勒比海那些"油腻的黑人"比英国的劳工阶层日子舒服得多，直到发现自己的劳工阶层选民阵营里，废奴主义占了上风，才改变了立场。不过，有一件事却肯定无疑：托马斯·潘恩之后，再也没有人能像科贝特一样，如此强烈地感染英国民众，煽动他们参与政治。

但另外一件事也肯定无疑，就是社会上掀起了新的运动，想要恢复"自然权利"和"旧日自由"。发起人是一些狂热的教徒，来自中产阶级和农村劳工。这种热情，有一部分是因为受到了统治阶级核心被曝光的丑闻。

1825 年，有一个贵族情妇，号称"不净者"（Impure）的哈丽雅特·威尔逊（Harriette Wilson），出版了一本回忆录，立刻成了抢手货。哈丽雅特给自己的贵族客人列了一个长长的名单，包括威灵顿公爵，此人还与阿盖尔公爵（Duke of Argyll）、伍斯特侯爵（Marquis of Worcester）分享了哈丽雅特。威灵顿特别喜欢把自己军服的仿制品给她穿上，把她打扮成第十轻骑兵团的军官；然后让她穿着如此的奇装异服，陪她出去骑马。哈丽雅特说，只有这样，威灵顿才肯下床。《圣经·旧约》里有一座淫乱之城索多玛（Sodom），这些贵族的无耻劣迹，可以用"新索多玛"来形容。理所当然，公众极为恼怒。此外，人们还感觉，基督教的千禧年已经不远了，出现了紧急的气氛。舆论觉得，将要有重大的变局发生，而变局的先锋，就应当是社会正义的力量。人们常常聚集到唯一神教派的礼拜堂、福音派的教堂、学校，起草请愿的稿子，组织游行集会。他们既要求政治改革，也要求道德运动，还要求，必须终结英国国教会（Church of England）的垄断地位，废除奴隶制，改革破烂不堪的国会，这种广泛热情的边缘地带。也有些人努力遏制民众的愤怒，这些人是真正的革命派，例如，比威克在印刷厂的老对手，千禧年的"共产主义者"托马斯·斯宾塞。还有一些不太激进的人，比如托马斯·乔纳森·沃勒（Thomas Jonathan Wooler）这样的记者，他也是小说《黑侏儒》（*The Black Dwarf*）的编辑，总是因为煽动推翻政府，在监狱里进进出出。当局再次派了很多间谍，打入最危险的监狱牢房，但这一次是作为卧底进去的。他们暗中策划阴谋，好让当局逮捕领头人，破坏激进组织。

1817年11月，英国的两起死亡事件，似乎成了这个国家两极分化的象征。英国王室里，除了国王之外，唯一真正受到民众拥戴的成员——夏洛特·奥古斯塔公主（Princess Charlotte Augusta），是摄政王的千金，不仅美貌，而且显然思想倾向于自由派；这一年，公主去世了，英国陷入一片悲哀。其景象，与1997年思想同样自由的戴安娜王妃去世之后的哀悼，有一种怪异的相似。据说，奥古斯塔真正理解平民百姓的疾苦，而且她父亲和叔父们年纪都很大了，她很有可能继承王位，还可能为整整一个朝代生下富有同情心和智慧的君主们。差不多与此同时，1817年春，当局派遣的秘密卧底中，有一个最活跃的成员，名叫威廉·奥利弗（William Oliver），此人欺骗三名激进分子，让他们在诺丁汉郡（Nottinghamshire）的彭特里奇（Pentridge）领导数百名长袜纺织工人"起义"，于是三人都被控煽动罪，判处绞刑，而且要车裂；这种刑罚在现代的19世纪，算是很不合时宜了。所幸，三人最后只是绞死了事。

这场起义，从一开始就是内政大臣西德默斯勋爵（Lord Sidmouth）安排的陷阱，为了引蛇出洞，让工匠中的革命分子暴露出来，不至于造成破坏。华兹华斯和柯勒律治都站在了政府一边，为政治家说话，赞赏他们消灭了暴动的根源，没有让根源长成亵渎神灵的雅各宾派的妖怪。

哈兹里特对此大为惊惧，此外，还有不少华兹华斯和柯勒律治两人的年轻崇拜者，包括诗人约翰·济慈、珀西·比希·雪莱，都愤怒地反击，写下了大量诗歌，谴责专制主义。

改革派的人，知道政府专门等待借口，进行强力的镇压，于是非常小心地行事，不让政府得到借口。1819 年夏，科贝特遭到政府迫害，不得已逃到美国。此时，曼彻斯特郊区的圣彼得田野组织了一次大型集会，组织者是曼彻斯特爱国联盟协会（Manchester Patriotic Union Society），想尽了一切办法，确保集会和平进行。他们绝不能给"维护秩序"的力量任何机会，把这次集会看成一群残忍的雅各宾派暴徒，决心抢劫财产，破坏基督教文明。一名纺织工人塞缪尔·班福德（Samuel Bamford）写道："当时决定了权宜之计，认为这次集会应该产生尽可能大的道德影响；而且应当展现一幅英国前所未有的壮观场面。"他回忆的事情，后来舆论很快称之为"彼得卢大屠杀"[1]。

集会的人群来自北方各郡，有五六万人，8 月 16 日，他们有秩序地行进，打着"普选权"（Universal Suffrage）的横幅，有些人唱着原卫理公会的圣歌，场面看上去更像复兴布道会，而不像革命。然而，当地的长官可没有兴趣为民众的良好行为记功，派出了军队，来驱散人群。发表演讲的人当中，有外号"演说家"的亨利·亨特（Henry Hunt），戴着白帽子，还有萨缪尔·班福德。当局下令曼彻斯特和索尔福德（Salford）的自由民——商人、工厂主、出版商、店主——去逮捕亨特。命令很快执行了。众人把亨特痛打一顿，把他有名的白帽子扯了下来。但是，这些自由民在人群中推挤的时候，马匹踩到了一个挡在路上的小女孩，孩子不幸身亡。他们立刻就被狂怒的示威者包围了。示威者挡住了马匹，向着自由民大骂。自由民开始恐慌了，于是，正规军——轻骑兵出动来

---

[1] 彼得卢大屠杀（Massacre of Peterloo），这一名字模仿滑铁卢，为了讽刺当局。——译者注

解围。他们解围的方式，是抽出军刀，在拥挤的人群中杀出一条血路。人群立刻没命地四散奔逃。最后，11 人死亡，421 人重伤，152 人被军刀砍伤。伤员当中，至少有 100 人是妇女儿童。

班福德用诗歌一般简洁的文字，描述了这场混战：

> 骑兵们不知所措，尽管人和马重量加在一起，却显然不能冲破这一片人山人海，于是军刀来回舞动，劈过了高举的手，毫无防备的头颅。之后便出现了砍断的肢体、带伤的脑袋。可怕的混乱一片喧嚣，与哭喊、呻吟融合在一起。人们大叫："啊！耻辱！耻辱！"然后是："散开！散开！他们在前面杀人，人跑不脱……"一瞬间，人群止步不前，好似时间凝固；然后又是一阵狂乱奔逃，沉重，无人反抗，宛如奔涌的潮水；还有声音，好像低沉的雷声，带着尖叫、祈求、诅咒，出自骚动的人群；这人群在军刀之下无处可逃！

西德默斯勋爵表扬了曼彻斯特当局，说他们立场坚定；威廉·华兹华斯的表现，似乎也大有同感。其他人则为这场事变感到恶心，将其与欧洲的专制君主虐杀人民相提并论。彼得卢事件中的某些邪恶之处，在很多人看来，嘲讽了政府"坚持不列颠传统，反对革新"的主张。批评家们相信，彼得卢事件的影响，并没有局限在英国本地。雪莱当时正在意大利，但还是奋笔疾书，写下了《无政府主义的面具》(The Mask of Anarchy)，猛烈抨击英国当局，其中有这样的句子：我在路上遇见了谋杀 / 他的面具宛如卡斯尔雷子爵[1] 这首诗，标志着他与老一代诗人的决裂。

彼得卢事件之后，激进派大受震撼，分裂成了两派。一派以"演说家"亨特为代表，认为最重要的是坚持合法斗争，在宪法范围内活动；

---

[1] 卡斯尔雷子爵（Viscount Castlereagh）即罗伯特·斯图尔特（Robert Stewart），时任外务大臣，因支持当局镇压请愿活动而受到抨击。——译者注

他成功发起了上诉听证会，前往会场的路上，30万伦敦市民夹道欢呼。另一派则忍无可忍，变得缺乏耐心了。比如，激进派有个落魄绅士，名叫阿瑟·西斯尔伍德（Arthur Thistlewood），策划了"加图街阴谋"（Cato Street conspiracy），想要刺杀内阁成员，袭击伦敦塔、英格兰银行、国会；这种人，对政府来说，是再好不过的宣传材料。此人被公开审判，然后处决，政府掀起了新一轮迫害狂潮。到1820年年底，民主运动大部分领导人——弗朗西斯·伯德特爵士、"演说家"亨特、托马斯·沃勒，都进了监狱。1819年，镇压反对派的"六项法案"（Six Acts）通过。之后，地方执法官就有权搜查私人住宅，寻找煽动性的出版物或者武器，还有权禁止50人以上的集会。另外，出版物还附加了六便士的印花税，于是工人阶层里识字的男男女女，也就接触不到大多数有名的书刊了。

就在这时，威廉·科贝特从美国回到了英国，还带着潘恩的尸骨，后来把尸骨放在了利物浦（Liverpool），但具体地点不详，于是潘恩最后的下葬地点也就成了一个谜。科贝特显然继承了潘恩的旗帜。当上了"人民之友"，他有能力吸引大量观众，也有能力唤起民众的愤怒。当时的激进派，无比需要科贝特。然而，科贝特却发生了某些奇怪的转变。他并没有动员人们反对"六项法案"，而是动员支持者去反对喝茶。他反复向支持者灌输"烤小麦或者美洲玉米对身体更好"这样的观点。他并没有攻击彼得卢事件的恶名，而是去攻击马铃薯的恶名了。他并没有着力纪念潘恩，而是发表了冗长的演说，论述自己的新货币政策，一边还抨击"犹太狗"（Jew dogs）把伦敦变成了"犹太肿瘤"（Jew Wen）。历史上，爱德华一世曾经迫害犹太人，强迫犹太人佩戴身份徽章。科贝特认为，英国没有办法恢复这种明智的政策，真是太遗憾了。

这些民权保卫者，要么远远躲开了迫害，要么像科贝特一样不再与当局对抗了。与此同时，经济有了可观的改善。政府终于可以庆祝，把英国革命扼杀在摇篮中了。不过，这种自鸣得意，既不应得，也不明智。

如果将民众的愤怒比作一棵树，那么，这棵树的新芽剪掉了，但根系却扎得很深。例如，比威克就没有安静下来。压垮他的最后一根稻草，是威灵顿和外务大臣卡斯尔雷的政策，让英国搭上了"泛欧洲警务"（pan-European policing）的便车，一辆沉重的马车。这一政策，是 1815 年维也纳会议（Congress of Vienna）上，奥地利外交大臣克莱门斯·冯·梅特涅（Klemens von Metternich）制定的。英国既要听从外国专制君主的命令，又要无视国内人民的呼声，比威克认为，这样的政策不仅危险，而且应受道德上的谴责。比威克的预言色彩逐渐增加了。他警告说：

> 独裁者、贵族、主教们已经抛弃了一切羞耻感，罪孽深重。这个权贵组成的方阵，迄今为止一直难以撼动，而且还将继续坚守，直到愤怒的人民有可能用暴力将他们摧毁，或者有一种理念，反对这种邪恶政策操纵国家，这种理念能得到绝大多数人民的认可；这些人的不满，或许能够让政府的爪牙们悬崖勒马，有了时间，还有聪明而诚实的举措，或许能够避免即将到来的狂风暴雨。

比威克是在 19 世纪 20 年代写下这些的，距离他 1828 年去世，不过几年时间。他一直在强调道德的紧迫，这种论调，在这个十年中很典型，从政治上来说较为内敛，因此比较能欺骗当局。这个十年，从爱尔兰西部到比威克所在的纽卡斯尔，市政厅、教堂、礼拜堂、酒馆，都挤满了热情的民众，聆听福音派牧师的演讲。他们的目标，主要是宗教和社会改革，而不再是明显的政治诉求。在爱尔兰，演讲还包含了 1795 年那位上台七个星期的费茨威廉伯爵在 20 年前作的许诺，说要取消天主教的禁令，允许天主教徒做官，竞选国会议员；这一直是各个天主教协会奋斗的目标，其领导人是富有魅力的律师克里（Kerry）和地主丹尼尔·奥康奈尔（Daniel O'Connell）。这场运动，使得英格兰和苏格兰的不尊国教派，也跟爱尔兰联合了起来。大家都认为，要面对共同的敌人。工业城市当中，也掀起了新的国会改革运动，大部分参与者是中产阶级。这一运动，是伯明翰的银行家托马斯·阿特伍德（Thomas Atwood）发起的，充分利用了道德运动的热烈气氛。1824 年，比威克长期重视的一项事业终于完成了——"防止虐待动物协会"（Society for the Protection of Cruelty to Animals）成立了。后来，维多利亚女王当了协会的赞助人，于是协会名字又加上了"王室"。根据国会法令，如将牲畜运往史密斯菲尔德（Smithfield）途中加以残忍虐待，则是非法行为。不过，同样的法令也禁止了传统的娱乐活动——纵狗咬牛戏，还有 11 月的奔牛节。在农村地区，特别是英格兰中部地区，奔牛节是一项重要的乡村活动。后来，林肯郡（Lincolnshire）斯坦福德（Stamford）举行奔牛节，此时虽然法案已经生效了，却还是出动了一个连的龙骑兵和警察，才制止了这场活动。

　　"正义大军"已经开始全速前进，而他们最大的胜利，莫过于彻底废除奴隶制。废奴运动原本是贵格派教徒的专长，但实际上，最大的运动却是福音派发起的，这运动打破了党派和教派的界限。尽管运动必须对抗某些劳动阶层的种族主义，但还是在约克郡和兰开郡得到了民众大力拥护。1832 年，在奥尔丹（Oldham），威廉·科贝特也终于宣布，支持废奴运动。有一名废奴主义者，名叫乔治·汤普森（George Thompson），曾在美国冒着生命危险，宣扬废奴主义，据他声称，在利物浦，他的听众就多达 70 万人。

　　这些运动，都带有革命的开创性，使用的各种新手段，无论是托马斯·潘恩，还是玛丽·沃斯通克拉夫特都无法想象。这些运动，催生了历史上最早的、凭借舆论压力斗争的专业集团。在爱尔兰，运动领袖丹尼尔·奥康奈尔为了战胜新教地主选定的在职官员，专门雇了一批办事员，细心编定了选民的名册，还为必须到外地参选的人安排了行程。废奴主义者做好了准备，倘若需要，就会组织一次系统的抵制行动，在全国范围内抵制西印度群岛出产的食糖。西印度群岛的奴隶主，主要用甘蔗制糖。从拿破仑战争期间开始，英国广泛种植商业化的甜菜，用来制糖。有了这种新的食糖来源，加上准备参与抵制的成员极多，一旦实行抵制，极有可能给西印度群岛奴隶主带来巨大的损失。此外，这些运动还都采用了传统的请愿手段，并把请愿带入了"广泛动员群众的时代"。一旦请愿，就会募集数以十万计的签名，人名全都绣在一幅惊人的布匹上，这种设计，专门用来显示壮观的效果，然后让一名支持请愿的国会议员，指挥人送进下议院大门。组织者要是工作出色，请愿的布匹可能需要四个人才能抬进大楼，甚至可能需要八个人。1830—1832 年，有 4 000 份这样的请愿书送进了国会。目前的研究显示，英国成年男性中，每五人就有一人，在 1787 年、1814 年或 1833 年的一份废奴请愿书上签了名。更加惊人的是，英国女性发起的一次请愿人数也达到了 187 000 人，请愿书需要四人费力地搬进下议院，放在地板上。玛丽·沃斯通克拉夫特倘若还活着，看到这样的场景，定然会欣慰的。

在重视社会事业的新派教会手中，政治变成了一座展现美德的舞台；这座舞台上，那种认为"当局都是吝啬的老色鬼，把持国会法庭"的观点，看起来越来越发奇怪了。以前，力量的象征是盾形徽章，是带有城垛的庄园宅邸；如今，这些东西都让位给废奴主义者组织的巡回展览，例如国会议员威廉·威尔伯福斯（William Wilberforce）、作家托马斯·克拉克森（Thomas Clarkson）。他们展示了鞭子、锁链、贩奴船的模型，还有各种用于奴隶贸易的工具。于是英国各地，公共场所和私人住宅里，出现的不是国王的画像，而是克拉克森创作的一幅油画，画的是一艘贩奴船，数百人就像沙丁鱼一般挤在甲板之间；此外，还有布莱克一些可怕的画像，画的是奴隶一旦反抗，遭受的残忍刑罚。

舆论普遍认为，比起党派的分歧，从道德上区分何为正确、何为糊涂，才是更加重要的事。废奴运动终于把威廉·哈兹里特与威廉·华兹华斯带到了同一个庞大阵营里面。华兹华斯属于体制内的特权阶层，哈兹里特则是体制外的批评者。就连那些发誓不会损害全世界最优秀国体的人，也被废奴运动改变了思想。此时威灵顿公爵当了首相，他感觉实在没有办法，只能同意对天主教采取宽容政策，以获得奥康奈尔领导的天主教协会（Catholic Association）的支持，协会的势力已经很大了。辉格党在国会改革问题上，多年以来一直不比托利党更积极，这时却面临一种"沦为多余人"的下场，除非他们能够想办法来约束这种道德上的激进主义，这种蒸汽驱动的力量，为他们的四轮马车所用。

1830年夏，这个机会突然来到了辉格党身边，但与此同时，也迫使辉格党不得不放弃了拖延症。画家康斯太勃尔（Constable）笔下的乡村风景，改变的速度非常缓慢，人们依旧认为这是往日英国的核心地带，生活宁静安详，由乡绅和教区牧师管理；而今，这地方却腾起了硝烟，正如科贝特之前预言的那样，虽然科贝特自己也有所保留，觉得不一定会发生暴动。科贝特一点也没有隐藏自己的同情心："无论会发生什么，这些人，永远不会躺下来，静静等着饿死的！"去年冬天，年景糟透了。一如既往，歉收导致粮食价格居高不下，雇工要么失业，要么只能打短工，而且很多地方给的工资根本不能糊口。不过，这一次，有个"斯温上尉"（Captain Swing）率领的"军队"却名声大噪，到处焚烧干草垛，砸毁脱粒机。斯温的破坏行动，波及了英国南部一大片区域，西到多塞特郡，东到东安格利亚和林肯郡。在汉普郡（Hampshire），亲政府的自由民和反政府的乱民爆发了多次激烈冲突。科贝特的家乡肯特郡，还有东苏塞克斯郡。1831年，科贝特曾在巴特尔镇面对500人演讲，结果被当局送上法庭，但理所当然宣判无罪。在巴特尔镇附近，有2 000名斯温分子遭到审判，处决了19人，但还有200多个被判死刑的人，后来改成流放到澳大利亚。

1830年7月，法国又爆发了革命，英国主张提前改革的人获得了重要论据。拿破仑失败之后，波旁王朝复辟了。这一次，法国革命又推翻了波旁王朝，废掉了查理十世，新国王路易·菲利普登基。他是奥尔良公爵（Duke of Orléans）的儿子，先前参与过大革命时期的国民公会，当时绰号"平等的菲利普"（Philippe Egalité）。历史回忆的力量，被辉格党的历史学家和演说家，清醒而不失时机地利用了起来，比如托马斯·巴宾顿·麦考利（Thomas Babington Macaulay），他这时还相当年轻。他们主张，只有及时改革，才能避免现代革命在英国爆发。然而，托利党人——首相威灵顿公爵，之前接受了天主教徒解禁措施，现在却竖起了改革的障碍。首相说目前国会的代表状态是最好的，他绝不可能发起国会改革，也一直会反对改革。威廉四世国王的看法也与之相仿，这看法被公众知道了，于是国王在民间的支持，瞬间消失了。

　　政治精英内部，也正在产生严重分歧，之前曾一度有过共识，一味镇压而拒绝改革就能安定国家；但此刻，这共识却土崩瓦解了。取而代之的观点是，大家要想都生存下来，应当使用各种最聪明的策略。1830年11月，威灵顿下台。英国在1789年法国革命爆发之前，就一直是托利党执政，此时，辉格党终于上台，承诺一定要进行国会改革。新首相查尔斯·格雷（Charles Grey），是查尔斯·詹姆士·福克斯的门生。差不多40年前，他就第一次提出过改革法案。这一次，"40年战争"终于有望结束拖延了。因为辉格党政府的成员，其出身至少跟托利党一样贵族化（查尔斯·格雷本人是伯爵），所以在1831年3月下议院公布改革细则的时候，极少有人对这一晴天霹雳做好了准备。麦考利带着可以理解的过度兴奋，描述了托利党人第一排席位大惊失色的场面："皮尔的下巴掉了下去，特威斯（Twiss）的脸好像一个受到诅咒的灵魂，赫里斯（Herries）脸色仿佛出卖耶稣的叛徒犹大。"他们的惊愕，称不上什么罪过。因为改革措施包括：大约有140个选区，居民少于4 000人的，要失去拥有的一个或两个议会席位（总共取消了60个选区的席位）。这些席位会重新分配给新兴的工业化城市，以及伦敦。

第一次改革法案在上议院被否决了。在第一次否决与第二次提出之间，发生了更有灾难性的事件，可谓是对辉格党更严厉的警告。德比郡、诺丁汉郡、布里斯托尔郡都发生了暴乱，这些地方的主教宫被烧成一片瓦砾。威尔士南部盛产煤铁的乡村，早在 1816 年已经有过一次大规模罢工，此时，村民食不果腹，在政治上又感到不满，于是在梅瑟蒂德菲尔（Merthyr Tydfil），便有一群人袭击了法院，释放了支持改革的罪犯，占领了城镇。从斯旺西（Swansea）出发的一支骑兵分遣队遭到了伏击，当局从蒙茅斯郡（Monmouth）调来了数百军队镇压，方才勉强恢复了秩序。

在这一片愈发严重的混乱和暴力背景下，又发起了新的选举。选举运动一度遍及了全国所有大小城镇，制定了严格的规则，区分了参选各方。结果是辉格党获得了足够多数，可以要求窘迫的威廉四世立刻授予 50 人贵族头衔，从而凑足人数，将改革法案再次提交上议院。之前，法案已经在上议院两次被否决。最后，1832 年 6 月，《改革法案》正式成为法律。很多历史学家强调，这一法律在社会意义上非常保守。例如，法律依然保存了贵族特色，以及贵族对英国的控制，而没有将其破坏。实际上，这正是辉格党人的本意。麦考利说："没有人希望把所有勋爵全都赶出宅邸，除了各地偶然看见的一个发疯的激进分子，他一走过来，街头的孩子就会朝他指指点点。"相反，改革法规定了一种"10 英镑普选权"，规定只有财产超过 10 英镑的成年男性才有选举权。这一规定，本质上是反对革命的，因此，辉格党的要员，例如约翰·拉塞尔勋爵（Lord John Russell）、格雷伯爵、达勒姆子爵（Viscount Durham）相信，改革法更有可能保存贵族阶层稳定社会的力量，不让社会受到全面"美式民主"的威胁。他们的目的是给一个潜在危险性更大的联盟造成分裂，这联盟一方是中产阶级强调道德的活动家，另一方是真正的要求普选的民主派。

这一策略果然有效。改革法创造了 50 万新选民，还成立了新的下议院，丹尼尔·奥康奈尔、"演说家"亨利·亨特、托马斯·阿特伍德、威廉·科贝特全都获得了席位。科贝特一直颂扬农村，这时却发生了很大的转变，成了工业城奥尔丹的代表。这个新国会，凭着以常识为基础的朦胧自由主义的意识，的确阻止了整体革命的势头（不过，农村地区还是会有一些骚乱，最严重的骚乱是 1838 年发生在肯特郡）。这些变化，的确大有意义。科贝特为了庆祝改革法案通过，办了一个"筷子节"（Chopstick Festivals），邀请了 7 000 名劳工，给他们 70 磅火腿，外加好几车的羊肉、牛肉。他知道，自己目睹了"古老的腐败"无疾而终，还见证了烧水壁炉自治市（potwallopers）[1]，敛财官吏，袖珍选区的消灭。

相反，威廉四世也为了一个理由气得发疯。他愤怒得无法亲自签署改革法案，而是让王室的高官代劳了。1829 年，《天主教徒解禁法》（Catholic Emancipation Act）通过，英国国教会就丧失了垄断地位。而且，因为立刻出现了容易受政治影响的大多数，所以上议院的独立性也受到了不可逆的损害。此外，托马斯·阿特伍德的组织——伯明翰政治联盟声望鹊起，选举也获得了胜利。如此一来，继奥康奈尔在爱尔兰得势之后，现代政党政治体制的运作，也消除了障碍（尽管没有立即运作起来）。现代体制采用一切动员策略——竞选演说、大规模请愿、报纸宣传战，来角逐英国的政治权力。这些策略，是废奴主义者、主张宽容天主教的人最先使用的。

1833 年，下议院——此时已经改革，但还没有民主化——终于让英国在各个殖民国家中，首先在所有殖民地废除了奴隶制。最近有一些历史书，认为当时的奴隶生产的产品需求在减少；实际上，需求是在增加。

---

[1]　当时一个奇特的规定，这些地方合格选民的家里必须有能烧水的壁炉。——译者注

因此，这个成就尤其来之不易。摧毁奴隶制的手段，绝大部分是道德论述；主张人类共同天性的观点，最终取得了胜利。1834年，国会大厦突然发生火灾，被烧毁了。这可并不预示"道德奇迹"的新纪元。改革派的胜利，依然只是部分领域。这时，英国的天主教徒终于能在政府任职了，但在爱尔兰，他们却失去了条件相对宽松的"40先令永久产业"选举权。不论在爱尔兰，还是在英国本土各郡，这一选举权都被严苛的规矩替代了，要求支付房屋年租金10英镑以上的人才能有选举权，这就非常有效地排除了大多数追随潘恩、科贝特、亨特的穷人。真正的男公民普选权，要等到1918年才全面实现。加勒比海上的奴隶种植园主，必须因为损失而得到补偿；一开始，建立了一种过渡式的"学徒制"，学徒是奴隶和自由民的中间状态。

英国的发展，与任何自然之力的想象都截然不同。英国人还没有走完民主和社会公正的漫漫长路。第一章开头，那些漫步者、逍遥学派的人，如今已经被蒸汽驱动的高速经济革命赶超了。这场革命，他们根本无力抵抗，更别说扭转了。而英国的工业化，这场欧洲历史上最不寻常的沧桑巨变，却还是发生了，而且迄今为止，并没有伴随着血腥的革命。这个时代，开始于马车奔驰的快速公路，而此刻，公路的领头地位，又被快到难以想象的铁路、火车取代。华兹华斯觉得，有些铁路破坏了湖区的神圣，为此很不愉快。这些火车，冒着黑烟，发出魔鬼般的声音，把工匠们一直送到了自己的家门口。还确实有成群的人步行而来，带着托马斯·韦斯特的导览，以及华兹华斯自己写的导览，匆匆忙忙在路线图上标记出未来的、必须建设的各个火车站。华兹华斯自己，变成了一个旅游景点。

他可完全不想这样。华兹华斯跟卢梭一样，都相信英国乡村应该是治疗现代社会的良药，而不应成为现代社会的同谋。但是，对立的两极居然就走到了一起，而且你中有我，我中有你。农村居民缺少城里的产

品，而城市居民也希望体验农村生活。想体验，果真就体验到了。世界
上工业最发达的国家，也同样是最为眷恋乡村记忆的国家。维多利亚时
代早期的城市，清一色都建绿地和公园，是乡村的微缩景观，作为丢失
的田园风光的安慰剂，或者说纪念品。铁路公司把铁路沿线的土地分给
了职工，职工可以在土地上种蔬菜、花，养猪、鸡，他们因为圈地运动
而失去了耕地、公用地，这就是那些耕地、公用地的影子。这不是科贝
特想象的"快活英格兰"，有着乡村的绿地、麦芽酒、烤牛肉；不过，人
们有了这些分配的小块土地，总是聊胜于无。以及，多亏了"绿地运
动"的先驱，比如约翰·克劳迪斯·劳登（John Claudius Loudon），公园
（park）一词，以前的意思一直是贵族的私产，如今却破天荒第一遭，成
了公共场所，打破了阶级、财产的壁垒；例如伯肯黑德（位于英格兰西
北部）（Birkenhead）的公园，1847年向公众开放，园内设计了散步的道
路、板球场、池塘、牧场，可以让平民游览，把孩子带来，让孩子体验
一点自然的乐趣。我觉得，这样的地方，或许并不崇高，但也绝不荒唐。

第三章

女王与蜂巢

总重 24 吨的超大煤块；拥有 80 片刀片的"斯波兹曼"（Sportsman）刀具；机械式的牡蛎开壳器，宣传海报名曰"牡蛎杀手"（The Ostracide）；古塔橡胶公司（the Gutta Percha Company）的蒸汽船家具（一旦发生船难，可以变化成救生筏，浮在水面上）；一群短尾鼬标本摆成一个茶话会的布景——这一切的远处，是一系列玻璃做成的蜂巢，设计师则是约翰·弥尔顿，号称"发明伦敦的人"（Inventor of London）。身材娇小的维多利亚女王，穿着波纹绸的粉红色礼服，戴着头冠，在展馆之前停下脚步，看着住在里面热热闹闹的蜜蜂。让她最为惊讶的是，这些住户颇为自得，一点也不在意众人的审视。它们还要忙着酿蜜，哪怕女王来了，也是自顾自地工作。"女王陛下与阿尔伯特亲王（Prince Albert），经常注意这些天才的小昆虫杰出的工作。虽有各种景色与声音环顾四周，它们却始终如一，专注于自己，可谓给我们上了令人崇敬的一课。"这一课，并不需要花大力气灌输。有时候，维多利亚确实会觉得，被人看到是不体面的事。十年之后，丈夫那保护她的颀长身影从她身边被夺走之后，她拉起所有的窗帘，熄了煤气灯，把自己埋入黑暗。

然而，在这一个光芒四射的日子，1851 年 5 月 1 日，她却并不如此。后来，维多利亚给舅舅——比利时国王利奥波德（King Leopold）写信，说道："我们历史上，这是最伟大、最美丽、最壮观的一天。"这一天，在水晶宫（Crystal Palace）里面，维多利亚正如她参观的蜂王一般，也是水晶宫里的女王；为此，她非常满意。有3万名观众持有参观的长期票，在这3万人注视之下，维多利亚能与他们坦然对视，而且心头涌上一种神圣的愉悦感。此前，天空一直飘着雾霭般的细雨，女王和阿尔伯特骑着马，沿着皇家大道前行。然而，女王注意到，就好像为了尊重这个场合的神圣庄严，细雨却停了，阳光洒了下来。这在春天的海德公园，是非常罕见的事。两人穿过科尔布鲁克戴尔（Coalbrookdale）的铁门，走进了水晶宫，迎接他们的，是众多喇叭的齐鸣、放有大量棕榈叶的空间，还有成堆的鲜花。有一段时间，维多利亚女王还被30万块玻璃砖的强光刺得睁不开眼睛。这些玻璃砖，每一块长49英寸、宽10英寸，一同让耀眼的光明洒满了室内空间。这确实是上帝的光，上帝就跟女王一般，也注意到了女王丈夫杰作的伟大。如今，丈夫就站在女王身边；还有小公主维姬（Vicky），维姬穿着诺丁汉郡蕾丝与白色缎子衣服，头发上插着野玫瑰；还有小王子伯蒂（Bertie），穿着苏格兰高地短裙。一家人都笼罩在水晶宫的光明中。室内有一个水晶喷泉，高达20英尺，喷溅着古龙水，维多利亚嗅着香水的芬芳，耳中灌满了600人合唱团和5架管风琴的动听旋律。这音乐是精心安排的，充分利用了水晶宫令人赞叹的回响效果。维多利亚感觉自己仿佛飘了起来，升到了无比壮丽的伟大之中。有这种感觉的，并不只有她一个人。《每日新闻》（Daily News）的记者一般是麻木不仁的，而此刻，他却进入了宗教虔诚的境地，因为听到了一种声音，仿佛是"在大天灾的异象中听到的，许多河流的声音一般，谁听到，谁的心就会震颤，如同身处其中的大厦玻璃"。

女王的王夫（Prince Consort）头脑中则浮现起未来的种种图景——国家内部、国家之间的协调，和平，团结，这些理想，有时候会通过一次冗长的讲演而穷尽地列举出来，崇拜他的女王，就会在他演讲时，充满爱意地看着他。而在这一个五朔节（May Day），这些理想，看起来并没有伪善到不真实的地步。伦敦博览会（Great Exhibition）确实堪称当时的一个奇迹。水晶宫长度超过了三分之一英里，是当时全球最大的室内空间，这样巨型的建筑，在海德公园里从无到有，只花了六个多月就成了（主要工程只花了 17 周）。两家玻璃和钢材制造公司——福克斯（Fox）与亨德森（Henderson），在收到设计草图之后，花了一周来准备建筑的所有数据，而建筑师从最早构思，到画出全部施工图纸，仅仅用了 8 天。

一开始，国会对阿尔伯特亲王的计划反应冷淡，甚至有所抵触；媒体也故意挑剔。但亲王的热情，终于获得了慈善界的支持，他们迅速行动起来，对自己的任务，如同设计师、建造者一般清楚。资助博览会的私人捐款，在初期达到了大约 7 万英镑；而后，确定的款项就源源不断涌进来了。不过，从传统观念来看，这次博览会确实整体上令人费解。浪漫主义者，原本对于工业社会大加抨击，说工业社会阴森可怖，如同地狱一般；然而，水晶宫用预制部件组装，而且能无限延展。这样的建筑形式，优雅大方、亲切友好，同浪漫主义者的宣传截然相反。坚硬的钢材被折弯，变成了形状优美的曲线，带着花边；展馆内部，画着中世纪的纹章色彩——红、黄、蓝三色；水晶宫内部既有一处哥特复兴式样的"中世纪宫廷"，也有活塞驱动的一列重型机器，似乎在宣告，"过去"和"当下"的幸福联姻。尽管按道理说，有了工业制造，工匠手艺就该寿终正寝了，但水晶宫的展品，却既有工程师的杰作，也有艺术家的杰作。其实，每块玻璃砖都是手工吹制的。钢材与玻璃，织成一张繁复的网，这张网并没有挡住水晶宫土地上的露天空间，而似乎是用一张精致的膜，将空间包裹了起来。（有些人怀疑，水晶宫是否防水防风，这怀疑不无道理。）

有些人批评机械时代的态度最为激进，他们也例行公事，把水晶宫描绘成"自然的敌人"。他们说，真正的"快活英格兰"，还得是"青翠的村庄、舒适的农舍、善良的乡绅"。不过，为了组织博览会，专门成立了一个王家委员会，由阿尔伯特亲王主持。委员会挑选五月一日——西方的"五朔节"作为开幕式的日子，他们很清楚，自己在做什么。

委员会选定的那名建筑师，此时还没有为招募设计师的比赛提交自己的设计方案。这是一个小伙子，年纪轻轻，人脉却很广，名叫约瑟夫·帕克斯顿（Joseph Paxton），是一名景观设计师。他自己的职业，是米德兰铁路公司（Midland Railway）的温室设计师，也是董事会成员之一。他的职业，完美结合了园艺学和工业主义的元素。第一张水晶宫的草图，是他在一次董事会的会议上，一时无聊而乱画的。后来，水晶宫选址在海德公园的提议遭到一些人反对，为首的是林肯郡国会议员——查尔斯·西布索普上校（Colonel Charles Sibthorp）。此人强烈反对一切现代事物，称水晶宫是伦敦肺上的一个"小瘤子"。有个重要原因是，水晶宫所在的地方，有两棵高达 90 英尺的古老榆树，按照原先的设计，两棵树本来要被砍掉。这时，帕克斯顿挺身而出，迎接了挑战。他站起来，把横跨水晶宫的"教堂耳堂"部分的框架弯过来，形成了一个半圆形的屋顶，围住了这两棵树。西布索普本来要把砍树的事情，当成这次"欺诈博览会"破坏行动的例证而大肆宣扬；这一下，他的企图落空了。于是，两棵古树就没有成为博览会的牺牲品，而当了博览会的绿色卫兵。水晶宫内部因为玻璃墙隔热而变得潮湿，观众汗流不止。除了织物搭建的凉棚，榆树的树荫也为观众提供了额外的阴凉。此外，这次改动还是一种承诺：工业社会的未来，并不需要破坏英国的自然风光。

如果自然与工业，蜜蜂与玻璃蜂巢，都能够和谐相处，那么，其他互相敌对的势力，也能做到这一点——科学与宗教、贵族政治与企业、技术与基督教传统。阿尔伯特亲王主持的王家委员会，其成员经过精心挑选，除了贸易保护者以外，还有各种文化背景的人。有贵族中的企业家，如埃尔斯米尔伯爵弗朗西斯·埃杰顿（Francis Egerton, the

Earl of Ellesmere）、巴克鲁奇和昆斯伯里公爵[1]；支持自由贸易的政治家，如威廉·格莱斯顿（William Gladstone）、理查德·科布登（Richard Cobden）；哥特复兴派建筑师查尔斯·巴里（Charles Barry），曾设计新的威斯敏斯特宫；还有一个自学成才的开发商，威廉·古比特爵士（Sir William Cubitt）。委员会的席位，既给了伦敦国家美术馆的建立者——查尔斯·洛克·伊斯特莱克（Charles Lock Eastlake），也给了伦敦地质学会主席（President of the Geological Society）——查尔斯·赖尔爵士（Sir Charles Lyell）。赖尔的著作，强烈怀疑《圣经·旧约·创世纪》内容的准确性。博览会的核心推动者，先前曾经说服阿尔伯特亲王进行赞助的，则是了不起的亨利·柯尔（Henry Cole）。柯尔 1849—1852 年担任《设计与制造杂志》（*Journal of Design and Manufactures*）的编辑，曾经生产了最早作为商品的圣诞卡，还有第一批幼儿建筑积木。柯尔一开始的计划，是让博览会成为英国最佳设计的展示舞台，他自己也设计了英国驰名的"明顿"（Minton）牌纯白茶具。然而，计划完成的时候，他和亲王却都想象出了更加类似救世主降临的画面。博览会不光是国内外商品的集市，还会是和平的未来的模板。亲王对自己的任务非常投入，又被科布登鼓励，于是在 1850 年 10 月 25 日，约克郡为伦敦市长举行的宴会上，发表了一篇不寻常的演说，公开了自己的想法，说在博览会之后，世界应该成为不可分割的统一社会，既有种植者，也有制造者，更重要的，还有幸福的购买者。这样的世界里，国与国的战争就会变成荒唐的无政府主义行为，而被和平的商业竞争取代。像博览会这样的展览，就会成为独裁政权阅兵式之外的一种替代方案。

一些恐惧或无知的人，一直把机械比作腓尼基人信仰的火神莫洛克（Moloch），将人类吞入大口，又作为"盈利微积分"的劳力单元而吐出

---

[1]　巴克鲁奇和昆斯伯里公爵（Duke of Buccleuch and Queensberry）是同一个人，拥有两处封地。——译者注

来；丝毫不尊重自己吞没的社区、家庭、个人的生命。如今，人们转而认为，机械无论在社会还是道德意义上，都是良性的存在了。就在这一刻，英语增加了新的形容词"Victorian"——维多利亚的；还让另一个词"industry"的意义乾坤大挪移，不再传达"开销"的含义，而传达"劳力节省"的含义。这两个词合在一起，"Victorian industry"（维多利亚时期的工业），就拼出了这个年代最受欢迎的准则的三分之一——"进步"。巨大的机器，擦得锃亮，喷吐着没有味道的蒸汽，让人群深深入迷，在红绳子后面盯着看，一看就是几个小时。还有一些宽轨火车头，如"大西部铁路公司"（Great Western）的绿色巨人，名叫"诸岛之王"（The Lord of the Isles），能够发出 1 000 马力；众人都围着它看，将它视为友好的希腊神话中的巨人——泰坦族，尤其因为在此之前，为了达成博览会公开宣扬的目标，铁路已经发挥了关键作用。这目标就是，将这些被阶级和地理分开的英国人聚到一起。博览会从 5 月开到 10 月，共有 600 多万观众前来观看，其中至少有 75 万人是坐火车来的。这种规模的人员运输，迄今为止，仅仅在军事动员的时候有过，要么是行军的士兵，要么是逃离士兵的平民。然而这次英国有史以来最大的人口迁移，却是以完全和平的方式；迁移的成功，不是国家权力的功劳，而是好奇心和商业的功劳。这些人的旅程，包括寄宿，由旅行商托马斯·库克（Thomas Cook）负责总体规划。家境不太好的观众，"可尊敬的劳工阶层"，还可以享受门票特别折扣。有数十万人买了打折票。

先前，还有过一些其他的工业展览。尴尬的是，发明这类展览的，却是拿破仑统治下的法国。不过，伦敦博览会是有史以来头一遭，整个国家被一次贸易展重新定义。英国人说：就让那些暴君，继续检阅轻骑兵和野战加农炮吧。我们"世界工厂"展示的，是内史密斯（Nasmyth）的蒸汽锤！作家萨克雷（Thackeray）写了一篇五一颂词，赞扬 1850 年博览会，说："这些英格兰的胜利，乃是不流血战争的丰碑！"

由此可见，博览会的目的，是消除英国19世纪中期面临的几乎一切社会政治方面的噩梦，用"商业关系"代替"孤立"。然而，英国国内的各个阶级，是否会如此和谐地团结起来？威灵顿公爵这时已经年过八旬，依然担任伦敦卫戍部队司令。他认为，这些诗歌一般的虔诚，当然很美妙，问题在于，感情不能代替枪炮与骑兵，只有武力才能控制住危险的暴民。威灵顿认为，想要确保首都安全，最少需要1.5万人的兵力，此外，还要展示拥有压倒性优势的警察力量。伦敦此前一直都是宪章运动游行示威的舞台，宪章运动要求政治上的平等权利，威胁说，要将革命的传染病散布到英国；这些革命，从巴黎蔓延到罗马和维也纳，推翻了一个个政权。[1]然而，三年之后，并没有血迹斑斑的街垒，只有在十字转门前耐心排起的长队。

像威灵顿这样的"秩序守护者"，一想到在这全世界有史以来最大的城市（伦敦人口已达200万人），众多"泥腿子"们会与权贵毫无障碍地融合在一起，就感到忧心忡忡。别说那种"对世界和平的虔诚呼吁"了，单是"鼓励外国人到伦敦参加博览会"的行为，看起来就非常不负责任，到了犯罪的程度。当时社会上普遍认为，留着络腮胡子，就是政治上的异常行为，就是革命者；这些留胡子的危险分子，将会装扮成善良的游客，在肯辛顿的街道上游逛。监视和限制的团队将会不堪重负。阿尔伯特半认真地讽刺道：

> 反对博览会的人，竭尽全力让全国的老太太惊恐，把我逼得发疯。他们说，那些陌生人绝对会掀起一场全面革命，杀掉我和维多利亚，宣告英格兰成立"红色共和国"（Red Republic）；这瘟疫肯定会从这些群众的集合之地继续蔓延，把那些承受住所有物品涨价的人，彻底吞噬掉。我要为这一切而负责。

---

[1] 这里指遍及欧洲大陆的1848年革命。——译者注

　　然而，阿尔伯特和帕克斯顿并没有退让。19 世纪 40 年代，维多利亚女王遭遇了四次暗杀。因此，大家都觉得，亲王的展览开幕当天，女王应该先封闭游览一番，再让公众进入。但是，阿尔伯特却认为，若是想让展览能够宣传立宪君主制的独特美德，就必须让女王来到忠实的臣民之间。虽然反对者认为，居心不良的团体可能混在德高望重的行列中，但阿尔伯特大胆的意见还是占了上风。5 月 1 日，很多权贵来参加了当天的日程，还包括坎特伯雷大主教宣告的祝福。这祝福，给"中殿"（nave）和"耳堂"（transept）这样的用于水晶宫的术语，赋予了一种圣洁色彩。不过，维多利亚在展品周围（包括弥尔顿先生的玻璃蜂房）来回走动，就表明了一种立场。博览会闭幕之前，女王还带着家人，参观了 13 次之多。

　　帕克斯顿关于博览会的平民主义的观点，更加狂放大胆。他竟然提出，要在 5 月底之后免去门票。对此，贵族们又惧怕又怀疑。但帕克斯顿坚持己见，亨利·柯尔和阿尔伯特亲王也始终支持，都认为，博览会是英国展现"第三条道路"的最佳方式，既非共和制，也非贵族专制。帕克斯顿还进一步主张，让劳工阶层走近水晶宫，会减弱他们与统治阶级的疏离感，而不会增强这种疏离感。水晶宫会向劳工展示一种轻松的布置好的未来，迎接那些节俭而勤劳的人——"世界工厂"的"工蜂"们。劳工阶层看到这样的壮观景象，会受到安抚，进而从煽动者变成消费者。商议结果，采取了折中方案：5 月 26 日以后，每周二到周四，门票价格降到 1 先令。妇女还能买到更便宜的长期票。第一个"1 先令日"，有 37 000 人参观了水晶宫。之后，平均每天参观者都维持在 45 000~65 000，并没有什么革命大军形成。实际上，博览会的六个月期间，竟然没有一起损害公共财产的事件发生。到 1851 年 10 月，每天的参观人数在 9 万至 10 万人。《泰晤士报》（The Times）准确地报道说："如今，人民已经变成了博览会。"

19世纪，英国第一次伟大的展览，其概念首先是一次家庭出游；以王室的家庭为首。毫无疑问，博览会若不是阿尔伯特亲王的心爱计划，就没办法激发维多利亚如此之高的热情。但她相信，博览会首先是亲王的作品（可怜的亨利·柯尔一直被这个杜撰说法的阴影笼罩，始终没有走出来）；1851年5月1日，对女王来说，也首先是阿尔伯特那坚强不屈的善行的产物。对亲王的坚定信念，她也给出了回应；认为博览会就应该是英国国内的愿景，英国的工业化给博览会提供了支持，而不是压力。博览会展示了不计其数的家纺产品、家具、碗碟、幼儿玩具、钢琴、铸铁的公园长椅，这一切似乎都在把英国的经济力量"翻译"成中产阶级的田园牧歌。博览会上，王室的纪念品，并非像画家弗朗兹·克萨韦尔·温德尔哈尔特（Franz Xaver Winterhalter）的油画《五月第一天》（*The First of May*）描述的那样庄重。这幅作品，画了老公爵威灵顿，在自己82岁生日当天，给自己的教子，年仅一岁的小王子阿瑟送来一份礼物，阿瑟也正巧是这一天生日。基督教有一个传统的绘画题材《三博士朝圣》（*Adoration of the Magus*），画的是东方三博士将礼物送给刚出生的小耶稣。《五月第一天》也是一幅现代题材的三博士朝圣，这幅画的背景当中，神圣的日光，正笼罩着水晶宫。

不言而喻，这幅布尔乔亚风格的、阳光灿烂的未来，也会让英国的劳工阶级减少对未来的恐惧。至少，阿尔伯特亲王是这么希望的。还有一个人鼓励了亲王，那就是托马斯·贝兹利（Thomas Bazley），一位曼彻斯特商人，对手下的工人照顾有加，因而备感自豪。贝兹利还可能发明了"周五发薪日"的制度。亲王在他的鼓励之下，开始思考，博览会怎样才能促使人们重新设计劳工阶级的居家生活，以增进健康与舒适度。亲王有一个头衔是"改善工人阶级住宅协会"主席，他就以这个身份，委任亨利·罗伯茨（Henry Roberts）修建一座工人住宅模型，有三角山墙，两层，四个单元。建材选用空心砖，以降低成本。这些住宅采用增高的窗户，达到最佳采光效果，还设计了一个中央楼梯，来增进空气流通；此外，还能在横向和纵向添加模块，从而不断延伸。样板房就建在海德公园里，展馆旁边；博览会闭幕之后，房子又拆除，在肯宁顿公用地重建了起来，此地经常用于宪章运动的示威活动。这些房子一直到现在还矗立着，尽管已经破败不堪了。

19 世纪 80 年代，维多利亚女王也会从寡居的退隐生活中向外一瞥，关注穷人的居住条件。当时发表了一些伦敦贫民窟的报道，女王看了非常震惊，而且，显然也坚信"好人阿尔伯特"会采取行动，于是她给首相威廉·格莱斯顿领导的政府写了一封信，催促他们关注这个问题；她充满善意的唠叨起了作用，又一个王家委员会成立了。这问题对女王来说至关重要，因为女王同意了那种当代的老生常谈：工业化的英国，倘能在战争与革命的世界中保持独有的稳定，其原因并不只有良好的政治体制，还有良好的社会体制。这体制的根本，乃是家庭生活的道德基石，以女王为主要代表；女王先是妻子，后是孀妇，还一直是一位母亲。她是英国第一位身兼君主和母亲二职的人，尽管在她 64 年在位期间，这一矛盾现象经常给她带来痛苦——她总是担心，自己的责任之一，做个"脾气和善，擅长理家"的好女人，会跟自己另外一面的性格与责任——女王相冲突，特别是在大英帝国这样一个如此强调基督教风格男子气概的国家。

但女王也相信，这个两难处境，在某种程度上说，也是她性别的命运。她感觉，全英国一定有无数的好女儿、好妻子、好母亲，正经受这种矛盾的困扰，一方面有义务做一个"壁炉边的天使"——这句话选自诗人考文垂·巴特摩尔（Coventry Patmore）著名的感伤诗歌《房中天使》（*The Angel in the House*，1854）；另一方面又不得不为了日常生活的严酷要求而奔波，要养育孩子，做工，摆桌子，做祷告……这位母亲兼女王，在中年以后，丈夫去世了，她经常隐居在温莎城堡、奥斯本宫，或是苏格兰高地的巴尔莫勒尔堡（Balmorality）那个凉爽的世界，很少外出；但即使在这样的时候，她也仍旧自鸣得意，认为自己很清楚英国妇女的现状，了解她们责任的重担与不屈不挠的勇气。

然而，女王果真了解吗？

时间倒回 1832 年秋天，13 岁的维多利亚公主，在前往威尔士的路上，第一次见到了工业化的英国。她访问了贝尔珀（Belper）一家棉纺织厂；还有班戈（Bangor）一所学校，给学校举行了奠基仪式。这两次访问，都经过精心安排，确保能够消除"劳工阶级"的敌对情绪，能够体现未来君主和平民百姓之间的团结。毕竟，有谁能憎恨一朵含苞待放的玫瑰呢？然而，在伯明翰附近的某地，维多利亚的马车驶过煤矿所在的乡村，她看到了一种非常不像英国的事物——黑色的草。她在日记中写道：

> 男人、女人、小孩、村庄、房屋，都是黑色的。可是，凭着文字的说明，我无论如何也不能描述清楚，这是怎样一幅怪诞而不寻常的图画。所有的村庄都一片荒凉，到处是煤炭，连青草都枯萎变黑了。刚才，我又见到一栋特别的建筑，火光熊熊。乡村所见，到处都是黑色，蒸汽机燃烧的煤块，难以胜数；冒烟着火的煤炭，跟破败的棚屋、衣衫褴褛的孩子们混合在一起。

这幅令人大开眼界的"英国地狱图"，震惊了天真烂漫的维多利亚，是理所当然的。维多利亚出生 13 年，一直让人刻意安排着孤寂的生活。维多利亚的父亲是肯特公爵，乔治三世第四个儿子。维多利亚生于 1819 年 5 月 24 日，八个月之后，1820 年 1 月 23 日，肯特公爵去世。她从小到大，身边几乎没有一个男人，这是一个令人窒息的小世界，首领是自己的母亲——公爵夫人，还有她的家庭教师——列岑女男爵（Baroness Lehzen）。维多利亚就睡在母亲房间里。这个世界，还充满了猥琐的奉承、家庭的钩心斗角。维多利亚居住的肯辛顿宫（Kensington Palace），尽一切努力，避免她接触卑劣与邪恶；所谓卑劣与邪恶，就是指国王乔治四世和继承者威廉四世。当时的年代，社会上普遍确立了基督教福音派的宗教热情，不只是中产阶级，贵族阶级也有不少人是这样。英国王室正深受丑闻困扰，急需让推定的女继承人维多利亚有一个纯洁、虔敬的好名声，来改善王室的形象。人们原来希望，让乔治四世的女儿——夏洛特·奥古斯塔公主来做这个女王兼救世主，她品德高尚，性格奔放又富有智慧，大家认为，她能够为这个昏乱的王朝带来一个崭新的开端。然而，她却在生孩子的时候去世了，全国自发地陷入了深深的悲痛。夏洛特的丈夫也是维多利亚母亲的兄弟，因此是维多利亚的姑父；称号是萨克森−科堡−哥达的利奥波德（Leopold of Saxe-Coburg-Gotha），之后成了比利时国王。利奥波德显然看中了小公主，认为她是夏洛特的继承人；于是送来了不止一本咨询类书籍，并开始辅导她；夏洛特在世的时候，他也是这么辅导妻子的。维多利亚 13 岁的时候，利奥波德给她写信说："对王室成员来说，我们眼下很困难。从来没有哪个时期，如此不顾一切地需要身居高位的人拥有真正的优良品质！"

的确如此。乔治三世 1820 年去世，国民把他视为纯朴可亲的人，对噩耗深感悲痛。尽管他晚年成了盲人，举止也似乎是个疯子，但人们还是一直认为，他对下层人民的疾苦，其理解程度，不亚于对上层浮夸的理解，而且可能还要超越后者。乔治四世 1830 年去世，葬在温莎市圣乔治教堂的地下墓穴。他的棺材，是被喝醉酒的殡葬承办人放入墓穴中的。与此同时，他的兄弟——新王威廉，却在整个葬礼期间高声谈笑，让自己当众出丑。这次王权的让渡，不但没有悲痛，甚至缺乏应有的哀悼之情，因此十分扎眼，引发人们的议论。乔治四世严重肥胖，而且道德非常败坏，他和他的种种恶行，对于哈兹里特与科贝特这样的道德批评家来说，显得尤其可憎；因为正当此时，无论是乡村还是工业化的城市当中，都有很多人穷困潦倒。当初乔治四世加冕的时候，与妻子卡洛琳王后感情冷淡，他命人将威斯敏斯特教堂的门全都上了锁，不让妻子进来。后来，乔治四世还将妻子以通奸罪送上法庭，引发了支持者的强烈抗议，还发生了暴力冲突。

威廉四世对王室的名声，也没有做出什么积极的贡献。威廉在王家海军中服役数十年，自吹自擂，说自己是纯朴的"水手国王"。他这个名声倒是被人接受了，人气很高，与哥哥形成了对比。然而，新国王却把自己的人气挥霍了大半，因为他坚持反对国会改革，而且公然声明了自己的立场。更有甚者，民众还发现，他没有合法子女，但非婚生子女却至少有15个，创造了英国王室的最高纪录。当时有一位女演员，名叫乔丹夫人（Mrs Jordan），是威廉的现任情妇，威廉执意要她陪伴在自己身边。这一丑闻，也影响了肯特公爵夫人的名声，于是，公爵夫人采取了非常措施，严禁维多利亚与威廉待在一起（尽管小女孩本人似乎非常喜欢他）。公爵夫人走投无路，必须保护她无价的政治资本，那就是维多利亚的贞洁（既是道德上的，也是身体上的）。不过，一想到自己本应拿到王室年俸的应有份额，但国王却很吝啬，拒绝发给她，她还是恨得咬牙切齿。

然而，我们也能说"需要是政治之母"。以及，公爵夫人尽管不满意这种财政上的严格措施，这措施却给她带来了节俭的好名声，也算因祸得福。因为手头太过拮据，母女俩和家庭教师不得不搬出了肯辛顿宫，来到了更为简朴的住宅，位于拉姆斯盖特（Ramsgate）和锡德茅斯（Sidmouth），这些地方几乎可以说是郊区了。跟王宫里索然无味的奢侈比起来，肯特郡的家庭生活，可以称为严格的自治楷模。维多利亚记得，小时候的晚餐非常简单，最简单的时候只有面包和牛奶，用一个小银盆子盛着。维多利亚不管走到哪儿，都被严格的基督教福音派管理体制约束着，必须经常做祷告，还必须每天自我检查有什么污点。有一本禁令手册，作者是组极端的福音派成员汉娜·摩尔（Hannah More），是当初给夏洛特公主写的——《年轻公主品性培养指南》（*Hints Towards Forming the Character of a Young Princess*，1805）。她还带着一本操行记录（Behaviour Book），也可能是别人逼迫她带着的；记录了维多利亚犯的一切错误，还严格规定了她什么时候应该做什么。1832 年 8 月 21 日的自我净化日记，画了很多下划线，写着："非常非常（下划线）极其（下划线）淘气！"

　　结果，公爵夫人和列岑女男爵，大概是把小姑娘教育得太完美了，太符合基督教的伦理和家庭内部的举止要求。因为，她在长大的过程中，越来越严肃地意识到，等待自己的是什么样的命运。与此同时，她还越来越为一个情况感到不安：母亲似乎有些太过依赖一位爱尔兰冒险家——约翰·康罗伊爵士（Sir John Conroy）；这种依赖，简直是战战兢兢的。康罗伊表面上是公爵夫人的家庭秘书，但哪怕小姑娘年纪不大，却也看得出来，二人的关系显然不止这一层。尽管她还跟母亲公爵夫人一起睡，但也开始独处，而且开始大量阅读历史书。她给利奥波德的信里写道："我特别喜欢给国王和女王列表……而且我最近还看完了一本书，是关于英国君主和配偶的，因为我国的历史，是我有义务了解的重要事物之一。"她说，亨利八世王后安妮·博林（Anne Boleyn）"惊人的美丽，但缺乏为他人的考虑"；安妮的女儿伊丽莎白一世是"伟大的女王，但也是个坏女人"。

　　而当维多利亚纤细的体型变得丰满起来，她也尴尬地发现，她已经成了欧洲最受欢迎的女人。公爵夫人，就如同一切为女儿寻找夫婿的母亲一般，也举办了很多宴会、舞会来炫耀女儿；邀请名单上，最重要的自然是那些合意的单身王子，有荷兰人，有葡萄牙人，有德国人。萨克森-科堡-哥达比利时的国王利奥波德，非常热情地宣传自己的两个王子，欧内斯特（Ernest）与阿尔伯特；维多利亚 17 岁生日舞会上，也跟阿尔伯特见了第一面，然而这第一面并没有显出什么希望来。阿尔伯特尽管长相英俊，身板挺直，表情严肃，却不爱说话，言行拘谨；跳舞的时候，竟然脸色变得灰白，只好匆匆离场，否则别人非怀疑他要晕倒不可。与此同时，维多利亚对宫廷和贵族社交圈子之外的世界，兴趣也逐渐增加。她看了很多报纸，开始积极参加王室慈善事业的各种仪式；这慈善事业，会变成现代英国王室的支柱之一。1836年，她参观了一家"流浪女童收容所"；在离家更近的地方，她童年居住的克莱蒙特邸宅（Claremont House）大门附近，她还遇见了暂住的吉卜赛人"库珀"一家（Coopers），就把他们收养了下来。库珀一家虽穷，但女王却宣告，他们在逆境中的美德堪称典范；女王向公众表明，这些吉卜赛人是善良的英国基督教徒。女王说："他们夫妻之间，父母子女之间的感情都十分和睦，对体弱多病、年老的吉卜赛人也十分关心，经常加以照顾。"

女王向着外面的世界，迈出了更远的步伐，与此同时，她越来越不愿意老老实实地执行母亲的命令了。她越发痛苦地发现，公爵夫人和那个粘人的康罗伊，正在无耻地拼命利用她身为君主的未来，用以中饱私囊。她如果在成为女王的时候还没有成年，两人就可以建立摄政体制了。不过，1837年6月20日夜间，威廉四世撒手人寰，此时，维多利亚已经满18岁了。公爵夫人注意到，新女王一登基，就把自己的床从母亲房间里挪了出去，还坚持要一个人吃饭。公爵夫人很清楚，这样的举动有什么意义。维多利亚从此之后，就要自己主宰命运了。威廉四世从病重到死亡的过程拖得比较长，有时候还会把大臣们叫来吃饭，保证每个人一定喝下两瓶酒；这时宫中就会重新出现欢笑声，把人们吓一跳。这种情况，给了维多利亚足够的时间，让她思考自己马上到来的身份变化。她带着惊人的沉着冷静，面对自己的将来。她写信给利奥波德，字里行间，有一种谦虚和勇气的混合："我从容又安静地期盼，那可能即将到来的事情。我并不害怕，虽然我也并不认为自己能同所有人比肩，但我相信，有了善良、诚实、勇气，我就会无往不胜。"她目标惊人，明确的行事风格，在威廉四世死去的那个著名的夜晚，仍在延续。当夜，维多利亚首先被母亲叫醒，王室宫务大臣和坎特伯雷大主教跪在面前，膝盖吱呀作响。她说："既然天意如此，让我坐上了这个位置，我将会尽心竭力，履行义务，报效国家；我年纪还轻，对很多事情还缺乏经验，所幸不是凡事都如此；但我确信，不会有多少人有比我更多真正的善意和热情，来做这件应当做的事。"

第二天，维多利亚和首相威廉·兰姆（William Lamb）、墨尔本勋爵共进早餐，后来，首相成了维多利亚的守护人，老谋深算，而且对她忠心耿耿。女王在这一方面可谓十分幸运。继维多利亚舅舅利奥波德之后，首相是她的第二位"代理父亲"。两人从第一次会见开始，就建立了一种相互关心的关系，几乎近似"强迫的爱"。年龄的差距并没有阻碍二人的亲密，反倒是互敬互爱的必要条件。墨尔本勋爵是辉格党的贵族，他过的生活也十分堕落，维多利亚对这种生活可能会相当反感。但从维多利亚看问题的角度而言，墨尔本勋爵的罪恶，更多是别人的原因，而非自己的原因。这种观点，也有一些道理。他的妻子卡洛琳被情人拜伦勋爵（Lord Byron）抛弃之后，他的第一反应，是尽可能照顾妻子。卡洛琳·诺顿女士的丈夫曾发起离婚诉讼，把勋爵告上了法庭，勋爵也承认了自己不光彩的角色，尽管勋爵和诺顿女士的关系更可能是精神恋爱。勋爵遇到维多利亚之前一年，他的独生子奥古斯都（Augustus）不幸去世了。于是，勋爵就带着一种"受伤的勇敢"的魅力，来到了女王面前，完全做好了准备，来适应自己慈祥的长辈角色。

报纸给维多利亚起了一个美名"英国玫瑰"（England's Rose）。她也需要一个人来教导她，帮她树立公众形象，逐渐培养她的自信，让她走上英国历史那宏大而令人生畏的舞台。维多利亚肤色红润，小脸儿圆圆的，配上碧蓝的眼睛，的确很像玫瑰花一般美丽；但墨尔本勋爵很快就明白了，玫瑰除了美丽，还需要刺来补充。这个身高只有大约1.5米，洋娃娃一般的小女孩，将来会长成一个冲动而刚愎自用的可怕女人；这一点，勋爵已经有所发现。所以，勋爵始终不用居高临下的口气对她说话，也不将她作为不谙世事的孩子看待；而是默认她足够成熟，能够明白自己提供的精明的政治资讯与自己晦涩的幽默感，甚至也能理解他对英国历史的滑稽看法。比如他会说："亨利八世？那些女人，实在把他烦得够呛。"维多利亚的日记，叙述了她和勋爵的不止一次见面，每次见面都充满了会心的笑声。

这些会见，一直伴随着年轻女王的生活。勋爵会报告政治局势，包括经济情况、国际关系；会跟维多利亚下象棋，陪她骑马，跟她吃饭（座位一直在她左边）；两人一起研究王室收藏的油画和素描；墨尔本勋爵每天都会跟女王相处四五个小时。她看着这位"体弱的孔雀"整理羽毛，蹒跚地昂首阔步，感到十分有趣；她在吃饭的时候探身靠近勋爵，告诉他一件趣闻；或是自己狼吞虎咽。她还会调侃勋爵的饭量："他已经吃了三块排骨、一只松鸡，这还只是早餐！"她还仔细地写下了勋爵的连珠妙语，尽管这些话，很少称得上真知灼见，例如："经常谈论铁路、桥梁的人，一般都是自由主义者。"两人的亲密交往，也有一定的代价。在阿斯科特（Ascot），偶然会有嘲弄的声音传到女王耳朵里，说她是"墨尔本夫人"。但这些代价，完全被好处掩盖了。维多利亚有了一个养父一般的人物，他不经常回比利时，不在她面前消失；而且，在勋爵的鼓励之下，女王还最终脱离了不幸的公爵夫人和康罗伊的掌控。1837年9月，女王继位两个月之后，在温莎大公园检阅了卫队和枪骑兵，以一种惊人的自信和冲劲主持了整场活动。她的样子，同伊丽莎白一世这个"伟大的女王、坏女人"惊人的相似。她回忆道："我骑着马，慢跑到那些绅士的行列跟前，与他们一道前行。利奥波德（马的名字，不是国王的名字）的表现最为优雅、最为安静；乐队简直就是在它跟前演奏的。然后，我又慢跑着回到了之前的位置，留在那里没有动，与此同时，士兵们就迈着或慢或快的步子，从我身边整齐地走过……整场检阅都很漂亮，我第一次感觉像个男人，好像我能够领兵打仗一般。"

此时的维多利亚，确实不能出一点差错。英国经济局势已经突然恶化，宪章运动之类的激进派，开始吸引了大批拥护者，英国毕竟不是人人都被"英国玫瑰"迷得神魂颠倒。不过，维多利亚至少不是对此直接负责的人，而且，在有产阶级当中，她还赢得了信赖和尊敬，因为她的善良完全不是刻意而为，而且又带着令人不设防的坦诚，这坦诚一半出于天性，一半出于智慧。她也很快确信了，自己的判断是准确的。1837年，她把犹太人出身的摩西·蒙蒂菲奥内（Moses Montefiore）加冕成了骑士，这一举动，在宫廷里引发了大量争议。她写道："他是个优秀的人……我很高兴去做我自己认定为正确的事，这也应该是正确的事。"

至于王室的排场，维多利亚意识到，对君主制的存亡也至关重要，这一点可能也是墨尔本勋爵提示的。乔治四世当年决心导演一场极尽奢华的加冕礼，在伦敦的威斯敏斯特宫，在苏格兰的荷里路德宫（Holyroodhouse），都安排了模仿中世纪的宴会，宴会上要演一场戏，会有一个忠于国王的挑战者穿着锁子甲出场，声称有谁要质疑这次继位，他就要跟谁决斗。然而，乔治四世越是精心布置（他甚至披上了鸵鸟毛，打扮得有如鬼怪一般），他就越显得离奇古怪。锁子甲的"挑战者"骑马小跑过来要亲国王的手，国王却从马上摔了下来——这似乎也不足为奇。他的继任者威廉四世，既没有时间，也没有兴趣接受这种恭维。不过，维多利亚登基，对宫廷的剧团导演来说，却是一个天赐的良机，他们知道怎样吸引公众的注意，因此为加冕仪式安排了一场舞台剧。英国16世纪—17世纪盛行一种假面剧，这次演出也几乎是假面剧的现代版，显示"不列颠尼亚"的纯洁和美德终于重生了。到处都是纯洁和美丽的画面：维多利亚的裙裾，由八名侍女托着，侍女身穿白色丝缎，衣服前面挂着银色玉米穗编成的花环，后面挂着粉红色玫瑰的花环——粉红玫瑰是新王朝的象征；而且，尽管长袍与徽章很沉重，维多利亚却应付自如，令人十分满意。87岁的约翰·罗尔男爵（Baron John Rolle）要登上台阶，来到王座之前，向女王致敬，不小心绊了一跤。女王立刻本能地从宝座上站起，走下台阶去扶老人，这一关心别人的举动，得到了广泛的注意。等到墨尔本勋爵上来致敬的时候，女王发现他眼里满含泪水。几年之后，她更加壮观的婚礼，还会进一步吸引民众的想象。

她坚定的责任心，虽然毫无疑问是一笔财富，但有时候对世俗上很精明的首相来说，却可能变成头痛的因素。她告诉首相，自己不喜欢约翰·林德赫斯特男爵（Baron John Lyndhurst），因为他是个坏男人。首相戏谑地问道："你讨厌所有坏男人吗？因为坏男人可是男人中很大一部分啊。"尽管她对墨尔本勋爵名声不佳的过去采取了纵容，甚至喜欢的态度，她还是很快对他人做出了一些挑剔的判断。勋爵并没有成功地教给她，要容忍他人的缺点。女王母亲有一名侍女，名叫弗洛拉·黑斯廷斯女士（Flora Hastings），她的身材开始奇怪地发胖了。维多利亚以为她怀孕了，要求惩罚她的背德之举，把她驱逐出宫廷。这又跟历史上的伊丽莎白一世极为相像，伊丽莎白有个外号"童贞女王"（Virgin Queen）。不幸的姑娘黑斯廷斯接受了医生检查，这才发现，她肝脏生了肿瘤，并没有怀孕。一开始，女王不相信侍女真的生病了，引发了宫廷里的一些批评，说女王缺乏同情心。但墨尔本勋爵一旦让女王信服了真相，女王就立刻端正了态度，去探望垂死的侍女了。这也是勋爵极力建议的。维多利亚握住她的手，临走时还喊着："可怜的弗洛拉女士啊！"

后来，墨尔本下台，取而代之的是托利党的政府，首相换成了罗伯特·皮尔爵士。维多利亚认为这次变更是对她个人的公开侮辱，于是流着眼泪，强烈抗议她的老朋友和导师下台，表示对皮尔粗野而冰冷的仪态非常恶心。皮尔毕竟只是一个制造商，缺乏贵族气质。当时的规矩是，首相换了，女王的贴身侍女也要换一批，女王对此坚决反对。尽管墨尔本尽力解释，说女王实在是别无选择，维多利亚还是拒绝明白，这不是个人问题，而是国家的问题。君主制能够存在的前提条件，是君主跟政治党派保持距离，不偏袒任何一方；女王自己可能会将侍女看成自己的仆人，但实际上，她们一直都是辉格党的势力，从下一届政府的角度看，保留这些侍女，就等于容忍宫廷里的间谍。最后，维多利亚终于同意了，但还是带着强烈的屈辱感。

　　1839 年，墨尔本下台的时候，已经有不止一个计划，要给维多利亚另找一个能依靠的人——配偶。策划人是利奥波德国王，以及她的老家庭教师列岑，还有萨克森–科堡的克里斯蒂安·冯·斯托克马男爵（Baron Christian von Stockmar of Saxe-Coburg）。1839 年夏，他们建议维多利亚，或许能再次考虑一下表亲阿尔伯特。她一开始强烈反对，说这是哄骗，哪怕被自己最相信的两个人——墨尔本和利奥波德哄骗，她也不愿意。她说："整件事都极为可憎，我讨厌做决定。"但最后她还是让步了。10 月，阿尔伯特来到英国。维多利亚立刻就被这人的"美貌"惊呆了，特别是在舞池当中，几年前在这里，阿尔伯特曾经给人以了无生气的印象。他"精致的脖颈"最让维多利亚着迷，她评论道："一张嘴如此漂亮，有着精致的小胡子；身材也非常挺拔，宽肩膀，腰的形状也好。"还说："我的心充满了喜悦。看着阿尔伯特跳起快步舞跟华尔兹，何等快意！"出众的容貌，与他道德上的严谨、显而易见的智慧、无可指摘的品德联系起来，就促使维多利亚很快下定了决心。是女王向阿尔伯特求婚的，这一点很明显，让漫画家们也觉得很好笑。女王回忆道："大约 12 点半，我派人去叫阿尔伯特，他来到了我独处的密室，几分钟后，我告诉他，我觉得他一定知道，我为什么希望他来到这儿；以及，他若是能满足我的愿望（娶我），我会高兴得不得了；我们几次三番拥抱在一起，舍不得分开。"

　　整个过程快如闪电。维多利亚拿来了戒指，跟阿尔伯特要了一缕头发，沉迷在久久的亲吻当中；她还下令说，度蜜月两三天就足够了。"最亲爱的，你难道忘记了？我是一国之君，一切都不能妨碍国家大事。"更让人惊讶的是，阿尔伯特发现女王还会专门制定法令，规定谁可以当丈夫的私人秘书。当时，国会的激进派要求在王室年俸中削减阿尔伯特的津贴，为了确保丈夫的津贴不减少，女王就像母老虎一样坚持斗争（特别是跟皮尔并肩作战）。然而，阿尔伯特也沮丧地发现，打从一开始，妻子就希望自己的功能是装饰她，支持她，还有跟她合作生孩子；大概三者是这么一个顺序。阿尔伯特反倒成了妻子的"房中天使"！维多利亚就这样通过强硬的态度，禁止阿尔伯特参与国家大事，让两人感情面临了考验。阿尔伯特觉得自己的处境很糟，而且有违基督教精神；不能发挥才干，尊严受了侮辱。不过，在新婚的日子里，也有些时候，维多利亚完全沉醉在夫妻恩爱当中。第一夜过去之后，她写道：

> 当清晨降临时（我们也没睡多久），我看到身边那张英俊的、天使般的面孔，那种感觉难以言表！只穿衬衫的他，如此美丽，他那无瑕的颈部近在咫尺……

> 我们结婚的第二天，他的爱与温柔就已经超越一切，亲吻他柔软的脸颊，轻触他的嘴唇，一切都像天堂一般美好。有生以来，从没有过这样纯洁，这样天国一般的感觉！啊！是否曾经有哪个女人，像我一般幸福呢……

> 最亲爱的阿尔伯特帮我穿上丝袜，我走进去看他刮胡子，幸福已将我包围……

当然，阿尔伯特与维多利亚对彼此的激情，是件非常私密的事。只在很久以后，这日记才由女王的女儿比阿特丽斯公主（Princess Beatrice）编辑出版了。不过，日记很快就变成了王室的公共资产，其中一半是出于女王的纯洁天性，一半是出于精心策划；特别是在经济形势进一步恶

化的时候。1842 年 5 月 12 日，王室举行了一次金雀花舞会。舞会上，
阿尔伯特和维多利亚双双出现，扮演 14 世纪金雀花王朝的国王爱德华三
世和王后埃诺的菲利帕（Philippa of Hainault）。这是传说中一对幸福美
满的夫妻；舞会的礼服和装饰，由中世纪古董商詹姆士·普朗什（James
Planché）设计，极尽奢华，看上去是一种非常不合理的奢侈浪费。而
且，这一年的经济面临严重困难，因此舞会就显得不合时宜到了可怕的
程度。女王的三角胸衣由锦缎织成，镶着宝石，被人揭露说成本高达 6
万英镑。与此同时，机械化导致失业率变得很高；兰开郡和约克郡的工
厂主，抓住这个机会，肆意欺压工人，减薪达 25% 之多。工人的回应是
一波巨大的罢工浪潮。有很多工人队伍专门去拔蒸汽机的塞子，切断工
厂的动力供应。也无怪乎弗雷德里希·恩格斯（Friedrich Engels）总结
说，英国将会成为资产阶级和无产阶级第一次重大阶级斗争的舞台。恩
格斯是卡尔·马克思（Karl Marx）未来的译者跟合作伙伴，不过此时，
他还在曼彻斯特一处棉纺家族企业做工。同一年，女王又遭遇了两次
暗杀。

　　不过，组织舞会的人，并没有愚蠢到自杀的程度。这场舞会的收入，
用来救济斯皮塔佛德贫困的纺织工人。组织者宣称，这场舞会是一个范
例，说明王室专注于慈善事业，说明维多利亚对贫困者与失业者充满了
同情。确实多亏了这次舞会，组织者的辩解得到了传播，斯皮塔佛德纺
织工人得到了一些零工，那里的慈善组织也得到了源源不断的款项。中
世纪的英法百年战争期间，英王爱德华三世围困了法国重镇加来，要求
城内六个高尚的市民出城受死，方可饶恕其他市民。六个加来义民答应
了要求，来到爱德华面前准备就义。此时，爱德华的王后菲利帕出面恳
求国王不要杀掉他们，国王最后同意了。这个煽情的故事，有一段时间，
英国的小学生无人不知。如今，英国的宣传，让这个典故加上了一层现
代光彩，成了 19 世纪慈善业的通俗闹剧。维多利亚女王跟菲利帕一样，

也是一个善良的君主，让她感动的，不是充当人质的义民，而是没有工作的工匠。《伦敦新闻画报》（*Illustrated London News*）有些过于乐观地宣称："我们确信，目前有成千上万的人，都为这应急的救济措施而感激；正义的王室娱乐，担负起了这次救济。"

但是，并非所有人都被说服了。特别是媒体又披露，舞会的一半收益，是用来抵偿开销的。一家报纸登出了一些工人名单，据说是 1842 年 5 月饿死的；名单旁边，就是金雀花舞会的开支列表。有个牧师，在一次布道中警告说："慈善业一旦变成舞会，就不再是慈善业，而充满了恶意。"作家托马斯·卡莱尔（Thomas Carlyle）曾住在艾喀尔菲亨（Ecclefechan）、克雷干帕托（Craigenputtock）、切尔西（Chelsea）等地，被称为这些地方的预言家。在他看来，这次舞会，是对中世纪的附庸风雅，性质极为恶劣。因为他觉得中世纪并不是应当作为风尚而赏玩的东西，而是一种意识形态，能用来反抗机械时代的专制主义。

1843 年，金雀花舞会一年之后，卡莱尔写了《过去和现在》（*Past and Present*），重申了自己的观点，说中世纪基督教精神的英国，留下的神圣遗产，并不只是用来打扮和跳舞的素材，更不是"快活英格兰"的田园梦幻，而是一种谴责，指向当今时代非人道的堕落，因为眼下，一切都被物质的计算所决定了。创造幸福的人们，润滑了"权力和利润"的齿轮，而人们自己却困在了机器的飞轮中间。当年，年轻的维多利亚曾经访问东安格利亚地区，在大头菜和抱子甘蓝之间，看到了那些非人处境之下的工人。她感到很难受，表情都扭曲了。如今，卡莱尔也走访了这个地方，开始研究自己心目中的英雄——护国公奥利弗·克伦威尔的时候，参观了圣埃德蒙兹伯里（Bury St Edmunds）的西多会（Cistercian）教堂废墟，他感觉到，另一个古老世界的伟大力量；古老世界与当今世界，相隔的并不是几个世纪的光阴，而是一种普世的道德观。这种感觉，促使他写下了《过去和现在》。这本书，一半是纪实，一半是历史小说，主要情节来自中世纪僧侣——布雷克隆德的约瑟林（Jocelin of Brakelond）为伯里圣埃德蒙兹修道院写的编年史。旅途中，卡莱尔还访问了圣艾夫斯（St Ives）的济贫院，对法律系统的非人道情况深感愤恨；这种系统之下，人们要么是无事可做，要么就在新济贫法（New Poor Law）规定下，被关在类似监狱的地方。

于是，卡莱尔的文章，矛头直指金雀花舞会。他激动地写道：

> 老伯里这些灰暗的老城墙，不是附庸风雅，也不是可疑之物，而是热切的事实。修建城墙的目的，是最真切、最严肃的；不错，这灰黑的废墟，当初却是另一个洁白的世界，当很久以前，这城墙的崭新砂浆和凿工，第一次得见天日的时候。不要用你们浅薄的圆规，或是带着温驯浅薄的傻笑，来度量我们父辈建起的天国守望塔……
>
> 这遗迹的什么元素至关重要呢？建筑、钟塔、丈量土地的单位？的确，但这只是问题的一小部分。难道它没有让你停下来沉思另一个奇怪的方面？当初的人，是拥有灵魂的！不是单凭道听途说，也不是修辞上的比喻，而是他们实际了解，实际身体力行的真相！它确乎曾经是另一个世界……真实的另一个世界。而目前这个可怜又痛苦的世界，倘能够用聪慧的眼光，而非愚蠢的眼光去看那个老世界，或许能从中受益！

当然，"老世界"已经寿终正寝，一去不复返了。不过，卡莱尔还是想从古董商，从虚假的中世纪崇拜者手中，拯救老世界的道德力，拯救它那给予现代人的启示；当代文化，原本已经屈服在"不敬上帝"的机械脚下，卡莱尔是想在这种文化当中，恢复老世界的精神力量。卡莱尔在苏格兰西南部长大，这里是全英国加尔文教派（Calvinist）最兴盛的角落之一。他从小到大，一直在听牧师满怀激情地呼唤，让上帝的愤怒，降临在自负者、放荡者身上。卡莱尔又自己为这种雄辩的"夏日惊雷"，添加了形而上学的德国哲学理论，特别是哲学对历史的时代精神的沉思。这两者加在一起，构成了卡莱尔的基本主张。这主张，乃是一个现代"摩西"的声音。摩西大怒，敦促这些异端分子立刻匍匐在上帝的真理之光面前，免得他们遭遇"邪恶的自我毁灭"。1829 年，卡莱尔住在克雷干帕托一个叫"鹰崖"（Hawk's Crag）的地方，这一年，他在唯理主义温和派报纸《爱丁堡评论》（*Edinburgh Review*）上发表了激烈的长篇演讲，声讨"机械的暴政"，以及暴政对手工业的破坏。当时，英国一些工业巨头，如布鲁奈尔（Brunels）、丘比特（Cubitts）、斯蒂芬森（Stephensons），为机械的胜利而大肆欢呼；卡莱尔的文章，可以说有力地反击了他们，也反击了那种催生伦敦博览会的理念。

> 如今，人类直接去做，或是凭着双手去做的事情，一件也没有了。一切都凭着规矩，凭着精心计算的谋略。哪怕是最简单的操作，也会有帮助和伴随之物侍奉左右，也会有一些狡诈的"简化策略"准备停当，等着派上用场……每一行手艺，活着的匠人都从作坊里被赶了出去，取而代之的是更快速的、毫无生气的机械匠人。织布的梭子从手指间落了下去，落了了钢铁的手指当中，穿梭得更加迅捷；水手将船帆收拢，将船桨放下，买进了一名强壮的、不会疲倦的仆人，让蒸汽的翅膀（汽船）承载着，渡过江河湖海。凭着汽船，人类跨越了大洋，"伯明翰的火神"（Birmingham Fire-King）也造访了神奇的东方……机械化是没有止境的。我们有了机械，有了机械化的进步手段，来切碎卷心菜，来把我们送入磁力的梦乡。我们会移走高山，把大海变成平坦的大路；没有什么能挡住我们。我们与凶狠的自然搏斗，用无坚不摧的蒸汽机，取得了一次又一次胜利，获得了车载斗量的战利品。

卡莱尔，以及越来越多的人都认为，机械并不只是一堆活动的金属零件，而是一种思想状态；即一种功利主义的心态，相信有"经过校准的幸福科学"存在。一旦发生了社会上或是经济上的不幸事件，偏离了人类快乐的轨道，那么，科学家首先会探测到问题，然后统计问题的规模，设计出必要的解决方案，起草一个报告，再游说国会，将其制定为法令，并创造出必要的行政机器（这个词无法避免）来监督执行的过程，确保执行的效率。卡莱尔在《时兆》(*Signs of the Times*，1882) 一文中，无情地解剖了现代社会的慈善体系。他说："是否曾经有什么人，或者什么人组成的社会，要说出某个真理之前，首先要召集大会，指定委员会，发布介绍文件，举办公开宴会——总而言之，要么制造机器，要么借来机器，才能用机器来说出真理，实践真理呢？"

本来，人们很容易不理会卡莱尔的批评，把他看成那种耸人听闻的、"在旷野里呼喊世界末日"的先知，但是，他对功利主义和世界政府（当时一种思潮，认为对外部表现进行计算，以及物质上的满足，就能够建立一个天下大同的政府）的批评，在发疯一般追求速度、商品、权力的维多利亚世界内部，却引起了超乎寻常的反响。其中一些在维多利亚世界最有势力的声音，例如查尔斯·狄更斯（Charles Dickens）、约翰·拉斯金（John Ruskin）；后来诗人、评论家马修·阿诺德（Matthew Arnold）也加入了。这些人物，当了一组"接力宣传者"，每个人都宣传卡莱尔的学说。他们的主张包括：反对破坏劳动分工，反对将人类矮化为自动机器，反对让人从事无聊的重复工作。这些都能让工厂主削减单位成本。他们的反对言论，就像救世的福音一般，而且是幸存下来的福音。如今，约翰·拉斯金的读者不太多了。但是，没有人读塞缪尔·斯迈尔斯（Samuel Smiles）支持工业革命的超人气大作《自助》(*Self-Help*，1859)，以及他对工业工程师们造就的英雄时代的赞歌。

维多利亚时期的英国人，虽有种种缺点，却不能指责他们自鸣得意；这一点，跟之后夸耀物质成就的各个帝国可都大不相同。卡莱尔一直在愤怒斥责他们，罪名包括：重视物质，轻视精神；重视轻松的安逸，忽视艰苦奋斗的美；重视社会工程，轻视个人赎罪；重视实际利益，忽视深刻意义。结果，卡莱尔越斥责，他们就越表示接受，并且铭记不忘。至于他们是否在大步前进中坦然接受责难，星期日在教堂低头做出赎罪的样子，然后继续奋斗挣钱，则是另一码事了。

　　不过，至少有一种变化，让卡莱尔和拉斯金勉强得到了慰藉：他们都喜欢"哥特复兴"式建筑，而今，这种建筑流行了起来，对"失落的"中世纪道德、优雅、手工艺的保存，做了一次致敬。维多利亚时代的英国，建筑大兴复古之风，其面貌与狂热追求利润的社会风潮格格不入。之所以出现这种情况，是因为出了一个天才建筑师，名叫奥古斯都·威尔比·诺斯摩尔·普金（Augustus Welby Northmore Pugin）。他是哥特复兴主义者当中最伟大的一个，曾经极力宣传哥特建筑。普金的父亲是法国移民，担任舞台设计，副业是建筑师。普金小时候就显出了天分，才15岁，就被乔治四世宣召，给国王的哥特复兴式寝宫设计家具。他也跟拉斯金一样，擅长使用设问的修辞。后来他说："我们看着一栋建筑，想要判断它真正的价值，不应该问它造价和售价的高低，而应该问一个相当不同的问题：工人在修建的时候，是否快乐？"普金虔诚地相信，14世纪的建筑师和工匠，在创造教堂、行会会馆的时候，在厓壁毯、彩色玻璃的色彩布满这些建筑的时候，在让扶壁飞跃、尖顶升起的时候，创造者和使用者之间，一定存在一种热烈的交流，有基督教精神的共同纽带。这种观点，写在他的著作《英国建筑最后的辉煌》里面。这些建筑，只有很少存留了下来，但全都向我们展示了一个"连续的社会"，而非贵族的乡间豪宅，或是富豪的居所展示出的愚蠢的富丽堂皇。

　　他另一篇著作《对比》（Contrasts，1836），则是一系列厚此薄彼的比较。一方面是中世纪的城市，充满了英国式的垂直风格，和谐优美；另一方面是变种希腊、变种罗马，甚至变种埃及的当代城市大厅、墓地、工厂、监狱，一片混乱。这本书，可以说是卡莱尔过去和现在在视觉艺术上的体现。不过，普金和卡莱尔有一点不同，卡莱尔认为，失落的基督教时代已经不可挽回了，普金却相信，这种精神，至少有一部分在英国幸存了下来，等待着复兴的机会，脱离古典主义的死亡之手——那种毫无生气的几何原则，制造出的"憔悴的孩子"。也许，上帝总要赐给复兴运动一个机会。机会终于在 1834 年出现了。这一年，一场大火烧毁了国会大楼。人们争论不休：新楼应该是哥特式，还是新古典式？最后，查尔斯·巴里爵士胜出。他已经画好了一系列草图，画的是一所几近幻想的中世纪哥特式宫殿。这宫殿并非真正的中世纪建筑，而是一座装饰华丽的哥特式尖顶"模块"，沿着泰晤士河无限延伸，政府的需求程度，有多少资金，宫殿就能修建多长。这个计划，跟普金主张的"形式与功能的优美平衡"，其实迥然不同。

不过，这种力挺哥特复兴式大楼的论点，肯定是得到了普金的心中那个"浪漫主义历史学家"形象的回应。因为最重要的论点在于，要理解"古代"的英国制度的基本特征——自由，以及习惯法的统治——是从中世纪继承下来的。古典主义的特征，是三角楣饰、圆柱、总体结构比较低矮。这些特征，不仅是"异国"的，也是一种权威性的表达，而哥特式的尖顶和圆拱却并非如此。古典主义是自上而下，哥特式则是自下而上。在拉斯金看来，古典主义的建筑，是等级社会的具象化，是奴隶建起来的；哥特式则代表了工匠的社会，是自由民建起来的。古典主义的立法机构，是让统治者制定法律的；而哥特式的国会里面，统治者必须对人民解释这一法律。这种建筑，不应该只为制定法律的人提供尊严和便利，而还要在直觉上，把这些人同那个催生出《大宪章》的世界联系起来，还要确保他们制定法律，是依照自由、正义、道德精神。

普金如果确实有机会参与这样的工作，那么也就确实能为此感到光荣。1836 年，他 24 岁那一年，也就是出版《对比》的一年，普金参与了巴里设计参议院内部装饰的工作，还有大本钟（Big Ben）大量结构的工作。在这些地方，他对颜色的痴迷，对丰富装饰物的痴迷，在设计和监督制作各种上釉瓷砖、壁纸、壁挂、木工、家具当中，得到了充分的发挥。而且，普金已经意识到单纯模仿的危险，于是避免单纯复制那些中世纪的设计风格，例如对花朵的处理，而是重点放在非写实、扁平化、颜色艳丽的结构，几乎让人眼花缭乱的图案。普金再现的，是他思想里的中世纪装饰的精髓，而不是呆板的100%复制品。

普金在世俗建筑当中想要体现的东西，在英国教堂中体现的愿望就更加强烈了。1819年，有一个委员会响应了基督教福音派的号召，开始着手应付急剧增长的城市人口——为他们设计教堂重建项目。此时，这类项目已停止了几十年。但普金和其他哥特复兴主义者，却下定了决心，新的教堂绝不会重复那种没完没了的帕拉斯雅典娜风格（新古典主义风格）。他们觉得，新古典风格，将民众对上帝的信仰全都抽空了。它的光线和比例，让自己成了世俗建筑。普金则希望，他的建筑要让光线变暗，光照最好透过彩色玻璃进来，这样信徒就能找到与救世主交流的感觉，这种品质，自从16世纪宗教改革以来就丧失掉了。而这一点，却正好是宗教的问题所在。普金想要热切恢复旧日装饰的行动，在神学上，并不是完全无罪的。宗教界马上就看出来，这行动是一场宗教运动，想要把新教徒的信仰，硬拉回到16世纪已经被改革抛弃的偶像崇拜；而"天主教的胡言乱语"，是新教徒非常厌恶的。1834年，普金改宗天主教，证实了这些怀疑。

这种变节行为，本来应该扼杀普金那刚刚萌芽的事业，实际上也确实限制了他的事业，但普金才华横溢，世人实在难以彻底抛弃他。普金肆无忌惮起来，干脆住在了索尔兹伯里，以便尽可能接近索尔兹伯里大教堂这所古迹。当然，大教堂在康斯太勃尔的油画布上被美化了。但在普金看来，这所教堂却是他理想中的纯洁、完美的基督精神的最佳具象。后来，他又搬到了拉姆斯盖特，维多利亚小时候在这里住过几年。在此地，他的客户，是高尚而富裕的英国国教和罗马天主教的赞助人。他一边工作，一边继续发表各种宣言，反对"当代艺术风格的低俗化"。《基督教建筑的真实原则》（*The True Principles of Pointed or Christian Architecture*，1841）卷首插图中，普金自己打扮成一个中世纪宗教建筑师，周围都是圣坛装饰画、诵经台、精心制作的耶稣受难像，自己则拿着圆规在画图。他才40岁就英年早逝了，最后一份杰作，乃是伦敦博览会的中世纪宫廷。他把自己作坊和自己欣赏的艺术家产出的一些精品组装了起来，拿到了"敌人的阵地上"。不过，一切报纸的报道都明确说明：观众尽管对中世纪宫廷报以尊崇和景仰，但比起匆匆走过，去看火车头、蒸汽锤的人，这里的观众还是少很多。

然而，对"影响这个工业不列颠"的任务，普金并没有完全失望。斯塔福德郡的奇德尔（Cheadle）是矿工和纺织工人聚居的地方，在这里，什鲁斯伯里伯爵委托普金，重修并装饰本地教区的教堂——圣吉尔斯（St Giles）教堂。结果可以说是他最伟大的作品，用他的话说，也是一件他没有遗憾的作品：一座光芒四射的穹顶，色彩艳丽无比。

不过，距离曼彻斯特不远的地方，普金的"地上天国"，已经被"现实中的地狱入口"取代了。这是查尔斯·纳皮尔爵士（Sir Charles Napier）的评论。纳皮尔更习惯战斗在印度西北的前线，而不是战斗在英国西北的前线；但他1839年接受了委任，任务就是确保这一片地方的秩序。这时候，曼彻斯特的暴力与犯罪，已经开始全国闻名了。这里没有高达天堂的尖顶，只有一大片烟囱。这些烟囱联合在一起，让整个城市化作一个巨大的世界烟囱，富贵不仁者、贫穷无赖、褴褛醉汉、烟花女子，全都让煤烟覆盖；煤烟又让雨水变成了泥浆……唯一可见的，就只有一座极长的烟囱。这是个什么样的所在啊！这段时间，出版了一系列的调查报告，第一篇作者是詹姆士·菲利普斯·凯–沙特尔沃思爵士（Sir James Phillips Kay-Shuttleworth）所写的《曼彻斯特棉纺织业中的工人在精神和身体方面的状况》(*The Moral and Physical Conditions of the Working Classes Employed in the Cotton Manufacture in Manchester*, 1832)。这些报告全面记录了曼彻斯特在工业世纪获得的"惊悚之城"的名声。巨富和赤贫，全都拥挤在这座拥有 15 万灵魂的"棉都"。英国人口在 19 世纪最初几十年中，以前所未有的速度增加，而这种增加的景象，在曼彻斯特最为壮观（也可以说最为恐怖）。不到 60 年间，城市人口增长了 600%；绝大多数是农村进城的移民。

毫无疑问，他们的居住条件十分恶劣。1842 年，化装舞会举办的同一年，政府发布了《关于大英帝国劳动人口的卫生情况报告》(*Report on the Sanitary Conditions of the Labouring Population of Great Britain*)。此时，曼彻斯特男性居民中约有三分之一到四分之一失业。而且索尔福德郡一份报纸说："面容憔悴、衣不蔽体的男男女女，蹒跚在街道上，向人讨要面包。"此时，政府的卫生报告也描述了市区一家典型的工人宿舍的面貌：

> 六到八张床……挤在同一个房间里……似乎人们一直在努力，把尽可能多的床铺塞进每一个房间……这些地方，夜间的样子，最为悲惨。挤在一起的床铺上，胡乱地睡满了男人、女人、小孩子，地板盖满了他们脱下来的又脏又破的衣服，还有各式各样的包裹箱子，装着他们的全部家当。这表示，他们的感觉已经堕落而迟钝了……令人窒息的恶臭，与空气的燥热，几乎不能忍受。

这种过度拥挤，以及过于原始的卫生条件，产生的后果之一，就是各种传染病传播的速度快如闪电，诸如斑疹伤寒、伤寒、霍乱。这份报告说，统计显示，1842 年的"技工和劳工"，平均寿命只有 17 岁。曼彻斯特市的"专业人员"则有 38 岁。

眼光比较长远的乐观主义者，可能会认为，1832 年《改革法案》通过之后，迎接的新时代，对于棉纺工人和手工织布工人的苦难，会更加同情；尤其是后者更加困苦，因为蒸汽织布机正在取代手工织布机。但如果这么想，就会引起巨大的失望，因为"新"的政治阶层，可以说，从《改革法案》获得权力之后，反而对失业工人的苦难更加无情了。法案颁布的同一年，凯－沙特尔沃思爵士关于曼彻斯特的报告，或许确实记录了苦难，但也讲了很多挣扎在泥泞里的贫民，有多么"道德败坏"，特别是"小爱尔兰"的那些人口。1834 年，辉格党政府颁布的《新济贫法》，制订的目的很明确：威慑那些懒散成性的人，不让他们拉低物价（当局的看法就是这样），方法则是让济贫院里的管理体制非常接近监狱的体制，从而让人们只要能找到一切合法工作，都不会到济贫院讨生活。济贫院从而得了个"巴士底狱"的外号。这儿的住客，全都必须把头发剃得一干二净，穿上灰色的"囚服"，这样在"外面"就能一眼被认出来。丈夫必须跟妻子分开，夫妻必须跟孩子分开，这是济贫院里最反人性的一面。英国社会把家庭作为"社会道德"的学校，因此，这种家人之间的分隔措施，就是厄运的第一道惩罚。不过，大多数赞成济贫法的人，还是坚信，总是有了某种道德败坏，才会带来厄运。因此，济贫院里的"瘟三"们，一定都有软骨头的毛病。若是把济贫院变得欢乐祥和，对这些人就没有益处了。

曼彻斯特的商业寡头们，也就是棉花大亨、银行家，例如格雷格家族（Gregs）、海伍德家族（Heywoods）、波特家族（Potters），控制了这座城市，把市中心的房屋拆除干净，修建起了神气活现的新古典主义仓库。他们毫不掩饰，自己的首要义务，也是最重要的义务，就是赚得商业利润。盈利是增加工人福利的途径，也是唯一途径。商业周期变幻莫测，比如，维多利亚登基第一年到第五年，出口需求飞速减少。企业不得不降薪裁员，方可屹立不倒。可是，资本主义毕竟不是游乐场，也不是慈善机构！那些不满的人，以为现状很严酷？那么，倘若工厂在要求高薪、缩短工时的"勒索"之下倒闭，就让他们看看，未来还会糟糕得多！在工厂主的眼里看来，所谓"工会"，只不过是一群敲诈勒索、蓄意破坏的阴谋家，宁可见到合法的商业公司破产，也不愿意放松控制那些容易上当的人！此外，他们还说，如果面包价格太高了，肯定要归咎于邪恶的《谷物法》。当初，《谷物法》的实施，就是为了保护"地主利益"不受自由市场的正常运作影响，如果没有这部恶法，市场本来可以进口便宜的外国粮食的。工人倘若想要提高赚钱的能力，最好是能够参加中产阶级反对《谷物法》的斗争；斗争的神殿，就在曼彻斯特自由贸易大厅。

在工业化的英国，有几个工人领袖相信，通过教育、禁酒、宗教事业，人们就能够实现自我进步。与此同时，领袖们还在尝试，是否可能建立中产阶级和劳工级的广泛联盟。不过，大多数领袖还持怀疑态度，他们认定，一旦废除《谷物法》，谷物、面粉、面包的价格降低，工人的工资也会随之更低。只有大多数男工获得了选举权，建立了真正的民主制，"改革"才不会成为剥削手段，让男人更残酷地压榨穷人（虽然女工参加宪章运动很活跃，特别是在苏格兰和兰开郡，但很少有人考虑女工的政治权利）。当时有一份《穷人卫报》（Poor Man's Guardian），编辑是詹姆士·布隆泰尔·奥布莱恩（James Bronterre O'Brien）。他简明扼要地总结说："有些无赖告诉你，因为你没有财产，所以不被代表。我却告诉你，正好相反，因为你不被代表，所以没有财产。"如何解决这个问题？必须有一部当代的《大宪章》，也就是《人民宪章》，要求六点：普遍的男公民选举权；废除针对选民的财产限制；任何人的一票都算一票，彼此完全平等；国会每年改选一次；当选的议员应当支给薪金；秘密投票。当然，这些要求，大部分都在当年的"激进派福音书"里提出过，也就是约翰·卡特莱特少校、威廉·科贝特、"演说家"亨特等人提出的。他们现在都已经去世了。不过，正是这种控诉的"传统主义"，在活动家与很多民众的眼里，才是"生而自由的英国人"的、无可辩驳的合法权利。1838年，参加火炬集会、游行的活动家，1839年、1842年、1848年签署《人民宪章》请愿的数百万民众，都这么认为。

这些请愿书，虽然用出租马车或是装饰华丽的农场马车，庄严地运到国会，拖到了下议院的地板上，却无一例外遭遇了冷落，甚至嘲讽。英国中部、北部地区经济恶化的同时，官员们反复的怠慢态度，引起了宪章主义者内部的分裂。一派只能接受和平请愿，另一派则把这些拒绝看作武装暴动的导火线。后一派的代表人物有约翰·弗罗斯特（John Frost）、南威尔士纽波特（Newport）的布匹商人，还有伦敦记者乔治·哈尼（George Harney）。此外，索尔福德有一个激进派，名叫雷金纳德·理查森（Reginald Richardson），之前已经放弃了木匠的职业，变成了反济贫法的活动家，后来又当了宪章运动记者，他的妻子则用自营的印刷厂来印刷宪章运动文章和小册子，到处发行。理查森总结说："英国人民的唯一希望，就是在壁炉台上挂一把军刀，或是其他进攻型武器。"即便如此，主张暴动的宪章主义者，也经常喜欢引用英国法学权威——法官威廉·布莱克斯通爵士（Sir William Blackstone）——来证明自己拥有反抗"暴君"的权力。根据惶恐不安的地方政府记载，1839年4月，伦敦宪章主义者亨利·文森特（Henry Vincent）在纽波特对一群人发表演说："反抗暴政的时候一来，你们就高呼——以色列人啊，走向帐篷吧！[1]然后，团结成一颗心、一个声音、一次猛击，把特权阶级的秩序打碎吧！让贵族统治灭亡吧！支持人们，支持人民建立的政府！"事实证明，这并不仅是煽动民众的大话。到了秋天，阿尔伯特亲王和维多利亚女王正在谈情说爱，打得火热的时候，南威尔士发生了一次戏剧性

---

[1] 《圣经·旧约》中，以色列人在到达迦南之前，度过了40年的旷野生活，在旷野里住的是帐篷，经常面临战斗。这里应是借用这一典故，说明宪章主义者也要有那些游击战士的精神。——译者注

的武装叛乱，纽波特和埃布韦尔（Ebbw Vale）都有一些小规模的宪章主义武装分子在行军。11 月 3 日，纽波特的宪章主义者与政府军发生激战，至少有 15 人死亡、50 人重伤。这是 19 世纪到 20 世纪的英匡政府导致民众死伤最多的一次。

约克郡和威尔士都发生了不止一次叛乱，都被镇压了，然而抵抗运动却显然没有结束。经济的严重萧条继续着，兰开郡和约克郡的荒野中，夜晚的会议和集会也在继续；全国各个宪章主义组织代表组成的"公会"也在继续；最重要的，是地方性、地区性的罢工也在继续。叛乱的领导人是约翰·弗罗斯特，他被捕之后，民众发起了一次大型请愿活动，希望不要判弗罗斯特的死刑。人们高唱国歌的修改版，这一版当年也为潘恩唱过：

> 天佑爱国者弗罗斯特！
> 愿他事业永存！
> 上帝保佑约翰·弗罗斯特！

当局也比较审慎，觉得与其让他殉难，不如把他赶走，于是改判弗罗斯特流放到澳大利亚。然而，政府不论是辉格党还是托利党，都开始把宪章主义者看作工人武装暴动的先锋了。理查森与其他很多人被捕。理查森坐了九个月的牢，在此期间，他还是想办法写了一些文章让人偷偷带了出去，在报纸上发表了。他的罪名是"煽动骚动和叛乱，并用武力企图反抗国家法律"。

1842 年，宪章主义者有了一位充满魅力、能力出众的领袖。他名叫费格斯·奥康纳（Feargus O'Connor），是一名律师；也是先前的"爱尔兰人联合会"阿瑟·奥康纳的侄子。阿瑟现在已经年纪大了，还健在，但被流放到了法国。科贝特死后，他代表奥尔丹市的国会席位，由奥康纳继承。奥康纳创办了《北极星报》（*Northern Star*）。当年，奥康纳的叔叔阿瑟在爱尔兰的贝尔法斯特创建的大幅报纸，也是这个名字。奥康纳办的这份新的《北极星报》，一开始的立场是反对《济贫法》，但后来就变成了宪章运动的机关报，编辑是立场非常激进的社会主义者乔治·哈尼。奥康纳想要把温和派和激进派调和在一起，但这任务十分困难，也许最终还是不可能的。因为他需要采取谨慎路线，既不能让"道德力量"一派的宪章主义者离心离德，让他们发现激进派在储备武器之后吓跑，又不能放弃 1842 年的激进罢工者。他们当年在工厂主削减工资之后，发起了"拔掉蒸汽机塞子"的罢工来对抗。不过，奥康纳还是成功把各地零星的武装叛乱组织了起来，变成了一种类似现代政治压力集团的力量，由一家全国性的协调机构来组织地方机构，地方又响应中央。之前，中产阶级反对《谷物法》的运动胜利了，运动还经常引用《圣经》；如今，奥康纳的策略，也有一部分借鉴了这次运动。新策略在 1842 年再次发起了大规模请愿，签名人数超过 300 万。不用说，请愿在下议院里又一次遭到立刻否决。

1842 年之后，经济形势有所好转，宪章运动也失去了一些动力。不过，1847—1848 年，贸易周期又走到了低谷。此时，民众的抱怨没有消失，他们对请愿被否决的悲哀记忆也没有消失。这种奇耻大辱，最鲜明的记忆，要数曼彻斯特一个宪章主义者的叙述了。此人名叫约翰·巴顿，是伊丽莎白·盖斯凯尔（Elizabeth Gaskell）小说《玛丽·巴顿》（*Mary Barton*）的主人公，是一个鳏夫，一个悲剧英雄，努力挣扎，想要养活自己和女儿玛丽，但还是失败了。失业、赤贫、绝望，把他推上了政治道路，去了伦敦，参加了 1842 年的宪章运动请愿。约翰回到家里，对女儿和朋友们讲起了经过：请愿者踩着木屐，穿着破衣烂衫，在布满时髦车马的街道上缓缓而行；后来，警察挥舞着警棍，对着请愿者又戳又打。警察对约翰说：

"这是我们的事情,请不要惊扰老爷太太去觐见女王。"

"我们为什么就该让人惊扰呢?"约翰问他,"我们好好地在干着我们的事,这是我们的生死关头,我们兰开郡有许多小孩子快要饿死了。你想一想,究竟哪件事在上帝面前来得重要?我们的事呢,还是那班你另眼相看的老爷太太们的事?"但是约翰这话等于白说,警察只是笑了一笑。

别人问他,请愿的人到了国会之后怎么样?约翰实在生气,只说了一些非常不祥的话;这话对他自己很不祥,而且在《玛丽·巴顿》出版的 1848 年,对英国也同样不祥。

"我真不愿意提起这件事。我们许多人永远不会忘记,也永远不会宽恕;我不能把我们这种事当作新闻来讲。只要我活着,就不会把那天受到的气忘掉;只要我活着,就永远要诅咒那帮横暴地拒绝我们请愿的人。"

卡莱尔和查尔斯·狄更斯,都非常景仰盖斯凯尔夫人,也非常喜欢小说《玛丽·巴顿》。因为,尽管此前也有过一些"社会现实"小说,但跟这本小说却非常不同。作家本杰明·迪斯雷利(Benjamin Disraeli)也写过小说《西比尔》(Sibyl),想要让英国面对自己"两个国家"的问题,但故事主要是以"工业巨头"(millocracy)的视角来观察和叙述的。尽管盖斯凯尔夫人是曼彻斯特"唯一神教派"牧师的妻子,是不折不扣的中产阶级,但她却追随丈夫,见过了市区和布满小屋的郊区里,一些最可憎、最痛苦的地方。她来到了迈尔斯布兰町地区(Miles Platting)等地,孩子们在黑暗、脏污的小巷里玩耍,与大老鼠为伴。什么都逃不过她坚定的注意力:小酒馆、敞开的阴沟,甚至还有煤烟中小块泥土上坚持生长的野花。而且,赫尔尼山地区(Herne Hill)或者巴斯市(Bath)

温文尔雅的中产阶级读者，在《玛丽·巴顿》中，还第一次听到了曼彻斯特劳工阶级的声音，包括他们的歌声，例如《奥尔丹织工歌》（*The Oldham Weaver*）：

　　我是个贫苦的织工，大家都知晓，我没有东西吃，衣服也完全破了。

　　我全身所有的，不值两个便士，木屐有了裂缝，脚上也没有袜子。

　　生到世界上来，真是活活受罪，饿着肚子还得拼了命做事。

"饿"这个字，在小说中一次又一次像锤子的重击一般出现，既是控诉，也是战斗的呐喊："他们把我们的血汗脂膏搜刮得一干二净，积起了偌大的家财，盖起了偌大的住宅，我们许多许多人却在挨饥受饿。你能说这里面没有什么毛病吗？"约翰·巴顿来到一所经济公寓的地下室，看望自己的一个工友，"两人走进地下室来，几乎被一阵臭气冲倒了"。他眼睛逐渐适应了黑暗，这才看见，"三四个小孩伏在潮砖地上玩耍，那砖地简直是湿透的，因为街上积下的脏水慢慢地都从底下渗出来了"。爸爸告诉孩子们，不要作声，"伙伴"带了面包来给他们吃。在微弱的光线里，好大的一块面包被小孩们夺了去，一眨眼就连一粒屑子也不剩了。

盖斯凯尔会写出这样的东西，难怪她发现，曼彻斯特的棉花大亨跟银行家，都对她横眉冷对起来。

他们觉得，盖斯凯尔的书，用一种太不客观的视角，描述了老板和雇员的关系；而且刻意丑化老板的生活方式，关于他们对慈善业、市政建设的参与，并不置一词。其实，这些大亨，说得确实有道理。然而，盖斯凯尔还是坚定立场，继续战斗。她冒着社会声誉受损的风险，也要去做某些更加重要的事。她给表亲爱德华写信说："我可怜的《玛丽·巴顿》，在曼彻斯特，引发了各种针对我的愤怒之情，但那些最熟悉穷人思想感情的人，则会承认书中的真相。这种承认，是我最渴求的，因为，罪恶一旦被人意识到，就完成了一半赎罪的旅程。"

1848年2月，法国再次爆发二月革命，成立法兰西第二共和国。同年，欧洲各国也爆发了一系列革命。曼彻斯特的棉花巨头，定然会觉得，一个"唯一神教派"的妻子，在这种紧要关头，不采取措施稳定社会，反而推卸责任，堪称罪大恶极。不过，盖斯凯尔正是因为英国正处在另一场危机边缘，才感觉有义务，说出真相，暴露"幸运者"和"不幸者"阶级之间的巨大鸿沟。只有让那些有选举权、分享英国权力和财产的人完全意识到，数百万既没有选举权也没有权力财产的人，有多么痛苦、多么愤怒，她才或许能够预先阻止第二次英国内战。

在保守派事后看来，1848年，给英国政治与社会的民主运动，最终画上了一个虎头蛇尾的句号。这种有惊无险的感觉，在水晶宫博览会的那些沾沾自喜的年月里被大肆宣扬，就好像英国不可能发生革命，"英国革命"是一个矛盾修辞法一样。不过，当时人们却完全不这么看，不论是《人民宪章》团体的基层民众，还是决心要保卫首都不被他们占领的保守派。乔治·哈尼对即将到来的事情，完全没有一丝怀疑。他说："从兰开郡的小山顶上，数十万人的呼声，已经上达天听——联盟的誓言、战斗的呐喊……英国人已经发誓要保卫宪章，废除新济贫法，否则就要……为共和国高呼万岁。"

费格斯·奥康纳被释放之后，回到国会，任诺丁汉郡的议员。他费尽口舌，向激进派保证，对国会做出最后一次劝说努力，这才阻挡了激进派采取进一步行动。4月初，宪章派"公会"在伦敦集合，把最新的一份巨大请愿书装到一辆农场马车上，准备让四匹拉大板车的马运到国会。请愿书装成一个个大捆，据说有500万个签名。支持请愿的人，其中包括一大批爱尔兰民族主义"同谋"，这些人会从中部、北部、威尔士，甚至苏格兰汇集到首都，在拉塞尔广场（Russell Square）、贝斯纳绿地（Bethnal Green）、克勒肯维尔绿地（Clerkenwell Green）、斯特普尼绿地（Stepney Green）参加集会；还要南下，一路越聚越多，向着泰晤士河上的各大桥梁进发，最后来到肯宁顿公用地参加大集会。发表演说之后，把请愿书运到国会。而人群是否要跟着请愿书走，是否让公众感觉到集会的压力，自然是最关键的问题。这究竟会成为和平请愿的终幕，还是革命的序幕呢？大家都很清楚，1830年法国的七月革命，正是开始于一部"宪章"；宪章最终推翻了波旁王朝。1848年，法国又刚刚出现了新的革命；这次革命，中产阶级激进派、工匠、工人似乎团结了起来。在英国，两年之前，皮尔废除了《谷物法》，引起了托利党内部的分裂；奥康纳一定认为，目前是最好的机会，可以争取当局让步。

4月10日，星期一的春日，异乎寻常的温暖。这一天，宪章主义者，集合到了伦敦四个集结地。气氛很热烈，好像过节一样，而不那么紧张。布卢姆斯伯里（Bloomsbury）的人群戴上了绿色、红色、白色的彩带和玫瑰花饰，就是他们搬运了那些巨大的纸卷。贝斯纳绿地的游行队伍是粉色、白色；伦敦东区的队伍是白色旗子。围观的人看着游行的人，也看着大车、载客马车上的宪章运动标语——"给人活路，自有活路"（Live and Let Live）；"自由值得为之而生，为之而死"（Liberty is Worth Living and Dying For）；围观者还看到一船人，都是沃尔威奇（Woolwich）来的、领取养老金的退伍兵，他们也加入了各座大桥上的游行队伍，看起来很安静又鼓舞人心。尽管当局已经相信，英国雅各宾派的嗜血分子，已经上了街。

约翰·拉塞尔勋爵的政府当然不愿冒一点风险。他们的准备措施，是用来对付外敌入侵的措施，而不是对付叛乱的措施。上个月，欧洲各国的政府就像多米诺骨牌一般纷纷倒下，于是英国也非常恐惧法国、意大利、德国的共和主义者，认为他们既然发誓要执行革命的国际主义，就也会利用伦敦的集会人群，来传播"颠覆"信条。乘着恐慌，国会匆忙通过了《驱逐外侨法案》，要求外国人在政府部门登记，提醒爱国者要警惕那些留着"可疑的、煽动性的胡子"的人。

而且，倘若海峡那边会有新的危险蔓延过来，最适合的消除危机的人选，除了威灵顿公爵还有谁呢？公爵这时住在海德公园的阿普斯利邸宅（Apsley House），房子已经用木板封了起来。满头白发的老战士，身子骨依然硬朗，只是关节有些不灵便；他接受了命令，动员自己最后一支军队，来对付英国的工人阶级。传说这些工人有五门大炮！罗伯特·皮尔爵士的伦敦警察厅有 4 000 名警员，此外还有 8 000 正规军。为了增援他们，有大概 85 000 人宣誓成为特别治安官。各政府部门都用板条箱建起了路障，板条箱里装的是政府文件和国会议事录。重要场所——英格兰银行与伦敦塔，还架上了枪和加农炮。伦敦证券交易所有 300 名员工，作为"特别行动组"，志愿保卫资本主义的堡垒。林荫路上建起了多个防御阵地，配备了轻炮兵，防止敌人杀到白金汉宫。此时，王室已经在政府建议之下，去怀特岛（Isle of Wight）避难了。政府下令，允许人们在严格控制的情况下，穿过各大桥梁，去往肯宁顿；但如果需要，则不许人们从肯宁顿返回。

有个官员名叫约翰·卡姆·霍布豪斯（John Cam Hobhouse），先前当过激进派，此时担任印度事务部（India Office）的大臣。这时候，伦敦已经化为一座鬼城，大部分地方空无一人，只有佩戴绿丝带的示威者。霍布豪斯在这紧要关头，非常害怕与家人分开。他在伦敦的住所，被宪章派用粉笔画上了记号，表明他成了人民公敌。他说："我坐下来办公，并不是确认，而是觉得，我应该不可能听见河对岸有火枪或是大炮响起。结果没有枪炮声，倒是关门声有两次把我吓了一跳。"

他其实没有必要这么紧张。奥康纳见到政府军的压倒性实力，他也要做出一个决定。欧洲 1848 年春，组织一切游行示威的领导人，都面临这个决定。究竟是要推动事态发展，与军队正面冲突，盼着军队倒戈，还是促成战术上的胶着状态，甚至撤退。这儿，他或许知道，一旦发生暴动，宪章派在地理上并不占优势。在欧洲大陆，巴黎、柏林、布达佩斯、布拉格、维也纳的自由战士，都是本地的工匠和工人，躲在自家住宅里，设立了路障，升起了革命旗帜，跟前来抓人的政府军抗衡；这些人，可以表现出合法地保护家园的样子。而伦敦集合的人群，并没有那么一致地痛恨政府，对"玫瑰一般的女王"的恨意就更缺乏了。这些人都是各郡参加宪章运动的普通老百姓，有些团体的领导人是爱尔兰人、苏格兰人、威尔士人，这些人被迫担任了"占领军"的角色。此外，奥康纳权衡了一旦爆发冲突的胜算，结论是：宪章派绝不可能获胜。在肯宁顿公用地上，奥康纳头上悬着一面巨大的绿色旗帜，装饰着竖琴的图案；身边围绕着一群爱尔兰禁卫士兵。人群当中遍布着一些平台，上面站着传令兵。奥康纳就用这些人，一个传一个，口头传达了命令：无论受到怎样的煽动，也不能与军人和警察发生冲突。当局最需要的，就是这样的冲突，以便展开虐杀。麻烦在于，他自己跟哈尼都把风险抬升得很高。请愿马车上挂的旗子，写着一些过激的标语："决不投降"（No Surrender）、"决不回头"（No Way Back）。当然，有些年轻人也并不喜欢听到呼吁和平的声音。到处都有些人狂喊，还有些混战发生。游行队伍回来的路上，经过黑衣修士桥（Blackfriars Bridge），遇上了一堵人墙，都是挥着警棍的警察。双方发生了推搡，冲锋与反冲锋，示威者向警察扔石头。警察抓了一些人，被抓起来的人后来又被人群救走了。很多人满头鲜血，内心失望无比。

不过，奥康纳实在别无选择。1848 年 6 月下旬，法兰西第二共和国临时政府成立之后，又面临了工人的"六月起义"，临时政府调转枪口，去对付工人的街垒。当局用行动告诉世人，一旦面临持续的民众罢工和叛乱，"秩序的力量"能有多么坚决果断。那么，英国倘若发生了同样无益而悲惨的剧情，对民主事业又会有什么影响呢？肯宁顿公用地的集会，留下了一张照片，这是最早的英国政治事件的照片。只需看一看，就可以明白，17世纪—18世纪延续至今的宪章运动传统。照片展现的是一次秩序井然的抗议，工人都穿着最好的衣服；因为当局把他们妖魔化成一群醉酒的、接近罪犯的暴民，他们一直迫切地想要拆穿这个谎言。

直接的威胁过去之后，很多人因为一种说法而幸灾乐祸，哈哈大笑：当局发现，请愿书上充满了各种假名字，诸如"潘趣先生"和"维多利亚女王"。这些谣言，我在小时候用的教科书里还在重复。谣言将19世纪的英国革命，说成仿佛是"生物学上的不可能"，这种说法，还有其他各种自鸣得意的说法，充斥在统治阶级内部。不过，并非所有人都觉得这很滑稽。在当时，很多人的意见要清醒得多，也不确定得多。《伦敦新闻画报》因示威虎头蛇尾而感到欣慰，用了一个伊索寓言里的典故来讽刺宪章运动："一座大山要生孩子，大声呻吟，结果最后只乣出来一只小老鼠。"但画报也同样告诫那些轻视国会请愿的人，那些"哈哈大笑"来对待它的人：若是"签名有百分之一，甚至五百分之一是真实的……那么，英国的司法系统也应当严肃对待"；否则，"从民众那里获取到唯一真正权力"的人，将会面临危机。

费格斯·奥康纳在4月10日战战兢兢的表现，终结了他作为大规模运动政治领袖的生涯；然而，宪章运动作为一项工人阶级的暴力斗争，却显然没有停止。有些拥护者变成了早期工会领袖；其余的人，例如小说里深受迫害的约翰·巴顿，则铤而走险，去搞恐怖主义了。肯宁顿集会之后才三个月，对宪章运动的嘲笑就突然消失了。这时，又有5万名示威者，来到了新建的特拉法加广场（Trafalgar Square）上。圣灵降临节后的第一个周一，伦敦的柏诺思田野（Bonners' Fields）上，又聚集了一大群人，扛着共和主义的三色旗，喊着"猪要多，牧师要少"，以及"英国要自由，不然变沙漠"的口号，与警察的人墙发生了激烈冲突。兰开郡、柴郡、约克郡等地，依然有零星的暴乱发生。14世纪，英国有一个起义领袖名叫瓦特·泰勒。如今，约克郡西部城市布拉福也有一个宪章派领袖，真名叫艾萨克·杰弗森（Isaac Jefferson），外号"布拉德福德的瓦特·泰勒"（Wat Tyler of Bradford），组织了多起小规模战斗，后来被捕，但他的手腕太粗大，没法戴手铐。杰弗森想办法逃脱，让数千名士兵忙乱了好一阵子，直到年底，城市才恢复了秩序。

倘若武装斗争不能把面包放到桌子上，或许不那么激烈的和平手段，效果会好一些吧？伍斯特郡（Worcestershire）的多特福德（Great Dodford）有一座小农舍，这是"宪章运动土地公司"的旧址，是工人阶级自我进步的各种和平计划里，唯一幸存的东西。1845年，奥康纳成立了这家公司，为了实现17世纪以来人们的"公社"梦想，也是为了实现当代爱尔兰改革家的梦想。公司成立的目的，是要回工人和工人前辈们曾经拥有的乡村。这些人有很多是手工织机工人，还有织袜工人。蒸汽机普及之后，这些工人就成了多余的人，失业了，不得不困在了工业化英国的贫民窟中。工厂工人的大多数，实际上也是来自农村的第一代移民。有点钱财的人，能买到几英亩的土地，在土地上种庄稼，养几头家畜。这算是一种重新得到土地的方式。之前的土地，已经在圈地运动和垄断居奇中失掉了。

土地公司，用富有英国特色的方式，将"梦幻一般的乌托邦"与"脚踏实地的商业思维"来了一次古典主义的结合。公司正好迎合了工人，尤其是女工的重要本能——存钱。公司筹到了足够的款项，在多特福德购买各种财产，包括土地。各个出钱的人，按照自己的投资数额，分到了相应的股份。最早的定居者，是抽签决定的。后来，当局规定抽签非法，定居者的资格，又让拍卖或者"直接存入的保证金多少"决定了。

来到多特福德的人，有一句座右铭"劳动或死亡"（Do or die）。他们的工作，当然也非常辛苦，绝不是过家家。他们清理掉田野上的卵石，铺路，种植树篱，这一切工作，前景都难以预料。然而，还是有些定居者成功了。比如安·伍德，原来是爱丁堡的打杂女佣。她以苏格兰人的节俭精神，存下了 150 英镑，足以让她挑选多特福德任一处小块土地。她带着两个女儿，在 36 号土地上定居下来；很善于持家；也很长寿，86 岁去世。

土地公司所在的村子，出现了一些引人注意的妇女。这可能也是一个征兆，预示着最艰难的时日已经过去，工人家庭应该为"定居下来建设家业"而奋斗，不应该为革命而奋斗；当今世界，指出未来方向的，不是马克思的《共产党宣言》（*Communist Manifesto*，1848），而是伦敦博览会。此外，掌权的有产阶级没有被宪章运动赶下台，尽管他们肯定不会在下一代人中普及程度更高的民主，但若是把"建设国内安全"的意愿，简单地斥之为失败主义者的安慰剂，却是一种自鸣得意的错误。可以说，19 世纪五六十年代初期的各种更为安静的建设手段——合作企业，互助会，和平的联合主义，对"能自我改进、认真负责、工作努力的寄宿阶层"的描述——让托利党人和自由派，能够联合支持"家庭男公民选举权"（household male suffrage）。1867 年，第二次改革法案通过。整个过程中，大部分人，都没有担心后面会引来新的革命。

维多利亚时代中期，英国人曾经狂热地崇拜家庭。但 1848 年到 19 世纪 60 年代中期的 15 年左右，经济一直繁荣，确实让 19 世纪工业革命第一阶段被严重破坏的家庭生活有所恢复，直到 60 年代中期发生棉花荒歉为止。1840—1849 年，史称"饥荒的 40 年代"。这一时期的激进分子，主要是过剩的手工艺人和技工，特别是纺纱工和手工织机工人。这些人失业了，与此同时，妇女儿童，当时称作"工厂的帮手"，被雇佣做一些琐碎的杂活，但这些杂活却非常危险，比如钻到活动机械的下面清理棉絮；这些妇女儿童占了工厂劳动力的很大一部分，大得不成比例。伊丽莎白·盖斯凯尔夫人在《玛丽·巴顿》中描述的画面——失望、堕落，最后铤而走险，寻找途径表达愤怒的人们——有着大量的社会现实作基础。例如，1851 年，棉纺织厂里就有 255 000 男工、272 000 女工挣扎度日。但是，19 世纪 50 年代，曼彻斯特、索尔福德、布拉德福德、哈利法克斯的制造商和银行家，确实兑现了自己很多承诺。出口需求增加，也刺激了机器织布的增加，从而几乎实现了全民就业，工资的购买力上升了，储蓄成了可能的事情。而且，历史上第一次，人们大批量集合起来，进入了机器工厂，成为劳动力。他们操作起了蒸汽的"骡机"（mules），当上了工头，有权雇用、组织男女工（有时还有童工），因此在家中恢复了一部分失去的自信，这对重建国民的士气至关重要。纺织业各部门中，织布是最晚机械化的。这时候，织布的部门也开发了新的技术，让整台机器只需一名男工或女工操作即可。另外，某些其他行业，特别是采煤行业，从法律上禁止了妇女儿童在矿井里工作，因为矿井中极度闷热，让矿工必须几近全裸，或者直接全裸，而且工作也极端劳累。新法规的出台，虽然给国内经济带来了税务负担，妨碍了经济发展，但也让煤矿恢复了一种类似母系氏族的秩序。

19 世纪中期的繁荣，降低了工人阶级与权贵的对抗性。操作蒸汽织机的女工，在兰开郡与克莱德塞德（Clydeside）成立了自己的工会。不过，这些女工倒是几乎用不着罢工。19 世纪 60 年代，合法的工会组织，更接近福利组织，而不那么像阶级斗争的训练营了。工会领袖自己都强调说，只有迫不得已，才会罢工。工人对雇主的敌意减少了，雇主也终于可以重新思考自己的家长制主义的利弊。以前，雇主降低工资的时候，也为工人提供一点补偿，比如免费伙食；如今，除了纯粹的物质补偿，雇主还容许工会、友好的社团与合作组织联合建设自己的独立文化了。19 世纪 50 年代，出现了工人自己的管乐队；有时候，管乐队还是企业老板最早投资的。也是在这个十年之间，出现了有组织的工人旅行：去乡下，去海边，去伦敦南部的西德纳姆（Sydenham）；博览会闭幕之后，水晶宫在这里重建了。当然，这些活动，有很多是专门安排的，用来宣传新的工业化的"地主政治"多么有益。夏天，雇主会在小山上，带有角楼的玫红色哥特复兴式邸宅举行茶会，一支完整的仆人队伍（很多是工厂工人的家人）给工人们端上蛋糕和柠檬汁；还会举行工厂主和工人的板球比赛；球童是马尔堡（Marlborough）和汤布里奇（Tonbridge）这些地方"新建的"公立学校学生。

　　雷金纳德·理查森，索尔福德郡人，以前当过激进的宪章派，也是监狱里的常客。他曾经是那些工人之一：在维多利亚时代中期不那么激烈的对抗中，保存了自己的实力，去进行另一种截然不同的斗争。19 世纪 50 年代中期，他干了一阵"偷偷摸摸的"买卖，后来被人指控，把有病的牛杀掉，再把牛肉美化一番，当成好肉卖。理查森在乡下的奇德尔和奥特林厄姆（Altrincham）之间，沿着古人走过的路，宣传公共权利。1854 年，他在《索尔福德每周晚报》(*Salford Evening Weekly*) 发表文章，悲叹工业污染的后果："何止成千上万的人，都还记得，从奥尔丹小巷，到阿德尔菲（Adelphi），穿越班克米尔院子（Bank Mill Yard），沿着河流南岸散步是多么惬意，碧绿的河岸一直延伸着清澈的流水，被高高白杨的阴影遮盖……沿着河岸，一直到斯普林菲尔德（Springfield）……这片风景的每一寸，用一个相对温和的字眼，都被'吸收'了，被那些沿着河岸兴建工厂的人的贪婪毁掉了。"这为了工人民主而斗争的老战士，成了一名生态学家，尽管当时还没有生态学家这个词。英国革命，就这样被放逐到了草地上。

第四章

妻子、女儿和寡妇

给维多利亚女王拍照的结果很清楚，一般那种"阳光微笑"是不会出现的。不过，对于大多数 19 世纪摄影师和被拍摄的人来说，微笑似乎是无关紧要的事。他们追求的东西，要宏伟得多。具体到拍摄皇室成员的问题上，是要追求威严和亲密之间的一种微妙平衡。当时英国最有名的摄影师，包括罗杰·芬顿（Roger Fenton）、约翰·埃德温·梅奥（John Edwin Mayall）等人。他们受命去拍阿尔伯特、维多利亚，王子公主等人，这工作，想必一定会令人生畏；但或许也会令人愉快吧？毕竟，有谁能命令一位君主坐着一动不动，哪怕是以最礼貌的口吻？还有一位女摄影师，名叫戴夫人（Lady Day），她的生平没有多少资料流传下来。1859 年夏，她去了怀特岛上的奥斯本宫，设法用镜头抓住了女王和亲王不经意间流露出的一点随意：他们戴着乡村的软帽，轻松地倚靠在奶油色的墙壁上。当然，皇室成员都热衷于新时期的艺术，这一点也帮了大忙。温莎市建起了一所暗房，储藏了必要的设备。只要有画家来给皇室成员画油画，维多利亚就首先强迫他们拍照，作为一种表示自己期望的方式。这一来，他们可就觉得危险了。难道他们真的应该用拍照完全忠实地记录实情？把肥胖的脸颊、令人生畏的双眼、特别矮小结实的"千金玉体"全都拍下来？

老实说，女王并不自负，但也绝不愚蠢。她和阿尔伯特在下令别人给自己拍照的时候，很清楚自己在做什么。19 世纪 50 年代末期，直到维多利亚时代的最后，根据照片印刷了数千张画像。自从英国内战以来，这些画像，前所未有地改变了君主和臣民的关系。戴夫人在奥斯本宫度过的那个夏天，拍下的照片，都经过照相制版，公开发行了。不过，一年之后，梅奥拍摄的一系列照片中的 14 张底片，专门被选为肖像名片（cartes-de-visite）出版了。肖像名片是法国摄影师安德烈·迪斯德里（André Disdéri）发明的，一张感光片可以制作多张底片，一般是 8 张。"肖像名片"，顾名思义，可以在专业或者业余摄影师之间作为商品或者艺术广告来交换。研究王室摄影的权威，史学家海尔穆特·格恩斯海姆（Helmut Gernsheim）宣称，在英国，流通的肖像名片数以十万计。这些名片，脱离了高高在上的摄影圈子，进入了中产阶级的公共领域。中产阶级对它们视若珍宝，热衷于定价、收集、交易。当时还出现了一种家庭相册，专门为肖像名片设计，不用胶粘，就能把名片放进"小窗户"。这种相册，让英国中产阶级客厅桌子上，第一次出现了王室的照片。

这种照片，是阿尔伯特跟维多利亚亲自精心设计的，大大偏离了传统。1858 年，女王写信给叔叔利奥波德国王，狂热地表达了良好的自我感觉："他们说，（我大胆说一句）从来没有哪个君主，像我这么受爱戴！"当然，这种表达是情有可原的。至于原因，她也非常肯定，就是因为"我们为英国家庭树立了一个最像家庭的榜样"。梅奥、戴夫人、芬顿拍下的这些王室夫妇的照片，没有一张显示阿尔伯特和维多利亚有一丁点儿接近"仪式化"的角色；也没有一张显示他们穿着军队的华服，衣服上缀着一层层的奖章，还有肩章的金线。这些都是欧洲贵族喜欢的打扮。当然，想让维多利亚穿军装，本身就是不可想象的。1850 年，阿尔伯特还专门拒绝了威灵顿公爵请他担任陆军总司令的请求。于是，亲王就用尽可能威严、勇武的气概，穿起了双排扣长礼服；娇小的维多利亚则挺着布丁一般的身材，裹在缎子衬布当中，圆得像个气球，这就是她长久存续的形象。按照布尔乔亚风格的日历，那些重要的日子，也是拍照最多的日子——怀特岛上、苏格兰高地上的假日；带着狗在公园里散步；在圣诞树周围唱圣歌；阿尔伯特用管风琴弹奏门德尔松（Mendelssohn）的乐曲；维多利亚绣着十字绣，模样十分可爱。为了让画面更匀称，还有一位白头发老奶奶，戴着女式软帽；这就是女王的母亲肯特公爵夫人，她已经被迫远离了当年的冒险主义，被女王夫妇迎接，回到了家庭的核心圈子。不必说另一些事实——假日的行宫，十分壮丽；公园是温莎公园，大多数情况下不让平民进入；而且，这些活动，与坦布里奇韦尔斯（Tunbridge Wells）的律师每年一次的假日旅行，当然不可同日而语，跟索利哈尔（Solihull）的杂货商的旅行就更不用说了。用艺术手段传达的这种印象，朴实谦逊，令人安心；最重要的，还是传递的生活，符合基督教和爱国主义精神。1855 年，法皇拿破仑三世、欧仁妮皇后（Empress Eugénie）访问了英国，维多利亚和阿尔伯特也回访了巴黎。这次相互访问，增强了女王一种比较审慎的形象，那就是缺乏魅力（尽管不是缺乏艳丽）。众人之所以暗讽她的时尚品位（或者暗讽她缺乏时尚品位），主要原因是女王不幸穿得过于艳丽，而不是因为她穿得太不时髦。巴黎人讽刺女王，是典型的布尔乔亚风格：想展现自己的快乐，展现的力度却过了头。19 世纪 50 年代的黑白珂罗版制版术，基本没有凸显出维多利亚喜欢的、鲜艳的条纹与格子，也没有凸显出各种颜色尖锐冲突的遮阳伞。女王特别喜欢的一种颜色是鹦鹉绿。

　　1859 年、1860 年、1861 年的影集，在一个方面，看起来出奇地坦诚，那就是彰显一种关系的紧张和多义性：夫妻二人，既要保存丈夫对妻子的权威，又要对女王和亲王的高下关系让步。与当代的王室照片比起来，当时照片的坦诚，显得更为突出。阿尔伯特巍然屹立，一派家长作风；但不至于巍然到不让女王站在台阶上增高的程度——台阶被女王环形的衬裙遮掩住了。维多利亚的样子，也是她必然显出的样子：为了让王室

人丁兴旺，维多利亚变成了"婴儿工厂"，为此十分劳累。他们一共生了
9 个幸存的孩子，最大的 1840 年生，名叫维姬（Vicky）；最小的 1857 年
出生，名叫宝宝比阿特丽斯（Baby Beatrice）。

　　一连串的怀孕生子，显然把维多利亚新婚时的浪漫，消磨了不少。
后来，大女儿维姬长到 18 岁，嫁给了年长 10 岁的普鲁士王储，生平第
一次怀孕，让维多利亚还没到 35 岁就当上了祖母。维姬给妈妈写信，热
情地表达了自己的喜悦。然而，女王的回信却十分粗鄙，完全不会说话：
"亲爱的，你说要生出一个不朽的灵魂，十分骄傲，这当然很好。不过，
我自己却无法沐浴这种骄傲。我想得更多的，是我们在这种情况下，更
像一头牛，或是一条狗；我们可怜的天性，变得如此接近动物，如此无
法令人着迷。"此外，有些王子公主难免会得病，有时候病情还很凶险。
这时候，两口子双重角色的矛盾就显出来了，而且变得最为尖锐。角色
一是丈夫和妻子；角色二是君主和臣下。一次，维姬大病一场，阿尔伯
特出奇地心烦意乱，告诉维多利亚："克拉克大夫的治疗不对，让孩子氧
化亚汞中毒了；你又让她饿得要死！我再也不管这种事了！把孩子带走，
你爱干什么干什么，她要是死了，你就良心受谴责吧！"女王像歌剧风
格般回击："你要是想把孩子杀掉就请便！"难怪阿尔伯特会想："维多
利亚做事太匆忙，也太热情，我经常没有办法说出自己的难处。她一下
子就会大光其火，用怀疑、渴求信任、野心、嫉妒的责难把我淹没。"

　　不过，这些短暂的隔膜，恰好说明了阿尔伯特和维多利亚都很热切
地参与家庭的福利事业。阿尔伯特为孩子制订了一个精细而全面的教育
计划，而且，尽管有各类教师执行，阿尔伯特还是亲自监督授课细节。
后来，阿尔伯特发现威尔士王子伯蒂一点儿也不愿意学习（而且还想办
法逃学），就越来越焦虑、恼怒，对伯蒂开始了多次无情的审问，想弄
明白，究竟是智力上的问题，还是道德上的问题。不过，也同样有些时
候，女王和亲王都让自己享受舒适生活的奢侈。维多利亚的日记，写下

了她很多居家的快乐："阿尔伯特把最亲爱的小猫咪（维姬）带了进来，她穿着那样漂亮的白色美利奴裙子，缝着蓝色的边儿，这是妈妈先前给她的；还有一顶好看的帽子。阿尔伯特把她放到我床上，自己坐在她旁边。小猫咪真好，真可爱！我最珍贵的无价的阿尔伯特坐在那儿，我们的小可爱坐在我俩中间，我十分感动，心里充满了深深的喜悦和对上帝的感激。"

这幸福，或许并不是完全对称的。19世纪40年代后期和19世纪50年代，有很多年，阿尔伯特因他参与公共事务有很多限制而非常愤怒。而且他是自愿给自己设定限制的，这就让他更加沮丧。阿尔伯特的出生地是德国科堡（Coburg），他之所以对国体有复杂的感情，主要原因之一就是这个德国背景。19世纪中期，德国分裂的各州，正位于风口浪尖，要做出重要的决定，怎样才能避免卡尔·马克思自信地预言的"红色共和主义"的命运。马克思不仅预言德国会如此，还预言英国也会如此。最好的避免革命的方法，究竟是自由主义，还是独裁主义？阿尔伯特毕竟不傻，他认为，英国对于独裁主义，连考虑都不会考虑。实际上，在一段时间的无知以后，他宁可沉醉于英格兰（不是整个不列颠）宪政的历史，苦读法学家威廉·布莱克斯通爵士的《英国法释义》（*Commentaries on the Laws of England*，1723—1780）；此外，阿尔伯特还过于乐观，觉得维多利亚自己非常渴望获得身为君主的智慧，因此给她大声朗读亨利·哈勒姆（Henry Hallam）的著作《从亨利七世继位到乔治二世死亡的英国宪政史》（*The Constitution from the Accession of Henry VII to the Death of George II*，1827）选段。不过，阿尔伯特的导师斯托克马男爵，之前警告过他，不列颠很可能凭着政治上的既成事实建立一个内阁制政府（ministerial government），这是很危险的事，因为这种情况下，君主会沦为国会和政党的"橡皮图章"。而且，当时阿尔伯特还分享了维多利亚缺乏教育的本能，他认为，君主应当至少保留一项权力——若是君主对大臣的人选，或大臣的政策不满，则君主应当有权将其否决。直到罗伯特·皮尔爵士耐心而坚决地劝说了阿尔伯特，他才放弃了这种想法。斯托克马想要的是这样一种君主的状态，接近"终身首相"，凌驾于党争之上；因此，君主应当有权同时享有政治家和人民的信任和尊敬。

万幸，阿尔伯特很快就明白了，这个计划野心太大，不可能实现。他转而采取了更加低调的策略。1843 年他草拟了一份自身职责列表，1850 年又修订增补了一次。同年，他还拒绝了威灵顿公爵让他出任陆军总司令的邀请。这些都是低调策略的体现。他说"会将自己个人的存在，融入妻子的存在当中……在公众面前不会负责自己的事情，而会让自己的位置，成为妻子位置的一部分"。这话听起来，就像一种变态的自我抹杀，而且也不符合阿尔伯特的性格。直到别人读到亲王职责描述的原文，才会发现，阿尔伯特也让自己"持续而紧张地观察公共事务的每一部分，这样才能够随时给她提出建议，协助她的工作……作为她家庭的一家之主，王室的监督人"。在这个岗位上，阿尔伯特很快采取了厉行节约的方针，在温莎城堡的"红楼"（Red Chamber）禁止喝酒了。阿尔伯特还列举了自己的职责：她内务的管理员、唯一政治上的秘密顾问、唯一负责她与政府官员交流的助手；此外，他（阿尔伯特自己）还是女王的丈夫、王子公主们的教师、君主的私人秘书、终身大臣。

这个列表最不寻常的，不在于它有多么详尽，而在于它把家庭权威转换成了一种实质的政治对应物。前一位"王夫"——18 世纪初期，丹麦的乔治王子，妻子是安妮女王（Queen Anne）；王子在这段关系中，是一种被动的伴侣角色；阿尔伯特的角色却不是这样。16 世纪中期，西班牙的费利佩二世（King Philip of Spain），妻子是英国女王玛丽·都铎（Mary Tudor）；费利佩二世作为一种"紧张的试探性角色"出现。这跟阿尔伯特的角色就相差更远了。阿尔伯特给自己规定的角色，是无所不在，而又全知全能；总是在办公桌椅的背后出现；哪怕别人不问问题，也要在场履行顾问的职责。古代英国国王有一种贴身侍从，名叫厕所侍从官，职责是照顾国王起居，包括搬运马桶，因而得名。这样一来，政治家想要见国王，非得通过厕所侍从官不可，让侍从官成了不可逾越的中间人。如今，阿尔伯特起草的这份规定，某种程度上也是向着厕所侍从官特权的回归。只要大臣们觐见女王，阿尔伯特肯定在场。

阿尔伯特想通过表面上不实施权威，来实际上实施权威；想通过把自己限制在丈夫、父亲、秘书的角色当中，来发挥政治力量。这想法在理论上非常好，但实际上经常遇到困难。这样的计划，虽然对国体没有什么影响，但却造成了一种悖论，让王室的联盟出现了紧张。阿尔伯特刚结婚的时候，就抱怨过，他这个"丈夫不能当一家之主"；他还一直为政治上必要的屈居人下而感到烦恼，这种屈居人下的角色，有时削弱了他在家庭里的"族长角色"，维多利亚强烈反对这种看法，说情况刚好相反，阿尔伯特的族长地位没有被削弱。但阿尔伯特不以为然。夫妻二人都应该会赞成卡莱尔经常重弹的老调，说"男人来做一家之主，而不是女人来做，是永恒的公理，也是自然的法则"。实际上，女王很清楚，她在公众场合露面，就应该同时传递"妇道的礼仪"和"君王的威严"，这是一种不正常的状态，她也为此而痛苦。她会尽职尽责地阅读报纸，而且对报道固执己见；不过，阿尔伯特给自己的政治责任感找到了更多出口，与此同时，维多利亚也感觉到，丈夫可能对这份工作，比自己有更多的热情。有一些情况，特别是1846年皮尔首相去职以后的几年，非常混乱，政府像走马灯一样轮换；维多利亚在政治上如坠雾里。这几年，维多利亚就很依赖阿尔伯特的意见，对皮尔的看法也改变了。一开始，她觉得皮尔只不过是个一般的制造商，篡夺了亲爱的墨尔本勋爵的正当职位；不过，从阿尔伯特眼里看来，皮尔变成了一个公正清廉，甚至带有悲剧性的人物。性格就像梗犬一样的约翰·拉塞尔勋爵，她不得不忍受。外交大臣巴麦尊子爵（Viscount Palmerston）亨利·约翰·坦普尔

（Lord Henry Temple）被人开玩笑，起了绰号"朝圣斯坦因"（Pilgerstein）[这是朝圣者（palmer）或者朝圣（pilgrim）德语化的单词]；巴麦尊的络腮胡子染了色，举止倦怠无力，还主张一种愤世嫉俗的侵略主义。别人很难容忍他，只是把他当作一名可疑的冒险家。然而，这却是大大低估了外交大臣那危险的才华。这一切都十分累人。维多利亚在日记中写道："我爱和平跟宁静，其实我讨厌政治和纷扰……阿尔伯特一天天变得更喜欢政治和商业，而且无比适合这两份工作；他拥有如此的洞察力和勇气。而我，却一天天越来越讨厌这些。我们女人天生就不是为了统治别人——若是好女人，就必须反感这些男人的职业；但有时候，时势逼迫人必须感兴趣。"

在奥斯本宫，一家人的关系最接近理想状态。奥斯本宫位于怀特岛的一端，另一端是阿伯丁郡（Aberdeenshire）的巴尔莫勒尔堡。在这两个地方，上午是政务时间，下午是家庭时间。而且，也就在这里，维多利亚做了一个非常重要的姿态，给了阿尔伯特一张自己的书桌，放在她自己书桌旁边，这样，来觐见的大臣，就会看到夫妻俩并排坐着，从而明白，这种君主制，的确是"萨克森–科堡–哥达"式的。皮尔建议之下，阿尔伯特 1845 年在怀特岛上买了 1000 英亩地产，作为女王度假之用；有了这块地方，国家大事的操劳，就能有家庭生活的乐趣来平衡了。亲王说，松林沿着舒缓的山坡一路下行，蔓延到海湾；这就让他想起了那不勒斯附近的海岸，以及他出生的地方——罗西瑙（Rosenau）附近的森林。为了怀念故乡，他还修建了一栋颜色鲜艳的意大利风格宅邸，有黄色、白色的塔楼，精美的花园和喷泉。每一个细节都亲自设计或者监督。到了宅邸完工的时候，已经花费了 20 万英镑，在 19 世纪中叶堪称天文数字；这个"度假场所"，实际上变成了另一个政府，总有大臣前来，总有公文箱运到，惹得女王很是不快。不过，奥斯本宫和巴尔莫勒尔堡的工作流程，确实起了作用。早餐之前先要散步；早餐之中或之后读报，接着是热烈的讨论；女王批文件，文件都是阿尔伯特已经筛选过、准备好的（以他作为女王私人秘书的身份），签字；如果有必要，还要跟大臣们举行联合会议。午餐会之后，还会就上午的事务进一步非正式讨论。

不过，下午也是能够充分享受家庭浪漫的时间，有野餐、钓鱼、骑马等活动。在苏格兰还有猎鹿的活动；王室成员会看望当地的小农场佃农，而且经常不打招呼，突然拜访；晚上，会举行苏格兰的里尔舞和高地舞舞会；女王也会穿上最近刚设计出来的巴尔莫勒尔的、红灰相间的格子呢衣服跳舞。在奥斯本宫和巴尔莫勒尔堡，阿尔伯特都仔细研究各种各样的训练计划；这些计划，同时提供身体锻炼、道德教育，还有毫无害处的儿童游戏。儿童游戏的地方主要是奥斯本宫的"瑞士小屋"，有自己的厨房、花园。这地方修建在公园里，修建的领班是阿尔伯特，工人是4个较大的孩子：维姬、伯蒂、艾菲、爱丽丝。"瑞士小屋"有家具，还有能生火的炉子，全都按照孩子的尺寸制造，让孩子玩过家家。

设计理念是，王室的孩子也应该从父母那里继承快乐家庭的"田园生活"。自然，男孩子们，特别是名声不好的威尔士王子伯蒂，只要年纪一大，不用干这种活儿，就把它一脚踢开了。伯蒂深感自己受了父亲的压迫。不过，尽管维多利亚一直相信，自己的婚姻特别受到上帝眷顾，而且（在两次发火之间）会在日记中倾诉自己的爱意，但她也会发出令人惊恐的幻灭宣言，特别是在女儿们再三考虑自己的政治联姻的时候。她主张，婚姻只要快乐，就都是好的。然而，很多婚姻却一点也不快乐，于是天堂也就变成地狱了。她认为，与其每天忍受无情的痛苦，跟不适合的伴侣过活，倒不如单身要好得多。而且，快乐的概率，对那些可怜的天真女孩来说，还要小得多。女孩子们在雄心勃勃的父母影响之下，相信自己婚姻能够幸福，精心打扮，为了走入教堂，但结果往往不尽如人意。维多利亚深深感到持续生育的沉重负担，于是宣称："一切婚姻都是买彩票，幸福总是一种交换，尽管可能是吃亏的交换。可怜的女人在身体上、道德上，依然都是丈夫的奴隶。这一点让我如鲠在喉。"

维多利亚当然不是女权主义者，但在这种时候，她的发言却很像女权主义者。有可能她知道很多名声很坏的宫廷案例，全都彰显了女性走入不幸福的婚姻有多么痛苦。最有名的例子，是墨尔本勋爵的好朋友卡洛琳·诺顿，卡洛琳的丈夫乔治，残忍地将卡洛琳抛弃了，不让她有孩子的监护权，甚至不让她见孩子，还不给她任何资助。理由是先前布莱克斯通所主张的（维多利亚和阿尔伯特都是布莱克斯通的好学生，因此也当然知道）："丈夫和妻子通过婚姻，在法律上成为一体，因此女人的存在，就在婚姻中停止了，或至少合并到丈夫的角色之中去了。妻子要做什么事，都要在丈夫的羽翼之下、保护之下、荫蔽之下进行。"现实中，这段话的意思就是，妇女婚后不能拥有任何财产，也不能成为合同中的一方，更不要说起诉离婚了。这种情况，到 19 世纪最后 25 年才有所改变。比如，上文提到的作家伊丽莎白·盖斯凯尔就不能从自己写的小说挣到一分钱，只能从丈夫那里拿一点零用钱，聊以自慰。乔治·诺顿十分恶毒，他用二人的婚姻作为屏障，在二人分开之后，还不让卡洛琳获得收入。案件在社会上公开，引起了强烈反响。最后，1839 年，国会通过法案，允许被抛弃的母亲监护 7 岁以下的孩子；但孩子长到 7 岁，母亲就没有监护权了。

诺顿把墨尔本勋爵指控为离婚案的共同被告。墨尔本勋爵辩解说，自己跟卡洛琳的关系完全光明正大。维多利亚对墨尔本勋爵一直有"疑罪从无"的态度，这时候，她也很可能接受了墨尔本勋爵的说法。于是，维多利亚就能把卡洛琳看成一个受害者，而把她争取监护权和资助的举措看成英雄之举，事实上也是如此。不过，20 年之后，维多利亚出版社（Victoria Press）推出的《英国妇女杂志》（*Englishwoman's Journal*），女王是否还能读下去呢？这杂志的文章，强硬地主张，已婚妇女也有自己的财产权，而且跟女王一样，总是把糟糕的婚姻比作买彩票，或者奴隶制。女王或许曾经注意到芭芭拉·李·史密斯（Barbara Leigh Smith）的《有关妇女主要法律通俗简明读本》（*Brief Summary in Plain Language of the Most Important Laws Concerning Women*，1854），阅读过这个读本，甚至还支持读本的使命——要对年轻女性进行婚姻教育。

维多利亚对早期女权主义著作可能很熟悉，这一点看似惊人，实际上却不那么惊人。维多利亚出版社（这家出版社雇用女性的排字工人）的创始人，名叫艾米丽·费思富尔（Emily Faithfull），此人本事非常了得，女王在 1862 年，竟把她任命为"印刷与出版常务负责人"。这个职位，女王绝对不可能送给她不满意的人。费思富尔是芭芭拉·李·史密斯的朋友和同事，也是朗豪坊交际圈的成员之一。这个交际圈是一群作家、社会活动家、评论家，在伦敦摄政街（Regent Street）附近的朗豪坊 19 号（19 Langham Place）聚会，因此得名。这些人受到活动家杰西·布切里特（Jessie Boucherett）创办的促进妇女就业协会鼓励，建立了一个登记处，如果有妇女要找教师、女家庭教师的工作，就可以到这里来登记；实际上是一个就业机构。他们的目标，跟布里斯托尔的项目一样，把就业的列表扩展到所有家政服务。布里斯托尔也设立了一个类似的办公室，派出巡视员去各地确保用人单位体制健全，不做违反道德的事，而且工作条件和报酬都令人满意。朗豪坊交际圈的办公机构，有一个图书室，可以让妇女在找工作的同时，阅读各种报刊（包括《英国妇女杂志》）；可以签名参加争取已婚妇女权益的请愿；还可以阅读芭芭拉·李·史密斯、艾莎·克雷格（Isa Craig）、贝西·雷纳·帕克斯（Bessie Rayner Parkes）的文章。贝西从 1858 年起担任《英国妇女评论》（*Englishwoman's Review*）的编辑。这些作家都主张，妇女的工作十分重要，也都相信，妇女的工作领域，应该扩展到钟表制造、新闻、医学、监狱管理、工厂监督、监护工作、艺术，当然，还有女子中学、大学的教学工作。

这些女人堪称一支不寻常的中产阶级先锋队。当初，在 1825 年，有一个激进组织"爱丁堡女仆工会",鲁莽地威胁要罢工。如今的这些妇女机构,跟那个工会并没有什么相同之处。相反,如今这些机构依赖的是130万名家政女工,这些女工给了他们宣传鼓动的自由。芭芭拉·李·史密斯是弗洛伦斯·南丁格尔女士的表亲,也是一个私生女,她的父亲是激进主义"唯一神教派"诺威克郡国会议员本杰明·史密斯。本杰明刻意拒绝跟芭芭拉的母亲结婚,而且专门给他的金发女儿安排了一笔年金,好让她自己独立生活。不过,1855 年,芭芭拉跟同事发起了一次请愿,推动国会通过《已婚妇女财产权法案》(Married Women's Property Bill),争取到了 26 000 个签名;这足以说明,朗豪坊交际圈的人,数量不少,影响也不小。参加请愿的人,有一些是维多利亚时期最有名、作品最畅销,也最受尊敬的女作家——当然有伊丽莎白·盖斯凯尔,还有伊丽莎白·巴雷特·布朗宁(Elizabeth Barrett Browning)、玛丽·安·伊万斯[Mary Ann Evans,笔名乔治·艾略特(George Eliot)]、哈丽雅特·马蒂诺(Harriet Martineau)和哈丽雅特·泰勒(Harriet Taylor)。很讽刺的是,后人铭记的,哈丽雅特·泰勒在维多利亚时期女权斗争里的主要贡献,一般都是"把丈夫约翰·斯图尔特·密尔(John Stuart Mill)拉了进来"。维多利亚女权运动本身,也不如后来更激进的"妇女参政权论者"运动有名,这其实是不应该的。密尔号称"理性主义的圣人",也是维多利亚中期自由主义的中流砥柱,尤其在支持女权主义方面。密尔一直坚持说,是妻子泰勒教育了他,让他明白了妇女在婚姻、工人运动、政治体制方面的极端不平等。特别是在《自传》(Autobiography,1873)一书中,他更是强调这一点,为此而痛苦不已。妻子一直是他真正的搭档,跟他一起写出了《政治经济学原理》(Principles of Political Economy,1848)等著作。这些社科类著作并不是讨论妇女问题的,但这本书却第一次专门说明了泰勒起的巨大作用;密尔最重要的作品《论自由》(On Liberty,1859),则是正式献给妻子的,署名也是夫妻二人合署的。

　　密尔的写作风格，既不充满焦虑，也不充满热情。他作品中体现的焦虑和热情，完全是因为妻子哈丽雅特的角色被舆论矮化为"贤内助"，他对此感到不满。约翰·拉斯金的《芝麻与百合》(Sesame and Lilies, 1865)，大致论述，理想的合作者，也就是妻子，只应当允许钻研丈夫已经知道的知识，也只应该永远当一个审稿编辑、助理，在评论出现的时候为丈夫欢呼；密尔坚称，他与哈丽雅特绝对不是这种关系。他们在身体的亲密之前，早就"神交已久"。密尔可能在技术方面，特别是经济理论方面更强一些，但泰勒却了解并传授了两方面的知识，这两方面都绝对胜过密尔：一是形而上学的宏大理念；二是自己作为人类的实践(包括精神上的，也包括社会方面的)。密尔本人拥有的只是"媒介"功能，他在《自传》一书中不诚实地暗示说，任何一个老学究，都能把这种功能掌握得跟他自己一样好。这种专门弄得很正式的辩解，有一种心理潜台词，实际上很有力，也很轰动。约翰·斯图尔特·密尔真正的意思是，他当初见到哈丽雅特的时候，就找到了解放自己的人，让自己从父亲的束缚里挣脱了出来。

　　1830 年，密尔 24 岁，哈丽雅特比密尔小一岁。当时哈丽雅特已经结婚了，丈夫叫约翰·泰勒(John Taylor)，是个城市里的药商，来自一个苏格兰家族。密尔家原先也是苏格兰人，很了解泰勒的家族。当时，哈丽雅特已经出版了不少诗歌、书评、散文。密尔在东印度公司的审查官办公室工作，起草各种急件，送给公司的法律和财政顾问。密尔的父亲詹姆士·密尔也在东印度公司，是他给儿子找了这份工作。家里一共九个孩子，密尔是老大。不过，老密尔却用尽一切手段，想让小密尔成为自己的翻版。老密尔的朋友兼导师，是著名学者杰里米·边沁(Jeremy Bentham)。老密尔拼命要推行边沁的功利主义信条，其目的是增进人类"最大数目的最大快乐"。一开始，这位大彻大悟的立法者就有一个假定：人是一组感觉接收器的集合，不是对快乐做出反应，就是对痛苦做出反应。因此，他的目标就是，尽可能扩大快乐，减小痛苦。他主张，各种给人类带来痛苦的物质和道德问题，都要系统而科学地分析；量度问题的规模，诊断问题的原因，开出问题的药方。然后，发表一份报告，提出立法的建议；再招募一个有工资的视察团，监督法律的实施与执行。迄今为止，人类的所有帝国，都是靠着权力统治的；而大英帝国却要用知识来统治。詹姆士·密尔曾经出版一部巨著《英属印度史》(*The History of British India*, 1817)，详尽得令人看不下去。出版之后，他成了东印度公司审查办公室的主任候选人。

父亲的巨著面世的时候，约翰·斯图尔特·密尔只有 11 岁。不过，他却在此前很久，就开始了训练，目标是把他培养成一名"宣传幸福的人"。父亲认为，孩子的心灵就像一张平滑柔软的蜡纸，空无一物，但非常善于接受；因此，教育的影响越早越好。老密尔决定，从三岁就开始教孩子希腊语。入门教材是《伊索寓言》，很快就出现了柏拉图(Plato)、历史学家希罗多德(Herodotus)(全部著作)，还有经济学家色诺芬(Xenophon)。算术比起希腊语来无聊得多。到了 8 岁，就开始了不间断的拉丁语课程，有纳撒尼尔·虎克(Nathaniel Hooke)的《罗马史：从开始建设到共和时期》(*The Roman History from the Building of Rome to the Commonwealth*, 1738—1771)，课外书则是约翰·米勒(John Millar)的《英国史观：从撒克逊人定居到斯图亚特王朝建立》(*An Historical View of the English Government from the Settlement of the Saxons to the Accession of the House of Stewart*, 1787)。密尔一家住在伦敦郊区的斯托克纽因顿格林，这是当年普莱斯博士居住的地方，住着激进的改良主义者，以及女权主义者。一家人觉得这个地方很好。老密尔绕着绿地散步，朝着更远的乡村远足；与此同时，训练自己 10 岁的孩子微积分，教给他罗马农业法律、希腊雄辩术的分析。老密尔去东印度公司走马上任之后，约翰·斯图尔特·密尔又担负起了教育弟弟妹妹的重任。闲暇时间，在阅读爸爸《英属印度史》校样，以及政治经济学、逻辑学的课程之间，小密尔也想办法偷着看了点文艺作品，主要是莎士比亚的。14岁那年，爸爸允许他去了一趟法国南部城市图卢兹附近的蓬皮尼昂宫旅游；但他回来之后，无情的严格训练又重新开始。

老密尔成功把约翰·斯图尔特打造成了一架思想机器，填满了一切人类想得到的知识，计算和运算能力也校准得非常精确。但与此同时，小密尔也被这个"了解一切重要事物"的负担吓坏了，他恐惧严厉的父亲，害怕自己不够优秀，为此痛苦不堪。不过，小密尔至少相信，他拥有了智慧的基础和道德的使命感。19世纪20年代中后期，各种评论报纸上，有一些最聪明、最尖刻的作家，对杰里米·边沁、詹姆士·密尔发起了一系列攻击，深刻动摇了小密尔的这个想法。这些作家当中，最重要的是托马斯·卡莱尔，以及（理念有区别的）年轻的托马斯·贝宾顿·麦考利。卡莱尔抨击功利主义，说它的罪名是"误以为人类与将人类聚集在一起的文化，都类似机器，一旦显出故障的迹象，就可以重新装备"。卡莱尔说，只有最天真的人，才能对这样一个显而易见的真理无动于衷：造成一些社会快乐，另一些社会痛苦的，不是基础物质，而是精神。麦考利则抨击功利主义的另一个罪过：用科学手段优化社会改革，强加在公众身上，会与保护自由的任务发生冲突，而功利主义拒绝承认可能有这样的冲突。

密尔的余生，一直都在试图解决这些冲突——自由与社会改革的冲突，以及逻辑和感情相互竞争的主张的冲突。一天，老密尔的"唯一神教派"牧师——威廉·约翰逊·福克斯（William Johnson Fox），带着泰勒夫妇来密尔家做客。泰勒夫人长着一双大眼睛，有着天鹅一般优雅的脖颈，口才很好，说话也很自信。密尔马上就被她迷住了，本能告诉他，他已经找到了一种全新的"教育"。没多久，密尔就知道，哈丽雅特·泰勒年纪轻轻就嫁了人，现在非常不开心。倒不是她丈夫对她有什么暴行，用当时的标准衡量，这个丈夫甚至还可能非常称职。只是哈丽雅特自己对理想婚姻有一种提高了的标准，按这样的标准衡量，她就发现了二人之间有着深深的不兼容。泰勒先生对哈丽雅特珍视的——艺术、诗歌、哲学无动于衷。身陷这样的婚姻关系，哈丽雅特只能当一个尽职的"合作者"，再没有其他能力可以发挥。而约翰·斯图尔特·密尔却相反，极为敬仰哈丽雅特的精神品质和独立思想。这种品质和思想，让哈丽雅特感觉，自己的婚姻就好像监狱。又过了几个星期，两人之间的通信，称呼就变成了"最亲爱的"。1833 年夏，密尔给哈丽雅特写信："啊，我的爱，我们的相识，已经增加了如此巨大的快乐，而绝不可能增加罪恶。不论在你看来，这关系是什么或不是什么，你永远都不应该为它而有片刻的后悔……我在照料你的知更鸟（哈丽雅特的宠物），就仿佛它是亲爱的你一般。"

尽管接下来 20 年艰难的感情长跑中，哈丽雅特·泰勒和约翰·斯图尔特·密尔尽可能多地相伴一起，而且亲密程度超乎寻常，但密尔在《自传》里的说法，应该还是真的——他坚持说，身体上的礼节从来没有打破；只有在他们结婚之后，才会享受性爱的极乐。不过，他们面临的尴尬局面，也确实让他们的注意力，转向了维多利亚时代英国离婚的各种困难。

朗豪坊的女权主义者当中，有一位名叫弗朗西丝·鲍尔·科布（Frances Power Cobbe）的，她说，在法律上，有一些人不能提起离婚诉讼，这些人包括"罪犯、智力低下者、未成年人"，而已婚妇女也被放进了这一类人当中，不能提起离婚诉讼，但她们自己则可以因为通奸被丈夫休掉。1857 年，国会通过《离婚和婚姻诉讼议案》（*Divorce and Matrimonial Causes Bill*），然而这法案并非为了方便女性离婚。法案的实施，是为了预先制止一种能给予已婚女性财产权的措施，于是，这个法案并没有纠正两性之间的不平等，反而让这种不平等状态永久化了。丈夫可以因为妻子通奸而休妻；但妻子若因为丈夫通奸而离婚，则这种通奸必须是强奸、肛交、兽交，或者某种不确定的残忍行为。以及，不言而喻，只要受害的妻子依然没有自己的财产或者收入，提起诉讼的高额费用，首先就杜绝了妻子提起诉讼的可能。只是因为夫妻感情不和就离婚（哈丽雅特就会这么做），这个愿望，依然是最不切实际的幻想。

到了离婚法案最后通过的时候，哈丽雅特和约翰·斯图尔特·密尔已经结婚 6 年了。之前的 20 年中，大部分时间，哈丽雅特都跟丈夫泰勒分居。有一次，哈丽雅特跟密尔一道去了巴黎半年之后，泰勒终于受不了屈辱，提出离婚。但是，三人这种奇怪的关系，却还是因为某些原因而保持了一段时间。这段时间，泰勒夫妇暂时又住在一起了；密尔会请泰勒夫妇来自己的俱乐部共进晚餐，而泰勒就很知趣地缺席。约翰跟哈丽雅特，似乎被他们坚贞的爱情披上了铠甲，能够抵御两个人引发的各种不适和别人的厌恶，即使这种厌恶来自朋友也不例外，例如卡莱尔一家。有一天晚上，约翰跟哈丽雅特两口子突然乘马车前来拜访卡莱尔。卡莱尔声称，约翰·密尔当时心烦意乱，来跟自己坦白说，他家里有个女仆，把卡莱尔《法国大革命》（*French Revolution*）整部手稿烧毁了。卡莱尔虽然听到这么一个极坏的消息，却还是很欣慰，因为之前有人传谣说，泰勒夫人和密尔两人私奔了。卡莱尔夫人简·威尔士·卡莱尔（Jane Welsh Carlyle）一直不喜欢哈丽雅特。她坚持怀疑，手稿的毁坏，是哈丽雅特的责任。

这些烦恼，约翰跟哈丽雅特都为了"互敬互爱基础上的理想结合"而忍下了。这明确而坚定的信念，让两个人猛烈抨击维多利亚时期的婚姻规则，大部分观点后来写成了一本书《妇女的屈服地位》（*The Subjection of Women*），由密尔在 1869 年出版了。他们主张，整个婚姻系统，完全是用虚假、伪善的包装纸包裹起来的"礼物"。年轻的女孩子被灌输一种谬论，说什么"婚姻才是女人真正的事业"，还说婚姻是女人完美幸福的居所。在"沉默"和"权宜之计"二者的共同阴谋之下，这体制的牺牲品，也就完全不知道，一旦为人妻，会有什么样的家庭现实、社会现实等着她们。有产阶级之间的婚姻，几乎全都是商业交易，经过理性的计算，其目的是为了积累财富、地位、权力。签订合同的各方，都做了种种谈判，实现共同获利。如果一个家庭地位很高，但缺少财富，就会跟有钱却没权的家庭联姻。而这一切的驱动力，永远是坚硬的利益，而非柔软的感情。婚姻表面上是用来抑制欲望的，然而，那些虚假的浪漫言辞一旦无可避免地幻灭，他们的现实生活，就会多多少少走向这个目标的反面。于是，女性就发现自己因一场可怕的交易而变得堕落，进入了陷阱——女性保留华丽的衣服、精致的马车、众多的仆人、孩子、社会地位（如果足够谨慎的话，还能保留情人）；丈夫则可以保留情妇。密尔与哈丽雅特认为，这确实是一种同居生活，但是，"如果对女人来说，这就是人类生活的一切，那么这种生活就是远远不够的；而且，女人只要能感到自己可以追求更大的快乐，自己的志向没有被人为阻碍，就会发出宣言，摆脱这样的生活，去寻求更多幸福"。

最后，让哈丽雅特摆脱婚姻的，还是 1849 年约翰·泰勒的死。两年后，密尔跟哈丽雅特在梅尔科姆雷吉斯（Melcombe Regis）市的登记处结了婚，距离伦敦博览会只有一个月的时间。此时，他们已经跟密尔的家人，还有很多老朋友断绝了往来。他们永结同心之前，密尔坚持要签署一份正式声明，放弃维多利亚时期英国丈夫拥有的、常规的合法权利。这也许是有史以来，最为高尚的婚前宣言：

> 我已获得她的同意，与我迄今为止所知唯一愿意成婚之女子缔结婚姻关系，至为幸福；且现有法律构建之婚姻关系，我与她均完全否定……我因不能以合法手段放弃这些可憎之权力（若能合法缔结可让我放弃权力之婚约，则我必将如此行动），遂深感责任重大，

有必要将针对现行婚姻法律的抗议，正式记录在案……在泰勒与我的婚姻中，我宣布，出于自己的意志和意愿，在我们之间存在任何契约的条件下，她在所有方面，均保留同样的绝对行动自由权利，以及掌控自身、掌控目前和任何时期可能属于自己的一切财产的权利，如同并未有婚姻发生一般；关于"我凭借婚姻获得任何权利"的一切主张，我均表示绝对否定并放弃。

然而，两人的家居快乐，又很短暂。两人此时患上的病，后来都发展成了致命的肺结核。哈丽雅特病得更重，而且日甚一日。她选择住在瑞士的休养所，或者法国东南的普罗旺斯。普罗旺斯的气候更暖，空气也比较干燥；她想要这样来延缓病情。这时候，两个人就会分开几个月的时间。密尔知道自己剩下的时间不多了，就拼命将哈丽雅特关于两性平等的思想整理成文，他称之为"神圣的使命"。医生们对两个人隐瞒了一些情况，尤其是哈丽雅特的病情急速恶化。他们坚持要两个人分开休养，尽管密尔会因两个人分开而极为痛苦。密尔本来在法国坐火车，要回英国看望哈丽雅特。这时候，突然又下了一场大雪，火车被困，无路可通。密尔在车厢里痛苦地沉思着两人共同的灾难，回忆着"意识到自己被爱，意识到自己陪伴在最爱的人身边"，会有怎样的温暖和安心。他又说："此刻，我拥有了以上两种体验，因为只要有她的关怀，我就感觉，好像没有任何真正危险的疾病，会降临在我身上……而当远离她的时候，我又会感觉，和护身符分开了，没有护身符，我就会更容易受到敌人的攻击……"

1858 年 11 月，哈丽雅特在前往地中海的路上，在法国东南部的阿维尼翁（Avignon）病逝。密尔在哈丽雅特的坟墓附近，买了一栋房子，余生大部分时间都住在那里，完成了专著《论自由》，这本书让他成了维多利亚时期自由主义思想的中流砥柱。他把这本书献给了妻子（密尔在

1873 年去世）。密尔尽管忠实地重述了哈丽雅特的观点，却没有百分百同意。他正大光明地论述了女性有权利在家门之外寻找、获取"有用的"工作；却完全不相信，这样做一定能给女性带来快乐。然而，如果她们自愿或者有必要选择如此，密尔就相信，她们有同工同酬的权利。1851年普查显示，英国 600 万名成年妇女，有一半在工作。当时有一种论调，以精神病学家亨利·莫兹利博士（Dr Henry Maudsley）为代表，说女性的"生理"（月经周期的委婉说法）让她们一个月不能工作 8 天以上。对此，密尔毫不留情地回应："现在叫作所谓'女人天性'的东西，很明显是人工制造出来的……我相信，女人的这种情况，只是为了维持家庭生活的从属地位，因为大部分男性还不能容忍同地位平等的人生活在一起。"

1865 年，密尔已经全国闻名了。这一年，有一个威斯敏斯特选举人团体登门拜访，问密尔是否会参加国会竞选。这个时间很关键。约翰·拉塞尔勋爵、威廉·格莱斯顿等自由党派的领导人，受了激进派的刺激，决定设法启动国会改革。这是一次慎重细心的行动，但仍然可以扩大几乎所有"拥有住房者"的公民权。密尔的支持将至关重要。而且他反对普选权和秘密投票，这一点，不仅没有影响他言语的分量，反而增加了他言语的分量。密尔认为，最关键的选举资格是教育程度。他希望选票更能够反映选民教育水平的高低，而不是选民应纳税财产的多少。密尔很清楚，自己的观点非常怪异。他说："我相信，不会有很多选民，也不会有任何选民团体中的大部分，真心希望被有我这样观点的政治家所代表。"更有甚者，密尔竟然不当任何政党的候选人，不发起竞选运动，不拉票，也不为自己的竞选花费一分钱。

还有另一个问题，密尔认为，这问题让他更不可能当选。1851 年，哈丽雅特在《英国妇女杂志》上发表了一篇文章。之后，密尔坚持说，各自治区如果能获得"拥有住房者普选权"，则选民必须包括女性。因为，尽管已婚妇女不能拥有房产，但未婚妇女或寡妇却可以拥有房产；而未婚妇女和寡妇当然数以万计。此外，在 1866 年，"拥有住房者"除了实际拥有房产的人，还包括交纳租金的房客，而这样一来，合格的女性选民就更多了。

哈丽雅特去世以后，密尔的余生，大部分时间都跟过继的女儿海伦·泰勒（Helen Taylor）度过。海伦下决心要让这抗争的火焰燃烧下去。芭芭拉·李·史密斯这时候已经结婚了，嫁给了一个法国裔阿尔及利亚雕刻家，但一年有半年时间分居。她在法律上改名芭芭拉·博迪肯夫人（Madame Bodichon）。海伦鼓励芭芭拉，让她跟密尔商议发起国会请愿。大概有 1 200 名妇女签了名，希望争得选举权。密尔天性不爱发起吵吵嚷嚷的街头运动，然而，不论他希望与否，他还是获得了朗豪坊社交圈的发声支持。社交圈的成员之一艾米丽·戴维斯（Emily Davies），后来成立了剑桥格顿学院。这是伦敦最早的一批学院（女王学院和贝德福德学院）。剑桥格顿学院 1874 年设立，大约 25 年之后，成了第一所牛津剑桥系统的女子大学。艾米丽回忆说，在请愿当中，"芭芭拉·博迪肯夫人雇了一辆马车，车上坐了她、艾莎·克雷格、贝西·帕克斯，还有我，车身上挂了招贴，在威斯敏斯特到处走。我们管这次行动叫'把道德支持献给密尔先生'，不过也有人怀疑，我们可能给密尔带来损害。我们有个男性朋友说，他听见有人管密尔先生叫'那个想让女孩儿进国会的人'。"

密尔当然并没有主张女性参选国会议员，不过，他也相信，这种事将来一定会发生。密尔觉得，有一半选民，仅仅因为性别就无法实行选举的权利，这种事既荒唐，也明显不公平。他们的斗争本来就艰苦卓绝，1866 年 8 月，英国自由党下台，就更艰难了。1867 年 2 月，保守党执政时，迪斯雷利提出了自己的法案。密尔固执己见，坚持主张一切妇女（不只是未婚妇女）都应该有选举权，立场比朗豪坊的活动家更为坚定。3 月，密尔又发起了一次请愿（他成功把请愿书送进下议院一共三次，这是其

中一次），有 3 000 多个曼彻斯特人签名。1867 年 5 月 20 日，密尔发表
了一篇精彩而动人的演讲，正式将《人民代表议案》（Representation of
the People Bill）修正案提交国会，主张在关于将选举权扩展至英国各郡
拥有住房者的条款中，用 "person"（泛指各种性别的人）代替 "man"（男
性）。这个目标，直到 1884 年才实现。这次事件的惊人之处，不在于修
正案没有通过，而在于密尔成功说服了至少 73 名国会议员投票。英国国
会有一种制度，互相反对的两党的两名议员，会因为共同利益而约定对
某个议案放弃投票，俗称 "对子"（pair）；如果连这种 "对子" 议员也算
上，密尔一共说服了 81 人。密尔的支持者包括一些地位显赫的曼彻斯特
人：激进派的托马斯·贝莱·波特（Thomas Bayley Potter）和托马斯·贝
兹利爵士，后者是工厂主，自称 "工人之友"。

　　1867 年 11 月，曼彻斯特进行补选。此时，著名激进派政治家约
翰·布莱特（John Bright）有一个立场更激进的兄弟雅各布，雅各布的
纲领就包括 "拥有住房者的普选权应该包括女性在内"。这次补选中，一
个开店的寡妇莉莉·麦克斯韦（Lily Maxwell），成了有史以来英国投出
第一张选票的妇女。因为登记错误，莉莉才被列入了选民的名单。不
过，雅各布·布莱特和普选权活动家莉迪亚·贝克尔（Lydia Becker）发
现这个错误之后，决定让莉莉参加投票。众人把莉莉护送到投票点，莉
莉投了选票，周围掌声雷动。莉莉成了先锋人物，很明显惊慌失措。尽
管如此，她还是很有英雄气概，而且很同情这些普选权活动家（他们自
从 1866 年以来，一直在和平请愿）；于是，她高高兴兴地参加了这次精
心安排的活动。现在还能见到一张莉莉的照片，看得出，她是个意志坚
定的女子。布莱特与贝克尔认为，莉莉是上天赐给这场运动的礼物。莉
莉·麦克斯韦也像宪章运动土地公司的开拓者安·伍德一样，有着苏格兰
人的节俭之风。她以前当过别人家的女仆，攒够了钱，开了一家商店；
地址在鲁德洛街（Ludlow Street）上，每周租金不低，是 6 先令 2 便士；

这条街上住的是工匠和中产阶级的下层，房屋都是两层小砖楼，上下两层各有两个主要房间。莉莉名声大噪，对保守派的媒体来说，这名声十分恐怖。她出名之后，1867 年 12 月 3 日，莉迪亚·贝克尔给《泰晤士报》写了一封义正词严的信，信中把莉莉写成一个模范选民，那种希望通过《改革法案》获得解放的人。莉迪亚说，莉莉是"这样一位孀妇，她在曼彻斯特一条安静的街道上开着一家小店，自力更生，用自己的收入来支付各种税费。她没有哪个男人要影响，也没有哪个男人来影响她。此外，她的政治原则也十分坚定，因此下定决心，在最近的选举中，投了雅各布·布莱特先生一票"。莉莉·麦克斯韦投票出名，使得莉迪亚·贝克尔成功开设了一个登记处，来登记符合条件的"拥有住房的女性"。到1868 年年底，登记人数已达 13 000 人。

这一切，让维多利亚女王十分惊骇。先前，温情的幻梦与冷酷的婚姻现实距离遥远，对此，她确实偶尔提出了一些保留意见（至少私下里提出了）；而且，有些措施用来约束家暴丈夫、约束恶名昭彰的放荡丈夫，用来照顾一些被残忍抛弃的妻子；对这些措施，女王甚至还表示过赞许。然而，女王却坚决主张：各种不公平现象和残忍行为得到处理，并不等于对一切政治解放大开绿灯，不论这种解放程度有多么微小。1867 年 10 月，女王发出了惊人的自由主义观点，主张有必要将普选权扩大到"下层民众"，因为下层民众已经变得"消息十分灵通，十分智慧，而且极为正当地获得了自己的面包和财富"；这与"可憎又无知，活着只是打发时间的身居高位者"形成了强烈对比。但是，只要一有人讨论"妇女适合行使政治权利"，女王就会勃然大怒。她的文章一般用第三人称来称呼自己，于是她这么写道："这种话题，使得女王气愤不已，无法自控。"她还破口大骂："这种疯狂、邪恶的所谓女权的闹剧，带着各种附属的恐怖，使得她（自己）可怜而脆弱的性别扭曲了，忘记了一切女性感情和礼仪的意识。"

那么，女王对另外一个重要的女权主义话题——中产阶级女性的工作又怎么看呢？女王确实还在继续勤勤恳恳阅读各种急件和文件，但她在结了婚，生了孩子之后，一直觉得政务只是国家强加给她的恼人的义务，而丈夫阿尔伯特在一切方面，都更加适合从政；直到政治严重损害了他的健康之前。女王也基本同意中产阶级主张的"婚姻是女人的事业"这种陈词滥调。1851年的人口普查还揭露了一个事实：在英国，婚龄妇女的人数，比婚龄男子多50万至75万；根据人口统计学家的数据，这一数量差，似乎已经维持很久了。而女王则几乎不可能太过考虑这种情况。曼彻斯特有一名工厂主，也是政治经济学家，名叫威廉·拉思伯恩·格雷格（William Rathbone Greg）。他认为，这种"过剩女子"（spinster surplus）的现象，可以通过移民到殖民地来缓解。不过，这依然会让大概50万名未婚女性落入可怕的命运，要么永远感觉自己是"多余的人"，要么被困在工资极低、名誉也很差的职业当中，例如女家庭教师。19世纪50年代后期，《英国妇女杂志》和杂志编辑贝西·雷纳·帕克斯已经开始响应中产阶级女性的呼吁：她们希望的工作身份，是拿工资的专业人士，而非上流社会的志愿者。此外，她们希望从事的工作范围也更加广阔：在女子中小学、女子大学教书；去监狱、少年教养所；救济城乡贫民；还有一种职业，被官方正式列为女性的"高尚"职业——护士。

女王觉得，护士最完美，符合女性"温柔""慰藉""疗愈"这些品质。英法同俄国争夺克里米亚半岛的克里米亚战争，死伤无数，全是因为战争才有了如此的观念。弗洛伦斯·南丁格尔（Florence Nightingale）史诗般的传奇，震动了整个英国，尤其是女王。南丁格尔为了更高尚的召唤而放弃了婚姻，带着38位年轻女性组成的队伍，前往斯库台湖（Scutari）战地医院。她应付了长着络腮胡子的医疗队和军中的官僚，从他们那里想尽办法，拿到了最基础的必需品——绷带、夹板、肥皂。她把洗衣盆变成了自己个人的纹章。女王多次表示，自己生错了性别，不能跟士兵们一道吃苦、一道作战，为此十分遗憾。女王亲手织了长围巾、袜子、连指手套，给前线写了不止一封信，看望了从前线回来住院的士兵，这样军人们就应该知道，因他们的痛苦最为悲伤、因他们的牺牲最为感动的就是女王陛下。英军在巴拉克拉瓦（Balaclava）和英克曼（Inkerman）两个地方死伤惨重，消息让女王和阿尔伯特整夜睡不好觉。《泰晤士报》有一位战地记者，名叫托马斯·切纳利（Thomas Chenery）。他在1854年10月报道，负责管理和下命令的人十分无能，基本军需物资也十分短缺，情况越来越严重；因此，女王的母性关怀意识也越发敏锐。

斯库台湖的护士们，就是代替女王而出现的。1856年，战争结束。南丁格尔回到英国，在巴尔莫勒尔堡受到女王接见。女王听取了她对战争苦难的描述。不过，在克里米亚半岛上，还有一位女英雄，被士兵们奉为"众人的妈妈"，但女王并不认识；后来，女王过继的侄子，上尉伯爵维克多·葛雷晨（Captain Count Victor Gleichen）把这位女英雄的事迹告诉了女王。南丁格尔觐见女王的同一年，伦敦郊区的王家萨里花园举行了一场大型宴会和音乐会，来了11支军乐队，为了给这位女英雄玛丽·西科尔（Mary Seacole）筹款；玛丽刚刚宣告破产了。回国的士兵之所以这么敬仰玛丽，有着很充分的理由。士兵若是生病或受伤，能被人送到玛丽开的"英国旅馆"（British Hotel），就能有很大的机会幸存下来。在斯库台湖，可并非如此。

然而，玛丽要想成为正统的维多利亚时期女英雄，却有一个障碍：她的肤色。玛丽出嫁之前叫玛丽·格兰特（Mary Grant），父亲是苏格兰人，母亲是牙买加人，她是白人与黑人的混血儿。后来她结婚了，丈夫是之前提到的海军名将霍雷肖·纳尔逊的教子之一。婚后，她在牙买加开设一家半旅馆半康复中心的机构。1831年，当地霍乱流行；1853年，更为严重的黄热病疫情暴发。这两次瘟疫当中，她创造了很多奇迹，挽救了很多死亡边缘的生命，为此而声名鹊起。痢疾和脱水并发症的死亡率几乎是百分之百，她治疗这些疾病的疫苗方案，全都来源于加勒比地区植物药典。这种来源，让这些药方一概被医院斥之为"野人"的魔法药水；而玛丽申请前往克里米亚治疗霍乱和伤寒（当时死亡人数最多的两种疾病），也被立刻驳回，特别是被南丁格尔亲自驳回。

当初，南丁格尔年轻的时候，护士一行被人视为低贱的职业，多亏有在战争部任职的一位贵族西德尼·赫伯特男爵（Baron Sidney Herbert）为南丁格尔说情，才没有断送她的事业。玛丽·西科尔却没有赫伯特男爵为自己说情。不过，她动用自己的财产，还是想办法带上两个最为信任的牙买加厨师，去了地中海东岸。她一到此地，就去了克里米亚——最惨烈的战争舞台，而没有去土耳其的战地医院，因为显然那儿不欢迎她。玛丽在离巴拉克拉瓦大概两英里的地方，花了800英镑，建起了"英国旅馆"，可能是模仿她在牙买加的医疗机构。这是一所军需物资补给站、一家要开赴前线的士兵食堂，也是治疗伤病员的护理康复中心。斯库台湖的病房又湿又冷，"英国旅馆"始终都有人打理得温暖而干燥。士兵如果得了霍乱或者伤寒，病倒了，最好的待遇是就地护理，而不是穿过黑海，住进斯库台湖的战地医院；这一过程可能要花费三个星期，极为痛苦，而且那里的医院也是死亡陷阱。

当然，"英国旅馆"也有大老鼠；"西科尔阿姨"的灭鼠队一大清早就看见了很多。老鼠消灭之后，西科尔就会开始早上的例行公事。早上7点是咖啡和茶，然后给鸡拔毛，做熟；做火腿和牛舌；炖肉汤；炖大黄药汤；烤馅饼和威尔士干酪面包；最重要的则是她申请专利的大米布丁，没有牛奶，所以运输起来很方便，不会变坏。哪怕没有牛奶，这布丁也蕴含着某些非常母性的东西：这是一种安慰人心的食物，舀出来送给士兵们，能消除他们在战争中的一切恐怖，让他们再次变回小孩子，让黑白混血的阿姨喂饭。一位归国的士兵写道："你要是足够幸运，能在供应大米布丁的日子来英国旅店，我保证你骑马回到小屋的时候，一定会特别感动，因为西科尔妈妈给了你一点回家的感觉。"

阿里克希思·索耶（Alexis Soyer），是改革俱乐部有名的厨师，他在 1855 年也为士兵们做了自己设计的炖菜。玛丽曾经看着他，用戴着珠宝的胖手，把炖菜舀出来。索耶赞赏说，西科尔的菜肴有益健康，她的英雄气概也非常可嘉。住院的士兵照料好了，西科尔就给两匹骡子装上鞍辔，拉着一辆马车出发。马车上装了热食冷食，还有基本的急救器械——绷带、毯子、夹板、针线、酒精。马车会一直到炮火纷飞的围城战场中，然后有一名希腊犹太人带路，他熟悉那些壕沟、军营的位置，带着西科尔走进硝烟，寻找伤员，既有英法联军的人，也有敌军俄国人；他们不仅需要急救，也需要一杯热茶，一句安慰的话语。西科尔明白，他们还需要一块干净手绢的擦拭。骡子在炮火中艰难前行，迫击炮弹从老太太身边呼啸而过。不止一次西科尔听见："快趴下！妈妈！快趴下！"她回忆道："我就带着狼狈不堪、一点也不淑女的焦急，去拥抱大地。"她已经习惯了恐怖。有一次，她发现的一个伤兵，下巴中了一枪。玛丽把一根手指塞进伤兵嘴里，想要撑开嘴，把汤灌一些进去。伤兵却咬紧了牙关，咬伤了她的手指，她不得不让人把伤兵的嘴巴撬开。

在恶心与虐杀的噩梦中幸存下来的人，几乎没有一个能忘掉玛丽·西科尔。战争结束了，她从克里米亚回到伦敦，没有人请她去巴尔莫勒尔堡，却有一堆债主上门逼债。不过，在之前提到的王家萨里花园，以及科芬园（Covent Garden）、女王剧院（Her Majesty's Theatre）举行了一系列筹款活动，终于让西科尔免于破产。阿里克希思·索耶和威廉·拉塞尔两人都想尽办法，确保西科尔的事迹广为人知。女王过继的侄子——霍恩洛厄-兰根堡的维克多王子（Prince Victor of Hohenlohe-Langenburg）参与了战争，也是一位业余雕刻师。他为绰号叫"妈咪"（Mami）的西科尔塑了一尊半身像。也许是通过维克多王子，女王终于知道了西科尔，在 1857 年写了一封亲笔信给她，赞扬她的功绩。西科尔

1881 年去世，留下一栋价值 2 000 英镑的宅子；这全都是她护理过的伤员的捐赠。然而，战争的伤亡依然笼罩她余生的记忆：冻僵的破碎尸体；本来应该快活地玩板球的小伙子们，却死在了泥淖之中，眼睛"半睁着，带着安静的微笑"，或是"在炽热的激情中突然倒下，苍白的面孔凝固了，蔑视与仇恨的目光，让你的热血变冷"。

维多利亚时期的英国人，特别是玛丽·西科尔这样坚韧的老护士，内心应该很强大了。死亡无处不在。在伤寒肆虐的兵营里；在霍乱肆虐的贫民窟；在患上结核病的中产阶级的手帕上。各种高尚的沙龙活动，只要一有人突然控制不住地咳嗽起来，让飞沫溅到合身的衣服上，众人就会突然沉默，在同情和自保之间左右为难。

这一代人轻松愉快地成长起来，他们改造周边环境的事业，比前人都要来得宏伟，因此拥有了部分应得的自信；对他们而言，无处不在的死亡，似乎是一种过于严苛的矫正措施。毕竟，他们造出了蒸汽船越过大洋，在大河两岸架上了钢铁的大桥，还用电报缩小了世界。这样的文明，也一定能很快征服各种疾病。确实，这一时期，显微镜技术的发展，第一次揭示了病原体的存在和生长；然而，人们却不知道怎样才能遏制病原体的分裂，除了用板刷去刷洗之外。

在这种"可望而不可即"的折磨中，死神就乘虚而入，冷冷地嘲笑着维多利亚人控制生命的梦想。人们活着的时候，力量似乎无所不能；而一旦死亡，却会完全静止下来。这种转变十分惊人，催生了人们对死亡的强烈不满，也正因如此，哀悼仪式才会具有极端特殊性；代表了人们让死者在生者中展现尊严的愿望。维多利亚时期的陵墓，规模巨大，设计豪华，石雕风格热情而夸张；这种待遇，活人是远远享受不到的。这些全都是为了推迟"遗忘"和"虚无"。每一吨用作建材的雪花石膏和斑岩，每一个悲泣的小天使，每一幅挂有绉布的肖像，都是为了让逝者音容宛在，等着即将到来的复活世界。

　　这个复活世界，是维多利亚女王最为期盼的。因为她先前相信过，上帝向她保证，永远不会让阿尔伯特抛弃她，留她一人承受国务的重担，而上帝却背信弃义了[1]。为此她愤怒不已，说道："我们纯粹、快乐、安静的家居生活，是让我忍受憎恶至极的职位的唯一支柱。而它却在 42 岁的时候被拦腰斩断了！我先前曾经如此热切地期盼，上帝永远不会让我们分开，会让我们一起老去。而这生活的毁灭，实在是太可怕，太残忍了。"女王之所以这么痛苦，有一部分是因为，阿尔伯特亲王的疾病和死亡，似乎证实了两人同伴关系的必要性。只有同伴关系，才能让家事与国事同时得到支持。阿尔伯特为家庭、国家，也为人类（女王说出"为人类"不会犹豫）所做的，远远超出了他自己的职责，于是就在劳累焦虑之下撒手人寰了。英国舆论并未给予阿尔伯特应得的地位，这一点，让维多利亚更加不满。女王想让阿尔伯特享有"配王"（King Consort）的头衔，但 1857 年阿尔伯特不得不接受了较为低级的"王夫"（Prince Consort）称号。此外，威灵顿和托利党人担心外国甚至罗马教皇干涉，从而禁止阿尔伯特使用"阿尔伯特国王"（King Albert）的称号。更有甚者，"好人与伟人阿尔伯特"（Albert the Good and Great）尽管视察了很多市政厅和模范工厂，也为无数医院举行了奠基仪式，舆论却还是仅仅将他视为一个外国人；英国贵族阶层说话做事都普遍慢吞吞，有气无力；他们将阿尔伯特履行职责的认真态度，视为"外国人"的更确实的证据。如今，贵族阶层依然在败坏社会风气，女王对此十分憎恶。

　　这一切，不仅仅是这位寡妇的幻想。地处欧亚非三大洲交界处的奥斯曼帝国，从 17 世纪开始衰落，欧洲列强都在争夺奥斯曼的控制权，由此产生了"东方问题"。阿尔伯特对东方问题十分关注，而且，克里米亚战争似乎确实让他衰老了很多。战争之前好几年，英国流行一种恐俄

[1]　1861 年 12 月 14 日，阿尔伯特因积劳成疾而病逝。——译者注

气氛，统治阶层怀疑阿尔伯特对沙皇的政策太软弱。为了维护自己的名誉，阿尔伯特发疯一般进行统计调查，制订计划，做出了有些过分的弥补。他对一系列重要问题做出了评论：陆军的现状（很不好）；有必要建设一所优质训练营；军医面临的各种恐怖；后勤的各种隐患；奥斯曼帝国政府的现状；博斯普鲁斯（Bosphorus）海峡的海军问题……写满了50卷对开的本子。每天早上，女王坐到办公桌前的时候，已经有一摞文件排列整齐，让阿尔伯特事先分类、筛选停当，让她细读、同意、签字。克里米亚战争结束之后，阿尔伯特注意力转向了《巴黎和约》（*Peace of Paris*）的各种复杂因素，以及英法联军的关系；极有可能发生的美国南北战争[1]对英国经济的影响；以及发展本国畜牧业的计划；用城市下水道的废物供应农村肥料的方案；还有在英国科学促进协会的工作。阿尔伯特本来一直起床很早，现在更是深夜就起来，借着书桌的绿色灯光来工作。哪怕在比较轻松的时候，按照一个宫廷评论者的说法，他也"热衷于安排日程"；在巴尔莫勒尔宫和奥斯本宫，只有午饭的时候，才让人说一些非常滑稽的俏皮话。19世纪50年代后期，尽管阿尔伯特也热衷于在巴尔莫勒尔猎鹿，但他的精神状态越来越不好，就连乏味的玩笑，也越开越少了。他独处的时间、被焦虑淹没的时间则越来越多。英国歌谣里有一个人物杰克·斯普拉特（Jack Spratt），他不能吃肥肉，他的妻子则不能吃瘦肉；如今，阿尔伯特和维多利亚，也变成了杰克夫妻的宫廷版。阿尔伯特脸色蜡黄而憔悴，脾气暴躁；维多利亚不断生孩子，身体完全走了形，胳膊上的赘肉甚至淹没了手腕，僵硬地坐在丈夫身边。阿尔伯特为英国担心，维多利亚则为丈夫担心。

与此同时，两口子都为了威尔士王子伯蒂担心。长女维姬温柔聪慧，17岁嫁到了普鲁士宫廷，成了皇太子妃（Crown Princess）。其间，

---

[1] 战争实际上发生在 1861—1865 年。——译者注

母亲一直相当没有意义地哭天抹泪，说自己把"小羊羔"送到条顿人（Teutonic，典型德国人）的婚床上去当"祭品"了。阿尔伯特也很想念女儿维姬。维姬一走，大弟弟伯蒂不按照父母意愿发展的问题就更突出了。阿尔伯特愤愤地说："伯蒂的癖好，就是没法形容的懒惰！我这辈子从来没有见过这么彻底、这么狡猾的懒骨头！"其实，伯蒂只要离开了让人窒息的宫廷环境，他就成了一个欢乐而开朗的小伙子，对自己的职责，也不像爸爸以为的那么敏感了。学习上，他在牛津大学基督教堂学院也没有让自己丢脸；有一次他去加拿大旅行，则是一次彻底的个人的胜利。不过，他去爱尔兰卡勒地区的兵营，服过一次轮值的兵役，这场活动就不那么成功了。因为在那儿，以及其他一切地方，都无法逃避一个事实，就是伯蒂嗜好女色，尤其在女人穿上紧身胸衣的时候。父母眼中，如此的好色，能够最精准地损害家族的名誉；这样一来，对家族道德的重视也增加了。英国王室为了重新获得尊敬，付出了巨大努力，也取得了一些成就。而伯蒂的不负责任，却有可能让这些成就毁于一旦。

于是，两口子抓紧制订计划，要让伯蒂快点娶到丹麦公主亚历山德拉（Princess Alexandra）。丹麦公主容貌秀丽，身材窈窕，性格也确实温柔娴静，肯定能够满足伯蒂在床第之间的渴望。不过，哪怕与丹麦王室的商议正在进行，到了 1861 年下半年，阿尔伯特和维多利亚还是发现，伯蒂跟一个名声很坏的"女演员"纠缠不清。这种最新的破坏行为，简直称得上叛国。两口子大惊失色，赶紧写信给伯蒂，用非常直白的言语，警告他这种风流事将会导致的自我毁灭——疾病、妊娠、勒索和闺房的共和主义，与此同时，阿尔伯特还在苦苦挣扎，要处理一场外交危机。1861 年 10 月，美国南方政权"邦联"（Confederate）的特使，乘坐英国蒸汽邮轮"特伦特"号（Trent）前往欧洲购买武器，结果邮轮被美国北方的军舰"圣哈辛托"号（USS San Jacinto）的舰长查尔斯·威尔克斯（Charles Wilkes）下令扣留，特使被抓。当时，英国在美国为战中宣布中立，美国扣押中立国军舰，违反了中立法。英国首相巴麦尊控制的辉格党政府，同情美国南方，准备好了采取一切措施，对抗华盛顿的林肯政府。阿尔伯特竭尽一切政治手段，缓和英国做出的反应，避免另一场无谓的战争。

11 月底，亲王已经在视察桑赫斯特（Sandhurst）时患上"风寒"而"感到不适"，却还是到剑桥去看伯蒂，向他宣读了暴乱法案。当时的天气，是东安格利亚地区在过"米迦勒节"（Michaelmas）时的典型天气，狂风呼啸，大雨滂沱。阿尔伯特回到温莎城堡，感冒加重了，而且一直好不起来。当初，阿尔伯特在奥斯本宫种下了一棵小树苗，不祥地沉思道，他可能见不到树苗长大了。而今，女王惊恐地发现，他似乎在给自己量尺寸，好做寿衣。他说："我确定，自己若是得了重病，就会马上放弃生命，不会挣扎求生。我没有求生的意志。"御医詹姆斯·克拉克大夫，多年以前，给阿尔伯特的孩子们诊断、治疗，就曾经让阿尔伯特又愤怒又绝望；此时，克拉克又一次"不负众望"，没有发现，王夫阿尔伯特其实得了伤寒。等到巴麦尊首相把另一位大夫请来，已经太迟了。

阿尔伯特时而清醒，时而糊涂，从温莎城堡的一个房间走到另一个房间，最后终于在蓝厅里住下，不再挪动了。爱丽丝公主在隔壁房间里弹奏了一些赞美诗。女王前来给他朗读历史小说家沃尔特·司各特的《山峰上的贝弗利尔》（*Peveril of the Peak*，1823）。这本书现在还保存在王室图书馆中，扉页上有维多利亚的亲笔题字：为我亲爱的丈夫读到此书 81 页的记号处，此时他已重病缠身，三天后他就不幸辞世了。极为惊人的是，81 页上的那一段是：他听见了说话的声音，但对他来说都是毫无意义的声响。几分钟后，他便沉沉睡去了，比他生命中……任何一次睡得都要安详。

这真的是巧合？还是女王先前看过这一段，此时选了来当作文学上的告别之语？特别是因为，这一段在情节里说的其实并不是死亡，而是一次用来恢复健康的深深睡眠？12月14日下午，阿尔伯特醒过来了，似乎精神很好。他理了理头发，好像是要穿好衣服去赴宴。他喃喃地说："Es ist nichts, kleines Frauchen."（德语：没事的，小妻子。）维多利亚稍微离开了床边一会儿，等她回来的时候，阿尔伯特已经去世了。女王那张圆圆的胖脸，发出了一声极为痛苦的惨叫。

全世界最伟大帝国的君主，被世间谁也无法抵御的力量击倒了。她伏下身体，哭了很久很久，声音或高或低，咳嗽不断，乃至秘书和大臣以为她要发疯了。维姬也跟妈妈差不多一样难过。她接到妈妈一封信："亲爱的孩子，你说得没错，我不想让感觉好起来。眼泪的慰藉作用太大了，尽管从上周三开始，我就没有号啕大哭过，可每天眼泪还是止不住一次次涌出，极大安慰了我伤痕累累的心灵。"1862年，维姬来看妈妈，发现女王哭着睡着了，身上盖着阿尔伯特的外衣，臂弯里抱着阿尔伯特的红色睡袍。维多利亚的日记写道："睡觉是多么可怕的事！与爱人的温情比起来，是何等的对比！孤身一人！"

维多利亚倘若认真地考虑过自杀，她也被使命和记忆阻遏住了。她的日记坦白："若我继续活着……今后我会为丧父的孩子们和我不幸的国家而活，国家因阿尔伯特的离去而失去太多。我生命的意义，只在于做那些阿尔伯特一定想让我做的事，因为他就在我身边，他的精神会引导我，激励我。"女王有了强烈的冲动，不想承认死神让他们分开的胜利，想要维持阿尔伯特还在身边的幻想。她花了20万英镑，在弗罗格莫尔（Frogmore）庄园修建了一所精致的陵墓，这个价钱与修建整个奥斯本宫的价钱相当；陵墓里除了夫妻二人的墓穴，还有女王母亲——肯特公爵夫人的墓穴。公爵夫人在这一年的早些时候去世了。陵墓设计者是意大利出生的法国雕刻家卡罗·马洛切蒂（Carlo Marochetti），还有一座夫妻二人的塑像，是威廉·希德第三创作的。塑像身穿盎格鲁-撒克逊的衣服，显示萨克森-科堡王朝的联合；古老的神话相信，这就是"古老的英国宪法"。然而，冰冷的大理石，却并没有得到允许，宣告一切的结局。维多利亚世界里的一切，除了她余生一直佩戴的黑白两色帽子之外，全都用来维持阿尔伯特依然陪着她的神话，于是把宫廷生活变成了一场旷日持久的降神会。阿尔伯特去世的蓝厅，并没有按照德国灵堂——Sterbezimmer的样式布置，而是永远布置成了他在世的样子。椅子的座套如果旧了，必须用完全一样的复制品代替。每天，屋里都摆上热水、剃刀、刮脸的肥皂，还有新衣服。阿尔伯特的其他衣服谁也不准碰，只有少数衣服，女王心烦意乱的时候，用来垫着睡觉。她后来冷静了一些，但晚上睡觉还是披着阿尔伯特的长睡衣，外加一只他手的石膏模型。阿尔伯特睡的那一边，放了一张大幅照片，还有一根常绿树的小树枝。按照德国的基督教传统，这小树枝不仅象征不朽，还象征复活。

　　孀居生活，成了女王的全职工作。维多利亚余生（这余生还很长）致力于一项至高无上的事业：让阿尔伯特的记忆，在那些不够肯定他的臣民当中保持下去。如果必须有欢乐的事情，那么最好不要让她看见；就算伯蒂后来娶了爱丽克斯（Alix，亚历山德拉的爱称），爱丽丝公主嫁了路德维希四世，称号黑森–达姆施塔特特大公（Grand Duke of Hesse-Darmstadt）。这两次婚礼，宾客眼里更像葬礼，而且对女王来说显然是折磨。爱丽丝婚礼之后，女王在日记里倾诉："我说了，愿上帝保佑她；但我听到她说自己嫁给路德维希很骄傲、很高兴的时候，荒凉而滴血的心中还是插上了一把匕首。"而女王唯一能接受的文学作品是各种安魂曲，桂冠诗人丁尼生（Tennyson）的《悼念集》（*In Memoriam*，1850）。这本诗集出了一个新版，当然，是献给已故的亲王的。为了纪念阿尔伯特，女王决心制作一个书架，下令编辑一套阿尔伯特讲话的选集，写一本他早年的传记，此外还有一套五卷本的传记，包含了他所有的职业生涯和著作。到处都立起了亲王的纪念碑。在苏格兰，沿着阿尔伯特当初猎鹿的途径，树起了一个个花岗岩的石堆纪念碑。最高大的一座刻上了碑文："伟大的好人阿尔伯特，他心碎的未亡人泣立。"英国国内和殖民地，有 25 个城市，为阿尔伯特建了雕像。1866 年 11 月，女王终于从独居生活中走了出来，乘火车去伍尔弗汉普登给一座新雕像揭幕。她带着"沉重的心，颤抖的双膝"下了火车，被军乐队的音乐，以及挥舞小旗的群众欢呼声包围。女王看到这么热烈的场景，感动不已，竟然让人送了一把剑来，把市长大人加冕成了骑士。市长一时吓得要死，以为女王要砍他的脑袋。城市里兴起了一股修建纪念碑的热潮，其狂热程度，反映在狄更斯 1864 年写给朋友的信中："你若是能在某处，遇到一处难以到达的洞穴，能让隐士躲避到此，离开阿尔伯特亲王的纪念活动和追思会，请一定告知我。在英格兰这一片地方，完全没有如此荒凉、深邃的所在。"

　　还有其他难以控制的因素开始显现了。女王筹资打算在肯辛顿修建一所纪念馆，尽可能靠近阿尔伯特的伟业——伦敦博览会的旧址，还有另一座纪念雕像，面对着纪念馆。然而，最初计划筹集 12 万英镑，却只筹到了 6 万英镑。纪念馆委员会不得已，只能在肯辛顿公园修建单独的纪念雕像了。阿尔伯特坐在王位上的巨型塑像，由卡罗·马洛切蒂雕刻；乔治·吉尔伯特·斯科特爵士（Sir George Gilbert Scott）负责设计塑像所在的哥特复兴式纪念亭。塑像在纪念亭正中，阿尔伯特的遗骨放在一个有尖顶的镀金圣骨箱里，箱子又放在一个基座上。这个造型，不幸被批评家比作了一个巨型调味瓶，或者糖筛子。神龛有一个天棚，周围是四尊巨大的雕像，象征四种基督教的美德；还有另外四尊雕像，象征四种道德品质。基座上还有一些标志，象征着亚、非、欧、美四大洲；上面还有一条 200 英尺长的横饰带，雕刻了 170 位欧洲文明史上的天才，这样，阿尔伯特就可以陪伴着同样不朽的大人物，诸如亚里士多德、但丁、莎士比亚、荷加斯、莫扎特。传记作家利顿·斯特雷奇（Lytton Strachey）在《维多利亚女王》（Queen Victoria,1921)一书中精辟地指出：

这种神化亲王的大规模运动，对这位思维复杂而开放的天才而言，一定程度上是一种损害。他实际的身份，是现代英国社会的第一位首脑。

可是，对于维多利亚而言，阿尔伯特的身份，主要是"完美的基督教勇士"，而不是现代知识的倡导者。"像他那样生活"的观念，让女王每天早上七点半准时起床，像阿尔伯特生前那样，埋头处理政治文件和急件。德比勋爵、拉塞尔勋爵担任首相的时候，都曾经劝说女王，结束正式的哀悼期；或者退一步，说女王或许应该考虑一下，行使国家职责，召开国会。然而，他们只要这么一说，女王就一半自怜、一半愤怒地回应道：怎么会有人这样没有心肝，竟然会往"被哀伤与焦虑击碎的可怜而柔弱的女人"身上继续捅刀子呢？阿尔伯特死后，维多利亚从公众面前完全消失了。一开始公众还能理解，但是过了一段正常的哀悼期之后，就引发了媒体一些不尊敬的评论，而且培养了17世纪英国内战以来持续最久的、民众对共和主义的偏爱。1866年和1867年，《改革法案》通过的时候，问题尤其严重，因为当时激进主义风头再起，而托利党领袖本杰明·迪斯雷利尤其需要君主地位稳固，否则他自己的前途将难以预料。1866年，首相拉塞尔勋爵再次提议召开国会。女王强烈反对，觉得自己被迫出席这个场合，让人们都来围观"一个心碎的可怜寡妇，紧张不已，缩成一团，从深深的哀悼中被拖了出来"。但最后她还是同意召开国会，尽管态度十分怨恨，使得她因为召开国会而赢得的国民支持，可能还不如因为态度不好而失去的支持多。女王提出了一个条件：想让她出席国会，决不能安排政府的马车，没有游行队伍，不穿长袍，特别是不发表讲话。由上议院大法官代替女王宣读致辞，与此同时，女王面带愁容，戴着寡妇的帽子，穿着哀悼的黑衣，坐在大厅里面。她连重复一下这个姿态都不愿意。次年6月，女王再次拒绝召开国会。6月8日，讽刺杂志《印第安战斧》(*The Tomahawk*)刊登了一幅有名的漫画，画的是一件巨大的斗篷罩在空无一人的王座上，说明文字是：不列颠尼亚哪儿去了？更早的时候，还有人在白金汉宫的栏杆上贴了一张讽刺海报，写的是："此处房屋……因新主人经营不善，故招租或出售。"

有很多人试图说服女王出山，结束这种损害政治的隐居生活。但是，却有一个男人，坚定地"保护"女王，把这些说客一概打发走了，而女王在挥之不去的哀痛当中，也似乎能够依赖这个男人——巴尔莫勒尔宫的苏格兰男仆约翰·布朗（John Brown）。布朗以前深受阿尔伯特赏识，于是众人很自然地把布朗推荐给了女王。对女王来说，布朗变成了一个不可或缺、无处不在的存在，女王给布朗的权限之大，难以想象，是她的秘书、子女、大臣远不能及的。而让他们又惊恐又尴尬的是，布朗竟然会管女王叫"婆娘"。布朗还会对女王的穿着评头品足，给女王推荐当天最好的日程安排，而且一直保护她不受外界"纠缠不休的各种请求"的影响。女王则创建了一个特别的头衔"女王内侍"作为回报。布朗会给女王安排每天乘坐的双轮轻便马车，安排巴尔莫勒尔宫的苏格兰舞会，而且有时，安排的时候还喝醉了酒。

直到 1871 年，威尔士王子伯蒂生了一场大病，险些去世；加上 1872 年 2 月，女王又遭遇了一次暗杀，死里逃生（布朗亲手抓住了罪犯），她才终于从一厢情愿的自我封闭中解脱了出来。迪斯雷利首相跟女王建议，为了庆祝伯蒂康复，组织一次全国范围的感恩礼拜活动，礼拜仪式在圣保罗大教堂举行（特别是因为当时的共和主义运动正在高潮期）。女王同意了。感恩礼拜在 1872 年 2 月 27 日举行。女王受到了大批民众的热烈欢迎。1872 年 7 月，阿尔伯特纪念亭在肯辛顿花园举行了揭幕仪式。之前，由一家合资公司负责，修建了对面的王家阿尔伯特音乐厅。两年后，即 1874 年，迪斯雷利终于让国会通过了《王家头衔法案》（Royal Titles Bill），让女王加冕为印度女皇（Queen-Empress of India），给了她一种全新的独立权威的感觉。

不过，女王自己看来，她从来没有背离阿尔伯特死后的誓言："他的意愿，他的计划，他对一切的看法，就是我的法律。"当时普遍的价值观，确实认为这是寡妇正确而得当的职责；同样，人们也认为，在婚姻存续期间，妻子的全部职责，就是把自己的意志，融入家庭生活的意志。当时有一位寡妇作家，与盖斯凯尔齐名，名叫玛格丽特·欧丽梵（Margaret Oliphant）。出于需要，她写起了通俗小说，一生写了一百本。然而，舆论对她的态度，更多是同情而不是敬仰。因为，她本应恪守女人的本分，保护家庭的尊严，不受男性主导的丛林——资本主义市场的侵犯；相反，她竟然做起了赚钱的事业。这怎么能跟女人的天职兼容呢？维多利亚忍受丧亲之痛的一段时间，英国出版了三本论述"妇人命运"的书，被人奉为神明。以上观点，正是这三本书所主张的：第一本是考文垂·巴特摩尔的抒情长诗《房中天使》（1854）；第二本是约翰·拉斯金的《论女王的花园》（Of Queen's Gardens），这是他 1865 年在曼彻斯特讲的两门课程中的一门，后来出版，改名《芝麻与百合》；第三本最重要，是伊莎贝拉·比特恩（Isabella Beeton）夫人的《家庭管理全书》（Book of Household Management，1861）。这三本书都极为畅销。《芝麻与百合》第一版卖了 160 000 册，主要在于，当时的所有女子学校一发奖品，肯定就发这本书。不过，跟《家庭管理全书》一比，《芝麻与百合》就小巫见大巫了；《家庭管理全书》1870 年之前卖了 200 万册。不过，这三本书，并没有把家庭妇女描写成只能永远服从的角色。拉斯金尤其反对那种认为女人只是"主人的影子和侍从形象"的"愚蠢的谬误"。实际上，这些书籍之所以畅销，一大原因就是书里传递了这样的信息：女人有着巨大的力量，这力量并非浪漫主义的吸引力，而是更加具体实际的力量。

考文垂·巴特摩尔和比特恩夫人，在崇拜"壁炉与家庭"的组织当中，作用堪称一对互补的"书立"。诗人巴特摩尔歌唱着"妻子"身份的卓越之谜，《家庭管理全书》则提供了 1 000 多页的指导，告诉妇女应当怎样确保"圣殿"——家庭能够打理得一尘不染。巴特摩尔的作品是供高层女祭司所用的祈祷文，比特恩夫人的作品则是家庭控制管理的详尽手册。比特恩夫人的巨著，开篇第一段就明白地表达了这个含义："家庭的女主人的职责，就如同军队指挥官、企业领导人的职责一般。"拉斯金的立场则更加复杂。他的课程标题就暗示了，这些用散文形式呈现的课程，给"女王"加上了"女祭司"和"将军"的隐喻。女王的职责，不光是确保臣民的枕头蓬松，让人睡得舒服；也不光是确保烤肉能够及时做熟。女王还有更加高尚的责任，保护社会免受贪得无厌的资本主义的侵蚀。家庭的反自由主义，就是一种屏障，保护社会免遭市场凶猛的冲撞。应当保证家庭大门里面，还有其他的基本原则能够实施，而不是互相竞争的个人主义——家庭是"和平之地，保护人不受伤害、恐怖、疑虑、分裂困扰的避难所"。

然而，倘若拉斯金的个人品质被公众所知，他开药方的信用就不会这么好了。他28岁时，娶了18岁的艾菲·格雷（Effie Gray），但艾菲当时正迷恋一个画家，这场婚姻彻底失败，两人连夫妻之实都没有。拉斯金写下《芝麻与百合》的时候，正在为了他自己的百合而神魂颠倒。这是一位青春期少女，名叫露丝·拉图什（Rose La Touche），拉斯金是她的辅导教师和人生导师。后来，拉斯金自我欺骗，觉得露丝应该做他的妻子。拉斯金一求婚，露丝惊恐万状，赶紧逃开了。露丝在先，被拒绝的拉斯金在后，两人都发生了精神崩溃，症状差不多一样严重。危机的爆发，完全是因为拉斯金的角色转换得太突然了。开头是受人尊敬的教师，道德和智慧的守护者，现在摇身一变，突然要当恋人和丈夫。拉斯金之所以没有看到越来越大的灾难，正是因为《论女王的花园》明确表示的观点：他想象着女人通过大量阅读，就能够从索然乏味的、对丈夫的服从中解放出来，也从关于时尚的无用唠叨中解放出来，转而让自己的身份，变为与男子平等的存在。就着早餐的橘子果酱，女人应当发表艺术、哲学、道德的观点。

然而，不同于维多利亚时期那些更加传统的家庭美德的立法者，拉斯金其实并没有坚称，女人仅仅属于家庭。他说："男人有一种个人的职务，或曰使命，那就是扩展另一半的领域，这领域包括自己的家庭、公众的职位，或是与国家相关的使命。所以，女人也就有一种个人的职务，或曰使命，同自己的家庭、公众职位、国家使命相关，这也是那种事物的扩展。"拉斯金说的"那种事物"是什么意思呢？指的是任何事物，能在世间帮助他人，特别是外面的穷人，建立自己的家庭。他又说："女人在家门之内的任务，是秩序的中心，痛苦的镇痛膏，美的镜子；她也同样有在家门之外的任务，而在家门之外，维持秩序要更加困难，痛苦要更加切近，美好也更加难以寻找。"《芝麻与百合》赚了很多钱，使得拉斯金能够帮助多名年轻的女慈善家和改革家，例如奥克塔维亚·希尔（Octavia Hill），用这种方式成为"房外天使"。希尔的祖父是著名社会改革家罗兰·希尔（Rowland Hill）。拉斯金跟女孩子第一次见面的时候，她才只有 15 岁。尽管她还单身，而且显然投入的事业并非做妻子和母亲（至少在她 40 岁之前），但拉斯金还是把她视为给其他众人创造家庭的人，就算不是为自己创造家庭。拉斯金资助奥克塔维亚，建立了"慈善组织协会"，买下了第一批伦敦公寓大楼，改造成了"改进型"工人家庭的居所。然而，奥克塔维亚的目标，不仅是改造建筑，还要改造租客。她的志愿者去收租金的时候，都带着一堆表格，让租客们填写，写出他们这一星期都做了些什么。他们说："酗酒、道德败坏、游手好闲的人，不要指望得到慈善零花钱的救助，除非他们能够向委员会证明自己确实要努力改造。"积习难改的行为不良者和惯犯，会作为道德疾病的传染源而被赶出公寓。在拉斯金看来，这是"女王式"力量发挥良性作用的最佳范例，能够让先前充满尘土和喧闹的家庭变得一片和谐，让野兽的巢穴变成一个美和信仰的所在。

但是，假设有一个维多利亚时期的中产阶级妇女，快活地嫁了人，那么她果真会有勇气，给家庭引入某种更适合外在世界的业务吗？这种业务，尤其是"外部装饰"性质的业务，能否与家庭的性质相容？或者，它会不会无可避免地污染拉斯金称为"纯洁圣殿"的神圣性？为了测试这一点，维多利亚只需要做一件事：赶着马车，在怀特岛的弗雷什沃特（Freshwater）路上走上几英里，路过她颁奖的桂冠诗人阿尔弗雷德·丁尼生勋爵的住处"蒂姆勃拉"（Dimbola）。这所宅邸是两座放大版的农舍，从1863年起，这里成了维多利亚时期最伟大的摄影师——茱莉亚·玛格丽特·卡梅隆（Julia Margaret Cameron）的照相馆兼住宅。

19世纪60年代的摄影界主要分为两派：一派是上流社会的业余人士，把摄影当作艺术；另一派是专业人士，拍摄的主要是旅行、文学、军事领域的名人、警察和医学档案照片。还有一个更加隐秘也更加有利可图的市场——色情业。摄影器材和照片处理的过程，花费十分可观，尤其是用化学方法还原的硝酸银，需要涂在玻璃板上形成感光层，还需要用金质的调色剂来调色。这就让这种爱好只能局限在中产阶级上层和贵族中间，他们经常在自家的摄影棚和暗房里工作。茱莉亚·玛格丽特·卡梅隆的前辈当中，最伟大的一位，要数克莱门蒂娜·霍瓦登女士（Clementina, Lady Hawarden），出身爱尔兰贵族家庭。可惜，她42岁英年早逝，她那独具特色而又充满情欲的天分也戛然而止。她的宅邸位于爱尔兰的邓德拉姆，这儿是她最早的摄影棚之一。后来，她和丈夫搬到了南肯辛顿，距离博览会只有一箭之地。在这儿，她给自己的公寓加盖了一栋附属建筑，专供摄影之用，还用自己两个正值青春期或者已过青春期的女儿当模特。尽管她的风格独树一帜，但却没有对摄影界的权威造成什么困扰或挑战，顺理成章得到了英国王室摄影学会颁发的奖项。她在伦敦办了三次影展：第一次是1865—1866年，在P.D.科尔纳吉画廊（P. & D. Colnaghi）；第二次是1866—1867年，在法国画廊；第三次是1867—1868年，在德国画廊。因为自己的贡献，她获得了一枚银质奖章，还得到了应得的热烈赞扬。

　　茱莉亚·玛格丽特·卡梅隆的故事则完全不同。她的家庭来自殖民地，这一点不仅令人尊敬，而且令人安心。她原名茱莉亚·帕特尔（Julia Pattle），爸爸是英裔印度人，妈妈是法国人，她兄弟姐妹一共七个。然而，帕特尔家的女孩子们，却在印度出了名，人称"古怪美人"。然而，这些姑娘却喜欢艳丽的印度丝绸和披肩，而不喜欢太太们应有的、端庄严肃的维多利亚式衣服。理所当然，这些姑娘拥有了很多倾慕者。有个倾慕者写道："看到这些姐妹花中的一位，飘然走进房间，身穿的袍子从眼前横扫而过，衣褶落下，几乎可称作奇观，令人难忘。她们一丁点儿也不在意，自己在公众眼中的形象。"1838 年，23 岁的茱莉亚走进了一场很认真的婚姻，嫁给了查尔斯·黑·卡梅隆（Charles Hay Cameron）。他是伊顿公学和牛津大学的古典主义学者，立志要在伦敦大学当一名道德哲学教授，却失败了，因为他没有担任基督教的圣职。但卡梅隆此时已经事业有成，加入了总督顾问委员会（Governor-General's Council）和锡兰[1]的法律专员，在锡兰拥有大片种植园。

　　1848 年，查尔斯·卡梅隆忽然放弃了全部家产，辞职跟茱莉亚回了英国。在英国，他显然想再次把自己贡献给"更加崇高的事物"，专门写了一篇论文，论述崇高与美的概念。当时有一个家族名叫普林塞普（Prinsep），是在印度研究东方学的世家，在伦敦则是画家和诗人。卡梅隆一家，经过普林塞普家族的介绍，进入了上流的沙龙社会，这里的参与者有诗人丁尼生，还有伟大的天文学家约翰·赫歇尔爵士（Sir John Herschel）。茱莉亚在弗雷什沃特拜访丁尼生的时候，看见那两间农舍改造过了，变成了"蒂姆勃拉"。一家人就带着孩子定居在这里，而查尔斯·卡梅隆呢？他即使没有变成书海遨游的隐士，也变成了一个即将遁世

---

[1]　锡兰（Ceylon），斯里兰卡的旧称。——译者注

的哲学家。丁尼生有一次看见卡梅隆在卧室里睡着了，"胡子浸透了月光"。

可能在 1863 年年初，茱莉亚 48 岁的时候，别人送给她一架照相机。当时的照相机都是一个沉重的大木匣。没多久，茱莉亚就把"蒂姆勃拉"一间盛放煤的仓库改造成了暗房，把鸡舍改造成了"我的玻璃屋"——摄影棚。有很多关于她事业的文献，都把这个开端看作"热情的产物"，觉得她这个业余分子，需要一种爱好来填补"怀特岛上中产阶级彬彬有礼的仪式"与"前拉斐尔派一批又一批来访者"之间的时间空白。其实，显然从最初的家族文件开始，茱莉亚打算从事的工作，就要严肃得多，无论从艺术上还是从商业上。锡兰的咖啡一次次歉收，卡梅隆家族的光景也越来越差。然而，查尔斯却越来越沉迷书斋，一点儿也没有打算或者有能力去恢复失去的财产。1866 年 9 月，茱莉亚的女婿查尔斯·诺曼（Charles Norman），写信给茱莉亚的赞助人之一，请求 1 000 英镑贷款。信上说："最近两个月，我的岳父身无分文，债务也随着各种生活必需品的账单而迅速增加。"所以，不论茱莉亚是否始终希望做一位专业摄影师，她如今都感到，为了家庭，必须成功不可。克莱门蒂娜·霍瓦登女士比较有钱，可以在一次义卖集会上出售自己的作品，供"女子艺术学校"（Female School of Art）用钱；而茱莉亚却不得不出售作品自己挣钱。不过，她虽然把摄影当作挣钱的正式工作，却不会损害她的美学标准。她的一位模特相信，卡梅隆夫人"有一种信念，她一定要让摄影出现革命性的进步，挣到大钱"。挣大钱需要花大钱。查尔斯显然既担心岳父，也担心岳母，他向一位债权人报告说，"上次我明确告知了母亲，这一方面的任何帮助都可以给她，而且，她未来是快乐还是困顿或痛苦，完全取决于她本人"。

然而，自己开拓道路，正是茱莉亚·玛格丽特·卡梅隆寻找的机会。而且，她足够坚强，可以坚持下去。她一些丁尼生风格的、光彩照人的圣母像，以及蒙着轻纱的少女像，非但没有削弱女人当时更为梦幻的刻板印象——"纯洁与热情的化身",反而增强了这种印象。不过,茱莉亚自己可没有这么天使般超凡脱俗。她雇不起帮手,只得一切脏活都自己干:加工湿润的火棉胶,污秽了手指,涂上硝酸银感光剂,确保玻璃板在湿润的条件下暴露出来,显影、定影、冲印照片。她的肖像照片和"诗意的"实验作品,主要特征,是一种极有表现力的特殊光影效果;这种效果,需要自然光才能充分表现。而弗雷什沃特的天气阴晴不定,不总是晴天,所以她摄影的曝光时间就格外漫长,有时候需要 10 分钟以上。不论她自己的孩子,还是家里的仆人,还是那些名人,例如画家、雕塑家乔治·费德里科·沃茨(George Frederic Watts),前拉斐尔派创始人之一威廉·霍尔曼·亨特(William Holman Hunt),托马斯·卡莱尔,天文学家约翰·赫歇尔爵士,丁尼生——全都被迫摆成一动不动的姿势,一直摆到难以忍受。赫歇尔是当时全英国最有名的人物之一。茱莉亚命令他必须洗过头发,这样她就能用自己乌黑的手指,让赫歇尔的头发变蓬松,得到满意的天才肖像:背光照亮,一脸震惊。卡莱尔一些最有名的照片,堪称艺术史上最为捉摸不定的头像照片,看得出来,他非常不安。然而,摄影师却把这种不安变成了优势。她认为,卡莱尔的头,就是"米开朗琪罗雕塑的粗糙版"。不过,卡莱尔的性格也是有名的不安和善变。所以,茱莉亚拍的卡莱尔的头,就同时具有"不朽"和"精力旺盛"两种品质,宛如"卡莱尔火山"的猛烈震动,宛如"黑灯笼里面火光"的燃烧。

可以想见,茱莉亚操纵对焦与曝光,到了极端的程度,于是摄影协会就不赞成了,嘲讽她拍摄的一系列"失焦的名人肖像"是"俗气的下流之物",明明技术不过关,却伪装成了诗意的感觉。《摄影杂志》刊登了一篇典型的讽刺评论,说道:"我们必须赞赏这位女士的创新勇气可嘉,然而,这种勇气的代价,则是其他一切摄影质量的丧失。"茱莉亚名气越大,评论就越恶毒:"委员会非常遗憾地表示,无法认同非摄影专业给予她作品的盛赞。委员会确信，她在设法具备基本的艺术修养之后，将会采用完全不同的方式，重新表现她那些诗意的理念。"这种讽刺的潜台词当然是，女人当中，除了极少数克莱门蒂娜·霍瓦登女士那样高尚的业余人士，其他人都必须掌握一种必要的摄影技巧——清晰度，否则就没有理由炫耀自己的作品。当然，清晰度就如同"举重"，以及那些"浸透了化学反应的摄影加工步骤"，是一种内敛的机制，一种含而不露的艺术。而茱莉亚拍出来的那些模糊的、梦幻一般的东西，同主流的理念格格不入。

然而，茱莉亚就是跟"清晰"不对付。她完全无意给大自然制作呆板的、分毫不差的复制品。她的目的，是用这带着镜头的机器写诗。浪漫主义时期，文艺界有一种探索行动，探索的是内部感情，如愤怒、悲伤、喜悦、狂热的幻觉，如何表现在外部。茱莉亚的作品——让摄影协会如此惊慌失措的这些"人头"，目的在于把这种探索再向前推进一步，创造出身为"英雄"的思想家、艺术家富有表现力的影像。茱莉亚喜欢拍古装照片，同样赋予这些照片一种诗意的感觉。尽管她让镜头中的孩子、仆人、愿意配合她的朋友，沐浴在散射光中，但她偶尔也能故意操纵模特的自我意识，让她们扮演不同的角色。有时候，这种操纵还显得不近人情。她给一个16岁的女演员爱伦·特里（Ellen Terry）拍过一张极美的照片，特里9岁登台演出。这张照片题为"悲伤"（Sadness），恰如其分，因为当时特里嫁给了已经46岁的艺术家乔治·沃茨，早在两人到弗雷什沃特度蜜月的时候，这场婚姻就分崩离析了。[1]另外一组佳作，是卡梅隆养女库勒涅·威尔逊（Cyllene Wilson）的照片。库勒涅的生父是一位严格的基督教福音派牧师，主张"人们要么忏悔，要么受诅咒"。威尔逊是绝望，特里是悲伤，在感情上呈现不同的两极。茱莉亚为了获得

---

[1] 两人结婚10个月之后离婚。——译者注

库勒涅脸上的绝望表情，把她锁在一个柜橱里几个小时，直到库勒涅自然而然显出这么一张脸。最后，库勒涅也许觉得这种折磨难以忍受，结果离开家庭，奔向大海，嫁给了一个大西洋轮船公司的工程师，30 多岁的时候在阿根廷死于黄热病。

茱莉亚的事业很成功，但似乎还是不够成功。摄影协会对她敬而远之，她就从另一条渠道拿到了赞助，来自丈夫的一个伊顿老朋友——银行家塞缪尔·琼斯·劳埃德（Samuel Jones Loyd），爵位是奥弗斯通男爵（Baron Overstone）。她把自己一些最优秀的作品分配给了劳埃德，用以换取投资。她在意大利出版商保罗·科尔纳吉（Paul Colnaghi）的画廊办了摄影展，卖了作品，又跟单色版印公司签了合同，让公司出版她摄影的碳复制品。为了不受盗版所害，茱莉亚按照当时刚通过的《版权法》（Copyright Act，1869），给自己的 505 张照片做了登记，公众因此认为，她想尽可能利用自己的特色和名声来挣钱。在交易商和出版商的努力之下，她的作品终于出了名。然而，家庭的败落还是发生了。1875 年，家庭的财富如同蒸发一般，变得无影无踪。茱莉亚和丈夫回到锡兰，1879 年她在锡兰去世。尽管当时印度一带的摄影业已经开始发展起来，但他们热衷拍摄的是寺庙和茶会，并非茱莉亚的兴趣所在。她拍的照片越来越少，最后干脆不拍了。不过，她一生的成就，足以消除那些歧视"女艺术家"的人脸上的轻蔑。

卡梅隆给丁尼生的《国王的田园诗》（Idylls of the King，1874—1875）拍了一组照片当作插图，女王因为怀念阿尔伯特而非常喜欢这首诗。几乎可以肯定，女王也通过她的作品而知道了她，不会排斥女人当摄影师。然而，女人当医生就要可怕多了。哪怕是想一想，女孩子竟然会熟悉人体各种恶心的细节，女王也会认为这是骇人的下流行为，不要说女孩子跟男人一起解剖尸体了。而那些朝着这个方向迈出第一步的勇敢先驱，只能借着假装学习护理的机会，学习医学。矛盾的是，护士尽管对活着的人体同样熟悉，舆论却认为护士的工作不那么吓人。1861 年，阿尔伯特亲王去世的同一年，米德尔赛克斯医院（Middlesex Hospital）发生了一件大事，让考官们大吃一惊。有个 25 岁的女孩子，名叫伊丽莎白·加勒特（Elizabeth Garrett），参加了教学医院的资格考试，而且拿了第一名。她的名字是缩写，写成了"E. Garrett"；考官没有发现这是一个女人。加勒特的父亲，是萨福克郡（Suffolk）一名富商。加勒特 15 岁就不上学了。她本来应该按部就班，准备嫁人当家庭主妇，还可能会通过拉斯金式的教育学习读书绘画；然而，她脑子里却打着别的主意。有个美国女医生伊丽莎白·布莱克威尔（Elizabeth Blackwell），做了一番演讲，改变了加勒特的一生。布莱克威尔生于英国布里斯托尔，后来移居美国。1849 年，她 28 岁的时候，当了全美第一名被正式任命的女医生。后来她在欧洲继续钻研医学。同年，她在巴黎的妇科医院工作时，不幸左眼受到感染而失明。据她叙述，这所医院确实欢迎女性雇员，但身份只是"男医生的半文盲的补充"。之后布莱克威尔又回到美国。1853 年，她在纽约的公寓楼里建起了一所只有一个房间的药房。1857 年，她终于成立了"纽约女子医学院"（New York Infirmary and College for Women）。简而言之，她是一个活着的传奇。

伊丽莎白·加勒特也下了决心，要在英国做出一番事业，就像布莱克威尔在美国的事业一样。加勒特的富翁爸爸一开始看到女儿这么鲁莽固执，非常担心。但后来还是被女儿说服了，资助她表面上的护士学习，包括她在一所医学院的课程。尽管男生排斥她，学院也不让她参与全程解剖，她还是不屈不挠，买来尸体碎块，在自己卧室里解剖。

1861 年考试事件之后，米德尔赛克斯医院恳求加勒特，不要把考试结果公布出去。然而，此时《英国妇女杂志》登了很多文章，呼吁成立一支女医生大军，专门研究妇科与儿科医学。大概是得到这些文章的鼓励，加勒特还是决定公开结果，当时的舆论把这件事当成医疗业的丑闻。加勒特还申请就读伦敦大学，得到了一位倾慕者——自由党政治家格莱斯顿的推荐。为此，大学评议会专门举行投票，投票结果是 10 票赞成，10 票反对。伦敦大学名誉校长，第二代格兰维尔伯爵是格莱斯顿的同事，他公开声明反对格莱斯顿的推荐，结果加勒特被拒。1865 年，加勒特又参加英国药剂师协会（Society of Apothecaries）的考试，合格了。协会发现自己的疏忽，大为恐慌，赶紧通过了一个章程，不让女人当药剂师，而且有追溯效力。1870 年，在巴黎，加勒特成功做了两台手术，而且通过了法语的笔试和口试，巴黎大学终于给她颁发了医学学位。然而，女性立志追求医学的战役，还远远没有结束。也是在 1870 年，有五位女性，为首的是索菲亚·杰克斯-布莱克（Sophia Jex-Blake），想要参加爱丁堡大学的医学考试，结果有人几乎掀起暴乱，对五人进行人身威胁。考场门口围了一堆人，百般嘲讽这五个女人。她们好不容易才挤到门口，刚进去，紧接着就有人赶进去一群绵羊。不管当时的女性是否讨厌婚姻，在这条路上，却经常是支持她们的丈夫给了她们力量。加勒特也嫁给了蒸汽船的船主安德森，名字改成了伊丽莎白·加勒特·安德森（Elizabeth Garrett Anderson）。她终于能开设自己的"新女子医院"（New Hospital for Women）了。

加勒特一直拒绝承认社会给女性安排的工作范围。19 世纪 70 年代，像她一样叛逆的人越来越多了。这十年之间，伦敦博览会鼓吹的口号"和平、繁荣、自由贸易"（Peace, Prosperity, Free Trade），听起来越发不和谐。19 世纪 60 年代后期，银行业发生了很多变故与合并，商业的擎天巨柱动摇了。在欧洲，"不列颠治世"似乎也无力阻止国与国之间的侵略战争，有些单一民族的独立国家与帝国，在战乱中形成了。此时，大众传媒也逐渐兴盛起来，急需各种耸人听闻的材料。爱尔兰的暴力冲突、巴尔干半岛的虐杀事件，给传媒提供了渴望已久的大字标题。然而，在维多利亚时期的图书馆和辩论团体当中，已经产生了更有颠覆性的东西，这东西就是查尔斯·达尔文出版的《人类的由来》(*Descent of Man*，1871)。

伊莎贝拉·比特恩规定的职责之外，这一辈的母亲一代和祖母一代人，虽然也在渴求更多的事业，但这些事业至少能被基督教疗愈和慈善的工作填满。现在，局势不一样了。达尔文自己常常抗议说，他的理论的各种影响，并非能对信仰造成威胁。若是如此，这种抗议，还是至少有一点不真诚。实际情况是，信仰的一大保护伞，乃是信仰的权威；而这权威的基础，是上帝的直接启示。如今，达尔文却给世人看了一个道德上漠然无情、正在自行进化的宇宙。这种理论一旦被人看过了，消化了，相信了，就会至少有一些博览会前后出生的女孩子，觉得很难再屈服于男权的宗教王国。这时的女性，不再需要旧日的福音"教堂和家庭"，而需要新福音"教育和工作"。而且，既然竞争，适者生存的斗争已经变成了世界运行的真理，那么女性为什么还要在斗争面前退缩呢？拉斯金恳求"女王们"采取超脱的态度，反对那些尘世中喧扰而疯狂的推搡、忙乱。但是，却有一批女中豪杰，她们是女子高等教育的佼佼者，也是一些更加有野心的女性工作的成功者。这些豪杰提出了相反的主张：女人正是需要接触更宽广的世界，才能成为更好的妻子、母亲，至少也能成为更好的自己。"女王"需要从花园走出来，走进都市的丛林。

当然，拉斯金本人不反对女子教育，还一直在资助女子教育事业。但是，他也明确主张，教育的内容，决不能超过男子所认为适当的科目；教育的最终目的，也是为了让年轻女子成为更有趣的妻子和伴侣。换句话说，"房中天使"如果能在饭桌上谈论意大利画家丁托列托和丁尼生，就比单纯谈论裙衬（19世纪一种女子服装）和窗帘长度好得多。伊丽莎白·加勒特有一个朋友和同龄人，名叫艾米丽·戴维斯，是之前提到的朗豪坊成员之一。戴维斯也同意这样的观点——如果女性受过教育，则婚姻确实比不受教育的女性要来得幸福。但是，她要求的教育，不只是为了训练出可爱的妻子。戴维斯曾经呼吁，伦敦大学应该授予女生学位，结果失败了。她写道："我们所主张的只有一点，即女子的智慧……应该得到全面而自由的发展。"为了这一目的，不仅要让女性接受基础教育，还要让女性接受高等教育。有一些男人坚持说，女人在生理上就不适合研究数学或者科学。戴维斯质问他们：有很多男人也毫无疑问有着同样的问题，那么他们怎么知道女人在生理上不适合这些工作呢？戴维斯最为憎恨的是，很多女人自己也接受了所谓女人"精神空白"（mental blankness）这种侮辱性的假设。

伦敦大学显然不支持贝德福德学院和女王学院授予女生完整的学位（直到1878年），因此戴维斯本人，这个福音派牧师的女儿，在1866年开始筹款，想要建立一所女子大学。1869年，剑桥市北方几英里远处的希钦学院（Hitchin College）敞开大门，招收了六名本科生。四年后，学院重新开放，改名"格顿学院"。戴维斯长期为了证明女性的智力不输给男子而奋斗。她也从奋斗中获得了动力，坚持让学院的课程与剑桥教务部门的课程完全相同。戴维斯有一个同事，是道德哲学家，名叫亨利·西奇威克（Henry Sidgwick），在大学教授经济学。亨利1871年建立了一处女生宿舍，1880年又扩展成了剑桥大学纽纳姆学院（Newnham College）。关于"什么样的教育对女生的学习和专业技能最有利"，亨利和戴维斯意见不一致。亨利认为，可以让古老的规矩在男性的"神学院"里腐朽，与此同时，女人将会成为拥抱各种新科学的急先锋：经济学、历史、现代哲学、政治学。这就会让她们更适合成为全面发展的世界公民。不过，戴维斯却不同意只有"非正规的"教育才适合女人。如果"证明她们的智力与男人相等"，就必须让女生强制参加希腊语考试，那就参加吧！

至少，同样重要，而且对女人命运同样有革命性的，是这样一个事实：格顿学院等地方，给女孩子们提供了一个另外的家，一个志同道合的社团。每一位格顿人得到的最珍贵的礼物之一，是每天一桶煤，用来烧火，这样她就能在自己的书房里获得全面自由了。不过，有时候，孩子的兴高采烈，也会变成父母毫无掩饰的不快。从女子学院出现开始，所有的父母，只要有了上大学的孩子，都会明白这一点。格顿学院有个女孩子名叫海伦娜·斯旺威克（Helena Swanwick），后来写下了一本书，名叫《妇女运动的未来》（*The Future of the Women's Movement*，1913）。她这样回忆自己刚刚上学的生活：

> 我的书房门一开，我看见了自己的炉子、自己的书桌、自己的安乐椅，还有阅读灯——啊，还有我自己的大水壶！我高兴得说不出话来！可是，妈妈却转向我，张开双臂，含着眼泪说："奈儿（Nell，海伦娜的爱称），你只要愿意，现在就可以跟我回家！"想想这时候我该多难受！太可怕了……我简直不知道怎么才能好好地掩饰真正的感情。我竟然能有自己的书房，还有人告诉我，我只要在门上挂上"请勿打扰"的牌子，就绝对不会有人来敲门！这么好的条件，让我高兴得睡不着觉！

大学的意义，不管是为了婚姻市场而作的一种闲散的准备，还是培养新的专业人才的过程，都代表了自由、自我发现、独立的开始。格顿学院另一名女生，康斯坦斯·梅纳德（Constance Maynard）回忆说，当初在家里，自己和妹妹都"被关起来了，好像鹰被关在鸡窝里一样"。而今可好了："终于，终于，我们漂在了一条小溪上，溪水有了一个真正的目的地，哪怕我们还很不清楚是什么！"这些女孩子，有一些可能会进入别的学校或者大学学院教书，这样就能培养出未来的同道中人——志向远大、思想独立的年轻女性。比如，康斯坦斯·梅纳德后来就上了伦敦大学西菲尔德学院（Westfield College）。其他人，例如伊丽莎白·加勒特·安德森的妹妹——米利森特·加勒特·福西特（Millicent Garrett Fawcett），则结了婚，重新创造当年约翰·斯图尔特·密尔与哈丽雅特·泰勒那样平等而智慧的婚姻关系。米利森特嫁给了政治经济学家、激进派政治家亨利·福西特（Henry Fawcett），福西特是格莱斯顿第二届政府的邮政大臣，1884年去世。米利森特没有专心守寡，不问世事，而是从事了一份直言不讳的工作——宣传公共事业。牛津剑桥系统的女子学院，包括萨默维尔（Somerville）、圣休斯、纽纳姆、格顿。这些学员的第一届女毕业生当中，有将近30%一直没有结婚。这些女生，看到了大量证据，证明伦敦的贫富差距极大，而且还在增加。于是，有很多人决定，不仅要抛弃家庭主妇的生活，还要抛弃整个维多利亚式中产阶级的舒适生活，将好不容易争取来的独立，扩散到工厂和贫民区。1887年，妇女大学睦邻中心在伦敦自治市萨瑟克（Southwark）区开设了第一批宿舍。牛津剑桥系统各个学院的女孩子们，就在这里，跟伦敦一些最贫穷的人生活在一起。

　　19世纪80年代，很多刚成年的女性，如果有幸成为中产阶级，四下一看，确实会看见很多好事。到1882年，已婚妇女终于拥有了自己的财产权。9年之后，又通过了一项法律，禁止丈夫因为妻子拒绝发生性关系而拘禁妻子，禁止丈夫用粗细超过本人拇指的棍棒殴打妻子。19世纪80年代中期，女性还有可能参加某些地方选举投票，以及学校董事会投票。1885年，至少有50名妇女被选为伦敦学校董事会成员，其中包括哈丽雅特的女儿海伦·泰勒。此外还有一些"媒介事物"，虽然不起眼，颠覆性却不小——弹簧锁钥匙、支票簿、自行车。这些东西，都会让《房中天使》作者考文垂·巴特摩尔幻想的那种生活成为历史：女性应该稳稳当当住在家庭的圣殿里，当个女祭司，与外界彻底隔绝。

　　然而，你如果碰巧是伦敦东区的15岁女孩子，为了不挨饿，需要挣得一两个英镑，那就顾不得"守贞"的大道理了。中产阶级的女性改革家，最早介入流浪女孩的生活，是在19世纪50年代。在改革家约瑟芬·巴特勒（Josephine Butler）领导之下，改革家们加大力度反对《接触传染病法案》(Contagious Diseases Act, 1864)的双重标准，该法案要求对妓女进行不留情面的身体检查，而对染有性病的男性嫖客却没有任何规定。终于，法案在1883年被废止。同年，性行为自愿年龄从13岁提升到了16岁。这要归功于《蓓尔梅尔街公报》(Pall Mall Gazette)编辑威廉·托马斯·斯戴德(William Thomas Stead)。当时他揭露伦敦东区有"买卖处女"的嫖娼现象，有人说这纯粹是他臆想出来的，是造谣。为了证明自己说了真话，斯戴德亲自赶赴东区，自己买下了一名女孩子，写了她的遭遇，然后把她交给了基督教慈善组织"救世军"(Salvation Army)。

维多利亚晚期的英国，有整整一代人致力于揭露自鸣得意的言论，反对英国妄自尊大，斯戴德是其中最能言善辩的人之一。与此同时，时间就接近了1887年，英女王登基50周年(Queen's Golden Jubilee)。1868年，女王把去苏格兰的见闻摘选了一些，编成《日记留影——我们的苏格兰高地生活》(Leaves from a Journal of Our Life in the Highlands)，配有她和生前的阿尔伯特，与佃农一起喝茶的照片，佃农们都满怀敬仰地看着夫妻二人。这本日记第一版就卖了2万册，后来还出了一本续集。然而，斯戴德并不想让中产阶级去看这本续集，而是想让他们睁开眼睛，好好看看伦敦郊区的贫穷现状，去阅读乔治·西姆斯(George Sims)的《贫民生活》(How the Poor Live, 1883)。斯戴德深感忧虑的是，大英帝国还在不停地自吹自擂。1885年，苏丹总督查尔斯·戈登将军(General Charles Gordon)在苏丹首都喀土穆(Khartoum)被杀，英国国内把他当成烈士，一片呼天抢地，悲痛万分，但斯戴德却觉得这种悲痛非常做作。他还反对各种吹捧女王的炫耀举动，说这些只不过是大量的粉饰，想掩盖一个巨富和赤贫严重分裂的社会。斯戴德的悲观主义到处传播。一次，年轻的萧伯纳警告说，单纯的人口膨胀，就一定会带来报应："你的奴隶们像兔子一样，不停地繁衍后代，而他们的贫困带来了肮脏、丑陋、欺骗、疾病、低俗、酗酒、谋杀。他们为你把财富堆积起来，而在财富中间，他们的痛苦却在加剧，正要把你窒息。你感到恶心，想要躲避到城市另一端去，而他们依然把你团团围住。"

"繁殖"与贫穷之间的联系太明显了，从而促使一位当时最勇敢的女性安妮·贝赞特（Annie Besant）努力采取了措施。她是林肯郡一个牧师的妻子，但是夫妻没有什么感情。1877 年，安妮·贝赞特跟一名无神论者兼共和主义者、国会议员查尔斯.布拉德劳（MP Charles Bradlaugh）一起被人送上法庭，罪名是淫秽。两人的罪过在于重印了——《诺尔顿手册》（*Knowlton Pamphlet*）。它最早是 1830 年发表的，起了个隐晦的书名《哲学的果实》（*The Fruits of Philosophy*），但内容全都是关于避孕的实际建议。贝赞特与布拉德劳都相信，追求时尚的阶层若是掌握了这样的知识，而且应用得越来越多，是非常好的事。然而，对工人阶层而言，这样的知识，则是保命的必需品；没了它，别说存钱，糊口都不可能，特别是 19 世纪 80 年代经济困难的时候。贫困的家庭如不能设法控制人口，之前那些高尚的慈善家，如拉斯金资助的奥克塔维亚·希尔，对租客的高尚的教诲，就会变成无意义的伪善。贝赞特与布拉德劳在市政厅向地方长官的办事员分发小册子，故意把事情弄得很大，好让司法机关起诉他们，这样就能吸引必要的舆论注意。

副检察长负责起诉二人。诉讼期间，他们肆无忌惮地利用了开庭的机会，在法庭上宣传性教育和节育思想。两人口若悬河，说得连法官都承认，自己觉得这案子很荒唐。陪审团不甚开明，但也发现，尽管这本书确实淫秽，但被告并无意破坏社会公德。最后法庭判决被告停止出版这本书。这个判决当然正是他们想要的。两人毫无悬念地拒绝服从。布拉德劳进了监狱。然而，《哲学的果实》，带着对阴道栓剂、安全套、避孕棉的直白描写，还是在伪装之下畅销了几个月之久。

安妮·贝赞特因为百无禁忌而受到的惩罚，比监狱生活来得更为可怕。她的丈夫，先前已经拥有了儿子的监护权，现在又告到法院，要把小女儿梅布尔（Mabel）的监护权夺过来，理由是妻子同无神论者和传播歪理邪说的人为伍，因此毫无疑问，已经丧失了做母亲的资格。法院把女儿判给了父亲。失去了女儿，安妮曾一度陷入深深的抑郁。之后，社会主义运动把她救了出来。她在1883年写道："现代文明，是一座刷白的坟墓……外壳是亲王、勋爵、银行家、乡绅，里面充满了人的尸骨，正是这些穷人把坟墓建起来的。"2年后，她加入了费边社[1]，致力于和平、民主方式的革命。

安妮这一代人，有很多主张利他思想的年轻女性，被社会主义吸引。有趣的是，这反倒是她们接受的多年灌输——"女性应该是资本主义更加人性化、更加温和的一面"，无心插柳的结果。就连约翰·斯图尔特·密尔，都认为，支配哈丽雅特·泰勒的冲动，是社会性的、人性化的；而他自己的理念则更加理论化、机械化。如今，自由资本主义受到了损害，而社会希望女性能扮演护士的角色，护理自由资本主义；虽然这种任务，女性并不想要，却可以借机做一番自己的事业：努力改变资本主义。这样的理念，激励了费边社另外一名年轻的创立者比阿特丽斯·波特（Beatrice Potter），她后来结了婚，改姓韦布（Webb）。她原先在奥克塔维亚·希尔的组织，后来离开了这些慈善事业的"窥探者"，来到兰开郡巴卡普镇（Bacup），与工厂女工住在一起。最后，她编辑了社会学家查尔斯·布斯（Charles Booth）的《伦敦人民的生活和劳动》（*Life and Labour of the People in London*，1892—1897)，一部17卷的巨著。

安妮·贝赞特也借着一个契机，开创了自己的工人运动事业。在伦敦东区，有一所费尔菲尔德工厂（Fairfield Works），隶属于布莱恩特与

---

[1]　费边社（Fabians），1884年成立，名字取自古罗马将军费边（Fabius），效法他渐进求胜的策略，其思想被称为费边主义（Fabianism），主张各阶层互助，通过和平改造的方式走向社会主义。费边社曾直接推动英国工党（Labour Party）成立，至今仍作为智库而存在。——译者注

梅公司。这里有一群十几岁的火柴女工，处境十分悲惨。火柴女工们向来不缺参与公众运动的精神：1871 年，她们在维多利亚公园参加了一次大规模示威，反对格莱斯顿政府给火柴增税的提议。运动影响极大，连女王都愤怒地给格莱斯顿写信说，火柴税带给穷人的损失，要比带给富人的损失多得多，还会"严重影响火柴的制造与销售，而据说有大量最贫困的人口，全都靠着火柴业为生"。大会和里尾路（Mile End Road）的游行，全都被布莱恩特与梅公司无耻地利用了，他们可一点也不想看到自己的产品被征收惩罚性的税款。后来，提议被否决。公司出钱召开了一次庆祝大会，还在堡路（Bow Road）建了一个自动饮水器。

这次示威，是公司组织的一次封建制的工厂动员。然而，17 年之后，公司却搬起石头砸了自己的脚，年轻的劳工们把矛头指向了公司本身。1888 年，斯戴德与贝赞特出版了报纸《链接报》（The Link），这是一家不屈不挠调查劳工现状的周报，售价半便士。报纸登了一篇文章，揭露了火柴女孩们的工作现状。每周工资只有 4~12 先令，至少一半要付单间的租金，这单间还一般用来和兄弟姐妹同住。女孩子们的管理制度极为残酷。如果被发现双脚不干净（没几个人买得起鞋），还要从本来微薄的工资里扣掉罚款。很多人得了一种叫作"磷毒性颌骨坏死"的疾病，这种病会让人毁容，病因是吸入了白磷蒸汽；当时很多火柴公司已经禁用白磷而改用安全但价格更高的红磷。公司对外声称，利润太过微薄，无法更加慷慨；但与此同时，公司却向股东支付丰厚的红利，股东里面有很大一部分是英国国教会（Church of England）的神职人员。对探听丑闻的活动家而言，这可是天赐良机！安妮在《链接报》的文章里，用夸张的手法渲染了痛苦和讽刺。她问道："你们知道吗？这些女孩子以前用头顶着箱子，一直顶到头发磨掉了，15 岁就秃头了。那些在布莱恩特与梅享有股份的乡村牧师们，让你们 15 岁的女儿坐到膝头吧，轻轻抚摸她一簇簇的丝滑卷发，欣赏这光彩而浓厚的娇柔之美！"

　　为了进一步发动舆论机器，贝赞特干脆站到费尔菲尔德工厂外面，跟社会主义同事赫伯特·巴罗斯（Herbert Burrows）一起，向人分发额外印刷的火柴女孩文章。几天后，女孩子们组成一个代表团，来到《链接报》位于舰队街的办公室，告诉贝赞特和巴罗斯，公司逼迫她们在一篇否认揭露报道的协议上签名，说不签就要开除。女孩们不仅没有签名，还纷纷向《链接报》倾诉她们的故事。有个女孩告诉安妮："你为我们说了话，我们不会反对你的。"为了反抗公司的威胁，成立了一个罢工委员会。立场最坚定、勇敢又上相的女孩子们拍了一些照片。贝赞特和巴罗斯还庄严地承诺，如果哪个女孩因抗议而被开除，工资就由他们支付。这又是一着妙棋，极大地侮辱了敌人。萧伯纳自愿出任会计和收银员，管理罢工基金。大概有 1 400 个女孩子不再去公司上班了。布莱恩特与梅公司的声誉一落千丈，罢工又让公司蒙受了严重损失，不得不与工人谈妥了条件。1888 年 7 月，火柴女孩们实现了加薪。安妮·贝赞特受到广泛拥戴，被称为伦敦女工的领袖。立刻就有很多其他需要工人运动的支持者前来求助，例如制靴工人和剥兔皮的工人。在毛毡工业领域，他们的工作条件，比火柴女孩更加恶劣。1888 年，安妮开始从政，途径是参选伦敦东部自治市陶尔·哈姆莱茨（Tower Hamlets）的学校董事会。当时很多妇女都用这种方法当作活动平台，进入政界。她坐着一辆轻便双轮马车，车上披着红丝带，到处宣传。结果她竟然争取了 15,296 张选票，取得了压倒性的胜利。

　　刚到古稀之年的女王，是否能理解这一切，甚至同情这一切呢？答案或许不那么明确。既然女王现在已经恢复了一些公众活动，她选择的角色，就是一位"女家长"的角色；她的母性，或曰祖母性，扩展到了那些"因富豪权势越来越大而沦为牺牲品"的英国人。女王会为他们说话，甚至会为他们采取行动。当然，富人和穷人都有道德败坏、游手好闲、对社会无用的行为，可是女王对富人的这些恶行大发雷霆的可能性，要比对穷人大得多。此外，女王还会反对那些诋毁英国工人家庭的人，专门画了一幅画，把他们画得浑身浸透了啤酒和兽性。基督教有一个教派名叫公理会，成员叫公理会教友。有一位公理会牧师，名叫安德鲁·迈恩斯（Andrew Mearns），出版了《伦敦郊外的悲泣》（*The Bitter Cry of Outcast London*，1883），揭露东区有 100 万人口，生活环境非常拥挤，卫生条件极差。女王看了这本书，大为吃惊，开始向格莱斯顿政府施压，要求他们花费更多时间，解决穷人的住房问题。女王怒气冲冲的干预起了作用，成立了一个王家委员会。

女王一生扮演了许多角色：英国玫瑰、模范妻子、悲痛的寡妇。最后一个角色是帝国的女家长。此时，她真心感觉到，自己就是一切臣民的母亲，或是祖母。然而，在大英帝国越来越多的家庭当中，出现了越来越多的孤儿，还有数百万人在屋子门口颤抖不停。此外，为了让女王不至于因为大街上的悲惨景象而过度伤心，总是有精明的仆人，帮她合上马车的百叶窗，直到确保她能看到大批高兴的忠诚子民，才会重新打开。比如，1887 年 3 月 19 日，女王五十年登基大典的时候，举行了一次调查，询问 29 000 名男工，他们的上一份工作是什么；结果足有 27% 的工人回答"失业"。但女王很可能不知道。这些人里面，有三分之一，失业已经三个多月了。不过上一年，1886 年 2 月，女王肯定注意到了某些动荡不安的迹象。失业的码头工人和建筑工人，在特拉法加广场举行了大规模集会，有些激进派和社会主义演说家发言，谴责富人的铁石心肠，资本家的不择手段。工人前往国会广场的途中，蓓尔梅尔街的俱乐部里面，富人们对工人大肆嘲讽，从临街的窗户朝他们扔各种东西。于是游行演变成了骚乱。有人聚众抢劫商店，砸毁窗户，掀翻马车。

维多利亚认为格莱斯顿不知道怎么维持秩序，就向他表达了自己的思想：女王无法表达自己对前日伦敦发生的、威胁人民生命的可怕骚乱有多么愤怒。这骚乱是社会主义的临时胜利，也是首都的耻辱。女王自我安慰：英国工人的绝大多数，本性还是反对革命的。她这么想倒也不算完全错误。

　　为了五十年大典，女王先去了利物浦和伯明翰举行预热活动。这两个地方，她看见的全是热烈欢迎的人群，全都喊哑了嗓子；只是在伯明翰，有人提醒她，她是在"最粗野的"人群当中穿行。伦敦中心区的公园，原先睡着数以万计的失业者。夏季各种庆典期间，这些人全都被赶走了，被迫搬到更加偏远的荒地去，不让女王看到。有些人竟然把殡葬承办人院子里的空棺材，当成临时住房。不过，女王来到海德公园，只看见 30 000 名穷苦的小学生，脸都洗得干干净净，每人拿到了一块肉饼、一块蛋糕、一个橘子，来庆祝这伟大的日子。女王写道："孩子们齐唱《上帝保佑女王》，还有点儿走音。"

　　女王真心关怀的所有人，都表达了自己的忠心。她自己的大家庭，此时已经扩展成了一支小军队。自从 18 岁的维多利亚在那天晚上穿着睡衣被叫醒，告诉她"你就是女王"开始，已经过去了整整五十年。这一天，她坐着敞篷马车，从白金汉宫到威斯敏斯特宫，没有穿上大臣恳求她穿的朝服，而依然是平时那样，一身黑衣，戴着寡妇的帽子。马车前面安排了 12 名印度军官，军官前面是她的子子孙孙："我的三个儿子，五个女婿，九个孙子、孙媳妇。后面的马车上坐着我另外三个女儿，三个女婿，孙女、孙婿。"前一天晚上，她就被这支王家大军围住了，"王子们都身穿军服，公主们……也都服装艳丽"。过了两天，"英格兰妇女"代表团前来，代表数以百万计的英国妇女，送给女王一件礼物。女王前往温莎城堡的路上，在伊顿公学，又接受了男孩子们的礼物。女王回忆："有一个漂亮的凯旋拱门，造成了旧日公学的样子；男孩们也穿得像旧日的法学生，站在拱门上。夏日黄昏的太阳照在上面，漂亮极了。"怀特岛上，欢呼声如此温暖人心，女王的胖脸上居然出现了露齿的微笑。女王私人秘书庞森比的妻子——庞森比夫人说，女王笑的次数，其实比人们想象的更多。"突然，脸上笼罩了一层淡淡的光辉，嘴唇的线条向上扬起，让表情更加柔和，眼中也闪过一道慈祥的光芒。"

女王的余生也会如此——在十年之后又一场六十年庆典：整个英国沐浴在夏日的余晖中，街上人山人海，很多人挥舞着小旗；军营和煤矿的铜管乐队在演出；巨大的圆形阿尔伯特音乐厅正式开放。开幕当晚，演奏了音乐家乔治·亨德尔（George Handel）原作，指挥家汉密尔顿·哈蒂（Hanmilton Harty）改编的音乐结尾乐段。然而，这一点却提醒她，全家福当中还缺了一个人。1887 年 6 月，在威斯敏斯特教堂，她忽然感觉一阵心痛，写道："我独坐于此，啊，挚爱的丈夫不在身边，对他来说这该是多么令人骄傲的一天！"维多利亚要再等 14 年，也就是 1901 年，才能与丈夫团聚。"国家和我都很感激他。"女王的私人秘书亨利·弗雷德里克·庞森比爵士说，女王最喜欢的就是安排葬礼，她自己的葬礼也不例外。在这个场合，为了期待二人的团聚，她会脱下寡妇的黑衣。温莎城堡旁边有一所弗罗格莫尔公园。一次，女王把丁尼生带去，让他参观那里为自己建好的陵墓："我觉得（陵墓的设计）轻盈而明亮，他也觉得很好。"于是，女王下令给自己安排一个白色基调的葬礼。1901 年 1 月 22 日，女王去世。葬礼上，女王穿着白袍，身上盖着春天的花束，有如狄更斯笔下的人物，一位终身未嫁、80 岁去世的女人。女王随身的纪念品当然很多，有头发、戒指等，都是她自己生前安排放进去的。不过，也有一些不甚得体。她左手中握着一张约翰·布朗的照片，小心翼翼地盖在百合花、小苍兰的下面。

女王留给葬礼组织者的，还有另外一个问题。1862 年，女王命令雕塑家卡罗·马洛切蒂制作阿尔伯特的雕像，还坚持要他制作自己的雕像，她的模样要跟阿尔伯特去世的时候完全相同。马洛切蒂把命令执行得太好了，女王的面孔更像两人刚结婚时候的样子。这样，夫妻就至少能以大理石的方式，在两人最好的年华团聚了。问题是，雕像制作的时间太早，过了将近 40 年，谁也想不起来放在哪儿了。后来，终于有人在温莎城堡一间翻修过的房子的墙壁后面找到了雕像。年轻的中世纪公主，躺在自己勇敢的骑士身边，就好像钟表也和王夫的心脏一般停止了活动。

然而，阿尔伯特却比谁都清楚，英国并没有停止前进。19 世纪，英国的总体趋向一直是进步的。到了 1900 年，进步已经把英国带到了他生前无法想象的地方。不仅是科学、技术、商业的进步，还有英国妇女们生活的进步。教育和政治，开始赋予这些"房中天使"一套更为脚踏实地的理想。而那些微小却有力的革命事物——弹簧锁的钥匙、支票、自行车，将在女性实现理想的过程中，陪伴她们很久。

英国的年轻姑娘，将发生前所未有的变化。当初，护送女王灵柩从伦敦前往温莎的贵族们，有一位利顿夫人，她是印度总督之一——利顿伯爵的孀妇。七年之后，利顿夫人的女儿康斯坦斯女士，成了一位争取妇女选举权的战士，绝食抗议者，曾先后被捕四次。她很爱干净，在监狱里也把牢房擦得干干净净。关于英国妇女的未来，她发出了自己的声音，方式则是亵渎"纯洁的圣殿"，被狂热崇拜家居生活的人盲目敬仰的"身体"。她想要把运动的口号刻满整个上半身，一直刻到脸上。她从发夹上挑了一片碎裂的瓷釉，当作工具，花了整整 20 分钟，在胸口上刻下了一个大"V"字，之后才被狱警发现制止了。但无所谓了。她的外号是"阿康"（Con），阿康已经做出了宣言。这个 V 并不代表维多利亚（Victoria），而是代表选举权（Votes）。

第五章
"好心"帝国的投资

"大英帝国，就是有史以来最大的积极力量！"英国驻印度总督寇松勋爵（Lord Curzon）有信心这么宣布，而且不怕别人反对。而勋爵本人，大概就是这种积极力量的最纯粹的化身。寇松勋爵的肤色非常白，白得几乎不自然。他当印度总督最风光的日子里，看见他的人说，他有着"挤奶女工的肤色，太阳神阿波罗的身材"。（多年之后，寇松见到英国大兵接受第一次世界大战洗礼，他也会惊讶，工人阶级一旦洗清了尘垢，以及可能会有的血污，皮肤会有多么白。）总督的身板很直，那笔挺的站姿，有一部分是因为他十几岁开始就被迫穿上一种用铁和皮革做成的后撑，而另一部分则是个人的习惯。他每天都显露出一种对自己痛苦的冷漠，类似古希腊斯多葛派（苦修派）的风格。这才是完美的元首风范，身负重担而不被压垮。

英国有不少擅长吹嘘的人，例如剑桥大学现代史教授西利爵士（J. R. Seeley），这些人经常大谈英国教化别人的"宿命任务"。但寇松勋爵并不需要别人给他上课。他从心底知道，他是受到召唤而登上官位的。有个朋友，出于善意，可能劝过他不必那么固执己见。寇松把他顶了回去："我生来就是这样，你改变不了我！"1859年，寇松出生在加尔各答（Calcutta）的一所宅邸，也在这里长大。这房子至少在建筑结构上，完全是他另一处房产——德比郡，肯德莱斯顿（Kedleston）庄园的翻版。

1887 年，寇松第一次看见了加尔各答大厦，此刻，离他当上总督还有 11 年。当时他就宣称，不论从道德层面还是从建筑层面，这都是"家外面的家"。18 世纪，由建筑师罗伯特·亚当（Robert Adam）在肯德莱斯顿建起的这所建筑的正面，包含了一个罗马的君士坦丁凯旋门，只不过原来的凯旋门是拱门，加尔各答大厦则把凯旋门的空缺处填充上了。于是，乔治·纳撒尼尔·寇松（George Nathaniel Curzon）从小时候开始，就跟所有沉浸在古典主义当中的英国官二代一样，为帝国的胜利前景而激动不已。这个少年天才应该明白，古罗马皇帝君士坦丁就应该生在不列颠尼亚的北部。伊顿公学、牛津大学贝列尔学院、万灵学院等名校的教育，也只会增强这种早熟的使命感，而不会减弱这种使命感。后来，他当上了英国前首相索尔兹伯里勋爵（Lord Salisbury）的私人秘书，而索尔兹伯里是整个维多利亚时代最骄傲的帝国主义者。这么一来，他的信念就更强了。寇松才 32 岁，就当上了印度事务部的副大臣（under-secretary），然而他并不满足。机会刚出现，他就提名自己当印度总督，引得别人大惊；等到他获得了这份工作，别人反倒不那么吃惊了。于是，这个早有征兆的机会落到了寇松头上。1899 年，他入住了属于自己的肯德莱斯顿庄园。英国王室专门为他授予了新的爱尔兰贵族头衔，身边还陪着富有而迷人的总督夫人——美国人玛丽（Mary）。这么一来，他似乎理所当然，应当被奥古斯都·恺撒的半身像所迎接了。

寇松对这些东方帝国十分了解。他走过丝绸之路（Silk Road），还写了三本关于俄国在中亚、波斯扩张野心的书，文辞优美。所以他也知道，亚洲有些帝国喜欢用建造雄伟的纪念碑，来表现自己的尊严。修建这些大厦，不只是一种俗气的炫耀。统治者有义务对臣民宣告，成为我们这样强大、恒久的帝国臣民，是非常幸运的事。而且不必说，大英帝国在第四个世纪（20 世纪）的开端，好像自己的强大也会永远持续，至少在可预见的未来不会有什么变化。寇松又为什么不该这么想呢？米字旗飘扬在全世界五分之一的土地上，管辖了全世界四分之一的人口；在世纪之交，这个数字达到了 3.72 亿左右。1897 年 6 月，一支 5 万人大军耀武扬威地行进在伦敦街道上，参加维多利亚女王登基六十周年庆典。这支军队来自大英帝国的四面八方：有骆驼队和廓尔喀人（Camel Corps and Gurkhas）；有加拿大轻骑兵；有穿着白色长护腿的牙买加人；统领游行队伍的，是英国陆军个子最高的人——骑兵队长艾姆斯，足有两米高。各家支持帝国主义的小报，特别是《每日邮报》（*Daily Mail*），一片狂喜；人群也都洋洋得意，喝得醉醺醺。6 月 22 日（女王登基是 1837 年 6 月 20 日），全国小学生放假一天，被组织到公园里，一人发了两个面包、一个橘子，当作女王的恩典。大家高唱国歌，还有一首新的"帝国进行曲"，是作曲家爱德华·埃尔加（Edward Elgar）专门为六十年大庆创作的。女王这时候身体很差，面对一片狂热，只是答应在常穿的黑缎子衣服外面加上鸵鸟毛披肩的装饰。

当时也有一些清醒的人，例如英国作家吉卜林（Kipling），提醒人们，这一切有朝一日都会过去。帝国主义者们，哪怕是头脑最热的，也自然明白这一点，用不着他们专门提醒。不过，这一天毫无疑问，距离现在还很远很远嘛……寇松在加尔各答就任总督的当晚，举行了宴会和舞会。乔治穿着一件天蓝色丝绸斗篷。他后来写道："我们传递的信息，刻在花岗岩上，刻在'劫数的岩石'（希腊神话典故）上——我们的事业是正义的，而且将永远继续！"

1901 年 1 月，维多利亚女王去世。寇松一点也没有浪费时间，马上开始筹备女王的纪念碑。他命令设计委员会，纪念碑必须是"我们伟大历史的永恒记录，一个代表印度光荣的、可见的纪念物，比任何演说、书籍都要动人的画面，一堂关于爱国主义和公民职责的课程"。纪念碑要成为英国的泰姬陵。寇松之前曾经整修泰姬陵，之后一直念念不忘。泰姬陵前面原先有一些市场，寇松把市场迁走了，恢复了沙贾汗（Shah

Jehan）精美的清澈水池。加尔各答维多利亚纪念堂也会有一些水上花园，正面还可能用马克拉纳采石场（Makrana quarries）运来的大理石。这个采石场位于拉贾斯坦（Rajasthan），之前泰姬陵的石头也是他们提供的。不过，二者的相似也就到此为止了。泰姬陵常被人叫作"石头的诗"，是皇帝为了纪念爱妃而写下的一首挽歌。而寇松却不想用建筑来表达悲伤。他的纪念堂，更多意义在于一种宣示。纪念堂也会有一些值得借用的莫卧儿建筑风格，还会约略涉及印度教神庙的风格。但纪念堂主要还是为了用圆顶和列柱来造成一种主要的印象——这是一座现代罗马人修建的大厦；文明的传承者，这文明由智慧承载，为了正义和进步而设计。因此，把主要设计工作交给建筑师文森特·埃施（Vincent Esch），应该是再合适不过了。埃施曾担任孟加拉和那格浦尔铁路（Bengal and Nagpur Railway）的副总工程师。

1904 年，纪念堂破土动工。两年后，这个最坚定、最聪明、最固执的印度总督下台了，在总督府留下一部价值 5 万英镑的豪华电梯（如今依然可以使用），以及这样一个政府——在孟加拉地区几乎完全被骚乱、罢工、抵制运动所破坏的政府。1905 年，寇松颐指气使，想要把孟加拉分割为两个省，结果引发了当地人强烈不满，让局势变得十分棘手。面对愤怒的抗议，寇松不屑一顾，说这是"数百名可怜又无知的加尔各答当地人，被人雇来张贴布告，布告上印着英语，还经常贴得上下颠倒"。然而，布告却依然毁掉了寇松的权威。上任的总督堪称一个"温和专制"的缩影，他每天工作 14 个小时，因为通晓一切印度社会的知识而备感骄傲。这些知识从马德拉斯（Madras）大米价格，到国宴订购的鸡的数量（数量总是太多），不一而足。最后，寇松筋疲力尽，失望透顶地离开了，背后是抗议者在大喊："祖国万岁！"（Bande mataram！）这是独立（swaraj）运动的第一个伟大口号。大英帝国的尾声，也就是这么展开的：光荣被混乱嘲讽了。英国曾设想在德里（Delhi）修建一座新的

《朱拉山脉的希林湖远景》，摩西·格里菲思，出自托马斯·彭南特的《苏格兰游记》（1772年）

《布鲁克·布思比先生》，德比郡的约瑟夫·赖特，1781年

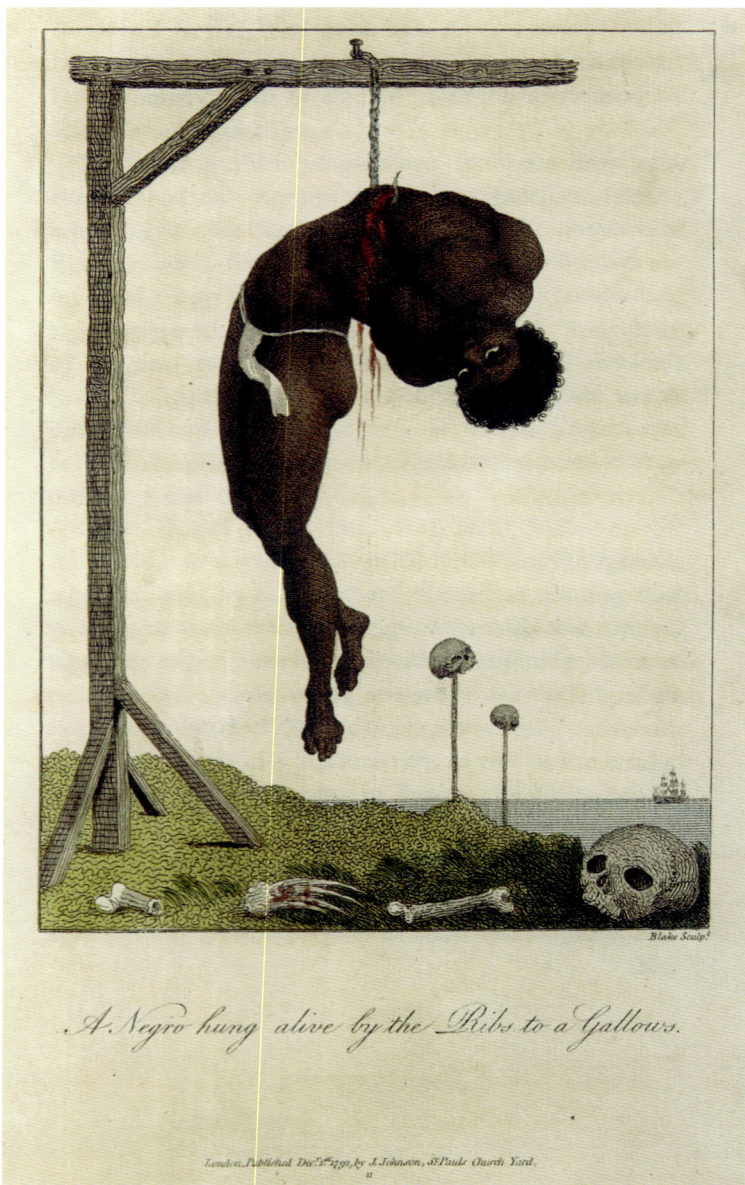

《穿过肋骨将活着的黑人挂在绞刑架上》，威廉·布莱克，1793 年。出自加布里埃尔·斯特德曼的《苏里南反叛黑人的五年远征叙述》(1806 年)

《共和党的攻击》，詹姆士·吉尔雷的法国大革命讽刺漫画，约 1790 年

《威廉·皮特在下议院发表关于对法战争的演讲》，卡尔·丹东·希克尔，约 1793 年

《威廉·华兹华斯》，亨利·威廉·皮克斯吉尔

《乔治三世的审视》（细部），威廉·比奇爵士，约 1897—1898 年

《苏格兰野生公牛》，托马斯·比威克，木雕版画，1789 年，出自《一般四足动物足》（1790 年）

《伦敦展览会开幕仪式》，1851 年 5 月 1 日，尤金·路易斯·拉米，1851 年

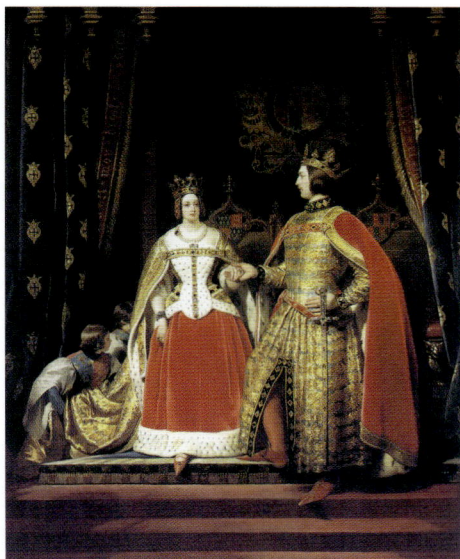

《1842 年 5 月 12 日，维多利亚女王和阿尔伯特在化装舞会上》，埃德温·兰西尔爵士，1842 年

《哈莉特·泰勒·密尔》，阿农，约 1834 年

《寇松勋爵和夫人第一天到达海得拉巴的瓦朗加尔区的奈康达营地》，拉拉·迪恩·戴尔拍摄，1902 年

《托马斯·巴宾顿·麦考利》，约翰·帕特里奇，1849—1853 年

《查尔斯·屈维廉》，D.J. 庞德和约翰·沃特金，约 1845 年

《詹姆士·拉姆齐（达尔豪西侯爵）》，约翰·沃斯顿 – 戈登，1847 年

《泰勒等在加尔各答大厦》，查尔斯·多伊利，约 1825—1828 年

《傀儡大君达立普·辛格》，弗朗兹·克萨韦尔·温德尔哈尔特，1854 年

第 93 高地人团和第 4 旁遮普团屠杀 2 000 名反叛分子后的勒克瑙的 Sekundra Bagh 庭院内部，费利斯·比顿拍摄，1858 年

处决德里叛变者，费利斯·比顿拍摄，1858 年

骑兵中尉温斯顿·丘吉尔，1895 年

在白金汉宫外举行的示威活动中，妇女参政领袖埃米琳·潘克赫斯特被捕，1914 年

《梅嫩路》(细部)，保罗·纳什，1919 年

《敦刻尔克大撤退》，查尔斯·坎德尔，1940 年

伦敦人在伦敦地下比较安全的地方避难，1940 年

首都，后来到了 1921 年，这个计划被赫伯特·贝克（Herbert Baker）和埃德温·勒琴斯（Edwin Lutyens）实现了。同年，维多利亚纪念堂竣工。而这时，"祖国万岁"的口号，已经写到了英国总督府的墙上。新任印度总督欧文勋爵（Lord Irwin）以及后来的明托勋爵（Lord Minto）、哈丁勋爵（Lord Hardinge），都遇到了炸弹的"款待"。欧文侥幸活了下来，但"温和的帝国国运"就不那么走运了。

早在 1901 年，就有人怀疑，英国的统治是否是印度财富花费的最好方式。寇松宣布要修纪念馆的同一年，英国著名医学杂志《柳叶刀》（*The Lancet*）沉痛地指出，过去 10 年当中，印度饥荒和疾病导致的额外死亡（印度死亡率当时一直很高，这里特指比通常死亡率还高的那些事件）至少有 1 900 万人。或者，就像论文做的比较：相当于全英国人口的一半。而《柳叶刀》并不登载煽动性的文章。1899—1900 年，可怕的饥荒席卷了印度中部和西部。据一位可靠的现代历史学家伯顿·斯坦因（Burton Stein）考证，死亡人数最少 650 万人，而威廉·阿瑟·刘易斯（William Arthur Lewis）的数据更接近 1 000 万人。仅在 1901 年，印度就有 25 万人死于腺鼠疫，大部分是孟买及周边的人。1903 年，爱德华七世（维多利亚女王之子伯蒂）加冕为印度皇帝（Emperor of India）。加冕礼上，印度国民大会党（Indian National Congress）主席拉尔默罕·戈什（Lalmohan Ghosh）用华丽的辞藻讽刺道："要是英国、法国、美国有饥荒和鼠疫横行，死亡天使拍打翅膀的声音，连这些轻松的狂欢者都听得见了，那么你们觉得这些国家可能有任何政府，敢于浪费巨额资金去办空洞的盛会吗？"

到寇松下台的 1905 年，已经有 300 万人死于瘟疫。霍乱引发的死亡，比鼠疫还要多。19 世纪 80 年代，印度平均死亡率已经高达 41.3‰，然而到了 1921 年纪念馆完工，居然又升到了 48.6‰！于是，吹鼓手们为英国带给南亚次大陆的物质和医疗进步，而拼命歌功颂德的时代，也恰好是整个印度现代史上死亡人数最多的时代。世纪之交的干旱和疫病，影响最严重的地区，例如奥里萨邦（Orissa）、古吉拉特邦（Gujarat）、拉贾斯坦邦，以及联合省（United Provinces），死亡率高达 90‰，也就是每 11 个人就有一人死去。先前在 1865—1866 年，奥里萨邦还有一次饥荒，政府统计死亡人口有四分之一。至于牺牲者，当然没有纪念馆。不过，要是仔细看看维多利亚纪念馆前面的雕塑群，却会看见"拉贾母亲"（Mother Raj，英国在印度统治的拟人化）的胸口，有些本地人得到了救助，感激不尽。

究竟发生了什么事呢？那些白人欧洲先生和欧洲太太，穿着高帮马靴出游，在俱乐部里跳舞喝酒，在宫廷里作威作福，拥有进账，修建铁路，赞颂他们给印度带来的幸福；这些人并不是铁石心肠、麻木不仁的怪物。他们大多数的意愿是极好的；他们也有寇松那样的自信，相信大英帝国是有史以来最伟大的国家。吹鼓手们相信，帝国的伟大之处，并不能用国土有多少平方英里、国民有多少万人来衡量；更不能用军舰和加特林机枪（Gatling guns）来衡量，而要用无可争议的利他主义来衡量。的确，英国需要赚钱，也需要阻止俄国这头北极熊伸出毛茸茸的爪子来抢钱。然而，大英帝国真正的任务，是消灭贫穷、疾病、愚昧，为此需要有高贵的献身精神。让这些社会弊病折磨很久（英国认为很久，然而，实际的时间总是比英国认为的要短得多）的各个亚洲民族，将会得到治疗，恢复健康。有朝一日，印度会重新站起来，凭着自己的两条腿走路；并且让英国人判定为能够重新自治了。到了英国在印度统治结束的那一天，印度文官机构会安静地离开，留下一个感恩、勤勉、和平、安宁而自由的印度，就会是英国留给未来的现代化世界的特别赠礼。就算大英帝国没有了，很久以后，历史学家还会说，英国曾经让世界变得更好。

这就是所谓的托管制度（trusteeship）：经常有人引用这种展望，来给维多利亚帝国后期，军事、收税、经济上的极度扩张辩护。这些理念，确实被虔诚地遵守了；哪怕理念的实现屡遭挫败，最后被无限期推迟。英国的统治者也无疑很少发觉（虽然英国的一众对手肯定发觉了），英国的军事和经济力量，在印度造成了很多问题，甚至是大多数问题；而他们明明声称，自己来印度是解决这些问题的。英国为印度介绍"进步""文明"理念的时候，所在的背景，也就是这些理念注定失败的背景。寇松当总督期间，全印度收入有4%用在了公共事业，例如水利事业上；却有35%流向了军队和警察。但这些糟糕的事情，并不意味着，事情背后的理念从一开始就只是经济和军事独裁的遮羞布。自由派承诺用和平方式达到全社会的渐进改良，通过发展公民教育逐渐演进为自治政府（这理念的提倡者认为，它对英国的命运和殖民地的命运都很重要），时至今日，这些承诺都可以说是西方乐观主义的"高尚"的诸多失败之一。如果把西方乐观主义比作一条大船的话，那么这艘大船现在已经化为一堆沉没的废墟，深埋在现代意识的海洋中。但它仍会送出骄傲或惭愧的波浪，在当代英国生活的表面产生涟漪。于是，一切英国史的文献，就都会潜入深水，透过一片阴沉，看到实际发生的事情，不论这方面的叙述有多么短暂：宏伟的大船"维多利亚号"，究竟是怎样搁浅的？

大船的首航，洋溢着一片热情：1834年，托马斯·贝宾顿·麦考利，这位于19世纪出生的人，还处在训练阶段，要训练自己成为一名史学家。他此时的头衔包括：《爱丁堡评论》的人气散文家；追求时尚的伦敦辉格党社交圈的"雄狮"；早熟的国会演说家和议员，代表刚刚获得选举权的工业自治市——利兹（Leeds）。麦考利决定，既然他银行账户上只有700英镑了，就需要挣更多的钱。挣钱的地方，傻瓜也明白，正是印度。不过，他并不是打算自己做生意，尽管利兹市倒是有很多正派人在做生意。他的目的是，通过给愚昧的亚洲带来进步，挣到一万英镑。

1833年，国会通过法案，剥夺了东印度公司的商业职能。之前盈利的途径包括，交易靛蓝染料、糖、棉花，以及唯一稳赚大钱的营生——致幻毒品（也就是卖给中国鸦片，换回茶叶）；如今，这些途径都让私人贸易商抢走了。东印度公司彻底成了一台收税与战争的机器；或者也能说，它更愿意自认为是一个政府。当然，很多世代以来，东印度公司实质一直如此，只是披着"公司"的外衣而已。麦考利是公司"控制委员会"的一员，委员会对英国国会负责；他也是"董事委员会"的成员。于是，麦考利就有了一个任务，要在下议院为辉格党政府的政策辩护。麦考利外号是"当代伯克"，享有盛名。然而他这番演说，却并没有让听众爆满。（当然，伯克自己外号"开饭钟"，也就是他一来，大家就全部走了。）1833 年 6 月 10 日，麦考利面对只有三分之一坐满的大厅演讲，主题是"英国在印度责任的展望"。这场演说口若悬河，煽动性十足，然而内容却塞满了无知与傲慢，二者相互竞争。但它仍旧是"良好动机"的自由主义帝国的宣言。麦考利甚至在绘制这番事业的开始，就在期盼它光荣的、公正无私的未来：

　　也许，印度的公众舆论会在我们的体系之下发展，最后超越我们的体系；通过优秀的政府，我们大概能够教育臣民，让他们有能力明白什么是更好的政府；而印度人具备了欧洲人的知识，他们就可能在未来要求建立欧洲的制度。这一天是否真能到来，我不知道。但我绝不会企图防止这一天，或者推迟这一天到来。那一天也将是英国历史上最为骄傲的一天。若能在奴役和迷信的深渊中，发现一个伟大的民族；而对他们的统治，能让他们渴望一切公民权利，并获得这样的权利，则必然是我们的光荣。权杖或许会从我们手中让给别人；也可能会有很多突发事件，扰乱我们最基础的政治计划。胜利或许不会永远站在我们一边。然而，我们还是义无反顾地追求必然存在的胜利。有一个帝国，能够免除一切自然因素导致的腐朽。

这些胜利，是理性与和平战胜了野蛮；而那个帝国，也就是我们艺术、道德、文学、法律构成的，永恒不灭的帝国。

英国自从《大宪章》以来，一直在进行公民教育的长征；1832 年的《改革法案》，是长征的一个里程碑。长征还要走下去，一直到所有英国人民全部变成现代公民为止。这样的长征，如果天意允许，也可以在亚洲重复，而且应当在亚洲重复。大英帝国，就如同古罗马帝国一样，做的或许是"筑路"的事业；然而，天底下最优质、最笔直（也可以说最漫长）的路，就是通往议会政治的独立国家之路。此外，帝国经济实力展现出来的美，在于它各个部件的完美组合，就如同工业机械一般，让麦考利觉得引人入胜。将"懒惰"而"迷信"的东方控制起来，用英国法律、教育、轻徭薄赋、诚实的政治管理震撼它，就能为"进步"的信仰提供必要的稳定。在这样的政府保护下，就能享有立即的幸福，城市的市场也会繁荣。只要"耕种者"们不再受到武装强盗的勒索，不受到腐败的税吏掠夺，他们就能有一些动机，为这些市场制造产品。而随着城市需求的增加，他们的收入也会增加，他们"改进"的能力会进一步增加自己的生产力。这样就会步步高升，接近繁荣，就像他们在英国诺福克郡的同行一般。经济作物会有剩余，剩余的可以出口，特别是出口母国。作为回报，英国会送来纺织品和机械，布满钉子的沙发，粉红色的锦缎窗帘；印度的新兴商人和"萝卜贵族"非常欢迎这些商品。如果"轻松"（维多利亚时期的人很喜欢这么评论）程度增加了，那么就会有更大的文化产品需求、文化服务需求——大学、报纸，将来还会有议会；最大胆的设想之下，还会有基督教。麦考利在他充满智慧推断的想象中，描绘了一幅完整的画卷：将"懒惰的"亚洲注入"进步"的活力。这幅画卷，实在让他愉快极了。印度人使用着英国布拉德福德郡的阔幅棉布、谢菲尔德郡的餐具；孟买读者看着英国报纸《爱丁堡评论》——麦考利相信，这幅和谐画面已经指日可待了。

1834 年 2 月，麦考利要开始四个月印度之旅的两周以前，一个个箱子塞满了他认为在热带地区不可或缺的物品：300 个橘子；还有一堆名著：荷马、贺拉斯、英国史学家爱德华·吉本（Edward Gibbon）、伏尔泰的全集。这一天，麦考利对利兹的选民们发表了一篇告别演说。这篇讲话，一半是道别，一半是祝福。这祝福是麦考利代表"不可取消的进步"的信徒们发出的，也是一副以"校长"风范发出的安慰：虽然开始不好，结果一定很好。

> 要有勇气，看清大趋势，你们并不会失去我这个国会议员，而是在得到整个世界。祝你们的工厂兴旺发达，贸易范围扩大，财富与日俱增！祝你们能力的成果，你们繁荣的预兆，在东方最偏远的地方也一样与我同在，而且让我有全新的理由，能够为了我选民的智慧、事业和精神而骄傲！

麦考利相信自己能做出一番事业，这是真正的"时代精神"（最近才流行起来的说法，主要是威廉·哈兹里特普及的）。巴麦尊子爵是英国全球影响的重要吹鼓手，他有一个提法叫"让世界更好"（world bettering）。可以说，麦考利这一代人，最有决心实现巴麦尊的这句话。麦考利外号"聪明的汤姆"，他小时候在伦敦南部克拉珀姆（Clapham）地区长大，父母都是新教福音派，父亲叫扎卡里（Zachary），母亲叫塞琳娜（Selina），都是积极的废奴主义者。麦考利小时候也伴随这种"让世界更好"的冲动成长起来。他平时的时间，很多用来不停祷告，还有很多被强迫来汇报自己的日程。这两者中间，他和兄弟姐妹就被反复灌输，要具备强烈的"自己证实自己正义"的需要。不论麦考利会变得多么活泼（他父亲扎卡里注重教育，麦考利变得活泼让他很失望），他都没有真正丧失早年的这种焦虑。

　　而且，扎卡里还有更大的担心。麦考利可能已经变成了边沁主义者——功利主义者；他们认为，人类只不过是一个行走的感应器。实际上并不是这样。麦考利从来没有真正成为功利主义者，尽管他在印度发现，功利主义者的各种改进计划，最后反过来被大量的现实所改进了。麦考利还攻击过功利主义哲学家詹姆士·密尔，说他把人矮化成了机器。但是，麦考利确实明白，"政治经济学家"和"哲学激进派"都认为，让欢乐最大化而让痛苦最小化，并没有什么错误之处，因而觉得这种学说很有吸引力。杰里米·边沁自己关心的是，如果大多数人类能够自行找到这个最佳方案，就再好不过了。然而，显然大多数人类自己找不到，需要别人帮助。而这帮助必须来自政府，来自知识渊博的人，来自公正无私的人，来自准备好调查某种社会丑恶现象并努力纠正的人。这些人应该足够热心，能调查该问题的方方面面；能起草报告，迫使那些有能力解决问题的高官重视起来；能不停督促自己，直到解决问题的措施变成法律；然后还能出动专业的督察员，确保有法必依。这个理想化的图景，尽管从来没有完全实现，但却是英国历史上一个真正的转折点，标志着由贵族、教会统治的，基于社会情感的旧社会，已经无力适应19世纪的现代化工业帝国世界。乡绅、地方治安官、牧师这些职业，都应该退场了，取而代之的是专业的公务员，带着政府蓝皮书的统计学家，还有卫生检察官。

　　这可不是说，"哲学激进派"想要给社会加上一个专横、昂贵的政府来增加社会负担。他们实际的主张，是要投入足够"初始"的，调查研究的热情和智慧，好让社会能够自我纠正。财政与社会方面会有短期的痛苦，但能换来长期的、性价比很高的好处。然而，边沁主义社会改良运动的各种最重要实践，尤其是1834年的《新济贫法》，却引来了激烈反对：痛苦似乎比好处明显得多。需要资金才能修建济贫院，而济贫院的惩罚措施却非常骇人，导致哪怕穷人走投无路也不愿意进去。这就形成了一个悖论。

而且，经济危机最严重的年月，比如 19 世纪 40 年代，就连最"残忍功利主义"[1] 的体制，也好过饿死。批评功利主义的人说：济贫院人数多少，并不反映真正的社会痛苦程度，只反映那些走进高墙又走出高墙的人的痛苦程度。这一点说得没错。而且，各种改革事业都经常引发人们的极大憎恶，却几乎完全没有减轻公共管理的负担。社会改革家埃德温·查德威克（Edwin Chadwick）是政府里的功利主义代表人物。他资助功利主义改革家做了一些显然有益的事业，例如给大小城市安装更洁净的上下水道，降低死亡率。然而，各个阶层都存在一些政治上的好事者，哪怕是这些事业，都引起了好事者们根深蒂固的怀疑和仇恨。

因此，英国的各殖民地，虽然充满了混乱、疾病、暴力，但对于边沁的理想主义来说，仍不失为更能做出一番事业的地方。进步，对印度而言，是一种大剂量的猛药；印度没有那种存心刁难人的"自由"传统来阻碍进步，这一点真是太好了。相反，改革主义者还相信，莫卧儿帝国在 18—19 世纪崩溃之后，它旧日的臣民极为渴求权威的铁腕治理。这一代人的主要理想是："先要快乐，后要自由"，或者"强力但公平的专制主义"。东印度公司在英国成立了一所大学，名叫黑利伯瑞（Haileybury）学院，专门用来教育印度的全新一代公务员；19 世纪 30 年代，这些公务员还只有 900 人左右。这所学院的教学，确实受到了功利主义的影响。第四任印度总督是威廉·本廷克（William Bentinck），麦考利是总督的委员会成员之一。虽然功利主义对印度的统治有了影响，但委员会也已经意识到，印度政治并非杰里米·边沁的理想移植到热带的产物。

边沁定律假定，有一套普遍原则制约着人类行为。然而，英国总

[1] 残忍功利主义（brutilitarian），brutal 和 utilitarian 两个词的组合，对功利主义的讽刺。——译者注

督在 19 世纪的前 20 年中已经熟悉了本地政治，他们较早地明白，成功和失败的不同，正是在于，哪些普遍原则必须按照地方特色，做出适当的修改。有一些印度出生的英国年轻人，脑子里装满了马可·奥里利乌斯（Marcus Aurelius）的学说和印度宗教经典《梨俱吠陀》（Rig Veda），还有种小米的田地的算术。他们是第一批真正的"军人学者"，既熟悉军刀，也熟悉经纬仪。很多这样的年轻人，都因为一个精力旺盛而顽固的扩张主义者韦尔斯利侯爵（Marquis of Wellesley），成了根据治外法权受外国保护者。这些人，有的从加尔各答威廉堡的韦尔斯利大学毕业了，有的曾经在这里教书。这所大学，建立的目的，就是成为知识帝国的军营，为了增强军事统治的力量。理查德·韦尔斯利（Richard Wellesley）当了印度总督。他是威灵顿公爵的哥哥，很多方面比威灵顿复杂得多，但名气远不如弟弟。他是一个"热心的总司令"，但远远不止这个身份。之前，他的大军击败了法国支持的印度联军，占领了广袤的土地。他相信，为了治理这片土地，需要很多熟悉地形学、历史、语言、印度文化的人才。而他的大学就应该通过婆罗门教师——当地叫书记员（munshis）的，来教授他们梵文、印度斯坦语（Hindustani）、波斯语（当时波斯语还是印度法庭的语言）、阿拉伯语，还有一些本地口语。

于是，19 世纪前 25 年，就创造了一代优秀人才，组成了一个非英格兰人的英属印度政府，或许是英国在亚洲建立的最优秀的政府。这些成员几乎都是苏格兰人、爱尔兰人、威尔士人。他们当中最出名，也是文化包容心最强的人物，是一些苏格兰人，集中在印度西北各省：托马斯·门罗爵士（Sir Thomas Munro）、约翰·马尔科姆爵士（Sir John Malcolm）、芒特斯图尔特·埃尔芬斯通（Mountstuart Elphinstone）；稍后詹姆士·托马森（James Thomason）也加入了。这些人都把老家的苏格兰启蒙运动带到了印度，特别是亚当·弗格森（Adam Ferguson）和约翰·米勒普及的、刚刚萌芽的社会学；基本理论是，睿智的公共措施，必须有深刻的本地知识做基础。实际上，正因为他们当中有很多人觉得英国政府对自己的国民有很深的误解和残忍行为，他们才下决心，不让英国人在亚洲重复这样的错误。他们有很多人变成了学术权威，精通自己统治的土地上，历史、法律、农业经济的各种细枝末节。要让行动有效，必须深入了解印度的国家与社会。因此，马尔科姆爵士写了很多有关印度锡克教徒（Sikhs）的著作，还出版了《波斯史》（*The History of Persia*，1815）。芒特斯图尔特·埃尔芬斯通曾经与马拉塔王公们作战，写了一部百科全书式的著作《关于从佩什瓦获得领土的报告》（*Report on the Territories Conquered from the Paishwa*，1821）。维多利亚后期，有很多书籍把印度写成"无政府状态，一片混乱"。然而，19 世纪早期的这些著作描绘的印度却经常完全相反。埃尔芬斯通的《印度史》（*History of India*，1841）极力描绘莫卧儿黄金时代的统治，以及穆斯林和印度教徒之间和平共处的关系。

　　本地知识改变了苏格兰的"军人学者"。不过，本地知识也强迫他们面对自己角色的各种冲突。一方面，东印度公司已经承诺，它血腥而带有破坏性的各次战争，是建立稳定的"重生印度"的前提，至少在孟加拉、孟买、马德拉斯是这样的；然而，每次战争都好像会引起下一次战争。英国曾把占领范围扩大到印度西北部的旁遮普（Punjab），目的是先发制人，遏制俄帝国的扩张主义。然而，这么做却引发了英军同当地锡克国王兰吉特·辛格（Ranjit Singh）的冲突。他的王国是此地各个政权中，少数真正有凝聚力的政权之一。英国不但没有能建立稳定的前线，反而制造了一个不稳定的前线，不稳定又使得英国必须打更多的仗。战争从来没有停止，局势总是一片混乱。拉贾斯坦邦与南部德干（Deccan）地区的游牧骑兵，被英国人称为"土匪"；他们当中也确实有不少土匪。但是，他们先前并不是土匪，只是被他们的保护国马拉塔（确切地说，被那些控制马拉塔的英国人）用无情的破坏行动变成了罪行累累的强盗。每一次军事干预，都让"局势稳定"更加遥远，而不是更加切近。与此同时，军人还必须发给军饷——到19世纪30年代，已经有25万军人，于是东印度公司的军队，就成了全亚洲人数最多的军队，在世界上也能排到前列。这些人当中，绝大部分是印度士兵，也就是"土兵"（sepoys）。既然要发军饷，就必须征税。征税让人民更加困苦，于是产生了更多不满情绪。

阳光灿烂的乐观情绪，曾认为，自由主义的监护指导会给印度带来幸福。如今，这种情绪被本地的知识蒙上了阴云。不过，本地知识至少可以采取一些措施，减轻人民的苦难。之前，孟加拉地区的政府采用农业收税制度——柴明达尔制（zemindar）。这种制度规定，政府通过中间人柴明达尔向农民征收田赋，农民告知中间人自己的收入，然后交税。政府宣称，这种制度在印度东南部（也就是孟加拉地区）是一个传统。托马斯·门罗却发现，柴明达尔制在这里不仅不是传统，而且基本没有什么人听说过。詹姆士·托马森认为，旁遮普地区也有这种现象。这些所谓有用的中间人，只不过是硬插了进来，充当敲诈勒索的人。于是，最后实行的税制，换成了莱特瓦尔制（ryot-wari），由农民各自直接与政府接洽。不过莱特瓦尔制也有一些不足之处，例如，要求对每一户人家进行全面土地测量，包括税务年度中土地的肥沃程度，以及天气条件。这是一项里程碑式的任务，而只有通过一些当地被人批评为"家长主义"的工作人员帮助，这任务才可能完成。不过，门罗、托马森和其他"收获知识的人"都认为，要是再做其他的事情，就违背了自己的"托管职责"。

麦考利在伦敦，本应勤勤恳恳研究那些大部头的书，把自己的脑子塞满古吉拉特邦晒盐生产的细节，或是印度种姓（caste）的精密制度。他学到的知识，肯定记住了；但他的心思，却不在自己的作业上。他想，如果某人单纯掌握印度太多的书本知识，就可能让他健康理性、自由自在、有意进步的思想，受到外国文化中一些"胡言乱语"的损害。詹姆士·密尔写过一本《英属印度史》。不少人批评他，说他从来没到过印度，不了解实际情况。麦考利也一直批评密尔，但是肯定读过密尔的这本书，而且肯定会赞同密尔的如下观点："印度值得看到、听到的一切，都能在写作中表达出来……合格的人在英国密室里待一年学到的知识，就能超过他在印度待一辈子学到的知识。"而且，麦考利还有一个忠告：有些道德高尚的聪明人，去了印度，结果只是迷恋上了神庙里的色情雕塑，或者沉迷于编纂那些无益的印度教法典，不可自拔。任何 19 世纪的官员，只要有一点基本常识，都会明白，这不是印度所真正需要的。印度需要的是来自欧洲的清醒的理性！寇松的看法更极端，有一次他在加尔各答大学演讲，对观众大吼："真理，是西方的概念！"他经常这么发脾气。也许麦考利不会像寇松那么极端，但麦考利也不会强烈反对寇松的观点。

麦考利的偏见，有不少也是总督威廉·本廷克的偏见。本廷克外号"第一流的荷兰人"，把他个人的福音主义思想，也带了一些到加尔各答。有位客人拜访了本廷克，认为他说起话来像一个美国宾夕法尼亚州的贵格会教徒；本廷克的衣着也确实像贵格会教徒，穿着绒面呢的双排扣长礼服，而他的上一代人则更加华丽，喜欢印度围巾和锦缎西装马甲。本廷克显然不喜欢这种打扮，故意穿得简朴来抗议。此前，在基督教福音派的压力之下，公司已经同意在势力范围内有"西方观念"渗透；所谓"西方观念"常常是一种暗语，说明正式传教工作开始了。本廷克行事比较谨慎，不会动用权力去做一些注定引起麻烦的事，但他也会毫不犹豫地指出一些"可憎之事"；只有消灭了这些事物，才可能让民众接受"智慧之光"。而且，为了避免自己刚愎自用，本廷克还有一位政治秘书查尔斯·屈维廉（Charles Trevelyan），来随时提醒自己的使命何在。屈维廉是汤顿副主教（Archdeacon of Taunton）的儿子，从小带着一种不协调的热情长大。屈维廉在黑利伯瑞的东印度公司学院上学时，有一位老师，是著名经济学家托马斯·马尔萨斯牧师（Reverend Thomas Malthus）。马尔萨斯的传授，将来会给他的职业带来深刻而严重的影响。但无论如何，这时马尔萨斯确实给屈维廉的"公民焦虑"指明了方向和目的。1827年，屈维廉20岁的时候来到了德里，此时他满心热情，这种热情是他这一代人特有的，例如关注关税改革等。过了几年，他追求麦考利妹妹汉娜。托马斯·麦考利的占有欲很强，不愿妹妹让人抢走。他不无讽刺地评价屈维廉，说："他的求爱话语包括蒸汽船航海、本地居民教育、蔗糖关税均摊、罗马字母代替阿拉伯字母的过程。他追求女士的本领，远不如他在金融方面的本领……而且，我相信，他这辈子一本小说也没看过。"然而，汉娜还是接受了屈维廉。

屈维廉是个道学家，但毕竟是属于大英帝国的道学家。他看到腐败现象就会怒不可遏。他21岁那年，在德里才住了几个月，就亲自揭露了总裁判司爱德华·科尔布鲁克爵士（Sir Edward Colebrooke）受贿的行为。当时，科尔布鲁克还是老一辈印度、穆斯林法律的著名权威。当时事出有因，科尔布鲁克爵士如果不收礼，可能会让送礼的人们更加难过、更加气恼。然而，即使屈维廉知道这一点，他也仍旧会为公司首脑参与如此邪恶的行为而愤怒。科尔布鲁克被揭露之后，威胁屈维廉这个傲慢的清教徒，结果屈维廉毫不示弱。最后，科尔布鲁克名誉受到了严重损害，财政也破产了，带着屈辱被送回了英国。屈维廉被证明无罪，还得到了提升，感到十分欣慰。他当上了本廷克的代理政治秘书，搬到了加尔各答。

屈维廉并不是个顽固的人，他还是珀勒德布尔王侯（Raja of Bhurtpore）儿子的家庭教师，非常关心他人。他鼓励那些喜欢西方文化的年轻婆罗门，如果学习遇到困难，可以向他寻求帮助。屈维廉一直在学习印度语言，包括经典语言和白话，学得非常好。这一点跟麦考利完全不同。然而，屈维廉并不是文化多元论者。他并不认为传统必然正确。
他相信，某种名声很坏的传统，就算持续了很久，也一样应当受到谴责。
印度有一种殉葬陋习，名叫"娑提"（sati）：丈夫死了火化，妻子要跟着
自焚。屈维廉和本廷克都认为，这绝对是恶劣至极的行为。还有其他一
些可憎之物：杀婴罪、童婚、强迫圆房；这些都是不言而喻的丑恶。印
度全境每年只有不超过500起"娑提"发生[1]，但是，"娑提"的废除，还
是一种考验——"文明"价值观能否应用在印度本土？

西方文献一般都表示，废除运动是英国人自己发起的。然而，它
实际上是印度改革家发起的轰动一时的事件；代表人物如王侯拉姆·莫
汉·罗易（Rajah Ram Mohan Roy）。早在 19 世纪 20 年代，罗易就猛烈
抨击"娑提"，说它并非印度教经典的、吠陀哲学（Vedanta）所允许的
行为，而且带了很多同样博学的印度改革家，来到总督府，敦促总督废
除这种陋习。本廷克显然重视了这项事业。1829 年，国会进行了一系列
热情的演说，出版了很多调查报告之后，本廷克颁布法令，禁止了"娑
提"。这样一来，寡妇们走向火葬柴堆的路上，警察就有权拦截了。没
多久，后来建起维多利亚纪念馆的场所旁边的一个公园里，树立了一组
雕像。雕像建在一个基座上，内容是总督命人把一些印度妇女救出火海。
总督面容慈祥，和蔼可亲。那些印度寡妇的模样，则变得西方化了，很
像早期维多利亚艺术当中痛苦的少女形象；有些戴着头巾的坏女人要把
她们朝火葬堆拉去。

"娑提"的废除，本来是一项更大的东方运动的一部分，目的是为
了纯洁印度教的宗教活动，改革婆罗门种姓权威。拉姆·莫汉·罗易认
为，婆罗门种姓权威是从别人手里抢来的，是不合理的。尽管实际情况
是这样，然而那些主张西化的人还是把"娑提"的废除当成了自我颂扬

---

[1] 从现代眼光看，只要有一起，都是极为丑恶的事情，但当时印度却认为完全正常，而且有些
     妇女还自愿殉葬。这可能掺杂了当时的传统观念。——译者注

的咒语，认为这是英国给印度的恩惠。他们坚信，西方价值观将会成为印度无上的福音。他们的主张，就好像他们的英国殖民政府第一个了解了印度，而他们行动的自由，又没有受到知识的损害。实际上，他们的知识，远远少于前辈们的知识，也远远少于自己应有的知识。"娑提"被视为印度教残忍的蒙昧主义的象征，实际上，印度教并没有主张这么做。而且这种错误观念，总是跟另外一种错误观念成双成对，为英国霸权辩护；那就是针对"萨吉"[1]的观念。这些强盗经常用围巾勒死抢劫的人，声称这是迦梨[2]女神的信徒应当做的事。维多利亚人只要一听迦梨的名字，就会毛骨悚然。作家菲利普·梅多斯·泰勒（Philip Meadows Taylor）写了一本小说——《一个恶棍（萨吉）的自白》（*The Confessions of a Thug*, 1839），书中的背景来自一名罪犯的亲口讲述，刚一出版立刻畅销。维多利亚女王也追着想看，甚至命人取来了"作者刚刚改完的"小说排版的校样，在床上一直看到很晚，为书里的揭秘情节兴奋不已。印度有一位追捕"萨吉"的英军军官，名叫威廉·斯利曼少校（Major William Sleeman），成了维多利亚时代早期的英雄。在"线人"的帮助下，他成功深入这个"泛印度"邪教组织，了解了他们的语言和秘密世界。很多旅居印度的英国先生、英国太太们，一回到家里度假，就被周围的人当成权威，老是缠着他们，要看强盗勒死人用的围巾，或者耸人听闻的谋杀案。比如，有个军官的妻子名叫哈丽雅特·泰勒，她就相信，萨吉组织的新成员，需要对迦梨女神发誓，每年要犯下一定数量的谋杀案（一般是三起）。不过，他要杀人的时候，如果突然有蝙蝠或者猫头鹰出现，就是一个不祥之兆，他必须立刻停手。19 世纪 30 年代，英国和印度都流行一种"萨吉恐惧症"。虽然没有显著提升主要公路的安全系数，但却大大扩张了警察机构，也当然使得政府的道德优越感膨胀了，从而让警方

---

[1] 萨吉（Thagi），常见拼写为Thuggee，印度的一种强盗。——译者注
[2] 迦梨（Kali），印度教的一种神灵，面貌十分凶恶。——译者注

能够预先逮捕那些涉嫌参与邪教的犯罪嫌疑人，哪怕并没有证据证明他们犯罪。当时印度地方政府正在崩溃，英军大大加快了它们的崩溃速度，于是公路上的暴力犯罪确实很多。这种歇斯底里，大部分是现状基础上的故意想象。斯利曼少校自称破译的"秘密语言"，据说同这些勒死人的犯人的秘密兄弟会相关，实际上极有可能只是本地黑帮的俚语。

麦考利来到加尔各答的时候，正好赶上"萨吉恐惧症"的高峰期。恐惧症显然支持了英国自己宣传的形象，说自己是一支和平的力量——尽管英国在印度的统治，主要是军事占领。麦考利是总督顾问委员会的成员，委员会开会十分沉闷，麦考利干脆在开会的时候写信给英国的朋友。不过，他毕竟负有责任，要给刑法系统的改革起草报告；尽管他的敌人后来指出，麦考利对传统印度基本一无所知。然而，麦考利认为，就算熟悉印度法律的细节，他也同样坚持自己的信念：若有了单一而统一的刑法典（penal code），对印度人、英国人一视同仁，而且有了英语而非波斯语的文本，就能成为一切司法系统的基础。

不过，麦考利 1835 年 2 月发表的《教育备忘录》（*Minute on Education*），让他卷入了一场激烈的辩论，主题是英国在印度统治的全部意义和方向何在。辩论的表面问题是，东印度公司应当支持印度高等教育使用英语，还是印度本地语言。对麦考利这一代人来说，在所有社会进步助推器当中，教育当然是最有力的一个。麦考利和屈维廉都认为，全人类都有权利接受理性的、科学的启蒙。屈维廉自己还投入了普及英语的事业。他们认为，良性的变革，就好像一辆巨大的蒸汽火车头，印度人完全有权搭上火车。可是，却有些人主张，要保护印度人本土的语言和文献，不想给他们上车的机会。这是一种用错了的敏感，不会给印度人带来好处。麦考利就此发表过一个最"精辟"的观点，导致他至今在印度声名狼藉："我从来没发现任何一个人，精通东方语言的，能够否认，一家优秀的欧洲图书馆，只需要一书架的书，其价值就等同于印度和阿拉伯所有本土文化的价值！""聪明的汤姆"显然对阿育吠陀（Ayurvedic）的药物、梵语文学一点儿兴趣也没有。

麦考利说，印度的学问都是这样的："医学信条会让英国兽医觉得丢脸，天文学会让英国寄宿学校的女生哈哈大笑，历史充斥着 30 英尺高的国王，三万年的王朝，地理都是些糖蜜海、黄油海。"有谁会赞助这样的学术研究呢？麦考利的记忆有如百科全书一般丰富，他肯定会记得，《圣经·旧约》也有各种各样的奇迹说法（巨人、全球大洪水、几百岁的人类祖先等），现在，只要对自己有利，他就把这些记忆删除了——而且删除得何等容易啊！

在麦考利和屈维廉看来，这问题不仅是要启发"愚昧的亚洲人"。帝国在印度的事业，是否可行，完全取决于能不能培养出一支受过英国教育的印度人的队伍。印度人口太多，而能够教育他们的聪明又正派的人却太少了。这些正派人十分容易受到印度一大堆传染病的感染。而且，负有教育责任的人并没有时间学习所有的种姓细则、宗教仪式，更别提印度 18 种主要语言了。因此文化中介就成了必要：这个阶层，血统、肤色是印度人的，而品位、观点、道德、智力却是英国人的。这些人，接受了牛顿、莎士比亚的思想，又能传授"有用"而"高尚"的知识，就能成为人类的渠道，传输重大的文化改革。这个体系，类似一种对民众的监督体系，上层人物指导下层人物，直到文明事业遍布印度全境为止。这一变革，将产生极为重要的结果。不只是让印度人能够引用弥尔顿、布莱克斯通的作品，虽然这样也是一个了不起的成就。印度人通过英语，会对"适当的"正义概念采取开放态度，并对"野蛮的"习俗、服饰、礼节产生一种"健康的"厌恶。简而言之，他们会变成公民的中坚力量，继而渴望购买各种英国产品，从普通法到宽幅绒面呢，不一而足。他们更有可能有朝一日信仰基督教。

改革者认为，"负有指导作用的媒介"这个话题，并非不切实际的大话，而是几何学一般精确的方向，帝国将来就要走这个方向。印度有了西化的人口，统治者与臣民就自然能意气相投，从而不必采用强制措施；此外，军队可以减少，供养军队的税负也能减轻。民众收入会提高，除了满足基本生活需要，还会有盈余，这样民众就分享了不列颠尼亚的慷慨。屈维廉说："我们应该把能让我们赚钱的臣民，换成能让我们赚更多钱的盟友。"毕竟，对印度来说，英语应当是一种变革的"电流"，能给亚洲的"惰性"带来刺激，带来动力。这电流将会产生光与力量。

但是，这种对英语教育的痴迷，牛津大学梵文波顿教授（Boden Professor of Sanskrit）、H.H.威尔逊（H.H.Wilson）却不屑一顾，认为它是又一种"幻影般的荒唐"。威尔逊在印度多年，他和周围的朋友、同事都了解印度语言、法律、宗教，他们钻研的深度，屈维廉和麦考利都远远不及。威尔逊和东印度公司的公务员亨利·索比·普林塞普（Henry Thoby Prinsep）猛烈抨击麦考利等人，说他们所知的一切，都只是加尔各答西方人俱乐部里的世界，同印度广大乡村生活，同"难以改变的现实"彻底隔绝。这些东方学者坚持说，英语应用的范围，永远只会局限在城镇商业和法律圈子的最顶层；而这些说英语的人，英国统治者早已认识了。英语不会造成一个能往下层传播西方知识的群体，只会造成一个小圈子，同整个印度社会隔离。即使麦考利、屈维廉等人成功了，他们造就的也不过是一种混血文化，而且这些西化的印度人，只愿意奉承英国老爷，不会跟英国老爷推心置腹。

此外，东方学者还认为，英国的任务绝不是把印度变成某种西方的文化总管，甚至也不应当用欧洲智慧来打扮印度。18世纪七八十年代，华伦·黑斯廷斯（Warren Hastings）担任印度总督以来，东印度公司就认为，自己有义务修复、重建印度的习俗，不论印度习俗有多么多样化、多么彼此冲突。因此，黑斯廷斯才自学了波斯语；法官兼学者威廉·琼斯爵士（Sir William Jones），还有伟大的梵语权威亨利·科尔布鲁克（Henry Colebrooke）花了很多年时间整理、编纂印度法典。拉姆·莫汉·罗易这样的吠陀经学者才能够对西方文化有积极反应，因为西方文化并没有打算强加在印度人身上。然而，统治者提出了一个教学语言的选择：是用印度古典语言，还是现代英语？于是，东方学者就担心了：倘若只提供这两种语言，岂不是没有机会用印度本地现代语言教授现代课程了？

19世纪30年代，主张西化的人和东方学者之间爆发了一场激烈的争论。普林塞普、威尔逊等东方学者猛烈抨击西化派的无知和臆测行为。过了大约20年，到19世纪50年代，威尔逊又在上议院作证，尖刻地评论说："麦考利对人民的情况一无所知，只能看见身边最近的地方；而这，正是主张推广英语的人各种错误的主要来源。这些错误，也只有这些主张推广英语的人才会犯。"但是，无论如何，未来还是按照麦考利和屈维廉的方向发展了。他们告诉总督本廷克，绝大部分对英语教育的渴求，来自印度人自己，这些印度人并不渴望接受传统教育。而他们这么说，也不全错。当时，印度比较重要的当地文化学院，有伊斯兰宗教学校、印度梵语学院，是在黑斯廷斯、韦尔斯利当总督的时代建起来的。总督很支持他们，废除了针对这两所学校的政府补助金，以及针对威廉堡学院的补助金。威廉堡学院在最终倒闭、清偿债务之前，一直为英国学生提供六种印度语言的教学，而且质量很高。这么一来，本地文化项目，就只剩下了黑利伯瑞学院的一些梵语课程。这所学院口碑很差，之后很多届的学生都把它当成一个痛苦而乏味的笑话。东方学者们失败了。尽管他们之后背负了"文化帝国主义"的恶名，但有一个事实不容争辩——这些东方学者是南亚唯一的一代既有能力，又有情怀了解当地传统文化的英国人。威尔逊谈到麦考利和屈维廉，做了一个比较中肯的评价："他们的天才无可置疑，他们缺乏经验也板上钉钉……他们奋斗的……他们的人所实行的传统文化体制统统消除掉。他们对改善印度本地人的道德和宗教品质，抱着最热切的期望，永远不会有人比他们还热切。"

西化派的观点当中，有一个观点让东方学者觉得尤其幼稚，或者说伪善。西化派认为，数百万人口，语言和方言很多，宗教很多，也有各类的种姓，彼此隔绝。而有了英语，就能超越一切语言、宗教、种姓障碍，让各民族互相交流；同一个民族，百姓也能跟统治者交流。实际上，这个"英语将成为官方通用语，成为英印双方统治阶层的正式语言"的预言实在是太准确了；然而，英语在上层的普及，却让百姓跟统治者疏远了，因为下层百姓不会说英语。这就好像莫卧儿宫廷采用的波斯语的作用一样。英国人一直承诺不会重复莫卧儿王朝以前的错误，结果却把错误原封不动回收利用了，只不过换了一种语言。查尔斯·屈维廉雇用了德里英语学院的印度毕业生，分派给邻国使馆的英国使者当口译和私人秘书。这些印度人为自己西化的过程写了认真而详尽的笔记。有些人，例如沙哈马特·拉尔（Shahamat Lal），1837 年跟随克劳德·瓦德少校（Major Claude Wade）去了旁遮普。1839—1842 年爆发了第一次英国阿富汗战争，拉尔在 1839 年又参加了远征阿富汗的战争，英军损失惨重。这些西化的印度人很快开始抱怨本国的"迷信"和"专制主义"，尖酸刻薄地嘲讽这些现象，其论调与英国殖民者——他们的主人十分相似。

当然，有些人被选择性地擢升了，这一现象，并不同于真正的文化融合。殖民者宣扬的论调是"接触"，但现实情况却是"分离"。19 世纪四五十年代的英国老爷太太，也就是屈维廉和本廷克的"东印度公司领地"（Company Raj）的继承人们，回顾那些痴迷东方学的前辈时，带着不加掩饰的厌恶。那些前辈在 18 世纪晚期的油画中，躺在印度长沙发椅上休息，或是抽着印度水烟。这些老爷太太们觉得，前辈们过于接近印度风俗习惯，变得软弱、腐化、无能；对早期维多利亚人来说，这几个词的道德批判最为激烈。这些前辈穿着脆弱的印度棉布，戴着俗气的头巾，热衷于斗鸡、赛马，痴迷于东方烈酒，向印度舞女抛媚眼，在妓院中游逛。有些人甚至包养了印度情妇，还抚养了混血儿。更有一些怪人，竟然跟印度人结了婚！然而，倘若英国人要严肃对待帝国事业，那么这一切都必将成为过去。印度难道不是等级社会吗？那么，"权威"的先决条件，就必然是"冷漠超然"。这样既能保证道德的清洁，也能保证现实中的清洁。英国在印度要防范各种疾病，而最需要防范的，就是"融合"的妄想症。

诚然，因为气候和具体情况的缘故，英国人也必须做出一些让步。英国的小孩子必须托付给印度仆人照料，甚至还要请印度奶妈，哪怕冒着让孩子染上多雾的孟加拉地区的"懒惰病"。这种病只有严加监视方能避免。《加尔各答评论报》（*Calcutta Review*）上有一篇文章《孩子的赞美诗花环》（*Child's Wreath of Hymns*），警告说："在印度养育的英国儿童，将很有可能在长大后变成贪食又沉溺于肉欲享乐的人……是约，就连小女孩都托付给了当地男人照料！"然后，还有食品问题。当时蒸汽船还没有普及，苏伊士运河也还没有开通，从英国前往印度还没有那么方便，因此，运到印度的英国食品数量确实很惊人。印度餐桌上出现了英国的果酱、罐头肉、罐头调味酱；然而，还是少不了印度本地的秋葵、木豆。这些菜含油量比较多，本地人用这些菜的特点来称呼它们，比如"滑菜"（slippery）、"黏菜"（slimy），英国人也这么称呼。

这一时期，英语词汇中，出现了"bungalow"（平房）、"verandah"（游廊）这样的词，而且，还出现了一些为"尊贵先生"们修建的房屋，天花板很高，还配着凉爽黑暗的地下室，尽可能多地提供了阴凉，改善了通风。不过，19 世纪 40 年代的 bungalow，跟印度北方城市中更有钱的商人、当地贵族的住房，只有一个共同点，那就是都只有一层；其余方面则完全不同。英式印度平房，屋前屋后都铺着草坪，就像绿色地毯一样，在正门和街道之间有一条马车道。传统印度房屋，名为"haveli"或"manzil"，却没有这些特征。它们的墙壁直接面对街道，墙上开出一个大门入口。四方形的院子，一角是大门入口，另外三个角，都是有专门用途的房间，一般分别是食品仓库、厨房、厕所。其余的房间，都按居民性别划分；"zenana"是妇女、孩子的房间，"mardana"是男人的房间。院子之外，最大的公共空间是一个平的屋顶，用来养鸽子，晾晒衣服和香料。屋顶和地面有通道相连，能让朋友和邻居在屋顶上聚会，炎热的夜晚还能睡在屋顶上。

这是传统印度住房的特点。而bungalow里面的白人老爷、白人太太，过的却不是这样的生活。bungalow的屋顶一般是人字形，房屋本身是一些坚固的亭子，按照功能区分房间，例如客厅、餐厅、书房、吸烟室、卧室；这些房间的窗户都面对着外面的走廊，走廊在整栋房子周围绕一圈。大门有一名男仆严密看守，当地语言名叫"chokidar"，他负责决定哪些访客能够进入庭院。其中，商人或许可以进入走廊，还可能进入主人的私人房间。进了屋子，里面的布置就跟英国本土完全一样了。只不过建筑房子的材料都是热带材料，例如竹子、柚木；英国本土的房子墙上挂着主人祖先的画像，这里却挂着狩猎野猪的长矛。不过，这里还是跟英国一样：有装着厚厚软垫的沙发、长沙发（settee）；韦奇伍德工厂和利兹市生产的米色陶器（Creamware）；还有画满图画的窗帘，这些都是英国进口的。屋子里印度特色最为显著的陈设，则是印度蒲葵扇，布扇叶悬在天花板上，由专门打扇的仆人来回拉动。厨房免不了各种气味，因此跟主要的建筑是分开的，有仆人专门住在那儿。主人谈到这些仆人，经常说他们是一种"刺鼻的，但无法躲开的讨厌之人"。

印度的白人老爷在征服过程中，最值得一提的创造就是本国文化的标志——花园。他们为了建设、维护花园，投入了大量的人力。英国人在设计bungalow的花园时，引进了各种热带植物，例如芦荟。芦荟长满了刺，经常用来建造令人生畏的树篱。但英国人用热带植物修建花园，栽种的格局也类似英国汉普郡的风格，前后有草坪，有装饰性的鱼塘，有草本植物构成的边框，有藤架，当然还有玫瑰。印度有一名身材娇小的英国女摄影师，名叫哈丽雅特·厄尔（Harriet Earle），后来嫁给了孟加拉步兵 38 团的罗伯特·泰特勒上尉（Captain Robert Tytler）。有一次，有人邀请她去了巴勒克布尔宫（Barrackpore House），这是当时的总督府，距离加尔各答 16 英里。哈丽雅特为总督府的花园惊叹不已。当时的印度老城，人口激增，负担很重。英国的兵营，都距离老城有一段距离，绿化得非常好，远近闻名。当然，肯定有人把兵营跟伦敦周围各郡相比较。英国对印度的统治，有一个象征性的荣誉高峰：有人在巴勒克布尔宫里成功种下了两株草莓，本来要把果子献给当时的印度总督、第一代奥克兰伯爵。可是，哈丽雅特见到草莓，垂涎欲滴，实在忍不住，把这柔软的果子塞进了贪婪的嘴。1857 年 3 月，距离草莓花床还不到一箭之地，巴勒克布尔宫的练兵场上，又发生了一起非常不同的事件。当时英军招募了很多印度当地人，称作"土兵"。第 34 步兵团有一名"土兵"，名叫曼加尔·潘迪（Mangal Pande），上半身穿着军服，下半身只围着一条腰布。潘迪向步兵团的副官，以及副官的军士长胡乱开枪，又险些打掉自己的脑袋。最后，潘迪被判绞刑，步兵团被解散，以儆效尤。土兵们听到这个消息，愤怒地摘下帽子，在地上践踏。

此前，在巴勒克布尔宫已经有过麻烦——1824 年也发生过一场兵变。然而，到 1838 年，麦考利和妹夫屈维廉回国的时候，麦考利还是认为，英国在印度的统治地位不可动摇。麦考利只在加尔各答住了四年，从 1834 年到 1838 年。这四年让他把自己幻想成了一个掌握印度过去和现在的权威，而且很快写了一本文集出版了，文集中提到了英国在印度殖民统治的一些关键人物，例如罗伯特·克莱武（Robert Clive）和华伦·黑斯廷斯。文集充斥着一望便知的陈词滥调，例如，说英国殖民体制如何温柔可亲；说孟加拉人如何慵懒，平日的状态就好像"活在蒸汽浴中"一般。也许，麦考利当时并没有想到，那些给他抬轿子的脚夫，那些给货船撑船，沿着胡格利河（Hooghly）前行的船夫，那些槐蓝（indigo）田地里面朝黄土的农民，这些人有多么慵懒吧？不过，他认为，这些人"无论从天性上，还是从习惯上，都完全适合被外族统治"，而且比古往今来的一切民族都更加适合被外族统治。

屈维廉不论经验、语言学的知识、洞察力，都比大舅子麦考利高明几个层次；而且也比麦考利悲观得多。屈维廉回到伦敦，在财政部找了一份助理秘书的工作，后来整整在财政部待了 19 年。屈维廉对于帝国命运的看法要黑暗不少。麦考利尽全力鼓吹，在印度引入自由的媒体；因为他要普及那些"有用的知识"，自由媒体将成为普及事业的必备工具。然而，屈维廉和其他很多人却都注意到，印度的白话报刊，很快就用来发表民众的悲叹，而不是对英国统治者的感激。屈维廉写道："尽管有了我们为人民的福祉所做的一切努力，恐怕我们依然是一个不受欢迎的统治阶层。"

毕竟，印度可抱怨的事情多得很。西化派在拼命吹捧英国给印度带来的各种好处的那些年，也正好是印度经济陷入严重衰退的那些年。东印度公司曾经垄断靛青染料贸易，当时有很多本地大企业负责供应染料。后来，东印度公司丧失了垄断权，这些大企业也就倒闭了，而英国人在"自由梦"当中设想的印度经济的现代产业，也就因此遭到了毁坏。一切出口货物都发生了锐减，除了鸦片之外；与此同时，来自英国的进口货物却如潮水一般涌了进来。传统的印度手工业，例如印花绸、棉花产业，在英国兰开郡纺织品对印度市场飞速而全面的入侵之下，几乎已经完全毁灭了。而当初，正是这些手工业品把英国人吸引到印度来的。偶尔也会有一些英国企业家试图振兴印度制造业，例如英国印染专家托马斯·瓦尔德（Thomas Wardle）；可是，印度各大纺织重镇，例如阿拉哈巴德（Allahabad）、苏拉特（Surat）、达卡（Dacca），它们的事业还是停滞不前，甚至衰退了。原先在莫卧儿王朝晚期，有些半独立的大地主，名叫"纳瓦布"（nawab）的，拥有繁荣的"小朝廷"（little court），这些大地主支撑着印度的基础设施建设。但英国人却采用了一种权利丧失的制度，规定：这些小朝廷如果没有直接的男性继承人，其财产就会并入东印度公司。于是，随着小朝廷的灭亡，基础设施建设也就不复存在了。西方有些现代化的"政治经济学家"，认为这样的转变是历史的必然，也是一种健康的更新换代，是国际市场的现代化现实，取代了陈腐的制度。然而，这种转变实际上却一点也没有必然性。早在几代人之前，代表新式生产关系的工业和贸易，就已经在印度自行发展起来了，虽然当时还没有机械化。而英国造成的破坏，却让大量的纺织工人、染布工人、印刷工人、珠宝商、银匠、裁缝、家具制造商、厨师、音乐家、宫廷侍卫、高级妓女、店主，都失去了赞助人；其中有很多人，还不得不去了乡下，而这时乡下的经济形势已经十分严峻了。

19世纪30年代晚期到19世纪40年代，有些英国访客，来到孟买、马德拉斯、加尔各答这样的港口城市。他们与严重的经济衰退相隔绝，很少看到破坏的真正惨状，除非到农村去走一遭。1837年年末到1838年年初，麦考利和屈维廉夫妇准备回国。他们认为已经为印度的建设尽了力，总体上自我感觉比较良好。就在这时，肯特郡贝肯汉姆市的女作家艾米丽·伊登（Emily Eden），与哥哥乔治·伊登开始了一次漫长的印度西北之旅，前往兰吉特·辛格的锡克教王宫。伊登是奥克兰赈爵，现在接任本廷克，当上了印度总督。他们在胡格利河上，用艾米丽的话说，做了一次"简朴的旅行"：总督的平底船"索纳穆基"号（Sonamukhi，意为"黄金面孔"），漆成了金色、绿色、白色；船上有大理石的浴盆，让人划着桨，沿着河流行驶；后面还有一队小船，载着400名仆人，专门服侍奥克兰勋爵与随从。陆地上的队伍更讲排场：有四轮马车、双轮单座轻马车、轻便双轮马车、本地人抬的四人轿，还有马匹、大象，沿着恒河谷慢慢向上游走去。队伍后面还有 850 匹骆驼，140 头大象，数百匹马、牛、运货马车，整整绵延 10 英里。平心而论，乔治·伊登真心算不得什么好猎手。可是，大家都觉得，身为印度总督，就必须精通打猎，所以他偶尔还是会在东倒西歪的象轿上，朝野兔、鹌鹑开上一枪。艾米丽是一位很有天分的艺术家，受到了维多利亚女王的资助。她在旅途中画过素描、油画，还写了不少日记。她的心情好坏交织，一面是沿途的喧嚷、奇异风光让她兴奋不已，另一面是令人筋疲力尽的恶心的感觉，侵袭着她的五感。这种感想，后来旅行印度的作家，还会一再重复；直到爱德华·摩根·福斯特（E. M. Forster）、保罗·斯科特（Paul Scott）的作品。1837 年圣诞节当天，艾米丽显然没有能遇到一些英国特色的事物——地上的白霜和餐桌上的葡萄干布丁。为此，她十分沮丧，写信给姐妹说，她今天"在异国他乡的印度，尤其情绪低落"。她还写道："为了庆祝圣诞节，各种景象与声音混在一起，可怕极了。仆人们在我们的帐篷门口挂上了巨大的花环；他们还聚在一起，用土语祝贺我们圣诞快乐，应该是这个意思吧？他们说话时，我的心就猛地一缩，虽然这样很不对。身边围绕着印度斯坦语；对这种语言的憎恨，以一种难以理解的方式，把我淹没了。"

　　艾米丽心中，同情心和嫌恶感相互竞争。一行人继续往东，穿过了阿瓦德（Awadh，旧称Oudh），朝着坎普尔（Kanpur，旧称Cawnpore）进发。艾米丽被迫直接面对了严酷的现实：印度正在遭遇一场肆虐的饥荒。[1]宿营的马厩当中，艾米丽发现了一个小婴儿，饿得快要死了："这东西像一只老猴子，眼光呆滞而愚蠢；还有一个六岁的可怜孩子照料他。"艾米丽就把婴儿收留下了，征得婴儿母亲同意之后，还天天在帐篷

---

[1]　这次饥荒的名字是 1837—1838 年阿格拉饥荒，原因可能是 1837 年夏季的季风未能带来足够降
　　水而导致的干旱。——译者注

里给婴儿喂奶，就好像喂一只宠物。然而，因季风气候异常而起的饥荒
的恐怖，还是从四面八方，无情地朝这支队伍围了上来；车队穿越受灾
的乡村时，有无数乞丐、行尸一般的穷苦人，聚在了车队四周。艾米丽
写道："我们简直不敢相信自己亲眼所见的可怕景象，特别是那些孩子；
很多孩子都完全就是一具骷髅，骨头穿过了皮肤，浑身一丝不挂，已经
完全不像人了。"奥克兰勋爵每天都为上百人提供食物，但护卫马队和当
地治安法官还是汇报说，每天都有三五个村民饿死。艾米丽写道："我们
已经竭尽所能，再也做不了什么了……这场面实在太恐怖了。女人们的
样子，就如同被人埋在土里又挖出来一样，头颅看上去那么可怕！"这
时，她离开巴勒克布尔宫"新鲜而翠绿"的草坪和花境[1]已经很远了。
当初，艾米丽曾亲手重新设计花园，还给花园另起了"伊甸花园"（Eden
Gardens）的名字。

艾米丽见到饥荒的惨景而痛心疾首，这的确是真实的感情，却也是
一种相对的感情。艾米莉的宠物是一只鼯鼠。1839 年 8 月，这只鼯鼠吃
了一个感染霍乱菌的梨子，生病死掉了，让艾米丽悲痛不已。艾米丽自
己也承认："我认为，印度的人出奇地愚昧，然而原本应该分给他们的
智慧份额却分给了野兽，于是野兽就变得出奇地聪明了。"19 世纪 40 年
代，西化派对印度大规模饿死人的可怕现象反应不一。有些人热衷于团
结起来改良印度的现状，例如旁遮普的詹姆士·托马森，或者新总督达
尔豪西勋爵（Lord Dalhousie）。1842 年，达尔豪西接替奥克兰勋爵，就
任印度总督。此前，1839—1842 年的第一次英属印度和阿富汗之间的战
争刚刚结束。这次战争给英军带来了惨重损失：一支 4 000 人的英军在
1842 年年初的严寒中，翻过兴都库什山脉撤回印度，最终回来的只有一
个军医。这些主张建设印度的人，面对饥荒，强化了自己的信念——西

---

[1] 花境（flower border），指园林里一种用作边界线的花床。——译者注

方带来的礼物，比如新修的公路、铁路、水利工程，将成为改善印度现状的长远手段。于是，建成了一条宏伟的恒河运河，建设者宣称，运河的目的在于避免 1837—1838 年的饥荒重演。但还有其他观点，认为这些饥荒，都是印度朝着现代国际经济而艰难转型过程中，不可避免的痛苦；尽管这些痛苦令人惋惜。他们主张，印度有太多人要吃饭，而耕作的一块块小面积土地却不足以供应现货市场；所以在合理化改革的进程中，必然要有一些人牺牲。有朝一日，印度的劳动力也将被繁荣的城市工业吸收，就像英国本土工业化的情况一样。然而，这样大规模的巨变，肯定是一个痛苦的过程。此外，现代化不仅面临巨大的结构障碍，也同样面临巨大的社会、文化障碍。工业化之前，印度的农民已经习惯了不慌不忙、无所追求的工作模式：每年大部分时间懒懒散散，只在中间穿插几次农忙时节，周而复始。如果他们要成为盈利的生产者，就必须有人让他们变得独立自主，坚持不懈，而且要执行严格的工作计划。只要稍微看看自然界中的蚂蚁山，看看那些忙碌而有序的小昆虫，他们就能明白这是什么意思。

无论如何，以上就是查尔斯·屈维廉的信念。这信念不仅适用于印度，也适用于爱尔兰。1846—1850 年，爱尔兰发生了现代西欧国家当中最严重的饥荒。这几年，爱尔兰丧失了整整四分之一的人口。一百万人死于饥饿，或者饥荒带来的疾病；还有一百万人移民去了外国，这是他们活下来的唯一手段。在西部受灾最严重的地区，例如梅奥郡，将近 30% 人口死于非命。此时，查尔斯·屈维廉正在财政部工作，直接的救济行动就是由他负责；但屈维廉却相信，爱尔兰的灾祸是上天带来的，要用痛苦的方式，让居民将来过上更好的日子。这种想法，主观上并非出于恶意，也不属于故作多情。屈维廉冷酷地下了结论：爱尔兰饥荒完全是"上帝对懒惰、不自立的民族下的判决；上帝给爱尔兰降灾，让它受到教训的时候，灾祸不应该由我们缓和得太多。自私而懒惰的人，一定要吸取教训,这样整个爱尔兰才能出现全新的兴旺面貌"。《泰晤士报》的观点更加残忍,坚持说,饥荒是一种伪装起来的赐福。他们主张:人类的力量和智慧都已经无法帮助爱尔兰摆脱贫困和依赖他人的恶性循环,因此全能全知的上天就送来了一种"自然的限制措施"。报纸就像古希腊先知一般鼓吹:"社会总是从灾难当中重建起来的!"

尽管印度和爱尔兰远隔千山万水,但在维多利亚人的思维和作品当中,这两个地方却紧密相连。他们提到"人口过剩"和"生产不足"的棘手问题时,就会把印度跟爱尔兰相提并论。托马斯·马尔萨斯牧师曾在东印度公司的学院——黑利伯瑞学院任教,查尔斯·屈维廉是他的得意门生。屈维廉一辈子坚持马尔萨斯的教条理论,对印度和爱尔兰的饥荒,都采取了十分无情的立场。马尔萨斯有一个弟子,名叫威廉·托马斯·桑顿(William Thomas Thornton)。1846 年,桑顿出版了《人口过剩与救济方法》(*Over-Population and its Remedies*)。此时,爱尔兰的巨大灾难正在变得非常明显。而桑顿主张,灾难是因为人口太多,为了减灾,应当减少人口密度,方法有二:一是自愿节育;二是向海外移民。他的主张对当时的社会辩论产生了直接影响。还有一些反对马尔萨斯主义,或者非马尔萨斯主义的自由派,他们抨击英国政府,说政府容忍"在外地主"(absentee landlords)的各种胡作非为,这些地主拼命想要从最广大的贫农土地上搜刮租金,攫取最后一个铜板。这些自由派也习惯于将印度和爱尔兰放在同一范畴谈论。哲学家约翰·斯图尔特·密尔在 1846—1848 年写了一系列文章论述爱尔兰土地问题。其中一篇文章断言:"那些对印度有些了解的英国人,其实也就是那些最了解爱尔兰的人。"印度中部各省的地区委员乔治·坎贝尔(George Campbell)也写了一本关于爱尔兰的书。这本书最终激励威廉·格莱斯顿在 19 世纪 70 年代着手处理了极为困难的土地改革问题。在格莱斯顿看到的所有文献当中,这本书起了最大的推动作用。坎贝尔写道:爱尔兰梅奥郡或者科克郡的贫困和动荡报告，"每一个字都可以视为印度某省的行政长官的报告"。

密尔认为，印度和爱尔兰主要的不同在于，印度从事德政改革的官员们，并不一定需要担心政治，也没有因为几百年前的外族征服、定居运动而继承祖先的邪恶。当然，密尔会这么想，主要是因为他自己对印度的情况缺乏了解。他认为，一个温和而博学的政治家，可以在比哈尔邦（Bihar）和古吉拉特邦推行耕作条件的改善运动，而这种运动也一定会发生。确实，在达尔豪西勋爵治下，密尔认为，改善运动真正发生了——也就是恒河运河的修建。

有人认为，那些对爱尔兰土豆饥荒富有管理责任的人——上至两位首相，罗伯特·皮尔爵士和约翰·拉塞尔勋爵，下至英国商务部大臣、财政大臣，以及屈维廉这样的财政部官员，他们的任何决策，都必须仔细考虑会产生的政治影响。这种情况，当然是真实的。然而，另外一种情况也同样真实：大多数政治家、公务员，都受到一系列道德信念的制约，让他们相信，自己不管做出什么，结果都会被一位伟大的政治经济学者的神秘意志左右，这位学者就是上帝。因此他们觉得，用《泰晤士报》的话说，上帝不想让"凯尔特人"继续当"吃土豆的人"了。他们觉得，上帝想要让爱尔兰那些软弱的"在外地主"为他们先前一直保持的邪恶体制而负起责任。他们觉得，上帝想要让西部爱尔兰大片土地减少人口，让爱尔兰人大批移民国外。然而，也还有另外一些人主张，这些灾难并非天灾而是人祸，或者至少被人为加剧了。这种"人祸"说，是否是异端邪说呢？这些"异教徒"之一，就是托利党领袖罗伯特·皮尔爵士，他负责处理了最早的饥荒。1846 年 2 月，皮尔爵士在下议院发表演说，呼吁废除《谷物法》。该法案限制进口多种美国谷物，包括玉米。演说的最后，皮尔建议各位议员：

> 你们如果再要劝告一个受苦的民族，在贫困状态下保持勇气；

你们如果再要告诉他们，饥荒是全能而慈悲的上帝降下的惩罚，是为了某种神秘而公正仁义的目的采取的措施——你们对受苦的臣民这样说的时候，愿上帝能让你们凭着今晚的决定，为自己准备好将来的思考带来的安慰。你们要思考的就是：这样的灾难，的确是上帝的措施；的确不是因为人类的法律而发生，也没有因为人类的法律而恶化；这法律，恰恰在食物供应缺乏的时候，采取了限制食物的措施！

那么，究竟什么措施才能让爱尔兰人的痛苦减轻一些呢？这样的措施是否存在？比如，人们是否能事先预测这场灾难的规模？19世纪下半叶，有一批学者著书立说，讨论他们认为的预示灾难的征兆；灾难发生在大英帝国另一属地——印度。征兆主要包括：气象周期（了解得还不是很透彻）；物价指标，这是短缺的早期警告信号；还有对谷物储备耗尽情况的评估。他们尽管已经累积了大量经验，依然没有成功预报。所以，尽管19世纪二三十年代已经出现了马铃薯歉收现象，这些早期的危机却依然不可能让中央或地方政府采取措施，应对1845年即将发生的一切。美国的作物遭遇了"致病疫霉"（Phytophthoera infestans）的真菌感染，于是，这种疾病有了一个可怕的绰号——美国马铃薯虎烈拉（the American potato cholera）。这种疾病的现代名称是"马铃薯晚疫病"。病变首先在叶子背面发生，最后将马铃薯变成黑紫色的糊状物。这种疾病，欧洲人确实从来没有见过。比利时、尼德兰，还有爱尔兰，是疾病首先侵害的欧洲国家。直到这个时候，人们（尤其是很多受邀发表意见的植物专家）还认为这种枯萎不是病因，而只是一种症状；他们以为真正的病因只是天气的异常寒冷加上大雨持续了一段时间。1845年，作物减产只有四分之一了。都柏林的官员们极力避免成为"杞人忧天"的人，于是轻描淡写地把这种短缺称为"一种缺陷"。乐观的估计是这样的：只要

天气转好，收成就能恢复相对正常。实际上，1846 年夏天也确实有一段
比较长的时间温暖而干燥。结果，人们先是误解了晚疫病，后来又雪上
加霜，提出了错误的指导意见。尽管自耕农担心，来年可能没有足够的
马铃薯做种，但官员们还是命令他们（或者至少没有阻止他们）只管挖
掉块茎腐烂的部分，把剩下来的部分留起来，第二年再下种。微小的孢
子安然越冬，藏在被感染的块茎里，播种到了地下。于是注定了第二年
的毁灭。

先前，哪怕遇上好年景，爱尔兰的居民也有很大一部分挣扎在饥饿
边缘。18 世纪中期，爱尔兰有 260 万这样的居民；到 1845 年，变成了
850 万。其中三分之二靠着土地吃饭，绝大多数人占有的土地面积实在
太少，无论如何也不能称作"农场"。爱尔兰的经济，传统上以牧业为
主，北部和东部较为发达的地区，此时依然生产奶制品，出口到英国本
土。然而，英国本土的工业化让农产品需求剧增，于是，爱尔兰就开始
大量出口谷物，特别是燕麦和大麦。那些拥有资本，又拥有肥沃土地的
农场主，就抓住了机会，发达起来。然而，爱尔兰中部和西部地区，人
口增速最快，这里的地主（经常是"在外地主"）就充分利用人多地少的
不平衡局面，提高租金，压低薪水。到 19 世纪 40 年代，农民收入与耕地
都严重减少，从而造成了大量半贫困状态的人口。当地共有 135 000 块土
地面积小于 1 英亩；770 000 块土地面积小于 10 英亩。爱尔兰的土地肥沃
湿润，唯一能保证最高产量的作物就是马铃薯。每个爱尔兰人，不论男
女，每天都要吃掉 10~12 磅马铃薯。而且，马铃薯几乎是爱尔兰人唯一
的食物，如果幸运，才能喝到一点牛奶补充蛋白质；如果靠海，还能吃
到一点鱼或者巨藻。

皮尔政府中有些官员，早在 1845 年年末，就认为自己发现了某些
农作物病害的征兆，类似埃及的遭遇。1845 年 10 月，海军部大臣詹姆
士·格拉汉姆爵士（Sir James Graham）写信给首相说："看到上帝如何让

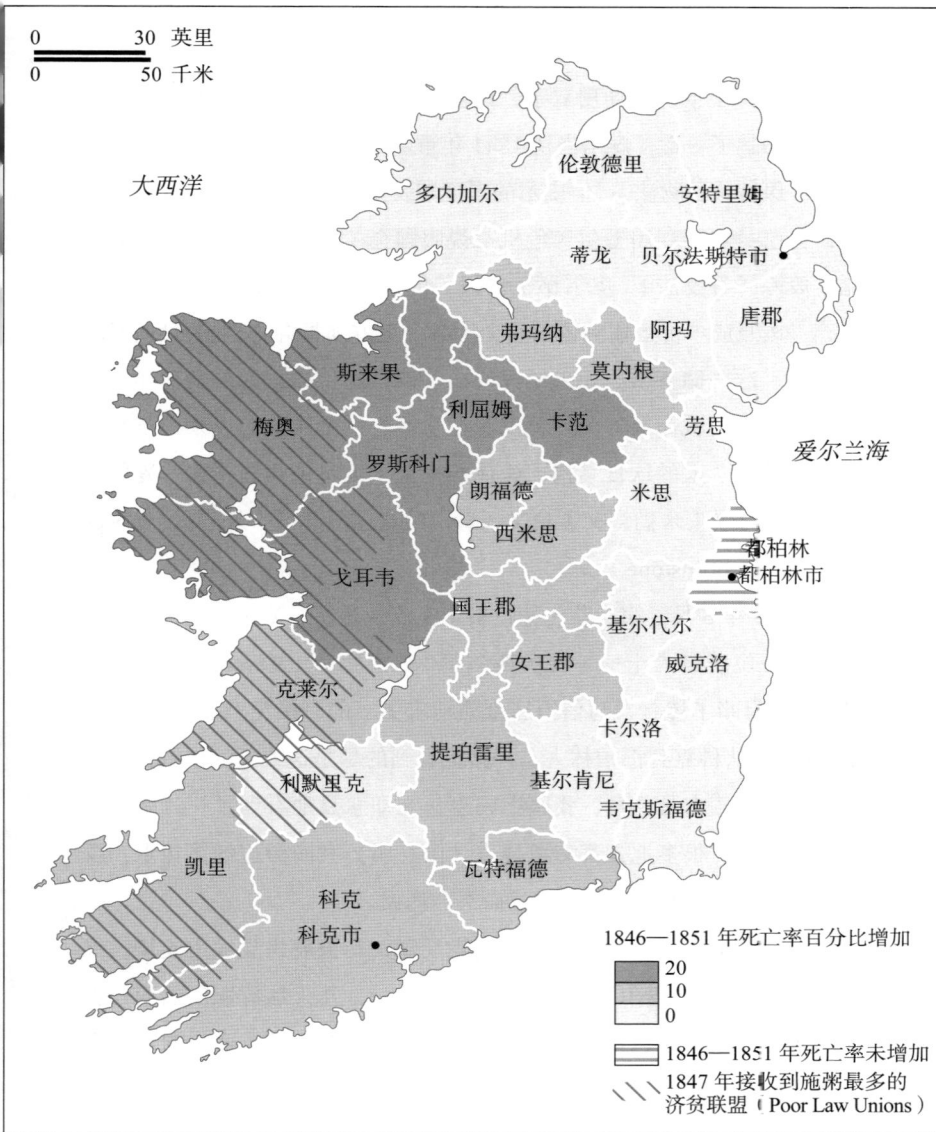

0　　　30　英里

0　　　50　千米

大西洋

伦敦德里

多内加尔

安特里姆

蒂龙　贝尔法斯特市

弗玛纳　阿玛　唐郡

斯来果

莫内根

梅奥

利屈姆　卡范　劳恩

罗斯科门

爱尔兰海

朗福德

米思

西米思

戈耳韦

都柏林

都柏林市

国王郡

基尔代尔

克莱尔

女王郡

威克洛

利默里克

提珀雷里

卡尔洛

基尔肯尼

韦克斯福德

凯里

瓦特福德

科克

科克市

1846—1851 年死亡率百分比增加

20
10
0

1846—1851 年死亡率未增加

1847 年接收到施粥最多的
济贫联盟（Poor Law Unions）

爱尔兰大饥荒，1845—1849 年

各国的骄傲化为乌有，是非常悲惨的事情……上帝的天军，就是导致溃疡的病原体，还有蝗虫；上帝一声令下，一种作物染了疾病，我们就看到一个国家垮了下来，伸出双手，讨要面包。"到 12 月，马铃薯和其他食物的价格翻了一番。皮尔当初 1841 年重新当上首相，是有人想让他采取措施，保留《谷物法》；但皮尔的态度却发生了彻底的转变。如今，他觉得，自己一定要利用爱尔兰危机来说服国会（特别是他自己所在的托利党）废除《谷物法》。皮尔秘密购买了价值 10 万英镑的美国玉米，派人碾碎，按照成本价运输到爱尔兰全国各个地方委员会管理的特别仓库。皮尔计划，这些储备粮，如果情况好，可以稳定价格；如果情况坏，也可以充当穷人的救命粮。此外，皮尔还期待着一个次要的成果：玉米糊可以改变爱尔兰人的饮食结构，让他们不至于太过依赖马铃薯。爱尔兰人一开始不习惯玉米糊，又害怕又怀疑，给这东西起了个外号："皮尔的硫黄"（Peel's brimstone）。

到 1846 年 8 月，第二茬庄稼也染了瘟疫。显然，爱尔兰已经深陷饥荒了。有一位著名人士——西奥博尔德·马修牧师（Reverend Theobald Mathew），目睹了惨状，写信给屈维廉请求更多的直接免费援助："上个月 27 日，我从科克到都柏林去，一路上看到的尽是这毁灭的作物，在丰年中蓬勃生长。本月 3 日，我踏上归途，立即悲哀地看到了一片腐烂植被覆盖的荒原。很多地方都有可怜人，坐在腐朽菜园旁边的篱笆上，绞着双手，为了这毁灭了口粮的灾难而失声痛哭。"

皮尔的政治方向受到自己的托利党反对，却被辉格党大力支持。终于在 1846 年 6 月，皮尔成功废除了《谷物法》，几天后辞职。然而，新上台的辉格党政府，以约翰·拉塞尔勋爵为首，却对迅速增长的灾难无动于衷。有几年时间，拉塞尔实际上对爱尔兰地主的残酷剥削行为，采取了最激烈的批判态度。然而，正是因为他那样憎恨爱尔兰地主，才非常不愿动用伦敦的国家援助手段。他认为，一旦援助爱尔兰，就会让爱尔兰的地主免除责任，逃脱因自己的自私、贪婪带来的后果。如果上帝果真要鞭笞这些地主（当然，假定爱尔兰的富人不会让自己的同胞饿死），他拉塞尔又算什么，岂能阻挡上帝的手呢？这么想、这么发言的人，除了首相拉塞尔自己，还有他手下的财政大臣查尔斯·伍德爵士（Sir Charles Wood）。而且，这种论调，在查尔斯·屈维廉听来无异于动听的音乐。屈维廉一直怀疑皮尔太软弱；屈维廉还用尽一切机会反对任何人干预谷物市场的"自然"商业操作。屈维廉相信，政府的职责，绝不是出手干预全面收购谷物。只要价格适当（而且肯定适当），私人商业就自然会把谷物送到最需要的市场去。如果有谁出于一种错误的善意而操纵这些市场，那就是对上帝的自然经济秩序的放肆干涉！比如，要制止燕麦出口，是想都不能想的。[1]一次，赈灾委员会主席伦道夫·劳斯（Randolph Routh）写信给屈维廉说："我知道有人严肃而强烈地反对干预这些出口行为，但这样是一种最大的罪恶。"屈维廉回信说："我们恳请您不要以任何方式来支持禁止出口的想法。这样的措施，会引发严重的失望与不安，乃至无法产生任何正面结果，就连马上的正面结果也不会有……一定会有间接而永久的好处，在爱尔兰产生，使它告别短缺……爱尔兰能够发生的一切进步当中，最大的进步，就是爱尔兰人民能够学会自力更生，开发自己国家的资源。"

然而，在等待这个奇迹发生的时候，民众却越来越活不下去了。原先，皮特政府开始了一种贫民习艺所之外的救济措施，简称户外救济（outdoor relief）。现在面对爱尔兰民众的强烈不满，拉塞尔也继续了这种户外救济措施，但却采用修建公共设施的方式，来"考验人们的品质"。劳动的酬金（平均一天9便士）严格按照劳动量发放，而且劳动强度也故意设定得极高，好筛选掉懒汉。因为公共建设工程委员会主席哈

---

[1] 当时英国控制爱尔兰粮食出口，绝大部分燕麦等谷物都必须提供给英国。——译者注

里·大卫·琼斯（Harry David Jones）曾写报告给屈维廉说："我相信大家都认为，政府尽量多地利用劳力，是一种公平的机制。"工人必须挖掘并砸碎大量岩石，累得精疲力竭，才能获得一点少得可怜的报酬。克莱尔郡（County Clare）伯仁高原（High Burren）的工地上，监工用一个黄铜环来鉴定工人是否把石头砸得足够碎，只有符合标准，才能领到一小时3 便士的报酬。而且，这些修筑的公路，似乎并不能通往什么真正的地方。克莱尔郡有一个亨利·奥布莱恩上尉（Captain Henry O'Brien），写信报告："工人确实是为了薪水而工作，然而他们看得很清楚，自己做的事情并没有什么明确的价值，于是就说，自己的心思不在工作上了。"

这些招工的团体，尽管非常残忍，却是走投无路者的唯一活路。伦敦政府接到一个坏消息：爱尔兰赈灾部门先前一直拒绝妇女儿童来工作，而现在却感觉，乞求工作的妇女儿童越来越多，再也不能拒绝他们了。1846 年的冬天格外严酷。12 月，招工团体的雇工已经有 441 000 人之多；1847 年 3 月，又增加到了 714 000 人。灾情最严重的爱尔兰西部各郡，例如克莱尔郡，全部人口的 20% 以上都凭着此类重体力劳动勉强糊口。至于劳动的艰辛是否让一些人死于非命，在灾难的记录者眼里看来，只是一个统计学上的脚注而已。

此时，还有一些更加令人发指的惨景，被英国报纸报道了出来。1846 年 10 月到 1847 年 1 月，有一所济贫院里的住客死了 266 人。报纸不仅报道了死者和濒死者，还发表了死者的验尸报告。死者在生前吃过各种烂菜叶来延缓死亡，这种菜叶平时只会当成垃圾处理。1847 年 1 月，都柏林的《国家报》（The Nation）重印了梅奥宪法报的一份验尸报告，说："格列尼达（Gleneadagh）一小块农田中有一个羊圈，一名妇女布里奇特·乔伊斯（Bridget Joyce）和四名儿童就死在这里……显然，死者与家人已经贫困到了极点，其中一名儿童只有一滴水、一点雪，来润湿临死的母亲嘴唇。尸体在那里躺了八天，才有人设法弄来几块板子，做成一个棺材，因为本地给了结论——饥饿致死。"

有很多小女孩卖掉头发，来救自己一命。多内加尔郡的母亲走上数英里路，卖掉一点羊毛，才能买上一点食物给家人糊口；尽管那些灾民最喜欢抢劫的目标，就是带着食物的女人。田芥菜，一种野生的卷心菜，几乎成了灾民的一类主食，家家户户走到种着田芥菜的水田里去，把嫩菜叶撕下来，带回家里煮。然而还是不够。死人太多，公共墓地都填满了；有些家庭死了人也不敢报告，这样他们收到的救济就不会减少。而且，乡村牧师也大量饿死，导致新生婴儿经常在临死前无法接受洗礼，因而无法理到那些被祝圣的墓地中。有人看到，不少母亲背着死孩子，走到很远的墓地去埋掉。在大西洋岸边的康尼马拉（Connemara），似乎是由父亲背着死孩子来到海边，来到大海、陆地，天空的古老边界线上，挖出浅浅的坟墓，摆一块粗糙的石头当作标记，这石头是从悬崖上凿下来的。于是出现了很多风吹雨打、长满青苔的石头，三四十块摆成一个圆圈，石头灰色的锯齿边缘，指向各个方向，立在咆哮的拍岸浪涛旁边。这些圆圈就形成了爱尔兰有史以来最哀伤的小坟墓。

屈维廉虽然还是相信，这一切都是带着伪装的好事，但毕竟害怕舆论的反应，这才全面启动了维多利亚时期英国慈善业的机器。当时不仅爱尔兰，苏格兰也发生了土豆饥荒。于是，1847 年 1 月，成立了"爱尔兰及苏格兰严重灾害赈灾协会"女王捐出了第一笔款——1 000 英镑；后来，协会创始人斯蒂芬·斯普林–赖斯（Stephen Spring-Rice）勇敢地邀请女王继续捐助，女王又捐了 1 000 英镑，一共捐了 2 000 英镑。巴林家族（Barings）、罗斯柴尔德（Rothschilds）、伦敦主教、达尔豪斯伯爵、本杰明·迪斯雷利、威廉·格莱斯顿，甚至连奥斯曼帝国素丹（Ottoman Sultan）也凑了钱，基金总额达到了 470 000 英镑。屈维廉、皮尔、财政大臣查尔斯·伍德爵士都慷慨地捐了钱，基金用来在各地设立施粥棚。

维多利亚的慈善事业尽管蓬勃开展，但辉格党政府对赈灾的态度，却可以说更加严厉了。来参加筑路、港口工作的人实在太多，让原先"以工代赈"的虚伪借口再也不能持续了，这就让屈维廉和查尔斯·伍德爵士都为自己的行动感到十分忧虑。大批居民前来工地，形成流动人口，屈维廉等人也认为，这种情况让农村人口锐减。这是非常不祥的事。于是他们决定关闭了工地，取而代之的是慈善业支持的施粥棚。这项事业是贵格会教徒们发起的，也符合他们的一贯风格。根据 1838 年的《爱尔兰济贫法》（*Irish Poor Law*），建立了 130 家济贫院。当然，人们面临的选择，不是饿死，就是进入济贫院，忍受监狱一般的生活（济贫院里的劳工要穿号衣，跟家人分开，吃牢饭）。因此济贫院也跟先前的工地一样人满为患了。面对这种情况，都柏林的托利党议员威廉·格里高利（William Gregory）通过了济贫法修正案，规定只有土地拥有量在四分之一英亩或以下的贫农，才可以进入济贫院。格里高利修正案在现实中引发了悲剧的一个全新阶段，而且是一个极为残忍的阶段。即使最穷的贫农，绝大多数也需要多于四分之一英亩的土地，才能给家人建起最原始的石头屋子，得到足以糊口的食物。现在，这些穷人既没有马铃薯，也没有钱，不得不把土地让给地主，换取济贫院的准入资格，否则就只能原地不动，活活饿死，还极有可能因为交不起租金而遭到强制驱逐。他们一点选择也没有。

这种情况，正是屈维廉盼望的"社会革命"的形态：最贫困的小农自愿，或者被迫来到港口或济贫院。不论自愿还是被迫，这种变化都能使得绝大多数经济上不可能成功的小块耕地，转化为佃耕农场；至少在屈维廉看来，佃耕农场将会拥有光明的未来。当然这个过程很痛苦，但却是分娩的阵痛；产生的将会是一个爱尔兰自耕农的阶层。

查尔斯·屈维廉，以及伍德、拉塞尔等大多数政府官员都以一种特别的方式认为，这一次剧烈的社会动荡，给所有人都带来了教训。自私的地主们原先以为，英国财政部会采取措施，从地主多年的无知和剥削行径中拯救他们；而现在英国政府却告知——地主要自己负责济贫院的救济费用。这是为了让地主"自立"；就好比济贫院里度过的一段时间，好比坐客轮统舱前往新西兰，好比没了土地的劳工为新的"自耕农"工作；这些措施，都是为了让贫农放弃旧日的私酒生意和土豆，参与经济变革。但实际发生的却几乎是一场动物般的生存竞争，最弱的最先失败。地主们向政府高呼救命，却徒劳无功。1847 年年底，济贫院劳工已经达到 10 万人。这些地主不光确实要被迫承担济贫院的费用，他们还必须确保贫农离开了自己的土地就不再回来。于是地主们采取行动，拆毁了很多农舍，砸毁了房子的屋顶。直到今天，克莱尔郡、梅奥郡、戈耳韦郡还散布着一些这样的废墟。1849 年，克莱尔郡的基尔拉什（Kirush），有 1 200 名居民亲眼看着自己的住处在短短两周时间里被强拆了。这些人很多还患有霍乱。梅奥郡的艾瑞斯（Erris）镇，有一位贵格教派活动家，名叫詹姆士·哈克·杜克（James Hack Tuke）。他看到警察在士兵的配合下，将家具碎片和厨房的坛坛罐罐从民居里面往外扔。他写道：

> 佃农们的茅舍，是他们的先祖修建起来的，已经在这里住了一代又一代；如今，面对警察的刺刀，他们愤怒地争辩起来。他们很清楚，一旦茅舍被强拆，就只好住到最近的水沟里去，日晒雨淋。妻子与孩子当中，有些人注定要死掉……六七百人被赶走了，男女老少，母亲和婴儿都被赶走了，完全没有谋生的活路！有几户跟当局关系比较好的人家，当局允许他们暂时住下去，条件是他们答应自愿离开……当晚的餐会上，有位客人告诉我，地主夸口说，这是他第一次看到自己的田地，第一次走访佃农。

最顽固的幸存者们，在农舍的废墟上建起了一种名为"scalpeen"的棚子，蹲在一堆破烂当中。这个词来自盖尔语的"scailp"，意思是窝棚。

而那些被迫放弃土地，来到济贫院的人，也没有得救的保证。大部分爱尔兰人都对济贫院冷眼旁观，表示厌恶。不论这些贫民看起来怎样穷困饥饿，一旦家庭的主要劳力，即所谓"挣面包的人"被证实一天收入达到 9 便士（完全不足以养活一家人），则他的妻子与孩子也可能无法进入济贫院。这倒有可能是一个恩典，因为济贫院人满为患，是霍乱、伤寒、肺结核的温床。济贫院的食物一般是汤或者爱尔兰麦片粥，作为"户外救济"而供应。然而，前来领取的贫民却经常不得不拖着营养不良的身体长途跋涉，从而经常只能得到美国玉米面；就连这种玉米面也会断供。

有一段时间，无情的灾难一个接着一个，竟然让英格兰人和苏格兰人都听得厌烦了。到了 1848—1849 年，这些地方就开始流行一种"怜悯疲劳症"。尽管爱尔兰的赈灾负担，大部分是爱尔兰人自己承担了，但英格兰报纸还是怨气冲天，抱怨说，不得不为那些爱尔兰佬（Paddies）的绝望状态而埋单。爱尔兰人在这些报纸上，经常被描述为一种半人半猿的、狡猾而不可救药的败家子，而且非常危险，富有革命性，他们乞求资金是为了购买武器，而非食物。1846 年 12 月，《笨拙》杂志发表的一幅有代表性的漫画，画了一个爱尔兰人，向"约翰牛"（英国人代称）乞讨一点钱，说："大人，求您给我一点零钱，让一个可怜的爱尔兰小伙子买一点……散弹枪吧！"约翰牛不为所动。

灾民还有最后一个逃离绝望的选择：移民。1845—1851 年，将近 150 万爱尔兰人移民去了海外。1846 年，有 10 万人离开，特别是爱尔兰西部、西南部各郡；1847 年，20 万人离开；而在 1851 年，饥荒已经过去之后，还有 25 万人一走了之，再也不回来了。至少 30 万人去了英国本土，不是聚集在利物浦这样的港口城市，就是聚集在伯明翰、曼彻斯特这样的工业中心。这些地方，他们最容易找到工作；而且，1851 年的一次调查显示，超过三分之一的移民在英格兰找到了熟练工的工作。有些地主发现移民是解决问题的灵丹妙药，从而下大力气，送人出去。典型的例子如罗斯科门郡（County Roscommon）斯特罗克镇（Strokestown）的梅杰·丹尼斯·马洪（Major Denis Mahon），花费 4 000 英镑，让 1 000 名佃农坐船去了加拿大。他们是坐统舱去的，这次旅程当然没有假日游轮那么惬意，条件非常恶劣，乃至这些客船得了个外号"棺材船"。马洪送出去的移民，还没到加拿大，就有四分之一在船上病死了。最后，1847 年，有个佃农将马洪暗杀了。爱尔兰赈灾委员会有一位政府指定的领导——蒙蒂格尔勋爵（Lord Monteagle）。勋爵有一位侄子，就是年轻的爱尔兰诗人奥布里·德尔威（Aubrey de Vere）。他为了亲眼观察爱尔兰移民的贫苦境况，自己坐统舱去了加拿大。他写道，船上几乎完全没有卫生条件，水和床铺都很污浊，食物"质量很差，而且总是半生不熟……淡水做饭都很困难，无法洗澡；很多船上，肮脏的床铺，染上了一切令人可憎的污物，却从来没有制度，要求把床单拿到甲板上晾晒。"在爱尔兰新教贵族看来，还有一件更糟糕的事：船上没有祈祷仪式；而且，船长自己就贩卖格罗格酒发财，因此也没有措施控制醉酒或"凶恶的堕落行为"。移民们到了目的地，进了收容站，例如魁北克圣劳伦斯河下游的格罗斯岛收容站。这里又马上开始了很久的隔离检疫期。检疫本来是为了避免乘客造成新的死亡，结果却恰恰造成了新的大批死亡。

　　当然，经历这一切磨难而幸存的人们，无论旅途的长短，都没有忘记磨难。有一位律师兼记者，名叫约翰·米歇尔，他并非自愿移民。1848 年 5 月，米歇尔因为在《团结爱尔兰人报》上发表煽动性评论而被判处 14 年流放，流放地是澳大利亚的塔斯马尼亚岛（Tasmania）。4 年之后，米歇尔设法逃跑，来到了美国，变成了爱尔兰大饥荒回忆书写者当中最激进、最愤慨的一员。他坚持说，这场饥荒不是天灾而是人祸——来自英国的人祸。他说，全欧洲都有歉收，荷兰死了几百万人（这是夸张，实际上只死了几千人），但只有爱尔兰才有饥荒。"上帝确实送来了马铃薯的歉收，但英国人却制造了饥荒……150 万男人、女人、孩子，被英国政府小心翼翼、蓄谋已久、无声无息地杀害了。他们在自己创造的丰富物资当中饿死了。"加拿大、澳大利亚、新西兰，特别是美国，饥荒的真实悲剧，通过记忆的神秘转换，变成了一次爱尔兰版的"出埃及记"（Irish Exodus），铭刻了瘟疫、哀伤、家园的毁灭。悲剧还在继续：爱尔兰移民在美国各个城市，如波士顿、纽约、纽约州的波基普西（Poughkeepsie），都受到了排斥。他们遭受了"原住民"——扬基佬[1]精英的疏离和剥削，工作岗位也都是薪水最低、危险性最高的。这种情况，让爱尔兰人聚居的贫民区，有了更强的凝聚力；而且让他们有了一种类似原始部落的决心，要"为斯基伯林复仇"[2]。

在他们炮轰的残忍而无情的英国人中间，有一个人被妖魔化得最厉害，那就是查尔斯·屈维廉。爱尔兰作家说，屈维廉是罪魁祸首，引发了这场不为人知又完全可以避免的灾难。米歇尔作品的基调，把屈维廉描绘成了爱尔兰未来的毁灭者，不论有意无意："我见到屈维廉鲜红的魔爪，插入了那些孩子的心脏；他的官样文章，将孩子们驱向了死亡。"这种对屈维廉的愤怒声讨，持续了一代又一代，最有名的作品是塞西尔·伍德汉–史密斯（Cecil Woodham-Smith）的纪实《大饥荒》（*The Great Hunger*, 1962），书中几乎是在控诉英国政府有意犯下了种族灭绝的罪行。但实际情况并非如此。屈维廉和一些政府官员确实存在偏见，认为爱尔兰必须经历巨大痛苦，才会向现代化转型，为此做出了悲观而偏重道德解释的结论；然而，面对饥荒的痛苦，他们却一点也没有喜悦。不过，这种冷眼旁观也可能过了头，变成了强烈的反感，将实际的悲剧看作一场通俗闹剧。有一个流行的谚语：不要把洗澡水跟孩子一起泼出去，而英国政府在倒掉不良的民族主义政策的同时，也似乎确实把那些

---

[1]　扬基佬（Yankee），英国人对美国人的蔑称。——译者注

[2]　为斯基伯林复仇（Revenge for Skibbereen），这是一首爱尔兰民歌，作者是爱尔兰科克郡斯基伯林镇的一位诗人。歌词的最后表达了复仇的意愿。——译者注

惨死的孩子倒掉了。死去的孩子们并非编造的故事。有可能，屈维廉和英国政府既想脱罪，也想迫害。因为，倘若屈维廉并未想故意杀掉、除掉大批爱尔兰人，他也没有因为这些爱尔兰人的消失而痛苦万分。如果屈维廉可以免除"恶意企图"的罪名，那至少可以判处他"愚昧迟钝"（obtuseness）的罪名。屈维廉既有着荒唐的信心、盲目相信上帝的意志，也有着根深蒂固的偏见，认为"懒惰"而"不自立"的爱尔兰人，必须经过痛苦，才能学会自立。有了这荒唐的信心和偏见，愚昧迟钝就在实际上产生了致命的结果。

而且，英国也并非所有人都是屈维廉这样高高挂起的姿态。罗伯特·皮尔爵士也同屈维廉一样，是坚定的自由贸易支持者，然而在危机面前，皮尔愿意把教条放到一边。之前提到，皮尔秘密购买了价值 10 万英镑的美国玉米运到爱尔兰，毫无疑问，这些玉米在 1846 年救了很多人。等到屈维廉和拉塞尔发现还需要增加进口，已经太迟了。屈维廉坚持盲目的乐观主义，认为爱尔兰通过收取社会转型的"自然"利益，长此以往，就会贴近英国。然而，很多人的结论却正好相反，认为这一措施会撕开联盟的伤口，而且会让联盟流血至死。《泰晤士报》一名记者写道，无论发生了什么，一代又一代的爱尔兰人都会记得："在可怕的痛苦中，面对上天降下的临时的灾难，他们只有放弃财产，才能得到救济。英国还制定了驱逐爱尔兰人的法律，给制裁他们、从法律上消灭他们，打开了方便之门。尽管我们高兴地断定，这些政党没有任何恶意，但他们（英国政府）却理性、安静而极为无知地犯下了极大的失误，不可收拾的大错；从法律的角度上说，比有意犯罪还要严重。"

屈维廉本人，则是要么完全不知这种公愤，要么置之不理，认为自己坚持那种"非情绪化的经济现实主义"是正确的，而坚持就会不可避免地带来反对和憎恶。这种情况，就好比维多利亚时期的英国校长，虽然校长会鞭笞学生，却是为了学生好；校长辞职的时候，学生也会带着爱恨交织的心情记住他。屈维廉因为赈灾工作出色而被加冕为骑士，声望在英格兰达到了顶峰。19 世纪 50 年代，屈维廉的大舅哥麦考利正在发起英格兰议会自由化的壮阔旅程，与此同时，屈维廉的职务，只是一个财政部的助理常务次官，但他却成了帝国命运的象征，帝国"无形之手"最有力、最权威的人物。屈维廉和斯塔福德·诺斯科特爵士（Sir Stafford Northcote）组织了一个委员会，调查了英国的文官队伍（Civil Service）。后来，他们在 1854 年发表了《诺斯科特–屈维廉的报告》（Northcote-Trevelyan Report），将英国政府从"贵族资助（aristocratic patronage）的牧场"变成了真正的"精英领导体制"（meritocracy）。当然，这种变革不是一夜之间完成的。大英帝国需要的最优秀的殖民地总督，也将通过专业技能的考试来选拔，而不是通过家族关系，或者土地、财富的势力来选拔。

19 世纪 50 年代，屈维廉还决定，这种纯洁化的新型政府，需要新的办公场所，各部门集中化，但空间会更加宽敞。他设想的，不只是更大的办公室，而是一座"政府之城"。这样做要花费巨额资金，而英国财政大臣十分吝啬，就提出了各种反对意见。为了克服障碍，屈维廉辩解说，他的远景规划其实性价比很高：把临近的各部门连接起来，就省去了相互来往的出租马车费。然而，他真正的意图却很明显，就是为了大英帝国服务。1856 年，屈维廉发表意见：

> 我们有一项重要的国家使命要完成……这座城市（将来的政府之城），不仅是艺术和雄辩学的母亲，还是各个国家的母亲；我们让帝国的人口充满两个大陆——亚洲和非洲……我们还要把两个大陆的大量人口组织在一起，让他们接受基督教的洗礼，变得文明起来；而这些国家的居民，来到（伦敦）大都会的时候，他们应当看到一些符合大都会古老声望的东西。我认为，我所勾画的这幅蓝

图……会把应得的荣誉，献给我们致力实现的各种合法权利，献给我们希望有朝一日传遍世界的、那种有组织的自由。

在委员会的说明中，仅仅外交大臣一人，就应该有一套接待室，一共五个房间，能同时接待 1 500 名来访者；此外，大臣还应该拥有容纳 50 人的国宴厅，一座宽敞的图书馆。这样的设施已经不亚于帝国宫殿的设施了。

伦敦世博会的水晶宫，就体现了帝国科技和财政的力量；之前提到的建筑师查尔斯·巴里和奥古斯都·普金建造的国会大楼将要完工，使用新哥特主义的建筑风格，代表了英国"古老宪法"的延续。如今，英国的白厅街道上，一组威风凛凛的建筑耸立着，选址故意接近威斯敏斯特宫，中心是新建的外交部；这组新楼，将会使得"工业、自由、贤明政治"这三驾马车功德圆满。1857 年 5 月，为了预先消除舆论对"铺张浪费"的指责，政府还采取了聪明的公关措施，专门举办了一次设计展，展出了 218 套建筑设计图，共有 2 000 张图纸。展出的地方，特别选在威斯敏斯特大厅，这地方一般是国王发表讲话，或者遗体接受瞻仰的地方。

5 月 5 日，就在设计展的同一个星期，印度德里的一个文官写信给伦敦的联络人："像往常一样，没有什么新闻。一切都安静、无趣。我们当然觉得天气很好，这个季节的天气太棒了。一早一晚十分凉爽，令人惬意……天花板上的蒲葵扇也基本用不到。"六天之后，第 54 孟加拉步兵团军官们血肉模糊的尸体，就被扔到了克什米尔门（Kashmir Gate）前面的一辆牛车上。当地学校的老师们，在教室里被杀害了。德里公报的主编，在校样旁边死掉了；他的妻子、母亲、孩子一同毙命。德里银行经理贝雷斯福德（Beresford）先生，也在钱柜旁边跟家人一起被害。亚洲反抗欧洲帝国的第一次大规模起义爆发了。

第六章
"好心"帝国的红利

　　1857 年 5 月 9 日，印度德里东北部密鲁特（Meerut）。孟加拉部队第 3 轻骑兵团有 85 名印度土兵被押到练兵场上，接受公开的惩罚。他们的罪名是拒绝使用新的李－恩菲尔德步枪（Lee-Enfield rifle）子弹操练，因为他们听说这种子弹上涂了牛脂和猪油。牛脂是印度教徒的禁忌，猪油是穆斯林的禁忌。暗沉沉的天空下，这 85 名不服管束的土兵被人剥下制服，脱下军靴，上了脚镣。他们戴着叮当作响的脚镣，被押送前往军事监狱去服刑 10 年。有一名年轻的骑兵掌旗官名叫约翰·麦克纳布（John McNabb），他觉得刑罚实在过于严厉了："这比死刑还要糟糕。他们再也不会跟妻子、家人团聚了，还有一位可怜的老人，已经在步兵团服役了 40 年，本来能够拿到养老金，现在他一切的辛苦却都白费了。"

　　第二天，第 3 团的骑兵，还有第 11、第 20 本地步兵团的军人闯入监狱，把囚犯们救了出来。军人们放火烧毁了泥土垒成的军营，杀了 50 个英国军官、平民，包括妇女在内，还把电报线剪断了。叛乱的骑兵们连夜赶往德里，第二天早上到了德里，宣布莫卧儿帝国光复。当时号称"德里之王"的巴哈杜尔·沙（Bahadur Shah），帝国最后的苗裔，已经年过八旬。兵变一发生，老人就陷入了窘境。他深居简出，独自创作华丽的波斯语宫廷诗歌。特别是，他对帝国光复的最终结果，从来没有抱着什么幻想。然而，被愤怒的叛军逼迫，又被首领们一半难堪一半动人的热情感染，巴哈杜尔·沙毫无办法，只好听任起义军用了自己的名义。起义军发表了多个宣言，号召人们铲除"外国人"（feringhi）的统治："全体人民，不论男女老少，男仆女仆，现在均已负有道德上的责任，挺身而出，将英国人置于死地……方式包括发射枪、卡宾枪、手枪……射箭，用砖头和石块砸死他们……和其他一切双手能找到的武器……土兵、贵族、店主，与所有市民均应同仇敌忾，同时对敌发起进攻……有人负责用计谋或蛮力将敌人分散，有人负责用棍棒猛击敌人，有人负责打敌人耳光，有人负责向敌人眼里扬尘土……"

　　早在起义的土兵冲到德里之前，第 38 孟加拉步兵团的罗伯特·泰特勒上尉，就知道祸事已经发生了。11 日清早，军方下令，将巴勒克布尔兵变第一名领导者处以绞刑。命令向本地军人公开宣读，以儆效尤。然而，这种惩戒完全没有达到预期目的。罗伯特用生硬的口气向军队宣读命令，与此同时，他听见了队伍中的回应。一排排军人窃窃私语。罗伯特说得一口流利的印度斯坦语（Hindustani，准确地说是印度斯坦语中的一类——乌尔都语 Urdu），把这些话的意思听了个一清二楚。后来，罗伯特又看见一群一群的人站在太阳地里，就让他们到阴凉的地方避一避。当时的气温高达 60 摄氏度。这些人却站着不动，回答说："我们喜欢晒太阳。"过了一会儿，罗伯特告诉妻子哈丽雅特："哈丽雅特，我手下的人今天表现实在太差了。我宣读命令的时候，他们就嘿嘿地笑，还用脚在地上拖来拖去。这样明显就是他们在同情那个被判死刑的土兵。"哈丽雅特此时已经怀孕八个月了。没过多久，她丈夫就跑来跑去收集弹匣，预防最坏的情况；不时也忽然走进平房，看一眼妻子是否安全。哈丽雅特觉察了非常不祥的兆头。仆人们慌张地到处乱跑，还有人拼命赶着拉车的牛，拉着轻型野战加农炮，在大街上小跑向前。法官的妻子，哈钦森（Hutchinson）夫人，没有戴帽子，头发松松垮垮披在肩上，抱着一个孩子，脚夫抱着另一个孩子，向着加农炮行进的反方向匆匆忙忙走过去。这是怎么回事呢?哈丽雅特的女仆是法国人,名叫玛丽。玛丽一定是 1848 年在巴黎待过,她很清楚这是怎么回事:"夫人,这是革命!"有人命令妇女和儿童,赶紧到"旗杆塔"(Flagstaff Tower)去集合,这是德里一座类似城堡的塔楼。尽管罗伯特之前让她留在家里,她还是服从了新命令,去了旗杆塔,救了一家人的命。旗杆塔里面楼梯上,有一群打扮过于华丽的维多利亚妇女、孩子、女仆,或站或坐,一言不发,战战兢兢,裙衬都让汗水湿透了。因为哪怕在阴凉的地方,气温也高达38 摄氏度。消息有如潮水一般涌进来:54 团一名上校被自己的部下在克什米尔门用刺刀捅死。克什米尔门就在几百米之外。哈丽雅特有一个四岁的儿子名叫弗兰克(Frank)。弗兰克问:"妈妈,那些不听话的土兵会杀我爸爸吗?会把我也杀了吗?"哈丽雅特后来写道:"他的眼睛特别蓝,是个很漂亮的孩子。我看着他雪白的小脖子,自言自语:'可怜的孩子,这个小脖子很快就要被人割开,我却一点也没有办法救你!'这一瞬间非常怕人,但我还是鼓起勇气说:'不会的,宝宝,别害怕。没人会伤害你,紧紧挨着妈妈!'"哈丽雅特又听说了更多坏消息:又有很多军官被害;有 40 名妇女儿童被人从避难所拉出来杀掉了;军火库被人炸毁,巨大的爆炸声响彻德里全市,白色的烟云笼罩上空。全城都有人高呼:"统治全世界的君主必将得胜!"

罗伯特很熟悉土兵的语言,有了这个条件,或许能够说动一些同情他的土兵,护送家人从德里前往西北方向将近 120 英里的翁巴拉(Umballa),那里有一所大型兵站。罗伯特让土兵们跟他开诚布公,表明态度。有些人上来摸了他的前额,这是个好兆头。当晚月光很亮,行动十分危险。但他们还是冒险启程了,一开始跟另外一家人——加德纳一家(Gardners)挤在同一辆轻便马车上。加德纳的妻子也怀着八个月的身孕。后来,马车的车轮掉了下来,一行人又步行前进。哈丽雅特负着两个孩子,拖着自己沉重的身体,沿着公路、铁轨一路前行。哈丽雅特回忆说，她回头看着兵营那些火光熊熊的平房，"真是一个揪心的场面。我知道我们一切的贵重之物都已经永远失去了，那是金钱永远买不到的东西：一绺我死去的孩子的头发，很多手稿、油画，都是为了丈夫将来要出版的一本书；还有我自己的一切油画、图书、衣服"。众人终于来到翁巴拉，住在一辆牛车上，还要时刻提防9英寸长的黑蜈蚣，咬到什么人的腿；一旦咬上，哪怕用刀子把蜈蚣除掉，也会让血液中毒。众人的头脑里，都是血腥一片的场景。为了转移两岁的小女儿伊迪丝的注意力，哈丽雅特扎破了自己的脚，脚上一流血，小女儿就可以"扮护士"，用自己的手帕帮妈妈止血。等伤好了再扎破，让女儿接着玩耍。后来，哈丽雅特在牛车的稻草上生下了一个男孩。为了纪念这场灾难，泰特勒一家给这个孩子强加了一个名字：斯坦利·德里–福斯（Stanley Delhi-Force）。因为孩子生下来就患有痢疾，众人都觉得这孩子根本长不大，不会为自己这个奇怪的名字"德里"而感到羞愧（或者骄傲）。哈丽雅特连一家人是否能活下来都不抱什么希望，身边随时带着两大瓶鸦片酊，一旦情况变成最坏，就用来让自己跟孩子同归于尽。然而，斯坦利·德里–福斯竟然真的活下来了。而且，对一些忠于英军的兵士来说，这还是一个吉兆。兵士们告诉哈丽雅特：如果有孩子降生了，他就是军队的第一人，后面的援军马上就到。第二天，援军就抵达了翁巴拉。

德里、密鲁特叛军瞄准的最早的目标之一，就是当时刚刚发明的电报线路。叛军剪断了电报线，杀掉了电报员，作为起义的开始，不可谓不恰当。这不仅仅是一种精明的战术，还有重大的象征意义，象征叛军对西方各种礼物的排斥：西方的技术、西方的科学，西方"文明"的一揽子措施。当初，麦考利、屈维廉曾经如此坚信，这些措施，会将印度和英国联系在一起，让双方拥有紧密而互惠的帝国关系。无论在印度或英国，都有人反复指责印度人"忘恩负义，臭名远扬"。19世纪四五十年代，英国给这个懒惰而落后的国家带来了无数赠礼，乍一看，印度人竟然还忘恩负义，真是太邪恶了。这些年，印度有了最早的铁路，引进了西方的医药，也有了平版印刷厂，有了用通俗语言出版的书报；此外，当时的历任总督，采取了全新的施政风格，其中以年轻的达尔豪西侯爵最为激进。总督们批评司法部门和政府"堕落"，"沉迷在懒惰和奢侈中"，对体制改革的冲动越来越强烈。在一种财产兼并行为发生之前，被兼并者也要受到这样的指责，已经成了例行公事。这种兼并行为的前提，就是所谓的"无嗣失权政策"，规定：若某贵族没有男性继承人，则其财产即可被他人兼并。然而，印度自古以来就有这样的传统：本土的贵族们，若没有男性继承人，则可以收养后代来继承家产，而且传统实际上鼓励贵族这么做。本土的贵族承认英国的权威，是同英国人达成共识的。这样的继承传统受到了粗暴践踏，违反了双方的共识。印度拉贾斯坦东北部地区，有一个拉杰普特统治的马拉塔（Rajput Marathan，拉杰普特是印度军人阶级，马拉塔表示该地受马拉塔政府管辖）邦，名叫詹西土邦（Jhansi）。土邦主（rajah）1853 年去世，没有孩子。按照规定，他的遗产将会受到兼并。土邦主的妻子，拉克希米·芭伊王妃（Rani Lakshmi Bhai）向达尔豪西总督以个人名义提出抗议，却被轻蔑地无视了。四年后，印度兵变，起义随之爆发。拉克希米·芭伊成了印度中部骑兵游击队最强悍的领袖之一。

遭到冷落的土邦主们不是傻瓜。他们知道，这些兼并，大部分是源于英国的战略和财政利益，而不是源于建设"更好的政府"的高尚情操。英国主持的一些大规模调查，例如"英属印度版图三角测量大工程"，其首要目的也是为了提供军事情报。铁路和干线公路的建设，不仅会打开印度市场，还会让军队部署更加方便快捷。

同时，英国人发起的新的传教工作，也带来了新的麻烦。达尔豪西总督任期是 1848—1856 年。其间，因为他对传教过于自信，印度新建的平版印刷厂、印刷的传教书籍达到了空前的数目。英国在饥荒中制定了一项政策，规定英国人可以收养来自穆斯林、印度教家庭的孤儿，把他们培养成基督徒。印度本来就怀疑英国要发起一场新的改宗运动。不论这种怀疑是否被媒体夸大了，这一政策，都加深了原本的怀疑。锡达普尔（Sitapur）有一个平民，不幸被人们称作"基督徒先生"（Mr Christian）。兵变一爆发，他就首当其冲，跟妻子一同被枪杀了。这绝不是巧合。阿瓦德地区有一个领袖，是伊斯兰教女王，名叫哈兹拉特·马哈尔（Hazrat Mahal）。1858 年 12 月，马哈尔为了鼓动叛乱者反对英国，宣称这场起义首先应该是一场伊斯兰吉哈德（jihad），即圣战，并列出了这个主张的一切理由。她说，英国人不光在子弹上涂了猪油牛脂，侮辱了信仰印度教和伊斯兰教的士兵，还有意让印度人在执行特定任务的时候，同欧洲人一起吃饭，这样就抹杀了印度人的种姓。她还说，英国人傲慢无礼地毁坏了神庙和清真寺，借口是需要拓宽公路；英国人准许基督教牧师走上大街，走进小巷、集市去传教；还建起了英国学校，让印度教和穆斯林儿童偏离信仰的正路。

1858 年，德里的土邦主费罗兹·沙（Feroze Shah）为了给起义辩护，也发表了一系列宣言警告公众，说英国人要在产妇生产时，禁止印度传统医生在场，规定必须有西医参与；说英国人要规定婚礼必须有基督教牧师见证才算合法；说英国人要烧掉穆斯林和印度教的经书。这一个长长的指控列表当然纯属虚构，然而，近年来印度传教士的活动确实增多了，基督教文献也更普及了，对印度古代医药著作《阿育吠陀》为代表的传统医学，也开始了系统的嘲讽和贬低。这么一来，费罗兹·沙的指控也就显得真实可信了。此外，西方人在印度推广天花疫苗——牛痘，这是 18 世纪末英国医生爱德华·琴纳（Edward Jenner）发明的。而印度医生却回答说，早在琴纳出生以前，他们自己就在农村的穷人中间普及了牛痘药签。他们说得没错。

印度的通俗文献，将起义的吉哈德性质说得不容置疑。伊斯兰有

一种保守教派，名叫瓦哈比（Wahabi），掀起了一种宗教复兴运动，在
19 世纪中期多个地区流行，从非洲苏丹西部到印度北部。文献认为，这
次起义也是宗教复兴运动的一部分。早在 1856 年 11 月，一位大毛拉
（Maulvi，伊斯兰律法教师），名叫阿赫马杜拉·沙（Ahmadullah Shah）
的，就在勒克瑙（Lucknow）到处宣传吉哈德。因为他的轿子前面有一
面大鼓，得了个外号达乌卡·沙（Dauka shah），意思是"带着鼓的大毛
拉"。这个圣人坐着轿在街上走，有一千名弟子唱着圣歌前呼后拥，有
些人还吞下了燃烧的炭块。[1] 与此同时，圣战的信息传遍了戒千上万的
人。1857 年 2 月，在法扎巴德市（Faizabad），有一名瓦哈比激进派代表
人物，名叫阿赫马杜拉（Ahmadullah）的，因为言行极具煽动性，而被
当局逮捕，进了监狱。6 月 8 日，兵变者将他释放。他刚一出狱，就领着
一群武装起来的追随者，去了勒克瑙。阿赫马杜拉并非孤单一人。在阿
拉哈巴德，有一个利雅格特·阿里（Liaqat Ali）；在德里，有一个法扎
尔·胡克·卡伊拉巴迪（Fazal Huq Khairabadi）。这两个人也在分别鼓吹
同样有煽动性的言论。另外还有一个人，名叫卡迪尔·阿里·沙（Qadir
Ali Shah），自称伊玛目（imam，伊斯兰宗教领袖的名字），据说追随者
多达 11 000 人。他信誓旦旦地发出预言，说起义的日期就定在伊斯兰历
的一月，穆哈兰姆月（Muharram）的 10 日，这是这个月最神圣的一天。
这一天，正是西历的 9 月 11 日！之前那位阿瓦德的伊斯兰教女王哈兹拉
特·马哈尔公开宣称，这场战争"因宗教而起，而且为了宗教，已经有
数百万人死于非命"。实际上，历史上宗教战争死了那么多人，她也应该
知道这次印度兵变是因为宗教原因而爆发的。然而，因为某些原因，对
于1856年秋天到1857年春天穆斯林聚居区的宗教动乱因素，英国当局却
似乎完全没有重视，或发生了严重的误解。当局唯一注意的，是因为子

---

[1]　这是一种杂耍的把戏，也是显示自己"神圣"的手段。——译者注

弹油脂引起的问题。

受到伤害的不只宗教感情。那些教育程度高的城市化印度居民，审视了英国现代化建设者应该带来的经济利益，却发现这个体制好像更加重视统治者的利益，而忽视被统治者的利益。比如，印度铁路建设开始了，让谷物更容易出口（不论丰年还是荒年），来稳定英国本土的谷物价格。英国"工程建设"在印度的胜利之一，是修建了所谓的"印度长篱障"（Great Hedge），这是一道长达 1 500 英里的篱笆，由荆棘和刺槐组成，目的是为了防止印度东部奥里萨邦的盐被人偷运到孟加拉，同当地从英国柴郡进口的外国盐竞争。如有成功走私进来的盐，则要被征收惩罚性关税。为了强制执行这一歧视性措施，海关警方雇用的人手，多达13 000 人；而与此同时，在英国本土，伦敦和曼彻斯特的舆论正在假惺惺地宣扬自由贸易原则。

1851 年伦敦博览会，展示了帝国贸易的成就，目的在于普及"互惠"的理念。然而，这些成就的受益者却大都是白人。在加拿大、澳大利亚、新西兰、南部非洲开普殖民地，殖民地生产者同英国本土制造者之间的自由贸易关系确实初步建立了，殖民地也实现了有限的自治权。但从体制当中受益的"本地人"，却并非本地居民，而是白人定居者，不论是自由移民还是被迫流放到这里的罪犯。本地居民唯一得到的"好处"就是财产被剥夺，人口被毁灭。不论哪一本叙述这段历史的著作，只要提到这些国家自由贸易的殖民主义如何成功，就必须承认，殖民主义给当地文化造成的巨大混乱，并不是"偶然发生的不幸的小事"，而是殖民主义成功的前提条件。殖民者认为，如果为了给澳大利亚美利奴绵羊提供大面积的牧场，必须迁移甚至杀光某个倒霉的本地居民部落，那么也必须把这些人迁移甚至杀光。在南非开普省，英国要开辟多个牲畜牧场，引起当地科萨人（Xhosa）强烈反对，于是双方进行了一次血腥而漫长的"开菲尔战争"。当初，巴麦尊首相宣称，和平与繁荣将手牵手踏上征途。

莫非这就是他所说的征途吗?

此外,还有大英帝国的势力边缘范围(peripheries),那就是奥斯曼土耳其帝国与拉丁美洲的政府。这些地方不是旧日大英帝国的一部分,但这些政府被说服实施现代化,理由是对自己的国家有利。而一旦这些政府被说服了之后,资本就会从英国的巴林、罗斯柴尔德家族等人开设的银行涌进这些国家,会兴建或者改建港口,从母国开来的崭新铁壳蒸汽船,在这里的港口和母国之间来来往往;铁路也铺设完毕,上面会有英格兰中部地区制造的各种火车奔驰起来;仓库和处理中心建了起来;商务领事、商务代办被安插到战略要地,为生产者提供运货商,向当地政府施压,要求降低关税壁垒,而且让贸易商不受地方法院管辖。没过多久,殖民地就会跟英国本土一样,出现贵族女子学院、歌剧院、赛马场;大家习惯下午五点喝茶,七点喝雪莉葡萄酒;大型的黄铜布丁模具,也会在殖民地的厨房里出现,从土耳其的西部港口士麦那(Smyrna)到乌拉圭的首都蒙得维的亚(Montevideo)。

巴麦尊在1830—1851年担任外交大臣。1855年开始,他又任英国首相,其风格一贯强硬蛮横,绝不道歉。他一直相信,只要凭着商业的计谋和能量,全球市场都应该被英国随心所欲地控制,这用一句英国谚语说,就是"变成英国的牡蛎"。然而,现实却是,巴麦尊与格雷勋爵[1]在英国陆军部(War Office)任职,倘若有必要的时候,他们却会毫不犹豫地用刀子撬开牡蛎,拿到珍珠。英国无论是在西非还是在下缅甸(Lower Burma,缅甸一地区名),都是这么干的。1852年,英国与缅甸第二次战争爆发,下缅甸被占领,缅甸丧失大量主权。又例如,中国当时无视全球经济的逻辑,拒绝向英国贸易开放通商口岸,也不给英国贸易商免

---

[1] 此处指第三代格雷伯爵亨利·乔治·格雷,1835—1839年任英国陆军大臣,1846—1852年任英国陆军和殖民大臣,促进了本土与殖民地之间的自由贸易。与更加出名的前首相、第二代格雷伯爵查尔斯·格雷不是同一人。——译者注

除关税、治外法权，贸易商宣称这两样是保护自己安全有效做生意的必要条件，甚至当贸易清单几乎完全是麻醉毒品的时候也是如此——或者不如说，当贸易清单几乎完全是麻醉毒品的时候更是如此。这实在是无法理解的事！渣甸洋行（今名怡和洋行）（Jardine and Matheson）是英国的苏格兰贵族把持的。老贵族们可以愤怒地捶打《圣经》，义愤填膺地谴责异教徒的中国司法系统，裹脚、叩头的陋习；他们却也无耻地将"英国司法"和"公平自由贸易"这样的宣传，用于毒品帝国主义（narcoimperialism）。英国贸易商正在忙着将数百万人变为鸦片烟鬼。这时，倘若清政府因为某种原因，要关闭内河，禁止贸易商进入，那么就必须给他们上一堂商业道德课，其方法就是用炮艇对中国进行外科手术式的袭击。于是，英国通过两次鸦片战争"教训"了中国：第一次在1839—1842年；第二次跟法国一起，在1856—1861年。第二次的英法联军在北京烧毁了圆明园，理由之一是明白地告诫清政府，如果排斥"经济合作的欢乐"，会付出什么样的代价。第一次鸦片战争的结局，是英国占了香港地区，并强迫广州、厦门、福州、宁波、上海五处口岸通商，建立自己的行政和司法机构，不受中国法律限制；就好像这是天底下再自然不过的事情一般。殖民者的托词一直是这样的：鸦片只是楔子的一个尖，这个楔子将要撬开这些反启蒙主义的"满大人"（mandarin）统治的中国，让中国拥抱西方现代化。今天让中国人抽上鸦片，明天就能给中国人灌输约翰·斯图尔特·密尔那样的自由主义学说。转眼间，就会有数以亿计的中国人穿上英国绒面呢的衣服，用英国谢菲尔德出产的刀叉来吃饭。这些人多么幸运啊！然而，英国与其他欧洲列强，却当然没有阻止古老帝国的毁坏，而是加速了这种毁坏；随着19世纪的流逝，中国越来越陷入一种无政府状态，这又给了殖民者进一步军事、政治干预的口实。就好像某些医生让病人得病，然后又大发慈悲，开价治病一样。

　　而印度，正是鸦片的最大供应商。到了英国世博会开幕那一年，鸦片已经占到了印度出口的 40%，而且按照每磅货物的利润来算，鸦片远远超过了英国其他一切货物。20 年前，屈维廉和麦考利曾经设想，良性的西方文化可以通过和平传播的方式，扩散到整个印度。结果 20 年后，英国势力却变成了一个积重难返的军事巨人，而且特别是在达尔豪西总督治理下，完全无法停止扩张的势头。当然，此时英国统治者有一种神经过敏的"恐俄症"，生怕大队哥萨克骑兵席卷中亚高加索地区各个汗国，占领阿富汗，沿着阿富汗和巴基斯坦之间的交通要地"开伯尔山口"（Khyber Pass）冲进毫不设防的印度河–恒河谷（Indus-Ganges valley）。19 世纪 40 年代，英国在印度西北前线进行了两次侵略战争。1843 年，打下了信德地区[1]；1849 年，又占领了旁遮普地区的锡克王国。这些行动，本来属于赤裸裸的帝国冒险主义，然而，英国人却用"担心缓冲政权过于脆弱"之类的借口，以及"承诺这些地区并入英属印度之后将会更加安全"等措施，为自己的行为做了成功的辩护，而且通常都是侵略完了才辩护。

英军占领旁遮普地区锡克王国的事件尤其恶名昭彰。1839 年，锡克国王兰吉特·辛格去世。在他生前，英国人本来把他视为可靠的当地统治者，能够用来构筑坚实的屏障，防范受到俄国影响的波斯和阿富汗。但他一死，英国人的希望暂时落空了。达尔豪西总督的前任是哈丁子爵，即亨利·哈丁（Henry Hardinge），1844—1848 年任印度总督。哈丁采取了惯常的措施，要在锡克王国安插一个傀儡大君（maharajah）。然而，国王的军队掀起了叛乱，于是英军展开了全面的军事行动。达尔豪西开战的目的，原本只是给锡克王国一点惩罚，后来却改成了将王国彻底毁灭。英军一开始作战不顺，较为狼狈，之后调来了强大的孟加拉陆军，重拳出击，结局也就不用说了。战后，整个旁遮普大片多山地带全部受

---

[1]　信德地区（Sind），今巴基斯坦一省，首府卡拉奇。——译者注

到英国人的直接统治；此外，旁遮普地区首府拉合尔（Lahore）原本有着很多传奇式的财宝，如今这些财宝也被一抢而空。达尔豪西本人则抢到了最有名的宝物——巨大的"光之山"钻石（Koh-inoor），还定做了一条带子，自己将钻石挎在身上，安全带回了孟买。后来，钻石从孟买用船运到英国，作为个人礼物献给了维多利亚女王。兰吉特·辛格家族的小王子，名叫达立普·辛格（Duleep Singh）。战后，他理所当然被罢免，他的家谱也被人刻意证伪，这么一来，就不会有人指责英国人篡位了。达立普·辛格发现"自己"的钻石被没收了，略为恼怒。其实这颗钻石也是锡克王国在之前跟波斯的战争当中抢来的。英国人允许达立普保管这颗钻石，条件是他必须在之后将钻石作为个人礼物送给英国女王。达立普点头同意，于是成了英国的宫廷宠物。他戴着头巾，穿着华丽的服饰，让一位德国肖像画家弗朗兹·克萨韦尔·温德尔哈尔特（Franz Xaver Winterhalter）给他画像；英国人承诺会让他享有绅士的生活与收入，还鼓励他改宗成基督徒，最后他也照办了。

于是，贪得无厌的兼并主义者达尔豪西，也自然地将贪婪的目光转向了阿瓦德地区。此地位于恒河与喜马拉雅山之间，幅员辽阔，资源丰富。1819 年，阿瓦德地区受到英国挑动，宣告为独立王国。18 世纪，此地被穆斯林"纳瓦布"大地主统治。这是一些守旧的财主，依附于莫卧儿帝国。当时的阿瓦德是印度各地区当中最繁华、发达的地区，河谷土地肥沃，城市人口众多。阿瓦德地区的首府是勒克瑙，人口约为650 000，因葱郁的花园、鸣叫的孔雀、奢华的宫殿而著称；此外，还有清真寺的金色屋顶和宣礼塔，风味浓郁的豪华菜肴，加工精细的银器和珠宝，经过训练的强悍斗羊，充满肉欲的诗作，为帝国而建设的高级妓女团队。早期来到这里的英国旅行家、官员，即所谓的"定居者"曾经沉迷于此；有时候还有一些丑闻，如一个名叫詹姆士·阿基里斯·克尔帕特里克（James Achilles Kirkpatrick）的官员，爱上了一个贵族穆斯林女子，后来还娶了她。这种行为严重破坏了东印度公司"谨慎得体"的形象。而且，阿瓦德的兵士几乎占了孟加拉陆军的四分之三，1850 年，孟加拉陆军已经多达 240 000 人，其中只有 40 000 英国人。英国人称阿瓦德人"男子气概十足"而给予支持，觉得阿瓦德人是本地军人中最坚强、最可靠的，特别是在信德、旁遮普两地的作战当中；相反，孟加拉男人则是作风懈怠。表面上，阿瓦德仍是一个独立王国，按照协议，东印度公司借调阿瓦德土兵，进入公司的陆军。因此，从法律上说，阿瓦德土兵就是在"外国"服役，从而可以拿到双份津贴。更重要的是，这些阿瓦德兵士，一旦荣归故里，回到法扎巴德、萨隆（Salon）、锡达普尔、勒克瑙等地，就能穿着深红色的外衣，昂首阔步，以"高等人"自居，而且对人炫耀，自己不会受到阿瓦德一般的官僚作风的伤害。

勒克瑙原先是全印度各阶层、各种族最为混杂的城市。到了达尔豪西执政时期，本地人和西方人的居住区分隔变得更加明显了。不过，在种族隔离的方面，勒克瑙比起加尔各答、马德拉斯等地，又是小巫见大巫了。加尔各答"黑色之城"与河边带有花园的"白色别墅"泾渭分明。勒克瑙的旧城十分拥挤，从戈默蒂（Gomti）河向南延伸，其中心是甘吉（ganj）市场；每个地区都分别居住一种工匠，有银匠区、磨坊主区、面包师傅区、皮匠区等。这种区分一直延续到今天。大臣、贵族的宅邸，清真寺，花园等高档建筑，大都集中在这个"城镇集合"的西部、南部边缘。北部边缘地区，一块高地上，坐落着占地 34 英亩的英国总督府，美丽的凯塞尔班（Kaiserbagh）花园和一小块空地，将其与城区分开。总督府位于高地中心，由色调偏灰的玫瑰色砖块建成，带有古希腊多里安式的柱子、一道外廊、一座小型旗杆塔，还有一个凉爽的地下泳池。花园周围散落着教堂、邮局、金库，金融专员的住处，还有"夫人院落"，是行政长官"纳瓦布"的欧洲妻子住的地方。兵站的本体建筑，包括营房、平房、赛马场，在戈默蒂河与法扎巴德路以北数英里处。更远的西方，则是著名的贵族学校——马丁内耶学校（La Martinière），建筑是新巴洛克式，由法国雇佣兵、热气球冒险家、博学的克劳德·马丁（Claude Martin）设计并出资修建。马丁曾效劳"纳瓦布"大人们，后来又在东印度公司工作。如今，学校已经成了麦考利鼓吹的教育使命的象征。招收的精英学生们，学习古希腊历史学家修昔底德的著作、弥尔顿的著作，操练步枪射击。

勒克瑙的各个分区，尽管十分明显，却依然将总督府这样的英式生活中心，放在城市内部，而不是外部。这有一个历史上的原因：历任总督都说，在本地人社区当中生活，会带来非常舒适的体验。19世纪50年代早期，此地的总督是威廉·斯利曼爵士。这时，英国与殖民地温和的传统合作方式，似乎应用在阿瓦德并没有问题，而且英国在阿瓦德招募了很多土兵。这种合作的实施，似乎让一切剧烈变革都没有必要了。同时，理查德·科布登为代表的自由主义者，正在猛烈抨击辉格党政府，说政府在多个地区鼓吹的帝国冒险主义，要花费巨资，残忍而没有必要；自由主义者还说，目前英国正在南部非洲、中国、缅甸、克里米亚进行多场战争，决不能在印度再挑起新的战争了。

不过，达尔豪西却几乎没有察觉即将到来的危险，把不久之后的灾难，扔给了他的下一任总督查尔斯·坎宁（Charles Canning）。达尔豪西认为，阿瓦德只有表面上的独立地位，实际上在他看来，几乎处于无政府状态。当时的阿瓦德统治者是一个荒唐可笑的纳瓦布，名叫瓦济德·阿里·沙（Wajid Ali Shah）。据说他自吹最骄傲的事，就是成功培育出一只鸽子，两只翅膀一白一黑。此外，瓦济德还会花费多日穿戴珠宝，写诗，与他挑选的高级妓女厮混。这样的国家不仅奢侈腐化，而且危险。总督顾问委员会有一位外交秘书，名叫H.M.艾略特（H.M. Elliot），去世后，别人出版了他的遗稿《印度史——印度本地史学家的讲述》（*The History of India, As Told by Its Own Historians*，1867）。艾略特生前曾经指出，容忍这种邪恶的不良体制，也是一种邪恶。对此，达尔豪西深表赞同。艾略特写道："我们看见很多国王，甚至我们自己创造的国王，变得堕落，不问政事，纵情酒色。"怎么办呢？当然要立即把他们除掉了。达尔豪西也写道："倘若英国政府继续容许这样的政权带着巨大风险统治下去，继续荼毒成千上万的人，那么，英国政府就会成为人神共愤的罪人！"而且，达尔豪西也盼着军事占领阿瓦德会得到大笔财富。当初自己冒险攻打旁遮普，造成了 800 万英镑赤字。若是有了阿瓦德的收入，就能让赤字大大减少。达尔豪西听说纳瓦布和大臣们"很狂妄"，私下里就跟朋友说希望那些人真的很狂妄，因为"在我卸任之前把他们一口吞掉，会让我非常满意"。于是英国殖民者开始吞并阿瓦德。尽管瓦济德·阿里·沙和心腹大臣们专程向总督求情，吞并还是在 1856 年 2 月完成了。达尔豪西带着不加掩饰的狂喜写道：作为合并的结果，"我们亲切仁厚的女王，又多了 500 万名臣民，还比昨天多拥有了 130 万英镑的收入"。在孟加拉做出的一个几乎是官僚主义的决定，立刻在阿瓦德城市和乡村都产生了巨大影响。一夜之间，这个国家所有服务宫廷和贵族的子民，不仅被降级了，还被羞辱了；而这种降级和羞辱，欧洲老爷几乎是看不见的。

老百姓们大量返回农村地区，却发现还有另一个势力很大的阿瓦德人阶层，名叫"塔鲁克达尔"（taluqdar），有时候也说成土邦主。他们是一个层级贵族，拥有土地税的征税权。这样的制度在阿瓦德与印度北部其他地区，都赋予了这个阶层一套庄园的权利和义务，即刻让他们失去了很多村庄、土地、头衔。英国殖民者的官方理念是，像土地税这么重要的东西，应当直接管理，不能留给乡村贵族；他们还把这些乡村贵族，无一例外地称作"中间商"。这一称呼并不准确。英国官员的官僚主义思想，认为这些"中间商"是村子的外来人，而实际上，他们的头衔、地位、权威，都是从莫卧儿帝国时期延续至今，传承了很多代人。当年拉杰普特的武士们曾经支持过这些乡绅的祖先，作为回报，乡绅的祖先赠予了武士某些地区和村子。某些情况下，所谓的"土邦主"基本上就是农场主，而且通过家族和种姓关系，与农民联系十分密切。

　　英国人设想的是：改革之后，英国人的收入，在很多场合要少于在旧日"塔鲁克达尔"体系之下的收入，这是很慷慨的表现，因此农场主应该对英国人抱有强烈的感激之情。然而他们想错了。这次改革是"功利主义思想指导下的救济措施"的实验，但阿瓦德实际上并不适合做这种实验。英国人觉得塔鲁克达尔和土邦主不过是一群收税的人，其实远不止如此。这些人扮演的角色，是庄园体制下的"保护人"，如同教父一般；周围簇拥着私人民兵，当时的居民还以加入这些民兵为荣。民兵驻扎在丛林深处的要塞中，要塞一般用泥或者碎石与水泥筑成，环绕着壕沟，武器有来复枪和轻型野战炮。这样一来，乡村贵族们就拥有了无可置疑的权力。英国人做过一些浮光掠影的调查，结论是这种权力只是上层对下层的单方面剥削，实际也完全不是这样。乡村贵族在收税的同时，还负责照看村子的生计，在荒年救济灾民，安排婚姻，解决纠纷；此外，还资助当地的清真寺和神庙。有时候更是亲自参与收割庄稼。因此，英国人将他们的权力总体剥夺，这就不仅是除掉一个陈腐的统治阶级，而是一次严重的文化冲击，其影响波及了当地的市场、清真寺、乡村，使得入侵的东印度公司总督的形象，变得愚蠢、凶残，与本地人格格不入。1857 年大起义的硝烟散去之后，很多英国人都表示，看到数以万计普通农民没有效忠英国人，甚至没有保持中立，而是坚定跟随塔鲁克达尔和土邦主参加起义，感到无比惊讶。而对于阿瓦德两大团体——印度教徒和穆斯林民众来说，这却是再自然不过的事。

　　很多"塔鲁克达尔"和农民家庭都有兄弟、儿子参加了土兵。阿瓦德被英国吞并之后，这些土兵依然继续享受"借调兵士"的身份，还能继续拿到双份津贴，然而这些措施，并不足以弥补大量错误政策带来的损害。早在"子弹涂油"事件之前，军方就有许多愚蠢行径，严重损害了普通军人的忠诚心。例如，达尔豪西总督在缅甸征战不断，有些高种姓军人受命渡海前往缅甸前线。可是按照宗教原则，高种姓的人禁止在海上旅行，否则会丢掉种姓。有人以此威胁这些军人，军人就向总督反映，虽然愿意去缅甸作战，但不希望渡海。总督听了回答："啊，他们喜欢走路，是不是？那就让他们走路去达卡，在达卡像狗一样死掉吧！"（这些兵士的下场也果然如此。）此外，印度军人很注重个人荣誉，视当众受辱为最可怕的灾难。之前的几十年中，军方曾着力采取措施，避免公开侮辱军人。而此时却常有公开体罚的事情发生，特别是公开鞭笞，让局势变得十分紧张。对此，达尔豪西故意忽视，但新任的总督坎宁子爵比较警惕，觉得有灾难将要发生了。就在这样的紧张气氛中，出现了一种谣言，说在坎普尔东印度公司新建的面粉厂，往面粉做的军粮当中，掺入了从恒河岸上收集的死人尸骨的粉末，专门用来玷污穆斯林和印度教徒信仰的纯洁；这样的阴谋诡计还有很多。这些可怕的传言，并非全都无根无据。印度人把牛看作圣物，然而当初，詹西地区被英国吞并之后，当局杀掉了很多牛，在瓜廖尔（Gwalior）要塞附近直接引发了不止一次暴乱。

印度兵变之前，发给土兵的新式李－恩菲尔德步枪，子弹上涂了油脂，需要用嘴干脆利落地咬开子弹底部，才能装进枪膛。油脂事件并非当局刻意挑起的宗教冲突，而是在达尔豪西时代十分典型的做法，是无心之举。其实好像没有人知道引发冲突的油脂是否是猪油、牛油，或二者的混合，结果同时激怒了穆斯林和印度教徒。军方一知道自己犯了大错，立刻采取措施，改为发放植物油润滑的子弹。然而损害已经造成，无可挽回。在5月9日的密鲁特，土兵们怀疑的"问题子弹"并没有涂上动物油脂，但他们没有任何方法确认，所以绝不愿冒着玷污信仰的危险。这标志军官和普通军人之间的信任已经彻底崩溃了。英国人当初设立电报，是为了传递确实的情报，而不是为了传递谣言和预言，自己也经常忽视谣言和预言，从而付出了惨重代价。如今，在勒克瑙和德里的集市上流传着一个预言，说东印度公司的统治，绝不会超过 1857 年 6 月 23 日，也就是从普拉西战役开始的整整一个世纪！兵站里各团的土兵之间，通过撕开的薄煎饼和莲花花瓣，传递着各种加了密码的信息。

　　密鲁特、德里的起义爆发之后，才几个星期的时间，英国在恒河河谷的军力似乎就崩溃了。"英国统治就要结束了"这样的消息远近散布，从孟加拉陆军到印度西北的阿瓦德、拉贾斯坦北部，都被起义的火花点燃了。5 月 30 日，勒克瑙土兵发动起义。勒克瑙北部 80 英里，有一座贡达（Gonda）兵站。这里住着一位 23 岁的女士，名叫凯瑟琳·巴特拉姆（Katherine Bartrum）。她是英格兰巴斯市（Bath）一位银匠的女儿，过着"印度平房式"的生活，丈夫名叫罗伯特，是陆军的助理外科医生，夫妻有一个 15 个月的儿子名叫博比。凯瑟琳发现他们的仆人态度发生了变化，让她嗅到了不祥的气息。很快，蒲葵扇、花匠、管家、厨师、看守人，以及女仆，全都一个一个消失了。这些仆人一消失，凯瑟琳所熟悉的、以为她在印度会永远持续的那种生活也消失了。她忧虑地写信给父亲说："我觉得我们都变得极为紧张，这紧张使得我们恐惧。只要一有不寻常的声音，我们就会吓一跳；因为现在当地人似乎在渴望欧洲人的鲜血，谁又能相信他们呢？……已经有很多个夜晚，我们几乎完全不敢合上眼睛。我在枕头下面放了一把刀，亲爱的罗伯特则准备了一把子弹上膛的手枪，一有风吹草动就握着枪一跃而起；尽管若是真有人来袭击，我们逃跑的机会必然渺茫……"

　　局势突然恶化，一家人又听说了勒克瑙兵变，以及密鲁特、德里大屠杀的消息，还知道英国援军不太可能迅速赶来。罗伯特知道，想要凯瑟琳活下来，最好的办法是自己带上她和小孩，前往相对安全、易守难攻的总督府一带。他们还得知，距勒克瑙 65 英里的西科罗拉（Secrora）

会有一支军方的小型分遣队，将护送他们和其他被困的农村地区的妇女儿童前往总督府，但他们必须先抵达西科罗拉才行。于是，一家三口与另一位克拉克太太、克拉克的丈夫和小孩，都骑着大象出发了。然而，等他们到了西科罗拉，那支分遣队担心耽误时间，已经离开了。两家的丈夫都是军人，军方战事正紧，也都归队了。于是两名女士经过痛苦的思索，自己带着一小队忠实的土兵启程，顶着远高于 100 华氏度的高温，穿过贡达地区，前往"黄金城"（Golden City，总督府别称）的圆拱和宣礼塔。后来证实，贡达地区的土邦主，是最坚决的叛军首领之一。

6 月 9 日，一行人安全抵达总督府。饶是如此，众人也心知肚明，救赎并不容易到来。到 6 月底，8 000~10 000 名土兵就把总督府团团围住，其中有 700~800 名骑兵。很快，起义军的所有 2 磅大炮就全部吼叫起来，此外还部署了 12 门野战炮，让总督府始终笼罩在炮火中。大炮就位之后，起义军立刻在炮位后面挖出很浅的战壕，使得炮手能以卧姿操纵加农炮，而自身几乎完全没有暴露，让守军的反击炮火无能为力。总督府内部仅有 1700 名男性充当守军，其中英军 800 人，忠于英军的土兵 700 人，余下的人则是从平民和商业殖民地征召的，还包括 50 名马丁内耶学校的军队实习生。阿瓦德行政长官是退役的准将亨利·劳伦斯爵士（Sir Henry Lawrence），此时已经身染重病，还与财政长官马丁·格宾斯（Martin Gubbins）争吵。因为格宾斯比较悲观，主张赶走总督府里的土兵，不给他们武器，而劳伦斯则主张继续让土兵留在总督府里面。

6 月 30 日，亨利·劳伦斯爵士指挥守军，对敌人发起了一次试探性的反击。然而，守军却在钦哈特（Chinhat）遭遇伏兵而大败，狼狈撤退。伏兵的领导之一，就是先前那位宣传吉哈德的大毛拉阿赫马杜拉·沙。他尽管一只脚受了伤，却仍然带人追击撤退的英军。英军冒着枪林弹雨回到总督府，显然，接下来将会有一场严酷而漫长的围城，因为援军至少要过两个星期才能到达，而实际上整整 87 天之后才到达。总督府西方有一座要塞，名叫马奇·巴万（Machi Bhawan）。此前，阿赫马杜拉下令炮兵猛轰要塞，迫使要塞中的人员撤离。要塞中的英军死了118人，另有54名伤员被送回总督府，躺在垃圾上，用鸦片酊和酒精来麻醉，与此同时，别人再把他们炸碎的肢体截掉。绷带用光了，只能撕破衣物临时充当绷带。亨利·劳伦斯爵士本人则在自己的住处被炮弹炸伤，不治身亡。

到7月2日，叛军已经控制了勒克瑙的老城区。神圣的预言家阿赫马杜拉·沙在一位婆罗门教师的平房设立了司令部，深受穷人拥戴，而且挑战了阿瓦德地区伊斯兰教女王哈兹拉特·马哈尔的权威。哈兹拉特想让自己的幼子当上新的纳瓦布，只对德里的老国王巴哈杜尔·沙效忠。全城已经接近无政府状态。有个贵族，属于旧日勒克瑙上层精英，他描述了城市的恐怖景象，街道上到处游荡着武装团伙：

> 他们随便地走到富户门口，威胁富户，勒索钱财……他们从商店里拿走糕点、果泥、糖果。对所有人都恶语相向。他们从烟花工匠那里强买黑火药与各种爆炸物，给的钱又不够。他们在学校的住宅区花园里堆上一堆干草，点起火来，这样做出一堆堆篝火，照亮了全城。他们把住在帕卡·普尔（Pakka Pul）的米尔·巴卡尔·阿里（Mir Baqar Ali）抓来，在巴拉·伊芒巴拉（Bara Imambara）的门口用刀砍成了碎片。谁也不知道他们怎么会干出这种天理难容的事……他们拿着出鞘的刀剑，横冲直撞。

从总督府的展望台上看去，勒克瑙全城似乎都笼罩在浓烟、喧哗、恐怖中。总督府里面的条件迅速恶化。凯瑟琳和博比跟一群妇女住在之前的女眷房"夫人院落"。此处夏日酷热难忍，偶然一场暴雨会打断酷热，反而让情况更加恶劣。厕所满溢着粪尿，令人作呕。干草和饮水奇缺，牛和战马在总督府周围蹒跚而行，焦渴难忍，终于倒地身亡。到处都是牲畜的尸骸，是成千上万巨蝇的温床。总督府里面不得不选派人手，把尸骸从小嘴乌鸦和鸢的包围中抢出来埋掉。不论什么食物，哪怕是让凯瑟琳·巴特拉姆极度反胃的黑油木豆只要一拿出来，也会立刻有一群激动的人，吵嚷着扑上去。总督府内有一名法国商人德普拉（Deprat），围城早期，他把自己储存的加有块菌的香肠罐头分给了大家。此外，有些人住在阿瓦德财政大臣马丁·格宾斯的宅邸，他们也比较走运，分到了苏特恩白葡萄酒（Sauterne，法国葡萄酒产地），甚至还有香槟、罐头鲑鱼、胡萝卜、大米布丁。然而，这一切都不见了。很快，香槟就专门留给截肢病人用了，不幸的病人几大口就喝光一瓶。男人们渴望抽烟，不惜当掉或者卖出自己的衣服，或者金表，来交换一根雪茄；人们拍卖死者的衣物和财产，买者云集。为节约粮食，宠物狗全部枪毙。

　　这样的日子持续了一个月，维多利亚人的尊严面具终于裂开。外伤、霍乱、痢疾、天花导致一天死亡达10人之多。常有人用瓶装的啤酒喝得大醉。有人决斗，有人自杀，不少人大喊大叫。人们再也不顾扮相和礼数，很多人脸上长了疖子和痈肿。一些身为妻子、母亲的人，脱下了紧身胸衣，散开了头发，到处走来走去。有些比较庄重的人看到这种场面，很是惊讶。众人为了不让暑热与恐怖逼疯，身上穿的衣服只要够放松、够凉快，一切都不顾了。看似矛盾的是，几个月这种生活过去，被困的人却对打来的枪弹、炮弹习以为常了。直接中弹而亡，毕竟是上帝的安排，无可避免；而因为某种传染病而缓慢死去，却要糟糕得多。有一个英国商人L.E.里斯（L. E. Rees），来自加尔各答，参加了总督府的守城。他说："炮弹擦过我们的头发，我们却对此不发一语，继续聊天；子弹在头顶上空掠过，我们却从来不提。九死一生的事情太过寻常，就连妇女儿童都不再注意这些事了。"里斯未必是在吹嘘！更可怕的是，敌人可能会在总督府地下挖掘地道，在死寂的黑夜中，总督府也许会突然"活过来"，充满了从地下冒出来的士兵。凯瑟琳当初的旅伴克拉克夫人生下了一个女儿。当天，正好有一名士兵试图闯入总督府。很快，克拉克与新生的婴儿都奄奄一息了。她对凯瑟琳说自己将要远行，请凯瑟琳为自己准备行装。此时，凯瑟琳自己的孩子博比也感染了霍乱，凯瑟琳却还是在克拉克死前，将一切行李都准备好，放在了她的面前。克拉克的女儿很快也死了，过了两个星期，比女儿大一些的孩子也死了。

后来终于有两支小规模的援军，联合起来，用刀枪杀出一条血路，抵达勒克瑙。这两支援军，一支由阿瓦德新任行政长官詹姆士·乌特勒姆（James Outram）爵士带队，一支由少将亨利·哈夫洛克（Henry Havelock）带队。哈夫洛克从坎普尔来，坎普尔的叛乱分子之前对整个英国人聚居区进行了一次野蛮的虐杀。坎普尔的英国人聚居区曾经被围困，敌军首领是纳纳·萨希布（Nana Sahib）——马拉塔政权的佩什瓦（总理），此外，纳纳还是起义的政治和战略领袖。他的副手是战地指挥官坦提亚·托比（Tantia Topi）。他们承诺让英国人沿着水路撤退。英国人大多数都是妇女儿童。他们上船之后，却遭到枪击，被乱刃分尸。英国人还有大约 200 名幸存者，被押回坎普尔关押起来，之后全部遇害，尸体被扔进了一口井。[1]之后，哈夫洛克重新占领坎普尔。坎普尔落到了英军上校詹姆士·尼尔（James Neill）手中。尼尔怒不可遏，下令处死一切被俘的士兵，有些士兵被大炮炸成碎片。尼尔又派人将那口井填平，改建成纪念碑，献给阿尔比恩（Albion，英国旧称）的第一批"殉难者"。哈夫洛克继续向勒克瑙进军，却正好要穿过士兵占领的地区，死伤惨重。后来凯瑟琳才知道，她的丈夫，军医罗伯特就在这时死掉了。他在总督府攻防战初期，要去救助一个伤员，被人击中头部身亡。

然而，印度民族大起义的势头已经被遏制了。这种不稳定的局势，

---

[1]   极为轰动的比比加尔大屠杀（Bibighar massacre），导致了英国人的疯狂报复。——译者注

要么继续发展，冲破遏制，要么就只能衰落。而最终，起义也没有超出阿瓦德中心地区、北方各邦和拉贾斯坦北部一带。尽管这个地区本身很庞大，英军直到 1858 年才剿灭义军，到 1860 年才彻底安定局势，然而英军走运之处在于，东面的孟加拉东部（特别是加尔各答）和西面刚占领不久的旁遮普都效忠英国，没有参与叛乱。1857 年 9 月，英军以较快速度收复德里，这场胜利具有重要意义，说服了摇摆不定的农民和城镇居民保持中立。此外，还有一些本地军人，实际上希望与叛军作战；他们除了尼泊尔的廓尔喀人（Gurkha）之外，还有锡克教徒。锡克教徒在 1845—1846 年、1848—1849 年的锡克战争当中，曾经受到阿瓦德土兵的虐待，如今正渴望着报复。巴哈杜尔·沙一直小心翼翼维护着印度教土兵和穆斯林土兵的关系，于是二者关系相对比较好。然而，还是有些种族和地区原因导致的世仇太过强烈，没有办法让所有原住民形成哪怕初级的反殖民、仅印度的联合局面。

勒克瑙西南部有一座城市叫贝拿勒斯（Benares），是一座宗教圣城。詹姆士·尼尔到达坎普尔之前，曾经从加尔各答火速赶往贝拿勒斯，试图预先避免最坏的情况发生。尼尔采取了残酷的报复手段，焚烧村庄，大规模处决那些有勾结叛军嫌疑的平民。这一招果然奏效，贝拿勒斯周围的农村地区十分害怕，再也不闹事了。英军占领贝拿勒斯后，将其用作前哨站，预备向阿拉哈巴德和坎普尔进军。当初叛乱爆发的时候，英军忽视了那些毛拉、当地邮差、市场占卜师的不满言论，以及各种谣言，更没有用电报传递这些很重要的情报。因此电报在"倾听不满呼声"的任务上表现很差。然而，此时的电报却发挥了阻止破坏的作用。坎宁总督电告母国，自己缺乏人手。电报的速度，使得巴麦尊能够及时把计划派往中国的一个团调回印度。那个团本来是为了报复清朝海防军人侮辱英国国旗。

9 月，英军占领德里。老国王巴哈杜尔·沙成了可怜的逃犯。之后，英军骑兵将领威廉·霍德森少校（Major William Hodson）在距离德里市中心 16 英里的胡马雍陵墓（Hummayyun）——国王祖先的陵墓抓到了国王，还有国王的两个儿子、一个孙子。虽然国王几乎不可能是真正的元凶，但英国人显然没有忘掉以他的名义所做的一切。在接下来的监狱生涯中，他很快变成了一个可悲的老朽，被人围观、拍照、取笑。

总督府的被困者盼来了亨利·哈夫洛克与詹姆士·乌特勒姆爵士率领的援军，欣喜若狂。然而，这种喜悦十分短暂。土兵很快再次围了上来，于是这次解围并非真正解放，而变成了监禁的新阶段。有一次，大毛拉阿赫马杜拉进攻总督府大门——贝利门，险些成功。11 月，科林·坎贝尔爵士（Sir Colin Campbell）领兵第二次解围，他的宣传手段是让风笛手吹奏一首苏格兰咏叹调《坎贝尔家族要来了》（*The Campbells Are Coming*）。坎贝尔终于开辟了一条撤退路径，顶住进攻，撤离了平民。在经历六个月的严重物资短缺之后，400 名幸存妇女、儿童、男性平民终于离开了总督府，其中就有凯瑟琳和博比·巴特拉姆；此外还有 1 000 名生病或受伤的英军。然而在冬季，"塔鲁克达尔"贵族势力动员的叛军再次包围总督府，阿赫马杜拉指挥叛军攻城，一系列攻势从 12 月持续到第二年 2 月。直到 1858 年 3 月，坎贝尔爵士带来 25 000 人的大军，才终于收复勒克瑙，解救了总督府余下的人员。1858 年 6 月 15 日，阿赫马杜拉战死，后来被砍了头，骨灰被扔进河里去了。后来英军占领了恒河沿岸所有大城市，但仍有一些叛乱的王公坚守在戒备森严的小型要塞，有些实际上从未真正投降。有一名叛乱贵族，名叫拉贾·本尼·马德荷（Raja Beni Madho），手下非正规军的骑兵游击队，针对英军孤立的前哨站进行了多次袭扰。谣言称，1859 年 11 月，马德荷与坎普尔大屠杀的策划者纳纳·萨希布一起，在尼泊尔与廓尔喀人作战，双双毙命。詹西女王拉克希米·芭伊当时已经成了传奇人物。据说，1858 年 6 月，女王在休息马匹、喝着冰果子露的时候遭遇偷袭。她嘴里咬着缰绳，双手各持一把刀，冲向战场，背后中枪，受了致命伤。[1]临死的女王在一座芒果园里，将自己从瓜廖尔大君那里拿来的金脚镯送给了部下，而后与世长辞。

凯瑟琳·巴特拉姆在加尔各答准备乘船回英国，儿子博比却得了重病。医生安慰她说，经过四个月的海上旅行，一切都会好的。启程的前一天，博比在"喜马拉雅号"（Himalaya）上去世了。凯瑟琳一个人回国，再婚，又生了三个孩子，1866 年死于肺结核。

起义逐渐平息了，一场争论却逐渐升温：应当怎样对待叛乱的印度各邦，以及整个印度呢？此前，一些战地记者，如威廉·霍华德·拉塞尔（William Howard Russell）等人，已经把德里、坎普尔、勒克瑙的惨剧传回了英国。然而，这些报道后来却加上了"虐待狂与受虐狂"风格的修饰，好让出版商制造耸人听闻的轰动效应。英国人有一段时间大都相信，有些百合般纯洁的维多利亚女性，人称"阿尔比恩的天使"，被叛军强奸，又以性暴力的方式被肢解了。然而，从来没有证据证明发生过这种暴行。1858 年，英国王家艺术院举行了一次作品展，展品中有一幅油画，作者是约瑟夫·诺尔·佩顿爵士（Sir Joseph Noel Paton），标题是《纪念》（*In Memoriam*），画了一群勒克瑙的女人和婴儿，全都苍白虚弱，眼睛通红，痛苦不堪，但除此以外，身体倒十分健康；还有一群"嗜血的疯狂土兵"想要冲破这些妇女儿童的庇护所。有些评论家认为，这幅画实在太过低俗，不适合公开展出。还有些评论家认为，这幅画非常优秀，是现代精神的象征，值得为它专门建一座纪念教堂。不过，佩顿爵士为了回应指责，修改了作品，把原先色调暗淡的袭击城堡的土兵，换成了穿着格呢裙的苏格兰高地援军。

此外，摄影师也很快行动了起来。罗伯特·泰特勒与哈丽雅特·泰特勒夫妇，两人都会摄影。他们拍了一些勒克瑙周围的景象，后来用这些

---

[1] 有争议。据维基百科条目，女王是在正面作战中受了致命伤，且有枪伤、刀伤两种说法。——译者注

照片，当作哈丽雅特回忆录的插图。但是，商业上最为精明的摄影记者，还要数意大利人费利斯·比托（Felice Beato）。比托在战事还没有平息的时候，就赶到德里，拍了 60 张照片；然后又回到勒克瑙，跟随科林·坎贝尔爵士攻城，又拍了 60 张照片，其中有一些是 19 世纪 50 年代最出名的蛋白银版（albumen silver prints）摄影作品。他选的摄影地点，都是加尔各答和英国那些关注兵变的读者最熟悉的地方：德里的克什米尔门、坎普尔殉难者的井、亨利·劳伦斯爵士被炸成重伤时所在的房间废墟、勒克瑙总督府弹痕累累的墙壁。最惊人的是，比托专门花了很大力气，再现了勒克瑙一座神话般宏伟的西坎达花园庭院的场景。西坎达花园周边有着围墙，在坎贝尔第一次攻打勒克瑙的时候，花园中曾有 2 000 名土兵被杀。为拍摄这样的照片，比托专门把一些尸骨挖了出来，在庭院里扔得到处都是，但有一些尸骨看上去似乎是牛马的，而不是人的。《圣经》中耶稣前往刑场的路名叫"苦路"（Via Dolorosa），而这些记录兵变的照片，也就好像西方的耶稣受难剧中的"苦路"一般。勒克瑙印度人聚居区的大片地方，包括旧日的花园、宫殿、清真寺，都被野蛮地付之一炬，用来建设规模巨大的林荫道（主要是为了军队调动方便）。然而残损的总督府却保留了下来，成为留给帝国后裔的纪念品。米字旗在残破而焦黑的废墟上空一直飘扬到 1947 年 8 月 14 日印度彻底独立为止。

这些画面全都激发了英国人的复仇怒火。屈维廉的儿子乔治·奥托（George Otto）在剑桥联合会听见一名大学生演讲，反对实施宽容政策，演讲是这么说的："只有从喜马拉雅到科摩罗（Comorin）的叛乱全部被粉碎，每一座绞架都被血染红，每一把刺刀都在可怕的负担之下吱嘎作响，每一门大炮前面的土地都洒满了破布、血肉、碎骨，然后仁慈的话语才能听见。现在还不是时候！"学生们全都热烈鼓掌。第一波英军将士本来准备好了，想要满足这个复仇的愿望，将土兵绑在炮口轰成碎片，不留一个俘房。然而，这样虐待狂式的野蛮处决却没有进一步扩大。考虑到反对"可恶的黑鬼"的种族仇恨情绪如此高涨，以及坎普尔、德里、勒克瑙等地确实发生了针对英国人的极为残忍的暴行，这一结局确实很不寻常。主要原因是坎宁总督下了坚定的决心，要遏制住无差别复仇的本能情绪。例如，英军将领威廉·霍德森手下有一支锡克骑兵的非正规军，他杀掉了老国王巴哈杜尔·沙的两个儿子和一个孙子，而且是在这些人投降英军之后。坎宁总督听说此事，大为惊恐。他下令本地军官，停止胡乱杀戮和集体处决，禁止焚烧村庄。虽然他因此在加尔各答和伦敦都被人嘲讽为"慈悲坎宁"，但他还是相信，这样的反应，无论在实际上还是道义上都是正确的。整个悲剧的过程中，坎宁都躲在文件柜垒成的防护墙后面，痛苦地思索着：究竟出了什么问题？是否有些事情没有做到？如果做到了这些事，就能避免这场残杀了！杀戮开始后，坎宁着力把起义限制在恒河河谷一带，并且成功了。如今，他绝不想让全印度感到疏离，从而危害帝国的稳定。坎宁也用了一些严厉手段，例如宣布阿瓦德全境为"没收土地"。但只有这样做，他才能向"塔鲁克达尔"们承诺：及时向当局俯首称臣，就能在将来重新取回自己的土地、头衔、城镇的各个行政区。先有惩罚，才能有安抚与恢复。坎宁实施的政策，得到了阿尔伯特亲王和维多利亚女王的支持。夫妇俩写信给坎宁说："坎宁会很容易相信，他感觉到的悲哀和义愤，女王也同样感觉到了。呜呼！在英国，公众仇视所有印度人和土兵，不加区分。这是严重的反基督教精神，女王对此表示强烈不满！"

1858 年 11 月 1 日，维多利亚女王发表文告，宣布东印度公司停止运营，英属印度直接由女王为首的当地政府统治，设立副王（vinceroy）、顾问委员会（council）、印度事务大臣（secretary of state），还特别承诺，将会尊重印度的宗教和传统。坎宁对文告极端重视，专门在整个次大陆上做了一次远行，有大量军人随行，声势浩大。队伍在各地举行豪华的宫廷集会，高搭天棚，把"印度之星"勋章颁发给当地名流。坎宁又采取一切能力所及的措施，在副王和土邦主、尼扎姆（nizam）（一种君主称号）、大君之间，建立个人的联系。坎宁还有一项改革更加重要：当地贵族若没有子嗣，可以重新收养继承人，也就是恢复了最初的传统。坎宁还坚持让迈索尔城（Mysore）的大君们马上开始这样做。

于是，兵变就使得英国统治者对于印度这块最重要的殖民地彻底改变了态度。统治者不再坚持西化的梦想，而是采取了更加明显的保守主义原则，承认印度在未来一两代人之内，将不会实现现代化，也不可能实现；此外，政府最优先的义务，在于让自身的社会与机构保持健康，而且尤其不能受到暴乱的损害。这种思想转变，乍一看十分惊人，令人怀疑英国人有些精神分裂；实际上并非如此。1859 年，屈维廉回到印度，任马德拉斯地方长官。当时新的中央政府企图征收所得税，屈维廉马上提出抗议，为此还惹了不少麻烦。他在抗议之前，已经确立了一个原则，即印度文官机构的岗位，可以公开竞争，不歧视任何种族。当然，实际的情况是，印度本地人无论怎样试图让自己成为麦考利幻想的那种"棕色皮肤英国人"，无论怎样熟读弥尔顿、莎士比亚等英国文学经典，都从来没有在司法、警察、财政机构，获得任何一个明显高于仆人的岗位任命。这种情况持续了很多代人。欧洲启蒙运动产生了"普遍主义者"（universalist），其主张是"所有人只要教育得当，都可以变得十分相似"。如今，这样的主张已经被另一个冷酷的"科学"事实代替了，认为英国人和印度人之间有着不可逾越的分别；19 世纪 90 年代，时任印度副王的埃尔金伯爵（Earl of Elgin）抱怨，"生活在低级种族之间是多么可怕的事"，可以作为这种态度一种直白的代表言论。

19 世纪下半叶，英属印度的繁荣事迹，大都集中在城市。然而，除了自由主义者，担任副王的里蓬侯爵（Lord Ripon）之外，英国统治者上至一系列其他副王，下至县税收长，都有一种普遍的态度，认为加尔各答、孟买、马德拉斯这样的城市，充满了文员、商人、医生，以及读书过度、工作屈才的学者，已经变成了"混血之地"，不属于英国文化，也不属于印度文化。另一方面，"真正"的印度，则要到乡村有水牛的地方去找。统治者认为，印度城市已经开始赶着钟点运转了。这个印度滴答作响，孟买、加尔各答等大城市都蒸汽滚滚、热汗淋淋、忙忙碌碌，因季风的降水而泥泞不堪，充满了那些"小矮子"（英国老爷总是管本地人叫"小矮子"），戴着眼镜、怀表，撑着雨伞，因为时间表、邮政、火车、渡船而着急不停，而且总是迟到。文员的衣领沾满污垢；医生治疗一些名人，凭着特权了解一些名人内幕；"小矮子"记者们聒噪不停，拿着妄自尊大的三手信息，鹦鹉学舌般讲着自由主义的观点；自大的书呆子律师们在法庭上惹得地方法官非常头痛。而在城市的"外面""乡下""山里"，还存在着一个"永恒"的印度（当然，印度唯一从来不存在的属性就是"永恒"）。统治者认为，这个乡下印度是原生态的，"雄伟"而"壮美"；这些词也经常带着相仿的热情，用来形容某大君的小胡子，或者从西姆拉（印度北部城市名）（Simla）远眺的喜马拉雅山。

此时，印度职业摄影师的商机，并非记录兵变中遭到炮弹毁坏的城市废墟，而是自己用镜头创造的"印度画卷"。著名摄影师塞缪尔·伯恩（Samuel Bourne），"伯恩与牧羊人摄影工作室"的创始人，就是这样做的。这情况与18世纪晚期，英国旅行家发现边远地区"高贵民族的孑遗"十分相似。这幅热带画卷的地形，就宛如苏格兰的赫布里底群岛和英格兰北部的峰区：壮丽的瀑布，侵蚀的古老悬崖，丛林里用废弃修道院改建的寺庙。这些风景一般经过编辑，排除了当地的真正居民，因为英国人觉得这些小瘦子不符合浪漫主义的理想化精神。只有在为了说明物体比例的时候，才偶尔把他们包括进来，当作参考。

英国人曾经把印度的"野蛮"种族视为教化、传教的对象，但如今，人种志学者却带着欣赏的眼光看待他们，认为这种原始而民智未开的珍贵宝藏必须留存；安达曼群岛（Andaman islanders）上有一种原住居民，经常半裸，英国人也好奇这种情况，经常来参观他们，造成了很坏的影响。19 世纪 80 年代，英国人开始拍摄原始部落女性的赤裸胸部。这些猎奇行动当中，规模最大的还要数印度贵族肖像画的研究；很多研究的展开还颇有戏剧性。研究的肖像，画的是戴着宝石头巾的小王子；皮肤黝黑的拉杰普特武士；喷了香水的丰满贵妇，身子外面罩着奢华的丝绸衣服。这些贵族，很多人都夸耀自己的"印度之星"勋章，这是女王和他们订立的契约，他们用对女王的绝对忠诚，换来了留在身上的华丽服饰。一两代人之前，英国改革家所极力反对的，正是这些特征。改革家声称要从"懈怠"和"懒惰"中唤起印度人。可是，在兵变的能量过后，少许懒惰似乎也不是坏事了。如今，英国人觉得：就让印度用自己的节奏，大象一般迈着慢悠悠的步子发展吧。忙乱的事，我们英国人来办就可以了。

　　过了一个半世纪之后，回顾当初，很容易看到：英国老爷们转而热捧这种新的封建异国情调，其实带着一种不寻常的自欺欺人。这种热捧发生以前，英国已经创造了一个由大型港口城市组成的世界体系。英国在印度的势力，其实对这个体系的依赖增加了，而不是减少了。英国也更加依赖阿萨姆（Assam）邦和缅甸的种植园经济。这种体制残酷地剥削当地人，给英国提供柚木、红木、茶叶，还有靛青染料。这染料看似诱人，实际上质量很少过硬（当时人们喜欢给染料添加各种化学成分，于是，这种劣质染料就比天然的染料褪色更快了）。英国还更加依赖一张关系网，这张网将印度企业家同英国银行家、船运商、保险商连在了一起。这些英国商业巨头，让进出口贸易的时钟滴答作响，永不停息。印度城市涌现了一些"暴发户"，当地名称是"印度先生"和"孟加拉绅士"。英国老爷们觉得这些暴发户自负虚荣，好像漫画一般，因此十分讨厌他们。然而，这虚荣的人们，却正好是英国出口业务蓬勃发展将要依赖的客户。

不过，另一方面，这种自欺欺人，也同样是维多利亚后期的英国（或者此时的英国一些最强大的声音）对自身的工业社会做出的反应。从经济上说，印度殖民帝国原本是作为整个大英帝国经济体一部分而规划的；然而，从文化上说，现在的英国人却把印度看作与英国工业社会相对立的事物。更不寻常的是，这种态度发生的时候，也正是英国在印度巨大投资开始有了回报的时候。这种"经济现实"与"社会评价"的脱离，是现代英国主要的不寻常现象之一。那些殖民帝国的高官，特别是新的印度统治者，已经不再是加尔各答威廉堡、黑利伯瑞学院走出来的那些最早的东方学专家和"知识技术员"了。他们是一些拥有"男子气概"（manly，这个词经常用来形容帝国精英）、"骑士风度"的人；他们接受的教育，是著名教育家，拉格比公学（Rugby）校长托马斯·阿诺德（Thomas Arnold）的学派。这一学派主张现代的利他主义（altruism），学员们发誓忠于坚定的正义，忠于军人般的自我牺牲精神。这一学派怀疑、贬斥"过度的理智主义"（Over-intellectualism），不论是在殖民者当中，还是在被统治的各民族当中。他们的集体精神特质，就是类似父亲、校长那样的严格坚定。

英国政治家里面，有一个人对维持"现代英国"的幻想愿景（不是现实愿景）贡献最大。此人就是先前多次提到的本杰明·迪斯雷利，虽然他的风格既不像父亲也不像校长。很多人觉得迪斯雷利是个愤世嫉俗的人。然而，即使他愤世嫉俗，他也是愤世嫉俗者当中最强大的一类，对自己操纵的各种幻想，至少有一半相信。你若是看一眼迪斯雷利位于白金汉郡的乡间别墅——休斯登宅邸，见到它格外豪华的装饰，可与怀特岛上的奥斯本宫相匹敌，若是想象宅邸的各个露台，上面布满了孔雀，那么就能更自然地认为，迪斯雷利正是这里的大巫师，或曰"魔术师"；无论是他的朋友还是敌人，都喜欢这么叫他。迪斯雷利的对手威廉·格莱斯顿，用各种各样的语言攻击他，其中最恶毒的语言是说，迪斯雷利是"亚洲人"（Asiatic）。背后的潜台词是：迪斯雷利本质上不负责任，不讲道德，而且无耻地沉溺于享乐、放纵、浮华矫饰。然而，迪斯雷利无论在公开还是私人场合表现的性格，都有一种真正的"魔术师"威力，那就是能把这些人类的小缺点、不足之处，变成"眼睛凹陷的英国人"的象征，而非"外国人"的象征。在印度人眼中，他这种"洋鬼子"的刻板形象，很容易表演过火。迪斯雷利的父亲名叫艾萨克，一辈子是个乡村绅士，追求文学梦想；迪斯雷利还有个兄弟，是个农场绅士。迪斯雷利喜欢城市生活，但他也同样喜欢在休斯登的田野跟花园中漫步，欣赏奇尔特思（Chilterns，伦敦附近风景区）的风景。迪先生用煽情的渲染，回报了这片土地。他这么做的原因，不只是因为自己作为"贵族宠爱的犹太人"的聪明和幽默感。他确实相信，在英国这样一个"国家的残骸"（wreck of nations），贵族政治之所以能够存活下来，是因为那些努力"遵守英国社会法则——追求和超越"的人，始终有途径进入贵族阶层。虽然我们现在知道，这并不是历史的真实情况。

迪斯雷利有两个身份：一是"受过洗礼的犹太人兼乡村贵族和英格兰教会领袖"；二是"受过洗礼的犹太人兼浪漫主义小说家，《坦克雷德》（Tancred）的作者"。是否第二个身份比第一个身份更不寻常呢？然而，第二个身份却正是迪斯雷利成功的关键。19世纪40年代，迪斯雷利是一个托利党小集团"青年英国"的年轻成员，这是一个不同政见者的集团。他在参加"青年英国"的时候，以及在1870年出版长篇小说作品集的时候，在前言里都表达了同一个理念：英国政府有必要重视"想象力"，这一品质的重要性不亚于"理性"。然而，想象力只在"否定"的定义方面才有意义。比如，功利主义认为，人类社会只是一架感知机器，想象力就反对功利主义；个人主义有一个自由贸易和自由主义的核心，想象力就反对自由主义；平均主义单调地强调绝对公平，想象力就反对平均主义；有些自由主义的高尚人士大谈应当发起道德和公民的自我改进运动,想象力就反对这种运动。迪斯雷利没有"开创"什么,但他挖掘了英国人生活中一条丰盈而顽固的情感血脉;维多利亚女王也深受这血脉的影响。"想象力"反对以上一切,而重视历史记忆,重视过往岁月的鲜明感性,还力图为将来而重新利用这种感性里的某些成分。例如,哥特复兴式教堂的外观;某些仪式、典礼的保留和修饰……迪斯雷利的价值观,把英国的乡村生活、乡绅和佃农之间旧日的采邑制度,都理想化了。这些旧事物,在全球市场的压力面前迅速蒸发。迪斯雷利还非常推崇手工作坊和大学合唱团。奠定他事业基础的,是埃德蒙·伯克的浪漫主义雄辩学;是沃尔特·司各特爵士那些大红大紫的历史小说;是那些充满怀旧之情,号称"吟游诗人"风格的历史绘画作品,例如法国画家保罗·德拉罗什(Paul Delaroche)《简·格雷的处刑》(*Lady Jane Grey*)[1];是建筑师普金为上议院设计的华丽内部装饰;是前拉斐尔派画家们"新骑士风格"(neo-chivalric)的画布;是往日桂冠诗人华兹华斯的、基督教精神的家长制主义;是现任桂冠诗人丁尼生以亚瑟王题材创作的国王叙事诗。迪斯雷利的人格,就相当于托马斯·卡莱尔加上微笑;相当于查尔斯·狄更斯戴着白色的丝绸手帕,跟这两个人只有略微的不同。

19世纪40年代,迪斯雷利曾担任什鲁斯伯里议员。迪斯雷利激烈抨击皮尔,迫使皮尔辞职,因而名声大振。这一点很能说明问题。皮尔设想,英国的自由主义/国际主义工业化就像一艘大船,托利党就像一艘小船,只要托利党紧跟着自由工业化前进,就能够消除阻力,顺利发展。迪斯雷利对皮尔毫不留情地发起猛攻,主张托利党的未来绝不应该是这个样子,让自己同辉格党宗旨或者自由主义完全一致,而是应该相反,要信仰跟自由主义完全对立的那一套价值观:王权、教会、国家;后来,

---

[1] 简·格雷(1537—1554)是古代英国王室贵族,因政治、宗教等原因短暂登上王位,后来被逮捕并秘密处决,年仅16岁。德拉罗什的作品极力突出了简·格雷的纯洁可怜,渲染了悲剧气氛,展出后曾轰动一时。——译者注

他还加上了第四个要素——帝国。皮尔认为托利党的领袖应该为现行体制感到惭愧，需要谢罪；迪斯雷利却认为，托利党领袖们绝不该这么做，而是应该夸耀现行体制，这么做，首先是为了英国本身的"岛国"利益。"青年英国"的宗旨，却是拥抱"老旧英国"。

这种立场，乍一看，纯属堂吉诃德式的无用功，然而结果却变成了一种天才的策略。社会上大规模的自我否定，却变成了政治上有价值的事物。这样的政治行动理论，几乎让19世纪其他一切理论陷入困惑，不仅包括密尔、麦考利的理论，也包括马克思的理论。出现了一种不可思议的局面：公民权扩大之后，受益的劳工阶层竟然更少关注政治上的平等主义，而更多关注了社会改良；不去在自由主义者当中挑选解放者，组成政治联盟，而要求干净的水源，卫生条件改善的贫民窟［这一点被格莱斯顿错误地嘲讽为"阴沟政治"（the politics of sewage）］，追求"煽动性的英帝国主义"。有谁能想象这样的情况呢？然而，迪斯雷利却说，他一开始就料到了这一点。1867年，迪斯雷利在担任下议院领袖的时候，倡导通过了《第二次改革法案》（Second Reform Act），进一步扩大了选民范围，在自由主义者自己的游戏中，出了王牌，打败了他们。迪斯雷利说，劳工阶层一旦能自己投票，就不会变成发起革命的"特洛伊木马"，而会走向反面，变成"最纯粹、最清高的保守派"，以这种身份，他们会"为祖国而骄傲，希望保持祖国的伟大之处；因自己身为伟大帝国的一分子而自豪，并竭尽所能让帝国延续；相信大英帝国的伟大，完全要归功于这个国家的古老体制"。

不论迪斯雷利的直觉是否属于愤世嫉俗的类型，都至少有一点正确：有一次，格莱斯顿在私人场合用公开会议上的口气对女王说话，女王提出了抗议。迪斯雷利认为，女王说出了成千上万臣民的不满，从农场主到酒店老板都有这种情绪。格莱斯顿属于"自由主义宗教"的完美化身，他要求英国人每天都要进步，努力拼搏，纯洁自己的生活。然而，不是所有人都愿意在街上搜寻失足妇女来救助；也不是所有人都有心思，从早上睁眼一直忙碌到晚上闭眼。格莱斯顿和迪斯雷利，这两个维多利亚时期的政治巨人，其人格形成了鲜明对比。看一看他们闲暇的时候怎样打发时间，就明白了。格莱斯顿平时不是忙于对付公文箱，就是忙于翻译荷马的作品；等他允许自己闲下来，就会挽起袖子，在佛林特郡哈瓦登（Hawarden）的宅邸砍伐树木。时至今日，在哈瓦登的图书馆，还保存着一组他用过的斧子。图书馆是他的"和平神庙"。而迪斯雷利则会在比较合适的时间——早上七点半起床，看报纸，做一点政府工作，然后可能会在露台上养的一群孔雀之间散散步（孔雀是迪斯雷利最喜欢的鸟类），再去图书馆发呆，发呆的间隙认真阅读几份文件。他说，在图书馆，"我喜欢阳光洒在图书的装订线上"。而对于格莱斯顿，装订线的唯一作用是把有用的东西——图书内容——固定在一起。

　　用政策发出紧急道德命令，是迪斯雷利所怀疑的做法。尽管如此，他在政治上却一点也不懒惰。1874年选举的预备阶段，格莱斯顿努力为自己的改革派政府的记录辩护；而迪斯雷利则直接把战争打到了敌人心脏地区。迪斯雷利发出各种声明，表示劳工阶层对教会、王权、帝国的传统充满热情，而且比起政治平等，要更加关注社会改良。这些声明，实际上是现代托利党思想的生存方针。为了效果，他还特别选在自由主义的神殿——曼彻斯特自由贸易大厅和伦敦水晶宫，就此发表了多次活泼感人的演讲。这些建筑，很久以来一直被视为国际和平主义、各民族和谐相处的象征，视为创业拼搏精神的标志。如今，却被迪斯雷利的雄辩赋予了新的意义，变成了英国自我肯定的精神支柱。接下来的选举，完全证实了迪斯雷利的乐观主义。保守党在选举中获得了绝大多数的席位，仅在英格兰就获得了110个席位。上台的政府采取措施，实现了至少一部分承诺。英国担任内政大臣的是理查德·克洛斯，到那时为止还默默无闻。他进行了一系列改革措施，让城市劳工阶层的生活，有了明显而具体的改善。这些措施包括，对食品、药品更好的监管；立法治理河水污染，提高了水的质量；首次立法规范贫民窟的清拆（然而，却几乎没有地方政府遵照执行）；扩大了行业工会行动的合法性。

迪斯雷利已经发了面包，现在该用上马戏了。[1]因为迪斯雷利承诺给民众供应"想象力"，对此的重视程度不亚于让民众填饱肚子，可能还有过之无不及。他还清楚，要想重新获得民众的关注，必须从顶层开始，从君主开始。阿尔伯特病故之后，维多利亚始终把自己裹在悲伤的蚕茧中，拒绝跟外界交流。迪斯雷利1868年第一次担任首相，然后立即开始对女王示好，要说服她重新参与公众活动。他的行动经过认真策划，大胆放肆。这也是他长期战略的一部分，目的在于确保君主制的未来安全稳妥。维多利亚长期不露面，使得19世纪60年代末到19世纪70年代初的共和主义发展到了最高峰。迪斯雷利认为，时间已经非常紧迫了。女王自己似乎并不愿意被别人打扰，那么别人又为什么要关心女王呢？迪斯雷利之所以成功说服女王从自闭状态走了出来，是因为他真正被女王感动了。这个矮小结实的女家长，深受感情困扰，行为越来越古怪，难以驾驭。迪斯雷利的勇敢行为，或许只是一种手段，然而这手段却是带着如假包换的温暖和感情才起了作用。维多利亚在一次早会上见过迪斯雷利之后，写道："他非常特别……但也非常聪明，善解人意。"迪斯雷利的策略是两种态度的混合，既有侠义的关心，又有厚颜的亲密。这是一场豪赌，然而却很快产生了奇迹。当然，这是因为迪斯雷利让她想起了少女时代陪伴她身边的墨尔本勋爵。勋爵早在1848年就去世了。迪斯雷利像墨尔本勋爵一样，经常给女王写一些古怪而充满花边新闻的信，告诉她政治家们的各种活动，以及他们办的蠢事。他也像墨尔本勋爵一样，鼓励女王对自己的王权，采取非常坚定自信的看法，乃至坚定到了

---

[1] 古罗马皇帝曾经为了安抚民众，发放钱粮，并举办娱乐活动，后来被总结成西方典故"面包和马戏"。——译者注

不现实的地步。而这最后一点，是非常虚伪的，因为迪斯雷利之前一直反感阿尔伯特的野心。阿尔伯特想让英国政府的运作更多受到王室的影响，迪斯雷利则坚决反对。据前首相斯坦利勋爵（Lord Stanley）所说，迪斯雷利认为王夫阿尔伯特的死，将会是"新时代的开端"。迪斯雷利一方面成功说服女王，让女王相信，自己正在倡导阿尔伯特的行事方式；一方面实际做的事情完全相反。这一点就显示了他的机敏所在。女王也给了迪斯雷利回报——两人亲密得不同寻常。他会跟女王坐在一起，跟她开一些无伤大雅的玩笑，同时向女王眨眼示意。1866 年 2 月，维多利亚自从阿尔伯特去世以后第一次主持召开国会，距离上一次过去了将近 5 年。然而，女王召开国会的时候却闷闷不乐，抱怨这种例行公事，而且直接拒绝穿上礼服。不过，女王毕竟全心全意信任首相，因此也做好了准备，适当参加一些公开活动。迪斯雷利曾经赋予自己的党派一个新的身份，开创了现代事业。此时，他又如法炮制，指点了君主制的方向，安排了君主在人前重新露面的日程，扮演了有如剧院经理的角色。

这一切当中，有一个核心元素——王室的排场。女王尽管对自己的职务多有不满，然而，"当上女皇"的前景，成功刺激了维多利亚对华丽庄严的欲望。当时土耳其驻埃及总督，称号是"乞迪夫"（Khedive），打算低价卖掉苏伊士运河股票来渡过难关。1876 年，迪斯雷利在罗斯柴尔德家族的帮助下，成功买下了运河股票，从而获得了欧洲前往印度的海路控制权，极大改变了英属印度的战略、经济前景。不过，这权力背后的操纵机制，却必须辅以王权的展示。前面说过，迪斯雷利认为，英国大部分民众不希望统治者催促他们无休止地做好事，提升道德水平；而希望统治者为他们做好事。这一理念，也符合兵变之后印度殖民政府的家长式统治作风。坎宁卸任之后，继续担任英属印度副王的是埃尔金勋爵。埃尔金之前曾经大言不惭地说："一切东方人都是小娃娃，只要给他们表面上的华丽服饰、典礼、头衔，就能让他们欢乐、感恩；并且只要允许他们享受虚假的尊严，他们就情愿放弃真正的尊严。"

自从坎宁在印度乡村获得各种进步以来，印度的历任副王就一直忙着给地方贵族举行名为"杜巴"（durbar）的接见典礼，发表演说，把"虚假的"维多利亚尊严，赐予印度王公。这一政策，恰好是达尔豪西主张的、残忍的"权利丧失兼并主义"的反面，也就是迪斯雷利风格的新封建主义（neo-feudalism）在热带地区的投射：凯思内斯郡（Caithness）和剑桥郡的那些有封地的地主贵族，换成了印度巴罗达（Baroda）的"盖克沃尔"（Gaekwar，统治者称号）和斋浦尔（Jaipur）的土邦主。莫卧儿王朝时期，杜巴接见典礼一直是这样一种仪式：地方领袖对皇帝表示一种个人的、形式化的效忠，从而换取皇帝对地方领袖的保护。这种交换的象征是"互换礼物，赐予头衔和职位"。然而，英国人对仪式却有着实用得多的看法。他们把杜巴接见典礼变成了自己理解，而且擅长的仪式：为了彰显社会等级，好孩子擢升，坏孩子降级或者遭到忽视；此外，还会颁发一些小玩意儿——奖章、绶带、徽章。莫卧儿时代的仪式重视个人交流，而英国人主导的仪式则比较喧闹、浮华、冷漠。不过，英国举行这样的仪式，有着不容置疑的军事力量做后盾。大起义之前，印军和英军的比例是 6∶1，起义之后，殖民当局小心翼翼地把这一比例调整到了 4∶1。在军事力量支持下，杜巴典礼起到了应有的作用。大君们排成一队，等着英国人颁发奖章。

女王自己虽然不能参加杜巴典礼，但她很乐意让孩子们去印度，传播自己的帝王气概。女王的儿子爱丁堡公爵（Duke of Edinburgh）阿尔弗雷德（Alfred），1869 年访问了印度，见识了各种新鲜事物：老虎、大君、马球，还有带有雉堞（用于军事目的）的火车站。1876 年，威尔士亲王伯蒂也访问了印度。除了以上那些元素之外，还安排了铜管军乐队、定制的银质象轿，还有忠实的包头巾的军人的检阅仪式。这些都是为了符合当局所宣称的"维多利亚女王的头衔有了变化，从女王升级到了女皇"。从此，维多利亚不仅是英国女王，还是全印度的女皇（India-Kaiser-i-Hind）。这个头衔，是一位学者戈特利布·威廉·莱特纳（Gottlieb Wilhelm Leitner）制定的。莱特纳是位于拉合尔（Lahore）的旁遮普大学学院（Punjab University College）的东方语言教授，出生在匈牙利。他相信，欧洲语言和亚洲语言都来自"印度–雅利安"（Indo-Aryan）语言的主干，后来很遗憾地分了家。英国有一位贵族爱德华·布尔沃–利顿（Edward Bulwer-Lytton），是未来的第一代利顿伯爵。迪斯雷利想让一位副王召开一次奢华的杜巴典礼，正式宣布维多利亚头衔升为"女皇"。他认为，利顿就是这位副王的最佳人选。

这一年，利顿 44 岁。这一职务选择他，可以说是极好的选择，也可以说是极坏的选择，取决于看问题的角度。利顿的父亲，老爱德华·布尔沃–利顿，是一位大红大紫的小说家，专门写各种外国历史小说，代表作是《庞贝城的末日》（*The Last Days of Pompeii*）。他跟迪斯雷利一样，深受古代浪漫文学的影响，可以算是同类。虽然老利顿是小利顿的父亲，但亲情却一点没有阻止父亲责骂儿子。老利顿认为小利顿拥有剽窃的天分。小利顿用笔名"欧文·梅雷迪思"（Owen Meredith）写了一些质量很低的诗（但女王显然非常喜欢）。他长相英俊，当过英国驻葡萄牙大使，过着总体上很孤傲的生活，也自知孤傲，不确定自己是否应该从政当官。在候选人的排名当中，他原本从来没有超过第四位。不过，利顿家族的宅邸，是位于赫特福德郡的纳贝沃斯庄园（Knebworth House），就在印度国务大臣的家旁边；而且迪斯雷利对利顿的"想象力"潜质，有一种用错了地方的自信，于是利顿的排名就大大上升了。只要有人要求，利顿无疑是能够摆出文雅姿态的。然而，他还是被人称作"经常被拍照的贵族懒汉，总是向右边歪斜"。之所以出现这种姿势，很可能主要是因为他患有慢性痔疮，或者因为他想要对付痔疮而染上了鸦片毒瘾，而不是因为他爱好新罗马式的矫揉造作，要像罗马人一样慵懒地歪向右边。利顿接到政府的邀请，大吃一惊。利顿完全不确定自己想要走马上任，尤其是因为他"对印度一切情况与问题都一无所知"。

然而，从另一方面说，让利顿这样相貌堂堂的二流诗人来主持典礼，大概也是装点门面的最佳选择。当代英国历史学家大卫·康纳汀（David Cannadine）就是这么认为的。1876 年 4 月，利顿来到印度。之后，他的注意力差不多都集中在完成迪斯雷利的梦想——华丽的杜巴典礼上了。典礼的会场也经过仔细选择，不是加尔各答会场宽阔的草坪，而是德里西北一英里半的高地——德里岭。印度兵变大屠杀的幸存者曾经撤退到这里，坚守了四个月。这种象征"英国烈士精神"的地方，跟坎普尔、勒克瑙总督府一样，成了殖民当局新来的官员必须"参拜"的圣地。现在，当局可以用盛大的场面，来驱逐英国人遭到屠杀、羞辱的可怕记忆。利顿全力投入了"让那些幼稚的东方人深感敬畏、惶恐顺服"这一任务当中。他认为，要想让全部臣民感觉到最高权威，其方式不是通过少数殖民当局的官员，而是通过印度自己的王公和一切"上流人士"。这种态度，可以称为"新封建主义"。殖民当局的全能和伟大，将会说服那些印度王公，对英国无条件效忠；土邦主们又会转而影响千万臣民，将殖民当局视为真正的印度政府。利顿就此写过不止一篇夸夸其谈、华而不实的文章，这是他自己的特色。其中有一篇写道："从政治上说，印度是一个停滞不前的国家，即使前进，也一定是在服从支配下的前进；不只是服从英国的供养人，也是服从自己的王公贵族，不论这些王公贵族有多么专制。"

1877 年，女王加冕为女皇的杜巴典礼隆重举行。评论界认为，这次典礼是一种针对麦考利罪行的忏悔。麦考利的罪行在于盲目信仰自由主义，从而创建了一个受到西式教育的印度人阶层。利顿如此描述这个阶层："我们教会了这些印度先生，在本地报纸上写出了很多近乎煽动造反的文章。这些印度先生只代表一件事，那就是他们在社会中的地位极不正常。"所以，殖民当局的法令文官机构再也不会雇用这些西化而富有煽动性的印度人，而是会雇用另外一个群体——王侯家族的年轻人。然而，现实当中，王侯家族的年轻人其实不会有兴趣接触利顿的下层官僚系统。于是出现了一个矛盾的情况：这次杜巴典礼实质乃是一种剧场式的幻想，但表面上却显示为古代印度的"真实情况"，那种王公、贫农、兵士、婆罗门系统的真实情况。供印度贵族们住宿的"印度营"（Indian camp）里，聚集了地位最高的贵族——300名精心挑选的印度名流，以及他们的家仆；每人都在营地里分到了一小块"土地"，各自土地上有各自的旗帜（加尔各答一个纹章学机构设计的）、盛装打扮的马匹、披着彩缎的大象。土邦主和大君们，按照家谱的悠久程度与所谓"独立等级"的不同，被人分成不同的等级。这个过程很是痛苦。值得一提的是，之前，在伦敦白厅的国务大臣办公室，这种等级礼仪就已经成了国务中的正式规定。办公室装有两套房门，以便同一等级的两位王公可以同时来访！ 1877年杜巴典礼，参与者的等级，先要看礼炮放多少响；礼炮数目又决定随从多少。因此，17响礼炮的王公〔真正的贵族，例如巴罗达的'盖克沃尔'和海德拉巴（Hyderabad）〕的"尼扎姆"可以带有500名随从；而11响礼炮的王公就只能带300名随从。虽然单个队伍看来不算庞大，然而合在一起，人数就很可观了。光是"印度营"的总人口就超过了50 000人。还有一个"帝国营"，也就是白人的营地，也多达10 000人，拥有自己的邮局、电报站、警察局。再加上14 000名参加阅兵式的军人和其他人员，参加杜巴典礼的总人数达到了84 000人，这已经是一个有规模的城镇人口了。负责维持秩序的是弗雷德里克·罗伯茨少将（Major-General Frederick Roberts）。1878年，罗伯茨少将就要为利顿去参加第二次阿富汗战争了。

典礼上充斥着封建式的恭维话，绝大多数一点也不真心。还有很多华而不实的东西：各种家族徽章；5英尺见方的横幅，非常笨重，扛起来十分困难；热衷纹章学的英国人专门铸造的各种饰物。这一切乃是19

世纪哥特复兴式艺术当中，对东方艺术的一种诡异而造作的总结；此外，也是"印度-撒拉森"（Indo-Saracenic，撒拉森是中世纪欧洲对穆斯林的称呼之一）的建筑风格，当时流行一时，象征着一种"普遍传统"的复活。因为英国人把旁遮普视为印度各邦中最"男子气概、英武作风"的地方，所以这次典礼——这次虚假的东西混血仪式，有很大一部分是旁遮普的元素。英国有一位著名作家鲁德亚德·吉卜林（Rudyard Kipling），曾经长期在印度居住，写了不少印度题材的作品。他的父亲名叫洛克伍德·吉卜林（Lockwood Kipling），是拉合尔的梅奥艺术学院院长。老吉卜林接受了一个艰难的任务，为 220 英尺见方的副王讲台布置装饰。瓦尔·普林塞普（Val Prinsep），是一位艺术家，深受前拉斐尔派的影响。瓦尔受命绘制杜巴典礼，却因为非常厌恶典礼而不愿从命，尽管最后还是照办了。他说："真可怕！我要画的是什么东西？这东西的丑恶，超过了水晶宫……副王的讲台，是一座深红色的神庙，足有 80 英尺高。从没有过这样廉价俗气的装饰品……庞大的尺寸，就好像一个巨型马戏团。"

对此，利顿则没有这么挑剔。典礼之前一周，利顿偕夫人坐着当初为了威尔士亲王制作的银质象轿，从德里走了三个小时，到了"印度营"。副王利顿深受痔疮之苦，这次旅程想必很不舒服吧。1877 年元旦中午 12 点，伴随着德国音乐家瓦格纳（Wagner）的歌剧《汤豪舍》（Tannhäuser）中的进行曲，利顿进入会场。吹奏进行曲的是一队小号手，穿着中世纪的制服。国歌奏响，之后是 101 响礼炮，响动极为惊人，有些大象吓得四处逃窜，踩死了不少观众。利顿高倨在 80 英尺的讲台上，宛如神仙一般。他镇定自若，以女王兼女皇的名义发言，声称莫卧儿帝国行将就木，上帝已经选择了英国来继承大统。利顿感谢了印度文官机构的"史上空前的社会公德与献身精神"，感谢了王公和部落首领的忠心，最后还说，印度人民终于受到了直截了当的教育，明白"帝国的永恒利益，需要英国官员组成的政府的权威监管和指导"。这演讲充满了专制气息,唯一对自由主义做出让步的方面是,本地人也可能允许参与政府事务,但他们应该晓得,必须有一个位置留给"天然的领袖",也就是集合在帐篷里的那些贵族王公。最后,利顿宣读了新女皇送来的一封信,一如既往地承诺,她将会通过自由,以正义治理印度,并且促进"繁荣,以及先进的福利"。

1877 年第一个星期,至少有一位英国高官很不愿前来德里参加仪式,那就是马德拉斯省长,白金汉和钱多斯公爵(Duke of Buckingham and Chandos)理查德·格伦威尔(Richard Grenville)。印度东南大部地区,季风降雨不足,此时,这一地区已经被饥荒笼罩了。情况紧急,省长在仪式前报告副王,询问可否能不参加仪式。然而,利顿无视了省长的意见,回答说,他必须前来参加,因为长远来看,杜巴典礼的不足,对印度的损害将超过季风降雨的不足。于是公爵如约而至。就在这第一个星期,根据一名英国记者的报道,在迈索尔和马德拉斯约有 10 万人死于饥饿与霍乱。

兵变之后,英国在印度的统治,与当地人达成了默契:当地人效忠英国,英国设法改善当地生活。然而,每一个 10 年当中,还是会在某地爆发灾难性的饥荒。1860 年,旁遮普有 200 万人死亡。1868 年,阿杰梅尔(Ajmere)四分之一居民死亡。1877—1878 年,利顿治下进行了认真统计,历次饥荒夺去了超过 700 万人的生命。有一位早期的印度民族主义者愤怒地警告英国人:1845—1849 年的爱尔兰饥荒,夺走了八分之一爱尔兰人口,对此,人们确实有些痛心疾首的情绪;然而,1877—1878 年,印度的死亡人数,却相当于整个爱尔兰的人口。

殖民当局对这场灾难没有无动于衷,然而大部分殖民官员,就如同在爱尔兰一样,因为"不干涉主义"的信条,而认为这是"自然"或"天意",政府无力救济。但是,政府当然有能力救济,哪怕是用减税等消极方面的措施救济。例如,政府的官员自身,经常建议暂时停止征收土地税，或者暂时推迟征收土地税。1866 年，官员们建议对奥里萨邦采取这种措施。然而，建议却被加尔各答的税收局否决了。税收局提出的建议，却与爱尔兰 1846—1849 年的措施惊人的相似："不要让民众失望……要设法让民众自救……在奥里萨邦这样做是比较困难的。但是，置之死地而后生，乃是最好的解决方案。"当初，殖民政府曾经有组织地破坏奥里萨邦的食盐生产。并不是用惩罚性的关税设法消灭食盐生产，而是直接立法禁止了。这就等于专门取消了本地人的收入，无法让穷人自救了。特别是有些年份，物资短缺导致价格飞涨，穷人就更不可能自救。如今，政府开始考虑让民众自救，这倒是慷慨了很多嘛！政府当然是可以进口谷物的；至少能够平抑物价上涨。也是在 1866 年，官员们再次建议进口缅甸大米。2 月，收到了回信："来信收悉……政府拒绝进口大米……如市场支持，则进口大米必然会流入普里，无经政府干预；否则只会带来损害。"

有一位殖民当局官员理查德·坦普尔爵士（Sir Richard Temple），深感孟加拉和比哈尔邦受到严重的饥荒威胁，担心将来会有灾难（不幸言中），在 1873—1874 年从缅甸买了大米，免费发放给最急需的人群当作口粮。然而，那些跟屈维廉思想一脉相承的人，却认为这是对自由市场的粗暴干涉，猛烈攻击坦普尔爵士。这些人就包括利顿。利顿发现坦普尔太用心赈灾了，需要对错误做出弥补；于是利顿任命坦普尔为赈灾代表，把他派到了南方的马德拉斯和迈索尔。这一次，坦普尔对赈灾没有那么用心了，于是，这两地的省长在公共赈灾和私人慈善事业方面，都变得十分"慷慨"，浪费了很多粮食。殖民当局通过了《反慈善捐赠法》（Anti-Charitable Contributions Act），专门用来防止英国和印度城市救济灾区，据说，如果这样救济，就会延缓"软弱的"印度人自立的必然性。一般认为，维多利亚时期英国人的慈善事业无处不在；而我们看到这部《反慈善捐赠法》，或许就要改变主意了。坦普尔实施的救济体制，遭到了白金汉公爵，以及孟买长官——地位与坦普尔相当的菲利普·伍德豪斯爵士（Sir Philip Wodehouse）的强烈反对。而这种救济体制，其实较之爱尔兰19世纪40年代的体制更加残酷。这种体制提供的苦工，有的跟爱尔兰一样，又是砸石头铺路；有的则是铺设铁轨。这些惩罚性的苦工换来的，是每日1.2磅的大米，加上一点木豆。利顿觉得，坦普尔的制度还是太仁慈了。于是，利顿从名册中删去了数百万人，禁止向有劳动力的成人提供救济，而且决定，劳动营方圆10英里之内的居民禁止接受救济。于是，极度营养不良的灾民不得不走上很远，才能获得很残忍的重体力劳动；而且坦普尔修改了制度，每天的大米减少到了1磅，豆子也没有了。

结局可想而知。有一名官员描述孟买德干的筑路工作类似"一个战场，路边到处是死者、濒死者，还有刚刚受到袭击的人"。一贫如洗，饥饿难耐的纺织工人恳求警察逮捕自己，因为听说进了监狱就肯定能吃上饭。实际也的确这样。与此同时，马德拉斯、孟买的粮食仓库却装满了进口大米，由军队和警察严密看守，防止偷窃和骚乱。有一些记者揭露：饥民就在储粮的栅栏前面倒下死去了。这些记者代表之一是威廉·迪格比（William Digby），他曾专门为印度饥荒出版了一套两卷的历史。到了19世纪末，出现了一种悲惨而荒唐的现象：印度那些铁路最多、经济上最发达的地区，却显然受饥荒的损害最严重，因为这些地区可以更容易将谷物运到各个市场，囤积起来，让粮食涨价，以追求最高利润。

1877年8月，印度南部和中南部大多数地区都已经沦为地狱。副王原本在西姆拉纳凉，这时终于屈尊，由白金汉公爵陪同，花了几天时间到马德拉斯灾情最重的地方走了走。关于救济营的问题，利顿副王在行宫给夫人写信说："你从未见过这样的'大众野餐'。救济营里的人什么工作也不做，脂肪要把身体撑爆了……白金汉公爵视察这些救济营，就好像白金汉郡的乡绅视察自己的模范农场，对饲养得最好的牛、猪越来越肥的样子极感兴趣。"然而，传教士和惊骇不已的当地官员、记者，看到的却是另一幅景象：霍乱病人爬向公墓，在墓穴之间躺下，成群的乌鸦、鸢在头顶上盘旋；无数饥民大军绝望地跋涉出英属印度，来到独立的海德拉巴等地方；这里的尼扎姆做好了准备，要散发免费的救命粮。有一位传教士写道："最近，有个女人的尸体被挂在一根杆子上，像牲畜一般，被人沿着道路抬走了，脸有一块被狗吃掉了。又有一天，有个疯女人饿坏了，把一只狗的尸体搬走吃掉了，就在我们的平房边上。"女王－女皇治下的印度，这种景象是很常见的。英国政治家塞西尔·罗德斯（Cecil Rhodes），当时很年轻，还是牛津大学的本科生。印度的一切惨景，并未阻止他自信膨胀。他在同一年写下了充满救世主风格的论文，热烈赞扬新帝国主义："我们占领的地方越多，就对人类越有好处！"

并非人人都像他这么想。这时，弗洛伦斯·南丁格尔已经是全英国除了女王之外声望最高的女性了。她读了迪格比等传教士、记者的报告，说："这是人类苦难与毁灭的恐怖纪录，是全世界从未见过的。"然而，除了为数百万牺牲者哀悼之外，还能做些什么，来避免未来出现同样规模的灾难呢？利顿先前曾经削减过水库预算，而且还嘲笑一些主张修建水利的人，称他们为"水利狂"。如今，利顿终于表现出支持他们的样子了。利顿还采取措施建立了一项赈灾基金，出钱的人当然是贫困的农村居民，这一点跟爱尔兰一样。利顿的农业秘书名叫艾伦·屋大维·休姆（Allan Octavian Hume），父亲是苏格兰政治家约瑟夫·休姆（Joseph Hume），曾发起成立改革党（Radical party）。艾伦·休姆强烈呼吁政府征收累进所得税，这样一来，交税最多的人，对赈灾基金的贡献也越多。利顿否决了这项提议，反而主张增收那些本来已经很重的税赋，例如盐税。艾伦·休姆愤然辞职。之后，他成了批评家，最猛烈地抨击英国在印度的经济政策，最后竟然当上了印度议会（Indian National Congress）的创始人！实际上，有许多印度议会的早期支持者和领导人（既有英国人，也有印度人），已经不再理睬这个"好心"帝国了，原因正是英国的救灾政策似乎总是让位于军事力量和赤裸裸的经济私利。威廉·迪格比写下的历史，留下了印度饥荒最为确凿的罪证。当时英国人有一种陈词滥调，所谓"印度之手"，说亚洲人天生不适合自治，需要别人统治。迪格比就创建了报纸《印度报》(*India*)，来对抗这种言论。印度民族主义政治家达达拜·瑙罗吉博士(Dadabhai Naoroji)是一位孟买的"印度拜火教徒"。1892年，他当上了英国第一位亚洲国会议员，代表芬斯伯雷中央区(Finsbury Central)。他也曾三次被选为印度议会主席。他出过一本经典著作《印度的贫穷与非英国人统治》(*Poverty and UnBritish Rule in India*，1901)，阐述了他苦涩的幻灭思想。

瑙罗吉博士同其他很多人都意识到，印度的问题在于收入，而不在于粮食供应。这一点，当代经济学家阿玛蒂亚·森教授(Amartya Sen)指出，在当今全球饥荒案例中，这一问题仍然存在。争论的焦点在于，应当怎样采取措施，才能让印度的生活水平提升到这样一种程度，即使在荒年也能得到足够的食物。辩论的双方，一方是自由市场的拥护者，为英国的事迹辩护。他们坚持说，传统的经济体制，也即市场本身，与市场对印度的刺激作用，将会最终奏效。另一方则是休姆、瑙罗吉这样的反对者，他们指出，英国的政策表面是自由贸易政策，实则是无耻的干涉主义政策。殖民当局肆无忌惮地操纵关税，方便英国进口，让印度本地产品处于不利地位；1877—1878年，有数百万吨粮食从印度进口到英国，以稳定英国本土粮价。与此同时，当局却放任印度孟买、马德拉斯的物价飞涨，涨到了足以饿死人的地步。就在古吉拉特邦纺织工人的苦难，超过印度大多数城市人口的时候，利顿甚至出台政策，降低了印度进口英国棉花的关税。而且，还有人老调重弹，提起自古以来的那种假装虔诚的万能药："让他们自己站起来！"

此时，原先主张能带来互惠互利的自由主义公理，已经开始彻底崩溃。英国本土的繁荣，其代价似乎是印度财富的匮乏。殖民经济政策的不平等，由来已久，而且用法律手段固定下来。绝大部分印度人都成了受害者，只有那些与这种经济政策合作的人，例如谷物航运商、纺织品进口商，才获得了应得的奖励。19世纪七八十年代，有三种特殊的情况，让这一局面很难改变。第一种情况：英国本身已经陷入了经济低迷，不可能牺牲自己复原的机会去接济印度，也不可能提升物价，与此同时加大英国劳工阶层闹事的风险。第二种情况：英国本土经济正在面临美国，以及德国等多个欧陆竞争对手的压力，出口缩减；这同样导致英国不大可能牺牲各个垄断帝国市场，让经济达到一种长远的成熟状态。（到19世纪末，印度已明显成为英国第一大出口市场，占到了英国出口总额的整整10%。其中绝大部分是兰开郡用机器加工的棉布，这种产品对印度纺织业的破坏，超过了一切别的产品。）有许多事实能够破除英帝国主义"良性发展"的说法，而低价输入的棉布，或许是最不容置疑的丑恶反证。最后，第三种情况：有一些基础设施投资的收入，实际上能够为印度的贫民生产者带来好处（而不是为进出口商人带来好处）；然而，这些收入却必须同另一种利益竞争，那就是英国要在印度西北前线进行战略军事扩张，以防俄国哥萨克骑兵从开伯尔山口一拥而入。在利顿等几位副王看来，这军事利益至高无上，其他一切利益都要为它让步。这是英国的战略妄想，为它全额埋单的，则是印度的纳税人。

更糟糕的是，这种妄想经常会直接导致英国的惨败，然后又会出现新一轮的惩罚性税收。利顿从当上副王开始，就一直在筹划军事占领阿富汗。1878年，利顿终于成功挑起了第二次阿富汗战争。英军如往常一样入侵了阿富汗。接下来是一次同样名垂青史的阿富汗叛乱，英国代表团全体被杀。于是照例需要第二次惩罚性作战。结果，"惩罚"这一次落到了英国人的头上，既损失了人马，又损失了金钱。英军在阿富汗赢得了一场惨胜，然而战争却暴露了丑闻——辛辛苦苦设立的赈灾基金被挪用当作军费了。于是，这场胜利也无法带来喜悦了。

首相迪斯雷利从一开始就反对利顿的阿富汗战略，只是因为克兰伯鲁克勋爵（Lord Cranbrook）的游说，才不得不违心地支持。克兰伯鲁克勋爵是新任的印度国务大臣，利顿的忠实信徒。损失惨重的灾难消息传到了首相耳朵里。首相大惊失色，但努力装出勇敢的样子。同一年，即1879年，英国与南非祖鲁王国（Zulu）爆发了祖鲁战争。祖鲁国王塞奇瓦约（Cetawayo）在伊桑德尔瓦纳（Isandhlwana）全歼了一支英军。等到南非局势稳定下来，500万英镑已经付之东流。非洲正常运转的国家本来没有多少，这一次，英国又打着"带来和平与安宁"的旗号，毁灭了一个非洲国家，就如同英国经常在印度所做的一般。1876年，迪斯雷利被封为比肯斯菲尔德勋爵（Lord Beaconsfield）。有一次他在上议院演讲，说"有上百万人，因军事影响（military sway，即'强剃措施'的委婉说法）而归附了我们，因为他们知道，他们为了秩序和正义，而受到了军事影响的恩惠"。然而格莱斯顿却越来越感到必须发言反驳了：什么"秩序"？什么"正义"？他还为所谓"自由"的伪善言辞而十分恼火。他嘲讽迪斯雷利说："比肯斯菲尔德勋爵也许会说'自由是我们的，帝国是余下世界的！'"格莱斯顿对于帝国的肆意扩张越来越反感、蔑视，这一点，标志着自由主义政治的一个新的转折点。当然，自由主义者当中一直有着一派思潮，尤其是政治家约翰·布莱特、理查德·科布登，他们坚持正统的自由贸易，怀疑现实中昂贵的帝国冒险主义会带来什么好处。不过，直到19世纪70年代晚期，才掀起了一场有着清醒意识、长期坚定的反沙文主义斗争；其中最善于雄辩的斗士，乃是格莱斯顿本人。迪斯雷利在参议院地位大不如前，而格莱斯顿，则有片刻取得了一场道德层面的表演机会，尽管他只是反对党的议员，而且并非反对党的党魁。1876—1880年选举期间，格莱斯顿抓住机会，上演了一场维多利亚政治史上最为精彩的独角戏。

格莱斯顿发起的历次政治斗争，其力量来源，不仅来自道德热情，

也来自痛苦的自我审视，以及大量的阅读和反思。1869 年，格莱斯顿刚
开始担任首相，就阅读了印度殖民当局官员乔治·坎贝尔关于爱尔兰土
地问题的重要著作。爱尔兰有一个独立组织，名叫芬尼亚会（Fenian），
主张共和主义。坎贝尔在爱尔兰民族主义日益高涨的时候访问了爱尔兰。
他震惊地发现，爱尔兰佃农问题与他见过的印度多个地方的问题十分相
似。爱尔兰的贫农，如不能出示有效的英式法律合同，证明自己对土地
的所有权，则会被定为随时可以解除契约的佃农，遭遇各种提高租金的
情况，而且一旦违约就会被驱逐。正常情况下，农民如果翻修或者扩建
房舍，当局会有材料或劳务的补贴；而这一类佃农这样做，当局却没有
任何补贴。于是，在同一片土地上劳动了几代人的耕种者，就被赶走，
沦为了既没有钱，又没有土地的劳动者。英国对印度的土地制度越来越
熟悉，也逐渐意识到，印度大部分地区都有这样的传统，一旦某个家族
连续几代拥有土地，就相当于一种"道德上的联合所有权"，保护贫农不
至于沦为随时可以解除契约的佃农。坎贝尔感觉，爱尔兰也应该是这种
情况（同样感觉到这一点的还有约翰·斯图尔特·密尔，他的著作表达的
观点和坎贝尔基本一样）。尽管坎贝尔接受的教育，基本上都是屈维廉
"放任不管"的学派，然而坎贝尔却相信，政府应该担任保护者，保护那
些无力自护的人。政府这样做了，就是对真正的自由主义的尊敬，而不
是违反。而政府不这样做，就会产生更多的可怕的暴力循环。

　　格莱斯顿在哈瓦登的宅邸——他的"和平神庙"阅读文献的时候，
开始感觉到一个事实，这个事实对他、对英国自由主义的历史都至关重
要：大英帝国的某些地方，例如印度、爱尔兰，很可能还有那些工业化
的煤烟城市，那种旧式的"自力更生"的福音宣传，已经化为陈词滥调，
而且破产了。格莱斯顿意识到这一点，但并没有因此成为激进的干涉主
义者。他第一任首相任期之内，爱尔兰主要的改革措施，还是废除各种
国家制度，而非建设国家制度；特别是废除了爱尔兰教会。然而，即使

以实用主义者（而非激进派）的身份，格莱斯顿还是开始明白，有一位伯明翰自由主义活动家的意见十分有力。这位活动家名叫约瑟夫·张伯伦（Joseph Chamberlain）。张伯伦认为，在英国工业化城市中，一个好的政府，经常需要大力确保公权力能够满足市民的基本社会需要。例如，足够的住房、便利的交通、医疗福利等。因此，现代英国"正确自由主义"的准则，就不能仅仅是贸易自由和财产自由；或者说，这些自由如果要生存，必须关注社会正义。坎贝尔说过，人们一旦感觉社会正义被剥夺了，就会被迫转向愤怒和暴力。无论是印度德干的救济营中、英国的造船厂中，还是爱尔兰西部的农村，都是如此，而尤以爱尔兰西部的农村最为重要。有一次，格莱斯顿在下议院演讲，介绍一项土地法案。这法案采取了一点措施，想要保护佃农免遭驱逐，主张只有在逾期未交租金的情况下，地主才能合法驱逐佃农。格莱斯顿用的是他一贯的预言式口气："爱尔兰就在你们的门口。天意已经把它放到了这里。法律和立法机关在你们之间订立了契约，你们必须面对这些义务。"

格莱斯顿漫长职业生涯的每一个阶段，都从各种启示的瞬间来寻找"正路"，特别是从敌人的启示那里。人们经常把他比作对抗埃及法老的以色列先知摩西，而他的敌人，就是埃及法老的化身，他被召唤来狠狠打击这些敌人。（有时候，这个敌人还是格莱斯顿自己；而且，他早在牛津的时候，见过很多道德比较堕落的妇女，认为自己必须救赎这些妇女；此时，他就为自己被妇女们引诱而感到有罪，要把罪恶从体内鞭打出去。）政治与神学上的敌人们，则只是遭遇了他口头或写作的鞭笞而已。敌人分成几批：第一批敌人，是所谓的"理性基督徒"——唯一神论者，以及与唯一神论者相似的人，还有1832年推动《改革法案》的那些恶毒的改革派。格莱斯顿当时属于高教会派（High Church），年纪还轻，不苟言笑，他相信，这些人，以及华兹华斯、柯勒律治，都在把英国引向一条"快活之路"，也就是不敬上帝的平等主义之路。但格莱斯顿在19

世纪60年代却变成了改革派，支持普选权，于是他当初反对1832年《改革法案》的立场就显得十分尴尬。后来他解释说，当时反对改革，完全是因为年轻人的热情过于旺盛，以及"错误的妄想"。第二批敌人，则是那些打倒首相皮尔的人，因为格莱斯顿十分敬重皮尔，把皮尔当作圣人看待。这些人的罪魁当然是迪斯雷利。格莱斯顿认为，他一开始就看清了迪斯雷利是一个自我美化的机会主义者。格莱斯顿的背景是制造业，在他看来，皮尔行事坦率，这一点非常明智；皮尔正直诚实，这一点也不言自明；皮尔着力追求真理，相信真理高于个人权力，甚至高于政党利益，为此甘愿忍受艰难困苦，这一点也是政治美德的象征。而那些打倒皮尔的人，一边做坏事，一边还声称代表地主的"传统"利益。比如，迪斯雷利就这样声称过。格莱斯顿认为迪斯雷利这种说法十分荒唐，觉得他们这样伪装，不仅愚蠢而且邪恶，是有罪的。

　　最让格莱斯顿如鲠在喉的是，迪斯雷利一帮人竟然妄称自己代表的是真正的英国，代表英国起伏的广阔土地，也代表真正的宗教。格莱斯顿认为，迪斯雷利除了狡猾地装模作样之外，从未真正跪在上帝面前，更别说接受忏悔的精神鞭笞了。这种人怎么配谈真正的宗教呢？格莱斯顿还认为，迪斯雷利有一种最恶劣的本能，就是"好斗的虚荣心"，而且不以为耻，反以为荣，就如同丢脸的巴麦尊曾经做的一样；这时，迪斯雷利又有什么资格，以英国劳动人民真正的朋友和保护者的身份，对人民发出呼吁呢？我格莱斯顿，以及真正的上帝的战士们，例如理查德·科布登（自由贸易派）、约翰·布莱特（激进派政治家）这样的人，才可以代表真正道德的英国嘛！格莱斯顿认为，自己在成长时期和训练时期，把真正的英国的"纤维"编织了起来——这些纤维，就是苏格兰、兰开郡、牛津；是工厂和神学院，是大学和织布机。他感觉，自己做的每一件事都是负责任的。第一，他没有欺骗劳工阶层，让他们期待立刻实现完全民主制，而是建议他们要有耐心，一步一步来。第二，他筛选那些借助工业、教育、辛苦挣来的财产而发达的人，赋予他们公民权，作为奖赏。这些人理应得到公民权，而且将来也会聪明而节制地使用公民权。

如今，在 1876 年，他的老对手迪斯雷利——比肯斯菲尔德勋爵，已经被擢升到了"比肯斯菲尔德主义"的境界；但是作为首相，迪斯雷利依然能够图谋不轨，办出坏事。格莱斯顿觉得自己又一次负起了神圣的使命，需要让公众清醒，不受迪斯雷利各种"犹太人的"伎俩欺骗。迪斯雷利有一种政策，想要建立一个"亚洲帝国"，包括支持土耳其人；购买埃及苏伊士运河；让利顿这种声名狼藉的鸦片烟鬼操控印度帝国的命运——而这一切异国风情的东西，竟然会值得用基督教英国的伟大来交换？此外，鲁米利亚东部爆发了一场反抗奥斯曼帝国的起义。起义遭到镇压，奥军大肆虐杀平民，犯下了种种暴行——焚烧村庄、强奸、鸡奸、把妇女儿童分尸等。1876 年春，英国媒体广泛报道了这些暴行，舆论哗然，猛烈抨击迪斯雷利"支持土耳其"的外交政策。全国各地召开了数百场集会。从制度上说，格莱斯顿本来应该对两名辉格党领袖言听计从。这两位领袖，一位是第二代格兰维尔伯爵，另一位是哈丁顿侯爵（Marquis of Hartington）。然而，格莱斯顿并未立刻行动，而是一直等到 1876 年年底。然而，对政治而言，实现"充满激情的美德"这样的机会，太过诱人，无法让人继续忍耐了。格莱斯顿在"和平神庙"——自己家的图书馆中，写下了一本小册子，名叫《保加利亚恐怖事件》（*Bulgarian Horrors*），一出版立刻畅销。几天之后，格莱斯顿又开始做巡回演说，一次，伦敦郊区的布莱克希思（Blackheath）有暴风雨，格莱斯顿竟然在暴风雨中对着忠实听众们布道，做了一场激动人心的讲演。不论这次讲演是否能够影响英国的政治，那些在场的人，例如激进派记者威廉·托马斯·斯戴德，都把它作为一个"格莱斯顿成功转化听众"的时刻来铭记。

然而，格莱斯顿作为耀眼的先知重新出现，大出风头，这种情况却可能让他冲昏头脑，认为自己不会犯错误了，哪怕哈丁顿、格兰维尔等

人发出咳嗽声提醒，他也置之不理。于是，他果然犯了大错。俄土战争[1]
过后，格莱斯顿攻击迪斯雷利，说俄国与土耳其开战，迪斯雷利却把英
国带到了与俄国发生冲突的边缘。这次攻击严重误判了英国舆论，因为
当时英国舆论已经被迪斯雷利大肆煽动，变得非常激动，鼓吹武力外交
政策，拥护战争。1878 年，迪斯雷利前往柏林，在柏林议会参加和平谈
判，争得了俄国与土耳其两国的让步。回到国内之后，舆论完全没有谴
责他，而是为他热烈欢呼。然而，到 1879 年年底，英国在南非的祖鲁和
亚洲的阿富汗军事行动受挫，花费极大。舆论再次转向，开始反对战争。
格莱斯顿愤怒地高呼：英国人和当地人的无辜之血都白白流掉了，仅仅
是为了毫无意义的冒险主义！他说，"阿富汗山村生活是神圣的"，就好
像每一个英国人在英国本土的生活一样，"在全能的上帝眼中不可侵犯"。

　　而在英国本土，此时，自由党又得到了一份天赐的政治礼物：爆发
了一场严重的经济萧条。格莱斯顿暗示说，保守党的领袖们是邪恶的，
而那些沉醉于这种邪恶带来的奢侈享受的人，如今遭到了上帝的惩罚。
英国背负上了现代社会的种种瘟疫：破产、失业率飙高、粮价暴跌、贸
易停工；爱尔兰西南部甚至又发生了马铃薯枯萎病。迪斯雷利原本还被
当作功臣，舆论说他带来了"光荣的和平"，为此沾沾自喜。而且，自
由党分裂了，迪斯雷利也十分高兴，觉得格莱斯顿不过是一个无聊的怪
人，完全不必用心对付。可是，迪斯雷利没有料到，老对手格莱斯顿好
像突然爆发了一种惊人的能量，几乎让他成了救世主一般，将自己的雄
辩术发挥到了极致。迪斯雷利也没有料到，格莱斯顿采用了各种崭新的
方式，到处传播自己针对"比肯斯菲尔德主义"奢侈腐化而发起的攻击。

---

[1]　土耳其政府镇压保加利亚 1876 年 4 月起义之后，俄国借口土耳其在镇压中迫害南方斯拉夫诸
　　国，发动了 1877 年的俄土战争，土军大败。土耳其政府为挑动英国与俄国作战，与俄国签订
　　合约，同意俄国单独吞并土耳其。迪斯雷利果然不能容忍，下令英国海军前往土耳其，英俄
　　大战一触即发。经过德国首相俾斯麦调解，列强制订了共同宰割土耳其的计划，从此土耳其
　　地位一落千丈。——译者注

1879 年 11 月 24 日,格莱斯顿偕夫人凯瑟琳,在他的政治心脏之一利物浦登上了一列火车,前往另一处政治心脏——低地苏格兰。格莱斯顿穿过威根(Wigan)、圣海伦(St Helen's)、卡莱尔(Carlisle)、加拉希尔斯(Galashiels),来到了爱丁堡。这个老顽童自己好像变成了一个政治火车头,他那宏大的自我肯定的精神,就好像火车头的活塞,不停打气。这位演说家在一个个站台上高声呐喊,从一扇扇车窗向外挥手,让兴高采烈的人群护送到旅馆,又在旅馆的阳台上演说。格莱斯顿在格拉斯哥大学被任命为教区牧师,进行了上任演说,又观看了特别为他举行的火炬游行,就好像他是福音派复兴运动的先知一般。两个星期之内,他在各地演讲 15 次,听众约有 85 000 人。中洛锡安郡(Midlothian)竞选运动是英国有史以来发生的最为"美国化"的竞选运动,而且是无可置疑的胜利。

迪斯雷利在 1880 年 3 月举行大选。此时,他估计保守党再次取得多数不会有问题。然而,他的估计大错特错了。自由党获得的国会议员席位,比起托利党多了 100 多个,重新上台。格莱斯顿欢欣鼓舞地写道:"比肯斯菲尔德主义,就像意大利浪漫主义故事里面一座华丽庄严的城堡,消失得无影无踪。"意大利的浪漫主义并非这位元老所欣赏的东西。

然而,1880 年的议会当中,除了自由党 351 人、托利党 239 人,还有爱尔兰自治派国会议员 65 人。他们有了一位新领袖查尔斯·斯图尔特·帕内尔(Charles Stewart Parnell),把他们团结到了一起。帕内尔的前任是爱尔兰托利党人物艾萨克·巴特(Isaac Butt)。如今,爱尔兰自治议员的队伍虽然还没有成为举足轻重的力量,但也不可小视。即使他们的人数没有 65 人这么多,格莱斯顿也不大可能在爱尔兰问题上袖手旁观,毕竟这是一个政治的"伤口"。1879 年,爱尔兰再次发生歉收。有一个保护佃农利益的"土地联盟",发起了一场反对驱逐佃农的运动。这场运动似乎让爱尔兰,特别是西部,逐渐变成了无政府状态。"土地联盟"的创始人,是一位杰出的爱尔兰活动家,名叫迈克尔·达维特(Michael

Davitt），梅奥郡人。1798 年，爱尔兰曾经发生起义，梅奥正是支持法军入侵的地方。大饥荒时期，梅奥郡又是受灾最严重的地方。达维特来到兰开郡找工作，11 岁那年在一次工厂事故中失去了一条手臂，后来又因为走私军火而蹲过监狱。出狱之后，他来到美国筹款，发起宣传，号召人们设法改变爱尔兰贫民的生活，改变爱尔兰这个国家的命运。到 19 世纪 70 年代后期，他和一些激进的同志们在西部成立了"梅奥郡土地联盟"（Mayo Land League），这是"爱尔兰土地联盟"（Land League of Ireland）的扩展，发展迅速，很快蔓延到了全国。土地联盟宣称，自己的敌人就是"地主土地所有制"（landlordism），自己的目标是减租（如有必要，还会采用威胁手段）以及反抗驱逐佃农。实际上，爱尔兰驱逐佃农的行动，在 19 世纪 50 年代曾经十分激烈，彻底剥夺了佃农的财产；但是，这时候已经明显放缓了。查尔斯·屈维廉之前设想，现代化爱尔兰农业，其主导力量，应该是"致力于经商的大农场主"，西部是牧场主，东部则是农耕的农场主。这种设想，此时已经在稳步实现。然而，资本主义农业在社会公平方面却经常显得十分丑恶。爱尔兰农业的盈利越多，盈利的分配就越不公平。此外，到 19 世纪 70 年代末，农业又发生了萧条。那些依赖农业挣得工资的人，当然首当其冲；而那些靠小块农田吃饭的人，又首先遭到了租金上涨的压迫。换句话说，有很多人适合加入一支愤怒的社会大军了。

　　土地联盟的基本战术，是一种强硬而不合作的方法——对那些经常集体驱逐佃农的地主们，采取社会排斥的惩罚。至少，土地联盟的正式声明是这么说的。有一名英格兰农场主卡普敦·查尔斯·杯葛（Captain Charles Boycott），从一名爱尔兰"在外地主"厄恩利勋爵（Lord Ernle）那里租了土地，却既为他自己收租，也为他的地主收租。于是，他不幸被选中，成了社会排斥战术的靶子，以儆效尤，谁也不为他工作了。厄恩利勋爵则被人谋杀了。而且，尽管土地联盟反复为自己辩护，声明自己清白无辜，却还是发生了各种骚扰和破坏：有的家畜被肢解了，有的干草堆被焚烧了，还有些人向一些住宅里打冷枪，说这是"警告"，更有个别的暗杀事件。面对这种持续的无政府状态，英国内阁中，有很多格莱斯顿自己的同僚们，支持发起一次同等激烈的对抗运动，借以恢复"秩序"。这些人的代表，是新任爱尔兰事务大臣威廉·爱德华·福斯特（William Edward Forster）。这些强硬派认为，如有必要，还可以对某些人选择性地暂停《人身保护法》（habeas corpus），并且不经审判就将其逮捕。他们也十分怀疑帕内尔，相信他纵容了这些暴力，虽然帕内尔假装谴责暴力。

格莱斯顿认为，事情不那么简单，并非只有"无所作为"和"强行镇压"两个选项。尽管他与帕内尔并无个人关系，他还是明白，土地联盟并不仅仅是受了损害的佃农发起的。帕内尔有一半美国血统，在剑桥上过学，表面上是新教徒，实际上是疑神论者。他也是一名乡绅地主，来自爱尔兰威克洛郡（County Wicklow）的山区。威克洛郡的立场保守，以马术表演、黄瓜三明治、各种联欢会而著称。帕内尔这么一号人物的出名，显然就是一个证据，证明迈克尔·达维特已经成功吸引了各行各业的爱尔兰人：教师、店主、政治家、医生、律师，在他们心目中，变成了改善爱尔兰政治社会的有力声音。另外一名土地联盟的成员蒂姆·希利（Tim Healy）评论说："我们造就了帕内尔，帕内尔造就了我们。"这个说法有些炫耀成分，但其实非常准确。

格莱斯顿早在自己正式投入爱尔兰自治运动（Home Rule）之前很多年，就已经明白，逐步加深的爱尔兰危机，让全英国的历史来到了岔路口：这是一场考验，英国的联盟国体能否经受考验而生存下来，在此一举。关键问题有两个：一是爱尔兰必须进行土地改革；二是爱尔兰应得的、更加独立的地方政府。之前自由派有好几代人，例如查尔斯·屈维廉这样的人，他们设想，不论过去的历史怎样悲惨，只要能够成为全世界有史以来最伟大的帝国的一部分，就是最大的幸福。然而，屈维廉的儿子乔治·奥托却不这么想。奥托是历史学家，也是政治家。他现在是格莱斯顿政府的一员，他和首相都清楚地看到，要想让爱尔兰不闹独立，留在英国版图之内，就必须采取措施，进行土地改革。1870 年，格莱斯顿向议会试探性地提出了一个议案。提议说，只要那些被驱逐的佃农改善了土地质量，就可以得到补偿。然而，牛津大学爱尔兰史教授罗伊·福斯特（Roy Foster）指出，那些真有条件改善土地质量的农民，本身就是最不可能遭到驱逐的农民。无论如何，这个较为保守的提议在下议院通过了，却在上议院被否决了。上议院认为，这属于对私人财产权的无理干涉。格莱斯顿遭到这次战术上的失败，大吃一惊，开始更加认真地听取内阁同僚的意见。此时，农村暴力事件越来越多，同僚们坚持说，必须把强制措施放在土地改革前面。1881 年 1 月，《保护人身和财产议案》（Protection of Persons and Property Bill）提交给了下议院，提议批准"预防性拘留"措施（preventive detention）。爱尔兰议员阵营大为恼怒，开始蓄意阻挠议事，发表冗长的演说，不让议案通过；阻挠行动持续了整晚。议院的工作彻底瘫痪，不得不在 2 月 3 日通过决议，"撤销"常规的议事步骤。愤怒的爱尔兰议员们，包括帕内尔，被强行驱赶出了议会。

　　"大棒"之后就是"胡萝卜"。议会通过了《高压法》（Coercion Act）限制了激进派的行动。到了 4 月，格莱斯顿觉得应该可以提出土地议案，而不必担心反对派攻击他"在压力之下做出各种让步"了。议案的主要内容，可以用三个术语概括：合理租金（fair rent）、自由买卖（free sale）、居住权不变（fixity of tenure），三个术语第一个字母都是 F，因此简称 3F。这三个条件全都有各种各样的问题，尤其是格莱斯顿自己非常不安，担心它们是否符合私有财产的神圣性。然而，最重要的需求，还是要让爱尔兰的佃农小农场主感到一些正义，从而防止土地联盟激进派闹事。按照议案的规定，佃农只要付清租金，则不会遭到驱逐；驱逐的目的之一，是为了让小块土地合并成大块地产。还有更为激进的措施：政府会指定成立一个土地法庭、一个土地委员会，裁定这些租金是否"合理"。格莱斯顿在议会的整整 58 次会议上发了言，这才让议案通过，成为法律。

格莱斯顿以为这个议案能让土地联盟满意，结果却不得不改变了看法。帕内尔虽然支持议案，却继续进攻，要求减租，要求取消逾期欠款。更加不祥的是，他还开始议论英国与爱尔兰的关系，好像要准备分裂了。格莱斯顿接受了帕内尔的挑战，充满威胁地回应说，任何想要分裂英国和爱尔兰的企图都将受到政府最严厉的处置。10 月，格莱斯顿进一步采取措施，逮捕了帕内尔和"土地联盟"的其他成员，关在都柏林郊外的凯勒梅堡监狱（Kilmainham gaol）。

内阁与自由党的强硬派一片欢呼。他们觉得，至少格莱斯顿这"元老"明白，为了在爱尔兰执行《高压法》，需要什么样的行动。《高压法》里面的规定，与利顿在 1878 年在印度通过的《本地语言新闻法》（Vernacular Press Act）如出一辙，后者禁止了自以为是的、煽动性的印度媒体发声。格莱斯顿还在一次餐会上开玩笑说，他对高压政策习惯了，"就好像一个人会在私下说，他痛苦地发现自己必须杀掉母亲一样"。这当然是反话，他实际上对强力统治怀有深深的忧虑，而且一直认为，用强力回答爱尔兰的痛苦和愤怒，必须是短暂的方法。早在 19 世纪 50 年代，格莱斯顿曾经在那不勒斯旅行，访问了波旁王朝统治下的那不勒斯监狱。当时波旁王朝的专制君主残酷迫害政治犯，格莱斯顿十分厌恶，写文章说，这样的政权违反了人类的自然权利，也违反了上帝的法令。格莱斯顿相信，真正的合法政府，必须有人民的"情感"作基础，才能维持统治。自由主义的核心也必须是这一点，不论自由主义在当今这个"炮舰与加特林机枪"主导的时代还有什么其他意义。

　　于是，首相开始通过一个叫凯瑟琳·奥谢（Katherine O'Shea）的女人同帕内尔开始秘密谈判。凯瑟琳是另外一名爱尔兰议员的妻子，但也是帕内尔的情妇，还给他生了不止一个孩子。格莱斯顿和帕内尔堪称有史以来最奇怪的"一对"，两人彼此需要；或者至少在1882年认为两人彼此需要。格莱斯顿需要帕内尔来协调那些民族主义暴力的拥护者，来说服爱尔兰国会议员们相信，在联合王国内部可以扩大自治权。帕内尔也需要格莱斯顿来实施更激进的土地改革（特别是对"收取欠款"进行限制），来废除《高压法》，或者至少减轻《高压法》的力度。双方达成了秘密的"凯勒梅堡协议"（Kilmainham Treaty）。按照协议，帕内尔获释后，更好地限制激进派；格莱斯顿则在议会提出关于逾期欠款的议案。然而，之前帕内尔进了监狱，让激进派不仅没有冷静下来，反而更加暴躁了。1882年5月，政府同意释放帕内尔和其他民族主义领导人；主张对爱尔兰强硬的爱尔兰事务大臣威廉·爱德华·福斯特辞职，接替他的是弗雷德里克·卡文迪什勋爵（Lord Frederick Cavendish）。5月6日，刚刚上任的勋爵，和他的常任副大臣托马斯·伯克（Thomas Burke）在都柏林的凤凰公园散步，突然被五名决意搞暗杀的恐怖分子杀死了。这个恐怖集团的成员自称"无敌者"（Invincibles）。格莱斯顿闻听此事，惊骇万分。两人都被长长的外科手术刀割断了咽喉，伤口从一边耳朵延伸到另一边耳朵。伯克的脑袋还几乎被砍了下来。卡文迪什不仅是重要的政治人物，而且是格莱斯顿妻子的侄子，爱称是弗雷迪（Freddie），经常来哈瓦登的首相宅邸做客。暗杀事件不仅严重干扰了格莱斯顿的计划，而且让他失去了一位亲人，对他造成了双重打击。帕内尔当时刚刚达成协议被放出来。他也十分惶恐，提出辞去爱尔兰党领袖的职务。然而，格莱斯顿有一种"基督教式宽宏大量"的本能；恰恰是在这样的场合，这种本能充分发挥了作用。格莱斯顿不仅拒绝了帕内尔"谢罪"的姿态，还承诺会进行更紧密的合作，承诺继续处理逾期欠款问题。此时距离两起谋杀刚刚过去一周。格莱斯顿的同事们原本就觉得这老头子发了疯，现在更加确信他发疯了。凤凰公园谋杀案发生之后，当局紧急通过了第二部《高压法》，扩展了警方搜查、逮捕、拘留的权力，而且设立了一系列特别法庭，可以不用爱尔兰陪审团在场就进行审判，免得受到陪审团的干扰。全凭着第二部《高压法》的预先措施，一场爱尔兰人的叛乱才得以避免。

尽管帕内尔与格莱斯顿达成协议的措施都无法执行了，但两人的地下合作并没有中断。凯瑟琳·奥谢继续传递信息，也继续生孩子，生了不止一个。格莱斯顿就算之前不知道凯瑟琳跟帕内尔什么关系，这时候也肯定知道了。首相认为，还有一条出路，就是成立地方政府委员会；这些委员会是约瑟夫·张伯伦负责的小项目，张伯伦负责市政改造，尤其是煤气管道和水管改造，因此得了个外号"煤气和水先生"。格莱斯顿设想，地方政府委员会可以让爱尔兰人直接选举，前提是不破坏统一君主制国家的立国原则。然而，这个方案还规定在都柏林要有一个中央政府委员会，处理不涉外的爱尔兰本族事务，官员由英国政府任命。爱尔兰政界有些人觉得，地方政府委员会获得的权力下放，只是未来获利的冰山一角，以后会有大得多的利益。而这个中央委员会，就是欺骗这些爱尔兰人的蝇头小利，实际上不会给他们太大权力。可是，保守党和统一党人（Unionists）却把这个意图彻底理解反了，以为中央委员会一设立，就是走向真正自治政府的开始。于是，他们把这个措施当成危险信号，而措施本身也就无法实行了。

帕内尔从来没有完全相信格莱斯顿真的尽力推动了措施的实行。就算格莱斯顿真的尽了力，他也没有足够的政治手腕让措施成为现实；更不要说帕内尔期盼的，真正的自治体制了。此时"元老"经常生病，最严重的一次，他还在雪地上摔了一跤，头部严重割伤，严重到他自称感觉有颅内出血。谁知道呢？或许他真的受了重伤，总之，格莱斯顿似乎已经不是下议院当家人了。辉格党和改革党正在斗得死去活来，两边都怀疑首相对他们不忠。张伯伦原本坚定支持权力下放，但随着一年年过去，他的支持似乎也不那么有力了。此时，他正在幕后等着夺权，等得不耐烦了。格莱斯顿原先一直激烈反对帝国主义者。然而却发生了南非和埃及的战争，人们发现，他也跟自负的迪斯雷利——比肯斯菲尔德勋爵有着同样的偏见，支持炮舰外交，支持历次冲动的军事远征。1881年，埃及发生了一次反对"乞迪夫"的兵变。背景是土耳其驻埃及总督"乞迪夫"挥霍无度，在向英国出售苏伊士运河之后，再次负债累累，乃至于尽管埃及只是个徒有虚名的主权国家，还是不得不宣布进入破产管理。至于管理者，当然是西方强国——英法两国。英法控制了埃及的各类收入，以确保管理债务能得到及时偿还。这个局面，几乎是18世纪英国在印度殖民统治的非洲翻版：当地出现了混乱局面，主要是欧洲殖民者造成的。然后殖民者坚持介入，收拾自己制造的烂摊子。

埃及兵变既是军队的反抗，也是穆斯林群体的反抗。兵变一开始，英法就面临一个选择：要么抽身而退，避免损失；要么入侵埃及，用杀戮来平息局面。法国人还根本没有考虑入侵的高昂代价，就在这第一个道义选择面前退缩了。而格莱斯顿却悍然下令进军，令许多人大吃一惊。英国王家海军对埃及的亚历山大港进行了猛烈炮击。英国又派出一支陆军，只花了40天就以闪电般的速度抵达埃及，将叛军彻底歼灭。格莱斯顿这个反帝国主义者，下令全国各地点燃了庆祝胜利的篝火。很多格莱斯顿的老朋友都对他的变节十分惊骇，尤其是因为格莱斯顿一直在发表演说，说这次远征只是为了保护"和平"与"稳定"，并非要在埃及建立殖民地。他说：天哪，绝没有这回事！我们只是要恢复"乞迪夫"的"合法"统治！格莱斯顿这种态度，非常接近其他的殖民总督，而且同迪斯雷利如出一辙。当然他会需要一些英国兵，在可预见的未来维持这种"合法统治"，并且收集钱款，偿还巴林家族等人。

格莱斯顿突然转向帝国主义，对此最为痛苦的人，莫过于他的老战友约翰·布莱特。布莱特认为，迪斯雷利虽然也拥护帝国主义，但起码他自己这个立场是开诚布公的。而格莱斯顿则似乎受了蒙蔽，错了还不自知，令人同情。布莱特写道："某事在我看来大错特错，而他（格莱斯顿）似乎有能力说服自己相信这件事显然正确。尽管（战争打起来）将会死掉一群人，他为此感到遗憾，但他几乎把死人的事当成一种偶然事件，不应受到谴责；因为他觉得死亡是一种政策执行中发生的事件，他希望这种政策能够带来更好的秩序。"结果，埃及并没有出现"更好的秩序"。更糟糕的是，在苏丹首都喀土穆，格莱斯顿却给戈登将军带来了灾难。[1]公平来说，戈登被杀其实不是格莱斯顿的责任。当时，起义军领袖马赫迪（Mahdi，意为"蒙受真主引导的人"）率领圣战军（jihadi army）从南苏丹席卷而来。戈登受命尽快疏散喀土穆，但他却留守城中，要当烈士。格莱斯顿对戈登极为恼火，甚至自己打算满足戈登愿望，把他杀掉；但这种事情在政治上当然是不可能的。格莱斯顿命令沃尔斯利勋爵（Lord Wolseley）率领援军沿着尼罗河进发，终于在1885年1月到达白尼罗河与青尼罗河的交叉点——喀土穆，仅仅来迟了几天。戈登死后，英国舆论猛烈抨击格莱斯顿，说他"牺牲了"这位英雄，尤以女王最为愤怒，憎恨起了有关威廉·尤尔特·格莱斯顿的一切，从而让声讨格莱斯顿的浪潮更加高涨。

这一系列麻烦让帕内尔相信格莱斯顿的权势在衰退，必须到别处去寻找支持了，至少为了实现短期目标而必须如此。尽管回顾起来，帕内尔这一战术转向，看起来有悖常理，但实际上，他却受到了托利党巨头——卡那封勋爵（Lord Carnarvon）的大力拉拢，而且是不负责任的拉拢。力度太大，乃至于帕内尔相信，倘若爱尔兰阵营从自由党一边叛逃出去，他们就能够联合格莱斯顿自己阵营里的异议分子，让政府垮台。

---

[1] 即之前第四章提到的戈登在苏丹反英起义中被杀的事件。当时苏丹受埃及统治，英国也借此和埃及一起压迫苏丹民众，导致了反对埃及和英国的马赫迪起义。——译者注

帕内尔向索尔兹伯里勋爵提出的要求是通过土地法案，并废除一个犯罪法案。这两件事，格莱斯顿之前一直没有做到。结果这一次，帕内尔竟然如愿以偿了。1885 年 6 月，举行了国会投票，大批自由党议员弃权，加上爱尔兰阵营的反对，自由党政府垮台了。然而，帕内尔阵营和托利党组成的联盟实在太过奇怪，无法持续长久；特别是帕内尔在公开追求彻底的自治，要求爱尔兰议会全权处理外交政策之外的一切事务。

这一步就太过分了，不仅索尔兹伯里这么认为，很多自由党议员也这么认为，其中就包括约瑟夫·张伯伦。张伯伦的立场越来越接近帝国主义，在他看来，只要一鼓吹爱尔兰自治，就等于鼓吹分裂，联盟的末日也就到了。然而，格莱斯顿却又一次发生了启示性的转变。他此时又埋头在自家图书馆——"和平神庙"中苦读。他研究了大量历史著作之后，开始相信：大多数爱尔兰人质疑联盟带来的结果，他们其实是有道理的，因为爱尔兰已经遭遇了很多不平等、不公正的事情。格莱斯顿认为，在一个真正自由的英国，强制措施不可能永远持续。因此，可选的两个选项，不应当是"强力镇压"或"爱尔兰自治"，而应当是"爱尔兰自治"或"爱尔兰和英国彻底分裂"。如果现在不做出这样的选择，将来某个时候也一定要做出。同意爱尔兰自治，乃是一种最好的预先防范措施，让未来不会发生激烈得多的分裂。格莱斯顿一拿定主意，就试图说服女王成立爱尔兰自治政府，说这是如假包换的保守措施（说服女王是很艰难的事）。他还通过凯瑟琳·奥谢，跟帕内尔达成共识，推动成立爱尔兰议会。这一切完成之后，格莱斯顿才把计划告知自己的政党，并通知在哈瓦登的德比勋爵说，联盟是"一个错误；也没有足够的理由，将爱尔兰的国家身份抢走"。

格莱斯顿拉拢自己政党成员的战术，从最善意的角度说，也是非常专横的。1885 年 12 月中旬，选举战正在进行的时候，报纸发表了一篇文章，声称要按照格莱斯顿的计划执行爱尔兰自治的法则。这文章的内容是格莱斯顿的儿子在哈瓦登透露给记者的。因为英国把媒体透露出来试探舆论的报道称为"探测气球"或者"放风筝",这篇报道就叫哈瓦登风筝。格莱斯顿立刻否认报道,坚持他计划的只不过是一个爱尔兰地方政府。然而,报道还是让自由党内部掀起了轩然大波,造成了严重破坏。辉格党和约瑟夫·张伯伦这样的帝国主义激进派都非常惊骇:格莱斯顿竟然既不跟他们商量,也未经他们同意,就要强迫他们执行一项政策!于是,他们开始准备辞职了。更加严重的是,张伯伦开始向激进派的友人和同事表示,"国内的社会改革"与"爱尔兰自治"这两个目标,是互不相容的。张伯伦还表示,改善"英格兰局势"本来是必要的,然而这些改善措施却被绑架了,用来实现一个老人(格莱斯顿)的迷梦;而老人则被一个爱尔兰的准叛徒(帕内尔)用魔法蛊惑了。

这次选举,选出了 86 名爱尔兰国会议员,刚好在两大党之间实现了数量上的平衡。格莱斯顿表示,如果托利党政府提出爱尔兰自治方案,他就会支持。然而,托利党还有一些年轻的著名人物:伦道夫·丘吉尔(Randolph Churchill)、阿瑟·贝尔福(Arthur Balfour)等人,却带头反对自治方案。这一次大选之后,北爱尔兰新教徒大都有一种强烈的恐惧,担心爱尔兰获得半独立地位之后,变成"无知的"天主教国家;这样,天主教徒就会惩罚新教徒,让新教徒为自己长期的优势地位付出代价了。年轻的托利党政治家们,充分利用了阿尔斯特新教徒的恐慌情绪。[1] 阿瑟·贝尔福把顾虑抛到一边,告诉统一派:爱尔兰自治以后,统一派将会"被人数众多的派别掌控,这些人数量上比你们多,但政治知识和经验却毫无疑问不如你们——你们拥有爱尔兰的财富、秩序、工业,拥有富于开拓精神的地方,你们会资助那些局势不稳定、工业落后,人们也

---

[1] 历史上,爱尔兰北部的阿尔斯特省曾经搬来很多苏格兰、英格兰移民,这些人信仰新教,曾与当地天主教徒发生激烈冲突,最后新教教徒胜利,在社会上长期占据优势地位。进入 19 世纪之后,随着爱尔兰自治运动的发展,天主教徒普遍拥护自治,属于民族派,阿尔斯特新教教徒则普遍亲近英国中央政府,拥护统一,属于统一派。——译者注

不那么守法的地方！"贝尔福是牛津毕业的哲学家、学者。他精妙地阐述了真正的北爱尔兰红手[1]旗统一主义。

托利党毫无悬念地拥护强制措施。此刻，格莱斯顿迎难而上，匆匆准备了一份议案，主张爱尔兰要在大英帝国内部成立议会。这和当初格莱斯顿与帕内尔达成的协议内容基本一致。很快，又提出了另一项土地议案，这议案实际上是为了证实密尔和坎贝尔的观点：爱尔兰土地的承租带来了虚拟的所有权。原先把土地卖给佃农的地主，现在从一项政府资金而获得了一个补偿的机会。这或许是格莱斯顿以自己名义做得最富有革命性的事了。

1886 年 5 月 27 日，议会来宾席早就坐满了人，院内挤满了议员们，参加《自治法案》的议会二读。格莱斯顿采取了戏剧性的姿态，对自己党内的异议者让了步。他提议，投票应当只用来决定是否实行自治的原则[2]；而且自治法案如果通过二读，则应再次选举之后才进行三读。然后格莱斯顿做了一生最精彩的演说，讲了三个半小时——这是他生平做的最高贵，也是最惨痛的事。格莱斯顿告诉议院，这是"我们历史上黄金一样宝贵的时刻之一；这样的机会，可能来临，也可能失去，但很少去而复返。"[3]如今，经历了其后发生的一切，我们悲哀地回顾往昔的时候，谁还能说他不对呢？格莱斯顿的演讲术上升到了古罗马政治家西塞罗的高度，就好像他仅仅凭着雄辩就能战胜强大的敌手——游说团体。他的事迹，恰好符合了古罗马修辞学家昆体良（Quintilian）的定义：真正的演说家，就是精于言辞的好人。那一天，格莱斯顿确实精于言辞。在他漫长而重要的职业生涯中，确实有过很多伪善，很多令人恼火的自相矛

---

[1] 红手是北爱尔兰新教徒统一派的象征。——译者注

[2] 而非决定任何自治细节，也就是先决定是否自治，然后再商议如何自治。——译者注

[3] 格莱斯顿两次提出的爱尔兰自治法案均告失败，但此后爱尔兰和英国一直冲突不断，并最终导致了 1919—1921 年的爱尔兰独立战争。结果是爱尔兰成为自由邦，接近独立，1949 年完全独立成共和国。北爱尔兰则留在英国版图之内，但冲突依然延续到 20 世纪末。——译者注

盾，很多冲动和不宽容。但是，或许在那一天，这一切负面的东西全都消失不见，他身上只留下了深刻的真理和发言的善意。格莱斯顿是英国有史以来最通晓历史的首相（除了丘吉尔之外），而那一天他却请求议会能够忘记一次英国的历史！最紧急、最悲惨的事情莫过于此了。格莱斯顿说，爱尔兰请求的是"这样一种态度，我将它视为对过去的遗忘，被赐福的遗忘。爱尔兰还请求一种未来的恩典，这恩典……将会让我们被爱尔兰尊敬，因此成为对我们的恩典，让我们在繁荣、幸福、和平上的所得，同爱尔兰一样多。这恩典就是她（爱尔兰）的祈祷"。格莱斯顿最后恳求道："我祈求大家在否决这项法案之前，一定要思考，认真思考，睿智思考；不为这一刻，而要为了将来很多年而思考！"

结果，祈祷并没有获得回应。下议院二读 341 票反对，311 票赞成。格莱斯顿自己的党派有 91 人投了反对票，哪怕是首相最悲观的估计，也没有估计到会有这么多；其中还包括张伯伦和约翰·布莱特——"自由主义良心"的老战马。忠实的自由党员们朝着张伯伦怒吼："犹大！"六个月之后第二次选举，用格莱斯顿诚实的话——"一败涂地"。自由党只获得了 191 席；保守党 316 席，帕内尔派 85 席。

格莱斯顿要再过六年才能重掌大权，也是他此生最后一次掌权。这时他已经年纪很大了。他又获得了一次机会，把自治法案递交给国家。然而，一切都已经变了，特别是爱尔兰党派和领导人的命运更是发生了剧变。1889 年，卡普敦·奥谢（Captain O'Shea），也就是凯瑟琳的丈夫，提起了离婚诉讼，理由是妻子与帕内尔通奸。自由党人，包括格莱斯顿，都公开表示震惊。天主教会原先是帕内尔自治政策的关键支持者，如今公开指责帕内尔犯下了邪恶的私通罪。帕内尔在爱尔兰的广泛群众基础也崩塌了，只剩下一小部分铁杆，聚集在都柏林一地。基尔肯尼（Kilkenny）的人们朝帕内尔扔泥巴。两年后，1891 年 10 月 6 日，帕内尔在布莱顿（Brighton）死在了凯瑟琳的怀里，年仅 45 岁。这时候，两个人已经结成了合法夫妻。然而，到 1893 年，狂热的帝国主义者，不只有张伯伦（此时是保守党员）一人。因为他的这种身份，他也不太可能赞同分裂大英帝国，把大不列颠缩减成"小英格兰"。张伯伦说："整个欧洲都已经武装到了牙齿。与此同时，我们的利益却是普遍的；太阳照耀的每一片土地，几乎都有我们的荣誉。这种条件下，弱者就会引来别人进攻，不列颠有必要保持强大。"而且，张伯伦认为，威尔士人和苏格兰人对英国忠心耿耿，英国倘若在冲动之下，对爱尔兰的民族主义讹诈让了步，岂不是牺牲了威尔士人和苏格兰人的社会、经济利益吗？此外，这样做也同样会损害伦敦人、曼彻斯特人的利益，还有加拿大人、新西兰人的利益。张伯伦认为，自治派只不过是伪装的恐怖分子，不管欺骗得谁，也不能欺骗了他；而且，张伯伦还愤怒地宣称，现在大家已经都知道，帕内尔自始至终，都是凤凰公园暗杀事件的幕后黑手。张伯伦宣称，自治法案的失败证明"英国绝大多数人民都……为光荣而统一的大英帝国而骄傲"。很多格莱斯顿自己政党中冉冉升起的政治新星，例如，外交大臣罗斯伯里勋爵（Foreign Secretary Lord Rosebery），也跟张伯伦一样，狂热拥护帝国主义。[1]然而，狂热的帝国主义者依然把这个打过马朱巴山战役、打过埃及战役的格莱斯顿，当作自己的"先驱"。帝国主义者认为，允许爱尔兰自治法案三读，只不过是迁就格莱斯顿这位元老，因为自治法案肯定会在上议院被否决；三读之后，格莱斯顿很快失去了领袖地位，很快又在 1898 年进了坟墓。但是，并非所有人都准备好，要让格莱斯顿安安静静地离去。张伯伦此时的身份，是"托利－统一党人"（Tory–Unionist）。他激烈反对格莱斯顿，对他进行了十分恶毒的人身攻击。攻击实在太恶毒，乃至爱尔兰政治家托马斯·波厄·奥康

---

[1] 此前，南非的祖鲁王国和布尔人相互敌对。1879 年，英国战胜祖鲁，消灭了布尔人的威胁，布尔人很快起兵反对英国，爆发了 1880—1881 年的第一次布尔战争。1881 年，英军在马朱巴山（Majuba Hill）战败，格莱斯顿内阁宣布辞职。——译者注

纳（Thomas Power O'Connor）认为，这攻击好像来自地狱中"迷失的灵魂"。张伯伦是这样挖苦首相的："首相说某个东西'黑'，人们说'很好'；首相说某个东西'白'，人们说'更好'。首相的声音永远是神的声音。从《圣经》里的希律王（Herod）以来，再没有过如此奴颜婢膝的谄媚了。"

或许格莱斯顿并不是神，却是一个预言家，在这方面做出了准确的预言。英国史上，在联合王国内部实现爱尔兰自治政府的机会，从来没有像这一次这样切近；此后，1911年和1917年各有过一次拼命的努力，但也都归于失败。共和、分离主义的死硬派和统一主义的死硬派相互冲突，把爱尔兰夹在中间，让爱尔兰的希望更加渺茫。时至今日，我们依然因为当初错失了那次机会，而承受着各种消极的结果。那些既关心爱尔兰，也关心英国的人，大概有资格暂时沉浸在伤感中一阵吧！

自治法案的失败，实际上不只是爱尔兰历史的转折点，也不只是英国历史的转折点。这场失败，还标志了一个古老得多的自由主义理念——"渐进自治"彻底终结了。这理念是半个世纪之前麦考利极为严肃真诚地提出供人讨论的。约瑟夫·张伯伦愿意相信，在爱尔兰自治这头"圣牛"被宰杀、冰冻，锁起来之后，帝国实际上将会变得更加强盛。从长远来说，张伯伦大错特错了。爱尔兰的温和民族主义者试图在帝国内部找到发声途径的时候，印度的温和民族主义者也在做同样的事情。1885—1886年，不仅是爱尔兰自治的关键时刻，也是印度议会的元年。印度议会的创始人，就是之前提到的艾伦·休姆。他曾经在利顿政府中任职，因为饥荒而成了异议人士。此前，休姆终于认定，帝国应该是以"好心"为基础而建立起来的，而今在炫耀武力的时候，还继续把"好心"拿出来为武力辩护；然而，这些"好心"却永远不可能真正实现，至少不可能在大家自愿的情况下实现。

显然，不论是在印度还是爱尔兰，自由党人都无法兑现自治、经济、社会正义的承诺，而保守党人则不愿意兑现这些承诺。英帝国主义，特别是身在殖民地（Men on the Spot）的帝国主义者，宣称自己拥有更高贵也更坚定的智慧，要超过那些远在伦敦的理想主义者。帝国主义者并没有让殖民地知识分子阶层为自己的司法系统和政府担起责任，而是下了前所未有的决心，绝不能让本地人参政。格莱斯顿手下，真正信仰自由主义的印度副王里蓬侯爵，或许是印度有史以来最体面的一位副王。里蓬试图通过一项伊尔伯特法案（Ilbert Bill），允许印度地方法官审判欧洲人。结果，从加尔各答到马德拉斯，白人立刻发出了愤怒的呼声。殖民当局受到压力，不得不收回成命，撤回了这一"放肆"的法案。1864 年，乔治·奥托·屈维廉出版了一本著作《竞争者》（The Competition Wallah），素描式地勾画了印度兵变之后在印度的英国人的礼仪和习俗。他谴责道："英国人有一种强烈的自我赞同的盎格鲁–撒克逊精神。这种精神虽然在本土休眠了，然而在各大洲粗野的英国人身上却十分明显，令人非常不快；在印度，这种精神也十分猖獗。"印度的英国老爷们，行为势利，种族主义思想严重，而且伪善。乔治·奥托·屈维廉对此非常厌恶。他看得很清楚，父亲在 19 世纪 30 年代那些孤高的理想，此时已经堕落到了什么地步。一次，索纳普尔举行了一年一度的赛马大会。这个集会，原本是印度人净化、除罪的仪式，后来被英国人改成了赛马会。在这个地方，波格里坡法官（Judge of Boglipore）的妻子，盼了好几个月，要见到自己的姐妹，这个姐妹的称号是"甲日山的女收藏家"。会上，乔治·奥托·屈维廉在槌球游戏和打赌的人群之间，看到了一个"个子很高、颌骨突出的野人"（英国人）冲向一群衣着考究的印度富人，用一根带有两根皮条的猎鞭抽打那些富人，打得他们跑出了场地。屈维廉愤怒地说："只有一两个英国平民彼此议论说这是'耻辱'，却没有一个人显得吃惊、恐惧；没有人干涉，没有人追究，没有人在晚餐时拒绝跟这个无赖会面。"19 世纪晚期，在英属印度，和英属印度文学当中，这样的场面越来越多；与此同时，自治的渐进主义，沦为一种空口的应酬话，英国人还发表了很多说教文章，论述印度本地人如何"没有做好准备",还无法担起作为公民的责任。更糟糕的是,英国还明确表达了一些最为露骨的种族偏见。在维多利亚女王登基六十周年庆典的日子里,最为耻辱的事情,或许就是:那些激进派,例如查尔斯·迪尔克爵士(Sir Charles Dilke)和张伯伦这样的人,为英国社会底层发声最多,但也同样最坚信"白人具有明显的优等地位"和"大英帝国具有显而易见的利他主义"这些傲慢观念。

于是,到了世纪之交,两种观念之间出现了一道深深的鸿沟。一边是六十周年庆典的花言巧语,关于"泛不列颠尼亚"的观念——狂妄的自以为是、充满威严感觉的建筑、用马克沁机枪装备的军队;另一边是英国统治的各个民族愤愤不平的幻灭。布尔战争后的张伯伦,"一战"后的寇松,面对着英国忠实子民的累累坟墓,或许会假装(甚至可能真的相信)大英帝国达到了空前的团结。然而,他们俩都上了大当。20世纪前20年中,想要兑现麦考利、迪斯雷利、寇松那些承诺的努力,全都归于失败;而且失败的方式,也是这些政治家绝不会想到的。印度和爱尔兰的民族主义者,并没有从英国国体的历史出发,采用自由主义的经典语言来推动自己的计划,而是彻底否定了这本历史书,转向了自己的传统;即使传统已经消失了,他们也仍然设法重建了传统来使用。19世纪末开始,爱尔兰也掀起了一场宣传民族语言盖尔语的"盖尔语运动",给爱尔兰民族主义斗争涂上了新的色彩。这一运动的文学、政治领导人,以帕德里克·皮尔斯(Padraig Pearse)为代表。他们创造了一种农村神秘主义宗教性质的团体,它的行事风格,故意尽量不同于那种温文有礼、注重理性、一说话就说"亲爱的乡亲们"的自由主义。此外还有一件事就很不美妙了。他们还组建了一个暴力团伙,崇尚鲜血带来的牺牲。1916年,这个团伙掀起了复活节起义,这是他们古怪行动的高峰。起义死伤多人,最后起义军无条件投降。皮尔斯是众多牺牲者之一。

接着,同样的编年史,在印度也重演了一次。印度议会原先有

两派领导人，一派较为西化，强调宪政，例如苏伦德拉纳特·班纳吉
（Surendranath Banerjee）、浦那的婆罗门政治家戈帕尔·克里希那·戈
卡尔（Gopal Krishna Gokhale）。这一派输给了另一派，也就是富有个
人魅力的新传统主义者，例如巴尔·甘格达尔·提拉克（Bal Gangadhar
Tilak），他也是基特帕文婆罗门[1]政治家，但更加关注马拉塔反抗英
属印度统治的历史。这位马拉塔王公提拉克，生于马哈拉施特拉邦
（Maharashtra）。他组织了宗教团体"希瓦吉"[2]。组织过程中，他可能百
般美化了希瓦吉的真正历史，然而他也是在把印度从另一种同样荒谬的
英国历史神话中拯救出来。英国史观认为，印度是黑暗、贫穷、混乱的
所在，直到热爱和平的英国人罗伯特·克莱武、理查德·韦尔斯利出现，
才发生了改观。马拉塔王公提拉克并没有援引约翰·斯图尔特·密尔的
自由主义思想，而是完全应用了印度教文化的元素。这些元素，英帝国
主义者认为在政治上非常幼稚可笑。提拉克用传统的"群主"（Ganpati）
节日来动员群众跟随自己。他没有使用英国牛津剑桥系统的学术英语，
而是操纵了当地白话语言的报纸，操纵技术炉火纯青，好像弹奏锡塔尔
琴（sitar，印度一种弦乐器）那样熟练。他没有"改进"西方艺术，而
是沉醉于象头神（Ganesh，印度的财神和智慧之神的本名）和迦梨女神
的象征主义艺术作品。当年，本廷克勋爵曾经反对童婚。而提拉克却有
一次抗拒了殖民政府提高最低结婚年龄的善意企图。本廷克倘若地下有
知，一定会气得在棺材里翻身的。

　　最重要的是，提拉克非常清楚怎么攻击殖民当局的最大弱点——财
政收入。爱尔兰革命家埃蒙·德·瓦勒拉（Eamon de Valera）并没有主张
彻底脱离英国，而主张接受英国统治，实现自治。与此相仿，印度的提
拉克也成立了一个自治同盟"斯瓦拉杰"（swaraj）。这个自治同盟与爱尔

---

[1]　基特帕文婆罗门（Chitpavan Brahmin），一个婆罗门种姓下面的次种姓。——译者注
[2]　希瓦吉（Sivaji），通用拼写为Shivaji，马拉塔历史上一位民族英雄。——译者注

兰新芬党（Sinn Fein，爱尔兰语意为"我们自己"或"只有我们"）非常类似，也主张印度自治。他们斗争的最聪明的方式，就是抵制英国货运动（swadesh），这一手段与爱尔兰的"杯葛"如出一辙。实际上，"一战"前的印度议会里有些最敏感的人士，担心使用"杯葛"一词带有爱尔兰的恐吓色彩，不赞成使用！抵制运动包括罢市（针对1906年10月16日寇松分割孟加拉一事）；大规模罢工；还有最重要的措施——禁止购买英国货。因为英国本土在同印度贸易中占据了不平等的商业优势，所以禁令沉重打击了英国商业；此外，还沉重打击了所谓"互惠互利"的极端虚伪的言辞，张伯伦等人依然在鼓吹这种言辞。抵制还包括手工纺线织布的运动。19世纪整整四分之三的时间里，印度本地人一直在嘲笑西化的士绅，这些士绅穿着西方的男式鞋罩、浆洗过的领子。如今，嘲笑起了作用，士绅终于重新开始穿民族服装了。印度开国总理是贾瓦哈拉尔·尼赫鲁（Jawaharlal Nehru），其父名叫莫狄拉尔（Motilal）。莫狄拉尔开始职业生涯的时候，也基本是一个西化的自由派，后来把儿子尼赫鲁送到了伦敦哈罗公学和剑桥上学。莫狄拉尔将短上衣、领带换成了传统的长袍和印度帽子。这么做并不是他觉得传统衣服穿起来舒适，而是知道传统衣服代表着民族主义者的正统性。

这种对新传统主义的拥护，用反抗英国统治的方式表达出来。殖民当局的创始人，倘若知道了这样的拥护，一定会大吃一惊吧！然而还有一件事，会让这些创始人更加不安、更加困惑，那就是英国激进派。英国的女激进派，竟然在接受东方智慧，而不是西方智慧，来作为国民事业的前进方向。如今，殖民当局要面对的，不是那些恭顺的西化印度人——"棕色皮肤英国人"，而是爱找麻烦的白人印度教徒、白人佛教徒，还有其他的白人神秘主义者。

之前提到的女权活动家安妮·贝赞特，在1877年因为在劳工阶层中提倡避孕，而与查尔斯·布拉德劳一起被告上法庭。布拉德劳也热烈支持印度议会。1888 年，贝赞特又组织了著名的"火柴女孩罢工"。此时，她怀着复仇的思想，转向了东方学的研究。先前，她信仰了俄国神秘学家海伦娜·布拉瓦茨基（Helena Blavatsky）夫人创立的神智学（Theosophy）。1893 年，安妮来到印度，此时她依然是一名虔诚的神智学信徒。然而，她却以大得多的热情，投入了印度宗教和政治的研究，在贝拿勒斯建立了一所印度教的学院，于此终结了当年本廷克、麦考利的行动轨迹——本廷克等人关闭了印度学院，认为学院只不过是无用的老朽之物。此外，1916 年，有些最为激进的人呼吁加快推进自治行动，贝赞特也是其中之一。她成立了印度自治联盟，1917 年当上了国民大会党主席。

还有一些更加出乎意料的结果。第四章结尾提到过，已故伯爵副王利顿（利顿在 1893 年去世）有一个女儿，女权主义者康斯坦斯。康斯坦斯的姐妹艾米丽·利顿（Emily Lytton），也是激进的妇女参政权论者。1896 年，有个 27 岁的建筑师埃德温·勒琴斯（Edwin Lutyens），志向远大，在肯辛顿向艾米丽求婚。埃德温给艾米丽写了不止一封热情洋溢的信，其中有一封，附上了一幅自画像，把自己画成一个骑士，用一种帝国风范，想要征服他所负责的"世界"。埃德温果真短暂地征服了艾米丽，然而两人的婚姻却是一场灾难。婚姻让艾米丽对性爱十分厌恶，她在印度学者克里希那穆提（Krishnamurti）的指导下，开始继续研究神智学。埃德温继续建设新德里，一直建设到 30 年代初。1947 年印度独立，于是这座埃德温建好的城市，就成了一个垂死帝国崩塌的"震中"。

"一战"造成了历次大屠杀，1918 年流感瘟疫又夺去了数百万人的生命。虽然帝国的纪念碑、烈士的坟墓都很庄严，然而这些悲剧却完全无助于保护帝国的纽带。"一战"期间，澳新兵团（ANZAC）的军人们曾经在土耳其加里波利半岛战役中九死一生；加拿大军人曾经在法国维米岭（Vimy Ridge）战役的血肉横飞中爬出战场。在英国和奥斯曼帝国对抗的美索不达米亚战役中，英军里的印度人因向土耳其人投降而遭到斥责。这些幸存者，当然没有将自己的军事经验，视为英国高级军官睿智超凡、绝无过失的证据！"一战"期间，至少 150 万名非洲人应征入伍，担任劳工、搬运工等工种，把真正对付德国人的"大人做的工作"留给了白人。当时的英王乔治五世行事的手段实在不很高明。他感谢了非洲人担任那些低贱而必要的支持工作，从而向德国鬼子们"投去了长枪"。在爱尔兰，"英国的劣势"被视为民族主义者的机会。1914 年，数十万名爱尔兰人自愿入伍。然而，惨重的伤亡使得大量统一党爱国者停止了争论，新芬党则吸纳了数以万计的更多成员，目的是切断与帝国的联系，而不是保留与帝国的联系。在印度，奥斯曼土耳其帝国的君主素丹宣布加冕为哈里发（Khalifa），自称为一切穆斯林的保护者。这个举动获得了穆斯林群体的强烈支持。"一战"前后，英国政府想要动员英属印度的人力、财政、军事资源，终于在政治上做了让步：建立了各种地方政府，这些政府均由印度选民选举，并且在必要的时候重视保护穆斯林。

　　然而，这举措力度远远不够，而且也太迟了。我们还不清楚英国政府这么做，是否在期盼印度人能报以忠诚与感激。英国政府倘若真的在期盼，则要大失所望了。1918 年，印度自治运动已经如火如荼，罢工、抵制英货、罢市抗议的不合作运动普遍兴起；这些运动，不仅有商店职员、工厂工人参与，而且还有大量公务员参与。缺了这些公务员，印度的一切部门，从邮局到重兵把守的火车站，都无法运行。于是，这些人合力让"全能的"殖民当局几乎无法再统治下去了。不满情绪还经常造成流血事件，最悲惨的一次是 1919 年印度北部旁遮普地区的阿姆利则（Amritsar）惨案。4 月 13 日，阿姆利则的札连瓦拉园（Jallianwala Bagh）举行反对英国的群众集会，局势比较混乱，但群众并未武装。旁遮普省督迈克尔·奥德怀尔（Michael O'Dwyer）是爱尔兰人，英国政府的忠实拥趸者。在他授意之下，雷金纳德·戴尔将军（General Reginald Dyer）下令军队向没有武器的民众开枪，打死 379 人。

印度国大党领袖甘地（Gandhi）富有人格魅力，他睿智地做出决定：不仅怜悯受害者，也怜悯加害者，为了加害者盲目的、野兽一般的残忍而怜悯他们。作为回应，甘地没有提倡暴力反抗，而是发起了非暴力不合作运动。英国宣扬一个神话，就是"印度因西化而实现自我进步"。这神话持续了 100 年，如今，它在圣雄甘地的影响之下达到了终点，由崇高突然变得滑稽。甘地毕竟有过一段时间，变成过麦考利设想的"棕色皮肤的英国人"。他是印度教吠舍出身，经过努力学习，当上了伦敦内殿律师学院的出庭律师。但是，他的质变也就到此为止了。甘地早年在南非参加民权运动，1914 年回到印度，成为对立的角色，当上了印度教的圣人，只穿着手工纺织的缠腰布；他号召人们回到乡村，过上自给自足的生活。他追求的印度自由，不仅是政治转变、社会转变，更是道德转变。甘地希望，这一转变不仅发生在印度人身上，还要扩展到愚昧的帝国主义"主子"身上。这些帝国主义者除了蛮力和敛财，好像一无所知。所以，甘地经过精心策划的一切行动，都是为了公开抵抗西方的权力体制。他认为，帝国权威在仪式上的表达，就是杜巴游行，这种仪式狂热地关注各种烦琐的礼节，光芒闪耀的浮夸，充满珠宝、盛宴的狂欢。甘地的回应是绝食抗议。此外，印度教四大种姓之外有一种贱民，又叫"不可接触的人"（Untouchables）在社会上地位最低，甘地就专门去拥抱这些人。为了抗议政府垄断食盐，甘地半裸着身子，徒步从德里走到海边，数以百万计各行各业的人混成一片，跟着他参加了这次缓慢的游行。殖民当局传递的最后信息是：我们为印度带来了"西方文明"。有人问甘地，他对这种文明怎么看？甘地做了一个著名的讽刺回答："我觉得，是个好主意。"可以说，就在印度争得自由的同时，甘地被自己的同胞杀害了。此后，还会有数以百万计的人，死于印度和爱尔兰的教派冲突，直到今天。新传统主义应用的结果证明，它更容易创造并持续差异，而不太容易消除差异。很久以来，英语都是帝国主义权威的语言。那么，英语——至少是美国英语（Ameringlish）——能否摆脱这个角色，在未来成功消除教派冲突呢？不论是在孟买还是在布拉德福德，它能否成为一座中介桥梁，给印度带来现代化，却不带来殖民统治呢？这段历史当中，我们可以确定一件事：麦考利曾向工业自治市利兹的选区选民发表热情演说，表示他很希望在"东方"看到英国工业的产物。他说这句话的时候，绝不可能是说在利兹市东部出现的印度莎丽。然而，这也是大英帝国的命运，无可阻拦！

第七章

最后的布莱兹欧弗[1]

正是在班加罗尔（Bangalore），温斯顿·丘吉尔开始崭露头角。"在那些漫长又闪亮"的午后，当他的同事们在油腻的午餐和轻松的马球赛之间，打着鼾打发了那些百无聊赖的光阴的时候，而他（丘吉尔），则带着吉本的著作一起考察了晚期罗马帝国绚烂的历史遗迹，或是乘着 1688 年威廉三世的新教之风，遨游在麦考利的文字之中。他于 1896 年来到印度，作为女王第 4 轻骑兵团的初级官员，渴望着行动。和当时的年轻人一样，此刻在他的头脑里充满了对当代的确定性，正如西利教授在 1883 年所承诺的，他认为大英帝国是不同的，"摆脱了大多数帝国的弱点，不只是一个由外来民族所组成的机械性'强制联盟'（forced union）"。这位纤瘦的、淡茶色头发、面色红润的 22 岁青年从未料想过，此刻他正准备着，事实上有些迫不及待地，跟随着骑兵部队将马克沁机枪对准那些"野蛮的帕坦人"（unruly Pathans），或者以帝国的名义，去往任何一处他将被派遣的地方，而这个帝国的整体性存在关乎整个"强制联盟"的成败。

强制力？如此不合乎英式作风的词语着实让人倒抽一口冷气。权力，如今已是另一回事。权力，已不再是暴力强制，大英帝国的诱人之处在

---

[1] 在赫伯特·乔治·威尔斯的小说《托诺—邦盖》中，主人翁乔治·庞德雷沃成长于等级制度森严的布莱兹欧弗（Bladesover）山庄，威尔斯将"布莱兹欧弗体系"作为剖析英国社会的一个运作模型，借以揭露 19 世纪末英国严重的社会弊端。——译者注

于那些由帝国带来的、不证自明的种种福祉：和平、安全、自由、繁荣。（那是 1897 年，在班加罗尔营地芬芳的玫瑰园的不远处，还有黑鸢正挑拣着尸体。）就拿丘吉尔自己所在的骑兵团来说，这些驻兵的到来是为了对海德拉巴邦的大君发号执政施令的吗？不是。带着大君的祝福，确切地说是受邀而来"维护和平"，正如其他军团被分遣到各个独立的印度土邦去维护它们所谓的独立一样。如果西北边境，或尼日利亚北部、埃及南部需要部队增援，那都是为了确保这些地区不至于陷落到一种无政府状态，不至于被其他虎视眈眈的政治势力所利用，如俄国人、德尔维希的伊斯兰宗教领袖等，总而言之就是与进步的英国人相比不太文明友善的那些人。丘吉尔从未质疑帝国的使命，"为战火中的部落带来和平，驱赶暴力，主持正义，使奴隶挣脱枷锁，在蛮荒之地播下商业和文明的种子……还有什么比这更美妙并且激励着人类为之奋斗的想法呢"？

然而，这些伟大的愿景尚未实现，这期间的等待被大量地耗在了俱乐部里。一切都如此美好，在班加罗尔，丘吉尔和他的两位部队同僚合住一所粉白双色的西式平房，并受到了悉心照料。每个月他都会骑马回到那里，将一袋银子甩给男管家，"你只需将身上的制服和衣物交给负责更衣的男仆，将马匹交给马倌照料，将钱付给管家，然后就无须再烦恼了……这一点微薄的薪酬，在他们看来已经是没什么不能做的了。他们的有限世界只剩下你的平凡衣物……摆脱了漫长的时间，再没有辛劳困苦，王子也不会比我们活得更好"。然而对于广袤的次大陆来说，这个由小马和潘趣酒大酒杯所组成的世界是何等逼仄。躁动不安的青年丘吉尔还做了一些在他的军官身份之外的事情，他追逐艳丽的蝴蝶，收集肉质的兰花，并熟悉班加罗尔的玫瑰 150 个品种，而这些爱好将伴随他的一生。然而要使他满足，这些事物还远远不够。

那么，下一步怎么办？青年丘吉尔一贯有些鲁莽，并且经常会为此付出代价，如今他可以沉下心来让自己变得更加聪明得体，曾几何时在他父亲眼中这都大大超出了他的能力范围。在游廊的低矮屋檐下，或是室内，伴随着来回帆动的蒲葵扇、一杯淡威士忌和苏打水（这些事物都是印度教化他欣赏的），丘吉尔开始为自己补课，他反复阅读了柏拉图的《理想国》、亚当·斯密的作品，以及更具挑战的叔本华哲学。然而，真正令他着迷并来回翻阅的是历史书，并非作为罗曼蒂克的消遣，也不是清教徒般对过往史料进行刻苦研读，而是为了追寻一则信条。对他来说，和安于现状不思进取的兵营生活相比，特别是与那些在印式午餐桌上被来回传颂的使有色人种感恩戴德的无知灵药相比，这信条，远远高于它们。

因此，他开始回归到亨利·哈勒姆，回归到他 1827 年那本义正词严的《英国宪政史》（*Constitutional History of England*）；特别是回归到麦考利，这位已逝 30 年的贵族，长眠于威斯敏斯特教堂，如今的牛津学者们驳斥他的著作是具有强烈倾向性、自我陶醉的辉格党主义作品。虽然丘吉尔本人后来痛斥麦考利污蔑自己的祖先马尔伯勒公爵，而在 1897 年，他那套多卷的专著《英国史》（1849—1862），以及更多令人眼花缭乱的其他文章，都宣告了麦考利标准的历史学者形象：一位公民，时代的公共知识分子，最重要的，无疑是一位畅销书作家。阅读麦考利的文字如同诵读演讲，比如对无礼地出版其回忆录的前雅各宾党人伯特兰·拜雅（Bertrand Barère），麦考利声明道："凡是虚假的事物，凡是不诚的事物，凡是不公正、不纯洁的事物，凡是可恨的事物，邪恶的报道，任何恶习、恶行，所有这些不堪都体现在拜雅的文字当中。"丘吉尔喜欢这样澎湃、激越、具有强大控诉能量的反复句式，并牢记在心。书中麦考利的灵魂，实际上成了这位口齿不清，甚至有点口吃的年轻贵族的第一位演讲导师。但麦考利的《英国史》不只是一个关于公共演说风格、文学和修辞的教程，它也使丘吉尔强烈地意识到在这个大局势之下自己所处的位置；更重要的是，认清了自己。在阅读麦考利的作品时，那些英国独有的历史观点在他看来已经不再是一种松散、自负的夸夸其谈，他的导师无疑是正确的，19 世纪的英国，没有遭受独裁和革命内战双重罪恶的侵袭，这一点的确在欧洲国家中是独一无二的。例如，"当欧洲大陆的每一寸疆土，从莫斯科到里斯本，已然成为上演血腥和毁灭性战争的剧场，在这里，我们看不到敌对的标准，反而是收获，我们的司法行政是纯洁的……每个人都满怀信心，相信这个国家会保障自己勤勉克己所积攒的财富产业，如此良性影响下，和平自由科学才得以繁盛"。诸如此类的言论。在那个时代，麦考利的这一观点不容置疑，如此的良性状态确保新教英国摆脱了天主教冠的影响，也促其向君主立宪完成神奇蜕变。随之而来的一切，包括将自由的帝国扩展到世界各个偏远角落的愿景，也只不过是对这最初的伟大理念的维系和自然发展罢了。

通过为英国人书写现代历史，麦考利也赋予了他们国籍，以及一个确保共同效忠的理由，一个当英国需要的时候所为之奋战的理由，比如在白沙瓦或者槟城。从这个意义上看，麦考利曾两次创造历史。他的文字感召了士兵、官员、工程师，甚至船务人员和火车站长，而他们所做的一切亦将激发更多的历史创作。丘吉尔肯定意识到了，你可以书写帝国，与此同时，帝国也将由你书写。毕竟，修昔底德并非与世隔绝的档案管理员，而是一位演绎自己作品的戏剧演员——一位战士、一位思想家、一位演说家、民众的鼓动者。他投身事物的沉浸状态不会减少其作品的影响力，反而使他的作品经久不衰。

诚然，麦考利的巨著是关于英格兰的历史。但是苏格兰人、爱尔兰人和威尔士人同样也驻扎在营房，出入于法院大楼；他们同样也参与铺设铁路，指挥挖掘灌溉水渠；他们的羊群和牛群在澳大利亚的内陆啃食牧草，他们在阿萨姆邦的茶叶种植生意欣欣向荣；他们参与议会，也拥有银行、保险和船运公司：所有这些都证明，大英帝国确实是一个真正的国家。麦考利自己，更不用说卡莱尔，不也是苏格兰后裔嘛……西利甚至使用了"凯尔特人"做类比，虽然他们所说的语言在英格兰人听来是"难以理解的"，但也认定自己是这个共同体的一部分。这就是大英帝国包容明显多样族群可能性的先例，例如荷兰布尔人、"卡菲尔人"（Kaffirs）、"科萨人"，组成了一个真正经久不衰"没有强制"的王家联盟。

如麦考利一样，丘吉尔当然也相信这个国家和帝国的形成是一个平行且相互强化的自然过程，并非自我建构的结果。依此类推，临时联盟（provisional unions）以持续繁荣为基础，在未来的某一天，这个过程也将自然发生。帝国解体可能导致国家的覆灭，这是完全不可想象的。当然也有过令人遗憾的强制政策，例如保卫新教自由之路上的卡洛登战役，以及1688年的光荣革命。团结一旦形成，这一联系就由共同的理想和利益维护。好比漂亮王子查理的女保护人弗洛拉·麦克唐纳（Flora MacDonald），在美国独立战争期间，到底还是成了北卡罗来纳州最热心的汉诺威忠诚支持者之一。

换个角度，大英帝国的强盛确实感召着丘吉尔，至少是在他的晚年，认为这是整个帝国长治久安的基础。也许这就是他会在捍卫这个国家的时候表现得如此顽强不屈的原因；甚至是1942年，在他还没有成为首相的时候，在联盟将要分崩离析之际主持政局大声疾呼（尽管，他为了与美国结盟确立初级合作伙伴关系所接受的条款也注定了崩离趋势）。到了1965年，当他去世时（虽然在生命的最后十年他一直处于政坛的边缘），丘吉尔一定料到，大英帝国的历史，如果不是结束的话，也差不多到了收尾的阶段。1956年，仅在丘吉尔再三拖延终将权力移交给外交大臣安东尼·伊登一年之后，苏伊士运河危机期间英法对埃及的入侵，绝对是一场惨败：一场拙劣的攻击，紧接着就是从苏伊士羞辱性的撤离。伊登之后，是两个"哈罗德"——麦克米伦（Macmillan）和威尔逊，更加断然地将自己投身于这场消逝的事业之中。曾经的印度如今是苏联的盟友。

象征德里往昔辉煌的雕塑与半身像从基座上被拆下，放置在杜巴接见厅的围栏之内，见证着现代人的伤亡历史，成了幽灵一般的露天监狱。此时帝国包括直布罗陀、英属洪都拉斯、安圭拉和香港地区，孤立散落的日落之岛。英联邦如今是一块投降的遮羞布，更强健地存在于板球比赛里，而不是在政治团体的任何集结中出现。

1965 年 1 月下旬那个寒冷的一周，当成千上万民众目送丘吉尔的棺木，以及更多的街道上排着队的人群，看着它从威斯敏斯特大厅被运往圣保罗教堂再到达泰晤士河的过程，英国（不仅仅是英格兰）的历史似乎重新集结在了一场巨大的悼念与记忆之中。所有这些，犹如一场忠诚的操演。在那时以及往后的日子里，人们不难察觉到这场哀悼仪式不仅仅是为丘吉尔举办的，也是对他所代表的英国性公理意识的一次告别，对一个历史定义的英国的告别。奇怪的是，当时的法国总统戴高乐隐在圣保罗的会众中，对丘吉尔定义的英国发表了一通言不由衷的恭维话，而两年前，他曾否决了麦克米伦政府加入欧洲经济共同体（European Economic Community）的申请，理由就是英国仅仅是一个"孤立"海洋岛国，其传统与个性是与正宗的欧洲性相背离的。许多出席了葬礼的人，如同对不证自明的英国性做了最后一次欢呼，就像这是理查德·迪布尔比（Richard Dimbleby）的最后一次广播。而林登·B.约翰逊（Lyndon B. Johnson）总统以及他的政府要员在葬礼上的缺席，更是锐化了这种感觉。这个诞生于王室战争中的国家、由殖民帝国利润来维系的国家，现已经步入美国接管阶段，而丘吉尔关于独立国家独断专行的幻想，同他的普罗米修斯一般的老身体一起被埋进了坟墓。

这是否意味着一种特殊的英国历史（书面制定的）已不再可能，是否它那令人感伤的长寿已远远超越了任何类似于诚实的自我认同之类的事物，是否丘吉尔这样的历史领导者就是延续其幻觉的主导因素之一呢？如今，随着老族长最终离世，也许正是国家成长的时候，面对现实，踢掉王权岛屿盛宴的拐杖，认真看待哈罗德·威尔逊1963年提出的挑战，严肃面对第二次工业科技革命的"白热化"结果。如此就一劳永逸地给予英国指引了吗？

或许已经出现过——可能还会出现——更多的事物？或许尚还有一个英国，伟大的，以其他的方式存在？它会去珍惜历史，而不是向历史低头？

温斯顿·丘吉尔没有机会逃脱历史的离合器。他出生在牛津郡的布伦海姆宫（Blenheim Palace）。那座威风凛凛的巴洛克式建筑，建于18世纪早期，由一位剧作家出身的建筑师约翰·万布鲁恩爵士（Sir John Vanbrugh）设计，作为安妮女王和国家馈赠给挟胜而归的马尔伯勒公爵的感激之礼。为它花去整整30万英镑，感恩与经费一同被耗尽，对此公爵夫人感到强烈的不满，她后来抱怨这个地方极不宜居。比起作为住所来说，这无疑是更像是一个建筑的宣言：石灰岩制的宣言，彰显着英国作为主导帝国取代绝对主义法兰西的意图。在布伦海姆，这则宣言的表达是赤裸的。在建筑外围，正面礼仪台阶的底部，置有石炮、石球、鼓和旗帜；厨房上方的凯旋门顶部，一只由格里林·吉本斯（Grinling Gibbons）雕刻的尖牙英国雄狮正享用它的午餐——一只法国雄鸡。马尔伯勒公爵的要敌路易十四神气活现的半身像，被公爵从占领的堡城图尔奈（Tournai，比利时西南部城市）搬至此地，从正南面屋顶线上突显出来，犹如一名普通罪犯被叉于尖钉之上的头颅，作为谴责和警告示众。对凡尔赛宫的拙劣模仿意图更是继续延伸至室内，大礼堂里展示着缴来的各种法国旗帜，大客厅里，墙上的油画展示着幻想出的情节：凡尔赛宫的大使阶梯在路易斯·拉格雷尔（Louis Laguerre）拟人化的四大洲里复现，低头看着马尔伯勒的辉煌战绩和战利品。

1874年11月30日，温斯顿在布伦海姆出生，这是一个双霰弹事件。他的降生来得突然且过早，在他的父母——伦道夫·丘吉尔勋爵和他

20 岁年轻貌美的黑发美国新娘珍妮特（珍妮）·杰罗姆［Jeanette（Jennie）Jerome］婚后仅七个半月的时间内。虽然挺着大肚子，在布伦海姆，珍妮不只是受了"一枪"。紧随着，她又跌倒了。轻便小马车颠簸着将她送回住所，同时也导致她产前宫缩的提前出现，在八个小时的艰苦生产之后，温斯顿诞生了。作为第七世公爵的孙子，他不会在布伦海姆宫成长，但在他漫长的一生中，会一次又一次地回到这个地方，怀着忧郁、得意或绝望的心情。在 20 世纪 30 年代，在他政治生涯中与权力隔绝的寒冬，丘吉尔会通过为马尔伯勒辩护所写的四卷传记巨著（1933—1938 年），来维护受损的声誉。

对于温斯顿·丘吉尔，历史总是唾手可得。他的第一段记忆是在都柏林凤凰公园附近的"小旅馆"，他的父亲在那里居住了一段时间，作为爱尔兰总督的公爵秘书。父母双亲很遥远，且魅力十足。伦道夫有着闪亮的突出的眼睛，大络腮胡下面藏着一张小而紧绷的脸，使他看起来像一只顽强的微型雪纳瑞。而他"亲爱的妈妈"则是另一幅景象，儿子温斯顿回想起她穿着一件骑士夹克，那夹克紧贴着她的身体，如同第二层皮肤，"身上溅满泥浆美丽动人"；或别上一枚钻石胸针，秀发乌黑。任何形式的孝顺渴望，在丘吉尔权力和名声上升过程中，他都没有印象。与其他同一阶层的男孩一样，温斯顿被托付给了一名奶妈，伊丽莎白·埃弗里斯特（Elizabeth Everest），她被起了一个绰号叫"伍莫妮"（Woom，不具任何讽刺性自我意识）。正是从奶妈埃弗里斯特那里温斯顿开始学到了一些东西，尽管不多，隐约感觉到了超越此地之外的英格兰，如布伦海姆或班斯特德庄园（Banstead Manor），以及伦道夫在他的血统马时期所买下的纽马基特（Newmarket）附近的房子。在"伍莫妮"的概念里，英国的精髓位于肯特郡——"英格兰花园"，长满了草莓、樱桃和李子的丰裕之角。在怀特岛的文特诺，奶妈埃弗里斯特带着小男孩看望自己的妹妹和妹夫，妹夫是位退休狱警，以可怕的故事款待他：如监狱暴动是如何在女王的名义下被制止的。在奥斯本不远处的维多利亚式宅子里，温斯顿和保姆、家人一起生活，追逐兔子，攀过悬崖。

上层阶级的仪式围绕着古老的计划和习俗进行。在八岁时，温斯顿被剥夺了他的 1 000 支强大并不断扩张的玩具士兵军队、游戏堡，以及一个真正的蒸汽机，这之后，他被送往阿斯科特的一所预备学校（在当时，甚至是今天看来都有些残忍），在那儿，他听到校长的桦条在小男孩身上的 15 下鞭打，以及男孩的尖叫声。1910—1911 年阿斯奎斯自由党政府期间，时任内政大臣的丘吉尔负责监狱改革，他声称自己对囚犯的同情在很大程度上是因为"英国的私立和公立学校"里的经历。珍妮心疼自己受了惊吓且体弱多病的儿子，仁慈地将他转学到布莱顿的一所由汤普森姐妹经营的学校。1888 年春，他进入哈罗公学，这比麦考利的侄孙、查尔斯·屈维廉的孙子——乔治·麦考利·屈维廉早了两年，而那位是 20 世纪为数不多受欢迎程度可与丘吉尔相提并论的历史学家之一。吊诡的是，哈罗公学的同学们将少年温斯顿当成傻瓜看待（当然他并不是），作为未来的政治预言家，当时他对经典是无头绪的。当得知格莱斯顿先生将阅读荷马当成乐趣时，丘吉尔"认为这是他应当做的"。尽管如此，他从一位良师乔治·汤森·华纳（George Townsend Warner）那里学习了历史（就像屈维廉一样），并且由罗伯特·萨默维尔（Robert Somervell）为他教授语言，使温斯顿感觉到"英文语句的基本结构深入了我的骨髓——这是一件高尚的事情"。

相对于保守党的伊顿公学来说，哈罗是一座辉格学园，而伦道夫曾就读于伊顿。无论如何，到 1888 年，议员伦道夫·丘吉尔爵士与托利党不再合作。对于拥有土地的贵族们来说，伦道夫是具有煽动性的，狡诈、愚蠢，更别提口齿不清，一向值得怀疑。贵族们花了一些时间去习惯本杰明·迪斯雷利，他自己可疑的民粹主义至少被对教会、王权和贵族的崇敬之情所平衡了。另外，伦道夫·丘吉尔已经想象出了一个他称之为"托利民主"的东西，这似乎完全自相矛盾，无论是对他自身来说，还是对党的利益；尽管如此，他们也必须承认它似乎在中部和北部的工业选区运作得不错。虽然伍德斯托克的马尔伯勒口袋选区已经收入囊中，伦道夫还是一心想通过制造更多的声音，来为自己赢取名声。1885年大选中，他相当高明地选择了年逾八旬的自由党元老约翰·布赖特作为他的竞争对手。在伯明翰，在败选之前，他很好地利用了当地的古典激进自由主义的冗余，以及承诺过的抑制托利党的社会福利。群众拥戴他，甚至是他不清晰的口齿。党内元老们嘴里哼哼哈哈，紧张地把起了他们的胡须。在一个充满周到的担忧人士的政党里面——索尔兹伯里勋爵、斯塔福德·诺斯科特爵士、迈克尔·希克斯贝克爵士（Sir Michael HicksBeach），30多岁的伦道夫，看起来像是一个危险的我行我素之人。他猛攻了由党内改革派约翰·戈斯特（John Gorst）为迪斯雷利提出的保守党组织系统，甚至更无耻地在爱尔兰打起了阿尔斯特牌。这一场场尖锐的戏剧性事件之中，有一条警句像一颗手榴弹一样落下，没有什么能比这造成更长远的附带损害——"阿尔斯特将战斗，阿尔斯特将是对的"。

然而不可思议的是，因为他对强制性"犯罪议案"的姑息态度，伦道夫试图与帕内尔保持良好的关系，同样还有与贝尔法斯特工会主义者的关系，甚至帮助爱尔兰国会议员推翻格莱斯顿的政府（典型的损人不利己的案例）。1886年7月，在地方自治的废墟上建立起了一个保守党政府，索尔兹伯里意料到自己别无选择，只能与伦道夫·丘吉尔分享权力（可能在睁眼说瞎话）。此时37岁的他成了下议院领袖和财政大臣，但他的胃口也随之增大。丘吉尔开始严厉打击外交政策，以及被普遍认可的首相权力。与索尔兹伯里在陆军与海军的问题上展开了一场斗争。最终未能如愿，还致命地高估了自己的不可或缺性，伦道夫受到了辞职的威胁，嘘声四起，他在财政大臣这个职务上只停留了短短四个月。我们可以想象索尔兹伯里和诺斯科特私下里举起酒杯如释重负的样子。

伦道夫爵士的政治生涯已经过去，对大多数政客来说才刚开始。比远离政坛更糟糕的是，他准确地把握自己将永远回不去了。他陷入了一场凶猛、痛苦且沉默的阴郁之中，这阴霾笼罩着整个丘吉尔–马尔伯勒家族，如同积覆了一层尘埃。温斯顿寄给"亲爱的妈妈"的信件显得更加可怜迫切，而这时他的母亲已有了外遇，开始缺席家长见面日。布伦海姆的夏日开始由年迈的公爵夫人范妮主持，在她身边围着一群谄媚的穿拖鞋的男仆，拖着脚步从摇曳的烛光下走过，相当严峻的景象。父子之间的会面是罕见的，因为温斯顿外表平平、谈吐结巴，以至于伦道夫认为他是一个无可救药的傻瓜，对脾气暴躁的父亲来说也成了一种无法忍受的刺激："如果你在学校期间、往后不能改掉自己闲散无益的生活方式的话，我确信，你将成为一个败家子，公立学校出来的众多废物里的其中一个，你会堕落成为一个卑劣、闷闷不乐的没出息的人。'受到了斥责的惊吓，温斯顿还是如父亲所料，犯下了小罪行。在哈罗，他仍然孤独，意识到自己的笨拙（从三轮车摔下造成脑震荡），将自己隔离，认为出身和阶层是一种不幸的负担。"我宁愿被当作一个砖瓦匠的学徒"，他后来写道，"或者一个跑腿送信的男孩，或者在杂货铺的前窗帮父亲穿衣的男孩。这本该是真实的，这本该是自然的，它会教我更多，我会做得更好。此外，我还会更多地去了解我的父亲，这对我来说本该是一种快乐。"

后来，温斯顿写道，在他的一生中，与伦道夫仅有过不超过三次或许四次的长谈。然而，其中之一，改变了他的人生。发现温斯顿正编组他日益庞大的玩具兵军队，甚至还带着精明的战术眼神，伦道夫问他是否愿意去参军。当然，父亲认为，对成为像律师或教士这样可靠的职业来说，自己的儿子温斯顿是有些顽固不化的，更甭提政客了。但儿子终将听到历史辩护的号角。他拿起了父亲的断剑，刺向敌人，证明自己并非等闲之辈。

　　哈罗的"陆军班"（不是之后的格莱斯顿）被桑赫斯特所取代（在三次入学考试之后）。在那里，温斯顿不协调的能量终于找到了一些出口。他变得更合群，感叹着将领和战役的伟大时代已经结束，做着成为龙骑兵的美梦。他希望能加入一个骑兵团，但伦道夫犹豫要不要为他在马匹上投资，他认为温斯顿会从马上摔下来。无可奈何，在母亲的帮助下，还是从当地的车马出租所租了来用，他开始经常骑马飞奔，追赶狐狸。难免也出现过一些事故，激怒了伦道夫。伦道夫现已身患绝症，似乎不是一般宣传所说的梅毒，而是某种神经性疾病。父亲送给温斯顿的一块金表在与一名军校同学的碰撞中破损，温斯顿偷偷修复了它。但两周之后，这只表还是注定从温斯顿的表袋里落出，掉进了大池塘的支流里。温斯顿吓坏了，做了一个他能做的最好的事：动员一支由 23 名步兵组成的小部队及一辆消防车，前去泵塘，最终手表被发现覆盖在泥土之中，毁损已无法弥补。父亲听闻了这事故，而儿子已经无可辩护，只好坦白："我知道自己在手表这件事上显得非常愚蠢，您完全应该把它带走。非常抱歉，我一直这么笨拙粗心，但我希望您不会生我的气……再说一遍，我很抱歉让您生气，我永远是爱你的儿子……请不要以手表这件事来评判我。"但是这位 19 岁的年轻人对他父亲的哭诉是徒劳的。他还是受到了父亲的谴责，说他不负责任和百无一用（不像他的弟弟杰克那样更加值得信赖且成熟，为什么要理会，诸如此类）。

　　1894 年 11 月，将从桑赫斯特毕业之际，温斯顿首次作为公众人物出现。但他和朋友示威的目标差不多是胡闹的性质，丘吉尔假装认定高级宪法原则受到了威胁。为了抗议剧场酒吧道德败坏的景象，"净化联盟"（the Purity League）的劳拉·奥米斯顿·钱特夫人（Mrs Laura Ormiston Chant）在莱斯特广场步行道支起一张帆布屏风，意图将善良与丑恶隔离开来——一次清教徒的干涉行动。为了申诉英国人天赋的自由权益，丘吉尔撰写了一篇演讲稿，引用了约翰·汉普登的事例（由于偏好妓女而不太出名），但没能站在被拆毁的屏风前发表。在废墟之上，温斯顿做了平生第一次演讲："我抛开了关于制定章程的论点，直接煽动了听众的情绪甚至是激情，最后总结道：'今晚你们看到我们拆毁了屏风。在不久的大选中，你们也要推翻对此事负责的人。'"迎来了不少欢呼声。温斯顿在莱斯特广场慷慨激昂，还提到攻占巴士底狱的情景。净化联盟闹事本来就如一次少年人的郊游，比起其政治意味更像是一场恶作剧。错过了回桑赫斯特的最后一班列车，热血的年轻人沉浸在欢乐与香槟酒，以及许多午夜的嬉笑声和敲门声中（"老伙计，给我们你的圈套！"）——挑起伦道夫的严词指责。但除了斥责，伦道夫早已到了病情的最后阶段。讽刺的是，他离开（和珍妮一起环游世界）之前的最后几个月是自己与战战兢兢的大儿子一起度过的最美好的时光。这个男孩似乎已经聪明了一些，伦道夫这样想，他意在赞扬而不是指温斯顿所继承的纨绔性格。无论如何，温斯顿已经足够聪明到可以被介绍给托利政治家珂瑟·贝尔福和自由党帝国主义者罗斯伯里勋爵，并认识到政治竞争对手也可以是超级俱乐部里的朋友。

　　然而，要弥补失去的机会为时已晚。伦道夫被匆匆送回伦敦的时候，几近瘫痪的状态，最终于1895年1月去世，享年45岁。奶妈"伍莫妮"埃弗里斯特（温斯顿喜欢与她一起沿着哈罗街的大街散步）也在7月死去。现在只剩下他的弟弟杰克，温斯顿与他不太亲密。当然还有妈妈，仍只有40岁，依然甜美、有魅力，依旧不可抗拒。这只纽约交际圈的母虎重新现身，修整自己的皮毛和爪子，如今她手头的工作就是为她的男孩子们"铺路"。对于温斯顿而言，将他的父亲作为一段回忆来对付似乎更容易些。从这种责备的眼神中解脱出来，他大可全心全意为父亲平反，无论是在战场还是在竞选演说坛上，成为伦道夫永远没有料想过的继承人。温斯顿的回报尽孝之旅到1905年达到顶峰，在一本几乎理想化了的传记中，为他那被误解受虐待的天才父亲辩护。

　　传统意义上的军事职业生涯已经成为可能。第 4 骑兵团的指挥官爱尔兰贵族约翰·布拉巴松上校（Colonel John Brabazon）——温斯顿记得他的贵族气派的发音障碍，无法发出"r"这个音［"去伦敦的火车在哪儿？（train 念成 twain)""已经开走了，上校。""开走了？叫下一辆来！（bring 念成 bwing)"］。注意到温斯顿在桑赫斯特和奥尔德肖的背景，他表示了肯定态度。但即使是 21 岁的年纪，在班加罗尔因吉本和麦考利而顿悟之前，温斯顿知道他需要从餐室和阅兵场中开拓出一种全新的人生。还不能完全笃定，但他已向母亲坦白，军事专长对他来说才是正确的选择。但是如果他在举剑的同时提起笔，制造两种不同的帝国历史，这将大不相同。

　　伦道夫夫人使出浑身解数来达到埃弗兰·沃的格兰德夫人（Evelyn Waugh's Lady Metroland）的期许，任务适时施行；她开始引荐温斯顿，尤其是在纽约。在那里，温斯顿听取了爱尔兰裔美国政治家威廉·伯克·科克伦（William Bourke Cockran）的演讲——头戴帽子的坦慕尼协会（Tammany Hall）钱权操纵者——并认为他的口才不过如此。古巴、西班牙统治者正展开一场游击战争——他在《每日图报》(Daily Graphic) 发回了他的第一篇战争报告。他们展示出一种洞察力或天赋，一种战火中的新闻冒险主义精神，一种新型的报纸报道，在战火纷飞的时刻蓬勃发展，也是如今电视记者现场报道的先驱："我们骑着马，身穿制服，左轮手枪已经上膛。在黄昏的暗光下，一长串武装和负载的人们正向敌人推进。他可能非常接近，也许正在一英里之外等着。我们还不得而知。"

　　第一次，温斯顿感受到了子弹的威胁。他身后的一匹马被撕裂，死去。后来回想，子弹离他只有几英尺的距离。幸存下来的险境使他肾上腺素激增，激发了一连串保卫帝国的冒险行动。这种早期的无畏感（永远不会迷失），使他成了一位勇敢的士兵、一位才华横溢的战争记者，凭着直觉，他意识到创造历史需要写作和战斗。温斯顿走到了王室行动最显耀的位置上。

在印度西北边境——那里的战斗将继续，断断续续地，从另一个世纪进入我们的时代——他在宾顿·布拉德爵士（Sir Bindon Blood）麾下服役〔当然，他注意到，这位将军是布拉德上校（Thomas Blood）的直系后裔，他的祖先试图从伦敦塔窃取查理二世的王冠珠宝，却因蛮勇而受到奖励，被赐予了爱尔兰的一个庄园，而不是被有雅量的国王斩首〕。温斯顿评价，如此的贵族偷盗家族史使宾顿爵士对敌人怀有一种健康的同情心，无论是对帕坦人或是对阿富汗边境的普什图（Pashtoun）部落。

小规模冲突变成了文章的素材。文章变成书的手稿，母亲珍妮将手稿送到朗文（Longmans），它曾经出版过麦考利的作品。这一宣传打开了一些门，也闭上了一些。他父亲的老仇家索尔兹伯里勋爵，事实上还召唤了这位《马拉坎德野战军纪事》（*The Story of the Malakand Field Force*，1898）的年轻作者，送给他祝福，假装不曾有过恶意。但是，基奇纳少校——在苏丹开展行动反对伊斯兰极端主义者马赫迪·穆罕默德·艾哈迈德（Mahdi Muhammad Ahmed），几乎抵抗到了最后——认为丘吉尔是胡搅蛮缠（这猜疑将一直持续到1915年他们在加里波利共同制造的灾难）。温斯顿在1898年参加了恩图曼（Omdurman）战役，此外，还有他想象中的最史诗般的人物形象——作为深蓝色英国王家第21枪骑兵团的一员，这支英国军事史上最后的伟大而徒劳的厚重骑兵军团，他们与"托钵僧"的军队相撞，如同"两堵墙活生生地撞在一起"。这些经验为丘吉尔的文字叙述提供了完美的素材，一项日益精进的技能，甚至戏剧性地抓住了每一场冒险："无人骑乘的马疾驰着跨越平原。男人，紧紧地抱住了马鞍，无奈地跌倒，身上覆盖着从十几个伤口里喷涌而出

的血液。战马与他们的骑手一起交错倒下，血从巨大的伤口里淌出。仅
120 秒内、5 名军官、66 名士兵和 119 匹马……已死亡或受伤。"

即使在 1899 年他迅速出版了《河上的战争：苏丹的再征服历史》
（ *The River War:An Historical Account of the Reconquest of the Sudan* ）的时
候，丘吉尔知道同情勇敢、堕落、昏暗的敌人是成功绝妙故事的关键因
素。但是，追随吉本著名的同情甚至英雄般的穆罕默德肖像以及伊斯兰
教诞生的叙述，丘吉尔同样也攻击了一系列邪恶人物，"贪婪的交易者、
不合时宜的传教士、野心勃勃的士兵和谎话连篇的投机者"，他们亵渎了
理想，尤其是在苏丹的英–埃共管政府。穆罕默德·艾哈迈德似乎并不像
帝国漫画里的"疯狂的毛拉"，他实际上是严肃的清教徒式的改革者，他
对叛乱的呼吁是完全可以理解的。这使丘吉尔（再次娴熟地以伪吉本形
式写作）哀叹道"爱国宗教叛乱慷慨的鲜血凝结成一个个军事帝国的暗
血块"。但他还为"德尔维希"军队里残废的骑兵和步兵奋笔疾书，并对
传闻表示震惊，基奇纳曾允许践踏马赫迪的坟墓，将圣战士的颅骨当作
普通会议的谈资。

虽然他对将军怀有疑虑，却也没有针对他们的战斗成果。一个委婉
的题目"盎格鲁–埃及的苏丹"，反过来又使一个连续性的纽带成为可
能，通过铁路将英属非洲从开普敦到开罗连接在了一起。丘吉尔接受英
属非洲地区的防御性合理化——它已经发生了，先发制人，否则将不得
不接受埃及，以及到印度的生命线的不稳定性，面临赫迪夫的挥霍无度、
法国军事扩张主义与伊斯兰极端主义的三重威胁。当然，不必担心，正
是这样故意含混的意图和目的，使英国在一个世纪以前在印度建立起一
个庞大的领土帝国。同样也不必担心，印度殖民地综合征已经重演，通
过"保持动作"的军事和政府成本，推动帝国管制去往更多的冒险之地，
从而得到完美的富矿（西非棕榈油、南非黄金），这样一来也将忽视其欧
洲的竞争对手，首先是法国人，但总有一天历史会平衡。大英帝国的贪

娄是财政上的，也是地理制图上的强权。

在南非，名利与财富捆绑在一起。伦道夫投资的兰德矿业股份公司，从它们的原始面值上涨了 50 倍；不幸的是，对珍妮和温斯顿来说，这笔财富由于其已故的主人同样巨大的债务而被消耗殆尽。但丘吉尔也受到了殖民大臣约瑟夫·张伯伦和帝国制造者塞西尔·罗德斯的斥责，大英帝国的力量受制于一群顽固的荷兰农民的赎金，这决定了英国定居者能否享有在德兰士瓦[1]的政治权力。布尔战争是军事文学冒险的又一次好机会，温斯顿打下了他的烙印。通过对他母亲更多的无耻哄骗，他辞去骑兵的军职，担任起《晨报》（*Morning Post*）的首席战地记者。他与统帅雷德弗斯·布勒爵士（Sir Redvers Buller）一起出征，最终在防御布尔进攻的装甲列车时被俘虏，此后从比勒陀利亚（Pretoria）的军事监狱逃脱（留下两名应该与他同逃的同志），藏在煤货车里，随后步行了数百英里，并及时回到南非轻骑兵团正常工作，在莱迪史密斯（Ladysmith）如释重负。这次逃狱经历神奇到令人难以置信，也使温斯顿从一个针头线脑的前线故事售卖者转变成为一个真正的闻名全国的战斗英雄形象。他书写自己在布尔战争中的经历并像幻灯片授课一样在英国、加拿大和美国大肆宣讲（惊人的是，在美国纽约，是马克·吐温介绍了他），将10 000 英镑收入囊中。同样重要的是，它让这位贵族青年体验到了将大批人群握于掌中的实际感受。那时，他只有 20 多岁。

1900 年，丘吉尔将这一切的忙碌大胆获得的财富转变成政治上的成功，开始了从政生涯。对此他的父亲曾绝望地认为他不够资格。作为保守党工会成员的候选人，在奥尔丹，他赢得了席位。这是他的第二次尝试。在 1899 年，他曾有过一次实际机会——拥有两名保守党议员的同一工业选区的选举机会（他父亲心目中工薪阶级保守主义的一个实例），

---

[1] 德兰士瓦（Transvaal），丘吉尔曾被派往南非的德兰士瓦报道布尔战争。——译者注

但被击败。在竞选期间，温斯顿发现自己遗传了丘吉尔家族的口齿不清甚至偶尔的口吃现象，其演讲导师努力纠正但也作用不大。其实远不止一项不利因素。它实际上可以被戏剧性地管控，达到惊人的效果——酝酿停顿，然后调皮地妙语。他的辩论口才更是绝妙，无论是在牛津和剑桥大学工会模拟的下议院辩论中，还是在公共汽车上、剧院里，或市政厅内。

但在战后咔叽大选[1]期间，在奥尔丹，坐在四轮马车里游行并被工厂女孩团团围住，这就意味着丘吉尔比布拉巴松上校或者宾登·布拉德爵士这类人更懂得真正的英国吗？在第二次世界大战期间，他的妻子克莱门蒂娜（Clementine）说——仁慈但也准确——认识温斯顿你不得不了解他一生中从未坐过公交车。虽然这可能是为了将丘吉尔的贵族优越感与英国人民的生活区别开来所做的夸张处理。寇松是一个贵族脾气和贵族出生的典型例子，他不得不打起精神才能与平常百姓接触。而丘吉尔可以走向他们，并沉醉于他们的骚动。他的父亲发明了"托利民主"，以此作为增加选票的神通，他的儿子也或多或少地继承了下来。

尽管如此，回到布伦海姆宫，丘吉尔对自己的阶级实际上是矛盾的，可以预见在下议院他成了一个不顺从自己政党的后座议员。约瑟夫·张伯伦对帝国关税的痴迷以及对自由贸易的拒绝令他心寒，逐渐地，他内心的政治实用主义使他意识到一场权力运动正在酝酿，离维多利亚时代的英国王公贵族们越来越远，而是趋向那些拥有商业、职业技能或工业财富，以及独特才能的人，比如利物浦律师F. E.史密斯和威尔士律师大卫·劳合·乔治。

虽然直到1905年自由党上台，多数内阁成员仍然是由特权阶级组成，但几乎由他们垄断的政府却开始动摇，不仅仅是因为平等民主的进

---

[1]　咔叽大选（khaki election），战争时期或战后选举。——译者注

步，还因为长期陡峭的农业萧条。实际上，1870—1910年，由于无法与殖民地和美国的进口产品竞争，英国已经不再是一个重要的农业生产国。300万英亩农田被闲置。到1911年，4 500万英国人口中仅8%的人靠自己土地的收入维持生计。英国农业收入同期下降了25%。还有租金，以至于它们往往不足为乡村别墅周末、城里的假期、储备精良的马厩和地窖、时尚的桌子和衣柜，以及日益昂贵的养育儿女费用提供抵押贷款。当遗产税的压力（于1894年推出，随后于1907年以更加惩罚性的方式施加）增加，销售（抛卖）是不可避免的。而且，在第一次世界大战前后，似乎没有迹象表明土地价值将恢复，销售宜早不宜迟，该过程吞噬自身，同时也演变成了雪崩。大卫·康纳汀肯定，几乎有四分之一的英国私有土地，在19世纪70年代至20世纪30年代被挂上市。这些田宅的多数——他称之为"贵族伤亡"——被新富阶层购买［他们的财富是从工业、航运、矿业、保险或出版业积累的，正如报纸大亨伯维尔布鲁克勋爵（Lord Beaverbrook）的父亲一样］于自治领。澳大利亚和加拿大的口音出现在了越野赛马和松鸡射击赛上，旧贵族的遗老们试着让自己不畏缩。丘吉尔的堂哥——第九任马尔伯勒公爵［永远不会宽恕温斯顿在1909年的"人民预算案"（People's Budget）一事上对贵族言辞攻击］哀叹道"旧秩序注定是要完了"。

这并不意味着世界末日，特别是布伦海姆不会就此触礁。但某种生活方式确实是在沉没——下沉而不是突然消失，不管怎么说都在坠落。年轻的社会主义者和活跃的费边社成员，威尔斯——一位专业板球运动员，保龄球教练，布鲁姆利（Bromley）小镇高街玻璃和瓷器店老板的儿子——在1909年出版了他的杰作《托诺-邦盖》。他回望了一段并非很久远的年代，位于威尔斯笔下肯特的"布莱兹欧弗山庄"，在那个年代它显然还是英国社会宇宙中不变的中心。威尔斯知道他在说些什么，因为他父亲就是从天恩之中坠落的人，或者说他在修剪葡萄树的时候摔断了一条腿，毁了他的运动员生涯，并迫使男孩的母亲莎拉成为汉普郡一座"大山庄"阿帕克（Uppark）的仆人。威尔斯记得，并敏锐地感到，它的无限分级的阶层假设，了解到宅子下方的地下隧道网，仆人们像莫洛克人[1]一样，听从着自己主人的使唤。但埃洛伊人[2]仍然居于顶层：

> 这个广阔的猎苑，这个巨大美丽的山庄，以它那俯视教堂、村庄和乡野的雄姿，不可避免地向人们表示：他们代表着世界上至关重要的东西，而其他一切只有在和他们发生关系时才有一定的意义。他们代表着绅士、贵族，正是由于依赖他们，通过他们，为了他们，世界上的其余人——种地、做工的人，阿什博罗的买卖人，田庄的上等仆人、下等仆人和户外仆人才得以呼吸、生活。

到 1909 年，这样的确定性已经消失。虽然乡村的外观是一样的——大山庄依然耸立在猎苑里，村舍毕恭毕敬地簇拥在猎苑的边缘，显示出一副攀龙附凤的媚态……这就好比明媚十月的一个清晨，变化之手已经神不知鬼不觉地按上它的身体……突然一场霜冻，一切面目就会变得光秃，联系崩断，耐心用尽，我们那漂亮的青枝绿叶的门面装潢就会飘在泥潭中闪光。

所以，威尔斯展望，尽管有些过早。毕竟，他明确地知道"过去"英国在未来的负重。作为一位科学家——伟大的达尔文主义者 T. H. 赫胥黎（T. H. Huxley）的学生——威尔斯多次表明，未来才是他以及我们其他人应该感兴趣的事物。国家和国家的历史都是部落般的时代错乱产物。真实的历史是人类的历史，不是荒谬的专制领地和语言区隔。拯救未来需要一个行星的视野。

这种观点随着他 1919 年的巨著《世界史纲》（*Outline of History*）一

---

[1] 莫洛克人（Morlocks），威尔斯小说《时间机器》里的生活在地下的人类。——译者注
[2] 埃洛伊人（Eloi），源自小说《时间机器》，一种过度文明的人种。——译者注

起到来，这部作品与丘吉尔的岛上史诗或者任何人想象中的历史都不相同。不过目前威尔斯的未来以及他未来的历史，仍然只是科幻小说。阿帕克/布莱兹欧弗体系的主人及其亲属还在继续界定英国性，即使支付给园丁的支票簿现在是在商业账户上显示的。[可以预见，威尔斯让吕本·利希滕斯坦爵士（Sir Reuben Lichtenstein）最终买下了布莱兹欧弗。]社会民主并没有就这样发生在费边主义的地平线上。那些在屋檐下存活下来的人更只是专属的精英团体：到1914年，英格兰和威尔士面积的一半只从属于4 500名业主。

但并不是所有的富豪都会选择同遗老们一样将自己的钱财投入到公园、马厩和松鸡沼泽中，他们中有许多人，如约瑟夫·张伯伦（螺丝制造商）曾犯过错误——作为伯明翰议员宣誓就职时戴着帽子（一次不可饶恕的失礼行为），而现在他是英国新的贵族，并在郊区建起了自己的庄园。张伯伦的豪宅叫海布里（Highbury），坐落在伦敦以北地区，他在那里度过了青年时期，最初是由18英亩的田地包围，而不是几千座的典型老式贵族房屋。这所豪宅由另一位张伯伦设计[约翰·亨利·张伯伦（John Henry Chamberlain），作为伯明翰学校、城市建筑和市政喷泉的建筑师而名扬在外]。宅院由带有石头装饰的坚实橙色工业砖砌成，选材是典型意大利工业风格。室内，一切都显得昏暗但有光泽。"没有书本，没有工作，没有音乐"，贵族社会主义者比阿特丽斯·韦布（Beatrice Webb）嘲笑说，"为了缓解了锦缎家具带来的丰盛压迫感"。室外，有槌球场、网球场和维多利亚晚期如画的风景——灯芯草的沼泽、山谷、溪流和未风化的桥梁。也经常可以看到张伯伦本人在自己的兰花、杜鹃花和仙客来丛中进行考察之旅——自然，每一个物种都拥有自己的温室。

海布里不远处（当时市区以南4英里）建有贵格会教徒可可和巧克力大王乔治·吉百利（George Cadbury）的豪宅——伍德布鲁克（Woodbrooke），同样建有标准的网球场、槌球场和一个最新的标准配置——七洞的高尔夫球场。但吉百利对他的庄园怀有更加雄心勃勃的社会愿景，不仅仅是俗气财阀的自我庆典。当时的社会评论家如约翰·拉斯金与威廉·莫里斯（William Morris）对此做出了回应，某种程度上说，工厂工业主义意味着对社区的破坏，吉百利将宅子建在伯恩维尔（Bournville）一个新老村庄上，而工人们本可将半木结构的小屋安置在这里，在一片绿地上聚集。复活的家长式"可爱的英格兰"将是可怕的贫民区大杂院的解药，而那大杂院，吉百利从张伯伦在伯明翰推行社会改革之前就记得，仍然陷于最肮脏的贫困水槽之中，好比伦敦的东区，被形象地记录在了查尔斯·布斯的作品《伦敦人民的生活和劳动》里。到1900年，吉百利（模拟中世纪）的工人住宅共有140座，为了达到效果，他买了两个老宅子，13世纪的明沃斯格瑞夫（Minworth Greaves）和都铎塞利（Tudor Selly）庄园，被他搬至伯恩维尔，精心修复。这种重新创建想象中的"有机"社区——卡莱尔、普金和拉斯金声称在过去的中世纪已经存在——的尝试是与汉诺威的消除政策完全对立的，处境尴尬的村庄被新富从视线中移除。在伯恩维尔，吉百利甚至重新发明了古老的庄园盛宴传统，组织祝宴和戏剧演出，以及为伯明翰地区的其他工作人员提供一日游活动，让他们看看在这位新的工业男爵领导下生活将是什么样的。

在利物浦附近的默西塞河畔的阳光港，出生于博尔顿、通过加工殖民地原料（棕榈油）产品发了财的威廉·赫斯凯斯·列夫（William Hesketh Lever）为他肥皂厂的工人们也做了同样的事。约30名建筑师受他委托创建一个完整的"花园"村，并又无可置辩地称其为"老英式"风格——大量带有詹姆士–佛兰芒风格的山墙，许多装饰性的石膏灰涂料，当然，还有无处不在暴露在外的木材和铅玻璃。为了通过"肥皂精神"完成老英格兰重生的效果，还专门建了两座农舍式小别墅，都是对安妮·哈瑟维的小屋[1]的"精确"复制。港口阳光别墅的出租状况是：基本的"厨房"型或者更豪华的"客厅"型，但两者和伯恩维尔一样，都配备有自来水和室内卫生间，租金被仁慈地设在大约每周 22 先令——平均工资的 1/5。由于英国工业界的批评家们认为传统的家庭生活已经被工厂的工作破坏，为了解决这一问题，厂方为阳光港的 500 名孩童办起了学校，为女孩以及工作的妻子和母亲提供了烹饪、制衣和速记的特殊课程。直到 1909 年，共有 700 座小屋，音乐厅和剧院，图书馆，体育馆和露天游泳池被陆续建起。

伯恩维尔和阳光港的工业村民无疑是幸运的，他们几乎没有如典型的 40% 的英国人的状况一样，在 20 世纪之交，居住在超过 10 万名居民的城市里。维多利亚时期的贫民窟调查报告，如布斯的伦敦东区研究或西伯姆·朗特里（Seebohm Rowntree）1901 年在纽约的贫困研究，给社会批评家留下了深刻印象，认为生活工作在大型城市一定如人间地狱。在这些肮脏的过度拥挤的贫民区中，可能没有比世纪之交的格拉斯哥情况更糟，那里的非技术工人仍然住单人间，或者甚至两人同挤一个出租单元。这样狭小的空间将解决一个家庭的睡眠、吃饭、沐浴等问题。即使到了 1911 年，格拉斯哥住宿的 85% 仅包含三间房或者更少。

但真正的贫民窟居民人口也许不超过全部城镇就业人口的 10%。在国际贸易时代，不安全和不可预测的就业环境可能不利于传统意义上以英国出口为主的行业，如煤炭业、纺织业、重工业，对绝大多数人来说，他们的生活条件——饮食、健康、住房、犯罪率——自 1851 年的万国工业博览会，或 1887 年的女王登基庆典以来就已经改变了。其他城市如加的夫（Cardiff），有 128 000 名居民在南威尔士煤炭出口热潮的浪尖上，自 19 世纪中叶以来已经增长了 7 倍。在像曼彻斯特或谢菲尔德这样

[1]　安妮·哈瑟维的小屋（Anne Hathaway's house），莎士比亚妻子故居。——译者注

的老工业城市，最嘈杂的物业单位已经被取消，并被上下各两层、每层各四房甚至五房的排屋所取代（在中部和东南部甚至是六间），由砖砌成，常由小石块或灰泥饰面，装饰出英格兰和威尔士工业城镇的经典外观。为防止过度拥挤，政府会制定章程，启发他们的时间观，为街道的宽度或天花板的高度制定条例。在今天，当然这些街道看起来像是一个消失的工业帝国中更为令人沮丧的遗迹（尽管在第二次世界大战后，它们中有许多被塔楼取代，但至少比塔楼更好地经受住了英国 20 世纪历史的风霜）。

与欧洲和美国几乎所有工业世界的住房不同，英式排屋以核心家庭为单位基础，也许是更大的家族，如叔叔、阿姨和祖母，以及邻居，他们会聚集在后院，有时在街上、当地的商店、教堂和酒吧里。房间按功能区分——厨房、客厅、卧室，在更富裕或更加富有野心的房子里会设有一间客厅，除特殊场合外很少使用，用来展示家庭珍品，如钢琴和餐具柜。和燃气被用于照明和烹饪一样，水现在也由市政供应，并通过水龙头直接进入水槽，而不是通过室外泵取得。马桶正迅速取代土厕，通过城市下水道清除粪堆和粪便，即使厕所几乎总是建在户外。在埃克塞特（Exeter），从 1896 年开始，镇议会花了巨额的 88 000 英镑建造了当地的污水处理系统，成功地宣扬了他们带给城镇带来的转变，尤其是减少了伤寒、斑疹伤寒和霍乱等传染病的风险和发病率。拉斯金对此发表了观点："通畅的下水道，比人们最敬仰的圣母玛利亚画像，更高贵、更圣洁……"

虽然嵌入式浴缸仍是一个中产阶级和上层阶级的奢侈品，发生于世纪之交的市政澡堂革命，意味着英国的劳动人民，即使那些没有拥有昂贵的锡制状浴缸（采矿家庭的必需品）的人，现在也可以定期洗浴。从 1892 年至 1893 年，在伦敦东部的堡区（Bow）澡堂运作的第一年，就有 73 000 人的使用人数。1897 年，伦敦南部的兰贝斯（Lambeth）建有一幢壮观的澡堂，内设有 3 个游泳池和 97 个浴缸。在 1912 年的伦敦，正如安东尼·沃尔（Anthony Wohl）所记载的那样，公共浴室的访问量达 500 多万次，其中不乏一些华丽，甚至具有异国情调的设计，地板和墙壁上铺有闪亮的瓷砖。再加上公共洗衣店的使用，大众卫生时代的到来（还使阳光港仁慈的独裁者赚取了更多的钱），在社会机构中是一次伟大的转变，即将到来的投票是为了政治。

同样，饮食上也发生了很大的变化，主要是变得更好。19 世纪末的第二次工业革命将加工过的和廉价的食物，如人造黄油、黄芥末和商业生产的果酱，带上了人们的餐桌。农业的萧条导致了农村的陷落，也成为城市消费者的机会，主要食物——茶叶、培根、面粉、面包、猪油和糖，其中绝大多数产自殖民地或爱尔兰——的价格在 1870 年至 1914 年下降了 1/4~1/3。随着冷藏肉类的进口，穷人食用"slink"（旦产的小牛）或"broxy"（病羊）的市场仁慈地收缩了，虽然很少有家庭会放弃牛肚（牛的胃黏膜）。

这些都不代表着英国的社会民主已指日可待。帝国财富对减少巨大的财富差距几乎没起到作用。在第一次世界大战前夕，根据社会历史学家何塞·哈里斯（José Harris）的说法，英国 10% 的人口拥有 92% 的财富。另一方面，多达 90% 的死者没有留下任何有记录的资产或财物。虽然，在爱德华时代空前多的人可能认为自己是相对较富裕的，英国在新世纪的经济前景将会使持有这些收益变得更难，而不是更容易。传统的劳动密集型、出口导向型的行业——煤炭业、冶金业和纺织品行业——压力不断堆积。曾经从英国进口的国家——特别是美国和德国——现在成了竞争对手，在某些情况下受到自己的关税保护。例如，威尔士马口铁的 3/4，已经出口到美国。然而，1890 年开始施加麦金莱关税（McKinley tariff）后（旨在培育美国国内工业），这些出口的价值在短短七年之内就几乎减少了 2/3。马口铁的案例同样也反映在煤炭、生铁和机车轨道上。

　　两种不一定相斥的方案可用于阻止英国工业霸主地位衰退之初的这些不祥迹象。英国可以做出回应，正如约瑟夫·张伯伦所想，通过自己的王家关税制度，建立一个经济的"不列颠堡垒"，在海关壁垒的背后，殖民地将被保留为原材料和制成品市场的专有储备所。（从长远角度来看，殖民地是否从中获益，最好留待将来讨论。）即使在他上台之前，拖着一个不情愿并已分裂的保守党在他身后，张伯伦为这个前景感到兴奋，并向温斯顿·丘吉尔吐露——他的选区奥尔丹是一个严重依赖于纺织品命运的城镇——这将是未来的重大政治问题。在 1905 年的竞选中，他将通过这个问题来攻破保守党，正如 20 年前在爱尔兰攻破自由党一样。

　　还有一种选择：实业家本身正在呼吁等待立法保护形式的帮助——降低产品的单位成本。这可以通过投资节省劳力的机器来实现，从而降低劳动力的规模；削减现有劳动力的工资成本；为他们的财富赢取更多的时间和产品。或者以上三者的结合。他们一致尝试推动这些改变的后果就是导致了一些痛苦的劳资纠纷事件——包括停工、罢工，自 19 世纪 40 年代以来不断出现。由于合理化节约的管理趋势与工会背道而驰，它们组织严密、纪律严明，足够可以动员劳动力，不仅是为了争取一个职位，更是为了争取最低工资、八小时工作制（特别是为矿工），为"非正常"工作或危险的工作争取特殊补贴（还是在采矿业）。虽然最大的工会成功招募到绝大多数的工人加入，19 世纪 90 年代和 20 世纪初的对抗结果是复杂的。当工程师联合会（Amalgamated Society of Engineers）在 1897 年决定抵制引入新的"自行动"机器时——这不可避免地意味着降低所需技能和工人数量，从而降低工资——他们发现自己面临着停工的威胁。7 个月后，工人最终屈服于工业家条款，回归工作岗位。更糟糕的是，1901 年法院裁定，为了维护"塔夫谷铁路"（Taff Vale Railway）起诉铁路工人对罢工期间产生的收入损失进行赔偿（这次是巨额的 23 000 英镑）。

由于这似乎不大可能完成，特别是在托利党至高无上的年代，议会将永远无法撤销这样的决定，工会拥有自己代表权的需求变得迫切。1889 年伟大的伦敦码头大罢工的老将——约翰·伯恩斯（John Burns）成为议员，带着一个照顾工人利益的议程与自由党结盟。但在 19 世纪 90 年代和 20 世纪的极端氛围中，伯恩斯被怀疑是戴金表、穿背心、鞋履锃亮、头戴圆顶帽的"老"工会会员的典型形象，在为工人阶级赢取尊重的同时，也动员工业行动。例如，在 1893 年进行过一次罢工的南威尔士矿工，更倾向于为自己寻找一位不从属于任何主要党派的政治家。在上一年，苏格兰社会主义人士詹姆士·基尔·哈迪（James Keir Hardie）成了第一位独立的工党议员，在西汉姆南占得议席；在 1895 年失去席位后，他又于 1900 年被选为梅瑟蒂德菲尔选区的议员。"独立"宣告了哈迪对妥协工会代表后果的拒绝。1900 年，劳工参政委员会（Labour Representation Committee）成立，6 年后，更名为工党。1906 年的议会中，工党议员只占了 29 个席位。在同一年，在帝国的另一端——孟买和加尔各答，印度民族主义者同时否决了自由党对自治的承诺以及保守党对仁慈的公司管理制度的承诺。

一开始，工党在三个团体之中展开了一场灵魂争论（事实上是组织上的），都自称是英国社会主义的真实代表：革命的马克思主义者，因为一些理由认为自己创建了政党的工会成员，以及费边社的非革命的知识分子。对于 H. M. 海德曼（H.M. Hyndman）社会民主联盟里的马克思主义者来说，英国分部成了仅次于国际工人阶级的革命团结的强大力量。社会民主联盟实际上在英国非英语的工业区势力最强大，特别是在大格拉斯哥，以及欧洲移民和政治难民的聚集区，如伦敦的东区。工会成员的确可以认为自己属于工人阶级自助旧传统的一分子，那可以回溯到宪章运动者，甚至是内战中的激进分子身上。（苏格兰的罢工分子，不止一次，将 1637 年的"国民誓约"改写为工人阶级团结的呼声。）而费边社也一样，声称自己来源于米尔顿、约翰·李尔本（John Lilburne）、托马斯·潘恩、科贝特和卡莱尔的血统，所有这些人物的共同之处在于他们掌握了对抗性的修辞方式。自从 1883 年创建之初，费边社首先就将自己当成一种呼声而存在。

其原有的魅力创始人托马斯·戴维森（Thomas Davidson）——一名苏格兰牧羊人的私生子——是一名巡回演讲者、神秘主义和社会主义者。1881 年，他通过自己关于工业社会困境的一通长篇大论，完全征服了激进的伦敦。两年后，空想家与社会主义者分裂（自然的事情），后者组成了昆塔斯·费边·马克西姆斯（Quintus Fabius Maximus）俱乐部，晦涩难懂的名字，这位罗马将军"耐心等待"着，在风暴来临之前选择他攻破汉尼拔的时机。费边主义者致力于回避半生不熟的思想革命，支持长期的运动，对政治精英和工人阶级进行再教育。对前者，给予一个有关自己的社会责任的全新认识，后者则是一个关于他们合法社会权益的新意识。在这之间，他们还诉求一个现代化的、公正和富有同情心的工业社会——没有暴力，没有对自由的牺牲。在现代，还有比这更糟糕的意识形态。

但是，很少有更耀眼的宣传员。早在 1884 年，爱尔兰年轻的新闻记者乔治·萧伯纳已经开始定期撰写大量的费边体散文，谴责有权地主和有权阶级的掉以轻心。萧伯纳也是一位不知疲惫的公众演说家，仅在 1887 年就发表了 67 场演讲，隔着他火红色的胡子滔滔不绝，几乎总是在男子俱乐部、公园、市政厅、酒吧和街角上当场发挥，而内容总是类似。除非政客和财阀意识到农奴制正经由他们邪恶的制度延续，农奴总有一天会来反抗他们，然后只剩下两个选择：一个集权国家，或反对有产阶级的血腥起义。之后萧伯纳终于厌倦了演说，并将其描述为"恶习"，他为威廉·斯戴德的《蓓尔梅尔街公报》撰写的文章，没有留下任何神圣的维多利亚母牛作为活口，其中就包括那只最大最神圣的母牛。关于理想化的女王统治禧年历史，萧伯纳写道：

> 我们知道，她一直是最好的妻子、最优秀的母亲、最忠实的寡妇。我们经常看到她，尽管她高高在上，被饥荒、煤矿爆炸、沉船事故、铁路事故所感动……我们都记得她是如何废除谷物法，如何推广蒸汽机的使用……设计出一便士邮政制……总之，经历了这样一个过程，昔日的任何君王都没这样梦想过的。而我们现在所需要的是一本名为《维多利亚女王：一个不喜欢她的人的个人印象》（ *Queen Victoria: by a Personal Acquaintance who dislikes her* ）的书。

当萧伯纳与西德尼·韦布（Sidney Webb）和他的妻子比阿特丽斯会面时，费边社的文章正传得火热。比阿特丽斯出生于一个商人和自由党政治家家庭。她的父亲理查德·波特（Richard Potter）曾担任大西部铁路公司董事，并从巴里码头的发展中获利，这是南威尔士煤炭出口的主要出口地。而她的祖父，也叫理查德·波特，是边沁主义的改革者、"改革法案"活动家以及威根的第一位议员。比阿特丽斯继承了激进的家庭传统，以查尔斯·布斯的研究员身份寻找工作，伪装成——有些不太可能——一位东区犹太女孩的形象，这样她就能在血汗工厂里进行报道。从对约瑟夫·张伯伦激烈但又注定的反弹中，她遇到了他的直接对立面，一个截然不同的人物——矮小而圆润的前贸易商和公务员西德尼·韦布，他的头脑与他的身体相当不成比例。他拿社会正义激动人心的话语追求她，但是他做了一件错事，将一张显示有比阿特丽斯恐惧畏缩形象的照片赠送给她，这提醒了西德尼，他们之前的婚约可能只是自己一厢情愿。

韦布夫妇的策略（萧伯纳和威尔斯偶尔会被嘲笑）就是"渗透"，而他们想要渗透的人是维多利亚时代晚期、爱德华时代的伟人和好人。

费边文章售出量由最早的几十增长到后来的数十万，旨在说服中产阶级——从文员和图书馆员到律师和医生——关注现代社会的不平等和不公正，以及国家纠正它们的责任。西德尼和比阿特丽斯也举办了密集的晚宴活动，渗透费边教义伟大而美好的政治生活。他们在同一张桌子上聚集了：萧伯纳或威尔斯（虽然两人经常争吵），同时还有同情的自由党人，如理查德·哈尔丹（Richard Haldane）、赫伯特·亨利·阿斯奎斯，甚至那些托利党人，尽管显出怀疑和高傲，但似乎至少是准备听讲，包括首相"王子"阿瑟·贝尔福。

最重要的是，他们将布斯和朗特里的令人生畏的书卷转变成了一场激动人心的反思争论，事实上，颠覆了比阿特丽斯从同等地位的富裕阶层者口中所听到的对于穷人的看法。确凿的证据显示，正如维多利亚时代的改革者所坚持的那样，城镇极端贫困的问题很少与道德品质的问题相关。身强力壮之人也可能成为无可救药的荒淫者、酗酒者或犯罪者（虽然韦布认为维多利亚时代慈善事业最令人生厌的一个方面——耗散而拒绝为老年酗酒者提供慈善帮助）。但是，贫困的群体由受到商业周期变动伤害的人组成：季节性就业极度波动；越来越多的残酷现实（例如在码头），利用流动的移民劳工来降低工资。生活必需品或低于生活水平的工资，使这些人必须长期过长时间地工作；睡在过度拥挤的宿舍单元；将这些地方变成感染的繁殖地；或者如果失去了这些工作机会，他们就会走上街头谋生，轻度犯罪或卖淫，甚至两者兼具。韦布和其他费边社员［如悉尼·奥利维尔（Sydney Olivier）和格拉汉姆·瓦拉斯（Graham Wallas）］认为这种苦难不会消失。事实上，由于裁缝业或制靴业或袜业的竞争变得更加激烈，在不受管制的条件下对不安全计件的依赖可能会增加。提供给委员会的关于国民体质下降的资料也表明：低薪（而不是任何其他缺陷）成为导致穷人肮脏和疾病的生活，以及生育出（不适宜保卫帝国的）"发育不良"孩童的主要因素。现在是政府有所作为的时候了，在这种贫困的情况下承担维护体面劳动阶级的责任；帮助他们渡过多年里无法越过的难关；考虑引入失业保险、劳动力交换和养老金。费边主义者认为，这（激怒了威尔斯，他认为整个方法是一个拐弯抹角不愿直面的社会主义版本）不是革命的高速路。相反，防止这种情况出现将是最好的办法。

其中一位韦布夫妇的听众（相比比阿特丽斯对他自负自私的反动派形象的判断，他更仔细地听了）就是温斯顿·斯潘塞·丘吉尔。的确，丘吉尔并没有畏首畏尾。他似乎已经认真考虑他自己的观察，生命就像一次骑兵的冲锋——"只要你平安无事，牢牢地坐在你的马鞍上，缰绳在你的手上，装备精良，多数敌人会对你敬而远之。"当有疑问时，温斯顿自然装上火药。阿斯奎斯的女儿维奥莱·巴恩·卡特（Violet Bonham Carter）记得"从微微拱起的肩膀上，他的头突然向前一伸，像一把上了膛的枪，准备开火"。但是在 1903 年前后，敌人更可能是来自下议院的自己人，而不是反对派议席上的自由党人。他毫不讳言自己对张伯伦帝国保护政策的反对，一条在他所在的奥尔丹选区行不通的路线，陷入困境的纺织品制造商们都站在他的一边。因为怀疑对军费和海军的夸大估计，他在议会中攻击了自己的前排要员。但更重要的是，他从另一边的 H. G. 威尔斯那里感受到了一种智性的精神、思想的能量，而不是在费边社会主义者那边。后来，在丘吉尔的"其他俱乐部"晚宴中，两人结交为朋友，并成为常客，尽管威尔斯以无畏的态度蔑视了温斯顿对麦考利史诗历史的过度依附。正是历史——威尔斯坚称——拖累了英国。不应该被过去的历史所束缚，更迫切需要是思考未来，特别是英国如何成为技术-科学的社会，仅此一项就可以掌握未来。在丘吉尔慢条斯理地撰写为自己父亲申辩的历史的时候，威尔斯写出了《对于人类生活与思想上的机械和科学进步的反应的期望》（*Anticipation of the Reaction of Mechanical and Scientific Progress upon Human Life and Thought*，1902）。

但是威尔斯脑海中的无阶级英国永不朽的乌托邦——其记忆抹去了所有拥挤荒谬的过去——永远不会改变温斯顿·丘吉尔对党的忠诚。1904 年 5 月，他终于加入了自由党，遵循了它的悠久传统：1832 年由辉格党体现出的先发制人的革命性改革；迪斯雷利所支持的 1867 年的改革法案；正如他想象的那样，以及他的父亲重新定义的"托利民主"。为了确保自己的孝心举动无一遗漏，他坐上了反对方长凳上父亲伦道夫的老位置。正如他在曼彻斯特第一次作为自由党人参与竞选期间告诉观众的一样，他现在正致力于"流行事业"。

自由党中没有人有任何理由怀疑丘吉尔有过动摇或可疑的忠心，即使他对保守党的仇恨使他过度频繁地发表了抗议。他在 1904 年 5 月告诉曼彻斯特的民众，他们（托利党人）是"庞大的既得利益集团，以强大的联盟聚集在一起，在国内腐败，他们的侵略覆盖在海外……为百万大众提供可怜的食物，为百万富翁提供廉价劳力"。在 1906 年的选举之后，保守党从权力中缩水，他们在下议院的人数减少到 137 人，丘吉尔享用了他们的毁灭，并给新政府更激进的议员，如大卫·劳合·乔治带来了鲜明的印象，如果贝尔福威胁要在上议院利用巨大的托利党人数来阻碍立法，那么布伦海姆的孩子就会站在反攻的前列。作为一个新来的男孩，他有幸获得一个政府职务，即使只是在前印度总督埃尔金勋爵手下负责的殖民地副秘书。这个职位使丘吉尔能够将激进的姿态与帝国的侵略结合起来，两者间看不到任何矛盾。这也让他与埃尔金一起加入了一次非洲之旅，在那里他拜访了恩图曼的战场，装回了一头犀牛，为他的收藏网回了蝴蝶，并像河马一样长时间地沐浴，为《河滨杂志》（*Strand Magazine*）撰写了备忘录和文章。"游猎真好"（"Sofari sogoody"）是他的著名判决。对他作为政府大臣的启动同样也可以这么说。

但这一切都只是一个前奏，真正的事业尽在眼前。当首相亨利·坎贝尔-班恩曼爵士（Sir Henry Campbell-Bannerman）于 1908 年春天去世，他的位置被阿斯奎斯接替（丘吉尔一直与他保持良好的个人关系）——虽然，像其他人一样，他从来没有完全理解丘吉尔真正的观点。劳合·乔治接替了阿斯奎斯的职位，当上了财政大臣，丘吉尔晋升到了劳合·乔治先前在贸易委员会的位置。他进入内阁时的年纪是 33 岁，比他的父亲加入索尔兹伯里政府的时候更年轻。阿斯奎斯的内阁人才济济，但也是自由主义的历史的全面肖像画廊，新老交杂，其中包括格莱斯顿的传记作家，枯瘦、高傲的约翰·莫利（John Morley），一直坚持维多利亚时代的道德修养教规；以及约翰·伯恩斯，除了他的 1889 年罢工领导人形象，他是"尊重"劳动的化身。但据丘吉尔观察，包括阿斯奎斯本人在内的，整个内阁都被大卫·劳合·乔治的光芒所遮蔽。丘吉尔不太可能遇到任何像这位威尔士的兰尼斯都村（Llanystumdwy）前律师一样的人物——这个背景被认为是不可能产生剃刀般尖锐的智慧、政治上的凶狠和雄辩的演讲，充满危险、狡猾的笑话，而这些都是这位"巫师"可以开启的，似乎就在一瞬之间。这两个男人的背景不同，但他们很快就认识到彼此志趣相投：两者都燃烧着个人的野心，都奔波采取行动对付敌人。在议会战术和公开演讲中，劳合·乔治更是老师，而丘吉尔只是学生。温斯顿有一种嘟囔和咆哮的倾向；劳合·乔治则使人自我毁灭。丘吉尔在下议院会抬高语调；劳合·乔治确保软化它，显示其合理性。但作为政治双簧他们是无与伦比的：一把锤子和一把匕首。

1908 年，两人对帝国防御需求的主张都是一致的。劳合·乔治（与坎贝尔–班恩曼一起）曾是布尔战争的反对者，而丘吉尔一直是支持者。但现在两人都认识到，这场战争使历届政府负担了沉重的债务问题；王家海军保持与其主要对手德意志帝国的竞争优势的昂贵支出使问题复杂化。但这个时候，捍卫帝国不仅仅是一个军事问题。费边社员争辩说，帝国的长治久安取决于英国社会的健康，这与无敌战舰有同样的重要性。毕竟德国几乎不算社会主义国家，但政府却接受了劳动交换和失业保险的需求。对于具有现代头脑的大臣以及贸易委员会主席来说，德国似乎是一个有组织的国家的典范，而英国是习惯和偏见的混合体。他们关心的是引入类似的改革以及养老金措施，与社会公正一样，这也是一种有效的自我防御。然而，现在的问题是，这些钱从哪来，可以同时供给养老金和战舰资金。保守党的答案一直是间接征税，通过日常生活中的大宗商品。但除了这些税收本质上的退化性质外，要知道 1907—1908 年是经济衰退时期，特别是在最困难的行业，如采煤业。这当然不是通过对最负担不起的人征税来解决支付养老金问题的时候。

在这些提案中，出现了英国政治史上最具史诗意义的对峙之一：将 1628—1629 年的权利请愿书与 1832 年的改革法案结合在一起辩论。而且可以说，1908—1911 年的危机比任何一个时代都更危如累卵：国家的合法经营假设的双重革命已经转型，而且上议院的权力正在被剥夺。

提出支付养老金预算方案在 1909 年被劳合·乔治放弃，并提高剩余的 1 600 万英镑额外的年度收入，以便将紧迫的社会改革放在首位，遗产税急剧上升。他提倡在 5 000 英镑的收入基础上引进 6 便士的英镑附加税。对旧贵族而言最具爆炸性的消息是，对土地价值中不劳而获的上升价值征收 20% 的税，无论是出售、遗产或转让的地产都需支付。在不发达的土地和矿产资源方面引进半便士的英镑附加税，酒精的增税也相当陡峭。旧统治阶级留下来的惨案是如此明显，甚至让内阁中最热心的议员都略显得喘不过气；看着手中的文件，约翰·伯恩斯恩斯说，"就像 19 个拾荒者挑拣一堆垃圾"，还能做什么，对英国土地进行全面调查。

调查由贝尔福编组，上议院一直蓄意阻挠，但并不是为了钱。而这一次是不同的。他们被劳合·乔治的鱼竿拽起，如同鱼钩上的鳟鱼。另一端上是劳合·乔治和丘吉尔，后者现在是预算联盟的主席（为反对预算抗议联盟而建立），做着他们最喜欢做的事情：蹂躏人。1909 年 5 月，丘吉尔看到了他的《劳动交易法案》在下议院通过，现在他觉得自己终于有资格表现出人民冠军的样子。更重要的是，还有谁比布伦海姆的孩子能更好地判断历史，而不是授予贵族爵位？在7月的诺威克，他宣布上议院是"一个对时代精神和整个社会运作都绝对陌生的机构"，听起来一半像是埃德蒙·伯克，一半像潘恩。一个如此依赖传统的国家去维持"有头衔的人士的封建集体"，这是绝对自然的，但是这样的形式还能维持多久。上议院满足于装饰性的地位身份，他们本可迎来一个温柔的黄昏："年复一年，这（议会）将会消失在它所属的地方，就像五朔节的跳舞者和木偶剧中的潘趣与朱迪，以一个独特且恰当的记忆形式留存下来。"但事实并非如此，他们坚持要抵制人民的意愿。他们发起了一场阶级战争。结果却是在自己的头上。12月，在伯恩利（Burnley）的维多利亚歌剧院，丘吉尔从中得到了不少乐趣。寇松在附近的奥尔丹声称：血统和传统的"优越"使我们继承了"统治子女"的权利。这位贵族说了什么？"所有伟大的文明一直是贵族的杰作。"在奥尔丹的其他人喜欢听这样的话（回报以笑声）……为什么？如果他说对贵族的维护一直是所有文明艰苦努力的事业可能更为真实（欢呼声和叫喊声四起，"再说一遍"）。

然而，这场人民财政预算案的路演中，温斯顿仅仅是热身暖场的人物，劳合·乔治才是真正的明星。伟大的催眠师、时而邪恶的喜剧演员、半幻术杂耍家及（结束时杀死观众）悲剧歌剧大师，在他威尔士的老家广为称颂。在1908年10月的斯旺西，他对失业保险的需求做出了妥善的处理：

> 什么是贫穷？你感觉到贫穷了吗？如果没有，应该感谢上帝让你幸免于它的痛苦和诱惑……我所说的贫穷是真正意义上的贫穷，不是削减你的企业，也不是限制你的奢侈品。我指的是，那个不知

道自己在屋檐下还能坚持多久的穷人，思考着转身去哪儿寻找下一顿饭，饥饿的小孩望着他寻求寄托和保护。这就是失业的滋味。

他在伦敦的码头地区的莱姆豪斯（Limehouse）所发表的演讲更为激烈。他半开玩笑地比较了一位公爵和一艘无敌战舰的成本，然后将他的观众带到丘吉尔所不能的地方：矿下。

> 我们陷入半英里深的矿坑之中。然后走向山底……地球似乎使劲地——在我们周围和上方——试图将我们压得粉碎。你可以看到坑道的弯曲、扭动、变道，他们的纤维为了挣破压力而开裂。有时，他们让路；有时，就是残害和死亡。通常，一个火花的点燃，整个矿坑就会被熊熊大火淹没，烈焰使数百个乳房哺育的生命被烧成焦炭。而当首相和我去敲这些大矿主的大门，对他们说："在那儿，你要知道，这些可怜的家伙一直在冒着生命危险挖掘你们的宝藏。他们中的一些是老人……破产之人，永远不可能再去赚钱了。你不能施舍点东西让他们走出救济院吗？"矿主反驳道："你这个盗贼！"然后放狗驱赶我们……如果这就是这些伟大矿主所指涉的观点，那我可以说，清算他们的日子就在眼前。

丘吉尔的老朋友休·塞西尔勋爵（Lord Hugh Cecil）将莱姆豪斯的劳合·乔治比作一个小男孩，故意掉到一个水坑里弄脏自己的裤子。但是，这对演讲本身和演说家来说都是不公正的。虽是出于操纵，它仍然是整个英国政治史上最伟大的演讲之一：一部完整的独幕剧。这正是丘吉尔和阿斯奎斯希望看到的结果——它推动了贵族的抵抗直至最后的挣扎。他们以 300 票对 75 票的投票赞成预算下调。政府于 1910 年 1 月开始新的选举，尽管——或因为——煽动行为，严重得适得其反，摧毁他们中的绝对多数。自由党现在依赖于爱尔兰自治论者，而工党成员在帮助他们通过立法程序。这一天的第一道命令是使贵族们为他们的鲁莽付出代价。阿斯奎斯提出了议会法案，威胁要彻底废除现有上议院，并通过选举的方式替换他们，但是等待这个审判日，还要先解决一系列小问题：上议院的钱法案否决权被废除，连续三次通过下议院的法案可能不再受上议院阻碍。上议院可以吞下这颗药，或者为立即增加的大量同等地位的群体而感到兴奋，也许600人——已经足够了。无论如何，这将淹没他们的反对派。爱德华七世一直对以这种方式创造具有王室特权的新贵族而感到不安，但他在1910年痛苦地离世，他的继任者乔治五世觉得自己别无选择，只有同意。不过战斗还在继续。阿斯奎斯被托利党后排议员不停地攻击，贝尔福却在长椅上懒洋洋地伸直四肢，盯着自己的指甲。在上议院辩论中，较为温和的"骑墙派"（Hedgers），如兰斯多恩侯爵（Marquis of Lansdowne）发言对阵"斗争到底者"（Ditchers）——如威洛比·德·布罗克（Willoughby de Broke）勋爵和哈斯沃兹（Halsworth）勋爵，他们决定身着盔甲抗争至死。最终骑墙派以少数票胜出，议会法案通过，成为法律，英国贵族作为一个独立的政治力量的时代一去不返。

这是温斯顿·丘吉尔真正喜欢的那种战斗之一，他认为这符合英国历史上最优良的传统：一场原则之战，进步的胜利力量，并且是一场没有流血的胜利。丘吉尔作为1910年大选后的政府的内政大臣，在他手上握有两种非常不同的战斗武器，它们都有可能变得丑陋，但是，就他看来也是革命性的。毕竟，他没有成为推动革命的自由主义者，更别说是社会主义者，而是相反地，先发制人，及时推进人性化合理的改革。他认为，政府一直保持对工会的信心，并在1906年，通过议会指导《贸易纠纷法案》（Trade Disputes Act），扭转了塔夫谷决定，将罢工财务负债从工会解除。那么工会（特别是南威尔士和兰开郡等最激进的地区）有没有安抚自己的民众来回报政府呢？没有。1910年夏，在朗达（Rhondda，英国国会选区），一位政府友好人士 D. A. 托马斯（D.A.Thomas）领导矿主展开了一场轰轰烈烈的工业行动。原因一直以来并在将来都是相同的，就像它们在 20 世纪 80 年代阿瑟·斯加吉尔（Arthur Scargill）和玛格丽特·撒切尔（Margaret Thatcher）之间的最后摊牌一样。业主，面临着正在消失的出口需求，要求紧缩；工人诉求的是最低工资和"非正常工作"的特殊奖励。事实正是：劳合·乔治坚持利用了这种状况，推动人民财政预算案，引导工会认为业主们会承受压力，或者，在未履行义务的情况下，立法将会通过。当这些都没有发生，激进的武装分子以及他们的出版物《庶民》（Pleb）开始为逐渐走向温和的工会制造阻碍。格拉摩根郡警察局长意识到势态已经严重到必须派遣警队去保卫矿坑；当势态要往暴动发展时，他向丘吉尔提出部队支援的请求。丘吉尔谨慎的回应是将伦敦警察发往托尼帕蒂（Tonypandy）支援。这足以引发进一步的挑衅，但不足以抑制或镇压它。11 月 8 日，一场激烈的骚乱爆发，导致了一名矿工死亡、60 间商店被洗劫一空。

在骚乱之后，由于丘吉尔下令出兵托尼帕蒂，从而也确保了他开始在劳动运动的恶魔黑名单中占据了一席之地。虽然他有喜欢在紧急情况下乱开枪的名声，也尽管耐心从来不是他的强项，1910 年秋天至 1911 年，这些煤田的事态发展其实是相当具有煽动性的。一个由诺厄·布莱特（Noah Ablett）领导的强大无政府主义和革命的核心团体，毫不掩饰其对传统工会策略的蔑视，更是在上议会游说，同时也公开地利用了工人对薪酬和条件的不满情绪，进一步促成了激进革命。1911 年夏，加的夫和特雷德加（Tredegar）爆发了更多由铁路工人引发的骚乱，两场暴乱都出现了丑陋的种族主义转向。在加的夫，罢工的船员袭击了华人社区的店主；在特雷德加，爆发了针对小犹太社区的屠杀。正是在拉内利（Llanelli）而不是托尼帕蒂，警队向罢工者（铁路员工）开枪，造成两人死亡，并引发另一场暴动，摧毁了 96 辆卡车，最终导致了爆炸事件和另外 4 人的死亡。

　　处理这样的局面对一位内政大臣来说不是一件容易的工作。特别是妇女参政运动跟进之际［由埃米琳·潘克赫斯特（Emmeline Pankhurst）和她的女儿克丽丝塔贝尔（Christabel）领导］，这对于武装部队来说并没有使情况变得更容易。与对待矿工一样，丘吉尔原则上一直是温和地同情妇女权益的，尤其是他的妻子克莱门蒂娜也是一位热心的妇女权益支持者。由于阿斯奎斯的摇摆与拖延促生了一个《和解法案》（Conciliation Bill），旨在给予女性选举权，但这项立法随后遭到了程序上的延误，妇女社会政治联盟［Women's Social and Political Union（WSPU）］的耐心被耗尽。曾在下议院大肆游说的内政大臣现在遭到了纠缠和骚扰。1910 年 7 月，在被女权运动者特丽萨·加勒特（Theresa Garnett）攻击一年后，丘吉尔本人在议会宣布，他将不再支持赋予妇女权利。

　　面对议会广场面前的群众游行，丘吉尔指示警方不准逮捕示威者，但另外，也不允许他们进入议会。意图虽谨慎，处理群众问题的方针实际上确保了灾难的发生。成千上万的妇女和她们的男性支持者，组织良好地拼尽全力对付警察。当然，头盔被打掉；粗鲁的骂声一片；人们聚集窃笑。这不是警察该做的。在 1910 年 11 月 18 日的"血腥星期五"，推搡的事态演变成六小时的奋战，警方开始处理并殴打尽可能多的妇女参政权论者（同时也吃到了抓伤和脚踢的苦头，这次是轮到自己）。虽然下令零逮捕，最终还是有 280 人被逮捕。

　　这样的情况只会推波助澜。霍洛威监狱内，在潘克赫斯特夫人和埃米琳·佩西克-劳伦斯夫人（Mrs Emmeline Pethick-Lawrence）的领导下，被捕的囚犯开始绝食抗争。作为回应，她们被残酷地强行喂食，那些金属夹、橡胶管和恶心流体通常会令她们再次呕吐。冰水通过水管冲刷到她们的牢房 6 英寸之深处。监牢之外，妇女社会政治联盟运动显然针对性地瞄准了那些有关男性对女性行为的刻板印象的事物。女人们喜爱购物不是吗？商店的大玻璃被砸碎［如玛莎和斯奈格夫（Marshall & Snelgrove）、斯威和威尔斯（Swears & Wells）、利宝百货公司（Liberty）］，伦敦更加华丽的街区（政府机关所在的白厅、俱乐部区所在蓓尔梅尔街）成了碎玻璃地毯。英国生活方式的其他避难所也未幸免于难。"妇女选举权"的口号被鼓吹者们用酸性物质燃烧在高尔夫球场的绿地上，其中就包括巴尔莫勒尔的球场。

女权运动中最激进的一位就是艾米丽·怀尔丁·戴维森（Emily Wilding Davison），不断提出新的战术，将女性的游击战争带入了上层阶级的核心地带。首先，她被发现在议会广场上，手拿石蜡浸泡的亚麻布，意图点燃邮箱。在短暂的牢狱之灾之后，她组织袭击了劳合·乔治在萨里的沃尔顿山（Walton-on-the-Hill）上买下的新房子，成功地摧毁了一半，尽管没有被当场逮捕。最后也是其中最著名的（殉道）事件，艾米丽终于实现她的愿望，在 1913 年的德比王家赛马会中，在马匹奔出的那一刹那，她冲向了赛道，惨死于马蹄之下，魂断赛马场。巧合的是，在她冲进赛道的那一刻，正是国王的马处于领先的位置。

1913 年，英国复兴的自由纲领连同其自身权力基础似乎正在分崩离析，以至于这段时期的经典叙述，如乔治·丹杰菲尔德（George Dangerfield）的《自由英国的奇异之亡》（*The Strange Death of Liberal England*，1936），将这视为一场自我毁灭运动中的一段耐力训练。尤其是，丹杰菲尔德意识到自由党企图将自己与约翰·雷德蒙德（John Redmond）的爱尔兰地方自治集团捆绑在一起，这也成了他未来悲哀的缘由。但如果这是为了保卫权力的战术必要，那么，对自由党人来说，也是一个原则问题。丘吉尔记得他父亲在阿尔斯特抵抗运动这件事上的强硬态度，不知何故，希望自己也以同样热忱来平息抵抗，看到一个帝国内部的爱尔兰议会。如果这个目标最终证明是不可能实现的，那么伟大的改革行政部门的收益并不是昙花一现。就像他的政治生涯早期许多政策一样，它们已经被诊断为概念上轻率、承诺上虚假、结果上短视。但所有这些判断都是从社会主义英国这个角度出发而提出的，而这本身已经开始与致力于生产资料公有制的"老"工党一起消失。吊诡的是，正是乔治·丹杰菲尔德（在纽约《名利场》中的许多出色的作品）认为的正在做垂死挣扎的自由主义（具有社会良知的资本主义），在 20 世纪40 年代末期，超越了福利国家的正统，更好经受住了时间的考验。一个世纪以来，新工党看起来就像是新自由主义的子孙。

如果劳合·乔治到德国考察过失业问题，丘吉尔作为德国元首的客人，直接目睹过一场军事演习，那么，他应该理解威慑作用，足以知道德国方面显示武力是为了防止战争而不是加速它，特别是为了阻止紧密的英法联盟以及它们与俄罗斯在 1907 年签署的三国协约。但是，这一策略并没有拆散它们，反而使得联盟变得更为紧密，尤其是 1911 年夏天当德国政府决定展示势力之后。一艘炮舰——"豹"号被派往在摩洛哥的大西洋港口城市阿加迪尔（Agadir），意图提醒法国，如果要强加一个保护国，那么就不能忽视德国的海军力量。阿加迪尔事件也有助于促进英国政府维持对德国良性海军优势的决心。在这样一个典型的紧急关头（红布时刻，斗牛用的红布）丘吉尔曾拿"豪华的"来描述德国舰队，也就是说德国拥有一支庞大的军队，而英国只有海军作为帝国国防的重要手段。这并没有减缓竞争性军备的速度。

所以，当丘吉尔在 1911 年秋天成为海军大臣的时候，他带着刑具刮板指王家海军的组织。从理论上讲，这可以被看作是从内政部降职的行为，但是这并不是阿斯奎斯或者丘吉尔本人对这份工作的看法。首相承认，这是一个完美的方式来利用丘吉尔活塞驱动机器般的能量，尽管有时在内务上表现得过于火热，但还是可以被建设性地使用的。而对于丘吉尔，尽管他偏执地认为王家海军不过是"朗姆酒、鸡奸与鞭笞"，这是他强烈的历史使命感的实现。新官上任三把火，很快就席卷了海军。前任海军大臣——约翰·杰基·费希尔爵士（Sir John Jacky Fisher），虽然已经年逾七十，还是被召回海军提供咨询（内阁有些出乎意料）。丘吉尔着手实施一些费希尔最关键的调整计划。重炮将被安装在快船上，并且，最重要的是，这些舰队现在将通过石油而不是煤炭来驱动，更高效但也增加了更多的成本。回想起这一个决策，一项对盎格鲁-波斯石油公司所做出的承诺——看起来显然是无辜的，或者至少是纯粹合乎逻辑的（所以在大多数的丘吉尔传记里轻易被掩盖）——这是一次对大英帝国的命运有着更深刻的影响的决策，更不用说世界的历史了，几乎比其他任何丘吉尔决策都重要，直到 1940 年的 5 月。这让大英帝国以中东作为存在条件，成了印度和埃及之间的中间环节。反过来，这将使在 1921 年还是殖民地大臣的丘吉尔成为英国在巴勒斯坦事务的坚定支持者，并在伊拉克（前美索不达米亚）和约旦担当保护者的作用。这将招致苏伊士，而苏伊士招致了伊斯兰极端主义。对于盎格鲁-波斯石油公司（丘吉尔在 1914 年确保了英国政府获得其中 51% 的控股权），将导致伊朗成为英美石油的共同利益争端，将导致中情局（CIA）推翻摩萨德民主（Mossadeq democracy）和恢复巴列维王朝（Pahlavi dynasty），也将导致阿亚图拉·霍梅尼（Ayatollah Khomeini）的出现。而这段时间，正是英国的煤矿转向末端冗余的时期。但在第一次世界大战前夕，战舰已经万事俱备，严阵以待。然而，内阁却为何时，以及是否需要舰队而产生分歧。

丘吉尔为其壮观的海军估计吃了不少记闷棍，特别是从劳合·乔治那里。劳合·乔治想知道，他还真的还是一个自由党人吗？但尽管占少数，丘吉尔同外交大臣爱德华·格雷爵士一样确信，如果一场战争将在巴尔干地区爆发的话，德国将与奥地利、匈牙利结盟，而且更可能以向西攻打法国作为回应，比利时具有均等的可能性。他还认为，阻止这种情况的最好方式，在于一个真实的与法国肩并肩结盟的承诺，而不是纸面上的，并且坚决将对比利时的袭击视为英国的直接威胁。当然，他回想起小威廉·皮特在 1793 年也采取了类似的立场。尽管恐怕会被指责为闲散和不合时宜的历史主义者，他也从内心坚信，除了任何意识形态的反共和主义，关于革命法国无法控制的扩张主义，皮特和他的同事亨利·邓达斯显然是正确的。所以，事实上，在不了解施利芬计划（Schlieffen Plan，同时开辟东西两条战线），或者更为激进的德国政策（于 1916 年提出正式）的情况下，他已经感觉到德意志帝国会将东欧的大部分地区变成自己的殖民地，将西欧的部分地区变成更大的德意志帝国的附庸国（例如荷兰）。

1914 年夏天的大部分时间里，战争似乎更有可能爆发在爱尔兰，而不是在波斯尼亚（Bosnia）。阿尔斯特统一主义者和民族主义者分别组建了自己的武装阵营，丘吉尔于 1912 年前往贝尔法斯特进行温和呼吁，希望（反对希望，并反对概率）地方自治条例的第三次尝试会取得成功。但在阿尔斯特，面临直接的新教徒反抗的威胁，最终它还是破产了。第一次世界大战本身就会完结地方自治的最后可能性。

正是在这些时刻，历史站到了温斯顿·丘吉尔一边。在 1914 年 8 月上旬，它给这位大臣发出了复杂的信号。在敌对爆发的边缘，他去往波特兰海角看舰队出航。当伟大的灯塔从薄雾中涌现，丘吉尔浪漫的想象力也一路航行，"暴风雨中，船只组成了一条遥远的航线……站在拿破仑和他统治的世界之间"。但丘吉尔已经是一个很好的历史学者，并已经目睹过足够多的杀戮，幸福感里掺杂不祥的预感。毕竟，他已不再是一位长矛小兵了。他有妻子和小孩，还有一个高级办公室。1914 年 7 月 28 日，他写信给妻子克莱门蒂娜：

我亲爱的唯一、美丽的夫人：

一切都正在走向灾难和崩溃。我感到兴奋，这使我斗志昂扬且高兴。这样想难道不可怕吗？准备工作对于我来说是一个可怕的诱惑。我祈求上帝原谅我如此可怕的轻率情绪。然而，我会尽我所能为和平努力，同时，没有什么会促使我不正当地发动进攻。我不觉得我们这个岛屿在任何程度上需要对这场席卷基督教思想的疯狂浪潮负责。没有人可以衡量后果。我想知道是否这些愚蠢的国王和元首会聚集在一起，将这个国家从地狱中拯救出来，复兴王权。但我们所有人都飘忽在一种沉闷恍惚的催眠状态里。好像这是他人的事！

圣詹姆士公园湖上的两只黑天鹅产下了一只可爱的小天鹅——灰色，蓬松，珍贵，独特……帮我亲吻那些小猫（他们的孩子），永远爱你。

这场战争折磨着丘吉尔的耐心，他完全体面地避免长时间的屠杀。和许多其他待命的人一样，无论是政治人物还是军队官兵，他以一种奇怪的幸福感来迎接战斗的到来，但同时对他的反应感到羞愧（"这不可怕"）。随着战争陷入可怕的僵局，丘吉尔开始变得绝望，迫切需要的不是"杀人铁丝网"的战略。正是这种行动的冲动促使他在 1914 年 10 月，与外交大臣格雷以及陆军大臣基奇纳勋爵协商后，去往安特卫普。他在那里指挥防御，甚至提出，如果政府认为他的才能会更好地用于军事而不是政治指挥，那（令人惊讶）他将提出辞职。

弗兰德斯（Flanders）让他了解到西方阵线的关键重要性，这也是部队将军和基奇纳一直在内阁辩论的议题。但是丘吉尔关于突破的悲观主义思想（后被证实完全合理），激励着他推进一个完全不同的策略。为什么不进攻德国联盟最弱点——奥斯曼土耳其呢？

丘吉尔的计划，由费希尔借调，是"攻占达达尼尔海峡"（Dardanelles）——隔在地中海与黑海之间的一条狭窄的海峡，并且攻占君士坦丁堡。这将有双重优势，保护埃及（更不用说在波斯和美索不达米亚的油田）免遭德国的攻击，并说服巴尔干国家（如一直保持中立的罗马尼亚）更加坚定地加入盟国的一边。

情况没有按计划进行。最优策略是联合海陆行动，在陆面登陆一支大型远征部队之前，军舰应先削弱土耳其的堡垒。但是，基奇纳对于部队的承诺不屑一顾，所以 1915 年 2 月 19 日，丘吉尔进行了一次独立的海军突袭。没有一个目标得到实现。扫雷舰未能充分扫荡；战舰炮未能攻下土耳其炮兵要塞；三艘军舰，包括法国战舰，被击沉。当基奇纳终于给了他授权，试图联合一支由 70 000 人组成的澳大利亚–新西兰–法国–英国部队（其中包括温斯顿的弟弟杰克），在一个名叫加旦波利的岩石半岛上展开战斗，但最终数千人被土耳其保卫阵地的炮兵部队摧毁。一个滩头和山顶被占领，沙滩和浅滩上躺着的尸体成了一景。

1915 年初，加里波利的屠杀几近摧毁了丘吉尔的职业生涯。杰基·费希尔辞职了，并否认战斗一开始对达达尼尔海峡进行突袭负有责任。必须有人承担责任。没有强大的政党基础，那个人不可避免地成了丘吉尔。1915 年 5 月阿斯奎斯已与保守党一起形成一个联合政府，他们的清单上的其中一项就是驱逐那些在 1904 年背叛过他们的人。是谁曾经通过人民财政预案如此欢喜地蹂躏过他们。丘吉尔被正式贬为兰开斯特郡大臣，在战时这是一个毫无意义的工作职位。对一个不顾一切渴望付出一些积极的战时服务的人来说，这是足够坏的了。但是同年 8 月的另一次在土耳其的陆军登陆企图失败了之后，运动被放弃，内线军事行动委员会也被清盘。

失去权力，且无计可施，丘吉尔陷入了一段被他称为"黑狗"的抑郁时期。有段时间，出于一些原因，克莱门蒂娜开始为他的神智担心。徘徊在他哥哥的花园里，断断续续处于痛苦之中，他撞见了自己嫂子

"谷妮"画的水彩画。她把画笔放到他手里。这拯救了他的心灵，把他从
自我消逝的阴影中摆脱了出来，更重要的是，给予了他一场必赢的战役：
"病态的压抑感离我远去。我抓住了最大的一支画笔，狂暴愤怒地落在我
的敌人身上。"但绘画似乎还是无法使他从负罪感中摆脱出来，也没有摆
脱消耗他的无奈感，他已经被剥夺了利用过人的精力来见证快速取胜结
局的机会。

　　只剩下一条挽回方式——主动服务（现役），温斯顿把握住了机会。
那时他已 40 岁出头，但继续坚持认为自己是一名士兵。当然不是老兵，
但他更希望自己可以作为一名准将，领导一个团。这目标有点高，特别
是对于一名前内阁大臣来说。所以丘吉尔咆哮，（最终）不得不和上校
做一样的事情，指挥一个王家苏格兰燧发枪营。这项服役的时间不是
很长——总共 6 个月——其中还不算上回家日以及员工在总部的时间。
1916 年 1 月，他到达普洛斯塔（Ploegsteert）火枪团分配的位置，收到
的命令是守住它，而不是开始对德国战线发动正面进攻。真正的服役都
是一样的。温斯顿开始体验壕沟，这在 1915—1916 年冬天到达了一个适
当的剂量。他踩着脚踩过遮泥板小路、半冻的污泥；当炸弹呼啸过来时
与其余的人一起下蹲；悲哀地看着半埋的尸体；甚至错误地在"无人区"
逗留，当他回来的时候，发现自己往日在壕沟中的位置受到了一次直接
的袭击。在所有这些不适和恐怖之中，丘吉尔保持了他一贯的兴奋情绪
和轻微不协调的激情，以及频繁表现出无视个人安全的态度。当然，这
也助使他像对待福特纳姆和玛森百货（Fortnum & Mason）一样摆布克莱
门蒂娜。1915 年 11 月，在布德维尔（Bout-de-Ville），他写信给他的妻子：

　　亲爱的：

　　　　我们已经完成了在战壕里的头一个 48 小时……早晨被我花在厕
　　所里和一个热水浴……设计得有一些糟糕……沟渠线……沿着从德

国人夺取的其他旧战线的废墟而建。污物和垃圾随处可见，坟墓被散乱地建于防御之内，脚和衣服上到处都是土、水、淤泥；呼啸的子弹越过头顶。在这一幕幕不断的伴奏中……在炫目的月光下，巨大的蝙蝠部队滑过……你能每周定期给我寄一小盒食物作为补充口粮吗？沙丁鱼、巧克力、罐装肉……尽快开始……你知道做一个重要人物是什么感觉吗？在这个伟大的军队里每100人中有99人必须对我触帽行礼。有了这个鼓舞人心，让我签自己的名字……替我亲吻伦道夫、戴安娜和那金色的萨拉。

当他确实得到了他的上校军衔以及他的苏格兰燧发枪营的时候，丘吉尔立刻意识到了士兵们受到严重的挫伤，因为卢斯战役的惨痛经历而士气低落。只有两个星期再次准备投入战斗，去往被派遣的地方——弗兰德斯的普洛斯塔战线。下级军官，尤其是军士并没有不自然地怨恨这位强加于他们的中年有些笨拙的大吼大叫的人物，他们为他的非正统的检阅和演练方式感到惊讶，通常就是那种不同于常人的热情的混乱场面。但很快就变得显而易见，温斯顿真的准备好了与他们分担危险和艰辛（虽然不是沙丁鱼），真正忠于他的手下，以及不应该让自己的队伍遭受不必要的人员伤亡的决心。而他们收到的命令只是保持自己所在的位置，所以，他们从来没有去过海格元帅致命的"大举推进"的那些战场，丘吉尔所在营的死伤率是远低于平均值的。然而，这并没有阻止克莱门蒂娜为自己丈夫的命运而担心致病，或许，他已达成自己意愿的事实也没能缓解她的焦虑。

如果克莱门蒂娜曾担心他的离开，那么在1916年3月，她更是吃惊看到他这么快就回来。他可能尝试做一个坚定的好战士，但在丘吉尔的血液里并没有完全放弃从政的打算。炫耀起自己的服役，好像自1914年以来一直这样，他突然反常且不太明智地出现在下议院里，攻击了战争中的海军行为，由于自己的离职，他呼吁古板且极反复无常的杰基·费希尔的回归，结果引来一片惊愕和怀疑之声。演讲没有引起任何反响。但这没有阻止丘吉尔为竞选而战（呼喊"达达尼尔海峡如何？"），也没有阻止首相劳合·乔治全心全意听从了他的意见，最终在 1917 年 7 月将他命名为新的军需大臣（保守党咬牙切齿）。事实证明，这是一个绝妙的选择。丘吉尔在第二次世界大战所做的很多事情就是他在 1916—1918 年的工作预期：解决多年以来的"炮弹短缺"问题；在政府任何人之前坦率地接受征兵，也证明了他足够勇敢或足够现实地看到了它的不可避免性；并倡导一种可能打破僵局的全新武器——陆地装甲舰（Land Ironclad）或坦克，丘吉尔承认这一想法是从自己的朋友 H. G. 威尔斯的预言里得来的。可以预料到，基奇纳驳斥了坦克的提议，认为这只不过是"机械玩具"（引起了威尔斯和丘吉尔的厌恶），并确信这一新的杀戮机器最初只是作为一个防御性的新奇事物，而不是一个新型的骑兵力量。但事实是，当作为突击车使用时它们如虎添翼，在 1917 年 11 月的康布雷（Cambrai）战役中证明了自己的价值，在一些地区将英军防线向外部推有 5 英里。

约 800 万名战斗人员死亡，以及随后 2 500 万人的额外死亡后，战争结束。1918 年 11 月 11 日，停战纪念日，威尔斯描述了军用卡车行驶在伦敦的街道上可以载上任何人去往任何地方，而这"庞大的闲置人群"主要由学生、儿童、中老年人、后方士兵组成，街道上的景象令人窒息："每个人都漫无目的，有着一股紧张又疼痛的释然感。"搜获的德军炮车成了特拉法加广场上的篝火。但至少威尔斯感觉到了疲惫和悲伤压倒了欣喜："人们想笑，想要哭泣——可都不能做到。"从牛津大学辍学成为一名护士的薇拉·布里坦（Vera Brittain），注意到男人和女人怀疑地看着对方，没有喜极而泣说"我们赢了"，他们只是说"战争结束了"。即使这样的释然也被寒冷的阴霾所取代，几乎她所有最好的男性朋友都死去了：战争结束，新时代来临，但故人亡去，永不再来。

尽管往常情绪激昂，丘吉尔仍然理解这一陌生的复杂情绪。作为"战争与空军"新官员（一个渴望训练的飞行员，直到一次失事使克莱门蒂娜禁止温斯顿再进入驾驶舱），他负责处理复员事项，而这件事在他上任之前，对所有那些从炼狱中幸存下来的人来说，已经成了巨大的愤怒和痛苦的根源。根据工业和经济优先事项，他们理应被复员，这不可避免地意味着缓慢。由于察觉到这一不人道现象，丘吉尔加快了复员速度，伤员情况、年纪和服役时间是他考虑的优先级条件。

这至少是他能办到的事。在大战中，至少有 70 万名英国军人身亡，150 万人受伤。另有 15 万人在 1918 —1919 年的大流感中失云了生命。将近 30 万名儿童失去了父母中的一方，整整一代年青人中有十分之一消失，其中就包括鲁德亚德·吉卜林的独子，悲痛使伟大的帝国传统转身走向更深的忧郁。在他于 1916 年出版的《布利特林先生看穿一切》（*Mr Britling Sees It Through*）一书中，威尔斯想象"英国小子"（虽然他自己的儿子还太年轻不能服役）在同样的苦难中与一名德国父亲一起失去亲人："人来了，挣扎着，受伤又受罪，在时代不断笼罩的黑暗之中，这将会再次粉碎并耗尽他们。"一个可预测的人类的完美反应就是'折腾完余生"，在此沉浸于"切斯特顿欢愉、事物冲突。让人类从泥浆和血液之中摆脱出来，就像之前的失蹄一样"。但是对于威尔斯以及一些志同道合的作家，如萧伯纳和阿诺德·贝内特来说，这必须也是普遍性大屠杀发生的条件被解除的一刻（也许是最后一次），同时应该除掉的还有荒谬的帝国与君主，以及对教会和领土的部落式幻想。取而代之的将会是一个国际自由联盟，而坚持这个主张的就有萧伯纳、贝内特、哲学家和平主义者伯特兰·罗素（Bertrand Russell）。这个虚拟的国际政府，通过科学而组成，受到对普遍人类命运无私维护理想的激励，必须开创一个新的历史，否则数百万人的牺牲将会变成徒劳，犹如咧着嘴笑嘻嘻的人讲的拙劣玩笑。所有这些威尔斯的《现代乌托邦》（*The Modern Utopia*，1905）中所称的"新武士"，都对《凡尔赛条约》的报复性条款深感失望——将战争的责任和代价归咎于德国。威尔斯也为给予国际联盟的有限权力而感到沮丧，由于美国国会的条约否定而更为削弱了。

对于这个新时代——普通人的命运将真正成为他们的统治者所关注的事物——在国内也出现了误导迹象，或许这时代真的到来了。在 1920 年的停战日那天，威斯敏斯特教堂的中殿为战争中的无名烈士举办了葬礼，这至少象征性地看起来，像是在预示着一个受节制的民主政权。这个想法已经被大卫·雷尔顿（David Railton）提出，一位来自肯特马盖特的牧师，之前曾在阿尔芒蒂耶尔（Armentières）担任军队牧师，并致信给威斯敏斯特院长。战场遍布着无标记的临时性坟墓，而这将成为普通士兵衣冠冢，由勒琴斯设计的战死者纪念碑在白厅被建立起来。国王对此表示反对，以及对寇松勋爵的任命，没有注意到他对普通人的同情或认识，作为委员会主席没有好好表现。但劳合·乔治，负责主持联合政府（绝大多数），看到了它的宣传价值，并故意煽动宣传来推进该计划。六队人马被分别派遣到弗兰德斯的 6 个公墓挖掘尸体，对匿名士兵的选择则通过蒙蔽最终做决策的军官完成。英文橡木棺木已经准备好了并刻上了铭文，就像西敏寺修道院的黑色比利时大理石上的斑块一样，以最简洁且沉重的方式描述——"1914—1918 年在大战中为国王与国家牺牲的英国士兵"。六艘驱逐舰护送棺木穿过海峡，受到了来自多佛城堡礼炮致敬；然后送至伦敦的维多利亚火车站，从 11 月 11 日起，它被扛上了首都的街道，国王步行跟随其后。三名领队是三名军队总参谋长，海军元帅黑格、海军上将贝蒂（Beatty）和空军元帅特伦查德（Trenchard）。坟墓被埋葬于著名大人物的雕像周围，与这些士兵一起埋葬的还有来自这场战争的每一个伟大战场的 100 袋沙土。在安葬的第一周，超过 100 万人前来瞻仰，在新建纪念碑周围放置了 10 万个花圈。

战后的英国会像劳合·乔治所应许的那样，成为一个"英雄的国度"吗？无论如何，它将是一个由 2 700 万名民众组成的民主政权。在 1918 年终于给予 30 岁以上的妇女选举权，而 21 岁的男性则被视为成人，这都足以行使它，将不会存在链式特权。至少，战后短时间强劲的经济复苏证实了政府的一部分承诺。复兴大臣克里斯托弗·艾迪生（Christopher Addison），主持监督了 20 万户家庭的重建，实际上也是英国议会建设的开始；自由主义的历史学家、教育委员会主席 H. A. L. 费希尔（H.A.L. Fisher）将离校年龄提高到 14 岁，这是一个具有重大意义的小举措。在全国范围内规范工资和薪资，养老金增加了一倍，失业保险几乎覆盖了英国的整个劳动人口。

事实并非完全如此，在一些历史学家看来，"重建"是欺诈行为。但是，最明显的是重工业经济的变化，"战争社会主义"确实如劳合·乔治所料想的一样消失，与此同时，至少在劳动运动中，一个积极的政府应该要采取一些举措来减轻旧工业制度的不平等现象。毕竟，经营政府的都是维多利亚时代过来的人，他们毫不犹豫地决定尽快彻底解除国家对原材料、制造业、通信行业、工资、租金的控制。而且即使劳合·乔治任首相，政府的政治色彩是强烈泛蓝的，毕竟多数人完全依赖于与占主导地位的保守党人、北爱尔兰统一党人的联盟。

任何关于国有化煤炭工业、码头或铁路的言论都不被鼓励，尤其是在工会之中。而在 1920—1921 年，当繁荣转向低迷时，没有什么可以阻止人民——斯坦利·鲍德温称之为"那些看起来在战争以外做了好些事的铁石心肠的人"——重新拾回他们在 20 世纪头十年里所采取的强硬战术：减薪和停工。

在任何情况下，劳合·乔治并不需要由保守党领袖安德鲁·博纳尔·劳（Andrew Bonar Law），或政府的其他极右翼人物如 F. E. 史密斯（F.E.Smith）和寇松勋爵为他提供说法，"战争社会主义"的终止是一个重要的目标，恢复货币正统是英国"重建"的必要条件。如果有人指出他已经明确关于什么是"重建"会有两个完全矛盾的解读：一个是社会的民主；另一个则是保守党的传统主义，首相只会令人不安地转身，直到天真又模糊地意识到"分而治之"是重要的。要么你得到它，要么就没有；如果你没有，那就会被抛弃在劳合·乔治的小圈子之外。现在，他比以往任何时候都相信，他可以通过纯粹的魅力来治理国家，并通过强硬的政治手腕加强。在他为自己制造的"赢得战争的人"的形象（在他自己的脑海里和许多其他人的脑海里）基础上，他不再是一个单纯的领导政党的政治家，而更像是位不可或缺的"政治活动家"。随着政治权威的蒸发——美国总统伍德罗·威尔逊（Woodrow Wilson），以及他的同胞、战后的和平缔造者法国短暂的战时总理乔治·克莱门索（Georges Clemenceau），正是劳合·乔治填补了真空，作为一个欧洲（也就是说世界）的仲裁者。这个趋势越是变得明显，他越欢喜，昂首阔步，闪烁着邪恶的笑容，对于恳切的媒体，他就像一位彬彬有礼的情妇，他无可置辩地享受这一切。联盟在议会中几乎没有面临任何威胁，它是由 59 名工党成员组成的主要反对党以及"纯粹"自由党的枯萎的余孽，表面上由酗酒、头发稀疏的 H. H. 阿斯奎斯（H. H. Asquith）领导，在 1916 年，他从来没有得到过被废黜劳合·乔治的指令。没有受到太多挑战，首相很少屈尊在下议院现身，而在唐宁街主持一个华丽的政权。通过晚宴来统治，其武器包括巧妙的有针对性的谣言、谨慎的商业好处、时不时半玩笑式地威胁戳一下肋骨。荣誉待价而沽，商业的内部操作也如期而至。当劳合·乔治越来越像一名流氓黑社会首相的时候，他和他的唯一明显的政敌丘吉尔之间的甜蜜期也越来越短。

一切都在往坏处发展。苏格兰的罢工和骚乱，爱尔兰的野蛮战争，抵制，罢工，印度的屠杀——寇松勋爵在 1918 年鼓吹的全能帝国国家，正面临分崩离析的威胁。裂缝在外围被撕裂得更大，在那里有彻底的叛乱。在爱尔兰，志愿者们受到不只是工会会员，还有由约翰·雷德蒙领导的地方自治鼓吹者的煽动，他们在弗兰德斯忠诚服务的美德也使其自寻灭亡。当他们正变成帕斯真戴尔（Passchendaele）和梅嫩（Menin）路的幽灵的时候，其致命的对手爱尔兰共和军（IRA）——在1914年还是个微不足道组武装力量——壮大到了一个真正的军队的水准。调和剂或者说是权宜之计，带来了最肆无忌惮且好战的工会成员——爱德华·卡森爵士（Sir Edward Carson）。他进入联合政府，触发的不仅仅是1916年的都柏林复活节起义，更可怕的是，英国政府绝不会允许爱尔兰有独立的意识，除非受到强迫。在1918年的选举中，地方自治鼓吹者的余部被致力于即时自由的共和国的新芬党所取缔。

此外，还第一次出现了严重的苏格兰地方自治运动，推动这场运动的部分原因是惊人的不成比例的苏格兰战争伤亡人数：557 000个苏格兰人的26.4%失去了生命，而对英国其他军队而言这个比例为11.8%。讽刺的是，作为帝国军队的支柱长期以来一直是苏格兰传统，从美国独立战争到印度兵变，而这也导致了他们被置于最危险的阵地，或者做了一些疯狂的自杀式行为的排头兵，被海格或元帅亨利·威尔逊爵士这类人所摆布。但在格拉斯哥，八分之一的人口仍然住在单间住宿里面，该地区的经济由于紧缩的造船业而变得脆弱不堪。士兵复员，失业率也随之上升。作为回应，工会提出了缩短工作周的要求，使可用资金广泛流动成为可能，并保留工资和租金管制。当他们得不到政府响应，一场40小时的大罢工被号召起来，最终在乔治广场集结了10万人的示威活动。一面红旗在广场飞舞，政府警方如公牛一般被激怒。这次示威首先被政府宣布是一场骚乱，然后被定性为"布尔什维克主义"起义。都柏林已是措手不及，在1916年的复活节起义的时候，政府派出了12 000名士兵和6辆坦克来占领红色格拉斯哥。

尽管寇松心怀自满，在帝国的其他地方，一切情况都不是特别好。

或者说，有两个帝国，就如两个来自不同地区的英国人，以不同的方式和程度，经受着古典工业经济的老化所带来的阵痛。来自帝国的近 15 万名白色人种的本土军人在战争中丧生。英属白人自治领所做出的巨大牺牲——维米岭（Vimy Ridge）战场的加拿大人、加里波利的澳新军团、戴维尔·伍德（Delville Wood）战场上的南非人——可能使遭受个人损失的家庭为他们战死的儿子感到自豪，但这也不能与他们对帝国的情感相混淆，那个派遣他们上战场的帝国。可以理解的是，1915 年在加里波利战败之后，热情的志愿服务在澳大利亚大幅度下滑，并有强烈的反征兵趋势。这些国家集体将自己为帝国所提供的服务看成通往王权与母国的认同之路上的"激励时刻"，同时，不可否认的是加拿大的非英人口，尤其是南非的布尔人，他们的支持并不那么热心。魁北克就发生过招募骚乱。1915 年南非的选举显示，尽管还有扬·史末资[1]忠诚的努力，一半以上的布尔人不愿参加那场与德国的战争，一个支持他们的南非白人民族主义的友国。

　　麦考利关于有教养和自治的联盟的愿景正在成为现实，但是是由白人、讲英语的农民、银行家和种植园主组成的联盟。在非白人的帝国其他领地，这种互惠的感激和共享的利益就更不明显了。有近 100 万名印度军人在役，无论是在亚洲的"东方兵营"，还是在西方阵线，在战争期间，1916 年，在美索不达米亚的库尔特阿马拉（Kut el Amara）最终灾难性的一役中，被围困的由查尔斯·汤森爵士（Sir Charles Townsend）领导的军队最终投降了土耳其人。官方估计的印度死亡人数为 54 000 人，另有 60 000 人受伤。至少有 40 000 名黑人非洲人在法国战场的英国军队里担任了搬运工和劳工。除此之外还有殖民地非洲战区更多的战斗力量，虽然他们的伤亡率不可能确定，但很有可能已经相当高。

---

[1] 扬·史末资（Jan Smuts），南非政治人物、律师、将领。——译者注

无论如何，非洲近东帝国的战后忠诚度比之前更加摇摆不定。1918年，部分地被后哈里发时代穆斯林民族主义积累的势头和奥斯曼帝国的崩溃的形势所驱动，一个由埃及知识分子与政治家组成的代表团华夫脱党（Wafd），要求英国当局为终止自1914年以来的摄政政体而设定时间。在埃及的政府高级专员，如雷金纳德·温盖特爵士（Sir Reginald Wingate）没有遣散他们，但他对此并不乐观。即便是合作已经发展到了这样势态，伦敦一方如寇松等人还是不予理会，认为这是相当不明智的。在得知了拒绝的消息之后，埃及政府辞职，随之而来还有罢工和骚乱，与此同时，印度也同样发生了示威活动，并且结局更加惨痛。在英国军队和民族主义者之间的这场两个多月的战斗中，约有1 500名埃及人遇害。而在伊拉克，基于埃及连同苏伊士运河将由英国军队"保护"这样的基础上，一个反华夫脱便捷君主制政权建立了起来，从这令人失望和愤怒的一刻起，无数的邪恶蔓延开来。

1921年2月，丘吉尔成为殖民大臣，此前他就已经在攻击任何与华夫脱党妥协的人都是没有脊梁骨的懦夫，他明确地认为那些人是戴着土耳其帽的爱尔兰共和军。而丘吉尔——这个下巴高高扬起捶着桌子的好斗的帝国保卫者，这个不停歇的战争贩子，黑人以及爱尔兰黄褐色原住民的暴行保护者，这个着了魔地反共产主义的妄想狂说起布尔什维克主义就是国际传染病——往往被说成是"真实的"贵族反动派丘吉尔，在短暂反常地玩过一阵社会改革之后恢复原状。据说联邦主义在他的血脉里如父亲的血液一样流动着，他号召把俄罗斯革命扼杀在摇篮里，是出于对俄罗斯贵族及沙皇阶级联盟的深厚情谊。

然而，这些关于一次世界大战后的丘吉尔真实性说法貌似被20世纪剩余时间的苦涩而不容置疑的事实证明错了。从2002年的角度来看，几乎所有丘吉尔的观点，关于俄罗斯、爱尔兰、中东、甚至是德国战争赔偿和贝尔福推出后同意实行的封锁——看起来都有先见之明或者是乐观的。他经常是突然从强硬派转向走柔性路线，可是这些改变是从开始时反思要改掉好斗本能，接着深思熟虑后的宽宏大度。竭力扫除劳合·乔治派因子，要德国付出高昂代价的赔偿，他呼吁（大家）要有更大的灵活性和更宽大仁慈，反对禁运。丘吉尔与新芬党领袖迈克尔·柯林斯（Michael Collins）、阿瑟·格里菲思（Arthur Griffith）谈判，出乎意料，丘吉尔与后者还建立了友谊。谈判结果是一个爱尔兰南部省份和一个以清教徒为主的北方爱尔兰地区保留在联合王国里面。如果爱尔兰自治邦不是以地方自治的管辖状态留在不列颠王国里，至少它代表了某种联系的延续性。1922 年爱尔兰天主教内部之间发生的爱尔兰内战才打破了这一联系，断送了希望，而且正因为这才要了迈克尔·柯林斯的命。

也许丘吉尔确实是无所顾忌又不知疲倦地号召人们投入人力钱财支持亲沙皇的白军（White Army）尝试推翻俄罗斯的共产主义革命。但是假如说他故意唠叨有关布尔什维克是专制阴谋的话，招惹了英国社会主义者，时至今日，1917 年 10 月发生的事到后来的结果已经说明这一诊断完全正确；已经有充分理由为自由在新苏维埃的命运感到悲哀。到 1919 年，任何人都能看清在俄罗斯不只是制宪议会已经被毁，还有任何多党派民主的假象也不复存在，虽然说是持续的战争给了革命领袖弗拉基米尔·列宁一个绝好的借口来制度化他的警察国家。

1921 年 3 月，这时的殖民大臣丘吉尔和托马斯·爱德华·劳伦斯、东方学家格尔楚德·贝尔（Gertrude Bell）一起到埃及骑骆驼去了。然而在 3 月的中东会议上，也许他被一个海市蜃楼迷惑了：阿拉伯人和犹太人肩并肩地齐头并进发展。国际联盟已经授权英国托管巴勒斯坦，他说，这包括建立一个"犹太人的民族家园"，正如 1917 年 11 月《贝尔福声明》里承诺的那样，一个月后的 1917 年 12 月英军中东总司令埃德蒙·艾伦比将军（General Edmund Allenby）的部队从土耳其人手里夺取耶路撒冷。但是丘吉尔也许是幼稚了，他强调这不是强加给阿拉伯人群的（1921 年 3 月在加沙，他看到一群巴勒斯坦人高呼支持英国，但没人给他翻译同样热烈地喊出的口号如"犹太人去死吧"）。丘吉尔真心希望到时候阿拉伯人也许能认识到犹太人定居可以作为整个地区现代化转型的胚芽。丘吉尔毫无疑问是一个锡安主义者，因为他相信应对仇恨反犹太主义的出路（到头来）就是建立一个犹太人的国家，而它的唯一合法之处就是这个给予犹太人及其宗教（双重）身份的地方。他希望通过在伊拉克和外约旦建立君主制，重建某种事实上的伙伴关系，或者起码是默认关系，类似于在印度占主导地位的君主邦国孟加拉和孟买那样，由英国直接统治的现代中心关系。

当然，这一谋划在印度本身就落空了。当他和费希尔让英国军舰从煤改用油的时候，丘吉尔是打开了第二个巨大的潘多拉盒子（第一个是格莱斯顿在 1882 年占领埃及的决定）。那么这时候有太多理由要在中东抓紧，牢牢把握住——石油投资、苏伊士运河的战略保护，在运河边建造一个巨大的新军事基地，小心对付奥斯曼帝国之后的各个阿拉伯君主国，要保证他们不落入民族主义者之手，那会毁了印度的生命线，或者进而支持那里的"不满者"；还有，也许要和劳合·乔治一样粗鲁顽固地坚持，因为英国已经通过"征服权"赢得巴勒斯坦，那就有权利继续待下去，托管权确认了这一点，但是英国 40 年的管理最后变得既不让人开心也不是特别光彩。

1922 年，长久以来外缘磨损后的联合终于散架了。那年 11 月的选举，自由党——特别是劳合·乔治那一派——实际上消失了。丘吉尔自己在邓迪以少于对方 1 万票而落选。丘吉尔强颜欢笑，和妻子一起去了里维埃拉（Riviera），他手里拿着 4.2 万英镑的回忆录预付款，在戛纳（Cannes）附近租下一个叫维多尔（Rêve d'Or）的别墅，要住 6 个月。他在这里到处转悠，看看地中海，画画，还有写作《世界危机》（*The World Crisis*，1923）。没有政治盟友可以叙说，没有政党基础，也没有真正的支持者，但是在松树下，在金色的梦里，生活，哪怕是威斯敏斯特之外的生活也还是很惬意的。

威尔斯这时候正在探索另一片不同的领域，写着完全不同的历史。1918 年，人们经常在埃塞克斯郡滨海利（Leigh-on-Sea）的海滨大道看见他走在路上，这是他为他的作家情人丽贝卡·威斯特（Rebecca West）和他们的孩子安东尼找到的乐园。威尔斯也喜欢在岸边漫步，然而这里是泰晤士河入海口地区，河水浑浊带着海腥味，这里潮汐引起的水波里富含狸藻和浮渣，退潮后露出铁锈般褐色的泥。威尔斯热爱这种水，以及它融入其中的冷灰色海平面，然而他的思想和他的历史都超越大不列颠的边缘走向一个空间和时间都更为广阔的区域了，这时候他认为值得书写的历史只有这个星球上的人类种群历史了。他在 1919 年出版《世界史纲》的系列部分，后来合成一个单卷，被译成各种语言，成了 20 世纪最畅销的历史书，销量仅次于《圣经》和《古兰经》。到 1921 年末，这本充满了细节的 1 300 页的书在英国就卖出了 15 万册，美国是 50 万册。到 1922 年末，当丘吉尔在埋头写回忆录时，威尔斯已经卖掉了用其他语言出版的 100 万册，包括斯洛文尼亚语和日语。

《世界史纲》一书使得它的作者富裕了，更重要的是它让他成了一个全球知名的人。威尔斯一定对这一点很满意，他想要自己的"世界史纲"讲述的世界历史可以像传教士布道一样传播。一开头，不是说英吉利海峡上迷雾散去向恺撒的船队露出白色悬崖的轮廓，威尔斯是从一个虽然小小的、明显是无足轻重的物质圆球在太空深处旋转开讲的。他要重写历史，从生物学、地质学和考古学角度写，但不像麦考利和丘吉尔那样认定的——一直以来发展延续的人类文明往世界其他地方散播福祉的进程。相反，那些原则在这本书中消失了，化为一个更宏大的种群、文化，以及帝国的出现和消亡。地质学和考古学讲的是埋藏在岩基地层或流沙下面的不朽故事的幻觉之一。对于科学家威尔斯来说——他喜欢思考，直接通过他的老师赫胥黎——生存，或者至少是在战争的大灾难之后，人统治的延续，关键在于历史提供了一种惩罚的限制感。通过鲜明地描绘当时的欧洲–大西洋场景，又以同样深入地考察赫梯人和蒙古人，玛雅人和奥斯曼人，威尔斯希望在还不是太晚的时候传递一种共享命运的感受：“如果没有共同的历史观，就不会共享和平与繁荣。”因此在这种全球观之下，书里用了整整 30 页讲穆罕默德和他的继承者的故事，而在麦考利书里占了好几卷的 1688 年光荣革命——在辉格党人传统里那可是至关重要的，并决定了英国人的身份——被缩减成了短短的枯燥的一段。

　　威尔斯认为，现在迫切需要的是一个新的启蒙运动，一个基于科学的、普遍认可的常识知识库，这将超越狭隘且沾沾自喜的关于国王、国家和民族的神话历史。有了这样崭新的通用百科全书（因为人们似乎需要它），还需要一个广义上的宗教信仰支撑：“宗教本身是纯洁的……天国、兄弟般的友谊、创造性的服务、忘我精神。”这个真正的普世宗教能让基督教和伊斯兰教这些宣称单一真理的信仰当中的残酷和野蛮变得多余，那些残酷和野蛮使得他们彼此吃尽了苦头。“人们的想法和行为将会围绕教育、实践，以及人类自身的各种思想运转，从自我痴迷中摆脱出来，从而热衷服务于人类的认识、人类的力量和人类团结。”这些议定的原则会来自一个新的世界政府，不是由蓄积的权力所强加的，而是由那些发誓要抵制它们的人建立：无私的、柏拉图式的知识分子阶层（像他一样），威尔斯故意且不太妥当地将他们称为“新武士”（new Samurai）。他的《世界史纲》这样收尾：

> 战争是可怕的事物，恐惧将不断升级，所以除非结束它，否则它就会结束人类社会……似乎也有人幻想一个世界秩序和一个普遍的正义法则终将结束人类的冒险。将会，但怎样开始呢……迄今为止，人类一直住在一个贫民窟之中，充满了争吵、报复、虚荣、羞

耻、无耻、热烈的欲望和紧迫的胃口。他几乎没有品尝过一口由科学为他开启的伟大自由世界里的甜美空气。

还有哪一个英国人会有如此令人欢欣鼓舞的国际主义的思想呢？在威尔斯先生的新世界秩序中，他父亲的乡村板球和绿地将变成什么样呢？至少年轻人没在意。他的费边主义老战友格拉汉姆·瓦拉斯讲出了他最乐意听到的恭维话，如果现在威尔斯"如我 60 多年前一样，还是一名六年级的男孩的话，那么这个人将为我改变整个世界"。

至少有一位伊顿的六年级男孩埃里克·布莱尔（Eric Blair）——也就是未来的乔治·奥威尔，尽其所能阅读了所有威尔斯的作品，在那时，他对乡村绿地上发生的事情毫无兴趣。

第八章

忍　耐

　　乔治·奥威尔的历史轨迹永远不会与温斯顿·丘吉尔一样，但他的历史老师却可能是。在圣塞浦里安（St Cyprian's）伊斯特本（Eastbourne）的一所预科学校，为期五年的学习生涯的最后一年，他赢得了经典奖（the Classics Prize）并荣获哈罗历史奖的亚军。那位不同时期出现在圣塞浦里安的历史教师，也是丘吉尔和G. M.屈维廉的老师——乔治·汤森·华纳（George Townsend Warner）。华纳先生于1916年去世，也就是那一年，年轻的奥威尔——埃里克·布莱尔获奖，但毫无疑问，埃里克曾多次见到这位老先生分发书籍，并高谈阔论，认为帝国的命运取决于它的男孩们是否熟悉其历史。

　　当时的埃里克没有多想。多年以后在他的作品《如此欢乐的童年》（*Such, Such Were the Joys*，1947—1948）中，奥威尔对幼时的学校体制进行了反击，认为历史课和所有圣塞浦里安的其他课程一样，仅仅只是帮助男孩们准备公立学校入学考试并赚取声誉和金钱的死记硬背填鸭式课程。英伦岛屿的史诗在当时的奥威尔看来也"不失为一种乐趣"，但在圣塞浦里安学校，它被简化成了"熟记年代日期的小窍门，年代问答操练的热烈场面，热心的孩子在他们的座位上一会儿站起一会儿坐下，抢着回答正确的答案，但同时对他们所答的神秘事件的历史意义一点儿也没放在心上"。在布莱尔脑海中留下的仅仅只是任意耦合的名称和短语、名称与日期——迪斯雷利利用荣誉取得了和平，克莱武对他的节制大为惊异——丝毫没有试图去解释它们真正意义的意愿。历史仅仅只是助记符号的叠加，例如，借助"这黑女人是我的姨妈，她的家在谷仓后边"的首字母，来拼写出玫瑰战争中主要战役的名字。

埃里克在圣塞浦里安真正的历史老师并不是一位如华纳一般博闻强识的老先生，而是一位女教师，当朝那些畏缩着的捣蛋鬼走来时，可以看到她那下垂的乳房上下弹跳，因此有了"傅丽普"（Flip，意为跳跃）这样的绰号。在奥威尔伤痕累累的童年回忆中，"傅丽普"无疑是学校里的首席施虐狂，将这名年仅八岁还会尿床的小孩派遣到其丈夫（也是学校校长）桑保（Sambo）处，狠狠揍了一顿，一边揍一边配合着节奏训话"你——这——脏——小子"，同时也引发了另一次"犯罪"的焦虑感。在《如此欢乐的童年》里，奥威尔这样描述当时被吓坏的自己："我一夜又一夜地祈祷，当时祈祷的虔诚程度是我以前从来没有过的。哦，主啊，请你不要让我尿床！哦，主啊，请你不要让我尿床！一夜又一夜，但是这一点也没起到作用。"对这名小男孩来说，这是一场无助的循环：尿床—挨揍—尿床—挨揍。一切都证明他落于一个梦魇世界里，"不可能得到挽救"。

在《如此欢乐的童年》里，奥威尔的回忆和诚实描述受到了他当年同学的抨击，认为强大但又不失母性的"傅丽普"以及圣塞浦里安的教育管理风格被奥威尔不公正地讽刺夸大了。无论夸张与否，如果这个人每天被迫跳入一个黏糊糊、冷冰冰的公共浴池，从锡碗中稀里呼噜舀一口又稠又黏的疙瘩粥，这锡碗的边缘是昨天的圣粥和今天的混合结成的嘎巴，以及不可辨认的毛茸茸、硬邦邦的异物，那么这样的人物并不是埃里克·布莱尔乐意去描写的。阴霾之中总有一些如点点光斑闪耀着的愉悦时刻，当他独自去往英国的田园乡村，特别是最为斑斓绚丽的苏塞克斯，他会收集蝾螈和蝴蝶，就如丘吉尔一样，这成了他倾注终身的爱好。对英国，事实上对英国的历史，奥威尔始终紧跟这个时代的脉搏。11 岁，幼小的他已经是一位爱国者，还写了一首战时招募诗《觉醒吧！英国的青年人》（*Awake! Young Men of England*，1914），发表在泰晤士河畔亨利当地的报纸上。然而圣塞浦里安代表了另一个英国，一个让孩童脱离家庭、被关押于"非理性的恐惧与疯狂的误解"之中的地方。即便是在那些穿着短裤的少年时代，伪善的统治阶级理想——基督教、板球和文明人——与被胁迫的现实之间构成的鸿沟成为他最为关心的话题。可以说就是这些地方，帝国的统治者们提供了作为白种本国人的生存权利，也成了整个体制的接收终端的样本，善良与邪恶被无望地混淆在了一起。

实际上，埃里克·布莱尔于 1903 年出生于孟加拉的莫蒂哈里（Motihari），大英帝国的毒品贸易产地。其父理查德·布莱尔，一个大企业里的无名小卒：鸦片部门的助理副代理，三等员工，其工作围绕着中国乃至世界各地的毒品交易需求而展开。在 20 世纪的第一个一年，英国通过鸦片出口获利颇丰，平均每年 4 000 吨，总计 650 万英镑，或占印度殖民政府的总收入的六分之一。可以说，若没有贩毒贸易，寇松是无法建造维多利亚纪念碑的。理查德·布莱尔的工作就是看管罂粟田，以保证作物的产量和纯正品质，最后确保这些货品被正确发往各个海运仓库。由于该行业的未来前景堪忧，并受到了越来越多的国内外质疑，为了尽其所能创造更多的利润，给布莱尔及其所在部门带来了巨大的压力。他必须勤恳工作，如同照管阿萨姆红茶或巴特那大米一样。

1904 年，由于将被派遣到偏远的内陆地区，布莱尔决定将自己的妻子艾达（Ida，拥有一半法国血统），连同他们的女儿玛乔丽（Marjorie），以及有着金色的乱发、胖嘟嘟脸蛋的婴儿埃里克·阿瑟（Eric Arthur）送回英国。他会像这个帝国其他的数不胜数的工蜂一样，独自在一个山间驻地服役，消磨掉自己的时间，才能踏上返乡之路。布莱尔一家并不富裕。在《通往威根码头之路》（*The Road to Wigan Pier*，1937）中，奥威尔对自己的家庭做了精准的描述："穷摆架子"，"低上层中产阶级"，每年的收入不到一千英镑。这为他们提供了上流社会生活的知识和品位——如何在餐厅订餐，如何使用刀和叉——没有办法享受它。在圣塞浦里安，"傅丽普"和桑保不断提醒他，不同于其他幸运儿，他不具备奢侈浪费的"宝贵机会"。

在奥威尔的小说杰作《上来透口气》（*Coming Up for Air*，1939）中，"家"就在维卡拉奇路（Vicarage Road），在泰晤士河畔亨利，在永恒的英格兰。有杨柳垂悬于河面，有欧芹生长于小径，有天鹅戏水，有红砖砌成的啤酒厂，竞舟赛，奶油茶点，悬空球，"青翠的草地环绕着整个小镇"。艾达在维卡拉奇路上的房子装点着象牙和来自东方的挂毯，宣示着它的异域风情和与众不同的背景。在位于施普蕾克车站路的玫瑰坪，布莱尔一家收购了一小块约莫一英亩大小的花园，埃里克和他的姐姐短暂地领略到了真正乡村生活的快乐。但即便是在理查德·布莱尔最终晋升为正式的三等副代理之后，还是入不敷出。迫于谴责的压力，大英帝国的鸦片业务正悄然接近尾声，于1913年与中国签订条约，终止了鸦片贸易。1912年，理查德接受了一年400英镑的退休金提前退休。这从来没能满足全家的开销。在第一次世界大战的后期，由于艾达的公共服务工作，布莱尔一家开始在西伦敦克伦威尔法院的伯爵宫附近定居。此时的丘吉尔则居住在克伦威尔路上，听起来相差无几，但实际的社会阶级差异是巨大的。

但是丘吉尔并没能像埃里克一样，去往其父亲伦道夫·丘吉尔的老学校伊顿公学就学。当然，埃里克得到了伊顿的奖学金，尽管遭到了大龄学长仪式性的殴打，对他来说，伊顿的生活远远比圣塞浦里安愉快得多。他承认，在伊顿期间，战后英国的愤怒情绪令他感染了一种沉默的叛逆风格，使他变成一名势利眼和叛逆者。在那儿时常有关于萧伯纳和威尔斯作品的社会主义倾向的辩论，也有青年团的嬉笑打闹。当一个由17个男孩组成的班级被问及他们的英雄的时候，有15位选择了列宁。当布莱尔离校时，他为学校图书馆提供了一本戏剧集，其中就包括萧伯纳的剧本《不伦不类》（*Misalliance*），其序言"父母和孩子"对英国的学校进行了强烈的攻击，将它形容成关押年轻人的监狱；更严重的是，事实上对他们的身心都造成了折磨。

可能是由于埃里克沉默寡言且傲慢的学习态度，欺骗了他的老师，他们认为这种沉默是其智力低下的体现。至少，当时的文学老师"高尔奶奶"这样告诉他父亲，这孩子没有丝毫赢得牛津或剑桥大学奖学金的机会，而这通常被看作通往统治阶层的阶梯。理查德的退休金完全不能支付奥威尔入学"梦想之巅"所需的教育费用，因此伊顿人所唱的《陆军、海军、教会和法律》的梅石游戏并没有成为现实。最实际的选择就是跟随父亲的脚步，在殖民地谋得一职，尽管没人会指使一位有梅石背景的"警官"。

当衰老的男高音仍然在伦敦音乐厅高唱着《在去往曼德雷的路上》（*On the Road to Mandalay*）的时候，在1922年11月，埃里克发现自己实际上正在通往曼德雷的路上，正要去往印度王家警察训练学校。而缅甸警察被认为是大英帝国最糟糕殖民地的最吃力不讨好的职务。缅甸是殖民掠夺的典范，有着历史悠久的柚木和茶叶种植园，以及红宝石矿产，如今还有20世纪最激动人心的宝藏——伊洛瓦底江三角洲（Irrawaddy delta）的石油。资源如此珍贵，佛教僧侣坚持抵抗及老缅王室的不合作也带来了不少麻烦。1885年，常规的解决方案是：一场最终吞噬整个国家的军事行动。但是，1 300万缅甸本地民众与英国管理人员的比例，都比其他英属亚洲殖民地来得少，这也使警察部队成了维护秩序的关键。很可能当布莱尔初次踏上这片土地的时候，他还保留了些许官方的理想主义想法，认为警察是好的，来这里维护和平，帮助毫无防备的村庄围捕草寇，诸如此类事务。但在英属缅甸"令人窒息且单调乏味的世界"的这五年，全然推翻了他先前的理想主义想法。

乔治·奥威尔以讽刺姿态回顾了曾经作为缅甸警察的年月，因为正是在那儿，这个殖民帝国的高压政治被淋漓尽致地展现在了眼前。他的作品《猎象记》（*Shooting an Elephant*，1936）揭露了其在英属殖民地缅甸当殖民警察这一经历。在文章的开篇，他讽刺道："在下缅甸的毛淡棉（Moulmein），我遭到很多人的憎恨——在我一生之中，我居然这么被重视，也就仅此一遭而已。"起初，这位头戴遮阳帽、身着卡其布短裤的年轻军官对这份职务虽不热心，但也试图体面地做好他的本分工作，围捕小罪犯，在他们被殴打的时候寻找逃脱的办法。但没过多久他就开始明白，所有这些关于"不列颠治世"的高谈阔论——在仰光的妓院中被更为准确地称为"不列颠痘疮"（Pox Britannica），他不过只是一名大型利益集团所雇用的打手。在伊洛瓦底河上的港口城市沙廉（Syriam，缅甸南部港市），他负责监管缅甸储油罐。在缅甸内陆小城杰沙（Katha），在一个柚木种植国的心脏地带，他并没有为权力感到振奋，而是在种植园主的种族主义咆哮与缅甸人阴沉的敌意之间，局促不安地摇摆着。

俱乐部里英国同胞日复一日没完没了地抱怨使他心生厌倦，这被忠实地记录在了他早期的小说《缅甸岁月》（*Burmese Days*，1934）里："整天都是些可怕的改革，还有他们从报纸上学来的蛮横无理，我们如今好像都管不了这些原住民了……不多久之前，甚至就是在大战之前，他们还老实巴交、毕恭毕敬的呢！那时候在路上看到我们经过，他们那行礼的样子，多讨人喜欢啊。我还记得我们一个月只付给我们的管家 12 卢比，他就会像条狗一样热爱我们，真的。"正是在他作为一个老伊顿人被同伴嘲笑的时候，埃里克才真正认识到这一代日不落帝国主义者的偏执，他们对落魄到真正穷酸阶级怀有恐惧感，而实际上，他们中的绝大多数都来自那个社会阶层。对他们来说，这个帝国的存在就是为了给自己提供马匹和仆人的机会，这些是在老家英国根本负担不起的。甘地、"布党"记者以及佛教僧侣无声的挑衅，诸如此类才是他们真正所面临的挑战与威胁，因为这将带走廉租的男仆们。

埃里克鄙视这些如小说家E. M. 福斯特所称的"粉灰"阶级，同样，他也发现自己正被缅甸人疏离。即便如此，理智上他还是认为这些被视为罪犯的人群更应被当作外来者侵略与占领的受害者。使他惊恐的是，有时候他发现自己也开始如对待劣等民族一样对待当地人，踢他们，用棍棒抽他们。这种恶心情绪不断加剧："那些蹲在恶臭的上了锁的笼子里的囚徒，那些长期被恐吓得面色灰暗的罪犯，那些男人被鞭笞的血肉模糊的臀部，那些女人和孩子们在他们的顶梁柱被逮捕时的哀号。这样的事情在你直接的权责之下，已经超越了可以忍耐的极限。"他目睹了一次绞刑，作为人类同胞，令他震惊不已的是，当这名囚犯被架往绞刑台的时候，他竟可以若无其事本能地躲开路上的一个水坑。"这让我有些讶异，直到这一刻我才认识到毁灭一个健康的、有意识的人意味着什么……他的眼中还看得见黄色的沙砾和灰色的院墙；他的大脑还有记忆力、预见力和支配力，比如支配他躲开路上的水坑。他和我们同样是人类，我们走在一起，我们看到、听到、感受到，以及理解的是同一个世界；但是要不了两分钟，也就突然'啪'的一下，我们中间的一个就撒手人寰了。"

为了避免陷入自我厌恶，埃里克开始塑造一个古怪的局外人的样子：在乡村的路上骑着哈雷摩托车，在杰沙的屋里屋外饲养鸡、山羊和猪，偶尔光顾仰光海滨的妓院。但强烈的内疚感折磨着他。前一秒钟他想朝着这些英国先生狂暴愤怒的脸上抡一拳头，下一秒钟他又想把拳头对准那些黄种人、棕种人、黑人，那些令他的工作无比艰辛的人。最令他憎恨的是，作为英国法律和秩序的维护者，他失去了自由意志。他已然变成了一名小暴君，不料，却也成不了这个体系的主人；他成了这个体系的奴隶，如同最微不足道的苦力一样——无人问津。

一次猎象的经历以最令人痛苦的方式让他完全领悟到了自己牢狱般的前景，他被派遣去射杀一头杀死了一名黑皮肤德拉维苦力的大象。如果场面更加令人惊恐的话，朝狂暴的猎物射上一枪原本应是件容易的事。而这头大象仅是立在那儿，专注地往自己的嘴里甩着草束和竹子。显然，对布莱尔来说他并没有杀死这头野兽的理由，而周围围观的人群却期待着看好戏：

> 我突然明白了，我非得射杀那头大象不可。大家都这么期待着我，我非这么做不可；我可以感觉到他们两千人的意志在不可抗拒地把我推向前。就在我手中握着那支步枪站在那儿的时候，我第一次看到了白人在东方的统治的空虚和无用。我这个手中握着枪的白人，站在没有任何武装的本地群众面前，表面看起来似乎是一出戏的主角但实际上我不过是身后这些黄脸的意志所推来推去的一个可笑的傀儡。我这时看到，一旦白人开始变成暴君，他就毁了自己的自由。

布莱尔开枪了。

> 我扣动扳机时，没有听到枪响，也没有感到后坐力——开枪的时候你总是不会感到的——但是我听到了群众顿时爆发出高兴的欢叫声。此刻——真是太快了，你会觉得子弹怎么会这么快就飞到了那里?! 那头象一下子变了样，神秘而又可怕地变了样。它没有动，也没有倒下，但是它身上的每一根线条都变了模样。

大象不肯瘫倒，这令他感到惶恐不安，他再次开枪，终于，大象倒下，他将枪膛里最后几颗子弹射到了它的喉咙和心脏部位，"我终于再也无法忍受，离开了那里。后来听说过了半个小时它才死掉…… 我常常在想，别人知不知道我射死那头象只是为了不想在大家面前显得像个傻瓜而已"。

他后来写，痛恨帝国主义，必须先是它的一部分。如果一个人诚实一点，那么置身其中显而易见的是，即便是医生、护士和森林护员的任何善意善举都不足以弥补外来统治所犯下的罪孽。他时常怀疑，在整个腐朽衰败、岌岌可危的帝国里会有不少同他想法一致的人，同时也一样被困在了这个沉默的阴谋中。有一晚他坐火车，由于酷热难眠，开始与同车厢的一位在教育部工作的陌生人攀谈起来，甚至没能交换名字，他们都相互坦言对自己这份工作的厌恶，"之后数个小时，火车在漆黑如墨的夜晚颠簸着，我们抱着啤酒瓶，坐在我们的铺位上破口大骂大英帝国——发自内心而又机智透彻。这让我们两个都感觉很好，但是我们聊的都是些禁闭之言。晨光中，火车缓缓驶入曼德雷，我们好像偷情的情侣那样愧疚地彼此作别"。

经过五年的服役，1927 年，布莱尔休假返回英国，令他深信"那个邪恶的专制"是一日也待不下去了。曾经以强凌弱，曾经的他站在欺辱无望之人的恶棍的一边，今后再也不会了。1921 年，他的父母已从亨利镇搬到了离萨福克海傍的绍思沃尔德——原本是个渔村，到 20 世纪 20年代，这里建满了休假小屋，它们的主人多数是拥有印度殖民地背景的，从而也被称为"海边的西姆拉"。在那儿，母亲玩桥牌度日，妹妹艾芙瑞尔（Avril）开了一间茶室，他的父亲则无所事事地凝望着大海。当憔悴不堪、蓄着胡子的埃里克·布莱尔宣布自己将放弃 660 英镑的年薪，义无反顾地离开警局成为一名作家的时候，可以想象父亲理查德·布莱尔的怀疑和沮丧。更糟的是，埃里克竟决定将自己从休假日到有效离职日期间的工资返还警局。在他看来，那是黑心钱。

在缅甸，某种程度上说，他默认了自己的失败，如今，他是有意决心失败了。与许多像他父亲一样的人背道而驰，这样的失败如今似乎是唯一的成功可能。与他的缅甸时期所勾连的压迫统治仅仅只是整个社会控制之中的一个症结，于英国于帝国都是有害无益的。若要动笔，他将开始为无家可归之人和失业者而写作，在 20 年代中期，这些人比整个 20 世纪的其他任何时候都多。

第一次世界大战之前困扰着英国经济的深层结构问题被短暂的战时繁荣所掩盖，但在 20 世纪 20 年代，大衰退以一种惩罚性的规模返来。一如既往，问题症结在于需求的萎缩。国内人口数量已在 4 000 万上下，而英联邦的其他领土，即便是在印度被迫自行消费制成品的情况下，也都开始了自己的产业。20 年代末的纺织品出口仅处于战前的一半水平，1913 年，英国出口了 7 300 万吨煤炭，到 1921 年，已下降到了 2 500 万吨，世界市场的份额不断萎缩，就像在剩余的 20 世纪里一样。当英国的制造业产出下降的时候，美国和日本的输出则在显著加速。矿主、造船厂和制造商开始通过减薪或延长工时保持竞争力，而不是考虑怎样提高生产力，而且由于失业率迅速上升——在整个 20 世纪 20 年代，这个数值从未低于 10%——他们想当然地认为这足够满足他们对廉价劳力的需求。接踵而至的战前和战后时期使封锁与罢工变得越来越频繁，愈演愈烈。

1925 年，温斯顿·丘吉尔直捣蜂窝，出任保守党的财政大臣，时年 50 岁。工业化时代英国所面临的社会困境并没有缓和他一如既往火爆的反社会主义倾向，此外，他所著的《世界危机》也没有抑制自己的这一看法，认为社会主义作为国际共产主义事业的共谋，将破坏民主，毁灭整个帝国。这一痴迷使他陷入荒谬的境地。1927 年在罗马，他高度赞扬了墨索里尼为反布尔什维克威胁所做出的激烈抵抗；在本国，他试图将自己塑造成一位"独立反社会主义人士"。当自由党于 1924 年 1 月宣布在拉姆齐·麦克唐纳（Ramsay MacDonald）的领导下，筹组第一届工党政府的时候，丘吉尔意识到自由党势力已经开始衰微，与他们为伍是自毁前程。还是有微小的迹象表明，一些重要又理智的人物——包括查尔斯·屈维廉（自由主义泰斗人物第一任屈维廉爵士的孙子）以及时任帕斯菲尔德勋爵（Lord Passfield）和贸易委员会主席的西德尼·韦布——宣誓就职，跻身政要，即将在英国发动一场布尔什维克革命。然而，正如他在 1945 年再次重申的那样，1924 年，丘吉尔警告说，"工党政府的执政将为这个国家带来不幸，好比一场惨败将使一个伟大的国家招致陷落一样"。作为独立人士，在又一次竞选失利之后——这次竞选中，新任的保守党领袖斯坦利·鲍德温试图保他，却还是以 43 票之差落败——丘吉尔接受了艾平（Epping）选区稳当的议席。他激动地抨击拉姆齐·麦克唐纳对苏联的贷款建议，"将我们的面包施舍给布尔什维克毒蛇猛兽，为所有异邦的外国人提供我们的援助，对世界各地没有国家的社会主义者表达我们的善意，但对于那些横过洋跨过海，维系着英伦岛屿和国家未来的子女国，竟只是报以漠视、嫌恶和疏忽的冰冷石子"。

1924 年 10 月，在保守党以压倒性优势胜出之后——尽管还保留了151 名工党席位——在阔别 20 年之后，丘吉尔终于宣布再次投入保守党的怀抱。在正式宣布之前，鲍德温就任命他为财政大臣，这令不少多年的忠实的保守党党员惊讶不已。他的父亲曾任职四个月，丘吉尔则是四年，然而，这却是杯毒酒。尽管重回保守主义阵营，丘吉尔还是想为自己一贯提倡的资本主义社会责任做出贡献。事实上他的第一笔预算是提议将退休年龄降至 65 岁，为寡妇提供退休金，并为纳税人口中的最低收入者降低 10% 的所得税税率。但他带领英国恢复自 1914 年就已停滞的金本位制的决策遭到了经济学家约翰·梅纳德·凯恩斯（John Maynard Keynes）的反对，其在《丘吉尔先生政策的经济后果》（*The Economic Consequences of Mr Churchill*，1925）一文中指出，这样的政策势必会对宏观经济产生巨大影响，造成货币灾难，实际收入将不可避免地缩减。丘吉尔并未听从他的意见，仍然根据金价来确定英镑兑换其他货币

的价值，仅仅只是按照工党财政大臣菲利普·斯诺登（Philip Snowden）
的决策行事。他果然照做了，同时，还为了迎合裁军的正统观念，压缩
了军费开支！而事实上，丘吉尔的初衷是为了推翻斯诺登对金本位制做
出的承诺，他甚至还招募了凯恩斯为他的论点输送炮弹。尽管如此，最
终还是被英国央行的聪明人和首相占了上风，对央行来说，金本位制将
巩固国库的权力，而鲍德温则听从央行的意见。虽然剑桥经济学家休伯
特·亨德森（Hubert Henderson）直截了当地警告过："在今年恢复到金
本位制对英国经济来说会是雪上加霜，贸易萧条将再次出现，还会严
重加剧失业问题。"鲍德温告诉丘吉尔，这是政府决策。在这个节骨眼
上，留给温斯顿·丘吉尔的选择是，要么转变态度，要么循着父亲的老
路，返回老家，消失荒野。也许正是那些悲伤的回忆——（父亲）挫败
的泪眼以及密匝匝蓄起的胡须——促使丘吉尔最终站到了鲍德温和央行
那一边。

有不少鼓吹的溢美之词还展望了英镑坚实伟大的复兴，认为英国经
济将挣脱桎梏走向现实。但超越帝国对英镑的迷恋，现实——正如亨德
森和凯恩斯所预测的一样——令人震惊。将1英镑的价值高估到4.86美
元的后果是，它导致劳动最密集产业所输出的商品与服务在出口市场的
竞争力更加衰微。物价和失业人数不断冲高，而工资则在下降。在受影
响最严重的行业，如造船业，失业率已经接近30%；在巴罗因弗内斯，
这个数值甚至高达49%。矿主应对不断深化的危机的策略仅是要求减薪
并延长工作时间。事实上更为糟糕的是，德国的煤田又恢复了生产；另
外，工会要求加薪并贴现煤炭价格。

出于对出现总罢工的可能性的担忧，斯坦利·鲍德温对产业主态度
暧昧，拿政府津贴收买他们，以延缓暴动，直至王家委员会开始调查煤
炭工业的问题。休战协议达成，但1926年3月塞缪尔委员会报告的第
一项建议竟是削减工资。工会对此的回应，如矿工领袖A. J.库克（A. J.

Cook）所呼吁一样，"一分钱也不能少，一分钟都不能多"。形势严峻。
时任伯肯黑德勋爵（Lord Birkenhead）的丘吉尔的老友F. E.史密斯，以
其惯有的机智表示，在遇到矿业主之前，自己曾以为矿工领袖是他见过
的最为愚蠢之人。此话得到了印证。1926 年 5 月 1 日，矿业主宣布同盟
歇业，英国工会联盟（Trades Union Congress，TUC）呼吁发动第三次全
国大罢工。达勒姆主教（The Bishop of Durham）先是绞着双手，而后挥
舞着拳头，宣称"英国已不再是一个君主立宪国家，正在向着无产阶级
专政迈进"。

　　罢工只持续了九天。约有 150 万工人——90%是矿工——出来响应
英国工会联盟。尽管人们见到的景象是牛津剑桥本科生开始驾驶公共汽
车，但现实是，大多数罢工破坏者同罢工者一样，都来自工人阶级。最
终，工会联盟还是做出了妥协，显而易见，愤愤不平的矿工们遭到了冷
落。在这次"五月的九天"的罢工中，丘吉尔如指挥战斗一样调兵遣将，
由部队输送食品供给；并创办了《英国公报》（British Gazette），将其当
作政府的宣传喉舌运作，更多的士兵被调遣去维护政府宣传。有时甚至
由坦克护送食物供给和保障《英国公报》投递工作，他还试图迫使英国
广播公司（British Broadcasting Corporation，BBC）——由里思勋爵（Lord
Reith）创立于 1922 年——协助宣传播报政府公告和意见，然而遭到了公
然抵制，这也是该机构在战斗中真正走向政治独立的一个转折点，而这，
并不归功于丘吉尔。

　　直至 5 月 12 日，官方的罢工可能已经结束，但更为恼人的是已然
存在的阶级极化问题。矿工们试图继续孤军奋战，但最终还是被迫按业
主的规定重新返工。当帝国化学工业集团（Imperial Chemical Industries）
主席阿尔弗雷德·蒙德爵士（Sir Alfred Mond）召集举办工会和资方之
间的圆桌会谈，假模假样地送上茶水和三明治，并宣称富有良知与常识
的人们终将达成共识的时候，强硬派采取了实质性动作。1927 年颁布的

《工业纷争与工会法》将所有旨在危害政府的罢工行为定为非法，如今，想要支持工党的联盟成员不得不"履行合约"，而非退约。法案一出，该党瞬间失去一大部分营业收入。在泰晤士河堤上，埃里克·布莱尔遇到了波佐（Bozo），一位从事温和政治漫画创作的"告地状者"，其中一幅就是关于温斯顿·丘吉尔的。"当财政预算上调时，我就画这幅丘吉尔试图推动大象的漫画，那头大象上写着'负债'（Debt），在画面下方我写了句'他真会预算这吗？'（Will he budge it?）你瞧见了吧？"埃里克看到了。波佐继续说，自己不能画任何支持社会主义的东西，这是警方所无法容忍的。他曾画过一幅漫画，一条注有"资本"（Capital）巨蟒正在吞噬一只注有"工人"（Labour）的兔子，警察见了朝他呵斥："赶紧抹掉它！注意了！"波佐不得不抹掉，若不照做，很可能会被当作无业游民而受到驱赶或者关押。

1927 年冬，埃里克·布莱尔混迹于社会底层，后来他在《通往威根码头之路》中写到，为自己在缅甸的五年帝国警察经历而赎罪的行为。他在破烂不堪的诺丁山，邻着一家手工作坊，租下一间廉价的一室户小公寓，开始了作家的新生活。在严寒的条件下，当双手被冻得麻木无法写作时，他只能将手指置于蜡烛上方取暖。这样的生活还算是优裕的，除此之外，每月 30 先令的悲惨经历在他看来才真正完成自己身份的转变，当然，在他面前，每日目之所及都是更深的深渊。在伊顿时，他就读过杰克·伦敦（Jack London）描写伦敦东区人民生活的纪事作品《深渊居民》（*People of the Abyss*，1905），最新读到的作品——新版的《前进黑暗伦敦》（*In Darkest London*，1926）——令他深受触动。此书是 G. K. 切斯特顿（G. K. Chesterton）的弟媳、《每日快报》（*Daily Express*）的记者阿达·伊丽莎白·切斯特顿（Ada Elizabeth Chesterton）送给他看的。她在皮卡迪利售卖火柴，每个认出她的朋友都惊骇不已；甚至花三个小时来打磨同一把门把手，仅仅是为了获得在收容站里睡觉的权利。

在那里，她观察到，妇女只能饮用男士泡过的茶叶残渣，甚至是在那已经被浸泡过一小时或更长时间之后。因为只被允许在收容站住一晚，而且地点被有意安排得相隔甚远，切斯特顿太太步行了好一段路程，从尤斯顿（Euston）走到哈克尼（Hackney），关于这艰辛的一晚，她写道："我想我有点生气了。我觉得伦敦应该被烧毁。"

奥威尔跟随（几乎是复制了）杰克·伦敦和阿达·切斯特顿的脚步。在兰贝斯，他以1先令卖掉了自己的衣服，还换到了一套流浪汉的服装。"它们不仅又脏又没形"，还"因污垢的日积月累，透出一股铜绿色，都不能仅仅用破旧来形容了"。这对他来说是方济各会修士般的时刻，剥去了他资产阶级帝国主义者的外衣，拥抱贫困，为其赎罪。一旦他觉得自己肮脏得面目全非，完全认不出是一位绅士，他就知道，自己已经上道了。在大街上，我的新衣服也让我遇到许多新鲜事，每个人与我说话的方式好似彻底变了样。有一次，我帮一个小贩收拾他倒翻的手推车，他咧嘴笑道："谢谢，伙计（mate）！"以前从来没有人叫过我"伙计……"

当晚，他在滑铁卢路的一家小客店过了夜，他与另外六个人共处一室，房间里透着一股"鸦片味以及肮脏亚麻布透出的腐味"，床单更是因为汗味而酸臭难闻，每隔20分钟就会有老人发出咳嗽声，"这咳嗽里夹杂着泡沫和干呕，仿佛这人的五脏六腑都在翻江倒海"。清晨的光线下，这场面更加不堪入目，奥威尔看到每三周才能洗一次的被单，已经变成了"生赭色"，洗脸盆上尽是"又黑又黏的污垢，而且跟靴子一般黑"。他从普通的住宅公寓搬至收容站，如果有什么区别的话，那就是更脏。一度这令他乐此不疲，反之，很难想象会有另一个伟大的英国作家如此讲究干净，并拥有狗一般灵敏的嗅觉，能精确地辨认出这个肮脏的宇宙中所弥漫的可怕恶臭。这种体验越是令人厌恶，那他身上的帝国罪恶就会被清洗得更干净，就像圣凯瑟琳喝下一碗脓水，以证明无人在她之下。

终于，在一个糟糕透顶的地方，这位收容站的圣方济各领悟到了真谛：

这是一幅令人作呕的景象，那间浴室。每个人内衣上所有的不雅秘密都在此展露无遗，污垢，裂缝和补丁，代替纽扣缠绕着的线团，层层叠叠破碎不堪的衣物，有些简直就是由污垢和破洞粘连出来的破衣烂衫。热气腾腾的裸体，在室内挤作一团，流浪汉身上的汗臭味与收容站固有的粪臭味交织在一起。他们中的一些人拒绝冲洗身体，只是刷洗自己的"趾布"——那些浸着油污、难闻的破布条，流浪汉们的裹脚布。

两年来，布莱尔如库克般历经贫困之旅，包括在巴黎做了三个月的洗碗工，也流浪于伦敦及其周边地区。偶尔，他也会在伦敦的朋友家住上一两晚，甚至令人仓皇失措地出现在绍思沃尔德，比以往任何时候都显得更加狰狞、憔悴。他与流动的散工们一起采摘酒花，直至双手被撕裂；用啤酒和威士忌将自己灌个烂醉，好让自己被逮捕，以满足在监狱里度过圣诞节的心愿；学习流浪汉的俚语；在伦敦的各处选择各种过夜方式，从泰晤士河堤旁的长凳（通常要在晚上八点之前到达那里），到"两便士一晚"的长椅、四便士一晚被称为"棺材"的木箱子，再到最为奢侈的罗顿之家（Rowton houses）以及救世军旅舍（Salvation Army lodgings）。一日清早，他与一个名叫"帕蒂"的爱尔兰流浪汉一起，沿着老肯特路向南，朝着布鲁姆利走去。在一片草坪上——从那些烂报纸、生锈的铁罐以及疲惫的杂草可以看出，那是"标准流浪汉驿馆"——奥威尔在一丛艾菊花旁坐下，它们触鼻的芳香与流浪汉身上的恶臭格格不入。他看着两列小马队小跑而过，听着男人们谈论起他们的行程：牛津是"乞讨"的好地方，肯特郡则相当吃紧。闲话的内容从自杀的逸闻延伸到了各种历史碎片，真真假假掺和着，从"大起义"侃到"谷物法"，这一路闲话与他们相伴，如同拿来装旧烟头的罐头。

抛开关于体面的陈词滥调不说，奥威尔知道并不是所有的（甚至没有多少）流浪汉都是酗酒者，更别说罪犯了。若不是政府禁止超过一晚的住宿硬性规定，他们甚至都不肯挪步。始于英国现代开端时期对漫游的浪漫崇拜与流浪汉的生活格格不入，而这一风潮在 20 世纪 20 年代到 30 年代开始复苏。但对于像奥威尔这样的伪流浪汉，或者弗兰克·詹宁斯（Frank Jennings）、"流浪汉牧师"，更重要的是对真正贫困的回忆录作家来说，如特伦斯·霍斯利（Terence Horsley）——帕斯真戴尔战役的受伤老兵、电工，曾经从格拉斯哥跋涉至伦敦寻找散工，又败兴而归——漫步不是一项高尚的经历，采摘酒花也并非享用啤酒和调情的愉快乡村假期。流浪是对生活无情的碾压，那些身体力行的赎罪者在身心上都被拖垮了。

1933 年，当他的作品《巴黎伦敦落魂记》（*Down and Out in Paris and London*）第一次在伦敦出版的时候，署名不是埃里克·布莱尔，而是乔治·奥威尔。他也曾考虑其他笔名，如 "H.刘易斯·阿尔维斯"，但由于奥威尔也是绍思沃尔德不远处萨福克的一条河流，很可能布莱尔——出于对英国乡村一贯的热爱——希望自己的笔名也能体现这英伦岛国的自然本性。此刻在他脑海里出现的人物不仅仅是杰克·伦敦，肯定还有威廉·华兹华斯，正是他通过独自漫步、途中邂逅各种穷困之人，来寻求与英格兰真正的秉性相生相融。所以，奥威尔的这些非虚构作品几乎全是与旅程相关的，这正是 20 世纪 30 年代初期兴起的一段巨大的出版风潮，但没有人会将他的经历与推动这股"旅程"风尚的其他作家相混淆——如 H. V.莫顿。

莫顿的作品《寻找英国》（*In Search of England*）出版于 1927 年，也就是那年，奥威尔变卖自己的衣物，改头换面重新生活。这部作品的缘起，如文章第一句话中所述，是为了记录一次"环绕英国的汽车之旅"。因为汽车在各个地区之间的分布极不均匀（剑桥郡每千人中有 27 人拥有汽车，达勒姆郡则是 5 人），事实上，这意味着显贵们开始驱车检阅骑自行车和驾马车的人们。与束着裹脚布、穿着开了裂的靴子的徒步之旅不同的是，莫顿的游历是透过他汽车的挡风玻璃完成的。他驱车游历英格兰（更确切地说是，英国，因为之后相继推出 1929 年的苏格兰之旅、1930 年的爱尔兰之旅和 1932 年的威尔士之旅），提出警告，城镇的粗野风气正在使乡村走向堕落，而填充了他油箱的廉价汽油，则来自盎格鲁-波斯或缅甸地区。

他的书如同一曲关于"英国应许之地"的挽歌，沃恩·威廉斯（Vaughan Williams）在拉贡达轿车里感叹："我加速驶入一条林荫小道，英格兰就在前方，空气清新如美酒，嫩叶绿得如同音乐一般。"乡村令人震撼的美景时常会将莫顿引入一种宗教式的狂喜之中，他试图将自己变成有车一族里的拉斯金："低云是靛蓝色的，如同风暴，高处的云朵则是柔软的粉杏色。西方闪耀着金光，乌云的边缘如同被蚀刻过一样，留下一条细线。景象变幻万千……阳光下的河面是一片沉闷的银色，一只乌黑的鸭子无声地游过；一只天鹅将颈部潜入水下，如同黑纸上的剪影，微风拂过水面，将几朵苍白的花蕾吹进草地。"真的，为那只鸭子感到惋惜。

尽管是在"寻找英国"，他的旅程并不涉及一些事物，比如工厂或受到污染的工业运河，更别说收容站和七便士的流浪汉客栈了。莫顿所偏爱的地方一直是大教堂城镇（坎特伯雷、林肯、诺威治、约克、伊利、埃克塞特），或者集镇，最好两者兼是，如威尔斯——"我怎样才能向你描述水流过水槽的轻声细语呢，踩着老房子的台阶叮当作响？"——在温馨的酒吧里，他的灵魂得到了缓解，锡器"光泽闪耀得如同平静水面上的月光"，和水龙头流淌出"红木酿造"的酒，最好的是那些拥有苔藓般记忆的地方，有幽灵穿越废墟，游荡。在博利厄修道院（Beaulieu Abbey），他遇到了柴郡小姐，她竟在这僧侣宿舍的废墟上，"独自生活了七百年"。在温彻斯特他看到："透过时间长长的隧道，威塞克斯国王策马而过，那时英格兰还没诞生。"事实上，他不断看到并听到的事物，好似整个英国都已变成露天的杜莎夫人蜡像馆。一英里又一英里，在田间的天启般的时刻，或者更确切地说是在田边休憩的时候，莫顿将自己的一切都贡献给了这怀旧之情。

当然，嫩芽里也包藏着蛀虫：在令人不快的20世纪，两类野蛮人不断壮大糟蹋了老天堂：美国佬和小混混。在莫顿的作品中，田园牧歌带来的狂喜与令人蹙眉的厌恶感交替出现，美国人正在败坏景致，他们显得庸俗而扎眼。在德文郡的克利夫利，为了避免听到一名亚拉巴马州女大学生的惊呼（一切都"可爱得简直无以言表"），莫顿甚至想捂住耳朵。莫顿笔下的美国人讲着一种奇怪的语言，破碎的、不堪入耳的电影语言，被"老天""当然"等词装填过度，油腻而冗长。他坚信（虽然牵强）"没有人比我更尊重这些美国游客"，言之凿凿，就如他的同时代人狡辩自己的一些最好的朋友是犹太人一样。别急！这些高嗓门的、滑稽的原住民还有希望，这希望就是历史。埃德加国王和亨利八世的幽灵以及朝圣者们（那时尚未成为美国人）受到这个地方圣灵的感召，聚集而来，美国游客对这一切的过去肃然起敬，迫使他们承认，尽管无视，他们最终还是真正地爱上了传统。

然而，对于破坏本国田园诗般美景的敌人，"大工业城市来的大型派对游览车"，名叫杰克、贝莉尔、道格、莫琳的这些人——他不抱希望。令人惋惜的是，乡村还是没能抵挡住这些不洁、无礼之人的入侵。"旧秩序如负了重税般奄奄一息"，销售的崩落，受到劳力费用和外国竞争的影响，玉米种植成为不可能［成立于1926年的英格兰农业保护委员会（The Council for the Preservation of Rural England），会将这曲挽歌转化为战斗的号角］。作为一个对于乡村如此关注的人，莫顿对农业劳动者的可怜处境只字不提：即便是能够找到工作，他们的平均工资从每周42先令减到了30先令；无数的农场被遗弃，谷仓倒坍；荒废的灌木篱无人打理，长成了杂树林；田间地头到处杂草丛生。大规模的失业率可能无意间带来了些许好处，确保他们待在自己嘈杂的小胡同和茅屋里，站在一旁等待领取救济金。但莫顿还是不能完全摆脱这些工业敌人。他在曼彻斯特和利物浦之间穿梭，"右边的天空被一层不祥的灰色阴霾笼罩，意味着曼彻斯特到了"。在这黑色的国度里，有那么一会儿，他为这浓烟滚滚而感到兴奋。在兰开郡，他所见到的英国人像阿拉伯人那样蜷伏着，煤矿工人们和他们的小灵犬，随后他看到了路标指示"威根"，有谁能够抵挡这一瞥"威根"？

当然，他也只是一瞥而过。作为案例，莫顿转述了一则已经不再时兴的音乐厅笑话："威根码头，足以让观众大笑着咆哮。"它的罗马名字，"Coccium"，激起了莫顿的兴趣，但事实证明，威根并不完全如他听闻的地狱之穴，并承认自己渴望将它记录下来。他看到半木结构的仿都铎式建筑，这使他开始相信在今后 20 年左右的时间里，威根可能会发展成一个（对制造业城镇来说）像模像样的地方。他发现该地区在内战期间一直是坚定的保王派支持者，这使他转变了看法，原来这不仅仅只是一个上帝所赐的煤田，令人惊讶的是，莫顿承认自己"不介意在威根度过一个假期——短假"。

九年之后，于 1936 年 1 月，乔治·奥威尔前往威根，在那里停留了两个月，发现它不只是一个笑话。他记录了威根的运河堤岸："混合着煤渣和冰冻的泥土，被无数木屐踩踏出纵横交错的脚印。四下，但凡有渣堆的地方就有'反光'，那是陈年旧坑形成的死水潭……在这个世界里全然不见植被的踪影，除了浓烟、页岩、冰雪、泥浆、灰尘和脏水，别无他物。"

奥威尔的《巴黎伦敦落魂记》还算小有成绩，（大约在英国售出 3 000 本），矛盾的是，他意识到，这本关于英格兰弃儿的书只是记录了很少的一部分人口——数万人——而不是中部和北部地区数以百万计的产业工人阶级，萧条的经济已经使那儿变成了真正的"悲惨世界"，这是拉姆齐·麦克唐纳的和斯坦利·鲍德温所统治的英国。鲍德温喜欢将自己表现得像行路手杖一样平实亲切（就像科贝特和艾姆公爵）。他对猪怀有强烈爱好，还写过一首模仿霍斯曼的抒情诗《关于英国》（*On England*），描写了耕地、从山上下来的农忙队，司空见惯的意象。但这正是这个时期的景象：如果农民（与劳工一起计算，现不超过总工作人口的 5%）想要维系生活，他们应该驾驶拖拉机和联合收割机，山坡上种植的不应该是金色英国小麦的秧苗，而是甜菜——20 世纪 30 年代为数不多的万无一失的赚钱手段。

莫顿曾表达过他的恐惧，认为麦田已沦落为煤田。穿过诺森伯兰，他希望装作这从未发生过，工业城镇"在历史和绿色无垠的田园的强大背景下，仅仅只剩黑色的斑斑点点，这就是真正的英国北部"。

另一方面，也有社会主义作家——如来自羊毛制造镇的布拉德福德的 J. B. 普利斯特里——开始直面工业时代英国社会所面临的灾难，书写"真实"。普利斯特里于 1933 年发表的《英国之旅》（*English Journey*）就是另一剂针对莫顿式乡村感伤主义的解药。事实上对英国来说，工业社会是"唯一"的真实，对于所有工厂车间和梯形街道显而易见的严峻形势，也不是一件坏事。从伦敦西大道白色锃亮的、由瓦片和玻璃建成的"新"工厂出发，普利斯特里开始了他的旅程，体验到了长途公车的舒适奇迹，竟然可以制造出这种东西。那是"弯铁和铆钢"，这才是"真实"，人类的工作。

在英格兰北部，普利斯特里感受到了可怕的沉寂氛围："它可能是冷酷和丑陋的，然而，如果这河畔（泰恩河）是黑色的，并与浓烟与成千上万名工人的喧嚣声一起沸腾，为了英联邦，为了体面舒适的生活和自尊，这于我来说，将会是欢欣鼓舞……"

他想将贾罗（Jarrow）旅游指南的描述，"一座繁忙的城镇（共计

35 590名居民）”，炼铁业和造船业兴盛，改为“一座空荡荡的废城（共计35 590名居民，不知将何去何从）”。普利斯特里记得这里应该是圣毕德尊者的修道院城，那时，这里是英国历史自我意识萌发的摇篮。现在似乎成了历史的坟墓。“整个镇子看起来好像已经山穷水尽，进入一场惨淡、永久的安息弥撒”，成千上万的人只是干站着，无所事事。在附近的赫伯本，他攀上一座废弃的船厂（鲁莽投机带来的后果），如今是一个“梦幻般的荒野，夹杂着腐烂的棚子，奇怪的土堆和凹坑，生锈的铁皮，旧混凝土和新草”。当普利斯特里到达河岸时，他能看到一列列闲置的船舶，腐烂成一堆生锈的废铁。在布莱克本，他曾经历一个棉花厂的拍卖会——当然，最终无人问津——他觉得自己仿佛置身于一个奄奄一息的工业帝国等死的病床上。在西布罗姆维奇，他听到男孩们朝仓库投掷石块的声音，他感叹，“他们投石子，即便这石块砸碎了所有的玻璃窗格，我也不能责怪他们”。这声音如同临终前的哀鸣。

奥威尔对普利斯特里不太在意，曾经并不客观地奚落过他的作品，仅仅只是一个个感伤情绪的叠加，充满了平庸的逸事和舒适的家常。在奥威尔看来，社会主义应该坚持直面英国工业的严峻问题——在南部，并大声疾呼：“做点事！”整体失业人数已从1932年250万人的高位下降到了四年后的150万，但它的分布非常不均：米德尔赛克斯占4%，巴罗（Barrow）或贾罗占30%~50%。正如普利斯特里所说，实际上如今有三个英格兰（他完全可以轻松地说成“英国”）：老工业中心地带腐朽的残骸；然后是莫顿–阿尔比恩旷野的村落，所有石灰岩村庄偎依在天鹅绒般的山谷之中（一贯如此），百灵鸟遨游甜蜜的苍穹；当然还有新的英格兰——口红和汽车装配线，班尼·古德曼（Benny Goodman，音乐家），光滑的丝袜和周五晚上的电影。

不知何故，英国的所有人同在一艘船上的象征性共识，在奥威尔看来是不够的。最具象征意味的姿态来自英国王室，威尔士亲王被派至矿村，慰问险情，这一公关举动一出，药到病除，富有魔力。1935 年底，乔治五世的统治庆典被精心安排来体现民主君主制精神，人们拥戴的国王和王后坐在一辆敞篷的电动四轮马车上游览伦敦的东区。民众的热情令乔治五世感到震惊，百思不得其解，因为他"只是一个普通人"——一位朝臣曾斩钉截铁地同他确认过。还有他用低沉的男中音做了第一次王家无线电广播，国王的慈父形象进入了一个新的维度。在另一个精心策划的王室亲民举措中，乔治五世试图与英国的儿童做交流："孩子们，此刻，你们的国王正在跟你们说话。"这容易引起他们的注意，并坐起来乖乖听话。在临终前的数个月内，平日里粗暴且沉默寡言的君王开始愉快地不断发表演说。最著名的一次是在威斯敏斯特大厅，念着由 G. M. 屈维廉为他撰写的演讲稿——大英帝国是一个大"家庭"，伟大、光荣、不成文的古老英国宪政的后裔。

　　然而，就奥威尔而言，这古老的宪政并没为现今的兰开郡带来多少好处。所以，他的出版商维克多·戈兰奇（Victor Gollancz）建议他去北方，写下他在威根的所见所闻，他抓住了这个机会，揭露一个真实的英国与欢庆的庆典场面天差地别，他将这次经历书写成一次旅程，绝非随随便便的风俗之旅。《通往威根码头之路》一书为他带来了成功，招致了左右两派不少人的仇恨。保守派自然会驳斥它是布尔什维克的宣传手册，而工会成员、汉普斯特德社会主义者们，甚至一些曾与奥威尔一同生活、工作和经营过书店的人，也认为此书过于凄凉、悲观，没有顾及塑造工人阶级的英雄形象。

　　但是，对奥威尔来说，威根码头是他所要书写的文学样式的第一次示范：激烈坦率的政治书写，不像费边主义文章或工党立场文件那样枯燥，也不像神秘的、兴奋过度和天马行空的 D. H. 劳伦斯。最重要的是，他的写作是为了向坐在伊舍（或绍思沃尔德）的扶手椅上的读者呈现一个陌生的世界，那些"攀缘者"争先恐后地在炉渣堆里翻捡卵石大小的

煤块；气味（特别在奥威尔闻起来）弥漫在运河上的黄色烟雾里；以及
声音，在每个清晨黎明前的威根，当他躲在一家牛肚店上方的小床上，
木屐的铮铮声将他惊醒。狄更斯在《荒凉山庄》的开头描写了伦敦大雾，
而奥威尔描写的则是覆盖在矿镇的一切人和物件上的烟尘与污垢：他的
房东的手指按在待切割的白色早餐面包上，在柔软的白色表面留下一道
黑色的指纹；在水上爬行的黑色甲虫（对于配茶的佐餐来说太具有商业
价值了）；当他下矿坑后，厚厚的烟灰覆在他身上，像第二层皮肤，温
水也冲洗不掉（当然，没有热水）。

　　一旦下了矿坑，奥威尔意识到，如果在威根失业代表着地狱的话，
那么受雇用就是炼狱。每日唤醒白班的时间是凌晨 3 时 45 分，跟随着矿
工，他弯下腰，或者说是半裸着爬行，通过 4 英尺高的通道下往煤层，
有时会是几英里——一日他曾计算过，就好比从伦敦桥到牛津广场的距
离——而这一天的工作实际上才刚开始。第一天，身高 6 英尺 3 英寸的
奥威尔在他下坑的路上，被矿柱猛撞了下头，当他终于到达工作层时已
经筋疲力尽，平日里一向坚韧的他，昏倒过去。

　　当矿工们结束一天的工作，已是下午 2 时 30 分，他们会回到排房，
那在奥威尔看来应该已经报废多年。水槽里总是堆满肮脏的菜盘。罐头
鱼、土豆、面包、果酱，还有奥威尔顾虑的人造黄油，这些被送上了桌，
桌子上盖着一块肮脏的油布，这块布落在一张被老伍斯特郡酱染色的报
纸经年累月破旧不堪的表层上，脆得如同这油腻茶点上落下的面包屑。
然而，矿工所经受的这一切使奥威尔感到恐惧，同时也更加钦佩他们，
工人阶级家庭设法建设真正的家园，而这基石就是工作。他被威根真诚
的慷慨和包容所感动，这包容甚至延伸至像他一样怪异又窥探的陌生人：
"有趣的是，不是现代工业的辉煌胜利，不是收音机、放映机、每年出版
的五千部小说，也不是阿斯科特赛马场的人群，或者伊顿和哈罗公学的
比赛，而是对工人阶级的记忆——尤其是在战前，我的童年时代，英国

依旧昌盛之时——才令我意识到，我们这个时代毕竟不算太糟。"

奥威尔《通往威根码头之路》的使命是迫使不同阶级的英格兰人能够互相直面产生碰撞。然而，由于出版该书的是维克多·戈兰奇的左翼图书俱乐部，要想让那些穿着费尔岛毛衣、驾驶小车、阅读莫顿的人与他一起去威根那些被烟尘涂覆、培根浸腻的厨房，或许他的愿望终会落空。但是，对"老英格兰"的有权阶级（市政厅、议会、法院），更不用说"新英格兰"的有钱人（报业人士、郊区走班族、车库主和百货商场的销售人员），他想让这些人认识到：他们属于一个共同的国家。不然，一贯以来对于神圣英国宪政和不可侵犯的自由帝国的一厢情愿将何去何从？是自由选择接受一份削减的救济金，还是撵走一名老妇人（经济情况调查人员会告诉你她只是无业游民，尽管可怜，但就是她拖累了你每月的津贴）？

最令奥威尔关切的是这怨声载道背后沾沾自喜津津乐道的英国。1929年拉姆齐·麦克唐纳组建的第二个工党政府，由斯诺登再次出任财政大臣，工会领导人J. H. 托马斯出任掌玺大臣，不合实际地渴望着回归到维多利亚时代的经济规范：黄金本位、通缩、平衡预算和公共节俭。当英镑不可避免地出现贬值，政府宣布财政赤字，麦克唐纳和斯诺登政府一直坚持J. H. 托马斯等人所提出的预算削减作为贷款的条件。1931年8月，他们准备结束劳工政府，加入以鲍德温为首的保守党与自由党，组成三党"国家行政"。只有一位工党大臣——奥斯瓦尔德·莫斯利，兰开斯特公爵郡大臣，能够有魄力地来支持凯恩斯提出的解决方案，使用大量的赤字融资，降低失业率，并投于基础设施建设。但他未能找到出路，1930年5月，由于在下议院受到攻击并被驱逐，他辞去政府职务，成立了他的"新党"（New Party）。

1936年3月，在约克郡采矿小镇巴恩斯利（Barnsley），奥威尔去听了莫斯利的一次演讲。此时，"新党"已经成了英国的法西斯主义黑衫党。

莫斯利被 100 个黑衫党人簇拥着，而这些人将一名质问者揍得奄奄一息。他仍坚持支持凯恩斯主义的公共开支政策，也对墨索里尼和希特勒赞不绝口，因为这两人也做了同样的事情，对"神秘的国际犹太人帮派"恶言恶语，认为他们是造成萧条的罪魁祸首，如今还为工党提供资金，这对工人来说是双重背叛。令奥威尔感到沮丧的是台下群众的反应，一开始嘘声四起，结束时他们却一起为莫斯利鼓掌。这一年的晚些时候，奥威尔——拥有几乎与丘吉尔一样孤立无援的历史直觉——意识到一场不可避免的战斗即将到来。一方面是社会主义与自由理想，另一方面则是法西斯主义。它们迟早会交锋。鲍德温政府面对英国穷人的苦难时所采取的鸵鸟政策使一切都显得如此紧迫，它是在对即将到来的更严峻的危机的拒绝。1936 年 12 月，在独立工党的支持下，奥威尔作为一名无政府主义民兵（POUM anarchist militia）的军官去西班牙支援西班牙内战，他想证明自己是一位战士，而不仅仅是一个作家。他与坐在伦敦咖啡馆里的社会主义者截然不同，对他而言，这些人只不过是道貌岸然的空谈家，毫无行动力。终于，当他开始参加共和军预备役士兵训练时，他那值得炫耀的历史背景——伊顿公学青年团和缅甸警察学院令他左右逢源。反常地戴上了改良过的巴拉克拉瓦帽以及几乎是他见过的最长的羊毛围巾，由于身材高挑，他非常显眼。最终，在韦斯卡（Huesca）郊外，奥威尔的颈部中了一枪，这颗子弹奇迹般地偏过了他的颈动脉和脊椎，而这种伤口的死亡率（考虑到当时的基本医疗护理环境）几乎是 80%。尽管这次受伤对他的声带造成了伤害，使得他很难再大声叫喊，但奥威尔幸存了下来。他对社会主义团结的信念，特别是当伪装成"人民阵线"时，并没有存活下来。在巴塞罗那，他目睹了左翼激烈的内部斗争对共和军造成的破坏。共产主义者，受到莫斯科指令的驱动，似乎更热衷于追捕如无政府主义者之类的异端分子，而不是对抗弗朗哥将军领导下的法西斯主义者。

回到国内，他对官方左翼的狂想曲感到厌恶，对苏联的厌恶感更甚。当他试图描写真相，即法西斯主义和共产主义并不是如大多数人所看到的那样，而是有更多的共同点，其实共产主义不过是站在了"右翼的最右边"。他的作品不可避免地受到了左翼台柱刊物的拒绝，例如《新政治家与国家》（*New Statesman and Nation*）。共产主义作家、批评家如哈里·波立特（Harry Pollitt），以及共产党的总书记，破口大骂，训斥奥威尔为"中产阶级小男孩"，曾在社会主义阵营里短途游历过，出来时回到了帝国主义的那一方。当奥威尔的作品《致敬加泰罗尼亚》（*Homage to Catalonia*）出现于 1938 年的时候，它被视为射向左翼阵营之间相互残杀的内战的一发子弹。可能正是因为这个原因，奥威尔已经开始盘算如何以一种通俗易懂受欢迎的方式来宣示同样的警告。"我从西班牙回来之后，就想通过一个故事来揭露苏联神话，它要几乎能够被每个人所容易理解……然而，在相当一段时期内，这个故事的实际细节一直没有能够在我的脑海中成形。后来终于有一天，在我当时居住生活的一个小村庄里，我看到一位小男孩，10 岁左右，赶着一匹拉车的大马从一条狭窄的小道上走过，那匹马一想转弯，那男孩就用鞭子抽它，这不禁让我联想起，如果这些牲口能够确知自己的能力，我们就无法驯服它们，人类剥削牲口就如同富人剥削无产阶级一样。"《动物庄园》（*Animal Farm*，1945）那时已经开始在奥威尔的脑海里萌芽，在赫特福德郡鲍多克（Baldock）的一座叫沃林顿（Wallington）的村子里，他与妻子艾琳（Eileen）在一个冰冷的农舍里定居下来，在他的小农场蹚着步，而咳嗽，是他一直无法摆脱的，那是他后来得肺结核病的开端。一支接一支不停地抽烟可能也无济于事，但他仍然可以在信件里这样开场："亲爱的杰弗里，非常感谢你的来信。我很高兴你在丹麦过得很好，但我必须承认，这是为数不多的我从来没想过要去的国家之一。"在 1937 年 8 月针对《新政治家与国家》上的一篇军事回忆录的评论中这样写道："克罗齐耶将军（General Crozier）是一名职业军人，正如他所演出的一样，在 1899—1921 年，不断地屠杀自己的同胞。然而作为和平主义者，他也是令人印象深刻的人物，在一次救世军大会上，表现得如同一名从良的窃贼。"

当奥威尔在村子里养山羊和鸡并且试图让人们了解战争的徒劳的时候，温斯顿·丘吉尔在自己位于肯特郡无比昂贵的乡间别墅附近狩猎，可能只是略微会为帝国建设的政治无能而沉思。靠近韦斯特勒姆（Westerham）附近的查特韦尔（Chartwell）庄园被丘吉尔匆匆买下，当时的价格还算划算，而他的《世界危机》也有了不错的进展。他找来了建筑师菲利普·蒂尔登（Philip Tilden），让房子增添了几分新詹姆士一世时期风格的外观（这意味着更大），并充分利用庄园周围的迷人景色进行改造，使大餐厅朝南可以看到肯特起伏的乡村景致。当它完工的时候，查特韦尔庄园已经大到足以成为丘吉尔想要的另一个政治法庭，如之前他设想的一样——9 间接待室、18 间卧室、8 间浴室；接着，在温斯顿寻求征服的阶段，建起了一个户外游泳池；还有一个养着观赏鲤鱼的精美池塘，每天他戴着小礼帽仪式性地亲自喂养它们，发出奇怪的声音；尤其是花园露台角落的一个小亭子，他曾在里面画过画，有点孩子气的关于伟大的马尔堡战役的画面。

这个亭子对于温斯顿来说定是一个重要场所，他可以坐下来酝酿他的过去和未来，或两者之间的困难且重要的联系。20 世纪 30 年代被他称为自己的"荒野岁月"，他的"流亡"时期。虽然在议会中作为艾平议员他还保有议席，但自从 1929 年工党政府上台后，他开始了为期十年的离职生涯，直到 1939 年 9 月 3 日，"二战"爆发前夕，他才被内维尔·张伯伦（Neville Chamberlain）传唤回海军部。十年固然漫长，但这期间丘吉尔并不空闲也没有特别孤独，尽管他同保守党的权力与直接影响力是隔绝的。这一时期一直有丘吉尔忠实的朋友和追随者光顾查特韦尔庄园：被丘吉尔称为"教授"的牛津哲学家弗雷德里克·林德曼（Frederick Lindemann），依靠他提供的统计数据来辨认可怕的时事动句；他的助手、年轻的记者、律师兼保守党国会议员布伦丹·布拉肯（Brendan Bracken），报业巨头伯维尔布鲁克勋爵，居住在附近的国防部工业情报主任德斯蒙德·莫顿（Desmond Morton），以及其他一些为他的武装反攻运动输送了更多弹药的人。

　　除了这些人还有其他人受到了丘吉尔的热情款待：源源不断的香槟，一桶桶红葡萄酒，丰盛的午餐，咆哮的对谈，半搞笑的脾气。如果在查特韦尔度过的是他的流放时期，那这些年也是一个相当交际昂贵的年份，这一点使丘吉尔夫人克莱门蒂娜长期经受折磨。庄园养着9个室内仆人、3个园丁、2个保姆、司机，更别提帮助丘吉尔写作的私人秘书与研究助理了，这是一笔不小的花销。服侍这位命运之子也不是总是愉快的。丘吉尔时而粗暴且蛮不讲理，时而贪心时而侮辱人，有时两种情形同时出现。他的作息对那些不习惯的人来说简直是一场噩梦：早晨长时间躺在床上，裹着他金绿颜色的中国晨衣，报纸周围夹杂着果酱和甜瓜；每日早晨开始9根"哈瓦那"雪茄里的头一支；在早餐和午餐之间计划决定剩下的时间做什么（另一支雪茄；许多威士忌和水里的头一杯）；相当油腻的午餐；随后一到两小时强制性的午睡；之后起床，面色红润，开始散步，兴致勃勃地像杜立德医生（Dr Doolittle）一样跟他的许多宠物交谈——猪、两只狮子狗、黑天鹅和鱼；游客列队参观最新的改进；或在马尔堡亭俯瞰山毛榉、奶牛和朦胧的天际，沉思；然后是每日两次沐浴的第二次；晚饭前更衣；晚餐喝更多的香槟和红葡萄酒；之后，以一种令大多数人咋舌的方式，丘吉尔在晚上开始真正工作，在凌晨两三点结束。就是这样的作息贯穿了他的整个30年代，以及他的战争岁月。

　　几乎所有的时间，他用来进行历史写作。《我的早年生活》（*My Early Life*，1930），一本关于过去的政治领导人的文集；关于马尔伯勒公爵的四卷传记；到了 1939 年，在牛津毕业的研究助理比尔·迪金（Bill Deakin）等人的帮助下，完成了 50 万字的《英语国家史略》（*The History of the English-Speaking Peoples*，1951—1956）。尽管肯定需要钱以避免破产，但为了维持他华丽的生活作风，他拒绝紧缩开支，拒绝开除身边的随从，历史在 30 年代对丘吉尔来说比收入更为重要。历史给了他精神寄托，以及挥之不去的疏离感。朋友和敌人都为丘吉尔在一段时间的自我调控惊叹不已，毕竟每天的新闻似乎都在宣示着不好的消息，就像地毯从脚底被拉出一样。任何在政治上头脑清醒的人，都会在这个不稳定的局面里谨慎行事，在做出任何举措之前非常仔细地计算得失。此时，丘吉尔和其他政治家一样有着同样的倾向，权衡利弊，当然他也不乐意摆脱权力的中心。时间不是他的朋友。在他当时这个年龄，只有查特韦尔更多的池塘等待着他挖掘。

　　但他的历史写作，有时被误解为政治无能的万能药，其实恰恰相反，是驱动他的勃勃雄心以及政治确定感的引擎。回顾"岛国"和帝国的悠久历史，丘吉尔没有迷失在浪漫的幻想里，他的脑子是清醒的，给他提供了掌控力与明确的方向，未来需要做什么。他写的一篇关于罗斯伯里的文章，更适合应用到他自己身上："往昔唾手可得，那是他最信赖的顾问，学习与历史一直伴随着他，运筹帷幄，为时事带来了古老威严的氛围。"

　　《马尔伯勒》的片段"被非洲阳光晒成古铜色"可能是他最纯粹的自传："在马尔伯勒看来，将他的家庭升至第一等级的重要性仅次于英国成为欧洲最先进的国家的重要性，没有理由证明这两个过程不能结合在一起。他不懈的勤勉和努力，他深刻的洞察力和算计，他随时准备投入——不仅是他的生活，还有他所有的声誉和财富——到战争的危难时刻，精心备战，随时效忠他的国家。"

　　然而，退后一步观察英国历史的伟大走线，尤其是联盟和帝国的历史都开始萌发的安妮女王时代，为丘吉尔提出一个严重的悖论。海岛帝国的命运及它与欧洲的牵连——特别是在他所诞生的维多利亚时代往往被认为是相互排斥的。但丘吉尔的历史告诉他，实际上历史从来不是这样，事实恰恰相反。英格兰以及之后的英国能够最多参与欧洲事务的时候，才是这个帝国曾经最辉煌的时刻：马尔堡战役，老威廉·皮特与法国的全球竞争，以及他儿子小威廉抵抗法兰西共和国扩张主义的决心，还有迪斯雷利跃入狡诈的东方外交的 19 世纪 70 年代。英格兰本土主义意味着王室的自我消解、帝国的削弱。丘吉尔深信，"大英帝国"的"大"（Great）可能也会从这个字眼里消失，联合王国，到最终，也许注定会崩解。

正是这种历史得出的信念使丘吉尔在 20 世纪 30 年代重返政坛，乍看来，这时的情势是矛盾或者至少说是不切实际的：考虑到军备调整、王室对印度的过度自信。他对帝国反动好战的态度破坏了他作为欧洲未来权威人物的信誉。但是，在丘吉尔的思想中，在 20 世纪 30 年代初，以及第二次世界大战期间，两者密不可分。不知是否因为麦考利在克莱武和黑斯廷斯的文章中浸泡了太久，抑或由于沉溺在自己关于宾顿·布拉德和马拉坎德战争的回忆里，丘吉尔对国会民族主义兴起的反应既过时又过激。劳工政府试图承认印度国会武装，并暗示了其最终的自治领地位（即帝国内的自治），这受到了丘吉尔的反击，认为是面对叛乱做出的极其可悲的投降行为。一个真正的自由国家的联邦联盟，共同履行效忠君主的承诺，在他看来只有在真正的纽带形成时才能成立：共同的民族血统和语言，如澳大利亚、加拿大，换句话说，就是同为帝国的白种后代。

英国权力（或许该称之为"强制力"）可以以某种方式演变得更为亲和的想法——尤其是在危机时期，强大到足以构成真正的共同效忠——在丘吉尔内心深处，感到不以为然，这与他知道的一切人类本性相悖。但当然，这正是麦考利在 1833 年的演讲中所提出的伟大承诺：在一个合适的时机，这种语言、法律和文学的纽带终将实现并促成这一转变。事实上，麦考利曾更进一步设想，这样的关系将最终将比刀剑更加强大。这正是当下这个 21 世纪所赎回的承诺——虽然与麦考利预料的方式相去甚远——写在了伟大的印度英语文学的每一页上。但是，文化纽带也可取代至高无上的权力，这是丘吉尔无法想象的。这可能不仅仅是帝国也可能是英国自身的最终结局。他在 1930 年说："失掉印度，将标志并促成大英帝国的毁灭，这个伟大的有机体将会像得了中风一样瞬间土崩瓦解，成为历史，这是一场灾难性的毁灭，没有回天之力。"丘吉尔，一个如此相信文字力量的人，竟是这样的文化失败主义者，这是他最悲哀的失败之一。

1931 年，时任印度总督欧文男爵——当年曾在丘吉尔手下任职的爱德华·伍德，也是后来的哈利法克斯子爵——从监狱释放了甘地以及其他 30 名国会领导人，使他们能够参与关于印度未来的谈判，丘吉尔怒火中烧。关于他对甘地的著名侮辱性言论从未被印度遗忘并原谅："这是一个令人震惊且感到恶心的场景，看到甘地先生，一位参与煽动的中殿律师，如今假模假样地扮起了东方常见的苦行僧模样，半裸着身体迈着大步登上总督宫的台阶……与王室的代表谈判起了平等地位。"

虽然在班加罗尔他曾阅读麦考利的作品，但丘吉尔显然没有认真读过（或者忘记读）麦考利 1833 年的演讲，大英帝国历史上最辉煌的一刻，同时也应该是其负责任地进行自我清算的一天。他似乎也已忘记了自己的言论发表于 1920 年，在 1919 年的阿姆利则惨案之后，以及自己对戴尔将军进行的调查，那时他认为英国不能也不应该单靠武力来统治印度："这对大英帝国来说是致命的，如果我们只是尝试在它之上立足。英国的做事方式……一贯意味着或暗指与该国的人民建立密切有效的合作关系。"事实上，丘吉尔仍然信奉维多利亚时代的真理，认为广大印度的人民群众对英国的统治是满意的，并且认为他们被一个非典型的"煽动者"团体可耻地误导了。要消灭他们，必要的话拘留他们，这些挑衅的百姓很快就会消失。当然，这也是他针对爱尔兰民族主义者所提出的看法，但最终丘吉尔还是接受了自己理论的空洞，达成和解。

如果他像普利斯特里一样去过布莱克本，并听过工厂工人对"都胡提棉花"[1]印度市场消失的感叹，丘吉尔还有可能对甘地强大的大众动员力量表示更多的尊重。他或许也会明白为什么甘地象征性"半裸"。他抵制进口布，呼吁用手工纺织的土布替代运动宣传。伴随着其他印度制成品不可阻挡的增长趋势，彻底、不可逆转地改变了长久以来一直存在于英国和印度之间的贸易不平等条款。这同样是一个古老的历史教训，但却不知何故被丘吉尔遗漏了：在英国人来到次大陆之前，印度已经开始生产印花布了。事实上，英国人最初去印度的目的，就是购买那些印度棉布。只是英国权力成了对经济必然恢复的阻碍了。

像许多曾经在拉贾短暂服役过的人一样，丘吉尔也可能高估了英国的政府、警方、军事实力，尤其是在面对像甘地这样真正的群众运动的时候。虽然他在口头上承认英国的"合作"模式，可能他脑子里浮现的是"应负责任的"英国王室以及大资本家，而不是数以百万计的办事员、税务人员和邮政人员，受议会感召离开他们的办公室，拥有几乎可以在一夜之间关停印度政府的能力。在20世纪30年代，通过将任何形式的选举权限制在不超过10%的人口手中，英国政府实际上促成了这个政治国家在官方渠道之外寻求表达的趋势。经济歧视助长了王权，同样也发动了怨声载道的引擎。如果1930—1931年丘吉尔在印度，那么他就会目睹甘地为了打破英国对盐的垄断而发起的伟大的甘地海边大游行；甚至，如果他知道盐的问题成了这一不平等的殖民帝国关系之间的核心问题的

[1] 都胡提棉花（dhootie），用于印度腰带和宽松的裤子粗灰色织物。——译者注

话，那么也许他会改变自己对甘地的看法，就像他对待迈克尔·柯林斯（Michael Collins）一样。但是盐，除了出现在他的午餐鹿肉上之外，很少在他的脑海里得到重视，相反，在威斯敏斯特，他对国家政府，更甚乎远在印度的欧文男爵，对处理挑衅者问题表现出的软弱态度进行了抨击："英国雄狮，往日是如此凶猛而英勇，在面对大决战的创痛时，无所畏惧且战无不胜，如今却在自己的昔日辉煌的领地与森林中被兔子追着跑。我们自己的力量并没受到严重削弱，症结在于，我们正遭受一种意志疾病，我们是一次神经崩溃的受害者。"

丘吉尔竭尽全力反对英国政府在 1935 年的印度法案里做出的印度省级自治承诺，这也将他推向了强硬的右派阵营，这些人向来对他们"亲爱的教区牧师"——斯坦利·鲍德温持怀疑态度，认为他无论是在面对工会还是印度反政府武装的时候，都是一名软弱妥协者。当该法案由多数的 400 对 84 投票通过立法院的二读之后，丘吉尔表现出了他平常的宽容，以及一种务实的自我保护态度，并有意识地宣布放弃这个问题。但他的儿子伦道夫仍然以反印度法案候选人的形象参与了一场选举，最终落败。温斯顿长期激烈的密集公开反对主张也致使他对英国承诺印度自治本身的诚意提出严重怀疑，毕竟，如果丘吉尔有一天能重掌政权的话，甚至可能会担任外交大臣？

当然，温斯顿斗牛犬一般振振有词的反政府言论并没有提高他在绝大多数保守党心目中的地位。他现年 60 多岁，大多数人把他看作一个过了气的政治人物，太爱炫耀，太大声，过度沉溺在里维埃拉美好生活和负担不起的乡村奢华里，最糟糕的是，对他自己的声音太过迷恋。鲍德温的描述不无道理，总结了许多人对丘吉尔的看法："当温斯顿出生时，很多仙女从他的摇篮上俯冲下来，为他带来了礼物（天赋）——想象力、口才、勤奋、能力，接着，一位仙女对他说'没人有权利得到这么多的礼物'，于是把他抱起，又摇又晃，以至于在所有这些天赋中，他被剥夺了判断力和智慧……这就是为什么我们乐意在下议院听他发表演说，却不愿接受他提出的建议的原因。"

　　丘吉尔关于帝国命运的尖锐的危言耸听也意味着当他发出对德国威胁的声音的时候，大部分下议院的议员都只是调低音量不以为然。这并不意味着所有的议员都对第三帝国的野蛮属性无动于衷。早在 1933 年希特勒上台时，至少他们中的一些人感到震惊且反感，如英国驻柏林大使霍勒斯·隆堡爵士（Sir Horace Rumbold），他立即意识到，新政权不只是另一个普通意义上无足轻重的独裁政权。隆堡此时已经读过希特勒的自传《我的奋斗》（*Mein Kampf*，1924），并相信它。他告诉政府，很可能，希特勒打算从德国驱逐全部的犹太人。他退休前（这也许是绥靖政策兴起的看不见的转折点之一）试图以一个外交部官员所允许的最强烈的态度告诉白厅（英国政府），德国是由一群不完全"正常"的人所管理的："我们中许多人确实有一种感觉，我们生活在这样一个国家，异想天开的流氓和怪人已经占了上风。"

　　但对于许多执政阶层来说，包括《泰晤士报》的编辑杰弗里·道森（Geoffrey Dawson），认为希特勒只不过是一小块难以消化的刍，是绝对正常的，或许他的国家得到妥善处置他就会变得正常。撰写过官方欧洲历史的约翰·惠勒–贝内特爵士（Sir John Wheeler-Bennett），坚持认为这位大臣是讲道理的，"公正地渴望使德国再次受到国际尊重，并且他自己也渴望获得承认"。与其他更多的"古怪"人物相比，如社会宣传家朱利叶斯·斯特雷谢尔（Julius Streicher），或花花公子赫曼·戈林（Hermann Goering），希特勒无疑是"他的党内最温和的成员"。而且，若他果真崛起了，那也是在国内的公共消费方面，况且，难道德国崛起就没有合理性吗？它肩负着大战的罪责；因为在欧洲和非洲剥削领土而经受惩罚；一直背负着巨额赔款，这造成了经济崩溃与普通的德国国民无尽的苦难；被剥夺了主权国家拥有武装力量的基本权利。更何况，围绕在它周围的都是军事硬件林立的国家，也难怪它感觉到"被包围"。1933 年，德国同时退出裁军谈判会议和国际联盟。该行动只被视为一个国家可以被理解的政策，经受多年的屈辱，希望恢复其应有的主权。1936 年 3 月，德国直接违反《凡尔赛条约》（Treaty of Versailles）重新占领了莱茵兰，这也被简单地看作是恢复全部领土的主权的做法，无可辩驳的古老的日耳曼领土。至于纳粹对犹太人的敌意，英国人的反应不尽相同（也有些许例外），有人耸耸肩表示漠不关心，有些人则彻底对德国的政策表示同情。牛津大学希腊语钦定讲座教授吉尔伯特·默里（Gilbert Murray）——尽管后来成为一名反绥靖者——让人们了解："经验告诉我，从某种特殊的程度上说，他们是在任何西方国家里存在的一种危害性元素……我完全理解德国对这些人的态度，并充分表示赞成。"

希特勒本人就是富有魅力甚至令人着迷的人物，远超过人们对他的反感。有一大批访客络绎不绝地涌向柏林或者贝希特斯加登（Berchtesgaden），回来时对他所创造的奇迹表现出极大的热情，他曾为德国锻造出高速公路、大众汽车、清洁的城市。最令人沮丧的是大卫·劳合·乔治宣称他为"在世的最伟大德国人"，并对《每日邮报》（*Daily Mail*）的读者滔滔不绝："希特勒是位天生的领袖……引人注目充满活力的人物……神秘和富有远见的混合……超然物外追求灵性升华的人物"，是英国发展需要的亲英派盟友，对大英帝国表现出尽可能的友好。劳合·乔治唯一的遗憾是英国没有像他一样有才干的领导人。历史学家阿诺德·汤因比（Arnold Toynbee）当时认为希特勒与圣雄甘地难分伯仲，两者都是滴酒不沾、素食主义、向往和平的人；报纸大亨罗瑟米尔勋爵（Lord Rothermere），信誓旦旦将他称为一个"完美的绅士"；德国驻伦敦大使约阿希姆·冯·里宾特洛甫（Joachim von Ribbentrop）告诉内阁秘书托马斯·琼斯，他们的元首真的就像鲍德温先生一样，是一位腼腆谦逊的人，一位温和的艺术家，琼斯没有放声大笑，而是信以为然。

甚至丘吉尔——在整个 30 年代一直是墨索里尼的温和崇拜者——也赞扬这位领袖的"温和而简单的举止、冷静的作风、超然的风度"。看到历史上的许多强权人物正是通过强权手段上台，在 1932 年，他认为也许希特勒也终将成为他们其中的一位，一位德国爱国者的优秀典范。1932 年为写马尔伯勒传记，丘吉尔在巴伐利亚进行研究之旅，差点有机会在慕尼黑与希特勒会面。反而是希特勒，由于被告知丘吉尔的亲犹太人的立场，认为这次会面是一个坏主意。

然而，这并不意味着希特勒对大英帝国的钦佩是完全合格的。他曾告诉哈利法克斯说他最喜欢的电影之一是《傲世军魂》(*The Lives of a Bengal Lancer*，1935)，因为电影里刻画了一小群的白人男子将海湾以及整个次大陆成群的有色人种掌控在自己的刀剑之下。萨维尔街（Savile Row ）游行队般的景象——衣着讲究的绅士们招摇地穿过住宅，引得人羡慕，没有理由不导致希特勒相信，在英国政府和第三帝国之间确实可以达成共识，毕竟他们的根本利益是不冲突的。正如冯·里宾特洛甫告诉哈利法克斯的一样，德国希望在东欧能有一只自己的"自由之手"，同时允许英国保护并促进其在亚洲和非洲的发展。还有什么比这更整洁或更和谐的呢？在伦敦，冯·里宾特洛甫像一位演奏家一样声张自己的论调，发掘着在他看来英国政府处理得过于心肠仁厚的问题。在 1938 年吞并奥地利之前，许多政界和党派人士为法国与东欧国家结盟的判断失利表示遗憾，在德国领导下所出现的东欧"重组"既是不可避免也是无害的。毕竟在欧洲东部，一个强大德国的存在将是对布尔什维克威胁的缓冲，每一个有正义感的人都应知道，那才是自由真正的威胁。

德国在东部的战略计划，不管是什么，当然不值得英国人再冒一次泛欧战争的风险。在这一点上，鲍德温和张伯伦的政府的确是符合绝大多数英国人在 20 世纪 30 年代的主张的。最后一场"一战"的记忆仍然是血淋淋的创伤。如果在身体上留下物理性伤口，那么心理创伤经证明更难愈合。经历过战壕的恐怖的人，如今是最热心的和平呼吁者，不惜任何代价。事实上，其中一些退伍军人，如《水獭塔卡》（*Tarka the Otter,* 1927）和《鲑鱼萨拉》（*Salar the Salmon*，1935）的作者亨利·威廉森（Henry Williamson），对此坚信不疑，以至于他们之后成了法西斯主义者。但对和平的热切渴望没有被左右两派政权权力垄断。有思想的人，如斯塔福德·克里普斯（Stafford Cripps）和 H. G. 威尔斯对普遍裁军（如果可能的话进行国际性裁军）深信不疑，将冲突政策留给国际联盟领导下的国际安全部监管。

虽然被贴了标签（特别是被希特勒），当然，丘吉尔从来没觉得自己是个战争贩子。他也在近战中目睹过战争的残暴，理解其造成伤亡的规模和本性，和哈利法克斯或张伯伦一样，也想阻止另一场。在第二次世界大战后，他深深地感到悲伤，正如他一再重申的一样（尤其是在他的回忆录中），欧洲历史上所有的战争中，这场可能是最容易被制止的。但早在 1933 年他就领悟了纳粹政权的本质——也许是因为他的女婿邓肯·桑迪斯（曾担任霍勒斯·隆堡爵士的助理）所提供的报告，肯定不会被政府出于内疚而做出的逢迎政策而阻止。英国若能够与德国进行正式谈判，那不如真正从实力上进行比拼。

丘吉尔坚持不懈地大肆鼓吹，一直持续到军备重整。从第三帝国的早期开始，他就决心揭露其残酷的本性，特别是对那些假装这是一个会服从基本国家惯例政权的人，尽管招人厌恶。丘吉尔的寻求异议言语是戏剧性的，他的观众们翻着白眼，在背后嘟囔"老温斯顿又来了"。丘吉尔讲道："自从那些野蛮的日子以来，嗜血的哲学……以一种空前的方式注入了他们的青春。"这并不夸张。他的语言也相当忠实地呼应了纳粹党人自己的语言崇拜，尤其是在面对青年运动和精英民兵时。盖世太保的头目海因里希·希姆莱（Heinrich Himmler），自称为博学的人种考古学家。纳粹领导下德国人只不过是在寻回民族自尊心，这样的观点在丘吉尔看来是可怜且天真的："所有这些强健的条顿青年团体，游行于德国的大街小巷，欲望之光在他们眼中闪烁，报效国家……他们不是在诉求身份地位。他们正在寻找武器。"在犹太人问题上——另一个在下议院看来有点不礼貌且无关紧要的话题，丘吉尔同样也态度坚决。关于对犹太人的"可怕、冷酷、科学的迫害"，他说道，"从富裕到毁灭，即使是在这样的情势下，他们被剥夺了赚取每日面包的机会，在穷困潦倒的寒冬被剥夺了救济金，他们的孩子在学校被嘲笑……他们的血液与种族被玷污且诅咒，浓缩于人类身上每一种形式的丑恶被投射在这些人身上，通过压倒性的权力，通过卑鄙的暴政"。

当然也有一些有影响力的政府官员，如工党议员哈罗德·尼科尔森（Harold Nicolson），以及（最重要的是）外交部常任副秘书长万斯塔特勋爵（Lord Vansittart），与丘吉尔持有相同的意见，有时候会直言不讳。但越是接近任何形式的权力，他们就迫不得已越要守口如瓶。毕竟国家采取的是绥靖政策。丘吉尔的道德谴责也收效甚微，他不断要求国家严肃考虑重整军备武装，维护国家利益，而这个利益首要的一点就在于基本的自我防御。在他的亲密伙伴"教授"林德曼的影响下，丘吉尔开始相信下一场战争迫在眉睫，并且对平民的大规模空中轰炸在所难免。（考虑到德国空军在西班牙内战期间的空中试验，如对格尔尼卡的轰炸，没有什么可以打消他的顾虑。）在林德曼的指导下，他想象纳粹对伦敦进行持续性空袭轰炸的景象，将会是世界末日般的。60天的袭击将造成至少6万人伤亡（这也是整个战争期间的平民死亡总数），并致使成千上万人无家可归。数百万人可能会混乱地涌向乡村。丘吉尔自己的飞行经验——短暂，无疑加重了这些场景的戏剧性想象。而正是他们在德累斯顿、东京和广岛的盟军，将会回以如此规模的烈火风暴。

丘吉尔认为避免这种可能性的最佳举措就是跟上德国飞机生产的步伐，他知道这个数量已经快速超过了王家空军。他估计德国人生产的飞机总量是英国的 2.5 倍，这与实际数值是相当接近的。可能他在外交部或中央情报机构的良好信息来源，为他提供了一些这样的信息，也许是德斯蒙德·莫顿，此人也深深反对绥靖政策。鲍德温自己实际上也是致力于军备重整的，但只想以一种平静的方式展开，他不想留给希特勒任何加速军事化的借口，而这可能导致情势无休止的升级。另外，丘吉尔其实想让潜在的敌人注意到英国官方军备调整的态度，以及普通和平时期与实际战争之间过渡的事态。他认为，政治拖延与否认的政策特征是致命的。他在下议院的一次讲话，或许为这一悖论添了把火，他认为政府只是"选择的时候犹豫不决，下决心时优柔寡断，该坚决时摇摆不定，团结时如一团散沙，强大到无能为力。我们准备迎接更多珍贵的，或许对英国来说至关重要的岁月，来为蝗虫们提供口粮"。丘吉尔接收着由自己的线人提供的各种情报，其中包括一些来自英国王家空军内部的消息——如王家空军中队长 C. F. 安德森，他不断使鲍德温丑态百出，致使他调整了自己之前对飞机数量差距过于乐观的预判。在 1935 年 11 月的大选后，鲍德温的防御政策迎来了最低点，这位首相以一种用他自己的话说"令人震惊的坦率"的口气（不无道理），告诉下议院，如果他去全国各地，并告诉他们德国正迅速重整军备，"这太平洋民主联盟"将永不会允许他上任，那么所有人将何去何从？当他一结束演说，丘吉尔以一种相对温和的方式告诫了他，自己一向认为决定首相政策的应该是对国家的领导能力，而不是选举时机。

在 1936 年德国人重新占领莱茵兰之后，没有反对意见，似乎丘吉尔的观点逐步获得更多的支持，如鲍德温所推测的一样，即使国家尚未做好准备拉响空袭警报器。是年秋天，阿尔伯特音乐厅举办了一场大型的武装集会。张伯伦、塞缪尔·霍雷爵士（Sir Samuel Hoare）和安东尼·伊登，分别时任财政大臣、内政大臣和外交大臣，采取了守势。但就在这改革的关键点上，丘吉尔犯了一个非常严重、不可饶恕的错误。乔治五世在当年早些时候去世，温斯顿如今张扬地支持爱德华八世迎娶辛普森夫人（Mrs Simpson），并且保持王位。对于温斯顿的反绥靖的朋友和盟友来说，这不仅仅是中心事件的一个奇怪的插曲，还相当难堪尴尬。但是，丘吉尔一贯对君主制抱有浪漫的依恋感，况且与爱德华八世是长期的老相识，这都促使他赶往救援。当然，他自己也是半个美国人，虽然大部分时间会为富人和名人的打情骂俏感到不解，他可能也没有多少时间关注一个国王和一位离婚者之间的结合（当然在他们相好的初期并没有离婚），认为此事自相矛盾。最后，丘吉尔比爱德华自己更为热心于国王的事业。这场危机给了鲍德温收回他所有的财富的时机，他感激地欣然接受，表现出冷静的政治家形象，出现在宪政危机之中，在一个国王到另一个国王之间谨慎地管理着主权归属的痛苦道路，相反，丘吉尔不过只是一个荒谬和口出狂言的家伙。当他起身痛斥鲍德温对国王的明确替代方法时（放弃辛普森夫人或者放弃王位），几十年来他第一次淹没在反对声里。

1937 年 5 月，内维尔·张伯伦取代了此时已经精疲力竭的"亲爱的教区牧师"（斯坦利·鲍德温）出任首相，丘吉尔准确地预感到张伯伦是一位比鲍德温更加热衷且有原则的绥靖主义者，他又来劲了。在鲍德温、张伯伦和哈利法克斯身上都以不同的方式体现了一个标准的保守党人形象，或可以称之为一种英国特色，丘吉尔对此是熟悉甚至是喜欢的（虽然在张伯伦这儿被拉伸了一点）。鲍德温就是英伦乡村美德的化身：坚实、聪明、宽容、大方，不仅不易怒，而且几乎是不可能发怒的。像这一代的许多人一样，他继续为 1914—1918 年那场战争所造成的灾难而痛心疾首，并向自己和他的国家承诺，这些罪恶永远不会重复。"它的记忆，"他说，"使我们厌恶。"这是因为英国并不为异端的增长提供沃土，它必须受到保护，以避免法西斯主义和共产主义的冲击，如此，英国的差异性、国家"财产"，才会传至子孙后代。

哈利法克斯，高大、消瘦，英国国教徒，强烈忠于约克郡，莱特尔顿狩猎好手，著名的骑手——尽管有一只枯萎的手臂，相当精明，这点他的朋友和敌人都一致认同。他花了一辈子从事这样或那样的公职，为自己不讲任何废话而自豪，看到修辞的废话审时度势，确切地知道该在怎样的时机如何为权力的车轮添油。在印度，他认定自己是一个现实主义者，事实确实如此，极力避免使自己失去勒琴斯辉煌的总督府，他是第一个占领那里的人，总是准备采取一切措施来保持与王室的联系，现代人将它称为"英联邦"。而另一方面，张伯伦，代表了帝国的中产阶级商业与市政的美德，尽管他父亲的豪宅——海布里，距从一开始助其上台的螺丝制造业、天然气和自来水业的市政激进主义相距甚远。多年来，似乎他那位更贵族化的弟弟奥斯汀看起来更像一位合适的保守党领袖，特别是外务和帝国贸易一向是他的专长。此外，内维尔仍然保持了这样的形象（认为这是忠于他的根基的）：首要的任务是改善地方政府，特别是教育，对大街上的绅士、律师或银行经理所希望看到的一个保守党首相所要做的决策拥有强大的直觉。这对张伯伦来说（鲍德温也一样），就是维护和平。

虽然不完全出于自己的个人经验，丘吉尔当然了解这个英国，这个马术比赛、村落学院、小镇教堂、铜管乐队里的英国。但是与其他政客不同的是，丘吉尔坚持认为，若继续迁就霸权独善其身的话，这样的英国绝不会存活太久。就像他的门生保守党议员杜夫·库珀（Duff Cooper）所说的，就是将拥有 250 年历史的英国与一权统治下的欧洲相对立。丘吉尔在 1934 年 11 月的 BBC 广播中对此更加生动地进行了表达："有人让我们忽视欧洲大陆。让他们自己继续仇恨并备战，让他们炖自己的血，继续他们的争吵，判令其自身的灭亡……只有当我们可以让英伦岛屿远离他们岩石地基，可以将他们横跨大西洋拖至 3 000 英里以外的地方时……或许这还算是个好计划……"

然而张伯伦不认为自己是一个孤立主义者，反倒是一个很热心的人，要指点希特勒使他理智起来，给他推销欧洲的和平"安排"。1937 年末哈利法克斯已经去过德国，戈林在柏林举办盛大的狩猎会，哈利法克斯作为政府的猎狐者履行了他的职能。不列颠已经赢得了所有海外奖杯的战利品——所有的捻角羚和羚羊。冯·里宾特洛甫也提到了这点，一定是它使得哈利法克斯相信，如果和德国做个交易让其在欧洲想干什么就干什么，而让英国也在帝国范围内为所欲为恐怕是要受到牵连的。 1938 年 3 月，奥地利与德国合并了，德军坦克在兴高采烈的人群面前狭过维也纳的大街，形势似乎变得越加急迫，特别是希特勒又在叫嚷说什么捷克斯洛伐克北部苏台德（Sudetenland）地区约 300 万德意志人处境艰难。当这种叫嚷变成了要求用武力把苏台德地区合并到德国里面去的时候，张伯伦开始了一连串的穿梭飞行，想要平息这个危机。张伯伦工作的核心是说服捷克斯洛伐克放弃该地区而不做其他任何抉择，虽然这个合并要求有辱他们的主权；又说服法国人接受这个计划，本来在第一次世界大战后，在捷克斯洛伐克成为一个独立的共和国的时候，法国是这个国家主权的共同担保者之一；张伯伦还要说服希特勒本人相信他可以不诉诸军事行动就能得到他想要的东西——最后一项当然是不难推销的买卖。

1938 年 9 月，在贝希特斯加登两人相互说了一些无意义的玩笑话之后，张伯伦和希特勒好像都得到了自己想要的东西。但是在莱茵兰地区的拜德哥德斯堡（Bad Godesberg）第二次会面期间，希特勒突然开始提出更多的领土要求，说捷克斯洛伐克的匈牙利人和波兰人聚居地应该从捷克斯洛伐克共和国里分出来。张伯伦虽然觉得不快，事实上相当的恼怒，却还是迁就了希特勒；特别是英国驻柏林的新大使内维尔·亨德森爵士害怕惹恼希特勒，警告说不要做任何事以免挑起、搅乱或激怒这个为一点小事就会大发雷霆的元首。但是有一个时刻，常识占了上风，加上鼓起了勇气，哈利法克斯觉得事情闹够了，决定这样做足以引起内阁反抗张伯伦，坚持要让希特勒信守贝希特斯加登协议的内容实质，并且在捷克斯洛伐克受到军事袭击的情况下，英国和法国要考虑这就是针对他们的攻击。

1938 年 9 月末的一个星期，希特勒的马刀挥得霍霍作响，一点也没有减弱的样子，看起来要开战了。大规模疏散的临时计划加快进行。27 日，张伯伦向全国做了一个广播，传达了不愉快的消息，但也没有要大家打起精神预备战争。"真是可怕、不可想象、难以置信，"他缓慢庄重地说道，"因为一个远方国家，什么都不知道的人们之间在吵嘴，所以我们要开始挖战壕，试试戴防毒面具了。"乔赛亚·韦奇伍德上校（Colonel Josiah Wedgwood），曾经是工党议员，好斗的反绥靖主义者说张伯伦不过是在吓唬老太太，这样当他和魔鬼做了交易回来，大家能把他当作沉默的英雄向他致敬。"会打仗吗，亲爱的？"在电影《效忠祖国》（In Which We Serve，1942）里，西莉亚·约翰逊（Celia Johnson）问驱逐舰船长诺埃尔·科沃德（Noël Coward）。"我想八成会打吧，"他回答说，"还没到跟前的事儿不用愁，等到了跟前就愁不起来了，真的。"

当然，28 日张伯伦给下议院报告情况的时候，接到塞缪尔·霍雷的一张便条，就中断了他自己的讲话（或者据说是），宣布他接受了希特勒的邀请要去慕尼黑。有人在后排议席上吼叫："谢天谢地我们有首相！"很多人欢呼，挥舞着议事日程表。下议院、工党、保守党的议员都站起来给张伯伦热烈鼓掌，惹人注目的是，除了丘吉尔、他的朋友利奥·艾默里和安东尼·伊登，后者在几个月时间里都在狙击自己的同僚，之后就辞职了。然而，后来丘吉尔的确走到张伯伦面前祝他走运。张伯伦去了德国，不必惊奇，他在那里真的说服了希特勒——他不必做任何不愉快的事就能得到他想要的东西。虽然（张伯伦）又是取得了一个非凡的外交成就而凯旋受到公众瞩目致意，这可不像打牙祭了。10 月 1 日，捷克人被告知他们要向不可避免的情况低头，从苏台德地区撤回他们的边防军，这样德国军力可以长驱直入。当然，他接着说，如果捷克人"够疯狂"要抵抗的话，他完全理解元首别无选择只能入侵捷克斯洛伐克的其他地方了；但是他能在乎一下不去轰炸布拉格吗？哦，希特勒说，我总是尽我所能避免伤到平民——又加了一句说他最恨小孩被毒气弹炸死。就是啊，就是啊。然后张伯伦掏出一张令人难忘的伪善无用的神圣的绥靖主义临时凭证，上面写着英国和德国彼此永远不会开战，还保证用协商解决所有困难。希特勒伸手去拿笔的时候也许他不敢相信自己的眼睛所见。

张伯伦回到国内，被当成了欧洲和平的救星。他在黑斯敦机场（Heston aerodrome）欢呼，手里挥舞着工党政治家休·道尔顿（Hugh Dalton）说的"《我的奋斗》上撕下来的一片纸"。在白金汉宫的阳台上，张伯伦左右分别站着国王和王后，下面的大群人唱着《因为他是个快乐的好伙计》（For he's a jolly good fellow）。在唐宁街 10 号门外，也是同样的情形。张伯伦从楼上的窗口露出脸来，露出一丝微笑，他问随员他应该向欢呼的人群说什么话，得到的建议是讲 1878 年迪斯雷利从柏林回来时候说的话。"我的好朋友们，历史上第二次，"张伯伦宣布，"一个英国首相从德国光荣地带回来了和平，我相信这是我们时代的和平。"接着他告诉大家回去"睡个安宁的好觉"。在法国，对于这一死缓刑期，绝大部分公众舆论同样欢欣鼓舞；为了感谢他使这个国家免遭战火涂炭，《巴黎晚报》（Paris-Soir）为他提供法国境内一条里面有许多鳟鱼的溪流；在《星期天图摘》（Sunday Graphic），贝佛利·巴克斯特（Beverly Baxter）写道"因为内维尔·张伯伦，我儿子生活的世界将是一个完全不同的世界，在这个时代我们将不会看到欧洲再武装起来像野蛮的熊一样厮打"。

在这一片狂欢中，有几个孤独的例外，尤其在伦敦外围：斯科特的《曼彻斯特卫报》和《格拉斯哥预言报》（The Glasgow Herald），把慕尼黑（协议）叫作"强制执行的勒令"。海军大臣杜夫·库珀辞职了，因为他要求重新开展军备被拒绝了。他写文章说，张伯伦相信希特勒可以用甜言蜜语去应付，他却认为带锁子甲的拳头是更好的策略。历史学家泰勒写信给库珀说感谢他证明了"在这个全国受侮辱的时刻，还是有一个英格兰人不负气节坚持原则，以及我们从前伟大的名声"。另一方面，屈维廉一直仰慕鲍德温（特别是对鲍德温的乡村情怀），这时候全心全意地在背后支持张伯伦及慕尼黑（协议），对这种"战争呼声"表示痛惜，相信为了"波希米亚"而要牺牲英格兰是疯了。

在下议院辩论的最后一天，10 月 5 日，捷克斯洛伐克实际上已经沦为一个不设防的残缺国家，丘吉尔做了一场带着不朽的悲剧力量、到那时为止他的职业生涯里最打动人的演讲。丘吉尔奚落张伯伦，声称他使得希特勒在拜德哥德斯堡发布"撤回"的声明，讽刺说"顶着手枪要一英镑，拿到手后再顶着手枪要二英镑。最后独裁者满意地拿了一英镑十七先令六便士，其他的折合成一个对未来的善意承诺"。（当然）他是援引了《盎格鲁－萨克森编年史》（*Anglo-Saxon Chronicle*）里埃塞尔雷德国王尝试买通丹麦入侵者的悲伤故事，然后说出了令人不愉快的真相："我们现在身处一级强度灾难中。"法国赖以生存的东欧联盟系统已被扫除。张伯伦想要英国和德国人民之间的和平，这个目的没错。

> 然而，英国人的民主和纳粹强权不共戴天……纳粹宣扬侵略和征服，从迫害中夺取力量，享受邪恶的乐趣。我们都已经看到它无情的残暴，利用谋杀来威胁。我发现不可忍受的是这种感受：我们国家在强权面前坠落纳粹德国的圈套和影响之下，我们的存在变成要仰他们的鼻息。

他说，为了预防，他已经尝试过敦促及时重新武装起来，可是"无济于事"。丘吉尔反对张伯伦和哈利法克斯坚持德国现在已经"满意了"

不会再提出领土要求，他预言短短几个月后政府会被索取更多领土、更多自由。接着他变得更像预示世界末日，说承认那些就意味着在英国要开始审查制度，因为没有人会被允许反对这类决定。

到那时候有什么解决办法？唯一的依靠就是通过取得他一直在要求的优先制空权"重新夺回我们旧岛的独立"。丘吉尔注意到，这时候已经是勋爵的鲍德温说过他愿意"明天"就组织生产；他没有放过这位前首相，那当然很好，"但是我想如果鲍德温勋爵在两年半前说这话就更好了"。英国的"勇敢的人"在看起来延迟到来的灾难面前如释重负还庆幸窃喜，他也没有对他们感到不满。只是，丘吉尔在自己的结语里说，他们应该知道真相：

> 他们应该知道我们没有开战，却已经吃了一个败仗，它的后果会在我们前进的路上伴随我们很长时间，他们应该知道我们经过了我们历史上的一个可怕的里程碑，整个欧洲的均衡被打破了，当时反对西方民主制的可怕言语说出来了："你已经被称过了，发现你分量不足。"还有，不要以为这是完结了，这只是清算的开始。这只是第一口，这将是一年年递给我们的苦酒的第一杯，除非我们能重新崛起，绝对恢复道义健康和军事活力，然后像古时候那样立场坚定地争取自由。

1938年，张伯伦政府的圣诞贺卡上是一张首相飞机在云层上飞去慕尼黑的照片。3个月后，1939年3月14日，简直就像验证丘吉尔的可怕预言一样，德军坦克开进了不设防的布拉格。一开始，张伯伦还在谈论和平，可是当他觉察到托利党后排议席突然强烈抵制，又在《每日电讯报》上读到了严厉的攻击，最后他决定要站出来说话了。3月17日，在伯明翰的一次演讲中，他表示自己非常震惊和沮丧。31日，他向下议院宣布英国和法国政府正在给予波兰保证。波兰是希特勒的下一个攻击目标，他表面上说要但泽克港口（Danzig），现在叫格但斯克（Gdansk，否则通过所谓的波兰通道 Polish Corridor，拿到港口就从陆地上封锁了波兰去波罗的海的通道，这个通道是分开德意志主体和东普鲁士的，在"一战"后设立）。假如波兰受到攻击，英法将要支援。这个援助在物流上是不可能抵达洛兹（Lodz）或华沙（Warsaw）的，这就意味着在西欧开战。但张伯伦表面上转向采取坚定的联盟政策掩盖了一个事实，即他相信这个承诺发布后就足以阻止希特勒了，那么这个保证永远也不需要付诸实施。

8月23日宣布的纳粹和苏联互不侵犯协议是晴空霹雳，把这一设想化为青烟。没有苏联配合，英法的保证好像是一纸空文，没有威慑力。希特勒认为它是虚张声势，而且（判定）真的要践行这一纸承诺的时候，英法两国都不会真的和他开战。1939年9月1日，借口格莱维茨（Gleiwitz）的一个德国电台受到攻击，德军对波兰同时在地面和空中发起残暴打击。英国驻德大使向柏林政府相应地递交了一个"照会"，说如果德军不马上撤回的话，英国和法国将会按照承诺做。第二天，下议院气氛凝重又意志坚决，大家盼望听到宣战的消息。相反，他们迎来的是张伯伦的拖延，他建议如果通过意大利调解，德国撤回军队，可以维持9月1日的原状，召集法国、波兰、意大利、英国、德国代表会谈。大家一片惊愕。这其实当然也是希特勒的主意，在最初的愤怒爆发后，他想着再开一次慕尼黑会议，他又能不用开战就得到他想要的。工党和一些托利党人都不胜惊骇。保守党议员利奥·艾默里冲着工党领袖阿瑟·格林沃德（Arthur Greenwood）喊出来一句要命的话："你快替英格兰说话！"格林沃德开口了，群情激愤。他讲完的时候，响起一片欢呼声。像往常一样，只有自己人发出威胁性的抗议了才终于使得张伯伦打消了要妥协的最后尝试。那天晚上的晚些时候，他同意把一个要在9月3日上午11点作废的最后通牒"条子"交出去。然而他最大的反应是自己丢

人了，他回复下议院说这是"可悲的一天，对我来说更可悲"。当天 11
点过几分钟后，张伯伦像一个发布某个老处女姑奶奶去世的消息那样在
无线电里向全国通告。"没有接到任何诸如此类的承诺，因此我们就是和
德国宣战了，"他不自禁地又加了一句，"大家可以想象这对于我是何等
沉重的打击。"在电影《效忠祖国》里，海军水手肖迪·布莱克（Shortie
Blake）听到这个广播后说："这对我来说也不是什么银行放假的消息。"

　　几乎紧接着，广播就响起了空袭警报：2 分钟的哀号。然而当警报
解除的时候，好像没什么改变。天上没有掉下炸弹；也没有大的响动，
不像 1914 年那样一片捶胸顿足和爱国主义的叫嚷吵闹。歌曲《英格兰将
永存》在秋天流行，罗斯·帕佐作曲的这首歌听起来好像逆来顺受，还
不如啦啦队来劲；一切都那么压抑，笼罩在阴影里。灯火管制命令下达
了，电影院和剧场都关闭了（当然除了敢于公然表示轻蔑的淘气包温德
米尔，这里的姑娘们在整个战争期间为英国摇旗呐喊）。拦截气球——银
色的、金色的，甚至有诡异的紫罗兰色，晃晃悠悠地升到空中去了，好
像是一个没人愿意参加的派对广告。然后成千上万的小男孩女孩以及不
那么小的男孩女孩——有些穿着自己最好的法兰绒短裤，有些从斯特普
尼、索尔福德和斯旺西的斜坡街道上来，有的流着鼻涕也有一点脏兮兮
的，还有的住家主人们发现也很顽劣——在火车站和公交站排队，被送
到不受空袭威胁的乡村去。

　　超过 300 万英国人——不只是孩子们被列入特别优先清单，包括一
些医院的病人、重要的政府官员，还有BBC的综艺演播，甚至比林斯盖
特海鲜市场——重新安排到乡下了。如果说第二次世界大战代表了普利
斯特里说的不列颠三个特点的大融合——古老乡村、现代电动的和过度
工业化——那么 1939 年的疏散是这种民族重新认识活动的第一个行动。
随着富丽堂皇的家宅向公众开放，开始的时候有一点紧张。埃弗兰·沃
在他关于这场令人烦恼的战争的绝妙讽刺小说《伸出更多旗帜》（*Put Out*

More Flags，1942）里描述了窘困的伦敦人礼节。贸易部主席奥利弗·莱特尔顿承认自己不知道工人阶级好像这么缺乏基本的卫生条件。愤怒的格拉斯哥母亲冲着小女孩嚷嚷说不要在贵妇人的漂亮沙发上坐而要按照人家告诉她的靠墙站着，这个故事成了一个大家爱打趣的逸闻。而那些幸运地遇到了良心发现的有产阶级的孩子发现自己挺喜欢这样。一个 14 岁的孩子在剑桥写信回家，说"我们在这里有很好的食物，如鹿肉、野鸡肉和野兔肉，还有其他我们买不起的奢侈品"。然而当时间从 1939 年底进入 1940 年的时候——这个冬天非常冷，泰晤士河都结冰了——还没有空袭，也没有入侵，约 31.6 万人被送回家去了，政府下令说只有等空袭真的发生以后才会再次进行疏散。

　　尽管在虚假战争的不真实的这几个月里没什么大不了的事发生，很多英国人还是希望能制止它。9 月 3 日以后的 5 个星期里，张伯伦收到了 1 860 封来信敦促他这么做。他自己也这么觉得"我是多么地痛恨厌恶这场战争，我从来就不是被任命来做战争首相的"。其他人更悲观，但决心也更坚定，其中有一个就是乔治·奥威尔，他有点吃惊地发现自己又成了一个爱国者。

　　斯大林和希特勒签订互不侵犯协议宣布的前一夜，乔治·奥威尔梦到战争已经开打了（这个梦，或者说噩梦，也许是很多想象力不如奥威尔的英国人都会做的）。自从西班牙回来后，他花了好几年时间谴责即将到来的战争，即使他知道战争或多或少已经不可避免。1939 年 6 月他的《上来透口气》出版了，但很少人读过，里面有一个反英雄保险推销员乔治·鲍林（George Bowling），矮胖秃头的大战退伍兵，渴望摆脱沉闷的生活，回到自己长大的乡村市镇"下宾菲尔德"去——一个有现烤馅儿饼、河中水草深处藏着大黑鱼的地方。鲍林说："钓鱼和战争是相反的。"不用说，他发现下宾菲尔德几乎已经彻底面目全非：一个到处是廉价咖啡馆、加油站、连锁店和塑料的俗气地狱。这是奥威尔最老套的田园情调，他在哀叹早先英格兰的消失，他的语气和英格兰乡村保护协会的创立人克拉夫·威廉–埃利斯在《不列颠和野兽》(*Britain and the Beast*，1937)一书里叹息的口吻一致，那本书的编辑有威廉·埃利斯，还包括屈维廉、E. M. 福斯特、约翰·梅纳德·凯恩斯，这些人全都同样刻板的、对高压电线塔林立的现代社会场景表示了沮丧。

然后，突然，奥威尔转向了不同的航向。大约在慕尼黑的那段时间开始了一个左翼读书俱乐部会议，一个年轻的理想化的反绥靖主义者站起来，做了一个丘吉尔式的反抗演讲，鲍林告诉他，"小子，听着，你错了。1914 年我们以为会是一场光荣的战事，可是，它不是什么荣耀，它就是血腥混乱。如果又要打仗，你别卷进去，你干吗要全副武装？留着你的好身板给女孩子用吧。你以为战争全是英雄主义，我告诉你它不是那样的，你知道的那就是三天没得睡，你就和臭鼬一样了，你屁滚尿流，双手冷得握不住来复枪"。但是后来鲍林听到一个傲慢的绥靖主义者说的话："希特勒？那个德国人？我的伙计，我根本不去想他怎么回事。"他感到恶心从沉默的怒火中爆发："这真是令人作呕，几乎所有体面的人，那些不想用扳手砸脸的人，不会保卫自己，不会反对直冲过来的东西，因为他们甚至就连自己眼皮子底下是什么也看不清。他们以为英格兰永远不会改变，以为英格兰就是全世界，他们就是不懂英格兰只是炸弹还没有炸到的被人遗忘的地方，一个小小的角落。"

但那是慕尼黑之前，是布拉格被占领之前，是在奥威尔做梦的第二天吃早餐读到纳粹和苏联的互不侵犯协议之前。这时候，正如他在 1940 年写的《我的国家向右还是向左》(*My Country Right or Left*)里承认的，他发现自己神不知鬼不觉地变成了一个爱国者，虽然他又急着说爱国主义和保守主义没什么关系，"同时忠于张伯伦的英格兰和忠于明天的英格兰（他的社会主义英格兰）好像是不可能的，如果你不知道这是一个日常现象的话"。直到这一天，他承认，"它让我觉得有一点点负罪感，因为我在唱《上帝保佑国王》的时候没有站起来致敬。当然这是幼稚的，可是我很快就有了这种教养，和左翼知识分子不一样，他们见识太高超了，不能理解这些最平常的情感"。因此虽然有很多原因——他的肺，他的伤——好像没有人要他去战斗，但等到战争来了的时候，乔治·奥威尔毕竟也准备好了，尽其所能地抵抗希特勒。

当然丘吉尔没有这样的犹豫疑虑需要克服，在德国人占据了捷克斯洛伐克的后院后，以及张伯伦变心后，丘吉尔尽全力支持首相，以为可以赶快着手军事准备了。后来春季在查特维尔，反绥靖主义者哈罗德·麦克米兰（Harold Macmillan）发现他已经行动了，地图堆起来有膝盖那么高，秘书，紧急电话，战略草稿：当别人都还在犹豫不决的时候，只有他一个好像在挂帅了。丘吉尔会如愿得到行动指令的。宣战那天，张伯伦为了向公众舆论和非绥靖主义报纸，特别是顽固的托利派《每日电讯报》发起的运动表示妥协，给丘吉尔提供了海军大臣的职位。后来大家都知道了，海军部给舰队发电报说："温斯顿回来了！"

当然这也可能是那些政府里对丘吉尔冷眼相看的人希望他和第一次世界大战一样在海军部自断后路，而且事实上他们这么想也没有错得太离谱。因为当丘吉尔又戴上大檐帽的时候，达达尼尔海峡的记忆又回来了——但再也不是惩罚性的教训，而是作为一个可能发生什么的困扰人的碎碎念例子。"但愿"在丘吉尔的脑海里盘旋，就像"只要我那时候在城堡里有恰当的后备军力援助海军的攻击"。事实上，他从来也没有放弃在敌人最薄弱而不是最强环节袭击对方的基本战略原则；而且他在第二次世界大战的大部分时间里都在寻找轴心国的阿喀琉斯之踵——北非、希腊、西西里——结果各有不同，却都是决定性的。他的第一个直觉，简单地说就是封锁挪威水域，不让德国得到他们军火生产所需的瑞典磁铁矿。这意味着冒犯瑞典和挪威的中立地位，他管不了那么多。

假如当初这个行动成功了，这一事实也许会被略过。但是在令人害怕地重犯了 1915 年同样的一些错误之后，事情没有如计划般起作用。在很多次延误之后，1940 年 4 月实施了这次远征，但是并没有把德军遏制在海湾里，倒是正好给了希特勒一个借口，希特勒早有防备，英军被他打了个措手不及。因为丘吉尔要飞去巴黎说服法国也协同进行这个计划，在挪威海域布雷的事被耽搁了，这延误产生了致命的后果，使得一小股德军到 4 月 7 日站稳了脚跟，然后令人难堪地挫败了英军登陆。结果显示，丘吉尔计算失误了，战列巡洋舰的暴露给了空中打击的机会。整个行动搞砸了，到了 6 月，英军在纳尔维克（Narvik）的唯一的实质性的桥头堡也被放弃了。

作为海军大臣，丘吉尔也许该受指责，可是不知怎么，他逃脱了责备。也许这起码有一部分是因为他已经开始在无线电上做广播演讲，已经稳固地塑造了一些个人形象特质——诚实、坚定、专注——正是这些在后面的战争期间提高了公众的士气。但是在下议院托利党绝大多数还不喜欢他，在工党议员中喜爱他的就更少了，因为工党很多人还对远到大罢工甚至托尼帕蒂的事记忆犹新。他在下议院的有些演讲，即使在他的支持者如哈罗德·尼科尔森听来好像也是在踩高跷，还是笨手笨脚的，需要给出明确信息的时候他却在用干巴巴的雄辩术回避。在民间，丘吉尔和张伯伦的对比却是越来越鲜明，特别是因为张伯伦（开始经受痛苦，后来知道是胃癌）在战争中退缩了，可是好像也没有从个人失败的阴影里恢复过来。另外，丘吉尔已经争辩要武装反抗第三帝国，他已经为自己平反了。

等到 5 月 7 日在议会辩论挪威惨败的时候，工党不满占了上风，被不满搅怒了。"不只是挪威，"克莱蒙特·艾德礼（Clement Attlee）在辩论中说，"挪威只是很多不满的顶点，人民在问为什么那些对指挥事情负主要责任的人几乎没有中断他们失败的职业生涯。"越来越多的托利党人（虽然还只是一小批）也明白了，在寻求方法看看工党是否愿意接受全国团结的主张。丘吉尔个人还是顽固地忠于政府，听任别人利用他，劳合·乔治不怀好意地说丘吉尔"好像一个空袭掩体，使得炮弹碎片炸不到同僚身上"。但是他（丘吉尔）的老伙计们已经按捺不住。利奥·艾默里，正常情况下是一个沉默的反绥靖主义者，通过引用奥利弗·克伦威尔打发残缺议会的著名讲话终结了众人对张伯伦的战争领导控诉："你们在这里坐得太久了，你们什么用处也没有。离开吧，我说，让我们和你们玩儿完吧！看在上帝的份儿上，走！"辩论中还有其他出乎意料的事，最吓人的是海军元帅罗杰·凯耶斯爵士身穿全套元帅制服进来了，好像在说（僵硬的上嘴唇使得大家听不清他的话）海军被命令在挪威不要发挥作用，因为他们被告知陆军正在建立奇功。

突然，一个略显沉闷的议会宣言（张伯伦固执暴躁地以为他不需要这样做）变成了政府玩忽职守的军事法庭。工党前排议员决定分裂下议院，简单地说是动议休会，他们当中的一个人回忆，当他们进入对方投票厅登记的时候，他们发现自己和穿着制服的年轻保守党成员混在一起了，接着又有 41 个托利党人弃权了。清点投票结果的时候发现政府多数派只剩下 81 票了，张伯伦离开下议院的时候"滚滚滚"的声音一路跟随着他。一个托利党议员开始大声地唱起"统治吧！不列颠"。

面对张伯伦的试探性询问，阿瑟·格林沃德和工党领导层明确表示要他们在战时联合政府机构里服务的前提是不能由他领导。只有两位严肃的候选人可以（当此大任）——哈利法克斯和丘吉尔，但工党没有提出他们倾向哪一个。丘吉尔对于他们来说还是个很可疑的人，还有他们大多数都知道因为托利党里很多人都不喜欢他，工党以为这个活儿是要派给哈利法克斯了。那他们也不介意。5 月 9 日张伯伦召集了一个著名的会议，就是这次会议改变了英国历史，出席者是张伯伦、哈利法克斯和温斯顿。张伯伦解释了自己没有能力组织一个联合政府，他就问他俩在自己辞职后，该向国王推举谁。哈利法克斯在长久的沉默之后，做出了自己一生中的最佳决定，说自己爵位在身，不可能接受首相这个职位。他的意思是，他要从上议院统领自己的党或者作为一个贵族来领导政府是很困难的，但这是不诚实的：如果这个成为反对的理由，在下议院给他找一个议席是很容易的事。哈利法克斯内心里某种特质成了他自己的拦路石。也许他不想自己成为下一个被工党和托利党反水者赶下台的人。也许他在想，西欧即将沦陷，接受任命等于政治自杀。张伯伦代挪威人当替罪羊的经历已经表明他无论何种情势下都会是个"荣誉议员"，而看起来丘吉尔不负实责也是在掌控战争局面。那最好是丘吉尔负责去面对马上就要降临的灾难。那么，也许哈利法克斯会参与进来，收拾残局，帮助明智者争取合理的和平。

　　这样当张伯伦到白金汉宫去，乔治六世问他提名谁的时候，国王也许会吃惊地听到不是老好人哈利法克斯勋爵，这是国王和王后都喜欢的靠谱的人，他们常常邀请勋爵到巴尔莫勒尔庄园打猎。5月10日的傍晚，丘吉尔接受了首相一职，这真是受命于危难之际。当天早些时候，德国已经入侵了荷兰与比利时。一个怂一点的人，或者没有像丘吉尔这样有历史使命感的人，可能会退缩了。但是正如他在回忆录写的："我很清醒，感到如释重负。最终命运把我带到了这里，我过去的全部生命就是为这一刻和这次尝试预备的。"5月13日的圣灵降临节，荷兰女王威尔敏娜（Queen Wilhelmina）和乔治国王个人联系请求援助（而且，如果必要的话，为她的流亡政府提供庇护），丘吉尔在下议院发表了一个简短的演讲，沉着真挚冷静，大义凛然以及睥睨一切的乐观，众人为之震惊：

　　　　正如我曾对参加本届政府的成员所说的那样，我要向下议院说："我没什么可以奉献，有的只是热血、辛劳、眼泪和汗水。"摆在我们面前的，是一场极为痛苦的严峻的考验。在我们面前，有许多漫长的斗争和苦难的岁月。你们问：我们的政策是什么？我要说，我们的政策就是用我们全部能力，用上帝给予我们的全部力量，在海上、陆地和空中进行战争，同一个在人类黑暗悲惨的罪恶史上从未有过的穷凶极恶的暴政进行抗争。这就是我们的政策。你们问：我们的目的是什么？我可以用一个词来答复：胜利！不惜一切代价去争取胜利，无论多么恐怖也要争取胜利，无论道路多么遥远艰难，也要争取胜利，因为没有胜利就无法生存。

然而，欢呼声排山倒海般从工党议席上传来。事情到这时候有了点意义——克莱蒙特·艾德礼进入了战时小内阁，还有格林沃德、赫伯特·莫里森这个独眼警察的儿子，以及最关键的，欧内斯特·贝文主管劳工部——丘吉尔当他们的头。因为之前没有赢得信任不能组成联合政府，张伯伦受到伤害，但是贝文和莫里森都被给予了重要权力，这已经不再是问题了。实际上，这真的是实现了最没有意识形态色彩的联合，这使得联合主义者贝文的热情被激发了出来，真正的联合经营合作达成了。战争把这两个不列颠人带回到了一起。

而且无论托利党人怎么看待丘吉尔，5 月的演讲，在无线电广播中重复的下议院演讲，以及 5 月 19 日几乎同样异乎寻常的首相广播，其中他在 5 月 19 日的演讲里宣布德国人三天前进了法国，这是个不讨好的活，让大家众志成城，准备"为全英国而战，为英国所代表的一切而战"，这使得大家对他的看法全改变了，后来也没有动摇过对他的信任。1941 年有一次简单的舆论民调发现被问到的人中 78% 同意他的领导，这种支持程度在整个战争过程中从没有大幅度地降低。

多年以后，克莱蒙特·艾德礼写道，如果有人问他，到底温斯顿做了什么才赢得了战争，我会说"他谈论战争"。美国新闻记者埃德·莫罗写到丘吉尔的语言组织能力的时候基本上也是这个意思。他的演讲对英国人的士气鼓舞是不可估量的——意思就是，虽然早期的意见有很多夸大之处，但实际上从来也无法真正地确实测算。但是任何一个我这一代的人（"二战"后出生的）和我们的父辈某个人说话的话，都知道，打趣般描述这些演讲毫不夸张，具有改变形势的作用。每当首相发表广播讲话的时候，全国约有 70% 的人在听。与此形成鲜明对照的是这场不真实的战争中正在发生的事（更合理地说，有待深化理解：与正在发生中的事形成鲜明对照的是这场假想的战争），他的话把议会和各政党高层与底层人士都紧紧地团结在战时政府周围，也抓住了。这也是他说话的用意——美国政治家与人民的注意力，还有任何其他说英语地区的拥有收音机的人。它们狠狠地刺痛了纳粹，据说也正是这些演讲使得希特勒恶意地把轰炸英国机场的战略决定改为轰炸居民中心。但是，最主要的是它们使得整个不列颠——不仅仅是英格兰——又变成了全国一条心。甚至奥威尔，不用说他对煽动群众很不安，但是在 1940 年 5 月也长吁一口气放下了心，说这个国家终于由一个懂得"战争是打赢的"人来领导了。

当然，自从 1894 年 11 月他站上莱斯特广场的帝国剧院奥米斯顿·钱特夫人的屏幕开始，丘吉尔一辈子都沉迷于雄辩术，当然也因为他以荣誉生身份从以语言暴力著称的"劳合·乔治学校"毕业。偶尔或者说很多时候，他为自己无羞耻地哗众取宠而感到愧疚；有时候引用莎士比亚式的用词和抑扬顿挫走得太远了，效果就是空洞的大话。但是这一切在 1940 年 5 月全改变了，丘吉尔感到自己受祖国历史的支配。这种感觉给了他力量和真诚，他要让以百万计的不列颠人通过倾听他讲的话也感受到这些，也许以前他们没有这样的时刻，但现在他们已经变成了不列颠人意志的载体，要在自由中忍耐（痛苦）。不管是不是贵族出身，丘吉尔自己有一双非凡的耳朵，知道公众需要听到什么。这一点在一个社会分歧首先是以口音和说话方式为标志的国家里绝对不是什么可以小看的成就。但是丘吉尔的语句，不管如何浪漫高调，从上流社会人士一声声鼻腔发音的角度来看，从来不是高高在上的，更不是那种精致入微的冷静的牛津剑桥人的发音。他的声音是如此独特——他轮流着用低吼、低缓、低声浅笑、突然大声——这使他脱离了任何阶级，取而代之的是，如果不确定地说，他的声音是全国人民的声音，他的演讲又在一定程度上来说既宏大又亲切，既高贵又民主。丘吉尔做的一切都是测算的，表现老练世故、老江湖式的大言不惭——特别是那个著名的用"V"代表胜利的手势，它是对另一个著名的亵渎神灵手势的反转，因此它表面上又是一个清洁版，这是刻意设计要保留一些原创的绅士式反抗的意味。

很多伟大的演讲都遵循了一个固定的结构模式，重复了很多次以后效果也没有减弱：开头是诉说自己崇高的出发点，如果不算语气沉重也是坦白诚恳（比如"今晚我必须和你们说"，以及"形势非常危急"等）；然后缓慢地在庄重的主题下精心地展开详情；随后如灵光乍现一般轻松地拿希特勒和那帮"纳粹分子"插科打诨（比如说他们是"一些懦夫，一群不要脸的家伙"）；最后是一段华丽的结尾，睥睨一切的雄心、战友般牢不可破的顽强，还有，以自豪的语气仿佛不假思索一般声音低沉地说出豪迈的解决方式。比如"但是，向西，看吧（声音提高），这片土地是（声音降下）光明的"。

这个超凡的忠诚动员工具并不是自我完善的。每次丘吉尔演讲都要准备六到八个小时，他不懈地反复操练直到他觉得每个句子的语气语调时机都把握得恰到好处才停下。对他和任何其他伟大的演说家都一样重要的是，他必须在重建绅士风度（这可远比让读者的眼睛在书上印刷的文字扫过要更加意味深远）和呼唤英雄气概之间定好步调。在国会和BBC做《我们将会在山区和他们搏斗》（*We shall fight them in the hills*）这个演讲的时候，实际上他是非常轻柔地吐出这个不断反复的反抗到底的决心真言的，几乎就像传教士布道一般，带着一个知道自己是在说一个众所周知的事实那样，因此"我们将会在山区和他们搏斗"这个话不是什么号召，而仅仅是一句英国人自信事实的表述。

当然，这是极大地恭维了不列颠人——绝大部分人当然毫无疑问绝不希望在山区或海滩上和敌人作战。那么，丘吉尔对 1940 年的英国人充满了崇敬，不论他们是从自己城市冒着青烟的废墟上向他挥手，还是在"飓风"战斗机的座舱里激动地挥手，或者是站在村子里手扶老式的长枪，他毫无保留、满怀激情地热爱英国，这种激情之饱满是英国人前所未见的，对政界来说也是从来没有过的。这种强烈的爱国热情激起他内心要做一些政治上从未有过的尝试，这就是对公众道出实情，当然不是讲出全部事实（这不是在讲什么童话故事），但已经非常令人吃惊，如此开诚布公。1940 年丘吉尔做的 5 次伟大演讲几乎都没有什么好消息给大家，除了英国已经幸存下来这一严酷事实，而且，在敦刻尔克之后的演讲里，好像一些事能相对使人开心，丘吉尔非常机敏地反对这种不成熟的自满情绪苗头。"战争是不能用撤离赢来的。"1940 年 6 月 4 日，他这样说道。他小心地列举着大约损失了 3 万人，在法国又丢下多少多少武器。另一方面，他不把英国人民当成小孩子那样需要以撒谎宣传来安慰。丘吉尔没有粉饰严峻的情势，也不向悲观失败主义者让步，这样就赢得了人民的信任。而当他终于能报告好消息的时候，大家也相信他没有沉溺在虚妄的希望里。

特别是，丘吉尔和他的政府给不列颠人民指派了活儿。1939 年 10 月，他提议应该组织一个 50 万人的国民军（Home Guard），以减轻军方的日常放哨和巡视工作负担。5 月 14 日做了《鲜血、辛劳、泪水和汗水》这个演讲后，安东尼·伊登宣布组建一支由 15 岁到 65 岁（虽然在实际中这个年龄上限并没有严格执行）男性组成的"本地防卫志愿军"（Local Defence Volunteer Force，后来叫国民军）。24 小时之内，25 万人挺身而出。到 1943 年中，国民军拥有 175 万人，共组成 1 100 个营。1940 年，他们戴着圆礼帽和前进帽，手握老式猎枪或者从印度叛变后带回来的李–恩菲尔德步枪进行操练，三年后，他们已经或多或少地整齐划一起来了，还配备了不说是最新式的但也是可以使用的武器了。

　　然而，不管是国民军还是丘吉尔的演讲都不会自动打赢战争。到1940 年 5 月的第三个星期，在战争内阁的某些人特别是张伯伦和哈利法克斯看来，就是英国没有什么能赢得战争。法国东边的马其诺防线固若金汤算守住了，问题是德国人直接绕过了它。绝望了的法国总理雷诺请求丘吉尔给他更多的英国王家空军支援，因为德国人好像可以随心所欲地在法国领空来去自如，但是，丘吉尔被两个念头撕扯着——资助欧洲盟友，或者优先考虑英国本土防务——不太情愿冒这个风险，因为不列颠自己的空军防卫能力还是比较薄弱，不足以跨过英吉利海峡对面去解决这个问题。法国人特别是戴高乐将军（General de Gaulle）也一直觉得如此谨慎行事，如果法国真的倒下了，那就是丘吉尔和空军上将道丁（Dowding）一起做的孽。不列颠和法国这两个老冤家对头缔结"联合"的声明是为了对付共同的敌人，这是由马尔伯勒的后人做出的非常惊人的象征性姿态，到头来，也就不过如此。

　　坏消息接踵而至。丘吉尔曾经请求富兰克林·罗斯福允许一支英国航空母舰进入美国的一个港口装载在美国采购的飞机，但是美国总统拒绝了，借口是这样做有违于美国的中立立场。对于哈利法克斯来说，在不久前例行通报中说法国陆军崩溃了，尤其是丘吉尔自己也说是"不可估量的"损失，这是屋漏偏逢连夜雨。单就一件事来说，当时大约 30万英国远征军正在撤向英吉利海峡最后一批还没有被德军拦截的港口之一——敦刻尔克，这意味着他们肯定要被围堵了。荷兰已经被征服，比利时眼看着也要沦陷了。据认为纳粹德国空军拥有的飞机比王家空军多得多了，英吉利海峡一时间看上去非常狭窄。哈利法克斯回想起 1937 年自己与冯·里宾特洛甫的会谈，当时柏林提出的条件是希特勒对不列颠及其帝国有好感，德国会放过大英帝国，就请英国在德国侵略东方时不要在背后做小动作。假设这时候这样的提议，或者和这个差不多的动议还能放到谈判桌上来，这一回是英国接受不管西欧怎样，以及不管德国在那样"偏远的"国家要干什么，德国还能放过英国吗？关键是意大利，直到那个时候都还没有与英国或法国宣战。哈利法克斯相信，也许可以通过墨索里尼达成某个英法联合的试探性措施，这样来看看保全英国独立的可能性的条件是怎么样的。他满心希望丘吉尔反对这个方法，可是，即使是哈利法克斯也知道，丘吉尔的演讲有时候能使一般老百姓心里安定一些，那些处在关键位置的人可没有被蒙住，他们心里都很清楚情况万分危急，他们是军人、政府官员、他在保守党内部的盟友，后者听到温斯顿又一次自诩是阿金考特"一战"前的亨利五世，都嗤之以鼻。哈利法克斯大大咧咧地告诉朋友，丘吉尔是在谈论"最可怕的连续惨败"，还有他不知道自己能有多长时间继续和丘吉尔共事。可是，这可能是英国从灾难中挽回一些损失同时预防灾难性入侵的最后机会。6月，哈利法克斯回到家乡约克山谷，看着乡间壮美的景色，下定决心不许"普鲁士军靴"践踏自己的家乡，如果说这意味着要从一场打不赢的战场上撤退，好吧，我们这就撤。

哈利法克斯在约克山谷的顿悟是20世纪30年代英格兰乡村文化崇拜演变的一部分，这种崇拜成为一种迷信。那时候由正直者和穿惠灵顿长筒靴的普通人紧密团结，将游览车和电缆塔挡在外面。那么这时候他们将把残暴的德国佬挡在外面。家乡终将无虞。历史将在羊群、牛群、茅草顶的酒屋和架着磨坊的溪流面前一如既往地延续。H.V.莫顿的柴郡小姐安眠于博利厄修道院的宿舍之上。一切都会好。

但丘吉尔知道，如果英国摆脱战败国的法国，毕恭毕敬地去与德国交好，不管是否通过墨索里尼，一切都不会好的。事实上，他没有兴趣拯救约克的河谷、肯特的旷野，或是英国，从仅仅只是一片风景优美的地理环境的意义上考虑。他宁愿看到它们葬送于火焰，而不是去束手就擒。风景可以在一年或两年内恢复，一个奴隶英国不会。他致力于拯救的是英国的思想，一个理念，而且，那不仅仅是空谈的理论，不正是当今的学者都喜欢说的"文化建设"或是一项发明，这是一个活着的人类社区，而且他认为这是大英帝国留给子孙后代甚至是世界的伟大礼物：一个自由且由法治治理的政治社会。他可能是头脑简单才会去相信这一点。他可能是一个无可救药的"辉格"历史学家才会相信这一点。但相信这一点他并没错。事实上，如果英国去装扮成一个"和平"的样子，它将不会幸免于难。如果英国的自由是经纳粹霸权许可而存在的，那么在约克郡漫游还有何意义？在一个傀儡的国度骑马打猎又有何意义？

修正历史学家曾经想过，鉴于英国在 1940 年以后对美国的依赖以及帝国的加速衰弱的趋势，是否——因为丘吉尔曾频密地说过这样的话——他是想拯救帝国，他不应该在 1940 年的 5 月采用任何交易吗？但与希特勒共存不会拯救帝国，会由于其自身独立的和内部的原因而分崩离析。维希法国的后续经验几乎推翻了给予附庸国的有限自主权会使它受到尊重的可能性，特别当涉及移交犹太人的问题时，仅仅是因为阿道夫·希特勒。丘吉尔从心里意识到，正如他多次所说的那样，不可能与无耻的暴政共存。

5 月 27 日，在日益增加的压力之下，丘吉尔有点动摇了，在考虑到东欧现状的基础上不排除接受任何德国的提议——大概意味着德国撤出西面被占领的国家。但这在他看来是不可能发生的。第二天，他不得不报告，比利时的投降使在法国的英军势力陷入更危险的困境。当天下午就哈利法克斯提出的试图寻求与意大利调解的建议（"只要我们能确保我们的独立性"），丘吉尔对他的小团体战时内阁的五名成员表明了态度，坚定了自己的立场。他说，这是停止战斗的最坏的时刻。战败的国家可以再起，但那些温顺的投降国已经完了。战时内阁的工党成员艾德礼和格林伍德，在首相提到的继续战斗理由的基础上补充说，退缩可能会对工业城镇劳动人民的士气造成灾难性的后果，是他们将自己的一切奉献给爱国事业。有趣的是，张伯伦沉默不语。

就在那个时刻，5月28日的下午晚些时候，一些重大变化的发生改变了英国历史。虽然曾被描述为丘吉尔的"政变"，但这是心理战而不是政治上的。而且仅仅是委员会协议的影响。下午五点左右，看到讨论既没有赞成也没有坚决反对他的态势，丘吉尔休停了内阁会议。重要人物离开了唐宁街10号，丘吉尔由于为反抗辩论而筋疲力尽，怹为内阁带来了可以找到的最多的成员，约25人，进入了房间。还没有多少工党成员对他非常了解。但是，这个更大的团体的存在突然刺激了丘吉尔，挣破了紧张的大坝，他被一种意识淹没，这是一个历史的转折点，更重要的是，打开了金话匣，他悲伤坦率地开场，就像他在广播里一样。法国会失败，希特勒将占领巴黎，意大利人会提出必须不惜一切代价放弃的条款。任何利用美国的想法——正如哈利法克斯所说——做一个"卑躬屈节的姿态"，都是决不可能的。据刚出任经济战争大臣的工党政治家休·道尔顿说，丘吉尔变得"伟大"，开始为倔强的决心发表演讲，他说，即使10万人可以从敦刻尔克撤退，这也将是"美好的"，没有人会想象英国会在一刹那就完结。还有后备部队，还有整个帝国。他接着说道：

> 近些天我已经仔细想过这是否是我责任的一部分——考虑与那个男人谈判。但是，这样考虑将是无意义的，如果我们现在试图寻求和解，我们会比选择投入战斗得到更好的条件……德国人将要求得到我们的舰队……以及其他的东西。我们将成为一个奴隶国，虽然还是一个英国政府，希特勒的傀儡政权将成立——在莫斯利或者这样那样的人接管下……而且我相信，如果我有一秒钟的时间来考虑和谈或投降的话，你们当中的每一个人都会站起来，将我从这个

位置上拖下来。如果我们这个岛国的历史终将完结，就让它结束在我们每个人都倒在自己脚下的血泊中的那一刻。

内阁毫无疑问为这个老男孩诚挚的坚决所感动，道尔顿回忆道："全场支持的欢呼声四起。"没有再多说什么。在他们离开之前，道尔顿上去拍了拍正在壁炉前沉思的丘吉尔的背部，说道："讲得好！首相！您应该得到洛的卡通画，上面画着我们所有人为您卷起袖子跟随您的场面，您要装裱它，把它挂在这个地方。"他咧嘴笑着回答："是啊，这是很好的建议，不是嘛……"

更好的是，它本身就是第二次世界大战中他取胜的第一场战役，不是通过飓风战斗机和喷火战斗机，而是用言语、激情和历史。丘吉尔突然意识到，显然他是完全正确的，那 25 名大臣的本能反应也是这个国家的反应。在 7 点钟小型战时内阁重新召集的时候，他告诉他们，在他的一生中从来没有听见过一群身居高位的人如此断然地表达自己。这一次，张伯伦和哈利法克斯都没能反驳他。出于某种原因，在他的回忆录中，丘吉尔——也许是出于慷慨——选择隐瞒当天在战时内阁真正发生的事情，宁愿去写一道"崇高的白光，动人心魄地从我们岛屿的一端穿到另一端"。说得客气一点，这是（过于）乐观的看法。但事实是，1940年 5 月 28 日，是每个在校的学生都应该知道的英国历史上最伟大的日子之一，在著名的我们决不投降的演讲之后，不会再有英国维希政府的任何可能性。英国犹太人不会在温布利（Wembley）球场被围捕送往奥斯维辛。这对我们中的一些人来说，可不是一件小事。

经过如此神勇的表现，丘吉尔收到了一个连自己都几乎不敢相信的神奇回报。结果不是政府所估计的 5 万敦刻尔克生还人数，而是由 800多艘船只组成的船队救援了 33 万名士兵，其中有 20 万人是英国人。有把握地说，从来没有在以往任何一场大战中看到如此的景象：海滩游船、捕虾船、渔舟；渡轮和拖船；任何可以浮动的东西，其中一些，如格雷西菲尔兹（Gracie Fields）号渡船，毁于斯图卡战机的俯冲轰炸之下，付出了代价。但可想而知它是最明显的证据：在最糟糕的情况下，这个如鲍德温所描述的"太平洋民主"（1935 年他并没说错）国家，再一次成了一个真正的民族共同体。

在接下来的一年里，这种新发现的团结与互相忠诚体现得淋漓尽致，希特勒不明智地认为已经完全和外界隔绝而孤军奋战的英国将是一个软柿子，却得到了正好相反的效果。丘吉尔祭出"岛国民族"修辞俘获了全不列颠人民的心，不分阶级，除了极少数例外分子，全都响应他。当然，战争中共 6 万人战死，有 30 万军人参战（在"一战"中阵亡的人数是这个数字的一半），伦敦大轰炸以及战争末尾 V1 和 V2 导弹造成数百万人无家可归，这种团结忠诚并不是说他们最接近和最相亲相爱的人之中就没有了苦涩和间隔，也不是说一切阶级分歧都消融化成了爱国主义欣喜。据哈罗德·尼科尔森的记载，国王和王后第一次走访斯特普尼的时候，有人向他们发出嘘声，这才是为什么 9 月 14 日白金汉宫第一次被炸到之后，伊丽莎白王后说自己"看得到伦敦东部了"，正是这样这句话才意味深长。

虽然有这么多疑虑，英国在两次世界大战之间社会分裂严重，在这生死存亡的关键时刻又变得高度一致，真是不可不令人为之震撼。一个习惯了做他们被告知做的事的民族此时接受了配给制这个当然的事，这是一回事；另一方面，长期以来曾经彼此苦苦争斗的协会和雇主们为了要给国家提供武器而共同协调工作，这是另一码事。当然，贝文和伯维尔布鲁克（后者负责飞机生产）在同一届政府里工作很有帮助，在任何其他时候这两位绝不会走到一起，还有赫伯特·莫里森担任重要的供应大臣角色。但是根本不需要高压就能让工厂一天 24 小时一星期七天开工，当然很多厂里全是妇女在干活。集体合力使得军火特别是战斗机生产完全大变样，反过来战斗机又改变了 1940 年夏天不列颠空战的输赢。因为错误地受到德军飞机数量优势的鼓舞，戈林的纳粹空军一直想要置王家空军于死地，但是结果只是使得喷火式和飓风战斗机从灰烬里升起去嘲笑他们没来由的自高自大。

那个"这么少的人"实际上也不是那么少数。8 月中旬，不列颠空战开始白热化的时候，王家空军拥有 1 032 架战斗机，而纳粹空军是 1 011 架。甚至在 9 月第一个周末，德国人以为他们已经消灭了大部分，王家空军应该只剩 100 架左右的战斗机了，然而王家空军还有 736 架，而另外 256 架在装配中。德国人在其他方面的劣势使得他们吃了苦头。单就飞机一架一架地单打独斗来说，纳粹空军没有什么能打败装备 8 挺机枪的英军喷火式战机，在速度、机动性和火力集中方面都是喷火式更胜一筹，至少在 2 万英尺及以下的空中［理查德·奥弗里（Richard Overy）说如果不列颠空战是在 3 万英尺高空进行的，英国会输］。因为必须为轰炸机护航，德军战斗机无法自由飞行就失去了技术灵活性，到大本营的距离决定了战机的作战时间是非常有限的。尽管不一定总是能预报准确，在内陆使用也不多，雷达——总共 3 万男男女女的地面观察队的配合——对德军空袭发出早期警报。掉在英国地面上被打下和损坏的战机都被找到又修复，王家空军飞行员在跳伞后可以在当天就又飞上天了，德军飞行员和机组人员很快就被抓住了。全国上下用自己独特的方式响应空军战士做出的特别牺牲：地勤人员全天维护战机，普通民众给喷火战机基金贡献自愿捐款在 1940 年达到每个月 100 万英镑，用来建造更多的战机，到秋天，几乎英国每个城市都拥有用自己城市命名的喷火式战机，当伯维尔布鲁克勋爵呼吁大家捐出铝的时候，平底奶锅和圆底锅都被送去熔化重新做成了飞机部件，英国人的厨房空了。

8 月 12 日到 9 月 6 日之间，德军对英国飞机场进行了 53 次轰炸。仅 13 日一天，林姆尼（Lympne）遭到 400 枚炸弹袭击，飞机跑道被炸毁。8月15日，纳粹空军投入空战的最大力量，但还是被王家空军遏制住了：75架德军飞机被击落，英军损失34架战机。18日的战绩与此相似。20日，丘吉尔告诉下议院"在人类的战争中，从来没有这么少的人为这么多的人做出这么大的贡献"。据安格斯·卡尔达[1]记载，有个空军战士听了这句话后说，"这肯定是说花费太大了"。

这场无情的空战人力代价惨重，8月飞行员死亡率是惊人的22%，9月初不少于133名飞行员阵亡，虽然不是戈林吹嘘的177个，这已经使得全英空军飞行员被击落的多达600名。9月8日，当丘吉尔问空军副元帅帕克："我们还有别的储备吗？"他得到的答复是他不想听到的——"没有了"。

9月7日，用来指代德军入侵的暗号"克伦威尔"启用，据报告英吉利海峡和荷兰鹿特丹港口里集中了很多驳船和其他平底船。陆军元帅、国防部（国民军南部战区总指挥）负责人艾伦·布鲁克（Alan Brooke），这个来自爱尔兰阿尔斯特的清教徒，对于英军防守本土的能力非常悲观，因为他相信入侵终将发生，因为那时候80个师都没有防得住法国的战线；而英国只有22个师，其中只有一半能机动作战，防守英国长长的海岸线需要机动作战。

幸运的是，德国海军对自己的登陆入侵部队的机会同样悲观，因为他们在数量上少于英国海军，还没有空中优势。德军元帅和将领们明显在埋头阅读恺撒、塔西佗和诺曼底征服的历史来进行自己的速成培训。

德军怀疑海狮行动（Operation Sealion）的可行性一点儿也没有减轻空中打击的影响；如果说有什么影响的话，纳粹空军加大了空袭力度，因为希特勒相信有必要在跨过英吉利海峡之前不是通过海上而是从空中吓倒英国人。早在不列颠空战开始前，德军对英格兰西南部的居民

---

[1] 安格斯·卡尔达（Angus Calder），苏格兰学者、作家、历史学家、教育家，其关于"二战"的作品享有盛名。——译者注

中心就已经进行了投弹轰炸。更别说 8 月底王家空军对柏林也进行了轰炸，不可否认，这种狂傲可没有使希特勒脾气好一些。6 月下旬利物浦、纽卡斯尔和南安普顿都遭到了轰炸。7 月末是英格兰的西南。8 月 28 日到 29 日，伦敦市郊——从圣潘克拉斯到亨顿（Hendon，这里有一个重要的飞机场）、芬奇利（Finchley）和温布利——都被炸了。9 月 2 日轮到布里斯托尔、利物浦和伯明翰，到 7 日规模升级，纳粹空军出动 350 架飞机，集中轰炸了伦敦的港口区。伍尔维奇兵工厂与王家维多利亚和阿尔伯特码头，还有东印度和萨里商业码头都被炸了。一个巨大的滚动的火球升起，烧毁了萨瑟克、罗瑟希德的街道和房屋，作家 A. P. 赫伯特[1]此时是泰晤士河辅助巡逻队的一个低级官员，他乘船往河上游驶去，在莱姆豪斯拐弯的地方，看到"一幅地狱景象，到处漂浮着平底驳船，我们听得到爆燃的呼呼声和嘶嘶声，巨响，可是我们看不到它，因为烟雾太浓重了"。

第二夜，轰炸目标扩大到伦敦西边。在一个小时之内，布鲁克将军看见 60 枚没有被防空炮火炸裂的不带锡盖的炮弹倾泻在同一个区域。杜莎夫人蜡像馆、自然历史博物馆和发电厂医院都被炸了。这次大轰炸之后的第一个星期天，首相去视察损失情况，走在油污、玻璃碴、碎木头和憔悴的消防队员当中，他沿一条最令人震惊的路线行走着，在手杖上旋转着帽子，咆哮着："我们沮丧吗？"回应他的是同样惊人的怒吼（虽然他会说已经预见到了）："不！"伦敦人随机应变，在铁路桥下入睡，低声吟唱着著名的二重唱弗拉纳根和阿伦（Flanagan and Allen）的音乐厅摇篮曲。到 9 月 15 日，当 158 架德军战斗机和轰炸机冲破喷火式和飓风战斗机组成的防线后，轰炸了伦敦，15 万人在地铁站里过夜。10 月 15 日，一枚炸弹掉在财政部，炸死了 3 个人，唐宁街的政府大员们侥幸

---

[1] A. P. 赫伯特（A. P. Herbert），英国幽默作家、剧作家。——译者注

地躲过了，仅仅是因为丘吉尔下令他们躲进一个陆军部的防空洞里了。结果是大家恳求首相本人离开唐宁街 10 号，因为这里的掩体既不深也不结实，他搬进了大大加固了的地下战时内阁办公室，这里只是在德军入侵波兰前一周才完工。在一个特地为他和克莱蒙特修建的陈属掩体建好之前，丘吉尔在这里只待了三个夜晚，还是照常回到唐宁街 10 号去睡觉，甚至爬到屋顶去观望大火。

奥威尔的爱国主义高涨，特别在"克伦威尔期"的 9 月初到 10 月中旬，之后随着冬天来临，希特勒实质上取消了入侵英国的最后希望，奥威尔到这时候已经变得好斗了。他同左翼和平主义者关于西班牙内战和《苏德互不侵犯协议》都产生了严重分歧——许多流亡的诗人和有良知的反对派，这些可以付任何代价也不要战争的一大堆人辩称自己是真正的反法西斯者——奥威尔 1942 年在《和平主义与战争》（*Pacifism and the War*）7 月号上发表的《争论》（*A Controversy*），提到这些人的态度的时候，他保留了自己最羞愧的蔑视，"如果（他们）想象某人可以躺着就能赢了德国军队，让他们去想吧，可是也让他们偶尔想想从安保角度来说这是不是一个幻想，这幻想是不是太费钱了，还有它是不是根本就无视了真正发生的实情"。他写道，他知道英格兰是唯一一个知识分子对自己国籍感到羞愧的伟大国家。

很明显，奥威尔没有把自己的社会主义交换成某个思想僵化者。在他的"嗉囊"里卡着左翼精英主义者，他们就是很好很精致很宝贵，不能接受爱国主义，他们拒绝理解这是所有情绪中民粹主义色彩最浓的一种，他们要把精英主义灌输到真正生活中的人类社区里。他反对把爱国主义和保守主义混淆起来。在他的思想里，国民自卫军不是一群奇怪的退休老太太装扮成士兵没完没了地在瓦伊普斯和曼宁路那边走来走去；国民军是人民军队的第一道防线，特别是如果布莱尔与之有什么关系的话，也许还是社会革命的先锋。关于如何训练这支（国民军）老爹部队

（Dad's Army），奥威尔的主张就是给他们集中培训巷斗。

他和丘吉尔的观点不同，虽然不是完全互斥，但英国历史和国家团体对自己和国家的解释是为什么英国要战斗到底。丘吉尔的《英语国家史略》一书展示再现了自由的历史场景，意思是议会政府在民主联邦制里面是最圆满的，"二战"后他马上接着写它。奥威尔也对联邦共同体的概念感兴趣，然而他的版本更多地源自克伦威尔、平等主义者，以及从农民起义到宪章派的传统。丘吉尔认为1942年纳粹空军执意开始"贝德克尔行动"要毁灭中世纪和乔治王时期英格兰最伟大的建筑：坎特伯雷、诺威克、约克、埃克塞特和巴斯，纳粹是来轰炸他们的死对头——英国历史的。他把自己置身于英国深受爱戴的国王与英雄的传统中，随时预备保卫"岛国民族"反抗入侵的暴君：这就是1937年亚历山大·柯达摄制的相同戏码，这是雷蒙德·梅塞扮演西班牙国王菲利普二世这个恶魔，弗洛拉·罗伯森扮演身披铠甲的童贞女王的《英伦战火》（*Fire over England*）。当丘吉尔在斯特普尼遭受重创的普利茅斯和曼彻斯特踩在瓦砾堆里查看的时候，正如劳伦斯·奥利弗在1944年改编自莎士比亚的电影《亨利五世》展现的"晚上哈利的一下触碰"，在军营里昂首走过，倾听普通士兵的抱怨，尝试和他们解释为什么而战，以及为什么虽然痛苦和恐惧他们也应该战斗下去。

奥威尔认识到——实际上是大度——这是丘吉尔特别擅长的，他能和那些与他没什么社会共同点的人建立某种联系。而奥威尔看看自己周边，看到大批面目模糊、不加修饰的英雄——在六个星期的伦敦大轰炸后，一百万伦敦人中四分之一无家可归（随后又去轰炸了其他工业中心，如考文垂和伯明翰，在12月又掉头回来轰炸伦敦城，然后在5月的第一、二周扔下了比"二战"中任何时候都多的爆炸药，击中下议院、威斯敏斯寺、伦敦塔和王家造币厂，造成约76 000人无家可归）。奥威尔看着被空袭的伦敦监狱和妇女志愿者服务处，更别提600万穿制服的普通男女，他想如果说这"整场"战争是他们在打，那也应该是为了他们而战。"也许滑铁卢之战是在伊顿的球场上赢的，"他在 1941 年这样写他的散文《英国，您的英国》，"可是，所有接下来战争的开场战役全都输了。"布里斯托尔和克莱德班克人口的 80% 都被炸死了，这些地方的工人吃了纳粹空军的败仗可不是为了让圣塞浦里安的男孩子们保障乡间别墅里那些人的安全。所有这些心碎、毁灭和痛苦，只有在以后建立起一个能使威根的矿工们和千千万万像他们一样的普通人过上体面生活的国家才算值得——住的房子不是虫蛀的贫民窟；让他们吃上有营养的食物，不是吃了生病的东西；让他们的孩子上学；有适当的医疗；可以照顾老弱病残。

奥威尔在同一篇文章里写到，参战的这个英国，好像一个一本正经的维多利亚时期家庭，有"一群要人给他们磕头的富亲戚，和一堆被人压得抬不起头的穷亲戚，这家里的年轻人都被压制着，绝大部分权力都被不负责任的叔叔和卧床的阿姨抓在手里，错误成员掌管大权的家庭"。然而，另一个播音员吉·比·普利斯特里拥有几乎和丘吉尔一样多的听众却评论说这个国家在被轰炸被焚烧中产生了民主，到 1942 年，英国拥有了搞经济的工党大臣包括斯塔福德·克里普斯。奥威尔不这样想——肯定不是自愿的——认为他们应该是不情愿地弃权了。他在 1941 年的文章《英国革命》(*The English Revolution*) 中描绘的蓝图是新的社会主义英国需要的主要工业——认为煤矿、铁路、银行，公用事业的国有化；创建一个民主的不分阶级的教育系统（除掉圣塞浦里安！）；限制收入；让印度马上自治，在战争结束后还它全部主权。上议院作为一个过时的怪物应该废掉，但是王室也许应该保留，因为奥威尔无意抹去英国历史，相反，他认为它能够"展示一种吸收同化过去的力量，会令外国观察家们震惊，有时候会怀疑到底有没有发生过革命"。

政府里很多人至少怀有和奥威尔一样的改革狂热，也已经在盼望战后英国不会像 1918 年那样滑回到维多利亚时代个人主义的不公正不平等。1942 年 12 月，《贝弗里奇报告》（*Beveridge Report*）出版了，表面上是着眼全民社会保险和就业，但是允诺战后政府会致力于使"每个人享有免于贫困的自由、保障人民的最低生存收入"，换言之，就是英国国家要把公民从生到死都包了，这些还不是少数人的福利。《贝弗里奇报告》卖出了 63.5 万册，作为一个政府白皮书，这个销量无疑是创纪录的。一些托利党人"改革派"包括安东尼·伊登、哈罗德·麦克米兰和 R. A. 巴特勒嗅出了国内公众舆论的一大变化，怕失去战后的选举，发誓要进行"一场社会大变革"。

　　然而在实现这些之前，还要先打赢这场战争。也正是最终打赢了这一战才给新的 20 世纪的英国前景造成了麻烦：这是尝试用福利国家的责任调和岛国历史走投无路的浪漫。不是说每个人都迷恋贝弗里奇。雇主联合会感到有必要指出打仗不是为了建立社会保险而是保障英国免于被德国暴君奴役的自由，甚至丘吉尔也大声质疑贝弗里奇改革的代价太大，特别是英国的外汇储备已经全部没有了："这个问题要掂量掂量，我们是不是没有让 4 500 万人民去做他们不可能完成的任务，去肩负他们能力之外的重担。"只是大敌当前，这一切矛盾都可以暂时被搁置。一旦忍受（战争苦难）不再是一个问题，建成阿尔比恩－耶路撒冷的困难，尤其是谁来负担财政重担的事就凸显出来了。

　　从这种奇怪的感觉来说，1940 年既是"二战"中最艰难又是最轻松的年份，因为重生的民族大同已经无可争辩。1941 年 12 月 7 日，日本轰炸了珍珠港，丘吉尔向罗斯福表达了哀悼和诚挚的同情，私心里却是在窃喜，因为他太清楚胜利在望了。"这样我们到底是赢了，"他在回忆录里写着，"我们不会被抹去，我国的历史还没有终结。"但是如果说他说"英格兰会活下来"是对的——那么他能预见"不列颠能存活"也是对的——丘吉尔还对"英联邦共同体和大英帝国（对他来说二者是可以互换的）"同样抱着信心，这却是错的。丘吉尔考虑不列颠的未来要依靠帝国的复活，而罗斯福相信的正好相反。

当然，筹建大西洋联盟的时候，他对此一无所知。1941 年 8 月，当他和富兰克林·罗斯福在布雷森莎湾（Placentia Bay）的王家海军威尔士亲王号相遇，美国和英国的海军士兵们站在一起唱着丘吉尔选的歌曲的时候，看起来一个真正的大西洋民主合作的梦想，丘吉尔在骨子里想要的伙伴关系似乎就在眼前了。然而当然这仅仅是一个梦而已。1942 年 6 月他访问华盛顿的时候事情就明朗了，罗斯福请丘吉尔从 18 世纪大英帝国发生了什么的角度来考虑英国和印度的关系，意思就是英国应该让印度独立，不要等到印度要起来为独立而战的时候再让它独立。丘吉尔一下子大怒起来，完全是帝国主义者的愤怒发作。他鲁莽地宣布说自己被选出来做了国王的首相可不是要主持解散大不列颠帝国的，这么说的时候他脑子里还在想着那一年的伦敦市长晚宴的事。而罗斯福心里想的是立即让印度自治，可以预防沙布哈斯·昌德拉·鲍斯[1]倾向于做轴心国的志愿者孟加拉老虎，以免引发类似 1857 年但比它更大范围的大叛乱。不用说，这个话丘吉尔无疑是听不进去的。

可是，帝国瓦解当然正在发生之中，随着香港地区陷落，接着 1942 年更大的灾难是新加坡陷落，丘吉尔很诡异地给亚洲东南总司令阿奇博尔德·威法尔[2]下命令，让他带领军队在这座港口城市的废墟上战斗到底。然而实际上，日本人俘虏了 8.5 万人，后来其中 5.7 万人都死了。两巨头曾经聚首的王家海军威尔士亲王号被派去威吓日本人，它绕了地球大半圈，最后却只是可耻地沉没在中国南海了。不管丘吉尔怎么想，从太平洋战争中产生的共同体绝不是 1940 年存在的这一个。

1941 年 6 月 22 日，希特勒发动入侵苏联的巴巴罗萨行动对丘吉尔

[1]　布哈斯·昌德拉·鲍斯（Subhas Chandra Bose），印度国大党主席。——译者注
[2]　阿奇博尔德·威法尔（Archibald Wavell），英军高级将领。——译者注

和英国来说是一把双刃剑。在这片土地上，最著名的反布尔什维克的人发现自己与一个苏联领导人结盟，他确实体现了丘吉尔对邪恶的共产主义的残暴的刻板印象。然而，关于斯大林他这么说，只要能打赢这场战争，他愿意和魔鬼本人交朋友。虽然巴巴罗萨将是第三帝国的复仇女神，1943年11月在德黑兰，1944年在雅尔塔斯大林和罗斯福亲密无间，这使得丘吉尔痛苦地意识到在全局中英国突然没落的地位。因为德国在苏联前线的兵力被拖住了，英军开始拿下北非，先是从意大利人然后（一开始在托布鲁克惨败于隆美尔手下，此役3万联军被俘）也从德军手里夺取地盘。1942年11月有一个短时间里，丘吉尔让英国人庆祝艾尔阿拉曼大捷（El Alamein），以及1943年1月他和布鲁克从开罗去土耳其的路上在锡瓦绿洲的棕榈树下吃着椰枣，啜吸薄荷茶，听着当地酋长谢赫抱怨意大利人吃了他们的驴子，这时候看起来这个棕榈树和松树下的帝国一切都很好。

但是1942年一直都不好：香港地区、新加坡、托布鲁克先后沦陷，到艾尔阿拉曼一役后情况才开始好转。在下议院，丘吉尔不再是看起来的那么无懈可击了。社会主义者安奈林·贝文[1]说首相是一次次赢了议会辩论却输了一场场战事。"国人都说他在辩论的时候像打仗，打仗的时候像辩论。"他经历的唯一一次对他的领袖地位的挑战——可能（事后看很奇怪）被斯塔福德·克里普斯取代。虽然他尽责地履行外交的差事，以近70岁的高龄搭乘各种非常规的交通方式飞行超长距离，从华盛顿飞往莫斯科，再到开罗，接着又去波斯，战争局势胜利在望，他却看起来越来越不开心了。正如罗伊·詹金斯（Roy Jenkins）在他的传记里指出的，这些会面里只见到丘吉尔老是在出访。"二战"后期当盟军开始部署反攻欧洲大陆的时候，得知英国要听从美军的指挥调遣，丘吉尔非常难受，

[1] 安奈林·贝文（Aneurin Bevan），英国政治家，左翼工党在国会的领袖。——译者注

在战略讨论中常常同他的陆军元帅们奥金莱克、蒙哥马利和布鲁克争吵。虽然丘吉尔反对在 1943 年登陆法国的诺曼底，说这为时过早，当然他是对的；他对另一个选项在意大利的火炬行动（Operation Torch）很感兴趣（与达达尼尔海峡综合征反其道而行之），又总是强调罗斯福和美军将领们从不认为这是次要的。

　　1944 年，很明显他已经不能轻松地领导内阁。他身边最接近的人都感到他酒喝得太多而想得太少，丘吉尔不再是布鲁克眼里那个在几千英里的夜航飞行后喝下两份早餐前威士忌、两大杯白葡萄酒及抽两支雪茄，然后就"神采焕发"的人，他的肺炎发作太过频繁。那年的 5 月，布鲁克觉得他看上去"又老又累"。他说罗斯福身体不太好，不再是从前的样子，他说这话对他自己也适用。他说自己还是睡得香吃得下，也还是很能喝酒，但是早上起床没有以前感觉那么好了，好像更愿意整天都窝在床上。在内阁开会的时候，他更多的是吹牛，嘴里含着雪茄咕哝着，莫名其妙地揪住无关主要任务的细节不放，把会议拖得很长。丘吉尔常常好像不能让内阁成员们住嘴，因此有时候每个人都在说话。做决定的时候，大家不得不逼着他拿主意，特别是军事决定。布鲁克对他这样不理解事情感到震惊，得出结论认为丘吉尔对基本策略一无所知，布鲁克几乎要辞职。丘吉尔根本就不知道需要他读的那些文件内容，艾德礼对此感到沮丧，1944 年，他给丘吉尔写了一篇严厉的批评备忘录，好像一个校长惩治懒惰的学生。丘吉尔在下议院发表的演讲好像也危险地降格为纯粹的空话加大话，两党联合开始经受磨损，工党和保守党大臣们的差异变得更明显了。联合政府还没有散架也许是因为贝文和莫里森在心里都恨透了彼此，比他们俩讨厌丘吉尔更厉害。还有，在可悲的老工业中心地带的南威尔士和约克郡又开始罢工了。

　　当 1944 年 6 月 6 日诺曼底登陆日终于到来，以及随后英勇战斗的时候，士气提振，加上 1944 年夏天到 1945 年 3 月突然重新出现的德国无人飞弹VI接V2火箭袭击英国东南（杀死了近9 000人，伤者更多）暂时消弭了裂隙，忽然又让丘吉尔这个战争首脑变得重要了。5月8日，欧洲胜利日（VE Day）那天，他和国王王后一起站在白金汉宫的阳台上，完成了历史给予少数人的重任，他可以满足于此了——他不仅拯救了自己的祖国，而且可以说拯救了欧洲民主的存在；因为假如英国没有在1940年进行抵抗的话，欧洲的民主就被独裁颠覆了。

　　但是接下来在7月的选举运动教训了丘吉尔，叫他不要把发自内心的赞扬当成选票。虽然在伦敦东北的沃尔瑟姆斯托（Walthamstow）听到了一些人对他喝倒彩，他仍然过度自信，发起诋毁反对工党要建成福利国家的运动。6月4日他在一次广播演讲中说道（奇怪地预测到了几个奥威尔《1984》书里的主旨），要实施真正的社会主义政府计划必须卷入"某种盖世太保形式，毫无疑问这第一个例子的指向就很人性化，并且这会把舆论扼杀在萌芽中……它会把一切权力集中到这个最高的党及其领导人手里，他们会像壮观的尖峰高高在上，底下是庞大的公务员官僚群体，却再也不是公仆，也不再彬彬有礼……朋友们，我必须告诉你们，社会主义者的政策和不列颠的自由观念是不符合的……一个自由的议会——对社会主义者的教条来说是可恨的"。这样尝试妖魔化社会主义在某种程度上超越英国历史主流的企图是超常地回转到了20世纪20年代的极端思想，虽然在战时政府里合作，并且一部分保守党人已经接受了《贝弗里奇报告》里的很多社会改革。那时候克莱蒙特·艾德礼对于大多数人来说还很陌生，他以一种低调然而有力的嘲讽回应，告诉全国人民，他意识到丘吉尔歪曲工党政策的目的是"他要选民们理解温斯顿·丘吉尔这个伟大的战时团结民族的领导人和作为保守党领袖的丘吉尔先生之间的区别是何等巨大，他害怕那些接受了他在战争中领导的人会因为感激而继续追随他，我很感谢他如此彻底地使大家觉醒"。

　　丘吉尔对选举结果很有信心，7月15日就去了波茨坦同斯大林、罗斯福的继任者杜鲁门进行首脑会晤，一边等着分散在世界各地的点票员统计选举结果，他感到有把握这些会改变局面，虽然有个流传很广却是虚构的故事说他寻问空军副元帅帕克，他认为飞行员们会投谁的票，得到的回答是80%的人会投工党。回到英国后，就是7月25日拂晓，丘吉尔从睡梦中醒来感到"一阵剧烈刺痛"，他相信自己输了。他的预感真是准确。所有选票清点完毕——结果是高达73%，很明显工党赢得了空前胜利，这个结果甚至也大大出乎工党领袖的意料，他们拿到了393个议席，而保守党是213席。传统托利党人的选区的选民——坎伯兰，全都没有投保守党。丘吉尔尽力勇敢地面对这个灾难，虽然克莱蒙特在选举结果揭晓那天的午餐时说也许失败是伪装的福佑，温斯顿怒不可遏地低声回答："如果这是个福佑，它还真是伪装得很好啊。"当搬离首相乡间别墅契克斯的时候，全家人在来访者登记本上签名，温斯顿最后一个签名，他在自己的名字后加了拉丁文的"终止"（Finis）。

当然这既不是丘吉尔最后的下场，也不是他自己认可的祖国的末日。他在竞选活动中判断失误乱发脾气造成灾难性后果，实际是基于三个设想：第一，感激（尽管他从来没有对此表现自满）也许可以帮助他重掌权力；第二，一个社会主义者的英国不可能还保留英国本来的面目；第三，在某种意义和形式上，英国继续存在要依赖帝国的存在。他在这方面的想法都错了。事实上是丘吉尔自己的战时政府做出的福利国家蓝图，才使得公众开始期盼它，也是它给了工党大臣们信心和经验（不像之前1924—1929年的工党执政）要来实行它。1945年夏，大部分选民因为丘吉尔要背离大家以为他曾经和他们共享的更美好的生活而惩罚了他，伊登不是谈论过一个社会改革的计划吗？

可是，他们听到的是说什么共产主义是特洛伊木马的噪声，有些人起码还记得20世纪20年代就有这话了，还有，在接下来的冷战最严酷的日子里，这么说好像没什么意义。无论托利党人多么努力，他们也无法把克莱蒙特·艾德礼抹黑成一个英国的斯大林。不管什么样的情况下，工党政府都艰苦地把他们的集体主义经济计划打扮成爱国的合法行动，他们把经济总量的 20% 变成公共持股叫作"国有化"，同样提议中的新公共企业都被给予了爱国的公司身份：英国钢铁公司、英国海外航空公司、英国铁路公司。这个努力的意思是要重塑做一个英国人就是做一个共享所有权的社团成员，共同承担责任，也将利益均沾：大英合作社。因为工党在威尔士、苏格兰、英格兰遭受社会重创的工业区域拥有巨大的群众基础，最终就会建成一个富裕的英格兰，富裕的英格兰南部并没有凌驾于贫困地区之上。这个时候，用奥威尔的话来说，那是正确的家庭成员掌权了。

至少，1945 年这个思想带着理想的能量启动的时候是这样的。之前的几代人都被教育说大不列颠帝国会永存，我们这一代人生于福利国家中，又被教导说这个新的不列颠社会仁慈帝国也将永续。当 20 世纪五六十年代保守党政府继任的时候，这个信念更加深入人心，这也包括 1951—1955 年丘吉尔自己领导的政府，以及 1957—1963 年他的忠实门徒哈罗德·麦克米兰（他描述英国矿工的话是"社会中坚分子"，1938 年就曾经出版一本小书《中间道路》，鼓吹的一系列事务中包括废除伦敦股票交易所）领导的保守党政府，都决定反对逆转这个新不列颠最核心的社会慈善事业：1948 年贝文创建的英国国民医疗服务体系；国有控股的铁路、钢厂和煤矿；还特别承诺建造公共廉租房。站在 1970 年的视角来看，这是个可以重建不列颠的好赌注，会延续到 20 世纪末。

然而结果不列颠福利国家是短暂的——也许延续了两代人的时间——比它的缔造者和导师如伦敦政经学院的哈罗德·拉斯基（Harold Laski）教授想得要短，事情为什么是这样的，也不仅仅是因为玛格丽特·撒切尔。从一开始，工党就无法避免 20 世纪不列颠政府长期头痛的紧急事务——货币流动性、工业产能过剩，特别是大英帝国或者说后帝国时的全球防务。奇怪的是没有迹象表明需要将它从这些约束中解脱出来。毕竟，它根本就没有选择余地，不是吗？唯一的办法，除了叹叹气扛起这些负担，尽他们所能地处理好新耶路撒冷的事务，就是一头扎进走得更远的集体化进程、凯恩斯式的赤字亏损财政、裁军和全球紧缩，这些就是拉斯基打心眼里推崇的。可是，这些牌从来没有摸到过，因为工党成员们和1906年的自由派管理层一样，都不是冷血的社会革命家；他们也不是像列宁那样的布莱斯特－里托夫斯克和约（Brest–Litovsk）签订者，敢把选民都直接抹去。这可是不列颠，其记忆、传统、机构，特别是（立宪）君主制，都是艾德礼、欧内斯特·贝文、赫伯特·莫里森他们从心里和思想两方面都承诺要保留而不是漠视。他们就是奥威尔说的忠实支持者《狮子和独角兽》（*The Lion and the Unicorn*，1941）。

欧内斯特·贝文是萨默塞特郡农场工人的儿子，一直做到外交大臣，最后却变得几乎和丘吉尔一样的帝国主义者，而且起码是醉心于要不列颠军事独立的幻想。要保持独立的核威慑，在亚洲（通过香港地区）维持不列颠力量，甚至更重要的在中东保持军力，代价是高昂的：35亿美元，确切地说，正好是美国贷款的总额。

据估算，打这一仗，不列颠在这个领域的损失是70亿英镑或者说经济总量的四分之一，现在，防务费用上升到了GDP的10%——比其他任何欧洲国家都高——这样美国的援助就是必须的了。因此，贝文要独立于美国的目标正好达到了在长期条件下加深依赖美国的实际效果。但是资本注入，被克里普斯等人认为是能促使经济腾飞，而且可以为新的基础设施建设埋单，之后经济起飞成长就足以支付债务负担了。其中最理想化的概念是公众拥有经济要害部门，用国有化企业取代注重利润的私营企业，在一定程度上带来更大的生产力。曾经在1948年，后来在1950年，由出口带动了小刺激，看上去这些项目不像他们本身那么反人类，好像不是一个不真实的诊治方案；可惜，时间一长，就现了原形。

同时不列颠还得益于和 1918 年类似的战争后反弹需求；实际上出口萎缩的现实只是被推迟了，结构性的需求并没有反转增长。

美国贷款和它对英镑的支持——这是保存伦敦继续作为世界金融中心统治地位不可或缺的条件——是随着钢索一起来的。它的条件是不列颠应该继续发挥在大西洋联盟中的主导（也就是说非常昂贵的）作用，还要承担在旧帝国昔日的地盘上反共产主义威胁或者看起来像共产主义威胁的民族主义威胁的重任。因此，参加 1950—1953 年的朝鲜战争以及 20 世纪 50 年代在马来半岛抗击共产主义暴乱，还有最重要的，在中东保持活跃，因为英美在中东已经成为剥削石油的合作伙伴。丘吉尔 1914 年让英国王家空军放弃煤炭改用石油做燃料的关键改变这时候结出了苦涩的果实。

无论如何，贝文和他之后的安东尼·伊登后来都变成了美国国务卿丁·阿奇森（Dean Acheson）和约翰·福斯特·杜勒斯（John Foster Dulles）打冷战的热心搭档，都拒绝从中东收兵。看看中东的石油地图和迪斯雷利在地中海和印度之间搞的战略联结版图几乎重合，贝文又如何热情地要保持这片地图红色或者至少粉红的属性，这简直是神秘莫测。沿着波斯湾和阿拉伯半岛的西南角建立了很多基地，从伊拉克直到亚丁（Aden）。第一次世界大战后直到 1948 年，巴勒斯坦还在不列颠管辖之下，尽管欧洲犹太人和难民营幸存者身上发生了很多事，贝文使尽全力要反转丘吉尔对犹太人说要给他们一个祖国作为加强和阿拉伯世界石油国际战略联系的承诺，他甚至提出将意大利在利比亚和索马里的旧殖民地纳入不列颠托管，作为这些地区扩大影响的一种方法。而艾德礼的政府创建了波斯湾委员会来作为对伊朗总理穆罕默德·摩萨台（Muhammad Mossadeq）要把主要是英国拥有的石油工业收归国有的对策。美国人受到鼓励，采用某种防守反应——在某种程度上使得两年后的 1953 年，中央情报局策划了一场政变，把巴列维"帝国"立宪君主重新扶上去。

　　所以，即使在 1947 年 8 月，工党政府的确尽责地把新德里的总督府旗杆上的不列颠国旗降了下来，好像把一个麦考利式的救赎梦想向贾瓦哈拉尔·尼赫鲁交出了勒琴斯和赫伯特·贝克爵士设计建筑的议会及秘书处的全套建筑，不列颠作为福利国家还是深陷于用新帝国取代旧帝国的责任之中。当然，贝文的庞大帝国的名字叫作海外食品公司（Overseas Food Corporation）和殖民地发展部（Colonial Development Corporation），目的是用和它们那些 19 世纪的前身差不多的方式来给不列颠经济输血。重要原材料包括各种油料——西非的棕榈油，东非的花生油，海湾和伊朗的石油，保证用莫利斯迈诺斯轿车（Morris Minors），桑德斯牌（Sanderson）的墙纸，利伯特风格的软装，英镑账户，劳斯莱斯引擎轰鸣的空军编队、机身上可以喷涂着他们国旗的颜色来交换，为酋长们预备的是同样劳斯莱斯引擎的宾利轿车。为耶赫迪·梅纽因（Yehudi Menuhin）举办了一场小提琴音乐会，这是不列颠国会的礼节待遇，还有 1953 年伊丽莎白二世加冕礼上的好座位。查尔斯·屈维廉龇毫无困难地辨认这一点。

　　随着维持伪大国气派和福利国家的费用日益上涨，对支撑这个武装的新耶路撒冷的财政前提的怀疑和不安也与日俱增。斯塔福德·克里普斯曾经是最热衷于集体主义的人，在 1949 年以后，变成了一个最坚定的混合经济模式的鼓吹者。强势英镑是内战时期的另一个稳定因素，就这样在 1951 年决定不再贬值，这种思想成了正统。下一任工党领袖休·盖茨凯尔（工党议员财政大臣）决定反对国有化，哈罗德·威尔森从贝文鼓吹单边裁军改为坚决反对是个实质性的转变，二者加在一起使得不再倒退回到 1945—1948 年的社会主义理想老路上去。这也意味着每当"关键利益区"（不列颠和 20 世纪现实之间的缓冲区）受到威胁的时候，后帝国焦虑的门槛骤然降低。

　　对于保守党来说，要重回慕尼黑挑衅后的伟大日子的冲动非常强烈，每当要面对一个刺儿头的民族主义者威胁着要遣送掉帝国资产如苏伊士运河的时候就更变得不可抗拒。埃及总统贾马尔·阿卜杜尔·纳赛尔上校（Colonel Gamal Abdel Nasser）就这样被描绘成了黎凡特的墨索里尼，他撕毁了条约，"控制"了运河，如果英国不允许中东自由的火炬熄灭的话，就必须不惜代价反对他。结果就是荒诞的1882年格莱斯顿事件的翻版，伪帝国最耻辱的灾难，以民族主义者发起的"无政府状态"威胁到自由贸易和文明的名义，英国对埃及实行军事占领。1956年，这种欺诈尤其卑劣，因为由英法两国事先计划好的，红色贝雷帽空降兵"分隔"开前线好斗的以色列与埃及部队。这一事件是如此的惊世骇俗，以至于艾森豪威尔的美国共和党政府也惊呆了，感到这个事件显示了英国面对美国主导发起的联合国最后通牒也敢于装模作样地表现老牌帝国主义的威风犹存。

在苏伊士运河事件之后——两位名字都叫哈罗德的，麦克米兰和威尔森争相把后帝国的遗存打烂，除了香港地区——英国被迫以一种难以言喻的方式面对帝国颜面扫地、资产损失，不再神气活现。偶尔能使人高兴的事件，比如1966年英格兰队获得足球世界杯、王室纪念庆典和王家婚礼，甚至1982年在南大西洋的马尔维纳斯群岛战事，玛格丽特·撒切尔把它当成"自由民主"对阿根廷独裁的胜利代表性事件，都没有能真正地提振国威。但是20世纪60年代的讽刺文化把悲观的国运衰退转变成了一个庆幸而不是悲伤的理由；箍在肩上的胳膊变成了肋骨间的玩闹取乐。随之而来的是披头士乐队（The Beatles）带动下流行起来的上细下圆的络腮胡子、下垂式髭须、新维多利亚式的钢框眼镜，以及绣花繁多、色彩绚烂的"尼赫鲁衫"，它是半帝国军团半印度教导师斯瓦米式的，正好就是大众在帝国失落后的拒不承认心理转为欢喜接受的时刻。

那么事实上的确有一个帝国保存了下来：作为世界金融统治中心地位的不列颠无可争议地幸存下来了。可是，要保卫英镑就逼使接连几届英国政府特别是威尔森政府只得接受一些令人屈辱的条件，不管它们是来自美国的还是国际货币基金组织（International Monetary Fund）的，通常都是要求大幅削减支出的，金融中心这个优点也变成了一个负债。然后，一项旨在阻止主权萎缩的政策恰恰产生了累积起来导致减弱主权的后果，这种事又一次发生了。这种情况后来一再出现——随着一次次地为了争夺一直在缩小的经济蛋糕份额，在联邦和管理层之间，或者在联邦与政府之间展开越来越多的野蛮战事——只要是大家要追随1945年后的工党既要不列颠保持军事实力又加上全面福利国家的理念，这种斗争就一直在进行。

20世纪60年代到80年代探讨和试行过的所有选项都遇到了麻烦。工党和保守党都把依赖美国提供核保护当成该诅咒的事而不予考虑：二者都把这看成是帝王逊位那样，不仅是自动退出大国地位，根本就是堕落到没落的地位，等同于越大西洋的反向殖民。另一个欧洲选项，就是成为欧洲共同体成员国，在1963年和1967年两次被戴高乐将军否决，他的说辞是英国死不悔改的岛国狭隘思想和后帝国情绪。在戴高乐第二次坚定否决的时候尤其具有讽刺性，因为那正好是哈罗德·麦克米兰下定决心要摒弃上述两种思绪的时候。1967年——巴黎暴动，人们把鸡蛋扔在他脸上的一年以前——戴高乐自豪地指示"这个伟大的民族"进行经济和社会两方面的转变，如此才能真正成为欧洲的一部分，而不是美国的卫星国。

1970年，当爱德华·希思（Edward Heath）取得绝对优势后（尽管希思自己对此五味杂陈），由自由派反集体主义的托利党人——安东尼·巴贝、爱德华·杜·康（Edward du Cann）、基思·约瑟夫（Keith Joseph）——在塞尔斯顿公园（Selsdon Park）大会上率先提出的第三条道路为玛格丽特·撒切尔在20世纪80年代尝试清理当年福利国家理念的残存做了铺垫。宣传说要回归伟大的维多利亚时代的价值理念，实际上并不是复兴格莱斯顿的自由主义，也不是巴麦尊的反欧陆观，派遣炮艇正面重击对手，这第三条道路有时候也夸张地表现得像它。或者说，1979 年当选的撒切尔政府是把时光拨转到了 20 世纪 20 年代，那时候帝国面临困难，战争社会主义被狠狠地砸烂了，让幸存的企业艰难地维持着薄利，那些维持不了的就陷入绝望。和 20 世纪 20 年代一样，通过要么偿付工钱，要么削减工作岗位来关闭或出售不盈利的企业，这样简单粗暴的重组遇到了剧烈的反抗，最厉害的是 1984—1985 年撒切尔和全英矿工工会主席阿瑟·斯卡吉尔之间的交锋——然而，这一役是铁娘子全面击溃了煤之王。

60 年前这个政策曾经施行过，这时候伪装成创新的复古资本主义，它的问题在于这场社会达尔文主义式竞争中的弱势品种不仅贫乏而且虚脱潦倒。威尔士南部、兰开郡、西莱丁（West Riding）、泰恩塞德（Tyneside）和克莱德塞德正巧是作为从前大英帝国工业所在地而上升到极其繁荣的部分。这个时候，实际上就是要像在甩卖处理资产那样勾销，告诉他们说要把他们放倒。威尔士人和苏格兰人对公司剩余部分还有什么兴趣吗？（假如不是联合派给予临时爱尔兰共和军一个非常有力的理由应该继续高举联合王国大旗的话，在贝尔法斯特的船坞和倒闭的麻纺织厂也会是这个情况。）撒切尔和她的党连续赢得三届大选当然使人感到高兴，但是掩盖了其代价就是这些胜利大部分建立在英国社会地图上已经产生了深深的裂隙这一事实。自从 13 世纪爱德华一世以后，英格兰还没有如此骄狂地在不列颠的其他民族身上强力推行自己的统治。

撒切尔的选民绝大部分来自英格兰南部家境优裕的中产阶层，然而贫穷北部荒废的工厂、矿坑、港口和朽坏的斜坡街道就任其自生自灭。如果说撒切尔政府还有一个解决方案的话，那也是等着让就业市场和善意的旧式格莱斯顿式的自救原则起作用。居住在大批累赘的倒闭工业区域里的人只需要在未来的新兴工业里就业接受"再培训"；还有如果必要的话，移到这些机会很多的米尔敦凯恩斯、贝辛斯托克或剑桥去。可是，很奇怪的是公共资助的再培训方法基本对这个从前的电焊工们排着队去学习如何使用电脑的前景没有帮助。还有，即使能够接受培训，到最后也不是说就能保证他们就业。工业领域的计算机革命的意义在于它是节省而不是扩大使用人力的。撒切尔反潮流革命的回弹最后导致了一个既不是她的责任也不是她的过错的后果：《加冕街》综合征。几百万在旧的不列颠工业经济里的人们对自己地方的根深蒂固的忠诚，他们在这里长大、上学、结婚育儿，留恋这里的酒吧、公园，热爱本地的足球队。至少从这个意义上来说，贝弗里奇——工党的社会革命以及背后的自由派，劳合·乔治革命——他们创建的那些城市都是真正的居民社区，无论它们如何起伏，经历贫穷和痛苦。很少有人愿意放弃利物浦和利兹、诺丁汉和德比这些地方，而转去遵循所谓就业机会和铁娘子要求的那些纯粹法则。

然而撒切尔政府所做的也不是每一件事都不符合社会现实，廉租房出售后创造了一个居者有其屋的阶层，这是响应英国人长期以来渴望当自己小城堡里的国王王后的热潮。在机会主义气候下，国有化企业显然表现不佳。另一方面，出售国有企业股份是基于大家渴望成为股份拥有者的设想，这并不是英国人的习惯思维，接下来这些股份混合的财富也没有对改变这些习惯有什么帮助。最不对头的是给房屋和公寓拥有者加抽名为社区费的人头税的决定（这个新房产是拥有者要吞下的苦药）。因为撒切尔政府已经专门清理了大城市的地方包括伦敦的政府，尤其是那些工党主导的机构，几乎没有人能上这个伪装成城市热（civic enthusiasm）的倒退税种的当。最后，撒切尔政府跟着也和前面的英国"二战"后政府一样搬起石头砸了自己的脚。中产阶级、激烈反对贵族的托利党领导人，如格兰瑟姆小杂货店主的女儿和爱好园艺的杂货员儿子约翰·梅杰领导的政府（两人恰好都很为自己的出身骄傲），忠于"家庭观念",在梅杰的著名配方里,还要做到经济上自给自足,最后却以雪崩般的性丑闻和财政错误压倒(有时候还是同一批人)而收场。

到 20 世纪 90 年代末,英国身份的另一个不可或缺的标志是君主制看起来摇摇欲坠,甚至也许就要倒塌。这压力既是礼仪性的也是家族的制度,从爱德华八世退位以来,对这个工作岗位的期望被认为要高于 20 世纪晚期普通的个人行为标准,这时候看起来要求太高了。正如 1981 年威尔士亲王与戴安娜·斯潘塞的浪漫婚礼的电视直播,在全世界有超过 8 亿观众观看而为王室赢来了一些东西,同样这几样东西的结合失败后又失去了这些。1992 年,女王声音喑哑地说出她"流年不利",不仅查尔斯和戴安娜分居了,11 月温莎城堡还经历了一场大火。当苏格兰大臣(基于某些原因)宣布女王只愿意支付王室私家收藏物品的更换和修补费用,要用公众税收支付修复建筑构造费用的时候,引发了一场关于王室财政的严肃讨论。民调中被问到的人中百分之八十说女王应该按她的收入交税,而此前都是受豁免的。一年后,白金汉宫向公众旅游者开放,女王也同意交税。1994 年,象征女王全球影响力的王家游艇不列颠尼亚号正式停止使用。

但是最困难的时刻还没有来临。1997 年戴安娜王妃在巴黎车祸中死去,王室被批评作风僵化(按惯例女王不在宫里的时候禁止挂旗),没有满足十分悲伤的公众想看到降半旗的需要,王室在这些象征性时刻面临生死考验(在这些时刻需要做出他们应有的象征性表示,否则就面临存亡危机)。在接下来的几周里,公众表达的强烈感情看起来好像要压倒他们对女王本人及其家庭相对保守的忠诚,或者说以比较明显的方式表示了不同。女王做了一次演讲,随和得令人印象深刻又明白无误地表达了她个人诚挚的哀伤,这样才安度危机。席卷全国上下的情绪思潮验证了公众仍然需要凝结在同一个清晰的感情社群团体里,需要作为一个君主立宪制民族这样做。

那么有这种需求的国家应该是不列颠还是英格兰？占优势的托利党相对来说漠视陷入困境的工业化的苏格兰和威尔士，这已经框住了苏格兰和威尔士两个国家的民族主义者党派的视野。苏格兰和威尔士的民族主义者党派的选民以前只是中产阶级、偏远郊区的人和知识分子，现在已经大举进入保守党原来的选区了（1997年的大选中托利党人在这些老选区被彻底清除出去了），甚至侵入了工党的核心选区地带但是尽管如此，连续三届工党领袖分别是威尔士人、苏格兰人，之后还是苏格兰人。在1992年苏格兰的一次民调中，接受调查的人百分之五十说他们赞成在欧盟里保持独立。20世纪90年代末托尼·布莱尔领导的新工党政府承诺地方分权和任命，在选举中占绝对优势，看起来确实在民族主义者狂热中取得了一些动力，但代价是点燃了英格兰民族主义的愤怒之火，他们憎恨苏格兰人和威尔士人议员在英格兰的议会里还有在威斯敏斯特当他们的代表。分权的逻辑搞到最后是也要弄一个独立的英格兰议会？那么放在哪里？约克？巴斯？还是就在米尔敦凯恩斯郡正中央？

　　毫无疑问，现代英国历史不会赞成反而要埋葬这个观点，因为这是分解不列颠，像乌克兰一样解体，会促使不列颠分化成以苏格兰、威尔士和英格兰（这就是要告诉阿尔斯特的爱尔兰人，他们自己需要融入爱尔兰变成单独的属于欧盟的爱尔兰，或者他们得去另外找一个地方了——例如搬到马恩岛上去）之名这样有立宪权的欧洲国籍。假设帝国的庞大资产允许不列颠在19世纪和20世纪初期，以真正的民族社群存在，由威尔士人、爱尔兰人、苏格兰人在唐宁街和帝国的偏远角落里统治，理论上来说，大英帝国的终结也应该是意味着大不列颠股份公司体面而有序的清算。根据推理，这个旧的大英帝国一统的概念从来就不算什么，仅仅是个虚假的发明，其设计目的是削弱凯尔特人，使他们吞下英格兰人的主宰，这主宰从前是通过高压达成的，还有一个目的是说服英格兰人自己——这样他们能在特罗萨克斯（Trossachs）的松鸡荒野里受到和在威尔德（Weald）苹果园里一样的尊敬。从大不列颠帝国的余威里衰落，必须加入欧盟只是为了避免跟在美国后面混，这个特点是它迫使这些"群岛"面对这个事实：他们是多个民族，而不是一个。

然而，到底是几个民族？为什么伪不列颠民族意识觉醒减弱到苏格兰、威尔士和英格兰"真正的"身份要以那些自我决定的行为停止呢？毕竟，每个亚民族的概念也只是和大不列颠一样的发明，除了这些发明在时间上更早，还有就术语来说，"重新发现"凯尔特人和盖尔人身份又是后来的事。一个独立的苏格兰有什么理由能拒绝，不认为自己是苏格兰人的奥克尼奥卡岱人，要回归他们挪威祖先的根基，然后申请和挪威复合？为什么南威尔士山野里讲英语的威尔士人感到他们和讲威尔士语的格温内思山区威尔士人更有共同之处，而不是和格洛斯特或者布里斯托尔讲英语的人有共同之处？为什么康沃尔人应该满足于自己是在一个国家里和别的文化共处的唯一凯尔特文化，而其他的凯尔特人都已经退回到他们的民族语言学中心地带去了呢？为什么后帝国时代的不列颠不应该模仿后共产主义时代的南斯拉夫变成快乐的民族拼布？当然是因为后共产主义时代的南斯拉夫那条不幸福的拼缝被。或者更有甚者，后帝国时代的不列颠坚持走自己的路正是因为拒绝冷酷的欧洲民族主义的纯白种人主义。请设想，如果不是因为残酷而公正的帝国命运是一开始启动的分解英国的惩罚，那么它经历了这一程序而幸存的回报实际上是在关于帝国的记忆里得到了一些积极的因素，是从中获得了一个新的英国；从那些或好或坏地被旧帝国观念感动了的不列颠各民族中诞生了一个新的英国？再请想一想，没有听从以诺·鲍威尔（Enoch Powell）的狂妄预言说一个多种族的英国会和罗马那样以"血流台伯河"而告终，这个多种族的英国真的在为考林·麦克因内斯（Colin MacInnes）的话而自豪，这个 20 世纪 50 年代"反叛"的作家那个时候说的话是"混血的荣耀"？

　　当然，"二战"后英国接收非白人种族的故事并不是没有痛苦乃至于悲剧的时刻。它是从 20 世纪 50 年代第一批西印度群岛移民满怀希望地抵达英国开始的，他们受到 1948 年议会承认英联邦共同体居民也是英国公民并给予了他们自由进入权的法令刺激。这个法令很慷慨，但也是自利的。工党和保守党双方都把这些移民看作无技术低工资劳工短缺的补充。20 世纪 50 年代是我的生长年代，他们出现在伦敦最早的多元文化社区之一戈尔德斯格林，还只是一些低调的异国来客。牙买加人和特立尼达人在索尔福德叫什么"兰开郡联盟"里打职业板球是在干什么呢？当他们的人数增加进入原来爱尔兰人为主的吉尔伯恩（Kilburn）和诺丁山，还有泰晤士河南岸的布里克斯顿（Brixton）和东北的托特汉姆（Tottenham），结果就是火爆的摩擦冲突。1962 年，通过了《英联邦移民法》（Commonwealth Immigrants Act），通过技能以及与英国本土出生者的血缘关系远近来严格分类限制联邦公民进入英国，20 世纪 50 年代欢迎移民劳工的理由这时候成了拒绝他们的原因。

　　宣布这些即将到来的限制的效果就是移民潮大增，因此到 1961 年的时候每年从西印度群岛还有更多从亚洲过来了约 10 万人。种族主义政治开始预热，虽然工党政府通过种族关系法案要遏制因仇恨和煽动暴力的罪行，但 1958 年在诺丁山就已经有暴乱了，1981 年在布里克斯顿又发生了暴乱。可是诺丁山嘉年华也是从 1959 年开始的；41 年后，1999 年的新年前夕，倒霉的也是盛极一时的千禧年穹顶庆典的嘉年华舞蹈者们在女王面前大摇大摆地走过，这个值得记忆的混乱夜晚是少数几个真正预示了 21 世纪英国未来的时刻。

　　这是真的，虽然今天英国一半的英国加勒比混血人口和三分之一英国亚洲混血人口都出生在英国本土，他们在总人口里占的比例还是很低。1993 年黑人少年斯蒂芬·劳伦斯在伦敦被谋杀是一个种族主义导致的灾难，任何诚实的人在清算后帝国账本时都必须面对它；同时穆斯林社区发自分隔主义者的极端主义呼吁；还有，2002 年英格兰板球队队长是一个英印混血儿后代，而英格兰足球队里有黑人球员，他们的教练是一个维京人后裔。这些也都是事实。对于一个多种族英国的未来更重要的是，在 1997 年的一次民调中发现，50%出生在英国的加勒比人和 20%的出生在英国的亚裔拥有或曾经拥有白人伴侣。2000 年，雅思明·阿里布海–布朗（Yasmin Alibhai-Brown）发现在民调中 88%的 18~30 岁的英国白人不反对不同种族之间通婚，84%的西印度人后裔和 50%有印度、巴基斯坦或孟加拉背景的东亚亚裔也是同样的态度。

英国的多种族现象揭示了分裂衰退者的论调是苍白无助的。英国历史不是什么残忍地犯错误或阴谋要用纯英格兰人碾压少数民族。它一直是把各族人民从他们的根子上剥离开。有一次一个犹太知识分子对"根"的宣传表示不以为然，告诉我说"树有根，犹太人长脚"。对于曾经共同经历了大英帝国命运的英国人来说，不管是在孟买还是在博尔顿的街上、客厅里、厨房里，甚至卧室里相遇过的，这话也适用。苏格兰人如詹姆士·鲍斯韦尔、托马斯·卡莱尔、查尔斯·肯尼迪都曾经在伦敦立足扬万，威尔士人像大卫·劳合·乔治也在这里干得不比前面那几个差，正像爱尔兰人清教徒乔治·萧伯纳也是这样，萧伯纳和很多爱尔兰人都醉心于一个事实，即自己本来是约克人。从这个意义上来说，原来来自遥远的土耳其伊兹密尔和罗马尼亚博托沙尼（Botosany）的犹太人比如我的父亲戴着平顶硬草帽，穿着带某俱乐部标注的夹克，带着他 9 岁的儿子在泰晤士河上泛舟，在达切特（Datchet）附近当噗噗作响的发动机坏了的时候，他在树下背诵着《柳林风声》（The Wind in the Willows，1908）和《三人同舟》（Three Men in a Boat，1889）里的段落。我的情况也是一个证明。

随着他出生长大［因为他自己出生在怀特恰普尔（Whitechapel），而不是博托沙尼］而来的概念，做英国人就是做欧洲人，同时又还有其他一点别的什么。这点儿别的什么不一定是会把英国的版图往西扩展深入大西洋，或者更远地散发到全世界；（反正）那时候就不是什么需要防守的思想，即使帝国已经消失；现在也不应该是。是的，我作为一个跨大西洋生活的不列颠人这么讲，但是，当年戴高乐将军强逼着我们在欧洲身份和欧洲外身份之间做选择的态势在今天更加严重，好象使得我们的文化也枯萎了。实际上我国历史的这种游离态的、不稳定、复杂的、迁徙的特性应该被看成是我们对欧洲的贡献。毕竟，我国的过去在欧洲历史上非常独特，它混合了渴望社会公正的激情和执着于就要对着干的自由的倔强，我们的过去是专门颠覆而不是加强全球官僚政治和市政当局调整简化了的权威。我国在欧洲餐桌上的位置应该可以为这个特点争取生存空间，否则我们就不用出席赴宴了。如果为了布鲁塞尔那个经济美容院，徒然地拱手交出这一点而去忍受它的怪癖，连同缺点瑕疵一起放弃英国历史的优良传统，这将是一大损失。然而，只要打理得恰到好处，我们当然能在这个白人餐厅就餐者和别墅租住者眼睛只会朝内部看的俱乐部里得到金卡优惠。这个俱乐部成员是由一个想象的老练文化观念捆绑在一起的，他们假装不去注意厨房里的洗碗工碰巧来自索马里、阿尔及利亚、土耳其和斯里兰卡。大不列颠也不应该冲向一个重新标牌的未来，那样是以可耻地抵赖过去为前提了。因为我国历史不是我们民族前途的囚徒，相反，它是我们民族成熟的条件。

　　在 20 世纪 40 年代中后期，两个作家忙于用他们各自的方式对过去进行涂涂写写，他们深谙此道。温斯顿·丘吉尔从落选的失意中振作起来，在他的里维埃拉椅子上继续写作《英语国家史略》。虽然手头有很便利的条件可以进行探索，丘吉尔不太愿意面对自己早年生活的 19 世纪末之后的英国历史。因此，他的历史最后一卷（写于 20 世纪 50 年代）的巨人像是亚伯拉罕·林肯，丘吉尔很恰当地推崇林肯是跨大西洋社区共同的高尚的英雄。同时虽然大家都知道丘吉尔的最后一届政府很像战后联合会，他的末次十字军行动——反对可能毁灭人类文明的核武器军备竞赛——指向却是未来。可是，正如他一生中那样——在 19 世纪 90 年代的帝国时期，反绥靖主义的 20 世纪 30 年代以及那时——丘吉尔的历史写作如他理解的这一回是现代民主的史诗，使得他的答辩更显得紧急，他从热核毁灭那里背离了，写下了更痛切的告别词。"这一天会破晓的"，1955 年 3 月在最后一次演讲时他告诉下议院，介绍了防务白皮书，"总有一天，公平游戏、热爱人类同胞、尊敬公正和自由会让经受磨难的世代从我们不得不苟且的丑陋时代朝着（走向）光明和胜利前进"。与此同时，他说"我们要永不退缩，永不厌倦，永不绝望"。

五年前，1950 年 1 月 21 日，乔治·奥威尔死于伦敦的大学学院医院。他生前发表的最后一篇文章是对丘吉尔回忆录《他们最好的时刻》（*Their Finest Hour*）的评论。读者也许觉得奥威尔在自我评判的时候目光如炬，非常警惕伤感的回忆，也许他会对这本书及其作者同样小心留神。可是，一点也没有。他对丘吉尔大加赞赏给予最高评价，写道虽然该书一部分取自作者的竞选演讲，回忆录读起来"更像是一个普通人说的话而不是一个公共人物"。还有，他认为，"有一点大气和蔼"，这使得丘吉尔能恰如其分地受到普通人的鼓舞，还有广为流传的关于丘吉尔的故事——比如他在"我们将在海滩上与他们搏斗"这句话后面加上了"我们要把酒瓶子扔向那些杂种，这就是现在我们能做的事"，证明了人民爱戴他。

毫无疑问，奥威尔有点欣赏丘吉尔身上不做作的勇士气质，这是老人从英国历史吸收来而几乎不自觉地内化在他的骨髓里了。这也许不一定是奥威尔自己的那个过往，可是依然在伊丽莎白一世和迪斯雷利旁边给瓦特·泰勒、克伦威尔、科贝特保留了一席之地。而奥威尔是一个想着应该把历史无愧地编织进社会带给英国未来的人，正如他写的，他认为狮子和独角兽应该依旧出现在军装的纽扣上。

奥威尔感到，虽然丘吉尔坚持贵族式的托利派主张（而且很多年里奥威尔说他是"一个托利党独裁者"），他还是有一点普通人的人情味儿，因此奥威尔决定把他的"欧洲最后一人"叫作温斯顿·斯密斯。小说《1984》在 1949 年出版，是奥威尔的巨著，通常被认为是对模棱两可的未来世界噩梦般的展望，在书里，老大哥独裁统治着一个无情均质化的国家，在那里奉行战争即和平、谎言即真理。这本书的绝大部分是奥威尔丧妻后在朱拉岛上报业大王大卫·阿斯特（David Astor）借给他的小农舍里写的，那里正是在赫布里底群岛外围：岛上大约 300 人，每周来一次邮件，也许没有电话、没有电。后来要了他命的肺结核在那段时间里日益恶化，但他不管不顾地写作，有时候他把打字机搁在腿上，他让他的养子理查德和妹妹艾芙瑞尔同住在一起，妹妹在保姆走后同时照料这父子俩。虽然巴恩希尔农舍是个非常偏僻的地方，奥威尔却不孤独。朋友们只要愿意不怕奔波可以来来去去。奥威尔只是要躲开政坛上的那些僵硬的日常纷扰，还有伦敦的文人圈生活，以便集中思想创作，对付自己最重要的：在超级强权和超级合作年代里自由的命运，在老大哥的政体里杂交成为残暴的巨无霸，那就是政党。

读者阅读这本英语小说，而不把它当成一篇超长的指控权力滥用的演讲，就能轻易地看出奥威尔在远方的朱拉岛上，在老鹰、马鹿和海獭中，用笔写下了最慷慨激昂的辩护，论述历史的必要性。历史和回忆不是自由意志的对立面，而是自由的必要条件。当大骗子奥布莱恩说服温斯顿·斯密斯相信他在领导一个抵抗的组织的时候，提议为他的征兵决定举杯庆祝未来，温斯顿举起自己的酒杯，却说"为历史"，"历史更重要"。奥布莱恩一脸严肃地表示同意。当然，也是因为历史是暴君的敌人，遗忘则是暴君最大的帮凶，通过鼓励健忘，党就能随心所欲地给不幸的臣民灌输它自己选择的历史版本，温斯顿的爱人茱莉亚对"60 年代早期之前的任何事物没有记忆"。但是，不知道怎么回事，温斯顿的意识里记忆没有被完全抹去。除了说他是因为觉得以前事情就不是当时那个样子，要不然怎么解释他强烈的厌恶感？然后过去慢慢地开始回来了，有个上了岁数的无产阶级回想起来了，这是非法的记忆，从前的啤酒更好喝。在一家废品店里，他买了一个起码一个世纪前的玻璃镇纸，里面封存着一段珊瑚；他把它放在口袋里，这就触发了他的整个回忆，也是自由想象的护身符。时间治愈了他，带给他欢欣，他大胆地指责革命和党销毁了所有档案："历史停滞了，不存在任何事物，只有无尽的现在和一个永远正确的党。"

乔治·奥威尔坚持想要拥有未来，一个无论如何都自由的未来，前提就是忠于历史；没有比这更体现不列颠精神的了——好吧，更多的是英格兰精神——除了历史，只有另一样东西对他来说更重要，那就是自然。温斯顿·斯密斯没有时间也没有来源接触能允许他想象过去如何能孕育另一种结局的档案，但是他的确梦想着，他的梦想也和从前的某些激进分子华兹华斯和柯勒律治梦想的相差无几，"一个金色国度"。在他的梦想里，"是一块古老的、兔子啃咬的田园，一条小路蜿蜒其中，各处点缀着鼹鼠丘。对面山石嶙峋的山脊上，榆树的枝条在风中微微摇曳着，它们叶子繁复，好像妇女的头发一样飘扬，就在近旁，虽然眼睛看不到，却有一条清澈的小溪缓缓地流过，有鲦鱼在柳树下的小水潭里游动"。然后，当然，还有自然、爱、自由和历史，在奥威尔的逃亡者金色国度里，它们是交织在一起的。在他之前的一些人，曾经把这样充满希望和福佑的地方叫作"耶路撒冷"，而我们有些人呢，就顽固地认为我们还可以叫它不列颠。

致　谢

随着英国史这一项目进入第四个年头，我越发意识到自己对所有这些同事、合作者与朋友们所欠下的更多人情。在英国广播公司国际频道（BBC Worldwide），我很荣幸能与萨莉·波特（Sally Potter）、贝琳达·威尔金森（Belinda Wilkinson）和克莱尔·斯科特（Claire Scott）一起合作，同时也要感谢琳达·布莱克莫尔（Linda Blakemore）、埃丝特·贾格尔（Esther Jagger），以及奥利弗·皮尔逊（Olive Pearson）、瓦妮莎·弗莱彻（Vanessa Fletcher）、约翰·帕克（John Parker）。

在BBC电视台，我非常荣幸地成了《英国史》杰出的制作团队中的一员，这个在广播史上特殊的项目成了我们每个参与者生命中的一部分：特别是马丁·戴维森（Martin Davidson）、丽兹·哈特福德（Liz Hartford）和克莱尔·比万（Clare Beavan），如果没有他们，这一切都不会取得现今这般进展，或许根本就不会发生；感谢拍摄了维多利亚时期节目的导演杰米·缪尔(Jamie Muir)和玛蒂娜·霍尔（Martina Hall）；感谢我们坚毅、冷静、无可匹敌的天才摄影师卢克·卡迪夫（Luke Cardiff）；我们剧组的常客帕特里克·艾贡（Patrick Acum）、帕特里克·刘易斯（Patrick Lewis）和迈克·萨拉（Mike Sarah）；还有我们的制片助理海伦·尼克松（Helen Nixon）、本·莱登（Ben Ledden）、亚当·华纳（Adam Warner）、瓦尼塔·辛格·华纳（Venita Singh Warner）、马克·沃尔登–米尔斯

（Mark Walden-Mills）、乔治亚·莫斯利（Georgia Moseley）和达尼·巴里（Dani Barry）。感谢他们帮我度过了跌宕起落的拍摄期。 感谢BBC纪实（BBC Factual）的苏珊·哈维（Susan Harvey）对该节目宣传推广的热心投入，劳伦斯·里斯（Laurence Rees）、格林温·本森（Glenwyn Benson）和简·鲁特（Jane Root）一直以来都是这一项目的热忱斗士。我希望节目的播出和书籍的出版能够对他们付出的热情和信念有所回报。艾伦·杨图（Alan Yentob）自始至终都是这一项目热心的支持者、共谋者和鼓吹者；格雷格·戴克（Greg Dyke）之子（如他所说）和贾尼丝·哈德洛（Janice Hadlow）都喜欢这套节目，这才是真正重要的。还有我们的作曲家约翰·哈尔（John Harle）向来都是一位极好的伙伴、才华横溢的同事，如果没有他的配乐，这些节目将丧失一个完整的维度。

　　我很感谢那些阅读过本书章节草稿并提出意见、有益的批评，甚至是提出命令式反对建议的人，特别是约翰·布鲁尔（John Brewer）、吉尔·斯洛托夫（Jill Slotover）、P. J. 马歇尔（P. J. Marshall）和约翰·斯泰尔斯（John Styles），同时还有彼得·戴维森（Peter Davison）、大卫·海科克（David Haycock）、苏珊娜·法根斯·库珀（Suzanne Fagence Cooper）和彼得·克劳斯（Peter Claus）。我的经纪人和亲爱的朋友们，迈克尔·西森斯（Michael Sissons）和罗斯玛丽·斯库拉（Rosemary Scoular）、詹姆士·吉尔（James Gill）、苏菲·罗里摩尔（Sophie Laurimore），他们不得不忍受我在创作期间的歇斯底里、分裂、暴怒的状态，从不畏缩地帮助我重新走上正轨，并且劝说我这一切似乎都是值得的。我希望它现在仍然值得。特里·皮库奇（Terry Picucci）简直将我从失衡的边缘解救回来，艾利西亚·哈尔（Alicia Hall）英勇地战胜了我那如龙卷风席卷过后地狱般的办公室。我还要感谢这些朋友帮助我保持冷静，特别是安德鲁·阿伦兹（Andrew Arends），通过他我成了一名hon.Crescit，莉莉·布雷特（Lily Brett）、蒂娜·布朗（Tina Brown）、大卫·兰金（David

致 谢 *527*

Rankin）、明迪·恩格尔·弗里德曼（Mindy Engel Friedman）、埃里奥特·弗里德曼（Eliot Friedman）、乔纳森·吉利和菲莉达·吉利（Jonathan and Phyllida Gili）、艾莉森·多米尼次（Alison Dominitz）、杰拉尔丁·约翰逊（Geraldine Johnson）、尼克·乔斯（Nick Jose）、克莱尔·罗伯茨（Claire Roberts）、珍妮特·马斯林（Janet Maslin）、斯特拉·蒂利亚德（Stella Tillyard）、利昂·维斯迪耶（Leon Wieseltier），一直都在那里，支持着我。

最亲近之人的忍耐和支持往往会得到仪式性的感谢，但是没有任何家庭能够忍受一位丈夫或父亲这种两处同时进行的谵妄状态——电视和文学——这就意味着"长期的受罪"。金尼、克洛伊和加布里埃尔（Ginny, Chloe and Gabriel）忍受着这一切，却一直给予我毫无理由的爱，我将全心全意回报她们。

还有一位需要感谢的是我的老朋友罗伊·波特（Roy Pcrter），不幸的是他已不能阅读此书并提出宝贵且非常慷慨的意见。若要将这书在叙事技巧与人性关怀上的贡献归功于谁的话那就当属罗伊，他的缺席于我是莫大的遗憾，谨以此书献于他，是为念。

参考文献

缩略词：BM Press – British Museum Press; CUP – Cambridge University Press; OUP – Oxford University Press; UCL – University College, London; UP – University Press

已出版基本文献

Bagehot, Walter, *The English Constitution* (Chapman & Hall 1867, OUP 2001)

Bamford, Samuel, *Passages in the Life of a Radical*, 2 vols (Simpkin, Marshall & Co. 1844)

Bartrum, Katherine, *A Widow's Reminiscences of the Siege of Lucknow* (J. Nisbet 1858)

Beeton, Mrs Isabella, *Book of Household Management* (S. O. Beeton 1861)

Bewick, Thomas, *A Memoir of Thomas Bewick, Written by Himself* (Jane Bewick and Longman & Co. 1862)

Booth, Charles, Life and Labour of the People in London, 10 vols (Macmillan & Co. 1982–7)

Brittain, Vera, *Testament of Youth: An Autobiographical Study of the Years 1900–1925* (Gollancz 1933)

Burke, Edmund, *Reflections on the Revolution in France, and on the Proceedings in Certain Societies in London Relative to that Event* (J. Dodsley 1790)

Campbell, George, *The Irish Land* (Trubner & Co. 1869)

Carlyle, Thomas, *Past and Present* (Chapman & Hall 1843)

Carlyle, Thomas, *Signs of the Times* (William Paterson 1882)

Churchill, Winston S., *Great Contemporaries* (Thornton Butterworth 1938)

Churchill, Winston S., *My Early Life: A Roving Commission* (Thornton Butterworth 1930)

Churchill, Winston S., *The Second World War*, 6 vols (Cassell 1948–54)

Churchill, Winston S., *The World Crisis, 1911–18*, 2 vols (Thornton Butterworth 1923, 1927)

Cobbett, William, *Rural Rides in the Counties of Surrey, Kent, Sussex – with Economical and Political Observations Relative to Matters Applicable to, and Illustrated by, the State of those Counties Respectively* (William Cobbett 1830)

Coleridge, Samuel Taylor, and Wordsworth, William, *Lyrical Ballads, With a Few Other Poems* (Biggs & Cottle and T. N. Longman 1798)

Eden, Emily, *'Up the Country': Letters Written to her Sister from the Upper Provinces of India*, 2 vols (1866)

Elphinstone, Mountstuart, *The History of India*, 2 vols (Murray 1841)

Gaskell, Elizabeth, *Mary Barton: A Tale of Manchester Life*, 2 vols (Chapman & Hall 1848)

Gubbins, Martin Richard, *An Account of the Mutinies in Oudh, and of the Siege of the Lucknow Residency* (Richard Bentley 1858)

Keith, A. B. (ed.), *Speeches and Documents on Indian Policy, 1750–1921*, 2 vols (OUP 1922)

Kay-Shuttleworth, Sir James Phillips, *The Moral and Physical Conditions of the Working Classes Employed in the Cotton Manufacture in Manchester* (James Ridgway 1832)

Macaulay, Thomas Babbington, *Macaulay's Essays on Lord Clive and Warren Hastings* (Ginn 1931)

Mill, James, *The History of British India*, 3 vols (1817)

Mill, John Stuart, *Autobiography* (Longmans, Green, Reader & Dyer 1873)

Mill, John Stuart, *On Liberty* (Longmans, Green, Reader & Dyer 1859)

Mill, John Stuart, *Principles of Political Economy*, 2 vols (John W. Parker 1848)

Mill, John Stuart, *The Subjection of Women* (Longmans, Green, Reader & Dyer 1869)

More, Hannah, *Village Politics. Addressed to all the Mechanics, Journeymen, and Day Labourers, in Great Britain. By Will Chip, a Country Carpenter* (Simmons, Kirkby & Jones 1793)

Moritz, Carl Philipp, *Travels, Chiefly on Foot, Through Several Parts of England ...* (G. G. and J. Robinson 1795)

Morton, H. V., *In Search of England* (Methuen 1927)

Orwell, George, *The Complete Works of George Orwell*, 20 vols (Secker & Warburg 1998)

Paine, Thomas, *Rights of Man: Being an Answer to Mr Burke's Attack on the French Revolution* (J. Johnson 1791)

Paine, Thomas, *Rights of Man. Part the Second. Combining Principle and Practice* (J. S. Jordan 1792)

Pennant, Thomas, *A Tour in Scotland, and Voyage to the Hebrides* (B. White 1772)

Pennant, Thomas, *A Tour in Wales, 1773* (1773, H. Hughes 1778–9)

Priestley, J. B., *English Journey ... during the Autumn of the Year 1933* (Gollancz 1934)

Pugin, Augustus Welby Northmore, *Contrasts ...* (1836)

Pugin, Augustus Welby Northmore, *The True Principles of Pointed or Christian Architecture* (John Weale 1841)

Price, Richard, *A Discourse on the Love of Our Country, Delivered on Nov. 4 1789, at the Meeting-House in Old Jewry, to the Society for Commemorating the Revolution in Great Britain* (T. Cadell 1789)

Rees, L. E., *A Personal Narrative of the Siege of Lucknow, from its Commencement to its Relief by Sir Colin Campbell* (Longman, Brown, Green, Longmans & Roberts 1858)

Rousseau, Jean-Jacques, *The Confessions of J. J. Rousseau; with the Reveries of the Solitary Walker*, 2 vols (1782, J. Bews 1783)

Ruskin, John, *Sesame and Lilies* (Smith Elder 1865)

Smiles, Samuel, *Self-Help: With Illustrations of Character and Conduct* (Murray 1859)

Smith, Barbara Leigh, *A Brief Summary in Plain Language of the Most Important Laws Concerning Women* (1854, Trubner & Co. 1869)

Strachey, Lytton, *Eminent Victorians* (Chatto & Windus 1918)

Strachey, Lytton, *Queen Victoria* (Chatto & Windus 1921)

Thale, Mary (ed.), *Selections from the Papers of the London Corresponding Society, 1792–9* (CUP 1983)

Thelwall, John, *The Peripatetic; or, Sketches of the Heart, of Nature and Society, in a Series of Politico-Sentimental Journals, in Verse and Prose, of the Eccentric Excursions of Sylvanus Theophrastus*, 3 vols (1793)

Trevelyan, Charles Edward, *The Irish Crisis; being a Narrative of the Measures for the Relief of the Distress Caused by the Great Irish Famine of 1846–7 ...* (Macmillan & Co. 1880)

Tytler, Harriet, *An Englishwoman in India: The Memoirs of Harriet Tytler, 1828–58*, edited by Anthony Sattin (OUP 1986)

Wells, H. G., *The Outline of History: Being a Plain History of Life and Mankind* (George Newnes 1919)

West, Thomas, *A Guide to the Lakes, in Cumberland, Westmorland, and Lancashire,* (Richardson & Urquhart 1780)

Wollstonecraft, Mary, *A Vindication of the Rights of Men, in a Letter to the Right Honourable Edmund Burke Occasioned by His Reflections on the Revolution in France* (J. Johnson 1790)

Wollstonecraft, Mary, *A Vindication of the Rights of Woman: With Strictures on Political and Moral Subjects* (J. Johnson 1792)

Wordsworth, William, *The Prelude, or, Growth of a Poet's Mind: An Autobiographical Poem* (1798–9, Edward Moxon 1850)

Young, Arthur, *A Six Months Tour Through the North of England: Containing an Account of the Present State of Agriculture, Manufactures and Population, in Several Counties of this Kingdom* (W. Strahan 1770)

概览与一般性文献

Bayly, C. A., *Imperial Meridian: The British Empire and the World, 1780–1830* (Longman 1989)

Brewer, John, *The Pleasures of the Imagination: English Culture in the Eighteenth Century* (Harper Collins 1997)

Brown, Judith and Louis, Wm. Roger (eds), *The Oxford History of the British Empire, Vol. 4: The Twentieth Century* (OUP 1999)

Cain, P. J., and Hopkins, A. G., *British Imperialism: Innovation and Expansion 1688–1914*, 2 vols (Longman 1993)

Cain, P. J., *Economic Foundations of British Overseas Expansion* (Palgrave Macmillan 1980)

Cannadine, David, *Class in Britain* (Yale UP 1998)

Cannadine, David, *Ornamentalism: How the British Saw Their Empire* (Allen Lane/ Penguin Press 2001)

Corbett, David Peters, *et al* (eds), *The Geographies of Englishness: Landscape and the National Past, 1880–1940* (Yale UP 2002)

Fieldhouse, D. K., *Economics and Empire, 1880–1914* (Weidenfeld & Nicolson 1973)

Foster, R. F., *Modern Ireland, 1600–1971* (Allen Lane/Penguin Press 1988)

Groenewegen, Peter (ed.), *Feminism and Political Economy in England* (Elgar Publishing 1994)

Hobsbawm, Eric, and Ranger, Terence (eds), *The Invention of Tradition* (CUP 1983)

Hyam, Ronald, *Britain's Imperial Century: 1815–1914* (Palgrave Macmillan 1993)

James, Lawrence, *The Rise and Fall of the British Empire* (Little, Brown & Co. 1994)

Kiernan, V. G., *The Lords of Human Kind: European Attitudes towards the Outside World in the Imperial Age* (Weidenfeld & Nicolson 1969)

Lee, J., *The Modernization of Irish Society* (Gill & Macmillan 1973)

Mansergh, Nicholas, *The Irish Question* (Allen & Unwin 1975)

Porter, Roy, *English Society in the Eighteenth Century* (Penguin 1982)

Porter, Andrew, and Low, Alaine (eds), *The Oxford History of the British Empire, Vol. III: The Nineteenth Century* (OUP 1999)

Prochaska, F. K., *The Republic of Britain, 1760–2000* (Allen Lane 2000)

Purvis, June, and Holton, Sandra Stanley (eds), *Votes for Women* (Routledge 2000)

Schama, Simon, 'The Domestication of Majesty: Royal Family Portraiture 1500–1850' in *Art and History*, pp. 155–85, edited by Robert I. Rotberg and Theodore K. Rabb (CUP 1988)

Thompson, E. P., *The Making of the English Working Class* (Gollancz 1963, Penguin 1968)

Wright, Patrick, *On Living in an Old Country: The National Past in Contemporary Britain* (Verso 1985)

次要文献

第一章和第二章

Andrews, Malcolm, *The Search for the Picturesque: Landscape Aesthetics and Tourism in Britain, 1760–1800* (Stanford 1989)

Ayling, Stanley, *Edmund Burke* (Murray 1988)

Bannet, Eve Tavor, *The Domestic Revolution: Enlightenment Feminisms and the Novel* (Johns Hopkins UP 2000)

Barker-Benfield, G. J., *The Culture of Sensibility: Sex and Society in Eighteenth-century Britain* (University of Chicago Press 1992)

Barrell, John, *Imagining the King's Death: Figurative Treason, Fantasies of Regicide* (OUP 2000)

Bate, Jonathan, *Romantic Ecology: Wordsworth and the Tradition* (Routledge 1991)

Bate, Jonathan, *The Song of the Earth* (Picador 2000)

Behrendt, Stephen C., *Romanticism, Radicalism and the Press* (Wayne State UP 1997)

Blakemore, Steven, *Burke and the Fall of Language* (Brown UP 1988)

Briggs, Asa, *William Cobbett* (OUP 1967)

Bromwich, David, *Hazlitt: The Mind of a Critic* (OUP 1983)

Chard, Chloe, and Langdon, Helen (eds), *Transports: Travel, Pleasure and Imaginative Geography, 1600–1830* (Yale UP 1996)

Claeys, Gregory (ed.), *The Politics of English Jacobinism: Writings of John Thelwall* (Pennsylvania State UP 1995)

Clark, J. C. D., *English Society 1688–1832* (CUP 1985)

Cookson, J. E., *The British Armed Nation, 1793–1815* (Clarendon Press 1997)

Cookson, J. E., *The Friends of Peace: Anti-War Liberalism in England, 1793–1815* (CUP 1982)

Crossley, Ceri, and Small, Ian (eds), *The French Revolution and British Culture* (OUP 1989)

Davis, Michael T., *Radicalism and Revolution in Britain, 1775–1848: Essays in Honour of Malcolm I. Thomis* (St Martin's Press 2000)

Deane, Seamus, *The French Revolution and the Enlightenment in England, 1789–1832* (Harvard UP 1988)

Duff, Gerald, *William Cobbett and the Politics of the Earth* (Edwin Mellen Press 1972)

Dyck, Ian, *William Cobbett and Rural Popular Culture* (CUP 1992)

Elliott, Marianne, *Partners in Revolution: The United Irishmen and France* (Yale UP 1982)

Elliott, Marianne, *Wolfe Tone: Prophet of Irish Independence* (Yale UP 1989)

Emsley, Clive, *British Society and the French Wars, 1793–1815* (Macmillan 1979)

Everett, Nigel, *The Tory View of Landscape* (Yale UP 1994)

Gaull, Marilyn, *English Romanticism: The Human Context* (W. W. Norton 1988)

Grayling, A. C., *The Quarrel of the Age: The Life and Times of William Hazlitt* (Phoenix 2001)

Hobsbawm, E. J., and Rudé, George, *Captain Swing* (Lawrence & Wishart 1969)

Holmes, Richard, *Coleridge: Early Visions* (Hodder & Stoughton 1989)

Holmes, Richard, *Coleridge: Darker Reflections* (HarperCollins 1998)

Jacobs, Diane, *Her Own Woman: The Life of Mary Wollstonecraft* (Abacus 2001)

Jarrett, Derek, *The Begetters of Revolution: England's Involvement with France, 1759–89* (Longman 1973)

Jarvis, Robin, *Romantic Writing and Pedestrian Travel* (Macmillan 1997)

Keane, John, *Tom Paine* (Little, Brown & Co. 1995)

Knight, Frida, *University Rebel: The Life of William Frend, 1757–1841* (Gollancz 1971)

Kramnick, Isaac, *The Rage of Edmund Burke: Portrait of an Ambivalent Conservative* (Basic Books 1977)

Kritz, Kay Dian, *The Idea of the English Landscape Painter: Genius as Alibi in the Early Nineteenth Century* (Yale UP 1997)

Newman, Gerald, *The Rise of English Nationalism: A Cultural History 1740–1830* (St Martin's Press 1997)

O'Brien, Conor Cruise, *The Great Melody: A Thematic Biography and Commented Anthology of Edmund Burke* (Sinclair Stevenson 1992)

O'Brien, P., *Debate Aborted: Burke, Priestley, Paine and the Revolution in France, 1789–91* (Scotforth 1996)

Paulin, Tom, *The Day Star of Liberty: William Hazlitt and Radical Style* (Faber 1998)

Porter, Roy, *The Enlightenment: Britain and the Creation of the Modern World* (Penguin 2000)

Robinson, Jeffrey C., *The Walk: Notes on a Romantic Image* (University of Oklahoma Press 1989)

Royle, Edward, *Revolutionary Britannia? Reflections on the Threat of Revolution in Britain, 1789–1848* (Manchester UP 2000)

Schweizer, Karl W., and Osborne, John (eds), *Cobbett in His Times* (Leicester UP 1990)

Solnit, Rebecca, *Wanderlust: A History of Walking* (Viking 2000)

Thomis, Malcolm I., and Holt, Peter, *Threats of Revolution in Britain, 1789–1848* (Macmillan 1977)

Tillyard, Stella, *Citizen Lord: Edward Fitzgerald, 1763–98* (Chatto & Windus 1997)

Todd, Janet, *Mary Wollstonecraft: A Revolutionary Life* (Weidenfeld & Nicolson 2000)

Tomalin, Claire, *The Life and Death of Mary Wollstonecraft* (Weidenfeld & Nicolson 1974, Penguin 1985)

Tyson, Gerald. P., *Joseph Johnson: A Liberal Publisher* (University of Iowa Press 1979)

Wallace, Anne D., *Walking, Literature and English Culture: The Origins and Uses of Peripatetic in the Nineteenth Century* (OUP 1993)

Wells, Roger, *Wretched Faces: Famine in Wartime England* (Sutton 1988)

Williams, Raymond, *The Country and the City* (Penguin 1973)

Worthen, John, *The Gang: Coleridge, the Hutchinsons and the Wordsworths in 1802* (Yale UP 2001)

第三章和第四章

Altick, Richard D., *Victorian People and Ideas* (W. W. Norton 1973)

Ashton, O., Fyson, R., and Roberts, S. (eds), *The Chartist Legacy* (Merlin Press 1999)

Auerbach, Jeffrey A., *The Great Exhibition of 1851: A Nation on Display* (Yale UP 1999)

Bolster, Evelyn, *Sisters of Mercy in the Crimea* (Cork 1964)

Briggs, Asa, *Victorian Cities* (Odhams 1963)

Briggs, Asa, *Victorian People* (Penguin 1965)

Briggs, Asa, *Victorian Things* (Batsford 1988)

Cannadine, David *et al*, *The Houses of Parliament: History, Art and Architecture* (Merrell 2000)

Cecil, David, *Melbourne* (Constable 1965)

Curl, James Stevens, *The Victorian Celebration of Death* (Sutton 2000)

Davis, John R., *The Great Exhibition* (Sutton 1999)

Davidoff, Leonore, and Hall, Catherine, *Family Fortunes: Men and Women of the English Middle Class, 1780–1850* (Hutchinson 1987)

Edsall, N. C., *The Anti-Poor Law Movement, 1834–44* (Manchester UP 1971)

Epstein, James, *The Lion of Freedom: Feargus O'Connor and the Chartist Movement, 1832–42* (Croom Helm 1982)

Freeman, Michael, *Railways and the Victorian Imagination* (Yale UP 1999)

Gernsheim, Helmut, and Alison, *Queen Victoria: A Biography in Word and Picture* (Longman 1959)

Goldie, Sue M. (ed.), *Florence Nightingale, Letters from the Crimea* (Mandolin 1996)

Greenall, R. L., *The Making of Victorian Salford* (Carnegie Publishing 2000)

Hardie, Frank, *The Political Influence of Queen Victoria, 1861–1901* (Frank Cass 1963)

Harrison, J. F. C., *Early Victorian England, 1832–51* (Fontana 1988)

Hawarden, Lady Clementina, *Studies in Life, 1859–64* (V&A Publications 1999)

Hibbert, Christopher, *Queen Victoria: A Personal History* (Da Capo Press 2001)

Hibbert, Christopher, *Queen Victoria in Her Letters and Journals* (John Murray 1984)

Homans, Margaret, *Royal Representations: Queen Victoria and British Culture, 1837–76* (University of Chicago Press 1998)

Jones, David J.V., *The Last Rising: The Newport Insurrection of 1839* (Clarendon Press 1985)

Kaplan, Fred, *Thomas Carlyle* (Cornell UP 1983)

Kohlmaier, Georg, and Sartory, Barna von, *Houses of Glass: A Nineteenth-century Building Type* (MIT Press 1986)

Langland, Elizabeth, *Nobody's Angels: Middle-Class Women and Domestic Ideology in Victorian Culture* (Cornell UP 1995)

Levine, Philippa, *Victorian Feminism, 1850–1900* (Hutchinson Education 1987)

Longford, Elizabeth, *Victoria, RI* (Weidenfeld & Nicholson 1964)

Munich, Adrienne, *Queen Victoria's Secrets* (Columbia UP 1996)

Nevill, Barry St-John (ed.), *Life at the Court of Queen Victoria* (Webb & Bower 1984)

Perkin, Joan, *Victorian Women* (John Murray 1993)

Pevsner, Nikolaus, *Studies in Art, Architecture and Design, Vol II: Victorian and After* (Princeton 1968, Thames & Hudson 1982)

Port, M. H. (ed.), *The Houses of Parliament* (Yale UP 1976)

Rose, Phyllis, *Parallel Lives: Five Victorian Marriages* (Chatto & Windus 1984)

Schwarzkopf, Jutta, *Women in the Chartist Movement* (Palgrave Macmillan 1991)

Seacole, Mary, *The Wonderful Adventures of Mrs Seacole in Many Lands* (Falling Walls Press 1984, OUP 1990)

Smith, F. B., *Florence Nightingale: Reputation and Power* (Croom Helm 1982)

Stone, Lawrence, *Road to Divorce: England, 1530–1987* (OUP 1990)

Thompson, Dorothy, *Queen Victoria: Gender and Power* (Virago 1990)

Thompson, F. M. L., *The Rise of Respectable Society: A Social History of Victorian Britain, 1830–1900* (Fontana 1988, Harvard UP 1989)

Vallone, Lynn, *Becoming Victoria* (Yale UP 2001)

Vicinus, Martha, *Independent Women: Work and Community for Single Women, 1850–1920* (Virago 1985)

Vicinus, Martha, *A Widening Sphere: Changing Roles of Victorian Women* (Indiana UP 1977, Methuen 1980)

Weaver, Mike (ed.), *British Photography in the Nineteenth Century: The Fine Art Tradition* (CUP 1989)

Weaver, Mike, *Julia Margaret Cameron, 1815–79* (Herbert 1984)

Weintraub, Stanley, *Victoria: Biography of a Queen* (Allen & Unwin 1987)

Young, G. M., *Victorian England: Portrait of an Age* (OUP 1936)

Ziegler, Philip, *Melbourne: A Biography of William Lamb, 2nd Viscount Melbourne* (Collins 1976)

第五章和第六章

Arnold, David, *Colonizing the Body: State Medicine and Epidemic Disease in Nineteenth-century India* (University of California Press 1993)

Arnold, David, and Hardiman, David (eds), *Subaltern Studies, Vol. VIII: Essays in Honour of Ranajit Guha* (OUP 1993)

Bayly, C. A., *Empire and Information: Intelligence Gathering and Social Communication in India, 1780–1870* (CUP 1996)

Bayly, C. A., *Indian Society and the Making of the British* (CUP 1988)

Bayly, C. A., *Rulers, Townsmen and Bazaars: North Indian Society in the Age of British Expansion, 1770–1870* (CUP 1983)

Bayly, C. A., *The Raj: India and the British, 1600–1947* (National Portrait Gallery 1990)

Bayly, Susan, *Caste, Society and Politics in India from the 18th Century to the Modern Age* (CUP 1999)

Blake, Robert, *Disraeli* (Eyre & Spottiswoode 1966)

Clive, John, *Macaulay: The Shaping of the Historian* (Random House 1973)

Codell, Julie F. and Macleod, Dianne Sachko (eds), *Orientalism Transposed: The Impact of the Colonies on British Culture* (Ashgate Publishing 1998)

Cohn, Bernard S., *Colonialism and Its Forms of Knowledge: The British in India* (Princeton UP 1996)

Crosby, Travis L., *The Two Mr Gladstones: A Study in Psychology and History* (Yale UP 1997)

Davis, Mike, *Late Victorian Holocausts: El Niño Famines and the Making of the Third World* (Verso 2001)

Davis, Richard, *Disraeli* (Little, Brown & Co. 1976)

Donnelly, James S. Jr., *The Great Irish Potato Famine* (Sutton 2001)

Edney, Matthew H., *Mapping an Empire: The Geographical Construction of British India, 1765–1843* (University of Chicago Press 1997)

Edwardes, Michael, *A Season in Hell: The Defence of the Lucknow Residency* (Taplinger Publishing 1973)

Foster, R. F., *Charles Stewart Parnell: The Man and His Family* (Harvester Press 1976)

Gribben, Arthur (ed.), *The Great Famine and the Irish Diaspora in America* (Massachusetts UP 1999)

Guha, Ranajit, and Spivak, Gayatry (eds), *Selected Subaltern Studies* (OUP 1988)

Hamer, D. A., *Liberal Politics in the Age of Gladstone and Rosebery: A Study in Leadership and Policy* (OUP 1972)

Hibbert, Christopher, *The Great Mutiny: India 1857* (Allen Lane/Penguin Press 1978)

Hoppen, K. Theodore, *Elections, Politics and Society in Ireland 1832–85* (Clarendon Press 1984)

Jenkins, Roy, *Gladstone* (Macmillan 1995)

Jordan, Donald, *Land and Popular Politics in Ireland* (CUP 1994)

Kinealy, Christine, *The Great Irish Famine: Impact, Ideology, Rebellion* (Palgrave Macmillan 2002)

Kissane, Noel, *The Irish Famine: A Documentary History* (National Library of Ireland 1995, Syracuse UP 1996)

Lyons, F. S. L., *Ireland Since the Famine* (Weidenfeld & Nicolson 1971)

Marsh, Peter, *Joseph Chamberlain: Entrepreneur in Politics* (Yale UP 1994)

Matthew, H. C. G., *Gladstone, 1809–74* (Clarendon Press 1986)

Matthew, H. C. G., *Gladstone, 1875–98* (Clarendon Press 1995)

Matthew, H. C. G., *The Gladstone Diaries*, vols 5–14 (Clarendon Press 1978–94)

Matthew, H. C. G., *The Liberal Imperialists* (Clarendon Press 1972)

McLaren, Martha, *British India and British Scotland, 1780–1830: Career-Building, Empire-Building and a Scottish School of Thought on Indian Government* (University of Akron Press 2001)

Metcalf, T. R., *Ideologies of the Raj* (CUP 1995)

Metcalf, T. R., *Land, Landlords and the British Raj* (University of California Press 1979)

Morash, Chris and Hayes, Richard (eds), *'Fearful Realities': New Perspectives on the Famine* (Irish Academic Press 1996)

Morris, James, *Farewell the Trumpets: An Imperial Retreat* (Faber 1978)

Morris, James, *Heaven's Command: An Imperial Progress* (Faber 1973)

Morris, James, *Pax Britannica: The Climax of an Empire* (Faber 1968)

Mukherjee, Rudrangshu, *Awadh in Revolt, 1857–8: A Study in Popular Resistance* (OUP 1985)

O'Cathoir, Brendan (ed.), *Famine Diary* (Irish Academic Press 1997)

O'Gráda, Cormac, *Black '47 and Beyond: The Great Irish Famine in History, Economy and Memory* (Princeton UP 1999)

Oldenburg, Veena Talwa, *The Making of Colonial Lucknow, 1856–77* (Princeton UP 1984)

Parry, J. P., *Democracy and Religion: Gladstone and the Liberal Party, 1867–75* (CUP 1986)

Roberts, Andrew, *Salisbury: Victorian Titan* (Weidenfeld & Nicolson 1999)

Sen, Amartya, *Poverty and Famines: An Essay on Entitlement and Deprivation* (OUP 1981)

Shannon, Richard T., *The Age of Disraeli and the Rise of Tory Democracy* (Longman 1992)

Shannon, Richard T., *Gladstone*, 2 vols (Penguin 1999–2000)

Shannon, Richard T., *Gladstone and the Bulgarian Agitation*, 1876 (Nelson 1963)

Stokes, E. T., *The English Utilitarians and India* (OUP 1963)

Stokes, E. T., *The Peasant and the Raj: Studies in Agrarian Society and Peasant Rebellion in Colonial India* (CUP 1978)

Stokes, E. T., and Bayly, C. A. (eds), *The Peasant Armed: The Indian Rebellion of 1857* (OUP 1986)

Townshend, Charles, *Political Violence in Ireland: Government and Resistance since 1848* (Clarendon Press 1983)

Veer, Peter van der, *Imperial Encounters: Religion and Modernity in India and Britain* (Princeton UP 2001)

第七章和第八章

Addison, Paul, *Churchill on the Home Front, 1900–55* (Cape 1992)

Addison, Paul, *The Road to 1945: British Politics and the Second World War* (Cape 1975)

Alibhai-Brown, Yasmin, *Who Do We Think We Are? Imagining the New Britain* (Allen Lane 2000)

Barnett, Corelli, *The Audit of War: The Illusion and the Reality of Britain as a Great Power* (Macmillan 1986)

Beckett, Francis, *Clem Attlee* (Richard Cohen 1997)

Benson, John (ed.), *The Working Class in England, 1875–1914* (Croom Helm 1985)

Best, Geoffrey, *Churchill: A Study in Greatness* (Hambledon & London Ltd 2001)

Blake, Robert, *The Conservative Party from Peel to Thatcher* (Methuen 1985)

Blake, Robert, and Louis, Wm. Roger (eds), *Churchill* (OUP 1993)

Blythe, Ronald, *The Age of Illusion: England in the Twenties and Thirties* (OUP 1983)

Bogdanor, Vernon, *Devolution in the United Kingdom* (OUP 1999)

Calder, Angus, *The People's War: Britain 1939–45* (Cape 1969, Pimlico 1992)

Cairncross, Alec, *The British Economy Since 1945* (Blackwell Publishers 1992)

Cannadine, David, *Aspects of Aristocracy* (Yale UP 1994)

Cannadine, David (ed.), *Blood, Tears, Toil and Sweat: The Speeches of Winston Churchill* (Weidenfeld & Nicolson 1989)

Cannadine, David, *The Decline and Fall of the British Aristocracy* (Yale UP 1990)

Chamberlin, Russell, *The Idea of England* (Thames & Hudson 1986)

Charmley, John, *Chamberlain and the Lost Peace* (Hodder & Stoughton 1989)

Charmley, John, *Churchill: An End of Glory: A Political Biography* (Hodder & Stoughton 1993)

Churchill, Randolph S., and Gilbert, Martin S., *Winston S. Churchill*, 21 vols (Heinemann, 1966–88)

Clark, Alan, *The Tories: Conservatism and the Nation State, 1922–97* (Weidenfeld & Nicolson 1998)

Clarke, Peter, *Hope and Glory Britain, 1900–1990* (Allen Lane 1996)

Clarke, Peter, *The Keynesian Revolution and Its Economic Consequences* (Edward Elgar 1998)

Clarke, Peter, *Lancashire and the New Liberalism* (CUP 1971)

Collini, Stefan, *English Pasts: Essays in History and Culture* (OUP 1999)

Crick, Bernard, *George Orwell: A Life* (Secker & Warburg 1980)

Danchev, Alex, and Todman, Daniel (eds), *Field Marshal Lord Alanbrooke: War Diaries, 1939–45* (University of California Press 2001)

Dangerfield, George, *The Strange Death of Liberal England* (Constable 1936; Serif 1997)

Darby, Wendy Joy, *Landscape and Identity: Geographies of Nation and Class in England* (Berg 2000)

Dell, Edmund, *A Strange Eventful History: Democratic Socialism in Britain* (Harper Collins 2000)

Devine, T. M., and Finlay, R. J. (eds), *Scotland in the Twentieth Century* (Edinburgh UP 1996)

Ferguson, Niall, *The Pity of War* (Allen Lane/Penguin Press 1998)

Gilbert, Martin, *Churchill: A Life* (Heinemann 1991)

Gilbert, Martin, and Gott, Richard, *The Appeasers* (Weidenfeld & Nicolson 1967)

Grigg, John, *Lloyd George: From Peace to War, 1912–16* (Methuen 1985)

Grigg, John, *Lloyd George: The People's Champion, 1902–11* (Eyre Methuen 1978)

Harris, José, *Private Lives, Public Spirit: Britain, 1870–1914* (OUP 1993)

Harris, José, *William Beveridge: A Biography* (Clarendon Press 1997)

Harrisson, Tom, *Living through the Blitz* (Penguin 1990)

Hennessy, Peter, *Never Again: Britain, 1945–51* (Cape 1992)

Hiro, Dilip, *Black British, White British* (Eyre & Spottiswoode 1971)

Hitchens, Christopher, *Orwell's Victory* (Allen Lane/Penguin Press 2002)

Holton, Sandra, *Feminism and Democracy: Women's Suffrage and Reform Politics in Britain, 1900–1918* (CUP 1986)

Howkins, Alun, *Reshaping Rural England, 1850–1925: A Social History* (HarperCollins 1991)

James, Robert Rhodes, *The British Revolution, 1880–1939* (Hamish Hamilton 1976)

James, Robert Rhodes, *Churchill: A Study in Failure* (Weidenfeld & Nicolson 1970)

James, Robert Rhodes (ed.), *Winston S. Churchill: His Complete Speeches, 1897–1963*, 8 vols (Chelsea House Publishers 1974)

Jenkins, Roy, *Asquith* (HarperCollins 1986)

Jenkins, Roy, *Churchill: A Biography* (Macmillan 2001)

Jones, Gareth Stedman, *Outcast London: A Study in the Relationship Between Classes in Victorian Society* (Clarendon Press 1971)

Joyce, Patrick, *Visions of the People: Industrial England and the Question of Class, 1848–1914* (CUP 1991)

Lukacs, John, *The Duel: Hitler v. Churchill, 10 May – 31 July 1940* (Bodley Head 1990)

Lukacs, John, *Five Days in London, May 1940* (Yale UP 1999)

Mandler, Peter, *The Fall and Rise of the Stately Home* (Yale UP 1997)

Mandler, Peter, *History and National Life* (Profile Books 2002)

Marsh, Peter J., *Joseph Chamberlain: Entrepreneur in Politics* (Yale UP 1994)

Marwick, Arthur, *Britain in the Century of Total War* (Bodley Head 1968)

Marwick, Arthur, *The Home Front: The British and the Second World War* (Thames & Hudson 1976)

McKibbin, Ross, *Classes and Cultures: England, 1918–51* (OUP 1998)

Meyers, Jeffrey, *Orwell: Wintry Conscience of a Generation* (W. W. Norton 2000)

Morgan, Kenneth O., *Britain Since 1945: The People's Peace* (OUP 1990)

Morgan, Kenneth O., *Labour in Power, 1945–51* (Clarendon Press 1984)

Morgan, Kenneth O., *Rebirth of a Nation: Wales 1880–1980* (Clarendon Press 1981)

Parker, R. A. C., *Chamberlain and Appeasement: British Policy and the Coming of the Second World War* (Macmillan 1993)

Parker, R. A. C., *Churchill and Appeasement* (Macmillan 2000)

Paxman, Jeremy, *The English: A Portrait of a People* (Michael Joseph 1998)

Pedersen, Susan, and Mandler, Peter (eds), *After the Victorians: Private Conscience and Public Duty in Modern Britain* (Routledge 1994)

Pugh, Martin, *The Making of Modern British Politics, 1867–1939* (Basil Blackwell 1982)

Pugh, Martin, *The Tories and the People, 1880–1935* (Basil Blackwell 1985)

Ramadin, Ron, *Re-imagining Britain: 500 Years of Black and Asian History* (Pluto Press 1999)

Roberts, Andrew, *Eminent Churchillians* (Simon & Schuster 1994)

Roberts, Andrew, *The 'Holy Fox': A Biography of Lord Halifax* (Weidenfeld & Nicolson 1991)

Roberts, Andrew, *Salisbury: Victorian Titan* (Weidenfeld & Nicolson 1999)

Rose, Norman, *Churchill: An Unruly Life* (Simon & Schuster 1994)

Samuel, Raphael, *Theatres of Memory, Vol. II: Island Stories: Unravelling Britain* (Verso 1998)

Shelden, Michael, *Orwell: The Authorised Biography* (Heinemann 1991)

Skidelsky, Robert, *The Politicians and the Slump: The Labour Government of 1929–31* (Macmillan 1967)

Spencer, Ian R. G., *British Immigration Policy since 1939: The Making of Multi-Racial Britain* (Routledge 1997)

Stansky, Peter, and Abrahams, William, *The Unknown Orwell* (Constable 1972)

Stewart, Graham, *Burying Caesar: Churchill, Chamberlain and the Battle for the Tory Party* (Weidenfeld & Nicolson 1999)

Taylor, A. J. P., *et al.*, *Churchill: Four Faces and the Man* (Allen Lane/Penguin Press 1969)

Taylor, A. J. P., *English History 1914–1945* (OUP 1965)

Thompson, F. M. L., *The Rise of Respectable Society: A Social History of Victorian Britain, 1830–1900* (Fontana Press 1988)

Tiratsoo, Nick (ed.), *From Blitz to Blair: A New History of Britain since 1939* (Weidenfeld & Nicolson 1997)

Waller, P. J., *Town, City and Nation: England 1850–1914* (OUP 1983)

Weight, Richard, *Patriots: National Identity in Britain, 1940–2000* (Macmillan 2002)

Young, Hugo, *This Blessed Plot: Britain and Europe from Churchill to Blair* (Overlook Press 1998)

图书策划 Ⅲ\ 见识城邦
策划编辑 陈万龙 仝蕾 责任编辑 卢建勇 张静
特约编辑 赵国星 陈静 营销编辑 蓝淑华
装帧设计 渡非 [𠃌]

出版发行 中信出版集团股份有限公司
服务热线：400-600-8099 网上订购：zxcbs.tmall.com
官方微博：weibo.com/citicpub 官方微信：中信出版集团
官方网站：www.press.citic

微信关注“中信书院”服务号，一起用知识抵御平庸